DIE CIA UND DAS HEROIN

Alfred W. McCoy

DIE CIA UND DAS HEROIN

Weltpolitik und Drogenhandel

Aus dem Amerikanischen von Andreas Simon

ZWEITAUSENDEINS

Deutsche Erstausgabe
1. Auflage, Dezember 2003.
Die amerikanische Originalausgabe ist 1972 unter dem Titel
»The Politics of Heroin in Southeast Asia« bei Lawrence Hill Books
(Chicago Review Press, Inc.) erschienen.
Copyright © 1972 by Alfred W. McCoy and Cathleen B. Read,
Harper & Row, Publishers, Inc.

Die deutsche Ausgabe folgt der zweiten, überarbeiteten und erweiterten Ausgabe,
die unter dem Titel »The Politics of Heroin. CIA Complicity in the Global Drug Trade«
2003 bei Lawrence Hill Books (Chicago Review Press, Inc.) erschienen ist.
This edition copyright © 2003 by Alfred W. McCoy.
Published by arrangement with HarperCollins Publishers, Inc.

Alle Rechte für die deutsche Ausgabe und Übersetzung
Copyright © 2003 by Zweitausendeins, Postfach, D-60381 Frankfurt am Main.
www.Zweitausendeins.de

Alle Rechte vorbehalten, insbesondere das Recht der mechanischen,
elektronischen oder fotografischen Vervielfältigung, der Einspeicherung und
Verarbeitung in elektronischen Systemen, des Nachdrucks in Zeitschriften
oder Zeitungen, des öffentlichen Vortrags, der Verfilmung oder Dramatisierung,
der Übertragung durch Rundfunk, Fernsehen oder Video, auch einzelner Text-
und Bildteile. Der *gewerbliche* Weiterverkauf und der *gewerbliche* Verleih von Büchern,
CDs, CD-ROMs, DVDs, Downloads, Videos oder anderen Sachen aus
der Zweitausendeins-Produktion bedürfen in jedem Fall der schriftlichen Genehmigung
durch die Geschäftsleitung vom Zweitausendeins Versand in Frankfurt am Main.

Lektorat: Klaus Gabbert (Büro W, Wiesbaden).
Register der deutschen Ausgabe: Ekkehard Kunze (Büro W, Wiesbaden).
Korrektorat: Beate Koglin, Frankfurt.
Umschlaggestaltung: Sabine Kauf, Plön.
Satz und Herstellung: Dieter Kohler GmbH, Nördlingen.
Druck und Einband: Freiburger Graphische Betriebe.
Printed in Germany.

Dieses Buch gibt es nur bei Zweitausendeins im Versand, Postfach, D-60381,
Frankfurt am Main, Telefon 069-420 8000, Fax 069-415 003.
Internet www.Zweitausendeins.de, E-Mail info@Zweitausendeins.de.
Oder in den Zweitausendeins-Läden in Berlin, Düsseldorf, Essen,
Frankfurt am Main, Freiburg, 2x in Hamburg, in Hannover, Köln, Mannheim,
München, Nürnberg, Stuttgart.

In der Schweiz über buch 2000, Postfach 89, CH-8910 Affoltern a. A.

ISBN 3-86150-608-4

*Für Professor Bernhard Dahm, Passau,
Ratgeber und Mentor in den schwierigen Tagen,
in denen ich dieses Buch schrieb.*

Inhalt

Vorwort 11

Einleitung: Ein kleine Geschichte des Heroins 39
Eine Sozialgeschichte des Heroins 41
Das Prohibitionsregime 50
Die Politik des Kalten Krieges 55
Krieg gegen die Drogen 61
Nach dem Kalten Krieg 66

1. Sizilien: Heimat der Mafia 73
Die Mafia in den USA 75
Die Rückkehr der Mafia 81
Lucky Luciano in Europa 90
Harold Meltzer in Mexiko 95
Die Marseille-Connection 98

2. Marseille: Amerikas Heroinlabor 101
Die Entstehung des Marseiller Korsenmilieus 104
Von der Unterwelt in den Untergrund 107
Die Sozialisten, die Guerinis und die CIA 110
Das Korsenmilieu 122
Die Guerini-Francisci-Fehde 124
Der Niedergang des europäischen Heroinhandels 130

3. Opium für die Eingeborenen 139
Opium für die Pfeifen Chinas 143
Die Opiumhöhlen Südostasiens 155
Opiumproduktion in Südostasien 160

Internationale Drogendiplomatie 165
Das königlich-thailändische Opiummonopol 169
Birma: Opium auf dem Shan-Plateau 176
Französisch-Indochina: Opium für die Staatskasse 180
Die Opiumkrise des Zweiten Weltkriegs 184
Die Opiumbauern des Hochlandes 187
Opium in den Tai-Gebieten 194
Der Opiumboom nach dem Krieg 195

4. Der Opiumboom des Kalten Krieges 201
Französisch-Indochina: Operation X 206
Die Binh Xuyen in Saigon 225
Verdeckter Krieg in Birma: Guomindang und CIA 245
Thailands Opiumhandel 265

5. Südvietnams Heroinhandel 283
Heroin in Südvietnam 286
Tradition und Korruption 288
Diems Dynastie 294
Das neue Opiummonopol 302
Die Rivalität zwischen Thieu und Ky 311
Die GI-Heroinepidemie 319
Südvietnams Heroinmarkt 322
Thieu übernimmt die Kontrolle 325
Der Schmuggel der vietnamesischen Marine 328
Vietnamesische Armeesyndikate 336
Herointripps auf Staatskosten 338
Der Khiem-Apparat 343
Der Kampf zwischen Thieu und Khiem 347
Die Mafia kommt nach Asien 348
Die Politik der Komplizenschaft 355
Der Fall Saigons 363

6. Hongkong: Asiens Heroinlabor 369
Die Schanghai-Syndikate 370
Die Mafia Südostasiens 377
Heroinfreihafen 384

7. Das Goldene Dreieck 393
Komplizenschaften 395
Laos: Königreich des Schmuggels 402
Air Opium, 1955–1965 405
Im Bund mit der CIA: General Phoumi Nosavan 411
Geheimkrieg in Laos 418
Das Dorf Long Pot 437
General Ouane Rattikone 448
Die CIA in Nordwestlaos 453
U Ba Thein: Verbündeter im Geheimkrieg 463
Die Guomindang in Thailand 470
Khun Sas Herausforderung 478
Wächter des Nordtors 484
Die Shan-Rebellion 487
Opiumkrieger 500
Zwischenresümee, 1972 507

8. Krieg gegen die Drogen 513
Nixons Drogenkrieg 516
Manila unter Kriegsrecht 529
Hongkongs Syndikate 532
Malaysias Drogenrepression 540
Thailands Wandel 542
Das Opium des Goldenen Dreiecks 555
Khuns Sas Kapitulation 569
Der Krieg gegen das Kokain 579
Der Kolumbienplan 583
Internationale Aussichten 590

9. Die Geheimkriege der CIA 599
Zentralasiatisches Opium 604
Verdeckter Krieg in Afghanistan 610
Hekmatyars Heroinhandel 620
Contras und Kokain 631
Nach dem Kalten Krieg 648
Zentralasiatischer Transithandel 660

Krieg gegen die Taliban 667
Das Erbe der Komplizenschaft 675
Schlussfolgerungen 679

Anmerkungen 685
Bibliografie 779
Register 813

Karten und Schaubilder
Illegale Weltopiumproduktion 64
Geheimdienst und paramilitärische Organisationen Frankreichs
  im Indochinakrieg 213
Saigon und Umgebung (1965) 227
Expansion der Nationalchinesischen Armee im Shan-Staat
  (1950–54) 249
Opiumschmuggel in Südostasien (1971) 290
Heroin- und Opiumschmuggel nach Südvietnam (1971) 291
Nguyen Cao Kys Machtclique (1965–68) 313
Nguyen Van Thieus Machtclique (1970–71) 330
Organisation der südvietnamesischen Marine während
  der Invasion von Kambodscha (1970) 331
Die Familienclique von Tran Thien Khiem (1970–71) 346
Die Hmong in Laos (1971) 428
Hmong-Geheimarmee der CIA auf dem Rückzug (1960–71) . . . 429
Spionageoperationen von CIA und Nationalchinesen
  im Goldenen Dreieck 461
Opiumkrieg (1967) 482
Die Ban-Khwan-Schlacht (1967) 483
Der birmanische Shan-Staat: Drogenhandel (1971) 493
Opiumlogistik im Shan-Staat Birmas (1978) 547
Heroinhandel des Goldenen Dreiecks (1990) 567
Afghanischer Opiumanbau (1996) 662

Der **Bildteil** findet sich nach Seite 420.

Vorwort

Die Arbeit an diesem Buch war eine lange Reise, die mich von Amerika nach Asien führte und von meiner Jugend bis in meine besten Jahre dauerte. Mit 25, damals in meinem zweiten Jahr an der Yale Graduate School, machte ich mich 1970 auf, um die politischen Bedingungen des Heroinhandels zu untersuchen, besonders die geheimen Bündnisse zwischen Drogenbaronen und Geheimdiensten. Ich überlebte die unvorhergesehenen Abenteuer dieser Expedition, und zwei Jahre später veröffentlichte ich *The Politics of Heroin in Southeast Asia*, ein Buch, in dem ich den Heroinhandel eher enthüllte als erklärte. Im Laufe der folgenden 15 Jahre kehrte ich mehrmals nach Südostasien zurück, um für Aufsätze über den Drogenhandel zu recherchieren und Material für ein zweites Buch mit dem Titel *Drug Traffic* zu sammeln, eine Studie über Verbrechen und Korruption in Australien. Dann, Mitte der 90er Jahre, begann ich mit den Überarbeitungen für diese Ausgabe und konzentrierte mich dabei auf die Drogenkriege, die die USA seit der Erstveröffentlichung 1972 geführt hatten.

Meine Arbeit über den Heroinhandel begann im Herbst 1970, angeregt durch ein Fachbuch über politische Probleme in Laos, das ich gerade herausgegeben hatte. Elisabeth Jakab, Lektorin bei Harper & Row, schlug mir damals vor, meine Südostasienkenntnisse zu nutzen, um die in jenen Jahren unter amerikanischen Vietnamsoldaten epidemisch um sich greifende Heroinsucht in einer raschen Analyse historisch zu beleuchten. Was als kleines, auf Bibliotheksrecherchen gestütztes Projekt begann, wuchs sich nach drei Zufallsbegegnungen in den ersten Monaten der Arbeit bald zu einem weit größeren Vorhaben aus.

Während der Frühlingssemesterferien unterbrach ich meine Forschung in der Sterling-Memorial-Bibliothek in Yale, um in Paris französische Offiziere über den Opiumhandel während des Indochinakriegs in den frühen 50er Jahren zu befragen. Nassforsch, wie ich war, rief ich bei einem französischen Flugzeugproduzenten an, um ein Interview mit einem General Maurice Belleux zu bekommen. Als man mich in ein Büro mit Panoramablick auf einen Pariser Boulevard führte, das voller Hubschrauberfotos hing und mit Möbeln aus der Zeit Ludwigs XVI. augestattet war, wurde mir klar, dass hier ein französischer Topmanager seine Zeit für einen jungen Amerikaner opferte, der gerade einmal die Uni abgeschlossen hatte. Der General war, wie sich herausstellte, einst Chef des französischen Geheimdienstes in Indochina gewesen. Aber der Krieg war lange her, und so blickte er mit akademischer Leidenschaftslosigkeit zurück, um mir zu erklären, wie er durch Opiumhandel Geld für seine unterfinanzierten Geheimoperationen beschafft hatte. Seine Drogengeschäfte hatten auch eine antikommunistische Koalition zusammengeschmiedet, die von laotischen Bergvölkern bis hin zu Saigoner Politikern, Polizisten und Gangstern reichte. Was war mit seinem Apparat geschehen, nachdem die Franzosen 1955 aus Saigon abgezogen waren? Der US-Geheimdienst, erwiderte der General, habe das Ganze, einschließlich der Drogen, übernommen – »Ihre CIA«. Eine Reise nach Saigon, so Belleux, würde mir dies bestätigen.

Ein weiterer französischer Veteran untermauerte die Informationen und die Anregung des Generals. Als Berufssoldat bei den Fallschirmspringern war Oberst Roger Trinquier den Weg gegangen, der seine Militärgeneration von der Niederlage in Vietnam über Folterungen im schmutzigen Krieg in der Kasbah von Algier bis zum Aufbau weißer Söldnerarmeen in Schwarzafrika geführt hatte. Der Oberst lud mich in sein elegantes, mit vietnamesischem Porzellan und chinesischem Rosenholz geschmücktes Apartment ein, wo er mir äußerst detailliert erklärte, wie sein Kommando 1950 das koloniale Opiummonopol übernommen und dazu benutzt hatte, verdeckte Operationen unter den Bergvölkern in Tongking und Laos zu finanzieren. Seine Fallschirmspringer hatten das Opium von den Stämmen eingesammelt, in geheimen Luftwaffenflügen nach Saigon geschafft und an Opiumhöhlen verkauft, die von einer organisierten Verbrecherbande namens Binh Xuyen betrieben wurden. Es war das erste Mal, dass ich einem Geheimkrieger gegenübersaß. Seine Willenskraft war überwältigend. Wenn er sich vorbeugte, um still und präzise seine Argumente zu erläutern, strahlte er eine Energie aus, die mir ins Gesicht schlug wie eine Ohrfeige. Als ich seine Wohnung verließ, wusste ich mehr über Opium, als ich mir je hätte vorstellen können. Aber ich war erschüttert, eingeschüchtert, ausgepowert. Rückblickend war ich aus der gesitteten Welt der Universität in das Reich verdeckter Kriegführung mit ihren unbegrenzten Grausamkeiten und ihrer schrankenlosen Willkür eingetreten.

Ein paar Wochen später war ich wieder zurück in New Haven und nahm an einer Demonstration für Bobby Seale, den Führer der Black Panther, teil, auf der ich zufällig den Beatnik-Dichter Allen Ginsberg traf. Bei einem Kaffee an der Bushaltestelle entwickelte er eine düster-poetische Vision der CIA-Beteiligung am südostasiatischen Heroinhandel, die er einige Monate später in ein wütend-ironisches Gedicht fasste, *CIA Dope Calypso*, das keinen Eingang in spätere Anthologien fand:

> Touby Lyfong der arbeitete für die Franzosen
> Ein dicker fetter Mann der gerne aß und hurte
> Fürst der Meo der schwarzen Schlamm anbaute
> Bis sich Opium wie eine Flut durchs Land ergoss
>
> Kommunisten kamen und verjagten die Franzosen
> So nahm Touby eine Stelle bei der CIA...
> Und sein bester Freund General Vang Pao
> Betrieb die Meo-Armee wie eine heilige Kuh
> Helikopterschmuggler füllten die Bars von Long Cheng
> Auf der Ebene der Krüge in der Provinz Xieng Quang
>
> Es begann im Geheimen sie kämpften gestern
> Klandestine Geheimarmee der CIA
>
> Während der ganzen 60er floss der Stoff frei
> Durch Tan-Son-Nhut-Saigon zu Marschall Ky
> Air America flog weiter bis zum Ende
> Transportierte Confiture* für Präsident Thieu
>
> All diese Dealer waren Jahrzehnte und gestern
> Der indochinesische Mob der US-CIA

Um diese Bilder mit Fakten zu belegen, schickte mir Ginsberg später einen ganzen Karton unveröffentlichter *Time-Life*-Nachrichtenmeldungen, die er aus ihren Ordnern entwendet hatte: Dokumente der Beteiligung der US-Verbündeten am asiatischen Opiumhandel.

Die dritte Zufallsbegegnung war die unwahrscheinlichste von allen. Ein ehemaliger Kommilitone aus dem Studentenclub der Columbia-

---

* Rauchfertiges Opium. (A. d. Ü.)

Universität hatte mich zur Hochzeit seiner Schwester in der feinen New Yorker Gesellschaft eingeladen. Ich war erstaunt, als eine Gruppe von Marineoffizieren, Gäste des Bräutigams, von nordvietnamesischen Soldaten erzählte, die mit Nadeln im Arm an den Hängen von Khe Sanh* tot aufgefunden wurden, und von kommunistischen Lastwagenkonvois mit Heroinladungen für die amerikanischen Truppen, die auf dem Ho-Chi-Minh-Pfad** nach Südvietnam rollten.

Nachdem ich bei meinen Yale-Professoren Karl Pelzer und John Whitmore längst überfällige Hausarbeiten abgegeben hatte, brach ich im Sommer 1971 nach Südostasien auf. Auf dem Weg machte ich in Washington, D.C., Station, um mit dem legendären CIA-Agenten Edward Lansdale zu sprechen, dem Nachfolger von General Belleux in Saigon. Sowohl Lansdale als auch sein ehemaliger Mitarbeiter Lucien Conein empfingen mich in ihren bescheidenen Vororthäusern nicht weit vom CIA-Hauptquartier in Langley, Virginia, und erzählten mir Geschichten vom Drogenhandel der Franzosen, der Korsen und der Vertrauten des südvietnamesischen Präsidenten Ngo Dinh Diem in Saigon. Ein weiteres Mitglied aus Lansdales altem Saigon-Team, Bernard Yoh, fuhr mich am späten Abend durch dunkle Straßen und schilderte mir in langen Gesprächen die Opiumgeschäfte, den chinesischen Handel und die politischen Intrigen der Saigoner Unterwelt. Vom Washingtoner Büro des damals frischgegründeten Dispatch News Service, das sich einen Namen durch die Aufdeckung des My-Lai-Massakers*** gemacht hatte, erfuhr ich, dass einer seiner freien Korrespondenten, ein Australier namens John Everingham, gerade an einem Bericht über CIA-Hubschrauber schrieb, die in Laos Opium transportierten. Aber wie sollte ich ihn aufspüren? Ganz einfach: Everingham sei der einzige Weiße in Saigon, der einen blonden Pferdeschwanz und einen »schwarzen Pyjama« im Vietcong-Stil trage.

---

* Khe Sanh war ein großes Militärlager der Amerikaner im Landesinneren Vietnams, das im Januar 1968 zum Ausgangspunkt der Tet-Offensive der Vietcong wurde. In einer 77-tägigen Belagerungsschlacht kamen hier mehr als 1.600 nordvietnamesische und 250 US-Soldaten ums Leben. (A. d. Ü.)

** Der Ho-Chi-Minh-Pfad war ein durch den Osten von Südlaos, zum Teil durch Kambodscha führendes Wegesystem mit zahlreichen Abzweigungen. Er verband das nördliche mit dem südlichen Vietnam und war von den nordvietnamesischen Truppen 1956 zur Versorgung ihrer Einheiten angelegt worden. (A. d. Ü.)

*** Im März 1968 überfielen US-Truppen das südvietnamesische Dorf My Lai. 507 Dorfbewohner starben im Kugelhagel der GIs, darunter 173 Kinder, 76 Babys und 60 Greise. (A. d. Ü.)

Bei einem meiner letzten Gespräche in den USA erhielt ich die erste der Todesdrohungen, die meine Recherche begleiteten. Auf meinem Weg nach Westen machte ich Halt an einer restaurierten Getreidemühle aus dem 19. Jahrhundert am Ufer des Flusses Readyville in Tennessee. Ihr Eigentümer, ein junger Mann namens Joe Flipse, war kurz zuvor von einem Freiwilligendienst bei Flüchtlingen in Laos zurückgekehrt. Wir saßen bei einer Tasse Kaffee an seinem Küchentisch, als er unser Gespräch mit der Drohung beendete, mich umzubringen, falls ich mich bei irgendeiner Information auf ihn beriefe.

Ich fuhr dann auf der 707 kreuz und quer durchs Land bis nach San Francisco, um den Berkeley-Professor und Dichter Peter Dale Scott zu besuchen. Er brachte mich mit einem ausgeschiedenen Angehörigen der US-Spezialeinheit Green Berets zusammen, der an verdeckten Operationen in Laos teilgenommen hatte und mir am Telefon erzählte, dass er CIA-Flugzeuge gesehen habe, die mit Opium beladen wurden. Am nächsten Morgen klopften wir an seine Tür in einer Wohnanlage im Osten Palo Altos. Hereingelassen wurden wir nicht. Er war sichtlich außer Fassung und sagte, er habe »die Nachricht bekommen«. Was war passiert? »Folgen Sie mir«, sagte er und führte uns über den Parkplatz zu seinem MG-Sportwagen. Er deutete auf die Beifahrertür und nannte einen chemischen Sprengstoff, der ein Loch in Metall schmelzen könne. Es war, wie er sagte, ein Signal, den Mund zu halten. Ich sah hin, erinnere mich aber nicht, etwas entdeckt zu haben. Am nächsten Tag flog ich nach Los Angeles, besuchte meine Mutter, flog dann nach Saigon weiter und vergaß den Vorfall. Ich weigerte mich, die Realität dieser Drohung wahrzunehmen, bis ich 20 Jahre später auf eine Passage in Peter Dale Scotts Gedicht *Coming to Jakarta* stieß:

> belanglose Todesdrohungen
> > aber an jenem sauberen Morgen in Palo Alto
> > zeigte der ehemalige Green Beret
> der gerade die Nacht zuvor
> > gesagt hatte, er würde mit uns
> > über Opium in Laos sprechen
> das präzise schwarze Loch
> > in der roten Stahltür seines MG
> > die Bodenplatten kaum versengt
> und sagte, dass *diese heiße*
> > *eine implodierte thermische Ladung*
> > *muss von meiner alten Einheit kommen*

> und durch solchen Terror
> geben wir alle zu
> *wir sind nicht normal*
> in dieser Welt wo
> wir durch Vergessen leben

Als ich im Juli auf dem Saigoner Tan-Son-Nhut-Flughafen landete, war ich mit ein paar Empfehlungen gerüstet und hatte eine Vorstellung davon, wie ich am besten heikle Fragen stellen konnte. Sicher würde es nichts einbringen, durch Saigon zu stolpern und nach den Namen der größten Drogendealer zu fragen. Stattdessen wollte ich mit der französischen Kolonialvergangenheit beginnen, als der Drogenhandel noch legal und unumstritten war. Jahr um Jahr wollte ich mich dann bis zur Gegenwart vortasten, um die zugrunde liegende, gleich bleibende Logistik von Drogenproduktion, -vertrieb und -konsum zu entdecken. In der Gegenwart angelangt, wo der Drogenhandel illegal und gefährlich umstritten war, wollte ich dann die Puzzlestücke langsam zu einem Gesamtbild zusammensetzen, aus dem sich dann die Namen der aktuellen Händler ergeben sollten. Statt die Hauptfiguren mit direkten Beschuldigungen zu konfrontieren – eine zweifelhafte Methode –, würde ich es mit umsichtigen, scheinbar abseitigen Fragen versuchen, um die aus der Geschichte gewonnenen Muster zu bestätigen. Kurz, ich wollte mit historischen Methoden die Gegenwart statt die Vergangenheit durchleuchten.

Während meiner ersten Tage in Saigon öffneten mir mehrere zufällige Bekanntschaften die Tür des Hauses von Oberst Pham Van Lieu, einer klassischen französischen Villa im Herzen der Altstadt. Während draußen Tropenvögel in ihren Käfigen kreischten, erkannte der Oberst, ein ehemaliger Marinekommandeur mit Bürstenschnitt, mit ein paar indirekten Fragen mein eigentliches Ansinnen. Als ehemaliger Chef der nationalen Polizei kannte er das illegale Drogengeschäft und wusste, was es hieß, Namen zu nennen. Über die folgenden Wochen arrangierte der Oberst Treffen mit hochrangigen südvietnamesischen Offizieren, die den Heroinhandel in ihrem Dienst oder Bereich schilderten. Bei einem dieser denkwürdigen Treffen salutierte ein uniformierter vietnamesischer Marinekapitän steif, präsentierte seine Papiere, breitete Karten aus und schilderte mir dann detailliert die Herointransporte von Laos nach Phnom Penh per Flugzeug und weiter auf vietnamesischen Marinebooten den Mekong hinunter bis nach Saigon.

Mehrere junge Amerikaner, die in Saigon als freie Korrespondenten und Rechercheure für berühmte Reporter arbeiteten, halfen mir bei der Überprüfung dieser Informationen. Mark Lynch, heute Rechtsanwalt in Washington, öffnete mir das Archiv des *Newsweek*-Büros, wo er als Rechercheur arbeitete. Ein Absolvent der Cornell-Universität, D. Gareth Porter, recherchierte in Saigon für seine Doktorarbeit und teilte seine Funde mit mir.

Diese jungen Amerikaner weihten mich auch in das ein, was man in der Saigoner Journalistenszene tat oder lieber nicht tat. Eines Nachts stellte mich ein Freund John Steinbeck jr. vor, dem Sohn des gleichnamigen Schriftstellers, der in Saigon herumhing, um Material für seinen ersten Roman zu sammeln. Er lud mich in seine Wohnung mit Blick auf die Tu-Do-Straße ein, in der angeblich Graham Greene während seines Saigoner Aufenthalts in den 50er Jahren gewohnt hatte. In dem Vietnamroman des britischen Schriftstellers, *Der stille Amerikaner,* ist diese Wohnung der Beobachtungspunkt, an den sich der Erzähler, ein abgehetzter Engländer, zurückzieht, um die Stadt unter sich und den Krieg in der Ferne zu beobachten, während ihm ein fiktiver Ed Lansdale seine atemberaubende vietnamesische Geliebte ausspannt. An jenem Abend kamen nach der mitternächtlichen Ausgangssperre einige der Barmädchen der Tu-Do-Straße nach oben, um ihren amerikanischen Freunden, die von den Schlachtfeldern zurückgekehrt waren, Gesellschaft zu leisten. Als wir an seiner Bar saßen, spielte Steinbeck den alten Vietnamhasen, der Tipps gibt und Kontakte vermittelt. Ich blickte über meine Schulter auf das Dutzend Paare, die auf dem Boden ausgestreckt lagen. Hübsche Vietnamesinnen, eine Mischung aller Rassen, die die Franzosen in ihren imperialen Krieg geschickt hatten. Gut aussehende junge Amerikaner, die nach Saigon mit Plänen für einen Kriegsroman, für Kriegsfotos oder journalistische Arbeiten gekommen waren – und wegen der Drogen blieben. Kampfadrenalin wie kein anderes. Heroin so stark, dass ein Schnupfer reichte. Romane und preisgekrönte Fotos, die sich mit dem Stoff in ihren Nasen auflösten.

Ein Freund von der Yale Graduate School, Tom Fox, heute Herausgeber des *National Catholic Reporter*, arbeitete damals als freier Saigon-Korrespondent für die *New York Times*. Eines Nachts nahm er mich mit auf eine sechsstündige Odyssee von den glitzernden Neonbars des Saigoner Stadtzentrums zu den wellblechgedeckten Bordellen am Rande der wuchernden Elendsquartiere von Saigons Schwesterstadt

Cholon, wies bei jedem Halt die Avancen von Prostituierten ab und fragte nach Heroin. Als ich in mein Hotelzimmer zurückkehrte, hatte ich 20 Dollar ausgegeben und die Taschen randvoll mit hochreinem Heroin, das auf den Straßen von New York 5.000 Dollar wert sein mochte. Und als ich in jener Nacht das Puder durch den Abfluss spülte, kam mir der Gedanke, es einmal zu probieren. Ich erinnere mich, wie ich ein Fläschchen an die Nase hob, dann aber doch zögerte.

In meiner letzten Woche in Saigon ging ich auf der Suche nach dem Korrespondenten von *Dispatch News* die Tu-Do-Straße im Saigoner Stadtzentrum auf und ab, als ich einen großen weißen Mann in einem schwarzen Pyjama erblickte, der auf der anderen Straßenseite entlangschlenderte. »Everingham, Everingham!«, schrie ich gegen die Rockmusik aus den Bars und den Lärm aufheulender Motorräder von Saigon-Cowboys an. Er blieb stehen, und bei einem Kaffee machten wir ab, uns zwei Wochen später nachmittags um fünf in der Bar des Constellation Hotel in Vientiane in Laos zu treffen. Es stimmte, Everingham war in Dörfern der Bergstämme gewesen, wo CIA-Helikopter Opium ausgeflogen hatten. Er bot mir an, mich in diese Dörfer mitzunehmen, um es mit eigenen Augen zu sehen. Everingham wollte sich als Fotograf einen Namen machen und bat mich, seine Bilder in meinem Buch zu verwenden.

Zwei Wochen später saß ich in der Bar des Constellation Hotel und nuckelte an einer Coca-Cola, als John Everingham mit Phin Manivong hereinkam, unserem jungen laotischen Dolmetscher. Am nächsten Tag fuhren wir bei Tagesanbruch mit einem Taxi aus Vientiane heraus, trampten auf einem Lastwagen der USAID (United States Agency for International Development) den Großteil des Tages nach Norden und stiegen dann einen steilen Pfad hinauf, der von der Straße in die Berge führte. Bei Anbruch der Nacht schliefen wir in einem Dorf des Yao-Volkes in der Nähe des Gipfels eines gut 1.500 Meter hohen Berges. Ein paar Tage lang sahen wir in den Tälern rings um das Dorf den Frauen beim Opiumpflanzen zu, dann reisten wir durch nebelverhangene Berge, die wie alte chinesische Tuschezeichnungen aussahen, weiter nach Norden in das Dorf Long Pot, eine Hmong*-Siedlung am Rand eines Luftkriegsgebietes, das sich nach Osten bis zur Ebene der

---

* Hmong ist der offizielle Name der Hochlandlaoten, eine der über 100 in Laos lebenden ethnischen Gruppen. Die Hmong – oder auch Meo – führten bis 1979 Krieg gegen die Regierung der Volksrepublik Laos und die im Land stationierten vietnamesischen Truppen. (A. d. Ü.)

Tonkrüge erstreckte. Wir kamen kurz vor Einbruch der Nacht an und wurden zum Haus von Ger Su Yang geleitet, dem örtlichen Hmong-Führer.

Beim Abendessen aus Schweinefett und klebrigem Reis fragte Ger Su Yang Everingham über unseren Dolmetscher, was wir in seinem Dorf wollten. Everingham, der den Hmong-Chef von früheren Besuchen kannte, war offen und sagte ihm, dass ich ein Buch über Opium schriebe. Für einen Mann, der keine Zeitungen las, schlug uns Ger Su Yang daraufhin eine Abmachung vor, die einen beachtlichen Sinn für die Macht der Presse bewies: Er würde uns bewaffnete Männer zur Verfügung stellen, die uns in seinem Bezirk überallhin eskortierten und uns erlauben würden, alles zu fragen, was wir über Opium wissen wollten; würde ich dafür einen Artikel in einer Washingtoner Zeitung veröffentlichen und darin berichten, dass die CIA ihr Versprechen gebrochen hatte? Zehn Jahre lang, erklärte er, waren die Männer seines Dorfes beim Kampf in der CIA-Geheimarmee gefallen, bis nur noch 14-jährige Jungen übrig waren. Als er sich weigerte, auch noch diese in den nicht enden wollenden Krieg in den Tod zu schicken, hatte die CIA ihre Reislieferungen, von denen sich die verbliebenen Frauen und Kinder seines Dorfes ernährten, eingestellt. Junge wie Alte waren vom Hunger geschwächt. Sobald die Amerikaner in Washington von dieser Situation wüssten, würden sie gewiss, so war Ger Su Yang überzeugt, wieder Reis schicken. Ich wollte es versuchen.

In den folgenden fünf Tagen gingen wir von Tür zu Tür und stellten in jedem Haus des Dorfes unsere Fragen über Opium. Bauen Sie Opium an? Ja. Wie vermarkten Sie es nach der Ernte? Wir bringen es auf den Berg dort drüben, wo die amerikanischen Hubschrauber mit Hmong-Soldaten kommen, das Opium kaufen und es in den Helikoptern nach Long Tieng* mitnehmen.

Wir erfuhren auch, dass wir beobachtet wurden. Ein Hmong-Hauptmann aus der CIA-Geheimarmee funkte Berichte zur CIA-Geheimbasis in Long Tieng. Am vierten Tag in Long Pot entdeckte uns ein Hubschrauber mit der Kennung »Air America« – der Flugdienst der CIA – auf einem nahen Berg, als er nach Long Tieng abflog. Er

---

* Long Tieng, ursprünglich ein völlig unbedeutendes Dorf, wurde nach 1962 von der CIA zur zentralen Operationsbasis ihres »Geheimkrieges« in Laos ausgebaut. Zeitweise lebten hier 40.000 Angehörige der Hmong-Armee, damit war Long Tieng faktisch die zweitgrößte Stadt des Landes. Der Hmong-General Vang Pao betrieb in Long Tieng eine als Coca-Cola-Fabrik getarnte Heroinraffinerie. (A. d. Ü.)

schwebte direkt über unseren Köpfen, während uns Pilot und Kopilot eine lange Minute lang anstarrten, bevor sie davonflogen. Am fünften Tag wanderten wir mit einem Begleittrupp von fünf mit Karabinern bewaffneten Hmong zum nächsten Dorf, als ein Schuss fiel. Die Eskorte stürmte zum nächsten Kamm vor, wartete einen Moment und winkte uns heran. Als wir den monsundurchweichten Hang hinunterglitten, eröffneten vom nächsten Bergrücken aus mehrere automatische Gewehre das Feuer auf uns und bestrichen den Hang mit einem Kugelhagel. Wir duckten uns in eine kleine Mulde. Unter dem Feuerschutz unserer Begleiter krochen wir bäuchlings durch das Elefantengras, um außer Reichweite zu gelangen. Übergewichtig und durch Monate in der Sterling-Memorial-Bibliothek außer Form, kniete ich mich auf, aber Everingham drückte mein Gesicht sofort wieder in den Schlamm. Irgendwie schafften wir es alle, uns hinter den Bergrücken in Sicherheit zu bringen, sammelten uns und lachten über unser Glück, der »kommunistischen Guerilla« entkommen zu sein, der wir den Hinterhalt zuschrieben.

Als wir am nächsten Tag die Bewohner eines nahen Dorfes befragten, flüsterte ein Stammesangehöriger unserem Dolmetscher zu, dass uns nicht etwa die Kommunisten aufgelauert hätten. Später bestätigte uns Ger Su Yang, dass es Hmong-Soldaten von General Vang Pao gewesen waren, dem Befehlshaber der CIA-Geheimarmee. Am nächsten Morgen brachen wir unsere Recherchen ab und flüchteten den Pfad zurück zur Straße. Da der Regen die Straße nach Süden zur Hauptstadt hin abgeschnitten hatte, marschierten wir auf der Lehmpiste nach Norden und fragten uns, wie wir es je wieder nach Vientiane schaffen würden.

Eine Stunde später kamen wir um eine Biegung und sahen Hunderte von königlich-laotischen Soldaten in den Ruinen eines alten französischen Gasthauses durcheinander laufen. Auf einer nahen Hügelkuppe ließ ein Major der US-Streitkräfte diese unwilligen Soldaten in einen Hubschrauber verfrachten, um sie in die kommunistische Zone zu fliegen. Besorgt, was uns auf der Straße weiter nördlich zustoßen könnte, beschloss ich, eine Geschichte zu erfinden. Ich sagte dem Major, ich sei Berater der US-Botschaft in Stammesangelegenheiten und brauche jetzt seinen Helikopter für einen dringenden Flug nach Vientiane. Er wollte sowieso in die Hauptstadt zurück und bot uns an, mitzufliegen. Als wir später an jenem Nachmittag auf dem Flughafen von Vientiane landeten, traten zwei unrasierte Amerikaner mit leichten

Maschinengewehren über den Schultern auf uns zu. Sie behaupteten, Sicherheitsoffiziere der US-Botschaft zu sein, und verlangten von uns, sie zu begleiten. Wir weigerten uns und nahmen stattdessen ein Taxi.

Am nächsten Tag erzählte ich dem freien Korrespondenten der *Washington Post* in Vientiane vom Reismangel in Long Pot. Ger Su Yang behielt Recht. Als die Geschichte ein paar Tage später auf den hinteren Seiten der Zeitung erschien, bombardierte die US-Botschaft das Dorf mit Reissäcken.

Nach unserer Rückkehr blieb ich noch ein paar Tage im Constellation Hotel. Dort rief mich eine lebende Legende an, Edgar »Pop« Buell, jener Ex-Maisfarmer aus Indiana, der eine Schlüsselrolle beim Aufbau der CIA-Geheimarmee von 30.000 Hmong-Guerillas gespielt hatte. Er wolle mir zeigen, was wirklich los sei in Laos. Am nächsten Morgen flog ich mit einem Hubschrauber zum Zentrum seiner Hmong-Flüchtlingsoperation in Sam Thong in einem Hochlandtal. Nachdem wir das Krankenhaus und die Schulen besichtigt hatten, nahmen mich Pop Buell und sein Assistent George Cosgrove auf einen Flug mit Air America zu einem Bergdorf mit, um an der Beerdigung eines Hmong-Kommandeurs teilzunehmen, der bei einem Flugzeugabsturz ums Leben gekommen war. Während der Reiswein floss und die Hmong mit Armbrüsten die Seele des Verstorbenen in den Himmel schossen, lehnte sich Cosgrove, ein Sozialabeiter mit dem Körper eines Preisboxers, zu mir herüber und nannte mir den korrekten Namen und die Adresse meines Dolmetschers Phin. »Wenn Sie so weitermachen wie bisher«, warnte mich George, »wird er bald tot sein.«

Am nächsten Tag rief ich im Büro von Charles Mann an, dem amerikanischen Botschafter und zugleich Direktor von USAID in Laos, und rang ihm das Versprechen ab, dass Phin am Leben bleiben würde. Botschafter Mann hielt Wort, und Phin überlebte, bis er 1975, als die Kommunisten die Macht übernahmen, aus Laos floh.

Mittlerweile war ich sicher, dass der CIA-Flugdienst Air America Opium für die Hmong-Verbündeten des Geheimdienstes aus den Bergen abtransportierte. Ich wusste auch, dass jemand in der CIA-Station in Vientiane gute Gründe hatte, meine Recherche zu stoppen. Warum schließlich der Hinterhalt und die Todesdrohungen, wenn es nur darum gegangen wäre, dass ein paar Soldaten auf ein paar Flügen Opium der Bergvölker schmuggelten? Mir wurde klar, dass ich über die Bergdörfer hinausblicken und die Beteiligung der obersten Ränge des laotischen Militärs untersuchen musste. Eine meiner Quellen, ein amerikanischer

Polizeiberater, deutete an, dass der Stabschef der königlich-laotischen Armee, General Ouane Rattikone, die größte Heroinraffinerie in Laos besaß und dort die Heroinmarke »Double-U-O-Globe« produzierte, die damals die US-Armeelager in Südvietnam überschwemmte. Ich brauchte eine Bestätigung, und die konnte nur von der einzig verlässlichen Quelle kommen: General Ouane selbst.

Eines Nachmittags nahm ich im Zentrum von Vientiane ein Taxi und bat den Fahrer, mich zu General Ouanes Haus zu fahren. Ich kannte die Adresse nicht und hatte keine Verabredung. Nachdem mich der Fahrer vor dem Vorstadtbungalow abgesetzt hatte, klopfte ich an die Tür. Eine junge Frau, die sich als Tochter des Generals erwies, ließ mich hinein und bat mich zu warten. Nach etwa einer halben Stunde bog ein beigefarbener Mercedes in die Auffahrt, und General Ouanes unverwechselbar große Gestalt trat ein. Schweißgebadet sank er auf das Sofa und flüsterte mit seiner Tochter, bevor er mich heranwinkte und fragte, was ich wolle. Ich präsentierte meine Karte als Korrespondent des Magazins *Harper's* und erklärte, ich sei nach Indochina gekommen, um die Verbündeten der USA und ihren Krieg gegen den Kommunismus zu porträtieren. Eine Stunde lang plauderte der General über die Mischung aus Glück und Verdienst, der sich sein Aufstieg von ganz unten bis hinauf zum Oberbefehl verdankte. Ich dankte ihm für seine nützlichen Informationen. Leider gebe es da aber noch ein paar Fragen, die ich stellen müsse. »Was ist dran an den Anwürfen Ihrer Feinde, dass Sie vor ein paar Jahren als Leiter des Opiumsyndikats Geld gestohlen haben?«

Die Liebenswürdigkeit des Generals war schlagartig verflogen. »*Merde!* Dieser Bastard Phoumi verbreitet wieder Geschwätz. Ich werde diesen Gerüchten ein für allemal ein Ende machen«, grummelte General Ouane und meinte seinen alten Rivalen General Phoumi Nosavan, damals im Exil in Bangkok. Plötzlich sprang dieser massige Mann mit katzengleicher Anmut die Treppe hoch. Nach einigem Poltern kehrte er wenige Minuten später mit einem schweren, in Leder gebundenen Hauptbuch zurück, auf dem in Goldbuchstaben der Titel »Contrôle de l'Opium au Laos« (Laotische Opiumaufsicht) prangte. Der General führte mich durch jede Seite und zeigte mir, was er den Bergstämmen für das Opium gezahlt hatte, wie viele Kilo er nach Vietnam exportiert und welche Gewinne er auf die Konten des Syndikats eingezahlt hatte. Ich war beeindruckt, besonders da alle Transaktionen nach 1961 stattgefunden hatten, als Laos sein offizielles Opiummonopol abgeschafft und den Drogenhandel verboten hatte. Ermuntert vom General notierte ich mir einige beispielhafte Transaktionen, die in den Fußnoten dieses Buches aufgeführt sind.

Nur um zu sehen, welche Haltung die USA in der Drogenfrage einnahmen, rief ich den Presseattaché der US-Botschaft in Vientiane an und erklärte, eine »verlässliche Quelle« habe mir erzählt, dass General Ouane, Kommandeur einer Armee, die gänzlich durch US-Militärhilfe finanziert wurde, einst ein Opiumschmuggelsyndikat geleitet habe. Am nächsten Tag informierte mich der Pressesprecher der Botschaft, dass meine Quelle nicht verlässlich sei. General Ouane, Amerikas Verbündeter, sei weder jetzt noch zu einem früheren Zeitpunkt in irgendeiner Weise am Drogenhandel beteiligt gewesen. Ob ich ihn zitieren dürfe, fragte ich. Ja, dies sei eine offizielle Erklärung. Ich machte mir im Kopf eine Notiz: Die US-Botschaft hatte gerade einen amerikanischen Korrespondenten angelogen, um einen laotischen General zu decken, der Heroin an amerikanische Soldaten in Südvietnam lieferte.

Meine Methode schien zu funktionieren. Die Vergangenheit erwies sich als verlässlicher Weg in die Gegenwart. Indem ich in die Vergangenheit zurückging, wo es verfügbare Dokumente und harte Fakten gab, konnte ich mich zur Gegenwart vorarbeiten, langsam zwar, aber relativ sicher, da ich nun wusste, wo ich suchen und welche Fragen ich stellen musste.

Aber mein Erfolg machte mich waghalsig. Nachdem ich meine Begegnungen mit der CIA überlebt hatte, schlug ich alle Vorsicht in den Wind und wurde bei meiner Suche nach der Heroinroute von Vientiane nach Saigon immer angriffslustiger. Als ich erfuhr, dass General Ouanes Partner bei der Heroinfabrik, wo die Marke Double-U-O-Globe hergestellt wurde, ein chinesischer Kaufmann namens Huu Tim-heng war, beschloss ich, die Pappfassaden seiner Tarnfirmen Esso und Pepsi-Cola wegzureißen. Ich rief bei Huu Tim-heng zu Hause im Zentrum von Vientiane an und verlangte ein Interview mit ihm. Glücklicherweise war er außer Haus. Ich nahm ein Taxi zum Abfüllwerk außerhalb der Stadt, das Huu als Deckmantel für den Import von Essigsäureanhydrid diente, ein für die Heroinherstellung benötigter Stoff. Ich brach in die verwaiste Fabrik ein und schlich auf der Suche nach Beweisen für illegale Aktivitäten, die natürlich nicht da waren, durch die Hallen.

Dann fuhr ich nach Nordwestlaos, entzog mich dem US-Diplomaten, der meine Bewegungen überwachen sollte, und brauste in einem

Vorwort 23

schlanken Drachenboot den Mekong hinauf, um einen in CIA-Diensten stehenden Führer des Yao-Stammes zu treffen, Chao La, der ein großer Heroinproduzent sein sollte. Chao La, ein höflicher Mann, empfing mich freundlich in seinem bewaffneten Camp, nahm meine Fragen über Heroin ohne einen Hauch von Verärgerung entgegen, wich einigen aus und beantwortete andere. Opium war schließlich das einzige profitable Geschäft in diesen Bergen. Stammesführer im Goldenen Dreieck waren daher verblüfft, wenn ich mich nach dem Fortschritt der Mohnstauden erkundigte.

Von Laos aus unternahm ich eine einmonatige Rundreise durch das Goldene Dreieck. Sie führte mich zuerst nach Nordthailand, wo der ehemalige CIA-Agent William Young mir tagelang von seinen Erfahrungen als Guerillaführer bei den Bergstämmen berichtete. Dann fuhr ich zur birmanisch-thailändischen Grenze weiter, wo Shan-Rebellenführer vom revolutionären Sieg fantasierten. Schließlich ging es weiter über Rangun zur alten Shan-Hauptstadt Taunggyi in Nordostbirma. Auf jeder Station sammelte ich Informationen über Drogenkarawanen und Geschichten über einen aufsteigenden jungen Kriegsherrn namens Khun Sa, der damals um die Kontrolle des Opiumhandels kämpfte. Da ich unter Zeitdruck stand, konnte ich nicht in den Shan-Staat* reisen, um diese faszinierende Gestalt zu treffen. Ich vertröstete mich auf ein andermal und flog nach Singapur, wo ich mit einer alternden australischen Blondine namens Norma »Silky« Sullivan – einst eine Vertraute der korsischen Gangster von Saigon, die mittlerweile Schmiergelder für die Saigoner Generäle abkassierte – tagelang in der Bar des Shangri-La Hotels herumhing. Sie gab mir die Pariser Telefonnummer eines gewissen Lars Bugatti, den sie als ehemaligen Gestapo-Offizier und großen Drogendealer beschrieb.

Als ich nur 22 Stunden nach meinem letzten Treffen mit Norma in Paris landete, beging ich einen dummen Fehler. Von meinem Hotel aus rief ich diesen Bugatti an, nannte Normas Namen und nahm ein Taxi zu seinem Apartment in einer schicken Gegend. Die Tür öffnete sich zu einem üppigen Foyer, wo fünf muskulöse junge Männer lässig herum-

---

* Der Shan-Staat ist der größte der sieben ethnisch zugeordneten Verwaltungseinheiten Birmas. Er umfasst ein Viertel der Fläche des gesamten Landes, obwohl der Bevölkerungsanteil der eng mit den Thais verwandten Shan sich lediglich auf gute zehn Prozent beläuft. Auf die bewaffnete Widerstandsbewegung der Shan reagiert das Militärregime in Rangun mit groß angelegten Zwangsumsiedlungen. Khun Sha, seit 1984 Anführer des Widerstandes, hat sich 1996 dem Regime ergeben und baut seitdem seine Heroingeschäfte zu einem der größten Geschäftsimperien Birmas aus. (A. d. Ü.)

saßen, redeten und rauchten. In der Abgeschiedenheit von Bugattis gestriegeltem Arbeitszimmer erzählte ich, Norma habe mir gesagt, er »wüsste etwas« über Drogen. »*Elle est mythomane*«, erwiderte er in drohendem Ton. In diesem Moment wurde mir klar, wo ich war. Ich befand mich nicht mehr im Goldenen Dreieck, wo alle, angefangen von Hochlandbauern bis hin zu Generälen, offen über Opium sprachen. Ich war zurück in der Ersten Welt, wo selbst mächtige Männer wegen Drogen ins Gefängnis kamen. »Was bedeutet *mythomane*?«, fragte ich, plötzlich meines Französischs nicht mehr sicher. Er erhob sich von seinem Schreibtisch und winkte mich mit einer Bewegung seines fetten Zeigefingers zu einem riesigen Larousse-Wörterbuch. »*Mythomane*«, stand dort: »ein zwanghafter oder gewohnheitsmäßiger Lügner«. Ja, natürlich, das ist sie. Ich bat ihn für diese so dumme Frage um Verzeihung, entschuldigte mich, verließ an den fünf jungen Männern vorbei das Haus und wechselte das Taxi, bevor ich zu meinem Hotel zurückkehrte.

Der September 1971 war nahezu vorüber. In Yale hatten die Vorlesungen begonnen. Es war Zeit, den Atlantik zu überqueren – zurück zur Realität, zurück zu einer unbeendeten Doktorarbeit, einem ungeschriebenen Buch und einer scheiternden Ehe. Statt Hubschraubern, Kampfbombern und Drachenbooten warteten acht Monate mit 18-Stunden-Tagen in einer Mansarde mit Blick auf das Ghetto von New Haven auf mich. Ich hatte nie zuvor ein Buch geschrieben. Tatsächlich hatte ich nie irgendetwas Längeres als eine Hausarbeit zu Papier gebracht. Also begann ich in einem langen New Havener Winter, alles handschriftlich aufzuzeichnen. Als der Frühling kam und die erste Fassung fertig war, erreichte ich den Tiefpunkt. Einige Tage, nachdem sie mit dem Tippen meines ersten Entwurfs fertig war, zog meine Frau zu jemand anderem, und ich konnte es ihr nicht verübeln. Ehe gescheitert, Doktorarbeit im Scheitern begriffen, Buch kurz vor dem Scheitern.

Als ich mich durch die Überarbeitungen mühte, rief ein Agent namens Tom Tripodi aus dem Washingtoner Hauptquartier der US-Antidrogenbehörde DEA an. Seine Behörde, sagte er, habe meine Fortschritte rund um den Globus verfolgt. Er würde gerne zum Plaudern vorbeikommen. Ein paar Tage später tauchte Tom vor meiner Tür auf, ein massiger Typ mittleren Alters, Typ Pistolenträger. Er war unter Mafiafamilien im Norden New Jerseys aufgewachsen, Anfang der 60er Jahre zur CIA gegangen und dann zur DEA versetzt worden. Zuerst war ich misstrauisch. War er von der DEA oder der CIA? Oder von beiden? Doch wir hatten mehr gemeinsam als nur verdeckte Operationen. Auch seine Ehe war gerade zerbrochen. Wir unterhielten uns.

Bei seinem zweiten Besuch gab er zu, dass die DEA über mein Buch besorgt sei. Er hatte den Auftrag, herauszufinden, was drin stand. Da ich ihn mochte, zeigte ich ihm einige Seiten, wenn auch nur versuchsweise. Er verschwand eine Weile im Wohnzimmer, kam zurück und sagte: »Ziemlich gut. Sie haben gründlich gearbeitet.« Aber, so fügte er hinzu, einiges sei nicht ganz richtig, da könne er mir weiterhelfen. Tom wurde mein erster Leser. Bei seinen späteren Besuchen gab ich ihm ganze Kapitel. Er saß dann bei meinem Schreibtisch in einem Schaukelstuhl, Ärmel hochgekrempelt, nippte an seinem Kaffe, kritzelte Korrekturen an die Ränder und erzählte fantastische Geschichten – über die Zeit, als »Bayonne Joe« Zicarelli versuchte, 1.000 Gewehre zu kaufen, um Castro zu stürzen, die Zeit, als irgendein CIA-Gorilla aus dem Geheimkrieg auf Urlaub zurückkehrte und überallhin eskortiert werden musste, um sicherzugehen, dass er nicht im Supermarkt irgendjemanden über den Haufen schoss, oder über die Zeit, als die DEA herausfand, dass der französische Geheimdienst mit den korsischen Syndikaten zusammenarbeitete. Einige seiner Geschichten finden sich, manchmal ohne Quellenangabe, weiter unten wieder.

Als ich die Endfassung des Buches fertig hatte, tauchten andere Probleme auf. Präsident Richard Nixon hatte gerade den »Krieg gegen die Drogen« verkündet und machte damit zum ersten Mal in der Geschichte der USA den weltweiten Drogenhandel zu einem großen innenpolitischen Thema. Selbstverständlich wollte sich seine Regierung nun nicht auf einem ihrer selbst gewählten politischen Aktionsfelder öffentlich bloßstellen lassen. Anfang Juni 1972 sagte ich vor Senator William Proxmires Bewilligungsausschuss (Committee on Appropriations) über die politischen Zusammenhänge aus, die dazu führten, dass die US-Truppen in Südvietnam mit Heroin beliefert wurden. Nach meiner Aussage stürmte Senator Gale McGee (Republikaner, Wyoming) in den Raum, um mir ein paar feindselige Fragen zu stellen. Er versuchte, meine Glaubwürdigkeit mit der Bemerkung in Zweifel zu ziehen, dass er selbst seine Doktorarbeit beendet habe, bevor er sich in den Senat habe wählen lassen. »Kommen Sie zu uns zurück, wenn Sie Ihren Doktor haben, Doktorand McCoy«, sagte er spöttisch. An jenem Abend brachten die Nachrichten von CBS einen ausführlichen Bericht über meine Aussage. Zu einer Zeit, wo es nur drei Fernsehsender gab, ging diese Berichterstattung weit über das hinaus, was ich mir zu Beginn meiner Reise hätte erträumen können.

Den Rest der Woche wurde ich durch die Hallen des US-Kongresses gereicht. Im Abgeordnetenhaus traf ich mit der Vereinigung afroamerikanischer Kongressabgeordneter (Congressional Black Caucus) zu einem zweistündigen Informationsgespräch zusammen, bei dem die Abgeordneten Charles Rangle aus Harlem und John Conyers aus Detroit auf Details drängten. Dann erscholl der Ruf von Senator William Fulbright – jenem Volkstribun, der als Vorsitzender des mächtigen Ausschusses für auswärtige Beziehungen dafür berühmt war, Apologeten des Weißen Hauses vor im Fernsehen übertragene Anhörungen zu zitieren, um die Fehlschläge ihrer Kriegspolitik bloßzustellen. Um 18 Uhr führte mich ein Assistent in einen abgedunkelten Anhörungsraum unter der Kuppel des Kapitols, wo im blassen Licht Goldblätter an den Wänden glitzerten. Als ich meine Forschungsergebnisse zusammenfasste, unterbrach mich der Senator, sein Gesicht in Dunkelheit gehüllt, mit müder, zitternder Stimme und sagte, er habe schon seit Jahren, Jahren von der CIA-Komplizenschaft im Drogenhandel gewusst. Aber es sei hoffungslos, hoffnungslos. Niemand, niemand könne dagegen etwas tun.

Einige Tage später rief meine Lektorin Elisabeth Jakab aus New York an und bat mich zu einem Treffen mit dem Chef und Vizechef des Verlagshauses Harper & Row. Der sorgsam manikürte Verlagsleiter, Winthrop Knowlton, empfing uns in seinem Chefbüro mit Blick auf den gotischen Türmchenwald der St. Patrick's Cathedral und erklärte, dass Cord Meyer jr., Vizeplanungsdirektor der CIA (tatsächlich Vizedirektor für verdeckte Operationen), kürzlich dem ehemaligen Verlagschef von Harper & Row, Cass Canfield sr., einem alten Freund aus der New Yorker Gesellschaft, einen Besuch abgestattet habe. Mit der Behauptung, mein Buch stelle eine Bedrohung der nationalen Sicherheit dar, bat die CIA Harper & Row, es nicht zu veröffentlichen. Zu seiner Ehre hatte Canfield abgelehnt, sich aber mit einer Vorabprüfung des Manuskripts durch die CIA einverstanden erklärt. Knowlton zeigte wenig Geduld für eine Diskussion der Pressefreiheit und verlangte meine sofortige Zustimmung. Falls nicht, würde man mein Buch nicht veröffentlichen. Als ich um Zeit bat, die verfassungsrechtlichen Probleme der Angelegenheit zu erwägen, gab er mir einen Tag.

Die folgenden 24 Stunden kam ich nicht zur Ruhe. Mein Freund David Obst, ein freier Literaturagent in Washington, nahm Kontakt zu Hal Dutton vom Verlagshaus E.P. Dutton auf. Der Verleger war empört über Harpers Entscheidung, das Manuskript, *irgendein* Manuskript, vorab von der CIA prüfen zu lassen. Er war bereit, das Buch zu veröffentlichen, gab aber zu bedenken, dass sich wegen des Lektorats und eines möglichen Rechtsstreits mit Harper & Row eine Verzögerung von sechs Monaten ergeben könnte.

Statt die Veröffentlichung aktuellen Materials zu verzögern, traf ich mit Harper & Row dann doch noch einen Kompromiss. Wir ersannen einen Weg, das Manuskript zwar vorab der CIA zur Prüfung vorzulegen, aber dabei zumindest einen Rest herausgeberischer Integrität zu wahren.

Auf einen Tipp unseres gemeinsamen Freundes David Obst hin brauste Seymour Hersh, damals investigativer Reporter der *New York Times*, wie ein tropischer Sturm durch die Büros von Harper & Row, bombardierte die Mitarbeiter mit Fragen und veröffentlichte auf der Titelseite seine Enthüllungsgeschichte über den Versuch der CIA, das Buch zu verhindern. In derselben Woche griff die *Washington Post* in einem Leitartikel die Verletzung der Pressefreiheit durch die CIA an. Und im TV-Magazin *Chronolog* des Fernsehsenders NBC berichtete der altgediente Korrespondent Garrick Utley eine Stunde lang über die Komplizenschaft der CIA mit dem laotischen Drogenhandel.

Mit einer Flut negativer Medienberichte konfrontiert, übergab die CIA Harper & Rowe einen Prüfungsbericht voller unbelegter, unglaubwürdiger Dementis. Die Replik der CIA war, offen gesagt, ein verlogenes Dokument. Um zum Beispiel meine Behauptung zu widerlegen, dass die Allianz der CIA mit irregulären nationalchinesischen Truppen in Birma zur Ausweitung der Opiumproduktion geführt hatte, leugnete der Geheimdienst schlicht, dass diese Truppen jemals etwas mit Drogenhandel zu tun gehabt hätten. Dabei hatte der Geheimdienst, wie ich später erfuhr, nur fünf Monate zuvor zwei Millionen Dollar ausgegeben, um die »letzten« 26 Tonnen Opium aufzukaufen und zu verbrennen, die eben jene nationalchinesischen Söldner aus Nordbirma herausgeschafft hatten.

Nachdem ich die Kritik der CIA mit meinen Aufzeichnungen und dem Manuskript verglichen hatte, kamen die Justiziare des Verlags zu dem Schluss, dass die Klagen des Geheimdienstes unbegründet seien. Im August 1972 schaltete Harper & Row eine viertelseitige Anzeige in der *New York Times*, die das Erscheinen meines Buches ankündigte – vollständig und unverändert.

In der Öffentlichkeit geschlagen, wandte sich die CIA nun verdeckten Mitteln zu und zupfte an jedem Faden, den das fadenscheinige Leben eines mittellosen Uniabsolventen nur hergab. In den folgenden Monaten schüchterten CIA-Agenten in Laos meine Quellen ein; das FBI zapfte mein Telefon an; das Finanzamt überprüfte mein an der Armutsgrenze liegendes Einkommen; das Ministerium für Gesundheit, Erziehung und Soziales nahm mein Postgraduiertenstipendium unter die Lupe; die Geschichtsfakultät von Yale drohte plötzlich unter dubiosen Gründen, mich aus dem Doktorandenprogramm zu werfen, wurde aber von meinem Supervisor Bernhard Dahm daran gehindert, der als Gastprofessor aus Deutschland gegen politischen Druck einigermaßen abgeschirmt war. In diesen schwierigen Tagen rief mich der New Yorker Kongressabgeordnete Ogden Reid an, einflussreiches Mitglied des Ausschusses für auswärtige Beziehungen des Abgeordnetenhauses, um mir mitzuteilen, dass er Inspektoren nach Laos schicken würde, um die Opiumsituation zu untersuchen.

Mehrere Wochen später landete ein Hubschrauber im Dorf Long Pot, und ein CIA-Mann befahl Ger Su Yang, mit ihm zum CIA-Stützpunkt Long Tieng zu fliegen. Als sie auf das zerklüftete Terrain unter sich blickten, sagte der Amerikaner dem Hmong-Führer, dass er besser leugne, was er über das Opium gesagt hatte. Beim Gespräch mit den Kongressinspektoren log Ger Su Yang und stritt alles ab. Bald nachdem man ihn in sein Dorf zurückgeflogen hatte, besuchte ihn John Everingham auf einer seiner regelmäßigen Bergtouren. Ger Su Yang erzählte ihm seine Erlebnisse mit den Amerikanern und entschuldigte sich für seine Lügen.

Obwohl ich das erste Medienscharmützel gewonnen hatte, gewann die CIA den längeren bürokratischen Krieg. Sie brachte meine Quellen zum Schweigen, verkündete öffentlich ihren Abscheu vor Drogen und überzeugte schließlich den Kongress von ihrer Unschuld an jeglichen Missetaten. Bei seinen Anhörungen über CIA-Morde akzeptierte der Kongress drei Jahre später die Versicherung des Geheimdienstes, dass keiner seiner Agenten am Drogenhandel beteiligt gewesen sei – ein Vorwurf, den niemand erhoben hatte. Aber der Kongress befragte die CIA nicht über ihre Bündnisse mit führenden Drogenbaronen – den aus meiner Sicht entscheidenden Aspekt der CIA-Komplizenschaft im Drogenhandel. Als dann Mitte der 70er Jahre der Drogenstrom in die USA und die Anzahl der Abhängigen abnahmen, reduzierte sich Heroin zunehmend auf ein Problem verwahrloster Innenstädte. Die

Medien wandten sich neuen Sensationen zu; das Thema geriet weitgehend in Vergessenheit.

Hätte der US-Geheimdienst nicht die Untersuchungen des Kongresses manipuliert, hätten gesetzliche Beschränkungen künftiger Geheimoperationen vielleicht die Komplizenschaft der CIA bei den vernichtenden Heroin- und Kokainepidemien der 80er Jahre verhindert. Ohne die logistische Unterstützung und den politischen Schutz der CIA wäre es den Drogenbaronen Asiens und Nord- und Südamerikas vielleicht nicht gelungen, derart unbegrenzte Mengen von Heroin und Kokain zu liefern, und die Ausbreitung der Drogenepidemien in den USA hätte vielleicht gehemmt werden können. Tatsächlich aber überzeugte die CIA den Kongress von ihrer Integrität in der Drogenfrage und blockierte damit jede Chance auf Reform.

Der Schutzschild, den die US-Drogenbehörde um die USA aufbaute, verschaffte dem Land zwar während der 70er Jahre eine kurze Atempause, lenkte die Heroinexporte des Goldenen Dreiecks aber schlicht in neue Märkte in Europa und Australien um. Zum ersten Mal in über einem halben Jahrhundert litten nun beide Kontinente unter massenhaftem Drogenmissbrauch. Zur Untersuchung dieser neuen Heroinroute machte ich mich abermals nach Südostasien auf, um dieses Buch für eine französische Übersetzung auf den neusten Stand zu bringen und Material für ein neues Buch über das organisierte Verbrechen in Australien mit dem Titel *Drug Traffic* zu sammeln.

Nach einem Jahrzehnt in Australien, wo ich als Universitätsdozent gearbeitet hatte, flog ich in die USA zurück, um eine Stelle an der Universität von Wisconsin anzutreten – nur einige Monate, bevor Präsident George Bush seinen »Krieg gegen die Drogen« erklärte. Zur gleichen Zeit schlug mir eine New Yorker Verlegerin, Shirley Cloyes von Lawrence Hill Books, eine überarbeitete Ausgabe meines ersten Buches vor. Ich musste nicht mehr mein Leben aufs Spiel setzen, um dieses Buch für die zweite Ausgabe 1990 auf den neuesten Stand zu bringen. Einst ein abseitiges Thema mit wenigen Quellen, hatte die Ausbreitung des Drogenhandels in den 20 Jahren zwischen der ersten und zweiten Ausgabe dieses Buches die Literatur darüber beträchtlich anschwellen lassen. Bei dieser ersten Überarbeitung halfen mir viele, die mir Dokumente und ihr Fachwissen zu Verfügung stellten.

Meine Arbeit an der vorliegenden Ausgabe begann vor acht Jahren, als mich eine Reihe ungeplanter Ereignisse über die Untersuchung der CIA-Komplizenschaft im Kalten Krieg hinaus zu einer Kritik der amerikanischen Antidrogenkriege führte. Im März 1994 reiste ich als Berater einer australischen TV-Dokumentation wieder einmal ins Goldene Dreieck. Bei einer Drehpause in Nordthailand fragte mich der Regisseur Chris Hilton in der lakonischen Art seiner Landsleute, ob ich nicht ein Interview mit einem birmanischen Drogenbaron für ihn auftreiben könne. Nach einem Anruf bei dem Journalisten Bertil Lintner in Bangkok wählte ich die Satellitentelefonstation des »Heroinkönigs« Khun Sa in Homong, der Bastion seines Drogenimperiums im birmanisch-thailändischen Grenzland.

Ein paar Tage später kletterten ein Kameramann und ich durch einen thailändischen Wald in 1.200 Meter Höhe zu einem Treffen, das mir 20 Jahre zuvor entgangen war. Wir überquerten die unmarkierte Grenze und stiegen auf der birmanischen Seite in ein Rebellendorf hinab, wo wir uns dem örtlichen Kommandeur von Khun Sas Mong-Tai-Armee präsentierten. Er blickte auf unsere Papiere und hielt einen vorbeifahrenden Lastwagen an. Nach einstündiger Fahrt durch Staub und den Rauch von Feuern, die den Wald für die Mohnaussaat abbrannten, erreichte der Lkw einen Hügelkamm und hielt an einem Wachposten. Da lag sie vor uns wie eine verlorene Inkastadt in den Höhen der Anden: Zu unseren Füßen erstreckte sich Homong, eine Stadt von 10.000 Einwohnern in einem ausgedehnten Tal, die nur wenige Jahre zuvor aus dem Dschungel geschlagen worden war, Hauptstadt einer nationalen Revolution.

Fast eine Stunde wand sich der Lastwagen auf seinem Weg durch die Talsohle, vorbei am Damm des Wasserkraftwerks, der Leichtindustriezone und dem Ausbildungslager für Tausende neuer Rekruten. Der Lkw hielt an Khun Sas Hauptquartier vor einer blauen Tafel mit den Worten: »Das Gesetz des Menschen ist Disziplin.« Schützengräben zogen sich durch die Talsohle. Jede Erhebung war von Bombenunterständen durchlöchert. SAM-7-Raketen, 1972 über Hanoi so tödlich gegen die B-52-Bomber der USA eingesetzt, ragten von den höchsten Hügelspitzen auf. Anders als die verschlafenen Städte Nordthailands wimmelte Homong vor Betriebsamkeit: marschierende Soldaten, Planierraupen, die neue Straßenschneisen schlugen. Der Wohlstand in diesen entlegenen Bergen wirkte so außergewöhnlich wie gespenstisch. Denn es war Heroin, das meiste davon für die USA bestimmt, mit dem die Munition, jeder Ziegel und jede Unterkunft bezahlt worden war.

Khun Sa stand damals auf der Höhe seiner Macht. Er befehligte 20.000 Soldaten in einem Krieg gegen drei birmanische Armeedivisionen. Er herrschte über eine Rebellenregierung, die die Herrschaft über acht Millionen Bürger beanspruchte. Er kontrollierte die Hälfte des Weltheroinangebots. Er war der mächtigste Drogenbaron der Welt mit einem nie zuvor oder je wieder erreichten Marktanteil. Er kaufte birmanische und thailändische Armeegeneräle, was es ihm ermöglichte, einem US-Haftbefehl und einer später auf seinen Kopf ausgesetzten Belohnung von zwei Millionen Dollar zu spotten. Er hatte gerade die Bevölkerung mehrerer nahe gelegener Dörfer abgeschlachtet, die es gewagt hatte, Opium an seine Rivalen zu verkaufen.

Ich fand das Treffen mit dem Kriegsherrn erschöpfender als die Erklimmung seiner Berge. An der Oberfläche wirkte unser Interview freundschaftlich, zuweilen sogar jovial. Im Rückblick waren wir wohl gleichermaßen voneinander fasziniert: Meine westlich verklärte Sicht auf den Shan-Kriegsherrn traf sich mit seiner östlich verklärten Vorstellung von einem amerikanischen Akademiker. So wie mich die Aufspreizung seines Egos zu einer Armee, einem Staat, zu einer weltweit gehandelten, illegalen Ware fesselte, schien Khun Sa, als er während unseres Interviews endlos mein Buch befingerte und durchblätterte, von meiner Fähigkeit zur Verdichtung eingenommen zu sein, mit der ich die dreidimensionale Realität des Shan-Staates, seiner Armeen und seiner Kämpfe in zwei Dimensionen zwischen zwei Buchdeckel gebannt hatte.

Aber gleich unter dieser oberflächlichen Freundlichkeit lauerte eine spürbare Spannung. Nachdem er uns drei Stunden hatte warten lassen, war Khun Sa mit Höchstgeschwindigkeit in einem japanischen Lastwagen herangedonnert, auf der Ladefläche sechs festgeklammerte Soldaten mit M-16-Gewehren, Lauf nach oben. Beim plötzlichen Halt sprangen seine Wächter ab und bildeten einen Kordon um unseren Teetisch. In Khakiuniform ohne Rangabzeichen marschierte der General geradewegs auf uns zu, trat dicht vor mein Gesicht und drückte meine Hand mit festem Griff. Bei jeder Begegnung, ganz gleich, wie unbedeutend, war er entschlossen, zu dominieren, mit jener Willenskraft, die ihn vom Soldatenjungen zum Heroinkönig hatte aufsteigen lassen. Khun Sa eröffnete das Gespräch mit einem Angebot, meine Dienste als Autor zu kaufen, und erzählte dann sein Leben, wobei er sich als Shan-Nationalist, als Freiheitskämpfer neu erfand. Als mir klar wurde, dass er uns mit Plattitüden überhäufen würde, wenn ich seinen Redestrom nicht bremste, mühte ich mich ab, ihn auf das Feld der Realpolitik von Gewehren, Drogen und Dollar zu manövrieren.

Nach, wie es schien, endlosen psychologischen Sparringsübungen beugte sich Khun Sa schließlich widerwillig der Autorität der Videokamera. Als ihn meine Fragen auf das unangenehme Terrain von Drogen und Geld führten, untermauerte er seinen Gegenangriff, indem er seinen Oberschenkel gegen meinen presste, seine Schulter an meine Brust stieß und mein Knie in einen harten Griff nahm. Als wir uns nach meiner letzten Frage für Fotos aufstellten, beugte sich Khun Sa zu seinen Leibwächtern und bemerkte mit deutlicher Verärgerung: »Dieser Kerl ist größer als ich.« Dann presste er seine Wange gegen meine. Ich konnte das Malariagelb in seinen Augen, die Tabakflecken auf seinen Zähnen und die schwarzen Nasenhaare sehen, die sich von der blassen Haut abhoben. Beim Abschiedshandschlag verdrehte er mir die Hand und griff so fest zu, dass meine Knöchel knackten. Plötzlich löste er den schmerzvollen Griff und rief: »Los!« Die Leibwächter sprangen auf den Lastwagen, und er donnerte mit 80 Stundenkilometern die Lehmpiste hinunter. Statt seine Abfahrt zu fotografieren, sackte ich auf meinen Stuhl zurück, wobei ich meine Arme, deren Angstkrampf sich plötzlich löste, nach hinten warf, sodass die Kamera durch den Raum segelte. Sie brach auf; der Film war hin.

Drei Monate später, zurück in meiner Universität in Madison, erhielt ich einen unerwarteten Anruf, der mich über die Bedeutung meines Treffens mit Khun Sa ins Grübeln brachte. Ein Forscher von der Abteilung für angewandte Physik des Battelle Institute, einem Forschungszweig der Ohio State University, wollte wissen, ob ich ihm bei einem überaus schwierigen Auftrag des US-Verteidigungsministeriums helfen könne. Die Regierung Clinton führte eine Überprüfung der US-Drogenpolitik durch. Nun hatte die Abteilung für Drogenbekämpfung des Pentagons, das Office of Drug Enforcement Policy and Support, seiner Denkfabrik den Auftrag erteilt, mein Buch zu lesen und daraus Empfehlungen für politische Maßnahmen abzuleiten. Als Physiker an ein rationales Universum und lösbare Probleme gewöhnt, fanden die Forscher vom Battelle Institute die US-Drogenpolitik und mein Buch nahezu unverständlich.

So begleitete mich im Juli 1994 Vince Puglieli, der Leiter für angewandte Physik des Battelle Institute, zu einem Lunch im Pentagon und einem Informationsgespräch mit Brian Sheridan, ehemals Experte bei der CIA, nun Vizeunterstaatssekretär im Verteidigungsministerium. Etwa 60 Menschen bevölkerten den Tagungsraum, um sich meinen Vortrag über »Die Geschichte der Opiumproduktion und Folgerungen für die US-Drogenpolitik« anzuhören. Der innere Kreis bestand aus Militäroffizieren mittlerer Ränge mit Namensschildern, der äußere aus Experten in anonymen Anzügen. Nachdem Brian Sheridan mit einigen klugen Fragen begonnen hatte, entwickelte sich die Diskussion zu einer weit ausholenden Kritik der US-Drogenpolitik, was darauf hinwies, dass viele Pentagon-Mitarbeiter Zweifel über die Erfolgschancen dieses endlosen Kriegs gegen eine unsichtbare Armee hegten.

Als ich mit der U-Bahn zum National Airport fuhr, um von dort nach Hause zu fliegen, konnte ich nicht umhin, die Ironie der Situation auszukosten. Ich musste die Biegsamkeit des amerikanischen Staates bewundern, der mich 20 Jahre zuvor erst wegen subversiver Ideen wie ein Insekt zu zerquetschen versuchte, nur um mich jetzt zum Mittagessen einzuladen, um die Konsequenzen eben dieser Ideen für politische Reformen zu erörtern. Eine Woche später rief Vince Puglieli an. Er war mit meinem Abschlussbericht zufrieden und sagte, man habe aus dem Weißen Haus eine beispiellose Bestellung von 75 Exemplaren erhalten. Aber die Novemberwahlen brachten republikanischen Konservativen die Mehrheit im Abgeordnetenhaus. Präsident Clinton steuerte bei der Verbrechensbekämpfung hart nach rechts, indem er der Omnibus Crime Bill* zustimmte, ernannte General Barry McCaffrey zum Antidrogenzar und warf die Drogengesetzreform über Bord.

Aber es war Khun Sas plötzliche Kapitulation zwei Jahre später, die mich wirklich zwang, über die Bedeutung des amerikanischen Antidrogenkriegs neu nachzudenken. Angesichts der vorrückenden birmanischen Armee und des Drucks aus Washington, ihn festzunehmen, ließ General Khun Sa einfach 5.000 Soldaten zu einer Kapitulation vor laufenden Kameras antreten und zog sich als gesetzestreuer Finanzier zurück. Wie zum Hohn des diplomatischen und militärischen Aufgebots, das man gegen ihn in Stellung gebracht hatte, verminderte sich der Heroinstrom aus dem Goldenen Dreieck nach dem Fall des

---

* Dieses Gesetzespaket beinhaltete u. a. die Neueinstellung von 100.000 Polizeibeamten, den Bau zusätzlicher Gefängnisse, die Finanzierung von Präventionsprogrammen, das Verbot verschiedener Handfeuerwaffen in Privatbesitz und einen erweiterten Geltungsbereich der Todesstrafe. Barry McCaffrey ist der höchstdekorierte Viersternegeneral in der Geschichte der USA – möglicherweise jedoch auch ein Kriegsverbrecher. Augenzeugen gaben zu Protokoll, seine Truppen hätten im zweiten Golfkrieg noch zwei Tage nach Beginn des Waffenstillstandes eine irakische Einheit auf dem Rückzug angegriffen und vernichtet sowie 350 oder 400 unbewaffnete Kriegsgefangene getötet. Den Vorwürfen ist nie nachgegangen worden. (A. d. Ü.)

mächtigsten Drogenbarons der Geschichte kaum. Dennoch bleibt die Gefangennahme von Kriminellen wie Khun Sa bis heute ein Hauptziel des US-Krieges gegen die Drogen. Von 1981 bis zur Gegenwart bestand das letzte Ziel des amerikanischen Drogenkriegs darin, Kartelle zu zerschlagen und ihre Führer zu fassen, ob Pablo Escobar, Manuel Noriega oder Khun Sa. In der Logik dieser Kriegsmetapher hätte Khun Sas Fall, wie der von Pablo Escobar, Anlass für eine Siegesparade sein müssen. Aber niemand in Washington marschierte auf. Warum nicht?

Obwohl im globalen Drogenhandel von zentraler Bedeutung, sind Drogenbarone wie Khun Sa gegen Repression immun. Sie können nur verhaftet werden, wenn der Handel sich so verlagert, dass sie Macht, Gewinne und Schutz verlieren – was sie überflüssig und ihre Festnahme bedeutungslos macht. Kurz, wir fangen nur dann einen Drogenbaron, wenn er keiner mehr ist. Denkt man über dieses Paradox nach, stellen sich Fragen über die Effizienz der amerikanischen Drogenkriege, denen ich im letzten Kapitel dieses Buches auf den Grund gehe. Wenn die Festnahme von Khun Sa, dem König der Drogenkönige, bedeutungslos ist, wie lässt sich dann ein Krieg gegen die Drogen gewinnen? Wenn wir aber nicht gewinnen können, warum kämpfen wir dann noch nach 30 Jahren weiter? Sollten wir noch einmal 30 Jahre kämpfen?

Im Rückblick auf die vergangenen 30 Jahre geht die Neuausgabe dieses Buches über reine Enthüllungen hinaus, um die beiden zentralen Fragen zu klären, die in den vorangehenden Ausgaben ungelöst blieben: die Rolle nämlich, die Verbotspolitik und Protektion bei der Stimulierung des globalen Drogenhandels spielen. Die Erstausgabe dieses Buches von 1972 erkundete den Schutz, den die CIA im Kalten Krieg den mit ihr verbündeten Drogenbaronen gewährte, und löste damit eine Kontroverse aus. Da der amerikanische Krieg gegen die Drogen etwa zu jener Zeit begann, als diese Erstausgabe erschien, musste die Frage, was die Verbotspolitik bewirkt, bis zur zweiten Ausgabe 20 Jahre später warten. Selbst dann noch, 1991, hatten wir erst die ersten Schlachten des Drogenkriegs hinter uns, und die Belege für meine Kritik waren begrenzt. Heute aber, ein Jahrzehnt später, haben Prohibition und Protektion eine jener Wasserscheiden erreicht, die Historiker zu brauchen scheinen. Ökonomen oder Politikwissenschaftler können die Zukunft irgendwie aus dem statistischen Kaffeesatz der Gegenwart ablesen. Historiker wie ich jedoch treffen offenbar dann ihre verlässlichsten Aussagen, wenn sich Ereignisse erschöpfen und eine Wasserscheide erreichen, die die Gegenwart in Vergangenheit verwandelt. Dann, von den Kommandohöhen der Gegenwart aus, können wir diese Vergangenheit überblicken, um mit gebieterischer Autorität nicht nur zu erklären, was geschehen ist, sondern auch, warum. Meine Studien über die Drogenverbotspolitik kreisen an jeder Wendung um die Person von General Khun Sa und zeichnen seinen 50-jährigen Aufstieg vom Soldatenjungen zum Herrn der Drogenbarone nach, der über 20.000 Soldaten und die Hälfte der Weltheroinproduktion gebot. Khun Sas Fall 1996 und der Umstand, dass er sich auf den Drogenhandel in keiner Weise auswirkte, erlaubten es mir plötzlich, vollständig und deutlich die kontraproduktive Dynamik der amerikanischen Prohibitionspolitik zu erkennen. Zwei Jahre später veranlasste eine erbitterte Kontroverse über den Schutz von Kokainschmugglern während der Nicaragua-Operation der CIA deren Generalinspekteur zu einer Untersuchung. Der Untersuchungsbericht belegte mit seinen Zitaten aus internen Dokumenten und Befragungen eben jenen CIA-Schutz für die Drogenbarone, den ich in der ersten Ausgabe dieses Buches aus der Außenperspektive beschrieben hatte. Weitere Beweise lieferten die Afghanistan-Operationen von 1979–1989 und 2001–2002: Auch hier bestätigte sich mit bemerkenswerter Ähnlichkeit das Muster der CIA-Protektion für verbündete Drogenbarone, das ich schon in der Erstausgabe für Birma und Laos nachgewiesen hatte. Kurz, die umstrittene These dieses Buches über die CIA-Komplizenschaft im Drogenhandel wird von den eigenen Quellen des Geheimdienstes und, wichtiger noch, von der Geschichte selbst untermauert. Dem Geist von Cord Meyer jr. und anderen CIA-Vertretern, die dieses Buch wegen angeblicher Lügen verhindern wollten, kann ich nun schlicht entgegenhalten: Dies ist, in den Grenzen menschlicher Fehlbarkeit, eine objektive, genaue Darstellung der Vergangenheit. Und aus all diesen Gründen ist dies sowohl die dritte wie auch die letzte Ausgabe dieses Buches.

Bei den Überarbeitungen im Hinblick auf diese Ausgabe kam mir die großzügige Hilfe meiner Lektorin Linda Matthews, meiner Forschungsassistenten Mathew Gildner und Ellen Janosz, von Judith L. Tuohy von der Memorial Library der University of Wisconsin und von Onno Brouwer vom Cartography Laboratory der Universität zugute. Ich bin besonders jenen zu Dank verpflichtet, die frühere Fassungen gelesen und kluge Kommentare beigesteuert haben, darunter Brian Fegan aus Sydney, Alain Labrousse aus Paris, John Roosa aus Jakarta, John Leake aus Adelaide, Paul Cohen von der Macquarie University,

Dreux Montgomery aus Madison und Jeremy Suri von der University of Wisconsin. Vor Jahren hatte ich in einem kleinen Internat in Connecticut das große Glück, Englischunterricht bei Robert Cluett nehmen zu können, der mir die Fähigkeit zu klarer Prosa und kritischem Denken beibrachte. Aber vor allem bin ich über die Maßen meiner Frau Mary McCoy zu Dank verpflichtet, die mir mit ihrer einsichtsvollen Unterstützung half, diese Ideen zu artikulieren und viele davon wieder infrage zu stellen. Für all diese so großzügig gewährte Hilfe bin ich dankbar, bleibe jedoch, wie immer, allein verantwortlich für Fehler, die sich bei allen aufgebotenen Fakten oder Interpretationen eingeschlichen haben sollten.

Alfred W. McCoy
Madison, Wisconsin, August 2002

Einleitung:
Eine kleine Geschichte des Heroins

Am 15. März 1990 gab US-Generalbundesanwalt Richard Thornburgh eine Pressekonferenz, um eine große Initiative im Krieg der USA gegen die Drogen zu verkünden. Im Justizministerium im Zentrum Washingtons teilte er Journalisten mit, dass im Dezember des Vorjahres das Brooklyner Distriktgericht geheime Anklage gegen einen gewissen Khun Sa erhoben habe, den »Fürsten des Todes«. Die Rede war von einem obskuren Opiumkriegsherrn, der damals eine halbe Welt entfernt im Dschungel von Nordbirma lebte. Die Anklageschrift beschuldigte besagten Khun Sa, über einen Zeitraum von 18 Monaten ca. 1.560 Kilo Heroin nach New York eingeführt zu haben. In Sonderheit legte man Khun Sa zur Last, Besitzer der 1.070 Kilo Heroin zu sein, die 1988 auf dem Weg nach New York in Bangkok abgefangen worden waren – bis dato die größte je beschlagnahmte Heroinmenge. Nach Aussage des US-Justizministeriums war der birmanische Kriegsherr der führende Heroinlieferant New Yorks. Der Leiter der US-Drogenbehörde (Drug Enforcement Administration, DEA), John Lawn, nannte Khun Sa »den selbst ernannten Opiumkönig«; die Bundesstaatsanwaltschaft bezeichnete ihn als »den mächtigsten Drogendealer des Goldenen Dreiecks«.[1]

Die Anklage gegen Khun Sa, nur wenige Monate nachdem Präsident George Bush den »Krieg gegen die Drogen« erklärt hatte, schien die Möglichkeit zu verheißen, eine zweite Front in diesem globalen Kreuzzug zu eröffnen. Im Dezember 1989 waren nämlich bereits 24.000 US-Soldaten in Panama einmarschiert, um den karibischen »Drogenbaron« General Manuel Noriega gefangen zu nehmen und nach Miami zu bringen, wo er wegen Kokainschmuggels vor Gericht gestellt wurde. Würden die USA nun in ihrer Verfolgung von Khun Sa ähnlich aggressiv

Maßnahmen ergreifen und Truppen entsenden, um ihn dingfest zu machen? »Wir haben ja ein Auslieferungsabkommen mit Birma«, erwiderte der Generalbundesanwalt. »Es wurde noch nie angewendet, aber wir werden jeden Weg beschreiten, um die Kooperation der birmanischen Regierung sicherzustellen.«[2]

Nach den dramatischen Behauptungen über Khun Sas Macht wirkte der Appell des Generalbundesanwalts an die Mithilfe eines korrupten Regimes in Rangun, gelinde gesagt, ernüchternd. Seit beinahe 30 Jahren hatte Rangun den Opiumhandel als politisches Instrument eingesetzt und bevorzugte Drogenbarone wie Khun Sa beschützt. Würden US-Kampftruppen nun, falls Birma nicht kooperierte, um den halben Globus fliegen, um Khun Sas Opiumreich zu erstürmen – ein Reich, das sich über mehr als 150.000 Quadratkilometer in den unwegsamsten südostasiatischen Bergen erstreckte? Und selbst wenn man den Opiumkönig vor einen Richter in Brooklyn brachte: Das Ranguner Militärregime zog bereits seinen Nachfolger heran.

Die Diskrepanz zwischen den schweren Anschuldigungen des Generalbundesanwalts und den ohnmächtigen Handlungen der US-Strafverfolger demonstriert die Beschränkungen des weltweiten Drogenkriegs der USA. Die Invasion in Panama war nur ein begrenzter Schlag gegen ein nachgeordnetes Drogenfinanzzentrum mit geringen Auswirkungen auf den kolumbianischen Kokainhandel. Anders als in einer konventionellen Schlacht, wo die Gefangennahme eines großen Generals einem Sieg gleichkommt, wird der Krieg gegen Drogen gegen eine Ware des Welthandels geführt – kontrolliert nicht von einzelnen Menschen, sondern von unsichtbaren Marktkräften.

Die Gefangennahme Noriegas und die Anklageerhebung gegen Khun Sa waren der Gipfel einer US-Drogenpolitik, die sich fast 100 Jahre lang dagegen gesperrt hatte, das Scheitern repressiver Mittel anzuerkennen. Angetrieben von einem kurzsichtigen Moralismus, ignorierte die US-Politik die fundamentale Marktdynamik des globalen Drogenhandels. Seit mehr als zwei Jahrhunderten werden Betäubungsmittel – Opium, Koka und ihre Derivate – so vertrieben wie andere bedeutende Waren des Welthandels auch. Diese Waren folgen den fließenden Gesetzen von Angebot und Nachfrage, denen mit schlichter Repression nicht beizukommen ist. In den letzten 30 Jahren ist nicht nur jedes Verbot daran gescheitert, den weltweiten Handel auszumerzen, sondern hat ganz direkt zur Ausweitung sowohl der Produktion als auch des Drogenkonsums beigetragen.

Obwohl Opium sehr viel Ähnlichkeit mit einer normalen Handelsware hat, verleiht sein Verbot dem Handel damit einige besondere Merkmale. Gerade die Illegalität sichert dem Opiumhandel nämlich weit größere Gewinnspannen und schafft den gewaltigen Geldstrom, der die Stammesführer einzelner Bergvölker der Dritten Welt mit den Verbrechersyndikaten in den Städten der Ersten Welt verbindet. Dieser illegale Handel ermöglicht Heroinhändlern auf allen Ebenen enorme Einkünfte, mit denen sie sich gegen jeden Repressionsversuch immunisieren können.

Drogen sind nicht einfach illegal oder unmoralisch. Sie sind die Quelle außergewöhnlicher Profite und Macht. Opium und Kokaprodukte sind globale Waren. Sie unterliegen politischen und ökonomischen Bedingungen – und produzieren sie zugleich –, die man nicht unberücksichtigt lassen darf. Um die Dynamik des globalen Drogenhandels zu verstehen, müssen wir die Geschichte dieser besonderen Waren in einer Weise untersuchen, die amerikanische Politiker stets tunlichst vermieden haben.

Eine Sozialgeschichte des Heroins

Seit Urzeiten haben die meisten Gesellschaften, unabhängig von Ort und Entwicklungsstand, Drogen zur Heilung und Entspannung verwendet. Alkohol wird in ganz Europa und Asien genossen, im Pazifikraum ist Kawa verbreitet, und die vorkolumbianischen Gesellschaften in Nord- und Südamerika kauten Peyote und Kokablätter.* Aber unter den vielen natürlichen Drogen der Welt – darunter Alkohol, Tabak, Marihuana, Kawa, Peyote, Betel, Kat** – wurden Opium und Koka erst gefördert und dann verboten, auf eine Weise, die sie in den letzten beiden Jahrhunderten zur Quelle von Profit, Macht, Korruption und geheimen Absprachen machte.

---

* Kawa ist ein schwach berauschendes Getränk aus der Wurzel des Kawapfeffers, Peyote der getrocknete, oberirdische Teil der mexikanischen Kakteenart *Lophophora williamsii*, der Alkaloide enthält. (A. d. Ü.)

** Das Kauen der Nüsse der Betelnusspalme hat eine stimulierende und euphorisierende Wirkung und ist von Indien bis China, in Indonesien, auf den Philippinen, in Teilen des Pazifiks und an einigen Küstenstrichen Ostafrikas verbreitet. Die Blätter der wildwachsenden Kat-Pflanze *(Catha edulis)*, die in bestimmten Regionen Ostafrikas und der arabischen Halbinsel vorkommt, werden wegen ihrer aufputschenden Eigenschaften gekaut. (A. d. Ü.)

Opium ist Teil der altehrwürdigen Handelsgeschichte Asiens. Der Stoff, ein Extrakt der Schlafmohnpflanze *(Papaver somniferum)*, wird seit über einem Jahrtausend auf dem ganzen Kontinent angebaut und gehandelt – zuerst als legale Droge, dann, im 20. Jahrhundert, als illegales Narkotikum. Opium wird in antiken assyrischen, ägyptischen, griechischen und römischen Quellen, die bis auf die Bronzezeit zurückgehen, als Arzneimittel erwähnt.[3] Ursprünglich im östlichen Mittelmeerraum beheimatet, breitete sich Opium über den Fernhandel allmählich nach Osten aus, bis es im 8. Jahrhundert n.Chr. China erreichte. So bildete sich eine abgrenzbare asiatische »Opiumzone« heraus, die sich über eine Länge von 7.500 Kilometern durch die Gebirge des Kontinents zieht. 1996 fanden sich noch immer über 96 Prozent der illegalen Opiumanbaufläche von 280.000 Hektar in dieser Zone, die sich heute auf das »Goldene Dreieck« (Birma, Thailand, Laos) und den »Goldenen Halbmond« (Afghanistan, Pakistan, Iran) konzentriert. Diese beiden Regionen, ergänzt durch weit kleinere Ernten in Mexiko und Kolumbien, produzierten 5.000 Tonnen Rohopium, von denen ein Drittel vor Ort konsumiert und der Rest zu ca. 300 Tonnen illegalen Heroins für den internationalen Handel verarbeitet wurde.[4]

Dem Kokabusch ist im präkolumbianischen Südamerika ebenfalls eine ehrwürdige Kultivierungsgeschichte zuzuschreiben. Die Rauschwirkung seiner Blätter war indessen jenseits der Anden wenig bekannt, bis Lamarck die Pflanze 1786 in seine botanische Enzyklopädie als *Erythroxylon coca* aufnahm. Im Gegensatz zu den drei Jahrhunderten, seit denen Opium eine auf dem Weltmarkt gehandelte Ware ist, wird das kommerzielle Kokaextrakt, Kokain, erst seit wenig mehr als einem Jahrhundert vertrieben – zuerst als legales Arzneimittel seit Ende des 19. Jahrhunderts, später, seit den frühen 80er Jahren des letzten Jahrhunderts, als bedeutende illegale Droge.[5] 1996 konzentrierten sich über 98 Prozent der 220.000 Hektar großen Kokaanbaufläche immer noch in den Anden (Kolumbien, Peru, Bolivien), wo eine Ernte von 300.000 Tonnen Kokablätter einen Ertrag von 1.000 Tonnen illegalen Kokains erbrachte.[6] Das vom asiatischen Opiumhandel vorgezeichnete Muster hat sich letztlich sowohl im Hinblick auf die legale als auch auf die illegale Phase Jahre oder sogar Jahrzehnte später in der Kokazone der Anden wiederholt.

In den 90er Jahren eroberten plötzlich synthetische Drogen große Anteile des illegalen Marktes. Wie Heroin und Kokain sind auch synthetische Stimulanzien eine Schöpfung der modernen Pharmaindustrie. Amphetamine wurden zuerst 1887 synthetisiert, »Ecstasy« (MDMA) 1914, Methamphetamine 1919.[7] Als sich in den 60er Jahren der Missbrauch von Amphetaminen häufte, weiteten die Vereinten Nationen 1971 mit dem Abkommen über psychotropische (das heißt auf die Psyche wirkende) Substanzen das Verbot natürlicher Drogen auf diese synthetischen Wirkstoffe aus. Seit Mitte der 80er Jahre bewirkte die illegale Herstellung von amphetaminartigen Substanzen laut UN »eine Welle des Missbrauchs synthetischer Drogen«. Wie Kokain in den 80er Jahren wurden Amphetamine in den 90er Jahren zu einem »bedeutenden Wachstumssektor des globalen Drogenmarktes«, wobei sich der Handel rasch über Asien, Europa und Nordamerika ausbreitete.[8]

Opium ist der Ahnherr aller illegalen Drogen. Seine Kommerzialisierung als Ware legte die Grundlage für den modernen – legalen und illegalen – Drogenhandel. Sein späteres Verbot schuf die Antidrogenbehörden und kriminellen Netzwerke, deren Interaktion den Handel anderer illegaler Drogen formte.

Opium, Morphium und Heroin werden alle aus dem Schlafmohn hergestellt, einer nicht frostempfindlichen, Blüten tragenden einjährigen Pflanze, die, sobald sie ihre Blütenblätter abgeworfen hat, eine eiförmige Fruchtkapsel enthüllt, in der sich der betäubende Saft befindet. In der Antike aß man die Samen des Mohns. Bauern im Mittelalter ritzten die Fruchtkapsel ein, um den Saft zu gewinnen. Moderne Pharmazeuten kochten den Milchsaft, um das Narkotikum Morphium zu extrahieren, und verbanden es später mit einer verbreiteten Chemikalie, um Heroin herzustellen. Verfolgt man die Ausbreitung des Opiums über Asien und darüber hinaus, zeichnen sich drei historische Phasen ab: zunächst als Volksheilmittel und Medizin in antiken Gesellschaften, das mit geringem Gewinn lokal gehandelt wurde; dann, seit dem 17. Jahrhundert, als Entspannungsdroge und Ware des Welthandels; und schließlich seit dem 20. Jahrhundert als verbotenes Heroin, das über große Entfernungen mit enormem Profit geschmuggelt wird.

Die Frühgeschichte des Opiums als Arznei überspannt annähernd 5.000 Jahre. In prähistorischer Zeit im Mittelmeerraum entdeckt und domestiziert, wird Opium in griechischen Arzneibüchern des 5. vorchristlichen Jahrhunderts und in chinesischen Texten des 8. Jahrhunderts n. Chr. erwähnt. Homers *Odyssee* beschreibt es als Droge »gegen Kummer und Groll und aller Leiden Gedächtnis« (4. Gesang, 221). Die Heileigenschaften von Opium wurden zuerst detailliert in den Werken des griechischen Arztes Hippokrates (466–377 v. Chr.) beschrieben und später von dem römischen Arzt Galen (130–200 n. Chr.) weiter erkundet.[9] Aus dem östlichen Mittelmeerraum verbreitete sich der Schlafmohn, eine Pflanze gemäßigten Klimas, die vor allem in den kühlen Hochländern des tropischen Asiens gedeiht, auf Handelswegen in die Bergregionen Indiens und Chinas. 973 n. Chr. stellte eine neunköpfige Kommission chinesischer Gelehrter fest, dass die Mohnsamen Heilkraft besäßen, und empfahl eine Kur, bei der man die Samen mit Bambussirup mischte. Der erste Hinweis auf die moderne Methode, den morphiumhaltigen Saft des Opiums zu ernten, findet sich im Werk von Wang Hi im 15. Jahrhundert: »Opium wird in Arabien aus Mohn mit roten Blüten hergestellt. ... Nachdem die Blüte verwelkt ist, wird die noch frische Samenkapsel eingeritzt, um den Saft zu erhalten.«[10] Im 16. Jahrhundert begannen Perser und Inder, Opiummixturen als euphorisierendes Mittel zur reinen Entspannung zu essen und zu trinken, eine Praxis, die Opium bald zu einer wichtigen Ware des innerasiatischen Handels werden ließ.

Aber es waren europäische Kaufleute, die das kommerzielle Potenzial des Opiums entdeckten. Ab dem 17. Jahrhundert schufen europäische Lieferungen von Rauchopium von Indien nach China einen der lukrativsten Dreieckshandel der Welt. Im 16. Jahrhundert verschifften portugiesische Handelskapitäne immer größere Ladungen indischen Opiums nach China. Die Niederländer, die ihnen im 17. Jahrhundert folgten, steigerten den Umfang dieser Lieferungen nach 1650 auf über 50 Tonnen jährlich. Ebenso bedeutsam war, dass die Niederländer die Praxis des Opiumrauchens in Tabakspfeifen einführten und die Droge damit unter den Chinesen populär machten. In Reaktion auf die rapide Ausbreitung des Opiumrauchens ordnete der chinesische Kaiser 1729 ein Verbot des Opiums an – der erste vieler gescheiterter Versuche der Chinesen, die Droge zu unterdrücken.

Ab dem späten 18. Jahrhundert beschleunigte sich der Opiumhandel. Unter der Doktrin des Merkantilismus förderten alle frühen europäischen Kolonialunternehmungen in Asien die Kommerzialisierung von Drogen und profitierten davon – ob es sich um Koffein, Nikotin oder Opiate handelte: Die Niederländer kontrollierten Javas Kaffeeexporte; die Spanier schufen auf den Philippinen ein Tabakmonopol; die Briten dominierten den bengalischen Opiumhandel. Auf diese Weise verwandelte der europäische Handel diese Drogen von Luxusgütern in Waren des Massenkonsums und machte sie mit der Zeit zu einem integralen

Bestandteil der Wirtschaft und des Lebensstils sowohl der asiatischen als auch der atlantischen Nationen.

Der Opiumhandel der modernen Ära begann 1773, als die britische Ostindiengesellschaft als Kolonialherrin über Bengalen in Nordostindien ein Monopol über Produktion und Verkauf von Opium erzwang. Die britischen Kaufleute benutzten Opium als Tauschware für chinesischen Tee und kontrollierten bald einen profitablen Dreieckshandel zwischen Indien, China und Europa, der die indischen Opiumexporte von 75 Tonnen 1776 auf 3.200 Tonnen 1850 nach oben trieb. Obwohl der chinesische Kaiser um 1790 Opium vollständig verbot, wodurch der Handel damit illegal wurde, konnte er allein durch Gesetze den britischen Opiumschmuggel nicht bremsen. 1839 und 1858 führte Großbritannien zwei erfolgreiche Kriege, um das chinesische Kaiserreich zu zwingen, sein Opiumverbot aufzuheben, was ein unbeschränktes Wachstum der Importe und der Opiumabhängigkeit ermöglichte. Bis 1900 waren, Schätzungen zufolge, unter den 400 Millionen Einwohnern Chinas 13,5 Millionen Menschen opiumsüchtig, die jährlich 39.000 Tonnen Rauchopium konsumierten. Nicht nur war China nun der weltgrößte Konsument, es erntete selbst mehr als 35.000 Tonnen Opium, über 85 Prozent der Weltgesamtproduktion.

Im 19. Jahrhundert verwandelte der britische Handel Opium von einem Luxusgut in eine Massenware, die Anregungsmitteln wie Kaffee und Tee ähnelte. Mit 35.000 Tonnen jährlich hatte der chinesische Opiumertrag um 1900 eine vergleichbare Größenordnung wie die japanische Teeernte von 31.000 Tonnen oder die kolumbianische Kaffeeernte von 55.000 Tonnen. Zwar war Chinas Opiumtonnage geringer als die landesweite Teeernte von 90.000 Tonnen, dafür hatte das Opium einen weit höheren Wert. Opium war in jeder Hinsicht zu einem bedeutenden Gegenstand des Welthandels geworden.

Im späten 19. Jahrhundert breitete sich der Massenkonsum von Opium über China hinaus nach Südostasien und Europa aus. Alle europäischen Kolonialregierungen in Südostasien erzielten Steuereinkünfte aus importiertem indischem Opium, das in staatlichen Opiumhöhlen an die einheimischen Bevölkerungen verkauft wurde. Zu ihrer Hochphase betrug der Anteil der staatlichen Opiummonopole in Südostasien am gesamten Steueraufkommen in Siam (heute Thailand) annähernd 20 Prozent, in der Kronkolonie British Malaya (fast die gesamte Malaiische Halbinsel) über 50 Prozent.[11]

Im Westen verbreitete sich die Opiumabhängigkeit durch Patent-

Eine kleine Geschichte des Heroins

arzneien und die medizinische Praxis, besonders nachdem die Pharmaindustrie mit der Massenproduktion von Morphium und Heroin begonnen hatte. 1805 gelang es der Arzneimittelforschung erstmals, Morphium, das aktive Narkotikum des Opiums, zu extrahieren. Die deutsche Firma Merck begann 1827 in Darmstadt mit der kommerziellen Morphiumproduktion, aber erst in den 60er Jahren des 19. Jahrhunderts, als die Injektionsspritze eine einfache und verlässliche Dosierung erlaubte, wurde es als Schmerzmittel populär. 1874 synthetisierte der britische Forscher C. R. Wright zum ersten Mal Heroin oder Diacetylmorphin, als er Morphium zusammen mit einer verbreiteten Chemikalie, Essigsäureanhydrid, mehrere Stunden lang über einem Brenner kochte. Nachdem biologische Tests an Hunden zeigten, dass Diacetylmorphin »nach Verabreichung rasch zu Niedergeschlagenheit, Angst, Schläfrigkeit … und einer leichten Brechneigung« führte, beschloss Wright, die Experimente abzubrechen.[12]

1898 begann die Firma Bayer aus Elberfeld mit der Massenproduktion von Diacetylmorphin und prägte zur Vermarktung der neuen Arznei den Markennamen Heroin. Ein Jahr später entdeckte Bayer ein milderes Schmerzmittel, das die Firma unter dem Namen Aspirin vertrieb. In seiner internationalen Werbekampagne beschrieb Bayer Heroin als nicht abhängig machendes Allheilmittel für Erwachsenenkrankheiten und Atemwegserkrankungen von Kindern. Die Beliebtheit des Arzneimittels ermutigte Nachahmer. Ende des 19. Jahrhunderts nahmen zahlreiche Hersteller von Patentarzneien in Europa, den USA und Australien die Produktion auf und schrieben ihren Mitteln in Massenblättern geradezu Wunderkräfte zu. 1906 genehmigte die American Medical Association die allgemeine Anwendung von Heroin an Stelle von Morphium, und die medizinischen Gesellschaften in Europa und Australien taten es ihr gleich. Kurz, die Ärzte glaubten, dass Heroin ein wirksamer, nicht abhängig machender Morphiumersatz sei, dessen Suchtwirkung man mittlerweile, nach schmerzvollen Erfahrungen, erkannt hatte.[13]

Im späten 19. Jahrhundert förderten Arzneimittelhersteller auch den Verkauf jüngerer Entdeckungen: Koka und sein chemisches Derivat Kokain. Anders als Opium ist Kokain ein relativ junger Zugang im Kanon westlicher Arzneimittel. In den 1830er Jahren erwähnte der Schweizer Naturforscher Johann Jakob von Tschudi in seinem Buch *Reisen durch Peru* das Kokakauen unter den Andenindios. Er berichtete, dass seine Träger mit wenig Schlaf und ohne zu essen fünf Nächte lang durchmarschieren konnten, während sie diese Blätter kauten. Medizinische Experimente mit dem Kokablatt begannen in Europa ab etwa 1850, und Merck wurde der erste Hersteller von Kokain in konzentrierter kristalliner Form. Obwohl Sigmund Freud in den 80er Jahren drei Artikel veröffentlichte, in denen er einer regelmäßigen Dosis der Droge wohltuende, wenn nicht wunderbare Wirkungen zuschrieb, fanden andere Forscher, dass sich der fortgesetzte Gebrauch negativ auf das Nervensystem auswirke und ein starkes Verlangen wecke.[14] Mit einer solchermaßen bedingten Zustimmung der medizinischen Wissenschaft verkauften Arzneimittelhersteller große Mengen Kokain in Form populärer Arzneien und täglich einzunehmender Stärkungsmittel. Bis 1903 enthielt zum Beispiel Coca-Cola eine kleine Dosis Kokain. Der Pharmahersteller Parke-Davis aus Detroit wurde zum weltweit führenden Kokainproduzenten und brachte Kokakräuterliköre, Kokainzigaretten, Kokain zum Injizieren, Kokasalben und -sprays auf den Markt.[15] Solch erfolgreiche Vermarktung machte die Massenabhängigkeit von Kokain und Heroin zu einem bedeutenden Kennzeichen des Lebens im späten 19. Jahrhundert.

Obwohl aggressive Werbung ohne Zweifel eine Rolle bei der Beliebtheit der neuen Rauscharzneien spielte, hätte ihr Konsum nicht so spektakulär zunehmen können, wenn sie nicht ein grundlegendes Bedürfnis der Konsumenten befriedigt hätten. Im Rückblick muss man wohl feststellen, dass der massenhafte Missbrauch von Betäubungsmitteln offenbar Teil einer umfassenderen Transformation des Alltagslebens und der Ernährung im Industriezeitalter war. Im 18. Jahrhundert waren amerikanische und europäische Arbeiter in der Landwirtschaft oder in kleinen Firmen beschäftigt, wo sie nach ihrem eigenen Biorhythmus arbeiten konnten. Als die Bevölkerung jedoch vom Land in die Städte zog und aus der Landwirtschaft in die Fabriken wechselte, änderten sich ihre Ernährungsgewohnheiten mithilfe eines globalen Handels, der exotische Nahrungsergänzungen zu bezahlbaren Preisen auf den Tisch brachte: Zucker, Rindfleisch, Eier, Kaffee und Tee. An ein Arbeitsregime gebunden, das während eines Zwölfstundentages ein gleich bleibendes Leistungsniveau erforderte, griff der moderne Fabrikarbeiter auf Anregungsmittel zurück, die den Körperrhythmus passend zum gnadenlosen Takt der Maschinen beschleunigten.

Nach einem Jahrhundert unveränderter Ernährungsgewohnheiten vervierfachte sich in England der jährliche Pro-Kopf-Verbrauch von Zucker, einem schnellen Energiespender, von ca. neun Kilo 1850 auf etwa 35 Kilo im Jahr 1900. Im selben Zeitraum stieg der Pro-Kopf-Verbrauch von Tee in Großbritannien von rund zwei auf rund sechs Pfund um das Dreifache. Ende des 19. Jahrhunderts versorgte der durchschnittliche britische Arbeiter seinen Körper morgens mit einem Frühstück, zu dem eine argentinische Rinderwurst, Eier aus China und eine Tasse chinesischen oder indischen, mit zwei oder drei Löffel Zucker aus der Karibik energetisch aufgeladenen Tees gehörten.[16] In den USA war der Wandel der Ernährungsgewohnheiten genauso dramatisch. Zwischen 1865 und 1903 stieg der jährliche Kaffeekonsum um fast das Dreifache von vier auf knapp zwölf Pfund pro Person, während sich der Zuckerverbrauch von acht Kilo auf 35 Kilo vervierfachte.[17] An die Stelle der einfachen Ernährung, die im 18. Jahrhundert hauptsächlich aus gemahlenem Getreide bestand, waren große Mengen Protein (Eier und Rindfleisch), Glukose (Zucker) und Koffein (Kaffee und Tee) getreten.

Während eine solche energiereiche Ernährung dazu angetan war, den Körper für einen langen Arbeitstag fit zu machen, trugen betäubungsmittelhaltige Arzneien dazu bei, ihn in den kurzen Ruhestunden zu entspannen. Bis etwa um 1890 hatten Hersteller von Patentarzneien begonnen, legale Medikamente zu produzieren, um jedwede Körperfunktion zu unterstützen und jeglichen gewünschten Gemütszustand herbeizuführen: Kokainpräparate überwanden die Müdigkeit, morphiumhaltige Mittel beruhigten angegriffene Nerven, Heroinarzneien besänftigten einen aufgewühlten Geist. Parallel zum Zucker- und Kaffeekonsum stieg der jährliche Verbrauch von Opium in den USA von etwa 1845 bis etwa 1895 von 12 Gran (ca. 0,8 Gramm) pro Person auf 52 Gran (ca. 3,4 Gramm) um das Vierfache.[18] Die Narkotikasucht folgte dieser ansteigenden Kurve und gipfelte 1896 in 313.000 Abhängigen.[19] In Großbritannien stieg der Verkauf von Allheilmitteln, die meisten davon auf Opiumbasis, zwischen 1850 und 1905 um das Siebenfache.[20]

In einer Zeit noch immer dürftiger Medizinversorgung begünstigte Selbstmedikation den Opiummissbrauch. Der Boom der Patentarzneien fiel zeitlich mit dem langen Übergang der Medizin von den drastischen Behandlungsmethoden des 18. Jahrhunderts mit ihren Aderlässen und ihrem Blasenziehen zu wirksamen therapeutischen Arzneien zusammen, die im frühen 20. Jahrhundert entdeckt wurden. In dieser Übergangsphase waren die Ärzte eifrige Verfechter von Opiumbehandlungen, Morphiumspritzen zur Heilung von Erwachsenenkrankheiten und Opiumtonika für kranke Kinder. In den übervölkerten Städten mit ihren katastrophalen hygienischen Bedingungen griffen dehydrierende Krankheiten wie Cholera epidemisch um sich, und Opium war ein genuin wirksames Heilmittel. »Opium«, erklärt der Historiker Terry Parssinen, »war das viktorianische Aspirin, Lomotil, Valium und Nyquil, die man beim örtlichen Apotheker für wenige Pfennige kaufen konnte.«[21]

Es gab zwischen den Geschlechtern beträchtliche Unterschiede beim Drogenmissbrauch. Obwohl jeder bei Krankheit Opiumpräparate nahm, neigten Frauen häufiger zum Missbrauch der Droge als Männer. Nach Sitte der Zeit waren Frauen von Gaststätten und Bars ausgeschlossen, wo sich die Männer trafen, um ihrer Alkoholabhängigkeit zu frönen. Zu Hause lernten die Frauen Opium durch die Patentarzneien kennen, mit denen sie sich und ihre Familien behandelten. Sowohl die anekdotischen wie die statistischen Belege zeigen, dass die meisten amerikanischen, australischen und britischen Abhängigen – wie Mary Tyrone, die Mutter in Eugene O'Neills Drama *Eines langen Tages Reise in die Nacht* – Frauen aus der Mittelklasse waren.[22]

Mit einem Wort, Opium war nicht nur zu einer Handelsware geworden, sondern zu einem Baustein des modernen materiellen Lebens. Das Ausmaß der Veränderung beschreibt der Anthropologe Sidney Mintz in seiner Studie über Zucker: »Die erste Tasse gesüßten heißen Tees, die von einem englischen Arbeiter getrunken wurde, war ein bedeutsames historisches Ereignis, weil es die Transformation einer ganzen Gesellschaft, eine völlige Neugestaltung ihrer ökonomischen und sozialen Basis, urbildhaft vorwegnahm.«[23] Dies galt ebenso für Tee und Opium, die seit dem 18. Jahrhundert ebenfalls zu einem integralen Bestandteil des Welthandels wurden: Ihre Produktion verankerte sich in den Hochlandwirtschaften Asiens, ihr Konsum in den städtischen Kulturen Asiens und des Westens. Als zu Beginn des 20. Jahrhunderts die Drogenverbotspolitik begann, waren der Opiumanbau und -konsum wirtschaftlich so bedeutend und sozial so selbstverständlich geworden, dass sie allen Bekämpfungsmaßnahmen zunächst widerstanden.

Nach 1900 führten ein erwachendes medizinisches Bewusstsein von Drogenabhängigkeit und die Aktivitäten einer internationalen Abstinenzlerbewegung zu neuen Gesetzen. In dem Jahrzehnt zuvor waren die Suchteigenschaften narkotischer Drogen ins allgemeine Bewusstsein der Mediziner gedrungen, und dieses Wissen verlieh allen einschlägigen Gesetzesreformen Nachdruck. Anbieter von Patentarzneien waren in den USA, in Großbritannien und Australien allerdings die größten Anzeigenkunden der Zeitungen, sodass die Presse gute Gründe hatte, sich über schädliche Wirkungen auszuschweigen. In einer berühmten Serie von Skandalartikeln im Magazin *Collier's* berichtete Samuel Hopkins Adams 1905, dass viele führende amerikanische Zeitungen langfristige Werbeverträge mit Patentarzneiherstellern abgeschlossen hatten, die eine einzige Aufhebungsklausel enthielten: Die Arzneimittelfirmen konnten die Verträge kündigen, falls staatliche Gesetze den Verkauf ihrer Produkte beschränkten. Solchermaßen vor Kritik geschützt, wuchs das Geschäft mit Wunderarzneien bis 1900 auf 250 Millionen Dollar im Jahr.[24]

Trotz starken Widerstands gelang es der Reformbewegung in den USA, gesetzliche Regelungen zu erreichen. 1897 verbot Illinois den rezeptfreien Verkauf von Kokain, ab 1906 verlangte ein US-Bundesgesetz (Pure Food and Drug Act) die Angabe der Inhaltsstoffe von Patentarzneien. Innerhalb von zwei Jahren fiel der Verkauf der einst geheimen Arzneimischungen um ein Drittel. Von weiteren Bundes- und Ländergesetzen bedrängt, reduzierten die Hersteller die alkoholischen und narkotischen Inhaltsstoffe und verzichteten schließlich ganz darauf. Der Hersteller eines beliebten Beruhigungsmittels für Kinder, Mrs. Winslow's Soothing Syrup, reduzierte den Morphiumgehalt innerhalb von drei Jahren um drei Viertel.[25]

Das Verbot von Betäubungsmitteln in den USA war Teil einer umfassenderen weltweiten Bewegung. Auf energischen Druck religiöser Reformer schritten die damaligen Großmächte mit überraschender Geschwindigkeit zu einem Verbot allen Narkotikakonsums. Zu Beginn des 20. Jahrhunderts einigte sich die internationale Gemeinschaft in mehreren Verhandlungsrunden auf diplomatische Abkommen, flankiert durch nationalstaatliche Gesetze – ein mächtiges Prohibitionsregime, das gleichermaßen den Globus und den menschlichen Körper umspannte.

Das Prohibitionsregime

Die weltweite Bewegung zum Verbot von Drogen begann in den 70er Jahren des 19. Jahrhunderts, als die protestantischen Kirchen von England und Amerika nach dem Vorbild ihres früheren Kreuzzugs gegen die Sklaverei nun einen gegen den Opiumhandel begannen.[26] Großzügig von den britischen Quäkern ausgestattet, wurde 1874 die Anglo-

Oriental Society for the Suppression of the Opium Trade gegründet und gewann bald die Patronage eines katholischen Kardinals und des Erzbischofs von Canterbury.[27] Nach 30 Jahren erreichte dieser Kampf 1906 seinen Höhepunkt, als das britische Parlament einen Antrag billigte, den indischen Opiumhandel zu beenden. Im Rahmen des anglo-chinesischen Opiumvertrags reduzierte Großbritannien 1907 seine Lieferungen indischen Opiums nach China, während sich China erfolglos darum bemühte, das Opiumrauchen in seinen Küstenstädten ebenso zu unterbinden wie in den inländischen Provinzen den Anbau.[28]

Während Großbritannien bilaterale Verhandlungen mit China führte, suchten die USA eine Lösung durch globale Drogendiplomatie. Nachdem sie 1898 die Philippinen von Spanien gekauft hatten*, entdeckten die USA, dass sie zusammen mit den 7.000 Inseln und sechs Millionen Philippinen auch ein staatliches Opiummonopol erworben hatten, das im Jahr 1902 130 Tonnen Opium in 190 Opiumhöhlen an Tausende von Auslandschinesen verkaufte.[29] 1903 ernannte das Kolonialregime den Episkopalmissionar Charles Brent zum Vorsitzenden einer Opiumkommission, die ein Verbot empfahl.[30] Fünf Jahre später verbot die Regierung der USA den Opiumkonsum auf den Philippinen vollständig – ein Ereignis, dass den Beginn des hundertjährigen Feldzugs der USA für das Verbot von Drogen markiert.[31] Als der Opiumschmuggel aus China das philippinische Verbot bedrohte, wandte sich Bischof Brent brieflich an Präsident Theodore Roosevelt und drängte auf eine internationale Konferenz, um den Drogenhandel zu bekämpfen. Mit Bischof Brent als Vorsitzendem kamen Delegationen aus 13 Ländern für einen Monat in Schanghai zusammen.[32] In einhelligen, nichtbindenden Resolutionen verteidigte die Schanghaier Kommission die Kolonialinteressen, indem sie eine »graduelle Unterdrückung ... des Opiums« anriet – jener Droge also, mit der ihre Mitglieder handelten –, aber auf »drastische Maßnahmen« gegen die »gravierende Gefahr« von Morphium drängte – jener Droge, mit der ihre Mitglieder nicht handelten. Es war der erste der vielen Widersprüche, die das Prohibitionsregime plagen sollten.[33] Zur gleichen Zeit setzte sich der amerikanische Delegierte Hamilton Wright, ein Arzt und Moralapostel, im US-Kongress erfolgreich für die Verabschiedung eines Opiumgesetzes ein

---

* Dieser »Verkauf« war unmittelbare Folge des spanisch-amerikanischen Krieges von April bis Juli 1898. Nachdem sich die Philippinen schon zuvor für unabhängig erklärt und die USA ihnen diese Unabhängigkeit garantiert hatten, etablierte Washington gegen erbitterten Widerstand eine neue Kolonialherrschaft. (A. d. Ü.)

(Smoking Opium Exclusion Act), das 1909 Importe von Rauchopium verbot.[34]

Zwei Jahre später beriefen die USA eine zweite Drogenkonferenz in Den Haag ein, bei der erneut Bischof Brent den Vorsitz führte und wo das internationale Opiumabkommen von 1912 unterzeichnet wurde, das jeden nichtmedizinischen Gebrauch von Opium verbot. Als an diesem Abkommen nicht unwesentlich beteiligte Nation verabschiedeten die USA 1914 ein bescheidenes Gesetz, das narkotische Drogen rezeptpflichtig machte (Harrison Narcotics Act). Die meisten Kliniken handelten verantwortungsvoll, aber einige Ärzte missachteten die Absichten des Gesetzgebers und verkauften hemmungslos Rezepte. Binnen eines Monats stellte zum Beispiel ein New Yorker »Dope Doctor« Rezepte für 68.282 Gran Heroin (ca. 4,5 Kilo), 54.097 Gran Morphium (ca. 3,2 Kilo) und 30.280 Gran Kokain (ca. zwei Kilo) aus.[35] Die US-Steuerbehörde klagte diese »Drogenärzte« bald wegen Verletzung des Harrison Narcotics Act an und erwirkte zwischen 1919 und 1922 mehrere Urteile des Obersten Gerichtshofs, die ihre strenge Auslegung bestätigten – wodurch sich die Regulierung praktisch in ein Verbot verwandelte.[36] Nachdem der Kongress 1919 Alkoholverkäufe verbot (Volstead Act), gründete das Finanzministerium eine Prohibitionsabteilung mit einer eigenen Drogensektion zur Durchsetzung des Harrison Act, um das Verbot umzusetzen. Bis 1923 führten diese legislativen, juristischen und bürokratischen Maßnahmen gegen Drogenärzte und die kriminellen Händler, die sie bald ersetzten, zur Bildung der Narcotic Division, der ersten Bundesdrogenbehörde der USA.[37]

Nach dem Ersten Weltkrieg berief der neue Völkerbund 1925 in Genf eine Konferenz ein, die ein zweites internationales Opiumabkommen aushandelte und ein System zur Registrierung legaler Betäubungsmittellieferungen schuf. Sechs Jahre später ersetzte das Völkerbundabkommen von 1931 zur Begrenzung der Herstellung narkotischer Drogen (Convention for Limiting the Manufacture of Narcotic Drugs) die freiwillige nationale Registrierung durch ein bindendes Herstellungsverbot nichtmedizinischer Betäubungsmittel. Unter Führung des Völkerbundes veränderte sich die Drogenkontrolle somit von freiwilligen nationalen Gesetzen zu verpflichtenden Kontrollen von Narkotikaverkäufen.[38] Obwohl keiner der südostasiatischen Staaten sein Opiummonopol abschaffte, unternahmen sie alle Schritte, durch die sich die Opiumverkäufe innerhalb von 15 Jahren um 65 Prozent verringerten. Niederländisch-Indien zum Beispiel senkte seine Opiumverkäufe von 127 Tonnen auf nur 15 Tonnen.[39] Multilaterale Kontrollen kehrten auf diese Weise den ein Jahrhundert währenden Anstieg des Drogenmissbrauchs um und reduzierten die Weltopiumproduktion von 41.600 Tonnen 1907 auf geschätzte 16.000 Tonnen 1934. In ähnlicher Weise fiel die legale Heroinproduktion von 8.900 Kilo 1926 auf nur 980 Kilo 1931.[40]

Trotz (oder gerade wegen) dieser Erfolge förderten die hohen Profite im Opiathandel die Entstehung von Verbrechersyndikaten – eine Marktreaktion, die den staatlichen Kontrollen des Drogenhandels Schranken setzte.[41] Statt den Drogenmissbrauch auszurotten, trieb die Prohibition ihn in die Schattenexistenz einer illegalen Wirtschaft, die schließlich von Drogenbaronen in den Hochländern der Dritten Welt und von städtischen Verbrechersyndikaten in der Ersten Welt kontrolliert wurde. Von Anbeginn führte jeder staatliche Eingriff auf diese Weise zu einer gleichstarken kriminellen Gegenreaktion. Nach dem Opiumverbot des Völkerbundes 1925 entwickelte sich Schanghai zu einem bedeutenden Zentrum illegalen Heroins und belieferte einen beträchtlichen Teil des New Yorker Marktes. Und als der Völkerbund 1931 Beschränkungen der Heroinproduktion in Europa verhängte, bemerkte der Attaché des US-Finanzministeriums in Schanghai nur drei Jahre später eine »plötzliche Verlagerung des Narkotikahandels von Europa in den Orient«.[42] In ähnlicher Weise verminderten die Bemühungen des Völkerbundes die legalen Opiumverkäufe in Südostasien, konnten aber die Schmuggelkarawanen aus den chinesischen Opiumbergen, die nun in Bangkok und Saigon die unbefriedigte Nachfrage nach preisgünstigem Opium bedienten, nicht aufhalten.[43]

Die rapide Abnahme der legalen Drogenverkäufe beendete die Massensucht in den USA nicht. Da sie ihre regelmäßige Drogendosis nicht mehr von Apothekern oder Ärzten erhalten konnten, wandten sich die Abhängigen in den USA an illegale Straßenhändler. Zwar zwang die Prohibition weiße Frauen der Mittelklasse aus dem Markt, aber weiße Männer der Arbeiterklasse füllten die Lücke, sodass die USA um 1925 etwa 200.000 Drogensüchtige zählten.[44] Als die Prohibition das riesige Alkohol- und Narkotikageschäft in die illegale Wirtschaft abdrängte, expandierte das organisierte Verbrechen entsprechend von lokalen Gangs zu landesweiten Syndikaten, die in Städten wie New York und Chicago politischen Einfluss gewannen. Zwar währte das Alkoholverbot bis zu seiner Aufhebung 1933 nur 13 Jahre, aber das Verbot von Betäubungsmitteln war dauerhaft, machte Heroin zu einer beständigen

Einnahmequelle des organisierten Verbrechens und legte die Grundlage für eine gewaltige illegale Wirtschaft, die sich nach dem Zweiten Weltkrieg zu voller Größe entfaltete. Die Prohibition veränderte die wirtschaftliche Abhängigkeit opiumkultivierender Hochlandbauern in Asien und den Anden vom weltweiten Drogenhandel nicht. In entlegenen, zerklüfteten Regionen, wo der Transport teuer und die Straßen schlecht waren, blieben natürliche Drogen – mit ihrem geringen Gewicht und sicheren Märkten – das geeignetste Felderzeugnis zum Gelderwerb. In diesen Regionen waren die Rebellen, Kriegsherren oder Drogenbarone, die den Opiumanbau beherrschten, häufig respektierte Stammesführer, die Waffen und Armeen mobilisieren konnten, um ihren Handel zu schützen.

Nach Anbau und Verarbeitung flossen die Drogen durch Hafenstädte, wo lokale Gangster diesen lukrativen Handel dominierten, in internationale Verbrechernetzwerke. Tatsächlich waren die großen Hafenstädte und Verkehrsknotenpunkte der Welt – New York, Chicago, Marseille, Schanghai, Hongkong, Saigon und Sydney – die Geburtsstätten der Verbrechersyndikate der 20er Jahre. Da die Freihafenökonomien von den volatilen Zyklen des Welthandels abhängen, wuchern in Hafenstädten illegale Sektoren, deren mächtige Unternehmer die Beschäftigung der Unterschicht in Prostitution, Glücksspiel, Schutzgelderpressung und organisiertem Diebstahl beherrschen.

So markieren die Ereignisse der 20er Jahre einen großen Wandel im globalen Drogenhandel. 200 Jahre lang war Opium legal vertrieben worden, in einem globalen Handel, der die Hochlandmohnbauern Asiens mit den städtischen Konsumenten verband, zuerst in Asien, schließlich auch in Europa und Amerika. Das Prohibitionsregime seit den 20er Jahren trieb das Drogengeschäft nun vom legalen in den illegalen Handel, wo es eigenen politischen Gesetzen unterliegt und eine schwer fassliche Schattenökonomie ausbilden konnte. In den Jahrzehnten nach dem Zweiten Weltkrieg förderte die Drogenprohibition eine globale illegale Wirtschaft, die Kriminelle, Kriegsherren, Rebellen, Terroristen und verdeckte Operationen finanzierte. Weil die internationale Gemeinschaft den besonderen Charakter dieser Waren nicht verstand, hielt sie beharrlich an ihren ineffizienten, letztlich kontraproduktiven politischen Maßnahmen fest, mit denen sie jeden illegalen Drogengebrauch zu verhindern trachtete – ein Versuch, der von vornherein zum Scheitern verurteilt war.

Die Politik des Kalten Krieges

Ein halbes Jahrhundert Kalter Krieg verwandelte den Opiumhandel nach dem Zweiten Weltkrieg erneut. Als der Einfluss der internationalen Gemeinschaft durch die Führung der USA und der Vereinten Nationen wuchs, beseitigte das Prohibitionsregime schließlich auch noch die letzten Überreste des legalen Opiumhandels. Aber der Kalte Krieg wurde auch mit verdeckten Operationen geführt, die an den Brennpunkten der globalen Konfrontation Bündnisse mit Kriegsherren und Verbrechersyndikaten begünstigten. Das unsichtbare Aufeinanderprallen konkurrierender Kräfte hemmte die Verbotsbemühungen der internationalen Gemeinschaft durch informellen staatlichen Schutz für Drogenhändler, die den Geheimdiensten nützlich waren. In den 40 Jahren des Kalten Krieges war die internationale Rauschgiftkontrolle auf diese Weise das Ergebnis einer subtilen, kaum verstandenen Wechselwirkung von Prohibition und Protektion. Es waren diese einander widerstrebenden Kräfte, die den globalen Drogenhandel in den Jahrzehnten nach dem Zweiten Weltkrieg formten.

Der kommunistische Block – mit seinem Puritanismus, seiner Repression und seinem regulierten Handel – erwies sich als mächtige Kraft der Drogenprohibition und schloss einen großen Teil der Erde für den illegalen Drogenhandel. Nach seiner Machtübernahme 1949 startete das kommunistische Regime in China eine Antiopiumkampagne, die 1952 in der Identifizierung von 369.000 Drogenhändlern und 82.000 Verhaftungen, 35.000 Urteilen und 880 öffentlichen Hinrichtungen kulminierte. Die anschließende Phase der Massenmobilisierung und Zwangsbehandlung befreite die Süchtigen so rasch von ihrer Abhängigkeit, dass China, einst der größte Produzent und Konsument von Opium, Mitte der 50er Jahre drogenfrei war.[45] Die autoritäre Herrschaft der chinesischen Kommunisten über einen großen Teil der eurasischen Landmasse legte für diese riesige Region die illegale Opiumproduktion still und lenkte den Handel auf neue Schmuggelrouten um. Obwohl die asiatische Opiumzone dadurch schrumpfte, stimulierten geopolitische Entwicklungen zusammen mit den Kräften des illegalen Marktes eine beständige Ausweitung der Produktion in der verbleibenden Region von der Türkei bis nach Laos.

Gleichzeitig boten verdeckte Operationen der USA Drogengroßhändlern innerhalb der asiatischen Opiumregion Schutz. Als der Kommunismus in den späten 40er Jahren in China und Osteuropa vorrückte, erkannte Washington darin eine unmittelbare globale Bedrohung. Die Regierung Truman, die neue Waffen für eine neue Art des Krieges brauchte, schuf 1947 die Central Intelligence Agency (CIA) mit zwei Hauptaufgaben: Spionage und Geheimaktionen. In einem radikalen Pragmatismus schlossen ihre Agenten Bündnisse mit jeder Gruppe, die im Kampf gegen den Kommunismus nützlich sein konnte, einschließlich den Drogenhändlern.

Während des Kalten Krieges konzentrierte sich der asiatische Opiumhandel auf drei unterschiedliche Regionen: Türkei, Zentralasien und Südostasien. Auf dem anatolischen Plateau lieferten die Opiumbauern legale Opiumquoten an eine staatliche Vermarktungsgesellschaft, verkauften illegale Überschüsse an Schmuggler und fachten damit einen Handel an, der östlich zu den iranischen Opiumhöhlen und westlich zu den Heroinlabors von Marseille führte. In Zentralasien bedienten die Mohnfelder Afghanistans und Pakistans regionale Märkte, besonders die fast grenzenlose Nachfrage des Iran nach Rauchopium. In Südostasien produzierten die Hochländer von Birma, Thailand und Laos – das berühmte Goldene Dreieck – Rauchopium für regionale Märkte, bis sie Anfang der 70er Jahre begannen, Heroin für Europa und Amerika herzustellen.

Es war einer der Zufälle der Geschichte, dass der Eiserne Vorhang in den späten 40er Jahren an den Rändern der asiatischen Opiumzone fiel, sodass dort für die Dauer des Kalten Krieges verdeckte Kriegführung und Opiumhandel miteinander verschmolzen. Entlang dieser 7.500 Kilometer langen Grenze Chinas und der Sowjetunion konvergierten Geschichte und Geografie zur Bildung zweier Brennpunkte des Kalten Krieges: Afghanistan im Westen und das südostasiatische Goldene Dreieck im Osten.

Östlich wie westlich des massiven 3.000 Kilometer langen und 7.500 Meter hohen Gebirgsriegels von Himalaja und Hindukusch zogen über die Handelsrouten der beiden Regionen seit ewigen Zeiten Karawanen aus China und Zentralasien. Über diese Handelswege verbreiteten sich Waffen, Opium und auch der Islam, wodurch die Bergvölker der unwegsamen Hochländer Traditionen des Handels, des Raubs und des Widerstands gegen die Tieflandreiche ausbilden konnten. Auf den Handelsrouten durch Nordafghanistan nach Kabul »befriedigte der regelmäßige Überfall auf Karawanen die Gelüste der lokalen Eliten«.[46] In ähnlicher Weise verführten Karawanenrouten, die vom Yunnanplateau in Südchina ausgingen, die Bergstämme von

Assam bis Tongking zu Überfällen und regten Handel und Opiumanbau an.[47]

40 Jahre lang kämpfte die CIA mehrere Geheimkriege um diese beiden Regionen an den äußeren Enden des asiatischen Massivs – in Birma in den 50er Jahren, in Laos in den 60er Jahren, in Afghanistan in den 80er Jahren. Als die CIA in diesen zerklüfteten Bergregionen Stammesarmeen mobilisierte, nutzten deren Kriegsherren die Waffen und den Schutz des Geheimdienstes, um zu großen Drogenbaronen aufzusteigen. Aus der beschränkten Perspektive des Kalten Krieges erhöhte die Duldung des Drogenhandels häufig die geheimdienstliche Effizienz. Aus der Sicht eines CIA-Agenten, der die Erfüllung seines Auftrags vor Augen hatte, befreite der Opiumhandel seine Organisation von den unbezahlbaren Kosten, die entstanden wären, hätte er sich selbst um die Wohlfahrt von Stämmen mit Tausenden von Mitgliedern kümmern müssen. Ebenso bedeutsam war, dass während der blutigen Kriege, die sich mit schweren Verlusten über Jahre hinzogen, die Kontrolle über diese zentrale landwirtschaftliche Einnahmequelle dem von der CIA ausgewählten Kriegsherrn die Herrschaft über Stämme, Clans und Dörfer ermöglichte. Da erbarmungslose Drogenfürsten wirkungsvolle antikommunistische Verbündete waren und Opium ihre Macht vermehrte, hatten CIA-Agenten, die eine halbe Welt von der Heimat entfernt allein auf sich gestellt operierten, allen Grund, den illegalen Drogenhandel zu dulden.

Anders als einige andere Geheimdienste benutzte die CIA den Drogenhandel nicht zur Finanzierung ihrer verdeckten Operationen. Ihre Mitschuld war auch nicht das Werk einiger weniger korrupter Agenten, die nach einem Anteil an den enormen Profiten gierten. Die Rolle der CIA im Heroinhandel war vielmehr eine unbeabsichtigte Konsequenz ihrer Taktik, ihrer »Realpolitik« im Kalten Krieg.

Diese verdeckten Bündnisse mit nützlichen Drogenbaronen in Birma, Laos, Afghanistan und Nicaragua trugen in beträchtlichem Umfang zur Ausweitung des Drogenhandels in wichtigen Quellregionen bei, auch wenn das genaue Ausmaß nicht quantifizierbar ist. Da die Drogenbauern für jede neue Ernte Kredite und verlässliche Märkte brauchten, hatte jede Ausweitung der Drogenproduktion drei Voraussetzungen: Finanzierung, Logistik und, vor allem, Schutz. So erforderte das plötzliche Anschwellen der birmanischen Opiumproduktion in den 50er Jahren die Lufttransportlogistik der CIA, den militärischen Schutz durch Thailand und taiwanisches Finanzkapital. In gleicher

Weise beruhte die steil ansteigende Opiumproduktion in Afghanistan in den 80er Jahren auf der logistischen Unterstützung des pakistanischen Geheimdienstes Interservice Intelligence (ISI), dem Schutz einer CIA-Geheimoperation und den Diensten pakistanischer Banken, besonders der Bank of Credit & Commerce International.

Aus den Hochländern gelangte das Opium zu den Labors und städtischen Märkten, wo es Verbrechersyndikate und korrupte Staatsdiener übernahmen, und auch unter ihnen fand die CIA antikommunistische Verbündete. Seit Beginn der Drogenprohibition in den 20er Jahren setzten staatliche Sicherheitsdienste auf der ganzen Welt Rauschgifthändler als nützliche geheimdienstliche »Aktivposten«, als Handlanger bei verdeckten Aktionen ein – von Chiang Kai-sheks Nationalchinesen, die sich der Green Gang bedienten, um in den 30er Jahren die Kommunisten zu bekämpfen, bis hin zu den Gaullisten in Frankreich, die das Marseiller Milieu in den 60er Jahren gegen terroristische Militärs einsetzten. Im Kontext des Kalten Krieges gab es eine ähnliche Affinität zwischen Geheimdienstagenten und Verbrechersyndikaten. Ihre grundlegendste Gemeinsamkeit besteht in der Ausübung der »Geheimkünste«, wie es ein ehemaliger CIA-Agent einmal genannt hat: die grundlegende Fähigkeit, außerhalb der normalen Kanäle der Zivilgesellschaft zu operieren.[48] Unter allen Institutionen moderner Gesellschaften können nur Geheimdienste und kriminelle Syndikate verdeckte Operationen durchführen, ohne Spuren zu hinterlassen. In dem Maße, in dem unser Wissen über den Kalten Krieg wächst, wird auch die Liste der Drogenhändler, die für die CIA arbeiteten, immer länger: Korsensyndikate, irreguläre Truppen der Nationalchinesen, laotische Generäle, afghanische Kriegsherren, haitische Oberste, panamaische Generäle, honduranische Schmuggler und nicaraguanische Contra-Kommandeure. Diese Bündnisse mögen nur einen Bruchteil aller CIA-Operationen darstellen, aber sie hatten einen beträchtlichen Einfluss auf den Drogenhandel.

Blickt man auf die Geheimkriege der CIA zurück, die zu Verstrickungen in den Drogenhandel führten, springt der Kontrast zwischen ihren kurzfristigen operativen Vorteilen und den langfristigen politischen Kosten ins Auge. Bei jeder dieser verdeckten Operationen nutzten Kriegsherren einheimischer Stämme Waffen, Logistik und politischen Schutz der CIA, um zu großen Drogenbaronen aufzusteigen, die Opiumproduktion in ihren Gebieten auszuweiten und Heroin auf den internationalen Märkten anzubieten. Statt diesen Drogenhandel zu stoppen, duldete ihn die CIA, blockierte, wo notwendig, Untersuchungen und machte die Geheimkriegsgebiete damit zu prohibitionsfreien Regionen, in denen der Handel unbehindert expandieren konnte.

Sobald ein CIA-Geheimkrieg zu Ende war, blieb sein Erbe in Form steigender Drogenproduktion erhalten. Die amerikanischen Agenten mochten abgereist sein, aber die Marktverbindungen der Geheimkriegszone und die Macht des Kriegsherrn vor Ort blieben und verwandelten diese Regionen auf künftige Jahrzehnte hin in große Drogenanbieter. Ihre Schlachtfelder wurden zu Ödländern des Geheimkriegs, auf denen nur noch Opium blühte. So entstanden Regionen, die dauerhaft vom Drogenhandel abhängig waren. Da diese Geheimkriege außerhalb der konventionellen Diplomatie ausgefochten wurden, blieb ihr Ausgang außer Reichweite internationaler Regelungen: Die betroffenen Gesellschaften erhielten keine Aufbauhilfe und waren gezwungen, als Ersatz die Opiumproduktion auszuweiten. Nach der CIA-Intervention in den 50er Jahren stieg die birmanische Opiumproduktion von 18 Tonnen 1958 auf 600 Tonnen 1970. Während des verdeckten Krieges der CIA in den 80er Jahren nahm die afghanische Ernte von geschätzten 100 Tonnen 1971 auf 2.000 Tonnen 1991 zu – und stieg im Gefolge des Krieges weiter auf 4.800 Tonnen.[49] Ein Jahrzehnt nach dem Ende des Kalten Krieges waren die drei größten verdeckten Schlachtfelder der CIA – Afghanistan, Birma und Laos – in dieser Reihenfolge auch die drei führenden Opiumproduzenten der Welt. Während des Kalten Krieges war der stetige Zuwachs des illegalen Opium- und Kokaanbaus auf diese Weise das Werk zusammenwirkender globaler Kräfte, das heißt der nicht zu unterdrückenden Nachfrage nach illegalen Drogen, der Geheimbündnisse mit Drogenbaronen und der unbeabsichtigt stimulierenden Wirkung der Drogenprohibition.

In diesem Komplex sozialer Kräfte spielten die CIA-Geheimbündnisse mit Drogensyndikaten eine katalytische, wenn auch nicht intendierte Rolle bei der Ausweitung des globalen Heroinhandels. An zwei entscheidenden Wegscheiden, als das Heroinangebot und die Zahl der Süchtigen in den USA in den späten 40er und den späten 70er Jahren beträchtlich abgenommen hatten, trugen die CIA-Geheimbündnisse zu einem Anstieg des Opiumangebots bei, das bald den US-Drogenhandel wieder belebte. So gering der Anteil dieser Bündnisse an den Gesamtoperationen der CIA auch gewesen sein mochte, sie hatten erhebliche Auswirkungen auf den globalen Heroinhandel.

Die erste dieser CIA-Affären mit Drogenbaronen spielte sich ab, als der weltweite Drogenhandel sich auf dem Tiefstpunkt seiner jüngeren 200-jährigen Geschichte befand: mitten im Zweiten Weltkrieg. In den USA war der Reinheitsgehalt illegalen Heroins von 28 Prozent 1938 auf nur drei Prozent drei Jahre später gefallen – ein Rekordtief. Zugleich hatte die Anzahl der Süchtigen rapide abgenommen: Nur noch etwa 20.000 waren es 1944/45, ein Zehntel derjenigen, die noch 1924 gezählt worden waren.[50] Ende der 40er Jahre sah es ganz danach aus, als würde die Heroinsucht in den USA ein unbedeutendes Problem werden. Innerhalb eines Jahrzehnts jedoch blühten die Drogensyndikate wieder, die asiatischen Mohnfelder dehnten sich aus, in Marseille und Hongkong schossen Heroinraffinerien aus dem Boden. Der Grund für diese Erholung des Heroinhandels ist, zumindest teilweise, in einer Abfolge von CIA-Bündnissen mit Drogenhändlern zu suchen: korsischen Syndikaten in Marseille, nationalchinesischen Truppen in Birma und korrupten thailändischen Polizisten.

Der Kalte Krieg war ein globaler Konflikt, aber Europa und Südostasien waren in den späten 40er Jahren seine wichtigsten Schlachtfelder. Von 1948 bis 1950 verbündete sich die CIA in ihrem Kampf gegen die Kommunistische Partei Frankreichs um die Kontrolle des strategischen Mittelmeerhafens Marseille mit der korsischen Unterwelt. Mit Unterstützung der CIA erlangten die Korsen die Kontrolle über den Hafen und nutzten sie im folgenden Vierteljahrhundert, um Heroin in die USA zu exportieren. Gleichzeitig führte die CIA in Südostasien eine Reihe von verdeckten kriegerischen Operationen entlang der chinesischen Grenze durch, die den Anstoß zur Entstehung des Heroinkomplexes des Goldenen Dreiecks gaben. 1950 bewaffnete der Geheimdienst Überreste der nationalchinesischen Armee für eine Invasion Südwestchinas und unterhielt sie danach entlang der birmanisch-chinesischen Grenze als Puffer gegen die befürchtete Invasion der chinesischen Kommunisten in Südostasien. Im Verlauf des folgenden Jahrzehnts verwandelten nationalchinesische Truppen den Nordosten Birmas in den weltgrößten Opiumproduzenten. Nachdem die Nationalchinesen das Opium über die Grenze nach Thailand transportiert hatten, übernahm der Chef der thailändischen Polizei, General Phao Siyanan, ein weiterer enger Verbündeter der USA, die Kontrolle des Exports und des lokalen Vertriebs und unterstützte mit den Profiten eine antikommunistische Allianz.

Das zweite Mal war die Komplizenschaft der CIA bei der Wiederbelebung des Drogenhandels noch eindeutiger. Mitte der 70er Jahre drosselten erfolgreiche Operationen der US-Antidrogenbehörde DEA von der Türkei bis Mexiko den Heroinzufluss in die USA, wodurch sich die Zahl der Süchtigen im Land um mehr als die Hälfte verminderte, von geschätzten 500.000 auf 200.000. 1979 jedoch schuf die geheime Militäroperation der CIA in Afghanistan alle Voraussetzungen für eine Ausweitung des zentralasiatischen Drogenhandels. Um den afghanischen Widerstand gegen die sowjetische Besetzung zu stützen, verbündete sich die CIA über den pakistanischen Geheimdienst mit afghanischen Kriegsherren, die Waffen, Logistik und Schutz der CIA nutzten, um zu großen Drogenfürsten aufzusteigen. Innerhalb eines Jahres eroberte die anschwellende zentralasiatische Heroinproduktion über 60 Prozent des US-Marktes, beendete die lange Knappheit und ließ die Zahl der Süchtigen auf den früheren Höchststand zurückschnellen.

Krieg gegen die Drogen

Prohibition war paradoxerweise die zweite große Kraft, die zur Ausweitung des globalen Drogenhandels führte. In den letzten Jahrzehnten des 20. Jahrhunderts bewirkte der Antidrogenkampf der Vereinten Nationen und der USA tatsächlich eine Verschärfung dieses Problems, indem er Produktion wie Konsum stimulierte.

Nach dem Zweiten Weltkrieg handelten die Vereinten Nationen in der Nachfolge des Völkerbundes eine Reihe von Drogenkontrollabkommen aus, die zur Ausweitung der inkriminierten Tatbestände führten. Die Zahl der verbotenen Drogen erhöhte sich bis 1995 auf 245; 1931 waren es erst 17 gewesen. Die Drogenkonvention von 1961 (Single Convention on Narcotic Drugs) schuf eine »effizientere Kontrollmaschinerie«, um jede Drogenproduktion über »die für medizinische und wissenschaftliche Zwecke benötigte Menge« hinaus zu unterbinden. In den folgenden 40 Jahren weiteten die UN diese Prohibition mithilfe von Abkommen aus, die psychotrope Drogen (1971) verboten, die Opiumproduktion streng begrenzten (1972), die polizeiliche Zusammenarbeit gegen Drogenschmuggel und Geldwäsche förderten (1988) und Mechanismen zur Bekämpfung des transnationalen organisierten Verbrechens schufen (2000). Erst vor ein paar Jahren, nach einer Sondersitzung der UN-Generalversammlung im Juni 1998, an der 185 Staaten teilnahmen, verabschiedeten die UN ein Abkommen gegen das organisierte Verbrechen (Convention Against Transnational Organized

Crime), um »illegale Drogen und die mit ihnen verbundene Bedrohung menschlicher Sicherheit« einzudämmen. Sie ermächtigte ihre Mitgliedsstaaten, mit aller gesetzlichen Härte unrechtmäßig erworbene Gewinne aus dem Drogenhandel einzuziehen und die Drogenhändler selbst ihrer Bewegungsfreiheit zu berauben. Durch diese Konventionen hat die internationale Gemeinschaft ein Arsenal von Zwangsmaßnahmen geschaffen, um gegen illegale Drogen in ihrer ganzen Bandbreite vom Anbau über den Handel bis hin zum Konsum vorgehen zu können.[51]

Bereits in den späten 40er Jahren waren die USA darauf bedacht, den Drogenstrom aus den Quellländern zu unterbrechen, und hatten zu diesem Zweck ihre problematische heimische Drogenbekämpfung auf die internationale Arena ausgeweitet. Seit den 20er Jahren hatten jedoch große Probleme innerhalb der US-Strafverfolgungsbehörden die amerikanischen Bemühungen um Drogenkontrolle immer wieder vereitelt. Nachdem die Narcotic Division des Finanzministeriums, die erste Antidrogenbehörde der USA, 1929 im Strudel einer Korruptionsaffäre zusammengebrochen war, schuf der Kongress, immer noch als Teil des Finanzministeriums, das Federal Bureau of Narcotics (FBN), dessen Gründungsdirektor Harry Anslinger wurde. Obwohl die Alkoholprohibition 1933 endete, führte das FBN seine Antidrogenkampagne noch 30 Jahre lang weiter. Anslingers Durchsetzungsfähigkeit im bürokratischen Nahkampf konnte sich durchaus mit jener von J. Edgar Hoover vom Federal Bureau of Investigation (FBI) messen.[52]

Auf heimische Drogenkontrolle konzentriert, operierte Anslinger erst nach dem Zweiten Weltkrieg im Ausland, als er FBN-Agenten nach Europa und in den Nahen Osten entsandte. Von Anbeginn an schienen indessen Anslingers Geheimdienstverbindungen die Drogenbekämpfung seiner Behörde zu kompromittieren. Im Zweiten Weltkrieg hatte er wichtige Mitarbeiter seines Amtes zur Verfügung gestellt, um das Office of Strategic Services (OSS) zu bilden, den Vorläufer der CIA, und begründete damit ein Muster wechselseitiger Beeinflussung der Behörden, das sich bis weit nach dem Krieg erhielt.[53] So war sich Anslinger zum Beispiel der strategischen Rolle Frankreichs im Kalten Krieg bewusst und vermied es daher, Paris wegen seiner Förderung des indochinesischen Opiumhandels in den frühen 50er Jahren unter Druck zu setzen. Stattdessen beschuldigte er ohne die geringsten Anhaltspunkte die vietnamesischen Kommunisten.[54] Er beharrte darauf, dass Rotchina den asiatischen Heroinhandel kontrolliere, und entsandte keine Beamten nach Südostasien, das bis zu seiner Pensionierung 1962 zum größten Opiumproduzenten der Welt geworden war.[55] Was immer seine Beweggründe waren, Anslingers politische Amtsführung enthielt seiner Behörde jede Kenntnis der asiatischen Verhältnisse vor. 1965 legte das Bureau of Narcotics eine Liste der 265 führenden Drogenhändler vor, die diese Unkenntnis belegte: Aufgeführt war nur ein Name für ganz Südostasien, aber kein einziger der mächtigen birmanischen Drogenbarone oder Hongkonger Verbrecherbosse.[56] In den 60er Jahren geriet das Amt ins Abseits, als Präsident Kennedy Anslinger in den Ruhestand versetzte und Präsident Johnson es dem Justizministerium unterstellte, wo es im Schatten des FBI stand, Anslingers langjährigem Rivalen.[57]

Nach einem großen Korruptionsskandal in der New Yorker Abteilung der Behörde Ende der 60er Jahre wurde das FBN 1973 durch die Drug Enforcement Administration (DEA) ersetzt, eine professionellere Organisation mit einem weltweiten Netz von Beamten. Die DEA ordnete sich jedoch während des Kalten Krieges der CIA unter, wann immer verdeckte Operationen des Geheimdienstes in den Drogenhandel verwickelt waren. In periodischen Abständen sorgte diese Politik für strafverfolgungsfreie Zonen in Asien und Zentralamerika. So vereitelten große Geheimoperationen der CIA weiterhin die Bemühungen der USA zur Drogenprohibition. In Südostasien zum Beispiel richtete das FBN Ende der 60er Jahre seine erste Vertretung in Bangkok mit nur drei Beamten ein, Jahre nachdem eine verdeckte Operation der CIA mit Hunderten von Agenten und einer ganzen Flugzeugflotte eine Opiumarmee von 12.000 Soldaten in den Bergen Nordbirmas aufgebaut hatte. Während eine Hand voll Drogenbekämpfer von Büros im Zentrum Bangkoks aus versuchten, Drogensendungen abzufangen oder Rauschgiftbarone zu identifizieren, operierte die CIA im Opiumhochland immer wieder im Bündnis mit eben jenen Drogenbaronen.

Anfang der 70er Jahre erklärte Präsident Nixon einen »Krieg gegen die Drogen«, der sich gegen den asiatischen Heroinhandel richtete, und begann mit einer massiven Ausweitung der internationalen US-Drogenbekämpfung. Ein Jahrzehnt später lenkte Präsident Reagan den US-Drogenkrieg wieder auf die heimische Drogenbekämpfung und die Ausmerzung von Koka in den Anden, ein Politikwechsel, dem sich alle seine Nachfolger anschlossen. Zwischen 1981 und 1994 wurden allein für die Bekämpfung des Drogenangebots – internationale Prohibition und heimische Strafverfolgung – 80 Prozent des Antidrogenkampfetats aufgewendet, was wenig übrig ließ für die Verminderung der Nachfrage

Eine kleine Geschichte des Heroins **63**

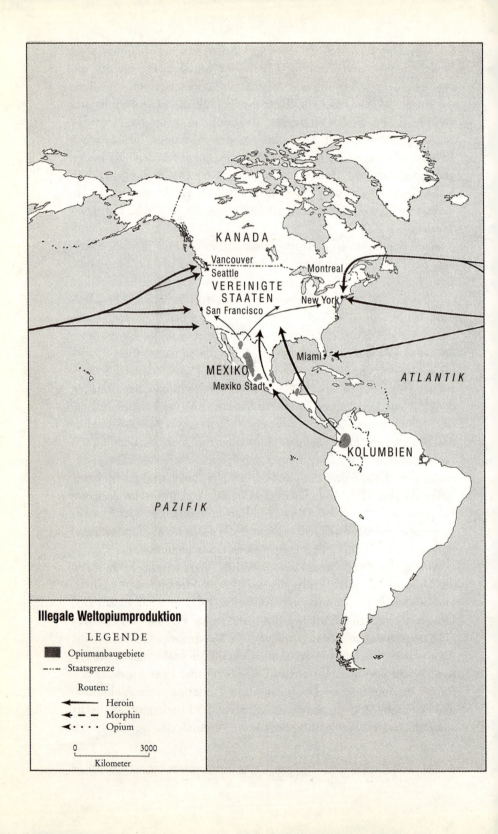

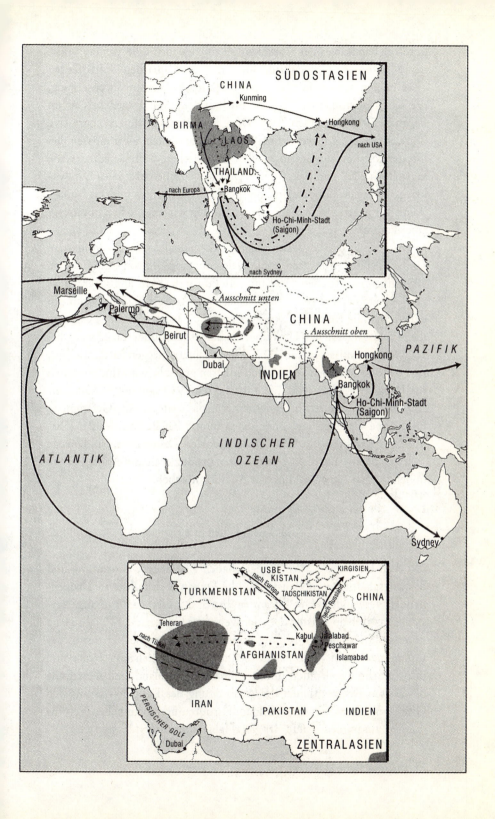

durch Behandlung oder Aufklärungskampagnen.[58] 1996 weitete Präsident Clinton den Drogenkrieg mit seinem 1,3 Milliarden Dollar teuren »Kolumbienplan« weiter aus – eine Stärkung der Verbotsdurchsetzung, die sein Nachfolger George W. Bush auf die Spitze trieb, als er im Februar 2002 versprach, den Drogenmissbrauch durch aggressive Durchsetzung der Gesetze um 25 Prozent zu senken. »Wir müssen den Drogenkonsum aus einem großen moralischen Grund reduzieren«, sagte Bush 2002 und bekräftigte damit die Glaubenssätze des Drogenkriegs: »Illegale Drogen sind die Feinde von Ehrgeiz und Hoffnung. Wenn wir gegen Drogen kämpfen, kämpfen wir um die Seelen unserer amerikanischen Mitbürger.«[59]

Trotz der vier US-Drogenkriege, die annähernd 150 Milliarden Dollar kosteten, stieg das illegale Weltopiumangebot von 1.200 Tonnen 1971 auf 6.100 Tonnen 1999 um das Fünffache.[60] In ähnlicher Weise verdoppelte sich in den 15 Jahren bilateraler Ausrottungsprogramme in den Anden die Kokaproduktion auf 600.000 Tonnen 1999.[61] Nachdem die Häftlingsrate in den USA über ein halbes Jahrhundert lang stetig bei 100 Gefängnisinsassen auf 100.000 Einwohnern gelegen hatte, stieg sie, in die Höhe getrieben von immer höheren gesetzlichen Mindeststrafen für Drogenvergehen, von 138 Inhaftierten 1980 steil auf 702 im Jahr 2002 an – eine Aburteilungsmaschinerie, die weiterhin die Gefängnisse füllt, ohne Grenzen und ohne jeden Sinn.[62] Zu Beginn des 21. Jahrhunderts kämpfen die USA einen globalen Drogenkrieg, indem sie weltweit die meisten Gefängnisinsassen produzieren und Anbaugebiete in den Bergen Asiens und in den Anden entlauben.

Nach dem Kalten Krieg

Mit dem Ende des Kalten Krieges haben eine neue Weltordnung und die wirtschaftliche Globalisierung die Dynamik des illegalen Drogenhandels verwandelt. Der Zusammenbruch des Eisernen Vorhangs zerstörte das globale Muster, dem der weltweite Opiathandel 40 Jahre lang unterlag. Diese neue Ordnung ermöglichte die rasche Expansion des Opiumhandels in Zentralasien, schuf neue Verbrechersyndikate und öffnete Schmuggelrouten durch China und Russland. Seit dem Ende des Kalten Krieges bindet die Ausbreitung des Drogenkonsums den Globus in einem Gewirr von Handelsrouten und kriminellen Verbindungen zusammen. Ende der 90er Jahre konsumierten weltweit 180

Millionen Menschen oder 4,2 Prozent der erwachsenen Bevölkerung der Welt illegale Drogen, davon 13,5 Millionen Opiate, 14 Millionen Kokain und 29 Millionen Amphetamine.[63]

Prohibition ist die wesentliche Vorbedingung für die außerordentlichen Profite des Drogenhandels – Gewinne, die sowohl die Korruption wie den wachsenden Konsum aufrechterhalten. Mitte der 90er Jahre stieg der Preis für ein Kilo Heroin von 2.870 Dollar im Großhandelseinkauf in Pakistan auf 290.000 Dollar beim Straßenverkauf in den USA. Bekam man in Bolivien ein Kilo Kokain noch für 1.500 Dollar, stieg sein Preis auf 110.000 Dollar, wenn man es als Kokainpuder in den USA weiterverkaufte. Ein Hersteller von einem Kilo Amphetaminen, bei denen das Risiko des Schmuggels über große Entfernungen wegfällt, konnte Ende der 90er Jahre mit einem Profit von 30.000 Dollar rechnen – das Doppelte des Gewinns bei Kokain.[64]

Blickt man auf die Trümmer der jüngsten Vergangenheit, drängt sich der Eindruck auf, dass die Prohibitionspolitik nicht nur schlicht daran gescheitert ist, den illegalen Handel einzudämmen, sondern tatsächlich zum Anstieg des globalen Angebots beigetragen hat. In jedem Drogenkrieg der USA – von Anatolien in den 70er bis zu den Anden in den 90er Jahren – hat die Verbotspolitik zu unbeabsichtigten Resultaten geführt, da sich die gezielte lokale Bekämpfung als globaler Stimulus auswirkte. Wie bei allen Märkten legaler wie illegaler landwirtschaftlicher Erzeugnisse führt eine Verknappung des Angebots ohne Verminderung der Nachfrage zu höheren Preisen und regt die Produktion in anderen Weltteilen an.

1972 zum Beispiel erklärte Präsident Nixon den ersten Drogenkrieg der USA und nahm die türkische Opiumproduktion ins Visier, damals die Hauptquelle des US-Heroinangebots. Nachdem man die Türkei mit einer Mischung aus diplomatischem Druck und Auslandshilfe zur Ausrottung ihres Opiumanbaus gedrängt hatte, übte das Weiße Haus Druck auf die französischen Behörden aus, die Heroinlabors von Marseille zu schließen.[65] Aber die schlecht verstandene Dynamik des illegalen Drogenmarktes verkehrte den Sieg alsbald in eine Niederlage. Obwohl die Türkei das Opium für 80 Prozent des US-Heroinangebots lieferte, produzierte sie nur sieben Prozent des asiatischen Opiums.[66] Angesichts einer konstanten globalen Nachfrage und eines nun verminderten Angebots stieg der Weltpreis und fachte die Opiumproduktion in anderen Weltteilen an.

Eine halbe Welt entfernt erlebte der Direktor der DEA-Vertretung in Mexiko-Stadt aus erster Hand, wie Nixons Sieg die mexikanische Heroinproduktion nach oben trieb. »Es ist von bitterer Ironie«, berichtete er, »dass der krönende Erfolg der internationalen Drogenkontrollbemühungen auf dem europäischen Kontinent offenbar in funktionaler Beziehung zum Aufstieg braunen Heroins in Nordamerika steht ... Der Heroinmarkt verabscheut ein Vakuum.«[67] In den 90er Jahren beobachteten UN-Forscher auf mikroökonomischer Ebene einen parallelen Effekt in ganz Asien. In Nordlaos zum Beispiel stellten sie fest, dass der plötzliche Anstieg kolumbianischer Heroinexporte in die USA die laotischen Erzeugerpreise von 263 Dollar pro Kilo 1996 auf nur 65 Dollar 1998 stürzen ließ.[68]

Die Politik der Erntenvernichtung hat nicht nur das globale Angebot erhöht, sondern ermutigt anscheinend auch einen gesteigerten Anbau in ihren Zielgebieten. Die meisten Bauern finanzieren ihren Landbau mit Krediten von örtlichen Rauschgiftsyndikaten, die in Form von Naturalien nach der Ernte fällig werden. Werden Mohn oder Koka ausgerissen oder entlaubt, sind die Bauern gezwungen, ihre nächste Ernte zu verdoppeln, um die alten Kredite zurückzuzahlen und die laufende Aussaat zu finanzieren. Sobald ein US-Flugzeug seinen chemischen Nebel versprüht hat, der alle Felderzeugnisse zerstört, müssen sich die Bauern ins Zeug legen, um sich von diesem vernichtenden Schlag zu erholen. Einige wandern ab, andere bepflanzen vorhandene Felder neu, aber fast alle müssen sich Geld leihen, um bis zur nächsten Ernte zu überleben. In den meisten Gebieten sind die Kokakäufer die einzige Kreditquelle. Nachdem die USA 1,7 Milliarden Dollar ausgegeben hatten, um die kolumbianische Kokaernte zu vernichten, stieg die Produktion von 2000 bis 2001 um 25 Prozent. Als die USA im September 2002 ihre chemischen Sprüheinsätze eskalierten, warnten die Vereinten Nationen, dass diese Anstrengungen eine Zunahme des Anbaus stimulieren könnten, da sich Kokapflanzungen nun möglicherweise in neue Gebiete verlagerten. »Ausräucherung hat eine Wirkung, aber diese Wirkung besteht unserer Meinung nach in einem Verlagerungseffekt«, argumentierte Klaus Nyholm, der Direktor des United Nations Office for Drug Control (UNDCP) in Kolumbien. »Die nächste Frage ist, wohin die Koka von hier aus gehen wird.«[69]

Selbst Bergbauern, die kaum lesen und schreiben können und in entlegenen Hochländern von kleinen Mohn- oder Kokafeldern leben, reagieren in jeder Saison auf Marktanreize – ob sie in Trockenheit, Entlaubung, politischen Unruhen oder steigender Nachfrage bestehen;

ob sie aus der Umgegend, Nachbarstaaten oder weit entfernten Kontinenten kommen.

Solange Drogennachfrage und -preise auf dem gegenwärtigen hohen Niveau reicher Konsumländer bleiben, werden Händler mit großen Geldbündeln in nahezu jedes potentielle Produktionsgebiet vorstoßen, um dort das Angebot zu schaffen, das ihre Nachfrage deckt. In den letzten 30 Jahren hat die Prohibitionspolitik von USA und UN schlicht dazu gedient, Produktion, Verarbeitung und Schmuggel illegaler Drogen der drei entscheidenden Handelszonen in einer Pendelbewegung nach oben zu treiben: zwischen der Türkei und Laos in der asiatischen Opiumzone, von Bolivien bis nach Kolumbien im Kokagürtel der Anden und von Südflorida bis Nordmexiko entlang der US-Grenze. Mit jeder neuen Etappe dieses aussichtslosen Drogenkriegs schoss die Produktion steil nach oben.

Weil sich Opium in jedem Gebiet mit gemäßigtem Klima und in jedem Hochland anbauen lässt, verlagert die Bekämpfung des Anbaus die Produktion in andere Regionen der riesigen eurasischen Landmasse oder auf andere Kontinente wie Südamerika. Und da die Chemie des menschlichen Gehirns alle Menschen zu potenziellen Süchtigen macht, zwingt Repression die Drogenhändler lediglich dazu, sich neue Märkte in neuen Vierteln, Ländern oder Kontinenten zu suchen. Angesichts derart flexibler Marktbeschränkungen verwandelt sich der stumpfe Knüppel der Repression in eine stimulierende Wünschelrute, die Konsum und Produktion in immer ausgedehntere Regionen treibt und das globale Drogenproblem weiter verschärft.

Die Prohibition hat auf diese Weise tatkräftig geholfen, den Drogenhandel zu einer der größten Industrien der Welt zu machen. Ende der 90er Jahre war der globale Drogenhandel nach Angaben der Vereinten Nationen eine 400-Milliarden-Dollar-Industrie mit 180 Millionen Konsumenten geworden, 4,2 Prozent der Erwachsenen, und einem Anteil von acht Prozent am Welthandel – größer als der Textil-, Stahl oder Autohandel. Zu den Gesundheitsschäden des Drogenkonsums kommt die Ausbreitung von HIV-Infektionen durch intravenösen Drogengebrauch, bis 1996 fünf bis zehn Prozent der Neuansteckungen.[70]

Verbotene Waren unterliegen keinen ausgewiesenen Abgabepflichten, aber dafür zahlt dieses gewaltige illegale Geschäft in aller Welt informelle Steuern an Polizei, Zoll, Militär und Politiker und untergräbt damit die territoriale und politische Integrität von Staaten in sowohl der Ersten als auch der Dritten Welt. Laut einem UN-Bericht von 1997 kontrollieren »hochgradig zentralisierte« transnationale Verbrechergruppen mit etwa 3,3 Millionen Mitgliedern weltweit einen Großteil des Drogenhandels.[71]

Mit seinen außerordentlichen Profiten hat sich der Drogenhandel für die Polizei in so unterschiedlichen Städten wie Sydney, Bangkok, Hongkong, Manila, New York, Marseille und Istanbul als äußerst korrumpierend erwiesen. In den meisten Fällen beschränkt sich die Korruption auf einzelne Beamte oder Polizeieinheiten. Wird ihr jedoch kein Einhalt geboten, kann sie sich metastasenartig ausbreiten und Strafverfolgung in Protektion verwandeln. In extremen Fällen – New York, Hongkong, Sydney und Mexiko-Stadt – operierten Verbrechersyndikate und korrupte Polizisten in Symbiose, wobei die Polizei die Händler vor Ermittlungen schützte und die Syndikate der Polizei Verdächtige lieferten, um eine Aura wirksamer Strafverfolgung zu schaffen. In New York bildete die Antidrogenbehörde der USA, damals noch das FBN, in den 60er Jahren eine spontane Allianz mit Heroinsyndikaten der Mafia: Sie schützte die Mafiahändler und verfolgte deren Rivalen, sodass die Beamten eine beeindruckende Zahl von Verhaftungen vorweisen konnten. In den 80er Jahren verschaffte systematische Korruption in der mexikanischen Bundespolizei den Händlern »Schutz und verdeckte Hinweise«, während die Polizei außer Bestechungsgeldern in den Genuss von »Ansehen, Lob und Beförderungen« kam.[72]

Zwar kommt Polizeikorruption in Städten mit hohem Drogenkonsum häufig vor, wuchert aber gewöhnlich nicht über sie hinaus. Im Gegensatz dazu kann in Produktions- und Verarbeitungsgebieten von Drogen der illegale Handel durch sein schieres wirtschaftliches Gewicht und seinen strategischen Einfluss ein Land in einen »Drogenstaat« verwandeln. In den 90er Jahren erreichten Rauschgiftsyndikate in wichtigen Anbauländern – Kolumbien, Birma, Afghanistan und Pakistan – ausreichenden politischen Einfluss, um die Strafverfolgung zu hintertreiben, die Sicherheitsdienste zu neutralisieren und in manchen Regionen Rebellen oder Kriegsherren an die Macht zu bringen. 1988 hatte die pakistanische Heroinindustrie schätzungsweise acht Milliarden Dollar Jahresumsatz und war damit halb so groß wie die legale Wirtschaft; der militärische Geheimdienst steuerte den Handel, und Drogengroßhändler entschieden Parlamentswahlen.[73] In ähnlicher Weise zahlten mexikanische Kokainkartelle bis 1994 jährliche Bestechungsgelder von insgesamt 460 Millionen Dollar, mehr als das Jahresbudget der Generalbundesanwaltschaft, und erzielten einen Umsatz von 30 Milliarden Dollar, das Vierfache des Werts der mexikanischen Ölexporte.[74] Zweifellos waren damit in beiden Staaten die Grenzen bloßer Polizeikorruption überschritten. In solchen Ländern hatten Drogen die mannigfaltige Mischung wirtschaftlichen und institutionellen Einflusses erreicht, die einen Drogenstaat definiert. In der zweiten Hälfte des 20. Jahrhunderts nährte die Drogenprohibition auf diese Weise weltweit eine illegale Wirtschaft, durch die sich Verbrechersyndikate, Hochlandkriegsherren, ethnische Befreiungsbewegungen, Terroristennetzwerke und verdeckte Operationen finanzierten.

Im Rückblick auf die klägliche Vergangenheit des Antidrogenkrieges findet sich wenig, was Anlass zu Optimismus oder zum Feiern gibt. Gewöhnliche Amerikaner, die Zeugen des jammervollen Spektakels des Drogenhandels auf der Straße werden, mögen es unvorstellbar finden, dass der US-Staat irgendwie, direkt oder indirekt, in den internationalen Drogenhandel verstrickt sein könnte. Während des Kalten Krieges aber waren amerikanische Diplomaten und CIA-Agenten auf drei Ebenen am Drogenhandel beteiligt:

1. durch eine eher zufällige Komplizenschaft in Form verdeckter Bündnisse mit Drogengroßhändlern;
2. durch Unterstützung für bekannte Drogenhändler, deren kriminelle Handlungen tunlichst ignoriert und die vor den Strafverfolgungsbehörden verschleiert wurden;
3. gelegentlich auch durch aktive Beteiligung am Transport von Opium.

Washington bleibt, allgemeiner gesehen, seiner Prohibitionspolitik treu und verschließt sich der Tatsache, dass die Strategien seines Antidrogenkrieges, von der Türkei in den 70er Jahren bis zum heutigen Kolumbien, die Produktion faktisch nur angeregt und das globale Angebot illegaler Drogen nur erhöht haben. Es ist, gelinde gesagt, ironisch, dass die USA ihr Drogenproblem selbst verursacht haben.

1
SIZILIEN: HEIMAT DER MAFIA

Nach dem Zweiten Weltkrieg gab es eine große Chance, der Heroinsucht in den USA Herr zu werden. Die Sicherheitsmaßnahmen der Kriegsjahre, mit denen die Infiltration feindlicher Spione und die Sabotage von Marineeinrichtungen verhindert werden sollten, machten den Schmuggel in die USA praktisch unmöglich. Die meisten amerikanischen Drogenabhängigen waren gezwungen, ihre Sucht aufzugeben, die Nachfrage nach Rauschgift verschwand nahezu völlig. Außerdem waren die internationalen Rauschgiftsyndikate durch den Krieg geschwächt und hätten mit einem Minimum an Strafverfolgung dezimiert werden können.

Während der 30er Jahre war ein Großteil des amerikanischen Heroins aus den Raffinerien von Schanghai und Tientsin gekommen. Dieses Angebot wurde nun durch die geringeren Mengen ersetzt, die in Marseille von den korsischen Syndikaten und im Nahen Osten von einer berüchtigten Bande hergestellt wurden, die unter dem Namen »Eliopoulos-Brüder« firmierte. Die Schifffahrtsrouten im Mittelmeer waren im Krieg durch den U-Boot-Krieg unterbrochen, und die japanische Invasion Chinas schnitt den Drogenzustrom in die USA aus den Labors von Schanghai und Tientsin ab. Die letzte Beschlagnahmung der Kriegszeit ereignete sich 1940, als 42 Kilo Schanghaier Heroins in San Francisco entdeckt wurden. Während des Krieges wurden nur kleine Heroinmengen beschlagnahmt, und Laboranalysen der US-Bundesbehörden zeigten, dass seine Qualität beständig abnahm. Gegen Ende des Krieges war fast nur noch grobes mexikanisches Heroin von weniger als drei Prozent Reinheitsgehalt auf dem Markt, ein überraschend hoher Prozentanteil der Proben waren Fälschungen.[1] Die meisten Süchtigen waren zu einem unfreiwilligen Heroinentzug gezwungen. Für das Jahr 1945 meldete das FBN für die gesamten USA nur noch 20.000 Abhängige.[2]

Nach dem Krieg hatten chinesische Drogenhändler kaum ihre Heroinlabore wieder eingerichtet, als Mao Zedongs Bauernarmee Schanghai eroberte und sie aus China vertrieb.[3] Die Eliopoulos-Brüder hatten sich zu Kriegsbeginn aus dem Geschäft zurückgezogen, und eine Anklage wegen Drogenhandels, die nach dem Krieg in New York gegen sie erhoben wurde, schreckte sie nach dem Krieg vor einer Wiederaufnahme des Handels ab.[4] Die Herrschaft der korsischen Syndikate in Marseille war geschwächt, da ihre mächtigsten Bosse den taktischen Irrtum begangen hatten, mit der Gestapo zu kollaborieren, und daher nun entweder tot oder im Exil waren. Vor allem aber war die sizilianische Mafia nach zwei Jahrzehnten Repression durch Mussolinis Polizei nahezu vollständig zerschlagen. Sie kontrollierte gerade noch die lokale Schutzgelderpressung von Bauern und Hirten.[5]

Da die Rauschgiftnachfrage in den USA auf dem niedrigsten Stand seit 50 Jahren angelangt war und die internationalen Syndikate zerrüttet waren, hatte die US-Regierung die einmalige Gelegenheit, die Heroinsucht als großes soziales Problem zu beseitigen. Aber stattdessen schuf sie – durch Operationen der CIA und ihres Vorläufers während des Krieges, des OSS – eine Situation, die es der sizilianisch-amerikanischen Mafia und der korsischen Unterwelt ermöglichte, den internationalen Rauschgifthandel wieder zu beleben.[6] Diese Operationen waren die ersten Anzeichen für die Bereitschaft der CIA, taktische antikommunistische Allianzen mit großen Heroinhändlern zu schließen, ob in den Städten Europas oder den Dschungelgebieten der Dritten Welt. In den 40 Jahren des Kalten Krieges spielten mehrere der Verbündeten der CIA-Geheimaktionen eine wichtige Rolle bei der Aufrechterhaltung einer weltweiten, die USA beliefernden Rauschgiftindustrie.

In Sizilien verbündete sich der CIA-Vorgänger OSS über die Marineabwehr ONI (Office of Naval Intelligence) mit der Mafia. Zweck des Bündnisses war, 1943 die Unterstützung der Mafia bei der Invasion Siziliens zu gewinnen. Später wurde die Allianz fortgesetzt, um der zunehmenden Stärke der Kommunistischen Partei Italiens auf der Insel entgegenzuwirken. In Marseille tat sich die CIA mit der korsischen Unterwelt zusammen, um die Vorherrschaft der französischen Kommunisten über die Stadtregierung und zwei Hafenarbeiterstreiks zu brechen – einen 1947, den anderen 1950 –, die als Bedrohung für die Umsetzung des Marshallplans und den Indochinakrieg angesehen wurden. Nachdem sich die CIA in den frühen 50er Jahren wieder zurückzog, gewannen die Korsen Marseilles den politischen Schutz des französischen Geheimdienstes SDECE (Service de Documentation Extérieure et de Contre-Espionage), der ihnen nahezu 20 Jahre lang erlaubt, ungestört ihre Heroinlabors zu betreiben. In Partnerschaft mit italienischen Mafiasyndikaten schmuggelten die Korsen Rohopium aus der Türkei und verarbeiteten es zu Heroin Nr. 4 für den Export.

Ihr größter Kunde waren die USA, das reichste Land der Welt, die einzige Großmacht, die den Zweiten Weltkrieg relativ schadlos überstanden hatte, und das Land mit dem größten Potenzial für den Rauschgiftvertrieb. Denn trotz ihres erzwungenen Entzugs während der Kriegsjahre ließen sich die Abhängigen der USA leicht dazu gewinnen, abermals ihrer Sucht zu frönen.

Die Mafia in den USA

Anfänglich hatte die Mafia in den USA die neuen Geschäftschancen, die sich aus dem Drogenverbot der frühen 20er Jahre eröffneten, ignoriert. Verwurzelt in Traditionen der »ehrenwerten Gesellschaft« Siziliens, die eine Beteiligung an Rauschgift und Prostitution absolut verbot, hatte die Mafia das Heroingeschäft den mächtigen jüdischen Gangstern überlassen, die das organisierte Verbrechen in den 20er Jahren beherrschten.

Die Prohibition verwandelte den Charakter sowohl des Rauschgiftkonsums als auch des organisierten Verbrechens in den USA. Kurz vor der Jahrhundertwende waren die typischen Drogenabhängigen weiße Hausfrauen der Mittelklasse, die Opiumsäfte von ihren Apothekern oder Ärzten kauften. Nach Beginn der Prohibition waren die typischen Süchtigen »herumstreunende, [weiße] männliche Fixer«, die sich ihr Heroin auf der Straße von den neuen Verbrechersyndikaten beschafften, die nun diese illegale Nachfrage bedienten.[7] Obwohl die Arzneiabhängigkeit in der Mittelschicht nach 1920 abnahm, gelang es durch die Prohibition nicht, die Anzahl der Süchtigen insgesamt zu vermindern. Stattdessen wurde eine große, lukrative Klientel schlicht in die Hände von Verbrechern getrieben. Bis Ende der 20er Jahre hatte dieses neue Geschäft mit dem Laster aus kleinen innerstädtischen Kriminellenbanden, die in ethnischen Vierteln auf Beutefang gingen, landesweit operierende Syndikate gemacht, die große, gewinnträchtige Unternehmen kontrollierten.

Die Karriere des jüdischen Kriminellen Irving »Waxey Gordon« Wexler illustriert die Beziehung zwischen der Drogen- und Alkoholprohibition und dem Wachstum des organisierten Verbrechens. Geboren 1888, tauchte Gordon zuerst in der jüdischen Unterwelt von New Yorks Lower East Side als Mitglied der Benjamin-Fine-Gang auf. Zwischen 1910 und 1914 häufte Gordon 100.000 Dollar aus dem Glücksspielgeschäft an und übernahm die Kontrolle von Fines Bande, die mittlerweile die Gewerkschaften im Bekleidungsdistrikt der Stadt beherrschte. Nur zwei Jahre nach Verabschiedung des Harrison Narcotics Act 1914 war Gordon ein »wichtiger Partner von mindestens fünf verschiedenen Kokainhändlerbanden«, die in Manhattan und Philadelphia operierten.

Im Lauf der folgenden 15 Jahre blieb er einer der größten Kokaindealer New Yorks und wurde schließlich in Minnesota wegen des Transports von Narkotika angeklagt, aber nicht verurteilt.[8] Sowohl im Drogenhandel wie später im Alkoholschmuggel verfügten Gordon und jüngere Gangster über das Kapital und die Kontakte des größten New Yorker Gangsters, Arnold Rothstein, eines jüdischen Glücksspielbetreibers, der durch seine Manipulation der World Series (eine Art Baseball-Pokalmeisterschaft) von 1919 berühmt wurde.[9]

Als Gangster aus der Lower East Side war Waxey Gordon typisch für die neuen Drogendealer, die das Harrison-Gesetz schuf. 1917 versuchte die New Yorker Kehillah, eine jüdische Gemeindeorganisation, sensationsheischenden Beschuldigungen der Presse über jüdische Kriminalität mit einer seriösen Studie des Problems zu begegnen. Von den 263 Drogenhändlern, die in New York entdeckt wurden, waren unter jenen mit identifizierbarer ethnischer Herkunft 83 Juden, 23 Italiener, acht Iren, fünf Afroamerikaner und drei Griechen. Als die Forscher der Kehillah die 22 »combinations« oder Syndikate unter die Lupe nahmen, die den Kokainhandel beherrschten, fanden sie heraus, dass 85 Prozent ihrer Mitglieder Juden und die übrigen 15 Prozent Italiener waren. Während die Kokaingroßhändler ein Gebiet abdeckten, das von Philadelphia bis nach Boston reichte, konzentrierten sich etwa 44 Prozent der stadtbekannten 129 Drogeneinzelhändler in der Lower East Side von New York.[10]

In den 20er Jahren kontrollierten jüdische Syndikate einen Großteil des New Yorker Heroinhandels und belieferten ihre Dealer mit aus Europa und Asien eingeschmuggeltem Rauschgift. Jacob »Yasha« Katzenberg »wusste mehr über die Beschaffung von Heroin in Asien und seinen Schmuggel in die USA als irgendjemand sonst auf der Welt«.[11] Da die internationalen Drogenkontrollen in der Zwischenkriegszeit lax waren, konnten die Drogenhändler New Yorks über ihre Kontakte in Übersee unbegrenzte Mengen besorgen. Ihre kriminellen Gewährsleute kauften die Drogen in den 20er Jahren in Paris und in den 30er Jahren in Schanghai ganz legal ein.[12]

Der Fall Katzenberg-Lvovsky-Buchalter ist das spektakulärste Beispiel für diesen Heroinschmuggel. Dieses Unternehmen begann 1935, als ein Apartment in New York explodierte und die Ermittler Rohmorphium, raffiniertes Heroin und Gerätschaften zur Heroinherstellung fanden. Zwar wurde der Heroinchemiker verurteilt, aber die Beweise gegen die Hauptverdächtigen, Yasha Katzenberg und Jacob Lvovsky, blieben dürftig. Nach dem Verlust des Labors auf der Suche nach neuen Drogenquellen, schickte Lvovsky, finanziert von Katzenberg und Louis Buchalter, »Emissäre« nach China. In Schanghai stellten die New Yorker den Kontakt zu Yanis Tsouanis her, den ein US-Konsulatsbericht als den »gegenwärtig berüchtigsten griechischen Schmuggler« bezeichnete, und kauften über ihn Heroin von einem griechischen Syndikat, das die illegalen Exporte von legal in den japanischen Labors in Tientsin hergestelltem Heroin kontrollierte. Zwischen Oktober 1935 und Februar 1937 organisierte dieser 30-köpfige New Yorker Ring sechs Reisen nach Schanghai, schickte mit 649 Kilo Heroin bepackte Überseekoffer zurück und machte dabei einen Gewinn von 519.220 Dollar.[13] Der mächtige Mann hinter dieser lukrativen Operation war Louis »Lepke« Buchalter, seit den späten 20er Jahren der größte Gangster in der Bekleidungsindustrie der Stadt und in den 30er Jahren der führende jüdische New Yorker Gangster überhaupt. Lepke koordinierte eine Organisation von etwa 250 Mann. Im November 1937 wegen Heroinschmuggels angeklagt, tauchte Lepke im New Yorker Umland unter und machte zwei Jahre später Schlagzeilen, als er sich sensationell dem berühmten Radioreporter Walter Winchell und FBI-Direktor J. Edgar Hoover stellte. Mit der Zeugenaussage seines Partners Yasha Katzenberg wurde Lepke zu zwölf Jahren wegen Drogenhandels verurteilt.[14]

Als die Alkoholprohibition 1920 begann, beherrschten Waxey Gordon und andere Kriminelle seines Milieus – Benjamin »Bugs« Siegel, Arthur »Dutch« Schultz und Meyer Lansky – bald einen Großteil des New Yorker Alkoholschmuggels. Unter den 17 großen Alkoholschmugglern, die Mitte der 20er Jahre in New York operierten, waren sieben Juden, fünf Italiener und drei Iren. 1928/29 betrieb das so genannte Jüdische Syndikat, zu dem Gordon und acht Partner gehörten,

Sizilien: Heimat der Mafia **77**

13 Brauereien im Gebiet New York und war vielleicht der größte Biervertreiber der USA.[15]

Arnold Rothstein wurde 1928 im Park Central Hotel erschossen, Waxey Gordon wanderte 1933 wegen Steuerhinterziehung ins Gefängnis, und Lepke kam 1944 wegen Mordes auf den elektrischen Stuhl. Andere jüdische Gangster, namentlich Lansky, überlebten hingegen die Wirren jener Jahrzehnte und übernahmen im organisierten Verbrechen der folgenden 30 Jahre eine führende Rolle. Dennoch kam es unmittelbar nach dem Krieg zu einem folgenschweren Generationswechsel. Rothstein hatte in den 20er Jahren die Mafia noch ignorieren können, auch Lepke in den 30er Jahren vor allem seinesgleichen zusammengearbeitet, aber Lansky sollte seine Macht durch ein Bündnis mit Italienern wie Lucky Luciano erreichen.

Während die jüdischen Gangster in den 20er Jahren einen Großteil des New Yorker Alkoholschmuggels, des Drogenhandels und Glücksspiels kontrollierten, beschied sich die Mafia mit einem kleineren Anteil am Alkoholschmuggel.[16] 1930/31, nur sieben Jahre nach dem gesetzlichen Verbot von Heroin, brach in den Reihen der Mafia ein Krieg aus. Aus den Kämpfen, bei denen 60 Gangster starben, ging eine neue Generation von Anführern hervor, mit wenig Respekt für den traditionellen Ehrenkodex, der die Beteiligung am Rauschgifthandel untersagte.[17]

Führer dieser Mafiosi-Jugendbewegung war der legendäre Salvatore C. Lucania, der Welt bekannt als Charles »Lucky« Luciano. Charmant und gut aussehend, muss Luciano als einer der maßgeblichen Verbrechensmanager der Neuzeit gelten. Denn in einer Reihe von Treffen nach den Morden, denen die alte Garde zum Opfer fiel, skizzierte Luciano seine Pläne für ein modernes, landesweites Verbrechenskartell. Sein Modernisierungsplan gewann rasch die Unterstützung der Führer der 24 Mafia-»Familien« der USA, und innerhalb weniger Monate funktionierte der nationale Mafiarat reibungslos. Dies war ein bedeutsames Ereignis: Fast eigenhändig baute Luciano die Mafia zum mächtigsten Verbrechersyndikat der USA auf und leistete Pionierarbeit bei der Einführung von Organisationstechniken, die bis heute die Grundlage des organisierten Verbrechens bilden. Luciano schmiedete auch ein Bündnis zwischen der Mafia und Meyer Lanskys jüdischen Gangs, das beinahe 40 Jahre hielt und zum entscheidenden Merkmal des organisierten Verbrechens in den USA wurde.

Das Ende der Prohibition in Sicht, beschloss Luciano, die Mafia in das lukrative Prostitutions- und Heroingeschäft einzubringen. Der Erfolg der Mafia hatte vor allem auf illegalen Schnapsbrennereien und Alkoholschmuggel beruht. Ihr weiteres Gedeihen, das Luciano durch überlegene Organisation zu sichern hoffte, war nur durch neue Einkommensquellen zu gewährleisten.

Heroin war ein attraktiver Ersatz für Alkohol, weil sein erst unlängst erlassenes Verbot einen großen Markt hatte veröden lassen, der nun ausgebeutet und ausgeweitet werden konnte. Obwohl die Anzahl der Heroinsüchtigen in keiner Weise an die der Trinker heranreichte, konnten die Gewinne aus dem Heroin genauso beträchtlich sein: Sein geringes Gewicht machte den Schmuggel billiger, durch seine relativ beschränkten Quellen war es leichter zu monopolisieren.

Heroin ergänzte außerdem das andere neue Geschäft Lucianos: die Organisation der Prostitution in einem beispiellosen Ausmaß. Luciano trieb viele kleine Zuhälter aus dem Geschäft, da er herausfand, dass sich seine Prostituierten in ruhige, beständige Arbeiterinnen verwandelten, wenn man sie heroinabhängig machte, da sie nun ihre Sucht bedienen mussten und nur eine Möglichkeit hatten, genug Geld dafür zu verdienen. Diese Kombination von organisierter Prostitution und Drogensucht, die später so üblich wurde, war in den 30er Jahren Lucianos Markenzeichen. Bis 1935 kontrollierte er 200 Bordelle in New York mit 1.200 Prostituierten, die ihm ein geschätztes Einkommen von über zehn Millionen Dollar im Jahr einbrachten.[18] Ergänzt durch wachsende Profite aus dem Glücksspiel und auch aus den Gewerkschaften, stand das organisierte Verbrechen erneut auf einer sicheren finanziellen Grundlage.

Als die Mafiadealer die jüdischen Netzwerke in den 30er Jahren ersetzten, wurden die Auswirkungen auf den Straßen von New York rasch spürbar. Durch Bedrohung rivalisierender Dealer und durch niedrigere Preise gewann die Mafia bald nahezu ein Monopol über den Straßenhandel.[19] Als sie erst einmal fest im Sattel saßen, streckten die Italiener das Heroin weit stärker, als es ihre jüdischen Vorgänger getan hatten. Bis 1938 fiel der Reinheitsgehalt auf 27,5 Prozent. Das Schnüffeln war nun nicht länger effektiv, die Süchtigen waren gezwungen, den Stoff zu spritzen. »Als die Chinesen und Juden es hatten, war es wundervoll«, erinnerte sich ein Drogendealer vom Times Square. »Aber als die Italiener es kriegten – iiih! Sie haben es total versaut... Für die waren die Leute nur eine Horde von Tieren: Schmeiß ihnen einfach irgendwas hin.«[20] Ein italoamerikanischer Heroindealer, der in

Sizilien: Heimat der Mafia **79**

den frühen 30er Jahren für jüdische Großhändler gearbeitet hatte, kritisierte die Mafia ebenfalls: »Wissen Sie, die Juden waren Geschäftsleute; sie gaben es einem weiter, wie sie es bekamen. ... Dann stiegen die Itaker ein und schmissen die Juden raus, sie fingen an, sie umzulegen. ... Die Italiener verkauften Dreck, Chemie, Säure. ... Diese Schweine waren so geldgierig, die haben das Zeug ein Dutzend Mal gestreckt.«[21]

Aber in den späten 30er Jahren brachen für die Mafia in den USA harte Zeiten an. Staatsanwaltschaften und Polizeibehörden starteten eine Großaktion gegen das organisierte Verbrechen, die zu spektakulären Verurteilungen wegen Drogenhandels führte und eine Reihe mächtiger Mafiosi zwang, aus dem Land zu fliehen. 1936 klagte die in New York für organisiertes Verbrechen zuständige Distriktstaatsanwaltschaft unter Thomas Dewey schließlich auch Luciano selbst wegen 62-facher Nötigung zur Prostitution an. Obwohl das FBN genügend Beweise für Lucianos Beteiligung am Drogenhandel gesammelt hatte, um ihn wegen Verstoßes gegen das Betäubungsmittelgesetz anzuklagen, glaubte man dort ebenso wie in Deweys Behörde, dass eine Anklage wegen Nötigung zur Prostitution die Öffentlichkeit eher aufbringen und eine Verurteilung garantieren würde. Außerdem hatte Lucianos Zentralisierung der Bordelle deren Einkünfte oder Effizienz nicht erhöht, und er musste blanken Terror ausüben, um seinen Anteil am Gewinn der Freudenhäuser einzutreiben. Sein grandioser Plan für einen quasi-industriellen Bordellbetrieb überforderte das Geschäftsmodell des »Zweidollarpuffs« weit über die Schmerzgrenze hinaus. Trotz regelmäßiger Prügel durch seinen »bösartigen« Vollstrecker Jimmie Fredericks betrogen die Prostituierten das Syndikat auf jede erdenkliche Weise, um ihre Einnahmen möglichst für sich zu behalten.[22] Am Ende verlor Luciano die Kontrolle über seine Schützlinge. Drei seiner Prostituierten sagten gegen ihn aus. Mit diesen Beweisen erreichte Dewey, den seine Anklage gegen Waxey Gordon bereits berühmt gemacht hatte, eine sensationelle Verurteilung von Luciano und neun seiner teils jüdischen, teils italienischen Vertrauten. Das New Yorker Gericht verurteilte Luciano zu einer 30- bis 50-jährigen Haftstrafe.[23]

Lucianos Verurteilung war ein großer Rückschlag für das organisierte Verbrechen: Sie entzog dem einflussreichsten Vermittler der Unterwelt die aktive Führerschaft und war für Gangster tieferer Ränge vermutlich ein Schock. Einige Monate später floh der Mafiaboss Vito Genovese von New York nach Italien, da er wusste, dass man ihn als Komplizen Lucianos unter Mordanklage stellen wollte.[24]

Die Mafia erlitt jedoch in ihrem Mutterland Sizilien noch größere Rückschläge. Obwohl Deweys Ruf als unerschrockener Distriktstaatsanwalt mit einer Wahl zum Gouverneur und später einer Präsidentschaftsnominierung belohnt wurde, verblassten seine Bemühungen im Vergleich zu Mussolinis persönlicher Vendetta gegen die sizilianische Mafia. Während eines Staatsbesuchs in einer Kleinstadt in Westsizilien 1924 beleidigte der italienische Diktator einen örtlichen Mafiaboss, indem er ihn mit der gleichen Herablassung behandelte, die er gewöhnlich für subalterne Kommunalvertreter aufbrachte. Der Mafiaboss beging den dummen Fehler, sich dafür zu rächen, indem er die Piazza während Mussolinis Rede an die »versammelte Bevölkerung« bis auf 20 Bettler leeren ließ.[25] Zurück in Rom trat der wutentbrannte Mussolini vor das faschistische Parlament und erklärte der Mafia den totalen Krieg. Cesare Mori wurde zum Präfekt von Palermo ernannt und führte zwei Jahre lang eine Schreckensherrschaft in Westsizilien, die selbst die Inquisition übertraf. Traditionelle Folter mit modernen Polizeimethoden verbindend, erlangte Mori die Geständnisse von und lange Gefängnisstrafen für Tausende von Mafiosi und brachte der ehrbaren Gesellschaft auf diese Weise die größte Schwächung seit 100 Jahren bei.[26] Obwohl die Kampagne offiziell 1927 endete, als Mori das Lob des faschistischen Parlaments entgegennahm, fuhren die Faschisten fort, der Mafia zuzusetzen. Zu Beginn des Zweiten Weltkriegs war sie aus den Städten vertrieben und überlebte nur in den Bergregionen Westsiziliens.[27]

Die Rückkehr der Mafia

Der Zweite Weltkrieg hauchte der Mafia neues Leben ein. In den USA war die Marineabwehr, das Office of Naval Intelligence (ONI), zunehmend besorgt über eine Reihe von Sabotageakten im New Yorker Hafen, die in einem großen Feuer auf dem französischen Passagierschiff »Normandie« im Februar 1942 gipfelten, am Vorabend seiner Taufe als alliiertes Truppenschiff. »Wir standen vor einem gravierenden nationalen Notstand«, so William B. Herlands, der New Yorker Untersuchungsrichter, der die Operation nach dem Krieg detailliert untersuchte. »Über das Küstengebiet des 3. Marinedistrikts, zu dem New York und New Jersey gehörten ..., wurde eine Blockade verhängt. Viele unserer Schiffe wurden von feindlichen U-Booten vor der

Atlantikküste versenkt ..., und das Ergebnis des Krieges hing in der Schwebe.«[28]

Ohne eigene Mittel, den Hafen geheimdienstlich zu überwachen, beschloss das ONI, lokale Gangster zu rekrutieren und sie als Agenten einzusetzen, und nahm Kontakt zum New Yorker Distriktstaatsanwalt Frank Hogan auf. Dieser schlug Joseph »Joe Socks« Lanza vor, damals wegen Erpressung angeklagt. Offiziell war Joseph Lanza »Geschäftsführer der Fischereiarbeiter-Gewerkschaft, in Wirklichkeit der Gangsterboss der Fultoner Fischmarkt-Enklave im unteren Stadtteil von New York«.[29] Im März 1942, als die US-Marine zum ersten Mal an Lanza herantrat, sorgte sich das ONI um die Küstensicherheit. Captain Roscoe C. McFall, der Abwehroffizier des Distrikts, berichtete dem Untersuchungsrichter William B. Herlands bei dessen späteren Ermittlungen, dass er sich über »subversive Aktivitäten feindlicher Agenten in und um den Hafen« sorgte und befürchtete, »dass feindliche U-Boote durch Fischerboote aufgetankt werden könnten ..., die von kriminellen Elementen betrieben wurden«.[30] Da Lanza »sehr viele Beziehungen auf dem Fischmarkt und unter den Kapitänen der Fischerboote ... entlang der Atlantikküste hatte«, war er in dieser Phase der ONI-Operation ein idealer Kontaktmann.[31] So traf sich Commander Charles R. Haffenden, McFalls Untergebener, in den folgenden neun Monaten jede Woche mit Lanza, um eine Vielzahl von Operationen zu planen: Informationssammlung über das Auftanken feindlicher U-Boote, Beschaffung gefälschter Gewerkschaftsausweise, um ONI-Agenten auf Fischerbooten unterzubringen, und die Organisation der italienischen Fischer der Stadt »als Teil eines U-Boot-Suchsystems«.[32]

Nach nur drei Wochen wurde dem ONI bewusst, dass Lanza bloß ein mittlerer Gangster mit begrenztem Einfluss war. Lanza war nicht in der Lage, die vom ONI verlangten Informationen außerhalb der Fischereiindustrie zu liefern, und gestand seinen Marinekontakten, die Leute hätten Angst, er würde seine Spitzeldienste nutzen, um seine drohende Verurteilung abzuwenden.[33] Im April erklärte Lanza Commander Haffenden, dass »Luciano große Hilfe leisten« und »Joe Adonis oder Frank (Costello), seinem Freund, Instruktionen geben« könne.[34]

Luciano saß zu dieser Zeit im Clinton State Prison nahe der kanadischen Grenze im Norden des Staates New York in Haft. Die Navy nahm Verbindung zu seinem Anwalt auf, Moses Polakoff. Um Vermittlung gebeten, zögerte Polakoff und schlug statt seiner eine Person vor, »deren Patriotismus oder Liebe für unser Land ungeachtet ihres Rufes über allen Zweifel erhaben« sei.[35] Am nächsten Morgen machte Polakoff die US-Marine im Restaurant Longchamps in Manhattan mit dem Patrioten Meyer Lansky bekannt, Lucianos Partner im Rauschgift- und Alkoholschmuggel. Lansky verwies auf seine enge Beziehung zu Luciano seit den frühen 20er Jahren und versicherte den Navy-Vertretern, dass sie Luciano trauen könnten. Auf Anregung Polakoffs stimmte Commander Haffenden einem Treffen mit Luciano zu und arrangierte dafür dessen Verlegung vom entfernten Clinton Prison ins Great Meadow Prison nahe Albany.[36]

Mehrere Wochen später trafen sich Polakoff und Lansky mit Luciano in einem Gefängnisbesuchsraum und erklärten ihm die Situation der Marineabwehr. Luciano stimmte einer Zusammenarbeit zu und schlug vor, dass Lansky als Verbindungsmann zwischen Luciano und den Leuten fungieren sollte, deren Hilfe man in Anspruch nehmen wollte – Leute, die unbesehen glauben würden, dass er im Namen Lucianos handelte. Im Verlauf der folgenden drei Jahre traf sich Luciano elfmal mit Lansky und weitere zwanzigmal mit Polakoff. Haffenden selbst kam mit Luciano niemals zusammen, aber er traf sich häufig mit Lansky, der, wie Luciano angeregt hatte, zum Vermittler zwischen der Marine und der Unterwelt wurde. Haffenden, erinnerte sich Lansky später, »sagte mir dann..., was er genau wollte... Ich suchte den Mann, der aus meiner Sicht am besten seine Anforderungen erfüllte..., jeden, der in der Kriegsanstrengung nützlich sein konnte... Ich machte sie miteinander bekannt.«[37]

Obwohl das ONI weiter an der Abwehr von Sabotage und der Sicherheit in den New Yorker Docks interessiert blieb, suchte es Lucianos Hilfe auch bei der Sammlung von Informationen für die alliierte Invasion in Sizilien, die damals in Planung war. Über Luciano brachte Lansky eine Reihe von sizilianischen Immigranten für intensive Befragungen durch italoamerikanische Agenten aus Commander Haffendens Einheit, später als Ferret Squad bekannt, in die Büros des ONI in Manhattan. Auf Anregung Lucianos nahm Lansky zum Beispiel Verbindung zu dem Gangster Joe Adonis auf, der sechs Sizilianer mitbrachte, um »strategische Informationen« über die Küste der Insel zu liefern. »Vor unserem Angriff auf Sizilien«, erinnerte sich Lansky an die Treffen mit Haffenden, »ging es in den Unterredungen um ihre Kenntnis der Küsten und der Topografie des Hinterlandes.« Commander Haffenden, sagte Lansky, »holte zwei große Karten hervor und zeigte sie ihnen, damit sie ihre Dörfer erkannten und die Karten mit ihrer Kenntnis ihrer Dörfer verglichen«. In Zusammenarbeit mit Kartografen des ONI bereitete Haffenden zahlreiche Land- und Seekarten der sizilianischen Küste vor, darunter eine große Karte mit Details, die auf »mehreren Tausend« solcher Berichte basierte.[38]

Vor allem erhielt man über Luciano und seine Partner »die Namen freundlich gesonnener sizilianischer Einheimischer und sogar von Persönlichkeiten der sizilianischen Unterwelt und Mafia…, die vertrauenswürdig waren und tatsächlich im Sizilienfeldzug eingesetzt wurden«.[39] Um die Jahresmitte 1942 übergab Commander Haffenden diese »Namen von Personen in Sizilien« einem Captain Wharton im ONI-Hauptquartier in Washington, der später voller Genugtuung berichten konnte, dass diese sich »auf der Grundlage heutiger Erfahrung … zu 40 Prozent als korrekt erwiesen«.[40]

Als sich die alliierten Streitkräfte im Mai 1943 an der nordafrikanischen Küste zur Invasion Siziliens sammelten, fand der Gebietskommandeur der US-Marine, Vizeadmiral Henry K. Hewitt, einen Fehler in der Planung. Da Sizilien, einmal befreit, zur Basis der US-Marineoperationen im italienischen Feldzug werden sollte, mussten die Invasionstruppen enge Beziehungen zur Inselbevölkerung aufbauen, um die langfristige Besetzung zu erleichtern. In der Nachrichtenabteilung seines Hauptquartiers gab es jedoch niemanden, der des Italienischen mächtig war, weshalb der Admiral im Hauptquartier der Marineabwehr dringend sechs Italienisch sprechende Agenten anforderte. Am 15. Mai saßen vier der New Yorker Agenten von Commander Haffenden, die an der Sammlung strategischer Informationen über Sizilien mitgewirkt hatten, im Flugzeug auf dem Weg nach Nordafrika.[41]

In der Nacht vom 9. zum 10. Juli 1943 landete ein 160.000 Mann starkes Heer der alliierten Streitkräfte an den Stränden Westsiziliens, die Briten im Norden, die Amerikaner weiter südlich. Um 2.30 Uhr morgens ging die 7. US-Armee unter General George Patton in zwei Angriffswellen vor den Städten Gela und Licata an der Südküste an Land. »Es war mir unbegreiflich, dass das OSS [Vorgänger der CIA] derart magere Informationen sowohl über die Planung als auch über die Ausführung der Invasion Siziliens erhalten haben sollte«, beschrieb Max Corvo seine Frustration, als er mit seinem OSS-Team eintraf, um die Landungsboote zu besteigen, und erfuhr, dass sie die ersten vier Tage der Invasion in Afrika abwarten sollten.[42] In seiner Geschichte des OSS schrieb der ehemalige CIA-Mitarbeiter R. Harris Smith, dass das ONI »durch ein mysteriöses Arrangement mit der amerikanischen Mafia den Aufgaben den OSS für die Spionage in Sizilien« zuvorgekommen sei.⁴³

Während Corvos OSS-Team in Afrika wartete, landeten die New Yorker Agenten des ONI mit der ersten Welle in Sizilien, zwei Agenten in Gela, zwei in Licata. »Einer der wichtigsten Pläne«, erinnerte sich Commander Paul A. Alfieri, einer der ONI-Agenten, »war es, Kontakt zu Personen aufzunehmen, die wegen irgendeines Verbrechens aus den USA abgeschoben worden waren ..., und einer meiner ersten Erfolge nach der Landung in Licata hing damit zusammen.« Alfieri erzählte später dem New Yorker Untersuchungsrichter Herlands, dass »ich es mir zur Aufgabe machte, zuerst diese Station [den Mafiakontakt] anzulaufen«. Alfieri fand, dass sich die »Kriminellen und Unterweltfiguren in Sizilien, die ... Mitglieder der Mafia waren ..., ›mir und auch verschiedenen anderen Abwehroffizieren gegenüber als äußerst kooperativ erwiesen‹«.⁴⁴

Mit Führern der Mafia machte sich Alfieri durch die verstreuten Kampfzonen zum geheimen Hauptquartier des italienischen Marinekommandos auf, dessen Lage man in den New Yorker Befragungen herausbekommen hatte, und fand es in einer Villa abseits des Strandes. Ungehindert ging Alfieri an den überraschten italienischen Offizieren vorbei in das Büro eines Admirals, sprengte den Safe auf und kehrte mit einem Berg von Dokumenten zum Landekopf am Strand zurück. Wie Commander Anthony J. Marsloe, Alfieris Teamleiter, berichtete, wurden die »Dokumente, die die gesamte Disposition der deutschen und italienischen Marineeinheiten im Mittelmeer – einschließlich der Minenfelder – enthielten ..., an Bord von Admiral Connollys Flaggschiff gebracht ... Sie haben viel dazu beigetragen, die Kapitulation der Italiener zu beschleunigen.« Für diese Großtat erhielt Alfieri einen Verdienstorden und eine ehrenvolle Erwähnung des Präsidenten, der ihn für »seinen großen Beitrag beim Erfolg unserer Invasionstruppen« belobigte.⁴⁵

In seinem späteren Bericht bemerkte Untersuchungsrichter Herlands, dass »Alfieri in den folgenden Invasionen und Operationen auf dem italienischen Festland die gleichen Techniken der Kontaktaufnahme zu ehemaligen Unterweltfiguren mit dem gleichen Erfolg« einsetzte.⁴⁶ Die US-Navy erklärte das Thema jedoch für geheim und weigerte sich noch volle zehn Jahre nach der Invasion Italiens, Details über ihre Allianz mit der Mafia zu veröffentlichen. Daher muss die

Geschichte der Beziehungen von ONI und OSS zur Mafia während des Sizilienfeldzugs aus inoffiziellen Quellen erschlossen werden.[47]

Nach der Zerschlagung des schwachen Widerstands der italienischen Armee und der Sicherung der Landungsköpfe in Gela und Licata begann Pattons 7. Armee eine Offensive auf die Berge Westsiziliens und marschierte Richtung Palermo vor.[48] Obwohl über 60.000 italienische Soldaten und 150 Kilometer verminter Straßen zwischen Patton und Palermo lagen, schafften seine Truppen die Distanz in bemerkenswerten vier Tagen.[49]

Nach Ansicht des Doyens der italienischen Mafiaexperten, Michele Pantaleone, waren die Mafiosi für das überraschende Tempo von General Pattons Marsch auf Palermo verantwortlich. Fünf Tage, nachdem die Alliierten in Sizilien gelandet waren, flog ein amerikanisches Kampfflugzeug über das Dorf Villalba etwa 70 Kilometer nördlich von Pattons Landekopf an der Straße nach Palermo und warf einen Leinensack ab, der an »Zu Calò« adressiert war. Zu Calò, besser bekannt als Don Calogero Vizzini, war der unangefochtene Boss der sizilianischen Mafia und Herr der Bergregion, durch welche die amerikanische Armee kommen würde. Der Sack enthielt einen gelben Seidenschal, verziert mit einem großen schwarzen »L«. Das L stand natürlich für Lucky Luciano, und Seidenschals waren ein verbreitetes Erkennungszeichen von Mafiosi, die von Sizilien nach Amerika reisten.[50]

Die Geschichte mit dem Schal könnte erfunden sein, aber die fortlaufenden Operationen des ONI mit der Mafia verliehen Berichten über den – direkten oder indirekten – Kontakt zwischen Luciano und Don Calogero Glaubwürdigkeit. Tatsächlich wurde Luciano in Lercara Fridi geboren, kaum 20 Kilometer von Villalba entfernt, wo seine Mafiaverwandtschaft immer noch für Don Calogero arbeitete.[51] Zwei Tage später rollten drei amerikanische Panzer in Villalba ein, nachdem sie 45 Kilometer durch feindliches Gebiet gefahren waren. Don Calogero kletterte an Bord und verbrachte die nächsten sechs Tage damit, durch Westsizilien zu reisen und die Unterstützung für die vorrückenden amerikanischen Truppen zu organisieren.[52] Als General Pattons 3. Division in Don Calogeros Bergdomäne vorstieß, waren die Anzeichen ihrer Abhängigkeit von der Unterstützung durch die Mafia für die örtliche Bevölkerung offensichtlich. Die Mafia schützte die Straßen vor Heckenschützen, arrangierte enthusiastische Begrüßungen der vorrückenden Truppen und stellte Führer durch das verwirrende Berggelände zu Verfügung.[53]

Die Rolle der Mafia bei der alliierten Eroberung Siziliens ist wenig mehr als eine historische Fußnote, aber wichtig wurde ihre Kooperation mit den amerikanischen Befreiern. Obwohl es Raum für Spekulationen über Lucianos genaue Rolle bei der Invasion gibt, besteht wenig Zweifel über die Beziehung zwischen Mafia und amerikanischer Militärbesatzung.

Dieses Bündnis entwickelte sich im Sommer 1943, als die Hauptsorge der Alliierten darin bestand, so viele Kräfte wie möglich von den Garnisonspflichten auf der Insel zu entbinden, um sie für die Offensive in Süditalien einzusetzen. Pragmatismus war die Losung der Stunde. Im Oktober teilte das Pentagon den Besatzungsoffizieren mit, dass »die Carabinieri und die italienische Armee zur Wahrung der örtlichen Sicherheit ausreichen«.[54] Aber die faschistische Armee war längst desertiert, und Don Calogeros Mafia schien weit verlässlicher, die öffentliche Ordnung zu gewährleisten, als Mussolinis machtlose Carabinieri. So ernannte im Juli die Militärverwaltung (Allied Military Government, AMGOT) Don Calogero zum Bürgermeister von Villalba und seinen späteren Nachfolger als Siziliens Mafiaboss, Genco Russo, zum Bürgermeister von Mussomeli. Unter dem Kommando von Oberst Charles Poletti, dem ehemaligen Vizegouverneur von New York, wählte die Militärverwaltung in vielen Städten ganz Westsiziliens Mafiosi als Bürgermeister aus.[55] Ob Poletti einfach das Militärbündnis mit der Mafia unterstützte oder durch seine Karriere in der New Yorker Politik der Unterwelt persönlich verbunden war, ist schwer zu klären. Mehrere Monate später sollte der Oberst den flüchtigen New Yorker Gangster Vito Genovese zu seinem Dolmetscher ernennen, und nach dem Krieg wurde Luciano mit dem Satz zitiert, Poletti sei »einer unserer guten Freunde«.[56]

In den Wochen nach der Landung fädelten die sizilianischen Mafiosi die Infiltration der neuen alliierten Regierung ein. Im August 1943 berichtete Lord Rennell, Kommandeur der britischen Besatzungstruppen, dass »meine Offiziere in ihrem Überschwang, faschistische Bürgermeister und Kommunalvertreter in Städten und auf dem Land zu ersetzen..., eine Reihe von Mafia-›Bossen‹ ernannt oder es solchen ›Bossen‹ erlaubt haben, geeignete geschmeidige Ersatzleute vorzuschlagen«. Während sie unter dem Gesetz des Schweigens, der *omertà*, ihre Mafiaverbindungen verbargen, zögerten die örtlichen Mafiosi »natürlich nicht, ihre eigenen Lieblingsfeinde als faschistische Sympathisanten zu beschuldigen«. Die Ausschaltung des Faschismus und der Carabinieri, der »beiden großen Feinde der Mafia«, hatte eine plötzliche Zunahme der Morde zur Folge, die »von der Art der Mafia« waren »oder Hinweise auf mafiose Vorläufer aufweisen«.[57]

Während sich die alliierten Streitkräfte langsam nach Norden über das italienische Festland vorarbeiteten, waren die amerikanischen Geheimdienstler zunehmend besorgt über den Linksdrall der italienischen Politik. Zwischen Ende 1943 und Mitte 1944 hatte sich die Mitgliederzahl der Kommunistischen Partei Italiens verdoppelt, in der von den Deutschen besetzten Nordhälfte Italiens gewann eine radikale Widerstandsbewegung an Stärke. Im Winter 1944 schlossen über 500.000 Turiner Arbeiter trotz brutaler Repression der Gestapo acht Tage lang die Fabriken. Der italienische Widerstand wuchs auf beinahe 150.000 bewaffnete Kämpfer. Statt sich durch die zunehmende Stärke des Widerstands anfeuern zu lassen, war die US-Armee zunehmend über seine radikale politische Ausrichtung besorgt und begann daher ab Mitte 1944 die Waffenabwürfe für den Widerstand zu drosseln.[58] »Vor über 20 Jahren«, berichteten alliierte Militärkommandeure 1944, »provozierte eine ähnliche Situation den Marsch auf Rom und schuf den Faschismus. Wir müssen uns entscheiden – und zwar schnell –, ob wir wollen, dass sich dieser zweite Marsch zu einem weiteren ›Ismus‹ entwickelt.«[59]

In Sizilien war die Entscheidung bereits gefallen. Um erwarteten kommunistischen Zugewinnen zu begegnen, setzten die Besatzungsbehörden Mafiavertreter in der Militäradministration ein. Da jede Veränderung in der feudalistischen Sozialstruktur der Insel die Mafia Geld und Macht gekostet hätte, war die »ehrenwerte Gesellschaft« ein natürlicher antikommunistischer Verbündeter. So sicher war sich Don Calogero seiner Bedeutung für die Besatzungsmacht, dass er den allzu wissbegierigen Polizeichef von Villalba tötete, um sich von allen Beschränkungen zu befreien.[60]

Als die US-Armee im Oktober 1943 Neapel befreite, heuerte Oberst Polettis Militärregierung den berüchtigten New Yorker Gangster Vito Genovese als »Dolmetscher für die Alliierte Militärregierung in Italien« an.[61] Genovese, ein Leutnant von Luciano, der 1939 aus New York geflohen war, um einer Anklage zu entgehen, war in seine Heimat Neapel zurückgekehrt. Dort, so ein Geheimdienstbericht der US-Armee, »war Genovese Mitglied einer faschistischen Organisation ..., führte während seiner Zeit in Neapel ein luxuriöses Leben und hielt sich eine Mätresse«.[62]

Nachdem er zur alliierten Regierung gestoßen war, brachte Genovese den Schwarzmarkt gestohlener Militärgüter in Süditalien in seine Hand. Mitte 1944 erfuhr ein Ermittler der US-Armee, Feldwebel Orange C. Dickey, dass »Genovese regelmäßig alle großen Schmuggler heimlich in seinem Apartment in Nola traf«. Über sein Netzwerk benutzte Genovese US-Armeelaster, um »geschmuggeltes Getreide«, Olivenöl und Militärladungen zu transportieren, die auf den Docks von Neapel gestohlen worden waren.[63] Geneovese, der »zivile Übersetzer für die Alliierte Militärregierung«, sei, wie der militärische Geheimdienst später folgerte, »ein großer Schwarzmarkthändler« gewesen, der eine Bande angeführt habe, »die Lkw-Fahrer bestach, um Lastwagen mit amerikanischen Nachschublieferungen in Wälder zu fahren..., wo seine Männer die Lieferungen stahlen«.[64] Im August verhaftete Feldwebel Dickey Genovese fast im Alleingang und brachte ihn zu seinem Mordprozess zurück nach Brooklyn. Dickey schickte seinen Vorgesetzten dann einen vollständigen Bericht über den Schwarzmarkt in Italien, in dem er auf »sehr viele Leute« hinwies, »die in der Alliierten Militärregierung sehr bedeutend sind«.[65] Als der Bericht das Kriegsministerium erreichte, nannte ihn Brigadegeneral Carter W. Clarke »ein sehr *heißes* Papier«. Er riet dazu, »es zu den Akten zu legen und nichts zu unternehmen«.[66]

Zwar setzte Genoveses Abschiebung seinem Einfluss in Italien ein Ende, aber seine Mafiafreunde, deren Macht und Prestige durch ihr Bündnis mit der alliierten Regierung wiederhergestellt waren, konnten unbehelligt bleiben. Während seiner neun Monate bei der Militärregierung hatten Genoveses Schwarzmarktoperationen Sizilien erreicht und zu einem Geschäftsbündnis mit dem Mafiaboss der Insel, Don Calogero Vizzini, geführt. Die beiden hatten ihre offiziellen Positionen für eine der größten Schwarzmarktoperationen in ganz Süditalien genutzt. Don Calogero schickte riesige Lastwagenkonvois, beladen mit allen Grundnahrungsmitteln der italienischen Küche, nach Norden ins hungrige Neapel, wo ihre Ladung von der Organisation Genoveses verteilt wurde.[67] Diese Lkw wurden von der alliierten Militärregierung in Neapel und Sizilien anstandslos mit Passierscheinen und Exportpapieren ausgestattet. Einige korrupte amerikanische Armeeoffiziere beteiligten sich an der Operation sogar, indem sie Benzin und Lastwagen stellten.

Im Tausch gegen diese Gefälligkeiten wurde Don Calogero einer der größten Parteigänger der sizilianischen Separatistenbewegung, die verdeckt von dem OSS unterstützt wurde. Als Italien 1943/44 nach links schwenkte, war das amerikanische Militär alarmiert und um seine künftige Position in Italien besorgt. Das OSS sah in den Marinestützpunkten und der strategischen Lage Siziliens im Mittelmeer ein Gegengewicht zu einem kommunistischen Festland.[68] Don Calogero unterstützte die sizilianischen Separatisten, indem er einen Großteil der Bergbanditen Westsiziliens für ihre Freiwilligenarmee anwarb, aber er verließ sie stillschweigend, kurz nachdem das OSS die Separatisten 1945 fallen ließ.

Don Calogero leistete den antikommunistischen Bemühungen noch andere Dienste, zum Beispiel durch die Störung linker politischer Veranstaltungen. Am 16. September 1944 etwa hielt der Kommunistenführer Girolama Li Causi eine Versammlung in Villalba ab, die abrupt in einem Kugelhagel endete, als Don Calogeros Männer in die Menge schossen und 19 Zuschauer verwundeten.[69] Michele Pantaleone, der das Wiederaufleben der Mafia in seinem Geburtsort Villalba miterlebte, beschreibt die Konsequenzen der alliierten Besatzungspolitik:

> »Zu Beginn des Zweiten Weltkriegs war die Mafia auf ein paar isolierte und verstreute Gruppen beschränkt und hätte vollständig ausgelöscht werden können, wenn man sich den sozialen Problemen der Insel zugewandt hätte. ... Die alliierte Besatzung und die darauf folgende allmähliche Wiederherstellung der Demokratie verhalfen der Mafia zu ihrer alten Macht zurück, ließen sie wieder eine politische Kraft werden und händigten der ehrenwerten Gesellschaft abermals die Waffen aus, die der Faschismus ihr entrissen hatte.«[70]

Lucky Luciano in Europa

1946 machte der amerikanische Militärgeheimdienst der Mafia ein letztes Geschenk: Er entließ Lucky Luciano aus dem Gefängnis und schob ihn nach Italien ab. Damit schenkte er einem der großen kriminellen Talente seiner Generation die Freiheit, die Luciano prompt nutzte, um den Heroinhandel wieder aufzubauen. 1945 hatten sich Lucianos Anwälte an den New Yorker Bewährungsausschuss gewandt, um seine sofortige Freilassung zu erwirken, und gründeten ihr Gesuch auf die Dienste, die Luciano im Krieg der Marine geleistet hatte. Zwar hielten sich die Geheimdienstoffiziere der Navy bei den Anhörungen sehr bedeckt, was sie Luciano im Tausch versprochen hatten, aber ein Marineoffizier, Commander Haffenden, schrieb eine Reihe von vertraulichen Briefen zu Lucianos Gunsten, die ausschlaggebend für seine Freilassung waren.[71] Im Januar 1946 gab der Gouverneur von New York, Thomas E. Dewey – jener Staatsanwalt also, der Luciano zehn Jahre zuvor ins Gefängnis geschickt hatte –, bekannt, dass dessen 30- bis 50-jährige Gefängnisstrafe in eine Abschiebung umgewandelt werden könne, da er die Kriegsanstrengungen unterstützt habe, indem »er andere veranlasste, Informationen über mögliche feindliche Angriffe zu liefern«.[72]

Innerhalb von zwei Jahren nach Lucianos Rückkehr nach Italien schob die US-Regierung außerdem noch mehr als 100 weitere Mafiosi ab. Und mithilfe seines alten Freundes Don Calogero und der Unterstützung vieler seiner früheren Gefolgsleute aus New York war Luciano in der Lage, bald nach seiner Ankunft in Italien ein internationales Drogensyndikat aufzubauen.[73]

Der Rauschgiftring, den Luciano nach dem Zweiten Weltkrieg organisierte, bleibt in der Geschichte des Drogenhandels bemerkenswert. Über ein Jahrzehnt lang schaffte er Morphium aus dem Nahen Osten nach Europa, verwandelte es in Heroin und exportierte die Drogen in beträchtlichen Mengen in die USA – alles ohne eine größere Verhaftung oder Beschlagnahmung. Das umfassende Vertriebsnetz der Organisation in den USA trug dazu bei, die Anzahl der Süchtigen stetig zu erhöhen: von geschätzten 20.000 gegen Ende des Krieges über 60.000 im Jahr 1952 auf 150.000 im Jahr 1965.

Nachdem er den Drogenhandel wieder zum Leben erweckt hatte, bestand Lucianos erstes Problem darin, einen verlässlichen Heroinnachschub sicherzustellen. Anfänglich zweigte er legal hergestelltes Heroin der renommierten italienischen Arzneimittelfirma Schiaparelli ab. Ermittlungen des FBN, die ergaben, dass über einen Zeitraum von vier Jahren mindestens 700 Kilo Heroin an Luciano gegangen waren, führten allerdings zu einer Verschärfung des italienischen Arzneimittelgesetzes.[74] Doch zu dieser Zeit hatte Luciano bereits ein Netz von geheimen Labors in Sizilien und Marseille aufgebaut und war nicht mehr auf die Lieferungen von Schiaparelli angewiesen.

Morphium war nun die benötigte Ware. Dank seiner Kontakte ging Luciano eine langfristige Geschäftsbeziehung mit einem Libanesen ein, der bald als der größte Morphiumexporteur im Nahen Osten bekannt wurde: Sami El Khury. Durch umsichtigen Einsatz von Bestechungsgeldern und seine hohe soziale Stellung in der Beiruter Gesellschaft[75] baute El Khury eine Organisation von beispielloser politischer Stärke auf. Der Direktor des Beiruter Flughafens, der libanesische Zoll, die libanesische Drogenpolizei und, vielleicht am wichtigsten, der Chef der Subversionsbekämpfung der libanesischen Polizei[76] schützten den Import von Rohopium aus Anatolien in den Libanon, seine Aufbereitung zu Morphium und schließlich den Export zu Labors in Sizilien und Marseille.[77]

Nachdem das Morphium den Libanon verlassen hatte, wurde es an die sizilianische Westküste gebracht. Dort trafen sich Fischkutter aus Palermo mit ozeangängigen Frachtern aus dem Nahen Osten in internationalen Gewässern, nahmen die Drogenfracht auf und schmuggelten sie in die Fischerdörfer entlang der zerklüfteten, buchtenreichen Küste.[78]

Sobald das Morphium sicher an Land war, wurde es in einem von Lucianos Geheimlabors in Heroin verwandelt. Typisch für diese Labors war die Bonbonfabrik, die 1949 in Palermo eröffnet wurde. Sie wurde an einen von Lucianos Cousins vermietet und von Don Calogero selbst geleitet.[79] Das Labor operierte bis zum 11. April 1954 ohne Zwischenfall, als die römische Tageszeitung *Avanti!* ein Foto der Fabrik unter der Überschrift »Textilien und Süßigkeiten auf der Drogenroute« veröffentlichte. Noch am selben Abend wurde die Fabrik geschlossen, die Laborchemiker Berichten zufolge außer Landes gebracht.[80] Als in den frühen 50er Jahren Heroinlabors in Marseille mit besseren Chemikern und verlässlicherer politischer Rückendeckung ihre Arbeit aufnahmen, gab Luciano offenbar die Eigenproduktion auf und konzentrierte sich auf den Schmuggel.

War das Heroin hergestellt und für den Transport verpackt, nutzte Luciano seine Verbindungen zur Mafia und zu den Korsen, um es über ein Labyrinth von internationalen Routen in die USA zu schicken. Nicht alle aus den USA abgeschobenen Mafiosi blieben in Sizilien. Um die Gefahr von Beschlagnahmungen zu verringern, hatte Luciano viele von ihnen in europäischen Städten wie Mailand, Hamburg, Paris und Marseille positioniert, von wo aus sie das Heroin in die USA weiterschicken konnten, nachdem es, versteckt in Obst, Gemüse und Süßigkeiten, aus Sizilien eingetroffen war. Aus Europa wurde das Heroin dann entweder über Kanada und Kuba oder auf direktem Weg nach New York geschmuggelt.[81]

Zwar waren Lucianos Prestige und Organisationstalent unschätzbare Aktivposten, aber ein Großteil seines Erfolgs verdankte sich seiner

Fähigkeit, verlässliche Verbündete zu wählen. Nachdem er 1946 aus den USA abgeschoben worden war, übertrug er seinem langjährigen Partner Meyer Lansky die Verantwortung, sein Finanzimperium zu verwalten. Lansky spielte auch eine Schlüsselrolle bei der Organisation von Lucianos Heroinsyndikat: Er überwachte die Schmuggeloperationen, verhandelte mit korsischen Heroinherstellern und organisierte Inkasso und Verschleierung gewaltiger Gewinne. Lanskys Kontrolle über die Karibik und seine Beziehung zu der in Florida ansässigen Trafficante-Familie hatten einen besonderen Stellenwert, da viele Heroinlieferungen auf ihrem Weg zu den städtischen Märkten der USA durch Kuba oder Florida gingen. Beinahe 20 Jahre lang blieb die Partnerschaft Luciano-Lansky-Trafficante ein wichtiger Faktor im internationalen Heroinhandel.[82]

Das organisierte Verbrechen hatte im vorrevolutionären Kuba eine willkommene Heimstatt, und Havanna war vermutlich die wichtigste Durchgangsstation für Lucianos europäische Heroinlieferungen. Die Führer von Lucianos Heroinsyndikat waren in der kubanischen Hauptstadt zu Hause und betrachteten sie als »sichere« Stadt: Lansky gehörten dort die meisten Kasinos, Mitglieder der Trafficante-Familie übernahmen für Lansky das örtliche Management.[83]

Lucianos Besuch in Kuba 1947 legte den Grundstock für die spätere Rolle Havannas im internationalen Rauschgiftschmuggel. Er traf im Januar ein, rief die Führer des organisierten Verbrechens der USA, einschließlich Lansky, zu einem Treffen zusammen und begann damit, extravagante Bestechungsgelder an kubanische Regierungsvertreter zu zahlen.

Der damalige Direktor der US-Drogenbehörde hatte den Eindruck, dass Lucianos Anwesenheit in Kuba nichts Gutes ahnen ließ:

> »Ich hatte einen vorläufigen Bericht von einem Spanisch sprechenden Agenten erhalten, den ich nach Havanna geschickt hatte, und las ihn dem kubanischen Botschafter vor. Der Bericht stellte fest, dass Luciano durch den üppigen Einsatz teurer Geschenke bereits mit einer Reihe hoher kubanischer Regierungsvertreter Freundschaft geschlossen habe. Luciano habe einen umfassenden Plan entwickelt, der die Karibik als Operationszentrum vorsah. ... *Kuba sollte zum Zentrum aller internationalen Rauschgiftoperationen werden.*«[84]

Auf Druck der USA entzog man Luciano schließlich das Aufenthaltsvisum. Er kehrte nach Italien zurück, doch hatte er nun bereits mit den

Bossen des organisierten Verbrechens der USA den Vertrieb der regelmäßigen Heroinsendungen vereinbart, die er ihnen aus Europa versprochen hatte.[85]

Die Karibik war insgesamt ein profitträchtiges Gebiet für amerikanische Gangster. Die meisten Regierungen waren ihnen freundlich gesonnen und mischten sich nicht in »Unternehmungen« ein, die dringend benötigtes Kapital in ihre allgemein armen Länder brachten. Das organisierte Verbrechen war in Havanna lange vor Lucianos bahnbrechender Reise gut etabliert. In den 30er Jahren hatte Meyer Lansky die Karibik für Syndikatbosse aus dem Nordosten der USA »entdeckt« und ihre illegalen Profite in ein Sortiment lukrativer Glücksspielunternehmungen investiert. 1933 siedelte Lansky in das Gebiet von Miami Beach um und übernahm einen Großteil der illegalen Rennwettbüros sowie eine Reihe von Hotels und Casinos.[86] Er soll verantwortlich für die Entscheidung des organisierten Verbrechens gewesen sein, Miami zur »freien Stadt« zu erklären (das heißt, sie sollte nicht den üblichen Regeln der Territorialmonopole unterliegen).[87] Nach seinem Erfolg in Miami zog Lansky für drei Jahre nach Havanna, war zu Beginn des Zweiten Weltkriegs Eigentümer des Kasinos des Hotel Nacional und hatte die städtische Pferderennbahn von einer angesehenen New Yorker Bank gepachtet.

Angesichts der enormen Bandbreite und Vielfalt seiner Holdings musste Lansky einen Großteil der Verantwortung für das alltägliche Management an örtliche Gangster delegieren.[88] Einer der ersten Partner von Lansky in Florida war Santo Trafficante sr., ein gebürtiger Sizilianer aus Tampa. Trafficante hatte sich einen Ruf als guter Organisator im illegalen Glücksspiel von Tampa erworben und war bereits eine Figur von einigem Format, als Lansky in Florida ankam. Als Lansky 1940 nach New York zurückkehrte, übernahm Trafficante die Verantwortung für Lanskys Interessen in Havanna und Miami.

Anfang der 50er Jahre war Trafficante selbst eine so wichtige Figur geworden, dass er seine Konzessionen in Havanna dem talentiertesten seiner sechs Söhne, Santo Trafficante jr., überließ. Offiziell fungierte der jüngere Santo als Manager des Sans-Souci-Kasinos, aber er war weit wichtiger, als dieser Titel erahnen ließ. Als Vertreter der Geschäftsinteressen seines Vaters und letztlich Meyer Lanskys kontrollierte Santo einen Großteil der Tourismusindustrie Havannas und wurde ein enger Vertrauter des Diktators Fulgencio Batista.[89] Außerdem soll es in seiner Verantwortung gelegen haben, die Großlieferungen von Heroin aus Europa entgegenzunehmen und über Florida nach New York und andere urbane Zentren weiterzuschicken, wo lokale Mafiabosse beim Verkauf halfen.[90]

Harold Meltzer in Mexiko

Die Bedeutung von Lucky Lucianos Erfolg in Europa wird vielleicht am besten deutlich, wenn man ihm die klägliche Saga von Harold Meltzer in Mexiko gegenüberstellt. In den späten 40er Jahren, während Luciano und Lansky ihre kriminellen Verbindungen im mediterranen Heroinhandel knüpften, scheiterte Meltzer jämmerlich bei seinem Versuch, Mexiko zu einem Großanbieter von Opiaten für amerikanische Süchtige zu machen. Jeder Fehlschlag von Meltzer wirft nur ein umso grelleres Schlaglicht auf Lucianos Erfolg.

1928 war Meltzer, ein obskurer, aber fleißiger jüdischer Drogendealer, von einem New Yorker Gericht zu einer zweijährigen Haftstrafe wegen Drogenverkaufs verurteilt worden, blieb aber während der gesamten 30er Jahre seinem »Beruf« in so unterschiedlichen Gebieten wie Boston und Oklahoma treu. Während des Krieges »schossen die Heroinpreise«, so stellte ein Bericht des FBN fest, »angesichts einer umfassenden Heroinknappheit in fantastische Höhen«. Als die Preise 1945 schließlich 2.400 Dollar für das Kilo und 600 Dollar pro Unze erreichten, beschloss Meltzer, Mexiko zur neuen Rohopiumquelle für den amerikanischen Markt zu machen. Über seine Kontakte freundete sich Meltzer mit Salvatore Duhart an, dem mexikanischen Konsul in Washington, und baute auf dessen »verkommene Sucht nach Frauen«. Nachdem er sich Duharts Versprechen, die mexikanische Grenzpolizei zu bestechen, erwirtschaftet hatte, lieh sich Meltzer laut FBN auf diesen Aktivposten hin »bis zu 5.000.000 Dollar von Nig Rosen, Willie Weisberg, Frank Livorsi und anderen führenden Gangstern in New York und Philadelphia, in erster Linie Juden, um den Drogendeal zu finanzieren«. Aus drei völlig verschiedenen Quellen erfuhren die amerikanischen Fahnder, dass Meltzer ein »Millionen-Dollar-Drogengeschäft für Meyer Lansky« einfädelte.

Gerüstet mit seinem jüdischen Kapital und mexikanischen Kontakten, schloss Meltzer im Juni 1945 sein Apartment an der Central Park South Nr. 30 und zog mit seiner Familie für die folgenden vier Jahre nach Mexiko-Stadt. Dank der unersättlichen US-Nachfrage nach Opiaten gedieh Meltzers mexikanische Unternehmung in den ersten Monaten gut. Während Salvatore Duhart mexikanische Zulieferer aufspürte und die Grenzpolizei bestach, reiste Meltzer durch die USA und arrangierte Lieferungen von Drogen an jüdische Dealer und von Opium für die Weiterverarbeitung zu Heroin an Labors der Italiener.

Dann begannen die Dinge schief zu laufen. Meltzer selbst rauchte Opium und hatte eine längere Affäre mit einer schwarzen Prostituierten. Als die Operation gut zu funktionieren begann, beschloss Meltzer in einem für ihn typischen Schritt, sich der teuren Dienste Duharts zu entledigen und die mexikanische Seite einem US-Gangster namens Max Cossman zu übergeben. Ohne Duhart, der immer die Qualität der Lieferungen kontrolliert hatte, begannen die mexikanischen Händler, die Behälter mit Münzen, Nägeln und Kugeln zu füllen, bis sie das notwendige Gewicht hatten. In aller Unschuld lieferte Meltzer die Behälter mit ihrer fehlenden Drogenfracht in Kommission an seine US-amerikanischen Abnehmer, die sich zu zahlen weigerten. Selbst ein Appell an »Trigger Mike« Coppola, die Zahlung zu erzwingen, scheiterte. Als Meltzer das versprochene Geld nicht schickte, wurde Cossman von den mexikanischen Lieferanten entführt.

Bei einem Besuch in New York Anfang 1947 erwirkte Meltzer eine Gnadenfrist. Sein Freund Fred Reiner, ein Dealer, der einst mit Waxey Gordon gearbeitet hatte, stellte ihn Charlie »The Jew« Yacknowsky vor, einem Hafenboss aus New Jersey, der sich bei den jüdischen Kreditgebern des Geschäfts für ihn verwendete. Verzweifelt bemüht, das Lösegeld für Cossman aufzutreiben, schickte Meltzer Reiner vor, um zunächst einen europäischen Chemiker für sein mexikanisches Labor zu besorgen und um dann eine Bestellung für die Lieferung von drei Kilo italienischen Heroins aufzugeben. Als das Heroin mehrere Monate später den Hafen von Havanna anlief, verließ Meltzer New York in südliche Richtung, fuhr Reiners Auto bei einem Unfall in der Nähe von Jacksonville zu Schrott und schaffte es gerade noch per Flugzeug nach Kuba. Nachdem er das Heroin aus den Türen eines frisch eingetroffenen Importwagens gezogen hatte, flüchtete Meltzer nach Miami und verschwand mit den Drogen. Zurück in New York, war Meltzer der letzte, den man mit Charlie »The Jew« Yacknowsky sah, bevor dieser erschossen wurde. Meltzer floh nach Los Angeles, wo er sich mit dem Gangster Mickey Cohen zusammentat, und hinterließ eine Spur vor Wut schäumender Gläubiger, an erster Stelle Fred Reiner.

Entschlossen, die Rechnung zu begleichen, wurde Reiner 1949 Informant des FBN und identifizierte viele von Meltzers Käufern. Als mehrere von ihnen angeklagt wurden, waren auch sie nur allzu bereit, sich gegen Meltzer zu wenden. Ein Dealer aus Miami namens Charles Drucker, der Meltzer 10.000 Dollar geliehen hatte, »bezeugte seine Verbindung zu Harold Meltzer im Rauschgifthandel«. Auf der Grundlage dieser Beweise klagte die mexikanische Polizei Max Cossman wegen Drogenhandels an, die US-Strafverfolger erhoben Anklage gegen Meltzer wegen Falschdeklaration beim Zoll. Außerdem gab es Berichte, dass Max »Chink« Rothman, seines Zeichens Schläger der Organisation von Nig Rosen, Meyer Lansky und Willie Weisberg in Philadelphia, nach Meltzer suche, um das Geld einzutreiben, das die ursprüngliche Bande in seinen mexikanischen Plan investiert hatte.

Der Kontrast zu Luciano und Lansky ist aufschlussreich. Wie Luciano hatte Meltzer genug Geschäftssinn, um zu erkennen, dass sich der US-Heroinmarkt nach dem Krieg nicht länger auf die bloße Unterschlagung von legalen Drogen aus Europa oder Asien verlassen konnte. Beiden, Luciano und Meltzer, wurde klar, dass die Nachkriegssyndikate alle Phasen des Geschäfts integrieren mussten: Opiumverarbeitung, Schmuggel und Straßenverkauf. Mag sein, dass Meltzer die richtige Vision hatte, aber seiner Gruppe fehlten die Kontakte, über die Luciano verfügte, das strategische Territorium der Trafficantes und Lanskys Finanzierungsmöglichkeiten – alles wesentliche Voraussetzung für die Schaffung einer stabilen Verbindung zwischen ausländischen Lieferanten und US-Dealern. Außerdem hatten Lansky und Luciano Führungsqualitäten, an die Meltzers magere Fähigkeiten nicht heranreichten. Während Luciano sich auf seine Marseiller Kontakte geübter korsischer Chemiker verlassen konnte, scheiterte Meltzer mit seinem Versuch, einen europäischen Leiter für sein mexikanisches Labor zu rekrutieren. In Florida fürchteten Kriminelle Trafficante, gegen Meltzer aber sagten sie aus. Und wo Meyer Lanskys Wort Gold wog, war das von Harold Meltzer nur die Ouvertüre zu einem geplatzten Wechsel.

Schließlich, und vielleicht am wichtigsten, zeigt Meltzers Scheitern die enorme Bedeutung der Politik im internationalen Drogenhandel. Trotz ihrer geografischen Vorteile genoss Meltzers mexikanische Unternehmung lange nicht denselben politischen Schutz wie Lucianos entferntere europäische Operation. Meltzers Projekt gedieh kurzzeitig mit Unterstützung eines nachrangigen mexikanischen Patrons, dem »verkommenen« Konsul Duhart, und scheiterte ohne ihn. Im Gegensatz dazu hatten Lucianos Partner starke politische Verbindungen. 1950 kontrollierte die Mafia die Politik in Sizilien, die korsischen Syndikate in Marseille genossen die Patronage sowohl der Stadtregierung als auch der CIA. Während Meltzer sich bei seinen mexikanischen Opiumexporten auf nichts als nur auf wirtschaftliche Aussichten stützen konnte, hatten die Korsen von Marseille, als sie anfingen, Heroin für den US-Markt herzustellen, den zusätzlichen Vorteil einer politischen Allianz mit der CIA.

1951 waren Lansky und Luciano vielfache Millionäre, Harold Meltzer dagegen saß in Haft.[91] Wie jedes andere Geschäft erforderte der Drogenhandel Führungsqualitäten, Kapital, Kontakte und vor allem die politischen Voraussetzungen, um Nachfrage in Gewinn zu verwandeln.

Die Marseille-Connection

Die wesentliche Heroinroute Türkei-Italien-USA dominierte den internationalen Heroinhandel weiterhin über 20 Jahre lang. Allerdings kam es zu einer wichtigen Modifikation: In den 50er Jahren gab die sizilianische Mafia die Heroinherstellung auf und fing an, sich bei den Drogenlieferungen auf die korsischen Syndikate zu verlassen. Zwei Gründe standen hinter dieser Veränderung. Als die Lieferungen aus der legalen Heroinproduktion der Arzneimittelfirma Schiaparelli 1950 und 1951 austrockneten, stand Luciano vor der Alternative, seine eigenen Geheimlabore auszubauen oder eine andere Quelle zu erschließen. Wohl waren die sizilianischen Mafiosi fähige internationale Schmuggler, doch schien ihnen offenbar die Fähigkeit zum Betrieb eigener Labors zu fehlen. Fast von Anfang an wurde die illegale Heroinproduktion in Italien von einer Reihe von Verhaftungen »überschattet«. Kuriere wurden sowohl bei der Belieferungen der Labors als auch beim Abtransport geschnappt, was vor allem der Inkompetenz der Mafiosi selber geschuldet war. Das hatte ernsthafte Konsequenzen: Wären die Beschlagnahmungen weitergegangen, hätte Luciano selbst schließlich die Verhaftung gedroht.[92]

Ihm wurde offenbar das Risiko einer direkten Beteiligung zu groß, und so beschloss Luciano, seine Hauptbezugsquelle nach Marseille zu verlegen. Dort hatten die korsischen Syndikate durch ihre Hilfe für die streikbrechenden Operationen der CIA die politische Macht und die Kontrolle des Hafens gewonnen. Auf diese Weise nahm die Bedeutung

Italiens als Zentrum illegaler Drogenproduktion langsam ab. Marseille wurde zur Heroinhauptstadt Europas.[93]

Obwohl es auch im günstigsten Fall schwierig ist, sich einen Einblick ins Innenleben eines solchen Geheimgeschäfts zu verschaffen, gibt es Grund zu der Annahme, dass Meyer Lanskys Europareise von 1949/50 entscheidenden Anteil am Aufstieg der Marseiller Heroinindustrie hatte.

Nachdem er den Atlantik in einem Luxusdampfer überquert hatte, besuchte Lansky Luciano in Rom, wo beide den Rauschgifthandel erörterten. Er reiste dann nach Zürich weiter und nahm über John Pullman, einen alten Freund aus den Tagen des Alkoholschmuggels, Verbindung zu namhaften Schweizer Bankiers auf. Diese Verhandlungen begründeten das Finanzlabyrinth, mit dem das organisierte Verbrechen jahrzehntelang gewaltige Gewinne aus dem Glücksspiel und Heroinhandel aus den USA auf Schweizer Nummernkonten transferierte, ohne die Aufmerksamkeit der US-Steuerbehörden zu wecken.

Pullman war verantwortlich für die europäische Seite von Lanskys Finanzoperationen: Einzahlung, Überweisung und Investition des Geldes, sobald es in der Schweiz eintraf. Er stützte sich dabei einige Jahre lang auf gewöhnliche Schweizer Banken, bis die Lansky-Gruppe die Exchange and Investment Bank of Geneva kaufte. Über den Atlantik hinweg bedienten sich Lansky und andere Gangster zweier Methoden, um ihr Geld in die Schweiz zu transferieren: »Freundliche Banken« (jene, die bereit waren, die Identität ihrer Kunden zu schützen) wurden eingesetzt, um gewöhnliche Banküberweisungen in die Schweiz abzuwickeln. In Fällen dagegen, wo das Geld selbst für freundliche Banken zu heiß war, wurde es gesammelt, bis ein Schweizer Bankangestellter auf Geschäftsreise in die USA kam und es einfach »transferierte«, indem er es in seinem Gepäck mit zurück in die Schweiz nahm.[94]

Nachdem er in der Schweiz die finanziellen Arrangements mit Pullman getroffen hatte, reiste Lansky durch Frankreich, wo er sich mit hochrangigen Bossen der korsischen Syndikate an der Riviera und in Paris traf. Nach langen Diskussionen sollen Lansky und die Korsen eine Art Übereinkunft über den internationalen Heroinhandel erzielt haben.[95] Bald nachdem Lansky in die USA zurückgekehrt war, mehrten sich in Marseille die Anzeichen für die Existenz geheimer Heroinlabors. Am 23. Mai 1951 deckte die Marseiller Polizei das erste dieser Labors auf. Nachdem sie am 18. März 1952 ein weiteres ausgehoben hatten, berichteten die französischen Behörden, dass die Einrichtung

Sizilien: Heimat der Mafia

von geheimen Labors in Frankreich offenbar »von 1951 datiert und eine Konsequenz der in den letzten Jahren unterbundenen Lieferungen [aus der legalen Produktion] aus *Italien* ist«.[96] Im Verlauf der folgenden fünf Monate deckte die Polizei zwei weitere geheime Labors auf. Später gingen US-Drogenexperten davon aus, dass ein Großteil der Heroinlieferungen in die USA in Marseille hergestellt wurde.

2
MARSEILLE: AMERIKAS HEROINLABOR

Für die meisten Amerikaner stand Marseille in den 60er Jahren nur für Heroin, aber für die Franzosen repräsentierte diese quirlige mediterrane Hafenstadt gleichermaßen die besten wie die schlechtesten ihrer nationalen Traditionen. Marseille markierte eine Wegscheide des französischen Imperiums, war zugleich Hochburg seiner Arbeiterbewegung und Hauptstadt seiner Unterwelt.

Durch den Marseiller Hafen machten sich Bürger auf den Weg zu den kolonialen Außenposten besonders in Nordafrika und Indochina, wanderten aber auch Menschen aus den Kolonien dauerhaft oder zeitweise ins Mutterland ein. Marseille hatte eine lange, militante Arbeitertradition. Die Stadt wurde zur Hochburg der Kommunistischen Partei und war der harte Kern der gewalttätigen Generalstreiks, die Frankreich in den späten 40er Jahren erschütterten. Seit der Jahrhundertwende wurde Marseille in französischen Romanen, Groschenheftchen und Zeitungen immer wieder als eine von bewaffneten Banditen und Desperados jeder Fasson bevölkerte Stadt beschrieben – ein wahrhaftes Chicago Frankreichs.

Traditionell sind diese Unterweltfiguren nach Sprache und Kultur keine »richtigen« Franzosen, sondern Korsen. Anders als die Gangster in den meisten anderen französischen Städten, die in kleinen, spontan gebildeten Banden operierten und meist auf eigene Rechnung arbeiteten, gehörten die Kriminellen von Marseille zu fest strukturierten Clans, die eine gemeinsame Hierarchie der Macht und des Prestiges anerkannten. Dieser Zusammenhalt der korsischen Syndikate erwies sie als ideales Gegengewicht zu den mächtigen kommunistischen Gewerkschaften der Stadt. Beinahe unausweichlich verbündeten sich viele der ausländischen Mächte und örtlichen Politiker, die Marseille regierten, mit den korsischen Syndikaten: Die französischen Faschisten benutzten sie in den 30er Jahren, um gegen kommunistische Demonstranten zu kämpfen; die Gestapo setzte sie im Zweiten Weltkrieg als Spione gegen den kommunistischen Untergrund ein; die CIA bezahlte sie, um die kommunistischen Streiks von 1947 und 1950 zu brechen. Das letzte dieser Bündnisse erwies sich als das bedeutsamste, brachte es die Korsen doch in eine Position, die mächtig genug war, um Marseille in der Nachkriegszeit zur Heroinhauptstadt der westlichen Welt zu machen und eine langfristige Partnerschaft mit Drogenhändlern der Mafia zu zementieren.

Aufgrund der Ähnlichkeiten ihrer Kultur und Traditionen arbeiteten die Korsen gewöhnlich gut mit den Sizilianern zusammen. Nur durch 750 Kilometer blaues Mittelmeerwasser getrennt, sind sowohl Sizilien als auch Korsika trockene, bergige Inseln vor der Westküste der italienischen Halbinsel. Obwohl Korsika seit 1769 eine französische Provinz ist, war seine Bevölkerung stark von der katholischen Kultur Italiens beeinflusst. Korsen und Sizilianer verbinden der Stolz auf die Familie und das Dorf, eine Geschichte des bewaffneten Widerstands gegen ausländische Eindringlinge und eine Tradition der Familienfehden. Die verbreitete Armut auf beiden Inseln trieb ihre ehrgeizigsten Söhne zur Auswanderung. So wie junge Sizilianer nach Amerika und in die industrialisierten Städte Norditaliens zogen, wanderten die jungen Korsen nach Französisch-Indochina und in die Hafenstadt Marseille ab. Nach Generationen der Einwanderung stellen die Korsen mehr als zehn Prozent der Marseiller Bevölkerung.

Trotz der Ähnlichkeiten zwischen der korsischen und sizilianischen Gesellschaft gehören die korsischen Gangster nicht zu irgendeiner monolithischen »Korsenmafia«. In ihrem kriminellen Lebenswandel und ihrem Profitstreben haben die Mafia und die korsischen Syndikate verschiedene Stile, verschiedene Techniken entwickelt. Die Mafia operiert sowohl in Italien als auch in den USA wie eine plündernde Armee. Während der »große Rat« oder »die Kommission« landesweite Strategien entwirft, hat jede regionale »Familie« eine klare Hierarchie mit einem »Boss«, »Unterboss«, »Leutnants« und »Soldaten«. Rivalen werden durch Gewalt beseitigt, jedem Boss wird ein »Territorium« zugebilligt, und Legionen von Mafiosi nutzen eine ganze Bandbreite illegaler Gewerbe – Prostitution, Glücksspiel, Rauschgift, Schutzgelderpressung –, um die Bevölkerung zu melken. Im Verlauf des letzten Jahrhunderts hat die Mafia einen Großteil ihrer Energie auf die Besetzung und Ausbeutung Westsiziliens und der amerikanischen Städte konzentriert.

Im Gegensatz dazu bildeten korsische Gangster kleinere, informellere und ausgeklügeltere Verbrechersyndikate. Der korsischen Unterwelt fehlt die formale Organisation der Mafia, obwohl sie ein starkes Identitätsgefühl aufweist und jeden, der Informationen an Außenseiter weitergibt, fast unfehlbar mit der Todesstrafe belegt. Ein Mann, der von den Korsen als gewöhnlicher Gangster akzeptiert wird, ist »im Milieu«, ein respektierter Syndikatboss gilt als »*un vrai Monsieur*«. Die mächtigsten sind als »*paceri*« oder »Friedensstifter« bekannt, da sie die Mitglieder aller Syndikate zur Disziplin rufen und Vendetten schlichten können. Während den Mafiosi gewöhnlich ausgebuffte kriminelle Fähigkeiten fehlen, sind die Korsen Spezialisten der Heroinherstellung, des raffinierten internationalen Schmuggels, des Kunstdiebstahls und der Fälschung. Korsische Gangster wanderten nicht nur nach Marseille, sondern auch nach Indochina, Nordafrika, in den Nahen Osten, nach Lateinamerika, Kanada und in den Südpazifik aus. Trotz der trennenden Entfernung bleiben die korsischen Gangster in Verbindung und arbeiten bei komplexen interkontinentalen Schmuggeloperationen, mit denen sie ein Vierteljahrhundert lang den Strafverfolgungsbehörden immer wieder ein Schnippchen schlugen, effizient zusammen.[1]

Die Kooperation zwischen korsischen Schmugglern und Drogengroßhändlern der Mafia in den USA war in den Jahrzehnten nach dem Zweiten Weltkrieg der wichtigste Grund, warum es der Mafia immer wieder gelang, alle Anstrengungen der US-Behörden zur Verminderung der Heroineinfuhr zunichte zu machen. Als Italien 1950/51 auf den Druck der USA reagierte und die legale pharmazeutische Heroinproduktion drosselte, eröffneten die Korsen geheime Labors in Marseille. Als der US-Zoll die Gepäckkontrollen entlang der Ostküste verschärfte, klügelten sie neue Routen durch Lateinamerika aus. Als die Türkei 1968 ihre Opiumproduktion stillzulegen begann, suchten sich die korsischen Syndikate neuen Morphium- und Heroinnachschub in Indochina.

Ein ganzes Vierteljahrhundert lang, von 1948 bis 1972, dominierten die Korsen auf diese Weise den US-Heroinmarkt und schickten im Bündnis mit der Mafia einen beständigen Nachschub hochwertigen Heroins über den Atlantik. Verglichen mit dem unbeständigen globalen Drogenhandel späterer Jahre erscheint die korsische Ära, als türkisches Opium ungestört durch die Heroinlabors von Marseille und über

Kanada oder die Karibik weiter in die USA wanderte, als eine Phase einzigartiger Stabilität.

Unter den Bedingungen ihrer informellen Allianz mit den gaullistischen Regierungen Frankreichs produzierten die Marseiller Syndikate ihr Heroin ausschließlich für den Export. Marseille mochte zum größten Heroinproduzenten der Welt geworden sein, aber Frankreich selbst blieb drogenfrei – eine wesentliche Bedingung der politischen Gleichung, die dieser illegalen Industrie die Arbeit erlaubte. Solchermaßen geschützt und miteinander vernetzt, produzierten die Korsen nach Angaben des FBN Ende der 60er Jahre schätzungsweise 80 Prozent des Heroinangebots in den USA.[2] Obwohl das FBN die Zahlen aufgebläht haben mag, um seine eigene Konzentration auf die Drogenbekämpfung in Europa zu rechtfertigen, waren es nach den verfügbaren Daten die Korsen, die in diesem entscheidenden Vierteljahrhundert den amerikanischen Heroinmarkt trugen.

Marseille ist der Nabel des internationalen Korsennetzwerks. Während des Indochinakriegs (1946–1954) machten die korsischen Syndikate ein Vermögen mit illegalen Währungsmanipulationen, indem sie Goldbarren und Banknoten zwischen Saigon und Marseille schmuggelten. In den 50er Jahren versorgten die Korsen einen blühenden Schwarzmarkt mit »steuerfreien« Zigaretten, indem sie US-Marken aus Nordafrika nach Marseille schmuggelten. In den 20 Jahren ihrer Hochphase befanden sich die korsischen Heroinlabors in Mietwohnungen der Marseiller Innenstadt oder in luxuriösen, über das Umland verstreuten Villen. Ein Großteil des Morphiums für die Labors wurde aus der Türkei und Indochina in den Hafen von Marseille geschleust. Marseille ist der Schlüssel für den Erfolg der korsischen Unterwelt; die Zunahme ihrer internationalen Schmuggeloperationen war eng mit ihrem politischen Schicksal in der Stadt verknüpft. Seit ihrer Entstehung in den 20er Jahren waren die korsischen Syndikate daher geprägt von der Dynamik der französischen Politik.

Die Entstehung des Marseiller Korsenmilieus

Die erste Verbindung zwischen den Korsen und der Politik entstand mit dem Auftauchen der ersten »modernen« Gangster im Marseille der 20er Jahre, François Spirito und Paul Bonnaventure Carbone. Bis zu ihrem Aufstieg war das Milieu von bunten Zuhältern und Revolvermännern bevölkert, deren Lebensideal ein stetes Einkommen war, um ein Leben in Muße führen zu können. Die stabilste Investition waren gewöhnlich zwei oder drei Prostituierte. Kaum ein Gangster der vormodernen Zeit bewies irgendeinen höheren Ehrgeiz.[3]

Carbone und Spirito änderten das gründlich. Sie waren enge Freunde, und ihre 20-jährige Partnerschaft verwandelte den Charakter des Marseiller Milieus von Grund auf. Von den beiden war Spirito der erfindungsreichere. Sein Einfluss überspannt die gesamte Geschichte des modernen Marseiller Verbrechermilieus. Geboren in Marseille im Januar 1900 als Charles Henri Faccia – ein Name, den er später nur mit einer wackeligen, halb schreibunkundigen Hand kritzelte –, wurde Spirito zu einem regen transatlantischen Schmuggler und deswegen vor dem Zweiten Weltkrieg zweimal in Boston verurteilt: 1929 wegen illegaler Einreise, 1939 wegen Schmuggels von 28 Kilo Opium an Bord der »SS Exeter«. Carbone wurde 1943 von der Résistance getötet, aber Spirito lebte bis in seine späten 60er Jahre und setzte sich, im Milieu als »le Grand« hoch angesehen, mit einem Restaurant in Sausset-les-Pins an der Riviera zur Ruhe. Dass ihm eine Untersuchung des FBN noch 1965 aktive kriminelle Partner bescheinigte, die von Marseiller Heroinhändlern über Transatlantikschmuggler bis hin zu New Yorker Drogendealern reichten, belegt, wie bedeutend sein Einfluss war.[4]

Die erste große Unternehmung der Carbone-Spirito-Partnerschaft war die Einrichtung eines Bordells in Kairo mit französischem Personal in den späten 20er Jahren. Zurück in Marseille wiederholten sie ihren Erfolg und überboten ihn noch, indem sie die Prostitution in einem bis dahin ungekannten Ausmaß zu organisieren begannen. Vor allem aber erkannten sie die Bedeutung politischer Macht für den Schutz großer krimineller Unternehmungen und deren Potenzial als Einkommensquelle durch kommunale Korruption.

1931 erreichten Carbone und Spirito eine »Verständigung« mit Simon Sabiani, dem faschistischen Vizebürgermeister von Marseille, der Carbones Bruder zum Direktor des städtischen Stadions machte und die Stadtverwaltung für die Anstellung von Partnern der beiden Unterweltbosse öffnete.[5] Im Tausch für diese Gefälligkeiten organisierten Carbone und Spirito ein Elitekorps von Gangstern als Speerspitze gewalttätiger faschistischer Demonstrationen in den 30er Jahren.

In ganz Europa gewannen Faschismus und Nationalsozialismus an Stärke: Mussolini regierte Italien, Hitler kam in Deutschland an die Macht, und neu entstandene faschistische Gruppen in Frankreich ver-

Marseille: Amerikas Heroinlabor

suchten, die Republik durch Massengewalt zu stürzen. Kommunistische und sozialistische Demonstranten versammelten sich wiederholt zur Verteidigung der Republik, was zu einer Serie von blutigen Konfrontationen in ganz Frankreich führte.[6] In Marseille waren Carbone und Spirito die Avantgarde des rechten Flügels. Im Februar 1934 zum Beispiel, mehrere Tage nach der hetzerischen Rede eines faschistischen Armeegenerals, kam es auf dem Canebière, Marseilles Hauptboulevard, zu massiven Straßendemonstrationen. Tausende von linken Hafenarbeitern und Gewerkschaftsmitgliedern beherrschten die Straße, bis Carbones und Spiritos politische Schocktruppe mit Pistolen in die Menge feuerte. Die Nationalpolizei griff ein, die Arbeiter wurden von den Straßen vertrieben, die Verwundeten ins Krankenhaus gekarrt.[7]

Nach vier Jahren Straßenkampf gegen Sabianis Unterweltverbündete legte die Linke ihre politischen Differenzen lange genug bei, um mit einer gemeinsamen Wahlliste Sabiani zu schlagen und einen sozialistischen Bürgermeister ins Amt zu bringen.[8] Zwar trübte dieser Wahlsieg der Linken das Bündnis zwischen Faschisten und Unterwelt zeitweise, aber der Aufstieg des Faschismus hatte die Marseiller Unterwelt politisiert und markierte ihren Aufstieg zu einer großen politischen Kraft in der Stadtpolitik.

Aus Sicht der angloamerikanischen Politiktradition mag es merkwürdig erscheinen, dass die Unterwelt eine so entscheidende Rolle in der Marseiller Politik erlangen konnte. In Frankreich hatten Straßendemonstrationen jedoch häufig ebenso großen Einfluss auf die Politik wie die Wahlurne. Vom Sturz König Louis Philippes 1848 über die Dreyfusaffäre 1895/98 bis zur Mairevolution 1968 war die Fähigkeit, auf den Boulevards die Muskeln der Massen spielen zu lassen, ein notwendiger politischer Aktivposten.

Zwar hatten Carbone und Spirito nach Sabianis Wahlniederlage die Kontrolle der Stadtregierung verloren, aber ihre wirtschaftliche Stärke litt darunter kaum. Der Beginn des organisierten Rauschgifthandels in den USA bot Carbone in den frühen 30er Jahren die Chance, ein Heroinlabor aufzumachen, der Ausbruch des Spanischen Bürgerkriegs ermöglichte ihm den Einstieg in den Waffenhandel.[9]

Carbones und Spiritos politischer Einfluss war wiederhergestellt, als nach dem jähen militärischen Zusammenbruch Frankreichs 1940 deutsche Truppen Marseille besetzten. Mit einer der aktiveren französischen Widerstandsbewegungen konfrontiert, suchten die in der Stadt stationierten Gestapoleute verzweifelt nach Informanten und wandten sich an die führenden Figuren der Unterwelt, die bereit zur Kollaboration waren.

Am 14. Juli 1942 bewies die Résistance zum ersten Mal ihre Stärke, als sie das Hauptquartier einer prodeutschen politischen Organisation – der Parti Populaire Français, deren Regionaldirektor der faschistische Exbürgermeister Simon Sabiani war – in der Innenstadt von Marseille unter Maschinengewehrfeuer nahm. Am folgenden Nachmittag übergaben Carbone und Spirito der Gestapo eine vollständige Liste aller Beteiligten. Für diese und andere Dienste konnten sie satte Belohnungen einstreichen. Allerdings war dieser Wohlstand nur von kurzer Dauer. 1943 kam Carbone auf dem Weg nach Marseille ums Leben, als sein Zug von der Résistance in die Luft gesprengt wurde.[10] Spirito floh nach der Landung der Alliierten 1944 gemeinsam mit Sabiani nach Spanien.

1947 kam Spirito in die USA, wo er eine aktive Rolle im Heroinhandel zwischen New York und Marseille übernahm. Drei Jahre später wurde er in New York wegen des Vorwurfs des Heroinhandels verhaftet und zu zwei Jahren Haft im Bundesgefängnis von Atlanta verurteilt.[11] Nach seiner Freilassung kehrte er nach Frankreich zurück, wo er abermals festgenommen und wegen Kollaboration mit den Nazis vor Gericht gestellt wurde. Nach nur acht Monaten Gefängnis jedoch zog er sich zurück, um ein Restaurant an der französischen Riviera zu betreiben. Zwar blieb er im Heroingeschäft aktiv, übte aber in Marseille keine sichtbare Macht mehr aus. Gelegentlich baten ihn die Krieg führenden Banden der Stadt, sein Prestige in die Waagschale zu werfen, um ihre blutigen Fehden zu schlichten. Aber meistens spielte er Boule, arrangierte Drogengeschäfte und genoss bis zu seinem Tod 1967 seine Position als respektierter Bürger von Toulon.[12]

Von der Unterwelt in den Untergrund

Ein erheblicher Teil der korsischen Unterwelt stand heimlich auf der Seite der Résistance und sicherte dem Milieu nach dem Zweiten Weltkrieg auf diese Weise eine gewisse Machtbasis. Ihre patriotischen Aktivitäten bereiteten einer neuen Generation krimineller Anführer den Weg, die sich in den Guerini-Brüdern verkörperte.

Waren Carbone und Spirito zufrieden gewesen, sich selbst zu helfen, indem sie den Deutschen halfen, waren die meisten Korsen sowohl in Marseille wie auf der Insel selbst erbitterte Gegner der deutschen

Marseille: Amerikas Heroinlabor

Okkupation. Zunehmend zeichnete sich ab, dass der Alliierte des Dritten Reiches, Italien, die Insel annektieren würde – für die Mehrheit der Korsen, die ihre einzigartige Sprache und ihre kulturelle Identität gefährdet sahen, eine Schreckensvision.

1940 veröffentlichten korsische Résistance-Kämpfer eine Erklärung zu einer möglichen italienischen Annexion:

> »Korsika wird niemals akzeptieren, an Italien ausgehändigt zu werden. Seit 1789 hat es sich Frankreich angeschlossen. Es gab Frankreich Napoleon. Im Großen Krieg starben 40.000 Korsen auf den Schlachtfeldern Nordostfrankreichs. ...
> Ein italienisches Korsika? Was für eine Ungeheuerlichkeit! Sollte es zu diesem Verbrechen kommen, müsste die Geschichte einige blutige Seiten für den Kampf bis zum Tod reservieren, den ein kleines Volk von 300.000 gegen eine mächtige Nation von 45 Millionen Menschen führen würde.«[13]

In Korsika mobilisierte dieser starke antiitalienische Chauvinismus die effektivste Widerstandsbewegung in ganz Frankreich. 1943 kam es auf der Insel zu einem Massenaufstand, der in den Annalen der Résistance ohne Beispiel ist.[14]

Die Résistance in Frankreich war in Kommunisten und Nichtkommunisten gespalten. Obwohl amerikanische Propagandafilme und das französische Kino nach dem Krieg das Bild einer Nation in Ketten vorspiegelten, in der jeder Bürger des Nachts zum Wiederstandskämpfer wurde, kollaborierten die meisten Franzosen mit den Deutschen und standen der Résistance gleichgültig, wenn nicht feindselig gegenüber.

Im Gegensatz dazu nahm die Kommunistische Partei mit ihrer antifaschistischen Ideologie und disziplinierten Zellenstruktur fast sofort den Widerstand auf und blieb bis zur Landung der Alliierten in der Normandie 1944 eine der effektivsten bewaffneten Organisationen in Frankreich. Trotz ihres Bündnisses mit der Sowjetunion weigerten sich die USA und Großbritannien, direkt mit der kommunistischen Guerilla Frankreichs zusammenzuarbeiten, und warfen während eines Großteils des Krieges nie wissentlich Waffen oder Versorgungsgüter für sie ab.[15] Die französische Résistance blieb die meiste Zeit des Kriegs über tief zersplittert und war für die deutsche Besatzungsarmee nie mehr als eine Belästigung.

Die Situation in Marseille war typisch. Im Allgemeinen war die Bewegung wie hier gespalten zwischen den FTP (Franc-Tireurs et Partisans) der Kommunistischen Partei mit 1.700 bis 2.000 Mitgliedern und einer nichtkommunistischen Koalition, MUR (Mouvements Unis de Résistance) mit weniger als 800 Kämpfern. Zu den wichtigsten Mitgliedern der MUR gehörte die Sozialistische Partei von Marseille (deren Führer Gaston Defferre auch Kopf eines alliierten Spionagerings war).[16] Sowohl die MUR wie die FTP erkannten die Notwendigkeit einer Einheitsfront. Aber das Fortbestehen recht unheroischer Streitigkeiten, vor allem weil die MUR mit der alliierten Politik einverstanden waren, den kommunistischen FTP keine Waffen zu geben, verhinderte jede sinnvolle Kooperation.[17] Kommunisten und Nichtkommunisten gelang es im Februar 1944 schließlich doch noch, eine vereinte Widerstandsarmee zu bilden (Forces Françaises de l'Intérieur), aber die meiste Zeit des Krieges über waren sie uneins.[18]

Als Folge ihrer antikommunistischen Aktionen in der Marseiller Politik vor dem Krieg wurden nur wenige korsische Widerständskämpfer vom kommunistischen Untergrund akzeptiert. Mehrere korsische Syndikate wurden jedoch zum Rückrat des nichtkommunistischen Untergrundes, dem für den Widerstand die notwenige Erfahrung bei der Durchführung verdeckter Aktionen fehlte. Innerhalb eines Monats nach ihrer Gründung im März 1943 wurden die MUR zum Beispiel erheblich dezimiert, als einer ihrer Offiziere, den die Gestapo gefangen hatte, viele ihrer Mitglieder verriet.[19] Mit ihrem Gesetz des Schweigens und ihrer Erfahrung bei geheimen kriminellen Operationen passten sich die Korsen dagegen leicht der Welt der Spionage und der Stadtguerilla an.

Die berühmtesten korsischen Résistance-Helden waren die Guerini-Brüder. Antoine Guerini, ein ehemaliger Revolvermann von Carbone und Spirito, arbeitete als Agent für die angloamerikanische Spionage. Als britische Geheimdienstoffiziere in der Gegend von Marseille mit dem Fallschirm absprangen, um Kontakt zu den MUR aufzunehmen, versteckte sie Antoine in den Kellern seines Nachtklubs. Antoine war auch dafür verantwortlich, Waffen für die MUR in die Stadt zu schmuggeln, nachdem sie von britischen Flugzeugen abgeworfen worden waren. Während der zwölftägigen Befreiungsschlacht um Marseille im August 1944 versorgte Antoines jüngerer Bruder Barthélemy die sozialistische Miliz von Gaston Defferre mit Informationen, Waffen und Männern und erhielt später den Orden der Ehrenlegion für seine Heldentaten im Krieg.[20]

Als die US-Armee Marseille im August besetzte, infiltrierte das Milieu der Stadt die Reihen der Résistance und bereitete sowohl der

US-Armee wie der örtlichen Kommunistischen Partei Probleme. Bald nach Befreiung der Stadt schwoll die Résistance von 1.600 auf 4.500 Kämpfer an, »da alle Gangster und Rachedurstigen zur Fahne eilten, als die Kämpfe vorüber waren«. Innerhalb eines Monats waren die ehrbaren Bürger zu ihrer üblichen Beschäftigung in Friedenszeiten zurückgekehrt und überließen »Kriminellen und undisziplinierten jungen Gangstern« die Kontrolle der Résistance-Einheiten.[21] Als zwei Résistance-Milizen mit krimineller Vergangenheit mehrere amerikanische Soldaten ohne Provokation ermordeten, löste die US-Armee die Résistance-Verbände auf. Da die US-Armee nicht ahnte, dass die Résistance in den Wochen seit der Befreiung ihren Charakter von kommunistisch zu kriminell gewandelt hatte, war sie überrascht, dass die Kommunistische Partei sich nicht dagegen wehrte.[22]

Die Sozialisten, die Guerinis und die CIA

Obwohl die Kriegsallianzen der korsischen Unterwelt die Grundlage für die künftige Verbrecherdynastie Marseilles gelegt hatten, brachen für das Marseiller Milieu durch das Ende der deutschen Besetzung erst einmal harte Zeiten an. Über 20 Jahre lang hatten Carbone und Spirito die Unterwelt dominiert, neue Formen der Kriminalität entwickelt und für Führung, Disziplin und vor allem politische Bündnisse gesorgt. Nun waren sie fort, und keiner der überlebenden Syndikatbosse hatte bislang die Macht erlangt, um in ihre Fußstapfen zu treten.

Erschwerend kam hinzu, dass die traditionellen Feinde des Milieus, die Kommunistische und Sozialistische Partei, bis Mitte 1946 fest verbündet blieben und so einer Allianz von Konservativen und Unterwelt jede Chance nahmen, die politische Macht zu erlangen. Bei den ersten Kommunalwahlen im April 1945 brachte eine linke Koalition den sozialistischen Parteiführer Gaston Defferre ins Bürgermeisteramt. Nach der Trennung von den Sozialisten 1946 gelang es dann der Kommunistischen Partei im November des Jahres, ihren eigenen Kandidaten ins Bürgermeisteramt zu hieven.[23]

Darüber hinaus hatte sich eine neue Polizeieinheit, die CRS (Compagnies Républicaines de Sécurité), zur Geißel der Marseiller Unterwelt entwickelt. Gebildet während der Befreiungskämpfe im August 1944, als die meisten städtischen Polizeikräfte (die mit den Deutschen kooperiert hatten) verschwanden,[24] wurde den CRS die Aufgabe übertragen, die öffentliche Ordnung wiederherzustellen, Kollaborateure aufzuspüren, den Schmuggel einzudämmen und die Schwarzmarktaktivitäten zu zügeln. Ein hoher Anteil ihrer Beamten rekrutierte sich aus der kommunistischen Widerstandsbewegung, und ihr Pflichtbewusstsein setzte dem Milieu erheblich zu.[25]

Aber die Rückkehr des Milieus an die Macht ließ nicht lange auf sich warten. Im Herbst 1947 stürzten blutige Straßenkämpfe, der Verlust von Wählerstimmen und die geheime Intervention der CIA die Kommunistische Partei von der Macht und sorgten für eine dauerhafte Neuordnung der Marseiller Politik. Als die Streiks und Ausschreitungen schließlich aufhörten, hatten die Sozialisten ihre Kontakte zu den Kommunisten abgebrochen, ein Bündnis zwischen Sozialisten und Unterwelt kontrollierte die Stadtpolitik, und die Guerini-Brüder waren zu den unangefochtenen »Friedensstiftern« des Marseiller Milieus geworden. Die folgenden 20 Jahre sollte ihr Wort in der Marseiller Unterwelt Gesetz sein.

Die Konfrontation begann unschuldig genug mit den Kommunalwahlen vom 19. und 26. Oktober 1947. Auf nationaler Ebene erreichte die neue antikommunistische Partei Charles de Gaulles (Rassemblement du Peuple Français, RPF) einen beträchtlichen Wahlerfolg in ganz Frankreich. In Marseille gewannen die revitalisierten Konservativen genug Sitze im Stadtrat, um den kommunistischen Bürgermeister abzusetzen und einen Konservativen, Michel Carlini, zu wählen. Eine der ersten Amtshandlungen Carlinis war die Erhöhung der Straßenbahnfahrpreise, ein scheinbar unumstrittener Schritt, den das wachsende Defizit rechtfertigte. Diese Maßnahme hatte jedoch unvorhergesehene Folgen.

Über zwei Jahre nach Ende des Krieges grub sich Marseille noch immer aus den Trümmern, Hinterlassenschaft der alliierten Bombardements. Die Arbeitslosigkeit war hoch, die Löhne niedrig; der Schwarzmarkt regierte, und eine gravierende Knappheit elementarster Waren trieb Verzweiflung in die Gesichter der morgendlichen Käufer.[26] Die Straßenbahnen waren die Lebensadern der Stadt. Höhere Fahrpreise waren ein Griff in leere Taschen, der erbitterte Wut provozierte. Die kommunistisch-sozialistische Gewerkschaftskoalition (Confédération Génerale du Travail, CGT) reagierte mit einem militanten Boykott der Straßenbahnen. Jeder Fahrer, der es wagte, eine Straßenbahn auf die Straßen zu steuern, traf auf Barrikaden und einen Steinhagel der wütenden Bevölkerung.[27]

Marseilles Arbeiterklasse war nicht allein in ihrem Elend. In ganz Frankreich machten auch die Angestellten die harte Zeit der wirtschaftlichen Erholung nach dem Krieg durch. Die Arbeiter machten Überstunden, trieben die Produktion nach oben und erhielten wenig Lohn für ihre Leistung. Angestachelt von ihren amerikanischen Beratern, hielten aufeinander folgende französische Kabinette die Löhne niedrig, um die wirtschaftliche Erholung zu beschleunigen. 1947 hatte die Industrieproduktion praktisch Vorkriegsniveau erreicht, aber der durchschnittliche Pariser Facharbeiterlohn betrug nur 65 Prozent des Lohnniveaus während der Weltwirtschaftskrise.[28] Die Arbeiter litten wortwörtlich Hunger: Die Lebensmittelpreise waren exorbitant, der Durchschnittsarbeiter aß 18 Prozent weniger als 1938. Obwohl ihre Löhne kaum die Ausgaben für Lebensmittel deckten, trugen die Arbeiter den Großteil der nationalen Steuerlast. Das Steuersystem war so ungerecht, dass die renommierte Pariser Tageszeitung *Le Monde* es für schlimmer hielt als jenes, das die Französische Revolution ausgelöst hatte.[29]

In Marseille heizten hässliche Zwischenfälle die politischen Spannungen nach dem Straßenbahnboykott weiter auf und kulminierten in der eskalierenden Gewalt des 12. November. Jener Tag begann mit einer Demonstration wütender Arbeiter am Morgen, erlebte Prügel für kommunistische Stadträte bei einer Stadtratssitzung am Nachmittag und endete am frühen Abend mit einem Mord.[30] Zeitig am Morgen hatten sich mehrere Tausend Arbeiter vor dem Gericht versammelt, um die Freilassung von vier jungen Stahlarbeitern zu fordern, die wegen Angriffs auf eine Straßenbahn verhaftet worden waren. Als die Polizei zwei von ihnen zu ihrer Verhandlung in den Gerichtssaal führte, machte die Menge Jagd auf die Polizisten. Die beiden Männer entkamen. Ermutigt durch ihren Anfangserfolg versuchten die Demonstranten mehrere Stunden lang, die Polizeiabsperrungen zu durchbrechen. In Reaktion auf die entschlossene Stimmung der Menge trat das Gericht hastig zusammen und reduzierte um etwa vier Uhr nachmittags die Anklage auf eine Ordnungswidrigkeit. Die Demonstration war gerade im Begriff, sich aufzulösen, als ein unbekannter Arbeiter eintraf und verkündete: »Alle zum Rathaus. Sie schlagen unsere Genossen zusammen.«[31]

Der Angriff hatte sich im Verlauf einer regulären Ratsversammlung ereignet, als kommunistische Ratsmitglieder das Thema der Straßenbahnfahrpreise ansprachen. Die Diskussionen wurden hitzig. Einige gutgebaute Unterstützer des Bürgermeisters, die meisten Mitglieder der Guerini-Bande, stürmten vor und prügelten brutal auf die kommunistischen Stadträte ein.[32] Die Kunde von der Schlägerei verbreitete sich schnell in ganz Marseille. Binnen einer Stunde hatten sich 40.000 Demonstranten vor dem Rathaus versammelt.[33] Einer Hand voll Polizisten gelang es erst, die Situation unter Kontrolle zu bringen, als der kommunistische Exbürgermeister Jean Cristofol die Menge beruhigte. Innerhalb von einer halben Stunde hatte sich die Menge aufgelöst. Um 18 Uhr 30 war alles wieder ruhig.

Die meisten Demonstranten gingen nach Hause, aber eine Gruppe junger Arbeiter eilte zurück zum Hafen und stürmte in die Straßen um das Opernhaus. Mit Nachtklubs und Bordellen übersät, galt das Gebiet als Hauptquartier der Unterwelt. Man nahm allgemein an, dass der Schwarzmarkt von diesen Klubs aus kontrolliert wurde, und so betrachtete man sie als gerechtes Ziel für die Wut der Arbeiterklasse. Als die Menge durch die Straßen streifte und Fensterscheiben einwarf, feuerten Antoine und Barthélemy Guerini in die Menge und verletzten mehrere Demonstranten. Später an jenem Abend starb ein junger Stahlarbeiter an seinen Schusswunden.[34]

Am nächsten Morgen verkündeten fette Schlagzeilen in der kommunistischen Tageszeitung *La Marseillaise:* »Carlini und De Vernejoul führen Sabianis Methoden im Bürgermeisteramt von Marseille wieder ein.«

Der Zeitung zufolge hatte eine Untersuchung ergeben, dass die Männer der Guerinis die Stadträte verprügelt hatten.[35] Diese Beschuldigung wurde in der sozialistischen Zeitung *Le Provençal* und der gaullistischen Zeitung *Méridional* nicht ernsthaft bestritten. In einer Gerichtsanhörung am 16. November bezeugten zwei Polizisten, gesehen zu haben, wie die Guerinis in die Menge schossen. In derselben Anhörung gab einer der jüngeren Guerini-Brüder zu, dass Antoine und Barthélemy zur Zeit der Schüsse in der Gegend gewesen seien. Doch vier Tage später zogen die Polizisten rätselhafterweise ihre Zeugenaussage zurück; am 10. Dezember wurden alle Anklagen gegen die Guerinis fallen gelassen.[36] Am Morgen nach den Schüssen, dem 13. November, rief der örtliche Gewerkschaftsbund einen Generalstreik aus. Die Stadt kam zum Stillstand.

Zu dieser Zeit hatten Marseilles Arbeiter wie ihre Genossen im Rest Frankreichs einen kritischen Prunkt erreicht. Im ganzen Land brachen in den Fabriken, Bergwerken und bei der Eisenbahn wilde Streiks aus.[37]

Als militante Arbeiter auf die Straße gingen und für faire Löhne und niedrigere Preise demonstrierten, sah sich die kommunistische Parteiführung widerwillig zum Handeln gezwungen. Am 14. November, einen Tag nachdem die Marseiller Gewerkschaften in Streik getreten waren, rief der linke Gewerkschaftsbund CGT einen landesweiten Generalstreik aus.

Anders als man hätte erwarten können waren die französischen Kommunistenführer dieser Zeit keine radikalen Revolutionäre. Sie waren zum großen Teil konservative Leute in den mittleren Jahren, die ihrer Nation in der Résistance gedient hatten und nun in erster Linie an der Regierung ihres Landes beteiligt werden wollten. Als Führer der Résistance hatte sie die Loyalität der Arbeiterklasse gewonnen. Dank ihrer Bemühungen hatten die französischen Gewerkschaftler nach dem Krieg niedrige Löhne akzeptiert und 1945 und 1946 auf Streiks verzichtet. Indessen kostete sie ihre wiederholte Unterstützung für drakonische staatliche Sparmaßnahmen immer mehr Stimmen bei den Gewerkschaftswahlen. Mitte 1946 berichtete ein Beobachter des US-Außenministeriums, dass die kommunistischen Führer »die Unzufriedenheit unter ihren Mitgliedern nicht länger zügeln können«.[38] Als Mitte November 1947 wilde Streiks und Demonstrationen ausbrachen, war die Kommunistische Partei gezwungen, sie zu unterstützen oder ihren Führungsanspruch auf die Arbeiterklasse preiszugeben. Ihre Unterstützung war bestenfalls halbherzig, aber im Spätnovember waren drei Millionen Arbeiter in den Ausstand getreten, die französischen Wirtschaft nahezu gelähmt.

Ihre eigenen Experten ignorierend, interpretierte die US-Außenpolitik die Streiks von 1947 als politische List der Kommunistischen Partei und »fürchtete«, dass sie der Auftakt zu einer »Regierungsübernahme« seien. Der Grund für diese Kurzsichtigkeit war einfach: Mitte 1947 hatte der Kalte Krieg bereits begonnen, und Washington sah politische Ereignisse unter der Perspektive »des weltweiten ideologischen Aufeinanderprallens zwischen dem östlichen Kommunismus und der westlichen Demokratie«.[39] Besorgt über die sowjetischen Zugewinne im östlichen Mittelmeerraum und das Wachstum der kommunistischen Parteien in Westeuropa, bereitete die Truman-Administration im Mai den milliardenschweren European Recovery Plan vor, der als Marshallplan populär wurde, und gründete im September die CIA.[40] Die CIA war entschlossen, Frankreich vor einem drohenden kommunistischen Staatsstreich zu schützen, ging nach Frankreich, um bei der Unterbindung des Streiks zu helfen, und wählte die Sozialistische Partei als ihren Gummiknüppel.

Nach jahrzehntelanger Forschung sind die Waffen und Krieger unter dem Schleier offizieller Geheimhaltung, der lange diese verdeckten Operationen verhüllt hatte, wieder aufgetaucht. Als der US-Kongress Anfang 1947 400 Millionen Dollar für den Kampf gegen den Kommunismus billigte, setzte Präsident Harry Truman sie »offen in Griechenland und der Türkei und, über die CIA, verdeckt in Frankreich und Italien ein, um ... demokratische politische Parteien« zu unterstützen.[41] In dem bürokratischen Chaos, das der Schaffung des Geheimdienstes in jenem Sommer folgte, verteilte man die Geheimdienstaufgaben über das Verteidigungsministerium, das Außenministerium und verschiedene Behörden, nur locker koordiniert vom neuen Direktor der CIA. In seiner Eile, nachrichtendienstliche Fähigkeiten aufzubauen, schuf der Nationale Sicherheitsrat der USA im Juni 1948 das »Amt für Politikkoordination« (Office of Policy Coordination, OPC), um »die Fähigkeit zu verdeckten politischen Aktionen« zu entwickeln, ein weit gefasster Auftrag, der ihm auch die Verantwortung für aktive Geheimoperationen wie die Infiltration von Gewerkschaften übertrug. Bezahlt über die CIA, aber in den Ministerien für Äußeres und Verteidigung untergebracht, blühte das OPC in dieser anormalen Situation auf – befreit von bürokratischen Kontrollen und ausgestattet mit noch weit großzügigeren Mitteln als selbst die CIA.[42] Gründungsdirektor des OPC war Frank Wisner, ein ehemaliger OSS-Agent, der die Nachkriegsjahre in Europa verbracht hatte, um Ex-Nazis, viele davon schwere Kriegsverbrecher, für Operationen hinter den sowjetischen Linien anzuwerben. Unter seiner brillanten und unkonventionellen Führung zog das OPC bald talentierte OSS-Veteranen wie Thomas Braden und William Colby an, die seine pragmatische Sicht teilten, dass jeder Feind des Kommunismus, ob Gestapo-Offizier oder korsischer Gangster, Bündnispartner der USA werden konnte.[43] Wie Colby, einer der künftigen CIA-Direktoren, erklärte, operierte Wisners OPC »in der Atmosphäre eines Templerordens, um die westliche Freiheit vor der kommunistischen Finsternis zu retten«.[44]

In den frühen Tagen des Kalten Krieges erkannten CIA und OPC die Gewerkschaften als Schlüssel des Kampfes in Westeuropa. Der Geheimdienst begann über den nordamerikanischen Dachgewerkschaftsverband, American Federation of Labor (AFL), der bereits sein eigenes geheimes Netzwerk in Europa betrieb, etwa zwei Millionen Dollar im

Jahr an antikommunistische Gewerkschaftsführer zu verteilen.⁴⁵ »Ich glaube, das Interesse von AFL/CIO am Schutz der Docks von Marseille und ähnlichen Dingen ging der Gründung des Geheimdienstes voraus«, erinnerte sich Braden, der OPC-Mann, der diese Operationen leitete. »Ich vermute, das OSS, die Armee oder das Außenministerium steckten dahinter.«⁴⁶ Und tatsächlich: Bereits Anfang 1947 hatte der US-Botschafter in Paris, Jefferson Caffery, Washington gewarnt, dass »der lange Arm des Kremls ... über ... die Kommunistische Partei Frankreichs und ihre Festung, die CGT ... zunehmend Macht ausübt.«⁴⁷ Der Botschafter beklagte, dass »die Gewerkschaftsführer, die sich der kommunistischen Umklammerung der CGT widersetzten, (zumeist aus Mangel an Geld) nicht in der Lage waren, effektive Oppositionsgruppen zu organisieren« – eine indirekte Aufforderung zur verdeckten Finanzierung der nichtkommunistischen Gewerkschaftsopposition.⁴⁸

Als die französischen Kommunisten 1947 mit Streiks den Marshallplan angriffen, startete die CIA in einer ihrer ersten Operationen einen verdeckten Gegenangriff. Durch die AFL fädelte der Geheimdienst die erste Spaltung der europäischen Nachkriegsgewerkschaften ein, indem er Geheimgelder an Léon Jouhaux leitete, den sozialistischen Gewerkschaftsführer, der daraufhin das Bündnis seiner Gewerkschaft Force Ouvrière mit der kommunistisch dominierten CGT aufkündigte.⁴⁹ Ohne seine Geldquelle preiszugeben, brüstete sich AFL-Präsident George Meany später, seine Gewerkschaft habe »den Bruch der kommunistisch kontrollierten Gewerkschaftsbewegung Frankreichs finanziert: Wir gaben die Mittel dafür, wir schickten ihnen Geld der amerikanischen Gewerkschaften, wir bauten ihre Büros auf, wir schickten ihnen die Ausstattung.«⁵⁰

Auf den ersten Blick mag es fast wie eine Charakterverwirrung erscheinen, dass die CIA etwas so weit Linkes wie eine sozialistische Partei unterstützte. Es gab jedoch nur drei große politische Parteien in Frankreich – die Sozialisten, die Kommunisten und die Gaullisten –, und durch ein schlichtes Eliminierungsverfahren endete die CIA bei einem Bündnis mit den Sozialisten. Während nämlich General de Gaulle für den amerikanischen Geschmack zu unabhängig war, verloren die Sozialistenführer gegenüber den Kommunisten schnell an Boden und waren daher bereit, mit der CIA zusammenzuarbeiten.

In einem Artikel für die *Saturday Evening Post* erklärte Thomas Braden, ehemaliger Direktor der CIA-Abteilung für internationale Organisationen, die Strategie des Geheimdienstes, mit Linken die Linke zu bekämpfen:

> »Sie [die Strategie] verkörperte sich in Jay Lovestone, dem Stellvertreter von David Dubinsky in der International Ladies' Garment Workers' Union [Internationale Arbeitergewerkschaft der Damenbekleidungsindustrie].
> Einst Chef der Kommunistischen Partei der USA, hatte Lovestone eine enorme Auffassungsgabe für Operationen des Auslandsgeheimdienstes. 1947 führte die kommunistische Confédération Générale du Travail in Paris einen Streik an, der die französische Wirtschaft nahezu paralysierte. Man befürchtete eine Regierungsübernahme.
> In diese Krise schalteten sich Lovestone und sein Assistent Irving Brown ein. Mit Geldern aus Dubinskys Gewerkschaft organisierten sie die Force Ouvrière, eine nichtkommunistische Gewerkschaft. Als ihnen das Geld ausging, wandten sie sich an die CIA. So begann die geheime Subvention freier Gewerkschaften, die sich bald auf Italien ausweitete. Ohne diese Geldhilfe hätte die Nachkriegsgeschichte ganz anders verlaufen können.«[51]

CIA-Zahlungen in einer Größenordnung von einer Millionen Dollar im Jahr garantierten der Sozialistischen Partei eine starke Wählerbasis in der Gewerkschaftsbewegung[52] und gaben ihren Führern die politische Kraft, den Angriff auf die streikenden Arbeiter zu führen. Während der Marseiller Sozialistenführer Gaston Defferre in der Nationalversammlung und in den Spalten von *Le Provençal*[53] zu einem antikommunistischen Kreuzzug aufrief, ließ der sozialistische Innenminister Jules Moch die Polizei massiv gegen streikende Arbeiter vorgehen.[54] Mit Beratung und Kooperation des US-Militärattachés in Paris forderte Moch die Einberufung von 80.000 Reservisten und mobilisierte eine Truppe von 200.000 Mann, um die Streikenden zu bekämpfen. Angesichts dieser überwältigenden Streitmacht erklärte die CGT am 9. Dezember den Streik nach weniger als einem Monat für beendet.[55]

Das blutigste Schlachtfeld des Generalstreiks war nicht Paris, wie Braden meinte, sondern Marseille. Der Sieg in Marseille war für die US-Außenpolitik entscheidend. Als einer der wichtigsten internationalen Häfen Frankreichs war Marseille ein lebenswichtiger Brückenkopf für die Exporte, die im Rahmen des Marshallplans nach Europa gingen. Fortgesetzte kommunistische Kontrolle seiner Docks hätte die Effizienz des Marshallplans und aller künftigen Hilfsprogramme gefährdet. Da Marseille die zweitgrößte Stadt Frankreichs war, erhöhte eine andauernde kommunistische Dominanz seines Wahlvolks die Chancen der Kommunistischen Partei, genügend Stimmen zu gewinnen, um eine nationale Regierung zu bilden. (Die Kommunistische Partei kontrollierte bereits landesweit 28 Prozent der Stimmen und war damit die größte Partei Frankreichs.)

Die wachsende Spaltung zwischen der Kommunistischen und Sozialistischen Partei und Defferres Bereitschaft, amerikanischen Interessen zu dienen, hatte sich bereits in den Debatten der Nationalversammlung über die blutigen Vorfälle des 12. Novembers in Marseille gezeigt. Statt die Guerinis für das Verprügeln der Stadträte und den Mord an dem Stahlarbeiter zu kritisieren, griff Sozialistenführer Defferre lieber die Kommunisten an: »Die amerikanischen und britischen Flaggen, die vor dem Rathaus hingen, wurden von kommunistischen Horden zerfetzt. ... Wir haben Beweise, zu was die Kommunisten fähig sind: Ich vertraue darauf, dass die Regierung die Konsequenzen erkennt. Die Sozialistische Partei bedauert diese Vorfälle, aber sie wird nicht dulden, dass jene, die sich hier als Abgeordnete auszugeben versuchen, das Gesetz missachten dürfen.«[56]

Mehrere Tage später wies der kommunistische Abgeordnete Jean Cristofol Defferres Beschuldigungen zurück und legte sowohl den Gaullisten wie den Sozialisten in Marseille zur Last, die Guerinis in ihren Diensten zu halten. Als sich Defferre erhob, um zu leugnen, die Guerinis überhaupt zu kennen, erinnerte ihn ein anderer kommunistischer Abgeordneter daran, dass ein Cousin der Guerinis Herausgeber von Defferres Zeitung *Le Provençal* sei. Dann schaltete sich Cristofol ein, um einige beunruhigende Anzeichen für das Wiederaufleben des Marseiller Milieus zu offenbaren: Kollaborateure aus der Unterwelt würden auf Bewährung aus dem Gefängnis entlassen, Vertreter des Stadtrats erlaubten den Nachtklubs des Milieus, wieder aufzumachen, darunter dem Parakeet Club der Guerinis. Erst sechs Monate zuvor hatte Cristofol selbst, damals Bürgermeister von Marseille, die Klubs schließen lassen.[57]

Der erste Schritt der Sozialisten, um den Streik in Marseille zu brechen, war die Säuberung der CRS-Polizeieinheiten von kommunistischen Unterstützern. Sobald dies erreicht war, konnte man diesen Einheiten gewalttätige Taktiken gegen die streikenden Arbeiter befehlen. Obwohl offizielle Berichte nichts als Lob für die Professionalität dieser Beamten übrig hatten,[58] beschuldigte sie der sozialistische Bürgermeister Gaston Defferre zu Unrecht, während der Ausschreitungen vom 12. November für die Demonstranten Partei ergriffen zu haben.⁵⁹ Nachdem sozialistische Kader eine Liste von verdächtigten CRS-Kommunisten erstellt hatten, reichte Defferre sie an den sozialistischen Minister Jules Moch weiter, der die Anweisung zur Entlassung jener Beamten gab, die auf der schwarzen Liste standen.⁶⁰ Diese Aktion der Sozialisten wussten gewiss auch die stark bedrängten korsischen Syndikate zu schätzen, gingen die CRS doch im Gegensatz zur regulären Polizei massiv gegen die Schmuggel- und Schwarzmarktaktivitäten des Milieus vor.⁶¹ Sobald sie von diesen kommunistischen Polizeibeamten gesäubert waren, begannen die CRS-Einheiten, die Streikposten mit ungezügelter Gewalt anzugreifen.⁶²

Aber es bedurfte mehr als gewöhnlicher Polizeirepression, um die Entschlossenheit der 80.000 streikenden Arbeiter Marseilles zu brechen. Wenn die USA ihren Sieg in Marseille bekommen wollten, würden sie dafür kämpfen müssen. Durch die CIA machten sie sich daran, genau dies zu tun.

Die CIA hatte über ihre Kontakte zur Sozialistischen Partei Agenten und ein Team für psychologische Kriegführung nach Marseille geschickt, wo sie durch Vermittlung der Guerini-Brüder direkt mit Anführern der korsischen Syndikate arbeiteten. Die CIA-Agenten lieferten den korsischen Gangs Waffen und Geld für Angriffe auf die kommunistischen Streiklinien und die Einschüchterung wichtiger Gewerkschaftsvertreter. In dem einmonatigen Streik ermordeten die CIA-Gangster und die gesäuberten CRS-Polizeieinheiten eine Reihe von streikenden Arbeitern und schlugen Streikposten zusammen. Schließlich produzierte das CIA-Team für psychologische Kriegführung Pamphlete, Radiosendungen und Plakate, um die Arbeiter vom Streik abzubringen.⁶³ Einige Aktionen des Psycho-Krieg-Teams waren geschickt: An einem Punkt drohte die US-Regierung zum Beispiel, 65.000 für die hungrige Stadt bestimmte Sack Mehl wieder in die USA auszuschiffen, falls die Hafenarbeiter sie nicht sofort löschten.⁶⁴ Der Druck von Gewalt und Hunger war zu groß. Am 9. Dezember gaben Marseilles Arbeiter zusammen mit ihren Kollegen im Rest Frankreichs den Streik auf. Es gab eine ironische Schlussnote: Heiligabend 1947 trafen im Bahnhof von Marseille unter dem Beifall Hunderter die amerikanische Flagge schwenkender Schulkinder 87 Güterwaggons beladen mit Mehl, Milch, Zucker und Obst als »Geschenk des amerikanischen Volkes« ein.⁶⁵

Die Guerinis erlangten durch ihre Rolle bei der Zerschlagung des

Streiks von 1947 genug Macht und Status, um sich zu neuen Führern der korsischen Unterwelt aufzuschwingen. Die CIA hatte damit der korsischen Unterwelt zur Wiedererlangung ihres politischen Einflusses verholfen, wenn es auch noch bis zum Dockarbeiterstreik von 1950 dauerte, bis die Guerinis mächtig genug wurden, um den Marseiller Hafen zu kontrollieren. Diese Kombination aus politischem Einfluss und Kontrolle der Docks schuf ideale Bedingungen für das Wachstum der Marseiller Heroinindustrie – zufällig zur gleichen Zeit, als Mafiaboss Lucky Luciano nach alternativen Heroinquellen Ausschau hielt.

Die gleichen harten Wirtschaftsbedingungen, die den Streik von 1947 ausgelöst hatten, waren für den Ausstand von 1950 verantwortlich. Die Lage hatte sich für die Arbeiter in den dazwischen liegenden drei Jahren nicht verändert; wenn überhaupt, war sie schlechter geworden. Und Marseille mit seiner Tradition der Arbeitermilitanz hatte sogar noch mehr Grund zum Streiken als der Rest Frankreichs. Die Stadt war Frankreichs »Tor zum Orient«, durch das Material (besonders amerikanische Munition und Nachschub) zum französischen Expeditionskorps in Indochina verschifft wurde. Unter den linken Gewerkschaften der Stadt war der französische Indochinakrieg allgemein unpopulär. Außerdem hatte Ho Chi Minh bei der Gründung der Kommunistischen Partei Frankreichs geholfen und war in der linken französischen Arbeiterklasse ein populärer Held, besonders in Marseille mit seinen vielen dort ansässigen Indochinesen.[66] Im Januar begannen die Hafenarbeiter Marseilles einen selektiven Boykott jener Frachter, die Nachschub für das Kampfgebiet lieferten. Dann berief die CGT am 3. Februar eine Versammlung der Marseiller Hafenarbeiter ein. Man verabschiedete eine Erklärung, in der »die Rückkehr des Expeditionskorps aus Indochina zur Beendigung des Kriegs in Vietnam« gefordert wurde. Alle Gewerkschaften sollten zu den »wirkungsvollsten Aktionen gegen den Krieg« greifen. Der Transport von Waffenlieferungen nach Indochina war »gelähmt«.[67] Zwar beteiligten sich Anfang Februar auch die französischen Atlantikhäfen an dem Embargo, aber diese Streikaktionen waren nicht so wirkungsvoll oder bedeutsam wie der Marseiller Streik.[68] Bis Mitte Februar hatte sich der Ausstand auf Metallindustrie, Bergwerke und Eisenbahn ausgeweitet.[69] Die meisten Streiks waren freilich halbherzig. Am 18. Februar berichtete die Pariser Zeitung *Combat*, dass Marseille erneut der harte Kern war; 70 Prozent der Marseiller Arbeiter unterstützten den Streik, verglichen mit nur zwei Prozent in Bordeaux, 20 Prozent in Toulouse und 20 in Nizza.[70]

Wieder rief die Militanz der Marseiller Arbeiterschaft nach besonderen Methoden. CIA-Mann Thomas Braden erinnerte sich später, wie er das Problem anging:

»Auf dem Schreibtisch vor mir liegt, während ich diese Zeilen schreibe, ein fettiges und vergilbtes gelbes Blatt Papier. Es trägt die folgende Aufschrift in Bleistift:
›Erhalten von Warren G. Haskins $ 15.000 (gezeichnet) Norris A. Grambo.‹
Ich machte mich an jenem Tag auf die Suche nach diesem Papier, als die Zeitungen den ›Skandal‹ der CIA-Verbindungen zu amerikanischen Studenten und Gewerkschaftsführern aufdeckten. Es war eine sehnsuchtsvolle Suche, und als sie endete, war ich traurig.
Denn ich selbst war Warren G. Haskins, und Norris A. Grambo war Irving Brown von der American Federation of Labor. Die 15.000 Dollar stammten aus dem Tresor der CIA, und das gelbe Papier ist das letzte Erinnerungsstück, das ich von der riesigen und geheimen Operation besitze. ...
Es war meine Idee, Irving Brown 15.000 Dollar zu geben. Er brauchte sie, um seine *Schlägerschwadronen in den Mittelmeerhäfen* zu bezahlen, damit der amerikanische Nachschub gegen den Widerstand der kommunistischen Dockarbeiter entladen werden konnte.«[71]

Mit etwa zwei Millionen Dollar CIA-Geldern, die durch das Amt für Politikkoordination (OPC) geschleust wurden, brachte Irving Brown von der American Federation of Labor (AFL) Streikbrecher aus Italien zu seinem Marseiller Verbündeten, Pierre Ferri-Pisani.[72] Ferri-Pisani, vom Magazin *Time* als ein »rauer, feuriger Korse« beschrieben, setzte die italienischen Streikbrecher und eine Mannschaft lokaler korsischer Krimineller auf den Docks ein, um Schiffsladungen von US-Waffen zu löschen und schließlich den Streik zu brechen. Umringt von angeheuerten Gangstern stürmte Ferri-Pisani das örtliche Hauptquartier der Kommunisten und drohte, die Parteiführung »persönlich« für den fortgesetzten Boykott »bezahlen« zu lassen. Das *Time*-Magazin bemerkte mit Befriedigung: »Den ersten Kommunisten, der versuchte, Ferri-Pisanis Männer zu feuern, warf man ins Hafenbecken.«[73]

Zusätzlich erhielten Guerinis Gangster den Auftrag, kommunistische Streikposten zu verprügeln, damit Truppen und Streikbrecher auf die Docks vordringen und mit dem Entladen der Waffen und Nachschublieferungen beginnen konnten. Am 13. März konnten Regierungsvertreter verkünden, dass trotz des fortgesetzten Boykotts der kommunistischen Arbeiter 900 Hafenarbeiter und ergänzende Truppen den normalen Betrieb des Marseiller Hafens wiederhergestellt hatten.[74] Zwar kam es bis Mitte April zu sporadischen Boykottaktionen, aber Marseille war bezwungen und der Streik im Wesentlichen zu Ende.[75]

Diese Siege des Kalten Krieges hatten jedoch unvorhergesehene Folgen. Die CIA hatte, indem sie den korsischen Syndikaten Geld und Unterstützung gewährte, die letzte Barriere für ungehinderte korsische Schmuggeloperationen in Marseille eingerissen. Als zu dem politischen Einfluss, den das Milieu mithilfe der CIA 1947 gewonnen hatte, auch noch die Kontrolle der Docks kam, waren die Bedingungen für Marseilles Aufstieg zu Amerikas Heroinlabor ideal. Die französische Polizei berichtete, dass die ersten Marseiller Heroinlabors 1951 öffneten, nur Monate nachdem das Milieu den Hafen übernahm.

Auch Gaston Defferre und die Sozialistische Partei gingen als Sieger hervor, als die Streiks von 1947 und 1950 die örtliche Kommunistische Partei schwächten. Nach 1953 genossen Defferre und die Sozialisten eine ungebrochene politische Herrschaft über die Stadtregierung, die ein Vierteljahrhundert andauerte. Während dieser Zeit unterhielten die Guerinis enge Beziehungen zu den Marseiller Sozialisten und fungierten bis zum Niedergang der Familie 1967 als Leibwächter und Wahlkampfhelfer für örtliche sozialistische Kandidaten.

Das Korsenmilieu

Es ist unmöglich, den genauen Prozentanteil der Marseiller Korsen am unsichtbaren transatlantischen Heroinhandel zu quantifizieren, aber nach einer Studie der US-Drogenbehörde von 1965 waren sie zu den Hauptlieferanten der USA geworden. In seiner »internationalen Liste« von 246 großen Drogenhändlern zeigte das Amt, dass die Korsen durch ihre Heroinlabors und Schmuggelnetzwerke während der vorangegangenen 15 Jahre die türkischen Opiumfelder mit dem New Yorker Heroinmarkt verbunden hatten. Geschützt von nationalen und lokalen politischen Protektoren, bedienten sich die großen korsischen Heroinhändler krimineller Subunternehmer, um aus dem Libanon Morphium zu importieren, es in den Labors von Marseille zu Heroin zu verarbeiten und dann über kriminelle Partner in Kanada und der Karibik als hochwertiges Puder an amerikanische Mafiagroßhändlern zu exportieren.

Marseilles Rolle als mediterraner Freihafen beruhte auf einem kleinen Kader sachkundiger korsischer Chemiker, die hochwertiges Heroin Nr. 4 produzierten. Zu ihrer Spitzenzeit 1965 betrieben die Marseiller Syndikate etwa 20 bis 25 Labors, deren Ausstoß zwischen 50 und 150 Kilo pro Monat betrug. Obwohl die Operationen immer wieder unterbrochen wurden und locker strukturiert waren, war diese Industrie durchaus effizient. In Reaktion auf eine wachsende US-Nachfrage verdoppelten die Marseiller Labors ihren Ausstoß in nur fünf Jahren und exportierten 1965 etwa 4,8 Tonnen reines Heroin in die USA.[76]

Die korsischen Syndikate waren keine großen, quasi-militärischen Hierarchien, die alle Aspekte des Handels unter ihrer direkten Kontrolle hatten. Häufig bestanden sie aus Brüdern oder engen Freunden, und es waren zwei Elemente, die den geheimen Handel der korsischen Zellen Marseilles stützten: Schutz durch die örtliche Politik und ein weltumspannendes kriminelles Netzwerk. Die »internationale Liste« der US-Drogenbehörde ließ erahnen, wie große Marseiller Zwischenhändler den US-Heroinmarkt über ein Netzwerk von »Partnern« belieferten, das sich von der Türkei bis nach New York erstreckte.

François Spirito war noch immer mit einem korsischen Schmuggelnetzwerk verbunden, das bis nach New York reichte. Dazu gehörten Jean-Baptiste Giacobetti, ein Marseiller Korse, der »große Mengen Heroin, gewöhnlich Packen von 50 Kilo, für die Versendung in die USA finanzierte«; Antoine D'Agostino, ein Korse, der »am Schmuggel großer Drogenmengen von Frankreich in die USA beteiligt« war; sowie Giacomo Reina, ein »Mitglied der Organisation von Gaetano Lucchese in New York, die sich im Rauschgifthandel engagiert«.

Der auf Korsika geborene Marcel Francisi, jünger und mächtiger als Spirito, leitete ein Netzwerk von seinem Pariser Kasino aus und integrierte dabei jede Phase des Heroinhandels. In Marseille organisierten seine Brüder Jeannot und Zeze »den Import von Morphium aus dem Nahen Osten«. Ihr korsischer Kontaktmann Gabriel Carcassonne »betrieb ein geheimes Labor in Marseille«. War das Morphium verarbeitet, organisierte der lokale Partner Dominique Venturi »den Schmuggel des Heroins aus den französischen Geheimlabors nach Kanada, wobei er sich der Dienste seines Bruders« bediente. Schließlich arbeitete dieser Bruder, Jean Venturi, beschrieben als »einer der großen Heroinhändler der USA«, von seinem Zuhause in Montreal aus eng mit Guiseppe Cotroni aus Quebec zusammen. Cotroni wiederum war der »Kopf des größten Rauschgiftsyndikats Kanadas« und versorgte Großhändler in New York, die von Carmine Galante angeführt wurden, »mit großen Mengen Heroin«, ebenso wie dessen Nachfolger Joseph »Bayonne Joe« Zicarelli, »eine dominante Figur« des Rauschgifthandels im Norden New Jerseys.

Barthélemy Guerini war der führende Heroinhändler Marseilles, was seine herausgehobene Position im Milieu spiegelte. Die US-Drogenbehörde berichtete, dass er »verschiedene kriminelle Aktivitäten im Gebiet von Marseille finanzierte, besonders den illegalen Rauschgifthandel«, und beschrieb ihn als »einen Schlichter und Oberboss der Marseiller Unterwelt« mit Partnern, die zur »ersten Riege der französischen Drogenhändler« gehörten. Von seiner Bar de la Méditerranée in Marseille und seiner Bar Ascot in Cannes aus arbeitete er mit Achille Cecchini zusammen, der »den Import von Morphium aus dem Nahen Osten« organisierte, sowie mit Antoine Cordoliani, der »Heroin an verschiedene wichtige Heroinhändler in Marseille lieferte«. Trotz seiner Bekanntheit im Marseiller Milieu war Guerini »nie verurteilt« worden, ein Beweis für die Stärke seiner politischen Beziehung.[77]

Die Kontrolle der Guerini-Brüder über die Heroinindustrie von Marseille war so vollständig, dass sie fast 20 Jahre lang ein absolutes Verbot für Drogenhandel innerhalb Frankreichs erzwingen konnten, während sie gleichzeitig große Mengen Heroin in die USA exportierten. Nach ihrem Niedergang durch eine lange Vendetta gegen Marcel Francisci Mitte der 60er Jahre, bei der sie den Kürzeren zogen, war ihr Embargo gegen den heimischen Drogenhandel nicht mehr durchsetzbar. Frankreich bekam sein eigenes Drogenproblem.[78]

Die Guerini-Francisci-Fehde

Von Anfang an beherrschten die Guerinis die Nachkriegsheroinproduktion in Marseille so sehr und trieben so umfangreiche Geschäfte, dass sich einige ihrer Unterbosse wie Dominique und Jean Venturi einen eigenständigen Ruf als große Dealer erwarben. Ihr einziger ernsthafter Rivale war Marcel Francisci, dem ein internationales Glücksspielsyndikat gehörte. In den 60er Jahren beschrieb das FBN Francisci als langjährigen »Ersatzmann« von Spirito und »eine ebenso wichtige Figur in der französischen Unterwelt«[79], der »sich mit seinem Bruder daran beteiligte, Morphium aus dem Nahen Osten nach Frankreich zu schmuggeln«.[80] Geboren 1919 in Giamammacce auf Korsika, war Francisci ein Veteran der Résistance, der vier Orden für seine Heldentaten erhalten hatte.[81] Während Marcel in Paris wohnte und Nobelrestaurants wie das Fouquets an den Champs-Élysées frequentierte, lebten seine Brüder Jeannot und Zeze in Marseille, wo sie sich um die Interessen der Familie im Heroinhandel kümmerten.[82] Zwar waren die 50er Jahre, als die Guerinis eindeutig die Oberhand hatten, eine Zeit glücklicher Koexistenz, aber in den 60er Jahren führte der wachsende Einfluss Franciscis zu ernsten Spannungen. Die Konkurrenz um die Kontrolle einiger Kasinointeressen legte die Lunte, und so begann 1965 ein stiller Krieg, der drei Jahre fortdauerte und zunächst wenig mehr als große Todesanzeigen in der französischen Presse produzierte.

Ende 1967 versuchten zwei Gangster, die korsische Villa Franciscis mit 110 Kilo Sprengstoff in die Luft zu jagen, sechs Monate später versuchten zwei Heckenschützen, ihn in aller Öffentlichkeit umzubringen. Nachdem man die beiden verdächtigten Scharfschützen ermordet in Paris aufgefunden hatte, deckte eine Polizeiuntersuchung ihre Beziehung zu Jean-Baptiste Andreani auf, einem Pariser Kasinobesitzer, der mit den Guerinis verbunden war.[83] Nach den Mordversuchen an Francisci wurden drei weitere Guerini-Partner ermordet aufgefunden. Am Ende waren die Guerinis entscheidend geschlagen. Am 23. Juni 1967 jagten zwei Mörder an einer Tankstelle in Marseille elf Kugeln in den Körper Antoine Guerinis.[84] Seine Ermordung markierte den Anfang vom Ende der Guerini-Dynastie. Barthélemys Fall sollte nicht lange auf sich warten lassen.

Während Antoines Begräbnis in Calenzana auf Korsika am 4. Juli nutzten zwei Einbrecher die Gunst der Abwesenheit des Familientrosses, um in seine Villa einzubrechen und kostbare Familienjuwelen zu stehlen.[85] Barthélemy musste schnell reagieren, den Tod seines Bruders rächen und die Einbrecher fassen, sonst würde er seine Autorität über das Milieu einbüßen. Am 10. Juli zog es einer der Einbrecher, Jean Paul Mandroyan, vor, die Juwelen zurückzubringen, während der andere Dieb nach Spanien floh. Am 22. Juli fand die Polizei Mandroyan erschossen auf – und ein Zeuge berichtete, er habe gesehen, wie Barthélemy den jungen Einbrecher kurz vor dessen Ermordung in seinen Mercedes zwang. Am 4. August betrat die Polizei Guerinis Club Méditerranée und nahm Barthélemy und fünf seiner Leibwächter fest. Alle sechs waren bewaffnet.[86]

Barthélemy Prozess begann termingerecht am 5. Januar 1970, aber von Anfang an musste die Staatsanwaltschaft Rückschläge einstecken.

In seinem distinguierten schwarzen Anzug, mit seinem sorgsam frisierten Haar und einer roten Reversnadel, die seine Kriegsauszeichnung herausstrich, wurde Barthélemy der Rolle eines üblen Gangsters kaum gerecht. Am zweiten Verhandlungstag zog der Hauptzeuge der Anklage seine Aussage zurück.[87] Ein Fahrtest bewies, dass Barthélemys Mercedes nicht das Auto des Mörders gewesen sein konnte. Mit jeder weiteren Zeugenaussage verlor die Anklage an Boden. Der Verteidiger führte erfolgreich den Beweis, dass die Anklage sich fast ausschließlich auf Indizien stützte. In seinem Schlussplädoyer konnte der Staatsanwalt nicht anders, als sein Scheitern einzugestehen. Er begnügte sich mit der Forderung, die Guerini-Bande deswegen zu verurteilen, weil sie eine Bedrohung für Marseille darstelle.[88]

Am 15. Januar verkündete das Gericht sein Urteil: Barthélemy erhielt 20 Jahre, sein jüngerer Bruder Pascal und zwei andere Angeklagte jeweils 15 Jahre. Zuschauerrufe wie »Skandal« und »Soll das Gerechtigkeit sein?« wurden laut, die Betroffenen selbst riefen: »Unschuldig, unschuldig, unschuldig!«[89]

Warum wurden die Guerinis jetzt verurteilt? Es hatte doch auch in der Vergangenheit gravierende Beschuldigungen gegen sie gegeben, die zu soliden Anklagen hätten führen können, wenn Staatsanwaltschaft und Justizministerium daran interessiert gewesen wären. Aber bis 1967 genossen die Guerinis durch ihre Beziehung zu den Marseiller Sozialisten Schutz vor polizeilichen Ermittlungen. Erst danach war der Einfluss der Sozialisten nach einem Jahrzehnt gaullistischer Herrschaft erheblich gesunken. Francisci dagegen hatte informierten französischen Beobachtern zufolge durch seine Dienste für die gaullistische Regierung beträchtlichen politischen Einfluss gewonnen. In den frühen 60er Jahren hatte er bei der Organisation einer Gruppe korsischer Gangster geholfen, die unter dem Namen *barbouzes* bekannt wurde, um eine rechtsgerichtete Terrorkampagne zu bekämpfen, nachdem General de Gaulle die Unabhängigkeit Algeriens erklärt hatte. Als Eigentümer des exklusivsten Pariser Kasinos, Cercle Haussmann, stand Francisci in täglichem Kontakt mit hochrangigen Regierungsvertretern.[90] Er war ein enger Freund eines ehemaligen Ministers des gaullistischen Kabinetts und selbst gaullistischer Provinzrat in Korsika.

Nach der Verurteilung von Barthélemy Guerini verlagerte sich die Macht im Marseiller Heroinhandel. Das verminderte Gewicht der Guerini-Familie repräsentierten Pierre, ein jüngerer Bruder, und Barthélemys Frau, eine ehemalige Nachtklubtänzerin. Dem Niedergang der Guerinis stand der wachsende Einfluss der Venturi-Brüder gegenüber, lange Partner der Guerinis, aber auch der Franciscis. 1972 bezeichnete die US-Drogenbehörde Jean Venturi als »wichtigsten Großhändler französischen Heroins in die USA«, seinen jüngeren Bruder Dominique als seinen »Hauptlieferanten«.[91] Die Venturis schienen auch den Einfluss der Guerinis auf die Sozialistische Partei Marseilles geerbt zu haben; bei Wahlen waren es ihre Männer, die als Leibwächter von Bürgermeister Defferre dienten. Interessanterweise berichtete die *New York Times* im Februar 1972, dass Dominique Venturis Baufirma »das Marseiller Rathaus für den sozialistischen Bürgermeister der Stadt, Gaston Defferre, umgestaltet«.[92] Obwohl Marcel Francisci öffentlich jede Beteiligung am Drogenhandel abstritt, erkannte die US-Drogenbehörde in ihm lange den wichtigsten Schmuggler von Morphium aus dem Nahen Osten nach Marseille.[93]

Francisci war nicht der einzige mit den regierenden Gaullisten verbundene Gangster. Die US-Drogenbehörde glaubte, dass die Gaullisten korrupte Marseiller Politiker als wichtigste Beschützer des Milieus abgelöst hatten, und einige US-Drogenagenten waren sehr besorgt über die Komplizenschaft hochrangiger französischer Geheimdienstoffiziere mit dem Drogenhandel.

Während der Mairevolution von 1968, als Zigtausende Studenten und Arbeiter durch die Straßen von Paris wogten, Barrikaden errichteten und Regierungsgebäude besetzten, stand General de Gaulles Regierung kurz vor dem Sturz. Um die öffentliche Ordnung wiederherzustellen, organisierte Jacques Foccart, der höchste Geheimdienstberater des Generals, 5.000 Männer, viele von ihnen korsische und französische Gangster, im Service d'Action Civique (SAC). Obwohl bekannte Kriminelle zu den Mitgliedern des SAC zählten, übernahmen Polizeibeamte und höchste Geheimdienstleute verantwortliche Positionen in der Organisation. Der SAC sollte Störer bei gaullistischen Versammlungen zum Schweigen bringen, oppositionelle Demonstrationen auflösen und Leibwächter für Kabinettsminister und hohe Regierungsbeamte stellen.[94] Als Präsident Georges Pompidou im August 1971 das Überschallflugzeug Concorde in Toulouse inspizierte, traten 500 SAC-Männer zu seinem Schutz an. Im selben Monat wurden weitere 500 mobilisiert, um beim nationalen Parteitag der Gaullisten für Harmonie zu sorgen.[95] Außerdem benutzten die nationale Polizei und der französische Geheimdienst SDECE den SAC, um »schmutzige«, die regulären Agenten kompromittierende Aufträge zu erledigen.[96]

Als Gegenleistung für ihre Dienste brauchten die SAC-Männer keine polizeilichen Untersuchungen zu befürchten und erhielten Passierscheine – erforderlich für ihre sensibleren Einsätze –, die ihnen Immunität bei Polizeikontrollen sicherten.[97] Trotz des Schutzes, den sie genossen, gab es gelegentlich Patzer: Nach Angaben der US-Drogenbehörde wurden in Frankreich von 1970 bis 1971 mindestens zehn SAC-Gangster mit großen Heroinlieferungen festgenommen. Im Herbst 1970, als die Polizei Serge Constant festnahm, ein Mitglied des SAC in Nizza, und ihn wegen Schmuggels zweier Heroinlieferungen in die USA anklagte, drohte er den Beamten: »Wir stehen unter Schutz, also seid vorsichtig.« Eine Barbesitzerin aus Grenoble namens Bonnet wurde mit über 50 Kilo für die USA bestimmten Heroins in ihrem Auto festgenommen. Sie war die Witwe des SAC-Führers Mathieu Bonnet, dem Chauffeur von Präsident Pompidou im Wahlkampf von 1967. Im September 1971 wurde ein berüchtigter Heroinkurier, Ange Simonpiéri, schließlich doch noch verhaftet, nachdem ein Schweizer Rechtsanwalt die Gaullisten in einer Radiosendung zur besten Sendezeit beschuldigt hatte, diesen zu schützen. Wie nicht anders zu erwarten, war Simonpiéri ein *barbouze* im Ruhestand und enger Freund eines gaullistischen Abgeordneten, der 1961 eine »parallele Polizeitruppe« organisiert hatte.[98]

Außerdem waren informierte Beobachter davon überzeugt, dass einige der hochrangigen Geheimdienstoffiziere vom SDECE im Schutz ihres Spionagenetzes Rauschgiftsendungen in die USA organisiert hatten, um SAC-Operationen zu finanzieren. US-Drogenagenten, die verdeckt gegen französische Heroinschmuggler ermittelten, befürchteten kaum, vom Milieu enttarnt zu werden, waren aber zunehmend besorgt, vom SDECE entdeckt zu werden. Anfang 1971 zum Beispiel traf sich ein verdeckter Rauschgiftermittler mit den Vertretern des größten Marseiller Heroinsyndikats in einem Hotelzimmer in New York. Der Undercoveragent gab sich als amerikanischer Mafioso aus, bot an, 100 Kilo Heroin zu kaufen, und war mit einem Spitzenpreis einverstanden. Überzeugt, dass sie es mit einem echten amerikanischen Gangster zu tun hatten, flogen die Schmuggler in Hochstimmung über ihren Erfolg zurück nach Marseille und begannen, das Heroin für die Sendung zu beschaffen. Als sie jedoch gerade wieder nach New York aufbrechen wollten, wo sie in die sorgsam vorbereitete Falle getappt wären, rief sie ein anderer korsischer Gangster an, um sie zu warnen, dass es sich bei dem amerikanischen Mafioso in Wahrheit um einen

US-Drogenagenten handelte. Ungläubig fragten die Schmuggler den Informanten am Telefon: »Woher weißt du das?«, woraufhin der Anrufer erwiderte: »Ich hab die Information von Oberst –.« Informierten Beobachtern aus amerikanischen Geheimdienstkreisen zufolge war dieser Oberst ein hochrangiger Geheimdienstoffizier des SDECE. Sie mussten einräumen, dass einige korrupte Elemente des SDECE offenbar gute Arbeit leisteten, um ihre verdeckten Ermittlungen zu durchschauen.

Das ganze Ausmaß der Beteiligung des französischen Geheimdienstes SDECE am Heroinhandel wurde schließlich im November 1971 offenbar, als Oberst Paul Fournier, einer der höchsten Agentenführer des SDECE, von einem Staatsanwalt aus New Jersey wegen Konspiration zum Schmuggel von 45 Kilo Heroin in die USA angeklagt wurde. Am 5. April des Jahres hatte ein US-Zollbeamter im Hafen von Elizabeth, New Jersey, das in einem VW-Bulli versteckte Heroin aufgespürt und dessen Besitzer, einen SDECE-Agenten im Ruhestand namens Roger de Louette, verhaftet. Louette gestand und behauptete, nur als Kurier für Oberst Fournier gedient zu haben.[99] Die Anklage gegen Fournier war der französischen Presse dicke Schlagzeilen wert und veranlasste ehemalige hochrangige SDECE-Mitarbeiter zu alarmierenden Aussagen über die Beteiligung ihrer Organisation am Heroinhandel.[100]

Trotz der verdeckten Unterstützung durch den SDECE waren die Tage Marseilles als Heroinhauptstadt Europas jedoch gezählt. Der Niedergang der Guerinis bahnte den Weg für jüngere Gangster, die wenig Respekt für den weisen Beschluss aufbrachten, innerhalb Frankreichs keinen Drogenhandel zu dulden. »Diese Kerle«, so drückte es einer der höchsten französischen Polizeibeamten aus, »sind Leute, die sich nicht an die Regeln halten. Angesichts des härteren Vorgehens der USA sind einigen von ihnen die Kosten für den Schmuggel zu hoch geworden, daher haben sie den leichten Ausweg gewählt, es hier zu verkaufen.« Innerhalb von zwei Jahren nach Antoine Guerinis Tod und Barthélemys Inhaftierung hatte Frankreich sein eigenes, eskalierendes Heroinproblem. Anfang 1972 wurden 15 von 1.000 gemusterten Männern wegen Drogensucht vom Wehrdienst zurückgestellt, und in Marseille selbst hielten sich etwa 5.000 bis 20.000 Süchtige auf. Angesichts dieser neuen Drogenkrise gab der französische Staat seine recht lässige Haltung auf und erklärte Drogen zu »Frankreichs Polizeiproblem Nr. 1«. Die Drogenfahndung der Marseiller Polizei wurde von acht

Beamten 1969 auf 77 nur zwei Jahre später aufgestockt. Die verstärkten Ermittlungsanstrengungen führten zu mehreren spektakulären Heroinbeschlagnahmungen und veranlassten die französische Presse zu Spekulationen, dass es schließlich doch gelingen könnte, die Heroinproduzenten von Marseille aus dem Geschäft zu treiben.[101]

Diese französischen Polizeioperationen, unterstützt von Präsident Nixons »Krieg gegen die Drogen«, waren ein Großangriff auf die Marseiller Heroinindustrie. Als diplomatischer Druck der USA an der türkischen Front auch noch die Abschaffung der Opiumproduktion erzwang und die Morphiumlieferungen in den Nahen Osten dezimierte, erzielte die französische Polizei beispiellose Erfolge gegen die Marseiller Syndikate.

Die Kampagne begann im Oktober 1971, als ein Gemeinschaftsschlag der amerikanischen und der französischen Drogenfahnder in Paris zur Verhaftung des korsischen Schmugglers André Labay mit 106 Kilo Heroin Nr. 4 führte. Dieser Coup ermöglichte es der französischen Polizei, gegen 16 Syndikatsmitglieder zu ermitteln, die später zu hohen Freiheitsstrafen verurteilt wurden. Vier Monate später fanden Beamte 415 Kilo Heroin auf dem Fischkutter »Caprice des Temps« auf hoher See vor Marseille – damals weltweit eine Rekordmenge.[102] Daraufhin stürmte die Polizei ein Marseiller Labor, stellte weitere 119 Kilo Heroin sicher und nahm den korsischen Dealerveteranen Joseph Cesari fest.[103] Ähnliche französisch-amerikanische Operationen führten zu einer regelrechten Anklagewelle gegen das korsische Milieu, das jahrzehntelang Immunität genossen hatte.

1973 berichtete ein in Paris stationierter US-Drogenagent, dass Polizeiaktionen in Marseille die französischen Drogenexporte vermindert und »beträchtlich zur gegenwärtigen Heroinknappheit an der Ostküste der USA beigetragen« hätten.[104] Der Chef der Marseiller Drogenfahndung wies auf die Verhaftung vieler *gros bonnets* des Milieus hin und bemerkte, dass es nunmehr »unmöglich scheint, in Marseille reines Heroin zu bekommen«, weil »die Lieferanten fast verschwunden sind«.[105]

Der Niedergang des europäischen Heroinhandels

Anfang der 70er Jahre also war es mit dem »klassischen« europäischen Heroinhandel, wie er seit den späten 40er Jahren betrieben worden war, vorbei. Ein Zusammenspiel aus Polizeioperationen, Heroinbeschlagnahmungen, Vernichtung der Mohnernten und Mafiagewalt unterbrach den reibungslosen Heroinstrom aus dem Mittelmeerraum. Nachdem der Korridor Türkei-Marseille zusammengebrochen war, sahen sich führende US-Heroinhändler zu einer grundlegenden Neuorganisation des Geschäfts gezwungen. Als die korsischen und sizilianischen Syndikate Ende der 70er Jahre das Mittelmeergeschäft wieder belebten, hatten amerikanische Drogensyndikate längst neue Heroinquellen in Asien und Lateinamerika aufgetan. Angesichts eines global erweiterten Heroinhandels konnten europäische Dealer nicht länger den US-Markt beherrschen.

Die korsischen Labors verloren den politischen Schutz in Marseille und verschwanden, bevor sie mehrere Jahre später, nun aber über Südfrankreich und die ganze italienische Halbinsel verstreut, wieder auftauchten. Erst 1978 und 1979 hob die französische Polizei mehrere Heroinlabors aus. Wichtiger noch, die italienische Polizei deckte im November 1979 ihr erstes Heroinlabor auf, dem im Verlauf der folgenden zehn Monate – von einer mittelalterlichen Burg in Mailand bis zu einer modernen Villa in Palermo – fünf weitere folgten.

Jede Razzia lieferte neue Beweise für ein enges Bündnis zwischen korsischen Syndikaten und sizilianischer Mafia. Als die französische Polizei im Februar 1978 das erste dieser neuen Labors in La Ciotat in der Nähe von Marseille stürmte, berichtete die US-Drogenbehörde, dass die dort beschlagnahmten 40 Kilo Morphium »von italienischen Schmugglern an das Labor geliefert worden waren«. Ähnlich im August 1979, als die italienische Polizei 2,5 Kilo in Sizilien abfing, Teil einer Sechs-Kilo-Lieferung auf dem Weg von einem korsischen Labor nahe Nizza zu amerikanischen Mafiosi, die in Palermo auf die Lieferung warteten.[106] Im Juni 1980 griff die italienische Polizei bei der Razzia der Labors in der mailändischen Burg vier korsische Chemiker auf und fand Beweise, die zur Verhaftung des legendären Marseiller Drogenhändlers Jean Jehan führten – dem »Vorbild« der Figur des französischen Drogenhändlers in den beiden *French-Connection*-Filmen.[107]

Offenbar, so erscheint es im Rückblick, zwang der Polizeifeldzug gegen das Marseiller Milieu die Korsen zu einem engeren Bündnis mit der sizilianischen Mafia. Als die Korsen begannen, ihre Operationen über die Grenze nach Italien zu verlagern, weitete sich die Rolle der Mafia im Mittelmeerschmuggel Anfang der 70er Jahre plötzlich aus, was zu einer neuen Serie von Mafiamorden in Sizilien führte.

Mit ungezügelter Gewalt und nicht enden wollenden Vendetten hatten sizilianische Mafiafamilien, besonders die »neue Mafia« Palermos, seit Mitte der 50er Jahre um die Vorherrschaft im Heroinhandel gekämpft. Acht Jahre lang, von 1955 bis 1963, dauerte dieser Kampf zwischen der »alten« und der »neuen« Mafia, der viele Opfer forderte und der »ehrenwerten Gesellschaft« die größte Schwächung seit dem Zweiten Weltkrieg beibrachte. Die »alte« Mafia bestand aus traditionellen Gangstern vom Land, halbgebildeten Tyrannen, die mit Terror regierten und die verarmten Bauern ausplünderten. Im Gegensatz dazu bediente sich die »neue« Mafia moderner Geschäftsmethoden und verlegte sich auf den internationalen Heroinschmuggel, den Lucky Luciano und seine aus den USA abgeschobenen Konsorten Ende der 40er Jahre eingeführt hatten.

Sizilien veränderte sich, und das galt auch für seine Mafia. Als die großen Landgüter Ende der 40er Jahre »nach und nach zerfielen« und die ärmsten Bauern in die Städte des industrialisierten Norditaliens abwanderten, verschwand die ungerechte Ordnung auf dem Land, zu deren Schutz die Gewalt der Mafia erforderlich gewesen war.[108] In den 50er Jahren wanderten ländliche Mafiosi in die boomende Hauptstadt Palermo an Siziliens Nordküste, wo jede Mafiafamilie einen Stadtbezirk kontrollierte und danach trachtete, ihr Gebiet per Mord und Totschlag zu erweitern. 1955 begann die offene Gewalt in Palermo mit einem Kampf um den Lebensmittelmarkt der Stadt, dem bis Jahresende 60 Mafiosi zum Opfer fielen.[109] In den ersten drei Jahren des sich anschließenden Krieges wurden 18 große Mafiosi und zahllose kleine Mafiasoldaten eliminiert.[110]

Aufgrund der hohen Verluste erlahmten die Fehden, brachen jedoch 1963 wieder auf, als ein Kurier auf dem Weg in die USA einen Teil einer Heroinsendung stahl – ausgerechnet zu einer Zeit, als ein parlamentarischer Untersuchungsausschuss sich endlich mit der Mafia befasste. Obwohl der große Rat der ehrbaren Gesellschaft für die Dauer der Untersuchung ein Moratorium angeordnet hatte, ließen sich die Leidenschaften nicht zügeln, und das Morden begann von Neuem. Die von den Mafiosi bevorzugten schnellen Alfa-Romeo-Limousinen wurden in Palermo mit derartiger Häufigkeit in die Luft gesprengt, dass der bloße Anblick eines geparkten Wagens diesen Typs der Polizei reichte, um die Straße zu räumen. Als sieben Polizisten im Bezirk Ciaculli von Palermo einen gestohlenen Alfa Romeo untersuchen wollten und den Kofferraum öffneten, explodierten 100 Kilo Dynamit. Die Polizisten starben auf der Stelle; außerdem wurden eine nahe Villa zerstört und ein großer Krater in die Straße gerissen. Endlich kam es zu einer Reaktion aus Rom. Im Auftrag der Regierung durchkämmte der Armeekommandeur Siziliens, General Aldo de Marco, mit 10.000 Soldaten Palermo und machte 1.903 verdächtigte Mafiosi dingfest.

Der parlamentarische Ausschuss zur Untersuchung der Mafia nahm seine Arbeit inmitten der Explosionen auf. Sein späterer Abschlussbericht enthielt die ersten ernsthaften Vorschläge zur Bekämpfung der ehrbaren Gesellschaft.[111] 1964 wurden bei einem großen Schlag 800 Mafiosi festgenommen und kamen im Gefängnis von Palermo hinter Schloss und Riegel. Und die Verhaftungen gingen weiter: 1968 wurden weitere 113 festgenommen (wenn auch viele davon in der Folge wieder freikamen), und im Mai 1971 wurden 33 Personen aus der Mafiaführungsspitze auf die Inseln Filicudi und Linosa verbannt.[112] Angesichts einer Repression, die an Wirksamkeit selbst das Vorgehen von Mussolinis Faschisten in den 20er Jahren übertraf, suchten viele Mafiosi Zuflucht im ländlichen Sizilien oder flohen in die USA.[113]

Nach diesen letzten Festnahmen ließ die Repression jedoch nach, und in Sizilien gewann die »neue« Mafia dank ihrer größeren Rolle im Heroinhandel an Boden. Wie der Mafioso Tomasso Buscetta vor einem Gericht in Palermo später aussagte, hatte sich der ursprüngliche Mafiarat während der Kämpfe von 1963 »zerstreut« und wurde erst Anfang der 70er Jahre wieder zum Leben erweckt.[114] Die Sizilianer nutzten ihre Kontakte zu ausgewanderten Mafiosi in Amerika und arbeiteten als Zwischenhändler, indem sie Heroin von Lieferanten aus dem Mittelmeerraum kauften und ihre eigenen Schmuggeloperationen organisierten.

US-Drogenermittler erfuhren von diesen neuen Operationen zum ersten Mal am 24. September 1971, als sie einen 29-jährigen sizilianischen Einwanderer namens Francisco Rappa anhielten, der für die Pizzeria Piancone in Perth Amboy, New Jersey, arbeitete, und wegen Besitzes von 84 Kilo Heroin festnahmen.[115] Die Fahnder fanden später heraus, dass Gaetano Badalamenti, der neue Boss des Mafiarates, das Heroin aus Sizilien geordert hatte und die beabsichtigten Empfänger seine Neffen waren, Eigentümer dieser Pizzeria und zugleich führende US-Heroingroßhändler.[116] In den späten 70er Jahren wurden die Sizilianer dann durch eine engere Allianz mit den Korsen und die Ausweitung ihrer Bezugsquellen nach Asien zu globalen Heroinzwischenhändlern. Aber wie die Verhaftung Rappas zeigt, waren die ersten sizilianischen Schmuggelversuche häufig ungeschickt. Es sollte noch mehrere Jahre dauern, bis sie so ausgereift waren wie die der korsischen Syndikate.

Der wichtigste Schlag gegen den Heroinkomplex des Mittelmeerraums ereignete sich 1967, als die türkische Regierung ihre Pläne bekannt gab, die Opiumproduktion zu vermindern und schließlich ganz abzuschaffen. Die US-Regierung steuerte drei Millionen Dollar bei, um eine spezielle Drogenpolizeieinheit mit 750 Mitarbeitern aufzubauen, die Erforschung von Ersatzfeldfrüchten zu finanzieren und das Management der zuständigen türkischen Vermarktungsbehörde zu verbessern.[117] Anfang 1972 hatte die Türkei ihre Opiumprovinzen von 21 auf vier reduziert. In jenen Gebieten, wo der Mohnanbau verboten worden war, »berichteten US-Beamte von wenigen Hinweisen illegaler Produktion..., und solche Pflanzungen wurden, wo man sie fand, sofort zerstört«.[118] Schließlich gelang es der Regierung Nixon, die türkische Regierung mit einer Mischung aus diplomatischem Druck und dem Versprechen von 35 Millionen Dollar Hilfsgeldern zu einem totalen Opiumverbot nach der Ernte von 1972 zu bewegen.

Sofort gab es Anzeichen, dass das türkische Verbot den globalen Drogenschmuggel empfindlich unterbrach. Im März 1972 beschlagnahmte die französische Polizei die letzte Morphiumlieferung aus dem Nahen Osten, als sie den türkischen Senator Kudret Bayhan wegen Schmuggels von insgesamt 160 Kilo verhaftete. Als auf den türkischen Mohnfeldern nichts mehr angebaut wurde, kam es auf ihren üblichen illegalen Märkten, dem Iran und den USA, zu einer steilen Abnahme des Schmuggels. Das im Iran beschlagnahmte türkische Opium fiel von 8.000 Kilo 1969 auf nur noch 200 Kilo 1973. Ähnlich in den USA, wo die Menge des gesamten beschlagnahmten Heroins türkischer Herkunft von 518 Kilo 1971 auf nur 240 Kilo 1973 schrumpfte.[119] Da die türkischen Mohnfelder Hauptrohstoffquelle der Marseiller Heroinlabors gewesen waren, lag die Wirkung des türkischen Verbots auf der Hand. Experten der US-Drogenbehörde zufolge erkannten die korsischen Syndikate das Menetekel und wurden sich schnell bewusst, dass sie alternative Opiumquellen erschließen mussten, um ihr lukratives Rauschgiftgeschäft zu retten.[120]

So stand der internationale Heroinhandel in den späten 60er Jahren an einer Wegscheide. Um ihn aufrechtzuerhalten, musste der Schmuggel von Grund auf neu organisiert werden. Dazu bedurfte es der persönlichen Intervention einer hochrangigen Unterweltfigur. Wie bei jeder anderen geschäftlichen Unternehmung auch haben die Führer des organisierten Verbrechens wenig mit den täglichen Betriebsabläufen zu tun, sind aber die Einzigen, die große Restrukturierungen veranlassen oder neue Geschäftszweige erschließen können. Während gewöhnliche Geschäftsleute einen Großteil ihrer Verhandlungen über Telefon, Briefkorrespondenz und Mittelsleute abwickeln, ist dies für die Tycoons des organisierten Verbrechens aufgrund polizeilicher Überwachung und angezapfter Telefone nicht praktikabel. Außerdem unterschreiben Mafiosi keine bindenden Verträge mit anderen Gangstern und können einen Partner schwerlich vor Gericht verklagen, wenn er die Vereinbarungen nicht erfüllt. Es ist daher eines der grundlegenden Merkmale des organisierten Verbrechens, dass alle wichtigen Abmachungen ein Treffen der beteiligten Bosse erfordern, damit sie ihr persönliches »Ehrenwort« austauschen können. Die Notwendigkeit, Geschäfte von Angesicht zu Angesicht zu besprechen, erklärt, warum sich Mafiaführer wiederholt Anklagen wegen Konspiration aussetzten und durch die Einberufung großer Unterweltkonferenzen wie dem unglücklichen Apalachin-Treffen von 1957 in die Schlagzeilen gerieten.*

Nach Lucianos Tod 1962 waren Meyer Lansky und Vito Genovese, seine beiden Unterbosse, die folgerichtigen Erben in der Führung des Drogenhandels. 1958 war Genovese jedoch von einem New Yorker Gericht wegen Heroinhandels angeklagt und später zu 15 Jahren Zuchthaus verurteilt worden. Obwohl er aus der Bundesstrafanstalt von Atlanta heraus, wo er von seinen Mitgefangenen und Wärtern mit großem Respekt behandelt wurde, weiterhin viele Unternehmungen leitete, war er nicht in einer Position, um die Reorganisation des Rauschgifthandels durchführen zu können.[121] Lansky war mit 66 nun zu alt und wurde zu gut überwacht, als dass es ihm möglich gewesen wäre, eine Geschäftsreise wie die von 1949 zu wiederholen. Bis November 1970, als er sich in Israel zur Ruhe setzte, überließ er nach und nach viele der großen Entscheidungen seinen Untergebenen.[122] So fiel nach Lucianos Tod die Verantwortung logischerweise an Santo Trafficante jr.

* An dem Treffen im Haus von Joseph Barbara im Dorf Apalachin, Bundesstaat New York, nahmen mindestens 61 Mafiosi aus dem ganzen Land teil. Die Behörden lösten die Versammlung auf, nahmen Verhaftungen vor und notierten die Namen der Anwesenden. Das Ereignis brachte den Organisationsgrad der US-Mafiabanden ins öffentliche Bewusstsein und bewog den Staat, konsequenter gegen das organisierte Verbrechen vorzugehen. (A. d. Ü.)

Mit 57 war Trafficante einer der bestorganisierten Verbrecherführer, die damals in den USA operierten. Er vermied den auffälligen Lebensstil voller Cadillacs und Diamanten, der für viele Mafiosi so anziehend war, und kultivierte die strenge Einfachheit der alten sizilianischen Dons. Anders als die Mafiabosse der »alten« Schule leitete er die Organisation jedoch eher mit Vernunft als mit Gewalt. So gelang es ihm, dass seine »Familie« nicht von internen Machtkämpfen zerrissen wurde oder in Vendetten mit anderen Familien unterging.[123] Trotz seines Prestiges innerhalb der Organisation hielt Trafficantes Besonnenheit ihn davon ab, um eine führende Position im nationalen Mafiarat zu buhlen. Dieses sehr zurückhaltende Auftreten kam zweifellos seiner persönlichen Sicherheit zugute und begründete seinen beträchtlichen Einfluss. Da er bewusst jede Publizität mied, war er einer der am wenigsten bekannten und am meisten unterschätzten Führer des organisierten Verbrechens.

Trafficante selbst soll am Rauschgifthandel nur auf der Ebene der Finanzierung und des Krisenmanagements beteiligt gewesen sein; Heroin nahm er nie in die Hand, bekam es nie auch nur zu Gesicht. Seine Organisation war so luftdicht, er selbst so diskret, dass ihn die Bundesdrogenbeamten der USA für praktisch unantastbar hielten.[124] 1965 beschrieb die US-Drogenbehörde in seiner »internationalen Liste« von Rauschgifthändlern Trafficante als »mächtige Mafiafigur in Tampa, Florida«, der »die meisten der Hauptlieferquellen von Rauschgift in Mittel- und Südamerika kennt. Verdächtig, Rauschgift in die USA zu schmuggeln.«[125]

Trafficantes Ausgangsterritorium waren Florida und die Karibik, wo er als einer von Meyer Lanskys Statthaltern diente. In den späten 40er und 50er Jahren war Trafficante tief in den Heroinschmuggel von Luciano und Lansky verstrickt. Nach dem Tod seines Vaters 1954 wurde er dessen Nachfolger als Mafiaboss von Florida und erbte dessen Beziehung zu Lansky. Trafficante kümmerte sich immer nach Kräften um Lanskys Interessen. Als Anastasia, der Kopf von Murder Incorporated*, 1957 ein Spielkasino in Havanna zu eröffnen versuchte, das Meyer Lanskys Kasino Konkurrenz gemacht hätte, arrangierte Trafficante ein

---

* Murder Incorporated war in den 30er Jahren unter Albert Anastasia und Louis »Lepke« Buchalter mutmaßlich der Vollstreckungsarm des nationalen US-Mafiasyndikats. Anastasia und andere Killer von Murder Inc. sollen zur Bereinigung von Differenzen innerhalb der Mafia etwa 500 Auftragsmorde begangen haben. Buchhalter starb 1944 auf dem elektrischen Stuhl. (A. d. Ü.)

Freundschaftstreffen mit ihm in New York. Eine Stunde nachdem Trafficante aus dem Park Sheraton Hotel ausgecheckt war, ermordeten drei Killer Anastasia im Frisiersalon des Hotels.[126]

Die kubanische Revolution zwang Trafficante 1959, seinen wertvollen Kasinobetrieb in Havanna als Totalverlust abzuschreiben, aber er wurde dafür zum Teil durch den Exodus kubanischer Flüchtlinge nach Miami entschädigt. Seine Partnerschaft mit führenden kubanischen Gangstern und korrupten Politikern während seiner Zeit in Havanna ermöglichten es ihm, seine Kontrolle über die *Bolita*-Lotterie von Florida auszudehnen, ein kubanisches Zahlenwettspiel, das ungeheuer lukrativ wurde, als die Flüchtlinge 1960 nach Florida strömten.[127] Durch die Anwerbung von Kubanern für die Ausweitung der *Bolita*-Lotterie gewann das organisierte Verbrechen möglicherweise auch eine neue Gruppe von Kurieren und Dealern, die der US-Polizei oder Interpol noch nicht bekannt waren. Mit lateinamerikanischen Kurieren konnte man neue Routen erschließen, um europäisches Heroin über Lateinamerika nach Miami zu schmuggeln.

Dass die Mafia Einfuhr und Handel von Rauschgift ihren neuen kubanischen Partnern überließ, verursachte in der Presse einige Verwirrung. Viele Experten interpretierten das Auftauchen von kubanischen und südamerikanischen Kurieren fälschlich als Beleg, dass sich das organisierte Verbrechen aus dem Heroinhandel zurückgezogen hatte. Die »Operation Eagle« des US-Justizministeriums offenbarte im Juni 1970 etwas von dieser neuen Organisation, als 350 Bundesdrogenermittler »in der größten je von den Bundesbehörden durchgeführten Strafverfolgungsaktion gegen einen einzelnen Händlerring« 139 Personen festnahmen. Obwohl die Verhaftungen in zehn verschiedenen Städten durchgeführt wurden, gab die US-Drogenbehörde an, dass alle fünf Köpfe des Rings Spanisch sprachen und drei in Miami ansässige Kubaner waren.[128] Die Bundesbehörden berichteten 1971 außerdem von einem Anstieg der beschlagnahmten Heroinmenge im Gebiet von Miami binnen eines Jahres um 100 Prozent, was darauf hinwies, dass die Küstenstadt ein großer Drogenumschlagplatz geblieben war.[129]

Zwar mag die Rekrutierung kubanischer Gangster Kurier- und Vertriebsprobleme gelöst haben, aber die Mafia musste immer noch eine alternative Quelle für ihr Morphium finden und, wenn möglich, eine Ersatzquelle für Heroin, falls es in Marseille und Europa zu Schwierigkeiten kommen sollte. Es gab eine Reihe von Alternativen, unter denen Südostasien die meistversprechende war. Obwohl in Mexiko ein paar

Jahre lang kleine Mengen von geringwertigem braunen Heroin produziert wurden, waren die dortigen Syndikate nie in der Lage, jenes feine weiße Puder herzustellen, nach dem amerikanische Süchtige verlangten. Und in Indien und Afghanistan gab es zwar einen lebhaften lokalen Opiumschmuggel, aber keine Verbindungen zu den internationalen Verbrechersyndikaten. Südostasien dagegen baute bereits 70 Prozent des illegalen Opiums der Welt an, und chinesische Labors in Hongkong produzierten mit das beste Heroin weltweit. Außerdem hatten fest verwurzelte korsische Syndikate in Vietnam und Laos seit beinahe einem Jahrzehnt die internationalen Märkte, einschließlich Marseille und Hongkong, mit Opium und Morphium beliefert. Offenkundig war diese Region reif für eine Expansion.

1947, als Lucky Luciano Havanna als Drogenumschlagplatz nutzen wollte, war er selbst dorthin gefahren. Und kurz bevor Marseille 1951/52 seine umfängliche Heroinproduktion für den amerikanischen Markt aufnahm, war Meyer Lansky nach Europa gereist und hatte sich mit korsischen Bossen in Paris und an der Riviera getroffen.

So machte sich Santo Trafficante jr., ganz in der Tradition der Mafia, 1968 nach Saigon, Hongkong und Singapur auf.[130]

3
OPIUM FÜR DIE EINGEBORENEN

Als Santo Trafficante jr. an Bord eines Linienjets nach Südostasien stieg, war er sich wohl kaum bewusst, dass westliche Abenteurer sich bereits seit Hunderten von Jahren nach Asien aufgemacht hatten, um ihr Glück im Rauschgifthandel zu suchen. Frühere Entdecker und Handelsreisende segelten unter den Flaggen des portugiesischen Reiches, der britischen Ostindienkompanie und der Französischen Republik – Trafficante hingegen war der Repräsentant der amerikanischen Mafia. Während er das Flugzeug nahm, waren seine Vorgänger in kleinen portugiesischen Karavellen mit Holzrümpfen, auf britischen Kriegsschiffen und stahlbäuchigen Dampfern gekommen. Mit ihrer überlegenen Militärtechnologie nutzten diese Reichsemissäre vergangener Tage ihre Kriegsschiffe, um China und Südostasien für ihre Opiumhändler zu öffnen, eroberten die asiatische Landmasse und teilten sie in Einflusssphären und Kolonien auf. Die Erbauer der europäischen Kolonialreiche trieben Millionen von Einheimischen in die Opiumsucht, um Einkünfte für die Entwicklung der Kolonien und Profite für die europäischen Aktionäre zu erwirtschaften. So folgte die Mafia einer langen Tradition westlichen Drogenhandels in Asien – mit einem bedeutenden Unterschied: Sie war nicht daran interessiert, asiatisches Opium an die Asiaten zu verkaufen, sondern wollte asiatisches Heroin für Amerikaner kaufen.

In der groß angelegten Steigerung der Heroinproduktion in Südostasien kulminierten 400 Jahre westlicher Intervention. Im 16. Jahrhundert führten europäische Händler das Rauchen von Opium ein; im 18. Jahrhundert wurde die britische Ostindiengesellschaft zum ersten großen Heroinschmuggler Asiens, der unter Einsatz militärischer Mittel das widerstrebende China belieferte; im späten 19. Jahrhundert schließlich hatte jede europäische Kolonie der Region ihre offiziellen

Opiumhöhlen. In fast jeder Phase seiner Entwicklung wurde der asiatische Rauschgifthandel vom Aufstieg und Fall westlicher Reiche beeinflusst.

Vor dem Eintreffen der ersten portugiesischen Schiffe im 16. Jahrhundert waren Opiumrauchen und Drogenfernhandel in Asien kaum entwickelt. Wie die meisten Kulturen zu allen Zeiten nutzten die frühen asiatischen Gesellschaften eine Vielzahl von Drogen zur Entspannung und als Arzneimittel, darunter Reiswein, Kokoswein, Betelnuss. Opium, entdeckt und domestiziert in der Jungsteinzeit, wurde zuerst in medizinischen Schriften Griechenlands aus dem 5. Jahrhundert v. Chr. und chinesischen Arzneikompendien des 8. Jahrhunderts n. Chr. erwähnt. In seinem Gedicht über die Mohnkultivierung, geschrieben um 970 n. Chr., schwärmte Su Che, die Samen des Mohns seien wie Rispenhirse; gemahlen lieferten sie einen Saft wie Kuhmilch, gekocht einen Trunk, der des Buddhas würdig sei. Das Arzneibuch Su Sungs, zusammengestellt 1057 n. Chr., bemerkte, dass »der Mohn sich überall findet« und dass es »in Fällen von Übelkeit dienlich erscheint, einen Absud aus Mohnsamen zu verabreichen«.[1] Aus solchen dünnen Belegen kann man schließen, dass Opium zuerst im östlichen Mittelmeerraum kultiviert wurde, sich nach und nach entlang der asiatischen Handelsrouten nach Indien ausbreitete und im 8. Jahrhundert n. Chr. China erreichte, wo es vor allem als Arznei Verwendung fand.

Der Anbau des Schlafmohns breitete sich im Mittelalter entlang des Südrandes des asiatischen Kontinents aus, war aber noch begrenzt. Erst im 15. Jahrhundert wurde Opium im innerasiatischen Handel zu einer gewöhnlichen Ware, mit der Perser und Inder beliefert wurden, die es als euphorisierendes Entspannungsmittel benutzten. Tatsächlich waren Opiumanbauflächen unter der Herrschaft von Akbar (1556–1605) im großen Mogulstaat Nordindiens eine beträchtliche Einnahmequelle. Schlafmohn wurde überall im Mogulreich kultiviert, der Anbau konzentrierte sich jedoch auf zwei Hauptgebiete: auf das Gangestal flussaufwärts von Kalkutta im Osten, woher das »bengalische Opium« stammte, und auf den Westen nördlich von Bombay, wo das »Malwa-Opium« herkam.[2]

Europas Zeitalter der Entdeckungen war der Beginn des modernen asiatischen Opiumhandels. Nur fünf Jahre nach der ersten Atlantiküberquerung von Kolumbus umschiffte der portugiesische Entdecker Vasco da Gama 1497 den Südzipfel Afrikas und erreichte als erster europäischer Kapitän Indien. Spätere portugiesische Kapitäne wagten sich weiter nach Osten vor, wo sie auf einigen Widerstand muslimischer Schiffsführer stießen, die den lebhaften Fernhandel von Arabien bis nach China beherrschten. Der portugiesische Kapitän Alfonso de Albuquerque erkannte, dass er strategische Häfen brauchte, um die Seewege zu kontrollieren, besetzte 1510 Goa an Indiens Westküste und eroberte den großen Hafen von Malakka auf der Malaiischen Halbinsel. Im Verlauf des folgenden halben Jahrhunderts begründete Portugal immer neue Küstenenklaven: nach Norden die chinesische Küste hoch bis nach Macao und östlich bis zu den Gewürzinseln Indonesiens.

Wie die Niederländer und Briten nach ihnen mussten die Portugiesen feststellen, dass zwar mit asiatischen Gewürzen, Textilien und Porzellan in Europa hohe Preise zu erzielen waren, umgekehrt aber wenige europäische Waren in Asien einen Markt fanden. Wenn sie ihren Seehandel aufrechterhalten wollten, ohne dabei ihre Gold- und Silbervorräte aufzuzehren, mussten die portugiesischen Kapitäne ihr Geschäft anderweitig finanzieren, indem sie als Zwischenhändler in den innerasiatischen Handel einstiegen. Die Portugiesen befestigten ihre kleinen Küstenenklaven gegen Angriffe, stießen von dort aus in die Seewege vom Roten bis zum Südchinesischen Meer vor, konfiszierten Ladungen der einheimischen Handelsschiffer, plünderten rivalisierende Häfen und rissen so den regionalen Handel an sich.

Als die Portugiesen gegen Chinesen, Japaner, Inder und Araber um die Kontrolle des asiatischen Seehandels kämpften, wurde ihnen bald das Potenzial des Opiums bewusst. »Wenn Eure Hoheit mir Glauben schenken möchten«, schrieb der Eroberer Albuquerque 1513 seinem Monarchen aus Indien, »würde ich Mohnsamen bestellen ..., um sie auf allen Feldern Portugals aussäen und daraus *afyam* [Opium] herstellen zu lassen ... Auch die Feldarbeiter hätten davon einen schönen Gewinn, und die Menschen von Indien sind verloren, wenn sie es nicht essen.«[3] Aus ihren Häfen in Westindien begannen die Portugiesen, Malwa-Opium nach China zu exportieren, und konkurrierten aggressiv mit indischen und arabischen Kaufleuten, die einst die Herren dieses Handels gewesen waren.[4] Begierig auf eine weitere Ware, die sie gegen chinesische Seide eintauschen konnten, begannen die Portugiesen auch mit dem Tabakimport aus ihrer brasilianischen Kolonie – eine halbe Welt entfernt.

Zwar vereitelten die Chinesen die portugiesischen Hoffnungen, indem sie ihren eigenen Tabak anbauten, aber die Tabakspfeife selbst, die von den Spaniern eingeführt worden war, erwies sich als Schlüssel zu

Chinas Reichtümern. Indisches Opium, mit Tabak vermischt und in einer Pfeife geraucht, traf den chinesischen Geschmack. Diese Mode kam unter den Überseechinesen Südostasiens auf. Niederländische Kaufleute in Indonesien sahen bereits 1617 Chinesen, die Opium-Tabak-Mischungen rauchten.[5] Bis zum frühen 18. Jahrhundert griff das Opiumrauchen in China so schnell um sich, dass Kaiser Yung-Chen es 1729 verbot – ein Erlass, der aber nur wenig bewirkte.

Die Niederländer, die ein Jahrhundert nach den Portugiesen in Asien ankamen, erwiesen sich als aggressive Konkurrenten um die Kontrolle des regionalen Opiumhandels. Eine niederländische Flotte von 22 Schiffen segelte 1599 von Afrika aus direkt über den Indischen Ozean zu den indonesischen Inseln, gründete auf Java vorübergehend eine Enklave und kehrte mit einer sagenhaften Ladung Gewürze zurück. Statt sich wie die Portugiesen über ganz Asien auszudehnen, konzentrierten die Niederländer ihre Flotten im indonesischen Archipel, gründeten 1619 mit Batavia (Jakarta) einen dauerhaften Hafen und führten jahrzehntelang einen verzweifelten Kampf um die Herrschaft über das Gewimmel indonesischer Inseln. 1640 begann die niederländische Ostindienkompanie, das Malwa-Opium Westindiens für den Export in die eigenen Besitzungen auf den Inseln des heutigen Indonesiens – offiziell Niederländisch-Indien – aufzukaufen, wo es bereits einen kleinen Markt dafür gab. Nachdem der Preis für die Malwa-Sorte unerschwinglich geworden war, besannen sich die Niederländer auf größere Ladungen des bengalischen Opiums aus Ostindien. Als niederländische Kolonialisten Monopolrechte für Javas bevölkerungsreiche Distrikte aushandelten, stiegen die Opiumimporte aus Indien dramatisch, von 617 Kilo 1660 auf 72.280 Kilo nur 25 Jahre später. Die niederländischen Gewinne aus dem Opiumhandel waren spektakulär. Der billige Opiumeinkauf in Indien und der teure Weiterverkauf auf Java trug der niederländischen Ostindienkompanie 1679 einen Gewinn von 400 Prozent ein. Die asiatischen Kaufleute, die in Jakarta mit Seiden-, Porzellan-, Zinn- und Zuckerladungen für die Niederländer vor Anker gingen, hatten indisches Opium als Bezahlung bald akzeptiert. 1681 machte Opium 34 Prozent der Ladung der asiatischen Schiffe aus, die von Jakarta aus in See stachen.[6] Opium war nun nicht länger ein leichtgewichtiges Luxusgut oder ein in geringem Umfang gehandeltes Arzneimittel, sondern eine grundlegende Handelsware. 1699 importierten die Niederländer 87 Tonnen indisches Opium für den Vertrieb auf Java und anderen indonesischen Inseln.[7]

Obwohl sie die letzten Europäer waren, die in den Handel einstiegen, waren es die Briten, die Opium schließlich endgültig von einem Luxusgut in eine Massenware verwandelten. Die britische Ostindienkompanie hatte Küstenenklaven in Indien erworben – 1656 in Kalkutta und 1661 in Bombay –, beteiligte sich weitere 50 Jahre lang jedoch nicht am Opiumhandel. In der Zwischenzeit hielt ein indisches Kaufmannssyndikat in Patna am Mittellauf des Ganges ein Monopol über den bengalischen Opiumhandel, zahlte den Bauern Vorschüsse und verkaufte das verarbeitete Opium an die niederländischen, französischen und einzelne britische Händler. 1764 jedoch marschierten die Briten von ihrem Hafen Kalkutta aus ins Inland vor, eroberten Bengalen und entdeckten bald das finanzielle Potenzial von Indiens reichstem Opiumgebiet.

Opium für die Pfeifen Chinas

Als Warren Hastings, der neue britische Generalgouverneur von Bengalen, 1773 ein koloniales Monopol auf den Opiumverkauf einführte, begann das moderne Zeitalter des asiatischen Opiumhandels. Die Ostindiengesellschaft weitete die Produktion aus und machte Opium zu Indiens Hauptexportgut. Es wurde bald in Mengen und mit einer kaufmännischen Systematik gehandelt, die in seiner Vorzeit als bloßer innerasiatischer Handelsware unbekannt waren. Im Verlauf der folgenden 130 Jahre förderten die Engländer aktiv den Export indischen Opiums nach China, missachteten dabei die chinesischen Drogengesetze und kämpften zwei Kriege, um Chinas Opiummärkte für seine Kaufleute zu öffnen. So war es maßgeblich Großbritannien, das China unter Einsatz seiner Militär- und Handelsmacht in einen riesigen Drogenmarkt verwandelte und die Ausbreitung des Opiumanbaus über das ganze Kaiserreich beschleunigte. Bis 1900 stieg in China die Anzahl der Süchtigen auf 13,5 Millionen an, die pro Jahr 39.000 Tonnen Opium konsumierten. Als Großbritannien im August 1907 formal seine Befürwortung des Rauschgifthandels aufgab, war Opium eine in jeder Hinsicht mit Kaffee, Kakao, Tee oder Tabak vergleichbare globale Handelsware. China selbst erntete 35.000 Tonnen Opium und erzielte damit einen Ertrag, der mit Japans Teeernte (31.000 Tonnen), Brasiliens Kakaoernte (39.000 Tonnen) und Kolumbiens Kaffeeproduktion (55.000) Schritt hielt.[8]

Mit einhelliger Zustimmung des bengalischen Kolonialrates schaffte

Gouverneur Hastings am 23. November 1773 das indische Opiumsyndikat in Patna ab und gründete ein staatliches Monopol mit soliden Prinzipien, die das folgende halbe Jahrhundert in Kraft blieben. Unter den neuen Bestimmungen hatten die Ostindiengesellschaft oder ihre Agenten das alleinige Recht, Opium von den bengalischen Bauern zu kaufen und für den Export zu versteigern. Hastings wusste, was für eine schädliche Droge das Opium war. Er versuchte, die Produktion auf ein Niveau zu beschränken, das ausreichte, um die desolaten Finanzen der Kolonie zu stabilisieren. Vor allem aber hinderte er die Ostindienkompanie daran, mit dem Rauschgift über ihre Auktionshallen im Hafen von Kalkutta hinaus Handel zu treiben. Den Schiffen der Gesellschaft, die chinesische Häfen anliefen, um Tee zu laden, war es verboten, Opium zu transportieren, sodass der eigentliche Verkauf der Suchtdroge in China und Niederländisch-Indien privaten europäischen Händlern überlassen blieb, die das Opium auf Kalkuttas Auktionen ersteigerten.[9]

Doch von Anbeginn untergrub der korrumpierende Charakter dieses elenden Geschäfts das Bemühen der Ostindiengesellschaft um Zurückhaltung und Anstand. Statt das Opium direkt von den Bauern einzusammeln, hatte Hastings sich das Recht vorbehalten, diese Dienstleistung an einen Privatunternehmer zu verkaufen. Ohne andere Gebote einzuholen, vergab er den Vertrag 1781 an einen engen Freund, den Sohn des Chairman der Ostindienkompanie, Stephen Sullivan, der in Indien die finanziellen Verluste seiner Familie wettzumachen hoffte. Im April 1786 erhob Edmund Burke im britischen Unterhaus in London schwere Vorwürfe gegen Hastings »Verbrechen und Vergehen« und »das verschwenderische und korrupte System, das Mr. Hastings in die Finanzen Indiens eingeführt hat«. Obwohl das Oberhaus den Gouverneur neun Jahre später entlastete, zwangen die Demütigung und wachsende Probleme mit Subunternehmern das Monopol schließlich, die volle Kontrolle über den Opiumhandel selbst zu übernehmen.[10]

1797 schaltete die Ostindiengesellschaft die Subunternehmer aus und schuf ein System, das mehr als ein Jahrhundert überdauern sollte. Mit dem neuen Verfahren kontrollierte die Gesellschaft, später der sie beerbende Kolonialstaat, das Opium vom Anbau über die Verarbeitung bis hin zum Export. Bengalens Mohnanbaugebiet erstreckte sich über 750 Kilometer durch das Gangestal mit mehr als einer Million registrierter Bauern, die auf 20.000 Hektar besten Ackerlandes ausschließlich für die Ostindienkompanie produzierten.¹¹ Von ihren Fabriken in Patna und Benares im Herzen des Opiumlandes aus wachten britische Kolonialbeamte über 2.000 indische Agenten, die die Runde durch die Mohndistrikte machten, Kredite vergaben und die Ernte erfassten. Nach 80-tägigem Wachstum sammelten die Bauern im Januar den Opiumsaft, indem sie jede der eiförmigen Samenkapseln bis zu achtmal einritzten und abschabten und den zähflüssigen Saft an die indischen Agenten lieferten. Das Opium wurde dann unter strenger Überwachung in zwei Fabriken verarbeitet, zu Bällen getrocknet, auf seinen Reinheitsgehalt kontrolliert – 70 Prozent in Patna, 77 Prozent in Benares – und in Holzkisten verpackt, von denen jede 40 Bälle enthielt und ein Gesamtgewicht von 62 Kilo hatte. Mit den aufgedruckten Handelsmarken von Patna und Benares, die für Qualität bürgten, wurden die Kisten unter Bewachung nach Kalkutta transportiert und auf Auktionen an britische Händler verkauft.¹² Seit China Opium als »zerstörerisches und verführerisches Laster« verurteilt hatte und 1799 alle Importe verbot, bestachen britische Kapitäne die Mandarine Kantons und schmuggelten die Kisten nach Südchina, wo bengalische Marken den doppelten Preis der minderwertigen lokalen Produkte erzielten.¹³

Ein Vierteljahrhundert lang sicherte dieses System den Wohlstand Britisch-Indiens und eine stabile Opiumversorgung Chinas. Opium löste nicht nur die Finanzkrise, die mit der Eroberung Bengalens einherging; es blieb ein Hauptpfeiler der kolonialen Finanzen und erbrachte im 19. Jahrhundert sechs bis 15 Prozent der Steuereinnahmen Britisch-Indiens.¹⁴ Weit wichtiger noch aber war, dass die Opiumexporte ein wesentlicher Bestandteil des indisch-chinesisch-britischen Handels waren, auf den alle Welt mit Neid blickte. Umschlagzahlen für die 20er Jahre des 19. Jahrhunderts zeigen, wie bemerkenswert umfangreich und gut ausbalanciert dieser Dreieckshandel war: Indisches Opium und indische Baumwolle im Wert von 22 Millionen Pfund Sterling gingen nach China, während chinesischer Tee im Wert von 20 Millionen Pfund nach Großbritannien und britische Textilien und Maschinen für 24 Millionen Pfund zurück nach Indien gebracht wurden. Beim Management dieses Handels stellte die Ostindiengesellschaft Stabilität über Profit und hielt mehr als 20 Jahre lang die indischen Opiumexporte bei einer Größe von 4.000 Kisten – gerade genug, um den Kauf chinesischen Tees zu finanzieren.¹⁵

Der Erfolg des Systems war der Grund seines Untergangs. Die riesigen Gewinne aus dem britischen Opiumhandel lockten Konkurrenten an. Die beharrliche Weigerung der Gesellschaft, die bengalischen Opiumexporte über die Quote von 4.000 Kisten pro Jahr hinaus zu erhöhen, ließ zudem eine riesige Nachfrage unter dem anschwellenden Heer chinesischer Opiumraucher unbefriedigt. Als die Nachfrage den Preis je Kiste von 115 Rupien 1799 auf 2.428 Rupien 15 Jahre später nach oben trieb, sah sich das bengalische Opiummonopol der Ostindienkompanie mit starker Konkurrenz aus der Türkei und Westindien konfrontiert.

Die dreistesten Rivalen Großbritanniens waren die Amerikaner. Da sie auf den Auktionen Kalkuttas nicht mitbieten durften, nahmen die Yankee-Händler ihre ersten Lieferungen türkischen Opiums 1805 in Smyrna (Izmir) an der türkischen Mittelmeerküste an Bord und segelten damit um den Südzipfel Afrikas nach China. Innerhalb eines Jahrzehnts hatte das türkische Geschäft große amerikanische Händler wie John Jacob Astor angezogen und machte 30 Prozent aller US-Ladungen nach China aus.[16] So wie die Briten das bengalische Opium kontrollierten, gewannen diese Amerikaner praktisch ein Monopol über den türkischen Drogenhandel nach China. Zwischen 1805 und 1830 steigerten sie ihre jährlichen Lieferungen von 102 auf 1.428 Kisten, erreichten damit allerdings nur ein Viertel der 5.672 Kisten, welche die Briten aus Bengalen ausschifften.[17] Dennoch blieb das türkische Opium bis 1834, als den Yankee-Kapitänen schließlich erlaubt wurde, in Kalkutta mitzubieten, eine preisgünstige Alternative zu den bengalischen Marken.[18]

Die wahre Herausforderung des Monopols der Ostindiengesellschaft aber war das Malwa-Opium, das in den Fürstenstaaten Westindiens angebaut wurde. Indische Kaufleute sammelten es, bevor es, häufig von Händlern der parsischen Volksgruppe, über portugiesische Häfen an der indischen Westküste ausgeschifft wurde. 1811 hatte das Malwa-Opium 40 Prozent des chinesischen Marktes erobert und forderte das Monopol der britischen Ostindiengesellschaft heraus. 1818 schlossen die Briten jedoch ihre Eroberung Westindiens ab, was ihnen indirekte Kontrolle über die dortigen Opiumgebiete verschaffte. Zuerst versuchten sie, das rivalisierende Malwa-Erzeugnis aufzukaufen und es in Bombay zu versteigern, wie sie es zuvor mit dem bengalischen Opium in Kalkutta getan hatten. Dieser Versuch scheiterte zwar kläglich, aber dennoch stimulierten die britischen Aufkäufe die Schlafmohnproduktion im Westen: Binnen eines Jahres verdoppelte sich die Menge von Malwa-Opium, die Chinas Küste erreichte.[19]

Um ihr Monopol zu verteidigen, beschlossen die Direktoren der Ostindiengesellschaft, die bengalische Produktion unbegrenzt zu fördern. Sie wollten nun Opium »zu einem Preis produzieren, der alle Konkurrenz unprofitabel machen würde«. Wie wichtig Opium geworden war, zeigte sich, als der Generalgouverneur von Indien, Lord William Bentinck, 1831 zusammen mit Finanzbeamten selbst den oberen Ganges bereiste, um neue Mohnanbaugebiete zu erkunden. Innerhalb eines Jahrzehnts wurden 15 neue Opiumgebiete in Bengalen erschlossen, eine Verdoppelung der Mohnanbaufläche.[20]

Um diese ausgeweitete Produktion auch exportieren zu können, unterstützte der Generalgouverneur den Versuch, die Tyrannei des Nordwestmonsuns zu brechen. Als die Ostindienkompanie nur 4.000 Kisten verkaufte, machten private Opiumhändler pro Jahr nämlich nur eine Reise auf Schiffen indischer Bauart, mit denen sie vor dem Südwestmonsun her nach Norden durch das Chinesische Meer segelten, bevor sie mit dem Nordwestmonsun im Rücken nach Indien zurückkehrten. Gebaut in lokalen Werften, bestanden die indischen Schiffe aus schwerem Malabar-Teakholz und hatten breite Rümpfe. Ihnen fehlte daher die Manövrierfähigkeit, um gegen den Monsunwind, der mit beständiger Stärke monatelang nach der Opiumernte über das Chinesische Meer blies, nach China zu kreuzen. 1829 schrieb Kapitän William Clifton, ein ehemaliger Offizier der Royal Navy, der in eine Familie von Schiffbauern in Kalkutta eingeheiratet hatte, an den Gouverneur und bot an, einen neuen Schiffstyp zu bauen, der gegen den Monsun ankreuzen und jedes Jahr drei Opiumladungen nach China bringen könnte. Mit Mitteln des Gouverneurs und Plänen eines schnittigen amerikanischen Freibeuterschiffs, das im Krieg von 1812 gekapert worden war, baute Clifton die »Red Rover«, den ersten »Opiumklipper«, und segelte im Dezember 1829 mit 800 Kisten Opium nach China. Mit einem langen, flachen Rumpf für höhere Geschwindigkeit und leichte Manövrierbarkeit ausgestattet, kreuzte die »Red Rover« ihren Weg nach Norden gegen die Monsunwinde, erreichte Macao und kehrte in nur 68 Tagen nach Kalkutta zurück. Bei einem Bankett in Kalkutta sprach der Gouverneur einen Toast auf Cliftons Triumph aus und übergab ihm eine Belohnung von 10.000 Pfund.[21] Der mächtigste der Opiumhändler Kalkuttas aus der Volksgruppe der Parsen, Rustomjee Cowasjee, erkannte die Konkurrenz, die das neue Schiff seiner konventionellen Flotte machte, und gab bei Großbritanniens führendem Schiffsarchitekten ein schnelleres Schiff in Auftrag. Ein Jahr später ließ seine Reederei die »Sylph« zu Wasser, eine 300-Tonnen-Bark mit schlankem Rumpf, die bald mit der »Red Rover« nach China um die Wette fuhr. Im folgenden Jahrzehnt nahm die Cowasjee-Familie noch weitere fünf dieser schnellen Schiffe in Dienst, um ihren Anteil am Opiumhandel gegen britische und amerikanische Konkurrenz zu halten.[22]

Nachdem die Ostindiengesellschaft 1834 ihr Handelsprivileg verloren hatte, brach ihre informelle Regulierung des chinesischen Opiumhandels zusammen. Das ermöglichte profitorientierten amerikanischen und britischen Kapitänen, die Kontrolle über den Handel zu übernehmen. Tatsächlich entstand durch den Abtritt der Gesellschaft eine Flotte neuer Opiumklipper. In den folgenden fünf Jahren kamen 25 Schnellsegler zur Opiumflotte hinzu, darunter drei schnelle Sklavenschiffe, die von der Royal Navy zwischen Afrika und Amerika beschlagnahmt worden waren.[23] Geschwindigkeit war nun ein wesentliches Element des neuen Opiumfreihandels. Ein schnelles Schiff konnte die besten Preise zu Beginn jeder Saison erzielen und durch drei Hin- und Rückfahrten auf dem Opiumseeweg Kalkutta-Kanton den Gewinn des Eigners maximieren. Zusammen mit ihrer Marineartillerie verließen sich die Klipper auf ihre Schnelligkeit, um den malaiischen und chinesischen Piraten zu entkommen, die zwischen Singapur und Schanghai ihren wertvollen Ladungen nachstellten.

Der indische Exportboom überflutete die chinesische Küste mit illegalem Opium und zerriss das empfindliche politische Gewebe, das den Schmuggel jahrzehntelang getragen hatte. Nachdem sie nach und nach von 15 Tonnen 1720 auf 75 Tonnen zu Beginn des bengalischen Monopols 1773 gestiegen waren, hatten sich die chinesischen Importe indischen Opiums nach 1800 bei 250 Tonnen stabilisiert. Als aber die Ostindiengesellschaft ihre Beschränkungen aufhob, verzehnfachten sich die chinesischen Importe: von 270 Tonnen 1820 auf 2.555 Tonnen 20 Jahre später. Statt des diskreten Schmuggels der vorangehenden Jahrzehnte standen die britischen und amerikanischen Klipper mit ihren illegalen Ladungen vor den chinesischen Ankerplätzen Schlange und hielten sich den chinesischen Zoll mit Bestechungsgeldern und Artilleriesalven vom Leib.[24] Die Opiumsucht in China breitete sich rapide aus, schwoll bis zu den 1830ern auf etwa drei Millionen Abhängige an und löste unter britischen Geistlichen Beunruhigung aus.[25] »Ich appelliere an alle britischen Christen«, schrieb Pfarrer Algernon Thelwall von der Universität Cambridge 1839, »sich wie ein Mann im Widerstand gegen diesen ruchlosen Handel zu erheben, der so große Schande über den christlichen Namen bringt.«[26]

Anders als beim bengalischen Opium hielten die Briten kein Monopol über moralische Entrüstung. Der kaiserliche Hof in Beijing, lange schon beunruhigt über die Situation in Kanton, war über die Entwicklungen in den 1830er Jahren entsetzt. Als sich Drogensucht und Korruption immer weiter ausbreiteten, erschienen zwei Mandarine vor dem Kaiser, um das Drogenproblem zu diskutierten, ein Realist, der die Legalisierung von Opium anmahnte, und ein Idealist, der auf der Durchsetzung des Verbots beharrte.

Im Juni 1836 kniete Mandarin Hsu Nai-tsi, Vizepräsident des Opfergerichts, vor seinem Kaiser nieder, um seine Heilige Majestät dringend zu bitten, eine Untersuchung des Opiumproblems zu veranlassen. »Ich möchte untertänigst bedeuten, dass Opium ursprünglich unter die Arzneien gerechnet wurde«, begann Hsu. »Wenn man es lange zu inhalieren gewöhnt ist, so bewirkt die Gewohnheit seines Gebrauchs die Zerstörung der Zeit und ist dem Eigentum schädlich, und doch ist es einem so teuer wie das Leben.« Obwohl Opium 1799 verboten worden war, »haben die Raucher an Zahl zugenommen, und die Praxis hat sich im ganzen Reich ausgebreitet«. Bevor der Opiumhandel auf seine gegenwärtige Größe anwuchs, »brachten die barbarischen Händler Geld nach China, das ein Quelle pekuniären Vorteils für die Menschen in den Küstenprovinzen war. Aber in jüngster Zeit haben die barbarischen Händler heimlich Opium gegen Geld verkauft.«

Der Schmuggel, berichtete Hsu, sei gut organisiert. Vor Kanton »ankern ständig sieben oder acht große Schiffe, in denen das Opium aufbewahrt wird und die daher die Empfangsschiffe genannt werden. Es gibt Transportboote, die den Fluss hinauf- und hinabfahren, und diese werden gewöhnlich ›schnelle Krabben‹ und ›tollende Drachen‹ genannt. Sie sind gut mit Gewehren bewaffnet und mit einigen 20 Verzweifelten besetzt, die sich ins Ruder legen, als seien es Flügel, um sich damit in die Lüfte zu erheben. Die Zollhäuser und Militärposten, die sie passieren, werden zum größten Teil bestochen.« Solcher Schmuggel, fuhr Hsu fort, verbreite die Opiumsucht unter den Rängen der Beamten. »Es geziemt daher meiner Pflicht, zu bitten, dass jeder Beamte, Gelehrte oder Soldat, der des heimlichen Opiumrauchens schuldig befunden wird, sofort aus dem Staatsdienst entlassen wird.« Als Lösung des Problems empfahl Hsu, das Verbot des Opiumrauchens für das gemeine Volk aufzuheben und Opiumimporte zu legalisieren, um Steuern einzunehmen. Da »gewöhnliches oder gemeines Volk, das keine offiziellen Pflichten zu erfüllen hat«, nicht wichtig sei, würde es kaum einen Unterschied machen, wenn es opiumsüchtig würde.[27]

Sechs Monate später kniete auch Mandarin Chu Tsun, Mitglied des Ritualrates, vor seinem Kaiser und bat »seine Heilige Majestät, ein großes Übel unter dem Volke zu beseitigen«. Chu wandte sich gegen jene, die wie Hsu für die Legalisierung von Opiumimporten waren, um zu verhindern, dass »Geld heimlich aus dem Land sickert«. Dies sei »eine Herabsetzung der wahren Würde des Staates«. Auch war er gegen jene, die durch lokalen Opiumanbau die Importe vermindern wollten: »Sollen etwa die guten Felder von Guangdong, die ihre drei Ernten im Jahr abwerfen, für den Anbau schädlichen Unkrauts preisgegeben werden?«

Chu fand die Idee, den gewöhnlichen Leuten das Opiumrauchen zu gestatten, abstoßend. »Die weite Verbreitung und der verderbliche Einfluss des Opiums sind unter dem Gesichtspunkt seiner Schädlichkeit für das Eigentum von untergeordneter Bedeutung; unter dem Gesichtspunkt seiner Schädlichkeit für das Volk jedoch verlangen sie die sorgsamste Beachtung, denn im Volke liegt das Fundament des Reiches selbst.« Durch ihre moralische Kraft könnten Gesetze das Volk vom Opium abhalten.

> »Während das Reich seine Gesetze erhält und bewahrt, wird der einfache und rechtschaffene Bauer sehen, was er zu fürchten hat, und vom Bösen abgeschreckt werden. Obwohl einige die Gesetze als nutzloses Papier bezeichnen, werden ihre unsichtbaren Wirkungen von keiner geringen Art sein. Wenn die Verbote plötzlich aufgehoben werden und die Handlung, die eben noch ein Verbrechen war, von der Regierung nicht länger als solches gerechnet wird, wie soll der dumme Tölpel wissen, dass die Handlung selbst als solche noch immer falsch ist? Am helllichten Tage und mit schamloser Dreistigkeit werden sie fortfahren, Opium zu benutzen, bis sie es so unverzichtbar finden wie das Fleisch und den Trank aller Tage.«

Den Kaiser an die Maxime seiner Dynastie erinnernd, dass »Reitertum und Bogenschießen die Grundlagen seiner Existenz sind«, wies Chu darauf hin, dass die 1832 zur Niederschlagung der Rebellion der Yao-Minderheit entsandte Armee feststellte, »dass eine große Zahl der Soldaten Opiumraucher waren; sodass, obwohl zahlenmäßig stark, kaum Kraft unter ihnen zu finden war.«

Um die Stärke der Armee und die Tugend des Volkes zu schützen, so Chu weiter, müsse das Verbot sowohl des Imports als auch des

Rauchens durchgesetzt werden. Die Engländer in Kanton müssten an Chinas Opiumgesetze erinnert werden, »um alle habsüchtigen und ehrgeizigen Pläne aus ihrem Geist zu tilgen«. Wenn die Engländer dennoch den Gehorsam verweigerten, müsse »die Enthaltsamkeit enden und donnerndes Feuer aus unseren Kanonen auf sie eröffnet werden, um sie vor dem Schrecken unserer Waffen erzittern zu lassen«.[28]

Am Ende war es China, das im Ersten Opiumkrieg (1839–1842) vor dem Schrecken der britischen Waffen erzitterte.[29] 1838 machte sich der Kaiser die moralistische Position in der Opiumfrage zu eigen und ernannte Mandarin Lin Tse-hsu zum Sonderkommissar für Kanton mit außerordentlichen Machtbefugnissen, um »hinzugehen, zu untersuchen und zu handeln«. Nach acht Tagen Untersuchung befahl Lin, ein Ehrfurcht gebietender Staatsdiener, den britischen Händlern, ihre Opiumladungen auszuliefern und Verpflichtungen zu unterschreiben, Chinas Einfuhrverbot künftig zu achten. Nach langem Zögern übergaben die ausländischen Händler 15.000 Kisten mit 95 Tonnen Opium, darunter zehn Tonnen von der amerikanischen Firma Russell & Co. Tagelang brachen 500 Arbeiter die Opiumbälle auf und lösten die Klumpen in einem mit Salz und Kalk gefüllten Graben auf. Lins Feldzug gegen das Opium bedrohte den britischen Chinahandel. London entsandte eine Flotte von sechs Kriegsschiffen mit 7.000 Soldaten, die im Mai 1839 Kanton einnahmen. In den folgenden beiden Jahren marschierte das britische Expeditionskorps nach Norden und plünderte die großen chinesischen Küstenstädte. Gezwungen, um Frieden zu bitten, trat China 1842 Hongkong ab, öffnete fünf neue Häfen für den Außenhandel und stimmte einer Schadensersatzzahlung von 21 Millionen Dollar für die Vernichtung des Opiums zu.[30] Aber China sperrte sich noch immer gegen die Legalisierung des Opiums.

Die 15 Jahre, die dem Ersten Opiumkrieg folgten, waren die Hochzeit des Chinahandels. Die illegalen Importe indischen Opiums verdoppelten sich nahezu und stiegen 1858 auf 4.810 Tonnen.[31] Auf den Auktionen in Kalkutta trieben irrwitzige Gebote die Opiumpreise und kolonialen Profite in neue Höhen und machten einen schnellen Transport nach China unabdingbar, um eine rasche Rendite der hohen Investitionen zu sichern. In den ersten fünf Jahren nach dem Opiumkrieg stießen 48 neue Klipper zur Opiumflotte. Vier der schnellsten wurden in amerikanischen Werften für Russell & Co. gebaut, jenes Yankee-Handelshaus, das mit der Schnelligkeit seiner Schiffe den großen britischen Opiumhändler Jardine Matheson & Co. herausforderte. Im Auftrag von Russell & Co. ließ 1844 eine Bostoner Werft die »Coquette« vom Stapel, ein 450-Tonnen-Opiumklipper mit flachem, schmalem Rumpf, der auf der Kalkutta-Kanton-Route neue Geschwindigkeitsrekorde aufstellte. Angesichts dieser starken Konkurrenz konterten britische Werften mit der »Torrington«, ein ähnlich konstruiertes Schiff, das 1846 für Jardine Matheson gebaut wurde.[32] Rivalisierende Klipperkapitäne wetteten hohe Summen auf Opiumrennen vor der chinesischen Küste, und konservative Seefahrtsjournale feierten neue Geschwindigkeitsrekorde. Als größter Opiumhändler hatte Jardine acht schwer bewaffnete Empfangsschiffe, die vor der chinesischen Küste ankerten, fünf Klipper, die entlang der Küste kreuzten, und fünf weitere Schiffe, die Opium aus Indien brachten. Die vielleicht schnellsten Klipper segelten unter der Flagge des amerikanischen Handelshauses Russell & Co., aber selbst seine größten Ladungen konnten nicht die Herrschaft der Jardine-Flotte über den Opiumhandel anfechten. Von den 95 Klippern der Opiumflotte gehörten sechs der Cowasjee-Familie aus Kalkutta, acht den Amerikanern von Russell & Co., während die britischen Handelsgiganten Dent und Jardine insgesamt 27 in ihren Diensten hatten.[33]

Obwohl fähige Seefahrer und Volkshelden ihrer Tage, teilten die Klipperkapitäne einen gewissen Zynismus über ihr Geschäft. »Wie sollte man gerne Schmuggler sein?«, schrieb Captain James Prescott 1845 seinem Bruder Henry in New York von der chinesischen Küste. »Was glauben die Leute, was ich hier mache? Wie schade, dass du nicht mit mir gekommen bist, dann könntest du jetzt ein Schmuggler sein, hättest ein schönes Kommando und bald ein Vermögen gemacht.«[34] Dennoch brachte dieser zynische Handel 1845 mit dem Stapellauf der »Rainbow« in New York, dem ersten echten Ozeanklipper, »die Morgenröte einer neuen Schiffsarchitektur«. Bei diesen größeren »kalifornischen Klippern« wurde das Konstruktionskonzept des schmalen Rumpfes und geringen Tiefgangs, das zuerst amerikanische Werften für die speziellen Erfordernisse der Opiumschiffe entwickelt hatten, perfektioniert.

Ausgestattet mit der doppelten Tonnage der größten Opiumschiffe, stellte die »Rainbow« bei ihrer Jungfernfahrt ihre Geschwindigkeit unter Beweis, als sie in nur 92 Tagen von New York nach China segelte.[35] Mit ihrer großen Segelfläche und ihren schnittigen Rümpfen stellten amerikanische Klipper wie die »Sea Witch« oder die »Flying Cloud« auf den Seewegen nach China neue Geschwindigkeitsrekorde auf, jagten der britischen Schifffahrt sogar die Londoner Teeroute ab und verliehen dem Opiumhandel, der in seinem wirtschaftlichen Kern ein billiges Geschäft blieb, eine romantische Aura.

Die Ära der Opiumklipper endete, als China schließlich nach seiner Niederlage im so genannten Lorchakrieg*, dem Zweitem Opiumkrieg (1856–1858), den Drogenhandel legalisierte. Der Vertrag von Nanking, mit dem der Erste Opiumkrieg beigelegt wurde, hatte vielen Unklarheiten über die Bedingungen des westlichen Zugangs zu China gelassen, was zu zahlreichen diplomatischen Zwischenfällen führte, als ausländische Händler entlang der chinesischen Küste aktiver und aggressiver wurden. Als chinesische Marineoffiziere 1856 den britischen Kapitän der »Arrow« unter geringfügigen Anschuldigungen festnahmen, mündeten die wachsenden Spannungen in einen Krieg. Nachdem englisch-französische Kampfverbände Kanton und Tientsin besetzt hatten, stimmte die chinesische Regierung zu, das Land dem freien ausländischen Handel zu öffnen.[36] In den Verhandlungen über die Zollbestimmungen dieses neuen Vertrags drängte der britische Gesandte Lord Elgin auf die Legalisierung von Opiumimporten.[37] Die chinesische Regierung, die nach Jahren des Krieges und der Rebellion verzweifelt nach neuen Steuereinkünften suchte, willigte ein, behielt sich aber die Zollerhebung und den heimischen Opiumhandel vor. In der Folge der chinesischen Opiumlegalisierung wurden aus Schmugglern registrierte Importeure, stampfende Dampfschiffe ersetzten die schnellen Klipper und staatliche Monopole traten an die Stelle privater Händler.

Nach der Legalisierung des Opiums erreichte China einen Grad massenhafter Drogensucht, der von keinem Volk davor oder danach jemals wieder erreicht wurde: 1906 berichtete die kaiserliche Regierung, dass 27 Prozent der männlichen chinesischen Bevölkerung Opiumraucher seien.[38] Aber zur Jahrhundertwende war China immer weniger auf importiertes indisches Opium angewiesen. Zusammen mit der Ausbreitung der Sucht verbreitete sich in China auch der Mohnanbau. Indische Importe stiegen von 4.800 Tonnen 1859 auf 6.700 Tonnen 20 Jahre später, nahmen dann jedoch im Rest des Jahrhunderts langsam ab, als billigeres in China angebautes Opium nach und nach die hochwertigen bengalischen Marken ersetzte.[39]

* Benannt nach der britischen Lorcha (Schiff mit westlich-ausländischem Rumpf und chinesischer Takelage) namens »Arrow«, die von den Chinesen geentert wurde. (A. d. Ü.)

Seit dem frühen 19. Jahrhundert, als die Zahl der chinesischen Opiumsüchtigen zu steigen begann, hatte sich der Schlafmohn von seiner ursprünglichen Heimat im gebirgigen Yunnan und Sichuan in die meisten anderen Provinzen Süd- und Zentralchinas ausgebreitet. Trotz der wuchernden Verbreitung des Mohns war er immer noch eine illegale Feldfrucht, und die sporadische Durchsetzung des Verbots begrenzte die Kultivierung sogar bei entlegenen Bergstämmen. Sobald die Opiumimporte 1858 legalisiert waren, machten sich viele Beamte jedoch nicht mehr die Mühe, die örtliche Kultivierung zu unterbinden. In der *New York Daily Tribune* vom 15. Oktober 1858 kommentierte Karl Marx, dass »die chinesische Regierung eine Methode ausprobieren wird, die sich aus politisch-finanziellen Erwägungen empfiehlt, nämlich die Mohnkultivierung in China zu legalisieren«.[40]

Tatsächlich begannen chinesische Provinzbeamte, die Produktion zu fördern. Mitte der 1880er Jahre befand sich China inmitten eines Opiumbooms, besonders ausgeprägt in den zerklüfteten Südwestprovinzen Sichuan und Yunnan, wo die Kultivierung begonnen hatte. Beobachtern zufolge produzierte Chinas führende Opiumprovinz, Sichuan, 10.000 Tonnen Rohopium jährlich.[41] Auf einer Reise durch Yunnan in den frühen 1880ern wanderte der britische Konsul Alexander Hosie einmal kilometerweit, »ohne eine andere Feldfrucht als Mohn zu sehen«. Zwei westliche Missionare, die Yunnan erkundeten, Chinas zweitgrößte Opiumprovinz, waren überzeugt, dass auf zwei Dritteln des Landes, das sie gesehen hatten, Mohn angebaut wurde. 1881 schätzte der britische Konsul in Yichang die Gesamtopiumproduktion im Südwesten auf 13.525 Tonnen, eine so hohe Zahl, dass sie zunächst unglaublich erschien.[42] Aber als zur Jahrhundertwende schließlich offizielle Zahlen verfügbar wurden, produzierten Sichuan und Yunnan tatsächlich 19.100 Tonnen, 54 Prozent der chinesischen Gesamternte.[43] Obwohl die Schätzungen stark schwankten, baute China 1885 wahrscheinlich doppelt so viel Opium an, als es importierte.[44]

Die Ernte in den opiumreichen Südprovinzen war so üppig, dass Yunnan begann, Opium nach Südostasien zu exportieren. 1901 berichtete der Generalgouverneur Französisch-Indochinas, dass die Hälfte des Opiums, das vom Opiummonopol der französischen Kolonie vertrieben wurde, aus dem benachbarten Yunnan stamme, und eine französische Wirtschaftszeitschrift bemerkte mit Interesse, dass Yunnan jährlich 3.000 Tonnen Rohopium erntete.[45] Außerdem wurde das billige Yunnan-Opium zur Hauptware des wachsenden südostasiatischen

Schmuggels. Da sie die überhöhten Preise der profithungrigen Regierungsmonopole nicht zahlen konnten, besorgten sich Süchtige in Birma, Siam und Indochina geschmuggeltes Yunnan-Opium auf dem Schwarzmarkt. Jedes Jahr verließen lange Maultierkarawanen Yunnan, geschützt von Hunderten bewaffneter Wachen, und überquerten mit Tonnen illegalen Opiums die unklar definierte Grenze zu Birma, Siam und Französisch-Indochina.[46]

Die Opiumhöhlen Südostasiens

Der südostasiatische Opiumhandel war ein Geschöpf des europäischen Kolonialismus. So wie das Zeitalter der Kolonialreiche China Massenabhängigkeit und Indien extensiven Mohnanbau bescherte, brachte es Südostasien die allgegenwärtigen Opiumhöhlen. Einige frühe Berichte weisen darauf hin, dass indisches und chinesisches Opium bereits im 15. Jahrhundert auf den Inseln Südostasiens als Handelsgut auftauchte, aber die Mengen waren gering und die Verwendung gewöhnlich medizinisch. Mit seiner Lage entlang der Hauptseewege zwischen Indien und China wurde Südostasien im 16. Jahrhundert in den expandierenden asiatischen Drogenhandel gezogen, als mit Opium beladene arabische und portugiesische Schiffe auf dem Weg nach Kanton seine Inseln passierten. Aber da ihnen Chinas riesige Bevölkerung und gewaltiger Opiumappetit fehlten, blieben diese Inseln nur ein kleiner Markt für indische Exporte.[47] Südostasiens Opiumhandel begann mit der Ankunft der Europäer. Als sie im 17. Jahrhundert Jakarta besetzten, fanden die Niederländer unter der javanischen Bevölkerung einen kleinen Anteil an Süchtigen und begannen, über lizenzierte Händler indisches Opium zu vermarkten. Die Niederländer entwickelten auf Java im 17. und 18. Jahrhundert einen beträchtlichen Opiumhandel, aber der Drogenkonsum blieb in anderen Teilen der Region ungewöhnlich.

Im 19. Jahrhundert entwickelten sich staatlich lizenzierte Opiumhöhlen zu einer einzigartigen südostasiatischen Institution, die in der Region die Opiumsucht verbreitete und bediente. 1930 hatte Südostasien 6.441 staatliche Opiumhöhlen, wo jeder Erwachsene gegen eine geringfügige Gebühr eine unbegrenzte Anzahl von »Pfeifen« rauchen konnte. In nur einem Jahr gaben diese Opiumhöhlen 272 Tonnen Opium an 542.100 registrierte Raucher aus. Opiumkonsum, ob legal oder illegal, fand sich in der gesamten Region, aber seine Ausbreitung war ungleichmäßig. Auf den Philippinen gab es keine legalen Opiumhöhlen, nachdem die USA den Opiumgebrauch 1906 verboten hatten. Im Gegensatz dazu hatte Französisch-Indochina 1930 3.500 lizenzierte Opiumlokale (»opium divans«), einen auf 1.500 männliche Erwachsene, und insgesamt 125.200 Opiumraucher, 23 Prozent aller Süchtigen Südostasiens. Der einzige unabhängige Staat Südostasiens, das Königreich Siam, nahm 14 Prozent seiner Steuern mit dem Verkauf von 84 Tonnen Opium über 972 lizenzierte Opiumhöhlen an 164.300 Raucher ein. Das war die größte Süchtigenbevölkerung Südostasiens.[48] In keiner anderen Region der Welt förderten so viele Regierungen den massenhaften Drogenkonsum in so einheitlicher Weise und mit so einhelliger moralischer Gewissheit.

Mit Ausnahme Javas bestand die große Mehrheit der südostasiatischen Opiumraucher aus chinesischen Immigranten. Als die Bevölkerung Südchinas in den frühen Jahrzehnten des 19. Jahrhunderts rapide zunahm[49], erzwang eine gravierende Wirtschaftskrise eine massive Migration und schuf bis 1900 große chinesische Gemeinden in Südostasien: 60.000 Chinesen in Rangun, 120.000 in Saigon, 200.000 in Bangkok.[50] Viele der chinesischen Auswanderer, die ein Land verließen, in dem jeder vierte männliche Erwachsene Opium rauchte, kamen in Städte wie Saigon und Singapur, wo dieser Konsum bereits gang und gäbe war. Kolonialregierungen entdeckten zum Nutzen ihrer Staatssäckel die üppigen Steuereinnahmen, die ihnen die Ausbeutung eines vorhandenen Lasters verschaffen konnte. 1925 zum Beispiel waren 91 Prozent der registrierten Opiumraucher in Birma Chinesen, was nur 1.300 birmanische Süchtige unter den 18.200 Abhängigen der Kolonie übrig ließ.[51] Der Anteil der Opiumsucht unter diesen Immigranten war, nicht überraschend, hoch und erreichte in den 1920er Jahren sieben Prozent aller Auslandschinesen auf der Malaiischen Halbinsel.[52]

Anfänglich beschränkten die Kolonialregierungen ihre Rolle beim Import indischen Opiums. Statt die Opiumhöhlen selbst zu leiten, versteigerten die Kolonialherren »Opiumpachten« oder Lizenzen an den Höchstbietenden, gewöhnlich ein Konsortium einflussreicher Chinesen, die dieses schwierige Geschäft unter ihren Landsleuten betrieben, ohne den Staat zu bemühen. 1881 führte die französische Verwaltung Saigons jedoch die so genannte Opium-Régie ein, ein direktes staatliches Vermarktungsmonopol, das sich als weit effizienter und profitabler erwies. In den folgenden 40 Jahren verbreitete sich das neue Modell über die niederländische Kolonie, Britisch-Birma und Siam.

Viele Kolonialregierungen, die sich der wachsenden Kritik am Opiumhandel bewusst waren, gaben das neue Monopol als Maßnahme zur Drogenkontrolle aus.

Obwohl die Niederländer wie viele Kolonialregierungen die Reform mit dem erklärten Ziel erließen, den Opiumkonsum der Einheimischen zu vermindern, erhöhte ihr Monopol auf Java den Verkauf und erzwang die Ausbreitung von Opium in Gebiete wie das westjavanische Priangan, die zuvor dem Opiumkonsum widerstanden hatten.[53] In ähnlicher Weise verdoppelten sich die Pro-Kopf-Verkäufe an die Chinesen, nachdem die Briten 1911 ein neues Monopol in ihren Besitzungen auf der Malaiischen Halbinsel (Federated Malay States) einrichteten.[54] Zur Jahrhundertwende hatte jeder südostasiatische Staat von Birma bis zu den Philippinen ein Opiummonopol.[55]

Obwohl der staatliche Opiumverkauf mit der Kultivierung eines chinesischen Lasters begann, verbreitete sich die Abhängigkeit durch chinesische Opiumlizenznehmer und illegale Händler nach und nach unter der einheimischen Bevölkerung Südostasiens, sodass unter Birmanen, Malaien, Thai und Vietnamesen eine bescheidene Opiumnachfrage entstand. »Von den Chinesen ist bekannt«, schrieb eine US-Kommission, die 1904 Rangun besuchte, »dass sie Opium gratis unter den Birmanen verteilten, um sie dazu zu bringen, die Gewohnheit anzunehmen. Nachdem dies geschehen ist, verkaufen die Chinesen, und dies gewöhnlich zu jedem Preis, der ihnen beliebt.« Von den schätzungsweise 5.500 birmanischen Opiumsüchtigen besuchten nur 90 die lizenzierten Opiumhöhlen der Regierung, die große Mehrheit dagegen bezog das Rauschgift von chinesischen Dealern.[56]

Opium, kein bloßes Laster, wurde sowohl im öffentlichen wie im privaten Sektor zu einem bedeutenden Faktor des südostasiatischen Wirtschaftswachstums, der die sich vollziehende Modernisierung der Region spiegelte und verstärkte. Im 19. Jahrhundert waren Opiumlizenzen in vielen Teilen Südostasiens integraler Bestandteil des Aufstiegs des chinesischen Überseekapitals. Seit der Zeit, als Sir Stamford Raffles 1819 die britische Kolonie Singapur gründete, verdiente die Inselregierung über die Hälfte ihrer Einnahmen durch die Vergabe von Opiumlizenzen an einflussreiche Chinesen. Bis Mitte des 19. Jahrhunderts kontrollierten Singapurs chinesische Händler und ihre Partner im Hinterland einen zweigleisigen Handel, indem sie Opium zu den Kulis exportierten, die auf ihren Dschungelplantagen im nahen Johor arbeiteten, und die tropischen Produkte dieser Plantagen importierten.

Als eine Arbeiterknappheit die Löhne in unwirtschaftliche Höhen trieb, glichen chinesische Plantagenbesitzer ihre Verluste aus, indem sie mithilfe ihrer Lizenzen etwa 30 bis 70 Prozent der Kulilöhne durch Opiumverkäufe wieder abschöpften. Die Synergie des Handels zwischen Opium und Plantagenerzeugnissen finanzierte die Abholzung des Dschungels von Johor und ermöglichte die Akkumulation chinesischen Kapitals in Singapur.[57] Wie zentral die Rolle des Opiums für Singapurs Wirtschaft war, zeigt ein Kampf in den frühen 1860ern zwischen den rivalisierenden chinesischen Syndikaten der Teochiu und Hokkien um die Opiumlizenz, der zwei Jahre lang zu Unruhen, Brandstiftungen und Opiumschmuggel führte.[58] Und auch in den chinesischen Zinnminen an der Westküste der Malaiischen Halbinsel war Opium im 19. Jahrhundert von zentraler Bedeutung. Mit den enormen Gewinnen aus dem Opiumverkauf an ihre eigenen Arbeiter polsterten sich die Besitzer der Zinnminen gegen die periodischen Preisstürze auf dem Weltmarkt.[59]

Zur gleichen Zeit kontrollierten chinesische Opiumlizenznehmer auf Java sowohl die legalen Opiumverkäufe wie den riesigen illegalen Handel. Während ihrer drei Jahrhunderte auf Java schufen die Niederländer das größte und lukrativste der kolonialen Opiummonopole. Anders als die Portugiesen, Parsen und Briten, die um den Opiumexport nach China konkurrierten, konzentrierten sich die Niederländer auf den Opiumvertrieb in ihren eigenen Herrschaftsgebieten auf Java.[60] Von 1640 bis 1799 importierte die niederländische Ostindiengesellschaft durchschnittlich 56 Tonnen Opium jährlich, große Mengen für die damalige Zeit, die im 19. Jahrhundert noch beständig stiegen, auf 208 Tonnen bis 1904.[61] Da sie ihr Einzelhandelsmonopol zwei Jahrhunderte vor den anderen europäischen Mächten gegründet hatten, erschlossen die Niederländer eine große Kundschaft einheimischer javanesischer Opiumraucher. Zwar waren die meisten Opiumlizenznehmer Chinesen, die meisten Konsumenten jedoch Javaner. So blieb der niederländische Opiumhandel anders als der französische nicht auf eine kleine chinesische Gemeinde beschränkt. Mit ihren Löhnen aus Javas gedeihender Plantagenwirtschaft verdienten gewöhnliche Dorfbewohner das – in anderen Teilen Südostasiens knappe – Geld, um den Konsum geringwertigen Opiums zu finanzieren.[62] Tatsächlich berichtete die niederländische Delegation bei der Schanghaier Opiumkommission 1909, dass »der größere Anteil der gesamten verkauften Opiummenge von Einheimischen konsumiert wird«.[63] Obwohl das niederländische

Monopol zu Beginn des 20. Jahrhunderts anfing, die Verkäufe zu reduzieren, betrieb es 1929 noch immer 1.065 Opiumhöhlen, die 59 Tonnen Opium an 101.000 registrierte Raucher vertrieben.[64]

War Opiumrauchen in anderen Teilen Südostasiens ein relativ kleines Problem, hatte es auf Java zentrale Bedeutung für die Sozial- und Wirtschaftsgeschichte der Insel. Die offiziellen chinesischen Lizenznehmer in ganz Java kauften von der niederländischen Ostindienkompanie kleine Mengen hochwertigen indischen Opiums, während sie gleichzeitig ihre Lizenzen nutzten, um den Vertrieb weit größerer illegaler Mengen zu tarnen. Schmuggler, die das gleiche indische Opium zu erheblich niedrigeren Preisen in Singapurs Freihafen kauften, lieferten den chinesischen Lizenzinhabern große Mengen illegalen Opiums, das die Chinesen zu weniger als dem halben offiziellen Preis verkauften. Niederländische Untersuchungen entlang der nordjavanischen Küste deckten 1883 auf, dass ein einziger Schmugglerring in jenem Jahr 41 Tonnen illegalen Opiums eingeführt hatte.[65] Ein derart umfangreicher Schmuggel weist darauf hin, dass der Opiumhandel einen Nexus von Korruption schuf, der sich durch die gesamte Kolonialgesellschaft der niederländischen Besitzungen zog. An der Spitze bestachen reiche chinesische Lizenzbewerber niederländische Offizielle mit üppigen Geschenken, um die Opiumlizenzen zu erhalten. Am unteren Ende standen die Opiumhöhlen, das Kernstück von Javas dahintreibender Lasterwelt, wo Spieler, Prostituierte, Gesetzlose und Opiumpolizei zusammenkamen. Auf der mittleren Ebene legten sich chinesische Opiumlizenznehmer ein Gefolge von Spionen oder »kleinen Augen« zu, um Schmuggler aufzuspüren, deren illegales Opium ihre Profite schmälerte, oder um Informationen gegen ihre Mitbieter um die Lizenzen zu sammeln.[66]

Trotz der Behauptung der Niederländer, ihre Opium-Régie würde das Problem unter Kontrolle bringen und schließlich ausmerzen, blieb das Monopol bis zum Zweiten Weltkrieg zentraler Bestandteil der Kolonialfinanzen. Als indonesische Nationalisten 1945 ihre Revolution gegen die Niederländer begannen, brachten sie die Opiumvorräte in ihre Hand und betrieben einen illegalen Handel mit Singapur, um ihre Kampfverbände zu finanzieren.[67]

Während die Drogensucht die lokalen Bevölkerungen schwächte, stärkte sie die Finanzen der Kolonialregierungen. In den Jahren 1905 und 1906 zum Beispiel lieferten Opiumverkäufe 16 Prozent des Steueraufkommens in Französisch-Indochina, 16 Prozent in der niederländischen Kolonie, 20 Prozent in Siam und 53 Prozent im britischen Teil der Malaiischen Halbinsel (Federated Malay States).[68] Diese Einnahmen, die zuweilen bis zu 59 Prozent des gesamten Steueraufkommens ausmachten, finanzierten den Bau von Städten, Kanälen, Straßen und Eisenbahnen, die Landmarken der Kolonialära blieben.[69]

Trotz starken Opiumkonsums blieb Südostasien bis in die 1950er Jahre ein kleiner Produzent. Die thailändischen Delegierten konnten 1909 bei der Opiumkommission in Schanghai mit einiger Ehrlichkeit berichten, dass »Siam kein Opium produziert, weil es keinen Mohn anbaut«.[70] Nach dem Zweiten Weltkrieg aber sollte das Goldene Dreieck Südostasiens zum führenden Opiumproduzenten der Welt werden mit einer jährlichen Ernte von 1.000 bis 3.300 Tonnen Rohopium. In den späten 1930er Jahren dagegen erzeugten die Hochländer von Birma, Thailand und Laos – das künftige Goldene Dreieck – nur eine Ernte von 15 Tonnen Rohopium. Der Grund für dieses langsame Wachstum des südostasiatischen Mohnanbaus liegt in der Ökonomie der Opiummonopole. Denn solange die kolonialen Opiummonopole überlebten, taten sie alles, was in ihrer Macht stand, um die lokale Opiumproduktion zu unterbinden.

Opiumproduktion in Südostasien

Im 19. Jahrhundert begann der Opiumanbau in den Hochländern Südostasiens als indirekte Reaktion auf die politischen und wirtschaftlichen Wirren in der Provinz Yunnan in Südchina gleich jenseits der Grenze. Mehrere Jahrhunderte lang hatten muslimische Händler die Märkte des Yunnanplateaus mit den Hochlandkönigreichen verbunden, die sich von Bengalen bis Vietnam erstreckten. In Ketten von etwa 50 Maultieren zogen Karawanen auf der alten Birmastraße nach Westen bis nach Indien und dann nach Süden über das Shan-Plateau Richtung Siam oder südöstlich in die Hochlandtäler von Laos. Mitte des 19. Jahrhunderts transportierten die Yunnan-Muslime, Ho, Haw oder Panthay genannt, Opium und Tee, um die hohen Preise beider Waren in Siam zu unterbieten. Bei der Durchquerung der Shan-Staaten ergänzten diese Händler ihre Opiumladung durch Tauschgeschäfte mit der örtlichen Bevölkerung und stimulierten so die birmanische Opiumproduktion.[71] »Die Panthay sind eine kraftvolle, derbe und aggressive Rasse«, schrieb ein christlicher Missionar, der sie aus eigener Anschauung kannte. »Die

Männer, welche die langen Maultierzüge ... über die wilden Bergpässe Yunnans und die birmanische Grenze führen, müssen von harter Konstitution und robustem Geist sein. ... jeder Art von Wetter ausgesetzt zu sein – durchweichendem Regen, sengender Hitze oder ... bitterem Frost und dem rauen Dunst der Berghänge – würde wahrlich alle außer Männer aus Eisen schrecken.«[72]

Als das chinesische Reich im späten 19. Jahrhundert seinen Herrschaftsbereich auf die südlichen Grenzländer ausdehnte, sahen sich kaiserliche Armeen Rebellionen der autonomen ethnischen Staaten gegenüber, die über Jahrhunderte hinweg ohne Einmischung Bestand gehabt hatten. Brutal in jeder Hinsicht, ähnelten diese chinesischen Feldzüge den Massakern an Ureinwohnern, die Staaten in der Neuzeit überall auf der Welt begingen – ob an den Prärieindianern im amerikanischen Westen, den australischen Ureinwohnern oder den Stämmen der argentinischen Pampa.

In China gewannen die Rebellenstämme des Hochlandes häufig die ersten Schlachten, aber die langsame, zermalmende Kraft der kaiserlichen Armeen brach schließlich den organisierten Widerstand. 1856 rebellierten die Muslime der Yunnan-Provinz und errichteten in der Stadt Tali im westlichen Gebirge 150 Kilometer von Birma entfernt ein unabhängiges Königreich unter einem Führer, der sich selbst zum Sultan Suleiman krönte. Der Sultan schickte seine Karawanen nach Westen, um Waffen zu holen, nahm Kontakt zu britischen Vertretern in Birma auf und sandte seinen Sohn nach London, um diplomatische Unterstützung zu erbitten. Die Muslime fanden lokale Verbündete unter den Hmong-Bergstämmen von Yunnan, die 1853 mit ihrer eigenen Rebellion gegen die Chinesen begonnen hatten.[73] Nach 15 Jahren immer wieder auflebender Kämpfe setzten die kaiserlichen Streitkräfte von westlichen Beratern dirigierte moderne Artillerie ein, um die Mauern der muslimischen Festung Tali zu schleifen und ihre 30.000 Verteidiger zu überwältigen. Der chinesische Kommandeur befahl, wie es ein britischer Forschungsreisender formulierte, ein »allgemeines Massaker der entwaffneten ... Garnison, und ein unterschiedsloses Abschlachten Tausender Männer, Frauen und Kinder besiegelte die Eroberung«.[74] Danach flohen überlebende Muslime nach Westen in die Bergstädte Birmas und Nordsiams, wo sie durch den Handel mit den Opium anbauenden Stämmen Südostasiens überlebten.[75]

In dieser Zeit bekämpften kaiserliche Armeen auch eine massive Revolte unter den Hmong-Bergstämmen in Chinas südlichem Grenzgebiet. Wieder brachen kaiserliche Streitkräfte die Revolte mit Massakern in den 1870er Jahren, was zu einer Massenwanderung von Hmong-Opiumbauern nach Vietnam und Laos führte.[76] Während eines Großteils des 19. Jahrhunderts trieben diese kaiserlichen Feldzüge immer neue Wellen von Hmong und Yao, die die Kenntnis des Mohnanbaus mit sich brachten, südwärts in die Berge Indochinas.

Chinas Eroberungen erzwangen zwei Wanderungsströme nach Südostasien, den der Muslime nach Südwesten Richtung Siam und den der Bergstämme Richtung Südosten durch Vietnam und Laos. Nachdem sie sich in Südostasien niedergelassen hatten, verknüpften die muslimischen Händler die Siedlungsgebiete der Hmong- und Yao-Stämme durch ein Opiumhandelsnetz, das sich von Yunnan bis Bangkok erstreckte. Mit ihren Maultier- und Pferdekarawanen wurden die Muslime zum logistischen Verknüpfungsglied zwischen dem Opiumangebot Südchinas und der Nachfrage nach illegalen Drogen in den Städten Südostasiens. In Unkenntnis über den Boom des Mohnanbaus in Yunnan und Sichuan während der 1880er Jahre erhöhten die staatlichen Opiummonopole die offiziellen Preise in den Rauchhöhlen von Bangkok und Saigon auf Höhen, die sich die meisten Süchtigen nicht mehr leisten konnten.

Die Muslime begannen ihre Reisen auf den Märkten von Yunnan, wo sie Textilien gegen Opium tauschten, und führten ihre Maultierkarawanen dann über die Bergdörfer Birmas und Laos', wo sie auf jeder Etappe weiteres Opium eintauschten, bis sie Siam und Nordvietnam erreichten. Durch diesen Überlandschmuggel stimulierten die Muslime nach und nach die Opiumproduktion in den Hochländern Südostasiens.[77]

Im ausgehenden 19. Jahrhundert bemerkten Reisende, die durch die Hochländer Südostasiens kamen, eine weit verbreitete Opiumproduktion. In einem wissenschaftlichen Aufsatz von 1888 berichtete ein britischer Beobachter in Laos, dass kurz zuvor eingetroffene Hmong Opium als Feldfrucht zum Gelderwerb anbauten.[78] Ein britischer Forschungsreisender, der in den 1890ern durch Nordostbirma kam, sah ebenfalls »meilenweit Hänge, die mit Mohn bedeckt sind«, und bemerkte, dass »sich die Felder steile Schluchten hinaufziehen und den geschützten Hängen von Bergkämmen folgen«. Auch französischen Kolonialbeamten auf Inspektion in den Hochländern von Laos und Vietnam fiel auf, dass die Hmong- und Yao-Stämme Schlafmohn anbauten.[79]

Nach 1900 erlebten Siam und Französisch-Indochina, dass dieser Überlandschmuggel einen großen Anteil ihrer legalen Opiummärkte eroberte. 1928 zum Beispiel bildeten französische Beamte ein spezielles Überwachungskorps, das ein großes Gebiet entlang der chinesisch-vietnamesischen Grenze patrouillierte, und griffen 17 bewaffnete Karawanen mit 15,5 Tonnen Opium an, was 22 Prozent der staatlichen Verkäufe entsprach.[80] 1935 bezeichnete Bangkok diesen Schmuggel als »eines der ernstesten Probleme der siamesischen Administration« und berichtete von der Beschlagnahmung von 14 Tonnen, einer Menge, die 18 Prozent der legalen Opiumverkäufe entsprach. Nachdem eine Untersuchung ergab, dass der offizielle Opiumpreis 300 Prozent höher als der illegale war, senkte Bangkok die Preise, was zu einem 120-prozentigen Anstieg der legalen Opiumverkäufe führte.[81]

Trotz der Ausbreitung des Schlafmohnanbaus in den Hochländern Südostasiens blieb die Region in den Jahrzehnten vor dem Zweiten Weltkrieg immer noch ein kleiner Produzent. 1909 berichtete Französisch-Indochina, dass die strenge Kontrolle der Hmong-Dörfer den Anbau auf »ein absolut bedeutungsloses Gebiet« begrenzt habe, und schätzte die Produktion auf nur 3,5 Tonnen Opium.[82] Nachdem sie gestattet hatten, dass die Produktion bis 1929 29 Tonnen erreichte, waren die Franzosen beunruhigt, dass viel davon in den illegalen Schmuggel ging und zwangen in den 1930er Jahren die Opiumproduktion der Hmong auf »kleine Mengen« zurück.[83] Angesichts des unausweichlichen Schmuggels aus dem benachbarten Yunnan lizenzierten britische Beamte den Opiumanbau in den Shan-Staaten der Grenzgebiete und nutzten diese Kontrolle, um die Produktion von 31 Tonnen 1932 auf acht Tonnen nur vier Jahre später zu vermindern.[84] Selbst zur Spitzenzeit in den 1920er Jahren stellten die 6.380 Tonnen, die jenseits der Grenze in China produziert wurden, die 60 Tonnen Opium aus Südostasien weit in den Schatten.[85] Die Nachfrage nach illegalem Opium blieb in den Städten der Region stark. Dennoch entwickelte Südostasien erst in den späten 1940er Jahren, mehr als 50 Jahre nach China, einen weit verbreiteten Mohnanbau.

Die Erklärung für diese Verzögerung von einem halben Jahrhundert beim Anstieg der Opiumproduktion im Goldenen Dreieck ist einfach: Britisch-Birma, Französisch-Indochina und das Königreich Siam taten ihr Möglichstes, um die Bergvölker vom Opiumanbau abzuhalten. Während Britisch-Indien und das chinesische Kaiserreich durch Opiumproduktion und -export Einnahmen erwirtschafteten, erzielten die Regierungen Südostasiens Einkünfte aus dem Verkauf verarbeiteten Opiums an Süchtige, nicht durch Produktion und Export von Rohopium. Über ihre eigenen offiziellen Monopole oder Lizenzhändler importierten südostasiatische Staaten Rohopium aus dem Ausland (gewöhnlich aus Indien, China oder Persien), verarbeiteten es zu Rauchopium weiter und erzielten dann einen gewaltigen Profit, indem sie es zu überhöhten Preisen an Süchtige verkauften. Die Staatsmonopole und Lizenznehmer hoben ständig die Preise, um ihre Gewinne zu maximieren. Damit zwangen sie Rauschgiftsüchtige häufig auf den Schwarzmarkt, wo es geschmuggeltes Yunnan-Opium zu bezahlbareren Preisen gab. Der Schmuggel wurde zum Fluch der offiziellen Händler. Er zwang die staatlichen Lizenzgeber zu teuren Grenzpatrouillen, um billigeres Opium fernzuhalten, und zu Preissenkungen, um Kunden zurückzugewinnen. Es war die Sorge über das Schmuggelproblem, die Kolonialregierungen veranlasste, die Opiumproduktion der Bergstämme zu vermindern und zu beschränken. Kundige Kolonialbeamte waren der Meinung, dass der Mohnanbau lokaler Bergstämme den Schmuggel vergrößern würde, weil die in den Bergen patrouillierenden Zollbeamten es unmöglich finden würden, zwischen dem legalem Opium der Bergvölker und geschmuggeltem Yunnan-Opium zu unterscheiden. Außerdem würden die Bergstämme Opium für den Schwarzmarkt abzweigen, damit das illegale Angebot noch vergrößern und die Staatseinkünfte weiter schmälern.[86]

Diese Sorge beeinflusste die koloniale Opiumpolitik in den nördlichen Grenzgebieten Birmas und Indochinas seit den Anfängen der Kolonialherrschaft. Nachdem die Briten in den späten 1880er Jahren das nordöstliche Birma befriedet hatten, unternahmen sie sporadische Versuche, die Opiumproduktion entlang der chinesischen Grenze zu vermindern, bis 1923, als sie in diesen Gebieten mit einer systematischen Kampagne zur Opiumbekämpfung begannen.[87] Nach ihrer Annexion von Tongking 1884 und von Laos 1893 experimentierte die französische Kolonialadministration mit groß angelegten kommerziellen Schlafmohnplantagen, vermied es aber beinahe 50 Jahre lang, die Produktion bei den Bergstämmen zu fördern.[88] Während Provinzbeamte in Süd- und Westchina also die Mohnkultivierung förderten, beschränkten die Kolonialbeamten im Goldenen Dreieck jenseits der Grenze entweder die Opiumproduktion der Bergvölker oder verminderten sie aktiv.

Internationale Drogendiplomatie

Im späten 19. Jahrhundert rief der Skandal des fernöstlichen Opiumhandels eine globale Antiopiumbewegung unter Führung protestantischer Geistlicher und Laien auf den Plan. Sie zwang die westlichen Nationen zu einer Drogendiplomatie, die auf die Unterdrückung des internationalen Rauschgifthandels zielte. Seit der ersten Opiumkonferenz in Den Haag 1911/12 kam es zu einer Reihe von Kontrollverträgen, 1925 unter Schirmherrschaft des Völkerbundes, nach 1945 unter der der Vereinten Nationen. Was heute Routine und zuweilen öde Diplomatie geworden ist, begann vor mehr als einem Jahrhundert als leidenschaftlicher religiöser Kreuzzug.

Die frühe Antiopiumbewegung war ein loses Bündnis zwischen britischen Protestanten, westlichen Missionaren in China und Vertretern des chinesischen Kaiserreichs. Großzügig von den britischen Quäkern ausgestattet, wurde 1874 die Anglo-Oriental Society for the Suppression of the Opium Trade gegründet und gewann bald die Patronage eines katholischen Kardinals und des Erzbischofs von Canterbury.[89] In Massenversammlungen erklärte die Gesellschaft ihre Absicht, »die britische Regierung zu drängen, sich gänzlich vom ... Opiumhandel zu trennen« und Chinas »vollständige Handlungsfreiheit beim Umgang mit Opium« wiederherzustellen, die es in den beiden Opiumkriegen verlogen hatte. »Dieser Opiumhandel ist ein christliches Monopol«, verkündete Pfarrer Moule vor der Shanghai Missionary Conference von 1877. »Seine Geschichte ist eine christliche Sünde, eine christliche Schande. Beseitigen Sie diesen abartigen, diesen unnatürlichen Verbündeten des Heidentums, und wir können dem Feind, ohne am Endergebnis zweifeln zu müssen, gegenübertreten.«[90] Chinas führender Mandarin, Li Hung-chang, erklärte seine Unterstützung für die Antiopiumbewegung und informierte die Gesellschaft, dass »China die Frage von einem moralischen Standpunkt aus betrachtet; England von einem fiskalischen«. Das hinderte ihn nicht daran, im Verein mit vielen seiner Standesgenossen auf seinen Erblanden eine beträchtliche Opiumernte einzufahren – ein Widerspruch, der bei der britischen Kolonialverwaltung den Verdacht nährte, dass China lediglich die Konkurrenz indischer Importe loswerden wollte.[91]

30 Jahre lang führten britische Missionare und Moralisten mit immer neuen Versammlungen und Petitionen einen erbitterten Feldzug, der 1906 seinen Höhepunkt erreichte, als das britische Parlament einen An-

Opium für die Eingeborenen **165**

trag billigte, den indischen Opiumhandel zu beenden. Zu guter Letzt triumphierend, marschierten die britischen Kreuzzügler untergehakt und Hymnen singend aus dem Parlament. Britische und chinesische Diplomaten einigten sich, ausgestattet mit umfassenden Mandaten, auf eine zehnjährige, Schritt für Schritt erfolgende Reduktion der indischen Importe und des chinesischen Anbaus. Als die indischen Opiumlieferungen abnahmen, führte China rigorose Antiopiumkampagnen durch, die das Rauchen in Beijing unterbanden und den Anbau in Provinzen wie Sichuan reduzierten.

Die neue republikanische Regierung erwies sich nach der Revolution von 1911 jedoch als korrupt, ihre Kampagne zur Unterdrückung des Opiums schlug fehl. Chinas Mohnanbau lebte wieder auf, Morphium und Heroinpillen tauchten als Ersatz für das Opiumrauchen auf, und das neue republikanische Kabinett wurde dabei ertappt, Bestechungsgelder des Opiumsyndikats anzunehmen. Immerhin verbrannte die Republik im Januar 1919 die letzten Kisten indischen Opiums in einem öffentlichen Ritual vor geladenen Gästen in Schanghai. Nach 300 Jahren war der indisch-chinesische Opiumhandel damit zu Ende.[92] Es war freilich kein Ereignis von historischer Bedeutung: Indien exportierte sein Opium nun in andere Länder, und China baute selbst genug an, um seine Süchtigen zu versorgen.

Während Großbritannien bilaterale Verhandlungen mit China führte, suchten die USA eine Lösung durch globale Drogendiplomatie. Nachdem sie 1898 die Philippinen besetzt hatten, entdeckten die USA, dass ihnen ein staatliches Opiummonopol zugefallen war, das denen in anderen Teilen Südostasiens glich. 1903 zum Beispiel gab es in Manila 190 Opiumhöhlen mit einem Umsatz von insgesamt 130 Tonnen Opium.[93] Der US-Gouverneur William Howard Taft, dem klar wurde, dass Opium beinahe vier Prozent der Kolonialeinnahmen lieferte, war geneigt, den Handel fortzusetzen, bis ein Hagel von Protesten in den USA Washington zum Eingreifen zwang. 1903 ernannte das Kolonialregime den Episkopalmissionar Charles Brent, vordem stellvertretender Priester in einer armen Bostoner Gemeinde, zum Leiter einer Kommission zur Untersuchung des Opiumproblems. Bischof Brent unternahm eine Reise durch Asien, um sich mit der Angelegenheit vertraut zu machen, und empfahl daraufhin ein endgültiges Verbot.[94] 1906 reagierte die US-Kolonialmacht auf den Philippinen mit der Beschränkung der Verkäufe auf erwachsene chinesische Männer und der amtlichen Registrierung aller 12.700 identifizierten Raucher. Zwei Jahre später reduzierte Manila die Importe drastisch auf nur 19 Kilo und trieb damit den illegalen Preis auf ein Niveau, das den Schmuggel profitabel machte. Dennoch sank der Drogenmissbrauch auf den philippinischen Inseln auf ein Niveau, das weit unter dem anderer südostasiatischer Kolonien lag.[95]

Unabhängig von seinem faktischen Ergebnis verhalf das Opiumverbot auf den Philippinen Bischof Brent zu Ruhm und ermutigte die USA zu drogendiplomatischen Anstrengungen. Da er wusste, dass illegales chinesisches Opium das philippinische Verbot sabotierte, schrieb der Bischof an Präsident Theodore Roosevelt und schlug eine internationale Konferenz vor, um China bei seinem Kampf gegen den Opiumhandel beizustehen. Roosevelt, ein enthusiastischer Amateurdiplomat, der für seine Rolle bei der Beilegung des russisch-japanischen Krieges den Friedensnobelpreis erhalten hatte, gefiel die Idee des Bischofs. Er warf das Gewicht der USA in die Waagschale, um die erste Internationale Opiumkommission einzuberufen. Mit Bischof Brent als Vorsitzendem kamen Delegationen aus 13 Ländern – darunter Großbritannien, Frankreich, Persien, Siam und China – Anfang 1909 für einen Monat in Schanghai zusammen.[96] Mit verblüffender Selbstgewissheit porträtierten die europäischen Kolonialmächte ihre profitorientierten Opiummonopole als Maßnahmen zur Drogenkontrolle und drängten der Kommission auf diese Weise eine Konsens auf, der in staatlicher Regulierung bestand. »Mit Stolz auf das javanische Monopolsystem und auch aus tiefer Überzeugung, was seine nützliche Wirkung anbelangt«, schlug der niederländische Delegierte de Jongh vor, den Opiumhandel »den Händen privater Großhändler« zu entreißen und ihn »auf die Regierungen der Opium produzierenden und Opium konsumierenden Länder zu beschränken« – eben das, was die Kolonialregime bereits taten. In einhelligen, nichtbindenden Resolutionen verteidigte die Kommission die Kolonialinteressen, indem sie »die *graduelle* Unterdrückung ... des *Opiums*« anriet – jener Droge, die ihre Mitglieder verkauften –, aber auf »*drastische* Maßnahmen« gegen die »gravierende Gefahr« von Morphium drängte – jener Droge, die ihre Mitglieder nicht verkauften.[97] So verkündete die Kommission eine ambivalente Botschaft: Sie verteidigte Asiens kolonialen Opiumhandel, während sie gleichzeitig eine globale Antidrogendiplomatie auf den Weg brachte.

Zwei Jahre später nutzten die USA ihren Einfluss, um eine zweite Runde der Drogendiplomatie einzuberufen, die Internationale Opiumkonferenz in Den Haag. Mit Unterstützung von William Taft, dem ehemaligen philippinischen Gouverneur und jetzigem Präsidenten der USA, führte erneut Bischof Brent den Vorsitz der Konferenz und hielt ihren moralischen Schwung gegen die Kolonialinteressen aufrecht. In diesen Sitzungen ging man über die bloßen Empfehlungen der Schanghaier Kommission hinaus und entwarf das Haager Opiumabkommen, das jede unterzeichnende Nation verpflichtete, eigene Betäubungsmittelgesetze zu erlassen. Als beteiligte Nation waren die USA auf diese Weise verpflichtet, ihre eigenen Bundesdrogengesetze zu verabschieden, ein diplomatischer Druck, der schließlich 1914 zur Verabschiedung des Harrison Narcotics Act durch den US-Kongress führte.[98] Bevor jedoch die Haager Konvention Wirkung zeigen konnte, brach der Erste Weltkrieg aus und verzögerte weitere Bemühungen der Drogendiplomatie, bis der Völkerbund 1925 die Genfer Opiumkonferenz einberief und mit einer rigorosen Verhandlungsrunde begann. Mit dem dort erzielten Genfer Abkommen und seinen späteren Protokollen wandelte sich die Drogenkontrolle von freiwilligen nationalen Gesetzen zu bindenden internationalen Kontrollen von Drogenproduktion und -verkauf.[99]

Der Einfluss der europäischen Koloniallobby hinderte jedoch diese vorsichtige Diplomatie an der völligen Lösung der Probleme des Drogenanbaus und -handels, die sich die Antiopiumbewegung auf die Fahnen geschrieben hatte. Obwohl sich die Diplomatie mit einer Langsamkeit bewegte, die moralisch gesonnene Reformer auf die Palme brachte, erreichte sie dennoch internationale Verträge, die den einzelnen Staaten Schritt für Schritt das Recht beschnitt, mit Narkotika zu handeln. Das Ergebnis war eine 82-prozentige Abnahme des Weltopiumangebots – von 42.000 Tonnen 1906 auf 8.000 Tonnen 1934.[100] Obwohl keiner der südostasiatischen Staaten tatsächlich sein Opiummonopol abschaffte, ergriffen alle – echte oder kosmetische – Maßnahmen, durch die sich die Opiumverkäufe der Region in den 15 Jahren nach dem Ersten Weltkrieg um 65 Prozent verminderten. Niederländisch-Indien zum Beispiel, das seit dem 17. Jahrhundert Opium verkauft hatte, senkte den Konsum der Kolonie um 88 Prozent, von 127 auf 15 Tonnen.[101]

Zwar reduzierten diese Reformen die legalen Opiumverkäufe der Region, sie konnten jedoch die Massennachfrage nach der Droge, die in drei Jahrhunderten Kolonialherrschaft kultiviert worden war, nicht mit einen Federstrich aus der Welt schaffen. Die Kolonialregime konnten ihre fiskalische Abhängigkeit von Opiumsteuern per Dekret beenden, aber die kolonialisierten Gesellschaften waren nicht in der Lage, die kulturellen und wirtschaftlichen Wurzeln massenhafter Opiumsucht so schnell auszureißen. Sobald Regierungen ihre Importe drastisch senkten oder Opiumhöhlen schlossen, tauchten Schmuggler und illegale Händler auf, um die unbefriedigte Nachfrage zu bedienen.

Auf den Inseln Südostasiens konnten koloniale Zollbehörden mit einigen Schwierigkeiten die Seewege patrouillieren und das Verbot von Opiumimporten aus Indien und Persien durchsetzen. Auf dem Festland dagegen, etwa in Thailand und Französisch-Indochina, war es unmöglich, die gebirgigen Grenzen gegen den Karawanenhandel aus Yunnan und Birma abzuschotten. Mit 50 Prozent der Raucher und 70 Prozent der Opiumhöhlen[102] waren Bangkok und Saigon Südostasiens erste Opiummärkte.

Das königlich-thailändische Opiummonopol

Zwar war Opium eindeutig ein koloniales Laster, aber das unabhängige Königreich Siam erwies sich als gelehriger Nachahmer. Nach der Legalisierung des Opiums 1851 entwickelte Siam (heute Thailand) eines der erfolgreichsten Monopole in Südostasien. Der große chinesische Bevölkerungsanteil in Bangkok bot einen aufnahmefähigen Markt, Opium wurde zu einer Haupteinnahmequelle des königlichen Haushalts.[103] 1905 nahm die königliche Regierung 20 Prozent ihrer Steuern durch den Verkauf von 95 Tonnen Opium über Bangkoks 900 Opiumhöhlen ein.[104] Als das Opium erst einmal zu einem integralen Bestandteil der Wirtschaft des Landes geworden war, fand es die Regierung zunehmend schwierig, den Handel aufzugeben. So verkündete Siams König Chulalongkorn 1908:

> »Es steht außer Frage, dass die Droge auf ihre Konsumenten schlimme Auswirkungen hat und dass sie jedem Land, dessen Einwohner zu großen Teilen von der Neigung des Opiumrauchens abhängig sind, Niedergang bringt. Aber unglücklicherweise gibt es viele Hindernisse bei der Erreichung dieses Ziels [d. h. der Ausrottung des Lasters]. Kurz gesagt ist da ein beträchtlicher Rückgang der Staatseinkünfte, dem man ins Auge sehen muss. Dessen ungeachtet ist es Unsere Pflicht und Schuldigkeit, Unser Volk nicht zu vernachlässigen und ihm nicht zu gestatten, sittlich immer weiter herabzusinken, indem es dieser schädlichen Droge frönt. Wir haben

Opium für die Eingeborenen **169**

daher beschlossen, dass die Ausbreitung der Opiumgewohnheit unter unserem Volke Schritt für Schritt vermindert werden soll, bis sie vollständig unterdrückt ist.«[105]

Nicht einmal ein Gottkönig konnte sich gegen die unerbittlichen Zwänge der modernen Ökonomie stemmen. In den folgenden zehn Jahren wuchs die Zahl der Opiumhöhlen um 360 Prozent auf 3.245, der Anteil des Opiums an den königlichen Einkünften stieg auf 25 Prozent.[106] 20 Jahre, nachdem der König versprochen hatte, den Drogenhandel zu beenden, waren die Opiumimporte des Monopols auf 180 Tonnen, mithin das Doppelte, gestiegen, womit die größte Bevölkerungsgruppe von Süchtigen in ganz Südostasien ihrem Laster frönte.[107]

Im frühen 19. Jahrhundert reflektierte Siams anfänglicher Opiumhandel schlicht die Größe seines chinesischen Bevölkerungsanteils. Als die Dynastie in Bangkok Kanäle durch die thailändische Zentralebene baute, brauchte sie Legionen chinesischer Arbeiter, die bald zur größten Exilgemeinde Südostasiens anwuchsen: 1821 lebten 440.000 Chinesen in Siam, 1880 stellten sie die Hälfte der Einwohner Bangkoks.[108]

Und mit den Chinesen kam das Opiumproblem. 1811 erließ König Rama II. Siams erstes offizielles Verkaufs- und Konsumverbot. 1839 erließ ein anderer Thai-König ein neues Verbot und befahl die Todesstrafe für Großhändler. Trotz der guten Absichten der königlichen Gerichte scheiterten alle Versuche, das Problem mit gesetzlichen Mitteln in den Griff zu bekommen. Zwar konnten chinesische Händler festgenommen und bestraft werden, aber die britischen Handelskapitäne, die Opium schmuggelten, genossen praktisch Immunität. Wann immer ein britischer Kapitän festgenommen wurde, war Unheil verkündendes Gepolter aus der britischen Botschaft zu vernehmen, sodass der Arrestierte bald freikam und weiterschmuggeln konnte.

1852 schließlich beugte sich König Mongkut britischem Druck und erteilte einem reichen chinesischen Kaufmann eine königliche Opiumlizenz.[109] 1855 blieb ihm nichts anderes übrig, als einen Handelsvertrag mit dem britischem Reich zu unterzeichnen, der die Importzölle auf drei Prozent senkte und die königlichen Handelsmonopole, die fiskalische Basis der königlichen Verwaltung, abschaffte. Um die Einnahmeausfälle zu kompensieren, weitete der König die vier von Chinesen betriebenen »Lasterlizenzen« – Opium, Lotterie, Glücksspiel und Alkohol – aus. In der zweiten Hälfte des 19. Jahrhunderts erbrachten sie zwischen zwölf und 22 Prozent aller Staatseinkünfte.[110] Nach nur einem Jahrzehnt stellte der Hof fest, dass ein »Zustrom von geschmuggeltem Opium das Opiummonopol [untergräbt], das der Metropole des Königreichs viel Gewinn eingetragen hat«, und erließ die ersten umfassenden Gesetze zur Unterbindung des Schmuggels.[111]

1907, nach einem halben Jahrhundert legalen Drogenverkaufs, gab der siamesische König ein neues Programm zur Unterdrückung »dieser schädlichen Droge« bekannt. Dem Beispiel der Niederländer und Franzosen folgend, schaltete seine Regierung die chinesischen Lizenznehmer aus und übernahm den Direktvertrieb des Opiums an die Opiumhöhlen. Fast wie zum Hohn der königlichen Absichten bewirkte das neue Monopol, wie diejenigen in Französisch-Indochina und der niederländischen Inselkolonie, einen nachhaltigen Anstieg der Opiumverkäufe. Die Zahl der Opiumhöhlen und Verkaufsstellen sprang von 1.200 im Jahr 1900 auf über 3.000 1917[112]; die Zahl der Opiumsüchtigen stieg bis 1921 auf 200.000 an[113]; und die Opiumgewinne lieferten weiterhin 15 bis 20 Prozent aller staatlichen Steuereinkünfte.[114]

In Reaktion auf die wachsende internationale Opposition gegen den legalisierten Opiumhandel begann die Thai-Regierung in den 20er Jahren schließlich, den Handelsumfang des Opiummonopols zu reduzieren. Bis 1930 waren beinahe 2.000 Läden und Opiumhöhlen geschlossen worden, aber die verbleibenden 837 bedienten noch immer 89.000 Kunden täglich.[115] Um das königliche Engagement im Kampf gegen den Drogenhandel unter Beweis zu stellen, war Siam 1931 Gastgeber der Bangkoker Opiumkonferenz, ein weiteres Treffen der fortlaufenden Antiopiumdiplomatie.[116]

1932 jedoch kam es zu einer unblutigen Militärrevolte, in deren Folge eine konstitutionelle Monarchie eingeführt wurde. Unter Oberst Phibul Songgram, einem Ultranationalisten, machte das Militär nach und nach die Politik zur Eindämmung des Opiums rückgängig. Entschlossen, die Tai sprechende Bevölkerung des Shan-Staates von Britisch-Birma zurückzugewinnen, begannen junge Offiziere um Phibul offenbar damit, den Opiumhandel als Vehikel zu benutzen, um ihren Einfluss in Nordsiam und Birma auszudehnen. Die offizielle Beteiligung am Opiumhandel in den nördlichen Grenzgebieten nahm nach 1932 jedenfalls deutlich zu. 1938, als Oberst Phibul Premierminister wurde, rückte die Frage der nördlichen Grenzgebiete endgültig ins Zentrum der Politik. Um die expansionistischen Ziele des Regimes zu bekräftigen, änderte Phibul den Namen des Landes von Siam in

Thailand – und erhob damit indirekt Anspruch auf die Tai sprechende Region Nordbirmas.[117]

In den 30er Jahren entwickelte Bangkoks Opiummarkt direkte Verbindungen zu den Opiumbergen, die sich nördlich von Siam durch Birma bis nach China erstreckten. Als die revolutionäre Regierung 1932 an die Macht kam, hatte die vorherige Schließung vieler legaler Opiumhöhlen – 1917 waren es 3.250, jetzt nur noch 860 – bereits zu einem starken Anstieg des Karawanenschmuggels aus Birma geführt.[118] Zwar setzte die neue Regierung zunächst nach außen hin die Bemühung des Königs zur Unterdrückung der Droge fort, indem sie 1932/33 alle legalen Importe unterband, zugleich aber erhöhte sie die Zahl der Opiumhöhlen bis 1938 wieder auf 1.400. Dadurch veranlasste das Regime einen sprunghaften Anstieg des Schmuggels aus Birma und Yunnan.[119] Allein 1935 beschlagnahmte Siams Regierung fünf Tonnen illegales Opium.[120] Im Verlauf der folgenden fünf Jahre belief sich das beschlagnahmte Opium auf 27 Tonnen, 23 Prozent des vom Monopol verkauften Opiums.[121] Die Widersprüche einer Politik, die die Opiumimporte senkte, den Verkauf von Drogen in lizenzierten Opiumhöhlen aber weiterhin gestattete, führte zu Siams erstem großen Fall von Opiumkorruption.

Die Affäre begann im Mai 1934, als der Direktor der für den Opiumverkauf zuständigen Steuerbehörde nach Keng Tung in den birmanischen Shan-Staat reiste und, ohne dazu bevollmächtigt zu sein, mit lokalen Händlern einen Vertrag über die Lieferung von 15 Tonnen Opium für das Monopol abschloss. Nur locker von den Briten kontrolliert, wurden im Shan-Staat 20 bis 30 Tonnen für lizenzierte Opiumhöhlen und unbekannte Mengen für den illegalen Karawanenhandel geerntet.[122] Nachdem sein Finanzminister das Angebot als anstößig und illegal zurückgewiesen hatte, benachrichtigte der Direktor der Steuerbehörde dennoch seine Kontaktleute in Keng Tung, dass er eine »Belohnung« für die Beschlagnahmung des Opiums zahlen würde, sobald es über die Grenze gebracht worden sei. Und in der Tat beschlagnahmten seine Beamten am 9. Januar 1935 kurz hinter der Grenze neun mit insgesamt neun Tonnen Opium beladene Lastwagen. Der Fall wurde zum öffentlichen Skandal, als der britische Berater des siamesischen Finanzministeriums, James Baxter, in einem offenen Brief in der *Straits Times* von Singapur die Details der Transaktion mitsamt der Belohnung für die »Informanten« veröffentlichte. Am Ende dementierte der Finanzminister jedoch alle Anschuldigungen, und die Nationalversammlung lehnte es mit einem Votum von 48 zu 17 ab, die Angelegenheit zu debattieren. Das Verkaufssteueramt vermarktete das Opium wie geplant offiziell über seine lizenzierten Opiumhöhlen.[123]

Mit Phibuls Amtsantritt als Premierminister 1938 gab die Regierung jede Heuchelei der Opiumbekämpfung auf und belebte das Monopol wieder. Da es, wie offizielle Vertreter behaupteten, »unmöglich ist, den Transport dieses Schmuggelopiums durch einen Grenzstreifen aus Bergen und Dschungel zu verhindern«, ermutige ein Verbot nur »die Süchtigen zum heimlichen Rauchen, da sie ohne geeignete lizenzierte Lokale auskommen müssen«.[124] Zur Versorgung ihrer Opiumhöhlen gab die Regierung bekannt, den Mohnanbau unter den Bergstämmen Nordsiams fördern zu wollen, um die Importkosten zu senken und den Schmuggel zu kontrollieren.[125] Schon 20 Jahre zuvor hatte Siam das Potenzial der Eigenproduktion unter Beweis gestellt, als es versuchsweise fünf Tonnen Stammesopium kaufte.[126] Im Dezember 1938 stimmte die Regierung zu, die Opiumernte zweier Bergdörfer zu kaufen, und gab zwei Jahre später, im März 1940, bekannt, das lokale Experiment sei erfolgreich gewesen. Von nun an, erklärte die Phibul-Regierung, würde Thailand in der Lage sein, sein eigenes Opium anzubauen.[127]

In den 40er Jahren kam es zu einer wachsenden Migration von Bergstämmen nach Thailand. Die Hmong und Yao waren bereits seit Mitte des 19. Jahrhunderts aus Südchina nach Indochina eingewandert, aber erst jetzt überquerten größere Gruppen von Hochlandopiumbauern von Laos aus die Grenze nach Thailand.[128] Ihre mageren Ernten gelangten selten viel weiter als über die benachbarten Städte und Dörfer hinaus.[129] Die Thai-Bauern des Tieflandes selber konnten gar kein Opium anbauen, denn die in dieser Region einzig vertretene Yunnan-Sorte des Schlafmohns gedieh nur in einem kühlen, gemäßigten Klima – in diesen tropischen Breiten also nur in Berglagen über 1.000 Meter Höhe, wo die Luft für die empfindliche Pflanze kühl genug war. Da die Thai-Bauern fest in den schwülwarmen Tieflandtälern verwurzelt waren, wo sie Reisfelder kultivierten, blieb die Opiumproduktion den Bergstämmen vorbehalten.

Obwohl Thailand während des Zweiten Weltkriegs von seinen Hauptlieferanten Iran und Indien abgeschnitten war, hatte es keine Schwierigkeiten, die angemessene Versorgung des königlichen Monopols mit Rohopium sicherzustellen. Denn durch seine Militärallianz mit Japan konnte das Land den Shan-Staat Nordostbirmas besetzen

Opium für die Eingeborenen **173**

und gewann damit Zugang zu dessen Opiumanbaugebieten entlang der chinesischen Grenze.

Nachdem sich Premierminister Phibul 1940 mit Japan verbündet hatte, verkündete er ein quasi-faschistisches Programm für Thailand, zu dem auch das Ziel territorialer Expansion gehörte.[130] In einem 1940 unterzeichneten Geheimabkommen willigte Phibul ein, Japans Kriegsanstrengungen im Tausch gegen die Anerkennung der eigenen Ansprüche auf den Shan-Staat zu unterstützen.[131] Von ihren Stützpunkten in Thailand aus marschierte die japanische 15. Armee in Südbirma ein und besetzte im März 1942 Rangun. Entschlossen, die berühmte Birmastraße abzuschneiden, über die der Munitionsnachschub aus Indien für die chinesischen Streitkräfte in Yunnan verlief, stießen die Japaner in drei Kolonnen nach Norden vor und vernichteten die Verteidigungslinien der Alliierten. Die östliche japanische Kolonne trieb die demoralisierten Nationalchinesen vor sich her und marschierte in den Shan-Staat ein, wo der Hauptverband am 30. April die Birmastraße erreichte, während ein kleineres Kommando auf Keng Tung im Süden zumarschierte.[132]

Als sich die Kampflinien nach Westen in Richtung Indien vorschoben, luden die japanischen Kommandeure ihre Thai-Verbündeten ein, den südlichen Shan-Staat zu besetzen, der nun in sicherer Entfernung vom Kampfgeschehen lag. Im Mai 1942 marschierte die thailändische Nordarmee in den Shan-Staat ein. In dessen wichtigster Marktstadt Keng Tung richtete Generalmajor Phin Chunnahawan, Gouverneur des von Bangkok nun so genannten Vereinigten Thaistaates, eine Militärverwaltung ein, die in den folgenden zwei Jahren das Gebiet regierte. Nach dem Ende des Monsunregens im September marschierte die Nordarmee weiter Richtung China, überwand schwachen Widerstand vereinzelter Garnisonen der Nationalchinesen (Guomindang) und erreichte im Januar 1943 die chinesische Grenze.[133] Einige Monate nach der militärischen Besetzung Keng Tungs importierte das thailändische Opiummonopol 36 Tonnen aus dem Shan-Staat und brachte die Opiumerträge auf Rekordniveau.[134] Gegen Ende des Krieges, als die japanischen Streitkräfte Rückschläge an der indischen Front hinnehmen mussten, begann sich die thailändische Nordarmee wieder aus dem Shan-Staat zurückzuziehen. Vier Monate später, im Juli 1944, enthob ein neues Zivilkabinett Premierminister Phibul seines Amtes, Bangkok beorderte Gouverneur Phin aus Keng Tung zurück und demobilisierte seine Nordarmee.[135]

In den Annalen des Zweiten Weltkriegs taucht das thailändische Vorrücken in den Shan-Staat nur als geringfügige Militäroperation auf, als Fußnote der großen Schlachten, die anderswo ausgetragen wurden. Aus einer anderen Perspektive betrachtet ist die Besetzung jedoch eine wichtige Phase in der Entwicklung des südostasiatischen Drogenhandels. Viele der politischen Verbindungen, die aus den ungleichartigen Hochländern der Region das Goldene Dreieck schufen, wurden während der thailändischen Besatzung geknüpft. In den frühen 50er Jahren, nur wenige Jahre nach dem Krieg, sollte General Phibuls Clique, darunter viele Veteranen der Nordarmee, ihre Kontakte zum nationalchinesischen Militär nutzen, um beträchtliche Mengen von Opium aus dem Shan-Staat zu importieren. Dieses Bündnis formte einen Opiumkorridor zwischen Birma und Bangkok, der noch 40 Jahre später eine zentrale Rolle im südostasiatischen Drogenhandel spielte.

Mit der Besetzung des Shan-Staates bildeten sich eigentümliche Allianzen zwischen lokalen Eliten und einflussreichen thailändischen Militärs. Im Rückblick auf seine Abreise aus Keng Tung 1944 erinnerte sich Phin, der später zum thailändischen Stabschef avancierte, dass »über 1.000 Regierungsvertreter und andere Wohlgesinnte zu meiner Verabschiedung kamen. Viele von ihnen weinten.«[136] Ebenso bedeutsam war, dass die Besetzung Kontakte zu nationalchinesischen Militärs im nahen Yunnan ermöglichte. Zwar waren die Chinesen zu Beginn des Krieges Gegner, aber die sich abzeichnende Niederlage der Japaner bewog das thailändische Militär, sich auf Befehl von Premierminister Phibul im April 1944 an der Grenze mit dem Kommandeur der 93. Division der Guomindang, General Lu Wi-eng, zu treffen.[137] Als Agenten des amerikanischen Geheimdienstes OSS, die in Yunnan operierten, geheime Kontakte zu Thai-Militärs im benachbarten Keng Tung aufnehmen wollten, mussten sie feststellen, dass General Lu bereits über detaillierte Listen von Offizieren der Nordarmee verfügte.[138] Nach dem Krieg, als die rotchinesische Armee Yunnan eroberte, zogen sich Überreste dieser Einheit, der 93. Division, nach Birma zurück, wo sie später im Bündnis mit General Phins Militärfraktion den Shan-Opiumhandel entwickelten.

Die 36 Tonnen Shan-Opium, die Thailand während der Besatzung Keng Tungs durch die Nordarmee aus der Region in die Heimat exportiert hatte, sind ein erster Vorschein der Politk des Drogenhandels in der Nachkriegszeit. Die Logistik dieser besonderen Lieferung bleibt im Dunkeln, nicht aber die politischen Verbindungen, die sich aus dem Shan-Feldzug ergaben. Bezeichnenderweise waren viele Thai-Militärs, die nach dem Zweiten Weltkrieg den Opiumhandel mit Birma dominierten, Veteranen aus der Zeit der Besetzung des Shan-Staates. General Phin, Architekt des Militärputsches von 1947 und späterer Stabschef, wurde im Jahrzehnt nach dem Krieg Thailands führender Politiker. Und aus den Reihen seiner Nordarmee stammten auch die anderen politisch wichtigen Militärs: General Phao Siyanan, Feldmarschall Sarit Thanarat, General Krit Siwara und General Kriangsak Chamanan.[139]

Obwohl nicht jeder Führer jeder Armeefraktion am Shan-Opiumhandel beteiligt war, blieben Drogeneinkünfte in der Nachkriegszeit doch eine wichtige Quelle der thailändischen Militärmacht. Außerdem hatte der Krieg in keiner Weise die Opiumexporte aus Yunnan nach Südostasien unterbrochen. Trotz ihrer Gegnerschaft verkaufte die nationalchinesische Regierung (die über die Opiumanbauprovinzen Südchinas herrschte) der japanischen Armee (die Birma und die Küstenregionen Chinas besetzt hielt) beträchtliche Mengen Rohopium.[140] Zudem sickerten Schmugglerkarawanen von Yunnan über die Grenze und lieferten erhebliche Mengen billigen Opiums für thailändische Süchtige. So ging Thailand aus dem Zweiten Weltkrieg mit einem unvermindert großen Bevölkerungsanteil Süchtiger hervor und blieb weiterhin von importiertem Opium abhängig.[141]

Birma: Opium auf dem Shan-Plateau

Das britische Opiummonopol in Birma war eines der kleinsten und unprofitabelsten in ganz Südostasien. Vielleicht weil sie ab 1886 Birma als Anhang ihres reichen indischen Empire verwalteten, litten die britischen Kolonialvertreter selten unter akuten Haushaltsdefiziten und betrieben das Opiumgeschäft nie mit der gleichen Energie wie ihre Pendants im übrigen Südostasien.

Bald nachdem sie sich 1852 im Tiefland Birmas festgesetzt hatten, begannen die Briten, große Mengen Opium aus Indien zu importieren und über ein staatlich kontrolliertes Opiummonopol zu vermarkten. 1878 jedoch verabschiedete das Parlament in London ein Gesetz, um den Opiumkonsum in allen überseeischen Besitzungen zu reduzieren. Nun konnte die Droge nur noch an registrierte chinesische Opiumraucher und indische Opiumesser verkauft werden, während sie für alle Birmanen absolut illegal wurde. Nach 50 Jahren unbeschränkten Verkaufs gab es jedoch auch unter den Birmanen viele Abhängige.[142] Zwar gelang es mit der Regulierung, die Opiumprofite bis 1939 auf weniger als ein Prozent der gesamten Kolonialeinkünfte zu reduzieren[143] – die niedrigste Quote in Südostasien –, aber die Drogensucht ließ sich damit kaum bekämpfen. 1930 berichtete eine spezielle Kommission des Völkerbundes von 55.000 registrierten Süchtigen, die in staatlichen Verkaufsstellen Opium kauften, und von weiteren 45.000, die illegales Schmuggelopium aus China oder den Shan-Staaten konsumierten.[144]

1886 handelten sich die Briten ein ganz anders geartetes Opiumproblem ein, nachdem sie die Eroberung Birmas mit der Annexion der nördlichen Landeshälfte abgeschlossen hatten. Zu ihren neuen Besitzungen gehörten die Shan-Staaten in Birmas äußerstem Nordosten – das einzige Gebiet in Südostasien, in dem die Bergstämme einen nennenswerten Opiumanbau betrieben. Entlang der Westgrenze der chinesischen Provinz Yunnan gelegen, erstreckten sich die Shan-Staaten über eine raue, unwegsame Bergregion, etwas größer als England. Die Briten konnten die Bergstämme dieses riesigen Terrains nie völlig unter ihre Kontrolle bringen. Und obwohl sie diverse Anläufe unternahmen, den Opiumanbau in den Shan-Staaten abzuschaffen, unterlagen sie letztlich den geografischen, ethnischen und politischen Verhältnissen.

Die Bergrücken und breiten Flüsse, die sich kreuz und quer durch die Shan-Staaten ziehen, beginnen weit im Norden in den Bergen Tibets. Der zerklüftete, ost-westlich verlaufende Bogen der Himalajakette knickt dort, wo sich Tibet und China treffen, abrupt nach Süden ab, weshalb sich seine Wasserläufe in die südlichen Niederungen der großen asiatischen Flussebenen – Jangtsekiang, Mekong, Saluen und Irawadi – ergießen. Wo die Zuflüsse des Irawadis die äußerste Nordspitze Birmas durchqueren – den Kachin-Staat –, fließen sie durch lange, in Nord-Süd-Richtung verlaufende Schwemmebenen und relativ enge Hochlandtäler zwischen Bergkämmen von 2.000 und 3.000 Metern. Wo sich der Irawadi in der Nähe der Südgrenze des Kachin-Staates gen Westen wendet und sich in die breiten Ebenen Zentralbirmas ergießt, gehen die steilen Berge des Kachin-Staates in die weiten Plateaus der westlichen Shan-Staaten und die ausgedehnten Hochlandtäler der östlichen Shan-Staaten über.

Es ist dieses beeindruckende Wechselspiel von steilen Bergketten und Hochlandtälern – nicht eine formale politische Grenze –, das die ethnische Geografie dieser ehemaligen Fürstentümer und Territorialherrschaften bestimmt hat. Die Shan sind Reisbauern des Tieflandes, die sich auf die flachen, weiten Täler beschränken, wo sie mit ihren von Büffeln gezogenen Pflügen den Boden beackern können und reichlich Wasser für die Bewässerung vorhanden ist. Überall in den Kachin- und Shan-Staaten dominieren die Shan die ebenen Hochlandtäler und Plateaus.[145] Die meisten praktizieren eine Form des Buddhismus, alle sprechen einen Dialekt der Tai-Sprache, der dem ihrer Nachbarn jenseits der Grenze in Nordthailand ähnelt. Ihre bewässerten Reisfelder warfen immer beträchtliche Überschüsse ab, was die Bildung relativ großer Städte und stabile Herrschaftsverhältnisse ermöglichte. Im Allgemeinen entstanden in den größeren Tälern kleine autonome Fürstentümer, in denen feudale Potentaten, die *sawbwas,* regierten, die sich auf Adelsclans stützten.

Umgeben sind die Hochlandtäler von Bergrücken, die von ganz unterschiedlichen Bergstämmen bewohnt werden. In den Bergen des Kachin-Staates selbst leben vor allem Kachin, weiter südlich sind es die Wa, Pa-o, Lahu und Palaung. All diese Bergbewohner gewinnen durch Brandrodung Land für ihren Trockenreis-, Tee- und Opiumanbau. Es versteht sich von selbst, dass diese Art der Landwirtschaft den Boden stark in Mitleidenschaft zieht und dass Erosion und Auslaugung die Bergstämme in periodischen Abständen zwingen, neue Dörfer zu gründen. Als Folge ist die politische Organisation der Bergstämme weniger fest strukturiert als jene der Shan. Viele dieser Stämme praktizieren Formen dörflicher Demokratie, während andere, besonders die Kachin, eine Aristokratie und ausgeprägte Sozialstrukturen kennen.[146] Aber kaum einer dieser Stämme war groß genug, um wirklich autonom zu sein. Die meisten hatten Bündnisverpflichtungen gegenüber Shan-Feudalfürsten, die den örtlichen Handel kontrollierten und stärkere Armeen aufboten.

Als britische Kolonialbeamte ab 1886 durch die Shan-Staaten reisten und einheimische Verbündete suchten, entdeckten sie bald, dass die etwa 1,2 Millionen Menschen zählende Shan-Bevölkerung der Region von 34 unabhängigen Feudalfürsten regiert wurde. Ihre Königreiche reichten von Keng Tung (etwa halb so groß wie Bayern) bis zu mehreren kleinen Herrschaftsgebieten mit einer Fläche von weniger als 30 Quadratkilometern. Die britische Position war sehr unsicher: Die Shan-Gebiete östlich des Saluenflusses waren wirtschaftlich an China gebunden, und viele der anderen Shan-Feudalfürsten erwogen lieber ein politisches Bündnis mit dem König von Siam. Die Briten sicherten sich die schwankende Loyalität der *sawbwas,* indem sie in allen Shan-Staaten »Flagge zeigten«. Im November 1887 machten sich zwei Kolonnen von je etwa 250 Mann auf, um die Shan-Staaten zu »erobern«.[147] Die Briten blufften auf ihrem Weg von Staat zu Staat und überzeugten die Shan-Fürsten, dass das britische Empire weit mächtiger sei, als ihre eigenen mickrigen Kräfte erahnen ließen, und daher ihre Bündnistreue verdiene.

Aber die Briten waren nicht gerade versessen darauf, enorme Summen in die Verwaltung dieser riesigen Territorien zu stecken. Im Tausch gegen das Recht, Eisenbahnen zu bauen und die Außenpolitik zu kontrollieren, stellten sie daher die traditionelle Macht und Privilegien der Fürsten nicht in Frage.[148] Weil sie den *sawbwas* die Regelung ihrer inneren Angelegenheiten überließen, verurteilten die Briten von vornherein ihre späteren Anstrengungen zur Ausrottung des Opiumanbaus in Nordostbirma zum Scheitern. Die Shan-Fürsten erhielten von den Bergstämmen einen beträchtlichen Anteil der Opiumernte als Tribut, mit deren Export nach Siam und Niederbirma sie einen guten Teil ihrer persönlichen Einkünfte bestritten. Erst nach Jahren entschiedener Weigerung willigten die Feudalfürsten schließlich in die britischen Forderungen nach Opiumkontrollen ein, und 1923 trat ein entsprechendes Gesetz (Shan States Opium Act) in Kraft. Alle Opiumbauern wurden registriert, und immer wieder einmal kam es zu halbherzigen Versuchen, ihre Ernte aufzukaufen, um sie vom Markt zu nehmen.[149] Von 1926 bis 1936 wurde die Opiumernte immerhin von 37 auf acht Tonnen reduziert. Aber bald gaben die Briten ihre unpopuläre Kampagne auf. Denn während sie im übrigen Birma Polizei, Armee und Regierung stellten, beschränkte sich ihre Rolle in den Shan-Staaten auf bloße Berater. Ihre Macht war daher begrenzt.[150]

1948 blieb den Briten nichts anderes übrig, als Birma die Unabhängigkeit zu gewähren. Sie hinterließen ein schwieriges Erbe. Obwohl es der neuen Regierung gelang, den Opiumkonsum 1950 per Gesetz vollständig zu verbieten[151], fand sie keine Lösung für das Problem des Mohnanbaus in den Shan-Staaten jenseits des Saluen.[152] Die Briten hatten in Birma autonome Feudalfürsten in den Sattel gehoben, die keine Einmischung in ihre inneren Angelegenheiten duldeten und sich hartnäckig gegen alle Versuche sperrten, den Opiumhandel zu unterdrücken. Damit war der Boden für eine unheilvolle Zukunft bereitet.

Französisch-Indochina: Opium für die Staatskasse

Vietnam war eine der ersten Stationen für Chinesen, die im späten 18. und frühen 19. Jahrhundert aus den übervölkerten Provinzen Guangdong und Fujian auswanderten. Zwar hießen die vietnamesischen Kaiser die Immigranten aufgrund ihres wertvollen Beitrags zur Entwicklung des Handels willkommen, entdeckten aber bald, dass deren Neigung zum Opiumrauchen eine ernste wirtschaftliche Gefahr darstellte. In der ersten Hälfte des 19. Jahrhunderts wurde beinahe der gesamte vietnamesische Außenhandel mit den Häfen Südchinas abgewickelt. Vietnams chinesische Kaufleute betrieben den Handel effizient, exportierten vietnamesische Waren wie Reis, Lackarbeiten und Elfenbein nach Kanton, um mit den Erlösen chinesische Luxuswaren und Fertigprodukte zu importieren. Ab etwa 1830 begann jedoch britisches Opium in beispiellosen Mengen nach Südchina zu strömen, was den gesamten sinovietnamesischen Handel völlig aus dem Gleichgewicht brachte. Die Süchtigen Südchinas und Vietnams zahlten für ihr Opium in Silber. Der daraus resultierende Abfluss von Hartgeld führte in beiden Ländern zu Inflation und rasant steigenden Silberpreisen.[153]

Der vietnamesische Hof war aus moralischen ebenso wie aus wirtschaftlichen Gründen ein erbitterter Gegner der Sucht und stellte das Opium völlig unter Verbot. Schon 1820 hatte der Kaiser dekretiert, dass selbst Söhne und jüngere Brüder von Süchtigen die Gesetzesbrecher den Behörden zu übergeben hätten.[154]

Der kaiserliche Hof setzte seine – weitgehend erfolglosen – Bemühungen zur Beschränkung des Opiumschmuggels aus China fort, bis ihn die militärische Niederlage gegen die Franzosen zwang, ein kaiserliches Opiumlizenzsystem einzurichten. 1858 kreuzte eine französische Invasionsflotte vor der vietnamesischen Küste auf und segelte nach einem missglückten Angriff auf den Hafen von Da Nang, unweit der königlichen Hauptstadt Hue, nach Saigon, wo sie eine Garnison einrichtete und einen Großteil des nahen Mekongdeltas besetzte. Unfähig, die Franzosen aus ihrem Saigoner Brückenkopf zu vertreiben, willigte der vietnamesische Kaiser schließlich ein, die drei Provinzen um Saigon abzutreten und langfristige Reparationen in Höhe von vier Millionen Silberfranc zu leisten. Aber der Opiumhandel mit Südchina hatte die vietnamesische Wirtschaft so sehr geschädigt, dass der Hof sich außer Stande sah, für diese drückende Entschädigung aufzukommen, ohne eine neue Einkommensquelle zu erschließen. Der Kaiser beugte sich dem Unabwendbaren, richtete in Nordvietnam ein Opiumlizenzsystem ein und vergab die Lizenzen an chinesische Händler zu Konditionen, die ihm die Abzahlung der Reparationen innerhalb von zwölf Jahren erlauben würden.[155]

Auf lange Sicht wichtiger war die französische Einrichtung eines Opiumlizenzsystems nur sechs Monate nach der Annexion Saigons 1862, um Einkünfte aus der neuen Kolonie zu sichern. Opium wurde aus Indien importiert, mit zehn Prozent besteuert und von lizenzierten chinesischen Händlern an alle Interessenten verkauft.[156] Die Droge wurde zur lukrativen Einkommensquelle, und so wiederholten die Franzosen dieses erfolgreiche Experiment jedes Mal, wenn sie andere Gebiete Indochinas besetzten: Kambodscha 1863, Annam 1883, Tongking 1884 und Laos 1893. Zwar gelang es durch die Opiumlizenzen, im Verlauf mehrerer Jahre Einkünfte aus Südvietnam zu ziehen, aber die rasche Expansion der französischen Besitzungen in den 80er und 90er Jahren verursachte ein riesiges Haushaltsdefizit für Indochina insgesamt. Außerdem war das administrative Wirrwarr von fünf separaten Kolonien ein leuchtendes Beispiel für Ineffizienz. Legionen französischer Beamter verschwendeten die geringen Gewinne, die diese Kolonien erwirtschafteten. Obwohl eine Reihe von Verwaltungsreformen in den frühen 90er Jahren die Missstände weitgehend behob, bedrohten die fortlaufenden Haushaltsdefizite noch immer die Zukunft Französisch-Indochinas.[157]

Der Mann der Stunde war ein Pariser Haushaltsexperte namens Paul Doumer. Eine seiner Lösungen war Opium. Bald nachdem er 1897 das Schiff aus Frankreich verlassen hatte, begann Generalgouverneur Doumer mit einer Reihe großer Haushaltsreformen: Über die Kolonialbürokratie wurde eine Einstellungssperre verhängt, unnötige Ausgaben wurden gestrichen und die fünf autonomen Kolonialbudgets zu einem zentralen Finanzministerium verschmolzen.[158] Vor allem aber organisierte Doumer 1899 das Opiumgeschäft neu, weitete die Verkäufe aus und senkte die Ausgaben drastisch. Nach Zusammenlegung der fünf autonomen Opiummonopole zu einem einzigen ließ Doumer in Saigon eine moderne, effiziente Opiumraffinerie errichten, um indisches Rohopium zu Rauchopium zu verarbeiten. Die neue Fabrik entwickelte eine spezielle Mischung aufbereiteten Opiums, die schneller verbrannte und die Raucher auf diese Weise dazu veranlasste, mehr zu konsumieren, als sie es gewöhnlich taten.[159] Unter Doumers Führung tätigte das Opiummonopol seine ersten Käufe billigen Opiums aus der chinesischen Provinz Yunnan, sodass die staatlichen Opiumhöhlen und Verkaufsstellen ihre Kundschaft um ärmere Arbeiter erweitern konnten, die sich die teuren indischen Marken nicht leisten konnten.[160] Weitere Opiumhöhlen und Verkaufsstellen wurden eröffnet, um die wachsende Verbrauchernachfrage zu befriedigen. 1918 gab es in Französisch-Indochina 1.512 Opiumhöhlen und 3.098 Verkaufsstellen. Das Geschäft boomte.

Wie Generalgouverneur Doumer selbst stolz berichtete, steigerten diese Reformen die Opiumeinkünfte, die nun über ein Drittel aller Kolonialeinnahmen ausmachten, in seinen ersten vier Amtsjahren um 50 Prozent.[161] Zum ersten Mal in über zehn Jahren gab es einen Haushaltsüberschuss. Außerdem fassten französische Investoren durch Doumers Reformen mehr Vertrauen in das indochinesische Wagnis. Es gelang ihm, einen Kredit von 200 Millionen Franc zu mobilisieren, mit dem ein großes Programm für öffentliche Arbeiten, der Ausbau des Eisenbahnnetzes sowie viele Hospitäler und Schulen der Kolonie finanziert wurden.[162]

Die französischen Kolonisten machten sich durchaus keine Illusionen, wie sie die Entwicklung Indochinas finanzierten. Als die Regierung Pläne zum Bau einer Eisenbahn entlang des Roten Flusses in die chinesische Provinz Yunnan bekannt gab, erklärte ein Sprecher der Wirtschaft eines ihrer vorrangigen Ziele:

> »Jetzt, wo die Mittel für den Bau einer Eisenbahn nach Yunnan bewilligt werden, ist es von besonderem Interesse, nach Wegen zu suchen, um den Handel zwischen der Provinz und unserem Territorium zu erhöhen. ... Die Handelsbestimmungen für *Opium* und Salz mit Yunnan sollten derart bereinigt werden, dass der Handel ausgeweitet und die Tonnage unserer Eisenbahn erhöht werden kann.«[163]

Während ein internationaler Kreuzzug gegen das »Übel des Opiums« in den 20er und 30er Jahren andere Kolonialverwaltungen in Südostasien zwang, den Umfang ihrer Opiummonopole zu reduzieren, waren französische Vertreter gegen solcherlei moralische Bedenken immun. Als die Weltwirtschaftskrise von 1929 die Steuereinnahmen schmälerte, gelang es ihnen, die bis dahin allmählich sinkenden Profite aus dem Opiummonopol wieder zu erhöhen, um die Verluste wettzumachen. Die Opiumerlöse stiegen beständig und machten 1938 ganze 15 Pro-

zent des gesamten kolonialen Steueraufkommens aus – der höchste Prozentsatz in Südostasien.[164]
Langfristig jedoch schwächte das Opiummonopol die Position der Franzosen in Indochina. Vietnamesischen Nationalisten galt das Monopol als Paradebeispiel für die französische Ausbeutung.[165] Einige der erbittertsten Attacken Ho Chi Minhs waren jenen französischen Beamten vorbehalten, die das Opiummonopol verwalteten. 1945 druckten vietnamesische Nationalisten einen Artikel eines französischen Autors nach und setzten diese Beschreibung einer Opiumhöhle als revolutionäre Propaganda ein:

> »Betreten wir also eine dieser Opiumhöhlen, die von den Kulis, den Hafenarbeitern, besucht werden.
> Die Tür öffnet sich auf einen langen Korridor. Zur Linken des Eingangs befindet sich ein Fenster, wo man die Droge kauft. Für 50 Centimes bekommt man eine kleine Fünf-Gramm-Schachtel, für mehrere Hundert erhält man genug für einen mehrtägigen Rausch. Gleich nach dem Eingang dringt ein schrecklicher Fäulnisgeruch in die Nase. Der Korridor führt um eine Ecke, biegt erneut ab und öffnet sich zu mehreren kleinen, dunklen Räumen, die ein veritables Labyrinth bilden, erleuchtet von Lampen, die ein flackerndes gelbes Licht abgeben. Die Wände, in die lange Nischen eingelassen sind, starren vor Schmutz. In jeder Nische liegt ein Mann reglos ausgestreckt wie ein Stein. Niemand bewegt sich, als wir vorbeigehen. Nicht einmal ein Blick. Sie kleben an einer kleinen Pfeife, dessen gurgelndes Wasser allein die Stille durchbricht. Die anderen sind furchtbar regungslos, mit langsamen Gesten, Beine ausgestreckt, Arme in der Luft, als seien sie tot umgefallen. ... Die Gesichter sind von überweißen Zähnen gekennzeichnet; die Pupillen von einem schwarzen Starren, vergrößert, fixiert auf Gott weiß was; die Augenlider bewegen sich nicht; und auf den bleichen Wangen dieses vage, mysteriöse Lächeln der Toten. Es war ein entsetzlicher Anblick, sich unter diesen Kadavern zu bewegen.«[166]

Diese Art von Propaganda traf bei den Vietnamesen auf offene Ohren, denn die sozialen Kosten der Opiumsucht waren in der Tat gewaltig. Viele Plantagenarbeiter, Bergleute und städtische Arbeiter brachten ihren gesamten Lohn in den Opiumhöhlen durch. Die anstrengende Arbeit, verbunden mit der schwächenden Wirkung der Droge und Nahrungsmangel, führte zu extremer Ausmergelung, sodass einige Arbeiter nur noch als wandelnde Skelette bezeichnet werden konnten.

Zwar waren nur zwei Prozent der gesamten Bevölkerung drogensüchtig, aber unter der Elite forderte die Abhängigkeit mit etwa 20 Prozent einen beträchtlich höheren Tribut. Durch ihre teure Sucht war die einheimische Führungsschicht, zumeist in der Lokalverwaltung beschäftigt oder für die Eintreibung von Steuern verantwortlich, anfälliger für Bestechungen aller Art.[167] Tatsächlich wurde der stark opiumsüchtige Dorfbeamte in der vietnamesischen Literatur der 30er Jahre zu einem Symbol für staatliche Korruption. Der vietnamesische Romancier Nguyen Cong Hoan verfasste ein unvergessliches Portrait eines solchen Mannes:

»Doch die Wahrheit ist, dass Repräsentant Lai Abkömmling jenes Menschenstammes war, der die sechste Rasse der Welt bildet. Denn wäre er weiß, wäre er Europäer gewesen, wenn gelb, Asiate, wenn rot, Amerikaner, wenn braun, Australier, wenn schwarz, Afrikaner. Aber er war von einer Art von Grün, die unzweifelhaft die Hautfarbe der Rasse der Drogenabhängigen ist.

Als der Zollbeamte eintrat, war Repräsentant Lai bereits anständig angekleidet. Er gab vor, in Eile zu sein. Dennoch waren seine Augenlider halb geschlossen, und der Geruch von Opium war noch intensiv, sodass jeder erraten konnte, dass er soeben eine ›Traumsitzung‹ hinter sich hatte. Vielleicht hatte er deshalb das Gefühl gehabt, sich mit mindestens zehn Pfeifen Opium vollpumpen müssen, weil er sich einbildete, es würde irgendwie seine Masse vermindern und seine Bewegungen gewandter machen.

Er kicherte und schritt überschwänglich auf den Zollbeamten zu, als wolle er einen alten Freund an sich drücken und küssen. Er verbeugte sich tief, ergriff mit beiden Händen die Hand des Franzosen und stotterte.

›Seid gegrüßt, Euer Ehren, warum waren Euer Ehren so lange nicht hier?‹«[168]

Die Opiumkrise des Zweiten Weltkriegs

Bis zu Beginn des Zweiten Weltkriegs versorgten die 2.500 Opiumhöhlen und Verkaufsstellen Indochinas noch 100.000 Süchtige und trugen mit 15 Prozent zu allen Steuereinnahmen bei. Die Franzosen importierten beinahe 60 Tonnen Opium jährlich aus dem Iran und der Türkei, um dieses Großunternehmen zu beliefern. Als dann der Zweite Weltkrieg ausbrach, wurden die Handelsrouten durch Kampflinien blockiert. Indochina war nun von den Schlafmohnfeldern Indiens und

Persiens abgeschnitten. Nach der deutschen Eroberung Frankreichs im Frühjahr 1940 und der japanischen Besetzung Indochinas mehrere Monate später verhängte die britische Marine ein Embargo über Indochina. Für die meisten französischen Kolonialbeamten erwies sich die japanische Militärbesatzung als mildes Regime, da es ihnen erlaubt wurde, Indochina weiterhin zu verwalten. Aber den Verwaltern des Opiummonopols bereitete die neue Macht gewaltige Probleme. Falls sich nicht eine alternative Opiumquelle auftat, sah die Kolonie einer schweren Haushaltskrise ins Auge.

Zwar hätte geschmuggeltes Yunnan-Opium das Problem für die Süchtigen lösen können, aber das Opiummonopol brauchte eine kontrollierbarere Nachschubquelle. Die einzig mögliche Lösung war, die Hmong aus Laos und Nordwesttongking zu veranlassen, ihre Opiumproduktion auszuweiten, und 1940 tat das Opiummonopol genau dies.

Als sich französische Beamte an diese massive Kampagne zur Ankurbelung der Mohnproduktion machten, müssen die erfahreneren unter ihnen ihre Zweifel an den Erfolgschancen gehabt haben. Vorangegangene Versuche, die Opiumproduktion der Hmong zu erhöhen oder die Menge zu reduzieren, die an Schmuggler abgezweigt wurde, hatten mindestens zwei große Revolten ausgelöst und zu zahllosen blutigen Zwischenfällen geführt. 1896, also nur drei Jahre nachdem sich die Franzosen in Laos festgesetzt hatten, trieben unbesonnene Forderungen nach größeren Opiumlieferungen die Hmong-Bauern in der Region des Tranninh-Plateaus (Ebene der Tonkrüge) dazu, die örtliche französische Garnison anzugreifen.[169] Später hatte der ungeschickte Umgang der Franzosen mit den Hmong beim Opiumhandel zu einem massiven Hmong-Aufstand beigetragen, der von 1919 bis 1922 durch Laos und Tongking fegte.[170] 1914 provozierte ein französischer Angriff auf Opiumschmuggler aus Yunnan einen der ersten gewaltsamen antifranzösischen Aufstände der laotischen Geschichte. Nachdem französische Kolonialbeamte damit begonnen hatten, ihren Karawanen nachzustellen, die in der Region des Tranninh-Plateaus Handel trieben, führten Opiumhändler aus Yunnan Tausende von Stammesangehörigen aus den Bergen in eine Revolte und besetzten fast ein Jahr lang eine ganze laotische Provinz, bevor zwei französische Regimenter sie schließlich zurück nach China trieben.[171]

Trotz dieser langen Geschichte bewaffneter Aufstände in Reaktion auf den französischen Umgang mit den Schmugglern und Hmong-Opiumbauern hatte das Opiummonopol keine andere Wahl, als die

Hmong-Produktion auszuweiten und den Schmuggel zu unterdrücken, damit die gesteigerte Ernte nicht zur Konterbande wurde. Die fiskalischen Konsequenzen des Nichtstuns wären zu ernst gewesen; die Franzosen mussten das Risiko eingehen, einen Aufstand in den Bergen zu provozieren.

Als sich das Opiummonopol 1939/40 daran machte, die Opiumwirtschaft der Bergvölker zu transformieren, bekamen Kolonialbeamte im gesamten Hochland telegrafische Instruktionen wie diese hier:

»Ihre Rolle lässt sich wie folgt zusammenfassen:
– fördern Sie den Anbau,
– überwachen Sie den Anbau und stellen Sie so genau wie möglich die Anbaufläche fest,
– unterdrücken Sie Schmuggelaktivitäten.«[172]

Die Franzosen ersannen neue Taktiken, um ihre Erfolgsaussichten zu verbessern und das Gewaltrisiko zu minimieren. Sie schickten ihre Zollbeamten nicht mehr mit schwer bewaffneten Reitern aus, um die Bergkämme und Marktstädte auf der Suche nach Schmugglern zu kontrollieren. Stattdessen gab man ihnen mit Stoffen, Silber und Handelswaren beladene Packpferde mit: Sie sollten nun den Schmuggel beseitigen, indem sie die Schmuggler überboten. Und das Opiummonopol verfiel darauf, Stammesführer von hohem Ansehen zu offiziellen Zwischenhändlern zu ernennen. Diese Führer übermittelten die neue Opiumnachfrage an die Stammesmitglieder, verhängten Steuern oder Vorschriften, die sie am ehesten zur Erfüllung der französischen Wünsche veranlassen würden, und lieferten das Opium an die französischen Beamten, nachdem sie den Bauern einen ausgehandelten Preis bezahlt hatten.

Allein unter der Perspektive gesteigerter Opiumproduktion war dieser Politik ein beträchtlicher Erfolg beschieden. Indochinas Opiumproduktion stieg sprunghaft von 7,4 Tonnen 1940 auf 60,6 Tonnen 1944 – ein 800-prozentiger Anstieg in vier Jahren. Diese Ernten reichten, um die 100.000 Süchtigen Indochinas angemessen zu versorgen und ein stetiges Wachstum der staatlichen Opiumerlöse zu erwirtschaften – von 15 Millionen Piaster 1939 auf 24 Millionen 1943.[173]

Im Tausch für ihre Kooperation unterstützten die Franzosen die politischen Aspirationen der Stammesführer. Die wichtigsten Opiumanbauregionen in Indochina waren die Provinz Xieng Khouang in Nordostlaos und die Tai-Gebiete Nordosttongkings. In beiden Gebieten siedelten viele Hmong-Opiumbauern; sie lagen zudem an wichtigen Verkehrsrouten. Die Franzosen machten Touby Lyfoung zu ihrem Opiumzwischenhändler in Xieng Khouang und Deo Van Long in den Tai-Gebieten. Sie gingen damit politische Verpflichtungen ein, die unvorhergesehene Konsequenzen für die Zukunft ihrer Kolonialherrschaft haben sollten.

Die Opiumbauern des Hochlandes

Seit über 2.000 Jahren lebten die Hmong im Südwesten Chinas, in den Provinzen Sichuan, Yunnan, Hunan und Guizhou. 1971 gab es in den Bergen dieser vier Provinzen immer noch über 2,5 Millionen Hmong. Bis zum 17. Jahrhundert waren diese zerklüfteten Provinzen für den kaiserlichen Hof in Beijing von geringer Bedeutung. Dort war man im Allgemeinen zufrieden, solange der Hmong-Adel seinen Tributverpflichtungen nachkam. Im Gegenzug schmückte Peking die Hmong-Führer mit Titeln und erkannte die Legitimität ihrer autonomen Königreiche an.[174] Wenn zum Beispiel die Kaiser der Mingdynastie (1368–1644) mit aufsässigen Hmong konfrontiert waren, reagierten sie nur selten mit Strafexpeditionen. Stattdessen schwächten sie die mächtigen Hmong-Königreiche, indem sie weitere Könige und Adlige kürten und so ein Heer von zerstrittenen Stammesfürstentümern schufen.[175]

Diese Politik der indirekten Herrschaft führte zu recht eigenartigen politischen Verhältnissen. Inmitten eines imperialen, systematisch in Provinzen aufgeteilten Landes, das von einer Meritokratie regiert wurde, die man für ihre Gelehrtheit respektierte, gedieh ein zufälliges Mosaik buntscheckiger Hmong-Machtbereiche, an deren Spitze »kleine Könige« *(kaitong)* standen, die ihren Titel erbten und von ihren Untertanen fast religiös verehrt wurden. Der jeweilige *kaitong* und die herrschende Aristokratie trugen gewöhnlich denselben Familiennamen.[176] Aber für die Hmong-Stämme braute sich Ärger zusammen, als 1644 die Mandschudynastie begründet wurde. Als Teil ihrer zahlreichen bürokratischen Neuerungen beschlossen die Mandschu, die Autonomie der Hmong-Königreiche abzuschaffen und sie in die reguläre Reichsverwaltung zu integrieren. Als diese Politik auf Widerstand stieß, begannen die Mandschu, die widerborstigen Stämme zu vertreiben und ihre Länder mit fügsameren ethnischen Chinesen zu bevölkern.[177] Als ein 200-jähriger Ausrottungsfeldzug Mitte des 19. Jahrhunderts in einer Serie blutiger Massaker gipfelte, flohen Tausende von Hmong nach Süden Richtung Indochina.[178]

Die meisten der flüchtenden Hmong zogen südostwärts und brachen wie eine Invasionsarmee in das nördliche Tongkingdelta Vietnams ein. Aber die vietnamesische Armee trieb die Hmong ohne große Schwierigkeiten zurück in die Berge, da die Eindringlinge durch das feuchte Deltaklima geschwächt waren und von den vietnamesischen Elefantenbataillonen in Angst und Schrecken versetzt wurden.[179] Die geschlagenen Hmong verteilten sich über das vietnamesische Hochland und ließen sich schließlich in halbpermanenten Bergdörfern nieder.

Drei *kaitong* der Hmong vermieden jedoch die überstürzte Flucht ins Tongkingdelta, wandten sich nach Westen und führten ihre Clans an Dien Bien Phu vorbei ins nordöstliche Laos. Einer dieser Clans waren die Ly aus dem südlichen Teil der Provinz Sichuan. Ihr *kaitong* war Führer des Hmong-Widerstandes in Sichuan gewesen. Als 1856 die chinesischen Massaker begannen, befahl er seinen vier Söhnen, die Überlebenden nach Süden zu führen, während er zurückblieb, um die chinesischen Armeen aufzuhalten. Sein dritter Sohn, Ly Nhiavu, machte sich mit seinem Clan auf einen einjährigen Marsch, der im Nong-Het-Distrikt in Laos in der Nähe der heutigen Grenze zu Vietnam endete.[180] Der fruchtbare Boden dort war ideal für ihre Einschlags- und Brandrodungslandwirtschaft. Die Berge um Nong Het waren eigentlich unbewohnt, hatten aber bereits zwei andere flüchtende Clans angezogen, die Mua und Lo. Da der *kaitong* der Lo als erster angekommen war, wurde er zum nominellen Triumviratsführer der Region. Als sich die Kunde bis China und Vietnam verbreitete, dass die laotischen Berge fruchtbar und unbewohnt waren, wanderten Tausende von Hmong nach Süden. Nong Het blieb ihr wichtigstes politisches Zentrum in Laos.

Bald nachdem die Franzosen 1893 ihr Kolonialregime errichtet hatten, begannen sie Ware für das laotische Opiummonopol einzukaufen und befahlen den Hmong, ihre Produktion zu steigern. Verärgert, dass die Franzosen versäumt hatten, ihn vor ihrer Forderung zu konsultieren, befahl der *kaitong* der Lo einen Angriff auf das französische Provinzhauptquartier in Xieng-Khouang-Stadt. Aber die Steinschlossgewehre der Hmong hielten den modernen französischen Schusswaffen nicht stand; der Aufstand wurde rasch niedergeworfen. Gedemütigt durch seine Niederlage, räumte der *kaitong* der Lo seine Position im Triumvirat für den *kaitong* der Mua.

Bis die Opiumkrise von 1940 sie zwang, sich erneut in die Hmong-Politik einzumischen, übten die Franzosen nur noch einen subtilen Einfluss auf die Stammesangelegenheiten aus. Jene Hmong-Führer, die ehrgeizig und geschickt genug waren, die Kolonialherren zu Dank zu verpflichten, erzielten unweigerlich einen wichtigen Vorteil. Ly Foung und sein Sohn Touby Lyfoung waren solche Männer.

Obwohl Mitglied des Ly-Clans, war Ly Foung nicht mit dem *kaitong* Ly Nhiavu oder dessen adliger Familie verwandt. Ly Foungs Vater war 1865 als Dienstmann eines chinesischen Händlers nach Nong Het gekommen, acht Jahre nach *kaitong* Ly Nhiavu. Er hatte Ly Nhiavu und seine drei Brüder gebeten, ihn als Clansmann aufzunehmen, aber diese hatten sich geweigert. Zum einen stammte er aus Yunnan, nicht aus Sichuan, zum anderen machte ihn seine Bereitschaft, als Dienstmann für einen verhassten Chinesen zu arbeiten – praktisch als Sklave –, in den Augen der Ly-Adligen inakzeptabel.[181]

Derart abgewiesen gründete Ly Foungs Vater sein eigenes kleines Dorf im Nong-Het-Gebiet und heiratete eine Frau aus einem ansässigen Stamm, die ihm viele Kinder gebar. Sein ganzer Ehrgeiz richtete sich auf seinen dritten Sohn, Ly Foung, der zu einem bemerkenswerten Sprachtalent heranwuchs, fließend Chinesisch und Lao sprach und ebensogut Vietnamesisch und Französisch beherrschte. Ly Foung, dem bewusst war, dass Verwandtschafts- und Heiratsbande unter den Hmong die Grundlage der Macht waren, heiratete in die Familie Lo Bliayaos ein. Seinem Ruf nach ein starker, harter Mann, verfügte Bliayao über unzweifelhafte Führungstalente, die es ihm ermöglicht hatten, sich als erster *kaitong* von Nong Het zu etablieren.

Die traditionelle Hmong-Heirat ist ungewöhnlich. Wenn ein junger Mann beschlossen hat, eine bestimmte Frau zu heiraten, entführt er sie mithilfe seiner Freunde gewaltsam und schafft sie in eine behelfsmäßige Waldhütte, bis die Heirat vollzogen ist. Der Brauch hat an Popularität eingebüßt, und selbst in seinen besten Zeiten kam es gewöhnlich erst zur Entführung, wenn die Eltern ihr stillschweigendes Einverständnis gaben. 1918 beschloss Ly Foung, May, die Lieblingstochter Lo Bliayaos, zu heiraten, aber statt ihren Vater selbst zu Rate zu ziehen, soll Ly Foung den Onkel der Braut bezahlt haben, um die Entführung zu arrangieren. Was immer Bliayao vor der Hochzeit gedacht haben mag (es gibt Berichte, nach denen er Ly Foung nicht mochte), er erhob keine Einwände und stellte Ly Foung als persönlichen Assistenten und Sekretär ein.[182] Obwohl May 1919 Touby gebar, den späteren politischen

Führer der Hmong, und außerdem eine gesunde Tochter zur Welt brachte, war die Ehe nicht glücklich. Während eines besonders erbitterten Streits im vierten Jahr ihrer Ehe schlug Ly Foung seine Frau so heftig, dass sie daraufhin mit einer Überdosis Opium Selbstmord beging. In seiner Wut und Trauer feuerte Lo Bliayao Ly Foung als Sekretär und brach alle Bande zum Ly-Clan ab.[183]

Um eine anscheinend unausweichliche Konfrontation zwischen den Clans der Lo und Ly zu vermeiden, akzeptierten die Franzosen einen Vorschlag der Hmong, die sich befehdenden Clans zu trennen, indem sie den Nong-Het-Distrikt in zwei Verwaltungsbezirke teilten. Lo Bliayaos ältester Sohn wurde zum Chef des Keng-Khoai-Distrikts ernannt, und mehrere Jahre später wurde Ly Foungs Sohn Chef des Phac-Bun-Distrikts.[184]

Die Teilung des Nong-Het-Distrikts wurde protestlos akzeptiert; der Streit hörte auf. Im Dezember 1935 jedoch starb *kaitong* Lo Bliayao, womit die letzte Verbindung zu den »großen Hmong-Königreichen« Südchinas abgerissen war. Der Lo-Clan stand nun vor ernsten politischen Problemen. Lo Bliayaos ältester Sohn und Nachfolger, Song Tou, war seinem Vater in keiner Weise ebenbürtig. Er widmete seine Zeit dem Glücksspiel und der Jagd und fügte dem Ansehen seiner Familie bald schweren Schaden zu, als er mit lokalen Steuereinnahmen schlecht wirtschaftete und seine Position als Chef des Keng-Khoai-Distrikts verlor.[185] Als Ly Foung zustimmte, die Steuern auszugleichen, die Song Tou verloren hatte, ernannte ihn die französische Kolonialregierung zum Distriktchef.

Es war ein großer Sieg für die Ly-Foung-Familie. 70 Jahre nachdem sein Vater von den Ly-Adligen schmählich zurückgewiesen worden war, hatte sich Ly Foung zum Führer des Ly-Clans und zum mächtigsten Hmong in Nong Het aufgeschwungen. Nun, da die beiden Distrikte von Nong Het von ihm und seinem Sohn regiert wurden, ließ Ly Foung die Lo von allen hohen politischen Ämtern ausschließen, die den Hmong offen standen, und sicherte sich das Monopol über die politische Macht.

Der Niedergang des Lo-Clans schmerzte Song Tous jüngeren Bruder, Faydang, der den starken Charakter des Vaters geerbt hatte. Kurz nachdem Ly Foung sein Amt angetreten hatte, unternahm Lo Faydang eine Reise von fast 200 Kilometern nach Luang Prabang, in die königliche Hauptstadt der Lao, wo er ein Gesuch an den populären Prinzen Phetsarath einreichte, der als einer der wenigen Lao-Aristokraten bekannt war, die irgendwelche Sympathien für die Bergstämme hegten. Der Prinz schritt zu seinen Gunsten ein und rang allen Beteiligten – den Franzosen, Ly Foung und den laotischen Adligen – die Zustimmung ab, dass Faydang der neue Distriktchef von Keng Khoai werden würde, wenn Tod oder Krankheit Ly Foung von seinem Amt fernhielten.[186]

Als jedoch Ly Foung im September 1939 starb, brachen die Franzosen ihr Versprechen gegenüber Faydang und gaben den Posten Ly Foungs Sohn Touby. In ihren Augen war Faydangs Gesuch beim königlichen Hof zwei Jahre zuvor ein Akt der Insubordination gewesen. Sie waren nicht gewillt, Faydang nun irgendeine Autorität in der Region anzuvertrauen. Nach ihren unangenehmen früheren Erfahrungen mit den Stämmen waren die Franzosen daran interessiert, nur mit Stammesführern von erwiesener Loyalität zu arbeiten, die als Zwischenhändler fungieren konnten, um die Opiumernte zu kaufen und die für Schmuggler abgezweigten Mengen zu vermindern.

Während Faydang ein möglicher Unruhestifter war, hatte Touby seine Loyalität und Kompetenz unter Beweis gestellt. Sein Vater hatte verstanden, wie sehr die Franzosen eine gute Kolonialbildung zu schätzen wussten. Touby war der erste Hmong, der jemals eine höhere Schule besuchte, und schloss im Frühjahr 1939 das Vinh Lycée mit guten Leistungen ab. Als Ly Foung in jenem September starb, hatten beide, Touby und Faydang, die klare Absicht, sich vor der Versammlung des Keng-Khoai-Dorfes zur Wahl für das freie Amt des Distriktchefs zu stellen. Ohne Erklärung gab der französische Kommissar bekannt, dass Faydang von der Wahl ausgeschlossen sei. Touby hatte somit praktisch keinen Konkurrenten und errang einen überwältigenden Sieg.[187]

Bei Ausbruch des Zweiten Weltkriegs unternahmen die Franzosen enorme Anstrengungen, die Opiumproduktion in den Stammesgebieten zu steigern. Toubys politische Zukunft war gesichert. Mehrere Monate nach seiner Wahl trat er eine achtjährige Amtszeit als einziges Hmong-Mitglied der Opiumeinkaufskommission an und lieferte wertvolle technische Informationen, wie sich die Hmong-Produktion am besten steigern ließe.[188] In der Nong-Het-Region selbst erhöhte Touby die jährliche Kopfsteuer von drei Silberpiaster auf exorbitante acht Piaster, stellte es den Stammesangehörigen jedoch anheim, stattdessen drei Kilogramm Rohopium zu liefern.[189] Die meisten Hmong waren zu arm, um acht Silberpiaster im Jahr aufbringen zu können – Opium schien da die gangbarere Option zu sein. So löste die Steuererhöhung in Nong Het einen Opiumboom aus. Mit seinen fruchtbaren Bergen, hervorragenden Verbindungen (Laos' Hauptstraße zum Meer führte durch den Distrikt) und seiner großen Hmong-Bevölkerungsdichte wurde Nong Het eines von Indochinas produktivsten Opiumanbaugebieten.

Außerdem wurden diese Maßnahmen in den Hmong-Distrikten von ganz Nordlaos angewandt, sodass sich die Wirtschaft der Bergstämme von einer Subsistenzlandwirtschaft zu einem marktorientierten Opiumanbau wandelte. Nach Toubys eigener Einschätzung verdoppelte sich die Opiumernte von Laos in dieser Periode und stieg auf bis zu 30 bis 40 Tonnen im Jahr. »Opium«, so drückte es ein französischer Kolonialbeamter aus, »war früher einer der Adligen des Landes. Heute ist es König.«[190]

Obwohl Faydang während des Zweiten Weltkriegs bei den französischen Behörden immer wieder um seine Einsetzung als Distriktbeamter nachsuchte, wie man es ihm versprochen hatte, band der Opiumimperativ die Franzosen fest an Touby. Wenn sich zwei Clans in einem Dorf oder Distrikt nicht vertrugen, trennten die Hmong sie gewöhnlich durch die Aufteilung des Dorfes oder Distrikts, wie sie es zuvor in Hong Het getan hatten. Aber die Franzosen standen fest hinter Touby, der ihnen einen wachsenden Opiumnachschub garantieren konnte, und wiesen Faydangs Gesuche zurück. Als Folge ihrer Opiumpolitik wurde Touby ein loyaler Beamter, während sein Onkel Faydang gegenüber der Kolonialherrschaft zunehmend verbitterte. Der französische Verrat an Faydang dürfte ein wichtiger Faktor in seiner Entwicklung zu einem der wichtigsten Revolutionsführer von Laos gewesen sein. Außerdem schuf die französische Politik unerträgliche Spannungen zwischen den Clans der Lo und Ly – Spannungen, die sich bei der ersten Gelegenheit entluden.

Nach der japanischen Kapitulation im August 1945 nutzten die laotischen und vietnamesischen Nationalisten (Vietminh) die geschwächte französische Position, um große und kleinere Städte zu besetzen. In ganz Indochina begannen die Franzosen mit Feindaufklärung, setzten sich an strategisch wichtigen Punkten fest und boten all ihre geringen Ressourcen auf, um sich auf die Wiederbesetzung vorzubereiten. Eingedenk der strategischen Bedeutung des Tranninh-Plateaus verfrachteten die Franzosen Fallschirmspringerkommandos und Waffen an geheime Stützpunkte, die Touby Lyfoung und seine Gefolgsleute 1944 und 1945 für sie eingerichtet hatten.[191] Dann, am 3. September, besetzten französische Offiziere und Toubys Hmong-Stoßtrupps erneut Xieng-Khouang-Stadt nahe dem Tranninh-Plateau, ohne einen Schuss abzugeben. Touby wurde nach Nong Het zurückbeordert, um die Region zu sichern und den Bergpass, der nach Vietnam führte, gegen mögliche Vietminh-Angriffe zu bewachen. Er zweifelte an Faydangs Treue gegenüber den Franzosen und entsandte einen Boten in dessen Dorf, um eine Loyalitätserklärung einzuholen.[192] Obwohl Faydang noch keine Kontakte zu den Vietminh oder der laotischen Nationalistenbewegung hatte, weigerte er sich. Nun, da Touby über einige modernere Waffen und überschüssige Munition verfügte, beschloss er, die Sache ein für allemal zu bereinigen. Er schickte 60 Mann aus, um das Dorf zu umzingeln und die Männer des Lo-Clans zu töten. Aber Faydang hatte diesen Schritt erwartet und den Dorfbewohnern befohlen, auf den Feldern zu schlafen. Als der Angriff begann, floh Faydang mit etwa 200 seiner Gefolgsleute über die Grenze nach Muong Sen und nahm zum ersten Mal Kontakt zu den Vietminh auf.[193] Mehrere Monate später führte er eine Vietminh-Kolonne nach Laos und drängte seine Lo-Clansleute zum Aufstand. Mehrere Hundert von ihnen folgten ihm zurück nach Nordvietnam.

Bei der Rekrutierung von Anhängern für seine Guerillabewegung (später als Hmong Resistance League bekannt) kam Faydang offensichtlich die hohe französische Opiumsteuer sehr zugute. Während des Zweiten Weltkriegs hatte die drückende Steuer viele Hmong in die Verschuldung getrieben. Einige der ärmeren Bauern waren gezwungen gewesen, ihre Kinder zu verkaufen, um ausreichende Mengen Opium liefern zu können.[194] Nach Faydangs Darstellung schlossen sich die Hmong seiner Bewegung »mit großer Begeisterung« an, nachdem er 1946 die Opiumsteuer abgeschafft und einige andere große Reformen eingeführt hatte.[195]

Über 30 Jahre nachdem die Franzosen begonnen hatten, die Opiumproduktion der Hmong massiv zu steigern, kämpften annähernd 30.000 von Toubys Gefolgsleuten als Söldner für die CIA. Und auf der anderen Seite der Kampflinien schlossen sich Tausende von Faydangs Hmong-Guerillas der Pathet-Lao-Revolutionsbewegung an. Dieser einfache Clankonflikt, zum offenen Bruch getrieben durch den französische Opiumimperativ, entwickelte sich zu einer dauerhaften Spaltung, die ihren Teil zum 25-jährigen laotischen Bürgerkrieg beitrug.

Opium in den Tai-Gebieten

Mit Ausnahme von Laos war das größte Opiumanbaugebiet in Indochina die angrenzende Region Nordwestvietnams mit vorwiegend Tai sprechender Bevölkerung. Seine ethnische Geografie ähnelte sehr der der birmanischen Shan-Staaten: Die Hochlandtäler – zu tief gelegen, um sich für den Mohnanbau zu eignen – waren von Nassreisbauern bevölkert. Auf den kühlen Berghöhen mit ihrer Brandrodungskultur und den idealen Bedingungen für den Mohnanbau lebten dagegen Hmong-Stämme. Da die Hmong Nordwesttongkings nicht sehr zahlreich waren und sie auch keine mächtigen politischen Führer wie Lo Bliayao und Ly Foung hatten, waren die Bemühungen der Franzosen in den 30er Jahren, lokale Milizen oder eine reguläre Zivilverwaltung aufzubauen, beständig gescheitert.[196] Dagegen fiel den Franzosen der Umgang mit der Talbevölkerung, den Weißen und Schwarzen Tai, ausgesprochen leicht.

Als die französischen Administratoren 1940 ihre Strategie zur Ausweitung der Opiumproduktion in Nordwesttongking entwarfen, beschlossen sie daher, nicht direkt mit den Hmong zusammenzuarbeiten, wie sie es in Laos taten. Stattdessen verbündeten sie sich mit mächtigen Feudalherren der Tai, in deren Hand die Marktzentren des Tieflandes und ein Großteil des Handels der Region lagen. Um die Tai-Führer zu effektiveren Opiumzwischenhändlern zu machen, setzten die Franzosen ihre 40 Jahre währende Politik der kulturellen Vietnamisierung der Tai durch die Einsetzung vietnamesischer Beamter aus.

Obwohl die Franzosen die Autorität von Deo Van Tri, dem Herrscher der Weißen Tai von Lai Chau, bestätigt hatten, als sie in den 90er Jahren des 19. Jahrhunderts die Tai-Gebiete befriedeten, hatten sie nach und nach die Vollmachten seiner Nachfolger beschnitten, bis sie wenig mehr als untergeordnete Distriktchefs waren.[197] Potentiell mächtige Führer wie Deo Van Tris zweiten Sohn, Deo Van Long, hatte man in Hanoi zur Schule geschickt und auf kleinere Posten im Tongkingdelta abgeschoben. 1940 jedoch machten die Franzosen dieser Politik ein Ende und begannen, sich der Tai-Führer als Opiumzwischenhändler zu bedienen. Deo Van Long kehrte als Gebietsverwalter nach Lai Chau zurück.[198] Im Tausch gegen die politische Unterstützung der Franzosen verhandelten Deo Van Long und andere Tai-Führer mit ihren Hmong-Nachbarn über den Kauf von Opium und schickten die Ernteerträge für Verarbeitung und Verkauf an das Opiummonopol in Saigon. Nach

1940 zwangen diese Feudalherren die Hmong-Bauern, ihre Opiumernten zu erhöhen.[199] Bei Kriegsende standen 4,5 bis fünf Tonnen Hmong-Opium für die Verschickung nach Saigon bereit.[200]

Die Verwendung von Tai-Führern als Opiumzwischenhändler war vielleicht eine der bedeutsamsten Verwaltungsentscheidungen der gesamten französischen Kolonialherrschaft. 1954 trafen die Franzosen die riskante Entscheidung, das Ergebnis des Indochinakrieges vom Ausgang einer einzigen Schlacht in einem entlegenen Tal Nordwesttongkings namens Dien Bien Phu abhängig zu machen. Die französischen Kommandeure, darauf eingestellt, ihre laufenden Operationen in der Tai-Region zu sichern und die Vietminh-Offensive nach Laos abzublocken, hielten es nicht für möglich, dass es den Vietminh gelingen könnte, auf den Bergrücken über ihrer neuen Festung Artillerie in Stellung zu bringen. Sie planten einen Hinterhalt für die Vietminh, die im offenen Tal durch französische Flugzeuge und Artilleriefeuer vernichtet werden sollten. Auf den strategischen Bergrücken jedoch lebten die Hmong, die von den Feudalherren der Tai seit beinahe 15 Jahren zu gering bezahlt und betrogen worden waren – von jenen Tai, die sie schlicht mit den Franzosen gleichsetzten. Tausende dieser Hmong dienten den Vietminh als Träger und erkundeten die Bergkämme, die sie so gut kannten, nach den günstigsten Artilleriestellungen. Die gut aufgestellten Artilleriebatterien der Vietminh vernichteten die französischen Befestigungen in Dien Bien Phu und mit ihnen das französische Kolonialreich.

Der Opiumboom nach dem Krieg

Die südostasiatische Opiumwirtschaft hatte sich im Zweiten Weltkrieg praktisch nicht verändert. Die Menge des geernteten Opiums in jenem Gebiet, das später zum weltgrößten Mohnanbaugebiet werden sollte – Birma und Nordthailand –, hatte sich nur wenig, wenn überhaupt, erhöht. Gewiss, Indochinas Gesamtproduktion war auf 60 Tonnen angestiegen – ein Zuwachs von 600 Prozent –, aber die laotische Gesamtmenge, nur 30 Tonnen, war noch weit entfernt von der, die etwa 1968 erwirtschaftet wurde: 100 bis 150 Tonnen. Alles in allem produzierte das Goldene Dreieck weniger als 80 Tonnen jährlich – unbedeutend im Vergleich zu den 1.000 Tonnen des Jahres 1970.

Zwar hatte Südostasien nicht genug Opium produziert, um autark zu werden, aber der bescheidene Zuwachs der heimischen Produktion, verbunden mit geschmuggeltem Opium aus Yunnan, reichte aus, um die stark Süchtigen und die Wohlhabenden zu versorgen. Obwohl Südostasiens Konsumenten steigende Preise in Kauf nehmen mussten – die Steuer des indochinesischen Monopols auf ein Kilo Opium stieg zwischen 1939 und 1943 um 500 Prozent –, war dies kein Vergleich zum kollektiven Entzug, dem sich die amerikanischen Süchtigen während des Zweiten Weltkriegs wohl oder übel unterwerfen mussten.[201] Die Opiumkonsumenten Südostasiens konnten sich ohne größere Einbußen über den Krieg retten.

Sofort nach dem Krieg tauchten wieder ausländische Opiumlieferungen auf: legale Ware aus dem Iran (eingeführt von den thailändischen und französischen Opiummonopolen), eingeschmuggelte aus Chinas Yunnan-Provinz. Entsprechend stiegen die Anzahl der Verbraucher und ihre Nachfrage. Nehmen wir zum Beispiel Thailand: 1940 waren hier 110.000 Einwohner süchtig, 1970 schon 250.000.[202] Es gab zwar viel versprechende Ausnahmen in der Region – in Singapur und Malaysia nahm die Anzahl der Süchtigen im entsprechenden Zeitraum von geschätzten 186.000 auf 40.000 ab[203] –, aber insgesamt verbreitete sich die Opiumsucht in Südostasien in der Nachkriegszeit beträchtlich.

Dennoch war Südostasien etwa zehn Jahre nach Ende des Zweiten Weltkriegs völlig von allen ausländischen Opiumlieferungen abgeschnitten. 1953 unterzeichneten die großen Opiumanbauländer in Europa, dem Nahen Osten und Zentralasien ein UN-Protokoll und willigten ein, auf dem internationalen Markt Opium nicht mehr für den legalisierten Konsum zu verkaufen. Damit wurden schlagartig die Lieferungen iranischen Opiums an die thailändischen und französischen Monopole unterbunden. Schmuggler konnten diesen Verlust nicht wettmachen.

Der weit härtere Schlag gegen die südostasiatische Opiumwirtschaft war jedoch schon 1949 erfolgt, als die chinesische Volksbefreiungsarmee den Bürgerkrieg gewann und die letzten Überreste von Chiang Kai-sheks nationalistischer Armee aus Yunnan vertrieb. Ein Großteil der riesigen Mohnernte dieser Provinz – immerhin Chinas zweitgrößtes Anbaugebiet – war in den Schmuggel nach Südostasien geflossen. Als die Volksbefreiungsarmee Anfang der 50er Jahre damit begann, entlang der Grenze zu patrouillieren, um einen erwarteten Gegenangriff der von der CIA unterstützten nationalchinesischen Truppen zu verhindern, war den meisten Opiumkarawanen der Weg abgeschnitten. Bis Mitte der 50er Jahre führten die Agraringenieure und Parteiarbeiter der Volksrepublik Ersatzfeldfrüchte ein. Nun konnte endgültig kein Opium mehr nach Südostasien durchsickern.[204]

Der Schlüssel zu Chinas Antiopiumkampagne war ein massives Entgiftungsprogramm, mit dem die größte Süchtigenpopulation der Welt – schätzungsweise 40 Millionen in den 30er Jahren – auf Entzug gesetzt wurde. Als Teil der revolutionären Mobilisierung des neuen Regimes verurteilten die neuen kommunistischen Kader den Opiumkonsum als »imperialistische und kapitalistische Aktivität«, registrierten alle Süchtigen und wiesen sie in lokale Drogenkliniken ein. Wer an seiner Abhängigkeit festhielt, wurde als Krimineller gebrandmarkt und in ein Arbeitslager gesteckt.[205] Durch die Landreform gewann man ausgedehnte Mohnfelder für die Nahrungsmittelproduktion zurück, und per Erlass wurde ab Februar 1950 aller weiterer Opiumanbau verboten.[206]

Trotz der Bedeutung der chinesischen Politik für den globalen Drogenhandel weigerte sich die US-Drogenbehörde schlicht, die Realitäten anzuerkennen. Unter Führung ihres militant antikommunistischen Direktors Harry Anslinger beschworen die amerikanischen Drogenbekämpfer Schreckensbilder eines riesigen staatlichen Heroinkomplexes der Kommunisten herauf, der angeblich große Mengen Heroin nach Asien und in den Westen pumpte. »Einer der wichtigsten Abnehmer für den rotchinesischen Handel war Hongkong«, schrieb Anslinger 1961. »Eine Hauptzielregion in den USA war Kalifornien. Allein in die Region von Los Angeles flossen wahrscheinlich 40 Prozent der Schmuggelware aus Chinas Heroin- und Morphiumfabriken.«[207] Nach Anslingers Pensionierung und den Massenentlassungen von korrupten Bürokraten in den 60er Jahren wies eine reformierte US-Bundesdrogenbehörde, nun Bureau of Narcotics and Dangerous Drugs genannt, seine Position zu China zurück. »Auf Grundlage der Informationen, die der US-Regierung verfügbar sind«, berichtete das neue Amt, »gibt es keine Beweise, dass die Volksrepublik China illegale Opiumexporte sanktioniert... oder in den illegalen Handel mit Betäubungsmitteln verwickelt ist.«[208]

Sobald die Behörde Anslingers die ideologischen Scheuklappen abgelegt hatte, produzierten ihre Experten einige scharfsichtige Kommentare zu den Auswirkungen des erfolgreichen Opiumverbots in China. In ihrem Bericht mit dem Titel »The World Opium Situation«

beschrieben sie 1970 Chinas Beitrag zu zwei großen Ereignissen, welche die Struktur des Weltdrogenhandels in den vorangehenden Dekaden verändert hatten:

»Der Weltmarkt für Opium war seit Beginn der Nachkriegszeit bis zur Gegenwart dynamischen Veränderungen ausgesetzt, vor allem zwei großen Umbrüchen. In der Reihenfolge ihrer Bedeutung bestanden diese bahnbrechenden Ereignisse 1.) in der Beseitigung des riesigen illegalen Marktes in China mit dem Regierungswechsel von 1949 und 2.) in der Abschaffung des Anbaus im Iran nach 1955 zusammen mit der raschen Unterdrückung der illegalen Produktion in China zu etwa der gleichen Zeit.«[209]

Mit dem Ende des illegalen chinesischen Beitrags zur Opiumversorgung Südostasiens war Anfang der 50er Jahre der Iran der größte Lieferant der Region geworden. 1953 zum Beispiel machte die iranische Ware 47 Prozent des gesamten von Polizei und Zoll in Singapur beschlagnahmten Opiums aus.[210] Der Großteil des illegal abgezweigten iranischen Opiums wurde nach Südostasien geschmuggelt, aber beträchtliche Mengen gelangten auch in die arabischen Staaten und nach Europa.

Der Iran exportierte nicht nur in erheblichem Umfang, er hatte auch mit einem Anteil Süchtiger zu tun, der nur dem chinesischen nachstand. 1949 schätzte Garland Williams, Distriktsupervisor des FBN in Teheran, dass elf Prozent der iranischen Erwachsenen Drogen nahmen: 1,3 Millionen Süchtige bei einer Erwachsenenbevölkerung von 11,6 Millionen. In Teheran nahmen 40 Prozent der Erwachsenen Opium zu sich, in Provinzen wie Kerman und Khorasan waren es sogar 80 Prozent. Dort fanden sich Opiumpfeifen fast in jedem Haushalt. Teheran selbst hatte 500 Opiumhöhlen mit 20 bis 50 Menschen, die dort zu jeder beliebigen Nachtstunde rauchten.[211] »Ich habe Säuglinge an der Brust ihrer Mütter gesehen, während sich diese in den Opiumhöhlen ihrem Laster hingaben«, berichtete Williams im Februar 1949.[212] »In einem anderen dieser Etablissements sah ich Kinderprostituierte, von denen einige jünger als zehn Jahre waren, und diese kleinen Mädchen spielten an den Männern herum und ... wechselten sich dabei sogar ab, wenn irgendein Mann bereit war, dafür den Preis zu zahlen.« In noch einer anderen Opiumhöhle fanden Hausfrauen ein geselliges Beisammensein, die rauchten, während »ihre Kinder in den Räumen spielten und den Opiumrauch aus den stetig qualmenden Pfeifen einatmeten«. Außerhalb der Opiumhöhlen fand Williams Opiumpfeifen in den allgegenwärtigen Teehäusern und in den Heimen der Elite, wo sie »teuer und fein gearbeitet waren und hochgeschätzt« wurden. Wenn die Hausbewohner selbst nicht rauchten, war die Pfeife für Besucher notwendig. Die 50 großen Familien des Landes, die »Ackerland von gewaltiger Ausdehnung« besaßen, waren überzeugt, dass »keine Feldfrucht je den Platz des Mohnes einnehmen wird«, da er einzigartig an die strenge winterliche Pflanzzeit angepasst sei. Da diese großen Familien das Parlament (Majilis) kontrollierten, war die Opiumgesetzgebung überaus löcherig und das mit der Durchsetzung der Anbaubeschränkungen betraute Amt »äußerst ineffizient und korrupt«.[213]

Entgegen Williams' pessimistischer Einschätzung begann der Iran 1950 jedoch damit, seine Produktion drastisch einzuschränken. Die Exporte sanken bis 1954 von 246 auf nur noch 41 Tonnen.[214] Unter der autoritären Herrschaft des Schahs erfolgte der letzte Schlag 1955, als die Regierung die vollständige Abschaffung des Opiumanbaus bekannt gab. Einer späteren CIA-Analyse zufolge ging es dem Despoten dabei vor allem um »die schlechte Gesundheit von Rekruten und den gewachsenen internationalen Druck«. Das rigoros durchgesetzte Verbot hatte eine doppelte Auswirkung auf den asiatischen Opiumhandel: Erstens hörten die umfangreichen Exporte nach Südostasien auf, zweitens entstand im Iran selbst eine plötzliche Nachfrage. Obwohl die Süchtigenbevölkerung bis 1969, dem letzten Jahr des Verbots, langsam auf etwa 350.000 Opiumkonsumenten abnahm, verbrauchte der Iran immer noch durchschnittlich 240 Tonnen Opium jährlich, eine beträchtliche Abschöpfung des weltweiten illegalen Angebots.[215] Die Verfügung des Schahs brachte so den globalen Handel gehörig durcheinander. Irans plötzliche Nachfrage nach illegalem Opium stimulierte die Opiumproduktion der beiden Nachbarländer Afghanistan und Türkei. Und nicht nur das: Die Knappheit illegalen Opiums in Südostasien stürzte auch den dortigen, importabhängigen Drogenhandel in eine tiefe Krise.[216]

Diese dramatischen Ereignisse, die das Muster des internationalen Drogenhandels veränderten, waren das Ergebnis regierungsamtlicher Eingriffe. Ebenso einschneidende Eingiffe der südostasiatischen Regierungen waren es jedoch, die die Massenabhängigkeit von Opium aufrechterhielten. Entscheidungen dieser Größenordnung lagen nicht in Reichweite kleiner Schmuggler und Dealer, von denen die armen Süchtigen der Region das Opium aus Yunnan und den Shan-Staaten bekamen. Beinahe ausnahmslos wurden die Entscheidungen, die große

Veränderungen im internationalen Drogenhandel bewirkten, von Regierungsorganen getroffen – nicht von Kriminellen. Es war die französische Kolonialregierung, die Indochinas Produktion während des Zweiten Weltkriegs ausweitete; es war die chinesische Regierung, die ihre Grenzen schloss und die Opiumproduktion einstellte; es war die iranische Regierung, die per Dekret verfügte, dass der Iran nicht länger Asiens größter Lieferant illegalen Opiums sein sollte.

In den 50er Jahren trafen die Regierungen von Thailand, Laos, Vietnam und den USA wichtige Entscheidungen, die zur Folge hatten, dass sich die Opiumproduktion Südostasiens ausweitete und das Goldene Dreieck zum größten Mohnanbaugebiet weltweit wurde.

4
DER OPIUMBOOM
DES KALTEN KRIEGES

Es ist März oder April, Ende der Trockenzeit im Goldenen Dreieck Südostasiens. Von den Kachin-Bergen und vom Shan-Plateau Birmas bis zu den Bergen Nordthailands und Nordlaos' ist der Boden ausgedörrt und der Regen nur noch Wochen entfernt. In jedem Dorf der Bergvölker – ob bei den Hmong, Yao, Lahu, Lisu, Wa oder Kachin – ist es Zeit, die Felder für die Aussaat vorzubereiten. An einem dieser heißen, staubigen Morgen versammeln sich Männer, Frauen und Kinder am Fuß eines ausgedehnten Berghangs in der Nähe des Dorfes, wo die Männer seit Wochen den Wald mit Äxten eingeschlagen haben. Die gefällten Bäume sind knochentrocken.

Plötzlich rennen junge Männer des Dorfes den Berg hinunter und entflammen das Holz mit Fackeln. Hinter ihnen schießen Flammenwirbel über 100 Meter in den Himmel. Binnen einer Stunde steigt eine Rauchwolke kilometerweit über dem Feld auf. Als das Feuer erstirbt, sind die Felder mit einer nahrhaften Schicht aus Holzasche bedeckt, die Feuchtigkeit des Bodens ist unter seiner feuergehärteten Oberfläche versiegelt. Doch bevor die Aussaat beginnen kann, müssen diese Bauern nun entscheiden, welche Feldfrucht sie anbauen wollen: Reis oder Mohn?

Trotz ihrer traditionellen Ackerbautechniken sind diese Bauern in starkem Maße Teil der modernen Welt. Und wie bei Bauern überall auf der Welt werden ihre grundlegenden wirtschaftlichen Entscheidungen von höheren Mächten bestimmt: von den internationalen Rohstoffmärkten und den Preisen für Fertigwaren. In ihrem Fall schließen die hohen Transportkosten zu und aus ihren entlegenen Bergdörfern die meisten Erwerbsfeldfrüchte aus, was ihnen nur zwei Wahlmöglichkeiten lässt, eben Reis oder Mohn. Die sichere Entscheidung war immer der Reisanbau, denn der lässt sich, wenn die Märkte versagen, essen. Die Bauern kultivieren dann vielleicht einen kleinen Streifen am Feldrand mit Schlafmohn, aber sie werden nicht ihre gesamte Zeit der Opiumproduktion widmen, solange sie nicht sicher sind, dass es für diese Feldfrucht einen Markt gibt.

Ein verlässlicher Markt für ihr Opium hatte sich in den frühen 50er Jahren entwickelt, als mehrere große Veränderungen im internationalen Opiumhandel die Importe chinesischen und iranischen Opiums, die Südostasiens Süchtige fast 100 Jahre lang versorgt hatten, zuerst drosselten und dann unterbanden. Während des Zweiten Weltkriegs hatten die USA »ihren europäischen Alliierten das Einverständnis abgerungen«, ihre Opiummonopole zu beseitigen, wenn ihre Kolonien zurückerobert wären, und hielten diesen Druck nach 1945 aufrecht.[1] Als der offizielle Opiumhandel im Jahrzehnt nach dem Krieg zusammenbrach, weiteten Militärs und Geheimdienste der Region den illegalen Handel aus und schöpften einen Anteil seiner Profite zur Finanzierung ihrer Operationen ab. Während der 50er Jahre betrieben die thailändische Polizei, die Truppen der Nationalchinesen (Guomindang), das französische Militär und die CIA eine Politik, die in Südostasien die massenhafte Opiumabhängigkeit aufrechterhielt und sogar noch vermehrte.

Als Folge dieser militärischen und geheimdienstlichen Aktivitäten erreichte Südostasien gegen Ende des Jahrzehnts sein heutiges Produktionsniveau. Untersuchungen der US-Drogenbehörde zeigen, dass in den späten 50er Jahren in der Region des Goldenen Dreiecks in Südostasien annähernd 700 Tonnen Rohopium geerntet wurde, etwa 50 Prozent der illegalen Gesamtproduktion weltweit.[2] Dieses rasche Wachstum der Opiumproduktion veränderte die Rolle Südostasiens auf dem globalen Rauschgiftmarkt von Gund auf. In den 30er Jahren noch eine Mangelregion, die von Importen abhängig war, wurde Südostasien in den 50er Jahren autark und sollte in den 80er Jahren zum größten Heroinlieferanten der Welt werden.

Die Verwandlung der ungleichartigen Hochlandrücken, die sich über 150.000 Quadratkilometer über die nördlichen Ränder Südostasiens ausdehnen, in eine integrierte Opiumzone war nicht einfach das Produkt globaler Marktkräfte. Ohne Nachschub wären die zahlreichen Süchtigen Bangkoks und Saigons allmählich wohl genauso verschwunden wie jene in Manila und Jakarta. Und ohne Nachfrage wären die Mohnfelder von Birma und Laos wohl wie jene in Yunnan mit der Zeit umgenuzt worden. Die Suche nach den katalytischen Kräften, die Angebot und Nachfrage mit derart dramatischer Wirkung zusammenbrachten, führte zu den verdeckten Kriegen, die Franzosen und Amerikaner in den frühen Jahrzehnten des Kalten Krieges in diesen Bergen ausfochten.

Im Kampf um die Eindämmung des asiatischen Kommunismus führten die Amerikaner heiße Kriege in Korea und Vietnam, in denen sie ihr ganzes Arsenal konventioneller Kriegführung einsetzten. Entlang der chinesischen Grenze jedoch führte der Westen den Kalten Krieg mit unkonventionellen Taktiken. Statt mit Artillerie und Infanterie wurde der verdeckte Kampf in den Bergen Südostasiens zum Stellvertreterkrieg, in dem lokale Verbündete wichtiger waren als Feuerkraft. Jenseits der Kontrolle der Bürokratien in Paris und Washington operierend, schmiedete ein kleiner Kader von westlichen Geheimkriegern *Ad-hoc-*Allianzen mit den Gebirgsstämmen, die im Goldenen Dreieck siedelten, und den Warlords, die es beherrschten. Mit ihrer Unterstützung konnten die CIA und ihre französischen Pendants Spionagemissionen nach China durchführen, seine langen Grenzen auf Zeichen eines bevorstehenden chinesischen Angriffs überwachen und Stammesarmeen mobilisieren, um in diesem rauen Terrain kommunistische Guerillas zu bekämpfen. Obwohl die schiere Größe dieser Operationen beispiellos war, hatten die USA das Handwerk verdeckter Aktionen bereits im Zweiten Weltkrieg für sich entdeckt, als Agenten ihres damaligen Geheimdienstes OSS hinter den feindlichen Linien absprangen, um mit französischen, thailändischen und birmanischen Guerillas zusammenzuarbeiten.

Aus unterschiedlichen Gründen bezogen sowohl Franzosen als auch Amerikaner ihren verdeckten Krieg in den Opiumhandel des Goldenen Dreiecks ein. Die französischen Beweggründe lagen vordergründig auf der Hand. Die Nationalversammlung in Paris, müde des ergebnislosen Indochinakriegs, der sich über ein Jahrzehnt lang hinzog, verweigerte dem Geheimdienst Mittel, die diesem nun für seine Operationen fehlten. Angesichts strenger Haushaltsbeschränkungen stellten die französischen Geheimdienstler die Verbindung zwischen dem Opiumangebot von Laos und der Drogennachfrage Saigons her, um verdeckte Operationen gegen Kommunisten in beiden Kampfgebieten selber zu finanzieren.

Die Motivation der CIA war komplexer. Obwohl der Dienst finanziell großzügig ausgestattet war, flossen auch seine Gelder nicht unbegrenzt, weshalb noch die bedeutsamsten Operationen Budgetbeschränkungen unterlagen. Um effektiv zu sein, musste ein verdeckt operierender Agent daher einen starken Stammesführer oder Kriegsherrn finden, der bereit war, die Ressourcen seines Volkes für Geheimdienstoperationen zur Verfügung zu stellen. In einer Region schwacher Duodezstaaten und zersplitterter Stämme verbanden solche starken Männer gewöhnlich traditionelle Autorität mit der Kontrolle über die örtliche Wirtschaft. Im Goldenen Dreieck war die einzige Handelsware Opium, die mächtigsten lokalen Führer waren Opiumkriegsherren. »Wir müssen weiter das Übel des Kommunismus bekämpfen, und um zu kämpfen, braucht man eine Armee«, erklärte General Tuan Shih-wen, ein Veteran des verdeckten CIA-Krieges in Birma, »und eine Armee braucht Waffen, und um die Waffen zu kaufen, braucht man Geld. In diesen Bergen ist Opium das einzige Geld.«[3]

Dieses Zusammenspiel von Opium, Geld und politischer Macht zog die CIA in eine Komplizenschaft mit dem Drogenhandel des Goldenen Dreiecks. Bei ihrer verdeckten Kriegführung war die Stärke der CIA so groß oder klein wie die ihrer lokalen Verbündeten. Um sich ihre Macht zu erhalten, Stammesarmeen mobilisieren zu können und in die Schlacht zu schicken, nutzten diese Kriegsherren die Ressourcen der CIA – Waffen, Munition und, vor allem, Lufttransport –, um ihre Kontrolle über die Opiumernten auszuweiten. Statt sich der Verbreiterung der wirtschaftlichen Basis ihrer Bündnispartner zu widersetzen, gingen die meisten CIA-Agenten bereitwillig darauf ein, wohl wissend, dass dies die Kampffähigkeit ihrer Alliierten steigerte und der gesamten Operation damit eine gewisse Unabhängigkeit von den Direktiven aus Washington verschaffte. In dem Maße, wie die Macht der Kriegsherren durch Opiumprofite zunahm, wuchs auch die Kampfkraft und persönliche Macht der einzelnen Agenten. Daher war die Komplizenschaft der CIA nicht, wie bei den Franzosen, eine Frage bloßen finanziellen Drucks. Sie stellte zunächst den Versuch dar, die Effizienz im klandestinen Kampf zu erhöhen. Auf einer elementareren Ebene war die Hinwendung zu den Kriegsherren und ihrem Opiumhandel zugleich ein perverser persönlicher Triumph, der Triumph von Macho-Kriegern, die die bürokratischen Kontrollen ihrer Kommandeure eine halbe Welt entfernt abschüttelten. Ob korrupter Thai-Polizeigeneral, erbarmungsloser Hmong-Stammeskommandeur oder zynischer chinesischer Opiumkriegsherr: Den CIA-Agenten, die in der Missachtung ziviler Standards in Politik und Kriegführung schwelgten, waren sie alle willkommen. Da das CIA-Hauptquartier in Washington die Agenten vor Ort als Fronttruppe im Kalten Krieg betrachtete, stellte es keine Fragen über die Methoden, solange sie Ergebnisse produzierten. Es gab somit eine gewisse Interessengleichheit zwischen den Kriegsherren, den Feldagenten und dem CIA-Hauptquartier, die zur facettenreichen Komplizenschaft des Geheimdienstes mit dem Opiumhandel des Goldenen Dreiecks führte.

In Indochina war es in den 50er Jahren das französische Militär, das sich direkt in den Drogenhandel einschaltete und die Verbindung zwischen dem Opiumangebot der Hmong und der Nachfrage der Saigoner Opiumhöhlen herstellte. Jenseits des Mekong, in Birma und Thailand, betrieb die CIA eine reinere Art der verdeckten Kriegführung, indem sie ausschließlich durch ihre lokalen Protegés agierte. So waren es die informellen Bündnisse der CIA, die das Opiumangebot der Guomindang in Birma mit der Drogennachfrage in Bangkok zusammenführten. Trotz taktischer Unterschiede stellten beide Operationen die Logistik bereit, die Angebot und Nachfrage zusammenfügte: Das französische Militär öffnete mit seiner eigenen Luftwaffe einen Luftkorridor zwischen Laos und Saigon; die CIA wachte über die Bildung eines Landkorridors zwischen Birma und Bangkok, den die Maultierkarawanen ihrer Alliierten herstellten.

Als der Kalte Krieg nach Asien kam, gehörten die Hmong Indochinas zu den ersten Bergstämmen des Goldenen Dreiecks, die als Söldner in den Konflikt gezogen wurden. Da die Hmong als einzige handelbare und geldwerte Feldfrucht nur den Schlafmohn kannten, waren ihre Konterguerilla-Operationen schon bald mit dem wachsenden Drogenhandel der Region verflochten. Und die Region bot einzigartige Voraussetzungen, um eine zentrale Rolle im globalen Rauschgifthandel zu spielen: Sie hatte einen lokalen Markt von annähernd einer Million Süchtigen; sie verfügte über die Organisationsstrukturen von Syndikaten, die von Militär und Geheimdiensten gedeckt wurden, um das Opium aus den Bergen zu den städtischen Märkten zu transportieren; und sie hatte versierte Hochlandbauern, die einen Großteil ihrer Arbeit dem Mohnanbau widmeten. Obwohl Südostasien noch immer nur begrenzte Mengen Morphium und Heroin nach Europa und in die USA exportierte, war die Logistik von Drogenproduktion und Handel in der Region in den späten 50er Jahren hinreichend entwickelt, um jede Nachfrage des Weltmarktes zu befriedigen.

Französisch-Indochina: Operation X

Die französische Kolonialregierung hatte mit ihrer Bekämpfung der Opiumsucht, die 1946 mit der Abschaffung des Opiummonopols begann, nie Aussicht auf Erfolg. Verzweifelt unterfinanziert, rissen der französische Geheimdienst und paramilitärische Organisationen den illegalen Opiumhandel an sich, um im Indochinakrieg Geld für ihre verdeckten Operationen zu beschaffen. Kaum schaffte die Zivilverwaltung einen Aspekt des Handels ab, schritt der französische Geheimdienst ein, um ihn zu übernehmen. Bis 1951 kontrollierte der Geheimdienst einen Großteil des Opiumhandels – von den Bergmohnfeldern bis hin zu den städtischen Opiumhöhlen. Von Eingeweihten »Operation X« getauft, zog dieser geheime Opiumhandel ein Personal aus korsischen Rauschgiftsyndikaten und korrupten französischen Geheimdienstlern an, die zu Schlüsselfiguren des internationalen Drogenhandels wurden.

Der Indochinakrieg war ein erbitterter neunjähriger Kampf (1946–1954) zwischen einem sterbenden französischen Kolonialreich und einer entstehenden vietnamesischen Nation. Es war ein Krieg der Gegensätze. Auf der einen Seite stand das französische Expeditionskorps, eine der stolzesten, professionellsten Armeen der Welt mit einer modernen Militärtradition von über drei Jahrhunderten. Gegen sie fochten die Vietminh, eine kommunistisch geführte Koalition schwacher Guerillabanden, von denen bei Ausbruch des Krieges die ältesten nur zwei Jahre sporadischer Kampferfahrung hatten. Die französischen Kommandeure warfen sich mit geradezu heroischem Gebaren in Positur: General de Lattre, der Gentlemankrieger; General Raoul Salan, der hartgesottene Indochinakenner; Major Roger Trinquier, der kaltblütige, wissenschaftlich-analytische Taktiker; und Hauptmann Antoine Savani, der korsische Machiavelli. Die Vietminh-Kommandeure waren dagegen schattenhafte Figuren, die kaum ins öffentliche Rampenlicht traten und, wenn doch, dann ihre Erfolge der Richtigkeit der Parteilinie oder dem Mut ihrer gewöhnlichen Soldaten zuschrieben. Französische Militärjournalisten schrieben über die Brillanz der Taktik oder Manöver eines Generals, während die Vietminh-Presse sozialistische Karikaturen von kämpfenden Arbeitern und Bauern präsentierte, von heroischen Frontkämpfern und der Weisheit der Partei.

Diese Äußerlichkeiten wiesen auf die tiefen Unterschiede der beiden Armeen. Zu Beginn des Krieges betrachtete das französische Oberkommando den Konflikt als eine taktische Übung, deren Ergebnis nach der traditionellen Militärdoktrin durch die Kontrolle des Territoriums und Schlachtensiege entschieden würde. Die Vietminh verstanden den Krieg radikal anders: Für sie war er kein militärisches, sondern ein politisches Problem. So schrieb der Vietminh-Kommandeur General Vo Nguyen Giap, es komme auf den »Zusammenhang von politischem und bewaffnetem Kampf« an, den man »keinen Moment aus den Augen verlieren dürfe«. Progapanda und Agitation hätten zunächst Vorrang über den bewaffneten Kampf.[4]

Ziel der Vietminh war die Entwicklung eines politischen Programms, das die gesamte Bevölkerung – unabhängig von Rasse, Religion, Geschlecht oder Klassenhintergrund – in den Kampf um nationale Befreiung ziehen sollte. Sie huldigten einer romantischen Vision des Massenaufstandes: ein Widerstand, der in solchem Maße um sich greifen und so intensiv werden würde, dass er die Franzosen rundum in Bedrängnis brächte. Die Fronttruppen und die Massen in ihrem Rücken müssten nur unabdingbar zum Sieg entschlossen sein, dann würden sich alle taktischen Fragen, wie diese Kraft anzuwenden sei, von selbst lösen.

Die Franzosen durchlitten mehrere Jahre frustrierenden Stillstands, bevor sie begriffen, dass sie mit der Anwendung der klassischen Lehrbuchrezepte dabei waren, den Krieg zu verlieren. Aber langsam entwickelten sie eine neue Kriegsstrategie der Konterguerilla. 1951/52 gaben jüngere, innovativere französische Offiziere die konventionellen Kriegstaktiken auf, nach denen man sich Indochina im Wesentlichen als entvölkerten Übungsplatz für befestigte Linien, massive Angriffsschläge und flankierende Manöver vorgestellt hatte. Stattdessen entwarfen sie Indochina als riesiges Schachbrett, auf dem Bergstämme, Banditen und religiöse Minderheiten als Bauern eingesetzt werden konnten, um strategische Territorien zu halten und Vietminh-Infiltrationen zu verhindern. Die Franzosen schlossen mit einer ganzen Reihe dieser ethnischen oder religiösen Gruppen Bündnisse und versorgten sie ausreichend mit Waffen und Geld, um die Vietminh von ihren Gebieten fernzuhalten. Sie hofften auf diese Weise, die mobilisierten, vereinten Massen der Vietminh in ein Mosaik autonomer, der Revolutionsbewegung feindlich gesonnener Herrschaftsgebiete zersplittern zu können.

Major Roger Trinquier und Hauptmann Antoine Savani waren die wichtigsten Apostel dieser neuen Militärdoktrin. Savani sicherte Teile

Cochinchinas (darunter Saigon und das Mekongdelta), indem er Flusspiraten, Katholiken und messianische Religionskulte auf die französische Seite zog. Major Trinquier rekrutierte entlang der Küstenkette von Annam vom zentralen Hochland bis zur chinesischen Grenze zahlreiche Bergstämme; bis 1954 überfielen über 40.000 Stammessöldner eifrig Vietminh-Nachschublinien, sicherten Territorien und lieferten Feindaufklärung. Andere französische Offiziere organisierten katholische Milizen aus Gemeinden im Tongkingdelta, Nung-Piraten im Golf von Tongking und katholische Milizen in Hue.

Obwohl die Franzosen diese einheimischen Truppen euphemistisch »Hilfstruppen« nannten und den Versuch unternahmen, ihre Führer durch Ränge, Offizierspatente und militärische Auszeichnungen zu legitimieren, waren sie wenig mehr als Söldner – und sehr teure dazu. Um die Loyalität der Binh-Xuyen-Flusspiraten sicherzustellen, die Saigon bewachten, erlaubten die Franzosen ihnen eine Vielzahl krimineller Unternehmungen und zahlten ihnen noch zusätzlich einen jährlichen Sold von 85.000 Dollar.[5] Trinquier mag bis 1954 etwa 40.000 Bergstammguerillas unter seinem Kommando gehabt haben, aber er musste auch teuer für ihre Dienste zahlen: Für die Aufstellung einer Söldnereinheit von 150 Mann hatte er Anfangskosten von 15.000 Dollar für Grundausbildung, Waffen und Zulagen.[6] Es ist keine Übertreibung, dass der Erfolg von Savanis und Triquiers Arbeit nahezu ausschließlich auf angemessener Finanzierung beruhte: Gut finanziert konnten sie ihre Programme fast unendlich ausweiten, ohne Mittel nicht einmal damit beginnen.

Der Aufbau einer Konterguerilla war ständig von Geldmangel geplagt. Der Krieg war in Frankreich ungeheuer unpopulär. Die französische Nationalversammlung reduzierte das Budget auf das Minimum für reguläre Militäreinheiten, was praktisch nichts für Sonderaufgaben wie paramilitärische oder geheimdienstliche Aktionen übrig ließ. Zudem billigte das Oberkommando nie wirklich die unkonventionelle Herangehensweise der jüngeren Offiziersgeneration und sträubte sich, knappe Mittel aus den regulären Einheiten dafür abzuzweigen. Trinquier beklagte sich noch Jahre später darüber, dass das Oberkommando seine Anstrengungen nie verstanden und sich beharrlich geweigert habe, ausreichende Mittel für seine Operationen bereitzustellen.[7]

Die Lösung war Operation X, ein verdeckter Drogenhandel, der so geheim war, dass nur hohe französische und vietnamesische Ränge überhaupt davon wussten. Die 1946 begonnene Antiopiumkampagne hatte von den »Indochinakennern« nur spärliche Unterstützung erfahren: Zollbeamte kauften weiterhin Rohopium von den Hmong; Opiumhöhlen, kosmetisch in »Entgiftungskliniken« umgetauft, verkauften weiter unbegrenzte Mengen der Droge.[8] Am 3. September 1948 jedoch gab der französische Hochkommissar bekannt, dass jeder Opiumraucher sich staatlich zu registrieren habe, einer medizinischen Untersuchung zu unterziehen sei und dann durch graduelle Reduktion der Dosis entwöhnt werden müsse.[9] Statistisch war das Programm ein Erfolg. 1934 hatte der Zoll 60 Tonnen Rohopium von den Hmong und Yao gekauft, 1951 nahezu nichts mehr.[10] Die Entwöhnungskliniken wurden geschlossen, und die versiegelten Opiumpäckchen, die die Süchtigen vom Zoll erwarben, enthielten eine stetig schwindende Menge Opium.[11]

Aber der Opiumhandel blieb im Wesentlichen unverändert. Der einzige wirkliche Unterschied war, dass die Regierung, nachdem sie Opium als Einkommensquelle aufgegeben hatte, sich nun mit gravierenden Budgetproblemen herumschlug – und die französischen Geheimdienstler, die heimlich den Opiumhandel übernahmen, die ihren gelöst hatten. Das Opiummonopol war in den Untergrund gegangen, um zu Operation X zu werden.

Anders als die amerikanische CIA, die ihre eigene unabhängige Verwaltung und Kommandokette hatte, waren die französischen Geheimdienste immer eng an die reguläre Militärhierarchie gebunden. Der wichtigste französische Geheimdienst, der sich am ehesten mit der CIA vergleichen lässt, ist der SDECE (Service de Documentation Extérieure et du Contre-Espionage). Im Indochinakrieg überwachte ihr Repräsentant in Südostasien, Oberst Maurice Belleux, vier getrennte SDECE-»Dienste«, die in der Kampfzone operierten: für Aufklärung, Dechiffrierung, Gegenspionage und paramilitärische Operationen. Zwar erlaubte man dem SDECE bei seinen reinen Geheimdienstaufgaben – Spionage, Dechiffrierung und Gegenspionage – ein hohes Maß an Autonomie, aber das französische Oberkommando übernahm weitgehend die Verantwortung für die paramilitärische Abteilung des SDECE. Obwohl Major Trinquiers Bergstammguerillas, die Gemischte Luftkommandogruppe, nominell der SDECE-Abteilung für paramilitärische Operationen unterstanden, waren sie tatsächlich dem Befehl des Expeditionskorps unterstellt. Alle anderen paramilitärischen Einheiten, darunter Hauptmann Savanis Binh-Xuyen-Flusspiraten, Katholiken und bewaffnete religiöse Gruppen, unterstanden dem 2ème Bureau, dem militärischen Geheimdienst des französischen Expeditionskorps.

Während ihrer Hochphase von 1951 bis 1954 wurde Operation X von den höchsten Ebenen autorisiert: durch Oberst Belleux für den SDECE und General Raoul für das Expeditionskorps.[12] Auf der Ebene darunter sicherte Major Trinquier mit seinen Gemischten Luftlandekommandos der Operation X einen stetigen Nachschub von Hmong-Opium, indem er seinen Verbindungsoffizieren bei Hmong-Kommandeur Touby Lyfoung und dem Führer der Tai-Förderation Deo Van Long befahl, Opium zu einem konkurrenzfähigen Preis zu kaufen. Unter den verschiedenen paramilitärischen Organisationen der Franzosen war die Arbeit der Gemischten Luftlandekommandos selbst, abgesehen vom Problem der Finanzierung verdeckter Operationen, am unauflöslichsten mit dem Opiumhandel verflochten. Denn ihre Feldoffiziere in Laos und Tongking hatten bald erkannt, dass es Wohlstand und Loyalität ihrer verbündeten Bergstämme untergraben würde, falls keine regelmäßige Abnahme der lokalen Opiumproduktion erfolgte.

Sobald das Opium nach der jährlichen Frühjahrsernte eingesammelt war, ließ es Trinquier von seinen Fallschirmspringern nach Kap Saint Jacques (Kap Vung Tau) in der Nähe von Saigon fliegen, wo die Abteilung für paramilitärische Operationen in einem Militärcamp Söldner der Bergvölker ausbildete. Hier gab es keine Zoll- oder Polizeikontrollen, die den illegalen Lieferungen in die Quere kommen konnten. Von Kap Saint Jacques wurde das Opium per Lkw die 90 Kilometer nach Saigon gefahren und den Binh-Xuyen-Banditen übergeben, die dort unter Aufsicht von Hauptmann Savani vom 2ème Bureau als Stadtmiliz dienten und einen illegalen Opiumhandel betrieben.[13]

Die Binh Xuyen unterhielten zwei Opiumkochereien in Saigon (eine nahe ihrem Hauptquartier an der Y-Brücke in Cholon, eine in der Nähe der Nationalversammlung), um das Rohopium in eine rauchbare Form umzuwandeln. Die Banditen verteilten das zubereitete Rauschgift auf Opiumhöhlen und Verkaufsstellen in ganz Saigon und Cholon, von denen einige den Binh Xuyen selbst gehörten (die anderen zahlten den Gangstern einen beträchtlichen Anteil ihrer Gewinne als Schutzgeld). Die Binh Xuyen teilten die Erlöse mit Trinquiers Guerillatruppe, der Gemischten Luftlandegruppe, und Savanis militärischem Abschirmdienst, dem 2ème Bureau.[14] Alles überschüssige Opium, das die

Binh Xuyen nicht vermarkten konnten, wurde an örtliche chinesische Händler für den Export nach Hongkong oder an korsische Verbrechersyndikate in Saigon für die Versendung nach Marseille verkauft. Die Gemischten Luftlandekommandos deponierten ihre Gewinne auf einem Geheimkonto, das vom Büro der Abteilung für paramilitärische Operationen in Saigon verwaltet wurde. Wenn Touby Lyfoung oder irgendein anderer Stammesführer der Hmong Geld brauchte, flog er nach Saigon und hob persönlich Geld von dessen Schwarzgeldkonto ab.[15]

Die Gemischte Luftkommandogruppe wurde Anfang 1950 nach einem Besuch des Vizedirektors des SDECE in Indochina ins Leben gerufen, der entschied, mit Kriegern der Bergstämme als Söldnern zu experimentieren. Oberst Grall wurde Kommandeur der frisch gegründeten Einheit, 20 Offiziere wurden zur Arbeit mit den Bergvölkern im zentralen Hochland abkommandiert, und in Kap Saint Jacques richtete man ein spezielles paramilitärisches Trainingscamp für die Bergstämme ein.[16] Das Programm blieb jedoch bis Dezember 1950 ein Experiment, als Marschall Jean de Lattre de Tassigny zum Oberbefehlshaber des Expeditionskorps ernannt wurde. Der General erkannte die viel versprechenden Aussichten des Programms, versetzte 140 bis 150 Offiziere zu den Gemischten Luftlandekommandos und setzte Major Roger Paul Trinquier zum Kommandeur der Operationen in Laos und Tongking ein.[17] Obwohl Grall bis 1953 nominell Befehlshaber blieb, war es Trinquier, der in seinen drei Dienstjahren die meisten innovativen Taktiken der Konterguerilla entwickelte, die wichtigsten Bündnisse mit einheimischen Stämmen schmiedete und einen Großteil des Opiumhandels organisierte.

Mit seinem Programm zur Organisation der Landguerillaeinheiten in Tongking und Laos wurde er zu einem führenden internationalen Spezialisten für Konterguerilla-Operationen. Er entwickelte eine präzise Vier-Punkte-Methode, um jedes Stammesgebiet in Indochina von einem verstreuten Haufen Bergdörfer in eine gut disziplinierte Konterguerilla-Infrastruktur zu verwandeln – einen so genannten *maquis**. Da seine Theorien auch die CIA faszinierten und später amerikanische Programme in Vietnam und Laos inspirierten, lohnt ein kurzer Blick darauf.

* »Dickicht, Buschwald; Unterschlupf; franz. Widerstandsorganisation im Zweiten Weltkrieg«; in Frankreich bedeutete *prendre le marquis* während des Zweiten Weltkriegs »sich dem Widerstand anschließen«. (A. d. Ü.)

Vorbereitendes Stadium. Eine kleine Gruppe sorgfältig ausgewählter Offiziere flog mit einem leichten Flugzeug über die Dörfer der Bergstämme, um die Reaktion der Einwohner zu testen. Wurde auf das Flugzeug geschossen, war das Gebiet vermutlich feindselig, wenn jedoch Stammesmitglieder winkten, hatte das Gebiet vielleicht Potenzial. 1951 zum Beispiel organisierte Major Trinquier den ersten *maquis* in Tongking, indem er wiederholt über Hmong-Dörfer nordwestlich von Lai Chau flog, bis er eine Reaktion bemerkte. Als einige der Hmong die französische Fahne schwenkten, war ihm klar, dass das Gebiet für Phase 1 geeignet war.[18]

Phase 1. Vier oder fünf Kampfgruppen der Gemischten Luftlandekommandos sprangen im Zielgebiet ab, um etwa 50 Männer des dortigen Stammes für eine Konterguerilla-Ausbildung im Trainingslager in Kap Saint Jacques zu rekrutieren. Trinquier erklärte später seine Kriterien für die Auswahl der ersten Stammeskader:

> »Sie werden zweifellos stärker von den Vorteilen angezogen, die sie sich versprechen, als von unserem Land selbst, aber diese Anhänglichkeit kann unerschütterlich sein, wenn wir sie zu akzeptieren gewillt und in unseren Absichten und Zielen fest sind. Wir wissen außerdem, dass in bewegten Zeiten Eigeninteresse und Ehrgeiz immer machtvolle Anreize für dynamische Individuen gewesen sind, die aus ihren eingefahrenen Geleisen heraus möchten und etwas erreichen wollen.«[19]

Diese ehrgeizigen Söldner erhielten ein 40-tägiges Stoßtrupptraining mit Fallschirmausbildung, Bedienung von Funkgeräten, Gebrauch von Kleinwaffen und Techniken der Sabotage und Gegenaufklärung. Danach teilte man die Gruppe in Vier-Mann-Teams auf, bestehend aus Kommandeur, Funker und zwei Aufklärern. Diesen Teams wurde beigebracht, unabhängig voneinander zu operieren, sodass der *maquis* überlebte, falls irgendeines der Teams gefangen genommen wurde. Phase 1 dauerte zweieinhalb Monate und wurde mit einem Kostenaufwand von 3.000 Dollar veranschlagt.

Phase 2. Die ersten Rekruten kehrten nun in ihr Heimatgebiet mit Waffen, Funkgeräten und Geld zurück, um einen *maquis* aufzubauen. Über ihre Freunde und Verwandten begannen sie, propagandistischen Einfluss auf die lokale Bevölkerung zu nehmen und grundlegende Informationen über Vietminh-Aktivitäten in dem Gebiet zu sammeln.

Geheimdienst und paramilitärische Organisationen Frankreichs im Indochinakrieg, 1950–1954

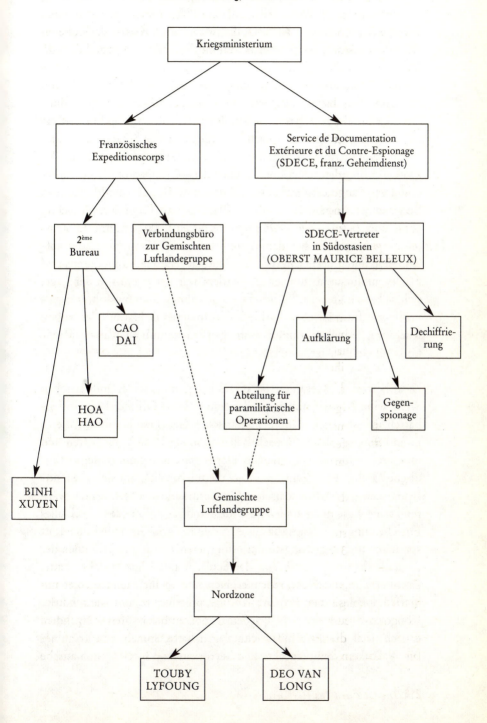

Phase 2 galt als abgeschlossen, wenn die anfänglichen Teams es geschafft hatten, 100 weitere ihrer Stammesgenossen für die Ausbildung in Kap Saint Jacques anzuwerben. Diese Phase erforderte gewöhnlich etwa zwei Monate und 6.000 Dollar, wobei ein Großteil der höheren Ausgaben aus dem relativ hohen Sold für die Söldnertruppen bestand.

Phase 3. Sie war der bei weitem komplexeste und entscheidende Teil des Prozesses. Das Zielgebiet wurde nun von einer Ansammlung unschuldig über die Berge verstreuter Bergdörfer in einen streng kontrollierten *maquis* transformiert. Nach der Rückkehr der letzten 100 Kader wurden alle Vietminh-Organisatoren in dem Gebiet ermordet, ein oder zwei »für die ethnischen und geografischen Gruppen der Zone repräsentative« Stammesführer ausgewählt und Waffen für die Männer des Bergstammes abgeworfen. Waren Planung und Organisation richtig ausgeführt, bestand der *maquis* nun aus bis zu 3.000 bewaffneten Stammesmitgliedern, die Feindaufklärung betrieben, Vietminh-Kader aufstöberten und Guerillaangriffe auf nahe gelegene Vietminh-Camps und Nachschublinien ausführten. Außerdem war der *maquis* in der Lage, sich selbst zu steuern, wobei die ausgewählten Stammesführer regelmäßig mit französischen Verbindungsoffizieren in Hanoi oder Saigon Rücksprache hielten, um einen stetigen Nachschub an Waffen, Munition und Geld sicherzustellen.

Zwar bewies der Gesamterfolg dieses Programms seinen militärischen Wert, seine Auswirkungen auf das französische Offizierskorps offenbarten jedoch die Gefahren militärischer Geheimoperationen, die es ihren Führern erlaubten, nach Belieben militärische Vorschriften und moralische Normen zu verletzen. Der Algerienkrieg mit seiner methodischen Folter von Zivilisten setzte die unerbittlich um sich greifende Brutalisierung der französischen Eliteberufssoldaten fort. Später, während seine Waffenkameraden im Widerstand gegen Präsident de Gaulles Entscheidung zum Rückzug aus Algerien in Paris Gebäude in die Luft sprengten und Regierungsführer ermordeten, verhöhnte Trinquier, der die Folterkampagne während der Schlacht um Algier geleitet hatte, das internationale Recht, indem er die weiße Söldnerarmee der abtrünnigen kongolesischen Provinz Katanga organisierte, um während der Kongokrise 1961 eine UN-Friedenstruppe zu bekämpfen.[20] Nachdem er sich nach Frankreich zurückgezogen hatte, sprach sich Trinquier für »kalkulierte Sabotageakte und Terrorismus«[21] sowie systematische

Täuschung in internationalen Angelegenheiten als integralem Bestandteile der nationalen Verteidigungspolitik aus.[22] Obwohl es auf den ersten Blick bemerkenswert erscheinen mag, dass sich das französische Militär in den indochinesischen Drogenhandel verstricken konnte, lässt sich dies im Rückblick als eine weitere Konsequenz eines Vorgehens verstehen, das Offizieren alles erlaubt, was ihnen als zweckdienlich erscheint.

Trinquier hatte von 1950 bis 1953 für die Gemischte Luftkommandogruppe in Nordostlaos und Tongking drei wichtige Konterguerilla-*maquis* aufgebaut: den der Hmong in Laos unter dem Befehl von Touby Lyfoung; den der Tai unter Deo Van Long in Nordwesttongking sowie den der Hmong östlich des Roten Flusses in Nordzentraltongking. In jeder dieser Regionen war Opium die einzige wirtschaftliche Ressource von Bedeutung, deshalb war die Politik des Opiumaufkaufs durch die Luftlandekommandos für die Effizienz der Konterguerilla im Hochland genauso wichtig wie ihre militärische Taktik. Kaufte Trinquiers Luftlandegruppe das Opium direkt von den Hmong und zahlte ihnen einen guten Preis, blieben diese den Franzosen treu. Als man jedoch Hochlandminderheiten, die nicht den Hmong angehörten, als Zwischenhändler einschaltete und nichts dagegen unternahm, dass die Hmong betrogen wurden, schlossen sich die Hmong den Vietminh an – mit vernichtenden Konsequenzen für die Franzosen.

Unzweifelhaft war der Hmong-*maquis* in der laotischen Provinz Xieng Khouang unter dem Befehl des französisch erzogenen Hmong Touby Lyfoung die erfolgreichste Operation der Gemischten Luftkommandogruppe. Als das Expeditionskorps 1949/50 die Verantwortung für den Opiumhandel auf der Ebene der Tonkrüge übernahm, machte es Touby, wie das Opiummonopol zuvor, zu seinem Zwischenhändler.[23] Major Trinquier musste nicht erst seinen Vier-Stufen-Plan anwenden, als er mit den Hmong der Xieng-Khuang-Provinz zu tun hatte: Bald nachdem er 1951 das Kommando übernommen hatte, kam Touby nach Hanoi, um von sich aus anzubieten, Operationen der Gemischten Luftkommandogruppe unter seinen Gefolgsleuten zu initiieren. Da es seit 1946 nur geringe Vietminh-Aktivitäten in der Nähe des Tranninh-Plateaus gegeben hatte, einigten sich beide Seiten, langsam zu beginnen und zunächst eine Hand voll Rekruten zu einem Funkerlehrgang in das Ausbildungslager zu schicken.[24] Bis zum Genfer Waffenstillstandsabkommen 1954 zahlte das französische Militär Touby weiterhin einen hervorragenden Preis für die Opiumernte von Xieng

Khouang, sicherte sich so die Loyalität seiner Gefolgsleute und stattete ihn mit ausreichenden Mitteln aus, um die Politik der Hmong zu beeinflussen. Dieses Arrangement machte Touby für Hmong-Standards außerordentlich reich. Im Gegenzug für diese Gefälligkeiten blieb er der loyalste und aktivste Bergstammkommandeur der Franzosen in Indochina.

Touby bewies seinen Wert während der Vietminh-Offensive von 1953/54. Im Dezember 1952 starteten die Vietminh eine Offensive in der Tai-Region von Vietnam und stießen rasch bis zur Grenze zwischen Laos und Vietnam vor, als ihnen der Nachschub ausging und sie sich vor Überquerung der Grenze wieder zurückzogen.[25] Da sich Gerüchte hielten, die Vietminh würden im folgenden Frühjahr zum Mekong vorstoßen, wurde auf dem Tranninh-Plateau ein Notausbildungslager eingerichtet und die ersten von 500 jungen Hmong nach Kap Saint Jacques zu einem Blitzausbildungsprogramm geflogen. Kaum war das Programm auf den Weg gebracht, überrannten die Vietminh und ihre örtlichen Guerillaverbündeten, die Pathet Lao, in einer gemeinsamen Offensive die Grenze nach Laos und nahmen am 12. April 1953 Sam-Neua-Stadt ein. Die 316. Division der Vietnamesischen Volksarmee, irreguläre Pathet-Lao-Verbände und von Lo Faydang organisierte lokale Hmong-Partisanen stießen nach Westen vor und nahmen zwei Wochen später Xieng-Khouang-Stadt ein. Aber mit den irregulären Hmong-Truppen Toubys, die Feindaufklärung leisteten und die Bergflanken deckten, konnten französische und laotische Kolonialtruppen ihre Panzer und Artillerie auf dem flachen Tranninh-Plateau bestens zur Geltung bringen und wehrten die Pathet-Lao- und Vietminh-Einheiten ab.[26]

Im Mai baute das französische Expeditionskorps eine Stahlmattenrollbahn auf der Ebene und begann, 12.000 Soldaten einzufliegen, einige kleine Panzer und schweres Baugerät. Unter Aufsicht von General Albert Sore, der im Juni eintraf, verwandelte sich das Plateau bald in eine Festung, bewacht von 40 bis 50 Stahlbetonbunkern und Blockhäusern. Sore, der schon in Marokko Bergminderheiten eingesetzt hatte, um Rebellionen niederzuschlagen, wusste ihre Bedeutung zu schätzen und traf sich bald nach seinem Eintreffen mit Touby. Nach einem Rundflug über die Region mit Touby und seinem Berater von der Gemischten Luftkommandogruppe schickte Sore vier von Toubys Partisanen eskortierte Kolonnen aus, um die Provinz Xieng Khouang von verbliebenen Feindeinheiten zu säubern. Nach dieser Operation vereinbarte Sore mit Touby und der Luftkommandogruppe, dass die Hmong Feindaufklärung leisten und die Bergzugänge bewachen sollten, während er mit seinen regulären Einheiten als Garnison die Ebene der Tonkrüge sicherte. Das Arrangement funktionierte gut, und Sore erinnerte sich an regelmäßige freundschaftliche Treffen mit Touby und Leutnant Vang Pao, damals Kommandeur einer irregulären Hmong-Einheit und später Befehlshaber der CIA-Söldner in Laos, um Informationen auszutauschen und paramilitärische Operationen zu diskutieren. Er erinnerte sich auch, dass Touby beträchtliche Mengen Rohopium an die Luftlandekommandos für die regulären DC-3-Flüge nach Kap Saint Jacques lieferte, und hatte den Eindruck, dass die französische Unterstützung des Hmong-Opiumhandels ein bedeutender Faktor ihrer militärischen Aggressivität war. »Die Hmong«, so sagte Sore, »verteidigten ihre eigene Region, und natürlich verteidigten sie zusammen mit ihrer Region ihr Opium.«[27]

Noch ein weiterer Außenseiter wurde Zeuge der Machenschaften von Operation X. Während einer sechswöchigen Erkundungstour Indochinas im Juni und Juli 1953 entdeckte Oberst Edward G. Lansdale von der amerikanischen CIA die Existenz der Operation X. Lansdale wollte sich persönlich ein Bild der Vietminh-Invasion in Laos machen und flog zum Tranninh-Plateau, wo er erfuhr, dass französische Offiziere auf Befehl von General Salan, Oberkommandeur des Expeditionskorps, die ganze Jahresernte Opium aufgekauft hatten. Als Lansdale später herausfand, dass man das Opium für Verkauf und Export nach Saigon ausgeflogen hatte, beschwerte er sich in Washington, das französische Militär sei in den illegalen Rauschgifthandel verstrickt. Er schlug eine Untersuchung vor. General Lansdale erinnerte sich, dass die Reaktion etwa so ausfiel: »Haben Sie nichts Besseres zu tun? Wir wollen diese Schlangengrube gar nicht erst öffnen, denn das bringt eine befreundete Regierung in große Verlegenheit. Also geben Sie Ihre Untersuchung auf.«[28]

Mitte der 50er Jahre hatten wiederholte Vietminh-Offensiven nach Nordlaos wie der Frühjahrsangriff auf das Tranninh-Plateau das französische Oberkommando überzeugt, dass es Gefahr lief, Laos zu verlieren. Um künftige Vietminh-Offensiven abzublocken, errichtete man in einem ausgedehnten Hochlandtal namens Dien Bien Phu nahe der laotisch-nordvietnamesischen Grenze einen befestigten Stützpunkt oder »Igel«.[29] Im November begannen die französische Luftwaffe und die amerikanische CAT (Civil Air Transport, später Air America),

Der Opiumboom des Kalten Krieges **217**

16.000 Soldaten in das Tal einzufliegen. Französische Generäle sagten zuversichtlich voraus, man sei bald in der Lage, die Grenze abzuschotten.

Im März 1954 jedoch hatten die Vietminh das Dien-Bien-Phu-Tal mit gut verschanzter Artillerie umzingelt und einen Monat später die französischen Geschütze zum Schweigen gebracht. Eine groß angelegte Luftevakuierung war unmöglich, der Garnison lief die Zeit davon. Das französische Oberkommando erkannte, dass ein Rückzug auf dem Landweg die einzige Lösung war und entsandte eine Reihe von Entlastungskolonnen aus Nordlaos, um den Belagerungsring zu attackieren und den Verteidigern den Ausbruch zu ermöglichen.[30] Verwirrung im Hauptquartier des Oberkommandos führte dazu, dass sich die Hauptentlastungskolonne von 3.000 Mann erst am 14. April in Bewegung setzte.[31] Als sie sich schließlich auf den Weg machte, schlug Oberst Trinquier, mittlerweile Befehlshaber der Gemischten Luftkommandogruppe, einen ergänzenden Plan zur Bildung eines großen, mit Toubys irregulären Kräften besetzten *maquis* auf halbem Weg zwischen Dien Bien Phu und dem Tranninh-Plateau vor, um allen zu helfen, die aus der Garnison ausbrachen. Nachdem er die Zweifel des Oberkommandos ausgeräumt hatte, flog Trinquier mit einem großen Vorrat an Silberbarren zum Tranninh-Plateau. Die Hälfte von Toubys 6.000 Irregulären erhielt acht Tage Intensivausbildung und wurde am 1. Mai nach Muong Song 90 Kilometer weiter nach Norden verlegt. Obwohl es Trinquier gelang, woanders noch weitere 1.500 Hmong-Söldner zu rekrutieren, erwiesen sich seine Bemühungen als fruchtlos.[32] Dien Bien Phu fiel am 8. Mai, und nur wenige der 78.000 Soldaten der Kolonialtruppen, die flüchten konnten, wurden von Toubys *maquis* geborgen.[33]

Anders als die Hmong in Laos hatten jene in Nordwesttongking, wo Dien Bien Phu lag, gute Gründe, die Franzosen zu hassen und ihrer Niederlage nach Kräften Vorschub zu leisten. Zwar hatten die Offiziere der Gemischten Luftlandekommandos im Rahmen der Operation X in Laos Rohopium direkt von Hmong-Führern gekauft, aber politische Erwägungen zwangen sie in Nordwesttongking, die frühere Politik des Opiummonopols fortzusetzen, indem sie Tai-Führer, besonders Deo Van Long, als Vermittler zu den Hmong-Opiumbauern einsetzten. Weil sie den Tai-Feudalherren erlaubten, den Hmong ihr Opium zu extrem niedrigen Preisen abzupressen, brachten die Franzosen die Hmong gegen sich auf und machten sie zu überzeugten Anhängern der Vietminh.

Als 1945 die vietnamesische Revolution begann und die französische Position in ganz Indochina schwächer wurde, beschloss das französische Kommando, mit Deo Van Long zu arbeiten, einen der wenigen lokalen Führer, die loyal geblieben waren, um die Kontrolle über die strategisch wichtigen Tai-Hochländer in Nordwestvietnam zurückzugewinnen.[34] 1946 wurden drei Hochlandprovinzen vom Rest Tongkings getrennt und zu einer autonomen Tai-Föderation vereint. Deo Van Long, der lediglich der Führer der Weißen Tai der Provinz Lai Chau gewesen war, avancierte zu ihrem Präsidenten. Er regierte per Dekret und machte sich daran, seine Freunde und Verwandten auf alle einflussreichen Posten zu hieven.[35] Da es nur 25.000 Weiße Tai gegenüber 100.000 Schwarzen Tai und 50.000 Hmong in der Föderation gab[36], weckte sein Vorgehen erbitterten Widerstand.

Als seine politischen Manipulationen scheiterten, versuchte Deo Van Long, den Widerstand mit militärischer Gewalt zu ersticken, mit zwei 850 Mann starken Bataillonen, die von den Franzosen bewaffnet und ausgebildet worden waren. Zwar trieb er viele der Widerständler in die Wälder, aber da sie dort Kontakt zu den Vietminh aufnahmen, handelte er sich so ein noch größeres Problem ein.[37]

Außerdem war die französische Unterstützung für Deo Van Longs Haushaltspolitik ein Desaster für das gesamte französische Kolonialreich in Indochina. Die Franzosen erstellten den ersten autonomen Haushalt der Tai-Föderation 1947 auf der Grundlage ihrer einzigen vermarktbaren Ware – Hmong-Opium. »Die Haushaltseinkünfte der Tai«, so ein französischer Oberst, »stammen ausschließlich von den Hmong, welche die Hälfte mit ihrem Rohopium und die andere Hälfte, indirekt, über jene Chinesen bezahlen, die ihre Opiumschmuggelgewinne in den [staatlichen] Glücksspielhallen verlieren.«[38]

Opium blieb bis 1951 ein wichtiger Teil des Budgets der Tai-Föderation, als ein junger Berater der Föderation, Jean Jerusalemy, seine Beseitigung anordnete. Da das Opiumrauchen offiziell verboten war, blieb es Jerusalemy, einem strengen Beamten, unbegreiflich, wie die Tai-Föderation der Regierung Opium verkaufen konnte.

So verschwand das Opium 1951 aus dem offiziellen Haushalt. Statt es wie bisher an den Zoll zu verkaufen, machte Deo Van Long das Geschäft nun mit den Offizieren von Operation X. Im selben Jahr begannen französische Militärflugzeuge regelmäßige Flüge nach Lai Chau, um von Deo Van Long und örtlichen chinesischen Händlern Rohopium für die Lieferung nach Hanoi und Saigon zu kaufen.[39]

Mit Ausnahme von unbedeutenden Mengen, die ein paar Tai-Dörfer produzierten, wurde fast das gesamte aufgekaufte Opium von den 50.000 Hmong in der Föderation angebaut. Im Zweiten Weltkrieg und in den unmittelbaren Nachkriegsjahren hatten sie etwa 4,5 bis fünf Tonnen Rohopium jährlich für das Opiummonopol an Deo Van Longs Agenten verkauft. Da das Monopol nur ein Zehntel des Hanoier Schwarzmarktpreises bezahlte, zogen es die Hmong vor, den größeren Teil ihrer Ernte an die besser zahlenden chinesischen Schmuggler des Gebiets zu verkaufen.[40] Während dieser Zeit hatte Deo Van Long kein Mittel, die Hmong zu zwingen, das Opium zu dem niedrigen offiziellen Preis an seine Agenten abzugeben. 1949 jedoch, gestützt durch drei Tai-Guerillabataillone und seine Gefolgsleute auf Regierungsposten in allen Handelszentren des Tieflands, war er in einer Position, die Hmong zum Verkauf des größten Teils ihrer Ernte an ihn zu nötigen – wenn es sein musste, mit vorgehaltener Pistole.[41] Viele der Hmong, die sich geweigert hatten, zu seinem niedrigen Preis zu verkaufen, zeigten sich nun angesichts einer Schwadron seiner gut bewaffneten Tai-Guerillas kooperativer. Außerdem gab es, als Deo Van Long nach 1950 keine Geschäfte mit dem Opiummonopol mehr machte, keine festgelegte Preisrichtlinie mehr, und er konnte nach Belieben seinen eigenen Gewinn steigern, indem er den schon jetzt elenden Preis für die Hmong noch weiter senkte.

Zwar mochten diese Praktiken Deo Van Long am Ende des Indochinakriegs zu einem reichen Mann gemacht haben (nach dem Genfer Waffenstillstand zog er sich in eine komfortable Villa in Frankreich zurück), aber sie beeinträchtigten seine Beziehungen zu den Hmong schwer. Als sie 1945/46 seinen Aufstieg zum Autokraten der Tai-Föderation mit ansahen, schlossen sich viele den Vietminh an.[42]

Dieser Bericht über den Opiumhandel der Tai-Föderation wäre wenig mehr als eine interessante Fußnote der Geschichte des indochinesischen Opiummonopols, hätte es nicht die Schlacht von Dien Bien Phu gegeben. Obwohl das Tal aus strategischer Sicht ein idealer Stützpunkt war, hätte sich das französische Kommando kein ungünstigeres Schlachtfeld aussuchen können. Es war das erste Gebiet der Schwarzen Tai, über das Deo Van Long nach dem Zweiten Weltkrieg die Kontrolle übernommen hatte. Sein Interesse daran war verständlich: Dien Bien Phu war das größte Tal der Tai-Föderation und produzierte 1953 4.000 Tonnen Reis, etwa 30 Prozent der Produktion der Föderation.[43] Darüber hinaus produzierten die Hmong-Bauern der umliegenden

Berge 600 Kilo Rohopium für das Monopol, entsprechend etwa 13 Prozent der legalen Verkäufe der Föderation.[44] Aber bald nachdem die ersten Einheiten über Dien Bien Phu abgesprungen waren, begannen erfahrene französische Offiziere das Oberkommando zum Rückzug aus dem Gebiet zu drängen. Jerusalemy, der junge französische Berater, warnte in einem langen Bericht an das Oberkommando davor, dass eine Niederlage nur eine Frage der Zeit sei, falls man in Dien Bien Phu bleibe. Die Hmong der umliegenden Berge seien äußerst verbittert über Deo Van Long und die Franzosen wegen ihres Umgangs mit den Opiumernten, erklärte Jerusalemy, und die Schwarzen Tai, die im Tal lebten, seien immer noch wütend, dass man ihnen Verwalter der Weißen Tai aufgezwungen hatte.[45].

In der Zuversicht, dass die Vietminh unmöglich genug schwere Artillerie durch das raue Gebirgsterrain würden transportieren können, ignorierten die französischen Generäle diese Warnungen. Französische und amerikanische Artilleriespezialisten gaben beruhigende Berichte aus erster Hand zu den Akten, dass der »Igel« undurchdringlich sei. Als im März 1954 das Artillerieduell begann, mussten die französischen Generäle schockiert mit ansehen, wie sie zusammengeschossen wurden. Die Vietminh hatten 200 schwere Artilleriegeschütze mit reichlich Munition gegen 28 zu gering munitionierte Geschütze der französischen Garnison in Stellung gebracht.[46] Schätzungsweise 80.000 Vietminh-Träger hatten diese unglaubliche Feuerkraft über die Berge gehievt, geleitet und unterstützt von begeisterten Schwarzen Tai und Hmong. General Vo Nguyen Giap, der Kommandeur der Vietminh, erinnerte sich, dass die »endlosen Reihen von Packtieren ... von den Hochebenen der Meo*« zu den entschlossensten der Träger gehörten, die beim Angriff halfen.[47]

Die Feindseligkeit der Hmong verhinderte französische Spionage- und Gegenspionageoperationen. Es ist zweifelhaft, ob die Vietminh sich entschlossen hätten, Dien Bien Phu anzugreifen, wären sie überzeugt gewesen, dass die örtliche Bevölkerung fest gegen sie stünde, da geschulte Hmong-Kommandos leicht ihre Nachschublinien hätten unterbrechen, ihre Artillerie sabotieren und vielleicht der französischen Garnison genaue Informationen über ihre Aktivitäten geben können. Tatsächlich jedoch versuchte Oberst Trinquier, fünf Luftlandekom-

---

* Meo ist ein abwertender Name, den die Tieflandvölker Chinas, Thailands und Vietnams für die Hmong verwenden und den sich auch die westlichen Kolonialmächte zu eigen machten. (A. d. Ü.)

mandos von Laos in das Gebiet von Dien Bien Phu einzuschleusen, scheiterte aber fast vollständig.[48] Mit dem Gelände nicht vertraut und ohne Kontakte zur örtlichen Bevölkerung, wurden die laotischen Hmong von den Vietminh-Truppen mit ihren lokalen Hmong-Führern problemlos abgedrängt. Die antikolonialen Hmong-Guerillas umringten ein weites Gebiet um die Festung, und alle Teams von Trinquier wurden entdeckt, bevor sie sich der umzingelten Garnison nähern konnten. Am 7. und 8. Mai 1954 überwältigten die Divisionen der Vietminh die Festung.

Weniger als 24 Stunden später, am 8. Mai 1954, setzten sich vietnamesische, französische, russische, chinesische, britische und amerikanische Delegierte zum ersten Mal in Genf zusammen, um eine Friedensvereinbarung zu diskutieren. Die Neuigkeiten aus Dien Bien Phu waren am Morgen eingetroffen und spiegelten sich in den grimmigen Mienen der westlichen Delegierten und den tief befriedigten der vietnamesischen.[49] Die Diplomaten einigten sich schließlich drei Monate später auf ein Friedensabkommen: Am 20. Juli wurde ein Waffenstillstand verkündet. Der Krieg war aus.

Aber für Oberst Roger Trinquier bedeutete ein von etlichen großen und kleinen Mächten unterzeichnetes multilaterales Abkommen nichts – sein Krieg ging weiter. Er befehligte 40.000 Söldner der Bergstämme, die Ende Juli unter dem Kommando von 400 französischen Offizieren operierten. Nun plante er, den Krieg zum Feind zu tragen, indem er im Kernland der Vietminh östlich des Roten Flusses einen riesigen neuen *maquis* von bis zu 10.000 Stammesangehörigen organisierte.[50] Allerdings sah er sich vor ein heikles Problem gestellt: Zwar hatten seine Söldner keinen offiziellen Status, fühlten sich also dem vereinbarten Waffenstillstand nicht verpflichtet, aber das Genfer Abkommen verbot Überflüge mit den leichten Flugzeugen, die Trinquier benutzt hatte, um seine Söldnereinheiten hinter den Vietminh-Linien zu versorgen, was im Hinblick auf Logistik und Kommunikation zu unüberwindlichen Problemen führte.[51] Dass er einige der Flüge des Roten Kreuzes zu den Kriegsgefangenenlagern in das von den Vietminh kontrollierte Hochland als Deckung für Waffen- und Munitionsabwürfe nutzen konnte, war nur ein Notbehelf.[52] Im August, als Trinquier seinen verbliebenen Luftlandekommandos in der Tai-Föderation den Befehl funkte, sich nach Laos durchzukämpfen, zogen sich mehrere Tausend Tai in die Provinzen Sam Neua und Xieng Khouang zurück, wo sie von Touby Lyfoungs irregulären Hmong-Truppen aufgelesen wurden. Aber die große Mehrheit blieb, wo sie war. Einige Kombattanten ersuchten noch per Funk um Waffen, Geld und Lebensmittel, aber Ende August waren ihre Funkbatterien leer, und man hörte nie wieder etwas von ihnen.

Diese letzte Operation der Gemischten Luftkommandogruppe hatte eine ironische Fußnote. Bald nachdem mehrere Tausend Mann von den Stoßtruppen der Tai-Föderation in Laos eintrafen, erkannte Touby, dass es einiges kosten würde, sie dauerhaft umzusiedeln. Da das geheime Konto der Kommandos aus der vorangehenden Winterernte fast 150.000 Dollar eingeheimst hatte, reiste Touby nach Saigon, um beim dortigen Büro der Abteilung für paramilitärische Operationen persönlich um die Umsiedlungsmittel nachzusuchen. Aber der diensthabende französische Offizier musste verlegen gestehen, dass ein unbekannter Offizier der Gemischten Luftkommandogruppe oder des Geheimdienstes SDECE das Geld gestohlen hatte und die Luftlandeabteilung von Operation X pleite sei. »Trinquier sagte uns, wir sollten die fünf Millionen Piaster auf das Konto einzahlen, wo es sicher sei«, erinnerte sich Touby später amüsiert, »und dann stahl es einer seiner Offiziere! Was für eine Ironie! Was für eine Ironie!«[53]

Als das französische Expeditionskorps 1955 mit seinem Rückzug aus Indochina begann, traten Offiziere der Gemischten Luftkommandogruppe an amerikanisches Militärpersonal heran und erboten sich, ihnen ihren gesamten paramilitärischen Apparat zu übergeben. CIA-Agent Lucien Conein war einer dieser Kontaktierten und gab die Nachricht an Washington weiter, aber das »DOD [Department of Defense] erwiderte, dass sie nichts mit irgendeinem französischen Programm zu tun haben wollten«. Das Angebot wurde abgelehnt.[54] Viele Geheimdienstmitarbeiter bedauerten diese Entscheidung, als die CIA sieben Jahre später Green Berets nach Laos und Vietnam schickte, um Bergstammguerillas zu organisieren. 1962 besuchten amerikanische Vertreter Trinquier in Paris und boten ihm einen hohen Posten als Berater für Gebirgskriegführung in Indochina an. Trinquier fürchtete jedoch, dass die Amerikaner einem französischen Offizier niemals genug Befugnisse geben würden, um irgendetwas zu erreichen, und lehnte ab.[55]

Blickt man mit dem Abstand von fast fünf Jahrzehnten auf die Machenschaften von Operation X zurück, ist es vor allem bemerkenswert, dass ihre Geheimnisse so gut bewahrt wurden. Beinahe jede Nachrichtenmeldung aus Saigon, die sich auf die Binh-Xuyen-Flusspiraten bezog, wies auf ihre Beteiligung am Opiumhandel hin, aber es gab keine Erwähnung der französischen Unterstützung für die Opiumgeschäfte der Bergstämme, geschweige denn eine Aufdeckung des vollen Umfangs von Operation X. Ohne Schlagzeilen, ja auch nur Gerüchte über ihre Beteiligung am illegalen Rauschgifthandel, standen weder der französische Geheimdienst SDECE noch das französische Militär unter dem Druck, den Drogenhandel als Finanzierungsquelle verdeckter Operationen aufzugeben. Es gab eine interne Untersuchung dieses geheimen Opiumhandels, die ein paar Rügen einbrachte, allerdings eher wegen Unbesonnenheit als aus anderen Gründen, und Operation X lief weiter, bis die Franzosen sich schließlich aus Indochina zurückzogen.

Die Untersuchung begann 1952, als vietnamesische Polizisten in einem Lagerhaus der Gemischten Luftkommandogruppe in Kap Saint Jacques annähernd eine Tonne Rohopium konfiszierten. Oberst Belleux hatte die Beschlagnahmung veranlasst, nachdem drei Offiziere der Truppe einen offiziellen Bericht eingereicht hatten, demzufolge in Lagern der Luftlandekommandos Opium für den späteren Verkauf gelagert wurde. Als die Beschlagnahmung ihren Bericht bestätigte, übergab Belleux die Angelegenheit Jean Letourneau, Hochkommissar für Indochina, der eine formelle Untersuchung durch den Generalinspekteur der französischen Überseegebiete in die Wege leitete. Obwohl die Untersuchung weite Teile der Organisationsstruktur von Operation X aufdeckte, wurde nichts unternommen. Allerdings beschädigte sie den Ruf des Kommandeurs der Gemischten Luftkommandogruppe, Oberst Grall, und des Oberbefehlshabers Salan. Grall wurde aus der Einheit entfernt, Trinquier im März 1953 zu seinem Nachfolger ernannt.[56]

Nach der Untersuchung regte Oberst Belleux bei seinem Hauptquartier in Paris an, dass der SDECE und die Luftkommandos ihren illegalen Rauschgifthandel weitgehend aufgeben sollten. Wenn sie den Handel weiterhin auf allen Ebenen kontrollierten, könnte das Geheimnis auffliegen, Frankreichs internationale Beziehungen schädigen und den Vietminh Propagandamaterial in die Hände spielen. Da die Franzosen weiter Opium von den Hmong kaufen mussten, um ihre Loyalität zu bewahren, schlug Belleux vor, die Ware nach Bangkok umzulenken, statt sie direkt nach Saigon oder Hanoi zu fliegen. In Bangkok würde das Opium in den weit größeren Mengen untergehen, die von der nationalchinesischen Armee aus Birma dorthin geschmuggelt wurden, und so bliebe die französische Beteiligung verborgen. Die SDECE-Zentrale in Paris erklärte Belleux jedoch, er sei ein »Störenfried« und drängte ihn, sich solche Ideen aus dem Kopf zu schlagen. Die Angelegenheit wurde fallen gelassen.[57]

Offenkundig kehrten SDECE und französisches Militär aus dem Indochinakrieg mit der gefestigten Vorstellung heim, illegaler Rauschgifthandel sei ein akzeptierter Schachzug im Spionagespiel. Im November 1971 löste der US-Staatsanwalt für New Jersey eine enorme Kontroverse in Frankreich und den USA aus, als er einen hochrangigen SDECE-Offizier, Oberst Paul Fournier, wegen Konspiration zum Schmuggel von Rauschgift in die USA anklagte. Angesichts der langen Geschichte der offiziellen und inoffiziellen Verstrickung des SDECE in diesen Handel erscheint die Überraschung ungerechtfertigt. Fournier hatte im Indochinakrieg beim SDECE in Vietnam gedient, zu einer Zeit, als die Leitung des Rauschgifthandels zur Politik des Geheimdienstes gehörte. Die Beteiligung einiger SDECE-Agenten am späteren korsischen Heroinschmuggel zeigte, dass sich der SDECE vom Rauschgifthandel auch nach der Niederlage in Fernost nicht völlig verabschiedet hatte.

Die Binh Xuyen in Saigon

So wie die CIA in Laos und Afghanistan die Geschichte der SDECE-Beteiligung am Opiumhandel der Gebirgsstämme wiederholte, waren die Saigoner Binh-Xuyen-Flusspiraten das Produkt einer politischen Beziehung, die im letzten halben Jahrhundert viele Male wiederkehrte: das Bündnis zwischen Regierungen und Gangstern. Während die Allianz von CIA und Korsen in den frühen Jahren des Kalten Krieges zum Wiederaufleben des europäischen Heroinhandels beitrug, gewährleistete das Bündnis des französischen 2ème Bureau mit den Binh Xuyen die Fortexistenz des Saigoner Opiumhandels auch im Indochinakrieg. Das 2ème Bureau war anders als die Gemischten Luftlandekommandos in den Bergen kein integraler Bestandteil des illegalen Opiumhandels; es blieb im Hintergrund. Es bot den Binh Xuyen eine allgemeine politische Unterstützung, die es ihnen erlaubte, die Opiumhöhlen zu übernehmen und ihre eigenen Opiumraffinerien zu errichten. 1954 kontrollierten die Binh Xuyen praktisch sämtliche Saigoner Opiumhöhlen und beherrschten die Verteilung aufbereiteten Opiums in ganz Cochinchina (dem südlichen Teil Vietnams). Da in Cochinchina über die Hälfte des Opiums des Monopols konsumiert wurde und Saigon – mit seiner chinesischen Zwillingsstadt Cholon – die höchste Raucherdichte in der ganzen Kolonie aufwies[58], garantierte die Entscheidung des 2ème Bureau, den Handel den Binh Xuyen zu übergeben, das Scheitern der staatlichen Opiumbekämpfung und sorgte dafür, dass die Massenabhängigkeit in Vietnam erhalten blieb.

Der Pakt des 2ème Bureau mit den Binh Xuyen war Teil einer umfassenderen französischen Politik, mithilfe ethnischer, religiöser und politischer Gruppen die Übernahme von Gebieten durch die Vietminh zu verhindern. Durch Ausstattung dieser Gruppen mit Waffen und Geld hofften die Franzosen, sie ausreichend zu stärken, um ihre jeweiligen Gebiete in Privatlehen zu verwandeln, die Gebiete auf diese Weise zu neutralisieren und reguläre Kampftruppen von Garnisonsaufgaben zu befreien. Aber Saigon war nicht einfach irgendeine Provinz, es war Frankreichs »Perle des Orients«, die reichste, wichtigste Stadt Indochinas. Als die Franzosen über einen Zeitraum von sechs Jahren Saigon Block für Block den Binh Xuyen übergaben, bauten sie nicht einfach ein weiteres Lehen auf, sondern machten diese Banditen zum Schlüssel ihrer eigenen Kontrolle über Cochinchina. In den 40er Jahren noch als Flusspiraten durch die Sümpfe gejagt, nahmen die Binh Xuyen einen erstaunlichen Aufstieg: Ihr militärischer Kommandeur wurde 1954 zum Generaldirektor der nationalen Polizei und ihr Chef, der Analphabet Bay Vien, sogar zum Premierminister Vietnams nominiert. Die Gangster waren die Regierung geworden.

Die Binh-Xuyen-Flusspiraten tauchten zuerst in den frühen 20er Jahren in den Marschen und Kanälen entlang der Südränder von Saigon-Cholon als loses Bündnis von Piratenbanden auf, etwa 200 bis 300 Mann stark. Bewaffnet mit alten Gewehren, Knüppeln und Messern und im sinovietnamesischem Boxen geschult, pressten sie den Sampans* und Dschunken auf ihrem Weg durch die Kanäle zu den Docks von Cholon Schutzgeld ab. Gelegentlich machten sie Ausfälle hinein nach Cholon, um einen reichen chinesischen Kaufmann zu entführen oder zu berauben. Setzten ihnen Polizei oder Kolonialmiliz allzu hart zu, zogen sie sich durch die Flüsse und Kanäle südlich von Saigon tief in den undurchdringlichen Rung-Sat-Sumpf an der Mündung des Saigonflusses zurück, wo sie ihr Ruf als Volkshelden und das Mangrovenlabyrinth vor der Gefangennahme schützten. Wenn die Binh-Xuyen-Piraten die Robin Hoods von Vietnam waren, dann war Rung Sat (Wald der Mörder) ihr Sherwood Forest.[59]

* Ein Sampan ist ein kleines chinesisches Boot, insbesondere ein Hausboot. (A. d. Ü.)

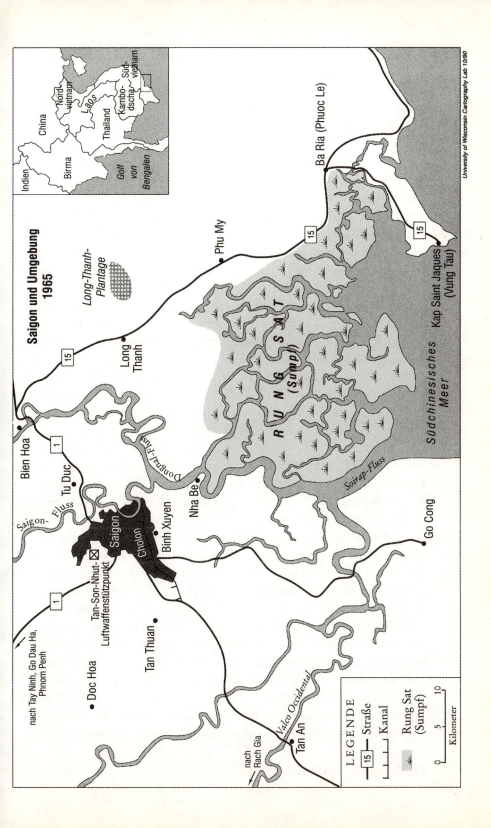

Ihr populäres Image war nicht ganz unverdient, denn es gibt Belege, dass viele der frühen Gesetzlosen gewöhnliche Vertragsarbeiter waren, die während des Gummibooms der 20er Jahre von den am nördlichen Rand des Rung Sat aus dem Boden sprießenden Gummiplantagen geflohen waren. Zu wenig Essen, harte Arbeitszeiten und Schläge machten die meisten der Plantagen zu Sklavenarbeitslagern mit jährlichen Todesraten von über 20 Prozent.[60]

Aber die Mehrheit derer, die sich den Binh Xuyen anschlossen, waren schlicht gewöhnliche Straßenschläger aus Cholon, und die Karriere von Le Van Vien, genannt »Bay« Vien, war die typischere. Geboren 1904 am Stadtrand von Cholon, fand sich Bay Vien im Alter von 17 allein, ohne Ausbildung und ohne Job, nachdem ihn ein Erbschaftsstreit seines Geburtsrechts beraubt hatte. Er geriet bald unter den Einfluss eines kleinen Ganoven, der ihm eine Arbeit als Chauffeur besorgte und ihn mit dem Unterweltboss von Cholon bekannt machte.[61] Als er sich einen Ruf in der Unterwelt erwarb, lud der Unterweltführer Duong Van Duong (»Ba« Duong) ihn in sein Haus im Dorf Binh Xuyen gleich im Süden Cholons ein.

Die frühe Geschichte der Binh Xuyen war ein nie endender Kreislauf von Entführungen, Piraterie, Verfolgung und gelegentlichen Inhaftierungen – bis zum Ende des Zweiten Weltkriegs, als sich der japanische Militärgeheimdienst Kempetai in die vietnamesische Politik einzumischen begann. 1943/44 gelang es vielen einzelnen Bandenanführern, sich die japanische Armee zu Dank zu verpflichten, die damals gemeinsam mit den Vichy-Franzosen Saigon verwalteten. Dank des japanischen Schutzes konnten viele Gangster aus ihren Verstecken kommen und eine legale Arbeit finden. Ba Duong zum Beispiel wurde Arbeitsvermittler für die Japaner und beging während des Krieges unter ihrem Schutz einige der spektakulärsten Raubüberfälle in Saigon. Andere Anführer traten von den Japanern geförderten politischen Gruppierungen bei, wo sie zum ersten Mal mit Fragen der Politik in Berührung kamen.[62] Viele Binh-Xuyen-Banditen waren jedoch bereits durch ihre Inhaftierung auf den Con-Son-Inseln (Pulo-Condor-Inseln) geprägt, wo sie die hitzigen Debatten ihrer Zellengenossen, der politischen Gefangenen, verfolgt hatten. Bay Vien selbst floh von Con Son Anfang 1945 und kehrte politisiert und verbittert über den französischen Kolonialismus nach Saigon zurück.[63]

Am 9. März 1945 hellten sich die Geschicke der Binh Xuyen weiter auf, als die japanische Armee – aus Sorge über wachsende antifaschistische Ressentiments unter ihren französischen Kollaborateuren aus Militär und Zivilverwaltung – einen Präventivschlag führte. Innerhalb weniger Stunden saßen alle französischen Polizisten, Soldaten und Zivilbeamte hinter Gittern, was jenen politischen Gruppen Vietnams, die von den Japanern begünstigt wurden, die Freiheit gab, sich zum ersten Mal offen zu organisieren. Einige Binh-Xuyen-Gangster wurden amnestiert; andere, wie Bay Vien, stellte die neu gebildete vietnamesische Regierung als Polizeiagenten ein. Begierig auf die Informationen, das Geld und die Männer, die die Binh Xuyen zu bieten hatten, bemühte sich fast jede politische Gruppe um die kriminelle Organisation. Nachdem sie Angebote der Konservativen und Trotzkisten abgelehnt hatten, trafen die Binh Xuyen eine Entscheidung von beträchtlicher Bedeutung: Sie wählten die kommunistisch geführten Vietminh zu ihren Verbündeten.

Während diese Entscheidung in Tongking oder Zentralvietnam, wo die kommunistisch beherrschten Vietminh stark genug waren, um allein zu stehen, von geringer Bedeutung gewesen wäre, war die Unterstützung der Binh Xuyen in Cochinchina entscheidend. Nach einer missglückten Revolte 1940 war die Cochin-Division der Kommunistischen Partei Indochinas (KPIC) durch Massenverhaftungen und Exekutionen geschwächt.[64] Als die Partei sich Ende des Zweiten Weltkriegs neu zu formieren begann, war sie bereits von konservativeren nationalistischen Gruppen überflügelt worden, besonders von politisch-religiösen Gruppen wie den Hoa Hao und Cao Dai. Im August 1945 überzeugte der Kopf der Vietminh in Cochinchina, Tran Van Giau, Bay Vien davon, Ba Duong und andere Bosse zu überreden, sich mit den Vietminh zu verbünden.[65] Als die Vietminh für den 25. August zu einer Massendemonstration aufriefen, um ihre Einsetzung als neue nationale Regierung zu feiern, schlossen sich den Zehntausenden von Demonstranten, die über neun Stunden lang durch die Saigoner Innenstadt zogen, 15 gut bewaffnete Banditen mit einem großen Banner an, auf dem »Binh-Xuyen-Mordkomitee« stand.[66] Über einen Monat lang verwalteten die Vietminh die Stadt, leiteten die öffentlichen Einrichtungen und patrouillierten auf den Straßen, bis Ende September eintreffende britische und französische Truppen die Macht übernahmen.

Am 15. August hatte der Zweite Weltkrieg ein jähes Ende gefunden, als sich die Japaner nach den Atombombenangriffen auf Hiroshima und Nagasaki den Alliierten ergaben. Alliierte Kommandeure hatten sich auf eine lange, blutige Invasion des japanischen Stammlands vorbereitet und sahen sich plötzlich mit dem gewaltigen Problem konfrontiert, Tausende über Südostasien verstreute japanische Soldaten zu entwaffnen. Am 12. September wurden 1.400 indische Gurkhas und eine Kompanie französischer Infanterie unter dem Kommando des britischen Generals Douglas D. Gracey von Birma nach Saigon eingeflogen. Obwohl er strikte Order hatte, sich aus der Politik herauszuhalten, schritt General Gracey, ein Erzkolonialist, entschieden auf Seiten der Franzosen ein. Als das Begrüßungskomitee der Vietminh zu einem Höflichkeitsbesuch kam, gab er sich weiter keine Mühe, seine Vorurteile zu verbergen.

»Sie kamen zu mir und sagten ›willkommen‹ und solche Sachen«, berichtete er später. »Es war eine unangenehme Situation, und ich schmiss sie umgehend wieder raus.«[67] Zehn Tage später bewaffneten die Briten heimlich etwa 15.0000 französische Soldaten, die prompt putschten und die öffentlichen Gebäude der Stadt besetzten. Unterstützt von den noch nicht demilitarisierten japanischen, aber auch indischen Truppen vertrieben die Franzosen die Vietminh aus der Saigoner Innenstadt und begannen die Häuser systematisch nach nationalistischen Führern zu durchsuchen. Mit der Ankunft französischer Truppenschiffe aus Marseille mehrere Wochen später begannen die Franzosen ernsthaft mit der Rückeroberung Indochinas.[68]

Aus Angst vor weiteren Repressionen zogen sich die Vietminh nach Westsaigon zurück und hinterließen Bay Vien als Militärkommandeur von Saigon-Cholon.[69] Da die Binh Xuyen zu diesem Zeitpunkt weniger als 100 Mann zählten, schlugen die Vietminh ihre Vereinigung mit der städtischen nationalistischen Jugendbewegung, der »Avantgardejugend«, vor.[70] Ein Treffen mit Bay Vien überzeugte einen der Avantgardeführer, den späteren Polizeichef Lai Van Sang, dass eine Verschmelzung sinnvoll sei: Seinen 2.000 Kämpfern fehlten Waffen und Geld, während die reichen Binh Xuyen zu wenig Fußtruppen hatten.[71] Es war ein eigenartiges Bündnis: Saigons härteste Kriminelle befehligten nun idealistische junge Studenten und Intellektuelle. Als die britischen und französischen Truppen die Saigoner Innenstadt zurückeroberten, bezogen die Binh Xuyen am südlichen und westlichen Stadtrand Verteidigungsstellungen. Am 25. Oktober stießen die Franzosen in die Vororte vor, brachen durch die Linien der Binh Xuyen und trieben sie zurück in den Rung-Sat-Sumpf.[72] Ba Duong führte den amphibischen Rückzug Tausender Binh-Xuyen-Soldaten, Avantgardisten und japanischer Deserteure tief ins Wasserlabyrinth von Rung Sat. Sie hinterließen jedoch ein Netz geheimer Zellen, Aktions- oder Mordkomitees genannt, von insgesamt 250 Mann.

Während die Binh-Xuyen-Wasserguerilla die Kanäle unsicher machte, spionierten ihre Saigoner Aktionskomitees die Stadt aus, erpressten Geld und übten politischen Terror aus. Kaufleute zahlten den Aktionskomitees regelmäßig Schutzgeld für die Gewährleistung ihrer persönlichen Sicherheit. So musste etwa das berühmte Kasino Grand Monde 2.600 Dollar am Tag für die Garantie bezahlen, dass Binh-Xuyen-Terroristen keine Granaten in seine Spielhallen warfen.[73] Diese Beiträge, zusammen mit Waffenlieferungen, versetzten die Binh Xuyen in die Lage, ihre Streitmacht auf sieben volle Regimenter mit insgesamt 10.000 Mann auszuweiten, die größte Vietminh-Truppe in Cochinchina.[74] 1947, als die Vietminh eine Terrorwelle gegen die französischen Kolonialisten begannen, spielten die Aktionskomitees der Binh Xuyen eine große Rolle bei den Bombenanschlägen, Messerangriffen und Überfällen, die das tägliche Leben in Saigon-Cholon immer wieder erschütterten.[75]

Trotz ihrer wichtigen Beiträge zur Revolutionsbewegung war die Ehe der Binh Xuyen mit den Vietminh von Anbeginn zum Untergang verurteilt. Es waren keine spitzfindigen ideologischen Dispute, die sie trennten, sondern die eher profanen Streitigkeiten über Verhalten, Disziplin und territoriale Fragen. Die Beziehungen zwischen den Binh-Xuyen-Banden waren immer vom Prinzip des wechselseitigen Respekts für das autonome Territorium jedes Bosses geprägt gewesen. Im Gegensatz dazu versuchten die Vietminh eine auf Volksbeteiligung basierende Massenrevolution aufzubauen. Vertrauen in die Bewegung war dazu unabdingbar, daher mussten Exzesse eines Kommandeurs einer Einheit bestraft werden, bevor sie das Volk entfremden und die Revolution zerstören konnten. Auf der einen Seite ungestüme Banditen, auf der anderen disziplinierte Parteikader: Ein Konflikt war unvermeidlich.

Zu einer Konfrontation kam es Anfang 1946, als ein untergeordneter Binh-Xuyen-Anführer des Mordes, der Gelderpressung und willkürlicher Gewalt beschuldigt wurde und Vietminh-Kommandeur Nguyen Binh gezwungen war, ein Militärtribunal einzuberufen. Inmitten eines hitzigen Streits zwischen dem Binh-Xuyen-Führer Ba Duong und Nguyen Binh griff sich der Beschuldigte die Pistole des Vietminh-Kommandeurs und schoss sich in den Kopf. Ba Duong gab den Vietminh die Schuld am Selbstmord seines Freundes und begann auf den

Ausschluss Nguyen Binhs hinzuarbeiten, wurde aber ein paar Wochen später, noch bevor er seine Pläne umsetzen konnte, von einem französischen Flugzeug beschossen und getötet.[76]

Kurz nach Ba Duongs Tod im Februar 1946 hielten die Binh Xuyen eine Massenversammlung im Herzen von Rung Sat ab, um ihren gefallenen Führer zu betrauern und Bay Vien zu seinem Nachfolger zu wählen. Obwohl Bay Vien eng mit den Vietminh zusammengearbeitet hatte, war sein Ehrgeiz nun größer als sein Patriotismus. Es langweilte ihn, König der Mangrovensümpfe zu sein, und so entwickelte er drei Strategien, um sich in größere Höhen zu katapultieren: Er befahl den Mordkomitees, sich um Nguyen Binh zu kümmern[77]; er begann mit der religiösen Gruppe Hoa Hao zusammenzuarbeiten, um eine gegen die Franzosen und die Vietminh gerichtete Koalition zu schmieden[78]; schließlich begann er Verhandlungen mit dem französischen 2ème Bureau, um sich ein Territorium in Saigon zu sichern.

Die Vietminh blieben gegenüber Bay Viens Machenschaften relativ tolerant, bis zum März 1948, als er seine höchsten Berater nach Saigon entsandte, um eine Geheimallianz mit Hauptmann Savani vom 2ème Bureau auszuhandeln.[79] Die Vietminh verbargen ihre Kenntnis von Bay Viens Verrat und luden ihn zu einer besonderen Versammlung in ihrem Rückzugslager in der Ebene der Binsen am 19. Mai ein, Ho Chi Minhs Geburtstag. Bay Vien witterte die Falle und marschierte, umringt von 200 seiner härtesten Gangster, in die Versammlung. Während er sich den Luxus gönnte, Nguyen Binh von Angesicht zu Angesicht anzuklagen, nahmen ihm die Vietminh sein Rückzugsgebiet, den Rung-Sat-Sumpf ab. Vietminh-Kader, die Monate zuvor die Binh Xuyen infiltriert hatten, beriefen eine Massenversammlung ein und offenbarten Bay Viens Verhandlungen mit den Franzosen. Daraufhin putschten wütende nationalistische Studenten und Jungvolk am 28. Mai: Bay Viens Unterstützer wurden festgenommen, unzuverlässige Einheiten entwaffnet und die Zuflucht Rung Sat den Vietminh übergeben. Währenddessen bekam Bay Vien bei den Zusammenkünften in der Ebene der Binsen den bedrohlichen Stimmungswandel mit, scharte seine Leibwächter um sich und floh, verfolgt von Vietminh-Truppen, nach Rung Sat.[80] Auf dem Weg dorthin erfuhr er, dass sein Zufluchtsort verloren war, und änderte die Richtung. Gehetzt von nachsetzenden Vietminh-Kolonnen schlug Bay Vien die Straße nach Saigon ein und erreichte am 10. Juni den Stadtrand.

Da er nicht offen zu den Franzosen überlaufen und als Kollaborateur abgestempelt werden wollte, versteckte er sich mehrere Tage in den Marschen südlich von Saigon, bis Agenten des 2ème Bureau ihn fanden. Bay Vien mochte Rung Sat verloren haben, aber seine geheimen Aktionskomitees blieben in Saigon-Cholon eine machtvolle Kraft und machten ihn für die Franzosen unschätzbar. Hauptmann Savani, von seinen Offizierskollegen »der korsische Bandit« genannt, besuchte den Binh-Xuyen-Anführer in seinem Versteck und erklärte ihm: »Bay Vien, es gibt keinen anderen Ausweg. Sie haben nur noch ein paar Stunden zu leben, wenn Sie nicht bei uns unterschreiben.«[81] Die Logik des Hauptmanns war unabweisbar. Am 16. Juni chauffierte ein französischer Stabswagen Bay Vien nach Saigon, wo er eine vorbereitete Erklärung unterzeichnete, in der er die Kommunisten als Verräter denunzierte und dem vietnamesischen Kaiser, Bao Dai, die Treue schwor.[82] Kurz darauf gab die französische Regierung bekannt, dass sie beschlossen habe, »die Polizei und die Aufrechterhaltung der Ordnung Binh-Xuyen-Truppen... anzuvertrauen«, in einer Zone der Stadt, »wo sie zu operieren gewohnt sind«. Die Franzosen überließen ihnen ein kleines Territorium am Südrand von Cholon.[83]

Im Gegenzug für diese Konzession halfen 800 Gangster, die Bay Vien von Rung Sat zu Hilfe geeilt waren, zusammen mit den verdeckten Aktionskomitees den Franzosen bei einer umfassenden, erfolgreichen Razzia Saigons und Cholons gegen Vietminh-Kader, -Zellen und -Agenten. »Da wir Zeit im Untergrund [*maquis*] verbracht und dort gekämpft hatten«, erklärte Lai Huu Tai, Bay Viens höchster politischer Berater, »wussten wir auch, wie man den Untergrund bekämpft.«[84]

Sofort nach der Operation zog sich Bay Vien jedoch aus Angst, als Kollaborateur verdammt zu werden, in seine schmale Zone zurück und weigerte sich, sie zu verlassen. Die Binh Xuyen lehnten es ab, auf irgendein Territorium Fuß zu setzen, das ihnen nicht überlassen und als unabhängige »nationalistische Zone« deklariert wurde. Um die einzigartigen Fähigkeiten der Binh Xuyen bei der städtischen Gegenspionage und als Sicherheitstruppe für sich nutzen zu können, waren die Franzosen gezwungen, ihnen Saigon-Cholon Block für Block zu übergeben. Im April 1954 wurde der Militärkommandeur der Binh Xuyen, Lai Van Sang, zum Generaldirektor der Polizei ernannt, und die Binh Xuyen kontrollierten die Hauptstadtregion und den 90 Kilometer breiten Streifen zwischen Saigon und Kap Saint Jacques. Da die Befriedungstechniken der Binh Xuyen große Geldsummen erforderten, um Tausende von Informanten zu bestechen, gaben die Franzosen ihnen unbeschränkte Vollmacht, die Stadt zu plündern. Indem sie den Binh Xuyen diese wirtschaftliche und politische Kontrolle über Saigon gaben, schalteten die Franzosen die Vietminh aus und schufen gleichzeitig ein wirkungsvolles politisches Gegengewicht zu den nationalistischen Parteien Vietnams, die aufgrund amerikanischen Drucks zu stärkerer politischer und militärischer »Vietnamisierung« an Einfluss gewonnen hatten.[85] Bis 1954 war der analphabetische, stiernackige Bay Vien zum reichsten Mann Saigons und zur Schlüsselfigur der französischen Präsenz in Cochinchina geworden. Mithilfe der Binh Xuyen begegnete das 2ème Bureau der wachsenden Macht der nationalistischen Parteien, hielt Vietminh-Terroristen von den Straßen fern und kämpfte gegen die amerikanische CIA um die Kontrolle Südvietnams.

Da der Schlüssel zur Macht der Binh Xuyen in ihrem finanziellen Vermögen bestand, verdient ihre wirtschaftliche Enwicklung einen genaueren Blick. Der finanzielle Zugriff der Binh Xuyen auf Saigon ähnelte in vieler Hinsicht dem organisierten Verbrechen in New York. Die Saigoner Gangster nutzten ihre Macht über die Straße, um Schutzgeld einzusammeln und Transportindustrie, Glücksspiel, Prostitution und Drogenhandel zu kontrollieren. Aber während amerikanische Kriminelle lieber unauffällig bleiben, stellten die Binh Xuyen ihre Macht stolz zur Schau: Ihre grün bemützten Soldaten stolzierten auf den Straßen umher, Opiumhöhlen und Spielkasinos operierten in aller Öffentlichkeit; ein Regierungsminister weihte ihre »Spiegelhalle« ein, das größte Bordell Asiens.

Wahrscheinlich war der wichtigste wirtschaftliche Aktivposten der Binh Xuyen die Glücksspiel- und Lotteriekonzession, die sie über zwei wuchernde Kasinos kontrollierten – das Grand Monde in Cholon und das Cloche d'Or in Saigon. Die Kasinos wurden vom höchsten Bieter für die jährlich vergebene Konzession betrieben. Das Grand Monde war 1946 auf Betreiben des Generalgouverneurs von Indochina, Admiral Thierry d'Argenlieu, eröffnet worden, um die Kolonialregierung von Cochinchina zu finanzieren.[86] Die Lizenz wurde zunächst an ein chinesisches Glücksspielsyndikat aus Macao vergeben, das alle konkurrierenden politischen Kräfte Saigons bestach: die Binh Xuyen, Kaiser Bao Dai, bedeutende Kabinettsmitglieder und sogar die Vietminh. Anfang 1950 regte Bay Vien bei Hauptmann Savani an, die Lizenz an ihn zu vergeben, um Zahlungen an die Vietminh zu unterbinden.[87] Die Franzosen stimmten zu, und Bay Viens Berater Lai Huu Tai (Lai Van Sangs Bruder) traf sich mit Kaiser Bao Dai und versprach ihm starke

Unterstützung, falls er die Maßnahme billige. Aber als Bao Dai den Vorschlag dem Präsidenten Huu und dem Gouverneur von Cochin unterbreitete, verweigerten diese ihre Zustimmung, da beide im Sold der Macao-Chinesen standen. Die Binh Xuyen überwanden die festgefahrene Lage auf ihre eigene unnachahmliche Art: Sie gaben den chinesischen Lizenznehmern zu verstehen, dass die Binh-Xuyen-Polizei die Casinos nicht länger vor Vietminh-Terroristen schützen würde[88], entführten den Kopf des Macao-Syndikats[89] und verpflichteten sich schließlich, jedermanns Schmiergeld weiterzuzahlen. Nachdem sie eingewilligt hatten, der Regierung eine Kaution von 200.000 Dollar zu leisten sowie 20.000 Dollar täglich zu zahlen, wurde die Konzession am 31. Dezember 1950 an die Binh Xuyen vergeben.[90] Trotz dieser hohen Ausgaben war die Kasinokonzession ein gewaltiger finanzieller Coup: Kurz bevor das Grand Monde 1955 von einem neuen Regime geschlossen wurde, schätzten sachkundige französische Beobachter, dass es das profitabelste Kasino Asiens, vielleicht sogar der Welt war.[91]

Nach 1950 sprach das französische Militär den Binh Xuyen eine weitere lukrative Geldquelle der Kolonie zu: Saigons Opiumhandel. Die Binh Xuyen begannen, das Hmong-Rohopium der Gemischten Luftkommandogruppe zu verarbeiten und das aufbereitete Rauchopium an Hunderte von Opiumhöhlen zu vertreiben, die über die Zwillingsstädte verstreut waren.[92] Sie zahlten einen festgelegten Prozentsatz ihrer Profite an Kaiser Bao Dai, das französische 2ème Bureau und die Gemischte Luftlandetruppe. CIA-Oberst Lansdale berichtete später: »Die Binh Xuyen beteiligten sich an einer der größten Drogenhandelsarterien der Welt, indem sie halfen, die reichen Opiumernten aus Laos und Südchina zu schmuggeln. Ihre Profite waren so gewaltig, dass Bao Dais kleiner Anteil reichte, um sich in Frankreich Yachten, Villen und andere Annehmlichkeiten leisten zu können.«[93]

Der letzte Aktivposten der Binh Xuyen war die Prostitution. Ihnen gehörte eine Vielzahl von Bordellen, angefangen von kleinen, intimen Villen, in denen junge Frauen Generälen und Diplomaten zu Diensten waren, bis hin zur bereits erwähnten Spiegelhalle mit ihren 1.200 Prostituierten und einer industriellen Technik, die das Etablissement zu einem der größten und profitabelsten Freudenhäuser in Asien machte.[94] Die Bordelle lieferten nicht nur Einkünfte, sondern auch einen stetigen Fluss politischer und militärischer Informationen.

Bei der Beurteilung der Wirtschaftstätigkeit von Bay Vien[95] kam das 2ème Bureau 1954 zu dem Schluss: »Kurz, die Gesamtheit des von General Le Van (Bay) Vien aufgebauten Wirtschaftspotenzials folgte erfolgreich genau den Regeln horizontaler und vertikaler Monopolisierung, die amerikanischen Konzernen so teuer sind.«[96] Bay Viens Kontrolle über Saigon-Cholon ermöglichte es ihm, »ein vielseitiges Geschäftsunternehmen [aufzubauen], dessen Wirtschaftspotenzial eine der solidesten ökonomischen Kräfte in Südvietnam« darstellte.[97]

Nachdem das 2ème Bureau den Binh Xuyen erlaubt hatte, dieses Geschäftsimperium zu errichten, musste es mit ansehen, wie es liquidiert wurde. Der Untergang der Binh Xuyen war das Ergebnis einer verzweifelten Auseinandersetzung, die sich der französische Geheimdienst mit der CIA um die Kontrolle Saigons und Südvietnams lieferte. Zwischen dem 28. April und dem 3. Mai 1955 lieferten sich die Binh Xuyen mit der südvietnamesischen Armee einen brutalen Häuserkampf um die Kontrolle von Saigon-Cholon. An diesen Kämpfen waren mehr Truppen beteiligt als an der Tet-Offensive der Vietcong von 1968, und sie waren ebenso zerstörerisch.[98] In den sechs Tagen der Schlacht wurden 500 Menschen getötet, 2.000 verwundet und 20.000 obdachlos.[99] Soldaten nahmen keine Rücksicht auf Zivilisten und machten mit Artillerie, Mörsern und schweren Maschinengewehren ganze Viertel dem Boden gleich. Als alles vorbei war, hatte man die Binh Xuyen zurück nach Rung Sat getrieben, und Premierminister Ngo Dinh Diem war Herr über Saigon.

Diese Schlacht war ein Stellvertreterkrieg: Die Binh Xuyen und Diems Armee waren bloße Bauern in einem Machtkampf zwischen dem französischen 2ème Bureau und der amerikanischen CIA. Trotz aller taktischen Meinungsverschiedenheiten zwischen Franzosen und Amerikanern war die Atmosphäre auf Botschafter- und Regierungsebene von Freundlichkeit und Flexibilität geprägt, aber das galt ganz und gar nicht für die Beziehung ihrer jeweiligen Geheimdienste.

Vor dem französischen Debakel in Dien Bien Phu im Mai 1954 hatten die beiden Regierungen in Indochina weitgehend reibungslos zusammengearbeitet. In den frühen 50er Jahren zahlten die USA 78 Prozent der Kosten für die Aufrechterhaltung des französischen Expeditionskorps, und Hunderte von amerikanischen Beratern dienten in den französischen Einheiten. Aber nach Dien Bien Phu und dem Waffenstillstandsabkommen auf der Genfer Konferenz begann die Partnerschaft zu zerbröckeln.

Frankreich fand sich damit ab, seiner ehemaligen Kolonie volle Unabhängigkeit zu gewähren. Es stimmte in Genf zu, sich aus der Nordhälfte des Landes zurückzuziehen und 1956 in ganz Vietnam ein Referendum abzuhalten – eine Wahl, die zu gewinnen die Vietminh sicher waren –, um darüber entscheiden zu lassen, wer die vereinte Nation regieren würde. Unter Führung des französischen Premierministers Pierre Mendès-France plante Paris »ein Beispiel gebendes Experiment der Koexistenz«: Frankreich würde sich streng an das Genfer Abkommen halten, den Vietminh volle Kontrolle über Vietnam zugestehen und dann eng mit Ho Chi Minh zusammenarbeiten, »um den kulturellen Einfluss Frankreichs zu bewahren und französisches Kapital zu retten«.[100] Es versteht sich, dass die Pläne des französischen Premiers im US-Außenministerium, das nach den antikommunistischen Grundprinzipien von Außenminister John Foster Dulles operierte, nicht gut ankamen. Zwischen Washington und Paris entwickelten sich fundamentale politische Meinungsverschiedenheiten, auch wenn es nicht zum offenen Konflikt kam.

Die *Pentagon-Papiere* fassen die Punkte unterschiedlicher Auffassung zwischen Washington und Paris sehr genau zusammen:

> »Alle erwähnten Spannungen gingen auf zwei zentrale Probleme zwischen den USA und Frankreich zurück. Das erste war die Frage, wie und durch wen die vietnamesischen Streitkräfte ausgebildet werden sollten. Das zweite und weiter reichende war, ob Ngo Dinh Diem Kopf der vietnamesischen Regierung bleiben oder ob er durch einen anderen nationalistischen Führer ersetzt werden sollte, der größere Sympathien für Bao Dai und Frankreich hegte.«[101]

Die erste Frage war bald nach Eintreffen des Sonderbotschafters General J. Lawton Collins in Vietnam am 8. November 1954 gelöst. Die Amerikaner leisteten bereits einen Großteil der Hilfe für die südvietnamesische Armee, und der französische Hochkommissar General Paul Ely stimmte bereitwillig zu, die Ausbildung den Amerikanern zu übergeben.

Die zweite Frage – ob Diem weiter Premierminister bleiben sollte – löste im April 1955 den Krieg zwischen CIA und 2ème Bureau aus. Diem war ein politisch unbeschriebenes Blatt und vor allem deshalb ins Amt des Premierministers gelangt, weil Washington überzeugt war, dass seine streng antikommunistischen und antifranzösischen Überzeugungen den amerikanischen Interessen am besten dienten. Aber das unmittelbare Problem für Diem und die Amerikaner bestand in der Kontrolle Saigons. Wenn Diem den Amerikanern von irgendeinem

Nutzen sein sollte, um die Vereinigung Vietnams zu verhindern, musste er den Binh Xuyen die Kontrolle über die Straße abringen. Denn wer immer die Straßen kontrollierte, beherrschte Saigon, und wer Saigon hatte, hielt den Schlüssel zum reisreichen Mekongdelta in Händen. Während beide, die französische und die amerikanische Regierung, jedes Eigeninteresse abstritten und versuchten, selbst ihre parteilichsten Vorschläge als pragmatische Reaktion auf die veränderte Situation in Saigon darzustellen, gaben sie ihren Geheimdiensten freie Hand, um Saigons Realität zu ihren Gunsten zu beeinflussen. So begannen, versteckt hinter diplomatischer Freundlichkeit, die CIA, geführt von Oberst Lansdale, und das französische 2ème Bureau unter Hauptmann Savani einen brutalen Geheimkrieg um Saigon.

In der Filmversion von Graham Greens Roman über diese Zeit, *Der stille Amerikaner*, wurde Oberst Lansdale von dem amerikanischen Kriegshelden Audie Murphy verkörpert, dessen Rollen als edler Held in Dutzenden von Western eine ideale Voraussetzung für die Darstellung des missionarischen Antikommunismus boten, der für Lansdale so typisch war. Was Murphy nicht zeigte, war Lansdales meisterliche Beherrschung des CIA-Repertoires verdeckter Operationstechniken, darunter Sabotage, psychologische Kriegführung und Konterguerilla. Als Lansdale im Mai 1954 in Saigon eintraf, kam er frisch von den Philippinen, wo er Präsident Ramón Magsaysays erfolgreichen Konterguerilla-Feldzug gegen die Kommunistische Partei ins Werk gesetzt hatte. Als Prophet einer neuen Konterguerilla-Doktrin und Vertreter einer reichen Nation war Lansdale ein Furcht einflößender Gegner.

Mit dem Versuch, Bay Vien abzusetzen, forderte Lansdale nicht nur das 2ème Bureau heraus, sondern legte sich auch mit der korsischen Gemeinde Saigons an: korsische Geschäftsleute, korsische Kolonisten und korsische Unterwelt. Seit dem späten 19. Jahrhundert hatten Korsen den öffentlichen Dienst Indochinas dominiert.[102] Gegen Ende des Zweiten Weltkriegs waren korsische Widerstandskämpfer, einige davon Gangster, in die reguläre Armee eingetreten und mit dem Expeditionskorps nach Indochina gekommen. Viele blieben nach ihrer Dienstzeit in Saigon, um legale Geschäfte oder auf dem zu Kriegszeiten blühenden Schwarzmarkt Profite zu machen. Wer enge Unterweltkontakte in Marseille hatte, konnte zwischen den beiden Hafenstädten Währungsschmuggel betreiben. Der Marseiller Gangster Barthélemy Guerini arbeitete eng mit Kontaktleuten in Indochina zusammen, um direkt nach dem Krieg Schweizer Gold nach Asien zu schmuggeln.[103] Außerdem kauften korsische Gangster, die korsischen Offizieren im Saigoner 2ème Bureau nahestanden, überschüssiges Opium und verschifften es nach Marseille, wo es einen kleinen Beitrag zur wachsenden Heroinindustrie der Stadt leistete.[104]

Der unumstrittene Führer der korsischen Unterwelt in Saigon war der angesehene Kaufmann Mathieu Franchini. Franchini, Besitzer des exklusiven Continental Palace Hotel, machte im Indochinakrieg mit dem Piaster-Gold-Schmuggel zwischen Saigon und Marseille ein Vermögen.[105] Er wurde der Investmentberater der Binh Xuyen und verwaltete einen Großteil ihrer Opium- und Glücksspielprofite. Als Bay Viens Vermögen monumentale Ausmaße annahm, schickte ihn Franchini nach Paris, »wo ihm neue korsische Freunde gute Ratschläge zur Investition seiner überschüssigen Millionen gaben«.[106] Verlässlichen vietnamesischen Quellen zufolge war es Franchini, der die meisten Opiumexporte aus Saigon nach Marseille einfädelte. Weder ihn noch seine Partner konnte die Aussicht einer amerikanischen Übernahme gleichgültig lassen.

Viele Leute innerhalb des 2ème Bureau hatten bis zu acht Jahren daran gearbeitet, Splitterarmeen wie die Binh Xuyen aufzubauen; viele Korsen außerhalb des Militärs mussten befürchten, durch den Niedergang des französischen Einflusses legale und illegale Geschäfte, Positionen und Macht zu verlieren. Zwar teilten sie gewiss nicht Premierminister Mendès-Frances' Vorstellungen einer Kooperation mit den Vietminh, aber sie standen der Idee, alles den Amerikanern zu übergeben, noch feindseliger gegenüber.

Als Lansdale in Saigon eintraf, stand er vor der Aufgabe, eine Alternative zum Mosaik aus religiösen Armeen und kriminellen Banden aufzubauen, das Südvietnam in den letzten Kriegsjahren regiert hatte. Ngo Dinh Diems Ernennung zum Premierminister im Juli 1954 war für ihn der Hebel, den er brauchte. Der Favorit der Amerikaner hatte fast ein Jahrzehnt im Exil gelebt, kaum politische Unterstützer und so gut wie keine eigene Streitmacht. Nur dem Titel nach Premierminister, kontrollierte Diem lediglich ein paar Blocks der Saigoner Innenstadt rings um den Präsidentenpalast. Die Franzosen und ihre Schützlinge – die südvietnamesische Armee, die Binh Xuyen und die bewaffneten religiösen Sekten Cao Dai und Hoa Hao – konnten Diem leicht stürzen, falls er ihre Interessen bedrohte. Lansdale machte sich daran, die geschlossene Front seiner Gegner aufzubrechen und für Diem einen wirkungsvollen Militärapparat aufzubauen. Die Amerikaner brachen die französische Kontrolle über die südvietnamesische Armee und und warben den amerikafreundlichen Oberst Duong Van Minh (»Big Minh«) an, um die Angriffe gegen die Binh Xuyen zu führen. Durch Zahlungen an die bewaffneten religiösen Sekten konnte Lansdale die meisten von ihnen neutralisieren, was die Binh Xuyen als einzigen französischen Bauern auf dem vietnamesischen Schachbrett übrig ließ. Die Binh Xuyen finanzierten sich weitgehend durch ihre illegalen Lastergeschäfte; ihre Loyalität ließ sich daher nicht mit Geld manipulieren. Ohne Unterstützung der südvietnamesischen Armee und der religiösen Sekten konnten sie jedoch bald zerschlagen werden.

Lansdales Sieg war nicht leicht. Bald nach seiner Ankunft machte er sich daran, die Finanz- und Militärkraft seiner Gegner zu taxieren. Da er die Bedeutung des Opiumhandels als Einkommensquelle französischer Geheimdienste in etwa kannte, begann er mithilfe eines angesehenen chinesischen Bankiers aus Cholon, Operation X genauer unter die Lupe zu nehmen. Aber der Bankier wurde plötzlich ermordet. Lansdale ließ die Untersuchung fallen. Es gab Grund zu der Annahme, dass der Bankier den beteiligten Korsen zu nahe gekommen war und diese ihn getötet hatten, damit sich die Informationen nicht weiter verbreiteten.[107]

Ein versuchter Putsch gegen Diem führte Ende 1954 dazu, dass Lansdale die Palastwache austauschte. Nachdem die Botschaft einer geheimen Finanzierung zugestimmt hatte (später auf zwei Millionen Dollar geschätzt), überzeugte Lansdale einen Cao-Dai-Dissidenten namens Trinh Minh Thé, seinen *maquis* nahe der kambodschanischen Grenze als Zufluchtsort zur Verfügung zu stellen, sollte Diem zur Flucht aus Saigon gezwungen sein.[108] Als die drohende Krise zwischen Franzosen und Amerikanern Diems Sicherheit in der Hauptstadt gefährdete, verlegte Thé im Februar 1955 seine Soldaten als ständige Sicherheitstruppe in die Stadt und ließ 2.500 seiner barfüßigen Männer durch die Saigoner Innenstadt paradieren, um seine Loyalität zum Premierminister zu demonstrieren.[109] Das 2ème Bureau tobte angesichts Lansdales Unterstützung für Thé. Thé hatte – in Anwendung »der unorthodoxen Methode, einen Befehlshaber zu erledigen«, wie Lansdale scherzhaft bemerkte[110] – 1951 den französischen General Chanson ermordet und die Franzosen noch weiter in Rage gebracht, als er 1953 in der Saigoner Innenstadt ein Auto in die Luft sprengte, wobei eine Reihe von Passanten ums Leben kam. Die Offiziere des 2ème Bureau suchten Lansdale persönlich auf, um ihn zu warnen, dass sie Thé töten würden, und »fügten gewöhnlich die fromme Hoffnung hinzu, ich möge neben ihm stehen, wenn er niedergeschossen würde«.[111]

Am 11. Februar 1955 trat die französische Armee ihre Alimentierungs- und Ausbildungsverpflichtungen für die südvietnamesische Armee an die USA ab. Damit verloren die Franzosen zugleich auch die Kontrolle über die Sektenarmeen der Hoa Hao und Cao Dai. Letztere, immerhin 20.000 Mann stark, hatten ihnen und der vietnamesischen Armee als Hilfstruppen[112] gedient und waren direkt vom 2ème Bureau bezahlt worden. Nun sollten sie in die südvietnamesische Armee integriert werden, wo Diem und seine amerikanischen Berater sie befehligen würden.

Lansdale erhielt 8,6 Millionen Dollar für Gehälter und »Prämien« an Sektenkommandeure, die bei der »Integration« in die südvietnamesische Armee kooperierten.[113] Dieser Schritt weckte natürlich bei den Franzosen enorme Feindseligkeit. Als sich Lansdale mit General Gambiez von der französischen Armee traf, um das Sektenproblem zu erörtern, waren die Spannungen offenkundig:

> »Wir saßen an einem kleinen Tisch in seinem Büro. ... Ein riesiger Deutscher Schäferhund kauerte darunter. Gambiez teilte mir mit, dass mich der zum Töten abgerichtete Hund auf ein Wort von ihm angreifen würde. Ich bat Gambiez, zur Kenntnis zu nehmen, dass meine Hände in meinen Taschen steckten, während ich am Tisch saß; ich hatte eine kleine Automatik Kaliber 6,35 Millimeter auf seinen Bauch gerichtet, die ihn tödlich kitzeln würde. Gambiez rief seinen Hund zurück, und ich legte meine Hände auf den Tisch. Wir fanden, dass wir zusammenarbeiten konnten.«[114]

Im Februar erkannte das 2ème Bureau, dass es gegenüber Lansdales Team langsam ins Hintertreffen geriet. Die französischen Geheimdienstler versuchten daraufhin, ihn in den Augen seiner eigenen Regierung als verantwortungslosen Abenteurer bloßzustellen, indem sie ein beispielloses Geheimagententribunal einberiefen. Aber die Sitzung führte zu nichts. Die Offiziere des 2ème Bureau waren gedemütigt, was ihre Animosität gegenüber Lansdale zweifellos noch verstärkte.[115]

Doch die Franzosen waren noch nicht geschlagen. Ende Februar starteten sie eine erfolgreiche Gegenoffensive. Als sich Diem weigerte, sich hinter die Forderungen der Sekten im Hinblick auf finanzielle Unterstützung und Integration in die südvietnamesische Armee zu stellen, ergriffen die Franzosen die Gelegenheit und brachten die Sektenführer am 22. Februar in Tay Ninh zusammen, wo sie eine Einheitsfront bildeten und einwilligten, auf Diems Sturz hinzuarbeiten. Die Binh Xuyen sollten dafür Geld zu Verfügung stellen. Nach einem Monat fruchtloser Verhandlungen stellte die Einheitsfront Diem ein fünftägiges Ultimatum für wirtschaftliche und politische Reformen.[116] Plötzlich war die Phase der Lethargie mit ihren politischen Intrigen vorbei und die Zeit offener Konfrontation gekommen.

Lansdale arbeitete nun fieberhaft, um die Einheitsfront aufzubrechen, und traf sich regelmäßig mit Diem.[117] Mithilfe des CIA-Stationschefs stellte er ein Spezialteam zusammen, um die Binh Xuyen ins Visier zu nehmen, das finanzielle Herz der Einheitsfront. Er rekrutierte einen ehemaligen Saigoner Polizeichef namens Mai Huu Xuan, der mit 200 bis 300 seiner besten Beamten einen militärischen Sicherheitsdienst gegründet hatte, als die Binh Xuyen 1954 die Polizeikräfte übernahmen.[118] Ein weiterer von Lansdales Rekruten war Oberst Duong Van Minh, Kommandeur der südvietnamesischen Armee für das Gebiet von Saigon-Cholon. Lansdale stellte Duong, den er in seine Pläne zur Zerschlagung der Binh Xuyen einbezog, große, nach Belieben verwendbare Mittel zu Verfügung.[119]

Die Kämpfe begannen am 28. März, als eine Diem unterstützende Fallschirmspringerkompanie das von den Binh Xuyen besetzte Polizeihauptquartier angriff. Die Binh Xuyen schlugen am folgenden Tag zurück und begannen um Mitternacht mit einem Mörserangriff auf den Präsidentenpalast. Als mehrere Stunden später französische Panzer in die Stadt rollten, um einen Waffenstillstand durchzusetzen, dem die USA zugestimmt hatten, protestierte Lansdale erbittert bei Botschafter Collins, dem er erklärte, dass »nur die Binh Xuyen von einem Waffenstillstand profitieren würden«.[120]

Fast einen Monat lang hielten die französischen Panzer die Binh Xuyen und die südvietnamesische Armee auseinander. Dann, am 27. April, traf sich Botschafter Collins mit Außenminister Dulles in Washington und berichtete ihm, die Halsstarrigkeit von Diem sei der Grund für die gewaltsame Konfrontation in Saigon. Verärgert telegrafierte Dulles nach Saigon, dass die USA Diem nicht länger unterstützten.[121] Ein paar Stunden nach Eintreffen des Telegramms griffen Diems Truppen Binh-Xuyen-Einheiten an und vertrieben sie aus der Saigoner Innenstadt ins benachbarte Cholon. Erfreut über Diems leichten Sieg telegrafierte Dulles Saigon seine volle Unterstützung für Diem. Die Botschaft verbrannte sein früheres Telegramm.[122]

Während der Kämpfe vom 28. April blieb Lansdale in ständigem Kontakt mit dem Präsidentenpalast, während sein Rivale Hauptmann Savani in das Hauptquartier der Binh Xuyen an der Y-Brücke in Cholon zog, wo er das Kommando über die Banditenbataillone übernahm und seinen Offizieren befahl, die Binh-Xuyen-Truppen im Häuserkampf zu begleiten.[123] Der Sender der Binh Xuyen bot jedem eine Belohnung, der Lansdale in ihr Hauptquartier bringen würde, wo man ihm, wie Bay Vien versprach, den Bauch aufschlitzen und seine Eingeweide mit Schlamm füllen würde.[124]

Am 2. Mai begannen die Kämpfe erneut, als Einheiten der südvietnamesischen Armee nach Cholon vordrangen, wo sie ganze Häuserblöcke dem Erdboden gleichmachten und die Binh Xuyen beständig zurückdrängten. Verweichlicht durch Jahre der Korruption, waren die Binh-Xuyen-Banditen nicht mehr die harten Kämpfer wie noch ein Jahrzehnt zuvor. Innerhalb einer Woche zogen sich die meisten in die Tiefen des Rung-Sat-Sumpfes zurück.

Zwar war der Krieg zwischen Diem und Bay Vien nun vorüber, aber jener zwischen Lansdale und den Korsen noch nicht ganz. Treu der korsischen Tradition starteten die Franzosen eine Vendetta gegen die gesamte amerikanische Gemeinde. Lansdale beschrieb es so:

> »Eine Gruppe verbitterter Franzosen in Saigon begann eine giftige Terrorkampagne gegen ansässige Amerikaner. Granaten wurden nachts in Höfe von Häusern geworfen, in denen Amerikaner lebten. Autos, die Amerikanern gehörten, wurden in die Luft gesprengt oder mit Sprengfallen versehen. Französische Sicherheitsbeamte teilten nervösen amerikanischen Vertretern ungerührt mit, dass die Terroraktivität das Werk der Vietminh sei.«[125]

Ein Heckenschütze schoss eine Kugel durch Lansdales Autofenster, als er durch Saigon fuhr, und ein Franzose, der ihm ähnelte, wurde vor Lansdales Haus von einem vorbeifahrenden Auto aus mit einem Maschinengewehr erschossen. Als Lansdale schließlich feststellte, dass die Anstifter französische Geheimdienstoffiziere waren, begannen vor ihren Häusern abends Granaten zu explodieren.[126]

Während seines Treffens mit dem französischen Premierminister Edgar Faure in Paris vom 8. bis 11. Mai 1955 erklärte John Foster Dulles seine weitere Unterstützung für Diem. Beide einigten sich, dass Frankreich und die USA in Indochina unabhängig voneinander ihre Politik verfolgen würden. Die Partnerschaft war vorbei: Die Franzosen würden abziehen und die USA in Vietnam bleiben, um Diem zu stützen.[127]

Diems Sieg bewirkte eine dreijährige Pause des groß angelegten illegalen Opiumhandels in Vietnam. Ohne die Binh Xuyen und Operation X, die den Handel organisiert hatten, hörte der Schmuggel aus Laos auf, der Vertrieb des verfügbaren Opiums in Saigon wurde zur Domäne von Kleinkriminellen. Beobachter bemerkten eine stetige Abnahme der Opiumhöhlen in der Hauptstadtregion. Obwohl amerikanische Zeitungskorrespondenten den Konflikt zwischen den Binh Xuyen und Diem als Moritat beschrieben – als Kampf zwischen einem ehrlichen, moralischen Premierminister und korrupten, mit Rauschgift handelnden »Superbanditen« –, waren die Binh Xuyen nur die oberflächliche Manifestation eines tiefer sitzenden Problems. Ihre Vertreibung aus Saigon brachte letztlich wenig substantielle Änderung.[128]

Über 80 Jahre lang hatte der französische Kolonialismus die Ausbeutung von Lastern zu einem Grundpfeiler der vietnamesischen Wirtschaft gemacht, indem er sie als legale staatliche Einkommensquellen benutzte. In den späten 40er Jahren verlagerten die Franzosen das Geschäft mit dem Laster schlicht aus der legalen Wirtschaft in die Unterwelt, wo es für politische Organisationen eine verführerische Einkommensquelle blieb. Ihre Helfer, die Binh Xuyen, entwickelten dabei die einzig wirkungsvolle Methode gegen die Vietminh in Saigon. Ihre Formel war eine Kombination aus Verbrechen und Konterguerilla: Die Kontrolle über die städtische Polizei ermöglichte die systematische Ausbeutung illegaler Geschäfte; diese brachten große Summen Bargeld ein, mit dem sich wiederum ein Netz von Spionen, Informanten und Mördern finanzieren ließ.

Das System funktionierte für die Binh Xuyen so gut, dass 1952 Vietminh-Kader berichteten, ihre Aktivitäten in Saigon seien praktisch zum Stillstand gekommen, weil die Banditen ihre besten Organisatoren entweder gekauft oder ermordet hätten.[129] Als die Regierung Diem 1958 einer großen Revolte gegenüberstand, griff sie auf die Binh-Xuyen-Formel zurück: Staatliche Geheimdienste belebten den Opiumhandel mit Laos neu, um Konterguerilla-Operationen zu finanzieren. Und noch 1965 bediente sich Premierminister Kys Berater General Loan, wie wir später sehen werden, der gleichen Methoden.

Verdeckter Krieg in Birma: Guomindang und CIA

Während der französische Geheimdienst in Indochina dem Opiumhandel trotz staatlicher Verbote das Überleben sicherte, trugen CIA-Operationen in Birma dazu bei, den Shan-Staat von einem relativ kleinen Mohnanbaugebiet in die größte Opiumanbauregion der Welt zu verwandeln. Der plötzliche Zusammenbruch der nationalchinesischen Regierung 1949 überzeugte die US-Regierung unter Präsident Truman, dass sie sich »der südlichen Ausdehnung des Kommunismus« nach Südostasien entgegenstemmen musste. 1950 weitete das US-Verteidigungsministerium die Militärhilfe auf die Franzosen in Indochina aus. Im selben Jahr begann die CIA, Überreste der geschlagenen Armee der Nationalchinesen (Guomindang) im birmanischen Shan-Staat für eine Invasion Südchinas neu zu formieren. Zwar sollte die Guomindang-Armee in ihren militärischen Operationen scheitern, aber dafür gelang ihr die Monopolisierung und Ausweitung des Opiumhandels des Shan-Staates.

Die Guomindang-Söldner transportierten die birmanischen Opiumernten nach Nordthailand, um sie dort an General Phao Siyanan, den Chef der thailändischen Polizei und einen CIA-Protegé, zu verkaufen. Die CIA förderte die Partnerschaft zwischen Phao und den Nationalchinesen, um ein sicheres Rückzugsgebiet für die Guomindang-Einheiten zu schaffen, aber diese Allianz wurde bald ein entscheidender Faktor beim Wachstum des südostasiatischen Rauschgifthandels.

Mit Hilfe der CIA blieben die Guomindang-Soldaten bis 1961 in Birma, als eine birmanische Armeeoffensive sie nach Laos und Thailand vertrieb. Bis dahin hatten sie jedoch längst ihre Kontrolle über die Stammesbevölkerungen genutzt, um die Opiumproduktion des Shan-Staates um beinahe 500 Prozent zu steigern – von weniger als 80 Tonnen 1945/45 auf geschätzte 300 bis 400 Tonnen 1962.[130] Von Stützpunkten in Nordthailand aus schickten die Guomindang-Soldaten weiterhin Maultierkarawanen in den Shan-Staat, um die Opiumernten aus dem Land zu bringen. 1973, 20 Jahre nachdem die CIA die Guomindang-Truppen im Goldenen Dreieck zu unterstützen begonnen hatte, bewegten diese Karawanen ein Drittel des illegalen Opiumangebots der Welt und einen wachsenden Anteil an Südostasiens blühendem Heroingeschäft.[131]

Seit langem hatten die Guomindang-Kriegsherren, die vor 1949 Südchina kontrollierten, ihre Macht auf Opium gestützt. Während seiner

17-jährigen Herrschaft über die Provinz Yunnan im entlegenen Südwesten Chinas an der Grenze zu Birma verließ sich General Lung Yun vor allem auf Opium und Banditentum, um seine unabhängige Armee zu finanzieren. Lung Yun, Mitglied der Lolo-Minderheit aus dem Norden Yunnans, war Erbe der für diese Hochlandregion charakteristischen Mischung aus Raub, Karawanenhandel und Opiumanbau. Als der Zweite Weltkrieg Yunnan zur letzten Guomindang-Bastion und zum Zielgebiet für US-Militärhilfe machte, brachen für diesen einäugigen Warlord gedeihliche Zeiten an. 1945 unterhielt er bereits »eine Privatarmee, um die ausgedehnten Mohnfelder entlang der ... Nordwestgrenze Yunnans zu schützen ..., und steuerte die systematischen Raubüberfälle seines Sohnes auf amerikanische Leihwaffen ... und Rationen, die über die Birmastraße nach Kunming transportiert wurden«.[132] In Zusammenarbeit mit seinem Cousin General Lu Han betrieb der Kriegsherr einen lukrativen Schmuggelhandel, der Opium und US-Versorgungsgüter in die japanisch besetzten Gebiete Zentralchinas, Birmas und Thailands brachte. Weil aber sein Hunger auf US-Güter und seine Missachtung des Guomindang-Regimes 1945 immer weiter zunahmen, setzte Präsident Chiang Kai-shek General Lung in einem kleinen Putsch ab und ersetzte ihn durch den nicht minder berüchtigten General Lu Han, Partner des alten Kriegsherrn bei dessen unverfrorenen Schwarzmarktgeschäften.[133]

Als Maos Revolutionsarmee Ende 1949 nach Südchina vorstieß, wählten Generalissimo Chiang Kai-shek und sein Guomindang-Regime die zerklüftete Yunnan-Provinz zu ihrer letzten Bastion. Mittlerweile allerdings hegte der örtliche Kriegsherr Lu Han seinen eigenen Groll gegen Chiang. Gegen Ende des Zweiten Weltkriegs hatte Lu Han den Befehl erhalten, den Norden Indochinas für die Alliierten zu erobern, während britische Truppen in den Süden einmarschierten. Beutegierig schickte Lu Han seine zerlumpten Divisionen nach Tongking, wo sie sich wie Heuschrecken über das Land hermachten. Um Lu Han zu sättigen und seine Duldung der nationalistischen Bewegung in Vietnam zu erreichen, organisierte Ho Chi Minh vom 16. bis zum 23. September 1945 eine »Goldwoche«. Vietminh-Kader durchkämmten jedes Dorf und sammelten Ringe, Ohrringe und Münzen von den patriotischen Bauern. Als Lu Han am 18. September aus dem Flugzeug auf dem Hanoier Flughafen stieg, überreichte ihm Ho Chi Minh eine Opiumpfeife aus reinem Gold.[134]

Völlig vertieft in diese systematische Plünderung, dehnte eine der

Guomindang-Einheiten, die 93. Division, ihre Besetzung von Laos über das Rückzugsdatum hinaus aus, um noch die Opiumernte der Hmong mitnehmen zu können.[135] Während Lu Hans Abwesenheit in Hanoi indessen schickte Chiang Kai-shek zwei seiner Divisionen, um Yunnan zu besetzen. Als sich die Chinesen Anfang Juni 1946 aus Indochina wieder zurückzogen, schickte Chiang Kai-shek Lu Hans beste Truppen gegen die chinesischen Kommunisten an die Nordfront in den sicheren Tod, wodurch er den Kriegsherrn auf den Status einer bloßen Marionette in seinem eigenen Herrschaftsgebiet reduzierte.[136]

Als die Volksbefreiungsarmee im Dezember 1949 nach Yunnan vorstieß, rächte sich Lu Han, bewaffnete die Bevölkerung, trieb Chiangs Truppen aus den Städten und öffnete die Provinz den vorrückenden Revolutionstruppen.[137] Versprengte Nationalchinesen begannen, nach Birma überzuwechseln, und im Januar 1950 trafen Reste der 93. Division, der 26. Armee und von General Li Mis 8. Armee in Birma ein. 5.000 Soldaten von Li Mis Truppen, die nach Indochina statt nach Birma gingen, wurden von den Franzosen rasch entwaffnet und auf der Insel Phu Quoc im Golf von Thailand interniert, bis sie im Juni 1953 nach Taiwan repatriiert wurden.[138]

Die birmanische Armee jedoch hatte beim Umgang mit den Chinesen weniger Erfolg als die Franzosen. Im März 1950 überquerten etwa 1.500 Guomindang-Soldaten die Grenze nach Birma und besetzten einen Landstrich zwischen Keng Tung und Tachilek. Im Juni verlangte der zuständige birmanische Armeekommandeur von den Guomindang-Truppen, dass sie sich entweder ergeben oder Birma sofort verlassen müssten. Als sich General Li Mi weigerte, griff die birmanische Armee von Keng Tung aus die Nationalchinesen an und eroberte in wenigen Wochen Tachilek. 200 Männer aus Li Mis Truppe flohen nach Laos, wo sie interniert wurden, aber der Rest zog sich nach Mong Hsat zurück, etwa 60 Kilometer westlich von Tachilek und gut 20 Kilometer von der thailändischen Grenze entfernt.[139] Da die birmanische Armee seit drei Jahren in Zentralbirma gebunden war, wo sie vier große Rebellionen bekämpfte, war ihr Keng-Tung-Kontingent zu schwach, um die Guomindang-Soldaten durch die Berge nach Mong Hsat zu verfolgen. Aber es schien nur eine Frage von Monaten, bis die birmanischen Truppen für den letzten Schlag gegen die geschwächten Guomindang-Kräfte verfügbar würden.

Isoliert zwischen feindseligen birmanischen und rotchinesischen Truppen, suchte General Li Mi verzweifelt nach Hilfe von außen. Im

August berichtete der US-Geschäftsträger in Taipeh, dass Li Mis Offiziere »viele Schwierigkeiten bei der [national]chinesischen Botschaft in Bangkok machten und Geld, Nachschub und diplomatische Unterstützung verlangten«. Da Taiwans Außenministerium »eisern dagegen war, den Truppen in Birma die Niederlegung ihrer Waffen zu befehlen«, saß Li Mi in der Falle und sah sich gezwungen, sich jede Option offen zu halten: die thailändische Regierung um Munition zu bitten, um sich seinen Weg zurück nach Yunnan freizukämpfen; mit birmanischen Rebellen um Munition zu verhandeln, um gegen Rangun zu kämpfen; oder Nachschub aus Taipeh zu verlangen, um seine Position in Birma zu halten.[140]

An diesem Punkt trat die CIA auf der Seite der Guomindang auf den Plan und veränderte das Machtgefüge drastisch. Der plötzliche Zusammenbruch von Chiang Kai-sheks Guomindang-Regime bewegte die Regierung Truman, seit ihrem Amtsantritt 1945 im Hinblick auf den Konflikt in Südostasien ohne klare Linie, zum Handeln. Alle US-Behörden beeilten sich, politische Maßnahmen zu erarbeiten, um dem Kommunismus Einhalt zu gebieten.[141]

Im April 1950 rieten die Vereinten Stabschefs dem Verteidigungsminister:

> »Es würde die Lösung der Situation in Südostasien ... erleichtern, wenn unverzügliche und dauerhafte Maßnahmen getroffen würden, um den Druck des kommunistischen China zu vermindern. In diesem Zusammenhang erkannten die Vereinten Stabschefs Anzeichen einer neuen Vitalität und offenbar gesteigerten Effektivität der nationalchinesischen Streitkräfte. ... [Sie regten die Umsetzung eines] Programms besonderer verdeckter Operationen [an], um gegen kommunistische Aktivitäten in Südostasien vorzugehen«.[142]

Als im Juni 1950 – acht Monate nach dem Fall Chinas – nordkoreanische Streitkräfte den 38. Breitengrad nach Süden überquerten, gewannen diese Pläne neue Priorität. Im November spitzte sich der Koreakrieg weiter zu: Große chinesische Verbände überquerten den Jalu an der Grenze zwischen China und Nordkorea. US-Präsident Truman autorisierte daraufhin eine Ausweitung des Geltungsbereichs verdeckter Aktionen und billigte einen Plan des geheimdienstlichen Koordinationsamtes, des Office of Policy Coordination (OPC), und der CIA zur Invasion Südchinas mithilfe der in Birma verbliebenen Guomindang-Kräfte. Die Operation war von Anfang an umstritten. Bei einem

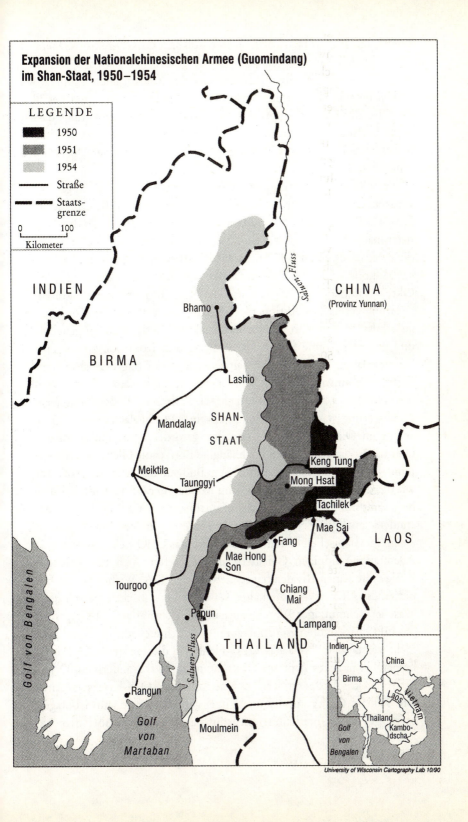

Treffen im Weißen Haus Anfang 1951 soll sich CIA-Direktor General Walter Bedell Smith gegen den Plan ausgesprochen haben, weil sich damit keine chinesischen Truppen von der koreanischen Front ablenken ließen. Aber Truman setzte sich über ihn hinweg und befahl der CIA, den Plan umzusetzen – unter so strikter Geheimhaltung, dass selbst hochrangige Vertreter der CIA und US-Diplomaten, einschließlich des US-Botschafters in Birma, keine Kenntnis von der Operation erhalten sollten.[143]

Nach Trumans Zustimmung übernahm das OPC – das Organ für verdeckte Aktionen der Exekutive – die Kontrolle über die Operation. Dies war Teil einer globalen Ausweitung seines Auftrags. In den Monaten nach Ausbruch des Koreakriegs schwoll das OPC gewaltig an: die Belegschaft von nur 302 auf 5.954 Mitarbeiter, das Jahresbudget von 4,7 Millionen auf 82 Millionen Dollar. Außerdem verfügte Truman im Oktober 1951 in dem Regierungserlass NSC 10/5 eine weitere »Intensivierung verdeckter Aktionen« und hatte damit, wie es ein Kongressausschuss in den 70er Jahren ausdrückte, »Aktivitäten gutgeheißen und gefördert, ohne für genaue Prüfung und Kontrolle zu sorgen«. Damit erlangte das OPC, mit den Worten eines Kongresssachverständigen, eine »institutionelle Unabhängigkeit, die in seiner Anfangszeit unvorstellbar war«.[144] Zwar erhielt CIA-Direktor Bedell Smith, ein durchsetzungsstarker Mann, innerhalb einer Woche nach seinem Amtsantritt im Oktober 1950 die von ihm geforderte formelle Kontrolle über das OPC, aber dessen unabhängige Bürokratie blieb weitere zwei Jahre intakt. Ausgestattet mit einem Budget, das halb so groß war wie das der CIA, spielte das OPC im Konzert der US-Geheimdienste – insgesamt nur eine »vage Koalition unabhängiger Grafschaften« – besonders laut auf.[145] Unter Führung seines Gründers Frank Wisner, einem messianischen kalten Krieger, warb das OPC viel versprechende Agenten mit üppigen Gehältern an und lieferte sich bürokratische Kriege mit seinen Rivalen, einschließlich der CIA. Wisner tat die Experten der CIA als »Haufen alter Waschweiber« ab, die »Tratsch beim Waschen schmutziger Wäsche austauschten«, während CIA-Agenten das OPC als »Haufen von Amateuren« betrachteten, die ihr Handwerk nicht verstanden.[146] Da das OPC nicht wie die meisten CIA-Abteilungen ein passives Amt zur Datensammlung war, sondern ein Organ für verdeckte Aktionen, warb es eine Reihe von OSS-Kriegsveteranen wie William Colby an, der den Kitzel genossen hatte, auf Sabotage-, Spionage- und Guerillamissionen mit dem Fallschirm über dem besetzten Frankreich oder Birma abzuspringen.[147] So wie sie im Zweiten Weltkrieg hinter deutschen und japanischen Linien operiert hatten, heckten die OPC-Agenten nun Heldentaten im alten OSS-Geist aus, um den Eisernen Vorhang zu durchdringen. Während sich die europäischen Agenten des OPC durch ihre Arbeit mit Ex-Nazis und Faschisten über kurz oder lang zu hartgesottenen Gesellen entwickelten, bewahrten ihre Kollegen im Fernen Osten eine exotischere Aura. Der künftige CIA-Direktor William Colby, der zu dieser Zeit in die Fernostabteilung des OPC eintrat, beschrieb sie als »prachtvollen Stall ungeheuer bunter Charaktere von ... gefahrgewöhnten Eisenfressern bis hin zu stillen, in die Kultur des Ostens versenkten Forschern«. Der Direktor der Abteilung, Oberst Richard Stilwell, sollte später zum Viersternegeneral aufsteigen, sein Stellvertreter, Desmond Fitzgerald, war ein New Yorker Gesellschaftslöwe und Chinakriegsveteran, dessen »amouröse Unternehmungen für großartigen Gesprächsstoff beim Dinner sorgten«.[148] Die OPC-Kollegen liebten es, mit ihren asiatischen Abenteuern aufzutrumpfen – so wie Paul Helliwell, der auf OPC-Mission während des Krieges in China seine chinesischen Informanten mit »drei klebrigen, braunen Barren« Opium bezahlt hatte.[149] Aber beide Abteilungen, die europäische wie die fernöstliche, leitete der gleiche radikale Pragmatismus, der das OPC zum Bündnispartner von Gestapo-Offizieren oder korsischen Gangstern in Westeuropa und Opiumkriegsherren in Südostasien machte.

Nicht nur setzte das OPC Trumans Befehl einer Invasion Südchinas um, auch die Idee dazu hatten die Geheimdienstler vermutlich zwei Jahre zuvor selbst ersonnen. Als kommunistische Kräfte im Mai 1949 nach Süden vorstießen und ihr Sieg sicher schien, kam General Claire Lee Chennault, während des Zweiten Weltkriegs Kommandeur der berühmten Flying Tigers in China, nach Washington, um sich für eine Geldspritze zugunsten des sterbenden Guomindang-Regimes einzusetzen. Mit »einer kleinen Schar entschlossener Männer, die das Gelände kennen«, und großzügiger Luftunterstützung könnten die Amerikaner den chinesischen Nationalisten und ihren Provinzkriegsherren helfen, sich entlang der chinesischen Westgrenze von den Wüsten im Norden bis zu den Bergen Yunnans im Süden einzugraben.[150] Das Außenministerium wies Chennaults Pläne als »nicht praktikabel« von der Hand, aber er fand einen überzeugenden Fürsprecher in Helliwell. Auf dessen Vermittlung hin traf General Chennault im Hotel Washington OPC-Direktor Frank Wisner und überzeugte ihn, den Plan durch die Subventionierung der Civil Air Transport (CAT) zu unterstützen. Die CAT war General Chennaults eigene Chinafluglinie, die damals auf den Bankrott zutorkelte. Mit Helliwells entschiedener Unterstützung stimmte das OPC einer jährlichen Subventionierung von einer Million Dollar für die chinesischen Operationen der CAT zu und entsandte seinen Guerillaexperten, den OSS-Veteran Alfred T. Cox, um mit CAT durch China zu fliegen und Geld und Munition an überlebende Kriegsherren zu verteilen. Trotz der OPC-Unterstützung in letzter Minute setzte sich der Zusammenbruch des nationalistischen Regimes fort. Innerhalb von vier Monaten stießen die Kommunisten an die Westgrenze vor, und die letzte CAT-Maschine verließ China mit einem Kriegsherrn als Passagier, der seinen Schatz von 1,5 Millionen Dollar in Goldbarren mit sich führte.[151]

Obwohl im höchsten Maße donquichottesk, lieferte dieser Versuch, den Lauf der chinesischen Geschichte mit einer Flotte alternder Flugzeuge umzukehren, sowohl die Inspiration als auch die Infrastruktur für die späteren Einsickerversuche von OPC/CIA. Nach dem Verlust seiner Chinarouten vor dem sicheren Bankrott stehend, verkaufte Chennault im August 1950 mit freundlicher Hilfe des OPC seine Fluglinie CAT für 950.000 Dollar an die CIA. Mit dem Kauf der Civil Air Transport, später umgetauft in Air America, hatte die CIA die Lufttransportfähigkeit erworben, die ihre verdeckten Operationen, Versuche zur Invasion Chinas eingeschlossen, im folgenden Vierteljahrhundert tragen sollte.[152]

Außerdem schien der missglückte Versuch bei dem alten Haudegen Alfred Cox eine euphorische Beurteilung der Möglichkeiten grenzüberschreitender Operationen gegen das kommunistische China bewirkt zu haben. Er spielte eine zentrale, vielleicht sogar die ausschlaggebende Rolle bei der Entwicklung von Plänen für verdeckte Invasionen.[153] Obwohl nie Einzelheiten ans Licht drangen, scheint es zu den Eckpunkten der OPC/CIA-Pläne gehört zu haben, eine Luftbrücke für Waffenlieferungen über Bangkok nach Birma einzurichten, die Guomindang-Armee unter dem Kommando von General Li Mi in Birma logistisch zu unterstützen und vor allem die Guomindang-Truppen weiter aus der Luft zu versorgen, sobald sie nach China eingedrungen sein würden. Externe Hinweise deuten darauf hin, dass die CIA offenbar hoffte, Li Mis Invasionstruppen würden sich mit den geschätzten 600.000 bis eine Million nationalistischen Guerillas verbinden, die, wie man glaubte, in China ihrer Mobilisierung harrten.

Sobald Truman den Plänen zugestimmt hatte, machte sich das OPC schnell daran, sich ein »plausibles Dementi« auszudenken, mit dem man eine verdeckte Operation dieses beispiellosen Umfangs und dieser unerhörten diplomatischen Brisanz bei Bedarf glaubhaft öffentlich abstreiten konnte.[154] In Washington gründete OPC-Offizier Paul Helliwell, von Beruf Rechtsanwalt, die Sea Supply Corporation, um die Waffenlieferungen zu tarnen.[155] Gleichzeitig nahm das OPC über einen militärischen Sondergesandten für das südostasiatische Festland, Marinegeneral Graves B. Erskine, in Birma und Bangkok Verhandlungen mit General Li Mi auf. Bei diesen Treffen berichtete Li Mi, dass er aus Yunnan mit 2.000 Soldaten nach Birma entkommen, aufgrund von Lebensmittel- und Nachschubmangel jedoch gezwungen gewesen sei, sich nach Tachilek in der Nähe der thailändischen Grenze zurückzuziehen.[156]

Anfang 1951 übertrug die Fernostabteilung des OPC die Leitung der Operation Alfred Cox in Hongkong und entsandte ein Agententeam zum Bangkoker Büro der Sea Supply Corporation, dessen Leiter Agent Sherman B. Joost war, ein Princeton-Mann, der im Krieg als Befehlshaber des OSS-Kommandos 101 Kachin-Guerillas in Birma geführt hatte.[157] In Thailand angekommen, stellte Joost Kontakt zu seinem alten OSS-Kollegen Willis Bird her, einem zivilen Luftfahrtunternehmer und verheiratet mit der Schwester von Sitthi Sawetsila, seinerseits ein thailändischer Luftwaffenoffizier, der dem mächtigen Polizeigeneral Phao nahestand.[158] Als das geheime Netzwerk wuchs, übernahm Willis Birds Verwandter William Bird die Vertretung von Civil Air Transport in Bangkok.[159] Über solche Kontakte trat die CIA an Thailands Premierminister Phibul Songgram heran, einen entschiedenen Antikommunisten, der »sofort zustimmte..., bestimmte Einrichtungen zur Verfügung zu stellen, um Li Mi zu unterstützen«. Als sich der britische Botschafter später über Phibuls Hilfe für die CIA bestürzt zeigte, soll dieser erwidert haben: »Warum überrascht Sie das? Sind Sie nicht genauso daran interessiert, Kommunisten zu töten, wie ich oder die Amerikaner?«[160]

Nach Monaten intensiver Vorbereitungen begann schließlich am 7. Februar 1951, als vier CAT-Flugzeuge mit einer Waffenlieferung aus den CIA-Lagern in Okinawa für die Sea Supply Corporation in Bangkok landeten, die »Operation Paper«.[161] Nach General Li Mis Darstellung gab es ein Märztreffen in Bangkok mit zwei Amerikanern, Joost vom OPC und dem Geschäftsmann Willis Bird, bevor diese erste

Lieferung zu einem Landeplatz nördlich der nordthailändischen Stadt Chiang Mai geflogen wurde: 200 Gewehre, 150 Karabiner, zwölf Mörser und vier Funkgeräte. »Der thailändische Polizeichef«, sagte Li Mi mit Bezug auf General Phao, »lieferte die Waffen persönlich an die birmanische Grenze, begleitet von zwei US-Offizieren, einer Hauptmann, der andere Funker.«[162]

Die ersten Anzeichen direkter CIA-Hilfe für die Guomindang tauchten Anfang 1951 auf, als birmanische Geheimdienstler berichteten, dass Transportflugzeuge vom Typ C-46 und C-47 ohne Hoheitszeichen mindestens fünf Fallschirmabwürfe in der Woche für Guomindang-Kräfte in Mong Hsat (Birma) flogen.[163] Dank der neuen Nachschublieferungen erlebten die Guomindang eine Phase kräftiger Expansion und Reorganisation. In der Nähe von Mong Hsat errichtete man Ausbildungsstützpunkte mit aus Taiwan eingeflogenen Ausbildern, Guomindang-Agenten durchkämmten das birmanische Grenzgebiet nach versprengten Guomindang-Überlebenden. Li Mis Streitmacht schwoll an auf 4.000 Mann.[164] Im April führte Li Mi den Großteil seiner Kräfte den Saluenfluss hinauf nach Mong Mao in den Wa-Staat, wo sie ein Basislager nahe der chinesischen Grenze einrichteten. Als immer mehr Versprengte zusammenkamen, errichtete man ein neues Basislager in Mong Yang. Bald sah man unmarkierte C-47, die in der Gegend Nachschub abwarfen. Als Li Mi 300 Soldaten aus dem Kokang-Staat anwarb, die unter dem Kommando der jüngeren Schwester des dortigen Feudalfürsten, Olive Yang, standen, wurden weitere Waffen für das Guomindang-Lager abgeworfen.[165]

Im Juni 1951 begann die versuchte Rückeroberung von Yunnan, als 2.000 Guomindang-Soldaten der in Mong Mao stationierten »Antikommunistischen Armee der nationalen Rettung der Yunnan-Provinz« die Grenze nach China überquerten. Begleitet von CIA-Beratern und versorgt mit regelmäßigen Nachschubabwürfen durch C-47 ohne Hoheitszeichen, stießen die Guomindang-Truppen in zwei Kolonnen nach Norden vor und nahmen Keng Ma und seinen Flughafen etwa 90 Kilometer auf chinesischem Gebiet widerstandslos ein. Als sie jedoch von Keng Ma aus weiter nach Norden vordrangen, startete die rotchinesische Volksbefreiungsarmee einen Gegenangriff. Die Guomindang-Einheiten erlitten enorme Verluste, mehrere ihrer CIA-Berater wurden getötet. Li Mi und seine nationale Rettungsarmee flohen nach weniger als einem Monat in China zurück nach Birma. Unbeeindruckt von dieser vernichtenden Niederlage, schickte der General sein zusammengeschmolzenes Kontingent in Mong Yang nach Südyunnan. Auch dieses Mal wurde es rasch überwältigt und zwei Monate später nach Birma zurückgetrieben.[166]

Nach diesen schweren Verlusten an Soldaten und Ausrüstung begannen die Guomindang-Kräfte in Birma, ihr »Gastland« unsicher zu machen. Von den verbliebenen Truppen saßen 7.300 im Wa-Staat entlang der Grenze und 4.400 weiter südlich im Keng-Tung-Staat fest.[167] Im August berichtete der US-Botschafter in Rangun, David M. Key, dass der Fürst von Keng-Tung »überaus beunruhigt über die äußerst ernste Situation [ist], die sich in seinem Staat entwickelt«. Als die Guomindang-Armee nach der Niederlage auseinander brach, verhielten sich ihre einzelnen Gruppen und Horden »sehr undiszipliniert« und begingen »regelrechte Plünderungen«.[168]

Statt ihr aussichtsloses Abenteuer aufzugeben, verdoppelte die CIA ihre Anstrengungen. Ende 1951 bauten die Guomindang-Söldner mithilfe amerikanischer Ingenieure eine Landebahn in Mong Hsat, damit sie direkt aus Taiwan oder Bangkok mit großen zwei- und viermotorigen Flugzeugen angeflogen werden konnten.[169] Im November flog Li Mi zu einem ausgedehnten Urlaub nach Taiwan und kehrte drei Monate später an der Spitze eines CAT-Lufttransports zurück, der 700 reguläre Guomindang-Soldaten von Taiwan nach Mong Hsat brachte.[170] Das birmanische Militär berichtete, dass unmarkierte C-47 einen regelmäßigen Pendeldienst mit zwei Direktflügen pro Woche aus Taiwan aufnahmen. Die Sea Supply Company begann damit, gewaltige Mengen von US-Waffen nach Mong Hsat weiterzuleiten.[171] Der birmanische Geheimdienst beobachtete, dass die Guomindang-Soldaten über neue amerikanische Halbautomatikgewehre, 12,7-Millimeter-Maschinengewehre, Panzerfäuste und Flugabwehrartillerie verfügten.[172] Derart üppig gewappnet, pressten sie 8.000 Rekruten aus den zähen lokalen Bergstämmen in ihren Dienst und hatten alsbald wieder eine Streitmacht von 12.000 Mann beisammen.[173]

Zur Vorbereitung auf die Invasion nach Yunnan konzentrierten die Guomindang-Einheiten ihre Kräfte in einem langen, schmalen Landstreifen parallel zur chinesischen Grenze. Da in Yunnan noch bis etwa 1955 illegal Mohn angebaut wurde, waren die Truppen nun in einer Position, fast alle geschmuggelten Exporte der Region zu monopolisieren. Die birmanische Regierung berichtete, dass »diese Guomindang-Guerillas immer wieder kleine Händler angriffen, die über die Grenze pendelten«.[174]

Der Opiumboom des Kalten Krieges **255**

Nach einem einjährigen Truppenaufbau begann General Li Mi seinen letzten Versuch, die Provinz Yunnan zurückzuerobern. Im August 1952 marschierten 2.100 Guomindang-Soldaten aus Mong Yang in China ein und kamen etwa 90 Kilometer weit, bevor sie die chinesische Armee zurück nach Birma warf.[175] Das war die letzte der großen Invasionen. Zwar hatten Li Mi und seine amerikanischen Berater nicht wirklich erwartet, die Weiten Yunnans mit einer Armee von 12.000 Mann zu überrennen, aber sie waren zuversichtlich gewesen, dass sich die verbliebenen nationalistischen Partisanen in den Stützpunkten der Guomindang-Armee einfinden würden, sobald diese in der südchinesischen Provinz Fuß gefasst hätte. General Chennault hatte die Guerillas auf eine Million geschätzt, die Vereinten Stabschefs waren von immerhin 600.000 ausgegangen, aber tatsächlich stießen nur ein paar versprengte Banden zu Li Mi, sobald er die chinesische Grenze überquert hatte.[176] Außerdem hatten Li Mis Soldaten schlechte Disziplin bewiesen und bald nach ihrer Ankunft in Birma verlangt, ihre Angehörigen aus Taiwan einfliegen zu lassen, was ihrer Mobilität und ihrem Kampfeswillen durchaus abträglich war.[177] Nach drei Invasionen, für die sie mit schweren Verlusten zahlen mussten, ließen sich Li Mis Truppen schließlich demoralisiert entlang der Grenze nieder, stets auf der Hut vor einem möglichen Vorstoß der Rotchinesen nach Südostasien.

In einem Gespräch in Taipeh 1953 mit US-Botschafter Karl L. Rankin und US-Militärattaché Oberst John H. Lattin lieferte General Li Mi eine pessimistische Darstellung seiner Operationen und offenbarte unabsichtlich die Zwänge, die seine Truppen in den Opiumhandel führten. Während seiner ersten Invasion, die er auf den 24. Juni bis 15. Juli 1951 datierte, hatte Li Mi auf dem Gebiet Yunnans durch die CAT fünf Flugzeugladungen mit insgesamt 875 Gewehren à je 40 Schuss und 2.000 Karabinern à je 50 Schuss erhalten. Nach dem letzten Abwurf am 15. Juli griffen etwa 6.000 kommunistische Soldaten seine Stellungen an. Während der fünf Tage ununterbrochener Kämpfe »verlor ich 800 Mann und brachte den Kommunisten Verluste von 3.000 Mann bei«. Unter »ständigem Druck« zog sich Li Mi im August aus Yunnan zurück, begleitet von etwa 30.000 bis 40.000 wehrtauglichen Männern, »aus den Gebieten, die wir besetzt hatten«. Auf Rat zweier amerikanischer Offiziere bei seinen Truppen in Birma reiste Li Mi dann nach Bangkok zu einer Konferenz. »Ein amerikanischer Offizier erklärte, ich hätte mich nicht aus Yunnan zurückziehen sollen«, erinnerte sich Li Mi. »Ich erwiderte, dass wir kämpfen, um zu leben, und nicht, um ausgelöscht zu werden.« Trotz ihrer offenkundigen Unzufriedenheit hatten sich die Amerikaner vorerst dazu durchgerungen, die Guomindang-Kräfte mit 75.000 Dollar auszustatten, und überbrachten das Geld im Oktober mit dem Befehl, sich »zu ducken und zu trainieren«. General Li Mis mangelnde Bereitschaft zu einem Selbstmordkommando für die CIA belastete die Beziehungen zu seinen amerikanischen Schutzherren.

Li Mi berichtete auch von seinen vier Begegnungen mit Generalmajor a. D. Frank D. Merrill, während des Krieges Stoßtruppführer in Birma, später aus ungenannten Gründen beurlaubter Leiter der Straßenaufsichtsbehörde von New Hampshire. Li Mis Schilderung zeigt, wie brüchig die verdeckte amerikanische Allianz mit den Guomindang-Machthabern unter der Belastung wachsenden diplomatischen Drucks wurde. Anfang 1952 kam es zu einem ersten Treffen auf der Clark Air Force Base auf den Philippinen, im Juli schließlich, nach einigen Verstimmungen, schrieb Merrill, er sei »nicht in der Lage, mich weiter zu unterstützen«. Mit diesem Brief kam diese US-Hilfe, die 1952 auf nur 25.000 Dollar geschrumpft war, offenbar zum Ende.[178]

Wenn General Li Mis Bericht stimmt, nahm die Unterstützung für seine Streitkräfte gerade vor zwei großen Guomindang-Offensiven ab: ihrer letzten Invasion nach Yunnan im August und ihrem letzten Ausfall aus dem birmanisch-chinesischen Grenzland heraus durch den gesamten Shan-Staat Ende 1952. Es scheint unter den Umständen wahrscheinlich, dass beide Angriffe, nach Yunnan und durch den Shan-Staat, einen Versuch der Guomindang darstellten, eine lokale Massenbasis für Lebensmitteltribute und Steuern zu gewinnen, sobald die USA ihre Hilfe strichen.

Auf jeden Fall hörten die Guomindang-Kriegsherren Ende 1952 auf, ihre Kräfte an der chinesischen Grenze zu konzentrieren, und breiteten sich über den Shan-Staat aus, um so viel Territorium wie möglich zu besetzen. Da die birmanische Armee immer noch mit Aufständen in anderen Teilen des Landes beschäftigt war, wurde die Guomindang bald zur einzigen effektiven Macht in allen Territorien zwischen dem Saluenfluss und der chinesischen Grenze. Diese Gebiete waren auch die größte Mohnanbauregion Birmas, und ihr Strategiewechsel erlaubte es der Guomindang, ihre Kontrolle über den Opiumhandel der Region auszuweiten. Die birmanische Regierung berichtete:

»Die Guomindang-Truppen übernahmen die Kontrolle und Verwaltung von Kreisen (Distrikten) und Dorfgebieten. Sie begannen

Steuereinnahmestellen einzurichten, und die ansässige Bevölkerung musste Zugangs- und Fährgebühren bezahlen, wenn sie ihr besetztes Gebiet betrat. Es wurden auch Zölle auf alle Waren erhoben, die in ihre Gebiete zum Handel gebracht wurden. Die Steuern wurden in Naturalien ebenso wie in Geld erhoben. ... Durch Drohung und Zwang nötigten diese Guomindang-Aggressoren die örtliche Bevölkerung, ihre Forderungen zu erfüllen.«[179]

Die Guomindang-Besatzung zentralisierte die Opiumvermarktung, wobei sie Hunderte von Kleinhändlern einsetzte, die für sie das Shan-Hochland durchkämmten. Sie verlangte außerdem von jedem Bergstammbauern eine jährliche Opiumsteuer. Ein amerikanischer Missionar beim Stamm der Lahu im Keng-Tung-Staat, Pfarrer Paul Lewis, erinnerte sich, dass die Guomindang-Steuer in den Hochlanddörfern, die er besuchte, zu einem dramatischen Anstieg des angebauten Mohns führte. Den Stämmen blieb kaum eine Wahl. Lewis erinnerte sich nur zu lebhaft an die Todesqualen jener Lahu, die gefoltert wurden, weil sie die Vorschriften der Guomindang nicht eingehalten hatten.[180] Durch ihre persönlichen Kontakte in den Bergdörfern, ihre starken Streitkräfte und ihre Kontrolle über die Mohnanbauregionen waren die Guomindang-Besatzer in einer idealen Position, um die Ausweitung der Opiumproduktion im Shan-Staat zu erzwingen, als die illegale Produktion in Yunnan Anfang der 50er Jahre zu verschwinden begann.

Fast das gesamte Guomindang-Opium wurde gen Süden nach Thailand transportiert, entweder mit Maultierkarawanen oder per Flugzeug.[181] Da ein Großteil ihres Munitions- und Versorgungsnachschubs auf dem Landweg aus Thailand kam, war es für die Maultierkarawanen der Guomindang praktisch, auf der Hinreise von Mong Hsat Opium mitzunehmen. Birmanischen Militärquellen zufolge wurde jedoch das meiste Guomindang-Opium in C-47 ohne Hoheitszeichen aus Mong Hsat abtransportiert, die nach Thailand und Taiwan flogen.[182] Gewöhnlich gelangte das Guomindang-Opium, sobald es Mong Hsat verlassen hatte, nach Chiang Mai, wo ein Guomindang-Oberst ein Verbindungsbüro zum nationalchinesischen Konsulat und den thailändischen Behörden unterhielt. Der Oberst und seine Untergebenen gaben sich als gewöhnliche chinesische Kaufleute aus und benutzten Rohopium, um damit Munition, Lebensmittel und Kleidung zu kaufen, die im Kopfbahnhof von Chiang Mai aus Bangkok eintrafen. Sobald das Material bezahlt war, lag es in der Verantwortung dieses Obersten, es nach Mong Hsat weiterzuschicken.[183] Gemeinhin handelten die

Guomindang-Führer mit dem Kommandeur der thailändischen Polizei, General Phao, der das Opium für den lokalen Konsum und Export von Chiang Mai nach Bangkok bringen ließ.[184]

Waren die drei von der CIA unterstützten Invasionen Yunnans zumindest noch einer – schlecht konzipierten – antikommunistischen Strategie geschuldet, entbehrte die Guomindang-Expansion im Shan-Staat jeglicher politischer Logik. Offenbar mit CIA-Unterstützung wurde aus der Guomindang-Offensive eine vollständige Invasion Ostbirmas. Ende 1952 wateten Tausende von Guomindang-Söldnern durch den Saluenfluss und begannen einen gut organisierten Vorstoß in den Shan-Staat. Die birmanische Regierung sah darin den Beginn des Versuchs, das gesamte Land zu erobern. Im März 1953 schickte die birmanische Regierung drei Elitebrigaden ins Feld und trieb die Guomindang-Kräfte rasch über den Saluen zurück. Bezeichnenderweise fanden birmanische Soldaten nach einem Scharmützel mit ihren Gegnern an der Fährstation von Wan Hsa La die Körper dreier weißer Männer, die keine anderen Papiere bei sich trugen als einige persönliche Briefe mit Washingtoner und New Yorker Adressen.[185]

Als Folge der Invasion zog Birma im März 1953 vor die Vereinten Nationen und beschuldigte die nationalchinesische Regierung der unprovozierten Aggression. Waren die Guomindang-Truppen zuvor nur ein Ärgernis gewesen – eine geringfügige Störung in entlegenen Bergen –, stellten sie nun eine ernste Bedrohung für das Überleben der Birmanischen Union dar. Die USA versuchten alles, um vom Thema abzulenken, die Taiwaner stritten jede Verantwortung für General Li Mi ab. Die Birmanen konnten jedoch massenweise Fotos, beschlagnahmte Dokumente und Zeugenaussagen vorlegen, um ein Missbilligungsvotum gegen Taiwan zu erwirken. Mittlerweile brachte das Thema die USA international so sehr in Verlegenheit, dass Washington seinen Einfluss geltend machte, um am 22. Mai in Bangkok eine Militärkommission aus vier Staaten einzuberufen (Birma, USA, Taiwan und Thailand). Alle vier Mächte einigten sich nach nur einmonatigen Verhandlungen auf einen vollständigen Rückzug der Guomindang aus Birma, aber die Guomindang-Guerillas verweigerten die Kooperation und die Verhandlungen zogen sich durch den Sommer hin. Erst nachdem Birma die Angelegenheit im September erneut vor die Vereinten Nationen brachte, gaben die taiwanischen Verhandlungsführer in Bangkok ihre Ausflüchte auf und stimmten dem Abzug von 2.000 Guomindang-Soldaten zu. Sie sollten zur birmanisch-thailändischen Grenze marschieren, mit Lkw in die nordthailändische Stadt Chiang Mai gebracht und von dort mit der CIA-Fluggesellschaft Civil Air Transport nach Taiwan ausgeflogen werden.

Die Birmanen misstrauten der Vereinbarung jedoch von Anfang an. Als Vertreter der Viermächte-Militärkommission in Nordthailand eintrafen, um den Abzug zu überwachen, verweigerte der thailändische Polizeichef Phao der birmanischen Delegation, die anderen zu den Auffangplätzen zu begleiten.[186] Das nächste Problem tauchte auf, als das erste Kontingent von 50 Soldaten aus dem Dschungel kam und statt Gewehren ein dreieinhalb mal viereinhalb Meter großes Porträt von Chiang Kai-shek trug. Das Fehlen der Waffen machte ihren Abzug zu einer ziemlichen Farce. Der US-Botschafter in Thailand, General William Donovan, verlieh in einem Telegramm an die US-Botschaft in Taiwan der Forderung Nachdruck, dass die Guomindang-Soldaten ihre Waffen mitbringen sollten. Am 9. November erwiderte der US-Botschafter in Taiwan, Karl L. Rankin, Chiang habe damit gedroht, die CIA-Unterstützung für die Guomindang in Birma ans Licht zu bringen, falls die USA ihren Druck nicht minderten. Donovan telegrafierte zurück, dass die »Chicoms« (chinesische Kommunisten) und Sowjets bereits von den CIA-Operationen wüssten, und hielt seinen Druck aufrecht.

Als Gründer des OSS und Berater des damaligen CIA-Direktors konnte Donovan seine Forderungen nach vollständiger Evakuierung aller Guomindang-Waffen und Soldaten mit großer Autorität vertreten. Tatsächlich war CIA-Direktor Walter Bedell Smith mit Ermächtigung des Präsidenten persönlich für die Ernennung von Donovan in Bangkok verantwortlich gewesen.[187] Aber die CIA sollte erfahren, dass die Aufstellung der Guomindang-Truppen in Birma weit einfacher war als ihr Abzug. Nun, da sich die Guomindang mit voller Unterstützung des thailändischen Militärs im Shan-Staat festgesetzt hatte, ließ sie sich weder durch Taiwan noch durch CIA-Vertreter in Bangkok, ja nicht einmal durch einen Botschafter, der für den CIA-Direktor sprach, so einfach dazu bewegen, ihr neues Domizil aufzugeben.

Als der Guomindang-Rückzug später wieder aufgenommen wurde, trugen die Soldaten verrostete Museumsstücke als Waffen.[188] Die birmanischen Beobachter, nun zu den Sammelplätzen zugelassen, protestierten mehrfach, dass viele der Chinesen wie Lahu oder Shan aussähen. Andere Beobachter versuchten diese Beschuldigungen lächerlich zu machen, aber die Birmanen hatten Recht: Unter den 1.925 »Soldaten«, die im November und Dezember 1953 evakuiert wurden, war eine große Anzahl jugendlicher Shan und Lahu.[189] Selbst im Jahr 1971 gab es schätzungsweise 300 Lahu-Stammesangehörige, die noch in Taiwan lebten und damals evakuiert worden waren. Einige hatte man mit dem Versprechen angeworben, sie könnten General oder Pilot werden; die meisten wurden indessen schlicht nach Quoten aus ihren Dörfern gepresst, erhielten chinesische Namen, wurden in Guomindang-Uniformen gesteckt und nach Taiwan verfrachtet. Viele Ehemänner wurden auf Jahre von ihren Frauen getrennt, und einige Familien zogen nach Thailand, um dort auf die Rückkehr ihrer Söhne und Ehemänner zu warten. 20 Jahre später waren nur zwei Männer zurückgekehrt.[190]

In den sechs Monaten zwischen November 1953 und März 1954 führte die CAT eine große Luftevakuierung von Thailand nach Taiwan durch, bei der die CIA-Fluggesellschaft 5.583 Guomindang-Soldaten, 1.040 Angehörige, 1.000 Gewehre, 69 Maschinengewehre und 22 Mörser ausflog. Bei einem Preis von 128 Dollar pro Fluggast verdiente die CAT 850.000 Dollar und besserte damit die wackeligen Finanzen der neuen CIA-Fluglinie auf.[191] Trotz des beeindruckenden Ausmaßes der Evakuierung blieb ein Großteil der geheimen Guomindang-Armee in Birma.

Frustriert von seinen Bemühungen, die Eindringlinge durch internationale Verhandlungen aus dem Land zu bekommen, begann Birma im März 1954 seine größte Militäroperation gegen die Guomindang. Nach zweitägiger Bombardierung von Mong Hsat[192] durch die birmanische Luftwaffe nahm die Armee das gegnerische Hauptquartier ein und trieb seine 2.000 Verteidiger nach Süden Richtung thailändische Grenze.[193] In Bangkok wurden erneut Verhandlungen aufgenommen, und die CAT flog im Laufe der folgenden zwei Monate weitere 4.500 Guomindang-Soldaten nach Taiwan aus. Am 20. Mai 1954 gab Li Mi die Auflösung der »Antikommunistischen Armee der nationalen Rettung der Yunnan-Provinz« bekannt.[194] Doch immer noch gab es 6.000 Guomindang-Soldaten in Birma. Einen Monat später begannen die Kämpfe erneut und lebten in den folgenden sieben Jahren immer wieder auf.

Während die anhaltenden Kämpfe aus den amerikanischen Schlagzeilen verschwanden, berichtete die Ranguner Tageszeitung *Nation* 1955, dass 600 Guomindang-Soldaten aus Taiwan in den Shan-Staat eingeschleust worden seien.[195] Die Guomindang ernannte einen neuen Kommandeur, richtete einen Hauptquartierkomplex in Mong Pa Liao nahe des Mekong ein und herrschte weiter mit eiserner Hand über die Bergstämme.[196] 1957 berichtete ein amerikanischer Missionar:

> »Seit vielen Jahren halten sich zahlreiche nationalchinesische Truppen in dem Gebiet auf und verlangen von den Leuten Lebensmittel und Geld. Die Gebiete, in denen diese Truppen operieren, werden immer ärmer, und einige Dörfer sehen sich zur Flucht gezwungen.«[197]

Nicht nur verlangten die Guomindang-Guerillas weiterhin Opium von den Stämmen, sie werteten auch ihre Rolle im Rauschgifthandel weiter auf. Als die birmanische Armee 1959 das Guomindang-Camp in Wanton einnahm, fand sie drei Morphiumraffinerien neben einer betriebsbereiten Landebahn.[198]

Von der internationalen Presse vergessen, bereiteten die Guerillaoperationen der Guomindang sowohl den Birmanen als auch den Chinesen weiterhin Probleme. Als sich im Sommer 1960 Delegationen der Birmanischen Union und der Volksrepublik China trafen, um einen Grenzstreit beizulegen, schlossen sie auch ein Geheimabkommen über gemeinsame Operationen gegen die Guomindang-Basis in Mong Pa Liao.[199] Dieser Stützpunkt mit einem Rollfeld, auf dem die größten Transportflugzeuge landen konnten, wurde von etwa 10.000 Guomindang-Kämpfern verteidigt, die sich in einem ausgeklügelten Befestigungskomplex verschanzt hatten. Nach wochenlangen schweren Kämpfen überwältigten schließlich am 26. Januar 1961 5.000 birmanische Soldaten und drei volle Divisionen der Volksbefreiungsarmee mit insgesamt 20.000 Mann[200] die Festung.[201] Während viele ihrer Bergstammrekruten in die Berge flohen, zogen sich die Guomindang-Eliteeinheiten über den Mekong nach Nordwestlaos zurück. Birmanische Offiziere waren außer sich, als sie im eroberten Guomindang-Stützpunkt amerikanische Waffen jüngsten Produktionsdatums und fünf Tonnen Munition mit den charakteristischen rot-weiß-blauen Etiketten fanden.[202] In Rangun marschierten 10.000 aufgebrachte Demonstranten vor der US-Botschaft auf, und Birma reichte bei den Vereinten Nationen eine Protestnote ein, in der es verkündete, dass »große Mengen moderner Militärausrüstung, vor allem amerikanischen Ursprungs, von birmanischen Streitkräften sichergestellt wurden«.[203]

Vertreter des US-Außenministeriums in Washington stritten jede Verantwortung für die Waffen ab und versprachen angemessene Maßnahmen gegen Taiwan, falls eine Untersuchung zeigen sollte, dass militärische Hilfslieferungen an die Inselrepublik nach Birma abgezweigt worden waren.[204] Unter dem Druck der Regierung Kennedy willigte Taiwan ein, weitere irreguläre Truppen aus Thailand abzuziehen. Wieder begann eine neue Runde von Lufttransporten.[205] Am 5. April gab Taiwan das Ende der Evakuierungsflüge bekannt und erklärte, 4.200 Soldaten seien repatriiert worden.[206] Sechs Tage später wiesen Taiwan und das US-Außenministerium jede Verantwortung für die verbleibenden 6.000 Guomindang-Soldaten von sich.[207] Binnen weniger Monate warb die CIA jedoch diese Guomindang-Überreste als Söldner für ihre Geheimoperationen in Nordwestlaos an.[208]

Im Rückblick erscheint die gesamte Birma-Operation der 1950er Jahre als eine der jammervollsten Episoden der CIA-Geschichte – vor allem deshalb, weil die Invasion des zusammengewürfelten Guomindang-Haufens nach einem Vormarsch von nur 90 Kilometern von den rotchinesischen Milizen problemlos zurückgeworfen wurde und somit in ihrem Hauptauftrag scheiterte, die Streitkräfte der Volksrepublik von der Koreafront abzulenken. Außerdem war – in einer Zeit heikler globaler Diplomatie – eine Operation, an der 15.000 Soldaten und eine ganze Flugzeugflotte beteiligt waren, so offensichtlich, dass das »plausible Dementi« der CIA niemanden täuschen konnte. Sobald die CAT-Flüge Anfang 1951 begannen, bemerkte der Korrespondent der *New York Times,* Seymour Topping, die »geheimen Flugbewegungen« von Civil Air Transport auf dem Saigoner Flughafen, setzte die Details der gesamten Operation innerhalb von Wochen zusammen und veröffentlichte viel davon auf der Titelseite.[209]

Als Birma protestierte und die Angelegenheit vor die Vereinten Nationen brachte, erfüllten die wiederholten Dementis höchster Vertreter der Truman-Administration, darunter des CIA-Direktors Walter Bedell Smith, nur noch den Tatbestand diplomatischer Peinlichkeit. Als der britische Botschaftsrat in Washington um eine Bestätigung von Gerüchten bat, dass amerikanische Waffen an die Guomindang geschmuggelt wurden, war der CIA-Direktor »sehr entschieden in seiner Versicherung, dass es keinerlei offizielle Verbindung zu Li Mi« gebe. In einem offenkundigen Versuch von Desinformation fügte der Direktor hinzu, dass »irgendwelche Amerikaner, die mit dieser Operation zu tun hätten, auf eigene Rechnung arbeiteten und seiner Vermutung nach mit General Chennault in Verbindung stünden«.[210]

Als sich die Beweise einer amerikanischen Beteiligung häuften, fanden US-Diplomaten die Wiederholung offizieller Dementis demoralisierend. In einem vertraulichen Telegramm an das Außenministerium aus Rangun brandmarkte der US-Botschafter David M. Key die »amerikanische Beteiligung an Guomindang-Operationen, die im Shan-Staat Chaos ausgelöst haben und in skandalöser Missachtung [der] birmanischen Souveränität durchgeführt wurden«. Als sein Aufruf zu einem »Stopp jeder weiteren amerikanischen Beteiligung an diesen Operationen« ignoriert wurde, reiste Botschafter Key nach Washington und trat aus Protest von seinem Amt zurück.[211]

Selbst der CIA war das Scheitern der Operation peinlich. Nach außen hin stritt CIA-Direktor Bedell Smith jede amerikanische Beteiligung in Birma rundweg ab, aber im Hauptquartier in Langley tobte er. Nachdem er in der *New York Times* über die verdeckte US-Unterstützung für die Guomindang gelesen hatte, bestellte Bedell Smith, ein Armeegeneral a. D., den Fernostdirektor des OPC, Richard Stilwell, ein und »stauchte ihn«, so ein CIA-Augenzeuge, so »heftig zusammen«, dass der Oberst danach »mit Tränen in den Augen durchs Foyer ging«. Das Birma-Debakel war das schlimmste in einer Kette von Fehltritten des OPC, die Bedell Smiths Entscheidung bekräftigte, das Amt abzuschaffen. 1952 verschmolz er das OPC mit dem Office of Special Operations der CIA, einer geheimen Einheit zum Sammeln von Informationen.[212] Um den Übergang zu glätten und einem guten Freund einen Gefallen zu tun, ernannte Bedell Smith den OPC-Gründer Frank Wisner zum Leiter der neuen Abteilung für Geheimoperationen, das Planungsdirektorium.[213] Statt aber Geheimoperationen im Stil des OPC zu beseitigen, führte die Zusammenlegung in den Worten eines Untersuchungsberichts des US-Kongresses »zu einem maximalen Ausbau verdeckter Aktionen gegenüber geheimer Informationsbeschaffung«.[214]

Die Entscheidung des Direktors, den Einfluss des OPC innerhalb des Planungsdirektoriums zu erhalten, könnte durchaus den späteren Versuch der CIA zur Evakuierung der Guomindang-Truppen aus Birma untergraben haben. Mit Bezug auf ein Gespräch mit OPC-Veteran Tom Braden kam ein Historiker zu dem Schluss, dass die CIA nicht zugeben wollte, dass aus der Guomindang-Kampagne eine »Operation zur Drogenproduktion« geworden war. Stattdessen brüteten die US-Geheimdienstler später »ausgefeilte Pläne für die Armee aus, in dem vollen Bewusstsein, dass sie Unsinn trieben, aber nicht bereit, Karrieren zu gefährden …, indem man einen derart monumentalen Fehler eingestand«.[215] Außerdem war die CIA durch ihr Bündnis mit einer Opiumarmee selbst potentiell kompromittiert. Nach der Ablieferung von Waffen für die Guomindang-Einheiten in Birma beluden amerikanische Piloten der CAT für den Rückflug nach Bangkok ihre Maschinen mit dem Guomindang-Opium. Einer von ihnen, ein US-Chinaveteran namens Jack Killam, wurde 1951 ermordet, nachdem ein Opiumdeal fehlschlug. CIA-Agent Sherman Joost setzte ihn in einem anonymen Grab bei.[216] Mit dem nun im CIA-Planungsdirektorium beheimateten radikalen Pragmatismus des OPC überdauerte das Bündnis des Geheimdienstes mit den Opiumarmeen der Guomindang im birmanisch-thailändischen Grenzland nach dem nominellen Rückzug 1954 noch ein Jahrzehnt. Wichtiger noch: Die CIA hatte durch ihre Weigerung, sich von den Guomindang-Kräften und ihrem Opiumhandel loszusagen, praktisch einen Präzedenzfall geschaffen, der den Weg für spätere, ähnlich kompromittierende Operationen ebnete.

Auf den ersten Blick ist die Geschichte des Guomindang-Opiumhandels in Birma nur ein weiteres Beispiel für einen CIA-Protegé, der den politischen Schutz des Geheimdienstes ausnutzte, um sich durch Rauschgifthandel zu bereichern. Doch bei näherer Betrachtung ist es die CIA, die als Hauptakteur in dieser Affäre auftrat. Die CIA förderte das Wachstum der Guomindang-Armee im Grenzland Nordostbirmas – einer potentiell opiumreichen Region. Von Ignoranz oder Naivität der CIA konnte keine Rede sein, denn bereits 1952 veröffentlichten die *New York Times* und andere große amerikanische Zeitungen detaillierte Berichte über die Rolle der Guomindang im Drogenhandel.[217] Aber am beunruhigtsten ist, dass der Verbindungsmann der Guomindang in Bangkok, der Chef der thailändischen Polizei, General Phao, zufällig auch der Vertraute der CIA in Thailand war.

Thailands Opiumhandel

Unter den Militärregimes, die Thailand nach dem Zweiten Weltkrieg ein Vierteljahrhundert lang regierten, gedieh die Korruption als zentrales Mittel der Machtergreifung und -erhaltung. Plante eine Militärgruppe einen Putsch, war Geld die wesentliche Voraussetzung, um Informationen zu kaufen, Loyalität zu gewinnen und sicherzustellen, dass in letzter Minute Abtrünnige überliefen. »Sobald Geld beschafft war, folgten Macht und Anhänger wie Schatten auf dem Fuße«, erinnerte sich Hauptmann Anon, der Führer des Putschversuchs von 1951. »Geld war die erste Waffe, die beim Sturz einer Regierung eingesetzt wurde. Keine Kugel war nötig.«[218] Einmal an der Macht, brauchte die herrschende Militärclique Geld, um einen möglichen Putsch rivalisierender Fraktionen zu blockieren. Mit dem umsichtigen Einsatz illegaler Mittel ließen sich strategische Informationen über Rivalen kaufen, rebellische Untergebene befrieden und vor allem die Loyalität entscheidender Garnisonskommandeure bewahren.

Die Militärregimes der Nachkriegsära besetzten die Schlüsselpositionen der Kabinette mit ihren Verbündeten und nutzten dann die staatliche Regulierungsmacht, um Direktorenposten in Unternehmen und lukrative Geschäftslizenzen zu gewinnen.[219] Zusätzlich zu ihrer Kontrolle der formellem Ökonomie dominierten die verschiedenen Militärfraktionen auch den großen informellen Sektor der thailändischen Wirtschaft, dessen wichtigste Zweige der umfangreiche Schmuggelhandel mit Opium, Reis, Rubinen, Jade, Wolfram und Teakholz waren. Da sich die reguläre Wirtschaftstätigkeit weitgehend auf die wuchernde Metropole Bangkok konzentrierte, hatten die Militärs bei ihrem Streben, den grenzüberschreitenden illegalen Handel zu kontrollieren, einen natürlichen Vorteil.

Nach 1947 gliederten die herrschenden Thai-Fraktionen die Kontrolle des Grenzhandels in die militärische Aufgabe des Grenzschutzes ein. Aus der Perspektive des Oberkommandos in Bangkok drohten jenseits der nördlichen und östlichen Grenzen große strategische Gefahren. Im Osten lag Vietnam, das mit seiner kommunistischen Revolution und seinem späteren Potenzial für Militärinvasionen eine unmittelbare Bedrohung darstellte. Im Norden und Westen lag Birma, ein traditioneller Feind, der sich umstrittene Territorien einverleibt hatte, und weiter im Norden China, dessen Unterstützung thailändischer und birmanischer Kommunisten nach 1949 Grund zur Sorge gab.

In den Nachkriegsjahrzehnten begegnete das thailändische Militär dieser doppelten Bedrohung mit einer raffinierten und von westlichen Beobachtern kaum verstandenen Militärstrategie. Zwar wurden konventionelle Militäreinheiten entlang der Ostgrenze stationiert, um mögliche vietnamesische Vorstöße durch Laos und über den Mekong in das bergige Terrain Nordostthailands abzuwehren, aber um die zerklüftete Nordgrenze gegen Birma zu sichern, besannen sich die Machthaber in Bangkok einer traditionelleren Form südostasiatischer Staatskunst, die zu diesem schwierigen Terrain passte. Statt seine konventionellen Kräfte in den nördlichen Bergen patrouillieren zu lassen, wo sie sich kaum effizient einsetzen ließen, pflegte das thailändische Oberkommando Verbündete im Hochland: Überreste der Guomindang-Einheiten in den 50er sowie verschiedene Shan-Opiumarmeen in den 60er Jahren. Durch geschickte Manipulation der Rivalitäten unter den diversen Ethnien in Birma förderte das thailändische Militär entlang der gemeinsamen Gebirgsgrenze eine Situation des kontrollierten Chaos innerhalb des Nachbarlandes. Das thailändische Militär kultivierte damit die traditionelle Auffassung eines *Grenzlandes* als einer breiten, ungenau definierten Zone, in der einzelne Stadtstaaten des Tieflandes mithilfe von Klientelarmeen um die Vorherrschaft kämpfen. Diese Auffassung steht im Widerspruch zur modernen westlichen Vorstellung von »Grenze« als einer nahezu metaphysischen Linie (dick auf der Landkarte, aber dünn auf dem Boden), die säuberlich und eindeutig zwischen zwei souveränen Staaten verläuft.[220]

Der thailändische Opiumhandel blühte deshalb, weil er den strategischen und finanziellen Interessen der nationalen Militärherrscher diente. 40 Jahre lang bot das Thai-Militär den vielen Kleinarmeen, die es unterstützte, Schongebiete, Waffen und einen Opiummarkt. Gewöhnlich in den Bergen nördlich von Chiang Mai gelegen, wurden die Guerillacamps streng vom thailändischen Militär kontrolliert und beherbergten die essenzielle Logistik des Heroinhandels des Goldenen Dreiecks: Tausende bewaffneter Soldaten, riesige Maultierkarawanen und, nach 1968, Heroinraffinerien. Obwohl Zahl und Umfang über die Zeit schwankten, lassen sich die von Thailand beschützten Kleinarmeen in drei Kategorien einteilen: nationalchinesische Aufklärungseinheiten, die seit 1950 in Nordbirma operierten und jahrzehntelang die größten Opiumhändler blieben; verschiedene ethnische Rebellenarmeen besonders aus den nordöstlichen Gebieten des Shan-Staates, die sich nach 1960 von der Birmanischen Union abzuspalten versuchten; und die yunnanesischen Opiumkriegsherren. Bezeichnenderweise bestand der Kern der militärischen Führung Bangkoks nach dem Krieg aus Veteranen der thailändischen Besatzungszeit des Shan-Staates im Zweiten Weltkrieg. Sie hatten während dieser Zeit politische und logistische Netzwerke aufgebaut, die es ihnen erlaubten, in den entlegenen nördlichen Grenzgebieten zu operieren. Viele dieser Thai-Ultranationalisten hegten die Hoffnung, dass Thailand den Shan-Staat erneut, wie im Zweiten Weltkrieg, annektieren könnte. Doch die engsten Bündnisse unterhielt das thailändische Militär mit eher auf Söldnertum aufgebauten Armeen: den Opium-Warlords aus Yunnan und den nationalchinesischen Einheiten.

Diese Grenzschutzstrategie setzte Truppen für die militärische Herrschaft über Bangkok frei. Während moderne europäische Armeen ihre Hauptkampftruppen gemeinhin entlang der Grenzen stationierten, stellte das Thai-Militär nach dem Krieg seine strategischen Einheiten in der Hauptstadt auf, um den Zugang zum Thron zu kontrollieren. Seit Feldmarschall Phins Neuorganisation der Armee 1952 war ihre strategisch wichtigste Einheit, die 1. Division, in der Innenstadt von Bangkok stationiert.[221] Als ausländische Militärbeobachter in späteren Krisen verfolgten, wie deren Panzer und Eliteinfanterie entlang der Boulevards in Stellung gingen, waren sie von der außerordentlichen Effizienz der 1. Division als integrierter Putschtruppe beeindruckt.

Von 1947 bis 1957 bestimmte eine intensive Rivalität zwischen zwei mächtigen Militärgruppen die thailändische Politik, die eine geführt von General Phao Siyanan, dem notorisch korrupten Polizeichef des Landes, die andere von Marschall Sarit Thanarat, einem autoritären Populisten, der den Oberbefehl über die Armee führte. Beide Gruppierungen kamen mit einem Putsch im November 1947 an die Macht, der eine linke Zivilregierung stürzte und den thailändischen Kriegsdiktator, Marschall Phibul Songgram, wieder ins Amt brachte. Kompromittiert durch sein Bündnis mit Japan, verließ sich Phibul auf eine Koalition von Militäroffizieren weniger hoher Ränge, von denen viele im Krieg bei der Nordarmee, der Besatzungstruppe des Shan-Staates, gedient hatten. Treibende Kraft hinter dem Staatsstreich war Generalmajor Phin Chunnahawan, der ehemalige Kommandeur der Shan-Staat-Besatzung, der auf die Unterstützung zweier Militärgruppen baute: eine angetrieben von seinem Schwiegersohn, Oberst Phao, die andere geführt von Oberst Sarit, der damals die entscheidende Putscheinheit kommandierte, das 1. Infanterieregiment.[222]

Mehr als jedes andere Ereignis formte der Putsch von 1947 die Dynamik der thailändischen Politik nach dem Krieg. Er brachte das Militär an die Macht und schob die Demokratisierung um ein Vierteljahrhundert auf. Entschlossen, eine Vergeltung der Alliierten für Thailands Kriegsbündnis mit Japan zu verhindern, hatte die thailändische Zivilregierung 1945 die Nordarmee demobilisiert, Phibul der Kollaboration angeklagt und den Shan-Staat an Birma zurückgegeben. Besonders das rüde Vorgehen bei der Deaktivierung der Nordarmee scheint deren Kommandeur die Rechfertigung für seinen späteren Putsch geliefert zu haben. Statt für einen Heimtransport zu sorgen, demobilisierte Bangkok seine Streitkräfte an Ort und Stelle im nördlichen Grenzland und degradierte die Soldaten »zu einem Pöbel«, der sich aus eigener Kraft nach Süden durchschlagen musste und sich dabei durch Überfälle und Bettelei ernährte. Zurück in Bangkok standen die Offiziere der Nordarmee vor der Drohung endgültiger Ausmusterung, dem Verlust ihrer Ränge und Karrieren.[223] »Praktisch jeden Tag kamen Militäroffiziere zu mir ..., die mit mir im Krieg gekämpft hatten, um ihre Sorge über die sich verschlimmernde Situation des Landes auszudrücken«, sagte der entlassene Nordarmeekommandeur Phin. »Ich begann daher ..., den Vorstellungen der Militäroffiziere, die Truppen in der Stadt kommandierten, etwas abzugewinnen. ... Ich entdeckte, dass fast alle diese Regierung gestürzt sehen wollten.« General Phin rief aktive Truppenkommandeure in seinem Haus in Bangkok zusammen und gewann die Unterstützung aller, außer von zweien, die er warnte, »besser Stillschweigen zu bewahren, da sie andernfalls umgebracht werden würden«.[224] Die Motive der Konspirateure lagen auf der Hand: Phins loyaler Untergebener und Schwiegersohn Phao war entlassen worden, weil er als Adjutant beim Kriegsdiktator Phibul gedient hatte, und Sarit, ein Veteran der Nordarmee, lebte in ständiger Sorge, »in den Reservedienst versetzt zu werden«.[225] Außerdem waren Offiziere im aktiven Dienst besorgt über die neue Zivilverfassung, die den thailändischen Senat zu einer Wahlkammer machte und das Militär somit um seine festen Sitze brachte.[226]

Im November 1947 besetzten General Phins Putschtruppen die staatlichen Radiosender, die Telefonzentrale und das Verteidigungsministerium, nahmen die Hauptstadt ein und zwangen die Zivilregierung ins Exil. In den folgenden vier Jahren griff Phins Kerngruppe, nur nominell von Premierminister Phibul geführt, in einer Reihe kleinerer Putsche ihre militärischen Rivalen an. Als die herrschende Fraktion ihre Kontrolle gestärkt hatte, begann sie, Reichtum und Macht des Königreichs aufzuteilen. Phin wurde 1948 zum Oberkommandierenden der Streitkräfte ernannt, machte seinen Verbündeten Sarit zum Armeekommandeur von Bangkok und seinen Untergebenen Phao zum stellvertretenden Direktor der nationalen Polizei. In seiner neuen Position scharte Phao eine als »Polizeiritter« bekannte Clique von Getreuen hinter sich, die für ihn politische Gegner verhaftete und ermordete, darunter den Chef der thailändischen Kriminalpolizei und vier ehemalige Kabinettsminister. Mit seinen Rittern, erkennbar an ihren schweren Diamantringen, übernahm Phao die Kontrolle des Reis- und Opiumschmuggels, rief damit aber den Widerstand des Parlaments hervor, das

Der Opiumboom des Kalten Krieges **269**

der Marine die Vollmacht gab, »den Schmuggel zu bekämpfen«. Um seinen Opiumhandel zu schützen, versuchte Phao, die Antischmuggeleinheit der Küstenwache unter Polizeikontrolle zu bringen, jedoch ohne Erfolg.[227]

1951 schlug die verbliebene Opposition zurück, als das Marinekommando, zuvor mit dem linken Zivilkabinett verbündet, den Premierminister bei einer Zeremonie an Bord eines Schiffes entführte und auf dem Schlachtschiff »Si Ayutthaya« gefangen hielt. Mithilfe seiner Luftwaffenverbündeten bombardierte Phins Armeefraktion daraufhin die Marinedocks, versenkte das Schlachtschiff und zwang damit den Kapitän und den Premierminister, an Land zu schwimmen. Nachdem Hunderte von Marineangehörigen in Kämpfen, die anschließend mitten in Bangkok ausbrachen, getötet wurden, inhaftierte Phao über 1.000 weitere Matrosen und Seeoffiziere und verringerte später die Truppenstärke der Marine um über 75 Prozent.[228]

Im Gefolge des Sieges festigte die Phin-Fraktion ihre Machtposition und schloss die Aufteilung der Beute ab. Immer noch Armeekommandeur, platzierte Phin seine vier Schwiegersöhne als stellvertretende Minister für Inneres, Verkehr, Handel und Landwirtschaft im Kabinett. Auf seinem neuen Posten als Generaldirektor der Polizei baute General Phao deren Bestand aus und nutzte sie, um die Kontrolle über den Opiumhandel zu übernehmen. Schließlich balancierten Phao und Sarit ihre jeweiligen Kräfte auf 40.000 Polizeibeamte beziehungsweise 45.000 Armeesoldaten aus.[229] Phao übernahm die Kontrolle des Reisschmuggels, Sarit erhielt ein üppiges Salär als Leiter der nationalen Lotterie.[230] Obwohl die beiden Fraktionen noch weitere Geschäftsfelder freundschaftlich aufteilten, entwickelte sich bald ein erbitterter Kampf um die Kontrolle des Opiumhandels.

Der illegale Opiumhandel war erst in jüngerer Zeit zu einem der wichtigsten wirtschaftlichen Aktivposten des Landes geworden. Seine plötzliche Bedeutung trug vielleicht dazu bei, das heikle Machtgleichgewicht zwischen den Cliquen von Phao und Sarit zu stören. Obwohl das Opiummonopol fast 100 Jahre lang geblüht hatte, war der Opiumhandel zur Zeit des Putsches 1947 wegen der hohen Kosten des Importopiums und recht strenger staatlicher Kontrollen eine Korruptionsquelle ohne herausragende Bedeutung. Das änderte sich in dem Maße, in dem der rasche Rückgang der ausländischen Opiumimporte und das Wachstum der heimischen Produktion in den frühen 50er Jahren den Opiumhandel wieder zu einem lohnenden Streitobjekt machten.

Auf der ersten Drogenkonferenz der Vereinten Nationen 1946 wurde Thailand kritisiert, weil es als einziges südostasiatisches Land noch ein legales Opiummonopol betrieb.[231] Weit bedrohlicher als diese Kritik war allerdings die Vereinbarung, alle Opiumexporte für nicht medizinische Zwecke so bald wie möglich zu beenden. Iran hatte bereits im April 1946 ein befristetes Verbot der Opiumproduktion erlassen[232], und obwohl das königliche Thai-Monopol 1947 für seine Konsumenten noch 22 Tonnen aus dem Iran importieren konnte, war die Zukunft ausländischer Importe ungewiss.[233] Außerdem versiegte das Schmuggelopium aus China, als die Volksrepublik ab 1950 ihre erfolgreiche Kampagne zur Ausrottung des Opiums vorantrieb. Um den erwarteten Rohopiumbedarf zu decken, autorisierte die Thai-Regierung 1947 den Mohnanbau im nördlichen Bergland. Der Erlass veranlasste viele Hmong, in die Mohnanbaugebiete Thailands umzusiedeln, und löste einen dramatischen Anstieg der thailändischen Opiumproduktion aus.[234] Aber dieser Zuwachs wurde bald von den noch weit beträchtlicheren Steigerungen im birmanischen Shan-Staat in den Schatten gestellt. Als das iranische und chinesische Opium Anfang der 50er Jahre langsam ausblieben, füllte die Guomindang-Armee die Lücke, indem sie in den von ihnen besetzten Teilen des Shan-Staates die Ausweitung der Produktion erzwang. Da die Guomindang-Einheiten mit den Birmanen im Krieg lagen und ihre US-Nachschublieferungen aus Thailand erhielten, wurde Bangkok zu einem natürlichen Umschlagplatz für ihr Opium. 1949 kam schon das meiste Opium des thailändischen Monopols aus Südostasien[235], und 1954 war nach Meinung des britischen Zolls in Singapur Bangkok zum Hauptzentrum des internationalen Opiumschmuggels in Südostasien geworden.[236] Der Handel wurde so einträglich, dass Thailand seine 1948 begonnene Antiopiumkampagne, mit der es versprochen hatte, das Opiumrauchen innerhalb von fünf Jahren ganz zu beseitigen, stillschweigend aufgab.[237]

Der »Opiumkrieg« zwischen Phao und Sarit fand im Verborgenen statt; fast über allen Kämpfen lag der Mantel offizieller Geheimhaltung. Eine Ausnahme von absurder Komik ereignete sich 1950, als sich ein Armeekonvoi von Sarit mit einer Ladung Opium dem Kopfbahnhof von Lampang in Nordthailand näherte. Phaos Polizei umringte den Konvoi und verlangte von der Armee die Aushändigung des Opiums, da die Drogenbekämpfung in der ausschließlichen Verantwortung der Polizei liege. Als sich die Armee weigerte und drohte, sich den Weg zur Eisenbahn freizuschießen, grub sich die Polizei mit ihren schweren Maschinengewehren für ein Feuergefecht ein. Die nervöse Pattsituation dauerte zwei Tage, bis Phao und Sarit selbst in Lampang eintrafen, das Opium in Besitz nahmen und es gemeinsam nach Bangkok eskortierten, wo es still und heimlich verschwand.[238]

In dem Untergrundkampf um den Opiumhandel gewann Phao langsam die Oberhand. Zwar sind bei diesem »Opiumkrieg« aufgrund seiner verborgenen Natur die genauen Vorteile schwer zu rekonstruieren, die zu Phaos Sieg führten, aber die enorme Bedeutung der CIA-Unterstützung kann nicht zu gering veranschlagt werden. 1951 begann die Sea Supply Corporation, die CIA-Tarnfirma in Bangkok, Boote, Waffen, gepanzerte Fahrzeuge und Flugzeuge in großer Zahl an Phaos Polizei zu liefern.[239] Mit dieser Ausrüstung war Phao in der Lage, eine Polizeiluftwaffe, eine Küstenwache, eine gepanzerte Polizeieinheit und ein polizeiliches Fallschirmspringerkorps aufzubauen. 1953 arbeiteten mindestens 275 offene und verdeckte CIA-Agenten mit Phaos Polizei zusammen, und der US-Geheimdienst hatte ihr bis dahin über die Sea Supply Corporation Ausrüstung im Wert von 35 Millionen Dollar geliefert. Außer der Versorgung der Polizei mit Waffen, Funkausrüstung und Transportmitteln schuf die CIA zwei neue paramilitärische Polizeieinheiten, die in der nördlichen Opiumzone ihren Dienst versehen sollten, die Polizeiluftaufklärung und die Grenzpolizei.[240]

General Sarits amerikanische Militärberater verweigerten seiner Armee wiederholt die großen Mengen moderner Ausrüstung, die Phaos Polizei von der Sea Supply Corporation erhielt.[241] Da die Nachschublieferungen dieser Tarnfirma für die Guomindang-Truppen in Birma von der thailändischen Polizei geschützt wurden, verschaffte Phaos Bündnis mit der CIA ihm auch weit reichende Kontakte zu den Guomindang-Truppen, durch die er in der Lage war, praktisch ein Monopol birmanischer Opiumexporte aufzubauen. Phaos neue wirtschaftliche und militärische Stärke verhalf ihm alsbald zu einem Zugewinn politischer Macht. Bei einer Kabinettsumbildung im Dezember 1951 ergatterte seine Clique fünf Kabinettsposten, während Sarits Fraktion nur einen erhielt.[242] Binnen eines Jahres hatte Sarits Rivale die Kontrolle über die Regierung übernommen. Phao war nun als mächtigster Mann Thailands anerkannt.

In dieser Position konnte er seine finanzielle Basis weiter stärken. Er übernahm die illegalen Geschäftszweige, enteignete das profitable Bangkoker Schlachthaus, manipulierte die Goldbörse, trieb Schutzgeld von Bangkoks reichsten chinesischen Geschäftsleuten ein und zwang sie, ihn in den Aufsichtsrat von über 20 Unternehmen zu wählen. Mit seiner vergrößerten Polizeistreitmacht unterdrückte er massiv jede tatsächliche oder potentielle Opposition. Er schuf ein Netzwerk ziviler Informanten, organisierte mit CIA-Unterstützung das mächtige Amt für Politische Angelegenheiten und veranlasste 1952 Massenverhaftungen, denen 104 führende Intellektuelle zum Opfer fielen.[243] Der Mann, den Cyrus L. Sulzberger von der *New York Times* einen »Banditen der Superlative«[244] nannte und den ein angesehener thailändischer Diplomat als den »schlimmsten Mann in der gesamten Geschichte des modernen Thailand« bezeichnete[245], wurde der wichtigste thailändische Protegé der CIA.

US-Botschafter William Donovan, Gründer des OSS und hoher Berater der CIA, gab einen Hinweis auf die CIA-Unterstützung für Phao, als er erklärte, Thailand sei »kein Polizeistaat«, und Phaos Polizei als »harte und gut ausgebildete nationale Polizei« pries. Die Auffassung des Botschafters, dass Thailand »die stärkste Bastion der freien Welt in Südostasien« sei, mag seine Zuneigung für General Phaos Polizei beflügelt haben.[246] Der US-Verteidigungsminister machte sich die hohe Meinung des Botschafters über General Phao zu eigen, als er diesem 1954 den Orden der Ehrenlegion »für außerordentlich anerkennenswerte Verdienste« verlieh.[247] Phao wurde Thailands glühendster Antikommunist. Offenbar war seine Hauptaufgabe die Unterstützung der politischen Ziele der Guomindang in Thailand und ihrer Guerillaeinheiten in Birma. Phao schützte die Nachschublieferungen für die Guomindang-Truppen, vermarktete ihr Opium und bot mannigfaltige Dienste an – so zum Beispiel, als er während der Luftevakuierung vermeintlicher Guomindang-Soldaten nach Taiwan im November und Dezember 1953 birmanische Beobachter von den Truppensammelplätzen fernhielt.

In politischer Hinsicht war Phaos Bemühen, bei der Gemeinde der thailändischen Auslandschinesen – der reichsten ganz Asiens – Unterstützung für die Guomindang zu mobilisieren, wahrscheinlich noch bedeutsamer. Bis 1948 waren bei den thailändischen Chinesen die Guomindang-Einheiten populärer gewesen als Maos Kommunisten, aber als diese auf den Sieg zumarschierten, schlug ihre Stimmung entschieden zu deren Gunsten um.[248] Die Thai-Regierung ließ dieser Wandel gleichgültig. 1949 erklärte Premierminister Phibul sogar, die plötzliche Pro-Mao-Stimmung unter den Thai-Chinesen stelle keine besondere Bedrohung der thailändischen Sicherheit dar.[249]

Aber nachdem sich die Phibul-Regierung 1950 mit den USA verbündet hatte, schwenkte sie auf eine härtere Linie um und drängte die Immigranten, sich zur Politik in ihrem Mutterland neutral zu verhalten. Phao trat noch entschiedener auf und lancierte eine Kampagne, um die chinesische Gemeinde wieder zur aktiven Unterstützung der Guomindang zu bewegen. Seine Bemühungen waren Teil einer umfassenderen Strategie der CIA, die wachsende Popularität der Volksrepublik unter den reichen, einflussreichen Auslandschinesen in ganz Südostasien zu bekämpfen. Die Details dieses Programms legte ein Positionspapier des Nationalen Sicherheitsrats der USA von 1954 dar. Darin schlug der Sicherheitsrat Aktivitäten und Operationen vor, um die Auslandschinesen in Südostasien zu bewegen:

> »a) innerhalb ihrer eigenen Gemeinden antikommunistische Gruppen zu organisieren und zu aktivieren; b) den Wirkungen vergleichbarer prokommunistischer Gruppen und Aktivitäten zu widerstehen; c) allgemein ihre Ausrichtung auf die freie Welt zu verstärken und d) in Übereinstimmung mit ihren Verpflichtungen gegenüber und ihrer vorrangigen Loyalität zu ihren jeweiligen Staaten ihre Verbundenheit und ihre Unterstützung für die nationalchinesische Regierung als Symbol chinesischen politischen Widerstands und als Bestandteil der Verteidigung gegen die kommunistische Expansion in Asien zu vermehren«.[250]

Dieser Druck führte bei den thailändischen Chinesen zu einem oberflächlichen Rechtsruck. Da ihre Unterstützung für die Guomindang jedoch weitgehend auf Einschüchterung durch die Polizei beruhte, begann diese abermals zu bröckeln, als Phao 1955 durch politische Schwierigkeiten geschwächt war.[251]

1955 war Phaos nationale Polizei zum größten Syndikat des illegalen Opiumhandels in Thailand geworden und unmittelbar in jede Phase des Rauchgifthandels verstrickt, was zu einem selbst für thailändische Standards bemerkenswerten Grad an Korruption führte. War das geschmuggelte Opium für den Export bestimmt, eskortierte die Grenzpolizei die Guomindang-Karawanen von der thailändisch-birmanischen Grenze zu den Polizeilagerhäusern in Chiang Mai. Von dort brachten es andere Polizeikräfte mit dem Zug oder in eigenen Flugzeugen nach Bangkok, wo es auf zivile Küstenschiffe umgeladen und von der Küstenwache zu einem Frachter eskortiert wurde, der Kurs auf Singapur oder Hongkong nahm.[252] Wurde das Opium für das staatliche Opiummonopol gebraucht, gab man theatralischen Aufführungen den Vorzug, bei denen sich die Grenzpolizei nahe der birmanisch-thailändischen Grenze gut inszenierte Schießereien mit Guomindang-Schmugglern lieferte. Unfehlbar ließen die Guerillas ihr Opium fallen und ergriffen die Flucht, während die Polizeihelden das Opium nach Bangkok brachten und ihre Belohnung im Wert von einem Achtel des Verkaufspreises kassierten.[253] Danach verschwand das Opium. Phao selbst liebte es, als Führer des Kreuzzugs gegen den Opiumschmuggel zu posieren[254], und reiste oft mit dramatischer Eile an die Nordgrenze, wo er seine Männer in den Feuergefechten persönlich anführte.[255]

Waren Opiumprofite dem Aufbau von General Phaos politischem Imperium dienlich gewesen, so war es ein Opiumskandal, der seinen Sturz herbeiführte. Es begann als eine weitere von Phaos sorgfältig inszenierten Beschlagnahmungen. In der Nacht des 9. Juli 1955 kauerte eine Schwadron der Grenzpolizei am Mesaifluss im Unterholz und beobachtete Guomindang-Soldaten, die 20 Tonnen Opium im Boot von Birma nach Thailand übersetzten.[256] Als in den frühen Morgenstunden die letzten Bündel entladen waren, sprangen die Polizisten aus dem Dschungel und verfolgten die Schmuggler. Wie durch ein Wunder entkamen die Guomindang-Soldaten erneut unverletzt. Die Polizei eskortierte das Opium nach Bangkok, wo General Phao sie beglückwünschte. Aber aus irgendeinem Grund, vielleicht wegen der enormen Größe des Fangs, wurde Phao überängstlich. Er unterschrieb sofort einen Antrag für eine Belohnung von 1.200.000 Dollar und leitete ihn an das Finanzministerium weiter. Dann eilte er selber durch die Stadt in das Ministerium und unterschrieb den Scheck in seiner Eigenschaft als stellvertretender Finanzminister. Als Nächstes, so zumindest behauptete er, besuchte Phao den mysteriösen »Informanten« und händigte ihm das Geld persönlich aus.[257] Am 14. Juli berichtete Phao der Presse, der ungenannte Informant sei aus Angst um sein Leben mit dem Geld außer Landes geflohen und stehe daher für Kommentare nicht zur Verfügung. Er sagte weiter, dass ein Großteil der 20 Tonnen ins Meer geworfen und nur etwas davon an pharmazeutische Firmen verkauft würde, um die Belohnung zu finanzieren.[258] Selbst den korruptionsgewöhnten Thai-Journalisten kam die Geschichte zu fadenscheinig vor, um der geringsten Untersuchung standzuhalten.

Premierminister Phibul war der Erste, der Phao angriff, als er vor Pressevertretern einräumte, dass die hohen Belohnungen den Opiumschmuggel eher zu ermuntern schienen, und mit unverhohlenem Missfallen die Frage aufwarf, warum die schließlich gezahlte Belohnung so viel höher ausgefallen sei als zunächst bekannt gegeben.[259] Die Polizei erklärte, man habe die Belohnung anfänglich nur überschlägig festsetzen können, da es keine Möglichkeit gegeben habe, das Opium zu wiegen. Erst später habe sich herausgestellt, dass die Belohnung zu gering veranschlagt worden sei. Da per Gesetz Auszahlungen erst nach dem Wiegen des erbeuteten Schmuggelgutes vorgeschrieben waren, stürzte sich die Presse auf diese unglückliche Erklärung, um Phao am Zeug zu flicken.[260] Im August wurde der General seines Postens im Finanzministerium enthoben, als er sich auf einer Japan- und USA-Reise befand.[261] Während seiner Abwesenheit entband Premierminister Phibul die Presse von polizeilicher Zensur, machte für sich ein Vetorecht bei allen paramilitärischen Polizeiaktionen geltend und befahl allen leitenden Polizeikräften, entweder ihre Positionen in Unternehmen aufzugeben oder den Dienst zu quittieren.[262] Monate später, am 31. August, gab das Finanzministerium, nun von Phaos Einfluss befreit, bekannt, dass das Opiumrauchen endlich verboten würde. Die Mehrheit des Kabinetts hatte früher schon ein vollständiges Verbot vorgeschlagen, war aber am Einspruch des Finanzministeriums mit Phao als stellvertretendem Finanzminister gescheitert, dass die »staatlichen Einnahmen ... nicht durch alternative Steuerquellen ausgeglichen werden könnten ..., falls der Opiumkonsum im Rahmen der geplanten Frist beendet würde«.[263] Da jedoch der Anteil des Opiums an den Staatseinnahmen auf nur 2,7 Prozent gefallen war, konnte dieses Argument nicht mehr überzeugen.[264]

Phao kehrte Ende September zurück, entschuldigte sich öffentlich vor der Nationalversammlung und schwor, dass die Polizei in keiner Weise in den 20-Tonnen-Opiumskandal verwickelt sei.[265] Aber die öffentliche Meinung war entschieden skeptisch, und die losgelassene Presse begann mit einer Enthüllungsserie über Polizeikorruption. General Sarit war besonders erbittert über Phao. Zeitungen, die Sarits Clique freundlich gesonnen waren, begannen Phaos Beziehung zur CIA anzugreifen und ihn zu beschuldigen, eine Marionette der Amerikaner zu sein. Im November 1956 brach Phibul mit der von Phao betriebenen guomindangfreundlichen Politik Thailands, als er auf einer Pressekonferenz sagte: »Die Guomindang bereitet zu viele Schwierigkeiten. Sie handelt mit Opium und trägt Thailand die Missbilligung der Vereinten Nationen ein.«[266] Einige Pressevertreter wagten sogar, die CIA-Firma Sea Supply Corporation zu beschuldigen, in Phaos illegalen Opiumhandel verstrickt zu sein.[267]

Während Sarits Stern stieg, verlor Phao so rasch an Einfluss, dass er sich genötigt sah, die Wahlen im Februar 1957 zu einem populären Comeback-Versuch zu nutzen. Mit seinen Gewinnen aus dem Opiumhandel und anderen illegalen Geschäften übernahm er die Kontrolle der herrschenden politischen Partei. Seine Polizei vergab Immunitätsausweise an Bangkoker Gangster und bezahlte sie, um Versammlungen der Opposition zu sprengen und unfreundlich gesonnene Kandidaten zu verprügeln. Phaos Schläger begingen unzählige Fälle von Wahlbetrug, was zu einer Serie von Angriffen der Bangkoker Presse gegen die Polizei wegen »Rowdytums«, Opiumschmuggels und Gelderpressung führte.[268] Phao schnitt bei den Wahlen gut genug ab, um zum Innenminister des neuen Kabinetts ernannt zu werden. Aber diese Position nützte ihm wenig, denn Sarit bereitete einen Putsch vor.

Am 16. September 1957 bezogen Panzer und Infanterie von Sarits alter 1. Division die traditionellen Bangkoker Putschstellungen. Phao floh in die Schweiz, Premierminister Phibul nach Japan. Sarit baute seine Position vorsichtig aus. Er erlaubte die Bildung eines aus konkurrierenden Militärfraktionen und antiamerikanischen Linken zusammengesetzten Kabinetts und bewahrte seine Kontrolle über das Militär, indem er einen loyalen Gefolgsmann, General Thanom Kittikachorn, zum Verteidigungsminister ernannte. Danach brach Sarit die Macht der Polizeikräfte. Die Panzer- und Fallschirmspringereinheiten der Polizei wurden aufgelöst, ihre Ausrüstung der Armee übergeben.[269] Alle CIA-Agenten, die mit Phaos Polizeitruppe in Verbindung gestanden hatten, wurden aus dem Land geworfen.[270] Sarits langjähriger Anhänger General Praphat Charusathien wurde Innenminister. Loyale Armeeoffiziere erhielten Schlüsselpositionen bei der Polizei, wo sie eine Untersuchung des Opiumhandels zum Anlass nahmen, den Apparat von Phaos Clique zu säubern. Als Polizei- und Militäreinheiten zum Beispiel im November sechs Tonnen Rohopium an der Nordgrenze beschlagnahmten, nahmen sie auch fünf thailändische Polizisten fest. In Bangkok erklärte der neue Generaldirektor der Polizei, General Swai Saenyakorn, dass fünf oder sechs Banden, die den Schmuggel im Norden kontrollierten, »mit dem Einfluss der Polizei im Rücken« operierten und diese Festnahmen Teil einer umfassenderen Kampagne seien, alle Beteiligten zu feuern oder zu versetzen.[271] General Swais Worte gewannen noch stärkeres Gewicht, als Polizeibrigadegeneral Thom Chitvimol von seinem Posten entfernt und wegen Beteiligung am Schmuggel der sechs Tonnen Opium angeklagt wurde.[272]

Neuwahlen im Dezember legitimierten den Coup gegen Phao. Am 1. Januar 1958 wurde Thanom Premierminister. Die Linken im Kabinett waren jedoch über Sarits strenges Regiment aufgebracht und begannen, mehrere Hundert jüngere Militäroffiziere für einen weiteren Putsch zu mobilisieren. Aber Sarit bildete seine Clique zu einer Vereinigung um, die so genannte »Revolutionsgruppe«, verübte am 20. Oktober 1958 einen unblutigen Staatsstreich und konnte nun offen mit seinem Gefolge regieren.[273] Nun, da die Polizei als Machtbasis wirkungslos geworden war, blieb Sarits einzige große Sorge, dass die jüngeren Oberste und Oberstleutnants, deren Loyalität in Frage stand, einen Gegenputsch unternehmen könnten. Diese Angst bestimmte die endlosen Sitzungen der Revolutionsgruppe nach dem Staatsstreich. In stundenlangen Diskussionen rangen Sarit und seine Mitgeneräle nach einer Lösung. Sie wurden sich schließlich einig, dass sich ein Putsch verhindern ließe, wenn sie die Mehrzahl der Oberste für ihre Fraktion rekrutierten und ihnen große Anfangsprämien und reguläre Zusatzgehälter zahlten. Dies aber stellte die Revolutionsgruppe vor das unmittelbare Problem, rasch Millionen von Baht für die Prämien aufzutreiben. Offensichtlich bestand der schnellste Weg, diese Geldmenge zusammenzubringen, in der Reorganisation von General Phaos Opiumhandel.

Die Revolutionsgruppe schickte Armee- und Luftwaffenoffiziere nach Hongkong und Singapur, um große Opiumdeals einzufädeln; Polizei- und Militäroffiziere wurden nach Nordthailand entsandt, um die Berghändler zu verständigen, dass es einen Markt für alles gebe, was sie kaufen konnten. Als sich die Frühjahrsernte von 1959 dem Ende näherte, führte die Armee im Norden ihre jährlichen Kriegsspiele zur Trockenzeit durch, um möglichst viel Opium einzusammeln. Was immer an Flugzeugen, Lkw und Autos verfügbar war, wurde requiriert. Die Berge Nordthailands und Birmas waren rasch leergerupft. Bald nachdem das Opium von Bangkok an ausländische Käufer geliefert worden und die flackernde Flamme des Gegenputsches im Opiumgeld erstickt war, erörterte die Revolutionsgruppe, ob sie ihre politische Arbeit weiterhin mit Opiumprofiten finanzieren solle. Sarit war dafür. Er zeigte sich nicht sonderlich besorgt über die internationale Meinung. General Praphat, der Sarit bei der Organisation des Handels geholfen hatte, stimmte seinem Führer zu. Die meisten anderen Gruppenmitglieder waren gleichgültig. Bloß die Generäle Thanom und Swai machten sich Sorgen über mögliche negative internationale Auswirkungen.

General Swai hatten Gewicht, da ihn Sarit, der ihn mit dem thailändischen Ehrentitel »älterer Bruder« ansprach, hoch achtete. Schließlich ordnete Sarit an, Polizei und Militär nicht länger als Verbindungsglied zwischen Birmas Schlafmohnfeldern und den Ozeanschmuggelschiffen an Thailands Südküste einzusetzen. Er unternahm jedoch nicht den geringsten Versuch, den riesigen Transithandel zu unterbinden oder jene zu bestrafen, die diskret Bestechungsgelder von den chinesischen Syndikaten einstrichen, denen man den Handel überlassen würde.[274]

Sarits Fraktion war klar, dass General Phao durch seine offene Beteiligung am Opiumhandel in Misskredit geraten war. Sie beeilte sich daher, sich vom Handel zu distanzieren. Nur Monate nachdem seine Agenten die Kontrolle des illegalen Opiumhandels in den Nordbergen übernommen hatten, begann Sarit eine äußerst publizitätswirksame Kampagne zur Opiumbekämpfung im Bangkoker Stadtzentrum. Im Dezember 1958 gab Sarits Revolutionsgruppe den Erlass Nummer 37 heraus, der Opiumrauchen als »eine ernste Gefahr für Gesundheit und Hygiene« brandmarkte und anordnete, dass ab dem 30. Juni 1959 »hiermit Opiumrauchen und -vertrieb im ganzen Königreich verboten sind«.[275]

Mit der gleichen erbarmungslosen Präzision, die er bei seinen Coups und Gegenstaatsstreichen an den Tag legte, entfesselte Feldmarschall Sarit einen umfassenden militärischen Angriff auf den Opiumhandel. Am 1. Juli 1959 fegten seine Truppen um eine Minute nach Mitternacht durchs Land und führten Razzien in Opiumhöhlen durch, beschlagnahmten ihre Lagerbestände und konfiszierten Opiumpfeifen. Auf dem Sanam-Luang-Platz, dem rituellen Zentrum Bangkoks, entzündeten Steuerbeamte vor den Kameras der Landespresse mit 43.445 Opiumpfeifen ein Freudenfeuer. Am nächsten Tag fuhr Sarit durch die Stadt und inspizierte persönlich die gestürmten Opiumhöhlen und das konfiszierte Zubehör. In einer Ansprache an das Volk erklärte er:

> »Der 1. Juli 1959 kann als Tag von historischer Bedeutung angesehen werden, weil er das erste Kapitel eines neuen Zeitalters in der Geschichte der Thai-Nation aufgeschlagen hat. Wir können sagen, dass es dieses Datum war, an dem wir zu einer zivilisierten Nation wurden. Die Ehre der Nation hat sich nun über die Verachtung ausländischer Zeitungen erhoben, die Bilder von unserem Volk beim Opiumrauchen abdruckten.«[276]

Sarits Verbot beendete – nach einem vollen Jahrhundert – tatsächlich das offizielle Opiummonopol. Aber andere Schlüsselelemente des

Drogenhandels ließ es unangetastet. Unter dem Opiummonopol hatte Thailand die größte Anzahl von Opiumrauchern in ganz Südostasien gehabt. In den Jahrzehnten, die folgten, wechselten Bangkoks Raucher zu Heroin, und Thailand hatte immer noch die größte Süchtigenbevölkerung der Region. Nachdem das Finanzministerium den legalen Opiumverkauf abgeschafft und Drogeneinkünfte aus seinen offiziellen Büchern verbannt hatte, bemächtigten sich thailändische Militärfraktionen der nun illegalen Opiumprofite für ihre verdeckten Operationsfonds. Spätere Militärführer vermieden allerdings General Phaos billige, offene Korruption und distanzierten sich vom illegalen Handel. Stattdessen erhoben sie von den in Nordthailand operierenden Opiumkriegsherren informelle Tribute und akzeptierten Pauschalgebühren von Bangkoks chinesischen Syndikaten, die weiterhin den Heroinhandel lenkten.

Mit dem Niedergang des militärischen Einflusses nach Thailands »demokratischer Revolution« vom Oktober 1973 kamen einige bemerkenswerte Fakten über die Beteiligung führender Generäle an der Heroinindustrie ans Tageslicht. Nach Sarits Tod 1963 teilten sich drei Männer die politische Macht: der Premierminister, General Thanom Kittikachorn, sein Innenminister und Meister der politischen Intrige, General Praphat Charusathien, sowie Oberst Narong Kittikachorn, Thanoms Sohn und Praphats Schwiegersohn. Nach dem erzwungenen Rücktritt und der Flucht des Triumvirats ins Exil im Oktober 1973 veröffentlichte die Presse Vorwürfe von Polizeioberst Pramual Vangibandhu, einem hohen Vertreter der zentralen thailändischen Drogenbehörde, der kurz zuvor wegen Drogenhandels verhaftet worden war, dass Narong ein landesweites Drogenhandelsnetz betrieben habe und die meisten Rauschgiftlieferungen per Schiff nach Hongkong und Südvietnam ihm gehört hätten.[277] Hinter vorgehaltener Hand ließen thailändische Polizisten und Militärvertreter durchblicken, dass General Praphat von fast jedem legalen oder illegalen Geschäft im Land einen gehörigen Anteil der Profite erhalten hatte, so auch aus dem Rauschgifthandel.[278]

Obwohl General Phao 1957 ins Exil getrieben worden war, blieb sein Opiumkorridor zwischen Birma und Bangkok erhalten. Während des Jahrzehnts seiner außerordentlichen Machtfülle hatte Phao sein politisches Netzwerk benutzt, um die grundlegende Logistik des Heroinhandels des Goldenen Dreiecks aufzubauen. Rückblickend war die CIA-Unterstützung für General Phaos Rolle im Opiumhandel von herausragender Bedeutung. Der Geheimdienst lieferte Flugzeuge, Fahrzeuge und Schiffe, die Phao die logistische Fähigkeit verliehen, das Opium von den Mohnfeldern zu den Seewegen zu transportieren. Außerdem verschaffte ihm seine Rolle beim Schutz der Lieferungen der Sea Supply Company an die Guomindang einen beträchtlichen Vorteil, um zum exklusiven Exporteur von deren Opium zu werden.

Wie ist angesichts ihrer noch größeren Beteiligung am Opiumhandel der Guomindang im Shan-Staat die Rolle der CIA bei der Entwicklung des groß angelegten illegalen Opiumhandels in der Region von Birma und Thailand zu bewerten? Unter der Regierung Kennedy popularisierte der Präsidentenberater Walt W. Rostow eine Doktrin, der zufolge eine stagnierende, unterentwickelte Wirtschaft durch die Injektion ausländischer Hilfe und ausländischen Kapitals ruckartig in eine Phase raschen Wachstums, eines wirtschaftlichen Aufstiegs oder Durchstarts (»Takeoff«) versetzt werden könne. Nähere sich die betreffende Wirtschaft dann einer Phase selbsttragenden Wachstums, könne die Anschubhilfe wieder eingestellt werden.[279] Die CIA-Unterstützung für Phao und die Guomindang bot dem birmanisch-thailändischen Opiumhandel der 50er Jahre einen solchen Anschub: Moderne Flugzeuge ersetzten Maultiere, neue Marineschiffe Sampans und gut ausgebildete Militärorganisationen übernahmen den Handel von Berghändlerbanden.

Nie zuvor hatte der Shan-Staat Schmuggler mit der Disziplin, der Technik und der Erbarmungslosigkeit der Guomindang-Armee gekannt. Unter General Phaos Führung hatte sich Thailand von einem Opiumkonsumenten in das wichtigste Opiumvertriebszentrum der Welt verwandelt. Die Opiumernte des Goldenen Dreiecks begann auf ihren Höhepunkt zuzuklettern, der 1989 mit 3.300 Tonnen erreicht wurde. Birmas Gesamternte erhöhte sich von weniger als 40 Tonnen[280] kurz vor dem Zweiten Weltkrieg auf 300 bis 400 Tonnen 1962[281], Thailands Produktion expandierte mit einer noch größeren Rate von sieben Tonnen[282] auf über 100 Tonnen.[283] 1970 kam ein Bericht der US-Drogenbehörde zu dem Schluss:

> »Ende der 50er Jahre hatten sich Birma, Laos und Thailand zusammen zu einem gewaltigen Produzenten und zur Quelle von über der Hälfte des gegenwärtigen illegalen Angebots von 1.250 bis 1.400 Tonnen jährlich entwickelt. Außerdem wurde durch diese Produktionssteigerung die Region des Fernen Ostens und Südostasiens binnen kurzer Zeit zu einem Selbstversorger von Opium.«[284]

Aber war dieser Anstieg der Opiumproduktion das Ergebnis einer bewussten Entscheidung der CIA, ihre Verbündeten – Phao und die Guomindang – durch den Rauschgifthandel zu unterstützen? War dies die Operation X der CIA? Es lässt sich nicht bezweifeln, dass die CIA von der tiefen Verstrickung ihrer Bündnispartner in den Handel wusste. Mit Sicherheit tat die CIA nichts, um den Handel zu unterbinden oder auch nur zu verhindern, dass ihre Hilfe missbraucht wurde. Aber ob die CIA den illegalen Handel aktiv organisierte, kann der Geheimdienst nur selbst beantworten. Auf jeden Fall war das Goldene Dreieck Anfang der 60er Jahre zur größten einzelnen Opiumanbauregion der Welt geworden – ein riesiges Reservoir, das in der Lage war, Amerikas lukrative Märkte zu versorgen, sollte der Heroinkomplex des Mittelmeeres in Schwierigkeiten geraten. Das Goldene Dreieck hatte überschüssiges Opium und gut geschützte, disziplinierte Syndikate. Unter den richtigen Umständen konnte es leicht zu Amerikas größtem Heroinlieferanten werden.

5
SÜDVIETNAMS HEROINHANDEL

Die blutigen Straßenkämpfe in Saigon von April und Mai 1955 markierten das Ende der französischen Kolonialherrschaft und den Beginn der direkten amerikanischen Intervention in Vietnam. Als der Indochinakrieg zu Ende ging, plante die französische Regierung, ihre Truppen Schritt für Schritt über einen Zeitraum von zwei bis drei Jahren zurückzuziehen, um ihre beträchtlichen politischen und wirtschaftlichen Interessen in Südvietnam zu wahren. Nach dem im Juli 1954 in Genf vereinbarten Waffenstillstand sollte sich das französische Expeditionskorps für zwei Jahre in die südliche Hälfte Vietnams zurückziehen, bis zu einem gesamtvietnamesischen Referendum über die politische Zukunft der Nation. Überzeugt, dass Ho Chi Minh und die kommunistischen Vietminh einen überwältigenden Wahlsieg erringen würden, begannen die Franzosen, diplomatische Absprachen mit der Regierung in Hanoi zu treffen.[1]

Aber die kalten Krieger Amerikas waren nicht ganz so flexibel. In einer Rede vor amerikanischen Kriegsveteranen mehrere Wochen nach der Unterzeichnung des Genfer Abkommens warnte der einflussreiche katholische Prälat Kardinal Spellman:

> »Wenn Genf und das dort Vereinbarte überhaupt etwas bedeuten, dann bedeutet es ... den Zapfenstreich für die begrabenen Hoffnungen auf Freiheit in Südostasien! Den Zapfenstreich für die neuerlich betrogenen Millionen von Indochinesen, die sich nun die furchtbaren Fakten der Sklaverei von ihren beflissenen kommunistischen Herren beibringen lassen müssen!«[2]

Statt Südvietnam den »red rulers' godless goons«, den »gottlosen Schlägern der roten Herrscher« zu überlassen, beschloss die Regierung Eisenhower, eine neue Nation zu schaffen, wo es zuvor keine gegeben hatte. Mit dem gehörigen zeitlichen Abstand auf die amerikanische Politik nach Genf zurückblickend, kamen die *Pentagon-Papiere* Mitte der 60er Jahre zu dem Schluss, dass Südvietnam »im Wesentlichen ein Geschöpf der USA« war:

> »Ohne US-Unterstützung hätte Diem 1955 und 1956 seine Herrschaft über den Süden so gut wie gewiss nicht konsolidieren können. Ohne die Drohung einer US-Intervention hätte sich Südvietnam nicht weigern können, die vom Genfer Abkommen für 1956 geforderten Wahlen auch nur zu diskutieren, ohne sofort von den Vietminh-Armeen überrannt zu werden.
> Ohne die US-Hilfe in den darauf folgenden Jahren hätte das Diem-Regime keinesfalls, ein unabhängiges Südvietnam kaum überleben können.«[3]

Die Franzosen hegten wenig Begeisterung für die neue Nation und ihren Premierminister, deshalb mussten die Franzosen gehen. Unter Druck gesetzt durch die Kürzung amerikanischer Militärhilfe und von Nadelstichen des Diem-Regimes, beschleunigten die Franzosen ihren Truppenrückzug. Im April 1956 war das einst so mächtige französische Expeditionskorps auf nur noch 5.000 Soldaten geschrumpft, und amerikanische Offiziere hatten die vakanten Beraterposten bei der südvietnamesischen Armee übernommen.[4] Die Amerikaner kritisierten die Franzosen als hoffnungslos »kolonialistisch« in ihrer Haltung, französische Offiziere hielten den Amerikanern im Gegenzug Naivität vor. Während dieser schwierigen Übergangsphase geißelte ein französischer Vertreter »die sich einmischenden Amerikaner, die in ihrer unverbesserlichen Arglosigkeit glauben, dass die vietnamesische Unabhängigkeit für alle sichtbar hervorbricht, sobald die französische Armee geht«.[5]

Trotz seiner Vorurteile hatte dieser französische Vertreter Recht. Eine gewisse Naivität, eine gewisse gutgläubige Unbedarftheit zeichnete viele der Repräsentanten Amerikas aus, die Mitte der 50er Jahre nach Saigon strömten. Der Schutzpatron des antikommunistischen Kreuzzugs der USA in Südvietnam war ein junger Marinearzt namens Thomas A. Dooley. Nachdem er 1954/55 ein Jahr in Vietnam verbracht hatte, wo er Flüchtlingen half, kehrte Dooley zu einer Blitztour in die USA zurück, um Unterstützung für Premierminister Ngo Dinh Diem und seine neue Nation zu mobilisieren. Dooley erklärte, dass Frankreich »ein politisches und wirtschaftliches Interesse hatte, die einheimischen Massen in Rückständigkeit, Unterwürfigkeit und Ignoranz zu halten«, und pries Diem als »einen Mann, der sich den Franzosen nie gebeugt hat«.[6] Aber Dooley erlöste die Südvietnamesen nicht nur von der »organisierten Gottlosigkeit« des »neuen roten Imperialismus«, er bot ihnen auch den American Way an. Jedesmal, wenn er Medizin an einen Flüchtling ausgab, sagte er zu seinem Patienten: »So sieht amerikanische Hilfe aus.«[7] Und als die Cosmevo Ambulator Company aus Paterson, New Jersey, eine Prothese für ein kleines Flüchtlingsmädchen schickte, sagte er ihm, so sehe »ein amerikanisches Bein« aus.[8]

So naiv Dooleys nationaler Chauvinismus heute wirkt, er wurde von den in Südvietnam dienenden Amerikanern allgemein geteilt. Selbst der CIA-Taktiker General Edward Lansdale war ein großer Ideologe. Über seine Erfahrungen in Saigon während dieser Zeit schrieb Lansdale später:

> »Ich ging weit über die Grenzen hinaus, die einem Mann des Militärs gesetzt sind, als ich entdeckte, wogegen sich die Leute auf diesen Schlachtfeldern wappnen mussten und was sie brauchten, um stark zu bleiben. ... Ich nahm meine amerikanischen Überzeugungen mit mir in diese asiatischen Kämpfe, wie Tom Paine es getan hätte.«[9]

Diese Kreuzfahrerhaltung war so ausgeprägt, dass sie auch die damalige Presse durchdrang. Diems repressive Diktatur wurde zu einer »Ein-Mann-Demokratie«. Das Magazin *Life* pries ihn als den »harten Wundermann von Vietnam«, und ein Artikel der *Saturday Evening Post* von 1956 begann so: »Vor zwei Jahren in Genf wurde Südvietnam praktisch an die Kommunisten verschachert. Heute ist das muntere kleine asiatische Land wieder auf den Beinen, dank eines Mandarins in einem Haifischhautanzug, der den roten Zeitplan durcheinander bringt!«[10]

Aber es sollte nicht lange dauern, bis die Amerikaner ihre Unschuld verloren. Nur sieben Jahre nach diesen journalistischen Lobeshymnen fädelten die US-Botschaft und die CIA – darunter einige derselben Agenten, die 1955 für ihn gekämpft hatten – einen Putsch ein, durch den Diem gestürzt wurde und der ihn das Leben kostete. Seine Leiche fand sich auf der Ladefläche eines gepanzerten Truppentransporters.[11] 1965 sahen sich die USA in einen Krieg verstrickt, der erstaunliche Ähnlichkeit mit dem Kolonialkrieg der Franzosen hatte. Die US-Botschaft versuchte die gleiche Clique korrupter Saigoner Politiker zu manipulieren, die schon die Franzosen zu ihrer Zeit verwirrt hatte.

Für die meisten Vietnamesen unterschied sich die US-Armee nicht nennenswert vom französischen Expeditionskorps. Die Special Forces hatten den Auftrag, eben jene Bergstammsöldner weiter auszubilden, die französische Fallschirmspringer zehn Jahre zuvor angeworben hatten. Und statt auf senegalesische oder marokkanische Rekruten stützten sie sich auf thailändische und südkoreanische Hilfstruppen.

Angesichts der Ähnlichkeiten zwischen der französischen und amerikanischen Kriegsmaschinerie überrascht es kaum, dass nach der amerikanischen Intervention die groben Umrisse von Operation X wieder auftauchten. Als die CIA Anfang der 60er Jahre in Laos aktiv wurde, musste sie die Gültigkeit von Oberst Trinquiers Axiom erkennen: »Um die Meo zu bekommen, muss man ihr Opium kaufen.«[12] Zu einer Zeit, als es außer CIA-Flugzeugen keine Möglichkeiten des Boden- oder Lufttransports aus den laotischen Bergen gab, floss weiter Opium aus den laotischen Dörfern zu Transitorten wie Long Tieng. Von dort transportierten staatliche Luftwaffen, nun die vietnamesische und laotische statt der französischen, das Rauschgift nach Saigon, wo enge Verbündete der politischen Führer Vietnams in den inländischen Vertrieb und den illegalen internationalen Handel verstrickt waren. Und genau wie der französische Hochkommissar es als politisch zweckmäßig angesehen hatte, die Beteiligung der Binh Xuyen am Saigoner Opiumhandel zu übersehen, schaute die US-Botschaft im Rahmen ihrer schrankenlosen Unterstützung für das Thieu-Ky-Regime weg, wenn ihr Beweise vorgelegt wurden, dass die Saigoner Führer in den Heroinhandel mit amerikanischen GIs verstrickt waren. Zwar war die amerikanische Komplizenschaft sicher weit weniger bewusst und offen als jene der Franzosen ein Jahrzehnt zuvor, aber dieses Mal ging es nicht einfach nur um Opium, sondern auch um Morphium und Heroin, und die Konsequenzen waren weit gravierender. Nach einem Jahrzehnt amerikanischer Militärintervention wurde Südostasien zur Quelle von 70 Prozent des weltweiten illegalen Opiumangebots und der größte Stofflieferant für den boomenden amerikanischen Heroinmarkt.

Heroin in Südvietnam

Geografie und Politik diktierten die grundlegenden »Gesetze«, die den südvietnamesischen Rauschgifthandel bis 1975 beherrschten. Da Opium in Südvietnam nicht angebaut wurde, mussten alle Drogen des Landes importiert werden – aus der Region des Goldenen Dreiecks im Norden. Das Goldene Dreieck wurde, trotz seiner abgeschiedenen und unwegsamen Lage, die den Zugang zu allen Märkten erschwerte, zur weltweit wichtigsten Quelle illegalen Opiums.

In den frühen 70er Jahren standen dem Rauschgift aus dem Goldenen Dreieck auf seinem Weg zu den Weltmärkten zwei »Korridore« offen: zum einen eine Luftroute, die auf diversen abgelegenen Lehmpisten in Nordlaos begann und über das laotische Vientiane zum internationalen Saigoner Flughafen führte; zum anderen eine Überlandroute von Birma nach Bangkok. Erstere riss kurz nach dem Fall Saigons 1975 ab, Letztere entwickelte sich zur größten Heroinader der Welt. Sie nahm ihren Anfang in einem Labyrinth von Maultierpfaden in den Shan-Bergen Nordostbirmas und mündete in eine vierspurige Autobahn im Zentrum von Bangkok. Von dort aus war es nur noch ein Katzensprung auf die internationalen Märkte: Hongkong, Europa und Amerika.

Da die Hauptquelle vietnamesischen Opiums auf der anderen Seite des schroffen Annamgebirgszugs lag, musste jede zivile oder militärische Gruppe Südvietnams, die ihre politischen Aktivitäten durch Rauschgiftverkauf finanzieren wollte, sowohl Verbindungen nach Laos als auch Zugang zu Flugzeugen haben. Als die Binh Xuyen während des Indochinakriegs die Saigoner Opiumhöhlen kontrollierten, stellte die Gemischte Luftkommandogruppe der Franzosen diese Dienste durch ihre bei laotischen Guerillas kämpfenden Offiziere und ihre Luftverbindungen zwischen Saigon und den *maquis* in den Bergen bereit. Spätere politisch-militärische Gruppen Vietnams nutzten dazu familiäre Verbindungen nach Laos, Auslandsspione und Indochinas korsische Unterwelt. Zwar konnte fast jeder hochrangige Südvietnamese solche Kontakte ohne allzu große Schwierigkeiten herstellen, aber das Problem eines verlässlichen Lufttransports zwischen Laos und Saigon begrenzte den Rauschgiftschmuggel auf die Mächtigsten der vietnamesischen Elite.

Als Ngo Dinh Nhu, Bruder und Chefberater Präsident Diems, beschloss, den Opiumhandel wieder zu beleben, um Geld für die Unterdrückung zunehmender bewaffneter Aufstände und der politischen Opposition aufzutreiben, benutzte er vietnamesische Geheimagenten und korsische Gangster in Laos als Mittelsleute. Von 1958 bis 1960 verließ sich Nhu beim Transport vor allem auf kleine korsische Charterlinien, ab 1961/62 auch auf das 1. Transportgeschwader der südvietnamesischen Luftwaffe (das damals im Auftrag der CIA Aufklärungsmissionen nach Laos flog und von Oberst Nguyen Cao Ky befehligt wurde), um Rohopium nach Saigon zu bringen. In dieser Zeit und den Folgejahren, 1965-1967, als Ky Premierminister war, scheint das meiste Opium seinen Weg nach Saigon über die vietnamesische Luftwaffe gefunden zu haben. Mitte der 70er Jahre gab es Hinweise, dass hochrangige Vertreter der vietnamesischen Marine, des Zolls, der Armee, der Hafenbehörden, der nationalen Polizei und des Unterhauses der Nationalversammlung mit der Luftwaffe um die beherrschende Position im Handel wetteiferten. Für einen beiläufigen Beobachter konnte es so aussehen, als sei die starke zentrale Kontrolle des illegalen Drogenhandels während der Amtszeit von Diem und Ky nun, unter der Regierung von Präsident Nguyen Van Thieu in den späten 60er und 70er Jahren, aus dem Ruder gelaufen.

Was wie ein chaotischer Konkurrenzkampf schlecht organisierter Schmugglerringe wirkte, war bei näherer Betrachtung jedoch tatsächlich ein recht disziplinierter Machtkampf zwischen den Führern der drei mächtigsten politischen Fraktionen Saigons: der Luftwaffe, die unter Kontrolle von Vizepräsident Ky blieb; der Armee, der Marine und dem Unterhaus, die loyal zu Präsident Thieu standen; sowie des Zolls, der Hafenbehörden und der nationalen Polizei, wo die Fraktionen, die dem Premierminister Tran Thien Khiem ergeben waren, beträchtlichen Einfluss genossen. Um in diesem verwirrenden Geflecht das Machtgefüge jeder dieser Gruppen besser zu erkennen, hilft ein Blick auf die Struktur der politischen Fraktionen Südvietnams und die Korruptionstradition des Landes vor 1975.

Tradition und Korruption

Wie im übrigen Südostasien, so waren auch in Vietnam die Muster und Strukturen westlicher bürokratischer Effizienz einer traditionellen Machtelite aufgepfropft, was zu einer Verschmelzung traditioneller und moderner Formen der Korruption führte. Die Regierungen kopierten zwar die formalen Züge europäischer Bürokratien, aber die Eliten blieben in ihren Ränkespielen von Bestechung, Patronage und Macht weiterhin vergangenen Werten verhaftet. Auf dem südostasiatischen Festland waren es drei Traditionen, die das zeitgenössische politische Verhalten beeinflussten: in Thailand das Erbe eines hinduisierten Gottkönigtums; in Vietnam die bürokratische Mandarintradition chinesischer Provenienz; in Laos und den Shan-Staaten das Erbe zersplitterter, quasi-feudaler Königreiche.

Die hinduistische Weltsicht mit ihrer sinnenfreudigen Vision eines despotischen Gottkönigs, der große Teile des Reichtums seines Königreichs für Paläste, Hofstaat und persönliche Monumente verschwendete, verbreitete sich östlich von Indien aus nach Siam (dem heutigen Thailand). Von diesem göttlichen, sexuell potenten Wesen ging alle Autorität aus. Seine offen sichtbare Vergeudung war nur ein weiterer Beweis seines göttlichen Machtanspruchs.

Nach 1.000 Jahren chinesischer Militärbesatzung hatte sich Vietnam das konfuzianische Ideal meritokratischer Regierung zu Eigen gemacht. Hochgebildete, sorgfältig ausgewählte Mandarine genossen ein hohes Maß an unabhängiger Verwaltungsautorität, waren jedoch an rigide ethische Verhaltensstandards gebunden. Allerdings verletzte der kaiserliche Hof häufig die konfuzianische Ethik, indem er Ämter an unqualifizierte Kandidaten verkaufte, die dann das Volk ausbeuteten, damit sich ihre Investition bezahlt machte. Dem Kaiser selbst blieben derartige Normverletzungen verborgen.

Der chinesische und der indische Einfluss breiteten sich über die Tieflandebenen Vietnams und Siams aus; die entlegenen Bergregionen von Laos und der birmanischen Shan-Staaten dagegen waren für diese innovativen Konzepte opulenter Königtümer und zentralisierter politischer Macht weniger empfänglich. Laos und die Shan-Staaten blieben eine verstreute Ansammlung kleinerer Fürstentümer, deren Duodezfürsten gewöhnlich wenig mehr als ein einziges Hochlandtal beherrschten. Äußerstenfalls reichte es zu locker organisierten, feudalen Föderationen oder einzelnen Machtbereichen, die ein paar Nachbartäler umfassten.

Das hartnäckige Überleben dieser antiquierten politischen Strukturen verdankt sich zum Teil der westlichen Intervention in Südostasien in den letzten 150 Jahren. Mitte des 19. Jahrhunderts sprengten europäische Generäle und Diplomaten die relativ isolierte Weltsicht dieser traditionellen Staaten und verleibten sie ihren globalen Kolonialreichen ein. Die europäische Präsenz brachte radikale Neuerungen – moderne Technologie, neue politische Ideen und beispiellose wirtschaftliche Unterdrückung –, die dynamische Kräfte sozialer Veränderung freisetzten. Zwar wirkte die europäische Präsenz zunächst als Katalysator dieser Veränderungen, aber die Kolonialregierungen waren im All-

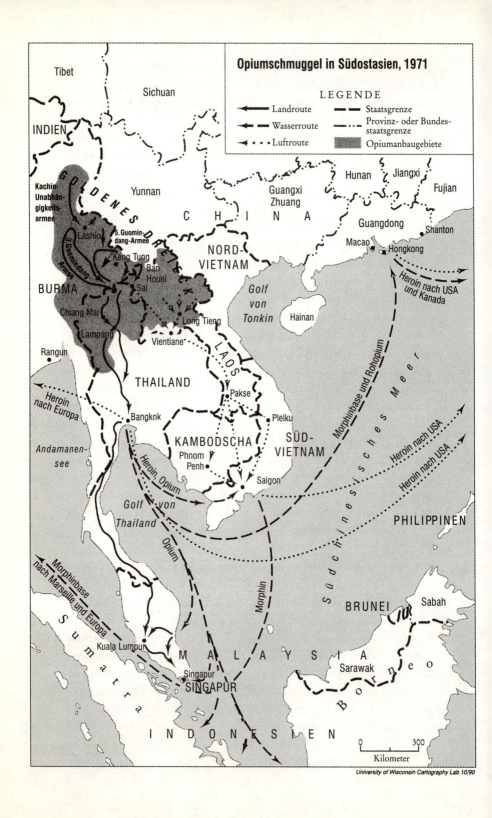

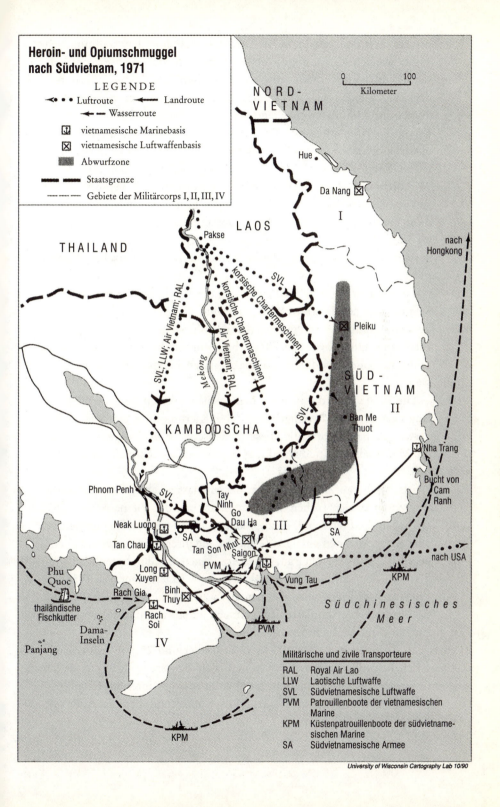

gemeinen konservativ und verbündeten sich mit den traditionellen einheimischen Eliten, um die neuen sozialen Kräfte wie Gewerkschaften, Kleinpächterverbände und nationalistische Intellektuelle zu unterdrücken. Eignete sich die traditionelle Elite nicht für die Aufgabe, zogen die Kolonialmächte eine neue Wirtschafts- oder Militärklasse heran, die ihren Interessen besser diente. Im Dienst für die Europäer erwarben sowohl die traditionellen Eliten als auch die neue bürokratische Klasse Werte, die das Schlechteste beider Welten verbanden. In Ablehnung ihrer eigenen Traditionen öffentlicher Verantwortung sowie auch des westlichen Konzepts des Humanismus verschmolzen diese einheimischen Führer den Materialismus des Westens mit ihren eigenen Traditionen aristokratischer Vorrechte. Das Ergebnis war die systematische Korruption, die bis heute die südostasiatischen Staaten plagt.

Für die Briten stellte die Bewahrung der Feudalfürsten in den Shan-Staaten eine administrative Erleichterung dar. Damit kehrten sie die Tendenz gradueller Integration der Kleinfürstentümer in das größere Birma um: Unter britischer Herrschaft wurden die Shan-Staaten autonome Regionen, wodurch ihre reaktionären Fürsten an Autorität gewannen.

Die Franzosen, die in Laos den lokalen Fürsten beinahe 50 Jahre lang eine effektive Beteiligung an der Regierung ihres eigenen Landes verweigert hatten, brachten diese atavistischen Feudalherren wieder an die Macht, als der Indochinakrieg es politisch zweckmäßig erscheinen ließ.

Als der heraufziehende Sturm der vietnamesischen Revolution die Franzosen in den frühen 50er Jahren zwang, die Vietnamesen selbst stärker in die Herrschaft einzubinden, schufen sie eine Regierung und eine Armee aus den einzigen Gruppen, die ihrer Präsenz wohlwollend gegenüberstanden: den französisch erzogenen, Land besitzenden Familien und der katholischen Minderheit. Die Amerikaner, die 1955 die Franzosen in Indochina ersetzten, verbrachten die folgenden 20 Jahre damit, diese korrumpierten Oligarchien zu stützen und Reformregierungen von der Macht fernzuhalten.

In Thailand verliehen 100 Jahre britischer und 25 Jahre amerikanischer Beratungstätigkeit der königlichen Regierung einen Anstrich technischer Kultiviertheit, unterdrückten aber alle internen Revolutionen, die mit dem traditionellen Muster autokratischer Staatsführung hätten brechen können.

Am Fuß der thailändischen Korruptionspyramide, die von 1947 bis 1973 von Polizei- und Militärfraktionen beherrscht wurde, enteigneten Heerscharen von kleineren Funktionsträgern systematisch den Reichtum der Nation und reichten das Geld die Kommandokette hinauf zur Spitze weiter, wo autoritäre Führer einem prunkvollen Lebensstil frönten, der an die Gottkönige erinnerte. Marschall Sarit zum Beispiel hatte über 100 Mätressen, erschoss bei öffentlichen Spektakeln willkürlich Kriminelle und hinterließ nach seinem Tod ein Vermögen von über 150 Millionen Dollar.[13] Solche Potentaten, die sich korrupte Funktionäre noch in den entlegensten Provinzen dienstbar machen konnten, wurden in Kämpfen mit anderen Fraktionen nur selten verraten. Eine einzelne politische Fraktion war daher gewöhnlich in der Lage, Thailands Rauschgifthandel zu zentralisieren und zu monopolisieren. Im Gegensatz dazu spiegelte der Opiumhandel in Laos und der birmanischen Provinz Shan-Staat ihre feudale politische Tradition, in der jeder regionale Kriegsherr den Handel auf seinem Territorium kontrollierte.

Bis 1975 stützten sich Südvietnams politische Fraktionen auf nationale politische Institutionen und wetteiferten um die Herrschaft über einen zentralisierten Drogenhandel. Aber selbst die mächtigste vietnamesische Fraktion glich einem Kartenhaus, bei dem eine Mini-Clique elegant, aber wackelig auf der anderen stand. An der Spitze dieses fragilen Gerüsts balancierte ein hochrangiger Regierungsvertreter, gewöhnlich der Premierminister oder Präsident, der wie die alten Kaiser Korruption und Bestechung in letzter Instanz sanktionierte, aber versuchte, sich aus dem Getümmel herauszuhalten und den Anschein eines ehrlichen Staatsmanns zu wahren. Aber hinter jedem politischen Führer stand eine Schaltfigur der Macht, verantwortlich dafür, eine Koalition verschiedener Fraktionen zu schmieden und ihren Zusammenbruch zu verhindern. Mithilfe von Patronage und Geheimfonds baute dieser Strippenzieher eine Machtbasis aus kleinen Familiencliquen, wichtigen Amtsinhabern und mächtigen Militärführern. Da solche *Ad-hoc*-Koalitionen gewöhnlich instabil waren (Verrat ging jedem Putsch in Saigon voraus), musste dieser Makler der Macht ein Geheimdienstnetz aufbauen, um die Unterstützer seines Chefs zu überwachen. Geld spielte bei diesen Machenschaften eine Schlüsselrolle: In den Wochen vor jedem Staatsstreich wurde die politische Loyalität an den Meistbietenden verhökert. Kurz vor Diems Sturz 1963 zum Beispiel war Botschafter Henry Cabot Lodge, der den Putsch förderte, bereit, den Verschwörern finanzielle Unterstützung anzubieten: »Sollten die Generäle im letzten Augenblick Geld benötigen, um eventuelle Anhänger Diems zu kaufen: Wenn diese Fonds verschwiegen übermittelt werden können, sollten wir sie bereitstellen.«[14]

Da Geld für den Machterhalt so unabdingbar war, bestand eine der Hauptaufgaben der vietnamesischen Machtmakler darin, Bestechung und Korruption zu organisieren, um den politischen Schacher und die Geheimdienstarbeit zu finanzieren. Über die Führer vorhandener oder neu gebildeter Minifraktionen mussten sie versuchen, mithilfe offiziell sanktionierter Korruption eine verlässliche Einkommensquelle zu schaffen. Da die Minifraktionen Ämter auf niedrigeren bürokratischen Ebenen verkauften, sickerte die Korruption von der nationalen über die Provinz- und Distriktebene bis hinunter zu den Dorfgemeinden durch.

Aus der Perspektive der Geldbeschaffung für politische Aktivitäten war das südvietnamesische System nicht annähernd so effizient wie die thailändische Pyramidenstruktur. Da jede Schicht der vietnamesischen Bürokratie einen erheblichen Prozentsatz der Bestechung abschöpfte (einige Beobachter schätzten, dass durchschnittlich 40 Prozent auf jeder Beamtenebene hängen blieben), bevor sie den Erlös an die nächste Ebene weiterreichten, gelangte aus routinemäßiger Bestechlichkeit kein so großes Einkommen bis hinauf zur Spitze. Aus diesem Grund war groß angelegte Korruption, die sich mit weniger Beteiligten betreiben ließ, eine besonders wichtige Quelle der Politikfinanzierung – zum Beispiel das Abkassieren von »Beiträgen« reicher chinesischer Geschäftsleute, der Verkauf hoher Ämter und Schmuggel. Deshalb auch war jede südvietnamesische Regierung, die sich nach dem Abzug der Franzosen mehr als ein paar Monate an der Macht hielt, unfehlbar in den nationalen Drogenhandel verstrickt.

Diems Dynastie

Kurz nachdem die Binh-Xuyen-Gangster im Mai 1955 aus Saigon vertrieben waren, ließ Diem, ein frommer Katholik, in einer dramatischen öffentlichen Zeremonie jede Menge Opiumpfeifen verbrennen. Schon kurz nach Beginn dieser Kampagne war Saigon nicht einmal mehr ein untergeordneter Umschlagplatz des internationalen Rauschgifthandels.[15] Nur drei Jahre später jedoch gab die Regierung plötzlich ihren moralistischen Feldzug auf und tat alles dafür, um den illegalen Drogenhandel wieder zu beleben. Erste bewaffnete Aufstände auf dem Land und die politische Opposition in den Städten hatten Ngo Dinh Nhu, Diems Bruder und Chef der Geheimpolizei, deutlich gemacht, dass er mehr Geld brauchte, um seine Geheimdienstarbeit auszubauen und die politische Repression zu verstärken. Zwar hatten die CIA und die Auslandshilfeabteilung des US-Außenministeriums in den vorangehenden drei Jahren großzügige Mittel für diese Aufgaben bereitgestellt, aber Nhus Bitte um noch größere Hilfe konnten sie nicht nachkommen.[16]

Also blieb Nhu nichts anderes übrig, als den Opiumhandel wieder zu beleben. Obwohl die meisten Opiumhöhlen Saigons seit drei Jahren geschlossen waren, gab es noch Tausende von chinesischen und vietnamesischen Abhängigen, die nur zu leicht für die Sucht zurückgewonnen und zu noch höherem Konsum angeregt werden konnten. Nhu nutzte seine Kontakte zu mächtigen Führern des chinesischen Syndikats von Cholon, um die Opiumhöhlen wieder zu öffnen und ein Vertriebsnetz für geschmuggeltes Opium aufzubauen.[17] Innerhalb von Monaten machten Hunderte von Opiumhöhlen wieder auf; fünf Jahre später schätzte ein Korrespondent von *Time-Life*, dass in Saigons Schwesterstadt Cholon 2.500 dieser Etablissements offen betrieben wurden.[18]

Um diese Verkaufsstellen regelmäßig zu versorgen, richtete Nhu zwei Lieferrouten von den laotischen Mohnfeldern nach Südvietnam ein. Die Hauptader bediente eine kleine Charterfluglinie, Air Laos Commerciale, geleitet vom extravagantesten aller korsischen Gangster Indochinas, Bonaventure »Rock« Francisci. Zwar betrieben mindestens vier kleine korsische Fluglinien den Schmuggel zwischen Laos und Südvietnam, aber nur Francisci handelte direkt mit Nhu. Lucien Conein zufolge, einem ehemaligen hochrangigen CIA-Offizier in Saigon, datiert ihre Beziehung auf das Jahr 1958, als Francisci mit Nhu ein Geschäft über den Schmuggel laotischen Opiums nach Südvietnam abschloss. Nachdem Nhu seinen Flügen sicheres Geleit zugesichert hatte, transportierte Franciscis Flotte zweimotoriger Beechcrafts regelmäßig heimlich Opium und warf es über Vietnam ab.[19]

Nhu ergänzte diese Lieferungen, indem er Geheimdienstoffiziere nach Laos schickte. Sie brachten für ihn mit vietnamesischen Luftwaffentransporten, die mit Agenten und Nachschub hin und her pendelten, weiteres Rohopium ins Land.[20]

Die Deals mit den Korsen scheint Nhu persönlich abgewickelt zu haben; die Geheimdienstmissionen nach Laos steuerte dagegen Tran Kim Tuyen, der Chef der Geheimpolizei. Obwohl die meisten Darstellungen Nhu als Erzintriganten des Diem-Regimes porträtierten, hatten viele Eingeweihte das Gefühl, dass der Ex-Seminarist Tuyen die größere Fähigkeit zur Kabale hatte. Als Chef der Geheimpolizei, euphemistisch »Amt für Sozial- und Politikstudien« genannt, befehligte Tuyen ein riesiges Geheimdienstnetz, zu dem CIA-finanzierte Spezialeinheiten gehörten, der militärische Geheimdienst sowie vor allem die geheime Can-Lao-Partei.[21] Über die Can-Lao-Partei rekrutierte Tuyen Spione und politische Kader in jedem Zweig der Militär- und Zivilbürokratie. Beförderungen wurden streng von der Zentralregierung kontrolliert; wer mit Tuyen kooperierte, wurde mit raschem Aufstieg belohnt.[22] Mit Gewinnen aus dem Opiumhandel und anderen offiziell sanktionierten Formen der Korruption konnte das Amt für Sozial- und Politikstudien Tausende von Rikschafahrern, Tanzgirls (»taxi dancers«) und Straßenverkäufern als Teilzeitspione für ein Geheimdienstnetz anheuern, das bald jeden Block von Saigon-Cholon abdeckte. Statt einen Verdächtigen durch Verfolgung zu überwachen, informierte Tuyen einfach sein Haus-zu-Haus-Geheimdienstnetz und erhielt dann präzise Berichte über die Bewegungen der Zielperson, ihre Treffen und Unterhaltungen. Einige Beobachter glauben, dass Tuyen in Südvietnam möglicherweise bis zu 100.000 Ganz- und Teilzeitagenten in seinen Diensten hatte.[23] Durch dieses bemerkenswerte System konnte Tuyen detaillierte Dossiers über jede wichtige Person im Land anlegen lassen, darunter besonders vollständige Akten über Diem, Madame Nhu und Nhu selbst, die er als persönliche »Lebensversicherung« außer Landes schaffte.[24]

Da Tuyen für den Großteil der Auslandsspionage des Diem-Regimes verantwortlich war, konnte er seine Rauschgiftgeschäfte in Laos unter dem Deckmantel gewöhnlicher Geheimdienstarbeit verbergen. Vietnamesische Geheimoperationen in Laos richteten sich vor allem gegen Nordvietnam und standen mit einem 1954 begonnenen CIA-Programm in Verbindung. Unter Leitung von Oberst Edward Lansdale und seinem Team von CIA-Agenten hatte man zwei kleine Gruppen von Nordvietnamesen als Agenten angeworben, aus Haiphong herausgeschleust, in Saigon ausgebildet und 1954/55 zurück nach Nordvietnam geschickt. Zur gleichen Zeit schmuggelte die CIA-Fluggesellschaft Civil Air Transport (CAT, die spätere Air America) über acht Tonnen

Waffen und Ausrüstung mit regulären Flüchtlingstransporten, die im Genfer Abkommen vereinbart worden waren, für die spätere Verwendung durch diese Teams nach Haiphong.[25]

Als der Austausch von Flüchtlingen im Mai 1955 abgeschlossen war und Nordvietnam seine Küstenverteidigung verstärkte, nutzten die CIA und der vietnamesische Geheimdienst Laos als alternative Infiltrationsroute und Horchposten. Laut Bernard Yoh, damals Geheimdienstberater Diems, schickte Tuyen 1958 zehn bis zwölf Agenten nach Laos, nachdem sie einen ausgedehnten Ausbildungskurs unter Aufsicht der Spezialkräfte von Oberst Le Quang Tung absolviert hatten. Als Yoh während des Laoskonflikts 1961 eines seiner eigenen Geheimdienstteams nach Laos entsandte, um mit Tuyens Agenten zusammenzuarbeiten, überraschte ihn deren Inkompetenz.

Yoh konnte nicht verstehen, warum man Agenten ohne Funkausbildung oder Kenntnisse selbst der elementarsten Untergrundtechniken so lange im Feldeinsatz ließ, bis er entdeckte, dass ihre Hauptverantwortung im Schmuggel von Gold und Opium nach Südvietnam bestand.[26] Nachdem sie Opium und Gold gekauft hatten, brachten Tuyens Agenten das geheime Frachtgut zu Flughäfen in Südlaos in der Nähe von Savannakhet oder Pakse. Dort wurde es verladen und mit vietnamesischen Luftwaffentransporten nach Saigon geschickt, die damals unter dem Kommando von Nguyen Cao Ky standen, dessen offizieller Auftrag darin bestand, Tuyens Spionageagenten nach Laos ein- und auszufliegen.[27]

Tuyen setzte auch Diplomaten ein, um laotisches Opium nach Südvietnam zu schmuggeln. 1958 versetzte der Direktor der vietnamesischen Einheit für psychologische Kriegführung einen seiner verdeckten Agenten in das Außenministerium und entsandte ihn als Konsulatsbeamten ins laotische Pakse, um von dort aus Geheimoperationen gegen Nordvietnam zu steuern. Innerhalb von drei Monaten hatte Tuyen den Agenten für seinen Schmuggelring rekrutiert und ließ ihn in seinem Diplomatengepäck regelmäßige Opiumlieferungen nach Saigon mitnehmen.[28]

Trotz der beträchtlichen Anstrengungen, die Tuyen der Organisation dieser »Spionageaktionen« widmete, blieben sie nur eine magere Ergänzung der korsischen Opiumlieferungen – bis zum Mai 1961, als der frisch gewählte Präsident John F. Kennedy die Umsetzung der Empfehlungen genehmigte, die eine interministerielle Arbeitsgruppe verabschiedet hatte. Darin heißt es:

»In Nordvietnam sollte auf den Grundlagen, die durch die Aktionen des Nachrichtendienstes gelegt wurden, ein Netz von Widerstandsnestern geknüpft werden, das aus Kampfbasen und kleineren Gruppen besteht, die Sabotage und leichte Störaktionen durchführen. Innerhalb der südvietnamesischen Armee sollten durch die Militärische Beratergruppe die Voraussetzungen geschaffen werden, Stoßtruppunternehmen und ähnliche militärische Operationen, die sich als notwendig oder geeignet erweisen könnten, nach Nordvietnam hineinzutragen. Solche Aktionen sollten nach Möglichkeit jeden Ausbruch eines weiterreichenden Widerstands oder einer Erhebung vermeiden, da sie nicht in dem notwendigen Maße unterstützt werden könnten, dessen es bedürfte, um die Gegenmaßnahmen abzuwehren.

Bei Überflügen sollten Flugblätter abgeworfen werden, um die Kommunisten zu stören und die Moral des nordvietnamesischen Volkes aufrechtzuerhalten.«[29]

Den Auftrag für diese Mission erhielt die CIA. Aviation Investors, eine Scheinfirma in Washington, D.C., diente als fiktive Muttergesellschaft der operativen Vietnam Air Transport. Der Geheimdienst taufte das Projekt »Operation Haylift«. Vietnam Air Transport heuerte Oberst Nguyen Cao Ky und ausgewählte Angehörige seines 1. Transportgeschwaders an, um CIA-Kommandos über Laos oder den Golf von Tongking nach Nordvietnam zu fliegen.[30]

Oberst Ky wurde jedoch weniger als zwei Jahre nach ihrem Beginn aus der Operation Haylift entlassen. Ein amerikanischer Techniker von Vietnam Air Transport berichtete 1968 einem Unterausschuss des US-Senats, dass »Oberst Ky diese Situation ausnutzte, um Opium von Laos nach Saigon zu fliegen«.[31] Da einige der von der CIA angeworbenen Kommandos aus Tuyens Geheimdienstagenten bestanden, war es sicher glaubhaft, dass Oberst Ky am illegalen Opium- und Goldhandel beteiligt war. Der Techniker gab zu verstehen, dass die CIA Oberst Ky aufgrund seiner Beteiligung an diesem Handel gefeuert habe. Oberst Do Khac Mai, damals stellvertretender Kommandeur der Luftwaffe, brachte noch einen anderen Grund für Kys Entlassung vor. Nachdem eine der zweimotorigen C-47 vor der nordvietnamesischen Küste abgestürzt war, kaufte Vietnam Air Transport eine viermotorige C-54 aus Taiwan. Da Ky nur auf zweimotorigen Maschinen ausgebildet war, musste er eine Reihe von Übungsflügen absolvieren, um seine Fähigkeiten aufzubessern. Bei einer dieser Gelegenheiten habe er einige Tanzgirls aus Cholon für eine Spritztour über die Stadt mitgenommen.

Dieser amouröse Flug war eine Verletzung der strengen Sicherheitsauflagen von Operation Haylift, woraufhin die CIA Oberst Ky und seine Transportpiloten umgehend durch nationalchinesisches Boden- und Pilotenpersonal ersetzte.[32] Diese Veränderung verminderte wahrscheinlich die Effizienz von Tuyens laotischen »Geheimdienstaktivitäten« und zwang Nhu, sich bei den regelmäßigen Opiumtransporten noch stärker auf die korsischen Charterlinien zu verlassen.

Obwohl der Opiumhandel und andere Formen von Korruption Nhus Polizeistaat gewaltige Geldsummen einbrachten, blieb das Regime auf die Gunst der Amerikaner angewiesen, um sich an der Macht halten zu können. In Washingon war man jedoch zunehmend enttäuscht über Diems Scheitern bei der Korruptionsbekämpfung. Im März 1961 klagte eine für Präsident Kennedy erstellte Geheimdienststudie über Diem:

>»Viele glauben, er sei unfähig, das Volk für den Kampf gegen die Kommunisten zu gewinnen – bedingt durch sein Vertrauen auf die Wirksamkeit einer Ein-Mann-Regierung, die Duldung von Korruption bis in seine unmittelbare Umgebung hinein und durch die Weigerung, das strenge System der Kontrollen zu lockern.«[33]

Der scheidende Botschafter Elbridge Durbrow, der viele ähnliche Klagen vorgebracht hatte, drängte vor seiner Abberufung das US-Außenministerium telegrafisch darauf, Tuyen und Nhu außer Landes zu schicken und ihre Geheimpolizei aufzulösen:

>»Diem sollte die Auflösung der Can-Lao-Partei öffentlich verkünden oder sie wenigstens der Geheimhaltung ... entziehen und Namen und Stellung aller Mitglieder öffentlich bekanntgeben. Zweck dieses Schritts wäre, die Atmosphäre der Furcht und Verdächtigungen zu beseitigen und den in der Öffentlichkeit bestehenden Verdacht auf Vetternwirtschaft und Korruption zu verringern, zu dem der halb geheime Status der Partei Anlass gegeben hat.«[34]

Im Wesentlichen war Nhu auf die Formel der Binh Xuyen zurückgefallen, die Stadtguerilla durch systematische Korruption zur Finanzierung von Geheimdienst- und Konterguerilla-Operationen zu bekriegen. Die Amerikaner brachten jedoch für Nhus Absichten kein Verständnis auf und drängten ihn weiter zu »Reformen«. Als Nhu sich rundheraus weigerte, versuchten die Amerikaner Diem zu überreden, seinen Bruder außer Landes zu schicken. Und als Diem diesem Ansinnen zustimmte, aber dann sein Versprechen zurücknahm, beschloss die US-Botschaft, ihn zu stürzen.

Am 1. November 1963 startete eine Gruppe vietnamesischer Generäle mit voller Rückendeckung der US-Botschaft einen Coup, nahm die Hauptstadt ein und ließ Diem und Nhu erschießen. Aber der Staatsstreich stürzte nicht nur das Diem-Regime, es zerstörte auch Nhus Polizeistaatsapparat und das ihn stützende Korruptionssystem, die zwar nicht die Nationale Befreiungsfront (Front National de Libération du Viêt-nam du Sud, FNL) auf dem Land hatten stoppen können, zumindest aber in Saigon und dem umliegenden Gebiet ein hohes Maß an »Sicherheit« gewährleistet hatten.

Kurz nach dem Putsch sagte der Vorsitzende der FNL, Nguyen Huu Tho, einer australischen Journalistin, dass die Auflösung des Polizeistaats ein »Gottesgeschenk« für die Revolutionsbewegung sei:

> »Der Polizeiapparat, den Diem über die Jahre mit großer Sorgfalt aufgebaut hat, ist vollständig zerschlagen, besonders an der Basis. Die wichtigsten Chefs der Sicherheits- und Geheimpolizei, von denen der Schutz des Regimes und die Unterdrückung der revolutionären kommunistischen Vietcong-Bewegung vor allem abhingen, sind beseitigt, gesäubert.«[35]

Binnen dreier Monate nach dem Putsch gegen Diem kristallisierte sich General Nguyen Khanh als Saigons neuer »starker Mann« heraus und dominierte das politische Leben Südvietnams von Januar 1964 an, bis auch er in Ungnade fiel und zwölf Monate später ins Exil ging. Obwohl ein gewiefter Putschplaner, war Khanh unfähig, seine Macht zu nutzen, als er endlich im Amt war. Unter seiner Führung wurde die Saigoner Politik zu einem Terrain endloser Umstürze und Gegenstaatsstreiche. Khanh war nicht fähig, eine Geheimdienststruktur aufzubauen, die Nhus Geheimpolizei hätte ersetzen können, und in dieser kritischen Phase gelang es keiner der rivalisierenden Fraktionen Saigons, den Opiumhandel oder andere Formen der Korruption zu zentralisieren. Das politische Chaos war so gravierend, dass ernsthafte Anstrengungen zur Befriedung der ländlichen Gebiete zum Stillstand kamen und Saigon zu einer offenen Stadt wurde.[36] Bis Mitte 1964 kontrollierte die FNL das Umland der Stadt; ihre Kader drangen fast nach Belieben in Saigon ein.

Um den wachsenden Sicherheitsproblemen im Hauptstadtdistrikt zu begegnen, ersannen amerikanische Befriedungsexperten das so genannte Hop-Tac-Programm (»Kooperationsprogramm«). Geplant war, dass südvietnamesische Truppen die Gebiete um Saigon säubern und einen »gigantischen Ölfleck« befriedeten Territoriums bilden sollten, der sich von der Hauptstadtregion aus über das Mekongdelta und schließlich über ganz Südvietnam ausbreiten sollte. Die Umsetzung begann am 12. September 1964 mit Pauken und Trompeten, als die südvietnamesische Infanterie über einige von der FNL kontrollierte Ananasplantagen südwestlich von Saigon herfiel. Alles lief zwei Tage lang ab wie am Schnürchen, bis die Infanterieeinheiten plötzlich die Kampfhandlungen abbrachen und in Saigon einmarschierten, um an einem der vielen erfolglosen Staatsstreiche teilzunehmen, die während Khanhs zwölfmonatigem Interregnum fast die Regel waren.[37]

Präsidentenberater McGeorge Bundy meinte zwar, das Hop Tac hätte »mit Sicherheit jede einschnürende Belagerung Saigons verhindert«[38], aber in Wirklichkeit scheiterte das Programm auf ganzer Linie. Am Weihnachtsabend 1964 legte die FNL im US-Offiziersklub von Saigon einen Sprengsatz, der zwei Amerikaner tötete und 58 weitere verwundete.[39] Am 29. März 1965 sprengten FNL-Pioniere die US-Botschaft in die Luft.[40] Ende 1965 berichtete ein US-Korrespondent, Robert Shaplen vom *New Yorker*, dass sich die Sicherheitslage in Saigon rapide verschlechterte:

> »Diese gravierenden wirtschaftlichen und sozialen Bedingungen [der Zustrom von Flüchtlingen etc.] haben den Vietcong die Möglichkeit gegeben, Schwierigkeiten zu machen. Ganze Trupps kommunistischer Propagandisten, Saboteure und Terroristen infiltrieren die Stadt in wachsender Zahl. Es wird sogar gesagt, dass Saigoner Jugendliche von der Stärke eines Vietcong-Bataillons aus der Stadt geführt, ausgebildet und zurückgeschickt wurden, um sich hier – mit versteckten Waffen – bedeckt zu halten und auf Befehle zu warten. ... Der Rundfunksender der Nationalen Befreiungsfront ruft immer noch zu Terrorakten auf (›Ein getöteter Amerikaner auf jeden Block der Stadt‹) und führt den wiederholten amerikanischen Einsatz von Tränengas und chemischen Sprühmitteln zur Vernichtung der Ernte zusammen mit der Bombardierung von Zivilisten als Rechtfertigung für Vergeltungsmaßnahmen an.«[41]

Bald nachdem Henry Cabot Lodge im August 1965 zum zweiten Mal das Amt des Botschafters in Südvietnam antrat, teilte ihm ein Verbindungsoffizier bei der Botschaft mit, das Hop-Tac-Programm sei ein kompletter Fehlschlag. Massive Vorstöße ins Umland der Hauptstadt

nützten wenig, um die innere Sicherheit Saigons zu verbessern, da
»die Bedrohung – die beträchtlich ist – vom inneren Feind kommt und
die Lösung nicht im Verantwortungsbereich des Hop-Tac-Rates liegt:
Sie ist ein Problem für die Saigoner Polizei und Geheimdienste.«[42]

Mit anderen Worten: Die moderne Konterguerilla-Planung mit ihren
Computern und Spieltheorien war gescheitert. Es war an der Zeit, auf
die bewährten Methoden von Ngo Dinh Nhu und den Binh-Xuyen-
Banditen zurückzugreifen. Als die französische Regierung 1947 mit
Terrorangriffen der Vietminh konfrontiert war, verbündete sie sich mit
Bay Vien und gab seinen Flusspiraten freie Hand, die Korruption der
Stadt zu organisieren. Als sie 1965/66 mit ähnlichen Problemen kon-
frontiert waren und ihren Fehler mit Diem und Nhu einsehen mussten,
beschlossen Botschafter Lodge und die US-Mission, Premierminister
Nguyen Cao Ky und seinen Machtmakler General Nguyen Ngoc Loan
vorbehaltlos zu unterstützen, auch wenn Ky in einigen Kreisen einen
zweifelhaften Ruf und Diem ihn als »diesen Cowboy« bezeichnet
hatte – ein Begriff, den sich Vietnamesen damals nur für die protzigsten
Cholon-Gangster vorbehielten.[43]

Das neue Opiummonopol

Nguyen Cao Kys Luftwaffenkarriere begann, als er von der Flugschule
in Frankreich mit einem Flugschein als Transportpilot und einer französischen Frau zurückkehrte. Als die Amerikaner ab 1955 so langsam
die Franzosen aus ihren Beraterpositionen bei der Luftwaffe heraus-
drängten, versuchten diese, ihren schwindenden Einfluss zu stärken,
indem sie stark profranzösisch eingestellte Offiziere in Schlüsselpositionen hievten. Da Leutnant Tran Van Ho französischer Staatsbürger
war, wurde er »fast über Nacht« zum Oberst befördert und der erste
ethnische Vietnamese, der die vietnamesische Luftwaffe kommandierte.
Leutnant Kys französische Frau war ein angemessener Beweis seiner
Loyalität. Trotz seiner relativen Jugend und Unerfahrenheit wurde er
zum Kommandeur der 1. Transportschwadron ernannt. 1956 machte
man Ky auch zum Kommandeur der Saigoner Tan-Son-Nhut-Luftwaffenbasis. Seine dort stationierte Schwadron wurde auf 32 Maschinen
vom Typ C-47 verdoppelt und in 1. Transportgeschwader umbenannt.[44]
Kys Verantwortung für die Beförderung von Regierungsvertretern und
Generälen bot ihm die Gelegenheit zu nützlichen politischen Kontak-

ten, und mit 32 Flugzeugen unter seinem Kommando verfügte er nun über die größte Luftflotte in Südvietnam. Zwar verlor Ky das Kommando über den Luftwaffenstützpunkt Tan Son Nhut wieder – angeblich deshalb, weil seine Schwester, Madame Nguyen Thi Ly, sich beim Management des Stützpunktkasinos einige Sünden hatte zuschulden kommen lassen –, aber er behielt die Kontrolle über das 1. Transportgeschwader bis zum Putsch gegen Diem im November 1963. Dann, nur sechs Wochen nach Diems Sturz, wurde er durch geschicktes politisches Ränkespiel und trotz fehlender Beglaubigung als Putscheinfädler zum Kommandeur der gesamten vietnamesischen Luftwaffe ernannt.[45]

Als Luftwaffenkommandeur wurde Luftwaffenvizemarschall Ky einer der aktivsten »Jungtürken«, die das politische Leben Saigons unter General Khanhs kurzer und wankelmütiger Führung so chaotisch machten. Zwar war die Luftwaffe, anders als eine Panzer- oder Infanteriedivision, nicht dazu in der Lage, auf sich gestellt einen Putsch zu versuchen, aber weil sie immerhin die Saigoner Zufahrtsstraßen unter Beschuss nehmen und die Divisionsbewegung jedes anderen Putschisten blockieren konnte, kam Ky praktisch ein Vetorecht zu. Nachdem die Luftwaffe den missglückten Putsch gegen General Khanh vom September 1964 hatte niederschlagen helfen, begann Kys politischer Stern aufzusteigen. Am 19. Juni 1965 ernannte das zehnköpfige Nationale Führungskomitee unter Vorsitz von General Nguyen Van Thieu Vizemarschall Ky zum Premierminister und berief ihn damit in das höchste politische Amt Südvietnams.[46]

Obwohl in der Luftwaffe ungeheuer populär, verfügte Ky, als er ins Amt kam, nicht über eine unabhängige politische Machtbasis und konnte auch keinen Anspruch auf die Führerschaft einer echten Massenbewegung geltend machen. Als relativer Neuling in der Politik war er außerhalb der Elitezirkel kaum bekannt. Außerdem schienen ihm Geld, Verbindungen und das taktische Geschick zu fehlen, um eine effektive herrschende Fraktion aufzubauen und Saigons Sicherheit wiederherzustellen. Aber er löste diese Problem in traditioneller Weise, indem er einen Machtmakler wählte, der so geschickt war wie Bay Vien oder Ngo Dinh Nhu: General Nguyen Ngoc Loan.

Loan war der intelligenteste der jungen Luftwaffenoffiziere. Seine Karriere war von schneller Beförderung und technisch so anspruchsvollen Aufgaben wie dem Kommando über die Leichte Aufklärungsgruppe und dem stellvertretenden Kommando über das Taktische Operationszentrum gekennzeichnet.⁴⁷ Laon hatte nach dem Putsch gegen Diem auch als stellvertretender Kommandeur von Ky gedient, einem alten Klassenkameraden und Freund. Kurz nach seinem Amtsantritt ernannte dieser Loan zum Direktor des Militärischen Sicherheitsdienstes. Da dieser Geheimdienst für Korruptionsbekämpfung innerhalb des Militärs zuständig war, befand sich Loan nun in einer hervorragenden Position, um Mitglieder von Kys Fraktion zu schützen. Mehrere Monate später wuchs Loans Macht beträchtlich, als er auch noch zum Direktor des Zentralen Geheimdienstes ernannt wurde, Südvietnams CIA, ohne die Führung des Militärischen Sicherheitsdienstes aufgeben zu müssen. Schließlich, im April 1966, berief Premier Ky General Loan auf einen weiteren Posten – auf den des Generaldirektors der nationalen Polizei.⁴⁸ Erst nachdem Loan seine Position gefestigt und einen handverlesenen Nachfolger gewählt hatte, »trat« er als Direktor des Militärischen Sicherheitsdienstes und des Zentralen Geheimdienstes »zurück«. Nicht einmal unter Diem hatte ein Mann so viele Polizei- und Geheimdienstbehörden kontrolliert.

Bei der Ernennung von Loan auf alle drei Posten deckten sich die Interessen von Ky und den Amerikanern. Während Ky seinen Sicherheitsmann Loan benutzte, um einen politischen Apparat aufzubauen, war die US-Mission glücklich, einen starken Mann an der Spitze der Saigoner Polizei und der Geheimdienste zu sehen, der die FNL aus der Hauptstadt vertreiben konnte. Laut CIA-Oberstleutnant Lucien Conein unterstützten die USA Loan von ganzem Herzen, weil »wir vor allem anderen effektive Sicherheit in Saigon wollten und Loan diese Sicherheit liefern konnte. Loans Wirken war über jeden Tadel erhaben. Man stellte ihm die ganze dreischichtige US-Beratungsstruktur auf Distrikt-, Provinz- und nationaler Ebene zu Verfügung.«⁴⁹

Die Kennedy-Diplomaten hatten ihre liberale Naivität, die sie noch in den letzten Monaten des Diem-Regimes zur Schau stellten, entschieden aufgekündigt. Fort waren die Gewissensbisse über »Polizeistaatsmethoden« und die Hoffnung, Saigons Sicherheit ließe sich herstellen und seine Politik »stabilisieren«, ohne Gelder aus der Kontrolle der lukrativsten illegalen Geschäfte der Stadt einzusetzen.

Mit Kys Ermutigung und der stillschweigenden Unterstützung der US-Mission belebte Loan die Binh-Xuyen-Formel wieder, mit systematischer Korruption die städtische Guerilla zu bekämpfen. Statt Polizei und Geheimdienst zu säubern, schmiedete Loan ein Bündnis mit den Spezialisten, die diese Behörden in den letzten zehn bis 15 Jahren geleitet hatten. Conein zufolge »waren dieselben Fachleute, die für Diem und Nhu die Korruption organisiert hatten, immer noch für Polizei und Geheimdienst verantwortlich. Loan gab lediglich die neue Parole unter ihnen aus und setzte das alte System wieder zusammen.«[50]

Unter Loans Leitung verbesserte sich die Sicherheitslage in Saigon beträchtlich. Mit dem reaktivierten Haus-zu-Haus-Überwachungsnetz, das Tuyen perfektioniert hatte, wurde die Polizei bald mit Informationen überhäuft.[51] Ein US-Botschaftsvertreter, Charles Sweet, der damals über Befriedungsstrategien für den Großraum Saigon brütete, erinnerte sich, dass die FNL noch 1965 im 6., 7. und 8. Distrikt von Cholon Versammlungen am helllichten Tag abgehalten und es allein im 8. Distrikt über 40 Terroranschläge im Monat gegeben hatte. Loans Methoden waren jedoch so wirkungsvoll, dass es von Oktober 1966 bis Januar 1968 im 8. Distrikt keine einzige Terroraktion mehr gab.[52] Der Korrespondent Shaplen berichtete in dieser Zeit, dass Loan »nach allgemeiner Ansicht gute Arbeit bei der Terroristenjagd in Saigon geleistet hat«.[53]

Das »alte System wieder zusammenzusetzen« bedeutete natürlich, die umfassende Korruption wieder zu beleben, um die Schmiergelder der Teilzeitagenten zu bezahlen, wann immer sie Informationen lieferten. Loan und die Geheimdienstfachleute der Polizei systematisierten die Korruption, regelten, wie viel jede einzelne Behörde abschöpfen sollte und welcher Prozentsatz dem politischen Apparat Kys zugute kam. Exzessive persönliche Korruption wurde beseitigt, und die illegalen Geschäftsfelder von Saigon-Cholon, die Einnahmen aus Schutzgelderpressung und Bestechung, wurden streng kontrolliert. Nach mehreren Jahren, in denen er Loans System in Aktion gesehen hatte, machte Charles Sweet vier Hauptquellen für Korruptionsgewinne namhaft: 1.) Verkauf von staatlichen Posten durch Generäle oder ihre Frauen; 2.) administrative Korruption (Veruntreuung, Vorteilsnahme, Bestechlichkeit usw.); 3.) militärische Korruption (Diebstahl von Gütern und Lohnbetrügereien); und 4.) Opiumhandel. Unter diesen vier war nach Sweets Einschätzung der Opiumhandel unzweifelhaft die wichtigste Quelle illegaler Einkünfte.[54]

Als Machtmakler von Premierminister Ky beaufsichtigte Loan lediglich alle verschiedenen Formen der Korruption auf einer allgemeinen Verwaltungsebene und überließ die profanen Probleme von Organisation und Management der einzelnen illegalen Geschäftszweige gewöhnlich seinen Vertrauten.

Anfang 1966 ernannte Loan einen recht geheimnisvollen Saigoner Politiker namens Nguyen Thanh Tung (bekannt als »Mai Den« oder »Black Mai«) zum Direktor der Auslandsspionage des Zentralen Geheimdienstes. Mai Den war einer jener ewigen Saigoner Verschwörer, die im Laufe von 25 Jahren so häufig die Seiten gewechselt hatten, dass niemand besonders viel über sie wusste. Man nahm allgemein an, dass Mai Den seine Karriere Ende der 40er Jahre als Vietminh-Spion begonnen hatte, in den 50er Jahren französischer Agent in Hanoi wurde und sich nach dem französischen Rückzug Tuyens Geheimpolizei anschloss. Als die Diem-Regierung zusammenbrach, wurde er enger politischer Berater des mächtigen Kommandeurs des 1. Korps, General Nguyen Chanh Thi. Als Thi jedoch während der Buddhistenkrise* 1966 mit Ky aneinander geriet, begann Mai Den, Loan mit Informationen über This Bewegungen und Pläne zu versorgen. Nach General This Sturz im April 1966 wurde Mai Den von Loan mit der Auslandsspionageabteilung belohnt. Obwohl nominell für Auslandsaufklärung zuständig, soll Mai Dens eigentlicher Job die Reorganisation des Opium- und Goldschmuggels zwischen Laos und Saigon gewesen sein.[55]

Durch seine Kontrolle über den Auslandsgeheimdienst und die Personalbesetzung der Botschaften hätte es Mai Den keine Schwierigkeiten bereitet, selbst eine ausreichende Zahl von Verbindungsleuten in Laos zu platzieren. Wahrscheinlich beschränkten sich seine Kontakte jedoch auf den vietnamesischen Militärattaché in Vientiane, Oberstleutnant Khu Duc Nung[56], und die Schwester von Premier Ky in Pakse, Nguyen Thi Ly (die dort das Sedone Palace Hotel leitete).

Sobald das Opium gekauft, für den Versand verpackt und zu einem Verladeort in Laos transportiert worden war (gewöhnlich Savannakhet oder Pakse), bediente man sich verschiedener Methoden, um es nach Südvietnam zu schmuggeln. Ein Teil gelangte durch Abwürfe im zentralen Hochland ins Land. Im August 1966 zum Beispiel waren Green Berets bei einem Einsatz in den Bergen nördlich von Pleiku verblüfft, als ihre Bergstammverbündeten ihnen ein Bündel Rohopium präsentierten, das aus einem vorüberfliegenden Flugzeug abgeworfen worden war, dessen Pilot die Stammesguerillas offensichtlich mit seinen Kon-

---

* Nach einem Massaker an Buddhisten, die für Gleichbehandlung mit den Katholiken demonstrierten, entwickelte sich der Protest der Buddhisten in Südvietnam zu einer politischen Massenbewegung, auf die der Staat mit harter Repression antwortete. (A. d. Ü.)

taktleuten verwechselt hatte.⁵⁷ Kys Mann im zentralen Hochland war der Kommandeur des 2. Korps, General Vinh Loc.⁵⁸ Er war 1965 auf den Posten gelangt und hatte die Vorzüge einer solchen Stellung geerbt. Sein Vorgänger, ein notorisch korrupter General, hatte sich vor seinen Kollegen gebrüstet, 5.000 Dollar mit jeder Tonne Opium zu verdienen, die im Hochland abgeworfen wurde.

Abwürfe im Hochland verloren indessen an Bedeutung, und der Rauschgiftschmuggel auf dem Landweg von Kambodscha aus hatte sich noch nicht entwickelt. Stattdessen kamen reguläre Linienmaschinen von Laos nach Saigon für diesen Zweck zum Einsatz. Der Zoll auf der Basis Tan Son Nhut war hemmungslos korrupt. Der dortige Zolldirektor Nguyen Van Loc war ein wichtiges Rädchen in Loans Geldbeschaffungsapparat. In einem Bericht vom November 1967 beschrieb George Roberts, damals Chef des US-Zollberatungsteams in Saigon, das Ausmaß von Korruption und Schmuggel in Südvietnam:

> »Trotz vierjähriger Beobachtung einer typisch korruptionsgeplagten Behörde der vietnamesischen Regierung, dem Zoll, könnte ich mit den stichhaltigen Beweisen, die ich habe, nur sehr wenige Personen mit der Aussicht auf Verurteilung vor ein ordentliches Gericht bringen. Die Institution der Korruption ist so sehr fester Bestandteil des Regierungsprozesses, dass gerade ihre Allgegenwart sie schützt. Sie gehört so stark zum Gefüge, dass man ›ehrliche‹ nicht von ›unehrlichen‹ Handlungen trennen kann. Aber was genau ist Korruption in Vietnam? Nach meiner persönlichen Beobachtung vollzieht sie sich folgendermaßen:
> – durch höchste Beamte, die nicht nur den Schmuggel zollpflichtiger Waren billigen und betreiben, sondern die Wirtschaft des Landes durch den Schmuggel von Gold und vor allem von Opium und anderen Rauschgiften – dem eigentlichen Erzübel – untergraben;
> – durch Polizeibeamte, deren ›Kontrollpunkte‹ ein Synonym für ›Schröpfstellen‹ sind;
> – durch hohe Regierungsvertreter, die ihren untergebenen Beamten die monatliche ›Schmiere‹ mitteilen, die sie von jedem Einzelnen erwarten; ...
> – durch Zollbeamte, die für einen spezifischen Zeitraum an den Höchstbietenden die privilegierte Position verhökern, auf der die Möglichkeiten für Vorteilsnahme und Plünderung am größten sind.«⁵⁹

Offenbar widmete Zolldirektor Loc einen Großteil seiner Energie der Organisation des Gold- und Opiumhandels zwischen der laotischen

Hauptstadt Vientiane und Saigon. Als 114 Kilo Gold aus Vientiane auf dem Tan-Son-Nhut-Flughafen abgefangen wurden, berichtete Roberts den US-Zollbehörden in Washington, dass »es unglückliche politische Untertöne und Hinweise auf die Schuld hochgestellter Persönlichkeiten« gebe.[60] Loc nutzte seine politischen Verbindungen auch, um seine Nichte als Stewardess bei der mehrmals pro Woche zwischen Vientiane und Saigon pendelnden Royal Air Lao unterzubringen, wo sie als Kurier für Gold- und Opiumlieferungen diente. US-Zollberater auf dem Flughafen Tan Son Nhut, die im Dezember 1967 die Durchsuchung ihres Gepäcks anordneten, als sie aus einer Maschine von Royal Air Lao aus Vientiane stieg, fanden 200 Kilo Rohopium.[61] In seinem monatlichen Bericht nach Washington kam Roberts zu dem Schluss, dass Loc »das alltägliche Bestechungssystem in bestimmten Bereichen der Zolltätigkeit fördert«.[62]

Nachdem Roberts bei der US-Mission eine Reihe äußerst kritischer Berichte eingereicht hatte, bestellte Botschafter Ellsworth Bunker ihn und Mitglieder seines Zollberatungsteams in die Botschaft, um die vietnamesische »Beteiligung am Gold- und Rauschgiftschmuggel« zu diskutieren.[63] Man bildete einen Ausschuss (Public Administration Ad Hoc Committee on Corruption in Vietnam), der sich um das Problem kümmern sollte. Obwohl Roberts den Ausschuss ermahnte, angesichts von Korruption und Schmuggel »aufzuhören, den Kopf wie Strauße in den Sand zu stecken«, und eindringlich darum bat, über das Thema keine Geheimhaltung zu verhängen und es damit »zu beerdigen«, beschloss die US-Botschaft genau dies. Botschaftsvertreter, die Roberts als Fürsprecher der »zurückhaltenden Samthandschuhbehandlung« beschrieb, hatten aufgrund von »Pressionen, die zu gut bekannt sind, um im Einzelnen aufgezählt werden zu müssen«, schließlich entschieden, sich nicht in den Schmuggel oder die groß angelegte Korruption einzumischen.[64]

Frustriert über die mangelnde Handlungsbereitschaft der Botschaft, ließ ein unbekanntes Mitglied des US-Zollberatungsteams einige von Roberts Korruptionsberichten an einen Unterausschuss des US-Senats unter Vorsitz von Senator Albert Gruening aus Alaska durchsickern. Als Gruening im Februar 1968 erklärte, die Saigoner Regierung sei »so korrupt und durch und durch bestechlich, dass sie keinerlei Loyalität und Respekt ihrer Bürger erringen kann«[65], verteidigten US-Vertreter in Saigon das Regime. Es sei nicht bewiesen worden, dass die Führer Südvietnams Korruptionsgewinne abschöpften.[66] Einen Monat später veröffentlichte Senator Gruening Beweise für Kys illegalen Opiumschmuggel von 1961/62, aber die US-Botschaft schützte Ky vor weiteren Untersuchungen, indem sie die Beschuldigungen des Senators rundheraus bestritt.[67]

Zwar machten diese sensationellen Enthüllungen über den Schmuggel auf dem zivilen Flugsteig von Tan Son Nhut Schlagzeilen, aber nur einige hundert Meter die Piste hinunter landeten unbemerkt C-47-Transportmaschinen der vietnamesischen Luftwaffe, die mit laotischem Opium beladen waren. Ky gab sein Kommando der Luftwaffe erst im November 1967 ab, und selbst dann noch beeinflusste er über ein Netz loyaler Offiziere, die ihn weiterhin als eigentlichen Kommandeur betrachteten, alle wichtigen Beförderungen und Ernennungen. Als Premier und Vizepräsident verzichtete Luftwaffenvizemarschall Ky auf die verschiedenen Residenzen, die ihm zu Gebote standen, und baute sich stattdessen mit 200.000 Dollar Staatsgeldern eine moderne, klimatisierte Wohnstatt mitten auf der Luftwaffenbasis Tan Son Nhut. Der »Vizepräsidentenpalast«, ein pastellfarbener Bunker, der einem kalifornischen Apartmenthaus ähnelte, stand nur wenige Schritte von der Landebahn, wo Helikopter in 24-stündiger Bereitschaft warteten, und eine Minute vom Hauptquartier seiner alten Einheit entfernt, dem 1. Transportgeschwader. Wie zu erwarten, waren Kys energischste Unterstützer die Männer dieses Geschwaders. Ihr Kommandeur, Oberst Luu Kim Cuong, galt bei vielen informierten Beobachtern als inoffizieller »geschäftsführender Kommandeur« der gesamten Luftwaffe und als eine der Hauptfiguren des Opiumhandels. Da die Kommandos über das 1. Transportgeschwader und den Tan-Son-Nhut-Luftstützpunkt 1964 zusammengelegt worden waren, verfügte Oberst Cuong nicht nur über Flugzeuge, um nach Südlaos und in das zentrale Hochland zu fliegen (die Hauptopiumrouten), sondern kontrollierte auch das Sicherheitspersonal der Luftwaffenbasis und konnte somit jede Durchsuchung seiner Maschinen verhindern.[68]

Sicher in Saigon eingetroffen, wurde das Opium an chinesische Syndikate verkauft, die die Verarbeitung und den Vertrieb besorgten. Loans Polizei nutzte ihre effiziente Organisation, um die Tausende von illegalen Opiumhöhlen, die sich im 5., 6. und 7. Distrikt von Cholon konzentrierten und über den Rest der Hauptstadt verteilt waren, zu »lizenzieren« und zu »besteuern«.

Exporte von Morphinbase nach Europa waren unter der Regentschaft Diems relativ gering gewesen. In der Amtszeit von Ky, als die

Türkei 1967/68 die Eigenproduktion auslaufen ließ, nahmen sie zu. Und Loan, so CIA-Agent Lucien Conein, profitierte davon:

»Loan organisierte Opiumexporte wieder als Teil des Korruptionssystems. Er nahm Kontakt zu Korsen und Chinesen auf und sagte ihnen, sie könnten mit Exporten laotischen Opiums aus Saigon beginnen, wenn sie einen festen Preis an Kys politische Organisation zahlten.«[69]

Die meisten der Rauschgiftexporte aus Südvietnam – ob Morphinbase für Europa oder Rohopium für andere Teile Südostasiens – wurden im Saigoner Hafen auf Hochseefrachtern ausgeschifft. Der Direktor der Saigoner Hafenbehörde in dieser Zeit war der Schwager und enge politischer Berater von Premier Ky, Oberstleutnant Pho Quoc Chu (Ky hatte sich von seiner französischen Frau scheiden lassen und eine Vietnamesin geheiratet).[70] Unter Chus Aufsicht wurde die Hafenbehörde systematisch von allen ausgebildeten Beamten gesäubert. Der oberste US-Zollberater berichtete im Oktober 1967, dass die Hafenbehörde »nun eine feste Clique von Militäroffizieren der vietnamesischen Regierung ist«.[71] Verglichen allerdings mit dem Vermögen, dass sich mit dem Diebstahl von Militärausrüstung, Rohstoffen und Fertigprodukten machen ließ, war Opium jedoch wahrscheinlich nicht so bedeutend.

Loan und Ky waren zweifellos besorgt über die kritische Sicherheitslage in Saigon, als sie ins Amt kamen, aber ihr wahres Ziel beim Aufbau des Polizeiapparats war der Erhalt ihrer politischen Macht. Häufig schienen sie zu vergessen, wer ihr »wahrer Feind« war und nutzten ihr Polizei- und Geheimdienstnetz ausgiebig, um rivalisierende politische und militärische Fraktionen anzugreifen. Außer wegen der umstandslosen Erschießung eines FNL-Verdächtigen vor laufenden US-Fernsehkameras während der Tet-Offensive 1968 war General Loan auf der ganzen Welt wohl am besten dafür bekannt, wie er während der Wahlen von 1967 eine Pattsituation in der Legislative überwunden hatte. Ein Mitglied der Verfassungsversammlung, das ein Gesetz vorschlug, welches Ky von den bevorstehenden Wahlen ausgeschlossen hätte, wurde ermordet.[72] Die Witwe klagte Loan öffentlich an, den Mord befohlen zu haben. Als die Versammlung nicht gewillt war, die Kandidatenliste von Thieu und Ky zu billigen, falls diese nicht dem Wahlgesetz zustimmten, marschierte Loan mit zwei bewaffneten Wachen auf die Galerie des Hauses. Die Opposition verflüchtigte sich.⁷³ Als die Versammlung zögerte, die betrügerischen Praktiken der Thieu-Ky-Kandidaten bei ihrem Sieg in den Septemberwahlen durchgehen zu lassen, stürmten Loan und seine Bewaffneten wieder auf die Galerie; die Volksvertreter gaben erneut nach.⁷⁴

Unter Loans Aufsicht reorganisierte Kys Apparat systematisch das Korruptionsnetzwerk für den illegalen Opiumhandel und baute eine Organisation auf, die viele Beobachter für noch umfassender als Nhus Geheimapparat hielten. Nhu war von den korsischen Syndikaten abhängig gewesen, um den Großteil des Opiumschmuggels zwischen Laos und Saigon abzuwickeln, aber deren Charterfluglinien wurde Anfang 1965 in Laos die Landeerlaubnis entzogen. Dies zwang den Ky-Apparat dazu, sich weit direkter als Nhus Polizei am eigentlichen Schmuggel zu beteiligen. Große Mengen verarbeiteten und rohen Opiums wurden auf Flughäfen in Südlaos vom Transportgeschwader der vietnamesischen Luftwaffe verladen und nach Saigon geschmuggelt. Einmal in der Hauptstadt, wurde das Opium an die Opiumhöhlen in der ganzen Stadt verteilt, die von General Loans Polizei geschützt wurden. Schließlich war der Ky-Apparat durch seine Kontrolle über die Saigoner Hafenbehörde in der Lage, beträchtliche Einkünfte aus der Besteuerung korsischer Morphiumexporte nach Europa und chinesischer Opium- und Morphiumsendungen nach Hongkong zu ziehen.

Trotz der wachsenden Bedeutung der Morphiumexporte kümmerte sich Kys Apparat vorwiegend um den heimischen Opiummarkt. Die Heroinepidemie der GIs sollte noch fünf Jahre auf sich warten lassen.

Die Rivalität zwischen Thieu und Ky

1967 brach die köchelnde Animosität zwischen Premier Ky und General Nguyen Van Thieu, damals Chef der Saigoner Militärjunta, in einen offenen politischen Krieg aus. In jeder Phase des Konflikts von seinem Rivalen ausmanövriert, verloren Ky und sein Apparat in zwei Jahren mörderischer Kämpfe viel von ihrer politischen Macht und ihr Monopol über den Opiumhandel.

Die Rivalität zwischen Thieu und Ky war das Aufeinanderprallen ehrgeiziger Männer, konkurrierender politischer Fraktionen und antagonistischer Persönlichkeiten. In seinen privaten Machenschaften wie in seinen öffentlichen Auftritten trug Luftwaffenvizemarschall Ky das ganze Flair eines Kampfpiloten zur Schau. Er liebte es, in seinem pechschwarzen Fliegeranzug Wahlreden auf dem Land zu halten, die Korruption seiner Gegner zu geißeln und nach Reformen zu rufen. Sein protziges Auftreten gewann ihm die Zuneigung der Luftwaffenoffiziere, aber seine Maßlosigkeit brachte ihn politisch auch häufig in die Bredouille, zum Beispiel als er seine tiefe Bewunderung für Adolf Hitler bekundete. Im Gegensatz dazu war Thieu ein wortkarger politischer Akteur mit dem kühlen Kalkül eines Meisterstrategen. Zwar konnte Thieu mit seinen lauen, gewöhnlich öden öffentlichen Auftritten wenig populäre Unterstützung mobilisieren; dafür baute er sich durch jahrelange Lobbyarbeit im Offizierskorps von Armee und Marine eine solide politische Basis auf.

Für die Wahlen vom Oktober 1967 konnten sich Thieu und Ky noch auf eine gemeinsame Wahlliste verständigen, aber ihre untergründige Feindschaft brach in bittere Fraktionskämpfe aus, sobald ihr Wahlsieg eine drohende Zivilregierung abgewendet hatte. Ihre Einigung war das Ergebnis eines dreitägigen Konklave, zu dem sich im Juni 48 vietnamesische Generäle versammelt hatten. Am zweiten Tag dieses heftigen politischen Nahkampfs gewann Thieu nach einer Attacke auf die Polizeikorruption in Saigon die Präsidentschaftsnominierung für sich – also nach einem indirekten Angriff auf Loan und Ky, der den Luftwaffenvizemarschall in Tränen ausbrechen ließ und ihn veranlasste, den zweiten Platz auf der Kandidatenliste zu akzeptieren.[75] Aber die beiden Führer führten ihren Wahlkampf getrennt. Sobald die Wahl vorüber war, lebten die Feindseligkeiten rasch wieder auf.

Da die Verfassung dem Präsidenten enorme Macht einräumte und der Vizepräsident nur geringe Befugnisse bei der Postenbesetzung und Verwaltung hatte, wäre Ky eigentlich nicht in der Position gewesen, um Thieu herauszufordern. Loans ausgedehnter Polizei- und Geheimdienstapparat blieb jedoch intakt. Seine Loyalität zu Ky machte den Vizepräsidenten zu einem starken Rivalen. In einem Bericht an Botschafter Bunker im Mai 1968 erklärte General Edward Lansdale die Dynamik der Rivalität zwischen Thieu und Ky so:

»Diese Beziehung lässt sich wie folgt zusammenfassen: 1.) Die Macht, Politik und Programme zu formulieren und umzusetzen, die Thieu als Spitze der Exekutive allein gehören sollte, bleibt zwischen Thieu und Ky geteilt, auch wenn Thieu mehr Macht hat als Ky. 2.) Thieus Einfluss als gewählter politischer Führer des Landes wird im Hinblick auf die Unterstützung durch die Nationalversammlung und politische Elite beträchtlich durch Kys Einfluss einge-

Nguyen Cao Kys Machtclique 1965–1968

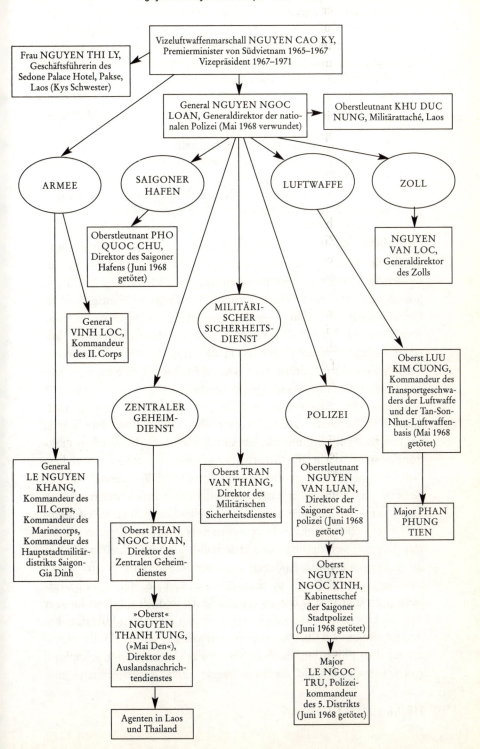

schränkt. ... (Nehmen wir zum Beispiel an, ein US-Präsident hätte inmitten eines großen Krieges einen Vizepräsidenten, der vor ihm selber Präsident war, der das FBI, die CIA und DIA [Defense Intelligence Agency, militärischer Abschirmdienst der USA] kontrollierte, der größeren Einfluss auf die Vereinten Stabschefs hätte als der Präsident, der genauso großen Einfluss im Kongress hätte wie der Präsident, der seine eigene politische Basis außerhalb des Kongresses hätte und dem Präsidenten weder traute noch ihn respektierte.) ...

Loan hat durch nichtlegale Geldbeschaffungssysteme des Polizei-/Geheimdienstapparats Zugang zu beträchtlichen Mitteln, die zu einem großen Teil Kys politische Stärke ausmachen. Thieu dagegen verhält sich so, als seien seine Geldquellen begrenzt, und er hat auch nicht das Gespür von Ky, private Mittel einzuwerben«.[76]

Da Geld der Schlüssel zum Sieg in Fraktionskämpfen dieser Art war, wurde die Rivalität zwischen Thieu und Ky zu einer Untergrundschlacht um lukrative Verwaltungspositionen und wichtige Schlüsselposten in Polizei und Geheimdienst. Ky hatte seine Amtsgewalt als Premier zwei Jahre lang genutzt, um loyale Gefolgsleute in hohe Ämter und auf lukrative Posten zu hieven und dadurch einen mächtigen Finanzapparat aufgebaut. Nun, da Präsident Thieu das Ernennungsmonopol hatte, drängte er nach und nach Kys Leute aus dem Amt und ersetzte sie durch seine eigenen Leute.

Thieus erster Angriff galt dem Zoll, wo Direktor Locs übler Leumund Kys Apparat besonders verwundbar machte. Die erste Taktik, um einen Gegner loszuwerden, bestand, wie häufig bei solchen Fraktionskämpfen, darin, die Amerikaner auf die eigene Seite zu ziehen. Nur drei Monate nach den Wahlen berichtete Zollberater George Roberts, dass seine amerikanischen Assistenten Insiderinformationen über Locs Aktivitäten erhalten hätten, weil »dies auch eine Zeit intensiver politischer Nahkämpfe zwischen verschiedenen Organisationen war. Loc war verwundbar, und viele seiner Leutnants hielten die Zeit für gekommen, ihren Kollegen in dieser [US-]Einheit Vertrauliches zu offenbaren.« Obwohl die Enthüllungen keine echten Beweise enthielten, zwangen sie Loc zum Gegenangriff, und »er reagierte in einer Art, die Übermut sehr ähnlich war«.[77] Er bat die US-Zollberater, ihm ihre Informationen über Korruption mitzuteilen, lud sie ein, ihr Personal auf dem Flughafen Tan Son Nhut zu erhöhen, wo der Schmuggel von Opium und Gold die Kontroverse zuerst ausgelöst hatte, und veranlasste eine Reihe von Korruptionsuntersuchungen gegen seine eigene Behörde. Gerade im Amt, ließ Präsident Thieus neuer Finanzminister die Kunde verbreiten, Loc stehe kurz vor der Ablösung. Doch Loc traf sich mit dem Minister, wies auf seine hervorragende Arbeit bei der Korruptionsbekämpfung hin und bestand darauf, im Amt zu bleiben. Aber dann, so berichtete Roberts nach Washington, führte die Thieu-Fraktion ihren finalen Schlag:

> »Um nun Locs Vernichtung absolut sicherzustellen, haben sich seine Feinde an die Lokalpresse gewandt und ihr dieselben Informationen gegeben wie zuvor dieser Einheit. Die Presse präsentierte unter reichlichem Gebrauch von Unterstellungen und Andeutungen eine Serie von Titelstorys über Korruption bei den Zollbehörden. Sie stellen eine schwer wiegende Anklage gegen Direktor Loc dar.«[78]

Mehrere Wochen später wurde Loc aus seinem Amt gefeuert.[79] Für die Thieu-Fraktion war der Weg frei, um die Kontrolle über den Verkehr auf dem Tan-Son-Nhut-Flughafen zu übernehmen.

Die Fraktionen von Thieu und Ky wappneten sich nun für einen offenen Krieg. Es schien, als würden diese Skandale noch Monate oder sogar Jahre weitergehen. Am 31. Januar 1968 jedoch begannen FNL und nordvietnamesische Armee die Tet-Offensive. 67.000 Soldaten griffen 102 Städte in ganz Südvietnam an, darunter Saigon selbst. Die intensiven Kämpfe, die in den Städten mehrere Monate anhielten, unterbrachen die politische Routine. Die Regierung ließ alles stehen und liegen, um die FNL in die Reisfelder zurückzutreiben. Nicht nur legte die Tet-Offensive einen Großteil Saigons und Cholons in Schutt und Asche, sie dezimierte auch die Reihen von Vizepräsident Kys verlässlichen Finanzkadern und beschädigte seinen politischen Apparat. In weniger als einem Monat andauernder Kämpfe während der zweiten Welle der Tet-Offensive wurden nicht weniger als neun seiner wichtigsten Geldeintreiber getötet oder verwundet.

General Loan selbst wurde am 5. Mai ernsthaft verletzt, als er hinter einem gestellten FNL-Soldaten her in eine Sackgasse rannte. Eine AK-47-Kugel durchtrennte die Hauptschlagader seines rechten Beins. Er war gezwungen, das Kommando über die Polizei abzugeben, sich einer Operation zu unterziehen und Monate im Krankenhaus zu verbringen.[80] Am folgenden Tag wurde Oberst Luu Kim Cuong, Kommandeur des Transportgeschwaders der Luftwaffe und wichtige Figur in Kys Netzwerk, im Einsatz am Stadtrand von Saigon erschossen.[81]

Waren diese beiden Ereignisse schon genug, um Kys Apparat ernsthaft zu schwächen, versetzte ihm ein rätselhafter Vorfall einen Monat später einen lähmenden Schlag. Am Nachmittag des 2. Juni 1968 traf sich eine Clique von Kys bekannten Gefolgsleute aus nie befriedigend geklärten Gründen in einem Kommandoposten in Cholon. Um zirka 18 Uhr griff ein US-Hubschrauber, der auf der Suche nach FNL-Einheiten das verwüstete Chinesenviertel überflog, das Gebäude an und beschoss es mit Raketen und Maschinengewehrfeuer. Unter den Toten waren Oberstleutnant Pho Quoc Chu, Direktor der Saigoner Hafenbehörde und Kys Schwager; Oberstleutnant Dao Ba Phuoc, Befehlshaber der 5. Kommandoeinheit, die dem hauptstädtischen Militärdistrikt zugeteilt war; Oberstleutnant Nguyen Van Luan, Direktor der Saigoner Polizei; Major Le Ngoc Tru, General Loans rechte Hand und Polizeichef des 5. Distrikts; und Major Nguyen Bao Thuy, Sondersekretär des Bürgermeisters von Saigon. Außerdem erlitt Loans Schwager, Oberstleutnant Van Van Cua, der Bürgermeister von Saigon, eine schwere Armverletzung und sah einem monatelangen Krankenhausaufenthalt entgegen.[82]

Diese Männer repräsentierten das finanzielle Rückgrat von Kys politischem Apparat. Sobald sie fort waren, begann der Apparat auseinander zu brechen. Als Vizepräsident hatte Ky nicht die Befugnis, irgendjemandem ein Amt zu geben. Alle durch diese Verluste frei gewordenen neun Posten gingen mit Ausnahme des Kommandos über das Lufttransportgeschwader an Thieus Männer. Am 6. Juni wurde ein loyaler Thieu-Anhänger, Oberst Tran Van Hai, zum Generaldirektor der nationalen Polizei ernannt und begann sofort eine rigorose Säuberung aller Loan-Gefolgsleute in den unteren Rängen.[83] Die Saigoner Presse berichtete, dass 150 Geheimpolizisten gefeuert und eine Reihe von ihnen verhaftet wurden.[84] Am 15. Juni führte Oberst Hai einen entscheidenden Schlag gegen Kys Kontrolle über die Polizei, als er acht der elf Saigoner Distriktpolizeichefs entließ.[85]

In dem Maße, in dem Kys Apparat schwächer wurde, geriet auch sein politischer Einfluss ins Trudeln: Der Verlust der kleineren Polizeiposten auf Distrikt- und Stadtebene bedeutete, dass er kein Schutzgeld mehr von gewöhnlichen Geschäftsleuten oder von den illegalen Geschäftszweigen eintreiben konnte. Als die nichtlegale Geldbeschaffung des Polizei- und Geheimdienstapparats zu versiegen begann, konnte er die Ernennungsbefugnisse von Präsident Thieu nicht länger mit Geschenken wettmachen; und sobald die Opposition geschwächt war, fing

Thieu an, viele hochrangige Ky-Leute in Polizei und Geheimdienst zu entlassen.[86]

Während der stille Wechsel der Bürokratie auf die Seite von Thieus Apparat für Außenstehende kaum auffiel, war die Fahnenflucht von Kys Unterstützern im korrupten Unterhaus der Nationalversammlung schmachvoll offensichtlich. Kurz nach den Parlamentswahlen vom Oktober 1967, als die Nationalversammlung zum ersten Mal seit dem Sturz von Diem zusammentrat, nahmen die Apparate von Thieu und Ky den Kampf um die Unterstützung des Unterhauses auf.[87] Mit Geldern, die General Loan aufgetrieben hatte, kaufte Ky eine große Gruppe von 42 Abgeordneten, den Demokratischen Block, zu dem Buddhisten, südliche Intellektuelle und ein paar Vertreter der Bergstämme gehörten. Da Thieu die »privaten Mittel« von Ky fehlten, verbündete er sich mit einer kleinen Parlamentsgruppe von 21 Mitgliedern, dem Unabhängigkeitsblock, zu dem vor allem rechtsgerichtete Katholiken aus den nördlichen Teilen Südvietnams gehörten.[88] Beide Männer zahlten jedem ihrer Abgeordneten ein illegales Zusatzgehalt von 4.500 bis 6.000 Dollar im Jahr und darüber hinaus Bestechungsgelder von bis zu 1.800 Dollar bei jeder wichtigen Abstimmung.[89] Es musste Ky ein Minimum von 15.000 bis 20.000 Dollar monatlich gekostet haben, allein die schwarzen Gehälter seiner Abgeordneten zu zahlen, ganz zu schweigen von den über 100.000 Dollar für die entscheidenden Abstimmungen, zu denen es ein- bis zweimal im Jahr kam. Im May 1968 berichtete General Lansdale an Botschafter Bunker, dass »Thieus Bemühungen..., eine Unterstützerbasis in beiden Häusern aufzubauen, durch Kys Einfluss über einige wichtige Senatoren ... und über den Demokratischen Block im Unterhaus erschwert worden sind«.[90] Im Sommer 1968 indessen zwangen die finanziellen Schwierigkeiten Ky, seine Zahlungen einzuschränken. Die ersten Abgeordneten begannen sich nun von seinem Block zu lösen.

Als sich Thieus finanzielle Lage während des Sommers besserte, trat sein Verbindungsmann zur Nationalversammlung an eine Reihe von Abgeordneten heran und soll ihnen von 1.260 bis 2.540 Dollar angeboten haben, um einem neuen, Thieu-freundlichen Block mit dem Namen Volksfortschrittsblock beizutreten. Ein Abgeordneter erklärte, dass »in den letzten Monaten die Aktivitäten des Unterhauses ständig an Produktivität eingebüßt haben, weil etliche Abgeordnete einen Block aus persönlichen Interessen statt aus politischen Überzeugungen gebildet haben«. Im September berichtete die *Washington Post*:

»Der ›Demokratische Block‹, der loyal zu Vizepräsident Ky steht, hat nun noch 25 seiner 42 Mitglieder. Thieu und Ky sind seit 1966 zerstritten. Thieus Übergewicht gegenüber seinem potentiellen Rivalen hat in den letzten Monaten erheblich zugenommen. Der schwere Schlag gegen den Ky-Block im Unterhaus fand in der Lokalpresse keine ausführliche Erwähnung, außer in der Tageszeitung *Xay Dung* (›Aufbau‹), ein katholisches Blatt, das hinter Ky steht.«[91]

Diese Verschiebung der politischen Machtbalance konnte nicht ohne Auswirkungen auf den Opiumhandel bleiben. Trotz seines steilen politischen Abstiegs behielt Luftwaffenvizemarschall Ky die Kontrolle über die Luftwaffe, besonders das Transportgeschwader. Anfang der 70er Jahre galt das Transportgeschwader der Luftwaffe als aktivstes Glied des südvietnamesischen Heroinschmuggels. General Tran Thien Khiem, Innenminister (der selbst als großer Fraktionsführer in Erscheinung treten sollte, als er im September 1969 Premierminister wurde) und ein nomineller Thieu-Unterstützer, erbte die Kontrolle über den Saigoner Polizeiapparat, den Zoll am Tan-Son-Nhut-Flughafen und die Saigoner Hafenbehörde. Diese bemerkenswerten internen Anpassungen wurden in ihrer Bedeutung jedoch durch zwei dramatische Entwicklungen in Südvietnams Drogenhandel in den Schatten gestellt: die Zunahme der Heroinexporte für den amerikanischen Markt und die Heroinepidemie unter den in Südvietnam dienenden amerikanischen GIs.

Die GI-Heroinepidemie

Die plötzliche Ausbreitung der Heroinsucht unter den GIs im Jahre 1970 war die bedeutendste Entwicklung im südostasiatischen Rauschgifthandel, seit sich die Region in den späten 50er Jahren selbst mit Opium versorgen konnte. 1968/69 wurden im Goldenen Dreieck annähernd 1.000 Tonnen Rohopium jährlich geerntet, Morphinbase an europäische Heroinlabors exportiert und beträchtliche Mengen Rauschgift nach Hongkong für den örtlichen Konsum und den Weiterexport in die USA verschifft. In Bangkok und dem Goldenen Dreieck wurden große Mengen des klumpigen, weniger reinen Heroins Nr. 3 für den lokalen Markt produziert, aber es gab bis Ende 1969 nirgendwo in Südostasien Labors, die zur Herstellung des feinkörnigen, 80 bis

99 Prozent reinen Heroins Nr. 4 fähig waren. Erst danach fügten die Labors des Goldenen Dreiecks den gefährlichen Ätherprozess hinzu und stellten auf die Produktion von Heroin Nr. 4 um. Viele der leitenden Chemiker zur Überwachung der Umwandlung waren Chinesen, die eigens aus Hongkong geholt wurden. Die Umstellung von Heroin Nr. 3 auf Nr. 4, so ein CIA-Bericht vom Juni 1971, »scheint sich der plötzlich gewachsenen Nachfrage eines großen und relativ wohlhabenden Marktes in Südvietnam zu verdanken«. Bis Mitte April 1971 war die Nachfrage nach Heroin Nr. 4 sowohl in Vietnam als auch in den USA so schnell gestiegen, dass der Großhandelspreis für ein Kilo sprunghaft auf 1.780 Dollar anstieg – im September zuvor waren es noch 1.240 Dollar gewesen.[92]

Sobald die amerikanischen Soldaten in Vietnam an große Mengen Heroin herankamen, breitete sich die Heroinsucht wie eine Plage aus. Zuvor in Südvietnam nicht zu haben, war Heroin Nr. 4 plötzlich allgegenwärtig: 14-jährige Mädchen verkauften Heroin an Straßenständen auf der Hauptstraße von Saigon zum US-Armeestützpunkt Long Binh; Saigoner Straßenhändler steckten Plastikfläschchen mit 95 Prozent reinem Heroin in die Taschen von GIs, während diese durch die Innenstadt bummelten; und »mama-sans«, die vietnamesischen Kasernenputzfrauen, nahmen ein paar Fläschchen für den Verkauf an diensthabende GIs mit. Angesichts derart aggressiver Verkaufskampagnen war das Ergebnis vorhersehbar: Im September 1970 befragten Truppenärzte 3.103 Soldaten der Americal Division und entdeckten, dass 11,9 Prozent seit ihrer Ankunft in Vietnam Heroin probiert hatten und 6,6 Prozent es noch immer regelmäßig nahmen.[93] Im November berichtete ein Baubataillon im Mekongdelta, dass 14 Prozent seiner Soldaten auf Heroin waren.[94] Mitte 1971 schätzten Sanitätsoffiziere der US-Armee, dass 10 bis 15 Prozent oder 25.000 bis 37.000 der in Vietnam dienenden Unteroffiziere und Mannschaften Heroinkonsumenten waren.[95]

Als Stützpunkt um Stützpunkt von diesen Heroindealerarmeen mit ihren identischen Plastikfläschchen überrannt wurde, begannen sich GIs und Offiziere gleichermaßen zu fragen, was da eigentlich passierte. Wer steckte hinter der Heroinplage? Häufig machte man die Nordvietnamesen dafür verantwortlich. In den US-Militäreinrichtungen kursierten bald wilde Gerüchte über Heroinfabriken in Hanoi, Lastwagenkonvois, die mit Kisten voller Heroin den Ho-Chi-Minh-Pfad entlangruckelten, und heroinirre vietnamesische Partisanen, die, Spritzen in den Armen, in Selbstmordangriffen die Hänge von Khe Sanh bestürmten. 1971 setzte jedoch der Kommandeur der US-Militärpolizei all diesen Gerüchten ein Ende, indem er feststellte:

> »Die Opiumanbaugebiete Nordvietnams konzentrieren sich in den bergigen, an China grenzenden Nordprovinzen. *Der Anbau wird von der Regierung genau überwacht, und man nimmt an, dass nichts von der Ernte illegal auf internationale Märkte geschleust wird.* Viel davon wird wahrscheinlich in Morphin umgewandelt und für medizinische Zwecke eingesetzt.«[96]

Stattdessen beschuldigte der Kommandeur der Militärpolizei hochrangige Mitglieder der südvietnamesischen Regierung, an der Spitze einer vierschichtigen Pyramide von Heroinhändlern zu stehen:

> »Zone I an der Spitze oder dem Scheitelpunkt der Pyramide umfasst Finanziers oder Hintermänner des illegalen Drogenhandels in allen seinen Formen. Die zu dieser Gruppe gehörenden Leute können hochrangige, einflussreiche Politiker sein, Regierungsmitglieder oder finanzkräftige ethnochinesische Mitglieder krimineller Syndikate, die heute im Cholon-Sektor der Stadt Saigon gedeihen. Die Mitglieder dieser Gruppe sind die Mächte hinter den Kulissen, die den illegalen Drogenhandel manipulieren, begünstigen, schützen und fördern können.«[97]

Aber warum förderten und schützten diese Mächtigen Südvietnams den Heroinhandel – eben jene Leute also, die am meisten zu verlieren hatten, wenn die Heroinplage die US-Armee zwingen sollte, ihre Truppen ganz aus Südvietnam abzuziehen? Die Antwort waren 88 Millionen Dollar. Konservativ geschätzt gab jeder der etwa 20.000 süchtigen GIs in Vietnam im Durchschnitt zwölf Dollar am Tag für vier Fläschchen Heroin aus. Aufs Jahr gesehen belief sich dies auf 88 Millionen Dollar, eine beträchtliche Menge Geld in einem verarmten, kriegszerrissenen Land.

Die Massenmedien schoben die Schuld für die Heroinplage im Allgemeinen der US-Armee zu: Die Unteroffiziere und Offiziere würden zu hart gegen das leicht aufspürbare Marihuana vorgehen und die GIs daher in die Abhängigkeit vom geruchlosen und kompakten Heroin treiben; die GIs würden gezwungen, in einem Krieg zu kämpfen, an den sie nicht glaubten, und sich dem Heroin zuwenden, um ihren Frust, ihre Angst und ihre Langeweile totzuschlagen; die GIs würden der Armee, einer antiquierten Institution, »entfliehen« wollen. Das traf alles zu, verfehlte aber den Kern des Problems. Die oberen Chargen waren schon seit Jahren hart gegen das Marihuana vorgegangen, ohne dass sich die GIs dem Heroin zugewandt hätten.[98] 1968 war das Unbehagen der in Vietnam stationierten GIs bereits mit Händen zu greifen: Die Rassenunruhen im Stützpunkt Long Binh* und das Massaker von My Lai waren nur die offensichtlichsten Anzeichen dieses Problems. Aber es gab bis zum Frühjahr 1970, als überall in Vietnam große Mengen Heroin verkauft wurden, keinen ernsthaften Konsum dieser Droge. Nein, ohne eine gut organisierte, umfassende Verkaufskampagne hätte es keine Epidemie gegeben. Die Wurzeln des Problems lagen nicht im »Schicksal« der GIs oder in der Anti-Dope-Strategie der Armee, sondern bei jenen vietnamesischen Offiziellen, die den Heroinhandel organisierten und protegierten.

Die Erfahrung von Generalmajor John Cushman beim 4. Korps im Mekongdelta demonstrierte, in welchem Ausmaß die vietnamesische Armee offiziell in die GI-Heroinepidemie verwickelt und wie fruchtlos der Versuch war, durch »Aufräumen« und »Einschreiten« damit fertig zu werden. Als Cushman Mitte 1971 das Kommando der US-Streitkräfte im Delta übernahm, war er schockiert über den Umfang des Heroinproblems. US-Armeeärzte schätzten, dass 15 bis 20 Prozent der GIs unter seinem Kommando regelmäßig fixten.[99] Cushman unternahm einen verzweifelten Vorstoß, sich der zunehmenden Sucht entgegenzustemmen. Nach präzisen Vorbereitungen, die völliger Geheimhaltung unterlagen, ließ er am 22. Juni um 5.30 Uhr massiv gegen den Drogenkonsum durchgreifen: Für alle Soldaten wurde rund um die Uhr eine Ausgangssperre verhängt, die Wachpatrouillen wurden verstärkt, Notfallkliniken eingerichtet, jeder, der den Stützpunkt betrat, musste sich durchsuchen lassen. Daraufhin schoss der Preis einer Drei-Dollar-Heroindosis auf dem Stützpunkt auf 40 Dollar in die Höhe, und 300 Süchtige meldeten sich zur Behandlung. Nach sechs Tagen jedoch begann der Enthusiasmus der Militärpolizisten beim Filzen nachzulassen. Heroin wurde wieder verfügbar. Am 4. Juli hob man die Ausgangssperre auf und gab wieder Passierscheine für die Stadt aus. Innerhalb von Wochen war der Heroinpreis wieder auf vier Dollar gesunken;

* Long Binh, unweit von Saigon, war nicht nur ein einfacher Armeestützpunkt, sondern auch Standort des größten US-Militärgefängnisses in Südvietnam. Im Oktober 1968 kam es im Long Binh Jail – als fernes Echo auf den Mord an Martin Luther King sowie die Rassenunruhen in Watts (Los Angeles) und Harlem (New York) – zu einem wochenlangen Aufstand schwarzer GIs, in dessen Verlauf ein weißer Soldat ums Leben kam und weitere verwundet wurden. (A. d. Ü.)

über die Hälfte der GIs, die sich in Behandlung begeben hatten, waren wieder auf Drogen.[100]

Ende Juli wurde Cushman klar, dass er das Problem niemals würde lösen können, solange die vietnamesische Polizei und Armee nicht aufhörten, die Pusher zu decken. Resigniert – wohl wissend, wie sinnlos diese Geste war – schrieb er an den Kommandeur des vietnamesischen 4. Korps, General Ngo Quang Truong, und drohte, allen Kriegsanstrengungen seine »persönliche Unterstützung« zu entziehen, falls vietnamesische Offiziere nicht aufhörten, mit Heroin zu dealen.[101]

Die Invasion Kambodschas mag ein weiterer wichtiger Faktor für das Anschwellen der GI-Heroinepidemie gewesen sein. Immerhin ist es ein interessanter Zufall, dass sich die Invasion im Mai 1970 ereignete und die meisten journalistischen und offiziellen Berichte das Frühjahr 1970 oder Anfang 1970 als Beginn der Heroinepidemie angeben.[102] Seit Mitte der 50er Jahre hatte der neutralistische kambodschanische Herrscher Prinz Sihanuk den verschiedenen proamerikanischen Regimes Südvietnams feindlich gegenübergestanden. Vietnamesische Militärtransporte, Marineschiffe oder Militärkonvois waren nie auf kambodschanisches Staatsgebiet vorgedrungen; der Gold- und Rauschgiftschmuggel aus Laos hatte in der Regel um das neutrale Königreich einen Bogen geschlagen. Weniger als drei Monate nach Sihanuks Amtsenthebung im März 1970 überschritt jedoch die vietnamesische Armee die Grenze, und die 5. Luftdivision nahm tägliche Flüge in die kambodschanische Hauptstadt Phnom Penh auf. Sobald Kambodscha offen stand, ließen sich mit irgendeinem der unzähligen kommerziellen, militärischen oder geheimen Flüge, die jeden Tag den Luftraum bevölkerten, unbegrenzte Drogenmengen von Südlaos nach Phnom Penh transportieren. Von dort aus gelangte das Rauschgift ohne weitere Probleme per Boot, Lkw oder Flugzeug nach Saigon.[103] Da die Ausbreitung der Heroinsucht unter den GIs anscheinend nur von der Verfügbarkeit des Rauschgifts abhing, könnten die nach der Invasion Kambodschas besseren Schmuggelbedingungen einen Anteil am Ausbruch der Heroinepidemie gehabt haben.

Südvietnams Heroinmarkt

Durch den neuen GI-Markt und die gestiegene Nachfrage von Seiten internationaler Drogensyndikate gewann der südvietnamesische

Rauschgifthandel sprunghaft an Größe und Rentabilität, was eine Reihe kleiner Cliquen bewegte, in den Handel einzusteigen.

1970 teilten sich offenbar drei wichtige Gruppen den Drogenhandel: 1.) Elemente der südvietnamesischen Luftwaffe, besonders des Transportgeschwaders; 2.) die Zivilbürokratie (Polizei, Zoll und Hafenbehörde), die zunehmend unter Kontrolle von Premierminister Khiems Familie geriet; sowie 3.) Armee, Marine und Unterhaus der Nationalversammlung, die hinter Präsident Thieu standen. Die gewaltigen Summen, die im Drogenhandel steckten, riefen unter diesen Fraktionen starke Animositäten hervor.

Die Beteiligung am nationalen Drogenhandel nahm unterschiedliche Formen an. Gewöhnlich lief sie so ab, dass einflussreiche politische und militärische Führer Vietnams als Berater und Beschützer der chinesischen Teochiu-Syndikate[104] auftraten, die Großhandel, Veredelung, Verpackung und einen Teil des Schmuggels übernahmen. Die Bedeutung dieser Protektion sollte nicht unterschätzt werden, denn ohne sie hätte der Heroinhandel nicht weitergehen können. Mächtige vietnamesische Militärs und Zivilbeamte waren außerdem direkt am Rauschgiftschmuggel nach Südvietnam beteiligt. Das vietnamesische Militär verfügte anders als die Chinesen über Flugzeuge, Lkw und Schiffe, und die meisten Mitglieder der vietnamesischen Elite konnten weit einfacher Drogen durch den Zoll und an Grenzposten vorbeischmuggeln als ihre chinesischen Protegés.

Von Südvietnams drei großen Drogenringen war das Transportgeschwader der Luftwaffe, das loyal zu Luftwaffenvizemarschall Ky stand, der professionellste. Obwohl Ky und sein Apparat infolge der Tet-Offensive nach 1968 schwer angeschlagen waren und das Vertriebsnetz nicht mehr kontrollieren konnten, organisierte seine Fraktion weiterhin einen Großteil des Rauschgiftschmuggels zwischen Vietnam und Laos durch die Luftwaffe und ihre Verbindungen zu laotischen Drogenhändlern. Nach mehr als zehn Jahren Erfahrung verfügte sie über Verbindungen zur laotischen Elite, mit denen die anderen beiden Fraktionen nicht konkurrieren konnten. Kys Apparat war nicht auf Mittelsmänner angewiesen, um Heroin zu kaufen, sondern machte seine Geschäfte direkt mit einem Heroinlabor in der Region von Vientiane. Laut eines US-Polizeiberaters war dieses Labor eines der aktivsten in Laos und wurde von einem chinesischen Unternehmer namens Huu Tim-heng geleitet. Huu war das Verbindungsglied zwischen einem der größten laotischen Drogenhändler, General Quane Rattikone (ehemals Oberkommandeur der laotischen Armee), und dem Heroinring des vietnamesischen Transportgeschwaders.[105] Aus der Perspektive des Drogenhandels war Huus wichtigstes legales Unternehmen das Abfüllwerk von Pepsi-Cola am Stadtrand von Vientiane. Offizieller Leiter des Werks war Panya, der Sohn des Premierministers Souvanna Phouma. 1965/66 begannen Huu und zwei weitere chinesische Finanziers mit dem Bau. Obwohl die Beteiligung des Premiersohns die Firma für großzügige Hilfe der US-Entwicklungshilfebehörde USAID qualifizierte, hatte die Fabrik fünf Jahre nach den immer wieder unterbrochenen Bauarbeiten noch keine einzige Flasche Pepsi abgefüllt.[106] Das fertig gestellte Fabrikgebäude wirkte verlassen und aufgeben, was Pepsis Konkurrenten einigermaßen verblüffte. Aber die US-Drogenbehörde hatte die Antwort auf das Rätsel parat: Ihren Quellen zufolge benutzte Huu seine Pepsi-Unternehmung als Tarnung für den Kauf von Chemikalien, die für die Heroinverarbeitung unerlässlich waren, sowie für große Finanztransaktionen.[107]

Sobald das Heroin hergestellt und in große Plastiktüten verpackt war, arrangierten andere erfahrene Mitglieder des Ky-Apparats den Transport nach Südvietnam. Frau Nguyen Thi Ly, Kys ältere Schwester, hatte einen Großteil des Handels vom Sedone Palace Hotel in Pakse aus geleitet, als ihr Bruder Premierminister war, aber 1967 gab sie ihre Position als Hotelmanagerin auf und zog zurück nach Saigon. Quellen in Vientianes vietnamesischer Gemeinde berichteten jedoch, dass sie und ihr Ehemann nach ihrer Rückkehr mindestens einmal im Monat zwischen Saigon, Pakse und Vientiane hin und her reisten. Frau Ly kaufte dann Heroin aus Huus geheimem Labor und ließ es nach Pakse oder Phnom Penh bringen, wo es in Transportflugzeuge der vietnamesischen Luftwaffe verladen wurde.[108]

Außerdem glaubte die US-Drogenbehörde, dass General Loans ehemaliger Assistent Mai Den ebenfalls an diesen Operationen beteiligt gewesen sein könnte. Nachdem Loan im Mai 1968 verwundet worden war, wurde Mai Den aus seiner Position als Direktor der Auslandsspionage des vietnamesischen Geheimdienstes gedrängt und ging nach Bangkok ins Exil.[109] Zwei Jahre lang hatte dieser geschickte Strippenzieher seine Geheimagenten benutzt, um ein Netz von Drogenkontakten im Goldenen Dreieck zu knüpfen. Die US-Drogenfahnder hatten Grund zu der Annahme, dass er sie auch später weiter nutzte.

Auf dem Saigoner Flugplatz Tan Son Nhut residierte Luftwaffenvizemarschall Ky in seinem klimatisierten Palast, umgeben nur von seinen treuesten Offizieren. »Um einen Job in Schussweite des Vizepräsidentenpalastes zu bekommen«, so drückte es ein US-Luftwaffenberater aus, »muss ein Offizier der vietnamesischen Luftwaffe extrem loyal zu Ky stehen.«[110] 1973 war Oberst Phan Phung Tien der Kommandeur von Tan Son Nhut und des Transportgeschwaders der Luftwaffe. Tien war der Schwager eines engen politischen Beraters von Ky, der bei der Tet-Offensive von 1968 ums Leben gekommen war. Von 1956 bis 1960 hatte er unter Ky als Staffelkapitän des 1. Transportgeschwaders gedient und blieb einer seiner treuesten Gefolgsleute. Ein US-Luftwaffenberater beschrieb ihn damals als Kys »revolutionären Ränkeschmied« innerhalb der Luftwaffe.[111]

Nach Beginn der Kambodscha-Invasion im Mai 1970 begannen Flugzeuge der 5. Luftdivision einen Pendelverkehr mit Ausrüstung und Versorgungsgütern für die kambodschanische Armee zwischen Phnom Penh und Tan Son Nhut, während zwei AC-47-Kampfflugzeuge zur Außenverteidigung der kambodschanischen Hauptstadt nächtliche Feindflüge nach Phnom Penh unternahmen.[112] Alle diese Maschinen sollten eigentlich leer zurückkehren, aber der Generaldirektor des vietnamesischen Zolls glaubte, dass sie häufig mit zollpflichtigen Waren, Gold und Rauschgift beladen waren. Der Generaldirektor kritisierte in einem Interview mit der *New York Times* im August 1971 besonders Oberst Tien als »am wenigsten kooperativ bei meinen Bemühungen, die Kanäle zu stopfen, über die Heroin nach Vietnam gelangte«.[113] Außerdem berichteten vietnamesische Polizeibeamte, dass Tien einigen der mächtigen korsischen Unterweltfiguren nahe stand, die Hotels und Restaurants in Saigon betrieben.[114] Hinweise dieser Art führten viele informierte vietnamesische Beobachter zu dem Schluss, dass Oberst Tien eine zentrale Figur im vietnamesischen Rauschgifthandel war.

Thieu übernimmt die Kontrolle

Nach dem rapiden politischen Niedergang von Luftwaffenvizemarschall Ky traten höchste Militäroffiziere aus dem Umfeld von Präsident Thieu als dominante Drogenhändler Südvietnams in Erscheinung. Wie seine Vorgänger Präsident Diem und Premierminister Ky vermied es Thieu geflissentlich, sich persönlich in politische Korruption zu verwickeln. Sein Machtmakler und Geheimdienstberater jedoch, General Dang Van Quang, war tief in die Korruption verstrickt. Über hochrangige Armee- und Marineoffiziere, die ihm persönlich oder Präsident Thieu ergeben waren, baute Quang eine Furcht einflößende Machtbasis auf. Zwar erschien Quangs internationales Netz schwächer als Kys, aber dafür kontrollierte Quang die vietnamesische Marine, in deren Reihen ein gut organisierter Schmuggelring operierte, der große Mengen Rauschgift entweder durch Protektion chinesischer Seehändler oder durch direkten Einsatz vietnamesischer Marineschiffe ins Land brachte. Auch die Kontrolle über die Armee verlagerte sich immer mehr zu General Quang. Bis 1973 hatte die Armee einen Großteil der Distribution und des Verkaufs von Heroin an amerikanische GIs übernommen. Auch eine Gruppe Thieu unterstützender Abgeordneter im Unterhaus wurde öffentlich als Beteiligte im Heroinhandel entlarvt, aber sie schienen etwas unabhängiger von General Quang zu operieren als Armee und Marine.

In der Ausgabe der *Nightly News* von NBC vom 15. Juli 1971 erzählte der Saigoner Korrespondent des US-Senders, Phil Brady, einem landesweiten Publikum, dass sowohl Präsident Thieu als auch Vizepräsident Ky ihre Wahlkampagnen aus dem Drogenhandel finanzierten. Brady zitierte »äußerst verlässliche Quellen«[115], denen zufolge Präsident Thieus oberster Geheimdienstberater, General Quang, »der größte Dealer« in Südvietnam sei.[116] Obwohl Thieus Pressesekretär die Beschuldigungen glattweg abstritt und Brady vorwarf, »Lügen und üble Nachrede gegen Regierungsführer zu verbreiten und dadurch dem kommunistischen Feind Hilfe und Trost zu spenden«[117], versuchte er nicht, Quang zu verteidigen, der während seiner Zeit als Kommandeur des 4. Korps im Mekongdelta als einer der unredlichsten Generäle Südvietnams berühmt war. Im Juli 1969 telegrafierte der Saigoner Korrespondent von *Time* dem New Yorker Büro des Magazins seinen Bericht über Quangs Aktivitäten im 4. Korps:

> »In seiner Zeit dort soll er Millionen mit dem Verkauf von Ämtern gemacht und Profite aus der Reisproduktion abgeschöpft haben. Es gab einen berühmten, in früheren Korruptionsakten beschriebenen Vorfall, als Oberst Nguyen Van Minh zum Kommandeur der 21. Division ernannt wurde. Er war Quangs stellvertretender Korpskommandeur. Bei der Zeremonie stand die Frau des scheidenden Kommandeurs auf und rief den Versammelten zu, dass Minh für die Position zwei Millionen Piaster [7.300 Dollar] an Quang gezahlt hatte. ... Quang wurde auf Drängen der Amerikaner schließlich aus dem 4. Korps entfernt.«[118]

General Quang wurde Ende 1966 nach Saigon versetzt und zum Minister für Planung und Entwicklung ernannt, eine Sinekure, mit der er sein Gesicht wahren konnte.[119] Bald nach Präsident Thieus Wahl im September 1967 wurde er zu dessen Sonderbeauftragten für Militär- und Sicherheitsangelegenheiten.[120] Quang trat nun umgehend als Thieus Machtmakler in Erscheinung und betrieb die gleich Art von illegaler Geldbeschaffung für Thieus politischen Apparat wie zuvor General Loan für Kys Machtclique.[121]

Thieu konnte sich jedoch auf Quang weit weniger verlassen als Ky auf Loan. Loan hatte Kys absolutes Vertrauen genossen und beinahe unumschränkte persönliche Macht zugesprochen bekommen. Thieu dagegen trug Sorge, konkurrierende Machtzentren innerhalb seines politischen Apparats aufzubauen, um General Quang davon abzuhalten, zu viel Einfluss zu gewinnen. Als Folge genoss Quang nie die gleiche Dominanz über die verschiedenen kleinen Fraktionen, die Thieu unterstützten, wie Loan über Kys Apparat. Zwar gewann Quang Kontrolle über die Sondereinsatzkräfte, die Marine und die Armee. Aber eine der Thieu-freundlichen Cliquen, die von General Tran Thien Khiem angeführt wurde, erlangte genug Macht, um langsam als eigenständige Fraktion in Erscheinung zu treten.[122]

Es gibt Beweise, dass die ersten Gruppen, die Opium nach Südvietnam schmuggelten, Kontingente der vietnamesischen Spezialkräfte waren, die in Südlaos operierten. Im August 1971 berichtete die *New York Times,* dass viele Flugzeuge, die Drogen nach Vietnam brächten, »mit den geheimen südvietnamesischen Spezialkräften in Verbindung stehen, die entlang des Ho-Chi-Minh-Pfades in Laos operieren«.[123] In der Provinz Kon Tum nördlich von Pleiku stationiert, verfügte die »Angriffseinheit« der Sondereinsatzkräfte über eine kleine Flotte von Hubschraubern, Transport- und Leichtflugzeugen, die zu regelmäßigen Sabotageakten und tiefen Aufklärungsvorstößen nach Südlaos flogen. Einige Offiziere der Sondereinheiten sagten, dass ihr Kommandeur Mitte 1971 auf einen anderen Posten versetzt wurde, weil seine tiefe Verstrickung in den Drogenhandel aufzufliegen drohte.[124]

Aber geheime Vorstöße waren eine relativ ineffiziente Schmuggelmethode, und es scheint, dass es Quangs Apparat bis zur Invasion Kambodschas im Mai 1970 nicht gelang, in größerem Umfang in den Drogenhandel einzusteigen. Nach Jahren operierte die vietnamesische Armee danach zum ersten Mal wieder innerhalb Kambodschas. Vietnamesische Truppen bewachten die wichtigsten kambodschanischen

Verbindungswege, die Armee entsandte Verbindungsoffiziere nach Phnom Penh, und Geheimagenten konnten innerhalb des ehedem neutralen Königreichs operieren. Wichtiger noch, die vietnamesische Marine nahm ständige Patrouillen des kambodschanischen Mekongabschnitts auf und richtete Stützpunkte in Phnom Penh ein.

Der Schmuggel der vietnamesischen Marine

Die vietnamesische Marine machte sich die Invasion Kambodschas zunutze, um ihre Rolle im Rauschgifthandel auszuweiten. Sie öffnete damit einen neuen, zuvor nicht verfügbaren Kanal. Am 9. Mai 1970 fuhr eine Armada von 110 vietnamesischen und 30 amerikanischen Schiffen unter Führung des Flottenkommandeurs Kapitän Nguyen Thanh Chau in dramatischer V-Formation den Mekong hinauf und überquerte die Grenze nach Kambodscha.[125] Am nächsten Tag setzte der Kommandant der Flusseinheit 211, Kapitän Nguyen Van Thong, mehrere 100 Vietnamesen 30 Kilometer flussaufwärts bei Neak Luong an Land, eine entscheidende Fährstation an der Hauptstraße 1, die Phnom Penh mit Saigon verbindet.[126]

Die Vietnamesen ließen ihre amerikanischen Berater hier zurück und trafen am 11. Mai in Phnom Penh ein. Am folgenden Tag erreichten sie Kampong Cham 100 Kilometer nördlich der kambodschanischen Hauptstadt und sicherten so den Wasserweg für ihren eigenen Gebrauch.[127] Die Fachpresse pries die Aktion als taktischen Coup, den Schiffsverband als großartige »militärisch-humanitäre Flotte«. Indessen kam der Armada nach vietnamesischen Marinequellen auch die zweifelhafte Auszeichnung zu, große Mengen Opium und Heroin nach Südvietnam zu schmuggeln.

Ein Partner von General Quang, der ehemalige Marinekommandant Konteradmiral Chung Tang Cang, geriet während der Kambodschainvasion ins öffentliche Rampenlicht. Cang war seit ihren gemeinsamen Studententagen an der Saigoner Handelsmarineakademie (Jahrgang 1947) ein guter Freund von Präsident Thieu. [128]Als Cang 1965 vom Kommando der Marine entfernt wurde, nachdem man ihn beschuldigt hatte, Lebensmittelhilfe auf dem Schwarzmarkt zu verkaufen, statt sie an die Flüchtlinge der Flutkatastrophe zu verteilen[129], intervenierte Thieu, um eine Anklage zu verhindern, und verschaffte ihm eine Sinekure, die ihm das Gesicht zu wahren half.[130]

Laut vietnamesischen Marinequellen bauten kurz nach Eintreffen der vietnamesischen Marine in Phnom Penh hochrangige Offiziere ein Schmuggelnetz auf, das Heroin und Opium von Kambodscha nach Südvietnam verschiffte. Die Lieferungen gingen über verschiedene Stationen, bis sie Saigon erreichten: zuerst von Phnom Penh nach Neak Luong; dann von Neak Luong nach Tan Chau kurz hinter der vietnamesischen Grenze; schließlich von Tan Chau nach Binh Thuy. Von dort aus wurde das Rauschgift auf verschiedenen Marine- und Zivilbooten nach Saigon gebracht.[131]

Als die kambodschanische Militäroperation Mitte 1970 kurz vor ihrem Abschluss stand, dehnte sich der Schmuggelring der Marine (die schon seit 1968 begrenzte Mengen an Gold, Opium und zollpflichtigen Waren nach Vietnam gebracht hatte) weiter aus.

Flottillenadmiral Lam Nguon Thanh wurde im August 1970 zum Vizechef des Admiralstabs ernannt. Thanh, ebenfalls Mitglied von Thieus Klasse an der Handelsmarineakademie, war 1966 unverhofft von seinem Posten als Marinestabschef abberufen worden.[132] Einschlägigen Quellen zufolge nutzten hochrangige Marineoffiziere drei Marinebasen im Mekongdelta unter Flottillenadmiral Thanhs Kommando – Rach Soi, Long Xuyen und Tan Chau – als Anlaufstationen für Rauschgift, das auf thailändischen Fischerbooten oder kambodschanischen Flusssampans nach Vietnam geschleust wurde.[133]

Einige dieser Schmuggeloperationen der vietnamesischen Marine flogen im Sommer 1971 auf. Kurz zuvor hatte die US-Regierung endlich begonnen, Druck auf die Südvietnamesen auszuüben, um gegen den Drogenschmuggel vorzugehen, was General Quang und Admiral Cang offenbar gehörige Probleme bereitete. Jedenfalls ließ Quang daraufhin Admiral Cang zum Vorsitzenden des Nationalen Ausschusses zur Drogenbekämpfung und seinen Partner, Flottillenadmiral Thanh, zum Vorsitzenden des Marinekomitees zur Drogenbekämpfung ernennen.[134]

Diese Vorkehrungen hätten eigentlich ausreichen müssen, doch führten einige Ereignisse und Entscheidungen, die sich General Quangs Einfluss entzogen, beinahe zu einer peinlichen öffentlichen Enthüllung. Am 25. Juli 1971 zerschlug die vietnamesische Drogenpolizei mithilfe thailändischer und amerikanischer Agenten ein großes Syndikat von Teochiu-Chinesen in Cholon und nahm 60 Drogenhändler fest. Ihr gelang dabei eine der größten Beschlagnahmungen in der vietnamesischen Geschichte: 51 Kilo Heroin und 334 Kilo Opium. Von der Presse

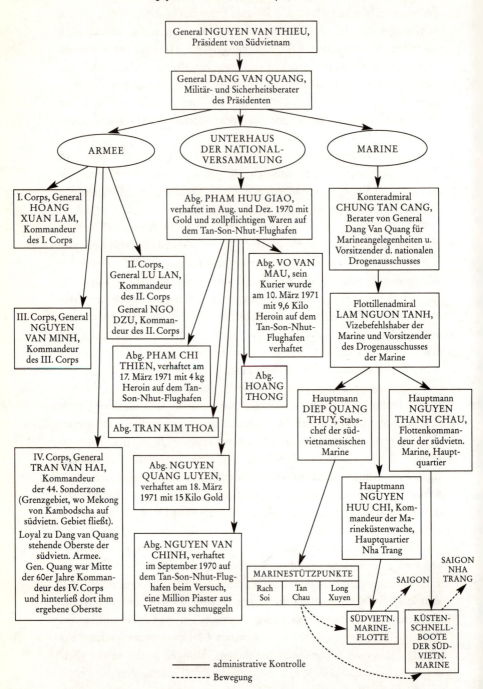

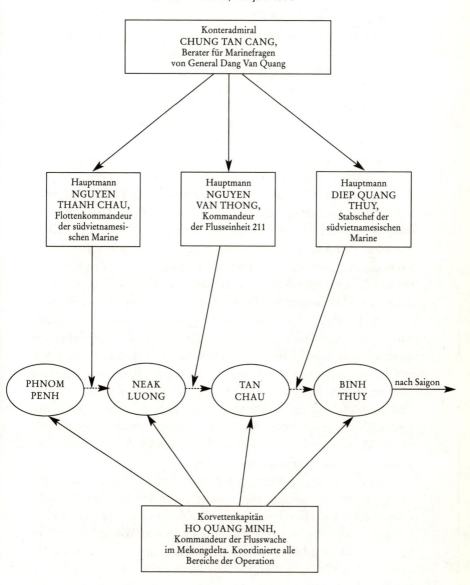

als Sieg der Thieu-Regierung im Krieg gegen die Drogen gefeiert, waren diese Razzien tatsächlich kompromittierend, da sie zugleich den Schmuggelring der Marine aufdeckten.[135]

Dieses Teochiu-Syndikat aus Cholon war Mitte 1970 organisiert worden, als »Mr. Big« in Bangkok, ein Teochiu-Chinese, der einer der größten Drogenfinanziers in Südostasien gewesen sein soll, beschloss, in den südvietnamesischen Handel einzusteigen. Er nahm Kontakt zu Tran Minh auf, einem angesehenen Teochiu-Plastikfabrikanten in Cholon. Die beiden wurden handelseinig. Kurz darauf traf ein thailändisches Fischerboot vor der Küste von Puolo Dama, einer kleinen vietnamesischen Insel im Golf von Thailand, mit der ersten Lieferung ein. Auf das Boot wartete ein vietnamesischer Fischkutter unter dem Kommando eines Teochiu-Kapitäns namens Tang Hai. Angeheuert vom Plastikfabrikanten Tran Minh, war Kapitän Tang Hai das Verbindungsglied zwischen dem Bangkoker und dem Choloner Syndikat. Nachdem 200 Kilo Opium auf hoher See übergeben worden waren, nahm das vietnamesische Boot Kurs auf seinen Heimathafen Rach Gia etwa 75 Kilometer im Nordosten. In Rach Gia wurden die Opiumbündel auf ein Flusssampan für die Reise nach Saigon verladen. Verborgen unter einer Schicht Kokosnussschalen wirkte das Opium wie irgendeine andere Warenladung, als es sich den Weg durch das Kanallabyrinth zu den Docks von Cholon bahnte. Sobald das Sampan an einem Kai in Cholons 7. Distrikt festgemacht hatte, wurde die Ladung in einen Minibus umgeladen, zu Tran Minhs Lagerhaus im 6. Distrikt gefahren und schließlich an die Opiumhöhlen in Saigon-Cholon verteilt. Der gesamte Verkehr auf diesen Wasserwegen wurde von der Polizei überwacht und von der vietnamesischen Marine geschützt. Tran Minhs Geschäft blühte; der Schmuggel ging weiter.

Nach der dritten Lieferung beschloss Fabrikant Tran Minh, in den GI-Markt zu expandieren, und orderte außer den üblichen 200 Kilo Opium zehn Kilo Heroin der Marke Double-U-O-Globe. Bei der vierten Lieferung befürchtete Tran Minh, auffliegen zu können, weshalb er einen neuen Übergabeort bestimmte: Hon Panjang, eine Insel 170 Kilometer südwestlich von Rach Gia. Bis Mitte 1971 lief das Geschäft so gut, dass der Boss des Cholon-Syndikats die doppelte Menge bestellte: 400 Kilo Opium und 60 Kilo Heroin. Allein das Heroin hatte einen Einzelhandelswert von 720.000 Dollar – für den Fischerkapitän Tang Hai und seine militärischen Protektoren von der Marinebasis Rach Soi eine unwiderstehliche Versuchung.

Anfang Juli 1971 hatte Kapitän Tang Hai wieder einmal eine Verabredung mit dem thailändischen Fischerboot. Er nahm die Ladung vor der Küste von Hon Panjang auf, aber statt nach Rach Gia zurückzukehren, segelte er 90 Kilometer nach Westen zur Insel Phu Quoc weiter, wo er das Opium vergrub und das Heroin im Unterholz verbarg. Erst dann kehrte er nach Rach Gia zurück und erzählte Tran Minhs Kontaktmann, die Lieferung sei von der vietnamesischen Marine gestohlen worden. Dies war offenbar eine überzeugende Erklärung. Der Kontaktmann gab die Nachricht nach Cholon weiter. Als Tran Minh zustimmte, die Hälfte der Sendung für 25.000 Dollar von der Marine zurückzukaufen, kehrte Tang Hai zur Insel Phu Quoc zurück, grub einen Großteil des Vorrats aus und lieferte die Hälfte der ursprünglichen Ladung an den Kontaktmann in Rach Gia, nachdem er den Rest in der Nähe seines Hauses vergraben hatte. Der Kontaktmann heuerte den üblichen Sampan-Besitzer an, um die Drogen nach Cholon zu schmuggeln, aber der wurde kanalaufwärts nur 15 Kilometer von Rach Gia – dieses Mal wirklich – von drei vietnamesischen Armeeunteroffizieren ausgeraubt.

Der Bootseigner kehrte nach Rach Gia zurück und berichtete dem heimgesuchten Kontaktmann von seinem Unglück, der die Kunde nach Cholon weitergab. Nun um 25.000 Dollar ärmer, informierte Tran Minh Bangkok, dass er zweimal ausgeraubt worden sei und für die Lieferung nicht zahlen könne. Der Bangkoker Finanzier jedoch nahm an, er sei betrogen worden und beschloss, das gesamte vietnamesische Syndikat hochgehen zu lassen. Verabredungsgemäß wandte sich daraufhin der thailändische Fischerkapitän mit einem Vorschlag an Oberst Pramual Vangibandhu von der thailändischen Drogenfahndung: Im Tausch für die Garantie vollständiger Immunität und Anonymität für das Bangkoker Syndikat würde er zwei Schlüsselmänner der Saigoner Operation nennen (tatsächlich die einzigen Namen, die das Bangkoker Syndikat kannte).

Oberst Pramual akzeptierte das Angebot und setzte sich mit dem US-Drogenagenten William Wanzeck ins Benehmen. Die beiden Männer flogen nach Saigon, wo sie sich mit dem Leiter der vietnamesischen Drogenpolizei, Ly Ky Hoang, und dem US-Drogenagenten Fred Dick trafen. Man vereinbarte zwei zeitgleiche Razzien: Die vietnamesische Nationalpolizei würde das Saigoner Syndikat zerschlagen, während Hoang, Pramual und Dick nach Rach Gia flögen, um Kapitän Tang Hai und seine Kohorten zu verhaften.

Die beiden Razzien waren für den 25. Juli um 9.30 Uhr geplant, weniger als drei Wochen nachdem die Drogen zuerst vor der Insel Hon Panjang eingetroffen waren. Die Saigoner Razzia verlief absolut glatt, aber in Rach Gia traf Hoang Kapitän Tang Hai nicht zu Hause an. Hoang, der keine Uniform trug, erklärte Tang Hais Schwester, der Boss, Plastikfabrikant Tran Minh, habe ihn geschickt, um wegen der fehlenden Drogen zu verhandeln. Nach 50 Minuten geschickter Erklärungen stimmte die Schwester schließlich zu, Hoang zu einem Restaurant zu führen, wo ihr Bruder gerade mit einigen Freunden zusammensäße. Die beiden nahmen ein knatterndes Lambretta-Taxi und stiegen zirka 30 Minuten später vor einem Restaurant in Rach Soi, einem kleinen Fischerhafen sechs Kilometer südlich von Rach Gia, aus. Drinnen war Tang Hai Ehrengast eines ausgelassenen Umtrunks, den der Kommandeur der nahe gelegenen Marinebasis Rach Soi unter Teilnahme von 20 gut bewaffneten Marineoffizieren und Matrosen veranstaltete.

Tran Minh, so brachte Hoang vor, warte in Rach Gia. Er schlug vor, dass er und Tang Hai dort hinführen, um über den Rückkauf des Rauschgifts zu verhandeln. Als der Teochiu-Schmuggler erwiderte, dass er lieber auf der Party bliebe, schmückte Hoang seine Geschichte weiter aus und erklärte, der Boss sei bereit, 25.000 Dollar für die restliche Hälfte der Lieferung zu bezahlen. An diesem Punkt mischte sich der Veranstalter der kleinen Feier, der Marinekommandeur von Rach Soi, ein und bestand darauf, dass Hoang seinen eigenen Jeep samt Fahrer nehme, um Tran Minh auf die Party zu holen.

Eine Stunde später kehrte Hoang, begleitet von Oberst Pramual und Fred Dick, in einem Polizeiwagen zurück. Während die anderen draußen warteten, betrat Hoang das Restaurant. Er überredete Tang Hai, auf ein vertrauliches Wort mit dem Boss nach draußen zu gehen, nahm ihn vor der Tür fest, warf ihn in das wartende Polizeiauto und raste nach Rach Gia zurück. Minuten später merkten die feiernden Marineoffiziere, was passiert war, griffen sich ihre Waffen und jagten hinter den Flüchtenden her.

Obwohl sie davon ausgingen, von dem Marinehaufen verfolgt zu werden, hielt das multinationale Polizeiteam auf der Strecke nach Rach Gia bei einem Haus, das einem Cousin Tang Hais gehörte, und stellte es auf den Kopf, um das Rauschgift zu suchen. Während Dick und Pramual den Schmuggelkapitän Tang Hai mit ins Haus nahmen, blieb Hoang 100 Meter weiter im Auto zurück und versuchte verzweifelt, über Funk Polizeiunterstützung anzufordern. Bevor ihm schließlich klar wurde, dass das Funkgerät defekt war, stoppten Marinejeeps quietschend vor dem Haus, die darin sitzenden Offiziere verteilten sich auf der gegenüberliegenden Straßenseite und brachten ihre Waffen in Anschlag. Hoang saß nun, von seinen Kollegen abgeschnitten, im Polizeiauto fest und hatte ziemliche Angst. Plötzlich erblickte er einen Lambretta-Minibus, der die Straße hinunterfuhr. Er entsicherte seine Pistole und wartete. Als der Minibus auf gleicher Höhe mit seinem Auto war, sprang Hoang heraus, rannte Deckung suchend an der Seite des Minibusses mit, bis er das Haus erreichte, und stürmte durch die Eingangstür hinein. Zum Glück für die drei Polizeibeamten betrat ein Zivilpolizist zufällig gerade den angrenzenden Eisenwarenladen. Nachdem ihm Hoang die Situation erklärt hatte, sprang dieser auf sein Moped und tuckerte davon, um Hilfe zu holen. Als zehn Minuten später eine gut bewaffnete Mannschaft der örtlichen Polizei eintraf, stiegen die Marineoffiziere, nun in der Minderzahl, widerwillig in ihre Jeeps und zogen sich nach Rach Soi zurück.

Als die Hausdurchsuchung nichts ergab, fuhren Hoang und die anderen Kapitän Tang Hai zum Verhör ins Polizeirevier. Zuerst weigerte sich der Schmuggler, den Mund aufzumachen, aber nachdem Hoang, der sich über seine Methoden ausschwieg, ihn einige Minuten in die Mangel genommen hatte, gestand dieser alles – einschließlich des Verstecks der restlichen Drogen auf der Insel Phu Quoc. Während Pramual und Dick mit Tang Hai zur Insel flogen, um das Rauschgift auszugraben (112 Kilo Opium und 3,9 Kilo Heroin), nahm Hoang selbst die drei Unteroffiziere fest, die tatsächlich die halbe Lieferung gestohlen hatten, und übergab sie dem Militärischen Sicherheitsdienst. Da er ziemlich sicher war, dass der Sicherheitsdienst nichts herausfinden würde, wartete er bis zwei Uhr morgens, als die Verhöre nach sechs Stunden ergebnislos abgebrochen wurden. Ein Stunde später traf Hoang im Polizeihauptquartier ein und hatte nach nur 15 Minuten die Antworten, die er haben wollte. Am nächsten Morgen grub eine Polizeimannschaft in der Nähe eines Kanals zwei Stunden von Rach Gia entfernt 37,7 Kilo Heroin und 35 Kilo Opium aus. Ein paar Stunden später erbrachte eine Durchsuchung von Tang Hais Hof weitere sieben Kilo Heroin der Marke Double-U-O-Globe und 88 Kilo Opium.

Nur vier Tage nach den ersten spektakulären Razzien gab die thailändische Polizei am 29. Juli eine Pressekonferenz in Bangkok. Nervös über Gerüchte, sie selbst sei am internationalen Rauschgifthandel beteiligt, war die Thai-Polizei begierig, sich den Erfolg ans Revers zu heften und ihren schlechten Ruf aufzubessern. General Nitya Bhanumas, Generalsekretär der thailändischen Drogenbehörde, behauptete, die Information, die zu den Verhaftungen geführt habe, stamme von »Informanten, die *er* während einer von *ihm* geleiteten Untersuchung im Vormonat angeworben« habe.[136]

Als die vietnamesischen Polizisten am nächsten Morgen die Zeitungen lasen, waren sie empört.[137] Nicht nur hatten die Thailänder für sich reklamiert, was ihrer Meinung nach ihr eigenes Werk war; die Untersuchungen waren auch noch gar nicht abgeschlossen, sodass zu befürchten stand, die Schlagzeilen könnten Syndikatsmitglieder in den Untergrund treiben. Die thailändische Polizei hatte ihren vietnamesischen Kollegen nur die beiden Namen mitgeteilt, die »Mr. Big« in Bangkok bekannt gewesen waren: Tang Hai und Tran Minh. Die Vietnamesen mussten sich von der Syndikatsspitze nach unten vorarbeiten und hatten noch kaum mit den Razzien begonnen, denen schließlich über 60 Dealer der mittleren und oberen Ebene sowie zahlreiche Straßenhändler ins Netz gingen.

Laut Quellen in der vietnamesischen Marine lösten diese Razzien im Schmuggelring der Marine fast eine Panik aus. Eiligst versuchten seine Anführer, ihren Kopf aus der Schlinge zu ziehen. Zwei der Offiziere, die dem Invasionskommando in Kambodscha angehörten, wurden etwa zur Zeit der Enttarnung des Schmuggelrings versetzt. Kapitän Nguyen Van Thong ging nur wenige Wochen vor den Polizeirazzien seines Kommandos über die Flusseinheit 211 verlustig und musste sich zu einem Schulungskurs abkommandieren lassen. Der Kommandeur der Küstenwache, Kapitän Nguyen Huu Chi, wurde nur zwei Wochen später zu einer weiterführenden Offiziersschule versetzt.[138] Obwohl der Militärische Sicherheitsdienst die direkt beteiligten Marineoffiziere der Rach-Soi-Basis verhaftete[139], gab es Berichte, dass die Admiralität ihr Bestes tat, um die Verhafteten zu schützen, und erfolgreich verhinderte, dass die Festnahmen in der Presse erwähnt wurden.[140]

Vietnamesische Armeesyndikate

Während die vietnamesische Marine in den Rauschgiftimport verwickelt war, übernahmen hinter Thieu stehende Elemente der vietnamesischen Armee einen Großteil der Heroindistribution und des -verkaufs an die GIs innerhalb Südvietnams. Hochrangige Kommandeure der südvietnamesischen Armee arbeiteten dabei im Allgemeinen mit chinesischen Syndikaten aus Cholon zusammen. Sobald daher große Heroinlieferungen eintrafen – geschmuggelt vom Militär selbst oder durch vom ihm geschützte Chinesen –, gingen sie üblicherweise zum Abpacken und Verteilen an die Gangster nach Cholon. Von dort aus schwärmten chinesische und vietnamesische Kuriere über das Land aus und lieferten an Militärkommandeure vom Mekongdelta bis zur entmilitarisierten Zone kiloschwere Heroinpakete. In drei der vier Militärzonen überwachten und schützten hochrangige Armeeoffiziere die lokale Verteilung. Im Mekongdelta (4. Korps) steuerten Oberste den örtlichen Verkauf, die loyal zu General Quang standen. Im zentralen südlichen Landesteil (2. Korps) wurde die Heroindistribution zum Zankapfel zweier sich befehdender Generäle, die allerdings Präsident Thieu gleichermaßen ergeben waren: des amtierenden Kommandeurs des 2. Korps, Ngo Dzu, und seines Vorgängers Lu Lan.[141] Beim 1. Korps im Norden schließlich lenkten Stellvertreter des Truppenkommandeurs den Handel.[142]

Im Juni 1971 ließ Michael McCann, der oberste US-Polizeiberater in Südvietnam, dem US-Militärkommando ein Memorandum über Dzus Beteiligung am Heroinhandel zukommen, in dem er auf die Beziehung zwischen Cholons chinesischen Verbrechersyndikaten und vietnamesischen Generälen hinwies[143]:

»1. Eine vertrauliche Quelle teilte dieser Direktion mit, dass der Vater von General Dzu, kommandierender General der Militärregion II, mit Mr. Chanh, einem ethnischen Chinesen aus Cholon, Heroinhandel treibt. (Weitere Personenkennzeichen nicht verfügbar.)
2. General Dzus Vater lebt in Qui Nhon. Mr. Chanh unternimmt von Saigon aus regelmäßige Reisen nach Qui Nhon, gewöhnlich mit Air Vietnam, aber manchmal auch mit General Dzus Privatflugzeug. Mr. Chanh reist entweder allein oder mit anderen ethnischen Chinesen nach Qui Nhon. Bei seiner Ankunft am Qui-Nhon-Flughafen holt ihn eine Eskorte ab, die sich gewöhnlich aus Angehörigen des militärischen Sicherheitsdienstes und/oder QCs [Militärpolizisten] zusammensetzt. Mr. Chanh wird dann mutmaßlich zu General Dzus Vater begleitet, wo er kiloweise Heroin gegen US-Währung übergibt. Mr. Chanh verbringt gewöhnlich mehrere Tage in Qui Nhon und wohnt im Hoa-Binh-Hotel, Gia-Long-Straße, Qui Nhon. Wenn Chanh nach Saigon zurückkehrt, erhält er am Tan-Son-Nhut-Flughafen vermutlich ebenfalls eine Eskorte.

3. Die nationale Polizei in Qui Nhon, besonders jene Polizisten, die dem Flughafen zugeteilt sind, sollen von den Aktivitäten zwischen General Dzus Vater und Mr. Chanh wissen, haben aber Angst, diese mutmaßlichen Rechtsbrüche zu melden oder zu untersuchen, da sie fürchten, dass man sie nur zu Sündenböcken macht, falls sie einschreiten.
4. Mr. Chanh (auch bekannt als »Red Nose«) ist ein etwa 40-jähriger ethnischer Chinese aus Cholon.«

Einmal in den Städten oder südvietnamesischen Armeestützpunkten in der Nähe von US-Einrichtungen eingetroffen, wurden die Heroingroßlieferungen über ein Netz ziviler Dealer (Kasernenputzfrauen, Straßenverkäufer, Zuhälter und Straßenjungen) oder vietnamesische Armeeangehörige niederer Ränge an GIs verkauft. In Saigon und beim umliegenden 2. Korps wickelte ein Netzwerk aus Zivilisten den Großteil der Heroinvermarktung ab, aber als süchtige GIs von der Hauptstadt in isolierte Gefechtsstellungen entlang der laotischen Grenze und der demilitarisierten Zone verlegt wurden, gewannen die Drogenhändler der südvietnamesischen Armee immer größere Bedeutung. »Wie wir den Stoff kriegen?«, fragte ein GI in einer einsamen Gefechtsstellung nahe der demilitarisierten Zone. »Geh einfach zum Zaun und quatsch mit einem ARVN [Angehöriger der südvietnamesischen Armee]. Wenn er was hat, kannst du was kaufen.«[144] Selbst in Long Binh, einer riesigen US-Armeeeinrichtung am Stadtrand von Saigon, betätigten sich vietnamesische Offiziere als Dealer. »Man kann immer was von einem ARVN kriegen«, erklärte ein süchtiger, in Long Binh stationierter GI, »nicht von einfachen Gefreiten, sondern von den Offizieren. Ich hab's sogar schon von Hauptmännern bekommen.«[145]

Herointripps auf Staatskosten

Ein anderer für Präsident Thieu kompromittierender Weg des Rauschgifthandels war der Schmuggel von Vertretern seiner Fraktion im Unterhaus der Nationalversammlung. Die Unfähigkeit vieler dieser Politiker stellte allerdings eher ein Risiko als einen Aktivposten dar. Die Leichtigkeit, mit der sich diese Schmuggelpolitiker erwischen ließen, bereitete dem Thieu-Apparat in der Auseinandersetzung mit Premierminister Khiem politische Probleme. Obwohl aus dem sicherheitsbewussten Militär nur Andeutungen über den massiven Schmuggel der

Thieu-Fraktion sickerten, machten die Theaterpossen von Unterhausabgeordneten Schlagzeilen in der ganzen Welt. Zwischen September 1970 und März 1971 wurden nicht weniger als sieben Abgeordnete, die von Studienreisen ins Ausland zurückkehrten, bei Versuchen erwischt, alles Mögliche nach Südvietnam zu schmuggeln: von Gold über Heroin bis hin zu *Playboy*-Kalendern und Büstenhaltern.[146]

Mit ihrem empörenden Verhalten im Sitzungssaal, wo die Abgeordneten mit vulgären Beleidigungen aller Art um sich warfen, verspielte das Unterhaus den Respekt der südvietnamesischen Bauern. Stimmen bei wichtigen Abstimmungen wurden an den Höchstbietenden verschachert, die Saigoner Presse informierte ständig über die jeweils gängigen Preise. Außer regelmäßigen Gehaltszuzahlungen und besonderen Neujahrsvergütungen von 350 Dollar[147] verdienten die Abgeordneten der Thieu-Fraktion pro »richtig« abgegebener Stimme bei entscheidenden Regierungsmaßnahmen 1.800 Dollar.[148] Tatsächlich wählten selbst eingefleischte Oppositionsmitglieder »richtig«, um sich etwas dazuzuverdienen, wenn die Niederlage ihrer Seite unvermeidlich schien.[149]

Im Unterhaus überließ Thieu Mitgliedern des Unabhängigkeitsblocks die Verhandlungen und die Auszahlung. Dieser Block, der nahezu ausschließlich aus geflüchteten nordvietnamesischen Katholiken bestand, schlug seit seiner Gründung 1967 eine militant antikommunistische Linie ein. Obwohl nominell unabhängig, traf sich der Führer des Blocks, Nguyen Quang Luyen, bald nach seiner Gründung mit Thieu und willigte ein, den Präsidenten im Tausch gegen ungenannte Gefälligkeiten zu unterstützen.[150] Der Einfluss des Blocks reichte weit über seine numerische Stärke hinaus. Alle Mitglieder besetzten Schlüsselpositionen als Ausschussvorsitzende, Geldbeschaffer oder Einpeitscher. Mit nur 19 Mitgliedern stellte der Unabhängigkeitsblock 1973 sechs der 16 Ausschussvorsitzenden des Unterhauses.[151] Während der Debatten über das Wahlgesetz von 1971 zum Beispiel war es ein Mitglied des Unabhängigkeitsblocks, Pham Huu Giao, der die Verabschiedung von Artikel 10 im Parlament deichselte. Dieser umstrittene Artikel erforderte ein Minimum an 40 Unterschriften von Unterhausmitgliedern für jeden Nominierungsantrag bei der bevorstehenden Präsidentschaftswahl und ermöglichte es Präsident Thieu, Ky von der Kandidatur auszuschließen. Am Anfang der Debatte soll Giao ein paar Stimmen der Bergstämme für nur 350 Dollar pro Stück gekauft haben, die meisten Voten der kambodschanischen Minderheit für lediglich 700 Dollar das Stück.[152] In den drei Tagen intensiver Verhandlungen vor der Endabstimmung stieg der Preis für die letzten Abgeordneten, die als Mehrheitsbeschaffer noch gebraucht wurden, von 1.000 auf 1.800 Dollar pro Stimme.[153]

Loyalität zu Thieu schien ihre Vorzüge zu haben. Kein Mitglied der Opposition stand jemals auch nur unter dem Verdacht, in einen ernsten Fall von Schmuggel verwickelt zu sein. Alle in Heroin- und Goldhandel verstrickten Unterhausabgeordneten waren entweder gegenwärtige oder frühere Mitglieder des Unabhängigkeitsblocks. Der Grund dafür war einfach: Oppositionsabgeordneten fehlte häufig das notwendige Kapital, um solche Reisen zu finanzieren, und sie konnten sich nicht darauf verlassen, dass die Hafenbehörden bei ihrer Rückkehr wegsahen. Regierungsfreundliche Abgeordnete dagegen, die offizielle Reisezuschüsse erhielten oder durch monatelanges »richtiges« Abstimmungsverhalten über Ersparnisse verfügten, konnten ihre vier Ausreisevisa pro Jahr nutzen – ein Privileg, das allen Abgeordneten in den Sitzungsferien zustand. So kam es dazu, dass ein Schwall regierungsfreundlicher Abgeordneter auf Staatskosten ins Ausland reiste. 1969/70 besorgten sich Abgeordnete für ihre Reisen ausländische Währung im Wert von 821.000 Dollar. Ein prominenter Abgeordneter der Regierungsseite brachte es 1969 auf 119 Tage, 1970 auf 98 und in den ersten drei Monaten des Jahres 1971 auf 75 Tage im Ausland.[154]

Obwohl die meisten Abgeordneten der Regierungsseite gewöhnlich mit irgendeiner Schmuggelware oder nicht deklarierten zollpflichtigen Waren zurückkehrten, wurden sie unkontrolliert durch den Zoll gewinkt.[155] Selbst wenn ein Abgeordneter erwischt wurde, verhängten die Zollbeamten lediglich eine »Geldstrafe« und ließen die illegalen Waren durch. Im August und Dezember 1970 zum Beispiel entdeckten die vietnamesischen Beamten auf dem Tan-Son-Nhut-Flughafen Gold und zollpflichtige Waren im Koffer des Abgeordneten Giao. Der Repräsentant zahlte eine nominelle Strafe, und die ganze Sache wurde vertuscht, bis sie auf der Höhe der Schmuggelkontroverse mehrere Monate später aufflog.[156]

Mit Ausbruch der GI-Heroinepidemie und der Liberalisierung der Reisegesetze für Mitglieder der Nationalversammlung schien sich das Tempo des parlamentarischen Schmuggels zu erhöhen. Im Dezember 1970 beschloss eine Gruppe von Thieus Getreuen, die das Verwaltungsbüro des Unterhauses kontrollierten, den Abgeordneten vier Auslandsreisen pro Jahr statt zwei zu erlauben.[157] Als wenige Wochen später die alljährliche Sitzungspause von Januar bis März anbrach, berichtete eine Saigoner Tageszeitung, dass 140 der 190 Mitglieder der Nationalversammlung – eine Rekordzahl – kurz vor einer Auslandsreise stehe.[158]

Der Schmuggelboom, der folgte, führte im März 1971 innerhalb von zehn Tagen zu drei sensationellen Zollbeschlagnahmungen, als die Volksrepräsentanten zurückkehrten, um die bevorstehende Sitzungsperiode der Nationalversammlung vorzubereiten.

Der erste erwischte Abgeordnete war Vo Van Mau, ein katholischer Flüchtling aus Nordvietnam und Mitglied des Thieu-freundlichen Unabhängigkeitsblocks. Auf einem regulären Flug von Air Vietnam vom laotischen Vientiane nach Saigon am 10. März übergab ein chinesischer Schmuggler einen Koffer an eine der Flugbegleiterinnen, Frau Nguyen Ngoc Qui.[159] Aber statt durch den Zoll am Tan-Son-Nhut-Flughafen gewinkt zu werden, wie es bei Air-Vietnam-Stewardessen üblich war, wurde Frau Qui einer gründlichen Durchsuchung unterzogen, die 9,6 Kilo des laotischen Exportschlagers Double-U-O-Globe nebst einem Brief an den Abgeordneten Vo Van Mau ans Licht förderte. Mit ungewöhnlicher Unempfindlichkeit für Maus hohen offiziellen Status folgten die Beamten des Zollbetrugsdezernats der Spur. Bei der Durchsuchung von Maus Büros fanden sie den Personalausweis des chinesischen Schmugglers.[160] Obwohl ein Sprecher von Premier Khiems Büro später bekannt gab, dass die Beschlagnahmung gründlich untersucht werde, weil ein Abgeordneter »unmittelbar in sie verwickelt zu sein scheint«[161], wurde Mau nie offiziell angeklagt und verschwand still von der Bildfläche, als er sich mehrere Monate später nicht mehr zur Wahl stellte.

Am 17. März landete ein weiterer Thieu-freundlicher Abgeordneter, Pham Chi Thien, mit der 16.30-Uhr-Maschine aus Bangkok auf dem Tan-Son-Nhut-Flughafen. Sehr zu seiner Überraschung bestand ein Zollbeamter darauf, sein Gepäck einer gründlichen Durchsuchung zu unterziehen, und öffnete eine Geschenkschachtel, die er im Koffer des Deputierten fand. Wie sich zeigte, enthielt sie vier Kilo Heroin der Marke Double-U-O-Globe.[162] Als er eine Woche später seinen Rückzug aus dem Unterhaus bekannt gab, stritt Thien ab, »tatsächlich« ein Schmuggler zu sein, und behauptete, er habe lediglich zugestimmt, ein Päckchen nach Saigon mitzunehmen, um »einer bezaubernden Dame, die ich in Vientiane traf«, einen Gefallen zu tun.[163] Er gab zu, Geld für die Mitnahme des Päckchens angenommen zu haben, leugnete aber jede Kenntnis von dessen Inhalt.[164]

Hatten die Vorwürfe gegen Vo Van Mau und Pham Chi Thien, beide recht unbedeutende Abgeordnete, schon eine gewisse Bestürzung verursacht, löste die Verhaftung wegen Goldschmuggels eines dritten Thieu-freundlichen Repräsentanten, Nguyen Quang Luyen, einen großen Skandal aus. Luyen war zweiter Vizepräsident des Unterhauses, Vorsitzender der Asian Parliamentary Union und von 1967 bis 1970 Fraktionsvorsitzender des Unabhängigkeitsblocks. Als er am 18. Mai auf dem Bangkoker Flughafen eine Maschine nach Saigon bestieg, durchsuchte der thailändische Zoll sein Gepäck und entdeckte 15 Kilo reines Gold mit einem Saigoner Schwarzmarktwert von etwa 26.000 Dollar.[165] Die vietnamesische Botschaft intervenierte jedoch und sorgte für seine sofortige Freilassung, nachdem ein weiterer Abgeordneter, der mit Luyen zusammen reiste, in die Bangkoker Innenstadt gerast war, um Beistand zu erbitten.[166]

Vier Tage später berichtete eine Saigoner Zeitung, dass der thailändische Zoll Luyen seit mehreren Jahren unter Verdacht habe, Teil eines internationalen Schmugglerrings zu sein, ihn aber aufgrund der delikaten vietnamesisch-thailändischen Beziehungen nur vorsichtig observiert habe. Die aus Luyens Gepäck beschlagnahmten 15 Kilo sollen Teil einer größeren Lieferung von 90 Kilo Gold (im Wert von etwa 156.000 Dollar auf dem Saigoner Schwarzmarkt) gewesen sein, die von diesem Schmugglerring nach und nach nach Saigon geschleust wurde.[167] Verlässliche Quellen aus dem Unterhaus berichteten, dass andere Mitglieder des Unabhängigkeitsblocks bei der Finanzierung der Lieferung geholfen hatten.

In jedem Fall hatten Unterhausabgeordnete seit über drei Jahren, wenn auch ohne solch sensationellen Enthüllungen, Rauschgift, Gold und zollpflichtige Waren nach Südvietnam geschmuggelt. Festnahmen waren selten, und wenn es dazu kam, regelte der Abgeordnete die Angelegenheit fast immer, indem er still eine »Geldstrafe« zahlte. Warum waren die vietnamesischen Zollbeamten plötzlich so aggressiv, oder, schärfer formuliert, warum wurde die Thieu-Fraktion plötzlich dem erniedrigenden Schimpf ausgesetzt, drei ihrer treuesten Parlamentarier innerhalb von zehn Tagen mit Schmuggel in Verbindung gebracht zu sehen?

Die Antwort lag, wie in Südvietnam üblich, in den politischen Verhältnissen. Ironischerweise war Präsident Thieus Plagegeist der Premierminister seiner Wahl: Tran Thien Khiem.

Der Khiem-Apparat

Zwar genoss der Unabhängigkeitsblock den politischen Schutz von Präsident Thieu, aber zum Unglück dieser drei parlamentarischen Schmuggler wurde der Zoll von Premierminister Khiems Apparat kontrolliert. Nach vier Jahren im politischen Exil in Taiwan und den USA war Khiem im Mai 1968 nach Vietnam zurückgekehrt und wurde Innenminister der Thieu-Administration. Khiem, wahrscheinlich der aggressivste Militärführer Vietnams, machte sich daran, eine eigene Machtbasis aufzubauen, und wurde 1969 Premierminister. Zwar hatte er in der Vergangenheit seine Bündnispartner immer dann verraten, wenn es seinen Zwecken diente, aber Thieu war in seinen Geheimkrieg gegen Vizepräsident Ky verstrickt und ernannte Khiem wahrscheinlich deshalb, weil er dessen Talente als politischer Nahkämpfer brauchte.[168] Erst als Innenminister und dann in der gleichzeitigen Funktion als Premierminister hob Khiem seine Verwandten auf lukrative Posten in der Zivilverwaltung und baute eine zunehmend unabhängige politische Organisation auf. Im Juni 1968 ernannte er seinen Schwager zum Bürgermeister von Saigon. Er benutzte seinen wachsenden politischen Einfluss, um seinen jüngeren Bruder Tran Thien Khoi zum Chef des Zollbetrugsdezernats ernennen zu lassen, verschaffte einem weiteren Bruder den Posten des Saigoner Hafendirektors und ließ seinen Cousin zum stellvertretenden Generalgouverneur Saigons befördern. Nach seinem Aufstieg zum Premierminister 1969 war Khiem auch in der Lage, einen Verwandten seiner Frau zum Generaldirektor der nationalen Polizei zu machen.

Einer der wichtigsten Leute in Khiems Apparat war sein Bruder Tran Thien Khoi – zum Leidwesen der US-Zollberater. Ihre vietnamesischen Kollegen »fingen gerade mit dem Aufräumen an«, so ein US-Vertreter, »als Khiems Bruder eintraf, und dann ging alles den Bach runter«.[169] Als Chef des Betrugsdezernats delegierte Khoi die meiste schmutzige Arbeit an seinen Stellvertreter. Gemeinsam brachten die beiden Männer jede effektive Strafverfolgung zum Stillstand.[170] Ein Bericht des Chefs der US-Militärpolizei charakterisierte Khois Partner 1971 so:

> »Er hat eine Opiumsucht, die ihn etwa 10.000 Piaster [35 Dollar] am Tag kostet, und besucht in regelmäßigen Abständen eine Opiumhöhle vor Ort. Vor zwei Jahren wurden ihm gravierende Unregelmäßigkeiten zur Last gelegt, aber es gelang ihm durch Bestechung und politische Einflussnahme, eine Anklage abzuwenden. Als er in

seine gegenwärtige Position kam, war er bekanntermaßen fast mittellos, aber nun ist er reich und unterstützt zwei oder drei Ehefrauen.«[171]

Der Bericht beschrieb Khoi selbst als »eine Hauptperson des Opiumhandels«, der alle Bemühungen des Betrugsdezernats zum Aufbau eines Rauschgiftteams sabotiert habe.[172] Unter Khois Führung wurde der Gold- und Opiumschmuggel auf dem Tan-Son-Nhut-Flughafen so himmelschreiend offensichtlich, dass ein US-Zollberater im Februar 1971 zu dem Schluss kam:

»Der Zoll auf dem Flughafen hat nach drei Jahren solcher Treffen und zahllosen Direktiven auf allen Ebenen ... einen Punkt erreicht, an dem die Zollbeamten Vietnams wenig mehr als Lakaien der Schmuggler sind. ...
Tatsächlich scheinen die Zollbeamten extrem bemüht, die Schmuggler zufrieden zu stellen und sie nicht nur an den Kontrollschaltern vorbeizuführen, sondern sie auch zu den draußen wartenden Taxis zu begleiten. Das verleiht der Transaktion den Eindruck von Legitimität, sodass es keine Einmischung von Seiten eines übereifrigen Zollbeamten oder Polizisten geben kann, der vielleicht neu ist und noch nicht weiß, was von ihm erwartet wird.«[173]

Der wichtigste Schmuggler auf dem Tan-Son-Nhut-Flughafen war eine Frau mit beeindruckenden politischen Verbindungen:

»Eines der größten Probleme auf dem Flughafen seit der Ankunft der Berater und Gegenstand eines der ersten Berichte ist Mrs. Chin oder Ba Chin oder Chin Map, was aus dem Vietnamesischen wörtlich mit ›Fette Neun‹ übersetzt wird. Diese Beschreibung trifft sie gut, da sie so untersetzt ist, das man sie in jeder Gruppe leicht identifizieren kann. ... Diese Person ist der Kopf eines Rings von zehn oder zwölf Frauen, die bei jeder Ankunft jedes Flugzeugs aus Laos und Singapur anwesend sind. Diese Frauen sind die Empfänger des meisten Frachtguts, das auf diesen Flügen als unbegleitetes Gepäck eintrifft. ... Wenn Mrs. Chin den Zollbereich verlässt und die Prozession mit acht bis zehn gehorsam folgenden Trägern anführt, die ihre Waren schließlich in den wartenden Taxis verstauen, wirkt sie wie eine Glucke mit ihren Küken. ... Ich erinnere mich an eine Gelegenheit ... im Juli 1968, als ein Flugzeug aus Laos eintraf. ... Ich sagte, ich sei an der Art von chinesischer Medizin interessiert, die diese Frau eben abgeholt hatte und mit der sie bereits fortgegangen war. Einer der neueren Zollbeamten öffnete eines der Päckchen, und darin fand sich keine Arznei, sondern dünne Blattgoldstreifen. ... Dieser Vorfall wurde dem Generaldirektor gemeldet, aber der Chef von Zone 2 ... sagte, dass ich nur Mutmaßungen anstelle und Mrs. Chin keine Straftat zur Last legen könne. Ich erwähne dies, um zu zeigen, dass *diese Frau von jeder Ebene des vietnamesischen Zolls geschützt wird.*«[174]

Es flossen zwar fast an jeden Zollbeamten Bestechungsgelder von Schmugglern, aber Khois Job war, wie die US-Zollberater glaubten, der profitabelste von allen. Während nämlich die meisten Abteilungschefs Bestechungsgelder nur von ihren unmittelbaren Untergebenen erhielten, verschafften ihm seine Strafverfolgungskompetenzen Nebeneinkünfte aus jeder Abteilung der Zollbehörden. Da selbst kleinere Beamte wie der Leiter der Zollstelle des Güterlagers 22.000 Dollar im Monat an seine Vorgesetzten weiterreichten, waren Khois Einkünfte beträchtlich.[175]

Anfang 1971 mühten sich US-Zollberater um die Versetzung des stellvertretenden Leiters des Zollbetrugsdezernats, aber Khoi war sehr geschickt darin, seinen Partner zu schützen. Im März erfuhren amerikanische Beamte in Vientiane, dass der Abgeordnete Pham Chi Thien einen Flug nach Saigon mit vier Kilo Heroin besteigen wollte, und leiteten die Information nach Saigon weiter. Als die US-Berater das vietnamesische Zollbetrugsdezernat baten, die Verhaftung vorzunehmen (US-Zollbeamte hatten nicht das Recht zu Festnahmen), betraute Chef Khoi seinen Opium rauchenden Vize mit der Beschlagnahmung. Dieser erhielt später für seine »Leistung« einen Orden, und die US-Zollberater, die versucht hatten, ihn aus dem Dienst entfernen oder zumindest versetzen zu lassen, mussten an einem Bankett zu seinen Ehren teilnehmen.[176]

Frustriert durch die monatelange Untätigkeit der US-Mission und die Falschheit der Vietnamesen, beschlossen Mitglieder des US-Zollberatungsteams, ihre Sache vor die amerikanische Öffentlichkeit zu tragen. Kopien des oben zitierten, wenig schmeichelhaften Berichts der Zollberater sickerten an die Presse durch und wurden zur Grundlage eines Artikels, der am 22. April 1971 auf der Titelseite der *New York Times* unter dem Titel »Saigoner Flughafen ein Schmugglerparadies« erschien.[177]

Die amerikanische Antwort kam prompt. Washington schickte noch mehr Zollberater nach Tan Son Nhut, und die US-Botschaft verlangte vom Thieu-Regime, endlich aktiv zu werden. Anfangs blieb die Sai-

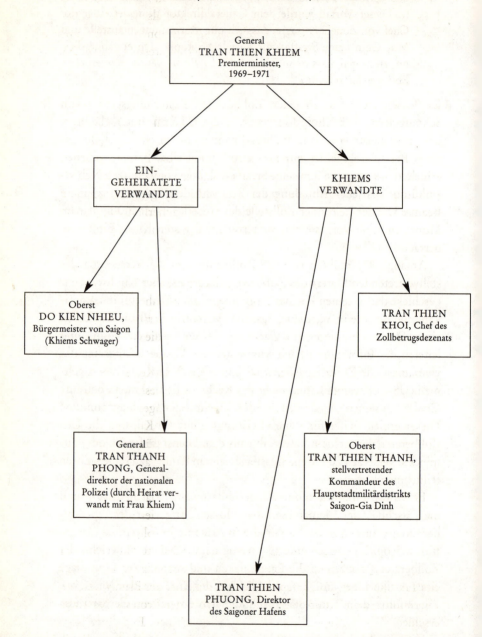

Die Familienclique von Tran Thien Khiem, 1970–1971

goner Regierung allerdings reserviert gegenüber den Forderungen der Botschaft, das Betrugsdezernat zu säubern. Erst als der Schmuggel zum politischen Streitthema zwischen den Fraktionen Khiems und Thieus wurde, zeigten die Vietnamesen endlich Interesse, das Problem anzugehen.

Der Kampf zwischen Thieu und Khiem

Der politische Machtgewinn durch die Kontrolle des Betrugsdezernats verlieh Khiem endlich die notwendige Stärke, um eine unabhängige politische Fraktion zu bilden. Seine Rückkehr als eigenständiger politischer Machtfaktor löste offenbar Spannungen innerhalb von Thieus Organisation aus und führte zu hitzigen politischen Auseinandersetzungen.

Als sich das Klima zwischen den Fraktionen Thieus und Khiems eintrübte, wurde die Schmuggelfrage zu einer weiteren Waffe gegen den jeweiligen Rivalen. »Unsere Rolle«, so sagte ein offenherziger US-Botschaftsvertreter in Saigon, »läuft im Wesentlichen darauf hinaus, einer Fraktion zu erlauben, das Gewicht der USA in die Waagschale zu werfen, um die andere Fraktion aus dem Geschäft zu drängen. Und«, so fügte er hinzu, »die fröhliche Art, mit der diese Kerle aufeinander losgehen, erweckt den Eindruck, dass sie ganz versessen darauf sind, sich an.... einem enorm lukrativen Handel zu beteiligen.«[178]

Als die Flugbegleiterin von Air Vietnam mit 9,6 Kilo Heroin festgenommen wurde, war es Premierminister Khiems Büro, das mit einer offiziellen Erklärung die Gerüchte bestätigte, dass daran ein Thieu-Abgeordneter beteiligt sei.[179] Laut verlässlichen Quellen aus dem Unterhaus war die Aggressivität, die Khois Betrugsdezernat bei der Untersuchung des Falls an den Tag legte, politisch motiviert. Thieu schlug alsbald zurück. Einem Saigoner Pressebericht zufolge beschweren sich Mitglieder von Khiems Kabinett über »Präsident Thieus Bemerkung, dass am Schmuggel hochrangige Beamte beteiligt seien, die sich des Tan-Son-Nhut-Flughafens bedienten, wo einer der Brüder des Premierministers die Kontrolle ausübt«.[180] Trotz der Proteste des Kabinetts wurde der Generaldirektor des Zolls entlassen. Ende Juni reiste Tran Thien Khoi für einen Kurzurlaub nach Paris. Nach seiner Rückkehr wurde er auf einen weniger lukrativen Posten in der Zollstelle von Cholon versetzt.[181] Sein Opium rauchender Assistent wurde ebenfalls versetzt und endete in der Zollbibliothek, ein Abstellgleis für Leute, die in Ungnade gefallen waren.[182]

Drei Monate später trat der Generaldirektor der nationalen Polizei, einer von Frau Khiems Verwandten, unter Druck zurück. Die Saigoner Presse berichtete, dass er in den Heroinhandel verwickelt und im Rahmen einer Antidrogenkampagne entlassen worden sei. Glaubwürdiger war die Darstellung einer Saigoner Tagezeitung, Präsident Thieu mache sich die Drogenbekämpfung zunutze, um Beamte aus dem Amt zu drängen und durch seine eigenen Leute zu ersetzen.[183] Neuer Generaldirektor der Polizei wurde Oberst Nguyen Khac Binh, ein Neffe von Frau Thieu.[184]

Trotz all dieser internen politischen Kämpfe um den Drogenhandel ging der Heroinschmuggel unvermindert weiter. US-Zollberater wiesen darauf hin, dass kommerzielle Flüge nur eine von vielen Rauschgiftrouten nach Südvietnam waren. Nach der Verschärfung der Flughafenkontrollen lenkten Schmuggler ihre Drogenlieferungen schlicht auf andere Routen um, besonders über Militärstützpunkte, oder schickten die Ware mit Handelsschiffen.[185] 1971 waren das ganze Jahr über in der Nähe jeder US-Einrichtung in Vietnam unbegrenzte Mengen Heroin verfügbar, und dies bei mehr oder minder stabilen Preisen.

Die Mafia kommt nach Asien

Der blühende Heroinhandel mit den in Vietnam stationierten GIs war zweifellos der wichtigste neue Markt für die Drogenhändler Indochinas, aber er war nicht der einzige. Wie bereits geschildert, hatten unüberwindliche Probleme im Mittelmeerraum die amerikanische Mafia und korsische Syndikate aus Marseille gezwungen, in Südostasien neue Quellen für Heroin und Morphinbase zu erschließen. »Es gibt Leute, die glauben, dass der Handel aufhört, sobald das Problem in der Türkei bereinigt ist«, erklärte John Warner, Chef der Aufklärungsabteilung der US-Drogenbehörde. »Aber die Korsen sind nicht dumm. Sie haben die Zeichen an der Wand gesehen und begonnen, sich neue Quellen für Morphinbase in Südostasien zu suchen.«[186]

Die in Saigon und Vientiane beheimateten korsischen Rauschgiftsyndikate hatten schon seit mehreren Jahren europäische Drogenfabriken mit südostasiatischer Morphinbase versorgt und verfügten bereits über gute Verbindungen nach Marseille. Während des Indochinakriegs arbeiteten korsische Gangster in Marseille und Saigon eng beim Gold-, Valuta- und Drogenschmuggel zwischen den beiden Hafenstädten zusammen. 1962 berichteten korsische Gangster, dass Paul Louis Levet, ein Syndikatboss aus Bangkok, europäische Heroinlabors mit Morphinbase aus Nordthailand versorge.[187] Außerdem hatten von 1955 bis 1966 mindestens vier korsische Charterfluglinien eine Schlüsselrolle im regionalen südostasiatischen Opiumhandel gespielt. Obwohl sie aus dem Geschäft gedrängt wurden, als laotische Generäle ab 1965 selber einen größeren Anteil des Profits einzustreichen begannen, blieben die meisten Korsen in Südostasien. Sie hatten in Vientiane und Saigon Geschäfte aufgemacht und Jobs angenommen, um zu überwintern, bis sich etwas Neues ergab.[188]

Als 1965 General Edward G. Lansdale von der CIA als Sondermitarbeiter von Botschafter Henry Cabot Lodge nach Saigon zurückkehrte, erfuhr er bald, dass seine alten Feinde, die Korsen, noch immer in der Stadt waren. Während der Kämpfe zwischen dem französischen 2eme Bureau und der CIA 1955 waren korsische Gangster an mehreren Mordversuchen an Lansdale beteiligt gewesen. »Um mich auf der Straße nicht immer umsehen zu müssen«, erklärte Lansdale in einem Gespräch im Juni 1971, »beschloss ich, mich mit den korsischen Führern zu treffen. Ich sagte ihnen, dass ich nicht an irgendwelchen kriminalistischen Untersuchungen interessiert sei; dafür sei ich nicht in Vietnam. Und sie willigten ein, mich in Ruhe zu lassen. Wir schlossen eine Art Waffenstillstand.« General Lansdale konnte sich nicht an viele Einzelheiten dieses Treffens erinnern. Er entsann sich lediglich, dass eine Frankovietnamesin namens Hélène eine aktive Rolle bei dem Gespräch übernahm und alles recht freundschaftlich verlief. Später erfuhr er, dass die Korsen immer noch tief im Drogenhandel steckten, aber da das nicht in seinen Verantwortungsbereich fiel, unternahm er nichts.[189]

Das meiste, was Lansdale über die Korsen wusste, verdankte er seinem alten Freund Oberstleutnant Lucien Conein, jenem CIA-Agenten, der beim Sturz von Diem 1963 geholfen hatte. Als ehemaliger Verbindungsoffizier des OSS bei der französischen Résistance im Zweiten Weltkrieg hatte Conein mit vielen korsischen Gangstern Saigons einige Erfahrungen gemeinsam. Auf seinen langen Dienstfahrten durch die südvietnamesische Hauptstadt verbrachte Conein viel Zeit in korsischen Bars und Restaurants und stand vielen der wichtigsten Saigoner Unterweltfiguren nahe. Als er Vietnam mehrere Jahre später verließ, schenkten ihm die Korsen ein schweres Goldmedaillon mit dem napoleonischen Adler und dem korsischen Wappen. Auf der Rückseite eingraviert waren die Worte *Per Tu Amicu Conein* (»Dir, Freund Conein«). Conein erklärte stolz, dass solche Medaillons von mächtigen korsischen Syndikatführern auf der ganzen Welt getragen würden und als Erkennungszeichen bei Geheimtreffen, Rauschgiftlieferungen usw. dienten.[190]

Durch seine Freundschaft mit den Korsen entwickelte Conein Respekt für sie. »Die Korsen sind klüger, härter und besser organisiert als die Sizilianer«, sagte er. »Sie sind absolut unerbittlich und können sich mit allem messen, was wir über die Sizilianer wissen, aber sie verbergen ihre internen Kämpfe besser.« Conein erfuhr auch, dass viele Saigoner Syndikatbosse Verwandte in der Marseiller Unterwelt hatten. Er glaubte, dass solche Familienbande eine wichtige Rolle im internationalen Drogenhandel spielten, da ein Großteil der Morphinbase für die Marseiller Heroinlabors aus Saigon kam. Korsische Schmuggler in Saigon kauften über korsische Kontaktleute in Vientiane Morphinbase und verschifften sie auf französischen Handelsschiffen an Verwandte und Freunde in Marseille, wo sie zu Heroin verarbeitet wurde.[191] »Nach dem, was ich weiß«, sagte Conein, »wird es absolut unmöglich sein, den Drogenhandel zum Erliegen zu bringen. Man kann ihn eindämmen, aber niemals stoppen, es sei denn, man kommt an die Bauern in den Bergen heran.«[192]

Dieser Pessimismus mag erklären, warum Conein und Lansdale die Informationen, die sie hatten, nicht an die US-Drogenbehörden weitergaben. Es war unglücklich, dass General Lansdale gerade in jener Zeit beschloss, »eine Art Waffenstillstand« mit den Korsen abzuschließen, als die Marseiller Heroinlabors vermutlich von türkischer zu südostasiatischer Morphinbase wechselten. In einem Gespräch räumte Conein Mitte 1971 ein, dass die Machtmakler von Premierminister Ky 1965/66 Kontakt zu den korsischen Unterweltführern Saigons aufgenommen und zugestimmt hatten, ihnen gegen feste Prozentanteile an den Profiten große Drogensendungen nach Europa zu erlauben. Bis Oktober 1969 waren diese Lieferungen für Marseilles Heroinlabors so wichtig geworden, dass sich laut Conein korsische Syndikatbosse aus der ganzen Welt im Saigoner Continental Palace Hotel zu einem Gipfeltreffen versammelten. Syndikatführer aus Marseille, Bangkok, Vientiane und Phnom Penh besprachen dort alle möglichen illegalen Geschäfte, konzentrierten sich aber wahrscheinlich auf die Neuorganisation des

Drogenhandels.[193] Gut informierten US-Diplomaten in Saigon zufolge hatte die US-Botschaft einen verlässlichen korsischen Informanten, der angab, dass ähnliche Treffen im Continental Palace auch 1968 und 1970 abgehalten wurden. Vor allem aber soll 1968 der amerikanische Mafiaboss Santo Trafficante jr. Saigon besucht und Kontakt zu den dortigen korsischen Syndikatführern aufgenommen haben. Laut vietnamesischen Polizeibeamten war der Eigentümer des Continental Palace Philippe Franchini, Erbe von Mathieu Franchini, der den Währungs- und Opiumschmuggel zwischen Saigon und Marseille während des Indochinakriegs organisiert haben soll. Polizeibeamte wiesen auch darauf hin, dass Oberst Phan Phung Tien, als Kommandeur des Transportgeschwaders einer von Kys einflussreichsten Gefolgsleuten in der Luftwaffe, enge Beziehungen zu vielen korsischen Gangstern hatte und am Drogenschmuggel zwischen Laos und Vietnam beteiligt war.

Von 1965 bis 1967 arbeitete General Lansdales Verbindungsbüro eng mit der Ky-Administration zusammen. Der General selbst galt als jemand, der sich bei der US-Mission für den jungen Premierminister stark machte.[194] Es könnte sein, dass Coneins und Lansdales Bereitschaft, den Korsen einen »Waffenstillstand« zu gewähren und über ihre wachsende Beteiligung am amerikanischen Heroinhandel hinwegzusehen, von politischen Erwägungen motiviert war, das heißt von der Angst, Premier Ky Steine in den Weg zu werfen.

So wie die meisten korsischen Gangster, die 1973 in Saigon und Vientiane aktiv waren, in den 40er Jahren im Gefolge des französischen Expeditionskorps nach Indochina gekommen waren, folgte die amerikanische Mafia der US-Armee 1965 nach Vietnam. Wie viele Investorengruppen hielt die Mafia nach neuen Anlagemöglichkeiten Ausschau. Von lukrativen Bau- und Dienstleistungsaufträgen angezogen, konzentrierte sich die Mafia zunächst auf gewöhnliche Korruption und illegale Absprachen, stieg aber später, als sie Kontakte nach Hongkong und Indochina aufbaute, in den Drogenschmuggel ein.

Wahrscheinlich war Frank Carmen Furci, ein junger Mafioso aus Tampa, Florida, der wichtigste dieser Pioniere. Jeder gewöhnliche Geschäftsmann hätte einen solchen Familienhintergrund vor seinen Partnern lieber verborgen, aber Furci machte die Erfahrung, dass die korrupten Feldwebel, anrüchigen Profiteure und korsischen Gangster, die in Saigon seine Freunde und Partner wurden, davon beeindruckt waren. »Mein Vater«, erzählte er ihnen stolz, »ist der Mafiaboss von

Südvietnams Heroinhandel **351**

Florida.«[195] (Tatsächlich war Franks Vater, Dominick Furci, in der mächtigen in Florida beheimateten Familie von Santo Trafficante jr., dem wirklichen Mafiaboss von Tampa, nur ein Leutnant aus den mittleren Rängen.)[196] Furci traf 1965 mit guter finanzieller Rückendeckung in Vietnam ein und wurde bald eine Schlüsselfigur in der systematischen Korruption, die in den US-Militärklubs in Vietnam um sich griff, als Hunderttausende von GIs in das Kriegsgebiet strömten.[197] Eine ausführliche Untersuchung des US-Senats deckte später das Netzwerk aus Vorteilsnahme, Bestechung und Nebeneinkünften auf, das Furci und seine Mitprofiteure spannen, um die Militärklubs und ihre GI-Kunden um Millionen von Dollars zu prellen.

Die Klubs wurden von lang gedienten Unteroffizieren geleitet, gewöhnlich Oberfeldwebel, die als dienstbeflissene, vertrauenswürdige Männer galten. Während die höheren Offiziere mit dem Krieg beschäftigt waren, überließ man den Feldwebeln die Leitung einer der größten Restaurant- und Nachtklubketten der Welt. Sie bestellten Kühlschränke, engagierten Bands, wählten Spirituosenmarken aus und gaben alle möglichen Bestellungen auf, von Glücksspielautomaten bis hin zu Erdnüssen. Die Buchhaltung war löcherig, das gesamte System anfällig für gut organisierte Vorteilsnahme. Sieben Feldwebel, die in den frühen 60er Jahren gemeinsam bei der 24. Infanteriedivision in Augsburg gedient hatten, erkannten diese Schwächen und erleichterten die Militärklubs um bis zu 40.000 Dollar im Monat.[198]

1965 tauchten diese sieben Feldwebel in Vietnam als Kasinoverwalter und Klubmanager bei der 1. Infanteriedivision, der Americal Division, und im US-Hauptquartier in Long Binh auf.[199] Der Anführer der Gruppe, Sergeant William O. Woolridge, wurde 1966 zum Oberfeldwebel der Armee befördert. Als höchster Unteroffizier war er nun direkt dem Generalstabschef der Armee im Pentagon unterstellt – eine ideale Position, um Versetzungen zu manipulieren und die Aktivitäten des Rings zu verschleiern.[200]

An der Spitze des Systems standen zivile Unternehmer – Frank Furci und sein Konkurrent William J. Crum –, die als Agenten für eine Heerschar amerikanischer Unternehmen arbeiteten und den Feldwebeln üppige Nebeneinkünfte für große Armeeaufträge für Küchenausrüstungen, Snacks und Spirituosen zahlten.

Furci war außerdem stark in den Valutaschwarzmarkt verstrickt. Eine Untersuchung des US-Senats ergab später, dass er über eine einzige nichtautorisierte Wechselstube 99.200 Dollar zu einem Schwarzmarktkurs von 300 bis 400 Piaster pro Dollar getauscht hatte, erheblich mehr als der offizielle Kurs von 118 Piaster.[201]

Furcis Pech, dass auch Crum von diesen illegalen Transaktionen Wind bekam. Angezogen vom wirtschaftlichen Potenzial des wachsenden Konflikts in Südostasien, hatte Crum, ein verkrüppelter, halbblinder Chinakenner, der aus fast jedem Krieg in Asien seit 1941 Profit geschlagen hatte, seinen Ruhestand in Hongkong aufgegeben und war 1962 nach Saigon gezogen. Nun nutzte er sein Wissen, um seinen Konkurrenten Furci auszumanövrieren und aus dem Geschäft zu werfen.[202]

Zwar hatte die militärische Aufrüstung der USA 1965 auch andere Firmenagenten angelockt, aber Crum schien sich besonders an Furci zu reiben, der ihm mit seinen konkurrierenden Aktivitäten in Sachen Spirituosen, Glücksspielautomaten und Küchenausstattungen angeblich einen Anteil von 2,5 Millionen Dollar am Geschäft »gestohlen« hatte.[203] Über einen Armeegeneral, dem er 1.000 Dollar im Monat Schutzgeld bezahlte, gab Crum die Information über Furcis illegale Währungstransaktionen an das Betrugsdezernat des vietnamesischen Zolls weiter.[204] Im Juli 1967 durchsuchte der vietnamesische Zoll Furcis Büros, fand inkriminierende Beweise und verurteilte ihn zu einer Geldstrafe von 45.000 Dollar.[205] Unfähig, eine so hohe Strafe zu zahlen, verließ Furci Saigon. Crum brüstete sich später, er habe die Razzia, die seinen Konkurrenten aus dem Weg räumte, »bezahlt«.[206]

Furci zog nach Hongkong und eröffnete im August 1967 mit einem nominellen Kapital von 100.000 Dollar ein Restaurant namens San Francisco Steak House.[207] Wichtiger noch, Furci war bei der Gründung der Maradem Ltd. behilflich, einer Firma, die den Augsburger US-Feldwebeln, die in Vietnam die Militärklubs leiteten, dazu diente, ihre illegalen Profite aus den Klubs zu steigern. Obwohl Furcis Name in keiner der Firmenunterlagen auftauchte, scheint er im Mafiasinn des Wortes ihr stiller Teilhaber gewesen zu sein.[208]

Maradem Ltd. war kein Großlieferant oder Einzelhändler, sondern eine Maklerfirma. Mit ihrer Kontrolle über die Militärklubs und Offizierskasinos zwang sie legale Großhandelsunternehmen, einen festen Prozentsatz ihrer Gewinne abzuzweigen, um im Geschäft zu bleiben.[209] Maradems Konkurrenten wurden nach und nach an die Wand gedrückt. Allein im ersten Betriebsjahr wickelte die Firma mit den Militärklubs in Vietnam Geschäfte im Wert von 1.210.000 Dollar ab.[210]

Bis 1968 hatte Frank Furci drei Jahre Erfahrung in der Halbwelt

Hongkongs und Indochinas gesammelt. Er war nun mit mächtigen korsischen Syndikatführern in Saigon befreundet und hatte Gelegenheit, ähnliche Beziehungen mit Teochiu-Bossen in Hongkong anzuknüpfen.[211] So war es nicht überraschend, dass der Boss selbst, Santo Trafficante jr., Furci die Ehre erwies, ihn in Begleitung von Franks Vater, Dominick Furci, 1968 in Hongkong zu besuchen. Von den Hongkonger Behörden über den Zweck seines Besuchs befragt, gab Trafficante laut einer Untersuchung des US-Senats an, dass er und Furci gemeinsam um die Welt reisten und in Hongkong Station machten, um dort Frank Furci und sein Restaurant zu besuchen.[212] Nach einem langen Aufenthalt reiste Trafficante nach Saigon weiter[213], wo er sich nach Quellen aus der US-Botschaft mit führenden korsischen Gangstern traf.[214] Trafficante war nicht der erste von Lanskys Unterbossen, die Hongkong besuchten. Bereits im April 1965 hatte John Pullman, Lanskys Kurier und Finanzexperte, Hongkong einen ausgedehnten Besuch abgestattet, bei dem er das Rauschgift- und Glücksspielgeschäft der Kolonie unter die Lupe genommen haben soll.[215]

Trafficantes Asienreise gab den wenigen Mafiabeobachtern, die davon wussten, Rätsel auf, aber es besteht Grund zu der Annahme, dass sie eine Reaktion auf die Krise des mediterranen Drogenhandels und ein Versuch war, neue Heroinquellen für Mafiagroßhändler in den USA zu erschließen. Mit fast 70 Prozent der globalen illegalen Opiumproduktion im Goldenen Dreieck, erfahrenen Heroinchemikern in Hongkong und eingewurzelten korsischen Syndikaten in Indochina war Südostasien eine Alternative, die sich geradezu aufdrängte.

Bald nach Trafficantes Besuch in Hongkong begann ein philippinischer Kurierring, Heroin aus Hongkong an Mafiahändler in den USA zu liefern. 1970 nahmen US-Drogenagenten viele dieser Kuriere fest. Spätere Untersuchungen ergaben, dass der Ring erfolgreich 1.000 Kilo reines Heroin in die USA geschmuggelt hatte, was zehn bis 20 Prozent des jährlichen US-Konsums entsprach.

Ermittlungen der US-Drogenbehörde aus den frühen 70er Jahren deuteten darauf hin, dass ein weiterer Kurierring Heroin aus Hongkong über die Karibik, Trafficantes Territorium, in die USA lieferte. Von Hongkong wurde das Heroin gewöhnlich mit regulären Flügen nach Chile gebracht und dann mit privaten Leichtflugzeugen über die Grenze nach Paraguay geschmuggelt.[216] Ende der 60er Jahre wurde Paraguay zum wichtigsten Transitland für Heroin, das aus Lateinamerika in die USA gelangte. Sowohl Hongkonger und südostasiatisches

Heroin, das über den Pazifik nach Chile kam, als auch europäisches Heroin, das über den Atlantik nach Argentinien gelangte, wurde nach Paraguay gebracht, bevor man es in die USA weiterschickte. Argentinien und Paraguay waren beliebte Zufluchtsorte Marseiller Gangster, die in Frankreich wegen Kapitalverbrechen gesucht wurden. Der bekannteste von ihnen war Auguste Joseph Ricort, der im Zweiten Weltkrieg mit der Gestapo zusammengearbeitet hatte. Mit vielfältigen Mitteln von Privatflugzeugen bis hin zu präparierten Kunstgegenständen soll Ricort von 1968 bis 1973 aus Argentinien und Paraguay Heroin im Wert von etwa 2,5 Millionen Dollar in die USA geschmuggelt haben.[217] US-Strafverfolger hatten immer vermutet, dass Ricort und seine Partner von Marseille aus versorgt würden. 1972 kristallisierte sich allerdings heraus, dass sich seine Quellen nach Südostasien verlagert hatten.[218]

Die Politik der Komplizenschaft

Wie reagierten angesichts der doppelten Gefahr des vietnamesischen Drogenproblems – der Heroinepidemie unter den GIs und der wachsenden Exporte in die USA – die amerikanischen Diplomaten und Militärs in Vietnam? Insgesamt war ihre Reaktion eine Mischung aus Verlegenheit und Apathie. Verlegenheit, weil sie alle bis zu einem gewissen Grad wussten, auch wenn sie es nicht zugaben, dass Teile des vietnamesischen Regierungsapparats, den sie verteidigten, den amerikanischen GIs Heroin verkauften. Apathie, weil die meisten von ihnen das Gefühl hatten, dass jeder, der Heroin nahm, es nicht anders verdiente. Fast alle US-Vertreter demonstrierten Besorgnis, wann immer das Heroinproblem erwähnt wurde, aber die meisten schienen sich nicht darum zu scheren. Sie waren in Vietnam, um die Kommunisten zu schlagen und die Demokratie zu verteidigen. Dass einige Schützlinge der Demokratie Heroindealer waren, darüber wollten sie nicht nachdenken.

In den frühen Jahren der Regierung Diem waren amerikanische Erklärungen über die US-Ziele in Vietnam von einer fast harmlosen Unschuld. Man betrachtete Diem als Mittelweg zwischen der kommunistischen Diktatur der Vietminh auf der Linken und den korrupten Binh-Xuyen-Piraten auf der Rechten. Als sich Diem weigerte, seinen korrupten Bruder zu entlassen, der die für die Binh Xuyen so typische endemische Korruption wieder belebt hatte, half die US-Mission bei Diems Sturz, in der Hoffnung, dass aus der Konfusion eine effiziente Regierung auftauchen würde. Aber als die vietnamesische Politik ins Chaos stürzte und die Sicherheitslage Saigons kritisch wurde, betrieben die Amerikaner den Aufstieg eines neuen starken Mannes.

Die Antwort auf das amerikanische Dilemma war die Regierung Thieu-Ky. Obwohl Thieu und Ky ihre Zeit zum Gutteil damit verbrachten, sich gegenseitig zu bekriegen, waren die Amerikaner insgesamt mit ihrem despotischen Regime zufrieden. Da sich diese Art autoritärer Regierung am besten mit den amerikanischen Interessen vertrug, waren US-Vertreter nicht zum Protest gewillt, als sich enge Partner beider Führer in systematische Korruption und Drogenhandel verstrickten. Solange sich der Drogenhandel ausschließlich an chinesische und vietnamesische Opiumraucher richtete, blieben die Klagen im US-Kongress gedämpft. Als Senator Albert Gruening 1968 Luftwaffenvizemarschall Ky des Opiumschmuggels bezichtigte, gab die US-Botschaft in Saigon ein entschiedenes, wenn auch unzutreffendes Dementi ab, und die Sache geriet in Vergessenheit.[219] Aber als südvietnamesische Drogensyndikate begannen, den GI-Heroinmarkt zu erschließen, ließ sich das Problem nicht mehr so leicht unter den Teppich kehren. Nachdem der Saigonkorrespondent von NBC Präsident Thieus Chefberater, General Quang, beschuldigt hatte, der »größte Dealer« von Heroin an die GIs in Vietnam zu sein[220], schickte die US-Botschaft »einen dringlichen Bericht nach Washington, in dem sie erklärte, sie könne *keinen Beweis zur Stützung der jüngsten Beschuldigungen finden*, Präsident Nguyen Van Thieu und Vizepräsident Nguyen Cao Ky seien in den Drogenhandel verwickelt oder profitierten davon«. Gleichzeitig verteidigten US-Vertreter Thieu und Ky öffentlich, indem sie den Botschaftsbericht bei einem informellen Pressetreffen an Journalisten des Saigoner Pressekorps durchsickern ließen.[221]

Laut einem US-Botschaftsvertreter, der sich um das Drogenproblem kümmern sollte, konnte die US-Mission deshalb »keine Beweise« finden, weil sie es geflissentlich vermied, nach welchen zu suchen. Ein ungeschriebenes Gesetz unter den Botschaftsangehörigen verbot es, die Namen hochrangiger Vietnamesen in Diskussionen über den Drogenhandel auch nur zu erwähnen. Die CIA unterließ es tunlichst, Informationen über die Beteiligung höchster Ebenen zu sammeln, und nannte beim Austausch mit Botschaftsvertretern selbst hinter verschlossenen Türen nur die Namen kleinerer Dealer und Süchtiger.

Die Art, wie die US-Mission mit Beschuldigungen über General Ngo Dzus Beteiligung am Heroinhandel umging, war ein weiteres Beispiel für diese Linie. Seit Januar 1971 trug die Abteilung zur Verbrechensaufklärung der US-Armee, Criminal Investigation Division (CID), detaillierte Informationen über Dzus Verstrickung in den Heroinhandel mit GIs zusammen. Obwohl diese Berichte durch die richtigen Kanäle an die US-Botschaft geleitet wurden, unternahm die US-Mission nichts.[222] Als der US-Abgeordnete Robert H. Steele einem Unterausschuss des Kongresses im Juli 1971 berichtete, dass »US-Militärbehörden Botschafter Bunker stichhaltige Informationen geliefert haben, dass einer der obersten Drogenhändler General Ngo Dzu ist, Kommandeur des 2. Korps«[223], tat die US-Mission ihr Möglichstes, um den Kongressabgeordneten unglaubwürdig zu machen. Statt Dzu wegen seines Heroinhandels zu kritisieren, erklärte der höchste US-Berater beim 2. Korps öffentlich: »Es gibt keine mir verfügbaren Informationen, die in irgendeiner wie auch immer gearteten Form die Vorwürfe, die der Kongressabgeordnete Steele vorgebracht hat, erhärten könnten.«[224] Angesichts des oben zitierten CID-Berichts beschloss die US-Mission offenbar, das Thieu-Regime vor Untersuchungen über seine Beteiligung am Heroinhandel zu schützen.

Aus historischer Sicht offenbart diese Kontroverse die komplexen politischen Zusammenhänge, die es den unter US-Schutz stehenden Regimen ermöglichten, derart straffrei mit Drogen zu handeln. Mit Erlaubnis der US-Botschaft kämpfte der legendäre amerikanische Berater von Ngo Dzu, John Paul Vann, für die völlige Entlastung des Generals. In Pressemitteilungen beharrte Vann darauf, der General habe sich gegenüber seinem Rat »empfänglich« gezeigt und halte nun eine »extrem dynamische Antidrogenkampagne« für notwendig. Als Präsident Thieu sich in aller Öffentlichkeit weigerte, Ngo Dzu im Palast zu empfangen, und damit seine Bereitschaft signalisierte, den General dem US-Druck zu opfern, mobilisierte Vann seine sagenhaften Pressekontakte. In einem Interview mit der *New York Times* am 10. Juli brandmarkte er die Drogenvorwürfe gegen Dzu als »ungeheuerlichen Sabotageakt« und schoss eine Breitseite gegen den Abgeordneten Steele ab, weil dieser seine Vorwürfe auf zwei anonyme Briefe von Dzus lokalen Rivalen gestützt habe. Gleichzeitig behauptete General Dzu selbst in einem Interview, dass sein verbitterter Vorgänger, General Lu Lan, angestachelt von den Kommunisten, zwei Briefe an die US-Botschaft geschickt habe, die ihn, Dzu, des Heroinschmuggels bezichtigten. Die US-Botschaft indessen bestritt rundweg, irgendwelche Briefe an Steele weitergegeben zu haben. Der Kongressabgeordnete selbst bestand darauf, über »stichhaltige Beweise« zu verfügen, die von »verantwortlichen US-Quellen bestätigt und wieder bestätigt« worden seien – nicht von irgendwelchen vietnamesischen Briefen.[225]

Dann, nur wenige Tage später, holte Vann zu einem kühnen, für seinen waghalsigen Charakter typischen Medienschlag aus. In den Abendnachrichten am 15. Juli erhob NBC-Korrespondent Phil Brady in seinem Bericht aus Saigon den Vorwurf, Präsident Thieu finanziere seinen Wahlkampf mit Drogengeldern, und sein Geheimdienstberater, General Dang Van Quang, sei der »größte Dealer« des Landes. Der NBC-Bericht folgte Vanns Argumentationslinie und fügte hinzu, General Dzu werde »von anderen hochgestellten Persönlichkeiten, die in den Drogenhandel verstrickt sind, in ein falsches Licht gerückt«, um ihn zum Sündenbock für »Thieus Abkassierer« zu machen. Von diesem Bericht getroffen, verurteilte Präsident Thieu die Meldung als »Schande für den Journalistenberuf«, die »den kommunistischen Saboteuren geholfen hat«. Bezeichnenderweise beeilte sich Thieu jedoch nun plötzlich, Ngo Dzu bei einem öffentlichkeitswirksamen Treffen im Palast zu verteidigen; zwei Monate später beförderte er ihn.[226]

In seiner ausführlichen Biografie über Vann, *Die große Lüge,* argumentierte der mit dem Pulitzer-Preis ausgezeichnete Journalist Neil Sheehan später, dass der amerikanische Berater, getrieben von dem aufrichtigen Glauben an die Unschuld des Generals, Dzu mit einer Pressekampagne rettete. Der vietnamesische General sei, so Sheehans ziemlich naive Darstellung, Opfer seines rachsüchtigen Vorgängers gewesen, »der den Verlust seines Jobs [hatte] rächen wollen und ein Dossier zusammentragen lassen, aus dem hervorging, dass Dzu mit Rauschgift handelte«, und es dann »einem in Vietnam auf Visite weilenden Kongressmitglied« übergab.[227] Aber es war weit mehr an diesen Vorwürfen dran als eine einzelne giftsprühende vietnamesische Quelle. Im Juni 1972 veröffentlichte die *Washington Post* (oben zitierte) Auszüge aus drei Geheimberichten amerikanischer Behörden – Zoll, Criminal Investigation Division (CID) und Civil Operations and Rural Development Support –, die im Verlauf von sechs Monaten, von Januar bis Juni 1971, zusammengetragen wurden und den Heroinhandel von Ngo Dzu mit verschiedenen Quellen dokumentierten.[228] Statt einen unschuldigen Verbündeten zu verteidigen, scheint es wahrscheinlicher, dass Vann, wie die US-Botschaft, ein klassisches koloniales Spiel trieb, indem er einen einheimischen Schützling rettete, weil dessen Verwundbarkeit gegen Drogenvorwürfe ihn fügsamer machte, empfänglicher für ausländische Diktate, nützlicher für Vann. Im Sumpf solch dubioser Allianzen hatten die US-Botschaft und amerikanische Berater wie Vann praktisch keine Macht, um ihre Saigoner Verbündeten daran zu hindern, Drogen an die US-Truppen zu verkaufen.

Während die US-Botschaft auf diese Weise ihr Bestes tat, um das Thieu-Regime vor Kritik abzuschirmen, versuchten die Regierung Nixon und das US-Militärkommando, die öffentliche Besorgnis über die Heroinepidemie unter den GIs zu zerstreuen, indem sie das Ausmaß des Problems herunterspielten. Das Militär bot zwei Hauptargumente an, um seinen offiziellen Optimismus zu rechtfertigen: 1.) Die Urinanalyse, der sich jeder Vietnam-GI vor der Rückkehr in die USA unterziehen musste, zeige, dass nicht mehr als 5,5 Prozent aller Armeeangehörigen in Vietnam Heroin nahmen. 2.) Da nur acht Prozent der heroinsüchtigen GIs in Vietnam die Droge spritzten (»mainlined«), war die große Mehrheit, die Heroin nur rauchte oder schniefte, nicht ernstlich süchtig und würde keine Schwierigkeiten haben, ihren Konsum aufzugeben, sobald sie nach Hause zurückgekehrt sei.[229]

Leider war die erste Annahme der Armee nicht wahr. Am 22. Juni 1971 befahl das US-Militärkommando, jeden GI, der Vietnam verließ, einem komplizierten Test zu unterziehen, der signifikante Mengen von Morphium im Körper nachweisen konnte. Jeder positiv getestete GI wurde in ein spezielles Entgiftungszentrum verbannt und durfte nicht nach Hause zurückkehren, bis er »trocken« war und den Test bestand. Von Anfang an ersannen die GIs raffinierte Methoden, um das System auszutricksen. Die Aufsicht der Testzentren war lax. Viele schwer Abhängige bestanden den Test, indem sie den »sauberen« Urin eines Kumpels mitbrachten und statt des eigenen abgaben.[230] Da die Urinanalyse nur dann Morphium im Körper nachweisen konnte, wenn der Süchtige in den vorangegangenen vier bis fünf Tagen Heroin genommen hatte, verzichteten die Süchtigen freiwillig darauf, bevor sie zum Test gingen.[231] So sahen Armeekrankenschwestern mit an, wie Süchtige mitten im Entzug den Test bestanden.[232] Entgegen dem damaligen Populärmythos konnten Süchtige die Einnahme bis zu einem gewissen Grad kontrollieren. Häufig wechselten sich bei ihnen »Wellen« des Konsums (»sprees«) mit kurzen Abstinenzzeiten ab, die bis zu einer Woche dauerten, besonders in den letzten Tagen vor dem Zahltag.[233]

Fast jeder amerikanische Soldat in Vietnam kannte das exakte Datum seiner planmäßigen Rückkehr in die »Welt«. Die meisten zählten die Tage, häufig auch die Stunden und Minuten, wenn der Zeitpunkt näher rückte. Jedes erwartete Heimkehrdatum (DEROS: Date of Expected Return from Overseas) war von einer beinahe religiösen Qualität und der Gedanke, eine weitere Woche oder auch nur ein paar Tage länger bleiben zu müssen, absolut unerträglich. Die meisten süchtigen GIs akzeptierten die Qual des freiwilligen Entzugs, um den Test zu bestehen und ihren planmäßigen Flug zu bekommen. Jene, die zu schwach waren, es allein zu schaffen, meldeten sich freiwillig zum »Amnestie«-Programm der Basis. Viele Armeeärzte berichteten, dass der Krankenstand von GIs, die wenige Wochen vor der Abreise standen, überproportional anstieg.[234] Als ein GI gefragt wurde, warum er und seine Kameraden plötzlich das Heroin zeitweilig aufgegeben hatten, antwortete er: »Das magische Wort, das absolut magische Wort ist DEROS.«[235] Die kurze, schmerzliche Entgiftung spülte das Rauschgift schlicht aus dem System, beendete aber in keiner Weise das psychische Verlangen nach der Droge. Viele dieser Männer kehrten süchtig heim.

Die Annahme der Armee, dass Süchtige, die in Vietnam Heroin nur geraucht hatten, irgendwie weniger abhängig seien als die Fixer in den USA, war absurd. Es ist zwar richtig, dass Injektionen eine stärkere Wirkung haben als das Rauchen, aber das vietnamesische Heroin war so rein (90 bis 98 Reinheitsgehalt gegenüber zwei bis zehn Prozent in den USA zur damaligen Zeit), dass es fünf bis sechs »Schüssen« mit dem gestreckten US-Heroin entsprach, wenn ein Raucher eine vietnamesische Dosis konsumierte.[236] Die meisten süchtigen GIs in Vietnam hatten Konsumgewohnheiten, die sie daheim in den USA über 200 Dollar am Tag gekostet hätten.

Die Armee stellte diese Behauptung auf, weil sie die Auswirkungen der GI-Abhängigkeit in Vietnam auf die wachsende Heroinkrise in den USA nicht zugeben wollte. Trotz Präsident Nixons Versprechen, dass »allen unseren Soldaten das Recht auf Rehabilitation eingeräumt werden muss«, entließ das Militärkommando in Vietnam 1.000 bis 2.000 Süchtige pro Monat. Es waren Männer, die nach offizieller Einschätzung »für die Armee der USA von unerheblichem Wert« waren, nachdem sie zweimal den Urintest nicht bestanden hatten. Zwar wurde jedem GI in Vietnam das Recht garantiert, sich für abhängig zu erklären und freiwillig zur Behandlung zu melden, aber im Wiederholungsfall ließ die Armee nur selten Milde walten. Sobald ein befehlshabender

Offizier einen zweifach positiv getesteten Soldaten für einen hoffnungslosen Fall hielt, wurde der GI in die USA zurückgeflogen und kurz darauf aus dem Dienst entlassen.²³⁷

Praktisch keiner dieser Süchtigen erhielt eine Nachsorgebehandlung. Im August 1971 erklärte der Vorsitzende des Unterausschusses öffentliche Gesundheit des US-Repräsentantenhauses, der Abgeordnete Paul Rogers, dass »die Veteranenkrankenhäuser nur drei Überweisungen von 12.000 heroinabhängigen Soldaten ... in Vietnam behandelt haben«.²³⁸ Sich selbst überlassen, kehrten viele dieser Männer als Süchtige in ihre Heimatstädte zurück. Ein hoher Prozentsatz der heimkehrenden Veteranen kam aus der Mittelschicht, aus Gemeinden, in denen es nie Heroinsucht gegeben hatte. Das organisierte Verbrechen hatte in der weißen Mittelklasse nie Fuß fassen können, und die meisten Strafverfolgungsexperten glaubten, dieses Milieu sei gegen Heroin immun. Als aber die süchtigen GIs nach Hause kamen, befürchteten Drogenfachleute, dass sie die Heroinplage in die Mittelschicht einschleppen könnten. Im Juni 1971 sagte ein Experte: »Jeder Süchtige schafft mindestens vier weitere. Er kann seine Sucht nicht allein ertragen und versucht mit Sicherheit ein paar Leute zu bekehren, auch wenn er selbst nicht der Dealer ist. Das ist der Ernstfall, dem wir nun gegenüberstehen.«²³⁹ Einige dieser Befürchtungen bestätigten sich zwei Jahre später, als eine Sonderkommission des Weißen Hauses die Vietnamveteranen untersuchte und herausfand, dass ein Drittel derer, die in Saigon positiv auf Heroin getestet worden waren, ihrer Sucht zu Hause weiter nachgingen.²⁴⁰

In Vietnam war der Heroinkonsum unter den GIs so verbreitet, dass die traditionelle und geschlossene Abneigung der amerikanischen Mittelklasse gegenüber der Droge aufbrach. Eine Untersuchung der US-Armee unter 1.000 Heimkehrern im März 1971 zeigte, dass in Vietnam zwar nur elf Prozent regelmäßig Heroin genommen, aber 22 Prozent es mindestens einmal probiert hatten.²⁴¹ Zwei Jahre später fand die Sonderkommission des Weißen Hauses heraus, dass 34 Prozent der amerikanischen Soldaten in Vietnam Heroin »üblicherweise konsumiert« hatten.²⁴² Für diese Männer war Heroin einfach eine weitere Droge wie Marihuana, Aufputschpillen oder Alkohol. In Vietnam gingen die Soldaten so häufig mit Heroin um – kauften es für sich selbst, holten es für einen Kameraden im Dienst oder verkauften es, um ein Geschäft zu machen –, dass die Idee, mit Heroin zu dealen, einfach auf der Hand lag, sobald sie wieder zu Hause waren. »Ich habe von ein paar

Leuten gehört, die davon runtergekommen sind«, sagte ein 22-jähriger Mittelschichtamerikaner im Long-Binh-Behandlungszentrum. »Sie sagten, dass sie immer noch davon weg sind, weil es zu teuer ist. Sie haben sowieso Angst, es zu spritzen. Aber sie sagten, ich soll ihnen ein bisschen *scag* [Heroin] schicken, damit sie es verkaufen und ein bisschen Geld machen können. Wissen Sie, ein Fläschchen kostet hier nur zwei Dollar, aber da draußen in der Welt kann man 100 Dollar dafür kriegen.«[243] Auf einer Informationstour durch Asien fand der US-Abgeordnete John M. Murphy »zahlreiche Beispiele für den gewieften GI, der entlassen wird, nach Hause geht und dann zurückkommt, um in den Drogenhandel einzusteigen«.[244]

Laut US-Drogenagenten war William Henry Jackson einer der bedeutenderen Heroinexporteure in Thailand – ein Exsoldat, der die Five Star Bar in Bangkok führte, einen Treffpunkt schwarzer GIs. Zusammen mit anderen Exsoldaten warb Jackson aktive GIs als Kuriere an, die die Droge mitnahmen, wenn sie nach Hause fuhren, oder sie über die Feldpost der Luftwaffe in die USA verschickten.[245] Ein US-Agent, der mehrere dieser Ex-GIs wegen Drogenhandels verhaftete, gab zu Protokoll: »Die meisten sagen sich: ›Sobald ich 100.000 Dollar für eine Tankstelle, ein Haus, Boot oder Auto in Kalifornien beisammen habe, höre ich auf.‹ Die meisten sind ganz normale Kerle.« Am 5. April 1971 beschlagnahmte der US-Zoll in Fort Monmouth, New Jersey, 7,7 Kilo Heroin der Marke Double-U-O-Globe in einem Päckchen aus Bangkok, das mit der US-Feldpost kam.[246] Es hatte einen Straßenverkaufswert von 1,75 Millionen Dollar. Insgesamt wurden im März und April jenes Jahres 248 Postsendungen der Feldpost von Armee und Luftwaffe beschlagnahmt, die Drogen enthielten.[247]

Als die amerikanische Truppenstärke in Vietnam rapide schrumpfte, geriet die Heroinepidemie der GIs in der Öffentlichkeit umgehend in Vergessenheit. Hätte Päsident Nixon nicht durch den Watergate-Skandal ein frühes politisches Ende gefunden, wäre er vielleicht versucht gewesen, die Bewältigung des GI-Heroinproblems als einen schönen Erfolg des Rückzugs aus Vietnam darzustellen.

Die Heroinlabors des Goldenen Dreiecks stellten nach dem Abzug der amerikanischen Soldaten ihre Produktion nicht ein. Etwa ab 1971 begannen korsische und chinesische Syndikate, laotisches Heroin direkt in die USA zu schicken. Im April 1971 wurde der neue laotische Botschafter in Frankreich mit 60 Kilo Double-U-O-Globe auf dem Pariser Flughafen erwischt, die für die USA bestimmt waren.[248] Am

11. November 1971 wurden ein philippinischer Diplomat und ein chinesischer Kaufmann im Lexington Hotel in New York mit 15,5 Kilo Double-U-O-Globe festgenommen, kurz nachdem sie aus Vientiane eingetroffen waren.[249] Fast 20 Jahre lang hatte die US-Drogenbehörde argumentiert, dass nur fünf Prozent des amerikanischen Heroins aus Südostasien kämen, aber im November 1972 musste sie sich revidieren und einräumen, dass schätzungsweise 30 Prozent des US-Heroins aus Südostasien stammte.[250] Das Heroin war den GIs nach Hause gefolgt, und die GIs selber steckten ihre Gemeinden mit dem Heroinvirus an.

Dennoch ließ das Weiße Haus in seinem Kampf um gute Public Relations nicht nach und gab im April 1973 eine Pentagon-Studie bekannt, wonach von 300.000 zurückgekehrten Vietnamveteranen, die zwischen 1970 und 1972 gedient hatten, nur noch 4.000 weiterhin Heroin nahmen. Obwohl 35 Prozent aller Soldaten in Vietnam Heroin probiert hatten, machte die Studie nur 9,5 Prozent ausfindig, die zurück in der Heimat weiterhin Heroin konsumierten – laut *New York Times* ein Versuch, »den verbreiteten Glauben zu zerstreuen, Vietnamveteranen seien ein bedeutender Faktor der gegenwärtigen Heroinepidemie der Nation«. Für den Leiter des New Yorker Gesundheitsamtes, Gordon Chase, waren diese Zahlen indessen bedeutungslos. Er wies darauf hin, dass die Stadt allein 5.000 Vietnamveteranen behandelte – mehr als die Pentagon-Studie für die gesamten USA veranschlagt hatte. Ähnlich der Befund des Soziologen John Helmer von der Harvard University, dessen Untersuchung für 1972 zeigte, dass 20 bis 33 Prozent aller Heroinsüchtigen in Massachusetts Veteranen waren. Auch jenseits der Parteipolitik blieb Heroin in den ganzen 70er Jahren ein ernstes Problem in der US-Armee. 1978 berichtete Peter Bourne, der Drogenberater von Präsident Carter, dass in einigen Einheiten der 225.000 in Deutschland stationierten US-Soldaten möglicherweise bis zu 40 Prozent Heroin nahmen. Einer Untersuchung der Berlin-Brigade zufolge gaben acht Prozent der Soldaten offen zu, Heroin zu konsumieren.[251]

Der Fall Saigons

Die Korruption des Thieu-Regimes zerstörte schließlich dessen Regierungsfähigkeit. Als sich die US-Truppen nach 1972 zurückzogen, konnte das Regime nicht länger von der amerikanischen Militärpräsenz profitieren. Gemästet von der massiven Korruption, die seit den späten

60er Jahren die US-Präsenz begleitet hatte, nahm das Regime nun das eigene Volk, um die illegalen Einkünfte zu erzielen, die für die Wahrung der internen politischen Balance nötig waren. »Das Geschwür der südvietnamesischen Korruption«, schrieb der Kriegshistoriker George Moss, »hatte Metastasen ausgebildet, bis es den gesamten Körper der Saigoner Bürokratie durchwucherte.« Es zeigte den Wandel im Muster der Korruption, dass die vom Regime beschützten Heroinnetzwerke ihre schwindende amerikanische Klientel wettmachten, indem sie Drogen an die Heerscharen von arbeitslosen Jugendlichen, Prostituierten und Straßenhändler verteilten, die Saigons Marketenderwirtschaft bildeten. 1974 gab es in Saigon geschätzte 150.000 Heroinabhängige, eine neue Generation von Drogenkonsumenten, die sich von den alternden Opiumrauchern, der Hinterlassenschaft des französischen Kolonialregimes, unterschieden.[252] Die zunehmende Inkompetenz und Unempfindlichkeit der Regierung fielen in eine Zeit großer wirtschaftlicher Schwierigkeiten, als die Gesellschaft eine starke Führung gebraucht hätte. 1974/75 stürzte der Rückzug der letzten Amerikaner die fragile Wirtschaft Südvietnams, die lange von der amerikanischen Präsenz abhängig war, in eine tiefe Krise. Die Ausgaben amerikanischer Soldaten, 1970 noch 500 Millionen Dollar, sackten bis 1974 auf weniger als 100 Millionen Dollar. Als Folge dessen verschwanden 300.000 Jobs einfach von der Bildfläche – eine Krise, die sich noch verschärfte, als der US-Kongress die amerikanische Militärhilfe 1973 halbierte.[253]

Die Saigoner Regierung büßte weiter an Unterstützung ein, als die katholische Geistlichkeit, seit alters bekannt für ihren militanten Antikommunismus, wegen der Korruption mit Präsident Thieu brach. Im Juli 1974 gründeten etwa 300 katholische Priester, unterstützt von vier Oppositionsparteien, eine Antikorruptionsbewegung, die sich der umfassenden Repression des Regimes widersetzte und damit, so ein Beobachter, zum »Katalysator einer oppositionellen Erhebung« wurde. Mehrere Monate später riefen die Buddhisten auf einer Versammlung an der An-Quang-Pagode, auf der »ein Ende des mörderischen Krieges« gefordert wurde, parallel dazu eine nationale Aussöhnungsbewegung ins Leben.[254]

Auf einer Versammlung im September verlas der Führer der Antikorruptionsbewegung, Vater Tran Huu Thanh, den »1. Anklagepunkt«, in dem er Präsident Thieu sechs Fälle von Korruption vorwarf, darunter die Aneignung von drei Armeehäusern, die illegale Beschlagnahmung eines Seegrundstücks von über einem Hektar Größe im Badeort

Dalat und die Duldung von Korruptionsgewinnen seiner Verwandten, namentlich der Düngemittelspekulation seines Schwagers, des unwohltätigen Wohltätigkeitshospitals seiner Frau und des Schwarzmarktreishandels seiner Tante. Das waren nun ziemlich geringfügige Fälle von Korruption, aber Vater Thanh erhob auch eine gravierende Anschuldigung: Präsident Thieu und Premierminister Tran Thien Khiem seien, so der Priester, »die Führer ... [eines] Drogenschmuggelrings in Südvietnam. Unter dem Schutz sowohl des Präsidenten als auch des Premiers schmuggeln Regierungsvertreter, die ihre engen Freunde sind, Drogen nach Südvietnam, um sie an internationale Händlerringe zu verteilen.« In den Schlusssätzen dieses Manifestes verurteilte Vater Thanh »den Krieg, der aufgrund der Gier von Herrn Nguyen Van Thieu, der seine Präsidentschaft höher stellt als das Schicksal der Nation, immer noch das Leben unserer Soldaten kostet«. In den folgenden Monaten brachte die Antikorruptionsbewegung Dutzende von größeren Demonstrationen gegen die Thieu-Regierung auf die Beine. Viele prominente Antikommunisten Saigons schlossen sich dieser Bewegung an, die daher als politische Revolte von Regimeanhängern gegen das Regime gelten darf.[255]

Statt auf diese Anschuldigungen mit Reformen zu reagieren, versuchte das Saigoner Regime, gestützt von der US-Botschaft, sie zu ignorieren und die Proteste zu unterdrücken. In seiner Rede zur Lage der Nation vom Oktober 1974 reagierte Präsident Thieu auf die gravierendste der Anschuldigungen, den Heroinhandel, indem er Vater Thanh und dessen Mitstreiter als »kommunistische Lakaien« bezeichnete, als »Abenteurer« und »falsche Pazifisten«. Thieu erklärte der Nation: »Ich bin nicht hier, um auf Anschuldigungen einzugehen oder mich zu verteidigen. Ich wende mich lediglich an Ihr waches Urteilsvermögen. ... Wenn meine Verwandten oder meine Frau oder Kinder korrupt sind oder das Gesetz verletzen, möge sich das Gesetz um sie kümmern. Ich werde sie nicht verteidigen oder ihr Verhalten gutheißen.«[256]

Die Saigoner CIA-Vertretung führte, alarmiert von Thieus politischem Niedergang, eine Reihe von Gesprächen mit vietnamesischen Führern und sammelte stichhaltige Beweise, dass die Korruption das Regime lähmte. »Die Soldaten können ihre Familien nicht ernähren und sind nicht mehr zum Kampf gewillt«, erklärte eine hochgestellte Quelle ihrem CIA-Kontaktmann. »Wenn Thieu weiter mit Unterstützung korrupter und unfähiger Männer regiert..., wird es für Südvietnam schwierig, den Kampf gegen den Kommunismus zu gewinnen.« Aber statt Thieu zu Reformen zu drängen, unterdrückte der Chef der CIA-Vertretung, Thomas Polgar, mithilfe des US-Botschafters die Informationen und leugnete das Problem.[257] Nach einer weiteren Breitseite Vater Thanhs gegen die Korruption im Februar 1975 nahm sich Präsident Thieu, selbst Katholik, zwar nicht den Priester vor, schloss aber fünf Oppositionszeitungen und ließ 18 Journalisten einsperren.

Im März 1975 begann Nordvietnam seine jährliche Frühjahrsoffensive. Beim ersten Kontakt mit Hanois Panzereinheiten flüchtete die südvietnamesische Armee in ihrer geschwächten Kampfmoral panisch nach Süden. Als die Kunde von diesem Debakel Saigon erreichte, zeigte sich, wie sehr das Regime an Rückhalt eingebüßt hatte. Luftwaffenmarschall Ky konnte nur 5.000 katholische Konservative aus den Vorstädten hinter sich scharen – aus einer Bevölkerung von vier Millionen. Als ihm Thieus desolate Lage klar wurde, schlug CIA-Stationschef Polgar einen Staatsstreich vor, um die Führung auszuwechseln, aber CIA-Direktor William Colby verweigerte seine Zustimmung.[258] Bevor die Amerikaner handeln konnten, trat Thieu am 25. April zurück und begab sich unter CIA-Schutz zum Tan-Son-Nhut-Flughafen. Bevor die Limousinen den Palastkomplex verließen, luden Thieus Helfer mehrere Riesenkoffer in die Wagen. »Das Klirren von Metall«, so erinnerte sich ein Mitglied der CIA-Eskorte, »durchbrach wie ein gedämpftes Glockenspiel die Stille.«[259]

Fünf Tage später durchbrach die nordvietnamesische Armee die letzten Verteidigungsstellungen der Südvietnamesen und nahm die Viermillionenstadt ein – samt 300.000 Arbeitslosen, 150.000 Heroinsüchtigen und 130.000 Prostituierten. Innerhalb weniger Monate richtete das neue Regime das Schulungszentrum für die »neue Jugend« ein, ein Rehabilitationsinternat mit 1.200 Betten und einem Behandlungsprogramm, zu dem Akupunktur, Kampfsporttraining und Indoktrination gehörten. »Die Süchtigen waren in der Kultur des Neokolonialismus gefangen«, erklärte sein Direktor, Pham Nguyen Binh, in einem Gespräch 1981, »daher müssen wir sie im Geiste der sozialistischen Kultur erziehen.«[260] 1981 verzeichnete das einjährige Programm offiziell eine Heilungsrate von 80 Prozent unter den damals durchschnittlich 8.000 behandelten Süchtigen. Aber obwohl das Regime häufig behauptete, der Sozialismus würde das Problem schon lösen, nahm die Anzahl der Süchtigen in Saigon nur sehr langsam ab. Unter den Rikschafahrern, Prostituierten und Schwarzmarkthändlern auf der

Straße wurden weiterhin Drogen gehandelt, nicht mehr Heroin Nr. 4, sondern ein aufbereitetes Opium minderer Qualität, das korrupte Polizisten, Zollbeamte und Militärs mittlerer Ränge aus Laos nach Saigon schmuggelten.[261]

Einst für die laotischen Heroinlabors das Tor zum Weltmarkt, war Saigon nun zur Sackgasse des südostasiatischen Drogenhandels geworden. Noch immer wechselte Rohopium über die Grenze mit Laos, um die Süchtigen der Stadt zu versorgen, aber die Syndikate, die einst hochreines Heroin auf die europäischen oder amerikanischen Märkte weitergeleitet hatten, waren beim Fall Saigons aus Vietnam geflohen.

6
HONGKONG: ASIENS HEROINLABOR

In vieler Hinsicht ähnelte die britische Kronkolonie Hongkong der Stadt Marseille. Die engen Straßen verliehen beiden Städten eine bedrückende, verstopfte Atmosphäre. Die Hafenbezirke glitzerten vom Neonlicht der Bars, Nachtklubs und Bordelle. Beide hatten eine lange Tradition von willkürlicher Gewalt und organisiertem Verbrechen. Marseille war das Heroinlabor für türkisches Opium, Hongkong spielte eine ähnliche Rolle für Südostasien. Westliche Journalisten berichteten häufig von der Geschicklichkeit Marseiller Chemiker, aber nur wenige wussten, dass Hongkongs Teochiu-Chemiker auf eine längere Tradition zurückblickten und ein hochwertigeres Heroin produzierten als ihre korsischen Kollegen. Amerikanische Journalisten und Drogenexperten hatten sich so sehr an die Idee gewöhnt, dass Marseille das Heroinlabor Amerikas war, dass nur wenige dem blühenden Hongkonger Drogenhandel Aufmerksamkeit schenkten. Indessen schien Hongkong bereits Anfang der 70er Jahre, zusammen mit dem Aufstieg des Goldenen Dreiecks, zur neuen Welthauptstadt der Heroinproduktion zu werden und die Rolle Marseilles zu übernehmen, das seit 1969, als sich Heroin über ganz Frankreich ausbreitete und auch dort zu einem ernsten Problem zu werden begann, von der Polizei belagert wurde.

Während der 60er Jahre produzierten Hongkongs Heroinlabors beträchtliche Mengen von reinem Heroin Nr. 4 für den amerikanischen Markt. Da aber die Hongkonger Polizei vollauf mit der Jagd auf Kleindealer beschäftigt war und die US-Drogenbehörde Asien wenig Beachtung schenkte, gab es nur wenige Beschlagnahmungen asiatischen Heroins und nur ein geringes Bewusstsein der wachsenden Rolle der Kolonie im internationalen Rauschgifthandel. Erst als in Vietnam dienende amerikanische GIs in alarmierendem Maße begannen, im Goldenen Dreieck hergestelltes Heroin Nr. 4 zu konsumieren, richtete sich das Augenmerk auf den asiatischen Rauschgifthandel. Selbst dann noch wusste kaum jemand, dass es Hongkonger Chemiker waren, die im Goldenen Dreieck das Heroin für die GIs in Vietnam herstellten, Mitglieder internationaler Syndikate, die es mit den korsischen Gangs von Marseille aufnehmen konnten.

Wie die Franzosen und Italiener neigten auch die Chinesen dazu, sich in geschäftlichen und privaten Gruppen nach Dialekt und regionaler Herkunft zusammenzuschließen. Anfang der 70er Jahre waren fast alle Gangster von Hongkongs dominanten Heroinsyndikaten Mitglieder der Teochiu-Dialektgruppe. Teochiu waren aus der Region von Shantou zugewandert, einer chinesischen Küstenstadt etwa 250 Kilometer nordöstlich von Hongkong. Die Teochiu-Drogensyndikate, die in den 70er Jahren in der britischen Kolonie operierten, hatten ihre Ursprünge jedoch nicht in Hongkong oder Shantou, sondern in Schanghai.

Die Schanghai-Syndikate

Bis es nach Chinas demütigender Niederlage im Opiumkrieg von 1839 bis 1842 an westliche Mächte abgetreten wurde, war Schanghai wenig mehr als ein Fischerdorf. Als in der zweiten Hälfte des 19. Jahrhunderts westliche Händler und Waren nach China fluteten, wurde Schanghai die größte und modernste Stadt Chinas. Aber sie war keine wirklich chinesische Stadt. Die kaiserliche chinesische Regierung teilte einen Großteil des Gebiets unter Briten, Franzosen und Japanern auf, die ihre Niederlassungen nach Gutdünken nutzten. Westler bekleideten alle hohen Ämter in Wirtschaft und Stadtverwaltung und wickelten ihren Umgang mit der einheimischen Bevölkerung über eine Gruppe chinesischer Mittelsmänner ab, die so genannten *compradores*. Da die Westler bei Geschäften und Verwaltung mit fast keinen anderen Chinesen als diesen Agenten zusammenarbeiteten, gab es bald Polizei-Compradores, Wirtschafts-Compradores und Opium-Compradores.

In der Internationalen Niederlassung, einem gemeinsam von Großbritannien und anderen westlichen Mächten verwalteten Stadtsektor, wurde eine Gruppe von Teochiu bald nach Einrichtung des städtischen Opiummonopols zu Opium-Compradores.[1] Obwohl die Lizenzen für den Opiumvertrieb und die Opiumhöhlen des Sektors formal an westliche Kaufleute (vor allem an Briten) vergeben wurden, übten tatsächlich die Teochiu-Compradores die polizeiliche Überwachung der Opiumhöhlen aus und übernahmen den Opiumverkauf. Trotz ihrer relativ niedrigen sozialen Stellung verschaffte der Handel den Teochiu bis 1918 einen gewissen Wohlstand, als der Druck der neuen republikanischen Regierung Chinas und des britischen Außenministeriums die britischen Geschäftsleute zwang, ihre Lizenzen aufzugeben und die Opiumhöhlen zu schließen.

Die Teochiu versuchten, die alleinige Herrschaft über den illegalen Drogenhandel in Schanghai zu behaupten, gerieten aber bald gegenüber einem mächtigen Verbrechersyndikat namens Green Gang ins Hintertreffen. Die Green Gang, eine traditionelle »patriotische« Geheimgesellschaft, dominierte in der Französischen Niederlassung Schanghais und kontrollierte den dortigen Opiumhandel. Als die Briten beschlossen, den Opiumhandel aufzugeben, verloren die Teochiu ihre legale Deckung in der internationalen Siedlung, und die Green Gang fing an, ihre Hegemonie über den illegalen Drogenhandel der Stadt herauszufordern. Der Kampf zwischen beiden Gruppen spitzte sich binnen kurzem zu, wobei sich auch kleinere Gangs einschalteten, und schließlich versank der Opiumhandel der Stadt in Agonie. In dieser Lage erkannte ein junger Führer der Green Gang namens Tu Yueh-sheng, der einige Jahre zuvor zum Chef der Opiumsyndikate der Bande aufgestiegen war, dass die Beute für alle Beteiligten größer wäre, wenn sie sie gleichmäßig unter sich aufteilen würden. Er vermittelte zwischen den kämpfenden Gangs und überzeugte beide Seiten vom Nutzen eines einheitlichen Opiumkartells.[2] Tu selbst wurde als »Opiumkönig« bekannt und nutzte das Drogengeschäft zum Aufstieg in die oberste Etage der Schanghaier Unterwelt.

Mehr als 30 Jahre lang leitete Tu Yueh-shengs Kartell den Schanghaier Drogenhandel mit bemerkenswerter Effizienz. In den frühen 20er Jahren begann sein Syndikat mit dem Verkauf von Millionen von roten Heroinpillen, für die als »Anti-Opiumpillen« und »beste Medizin der Welt« geworben wurde. Tausende chinesischer Opiumraucher wechselten zu Heroin. 1923 musste das Kartell jährlich 10,25 Tonnen Rauschgift von europäischen und japanischen Pharmaunternehmen importieren, um mit der Nachfrage Schritt zu halten. Als 1928 eine neue Genfer Konvention zum Verbot der Heroinvermarktung in Kraft trat und europäische Pharmaunternehmen ihre Lieferungen nach Schanghai einstellten, fingen die Drogendealer selbst mit der illegalen Heroinherstellung an.[3] Agenten der Green Gang kauften tonnenweise Rohopium in den Marktstädten der entfernten Provinz Sichuan und verschifften es auf dem Jangtsekiang nach Schanghai, wo es in Geheimlabors zu Heroin veredelt wurde.

Chemiker des Syndikats hatten sich offenkundig gute Kenntnisse der neuen Kunst erworben, denn 1934 berichtete der Schanghaier Stadtrat, dass der Heroinkonsum so weite Verbreitung gefunden habe, dass »er selbst das Opiumrauchen übertrifft«. Der Stadtrat kam zu dem Schluss, dass dieses Heroin lokal hergestellt werden müsse, da die Schanghaier Polizei ein Geheimlabor entdeckt hatte und ein weiteres in die Luft geflogen war, als ein nachlässiger Chemiker einen Fehler beim Ätherprozess machte.[4] Weil das Heroin relativ billig war (60 Prozent günstiger als eine vergleichbare Dosis Opium), wurden die »Anti-Opiumpillen« allseits populär, und Schanghaier Heroin wurde zur wichtigsten Droge der Süchtigen überall in China. In den späten 30er Jahren ließ das Kartell seine medizinische Fassade fallen und brachte die Abhängigen dazu, auf reines Heroin umzusteigen, das mit Tabak vermischt und in Zigaretten geraucht wurde. Außerdem wurde Schanghai in den 30er Jahren, als amerikanische Syndikate in das Drogengeschäft einstiegen, nachdem ihre legalen europäischen Heroinlieferungen versiegt waren, eine der wichtigsten Quellen illegalen Heroins für den amerikanischen Markt.

Aber Tu Yueh-sheng war mehr als nur ein guter Geschäftsmann. Gleich anderen großen Kriminellen der Neuzeit wie Lucky Luciano und François Spirito war er ein gewiefter Politiker, der verstand, wie wichtig die Protektion durch hohe Amtsträger war. Und wie Spirito sich die französischen Faschisten zu Dank verpflichtete, indem er die kommunistischen Demonstranten in Marseille bekämpfte, diente Tu der Nationalpartei Chiang Kai-sheks (Guomindang), indem er kommunistische Gewerkschaften in Schanghai zu zerschlagen half. Tatsächlich war Tus Auftritt auf der nationalen Bühne Chinas eng mit Chiang Kai-sheks Aufstieg zur Macht verbunden.

In der Zeit der Kriegsherren in den 20er Jahren wurde Chiang Kai-shek zum Kommandeur der neuen Armee der Nationalpartei. 1926 führte er seine Armeen in den berühmten Nordfeldzug, um die Autorität der nationalistischen Regierung in Nord- und Zentralchina durchzusetzen. Als Chiangs Truppen im Februar 1927 auf die chinesische Industriehauptstadt Schanghai zumarschierten, erhob sich die kommunistisch geführte Arbeiterbewegung gegen den örtlichen Kriegsherrn, um die Nationalisten zu unterstützen. Statt jedoch weiter auf Schanghai vorzurücken, stoppte Chiang den Vormarsch, während die Truppen des Kriegsherrn die Arbeiter niedermetzelten.[5] Obwohl Chiang von einem weiteren kommunistischen Aufstand unterstützt wurde, als er schließlich doch Ende März in Schanghai einzog, war er bereits entschlossen, die kommunistische Arbeiterbewegung zu zerschlagen. Da er sich nicht auf seine eigenen Soldaten verlassen konnte, von denen viele mit den Arbeitern sympathisierten, traf sich Chiang bald nach seiner Ankunft in Schanghai mit den Führern der Green Gang, darunter Tu.[6] Am Morgen des 12. April stürmten Tausende Schläger der Green Gang aus der Französischen Niederlassung in den chinesischen Stadtsektor und begannen eine Schreckensherrschaft, die schließlich die kommunistischen Gewerkschaften dezimierte.[7]

Tu wurde mit dem Rang eines Generalmajors in der Guomindang-Armee belohnt und bald einer von Schanghais angesehensten Bürgern. In der Ausgabe von 1933 beschrieb *The China Yearbook* Tu als den »einflussreichsten Einwohner der Französischen Niederlassung« und einen »sehr bekannten öffentlichen Wohltäter«. Ein chinesischer Historiker kommentierte später: »Vielleicht zum ersten Mal in der chinesischen Geschichte wurde der Unterwelt in der nationalen Politik formale Anerkennung zuteil.«[8]

1934 war Tus Kontrolle des Handels so umfassend, dass der Attaché des US-Finanzministeriums in Schanghai, M.R. Nicholson, in einem Bericht an seine Vorgesetzten in Washington zu dem Schluss kam, dass der Green-Gang-Führer der »Opiumkönig der Nation« sei.[9] Mithilfe der vielen disziplinierten Bandenmitglieder bildete Tu ein Opiumkartell, dass sich von Schanghai, wo er zehn Heroinlabors betrieb, über die ganze Länge des Jangtsekiangs bis zu den opiumreichen Südwestprovinzen Sichuan und Yunnan erstreckte. Durch seine engen Beziehungen zum nationalistischen Regime war Tus Kartell ein bedeutender Faktor im Jangtse-Opiumgeschäft, das Chinas Rauschgifthandel beherrschte. Nach der Ernte in den Hochländern des Südwestens wurden die Drogen auf Kanonenbooten flussabwärts geschmuggelt. Jährlich wurden mindestens 18.000 Tonnen Sichuaner und 10.000 Tonnen Yunnaner Opium durch die großen Flusshäfen geschleust. In der Stadt Hankow am Jangtsekiang, heute ein Stadtteil von Wuhan, stand eine Garnison von gut 800 bewaffneten Soldaten, um die Opiumdampfer zu beschützen. Das staatliche Amt für Sondersteuern in Hankou nahm jährlich 20 Millionen Dollar Opiumtransitgebühren ein, und zwei der größten Banken der Stadt widmeten sich der Finanzierung des Drogenhandels.[10]

Tu hatte sich lange auf die Französischen Niederlassung in Schanghai gestützt und sie zum Hauptquartier besonders für den Opiumhandel gemacht. Aufgrund einer politischen Fehleinschätzung musste er den Distrikt jedoch schließlich räumen. Mehrere Jahre zuvor hatte Tu nämlich den scheidenden französischen Konsul bei einem Opiumgeschäft um 80.000 Dollar geprellt. Als derselbe Staatsdiener, Konsul Molière, 1932 erneut den Posten erhielt, kehrte er mit Rachegedanken nach Schanghai zurück. Molière feuerte den Polizeichef der Französischen Niederlassung, einen Verbündeten der Green Gang, erhöhte die »Opiumsteuer auf ein unverhältnismäßig hohes Niveau«, forderte die »Barzahlung einer riesigen Geldsumme« und zwang Tu, »aus der Franzosenstadt zu fliehen, um sich in Sicherheit zu bringen«. Beschützt von Chiang Kai-shek, suchte Tu in der Schanghaier Chinesenstadt Nantao Zuflucht und beherrschte von dort aus weiter den Opiumhandel.[11] Wie weit sein Einfluss reichte, zeigte sich daran, dass der Chef des staatlichen Opiumbekämpfungsamtes, das Chiang 1933 gründete, ein aktives Mitglied der Green Gang war, das »seinem Wohltäter, Tu Yueh-sheng, treu« blieb.[12]

Das beunruhigendste Zeichen von Tus Macht war sein Bündnis mit dem japanischen Militär, nachdem dieses Nordchina und die Mandschurei erobert hatte. In den vorangegangenen acht Jahren, so berichtete US-Attaché Nicholson, waren die »Japaner die Hauptverantwortlichen für die Ausbreitung narkotischer Drogen ... mit Hilfe und Schutz ihres Militärs und ihrer Marine«.[13] Die japanische Drogenwirtschaft wurde rasch zur größten und bestorganisierten in China. Kanonenboote der japanischen Marine transportierten Opium den Jangtse hinunter und brachten es zu 24 bekannten Labors in Nordchina, wo es »unter dem Schutz der japanischen Behörden« zu Heroin verarbeitet und dann unter »aktiver Beteiligung« der japanischen Armee in Nordchina vermarktet wurde. In den 18 Verwaltungsbezirken Nordchinas südlich der Chinesischen Mauer zum Beispiel verkaufte eine neue Kette von 6.900 japanischen Apotheken Heroin, das die japanische Armee in »bewaffneten Wagen mit bewaffneten Eskorten« anlieferte. Nachdem die japanische Armee 1930 die nordchinesische Region Jehol besetzte, weitete die Militärverwaltung den Mohnanbau auf 5.250 Hektar aus, die eine Ernte von 1.660 Tonnen im Wert von 30 Millionen Dollar abwarfen. Tu half den Japanern, den Opiumanbau in Nordchina und den Narkotikaverkauf im Jangtsetal und in Schanghai zu monopolisieren. Die Japaner planten, das Heroin aus ihrer nordchinesischen Opiumproduktion in ganz China zu vertreiben, während sie Tu und der chinesischen Regierung die »absolute Kontrolle« des Opiumhandels im Jangtsetal überließen.[14]

Die wuchernde Heroinproduktion in Nordchina eroberte einen beträchtlichen, wenn auch nicht genau quantifizierbaren Anteil am US-Drogenmarkt. 1931 beschränkte der Völkerbund die Heroinherstellung in Europa. Nur drei Jahre später bemerkte der Attaché Nicholson vom US-Finanzministerium in Schanghai eine »plötzliche Verlagerung des Rauschgifthandels von Europa in den Fernen Osten«. Mit japanischen Labors, die »riesige Mengen Rauschgift« produzierten, und einem Netz von russischen und griechischen Schmugglern in Schanghai, fing China bald an, Amerikas illegalen Markt zu bedienen, den zweitgrößten der Welt.[15] »In den letzten Jahren«, schloss der Bericht Nicholsons, »wurde Chinas Opium- und Drogenproblem sowohl intern als auch extern zunehmend zu einem politischen. Da es eng mit verschiedenen Teilen ... des militärischen und politischen Lebens in China verbunden ist, sind die Aussichten ernst und offenbar hoffnungslos.«[16]

Obwohl ein Großteil des regulären chinesischen Handels während des Zweiten Weltkriegs abriss, als die japanischen Invasoren die suchtgeplagten Küstenstädte besetzten und Chiang Kai-sheks Regierung ins Hinterland zwangen, ging der Opiumhandel, dessen »König« weiterhin Tu blieb, unvermindert weiter. Chiangs Regierung in Chongch'ing in der opiumreichen Provinz Sichuan übertrug Tu die Aushandlung von Opiumpreisen über die Kampflinien hinweg.

Ein Geheimdienstoffizier der US-Armee schrieb im Oktober 1943 über Tus Beteiligung am Opiumhandel während des Krieges:

»Vor 1937 war Tu Yueh-sheng einer der drei Bosse der Schanghaier Unterwelt. Er war Führer des Ching Pang (»Grüner Kreis«). ... Tu war der ›Opiumkönig‹, und da er seit vielen Jahren mit Chiang Kai-shek befreundet war, wurde er von den chinesischen Behörden nie verfolgt. Als die Japse Schanghai besetzten, zog sich Tu zurück und siedelte sich später in Chongqing an. ...
1943: In Chongch'ing wurde Tu als großer Philanthrop bekannt und war Vorsitzender vieler Hilfsorganisationen. Erst 1942 war die Zeit für Tu Yueh-sheng reif, in seinem speziellen Geschäft tätig zu werden. Der Schmuggel zwischen dem besetzten und dem freien China

war so lukrativ geworden, dass die Chongch'ing-Regierung beschloss, aktiv zu werden und seine Kontrolle zu übernehmen. Man vereinbarte mit Tu Yueh-sheng, den Handel mit dem Feind über die Gefechtslinien hinweg zu leiten. Fünf Banken erhielten den Befehl, Tus neue Organisation im Umfang von 150 Millionen chinesischen Dollar zu finanzieren.«[17]

Während des chinesisch-japanischen Krieges (1937–1945) beteiligten sich Tu und seine Green Gang in erheblichem Umfang an der Spionage der Guomindang hinter den japanischen Linien, besonders in Schanghai. Obwohl sich Tu nach Hongkong und später nach Chongch'ing zurückzog, als die Japaner vorrückten, steuerte er weiterhin die Aktivitäten der Green Gang in Schanghai. Unter seiner Mitwirkung bildeten große Teile der Gang die Basis für Chiang Kai-sheks mächtigste Geheimpolizei, das Amt für Statistik und Investigation unter dem Kommando des umstrittenen Generals Tai Li.[18] Im Bündnis mit Tai Li organisierte die Green Gang spektakuläre Coups, wie zum Beispiel die Flucht zweier hochrangiger Vertreter des japanischen Marionettenregimes aus Schanghai 1940, und führte im besetzten Schanghai einen erbitterten Untergrundkrieg gegen rivalisierende chinesische Gangster, die im Dienst der Japaner standen.[19] Unter den in China eingesetzten Agenten des amerikanischen Geheimdienstes OSS gab es Gerüchte, dass Tai Li »großen Reichtum durch seine Kontrolle des Opiumhandels erworben« hatte.[20] Ein 1942 nach China geschickter OSS-Mitarbeiter, Professor Joseph Hayden aus Michigan, beschrieb Tai Li als »den Führer der chinesischen ›Gestapo‹«, als »Henker des Generalissimo [Chiang], der mit Gift und Dolch mordet und mit subtileren Methoden die Widersacher beseitigt, die sich ihm oder seinem Chef in den Weg stellen könnten«. Ungeachtet seines tiefen moralischen Abscheus teilte Hayden dem OSS-Kommando mit, dass es für die USA notwendig sei, Tai Li aufgrund seiner »gegenwärtigen Position und Macht« für Geheimdienstzwecke zu nutzen.[21]

Hergestellt wurde dieses pragmatische Bündnis mit einem politischen Mörder durch Marinekapitän Milton E. Miles, den OSS-Koordinator für den Fernen Osten, der bald General Tai Lis glühender Befürworter und enger Freund wurde. Gegen Ende des Krieges rekrutierten die beiden Tu und seine Green Gang für einen detaillierten Plan, den wichtigsten chinesischen Hafen vor der Zerstörung zu retten. Man hatte Spionageinformationen erhalten, dass die Japaner Schanghai in Schutt und Asche legen wollten, bevor es die Alliierten befreien konnten. Miles und General Tai Li beschlossen daher, sich Tus als eines »praktischen und fähigen Werkzeugs« zu bedienen. Nachdem Miles per Funk die Erlaubnis von Admiral Ernest King in Washington eingeholt hatte, mobilisierte er durch Tu dessen »Gewerkschaften« und örtliche Flusspiraten, um die Stadt vor japanischer Sabotage zu schützen. Als Miles 1945 im befreiten Schanghai ankam, hatte Tu das Kommando über die Stadt übernommen und eskortierte den OSS-Chef persönlich zu einem verschwenderisch ausgestatteten Palais mit »Goldbrokatmöbeln«, wo gekühlter Champagner auf ihn wartete. Mit ironischer Geste stellte Tu seinem Gast eine Limousine zur Verfügung, die, wie Miles erfuhr, einst Al Capone gehört hatte: einen Wagen mit »kugelsicherem Glas und Jalousien aus Stahllamellen von einem halben Zentimeter Stärke mit Schießscharten«.[22]

Als die chinesische Revolution Ende der 40er Jahre an Boden gewann, erkannten Schanghais Gangster, dass es nur eine Frage der Zeit war, bis die kommunistischen Streitkräfte die Stadt besetzen würden. Die meisten Gangster der Stadt hatten sich 1927 am Massaker der Green Gang an den Kommunisten beteiligt, deshalb wanderte fast die gesamte Unterwelt zwischen 1947 und 1950 nach Hongkong aus. Dieser massive Zustrom von Tausenden der härtesten Kriminellen Chinas überforderte die Hongkonger Polizei. Das organisierte Verbrechen blühte in beispiellosem Ausmaß. Sowohl die Green Gang als auch die Teochiu-Syndikate waren landesweite Organisationen, deren Hongkonger Vertretungen die Emigranten willkommen hießen. Die örtlichen Gangführer nutzten die Situation jedoch zu ihrem Vorteil und usurpierten – so auf jeden Fall bei den Green Gang, wahrscheinlich aber auch bei den Teochiu – die Autorität der Schanghaier Bosse.[23]

Die Mafia Südostasiens

Mitglieder der Green Gang waren in Schanghai die mächtigsten Betreiber illegaler Geschäfte gewesen, und in ihren ersten Jahren in Hongkong schien es, als würden sie bald auch das organisierte Verbrechen der Kolonie beherrschen. Die Green Gang eröffnete riesige Tanzsäle, organisierte Prostitution in großem Umfang und beging eine Reihe von spektakulären Raubüberfällen. Vor allem aber begannen ihre Chemiker mit der Produktion von hochreinem Heroin, das immer größeren Absatz fand, als die Kolonialregierung gegen den Opiumkonsum vorging. Bevor die Schanghaier Gangster in die Kronkolonie kamen, hatte es hier keine Heroinproduktion und nur einen geringen Verbrauch gegeben. Zunächst ging es der Green Gang bei ihrer Produktion nur um Exilanten, die schon süchtig geworden waren, bevor sie nach Hongkong kamen, aber nach und nach expandierte der Markt, indem einheimische Opiumraucher wegen der Antiopiumkampagne der Kolonialregierung zu Heroin wechselten.[24] Die Green Gang war sich sehr wohl bewusst, welche Rolle sie bei der Einführung der Technologie der Heroinherstellung in Hongkong gespielt hatte. Einige der älteren Mitglieder der Gesellschaft reklamierten für sich, dass alle Chemiker der Kolonie von dem »einarmigen Chemikermeister und seinen sieben Green-Gang-Schülern« ausgebildet worden seien, die 1949 aus Schanghai geflohen waren.[25]

Tu Yueh-shengs Kartell war zusammengebrochen, als die Unterwelt aus Schanghai floh. Der alte Kampf zwischen Teochiu und Green Gang um den Rauschgifthandel lebte bald wieder auf, kaum dass die beiden Gruppen in Hongkong eingetrofen waren. Tu selbst siedelte im April 1949 in die Kolonie um, aber all seine Vermittlungsbemühungen endeten mit seinem Tod im August 1951.[26] In dem Kampf der beiden Syndikate hatten die Teochiu gewisse Vorteile, die zu ihrem schließlichen Sieg beitrugen. Die Green Gang mit ihren vorwiegend nordchinesischen Mitgliedern war in Hongkong ein relativer Außenseiter, das Teochiu-Syndikat hingegen hier stark verankert: Sprecher des Teochiu-Dialekts machten acht Prozent der Bevölkerung Hongkongs aus; es hatte zuvor schon eine Reihe mächtiger Teochiu-Straßenbanden gegeben[27]; und, vielleicht noch wichtiger, einige der höheren chinesischen Beamten in der Hierarchie der Polizei waren Teochiu. Die Teochiu ließen sich gar nicht weiter auf Schießereien oder Straßenkämpfe ein, sondern machten sich diese Polizeiverbindungen zunutze, um ihre Rivalen zu beseitigen. Obwohl die Kolonialpolizei offiziell den steilen Niedergang der Green Gang einer Sonderpolizeieinheit anrechnete, die 1950 gebildet wurde[28], räumte sie hinter vorgehaltener Hand ein, dass sich ihr Erfolg vor allem den Tipps verdankte, die sie von den Teochiu und anderen Verbrecherbanden erhielt.[29] Die Polizei landete ihren ersten bedeutenden Schlag 1952, als sie den mutmaßlichen Green-Gang-Führer Li Choi-fat auswies. Lis Festnahme schreckte seine Anhänger von riskanten Raubüberfällen ab. Sie konzentrierten sich nun lieber auf die sichereren Lastergeschäfte, aber Deportationen und Verhaftungen dünnten ihre Reihen weiter aus.[30] Bis Mitte der 50er Jahre war das

Drogenimport- und -vertriebsnetz der Green Gang zerschlagen.[31] Die meisten ihrer Chemiker waren zum Teochiu-Syndikat gewechselt.[32]

Der Sieg der Teochiu über die Green Gang war nur der erste Schritt beim Aufbau eines Monopols über Hongkongs Heroinhandel. Das Hongkong-Syndikat machte sich nun daran, die Kontrolle über die Importe thailändischen Morphiums und Opiums an sich zu reißen. Da ein Großteil des Bangkoker Handels einschließlich des Opiumhandels von Teochiu-Bossen beherrscht wurde, war das nicht allzu schwierig. Als Mitte der 50er Jahre iranisches, indisches und festlandchinesisches Opium vom Markt verschwanden, verschaffte die Kontrolle über die Bangkoker Drogenverbindung den Teochiu ein Importmonopol. Der Einzelhandel, der lukrativste Teil des Geschäfts, wurde jedoch weiterhin von diversen wohletablierten kantonesischen Familiengesellschaften, Geheimbünden und Verbrecherbanden geleitet. Als die Teochiu auch in diesen Geschäftsbereich eindringen wollten, stießen sie auf heftigen Widerstand. Zu Hilfe kam ihnen, dass die Hongkonger Polizei nach drei Tagen blutiger Krawalle durch kantonesische Geheimgesellschaften im Oktober 1956 ein Triadendezernat bildete und die Zugehörigkeit zu einer dieser Organisationen zum Verbrechen erklärte. In den fünf Jahren nach den Unruhen nahm die Polizei 10.500 verdächtige Mitglieder einheimischer Geheimbünde fest und wies 600 weitere aus. Sie zerschlug auf diese Weise die mächtigen kantonesischen Organisationen. Übrig blieben ohnmächtige Splittergruppen.[33] Damit war ein wichtiges Hindernis für den Aufstieg der Teochiu beseitigt. Erst Mitte der 60er Jahre übernahmen sie jedoch den Einzelhandelsvertrieb, als die Polizei sich mit einigem Nachdruck der Opiumhöhlen und Straßendealer annahm. Aber bevor man die Bedeutung des polizeilichen Vorgehens voll verstehen kann, ist es notwendig, etwas über die Sucht und den Straßenverkauf im Hongkong der damaligen Zeit zu wissen.

Mit geschätzten 100.000 Drogensüchtigen bei etwa vier Millionen Einwohnern insgesamt gab es in Hongkong den höchsten Anteil von Opium- und Heroinkonsumenten weltweit.[34] Die meisten Abhängigen waren arme Lohnarbeiter, die in beengten Mietwohnungen und wuchernden Slums lebten.[35] Etwa 85 Prozent aller Gefängnisinsassen der Kolonie waren Heroinsüchtige, 47 Prozent aller Verurteilten Drogenstraftäter. Die Gefängniswärter sahen sich nicht in der Lage, den Drogennachschub zu stoppen; Heroin war im Gefängnis so verbreitet, dass es als Tausch- und Zahlungsmittel benutzt wurde.[36] Und die Anzahl der Süchtigen in der Kolonie nahm weiterhin alarmierend zu.

Die Hongkonger Presse verzeichnete 1970/71 einen steilen Anstieg der Abhängigkeit unter Jugendlichen.[37] 1972 ging die US-Drogenbehörde von 30.000 Opiumrauchern und 120.000 Heroinabhängigen aus, die jährlich über 35 Tonnen Opium konsumierten – ein Volumen, das fast an den gesamten US-Opiatverbrauch heranreichte.[38]

Die meisten Süchtigen in Hongkong vor dem Zweiten Weltkrieg waren Opiumraucher gewesen, aber 25 Jahre polizeiliche Opiumbekämpfung trieben die meisten Abhängigen zum Heroin. In den frühen 60er Jahren waren 60 bis 70 Prozent der Süchtigen der Kolonie Heroinkonsumenten. Die meisten derjenigen, die noch Opium rauchten, waren über 50 Jahre alt.[39] Als immer mehr ältere Süchtige starben und sich die jüngeren ausschließlich dem Heroin zuwandten, stieg der Prozentsatz der Heroinkonsumenten bis 1971 auf geschätzte 80 bis 90 Prozent. Aber anders als die amerikanischen Süchtigen, die sich mit einer Nadel einen Schuss direkt in die Vene setzten, um die euphorisierende Wirkung des gestreckten, nur fünf Prozent reinen Straßendealerheroins noch zu spüren, konnten die Abhängigen in Hongkong ihre Sucht befriedigen, indem sie die Droge rauchten, da sie weit reineren Stoff bekamen. Die Mehrheit der Hongkonger Süchtigen konsumierte eine hochwertige, preiswerte, gräuliche, klumpige Marke von Heroin Nr. 3, das gewöhnlich einen Reinheitsgehalt von etwa 40 Prozent hatte. Die Konsumenten legten mehrere Klumpen auf eine Aluminiumfolie und erhitzten es mit einem Streichholz. Wenn es schmolz und zu qualmen begann, sog man den Rauch durch ein Röhrchen aus gerolltem Papier (»den Drachen jagen«) oder durch eine Streichholzschachtelhülle ein (»Mundharmonika spielen«). Etwa 25 Prozent der Süchtigen verwendeten ein reineres Heroin Nr. 3, im Volksmund »Weiße Drachenperle« genannt. Es hatte einen Reinheitsgehalt von etwa 50 Prozent und gewann seine charakteristische kreideweiße Farbe, wenn es mit einem Barbiturat namens Bartiton verschnitten wurde. Der Konsument zerstieß die weißen Klumpen zu einem körnigen Pulver und rauchte sie in einer gewöhnlichen Tabakzigarette. Da sich die Euphorie mit dem Stakkato der Pulverkörner einstellte, die bei jedem Zug laut knisternd zerbarsten, nannten die Süchtigen diese Methode »Flakschießen«.

Vor den Polizeimaßnahmen Mitte der 60er Jahre war die Regierung ziemlich lax gewesen, sodass es sich kleine Dealer erlauben konnten, Streifenpolizisten zu bestechen, um ungestört ihren Geschäften nachzugehen. Danach allerdings brachten kleine Schmiergelder nichts mehr ein, und die kleinen kantonesischen Pusher wurden von den Straßen vertrieben. Währenddessen konzentrierten die Teochiu-Syndikate den Einzelhandelsverkauf der Kolonie auf sieben große Vertriebszentren, die ein Hongkong-Reporter »Drogensupermärkte« nannte. Da jedes dieser Geschäfte monatlich Heroin im Wert von 150.000 bis 300.000 Dollar verkaufte[40], waren die Profitmargen groß genug, um an die chinesischen und britischen Beamten der Hongkonger Polizei üppige Zubrote abführen zu können. Die Polizeioffensive bremste zwar in keiner Weise das Wachstum des Drogenhandels, aber sie machte viele chinesische Wachtmeister zu Millionären. Die Korruption war so allgegenwärtig, dass im August 1969 durch die bloße Andeutung einer Antikorruptionskampagne chinesische Inspektoren und Wachtmeister massenhaft den Dienst quittierten.[41] Verlässliche Quellen in Hongkong berichteten, dass einer der ausgeschiedenen Teochiu-Beamten sein Vermögen von mehreren Millionen Dollar in Immobilien, Restaurants, Spielsäle und Apartmenthäuser investierte.

Wie sich die härtere Gangart der Polizei gegen den Drogenhandel der Kolonie im Kleinen auswirkte, zeigt beispielhaft das Wachstum des Ma-Shan-Vertriebszentrums. Bis Mitte der 60er Jahre besorgten sich die Süchtigen dieses Gebiets an der Nordostküste der Hongkonger Insel ihre Drogen von Straßenhändlern in der Nachbarschaft oder gingen zum Rauchen in benachbarte Opiumhöhlen. Als die Polizei die Dealer von den Straßen scheuchte und die Drogenhöhlen schloss, kaufte ein Teochiu-Gangster von einer kantonesischen Geheimgesellschaft eine kleine Opiumhöhle im Viertel Ma Shan und machte sie zum größten »Drogensupermarkt« des gesamten Bezirks. Auf einem klippenähnlichen Abhang mit Blick auf eines von Hongkongs komfortableren Vierteln gelegen, war Ma Shan eine baufällige, wilde Hüttensiedlung. Sie war zwar nicht bequem zu erreichen, aber dafür machten ihre felsige Lage und ihr Treppengewirr überraschende Razzien der Polizei fast unmöglich. Während zehn Wachen um das Gebäude patrouillierten, bot das Verkaufszentrum Tausenden von Süchtigen einen 24-Stunden-Service. Obwohl Ma Shan ein kantonesisches Gebiet war und alle anderen illegalen Geschäfte von einem Geheimbund der Siedlung kontrolliert wurden, konnten sich die Teochiu mit ihrem Modell eines zentralisierten Drogenkleinhandels durchsetzen.[42]

Zwar enthüllte die Hongkonger Presse gelegentlich die Lage dieser Drogeneinzelhandelszentren, aber dann mussten die Supermärkte lediglich ein paar Blocks weiter ziehen oder das Gebäude wechseln; nie kam es zu einem größeren Polizeieinsatz.[43] Die Polizei konzentrierte ihre Energien vor allem auf die Schließung kleinerer Drogenhöhlen von Unternehmern, die nicht den Schutz der Syndikate genossen. Von Zeit zu Zeit musste sie eines dieser Etablissements auffliegen lassen, um ihre Sauberkeit unter Beweis zu stellen. Es war bekannt, dass die Syndikate dafür eigens verarmte Süchtige bezahlten und sie in eine gefälschte Opiumhöhle setzten, damit die Polizei sie dort »entdecken« konnte. Häufig wurde die Presse zu solchen Einsätzen eingeladen. Die angeheuerten Süchtigen lieferten gewöhnlich eine überzeugende Vorstellung, komplett mit Weinkrämpfen, Wutausbrüchen und Fluchtversuchen.[44]

Die Übernahme des Einzelhandels verlieh den Teochiu ein absolutes Monopol über den gesamten Drogenhandel Hongkongs. Aber bedeutete dies, dass die gesamte Vertriebskette – von den Heroinlabors bis zur Straße – von einem monolithischen Teochiu-Block beherrscht wurde? Und war etwa der gesamte damalige Rauschgifthandel Südostasiens in der Hand eines einzigen Teochiu-Syndikats, einer veritablen chinesischen Mafia?

Während jahrzehntelange Nachforschungen von Polizeibehörden und Journalisten uns ein recht klares Bild von der sizilianischen Mafia und korsischen Syndikaten vermittelt haben, ist über die Teochiu nur wenig bekannt. Von Vertretern der Obrigkeit in Thailand, Laos, Vietnam und Hongkong geschützt, waren außerhalb der herrschenden Kreise nicht einmal die Namen der wichtigsten Teochiu-Händler bekannt. Die Entwicklungen im südostasiatischen Drogenhandel in den frühen 70er Jahren offenbarten jedoch ein hohes Maß an Koordination unter den illegalen Teochiu-Händlern und begründeten den Verdacht, dass sie sehr wohl ein einheitliches Syndikat bildeten. Etlichen Hinweisen zufolge waren viele Heroinlabors des Goldenen Dreiecks, die Stoff für amerikanische GIs in Vietnam herstellten, mit Teochiu-Chemikern aus Hongkong besetzt. In der Nähe des Dorfes Nam Keung auf der laotischen Seite des Mekong zum Beispiel, so berichtete im September 1971 der örtliche Militärkommandeur, Major Chao La, wurde das Heroinlabor von einem Teochiu-Chemiker aus Hongkong geleitet.[45]

Es war nicht das erste Mal, dass die Teochiu die Hongkonger Kunst der Heroinproduktion nach Südostasien exportierten. Kurz nachdem 1958 die Thai-Regierung die Opiumhöhlen geschlossen hatte und gegen die Opiumraucher vorgegangen war, trafen Heroinchemiker aus Hongkong in Thailand ein, richteten Labors im Raum Bangkok ein und begannen mit der Herstellung von eher mittelmäßigem Heroin Nr. 3 für den einheimischen Markt.⁴⁶ Auch hier war es – bittere Ironie – vor allem die Opiumkampagne der Polizei, die die meisten thailändischen Süchtigen binnen weniger Jahre in den Heroinkonsum trieb. Mit der Ankunft neuer Teochiu-Chemiker aus Hongkong 1969/70 wurde die komplexe Technik der Herstellung hochreinen Heroins Nr. 4 eingeführt – ein bedeutender Sprung für die Drogenindustrie der Region, die ihr später den Zugang zum US-Markt verschaffen sollte.

Im Juli 1971 sprengte die vietnamesische Polizei einen großen Heroinschmuggelring in Saigon und nahm mehr als 60 Drogenhändler fest. Alle waren Teochiu. Aber obwohl die Presse die Verhaftungen als großen Sieg der Antidrogenkampagne bejubelte, gelangen der Polizei die Verhaftungen nur, weil der Boss des Teochiu-Syndikats in Bangkok überzeugt war, dass seine Saigoner Geschäftspartner ihn betrogen hatten. Er benutzte daher die Polizei als »Vollstrecker« seiner Rache.⁴⁷

Außerdem spielten die Teochiu offenbar eine bedeutende Rolle bei der Entwicklung des illegalen Drogenhandels in Südostasien und der Aufrechterhaltung der von den alten kolonialen Opiummonopolen geschaffenen Massenabhängigkeit. Über ein Netz von internationalen Kontakten stellten die Teochiu Rohstoffe, Heroinchemiker und Managementfähigkeiten bereit, die für den illegalen Handel erforderlich waren. Gewöhnlich zogen sie es vor, mit den einzelnen Regierungen eine Art von Übereinkunft zu treffen, und in vielen südostasiatischen Ländern war diese Beziehung so eng, dass die Teochiu in halboffizieller Mission zu arbeiten schienen. Wie die meisten Geschäftsleute wurden sie in keinem Land aktiv, wo die Geschäftsbedingungen nicht günstig waren.

Der Erfolg der Regierung von Singapur bei der Drogenbekämpfung illustriert, dass es für die internationalen Rauschgiftsyndikate vor allem darauf ankam, die Drogenprobleme in einer Region aufrechtzuerhalten. In den 50er Jahren war die Stadt ein großer Umschlagplatz für die Malaiische Halbinsel im Norden und den indonesischen Archipel im Süden. Sie war auch das regionale Hauptquartier von vier oder fünf internationalen Syndikaten. Der unbeschränkte Drogennachschub unterlief alle staatlichen Bemühungen, die Süchtigenzahlen zu senken; dass Zoll und Polizei häufig 1.000 bis 2.000 Kilo auf einen Schlag beschlagnahmten, hatte kaum Auswirkungen auf die Verfügbarkeit von Drogen.⁴⁸ Statt nun aber die Opiumabhängigen zu drangsalieren und sie dadurch bloß zum Heroin zu treiben, beschloss die Regierung, gegen die Syndikate vorzugehen. 1962 nahm eine Sondereinheit der Polizei die fünf mächtigsten Syndikatbosse fest (von denen einer ein Teochiu war) und wies sie nach einem Geheimverhör aus.[49] Der Teochiu-Gangster ging nach Bangkok, wo er weiter in den Drogenhandel verstrickt gewesen sein soll, die Spuren der anderen vier verloren sich. Danach begannen die Schmuggler, Singapur zu meiden, und verstärkte Zollkontrollen erbrachten nur noch kleine Mengen Opium.[50]

Singapur war das einzige südostasiatische Land (außer Nordvietnam) mit abnehmender Süchtigenzahl: 1947 gab es 25.000 registrierte Opiumraucher, 1970 schätzte man nur 8.000 Drogensüchtige. Bezeichnenderweise waren fast 7.000 von ihnen zwischen 40 und 50 Jahre alt, ein Erbe der Kolonialzeit. Dagegen gab es nur wenige jugendliche Süchtige und fast überhaupt kein Heroinproblem.[51] Das Beispiel Singapur zeigt, dass eine südostasiatische Regierung das örtliche Drogenproblem sehr wohl mindern und aus dem internationalen Rauschgifthandel ausscheren konnte, sofern sie nur den politischen Willen dafür aufbrachte.

Heroinfreihafen

Obwohl nicht genug über die Teochiu-Operationen in Hongkong bekannt ist, um die Beziehungen zwischen den Importeuren und den Betreibern der »Drogensupermärkte« detailliert darzulegen, waren der Kolonialpolizei die Führung des Syndikats und dessen allgemeine Operationsmethoden in groben Zügen durchaus bekannt. 1971 gingen die Ermittler davon aus, dass fast sämtliche Drogen der Stadt von nur fünf Teochiu-Gangstern finanziert und importiert wurden.[52] Der wichtigste von ihnen hieß Ma Sik-yu. Man nahm an, dass er 50 Prozent der gesamten Morphium- und Opiumimporte nach Hongkong kontrollierte.[53] Ma erreichte diese Vorrangstellung im Drogengeschäft in nur sechs Jahren – eine beachtliche Erfolgsstory.

Seine Familie war so arm, dass Ma als gewöhnlicher Straßenhändler begann. Bald besserte er sein Einkommen nebenbei durch Drogenverkäufe auf, arbeitete sich langsam im Drogengeschäft nach oben, wurde Leiter einer Drogenhöhle und schließlich selbst Besitzer einer einträglichen Opiumhöhle in der Nähe des Nachtklubdistrikts von Kowloon.[54] Als er wegen der Polizeiaktionen gegen die Opiumhöhlen Mitte der 60er Jahre sein Geschäft schließen musste, war Ma einer der Teochiu-Gangster, die einen Drogensupermarkt eröffneten. Dann verlegte er sich vom Einzelhandel auf den Import und wurde innerhalb weniger Jahre Hongkongs wichtigster Schmuggler von Opium und Morphinbase.[55]

Obwohl die Hongkonger Behörden Mas Rolle im Heroinhandel sehr wohl kannten, fanden sie keinen Weg, um genügend Beweise zu sammeln, die für eine Verurteilung gereicht hätten. Ma war nicht direkt in den Handel involviert und erhielt seinen Anteil am Gewinn über eine Kette von Bankkonten, dessen Spur sich unter Hunderten von legalen inländischen und internationalen Geldtransfers verlor. Der Heroinhandel war auf allen Ebenen so gut organisiert, die Teochiu waren so diszipliniert und verschwiegen, dass die Behörden der Kolonie es für aussichtslos hielten, die großen Drogenhändler jemals zu verurteilen.[56] Aber Hongkongs Drogenindustrie war nicht länger nur ein lokales Problem. Die Unfähigkeit der Regierung, den Drogenhandel zu vermindern, machte die Kolonie zu einer immer bedeutenderen Heroinquelle für den amerikanischen Markt. Hongkongs Heroinlabors bildeten den Endpunkt der Opiumroute von Südostasien und den Anfang der Heroinpipeline in die USA.

Am 13. September 1971 verließ ein kleiner thailändischer Fischkutter das thailändische Paknam mit einer Ladung von 1.500 Kilo Rohopium und 260 Kilo Morphiumbarren. Seine Bestimmung war Hongkong. Bei günstigen Wetterverhältnissen würde das Schiff mit fünf bis zehn Knoten pro Stunde vorankommen und dort innerhalb einer Woche eintreffen. Dieses Fischerboot war Teil einer kleinen, aber seit ein paar Jahren sehr aktiven Flotte. Bis 1968 waren die meisten Sendungen auf regulären Frachtern eingetroffen, verborgen unter Ladungen von Kühlschränken oder Bauholz. Dieser Art des Schmuggels war der Hongkonger Zoll jedoch auf die Schliche gekommen. So mussten die Schmuggler ihre Taktik ändern. Der neue Kutterschmuggel schützte sie viel besser vor Beschlagnahmungen und Verhaftungen. Wenn die Trawler Paknam verließen, waren sie gewöhnlich leer. Kurz vor Abfahrt jedoch stieg ein Kontaktmann an Bord. Das Schiff nahm dann einen östlichen Kurs parallel zur thailändischen Küste, bis es einen vereinbarten Treffpunkt erreichte, den nur der Kontaktmann kannte. Nachdem das Schiff einen Lichtsignalcode zur Küste geblinkt hatte, schoss ein schnelles Motorboot vom Ufer los, überbrachte die Drogen und jagte mit dem Kontaktmann an Bord wieder davon.[57] Wenn der Kutter das südvietnamesische Kap umrundet hatte und ins Chinesische Meer vorgedrungen war, hatten ihn gewöhnlich bereits über dem Golf von Thailand patrouillierende Radarflugzeuge der US-Marine entdeckt. Binnen weniger Minuten nach Landung des Patrouilleflugzeugs auf seiner thailändischen Basis in Utapao funkte man Kurs, Richtung und Geschwindigkeit des Kutters an die Kontrollstation der US-Marine im vietnamesischen Cam Ranh. Obwohl sie vorrangig den Frachtverkehr für das nordvietnamesische Haiphong und die auf Südvietnam zusteuernden Küstenschiffe überwachen sollte, interessierte sich die amerikanische Luftüberwachung auch für »Drogenboote«, die Richtung Hongkong tuckerten. Nachdem der Kutter ein letztes Mal von einer weiteren Radarpatrouille im Südchinesischen Meer erfasst worden war, wurden Kurs und geschätzte Ankunftszeit in Hongkong nach Saigon gefunkt und an die britischen Behörden weitergeleitet.[58]

Leider nutzte diese präzise Information den Hongkonger Zollbehörden wenig. Mit ihren nur sechs Barkassen, um 200 Inseln, viele Hunderte Kilometer Küste und eine einheimische Fischereiflotte von 15.000 Sampans und Dschunken zu kontrollieren[59], sahen sie sich außerstande, selbst mit detaillierten Informationen über die Drogenboote diese Art des Schmuggels zu unterbinden. Sobald der thailändische Kutter Hongkong erreicht hatte, gab es für die Besatzung drei Möglichkeiten, um die Ladung einem lokalen Fischerboot zu übergeben: 1.) Sie vergrub sie am Strand einer verlassenen Insel; 2.) sie übergab die Ware in chinesischen Gewässern, wohin ihr die Hongkonger Behörden nicht folgen konnten; 3.) sie warf die in wasserdichten Stahltonnen versiegelten Drogen in flachen Küstengewässern über Bord. Sofern der Kutter von einer Behördenbarkasse verfolgt wurde, zog er sich schlicht in internationale Gewässer zurück und wartete, bis der personell unterbesetzte Hongkonger Zoll die Überwachung aufgab. Sobald das örtliche Fischerboot die Ladung aufgenommen hatte, zog es sie gewöhnlich in schweren Stahlfässern unter Wasser in den Hafen.[60]

Da ein Trawler eine Ladung von bis zu drei Tonnen Morphium transportieren konnte – in verarbeiteter Form etwa sechs Prozent des jährlichen US-Heroinkonsums –, betrachtete die US-Drogenbehörde die Beschlagnahmung eines Kutters als »wirklichen Sieg« und begann Anfang 1972, ihre Kräfte entsprechend zu bündeln. Anscheinend bekamen die Thai-Schmuggler Wind von diesen Bemühungen, denn am 5. Februar fanden Hongkonger Zollbeamte rund 20 Kilo Morphinbase im Ventilationsschacht eines Frachtschiffes, dass gerade aus Bangkok eingetroffen war.[61] Die Beschlagnahmung demonstrierte, wie gewandt sich die Thai-Schmuggler an die Abfangversuche anpassten und wie nahezu unmöglich es war, den Hongkonger Hafen gegen Drogenschmuggel abzuriegeln.

Einmal sicher in Hongkong angekommen, wurde die Morphinbase zu einem der etwa zehn Labors geschafft, die zur damaligen Zeit gewöhnlich in Betrieb waren. Die größten Labors hatten bis zu sieben Arbeiter und produzierten über 20 Kilo Heroin am Tag, aber die meisten brachten es nur auf drei bis vier Beschäftigte und etwa fünf Kilo am Tag.[62] Selbst der ungeübteste Hongkonger Heroinchemiker wurde mit dem ziemlich simplen chemischen Prozess fertig, um Heroin Nr. 3 von ausreichender Qualität zu produzieren. Das meiste in die Kolonie geschmuggelte Morphium diente zur Herstellung der klumpigen Marken minderer Reinheit, die die lokalen Süchtigen bevorzugten.

Für die USA war die kritische Frage natürlich, wie groß der Anteil des von amerikanischen Süchtigen benutzten pulverigen Heroins Nr. 4 war und welcher Prozentsatz dieses Ausstoßes in die USA ging. Es ist unmöglich, präzise Angaben über ein so geheimes Geschäft zu machen, aber alles weist darauf hin, dass Hongkong ein großer Zulieferer des US-Marktes geworden war. Zwar kann jeder Chemiker die relativ einfachen Herstellungsprozesse von Heroin Nr. 3 bewältigen, aber zur Produktion von Heroin Nr. 4 gehört ein letzter, gefährlicher Schritt, der großes zusätzliches Können verlangt. Das gräuliche, klumpige Heroin Nr. 3 muss durch eine Äther-Alkohol-Lösung ausgefällt werden.[63] Unsachgemäß verwendet, verflüchtigt sich der hoch entzündliche Äther aus der Lösung. 1970 explodierte ein Hongkonger Labor, als der Chemiker etwas sorglos war und während des Ätherprozesses die Sicherung des Ventilators durchbrannte. Der Chemiker und mehrere Gehilfen entkamen und ließen einen Mitarbeiter mit schweren Verbrennungen unter den rauchenden Trümmern zurück.[64] Diese letzte Phase ist nicht nur gefährlich, sondern verdoppelt die für den gesamten Verarbeitungsprozess erforderliche Zeit: Ein Labor, das ein Quantum Heroin Nr. 3 in sechs Stunden produzieren konnte, benötigte zwölf bis 15 Stunden für die gleiche Menge Heroin Nr. 4. Trotz aller zusätzlichen Risiken und des Zeitaufwands ist der einzige wirkliche Vorteil von Nr. 4 seine hohe Wasserlöslichkeit, durch die es sich leichter spritzen lässt. Da nur wenige Süchtige der Kolonie ihr Heroin spritzten (und fast keiner, der es tat, sich das teure Nr. 4 leisten konnte), waren die Hongkonger Behörden einhellig der Meinung, dass es keinen lokalen Markt für Heroin Nr. 4 gab.

Trotzdem wurde sehr viel Heroin Nr. 4 in Hongkong hergestellt, wie das staatliche Chemikalische Amt herausfand. Da sich unter den von der Polizei konfiszierten Straßenpäckchen überhaupt kein Heroin Nr. 4 befand, lag der Schluss auf der Hand: Diese Produktion war nur für den Export bestimmt.[65] Es dauerte bis 1967, als es schließlich gelang, größere Mengen dieses Heroins Nr. 4 aus Hongkong abzufangen. Der erste Durchbruch erfolgte im Januar jenes Jahres, als bei koordinierten Polizeirazzien in Miami, New York und im australischen Sydney ein ganzer Schmugglerring ins Netz ging, der von Hongkong aus operierte. Seine Organisatoren waren pensionierte australische Polizisten, elf der 15 Festgenommenen ebenfalls Australier.[66] Der Ring hatte fast ein Jahr gearbeitet, die Drogen in Päckchen am Körper versteckt geschmuggelt und einen raffinierten Trick mit doppelten Reisepässen benutzt, um Heroin im Wert von 22,5 Millionen Dollar in die USA zu schleusen.

Die Verhöre der australischen Verdächtigen offenbarten, dass die Anführer des Rings von den »großen fünf« Teochiu-Syndikatbossen Hongkongs angeheuert worden waren. Alle zwei Wochen flog eine Gruppe von Kurieren mit doppelten Reisepässen von Sydney nach Hongkong, wo jeder fünf bis sechs Kilo ungestrecktes Heroin Nr. 4 abholte. Nachdem sie das Heroin unter ihrer Kleidung versteckt hatten, indem sie die Plastikbeutel mit Klebeband an Brust und Bauch befestigten, nahmen sie gewöhnlich einen Direktflug nach London, wo sie ausstiegen. Von dort aus flogen sie mit ihrem zweiten, vom britischen Zoll abgestempelten Reisepass weiter nach New York und passierten den US-Zoll als gewöhnliche, kugelbäuchige Geschäftsleute, die, nur nach einem kurzen Zwischenstopp in London, direkt von Australien eingereist waren. Bei einem Pass mit Hongkonger Einreisestempel hätten sie eher Verdacht erregt.[67] Die Profite der Kuriere waren gewaltig: Ein Kilogramm Heroin, das die Australier von den Hongkonger Teochiu für 1.600 Dollar kauften, wurde an amerikanische Großhändler für 34.000 Dollar weiterverkauft.[68]

Obwohl diese Verhaftungen in der Presse viel Beachtung fanden, sahen die US-Drogenbekämpfer den australischen Schmugglerring als Ausnahmephänomen. Erst drei Jahre später, als ein noch größerer Schmugglerring aus Hongkong zerschlagen wurde, fingen sie an, der Kronkolonie ernsthaft Aufmerksamkeit zu schenken. 1970 schlugen die Ermittler in einer koordinierten Aktion auf allen Flughäfen der USA zu. Dabei ging ihnen eine Gruppe von philippinischen Kurieren ins Netz, die mit ganz verschiedenen Transatlantikmaschinen einreisten. Alle trugen Päckchen mit Heroin Nr. 4 aus Hongkong am Körper, die für Kontaktleute der Mafia in den USA bestimmt waren.

Auch der Philippinenring arbeitete für einen der Teochiu-Bosse in Hongkong, aber seine Operationen waren weit umfangreicher als die der australischen Gruppe. Hatten die Australier gewöhnlich nur drei oder vier Kuriere gleichzeitig in der Luft, schickten die Philippinen bis zu acht Kuriere auf eine einzige Tour. In einem Zeitraum von zwölf Monaten von 1969 bis 1970 schmuggelten die Philippinen schätzungsweise 1.000 Kilo Heroin aus Hongkong in die USA.[69] Allein diese Menge entsprach *mindestens* zehn bis 20 Prozent des gesamten US-Heroinkonsums eines Jahres. Da Hongkongs Heroin aus birmanischem oder thailändischem Opium hergestellt wurde, war dieses Syndikat ein weiterer Beweis, dass Südostasien zur größten Quelle des amerikanischen Heroinnachschubs wurde.[70]

Nach offizieller Auffassung lieferte Südostasien jedoch noch immer nur fünf Prozent des amerikanischen Heroins. Die US-Drogenbehörde war überzeugt, dass 80 Prozent aus türkischem und 15 Prozent aus mexikanischem Opium gewonnen wurde, und konzentrierte fast ihre gesamten Ermittlungen auf diese Gebiete.[71] Aber plötzlich stand es einem einzigen südostasiatischen Schmugglerring gegenüber, der einen beträchtlichen Teil von Amerikas Jahresdosis geschmuggelt hatte. Und die Philippinen waren nur die Boten eines der fünf Teochiu-Syndikatbosse in Hongkong. Warum sollten die anderen vier Bosse nicht ebenso große oder noch größere Kurierorganisationen aufgebaut haben?

Fragen wie diese bewirkten bei der US-Drogenbehörde bald eine Umorientierung ihrer internationalen Antiopium- und -heroinstrategien. Ende der 60er Jahre strömte immer mehr Heroin in die USA, und die leitenden Beamten mussten befürchten, dass ihre alten Methoden keinerlei Wirkung mehr zeitigten. In einem Gespräch erklärte ein US-Drogenagent im November 1971:

»1961, als wir... 15 Kilo beschlagnahmten, herrschte auf den Straßen New Yorks Panik. Junkies standen vor Arztpraxen Schlange und bettelten um den Stoff. Selbst noch 1965, als wir 15 bis 16 Kilo konfiszierten, gab es den gleichen Effekt. Jetzt beschlagnahmen wir 500 Kilo in drei Wochen, und es hat nicht den geringsten Effekt.«

Doch zur gleichen Zeit, als diese riesigen Mengen Heroin in die USA fluteten, schaffte die Türkei – die angeblich 80 Prozent des Opiums produzierte, das in Form von Heroin in die USA gelangte – den Mohnanbau in 14 der 21 Anbauprovinzen ab und reduzierte offiziell ihren Gesamtausstoß zwischen 1967 und 1971 um über 70 Prozent.[72] Es war offensichtlich, dass sich im internationalen Rauschgifthandel große Veränderungen vollzogen. Die US-Drogenbehörde reagierte darauf mit der Einrichtung einer besonderen Forschungs- und Auswertungsabteilung. Ihr Chef, John Warner, erklärte im Oktober 1971:

»Wir erkannten, dass wir sehr wenig über das Muster des Drogenhandels wussten. Wir sagten, dass 80 Prozent der in die USA kommenden Drogen aus der Türkei und nur fünf Prozent aus Südostasien stammten. Tatsächlich beruhte diese Einschätzung auf Unwissen. Deshalb schufen wir vor einem Jahr die Abteilung für strategische Auswertung, um herauszufinden, was wirklich vor sich geht.«

1971 führte die Ermittlungsarbeit zu eindeutigen Hinweisen, dass das Teochiu-Syndikat eine neue Gruppe von Kurieren einsetzte, um über ein Gewirr von Linienflügen den Schmuggel in die USA zu besorgen: von Hongkong nach Okinawa, von Okinawa nach Buenos Aires, von Buenos Aires nach Paraguay, von Paraguay nach Panama Stadt, von Panama nach Los Angeles. Man vermutete, dass diese neue Route aus Hongkong Anteil an den wachsenden Heroinmengen hatte, die aus Lateinamerika in die USA kamen.[73]

Zwar wurde noch über die genaue Art der Verbindung zwischen Hongkong und Lateinamerika gerätselt, aber es konnte keinen Zweifel mehr über die wachsende Bedeutung der südostasiatischen Teochiu-Syndikate für Amerikas Heroinhandel geben. 1972 gelangen dem US-Zoll und der US-Drogenbehörde fünf große Festnahmen von Überseechinesen, die mit Heroin handelten – und alle zeigten das Auftauchen einer direkten Verbindung zwischen Teochiu-Syndikaten in Südostasien und Heroingroßhändlern in den USA:

– Januar 1972: »US-Zollinspekteure in Honolulu nahmen drei Kuriere fest, die Heroin Nr. 4 am Körper versteckt von Bangkok zu chinesisch-amerikanischen Käufern in San Francisco und New York transportierten.« US-Drogenagenten zufolge wurde diese Lieferung von »denselben Organisationen« arrangiert, die Drogenkutter von Bangkok nach Hongkong auf den Weg brachten.[74]
– April 1972: Ein chinesischer Seemann wird in Miami, Florida, mit zehn Kilo der berühmten laotischen Heroinmarke Double-U-O-Globe festgenommen.[75]

- 11. April 1972: Sieben chinesische Seeleute werden in New York mit fünf Kilo Double-U-O-Globe verhaftet. Einem Bericht der US-Drogenbehörde zufolge ergaben »weitere Informationen ..., dass diese fünf Kilo Teil einer 50-Kilo-Lieferung waren, die aus Bangkok stammte und offensichtlich von einem in Thailand stationierten europäischen Diplomaten geliefert wurde. Nicht bestätigte Quellen berichten, dass weitere Lieferungen, die von anderen Gruppen finanziert werden, auf dem Weg sind.«[76]
- Juni 1972: Die Saigoner Polizei verhaftet Wan Pen Fen, einen taiwanischen Chinesen, den die US-Drogenbehörde als »den größten Heroindealer in Vietnam und Betreiber von Heroinlabors im Goldenen Dreieck« beschrieb. Nach einem Bericht des US-Kabinetts, »soll sich Wan Pen Fen in Saigon aufgehalten haben, um nach Kanälen für die Ausweitung seines Heroinhandels in die USA zu suchen«.[77]
- 23. August 1972: US-Drogenagenten verhaften vier Sinoamerikaner mit neun Kilo südostasiatischen Heroins in New Yorks Chinatown.[78]

Trotz verstärkter Verfolgung und immer häufigerer Beweise für die wachsende Rolle Südostasiens im internationalen Drogenhandel war jedoch das Außenministerium weiterhin der Meinung, die Türkei sei die wichtigste Drogenquelle. Überzeugt, dass die Wurzel des Problems noch immer im Mittelmeerraum liege, und nicht gewillt, den politischen Konsequenzen eines Umdenkens ins Auge zu sehen, weigerten sich die US-Diplomaten, in Südostasien den gleichen politischen Druck wie in Frankreich und der Türkei auszuüben. Keine Frage, das US-Außenministerium und die US-Drogenbehörde hatten in der Türkei und Europa enorme Fortschritte bei der Unterdrückung des Opiumhandels gemacht. Aber ebenso richtig ist, dass Südostasien der eigentliche Nutznießer dieses Erfolges war.

Hongkong: Asiens Heroinlabor

7
DAS GOLDENE DREIECK

Ladies and Gentlemen«, verkündete der britische Diplomat und erhob sein Glas zu einem Toast, »trinken Sie mit mir auf Prinz Sopsaisana, das leuchtende Vorbild der laotischen Jugend.« Der Trinkspruch entrang dem Ehrengast ein Lächeln, die Eminenzen des diplomatischen Corps von Vientiane, die zum Abschiedsbankett für den designierten laotischen Botschafter in Frankreich, Prinz Sopsaisana, erschienen waren, brachen in Beifallsrufe und Applaus aus. Seine Ernennung war die Krönung einer brillanten Karriere. Prinz Sopsaisana, Mitglied des Königshauses von Xieng Khouang, einem Plateau in der Region der Tonkrugebene, war Vizepräsident der Nationalversammlung, Vorsitzender des Laotischen Anwaltsvereins, Präsident des Laotischen Presseverbandes, Präsident der Alliance Française und angesehenes Mitglied der Antikommunistischen Liga der asiatischen Völker. Nach seiner Ernennung am 8. April 1971 im Königspalast von Luang Pragang standen zahlreiche weitere Cocktail Partys, Dinners und Bankette auf dem Programm.[1] Denn Prinz Sopsaisana – oder Sopsai, wie ihn seine Freunde nannten – war nicht nur irgendein Botschafter; die Amerikaner betrachteten ihn als herausragendes Beispiel einer neuen Generation ehrlicher, dynamischer nationaler Führer, und in Vientiane ging überall das Gerücht, dass Sopsai eines Tages zu einem hohen Amt bestimmt sei.

Die Abschiedsparty auf dem Wattay-Flughafen in Vientiane am 23. April war eine der ausgelassensten Veranstaltungen der Saison. Jeder war da: die Crème des diplomatischen Corps, ein Schwarm laotischer Berühmtheiten und, natürlich, das führende Personal der amerikanischen Botschaft. Der Champagner perlte, die Canapés waren makellos französisch, und Monsieur Ivan Bastouil, Geschäftsträger der französischen Botschaft, hielt, wie *Lao Presse* berichtete, die schönste

Rede.² Erst nachdem das Flugzeug abgeflogen war, fiel allen auf, dass Sopsai vergessen hatte, seinen Teil des Empfangs zu bezahlen.

Als der Flug des Prinzen am Morgen des 25. April auf dem Pariser Orly-Flughafen eintraf, gab es dort einen weiteren Empfang in der exklusiven VIP-Lounge. Der französische Botschafter in Laos, auf Kurzbesuch daheim, und sämtliche Angehörigen der laotischen Botschaft waren erschienen.³ Es gab warmherzige Umarmungen, Wangenküsschen und weitere überschwängliche Reden. Seltsamerweise bestand Prinz Sopsaisana darauf, wie ein gewöhnlicher Tourist auf sein Gepäck zu warten. Als der Berg von Koffern nach einer unerklärlichen Verzögerung schließlich auftauchte, fiel ihm sofort auf, dass einer fehlte. Verärgert bestand Sopsai darauf, ihm den Koffer sofort auszuhändigen, worauf die französischen Behörden unter Bedauern versprachen, das Gepäckstück umgehend zur Botschaft zu expedieren, sobald es auftauchen würde. Aber nun wartete der Mercedes, und mit flatternden Fahnen wurde der Prinz eilends zu einem förmlichen Empfang zur Botschaft chauffiert.

Während in der laotischen Botschaft der Champagner floss, untersuchten französische Beamte einen der größten Heroinfunde in der französischen Geschichte: Der fehlende Koffer des Botschafters enthielt 60 Kilo hochreines laotisches Heroin in einem Verkaufswert von 13,5 Millionen Dollar, die es auf den Straßen von New York, seinem wahrscheinlichen Bestimmungsort, eingebracht hätte.⁴ Auf den Tipp einer ungenannten Quelle aus Vientiane hin hatten französische Beamte am Flughafen auf Sopsais Gepäck gewartet. Statt einen diplomatischen Skandal auszulösen, indem sie Sopsai in der VIP-Lounge mit dem Heroin konfrontierten, nahmen die Beamten den Koffer in Verwahrung, bis die Regierung entschieden hatte, wie sie in der Angelegenheit verfahren wollte.

Schließlich beschloss man, die Affäre totzuschweigen, aber die Behörden waren entschlossen, Sopsaisana nicht völlig ungestraft davonkommen zu lassen. Eine Woche nach Ankunft des Botschafters wurde ein französischer Beamter mit dem schuldigen Koffer in der Hand in der Botschaft vorstellig. Obwohl Sopsaisana den Flughafen mehrere Tage lang mit wütenden Telefonanrufen bombardiert hatte, muss ihm klar gewesen sein, dass die Annahme des Koffers einem Schuldeingeständnis gleichgekommen wäre. So leugnete er jetzt rundweg, dass es sich um den vermissten Koffer handele. Trotz seiner Unschuldsbeteuerungen verweigerte ihm die französische Regierung die Akkreditierung. Er musste noch fast zwei Monate schmoren, bis er schließlich Ende Juni nach Vientiane zurückberufen wurde.

Dort erschütterte die Affäre weiter niemanden. Die einflussreiche US-Botschaft beschloss, die Angelegenheit nicht zu verfolgen, und binnen weniger Wochen war der Vorfall vergessen.[5] Späteren Berichten der US-Drogenbehörde zufolge war Sopsais Drogenschmuggel von dem Hmong-General Vang Pao, dem Kommandeur der CIA-Geheimarmee, finanziert und das Heroin selbst in einem Labor in Long Tieng hergestellt worden, dem CIA-Hauptquartier für Geheimoperationen in Nordlaos.[6] Vielleicht erklären diese Fakten die mangelnde Aktivität der US-Botschaft.

Trotz seiner amüsanten Aspekte lieferte die Sopsaisana-Affäre ernüchternde Belege der wachsenden Bedeutung Südostasiens im internationalen Drogenhandel. Nicht nur wurden 1971 im Goldenen Dreieck über 1.000 Tonnen Rohopium angebaut (etwa 70 Prozent der Weltgesamtproduktion illegalen Opiums)[7], die südostasiatische Region war damals auch zum Massenproduzenten von hochreinem Heroin Nr. 4 für den amerikanischen Markt geworden. Ihre Heroinlabors konnten es in Qualität und Quantität mit jenen in Marseille und Hongkong aufnehmen.

Komplizenschaften

Als die türkische Opiumproduktion Ende der 60er Jahre stark zurückging und sich internationale Rauschgiftsyndikate auf der Suche nach alternativen Rohstoffquellen nach Südostasien wandten, entwickelte sich das Goldene Dreieck – das sich von den unwegsamen Shan-Bergen im Nordosten Birmas über die Bergkämme Thailands bis zu den Hmong-Hochländern des nördlichen Laos erstreckt – binnen kurzem zur weltgrößten Quelle von Opium, Morphium und Heroin. Eine einzigartige Konstellation von Faktoren – amerikanische Militärintervention, korrupte nationale Regierungen und internationale Verbrechersyndikate – sorgte dafür, dass der südostasiatische Opiumhandel über die Selbstversorgung hinaus Exportkapazitäten entwickelte. Anfang der 60er Jahre wurden in Bangkok und Nordthailand bereits große Mengen Heroin Nr. 3 raffiniert, im Goldenen Dreieck beträchtliche Mengen Morphinbase für den Export nach Hongkong und Europa hergestellt. Ab Ende 1969 gelang den aus Hongkong neu eingetroffenen Chemikermeistern die Produktion vorerst begrenzter Mengen hochwertigen Heroins für die Zehntausende von GIs, die in Vietnam dienten. Dem US-Militärkommando in Saigon gingen die ersten Berichte über die gravierende Heroinabhängigkeit Anfang 1970 zu. Bis September oder Oktober hatte sich die Epidemie voll ausgebildet: Vor jeder US-Einrichtung vom Mekongdelta im Süden bis zur entmilitarisierten Zone im Norden waren scheinbar unbegrenzte Mengen Heroin verfügbar.

Als der rasche Rückzug der US-Truppen den örtlichen Markt für die Heroinlabors des Goldenen Dreiecks schmälerte, begannen chinesische, korsische und amerikanische Syndikate damit, große Lieferungen von Heroin Nr. 4 direkt in die USA zu liefern. Folge dieser wachsenden Exporte war, dass der Großhandelspreis eines Kilos dieses hochwertigen Heroins um 44 Prozent stieg – von 1.240 Dollar im September 1970 auf 1.780 im April 1971 –, obwohl die Zahl der in Vietnam dienenden GIs in diesem Zeitraum um 30 Prozent zurückging.[8] Auch zogen die Preise für Rohopium im Goldenen Dreieck aufgrund der schnell steigenden Exporte in die USA dramatisch an. Bezeichnenderweise wurden die ersten Großlieferungen laotischen Heroins nach Europa und in die USA im April 1971 abgefangen: Am 5. April beschlagnahmte der US-Zoll in Fort Monmouth, New Jersey, 7,7 Kilo Heroin der Marke Double-U-O-Globe[9], am 25. April konfiszierten die französischen Behörden Prinz Sopsaisanas 60 Kilo in Orly.

Die Vertreter der US-Strafverfolgungsbehörden waren alarmiert über das steigende Heroinangebot, das amerikanischen Süchtigen zur Verfügung stand. Massive Beschlagnahmungen von Drogen in beispiellosen Mengen und von enormem Wert bewirkten im Hinblick auf die Verfügbarkeit oder den Preis von Heroin nicht einmal das »geringste Kräuseln«.[10] In einer 1971 erstellten Analyse des Drogenhandels im Goldenen Dreieck berichtete die CIA, dass die größte der sieben Heroinfabriken der Region nördlich von Ban Houei Sai in Laos »in der Lage sein soll, 100 Kilo Rohopium am Tag zu verarbeiten«[11], oder 3,6 Tonnen Heroin im Jahr herzustellen – eine gewaltige Menge in Anbetracht der Tatsache, dass die amerikanischen Süchtigen etwa zehn Tonnen jährlich konsumierten. Kein Gramm dieses hochreinen Heroin Nr. 4 war für asiatische Drogenabhängige bestimmt.[12] Was davon nicht in die USA geschmuggelt wurde, ging nach Europa.

Die politischen und militärischen Aktivitäten der USA hatten einen bedeutsamen Einfluss auf diese Entwicklungen. In Birma und Thailand sorgten die Amerikaner dafür, dass sich die Struktur des Rauschgifthandels kaum veränderte. Von der CIA wegen ihrer Konterguerilla-Operationen immer noch stillschweigend unterstützt, brachten Militärkarawanen der Nationalchinesen (Guomindang) in den 60er Jahren fast die gesamten birmanischen Opiumexporte nach Nordthailand, wo sie ein chinesisches Syndikat für den heimischen Vertrieb und für den Export nach Hongkong und Malaysia kaufte. Die nationalrevolutionäre Shan-Bewegung forderte die Hegemonie der Guomindang über den Opiumhandel zwar kurzfristig heraus, aber nachdem ihr mächtigster Führer im Opiumkrieg von 1967 unterlag, schien die Bedrohung durch die Shan-Bewegung nachzulassen. Obwohl die Shan-Rebellenbanden und birmanischen Selbstverteidigungskräfte hohe Steuern von den Opiumbauern der Bergstämme und den Wanderhändlern eintrieben, die das Rohopium in die großen Marktstädte des Shan-Staates transportierten, kontrollierten sie nur wenige der Karawanen, die Rohopium nach Süden zu den Raffinerien im Dreigrenzland von Birma, Thailand und Laos brachten. 1967 berichtete ein CIA-Agent, dass 90 Prozent der birmanischen Opiumernte von Karawanen der nationalchinesischen Armee transportiert wurden, die in Nordthailand stationiert waren, sieben Prozent von den bewaffneten Shan-Banden und etwa drei Prozent von Kachin-Rebellen.[13]

In Laos hingegen bewirkten die Geheimoperationen der CIA Veränderungen im Drogenhandel. Als politische Kämpfe innerhalb der laotischen Elite und der eskalierende Krieg die kleinen korsischen Charterlinien 1965 aus dem Geschäft drängten, begann die CIA-Fluggesellschaft Air America Hmong-Opium aus den Bergen nach Long Tieng und Vientiane zu fliegen. Die Geheimdienstoperationen der CIA von Laos aus über die Grenze nach China hatten ungeahnte Folgen, als 1962 der Shan-Rebellenführer, der die Vorstöße der CIA organisierte, damit begann, die nationale Sache der Shan mit dem Verkauf von birmanischem Opium an einen weiteren Protegé der CIA, den laotischen General Phoumi Nosavan, zu finanzieren. Die Geschäftsallianz zwischen General Phoumi und den Shan eröffnete einen neuen Handelsweg, der immer größere Mengen des birmanischen Opiums von seinem traditionellen Marktplatz Bangkok fernhielt. In den späten 60er Jahren brachten US-Luftangriffe die laotische Opiumproduktion vorübergehend zum Erliegen, da sie die meisten Hmong-Opiumbauern zur Flucht zwangen. Die blühenden laotischen Heroinlabors, wichtigste Quelle des GI-Markts in Vietnam, steigerten daraufhin jedoch schlicht ihre Importe birmanischen Opiums über bereits etablierte Handelsbeziehungen.

Die Bedeutung dieser eigenen Protegés für das spätere Wachstum des Heroinhandels im Goldenen Dreieck offenbarte die CIA unfreiwillig selbst, als sie einen Geheimbericht über den südostasiatischen Drogenhandel an die *New York Times* durchsickern ließ. Die CIA hatte 21 Opiumraffinerien im Dreigrenzland identifiziert und berichtete, dass sieben von ihnen in der Lage seien, 90 bis 99 Prozent reines Heroin Nr. 4 herzustellen. Von diesen sieben Heroinlabors »liegen die wichtigsten in den Gebieten um Tachilek, Birma, in Ban Houei Sai und Nam Keung in Laos und Mae Salong in Thailand«.[14]

Unerwähnt ließ die CIA, dass sich diese Raffinerien in Gebieten paramilitärischer Gruppen befanden, die ihrerseits in die verdeckten amerikanischen Operationen im Goldenen Dreieck verwickelt waren. Mae Salong war das Hauptquartier der nationalchinesischen 5. Armee, seit 1950 kontinuierlich an Konterguerilla- und Spionageoperationen der CIA beteiligt. Das Heroinlabor in Nam Keung wurde – den Angaben eines ehemaligen CIA-Agenten zufolge, der mehrere Jahre in diesem Gebiet gearbeitet hatte – von Major Chao La geschützt, Kommandeur von Yao-Söldnertruppen der CIA in Nordwestlaos. Eines der Heroinlabors in der Nähe von Ban Houei Sai soll General Ouane Rattikone gehört haben, ehemals Kommandeur der königlich-laotischen Armee – abgesehen von der eigenen Armee die einzige Streitmacht der Welt, die vollständig mit amerikanischen Steuergeldern finanziert wurde.[15] Die Heroinfabriken in der Nähe von Tachilek betrieben birmanische paramilitärische Einheiten und Shan-Rebellen, die einen relativ kleinen Anteil des birmanischen Rauschgifthandels kontrollierten. Obwohl bis zum Jahr 1971 nur einige wenige dieser Shan-Gruppen irgendeine Beziehung zur CIA hatten, war es eine mit dem Geheimdienst verbündete Shan-Rebellenarmee, die eines der wichtigsten Kapitel in der Geschichte des Opiumhandels im Shan-Staat schrieb.

Andere Quellen offenbarten die Existenz eines wichtigen Heroinlabors in der Region von Vientiane unter Kontrolle von General Ouane. Schließlich berichtete die US-Drogenbehörde, dass General Vang Pao, Kommandeur der CIA-Geheimarmee, eine Heroinfabrik im Hauptquartier der CIA in Long Tieng betrieb.[16] All diese Berichte belegen ein klares Muster: Die Handlanger der CIA-Geheimoperationen waren zu führenden Heroindealern in Laos geworden.

Die Komplizenschaft der CIA im Drogenhandel, erkennbar an den Drogengeschäften ihrer engsten laotischen Protegés, ergab sich weitgehend aus dem Bündnis des Geheimdienstes mit den Hmong-Bergstämmen. Schon die Franzosen hatten im Indochinakrieg Hmong-Guerillas eingesetzt, um vietnamesische Kommunisten zu bekämpfen, und diese verdeckten Operationen dadurch finanziert, dass sie ihren Verbündeten die jährliche Opiumernte abkauften und mit regulären Militärmaschinen nach Saigon flogen. Nur vier Jahre nach dem französischen Rückzug verbündete sich die CIA mit denselben Hmong. 15 Jahre lang, von 1960 bis 1974, unterhielt die CIA eine Geheimarmee von 30.000 Hmong-Soldaten in den Bergen von Nordlaos – Kombattanten eines verdeckten Krieges, der die größte Einzeloperation in der über 50-jährigen Geschichte des Geheimdienstes darstellte und sich sehr vom konventionellen Kampf im benachbarten Vietnam unterschied.

Einige Autoren haben die Hmong als reine Söldnerarmee der CIA beschrieben[17], aber in Wirklichkeit war die Beziehung weitaus komplexer. Als Wanderbergvolk mit geringer Loyalität zu irgendeiner Nation hatten die Hmong kein wirkliches Interesse an diesem Krieg. Und doch war es gerade dieser kleine Stamm, der extrem hohe Verluste in schweren Kämpfen erlitt, die sich ohne Hoffnung auf Sieg oder Belohnung 15 Jahre lang hinzogen. Die CIA schaffte es mit erstaunlich wenigen Feldagenten, die Hmong bei der Stange zu halten: 1961, nach nur einem Jahr Tätigkeit, waren es neun Agenten vor Ort, die 9.000 Hmong-Guerillas mobilisierten.[18] Bei einem Verhältnis von 1 : 1.000 musste sich die CIA auf den von ihr gewählten Hmong-Kommandeur, Major Vang Pao, verlassen, um die Kräfte seines Volkes zu mobilisieren und zu befehligen. Im eigentlichen Kampfeinsatz beschränkte sich die Rolle der CIA-Agenten auf Manöverplanung und Luftunterstützung bei Offensiven.

Jenseits der Schlachtfelder erforderte der Geheimkrieg eine fast vollständige Eingliederung der CIA-Operation in die Hmong-Stammesgesellschaft. Damit Vang Pao sein Volk wirkungsvoll für den Krieg mobilisieren konnte, musste er befähigt werden, sich der politischen Unterstützung der über das Hochland von Nordlaos verstreuten Hmong-Dörfer zu versichern. Deshalb tat die CIA alles dafür, um sein Ansehen bei den Hmong zu erhöhen: Vor allem verlieh sie ihm die Ressourcen, die er brauchte, um ein mächtiger Schutzherr zu werden, sodann förderte sie sein Bündnis mit den eher traditionellen Stammeseliten, besonders dem Hmong-Führer Touby Lyfoung, der es zum Regierungsmitglied gebracht hatte. In ihrem ersten Bericht über die Hmong-Armee erklärte die CIA 1961, die politische Führung sei »in der Hand von Touby Lyfoung, der nun weitgehend von Vientiane aus operiert«, sowie »dem Militärführer Oberstleutnant Vang Pao, der Feldkommandeur ist« – ein wirkungsvolles Arrangement, für dessen Fortbestand sich die CIA einsetzte[19], indem sie Vang Pao als »neuen Typus von Stammesführer« förderte und zugleich »nach außen hin die Ehrerbietung gegenüber den alten Führern« ermutigte.[20] In diesem Sinne erwarb sich Vang Pao in den späten 60er Jahren, als der Krieg intensiver wurde, einen Anhauch traditioneller Legitimität, indem er seinen Sohn und seine Tochter mit den Kindern von Touby verheiratete, dem noch das Prestige eines traditionellen *kaitong* (kleiner König) zukam.[21] Diese Manöver erhöhten tatsächlich Vang Paos Ansehen, aber es waren doch materielle und Machtaspekte, die in seiner Beziehung zum Stamm vorrangig blieben.

Die Stammeswirtschaft der Hmong, die unter harten Bedingungen in Wanderdörfern im Hochland lebten, beruhte auf zwei grundlegenden Produkten: dem Reis zur Ernährung und dem Opium zum Verkauf. Als Preis für ihre Söldnerdienste verlangten die Hmong-Führer erst von den Franzosen, dann von den Amerikanern, ihre Handesware per Luftfracht zu transportieren. Obwohl die CIA, anders als die Franzosen, nicht direkt vom Opiumhandel profitierte, hing die Stärke ihrer Geheimarmee daher von deren Integration in die laotischen Drogengeschäfte ab. Indem sie durch den Transport der Rohopiumbündel aus entlegenen Dörfern zu den Raffinerien die Hmong dabei unterstützte, ihr kommerzielles Erzeugnis zu vermarkten, reduzierte sie so die Direktkosten, die ihr durch die Unterstützung der Stammeshaushalte erwuchsen. Das Überleben dieser Dörfer war für den Erfolg des Geheimkrieges von ausschlaggebender Bedeutung – zum einen wegen der Motivation der Guerilla, zum anderen aber auch als Quelle des Soldatennachwuchses, der die durch hohe Verluste gelichteten Reihen wieder füllen musste: Wollte die CIA aus einem Volk von nur 250.000 Menschen eine Armee von 30.000 Mann dauerhaft rekrutieren, brauchte sie jedes einzelne Hmong-Dorf, um die im blutigen Kampf verwundeten oder getöteten Stammesguerillas durch frische, häufig erst 13- oder 14-jährige Soldaten zu ersetzen. Der CIA-Einsatz für die Opiumernte der Hmong sicherte dem Geheimdienst somit die jährliche »Ernte« an Hmong-Nachwuchs.

Als die Kämpfe die Täler unterhalb der Bergdörfer erreichten, wurden die Hmong vom normalen Hochlandhandel abgeschnitten und beim Zugang zu den Märkten immer abhängiger von US-Flugtransporten. Die Dörfer konnten zudem nicht mehr genügend Reis zum Überleben anbauen und waren angewiesen auf humanitäre Reislieferungen durch die CIA-Fluggesellschaft Air America. Indem die CIA Vang Pao die Macht gab, über die Reislieferungen in und die Opiumtransporte aus den Dörfern zu entscheiden, versetzte sie ihn in eine Position, von der aus er die beiden wirtschaftlichen Grundlagen der einst eigenständigen Hmong-Haushalte unmittelbar kontrollieren konnte. Mit solcher Macht ausgestattet gelang es Vang Pao, die versprengten Clans und Dörfer des Hmong-Hochlandes zu einem Volk, zu einer Armee zu einen.

Mehr noch als Waffen, Reis oder Geld war es die Lufthoheit, die zum zentralen Faktor in der Beziehung zwischen der CIA und Vang Pao wurde. Lange zersplittert und durch unwegsames Gebirgsterrain voneinander getrennt, waren die Hmong unter Vang Pao nun durch ein Netz von Air-Amerika-Flügen vereint, die Reis in ihre Dörfer brachten und Männer für den Kampf oder Opium zur Vermarktung abtransportierten. Nicht länger an das unwegsame Gelände gebunden, flogen die Hmong-Guerillas im Feuerschutz der Bombardements von US-Kampfflugzeugen, die von Stützpunkten im nahe gelegenen Thailand aufstiegen, in die Schlacht. Mitte der 60er Jahre hüpften Vang Paos Luftlandeoffensiven von Bergspitze zu Bergspitze, um in einem 20-Kilometer-Abstand entlang der nordvietnamesischen Grenze Stützpunkte zu errichten. Als sich das Kriegsgeschick wendete und die kommunistischen Pathet Lao nach 1969 auf das Tranninh-Plateau vorrückten, evakuierten US-Flugzeuge die Hmong-Dörfer in Flüchtlingslager unter Vang Paos Kontrolle und verwüsteten das Territorium des Feindes mit täglichen Bombardierungen. Zwar hatten nun die Kommunisten das Land besetzt, aber Vang Pao verfügte immer noch über die Menschen. Luftunterstützung wurde zum Medium eines politischen Tauschs, der den geheimen Krieg antrieb: Vang Pao verließ sich auf die Lufttransporte, um seine Leute dem Gemetzel des CIA-Geheimkriegs auszuliefern; der Geheimdienst seinerseits hatte keine Einwände, wenn Vang Paos Offiziere im Gegenzug Air America benutzten, um die Opiumernte der Hmong auszufliegen.

Aus Sicht der CIA-Agenten im entlegenen und schroffen Terrain von Nordlaos gehorchte die Komplizenschaft mit dem Opiumhandel der Hmong einer unausweichlichen Logik. Aber wider Willen und Wissen entrichteten sie dafür einen hohen Preis: Zu den Konsequenzen einer solchen Strategie gehörte die wachsende Heroinproduktion, zuerst für die US-Soldaten in Vietnam, später für die Süchtigen in den USA.

Laos: Königreich des Schmuggels

Laos ist eine jener historischen Kuriositäten wie Monaco, Andorra und Liechtenstein, die irgendwie auf dem Weg zurückgeblieben sind, als kleine Fürstentümer zu großen Nationen verschmolzen. Zwar erkannten sowohl die Imperienbaumeister des 19. Jahrhunderts als auch die Verhandlungsführer des Kalten Krieges aus diplomatischer Opportunität die Fiktion laotischer Nationalstaatlichkeit an, doch schienen diesem verarmten kleinen Königreich alle wirtschaftlichen und politischen Voraussetzungen einer Nation zu fehlen. Nicht einmal Woodrow Wilsons Prinzip ethnischer Selbstbestimmung, mit dem die Teilnehmer der Versailler Friedenskonferenz nach dem Ersten Weltkrieg die Aufteilung des Österreichisch-Ungarischen Reiches begründeten, rechtfertigte die laotische Eigenstaatlichkeit. 1970 lebten etwa acht Millionen Laoten in Nordostthailand, aber nur etwa 1,5 Millionen Laoten in Laos selbst. Mit einer Gesamtbevölkerung von zwei bis drei Millionen Einwohnern und einem fatalen Mangel an natürlichen Ressourcen krankte Laos seit seiner Unabhängigkeit 1954 an Haushaltsproblemen. Unfähig, sich durch Unternehmens-, Rohstoff- oder Personensteuern selbst zu finanzieren, füllte die königlich-laotische Regierung ihre Kassen und Taschen, indem sie legalisierte oder tolerierte, was ihre Nachbarn für ungesetzlich erklärten, wie es Not leidende Fürstentümer überall auf der Welt getan haben: Monaco setzte auf das Glücksspiel, Macao erleichterte den Goldhandel, die laotische Regierung duldete den Gold-, Waffen- und Opiumschmuggel.

Während die Kreditkartenrevolution in Amerika die Papierwährung ersetzt hat, begegnen Bauern und Kaufleute in unterentwickelten Ländern den Technicolorwährungen ihrer Länder mit Misstrauen und ziehen es vor, ihre Ersparnisse in Gold und Silber anzulegen. Von Pakistan bis zu den Philippinen blühte ein illegaler Goldhandel auf, weil legale Goldimporte entweder zur Aufbesserung der Staatskasse mit hohen Zöllen belegt oder die Rechte der Bürger zum freien Golderwerb und -besitz beschränkt wurden. Das auf dem europäischen Markt legal erworbene Gold wurde nach Dubai, Singapur, Vientiane oder Macao geflogen, wo die jeweiligen Regierungen einen relativ niedrigen Importzoll erhoben und sich wenig darum kümmerten, was geschah, nachdem die Steuern bezahlt waren.

Laos' niedriger Goldimportzoll und die aktive Beteiligung seiner Regierung am Schmuggelhandel machten das Land für Thailand und Südvietnam lange Zeit zur Hauptquelle illegalen Goldes. Obwohl Laos die ärmste Nation Südostasiens war, importierten Vientianes lizenzierte Goldhändler nach Beginn des amerikanischen Truppenaufbaus in Vietnam 1965 jährlich zwischen 32 und 72 Tonnen Gold. Als in den ersten Kriegsjahren Tausende GIs mit lockerem Portemonnaie nach Vietnam strömten, prosperierte der Saigoner Schwarzmarkt, und die jährlichen laotischen Goldimporte schossen bis 1967 auf 72 Tonnen in die Höhe.[22] Der 8,5-prozentige Importzoll verschaffte der königlich-laotischen Regierung über 40 Prozent ihres gesamten Steueraufkommens.[23] 1968 drückten jedoch die Tet-Offensive und die internationale Goldkrise die Verbrauchernachfrage in Saigon und stürzten den laotischen Haushalt in eine Krise. Premierminister Souvanna Phouma trat vor die Nationalversammlung und erklärte, dass aufgrund des Abwärtstrends auf dem Goldmarkt »eine unserer Haupteinnahmequellen in diesem Jahr nicht unseren Erwartungen entsprechen wird«. Angesichts dieser, wie der Premierminister sagte, »extrem komplexen und schwierigen Situation« regte Finanzminister Sisouk na Champassak vertraulich an, die Regierung könne sich doch eine alternative Einkommensquelle durch die Besteuerung des Opiumschmuggels erschließen.[24] Als 1969 in Singapur ein regulärer Goldmarkt etabliert wurde, der die laotische Position als wichtigster Goldfreihafen Südostasiens bedrohte, sah sich das Finanzministerium im Folgejahr gezwungen, den Importzoll von 8,5 auf 5,5 Prozent zu senken.[25] Sisouk gestand einem BBC-Reporter ein: »Der einzige Export, den wir hier entwickeln können, ist Opium. Wir sollten unsere Opiumproduktion und -ausfuhr erhöhen.«[26]

Als Finanzminister und geschäftsführender Verteidigungsminister war Sisouk einer der wichtigsten Regierungsvertreter in Laos. Seine Ansichten über den Opiumhandel waren für die herrschende Elite recht repräsentativ. Die meisten laotischen Führer erkannten Opium als einziges wertvolles Exportgut des Landes und förderten den Handel mit einer Aggressivität, die modernen Exportmanagern alle Ehre machen würde. Es erübrigt sich zu erwähnen, dass diese freundliche

Haltung zum Drogenhandel die amerikanischen Berater in Laos etwas in Verlegenheit brachte. Mit Rücksicht auf ihre Beschützer tat die laotische Elite im Allgemeinen ihr Bestes, um die Fiktion aufrechtzuerhalten, der illegale Opiumhandel sei eigentlich bloß ein Problem der Bergstämme.[27] So wirkten die durch die periodisch aufflammenden Kämpfe um die Kontrolle des Opiumhandels überhand nehmenden Staatsstreiche, Morde und innenpolitischen Auseinandersetzungen auf Außenstehende häufig wie böse Farcen. Im Licht der Ökonomie und Logistik des Opiumhandels betrachtet gewannen sie indessen unversehens eine andere Bedeutung.

Seit Ende der 1950er Jahre schloss der Opiumhandel in Nordlaos sowohl die Vermarktung des örtlich angebauten Mohns als auch den Transithandel mit birmanischem Opium ein. Traditionell konzentrierte sich ein Großteil der heimischen Produktion auf die Berge von Nordostlaos, obwohl sie dort später durch massive US-Bombardements und ein Programm zur Ausrottung des Opiums in den von den Pathet Lao befreiten Gebieten zurückging.[28] Auf königlich-laotischen Armeekarten als Militärregion II verzeichnet, schloss dieses Gebiet das Tranninh-Plateau (Ebene der Tonkrüge) und den überwiegenden Teil des Hmong-Hochlandes ein, das sich vom Nordrand der Ebene von Vientiane bis zur vietnamesischen Grenze erstreckt. Zwar gab es auch in Nordwestlaos einen ausgedehnten Mohnanbau, die Opiumproduktion erreichte hier jedoch nie das gleiche hohe Niveau wie im Nordosten: Der Boden war nicht so günstig, der Handel nicht so gut organisiert, die Stammesgruppen waren verstreuter. So lebten zum Beispiel 150.000 bis 200.000 Hmong im Nordosten, aber nur etwa 50.000 im Nordwesten. Der Opiumhandel in Nordwestlaos, in den 70er Jahren als Militärregion I bezeichnet, war daher während der Kolonialzeit und in den ersten Jahren danach immer von zweitrangiger Bedeutung. Mitte der 60er Jahre jedoch begannen Opiumkarawanen der Shan und Nationalchinesen (Guomindang) den Mekong im äußersten Nordwesten von Laos mit großen Mengen birmanischen Opiums zu überqueren. Als Raffinerien am laotischen Ufer des Mekong eröffnet wurden, um das birmanische Opium zu verarbeiten, verlagerte sich das Zentrum des laotischen Opiumhandels vom Tranninh-Plateau nach Ban Houei Sai im Nordwesten.

Die Berge von Nordlaos gehören zu den schönsten der Welt. Während der Regenzeit von kilometerhohen Wolken umhüllt, erinnern sie an traditionelle chinesische Tuschezeichnungen. Eine Kammkette nach der anderen windet sich durch die Landschaft, getüpfelt mit steilen Bergspitzen, die Bilder von Drachenköpfen, steil aufragenden Monumenten oder sich aufbäumenden Pferden heraufbeschwören. Der Felsuntergrund ist Kalkstein. Wind und Regen haben in Jahrhunderten aus diesem porösen, formbaren Material eine Fabellandschaft geschaffen. Eben diese Kalkberge zogen die Hmong-Opiumbauern an. Der empfindliche Schlafmohn, der in übersäuerten Böden welkt und abstirbt, gedeiht im Kalksteinboden gut. Die Opiumbauern der Bergstämme wussten sehr wohl, dass der Mohn auf alkalische Böden angewiesen ist, und bevorzugten daher kalksteinübersäte Hochlandmulden für ihre Mohnfelder.

Aber das Bergterrain, das sich so gut für den Mohnanbau eignet, erschwerte auch die weiten Reisen der Händlerkarawanen. Als die Franzosen während der Kolonialzeit versuchten, die Produktion der Bergstämme zu steigern, konzentrierten sie einen Großteil ihrer Bemühungen auf Hmong-Dörfer in der Nähe des Tranninh-Plateaus, wo die Verbindungswege relativ gut entwickelt waren, und überließen das laotische Hochland weitgehend kleinen Schmugglern. Verzweifelt auf der Suche nach einer Finanzquelle für ihre Geheimoperationen, rissen französische Geheimdienstler in den letzten Jahren des Indochinakriegs den Opiumhandel der Bergstämme an sich und setzten Militärmaschinen ein, um die laotischen Mohnfelder mit den Opiumhöhlen Saigons zu verbinden. Aber 1954 wurden die Militärflugzeuge, die für die laotischen Händler die Gebirgsbarrieren überwunden hatten, zusammen mit dem französischen Expeditionskorps abgezogen. Für den laotischen Opiumhandel brachen schwere Zeiten an.

Air Opium, 1955–1965

Nach dem Rückzug des französischen Militärs 1954 blieben mehrere 100 französische Kriegsveteranen, Kolonisten und Gangster in Laos zurück. Einige von ihnen, vor allem Korsen, gründeten eine Reihe kleiner Charterfluglinien, die treffend allenthalben Air Opium genannt wurden. Dem Anschein nach gegründet, um eine anders nicht verfügbare Transportmöglichkeit für zivile Geschäftsleute und Diplomaten anzubieten, stellten diese Fluglinien nach und nach die Verbindung zwischen Laos und den Drogenmärkten Südvietnams wieder her, die mit dem Abrücken der französischen Luftwaffe 1954 abgerissen war.

Anfänglich standen ihnen jedoch ungünstige politische Bedingungen in Südvietnam im Weg, sodass die gerade flüggen Fluglinien, die diese neuen Routen erschlossen, nur begrenzten Erfolg hatten.[29]

Vielleicht der berühmteste dieser frühen französischen Opiumpiloten war Gérard Labenski. Sein Flugzeug stand in Phong Sawan auf dem Tranninh-Plateau, wo er das Snow Leopard Inn leitete, ein Hotel, das zugleich als Lagerhaus für den Versand von Opiumlieferungen diente.[30] Ein weiterer dieser Flugpioniere war René »Babal« Enjabal, ein ehemaliger französischer Luftwaffenoffizier, dessen Fluglinie im Volksmund als Babal Air Force bekannt war.[31] Das unbeugsamste Mitglied dieses zwielichtigen Trios war Roger Zoile. Seine Charterfluglinie war mit Paul Louis Levets korsischem Syndikat in Bangkok verbündet.

In den späten 50er Jahren war Levet wahrscheinlich die wichtigste Marseiller Unterweltgestalt, die regelmäßig europäische Heroinlabors mit Morphinbase aus Südostasien versorgte. Levet war zwischen 1953 und 1954 in Saigon eingetroffen und begann als Schmuggler von Gold und Piaster auf der Saigon-Marseille-Route. Als der Goldhandel 1955 austrocknete, stieg er in den Opiumhandel ein und machte sich in Bangkok ansässig, wo er die Pacific Industrial Company gründete. Einem Bericht der US-Drogenbehörde zufolge diente dieses Unternehmen als Tarnung für den Schmuggel beträchtlicher Mengen Morphinbase aus Nordthailand über ein Netz von vier bekannten korsischen Gangstern in Vientiane, Phnom Penh und Saigon sowie die Fluglinie von Zoile zu den Seehäfen in Thailand und Indochina.[32] Es gab einen äußerst regen Schiffsverkehr zwischen Südostasien und Europa, daher stellte das Arrangement von Lieferungen kein Problem dar. Saigon war als Verladehafen besonders bequem, da eine beträchtliche Zahl von französischen Frachtern mit korsischen Besatzungen direkt nach Marseille fuhr. Obwohl Levets Syndikat vor allem mit dem Europahandel beschäftigt war, beteiligte es sich auch am regionalen Opiumgeschäft.[33]

So kompetente Piloten und engagierte Opiumschmuggler diese Männer auch waren, litten ihre Operationen doch an der vorübergehend intoleranten Haltung der südvietnamesischen Regierung gegenüber dem Rauschgiftschmuggel. 1955 hatte ja Südvietnams Präsident Diem die meisten Opiumhöhlen geschlossen und seine Entschiedenheit verkündet, den Drogenhandel auszutrocknen. Da ihnen der sichere Zugang nach Saigon nun verwehrt war, mussten die korsischen Schmuggler ein ausgefeiltes Netz von Routen, Übergabeorten und

Abwurfgebieten ersinnen, was ihre Arbeit erschwerte und die Rauschgiftmenge, die sie verschicken konnten, begrenzte. Nur drei Jahre später jedoch öffnete Diems Chefberater Ngo Dinh Nhu die Opiumhöhlen wieder, um seine Geheimpolizei zu finanzieren, und wurde stiller Partner einer korsischen Charterfluglinie.[34]

Diese Fluglinie, Air Laos Commerciale, wurde vom mächtigsten Mitglied der korsischen Unterwelt von Saigon, Bonaventure »Rock« Francisci, geleitet. Groß, gut aussehend, mit schneidigem Menjoubart, verfügte Francisci über einen natürlichen Charme, der ihm leicht Freunde gewann. Ab 1958 startete die Air Laos Commerciale tägliche Flüge von ihrem Hauptquartier aus, dem Wattay-Flughafen in Vientiane, nahm 300 bis 600 Kilo Rohopium von kleineren laotischen Flughäfen auf (gewöhnlich Lehmpisten in Nordlaos) und warf die Ladung über vereinbarten Stellen in Südvietnam, Kambodscha und dem Golf von Thailand ab. Zwar waren diese Opiumsendungen für südostasiatische Konsumenten bestimmt, aber Francisci lieferte auch an korsische Heroinhersteller in Marseille. Obwohl relativ spät eingestiegen, genoss seine Fluglinie wichtige Vorteile, die anderen korsischen Fluglinien fehlten. Seine Rivalen mussten umständliche Vorsichtsmaßnahmen ergreifen, bevor sie sich nach Südvietnam trauen konnten, aber dank seiner Beziehung zu Nhu konnte Francisci seine Maschinen ganz bequem zu Zielgebieten gleich nördlich von Saigon pendeln lassen.[35]

Da der Zugang zum Saigoner Markt, der in den Jahren zwischen 1954 und 1958 schwierig geworden war, nun wieder offen stand, erholte sich die Opiumproduktion in Nordlaos rasch. Während der Opiumsaison unternahmen die korsischen Charterfluglinien regelmäßige Flüge von Phong Sawan oder Vientiane in die isolierten, über Nordlaos verstreuten Provinzhauptstädte – Orte wie Sam Neua, Phong Saly, Muang Sing, Nam Tha, Sayaboury und Ban Houei Sai. Jede dieser Städte diente als Zentrum des lokalen Opiumhandels, der von ansässigen chinesischen Ladenbesitzern organisiert wurde. Jedes Frühjahr beluden diese chinesischen Kaufleute ihre Pferde oder Maultiere mit Salz, Zwirn, Eisenbarren, Silbermünzen und allerlei Gemischtwaren und ritten in die umliegenden Berge, um die Waren mit Hunderten von Bergstammbauern gegen Rohopiumbündel einzutauschen.[36] Gegen Ende jeder Erntesaison landeten korsische Flugzeuge in der Nähe dieser Städte, kauften das Opium auf und flogen zurück nach Phong Sawan oder Vientiane, wo es gelagert wurde, bis ein Käufer in Saigon, Singapur oder Indonesien eine Bestellung aufgab.[37]

Auch Francisci wurde wohlhabend. Bis 1962 hatte er eine Flotte von drei neuen zweimotorigen Beechcrafts, die jeden Monat Hunderte von Auslieferungen flogen. Mit seiner aufgeräumten Art wurde er so etwas wie eine lokale Berühmtheit. Er gab dem Pressekorps von Vientiane Interviews, sprach stolz von seinen Abwürfen für eingekesselte Truppen oder seinen Diensten für berühmte Diplomaten. Über das Opiumgeschäft befragt, antwortete er: »Ich vermiete meine Flugzeuge nur. Ich weiß nicht, für welche Missionen sie benutzt werden.«[38]

Pech für Franciscis öffentliches Image, dass einer seiner Piloten 1962 verhaftet und dadurch der Opiumschmuggel von Air Laos Commerciale international publik wurde. Die missglückte Mission hatte René Enjabal geflogen, der Luftwaffenoffizier a. D., der ursprünglich die Babal Air Force gegründet hatte, jetzt aber für seinen ehemaligen Konkurrenten arbeitete. Im Oktober 1962 starteten Enjabal und sein Mechaniker vom Wattay-Flughafen in Vientiane und nahmen Kurs auf Savannakhet im Süden, wo sie 29 wasserdichte Blechkisten luden, jede mit 20 Kilo Rohopium bepackt und mit einer Schwimmweste umwickelt. Enjabal überflog Kambodscha und warf die 600 Kilo bei einem kleinen Fischerboot ab, das an einer vereinbarten Stelle auf hoher See wartete. Auf dem Rückflug von Vientiane schlief Enjabal hinter dem Steuerknüppel ein, driftete nach Thailand ab und wurde von zwei thailändischen T-28-Kampfflugzeugen zur Landung auf einer thailändischen Luftwaffenbasis gezwungen. Als der angebliche »militärische Auftrag« der laotischen Regierung, den er ihnen vorzuspiegeln versuchte, die Thai-Behörden nicht davon überzeugte, dass er kein Spion sei, gestand Enjabal, dass er einen Opiumflug in den Golf von Thailand unternommen habe. Erleichtert, dass es sich um nichts Ernsteres handelte, erlaubten seine Häscher ihm nach einer symbolischen Gefängnisstrafe von sechs Wochen die Rückkehr nach Vientiane. Während Enjabal von den Thailändern verhört wurde, durchquerte das Opiumboot ungestört den Golf von Thailand und lieferte seine Ladung an Schmuggler aus, die an der Ostküste der Malaiischen Halbinsel warteten. Für seine Mühen verdiente Enjabal nur lächerliche 15 Dollar pro Stunde. Francisci dagegen könnte für seine Rolle bei diesem nautischen Abenteuer einen Bruttoschnitt von 20.000 Dollar gemacht haben.[39]

Francisci büßte aufgrund dieses unglücklichen Vorfalls einen Großteil seiner legalen Geschäfte ein, aber das hinderte ihn in keiner Weise an der Fortsetzung seines Opiumschmuggels. Zwar wurde Enjabals Missgeschick Thema einer Reportage im Magazin *Life*, doch Francisci machte mit demselben Selbstbewusstsein weiter. Und dies mit guten Grund. Denn nicht nur stand er unter dem Schutz von Südvietnams einflussreichstem Politiker, Ngo Dinh Nhu, er war auch mit dem mächtigen Guerini-Syndikat in Marseille verbündet. Während der Zeit, in der die korsischen Fluglinien in Laos operierten, waren die Guerini-Brüder die Führer der französischen Unterwelt und Bosse eines Verbrechersyndikats, das den Globus umspannte.[40] Alle Konkurrenten Franciscis erlitten rätselhafte Unfälle und plötzliche Verhaftungen, er selbst dagegen blieb absolut straffrei. Seine politischen Verbindungen ließen Francisci zum größten Opiumschmuggler Indochinas aufsteigen. Wie die Guerini-Brüder in Marseille verabscheute Francisci Konkurrenz und setzte alle Mittel ein, von Plastiksprengstoff bis zur südvietnamesischen Polizei, um seine Rivalen auszuschalten.

Franciscis erstes Opfer war René Enjabal gewesen. Am 19. November 1959 stürmte die vietnamesische Polizei eine entlegene Lehmpiste in der Nähe von Buon Me Thuot im zentralen Hochland, kurz nachdem eine zweimotorige Beechcraft, die Enjabal gehörte, mit 293 Kilo laotischem Opium gelandet war. Nach der Verhaftung des Piloten und dreier Helfershelfer, die auf dem Flugplatz warteten, beschlagnahmten die Vietnamesen das Flugzeug.[41] Durch den Verlust der Maschine hatte Enjabal keine Alternative. Binnen weniger Monate arbeitete er für den Mann, der höchstwahrscheinlich der Architekt seines Sturzes war – Francisci.[42] Die Vietnamesen hatten keine Anklage gegen Enjabal erhoben und ließen den Piloten, Desclerts, nach einer relativ kurzen Gefängnisstrafe frei. Desclerts kehrte nach Frankreich zurück und soll dort weiter mit korsischen Syndikaten gearbeitet haben, um Heroin in die USA zu liefern.[43]

Nachdem Enjabals Fluglinie aus dem Verkehr gezogen war, gab es für Francisci noch einen wichtigen Konkurrenten im lukrativen südvietnamesischen Markt: Gérard Labenski, einen der frühesten Air-Opium-Pioniere, den viele für den besten Buschpiloten in Laos hielten. Francisci ärgerte diese Konkurrenz. Einmal wollte er Labenski ausschalten, indem er dessen Cessna 195 auf der Landebahn von Phong Sawan mit Plastiksprengstoff in die Luft zu jagen versuchte. Als das schief ging, nutzte Francisci seine Kontakte zur südvietnamesischen Regierung, um seinen Rivalen und dessen gesamtes siebenköpfiges Syndikat verhaften zu lassen. Am 25. August 1960, kurz nachdem Labenski mit 200 Kilo Opium in der Nähe von Xuan Loc 70 Kilometer nördlich von Saigon gelandet war, schlug die vietnamesische Polizei zu, verhaftete ihn und konfiszierte sein Flugzeug. Labenski und sein erster Saigoner Verkäufer, François Mittard, erhielten fünfjährige Haftstrafen, die anderen jeweils drei Jahre.[44]

Nachdem sie über zwei Jahre in einem vietnamesischen Gefängnis geschmachtet hatten, waren Labenski und Mittard über Franciscis Verrat so erbittert, dass sie das korsische Gesetz des Schweigens brachen. Sie erzählten US-Drogenermittlern alles, was sie über sein Syndikat wussten, und gaben an, Francisci habe ihre Verhaftung eingefädelt, um sie aus dem Geschäft zu drängen. Aber Francisci erfreute sich einer derartigen Protektion, dass ihn Informanten nicht kompromittieren konnten. Air Laos Commerciale setzte ihren Flugbetrieb bis 1965 fort, als politische Unruhen in Laos alle korsischen Fluglinien aus dem Geschäft warfen. Mittard und Labenski wurden 1964 aus dem Gefängnis entlassen und verließen Saigon wenig später, um nach Laos zurückzukehren.[45]

Während sich Enjabal und Labenski auf den lokalen Markt konzentrierten, konkurrierte Paul Louis Levets Bangkoker Syndikat direkt mit Francisci um den europäischen Markt. Seine korsischen Rivalen betrachteten Levet immer als »den ausgekochtesten unter den Leuten, die Opium aus Laos schmuggelten«, aber bald stellte ihn eine Polizeiaktion kalt. Am 18. Juli 1963 erhielt Levet ein Telegramm aus Saigon:

> »Alles ok. Versuche, am 19. Freund in Saigon zu treffen. Bin in Zimmer 33, Continental Hotel.«
> [gez.] Poncho

Das Telegramm war ein vereinbartes Signal. Levet und sein Helfer, Michel Libert, packten 18 Kilo birmanisches Opium in einen braunen Koffer, verstauten ihn im Kofferraum von Levets blauer Citroën-Limousine und verließen Bangkok auf dem Weg zum Don-Muang-Flughafen. Gerade als sie die Übergabe an einen Kurier abwickelten, der ein Ticket für einen regulären Flug nach Saigon besaß, schlug die thailändische Polizei zu. Der unglückliche Libert erhielt fünf Jahre Gefängnis, Levet dagegen wurde wegen »Mangels an Beweisen« freigelassen und ausgewiesen. Er verschwand spurlos. Libert ging nach Verbüßung seiner vollen Strafe nach Laos, wo er wieder eine aktive Rolle in Indochinas korsischer Unterwelt spielte.

Francisci soll der einzige dieser korsischen Gangster gewesen sein, der mit Ngo Dinh Nhu verbündet war, aber alle Charterfluglinien mussten eine Übereinkunft mit der laotischen Regierung treffen. Sämtliche Flughäfen in Laos waren als Militärflughäfen klassifiziert. Die Start- und Landeerlaubnis wurde nur auf Befehl der königlich-laotischen Armee gewährt. Ein Opiumflug wurde gewöhnlich als *réquisition militaire* deklariert – als »militärischer Auftrag« – und als solcher vom laotischen Oberkommando genehmigt. Einem Korrespondenten von *Time*, der im November 1962 die Logbücher von Air Laos Commerciale untersuchte, fiel auf, dass ein hoher Anteil der Flüge als *réquisition militaire* verzeichnet war.[46]

Trotz der Kämpfe, die sich die verschiedenen korsischen Fluglinien lieferten, erwiesen sie sich als verlässliche Opiumschmuggler, und das Opiumgeschäft zwischen Laos und Saigon florierte. Mit der Zugangsgarantie zu den internationalen Märkten stieg die laotische Opiumproduktion des Landes in den zehn Jahren, in denen die Korsen die Opiumwirtschaft kontrollierten, beständig: 1953 schätzte man die jährliche Ernte von Laos auf 50 Tonnen Rohopium, aber 1968 war sie auf 100 bis 150 Tonnen angewachsen.[47] Außerdem schickten diese Syndikate, an erster Stelle die von Francisci und Levet, regelmäßig Morphinbase von Südostasien zu den Heroinlabors in Italien, Deutschland und Frankreich. Obwohl das südostasiatische Morphium in den späten 50er und frühen 60er Jahren noch immer nur einen relativ kleinen Anteil an der europäischen Heroinproduktion hatte, etablierten diese Sendungen die ersten Kontakte zwischen den Mohnfeldern des Goldenen Dreiecks und den Marseiller Heroinlabors, die später zu einer direkten Verbindung wurden – Kontakte, die zusätzliche Bedeutung erlangen sollten, als sich die Opiumproduktion der Türkei in den späten 60er Jahren ihrem Ende näherte.

Obwohl sie 1965 aus dem Geschäft gedrängt wurden, als der laotische General Ouane Rattikone beschloss, den Handel zu monopolisieren, dienten diese Syndikate später, als die Heroinfabriken des Goldenen Dreiecks Anfang der 70er Jahre die Produktion von Heroin Nr. 4 aufnahmen, als Verbindungsglied zwischen ihnen und den amerikanischen Großhändlern.

Im Bund mit der CIA: General Phoumi Nosavan

Der Mann, der die *réquisitions militaires* erteilte und einen Großteil des Opiumhandels kontrollierte, war General Phoumi Nosavan, CIA-Protegé und politischer Führer der laotischen Rechten.[48] Phoumi Nosavan war 1958, als ein unerwarteter Wahlerfolg der linken Pathet-Lao-Bewegung eine neutralistische Regierung an die Macht brachte und die US-Mission in Panik versetzte, nur ein ehrgeiziger Oberst gewesen. Besorgt, dass Laos kommunistisch werden könnte, ergriff die US-Mission geeignete Maßnahmen. Fast unverzüglich finanzierte die CIA die Bildung einer rechtsgerichteten Koalition. Mehrere Wochen später stellte das US-Außenministerium seine gesamte finanzielle Hilfe ein und stürzte die neutralistische Regierung in eine Haushaltskrise. Kaum mehr als drei Monate nach den Wahlen traten Premierminister Souvanna Phouma und seine Regierung zurück. Als die rechte Regierung die Amtsgeschäfte übernahm, verkündete der neue Premierminister Phoui Sananikone: »Wir sind Antikommunisten.«[49]

Phoumi Nosavan war einer jener intelligenten jungen Männer, die von der CIA rekrutiert wurden, um die Rechte zu organisieren. Gestützt vom US-Geheimdienst, wurde Phoumi im Februar 1959 Kabinettsmitglied, einige Monate später General.[50] Nun machte sich Phoumi daran – sein persönlicher CIA-Agent stets an seiner Seite –, Staatsstreiche zu planen, Wahlen zu manipulieren und der CIA beim Aufbau ihrer Geheimarmee zu helfen – kurz, er wurde der Hauptakteur der CIA-Bemühungen, die laotische Regierung auf antikommunistischem Kurs zu halten. 1961 jedoch entschieden sich Präsident Kennedy und sein Stab für eine neutralistische Koalition, statt eine bewaffnete Konfrontation mit der Sowjetunion um Laos zu riskieren, und Phoumi erhielt den dringenden Rat, seine rechte Regierung in eine Dreiparteienkoalition zu überführen. Als er sich trotz persönlicher Appelle Präsident Kennedys und des stellvertretenden US-Außenministers weigerte, ließ das Außenministerium seinen CIA-Kontaktmann außer Landes bringen und strich im Februar 1962 die drei Millionen Dollar im Monat, die es Phoumis Regierung gewährt hatte.[51]

Verzweifelt auf der Suche nach Geld, aber entschlossen, nicht zurückzutreten, wandte sich Phoumi dem Opiumhandel als alternativer Einkommensquelle seiner Armee und Regierung zu. Obwohl er schon seit mehreren Jahren von den korsischen und chinesischen Schmugglern Bestechungsgelder kassiert hatte, war er nicht aktiv am Handel beteiligt gewesen und hatte nur einen kleinen Prozentsatz der Gesamtprofite abgeschöpft. Außerdem waren die laotischen Opiumhändler immer noch auf die Vermarktung einheimischer Ware kapriziert, weshalb nur wenig birmanisches Opium durch Laos auf die internationalen Märkte gelangte. Die nahe liegende Lösung von Phoumis Finanzkrise war die direkte Beteiligung seiner Regierung am Im- und Export birmanischen Opiums. Diese Entscheidung führte letztlich dazu, dass Nordwestlaos zu einem der größten Zentren der weltweiten Heroinproduktion heranwuchs.

Phoumi hielt sich an die feudalen Traditionen seines Landes und delegierte die Verantwortung für den Aufbau einer Verbindung zum birmanischen Handel an General Ouane Rattikone, Kommandeur der Militärregion I und Kriegsherr in Nordwestlaos. Anfang 1962 wurde Ouane zum Leiter der halboffiziellen laotischen Opiumverwaltung ernannt und mit der Aufgabe betraut, die birmanischen Opiumimporte einzufädeln.[52] Über einen Kommandeur der Geheimarmee in Ban Houei Sai nahm er Kontakt zu einem Shan-Rebellenführer auf, der im Goldenen Dreieck in Diensten der CIA stand und einige Monate darauf die ersten birmanischen Opiumlieferungen arrangierte.[53] Ouane war stolz auf seine historische Leistung, denn dies waren die ersten großen Opiumkarawanen über den Mekong nach Laos.

Gefragt, ob er das birmanische Opium nach Südvietnam exportierte, indem er es über dem zentralen vietnamesischen Hochland abwerfen ließ, antwortete Ouane später:

»Nein, das ist dumm und wird nur von kleinen Händlern gemacht, nicht von großen Händlern. ... Wir mieteten Dakotas [C-47] von zivilen Fluggesellschaften und warfen das Opium über dem Golf von Thailand ab. Das Opium war in vier bis fünf Schichten Plastik eingewickelt und wurde dann auf Flößen befestigt. Es wurde neben kleinen Fischerbooten abgeworfen, in Fischerhäfen in Südvietnam gebracht und verschwand dann. Wir sind nicht dumm; wir sind ernsthafte Händler.«[54]

Ouane sagte, diese frühen Lieferungen seien sehr profitabel gewesen und hätten General Phoumi im Jahr 1962 ein durchschnittliches Einkommen von etwa 35.000 Dollar im Monat beschert.

Obwohl Ouane sein Bestes gab, war Phoumi aufgrund einer Reihe von militärischen und finanziellen Rückschlägen bald gezwungen, seine rechtsgerichtete Regierung durch eine Dreiparteienkoalition zu ersetzen. Als die Amerikaner im Februar ihre Hilfe einstellten, hatte Phoumis Regierung einfach der Nationalbank befohlen, mehr Geld zu drucken; die Devisendeckung der laotischen Währung sank in sechs Monaten um 30 Prozent, die Verbraucherpreise in Vientiane kletterten um 20 Prozent. Phoumi begab sich auf eine Blitztour, um alle antikommunistischen Regierungen Asiens um Hilfe zu bitten, aber nur

Südkorea war zur Unterstützung bereit.⁵⁵ Als seine Truppen im Mai 1962 bei Nam Tha in Nordwestlaos eine vernichtende Niederlage erlitten, gestand Phoumi sein Scheitern ein und bildete eine neutralistische Koalition, die abermals vom vier Jahre zuvor geschassten Souvanna Phouma angeführt wurde.

Aber der Preis für Phoumis Einlenken war hoch. Zum Ausgleich seiner Machteinbuße verlangte er von der neutralistischen Regierung wirtschaftliche Konzessionen. Er behielt die Kontrolle über das Finanzministerium und gewann das Recht, einen Großteil der blühenden Konsumwirtschaft Vientianes zu monopolisieren. Mit stillschweigendem Einverständnis des Premierministers baute er eine Vielzahl lukrativer Monopole über die Lastergeschäfte und legalen Geschäftsfelder der Hauptstadt auf.⁵⁶

Eine seiner Unternehmungen war ein abstoßendes, aber gewinnträchtiges Spielkasino in der Innenstadt von Vientiane, das ein Journalist als »ein hässliches fünfstöckiges Gebäude« beschrieb, »das wie ein indonesisches Pissoir stank«. Als Phoumi Pläne bekannt gab, ähnliche Monstrositäten in jeder großen laotischen Stadt einzurichten, weigerte sich der König kategorisch, eines in Luang Prabang, der königlichen Hauptstadt, zu erlauben. Die örtlichen Behörden in Thakhek wehrten sich ebenso heftig. Aber Phoumi ließ sich beim Aufbau seiner finanziellen Basis von solchen Rückschlägen nicht schrecken. Der Goldhandel war sogar noch lukrativer als das Glücksspiel: Das Finanzministerium gewährte Phoumis Bank von Laos ein Monopol über den Goldimport, das ihm 300.000 bis 500.000 Dollar im Jahr einbrachte.⁵⁷

Der Opiumhandel war jedoch das profitabelste aller Geschäfte. Phoumi eröffnete eine schäbige Opiumhöhle in Vientiane, die Platz für 150 Raucher bot. Um mögliche Kritik von seinen Verbündeten aus der freien Welt abzuwehren, ließ Phoumi über seinem Palast der Träume ein Schild mit der Aufschrift »Entgiftungsklinik« aufhängen. Als ein französischer Journalist Premierminister Souvanna Phouma fragte, warum dieser Schandfleck nicht geschlossen würde, entgegnete dieser: »Bei uns herrscht immer noch Feudalismus.«⁵⁸

Währenddessen führte Ouane Rattikone die laotische Opiumverwaltung mit beträchtlichem Erfolg weiter. Jedes Jahr trafen größere Shan-Karawanen in Nordwestlaos ein; von 1962 bis 1964 verdreifachte sich der Gewinn der Exporte nach Südvietnam. Nach dem Hauptbuch der laotischen Opiumadministration, das Ouane noch Jahre später in einem Schrank im Obergeschoss seiner Villa aufbewahrte, war der November 1963 ein typischer Monat: 1.146 Kilo Rohopium waren nach Südvietnam gegangen und hatten 97.410 Dollar eingebracht.[59]

Aber Phoumi war zu geizig beim Management seiner Monopole. Das führte im rechten Lager zu ernsthaften Spannungen und war ein Hauptgrund für den Staatsstreich vom April 1964, durch den er stürzte. Nicht nur hatte er die lukrativsten Teile von Vientianes Wirtschaft monopolisiert, sondern sich auch geweigert, seine Gewinne mit den anderen rechten Generälen zu teilen. Der Kommandeur der Militärregion Vientiane, General Kouprasith Abhay, betrachtete die Hauptstadt als sein rechtmäßiges wirtschaftliches Jagdgebiet und ärgerte sich über Phoumi. Ouane hegte ähnliche Gefühle: Über sieben Jahre nach dem Putsch konnte Ouane noch immer wütend werden, wenn er sich daran erinnerte, dass ihm Phoumi ein monatliches Gehalt von 200 Dollar für die Leitung der Opiumverwaltung gezahlt hatte, die über eine Million Dollar im Jahr einbrachte.[60] Außerdem hatte Phoumis »Einvernehmen« mit Premierminister Souvanna Phouma seine Feindseligkeit gegenüber der neutralistischen Regierung gemildert, wodurch er bei der extremen Rechten, darunter Kouprasith und Ouane, an Einfluss verlor.

Nach außen hin ging es bei dem rechtsgerichteten Putsch vom 19. April 1964 um die Beseitigung der neutralistischen Armee und die stärkere Berücksichtigung der Rechten durch den Premierminister, aber die putschenden Generäle schienen einen Großteil ihrer Energie vor allem darauf zu richten, Phoumis Finanzimperium zu zerschlagen.[61] Der Staatsstreich begann um vier Uhr morgens, als General Kouprasiths Truppen die Stadt besetzten, die meisten neutralistischen Offiziere festnahmen und den Premierminister unter Hausarrest stellten. Es gab keinen Widerstand und so gut wie kein Blutvergießen. Zwar überzeugte die Drohung, dass die USA ihre Hilfe einstellen würden, Kouprasith und Ouane davon, den Premierminister vom Hausarrest zu entbinden, aber nichts konnte sie davon abhalten, Phoumi seiner Macht zu berauben.[62] Am 2. Mai trat General Phoumi von seinem Amt als Verteidigungsminister zurück. Am selben Tag widerrief das Finanzministerium die Importlizenz für die Sogimex Company, eine von Phoumis Firmen, die das Monopol auf die Einfuhr alkoholischer Getränke hielt. Das Revolutionskomitee schloss sein Spielkasino, und das Finanzministerium brach das Goldimportmonopol der Bank von Laos.[63]

Aber in der konfusen Art laotischer Staatsstreiche versuchte Phoumi am 2. Februar 1965 einen Gegenputsch, um seine verlorene Macht zurückzuerobern. Nachdem vier verschiedene Soldatengruppen, die Erkennungshalstücher in drei unterschiedlichen Farben trugen, durch Vientiane gestürmt waren und vier oder fünf Tage lang mit schwerer Artillerie und Maschinengewehren um sich geschossen hatten, gab Phoumi schließlich auf und floh nach Thailand.[64] Die Situation war so verwirrend, dass Ouane und Kouprasith am 8. Februar eine Pressekonferenz gaben, um ihren Sieg zu verkünden und zu erklären, dass es tatsächlich einen Putsch gegeben hatte – den ihren.[65]

Als Sieger teilten Kouprasith und Ouane auf, was von Phoumis Finanzimperium übrig war. Während Kouprasith das meiste der Immobilien, Bordelle und Opiumhöhlen des gefallenen Generals einstrich, übernahm Ouane die Kontrolle über den Opiumhandel in Nordwestlaos.

Ouanes Aufstieg in Phoumis frühere Drogenhandelsposition brachte das Ende der Aktivitäten der korsischen Air-Opium-Charterfluglinien mit sich. Nicht gewillt, irgendeine Konkurrenz zu dulden, weigerte sich Ouane, diesen Fluglinien *réquisitions militairs* auszustellen, und verriegelte ihnen damit den Zugang zu den laotischen Flughäfen. So verschwanden die korsischen Linien aus dem Opiumtransportgeschäft.[66] Allerdings hatte Ouane seine Fluglogistik weit überschätzt, weshalb sein Schritt zu einer großen Krise des laotischen Opiumhandels führte.

Wie sich herausstellte, hätte Ouane wohl kaum einen schlechteren Zeitpunkt wählen können, um die Korsen aus dem Geschäft zu werfen. Die Operationen der laotischen Luftwaffe hatten 1964 und 1965 einen Höhepunkt erreicht: Gerade hatten die Bombardierungen des Ho-Chi-Minh-Pfades begonnen; laotische T-28-Kampfflugzeuge wurden in geheimen Vergeltungsangriffen gegen Nordvietnam eingesetzt; wieder auflebende Kämpfe auf dem Tranninh-Plateau erforderten ausgedehnte Luftunterstützung.[67] Der Kommandeur der laotischen Luftwaffe war entschlossen, diesen Militäroperationen Vorrang einzuräumen, und weigerte sich, Flugzeuge für General Ouanes Opiumflüge nach Ban Houei Sai zur Verfügung zu stellen.

Die Lage im Hmong-Hochland in Nordostlaos war sogar noch kritischer. Die Eroberung des Tranninh-Plateaus durch Pathet-Lao-Rebellen 1964 beschränkte die Luftwaffe auf provisorische Lehmpisten auf den umliegenden Bergkämmen. Schwere C-47-Transportflugzeuge waren unter diesen Bedingungen fast nutzlos, und die laotische Luftwaffe verfügte kaum über leichte Aufklärungsflugzeuge. Der Krieg hatte die Abhängigkeit der Hmong vom Mohnanbau verstärkt, nun stürzte der Mangel an Lufttransportmöglichkeiten die Opiumbauern der Bergvölker in ernste Not. Da die CIA die Hmong-Bevölkerung dazu einsetzte, um die Pathet-Lao-Kräfte in den Bergen von Nordostlaos zu bekämpfen, war das Wohlergehen dieses Stammes für den Erfolg des Geheimdienstes entscheidend. Bis 1965 hatte die CIA eine Hmong-Armee von 30.000 Soldaten geschaffen. Sie bewachte vor allem Radarstationen, die für die Bombardierung Nordvietnams unverzichtbar waren, und rettete abgeschossene amerikanische Piloten.

Ohne Lufttransport für ihr Opium standen die Hmong vor einer Wirtschaftskrise. So sah sich die CIA bemüßigt, mit den Hubschraubern ihrer Air America einzuspringen. Sie unternahm es, Opium aus den Bergdörfern nördlich und östlich des Tranninh-Plateaus zu General Vang Paos Hauptquartier in Long Tien auszufliegen.[68] Diesen Service leistete sie noch bis mindestens Ende 1971. Die Dorfobersten der Hmong im Gebiet des Tranninh-Plateaus zum Beispiel erzählten, dass die Opiumernte 1970 und 1971 von Vang Paos Offizieren gekauft und mit UH-1H-Helikoptern von Air America nach Long Tieng geflogen wurde. Dieses Opium war vermutlich für die Heroinlabors in Long Tieng oder Vientiane bestimmt und, letztendlich, für süchtige GIs in Vietnam.[69]

Die US-Botschaft in Vientiane nahm gegenüber dem Opiumhandel eine Haltung wohlwollender Nachlässigkeit ein. Als ein amerikanischer Journalist in einem Schreiben an die Botschaft beklagte, dass laotische Offizielle in den Rauschgifthandel verwickelt seien, erwiderte US-Botschafter McMurtrie Godley in einem Brief vom 2. Dezember 1970:

> »Was Ihre Informationen über den Opiumhandel zwischen Laos und den USA betrifft, so ist der Kauf von Opium in Südostasien zweifellos weniger schwierig als in anderen Teilen der Welt, aber ich glaube, dass die königlich-laotische Regierung ihre Verantwortung ernst nimmt, den internationalen Opiumhandel zu untersagen. ... Jüngste mir verfügbare Informationen weisen jedoch darauf hin, dass Südostasien nur fünf Prozent der Drogen produziert, die leider illegal nach Großbritannien und in die USA importiert werden. Wie Sie zweifellos bereits wissen, unternimmt unsere Regierung alle Anstrengungen, um den Handel einzudämmen, und ich nehme an, die US-Drogenbehörde in Washington, D.C., kann Ihnen weitere Informationen geben, falls Sie noch Fragen haben.«[70]

Freilich hätten jüngste verfügbare Informationen Botschafter Godley darüber aufklären müssen, dass ein Großteil des Heroins, das amerikanische GIs in Vietnam konsumierten, aus laotischen Labors stammte. Die genaue Lage der blühenden Heroinfabriken in Laos war selbst noch den untersten US-Bürokraten allgemein bekannt. Amerikanische Bürger, die in ihren Städten und Vorstädten mit dem Problem des Straßenverkaufs von Drogen lebten, hätten wohl bezweifelt, dass eine US-Regierungsbehörde irgendeinen Aspekt des internationalen Rauschgifthandels mit Nachsicht behandeln könnte. Betrachtet man jedoch historische Vorläufer und die Notwendigkeiten der Gebirgskriegführung in Nordlaos, erscheinen die Verstrickung der Air America und die Toleranz der US-Botschaft als fast unausweichlich. Statt US-Kampftruppen nach Laos zu schicken, bedienten sich vier amerikanische Präsidenten nacheinander der CIA, um die Hmong in die einzig effektive Armee von Laos zu verwandeln. Der fundamentale Grund für die amerikanische Komplizenschaft im laotischen Opiumhandel lag in diesen politischen Entscheidungen, die nur im Kontext des Geheimkriegs in Laos verständlich werden.

Geheimkrieg in Laos

Amerikanische Geheimdienstler, die Ende der 50er Jahre von den wieder auflebenden Guerillaaktivitäten in Südvietnam und Laos erfuhren, interpretierten diese Informationen als Zeichen kommunistischer Pläne zur Eroberung Südostasiens. General Edward G. Lansdale, der unter Präsident Kennedy die strategische Planung des Verteidigungsministeriums in Indochina leitete, erinnerte sich, dass die CIA-Operationen mit den Hmong initiiert wurden, um die kommunistische Infiltration zu überwachen:

> »Der Hauptgedanke war, ein Frühwarnsystem zu installieren, eine Art Stolperdrahtalarm, wobei diese Stämme in den Bergen Informationen über nordvietnamesische Bewegungen sammeln sollten. Dies sollte Teil einer Verteidigungsstrategie sein, um die Reis anbauenden Tiefländer Thailands und Vietnams zu retten, indem man sie gegen die Infiltrationsrouten in den Bergen von China und Nordvietnam abschottete.«[71]

In den Köpfen der geopolitischen Strategen der CIA-Abteilung für Sonderoperationen erstreckten sich die möglichen Infiltrationsrouten von den Shan-Bergen Nordostbirmas über die unwegsamen laotischen Berge nach Süden bis zum zentralen Hochland Südvietnams. Laut eines CIA-Agenten, Oberstleutnant Lucien Conein, wurde 1959 Geheimdienstpersonal nach Laos entsandt, um acht Teams der Green Berets zu beaufsichtigen, die damals Hmong-Guerillas auf dem Tranninh-Plateau ausbildeten.[72] 1960 und 1961 rekrutierte die CIA Elemente der paramilitärischen chinesischen Nationalisten in Nordthailand, um das chinesisch-birmanische Grenzland zu patrouillieren[73], und schickte Green Berets ins südvietnamesische Hochland, um Kommandoeinheiten der Bergstämme für Spionage- und Sabotagepatrouillen entlang des Ho-Chi-Minh-Pfads zu organisieren.[74] Schließlich begann 1962 ein in Nordwestlaos stationierter CIA-Agent ausgebildete Guerillas der Yao- und Lahu-Stämme mitten in die chinesische Provinz Yunnan zu schicken, um die Verkehrsbewegungen zu observieren und Telefone anzuzapfen.[75]

Während das US-Militär eine halbe Million Soldaten entsandte, um in Südvietnam einen konventionellen Krieg zu führen, erforderte dieser Gebirgskrieg nur eine Hand voll amerikanischer Spezialisten. »Ich hatte immer das Gefühl«, sagte General Lansdale, »dass es der richtige Weg ist, wenn eine kleine Gruppe Amerikaner die einheimische Bevölkerung organisiert, um kommunistische Kriege zur ›nationalen Befreiung‹ zu bekämpfen.«[76]

Amerikanische Paramilitärs in Laos waren oft lange im Einsatz, einige von ihnen ein Jahrzehnt und länger, und erhielten enorme persönliche Machtbefugnisse. Wenn sich der konventionelle Krieg in Südvietnam am besten unter dem Gesichtspunkt unpersönlicher Bürokratien analysieren lässt, die politische Strategien und Programme produzierten, versteht man den Geheimkrieg in Laos am ehesten anhand der Männer, die ihn kämpften.

Drei dieser Männer drückten vielleicht mehr als alle anderen dem Geheimkrieg ihren Stempel auf: Edgar Buell, Tony Poe und William Young. Jeder illustriert auf seine Weise einen anderen Aspekt der bewussten und unbewussten Komplizenschaft der USA im laotischen Opiumhandel.

William Young, einer der effektivsten Agenten der CIA, wurde im birmanischen Shan-Staat geboren, wo sein Großvater Missionar bei den Bergstämmen gewesen war. Großvater Young kam um die Jahrhundertwende nach Birma, eröffnete eine baptistische Mission in Keng Tung und begann die Lahu-Stämme in der Gegend zu bekehren. Zwar verstanden sie wenig von seiner christlichen Botschaft, aber ein lokales Orakel hatte ihnen einst die Ankunft einer weißen Gottheit prophezeit. Die Lahu beschlossen, dass es sich dabei nur um Reverend Young handeln konnte.[77] Sein Sohn Harold erbte später diese zugeschriebene Göttlichkeit und machte sie sich in den 50er Jahren zunutze, um für die CIA Spionagevorstöße der Lahu nach China zu organisieren. Als Harolds Sohn William 1958 nach einem Job suchte, empfahl der Vater ihn seinem eigenen Arbeitgeber. William wurde Geheimübersetzer und -dolmetscher. Als versiertes Sprachtalent, das fünf der lokalen Sprachen beherrschte, wusste er wahrscheinlich mehr über die Minderheiten in den Bergen als jeder andere Amerikaner in Laos. Die CIA betrachtete ihn zu Recht als ihren »Bergstammexperten«. Aus seinem tiefen Verständnis der Bergvölker heraus sah er das Opiumproblem aus der Warte der Mohnbauern. Solange es kein umfassendes Programm zur Ersetzung des Mohns durch andere Feldfrüchte gab, sollte seiner Meinung nach nichts unternommen werden, um in den Opiumhandel einzugreifen. In einem Gespräch erläuterte Young 1971 seine Ansichten:

> »Ab und zu beschloss einer von den James-Bond-Typen, der einzige Weg zur Lösung des Problems bestünde darin, die [Drogen-] Fabriken in die Luft zu sprengen oder mit Maschinengewehren niederzumähen. Aber ich habe ihnen das immer ausgeredet. Solange es in Birma Opium gibt, wird es immer jemanden geben, der es auf den Markt bringt. Solche Aktionen würden nur Schaden anrichten und das Problem nicht wirklich lösen.«[78]

Während William Young zu viel Sympathie mit den Bergvölkern hegte, um in den Opiumhandel einzugreifen, stand Anthony Posepny, oder Tony Poe, dem Problem gleichgültig gegenüber. Poe, der im Zweiten Weltkrieg bei den Marines im Pazifik gekämpft hatte, ging kurz nach dem Krieg zur CIA-Abteilung für Sonderoperationen und erwarb sich bald einen Ruf als einer der besten Geheimkriegsagenten in Asien.[79] Als die CIA 1956 beschloss, den religiösen Herrscher Tibets, den Dalai Lama, in seiner Fehde gegen Peking zu unterstützen, rekrutierte Tony Poe Männer vom Kahmba-Stamm in Nordostindien, beleitete sie nach Camp Hale in Colorado zur Ausbildung und ging mit ihnen auf ausgedehnte Spionagemissionen.[80] Nachdem regionale Separatisten 1958 die Unabhängigkeit Sumatras von Indonesien erklärt hatten, war Tony Poe einer der CIA-Agenten, die zur Unterstützung auf die Insel geschickt wurden.[81]

1. Legale Heroin- und Kokainverkäufe

Werbung für Kokain und Opiate, typisch für Fachpublikationen vor der Drogenprohibition. Diese entstammt dem australischen Fachblatt für Drogisten und Apotheker, *Chemist and Druggist of Australia*, Februar 1908.

2. Amerikanische Drogendealer

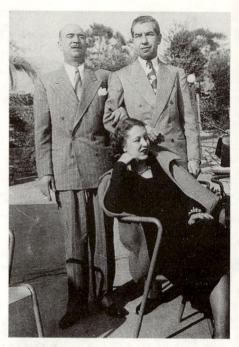

(oben) Meyer Lansky, ein jüngeres Mitglied des so genannten »jüdischen Syndikats«, das über das illegale Drogen- und Alkoholgeschäft während der Prohibition herrschte. (Sammlung Alan A. Block)

(rechts) Charles »Lucky« Luciano (rechts), Boss der New Yorker Mafia vor dem Zweiten Weltkrieg, im Exil nach seiner Ausweisung nach Italien Ende der 40er Jahre. (*Harry Anslinger Papers*, Pattee Library, Pennsylvania State University)

Santo Trafficante, jr. (Mitte), nach dem Zweiten Weltkrieg ein einflussreicher Mafioso und mutmaßlicher Drogenhändler, beim Lunch mit Verbrecherbossen in New York Ende der 60er Jahre. (Paul de Maria, *New York Daily News*)

3. Das Marseiller Korsenmilieu

Barthélemy Guerini, der Marseiller Verbrecherboss, der 1951/52 mit Unterstützung der CIA der Kommunistischen Partei die Herrschaft über den Hafen von Marseille entrang, wurde 1970 für einen Milieumord zu 20 Jahren Haft verurteilt. (*Le Provençal*, Marseille)

François Spirito, vor dem Krieg Boss des korsischen Syndikats und internationaler Heroinschmuggler, bei seinem Prozess 1952 wegen Kollaboration mit den deutschen Besatzungstruppen. (Agence France-Presse)

4. Krieg und Opium in Französisch-Indochina

Ein chinesischer Händler kauft Opium von einer laotischen Stammesfrau auf dem Tranninh-Plateau Anfang der 50er Jahre. (Sammlung Touby Lyfoung)

Ein französischer Fallschirmjäger trainiert laotische Guerillas, Tranninh-Plateau, Nordlaos, 1953. (Sammlung Touby Lyfoung)

Touby Lyfoung, politischer Führer der Hmong-Guerillas, die auf Seiten des französischen Expeditionskorps kämpften, beratschlagt sich mit einem französischen Offizier auf dem Tranninh-Plateau, 1953. (Sammlung Touby Lyfoung)

General Le Van Vien (rechts), Boss der Binh-Xuyen-Gangster, die den Saigoner Opiumhandel kontrollierten, trifft sich mit Premierminister Ngo Dinh Diem Ende 1954. (*Life*, © 1955)

Oberst Edward G. Lansdale, der die CIA-Operationen in Südostasien leitete, spielte eine Schlüsselrolle bei der Zerschlagung der Vorherrschaft der Binh-Xuyen-Gangster über Saigon im Stadtkrieg von 1954/55. (United Press International)

5. Nationalchinesische Truppen im Goldenen Dreieck

General Tuan Shi-wen, Kommandeur der 5. Armee der Nationalchinesen, in seinem Hauptquartier an der thailändisch-birmanischen Grenze 1967: »Wir müssen weiter das Übel des Kommunismus bekämpfen, und um zu kämpfen, braucht man eine Armee, und eine Armee braucht Waffen, und um die Waffen zu kaufen, braucht man Geld. In diesen Bergen ist Opium das einzige Geld.« (*Weekend Telegraph*, London, März 1967)

Nationalchinesischer Soldat bei der Ausbildung im Hauptquartier der 5. Armee der Guomindang, Mae Salong, Nordthailand, 1967.
(*Weekend Telegraph,* London, März 1967)

Nationalchinesischer Offizier in Nordthailand, der wie viele seiner Kameraden eine Frau aus den Bergstämmen an der thailändisch-birmanischen Grenze heiratete und dessen Söhne später natürlich in der 5. Armee dienen sollten.
(*Weekend Telegraph,* London, März 1967)

6. Die CIA-Geheimarmee in Laos

Ein Frau des Yao-Stammes in der Nähe des Dorfes Pha Luang in den Bergen von Laos bestellt einen Berghang für die Mohnaussaat, 1971. (John Everingham)

Ger Su Yang, Militärkommandeur der Hmong im nordlaotischen Distrikt Long Pot, mit seiner Familie, 1971. (John Everingham)

Altgediente Hmong-Milizionäre der CIA-Geheimarmee auf Patrouille in der Nähe des Dorfes Long Pot, Nordlaos, 1971. (John Everingham)

Assistert von seinem Mitarbeiter George Cosgrove dirigiert Edgar »Pop« Buell, Organisator der CIA-Geheimarmee, Transportflugzeuge der Air America, die per Fallschirm Reis für die Angehörigen von Hmong-Soldaten in den Bergen von Nordlaos abwerfen, 1971. (Alfred W. McCoy)

Ein Hubschrauber der Air America landet im Dorf Long Pot, Nordlaos, 1971. (John Everingham)

Frauen und Kinder der Hmong in Nordlaos sammeln die von der USAID aufgebrachten und von Hubschraubern der Air America abgeworfenen Reisspenden ein, 1971. (Alfred W. McCoy)

König Savang Vatthana (links) verleiht General Ouane Rattikone (Mitte), Kommandeur der königlich-laotischen Armee und führender Heroinproduzent von Laos, anlässlich seiner Pensionierung im Juni 1971 einen Orden. (Alfred W. McCoy)

Das Warenzeichen der Heroinmarke Double-U-O-Globe, die Anfang der 70er Jahre in Ouane Rattikones Labor in Nordwestlaos für den Verkauf an in Vietnam dienende US-Truppen hergestellt wurde. (Alfred W. McCoy)

General Vang Pao, der Hmong-Offizier, der von 1960 bis 1975 die CIA-Geheimarmee befehligte, im Juli 1971 in Laos. (Daniele Cavalerie)

Im Dorf Nam Keung, Nordlaos, erteilt der USAID-Vertreter Edgar »Pop« Buell dem Major Chao La, einem Söldnerkommandeur der CIA und Heroinproduzenten, der Presse zuliebe eine Lektion über die Übel des Drogenhandels. (Fox Butterfield, *The New York Times*)

7. Der Heroinhandel des Goldenen Dreiecks

Khun Sa, Birmas führender Opiumbaron und Heroinproduzent, in seinem Hauptquartier in Mong Mai im Shan-Staat nahe der thailändischen Grenze, Februar 1989. (Piers Cavendish)

Rekruten von Khun Sas Armee bei der Ausbildung im Lager Mong Mai, Januar 1989. (Piers Cavendish

Ein Soldat der Shan-Staatsarmee, einer im Opiumhandel aktiven birmanischen Rebellengruppe, im Lager Man Pi, 1986. (Hseng Noung Lintner)

Eine Frau des Pa-O-Stammes im südlichen Shan-Staat sammelt Opium beim Dorf Naung Aw, Teil des Territoriums von Khun Sa, während der Erntesaison 1989. (Piers Cavendish)

8. Afghanische Widerstandskräfte

Der afghanische Widerstandsführer Gulbuddin Hekmatyar (Mitte), der Hauptnutznießer der CIA-Waffenlieferungen, verkündet im Hauptquartier der afghan. Rebellenallianz im pakistanischen Peschawar am Tag vor dem Rückzug der Sowjets aus Afghanistan im Mai 1988 den Sieg. (Steve Galster)

Ehemalige afghanische Widerstandskämpfer ernten Opium in der Provinz Nangarhar, Mai 1994. (Alain Labrousse)

Sein erster Auftrag in Indochina war der Einsatz bei Söldnern, die an der kambodschanischen Grenze Südvietnams gegen Prinz Sihanuk kämpften. 1963 wurde Poe als Chefberater von General Vang Pao nach Laos geschickt[82] und mehrere Jahre später nach Nordwestlaos versetzt, um die Operationen der Geheimarmee im Dreigrenzland zu überwachen und mit Männern des Yao-Stammes zu arbeiten. Die Yao behielten »Mr. Tony« als Trinker und autoritären Kommandeur in Erinnerung, der mit Bestechung und Drohungen seinen Willen durchsetzte, und als launischen Führer, der seinen Soldaten 500 Kip (einen Dollar) für ein Ohr und 5.000 Kip für einen abgeschlagenen Kopf bot, wenn eine Mütze der Pathet-Lao-Armee dabei war.[83]

Seine Haltung gegenüber dem Opiumhandel war launenhaft. Einem ehemaligen Mitarbeiter von USAID in Laos zufolge weigerte sich Poe, Opium in seinem Flugzeug mitzunehmen, und drohte einmal einem Lao-Soldaten, ihn zusammen mit einem Kilo Opium aus dem Flugzeug zu werfen. Gleichzeitig ignorierte er die florierenden Heroinfabriken entlang des Mekong und hielt nie einen von Ouane Rattikones Offizieren davon ab, US-Einrichtungen für die Abwicklung von Drogengeschäften zu nutzen.

Der seltsamste dieses CIA-Triumvirats war Edgar »Pop« Buell, ursprünglich ein Farmer aus Steuben County, Indiana. Buell kam erstmals 1960 als freiwilliger Landwirtschaftsberater für International Voluntary Services (IVS) nach Laos, eine Art Peace Corps des amerikanischen Bibelgürtels.[84] Er wurde auf das Tranninh-Plateau entsandt, wo die CIA ihre geheime Hmong-Armee aufbaute. Es war wohl den Verhältnissen und seinem eigenen christlichen Antikommunismus geschuldet, dass Buell beim Geheimdienst landete. Als der Einfluss der CIA in den Hmong-Dörfern um das Tranninh-Plateau herum wuchs, wurde er zu einem Ein-Mann-Nachschubkorps und sorgte für Air-America-Maschinen, um Reis, Fleisch und andere Bedarfsgüter zu transportieren, welche die CIA den Stämmen versprochen hatte.[85] Buell spielte den naiven Jungen vom Land und behauptete, seine Arbeit sei humanitäre Hilfe für Hmong-Flüchtlinge. Seine Operationen waren jedoch integraler Bestandteil des CIA-Programms.

Den Bemühungen, die Wirtschaft der Hmong zu stärken und die militärische Schlagkraft des Stammes zu erhöhen, kamen Buells landwirtschaftliche Kenntnisse zugute, mit denen er die Anbaumethoden des Hmong-Mohns zu verbessern half. »Wenn ihr es schon anbauen müsst, dann macht es richtig«, sagte Buell den Hmong, »aber lasst niemanden das Zeug rauchen.« Die Produktion stieg, aber dank moderner Medikamente, die Buell den Hmong verschaffte, nahm der medizinische Konsum ab, und das Opium wurde für die internationalen Märkte verfügbar.

Da es zu wenige US-Agenten gab, um die volle Verantwortung für die täglichen Operationen in den Bergen von Laos zu übernehmen, wählte die CIA aus jedem Bergstamm einen Führer als stellvertretenden Kommandeur aus. Dieser Vertraute der CIA rekrutierte Männer seines Stammes als Söldner, bezahlte ihren Sold aus Mitteln des Geheimdienstes und führte sie in die Schlacht. Weil die CIA nur so viel Einfluss bei jedem Bergvolk hatte wie ihr jeweiliger Stellvertreter, lag es im Interesse des Geheimdienstes, die militärische und wirtschaftliche Macht in den Händen dieser Männer zu konzentrieren und sie zu lokalen Autokraten zu machen. Während des Indochinakriegs hatten französische Kommandos mit der gleichen Taktik auf dem Tranninh-Plateau eine Truppe von 6.000 Hmong-Guerillas unter dem Kommando von Touby Lyfoung aufgebaut. Sie hatten Touby Lyfoungs Autorität gestärkt, indem sie ihn zu ihrem exklusiven Opiumhändler machten.

Als die CIA 1960, nur sechs Jahre später, damit begann, ihre eigene Hmong-Armee zu organisieren, fand sie Touby für das Kommando ungeeignet. Ganz Politiker, hatte Touby das Beste aus dem Geschäft mit den Franzosen herausgeholt und seine Truppen nie in offene Kämpfe verwickelt. »Touby sagte uns immer«, erinnerte sich ein Hmong-Veteran liebevoll, »dass wir ein paar Schüsse abfeuern und weglaufen sollten.« Die CIA dagegen wollte einen echten Kämpfer, der Verluste hinnahm, und fand ihn in einem jungen Hmong-Offizier namens Vang Pao. Der wurde alsbald zu einem Helden der CIA-Bürokraten in Washington. »Die CIA hatte einen Offizier entdeckt …, der ursprünglich von den Franzosen ausgebildet worden war und sich nicht nur durch den Mut, sondern auch durch den politischen Scharfsinn auszeichnete …, die Führung in einem solchen Konflikt zu übernehmen«, erinnerte sich der pensionierte CIA-Direktor William Colby. »Sein Name war Vang Pao, und er gebot über die enthusiastische Bewunderung der CIA-Offiziere, die ihn … als einen Mann kannten, der … den Amerikanern auch einmal widersprechen konnte.«[86] Viele CIA-Feldagenten bewunderten seine Unerbittlichkeit. Als Agent Thomas Clines, Kommandeur der CIA-Geheimbasis in Long Tieng, einmal sechs Gefangene verhören wollte, befahl Vang Pao, sie auf der Stelle zu erschießen. Clines war beeindruckt. »Was ich sagen wollte, General, war, dass ich es zu *schätzen* wüsste, wenn Sie uns *bitte erlauben* würden, Gefangene zu befragen.«[87]

Touby bemerkte einmal über Vang Pao: »Er ist ein reiner Militäroffizier, der nicht versteht, dass es nach dem Krieg einen Frieden gibt. Und man muss stark sein, um den Frieden zu gewinnen.«[88] Für Vang Pao war der Friede eine entfernte Kindheitserinnerung. Schon 1945, im Alter von 13 Jahren, bewegte er sich in einem kriegerischen Umfeld: als Übersetzer für französische Kommandos, die über dem Tranninh-Plateau absprangen, um den Widerstand gegen die Japaner zu organisieren.[89] Er wurde Leutnant in der neu gebildeten laotischen Armee, verbrachte aber den Indochinakrieg die meiste Zeit auf dem Tranninh-Plateau bei Touby Lyfoungs irregulärer Hmong-Truppe. Im April 1954 führte er 850 Kommandosoldaten der Bergstämme durch die unwegsamen Berge der Provinz Sam Neua in dem vergeblichen Versuch, der zum Untergang verurteilten französischen Garnison in Dien Bien Phu zu Hilfe zu kommen.

Als der Indochinakrieg 1954 endete, kehrte Vang Pao in den regulären Dienst der laotischen Armee zurück. Er stieg schnell in den Rang eines Majors auf und wurde zum Kommandeur des 10., in den Bergen östlich des Tranninh-Plateaus stationierten Infanteriebataillons ernannt. Im Krieg hatte er sich einen guten Ruf als Kommandeur erworben, und in seinem neuen Kommando zeigte er nun auch zum ersten Mal die persönliche Korruptheit, die ihn später zu einem so effektiven Kriegsherrn machte.

Vang Pao führte nicht nur sein reguläres Bataillon, sondern war auch Kommandeur der Selbstverteidigungskräfte der Hmong in der Region des Tranninh-Plateaus. Den Freiwilligen waren regelmäßige Zuweisungen von Lebensmitteln und Geld versprochen worden, aber Vang Pao steckte ihren Sold in die eigene Tasche, sodass die meisten von ihnen monatelang leer ausgingen. Der anschwellende Chor der Klagen kam schließlich dem Armeekommandeur der Provinz, Oberst Kham Hou Boussarath, zu Ohren. Anfang 1959 bestellte der Provinzkommandeur Vang Pao in sein Hauptquartier in Xieng Khouang und befahl ihm, den gesamten ausstehenden Sold auszuzahlen. Einige Tage später versuchten 30 von Vang Paos Getreuen, die sich in den Büschen an der Straße versteckt hielten, Kham Hou, der von einer Inspektion der Frontgebiete zurückkehrte und sich dem Dorf Lat Houang näherte, zu ermorden. Aber es dämmerte; die meisten Schüsse gingen fehl. Kham Hou trat aufs Gaspedal und entkam dem Hinterhalt ohne Kratzer.

Sobald er in seinem Hauptquartier eingetroffen war, kabelte Kham Hou einen ausführlichen Bericht nach Vientiane. Am nächsten Morgen traf Stabschef Ouane Rattikone in Xieng Khouang ein. Weinend warf sich Vang Pao vor Ouane zu Boden und bat um Vergebung. Vielleicht von diesem Gefühlsausbruch bewegt oder beeinflusst von den Wünschen der Offiziere der US-Spezialkräfte, die mit den Hmong zusammenarbeiteten, beschloss Ouane, Vang Pao nicht zu bestrafen. Die meisten Mitglieder des laotischen Oberkommandos gingen indes davon aus, dass seine Karriere nun beendet sei.[90] Aber unvorhergesehene Umstände, die Vang Paos Dienste für die laotische Rechte und die CIA unschätzbar machten, retteten ihn vor der Vergessenheit.

Etwa zur gleichen Zeit, als Vang Pao seinen missglückten Hinterhalt legte, begann General Phoumi Nosavans Aufstieg zur Macht. In den Wahlen zur Nationalversammlung im April 1959 setzten sich Phoumis Kandidaten auf breiter Front durch und machten ihn dadurch zu Laos' erstem wirklich starken Mann. Die Wahl war jedoch in himmelschreiender Weise manipuliert worden; auch die amerikanische Beteiligung an dem Wahlbetrug war offensichtlich. Es gab sogar Berichte, dass CIA-Agenten einen Teil der Stimmenkäufe finanziert hatten.[91]

Erzürnt über die Einmischung dieser Amerikaner unternahm ein unbekannter Offizier, Hauptmann Kong Le, am 8. August 1980 mit seinem Fallschirmspringerbataillon einen erfolgreichen Putsch. Nachdem er Vientiane eingenommen und Phoumis Unterstützer entmachtet hatte, übergab Kong Le am 16. August die Regierung dem früheren neutralistischen Premierminister Souvanna Phouma. Souvanna gab bekannt, er würde den andauernden Bürgerkrieg mit einer neutralistischen Regierung aus Vertretern der Linken, Rechten und der Mitte beenden. Der Plan wäre fast erfolgreich gewesen, als Phoumi Anfang September die Verhandlungen plötzlich abbrach und in sein Haus in Savannakhet zurückkehrte, wo er die Bildung eines Revolutionskomitees bekannt gab.[92] Wieder mischte sich die CIA ein. Dutzende von Air-America-Transportmaschinen ohne Hoheitszeichen landeten in Savannakhet, beladen mit Waffen, Soldaten und amerikanischen Beratern.[93] Laos stürzte in einen dreijährigen Bürgerkrieg. Die von der CIA unterstützten Rechten sammelten sich in Savannakhet, die Neutralisten in Vientiane, die linken Pathet Lao in den Wäldern der Provinz Sam Neua im äußersten Nordosten. Alle Areale dazwischen waren praktisch autonom, und alle drei Fraktionen wetteiferten um Territorien und um Einfluss in den neutralen Provinzen.

Während die Rechten ihre Herrschaft über den Süden schnell konsolidierten, gewannen die Neutralisten zunächst die Oberhand in der Provinz Xieng Khouang, zu der das Tranninh-Plateau gehörte. Dieser Erfolg stärkte die neutralistische Position erheblich: Mit den drei Hauptstraßen, die in der Ebene zusammenliefen, war Xieng Khouang der strategische Schlüssel zu Nordostlaos. Der einflussreiche Hmong-Führer Touby Lyfoung war Justizminister der neutralistischen Regierung und schien eng mit Premierminister Souvanna Phouma zusammenzuarbeiten.[94] Die neutralistische Position im Nordosten verbesserte sich weiter, als der frisch ernannte Kommandeur der Militärregion II (Provinzen Sam Neua und Xieng Khouang), Oberst Kham Hou, am 28. September seine Loyalität gegenüber der neutralistischen Regierung erklärte.[95]

General Phoumis Lager war über die mangelnde Unterstützung in der strategischen Region II besorgt. Nachdem Kham Hou ihre Avancen zurückgewiesen hatte, nahmen Phoumis Agenten Ende September Kontakt zu Vang Pao auf. Sie versprachen ihm finanzielle Unterstützung, wenn er einen Hmong-Coup gegen die Neutralisten anführen und so die Militärregion II in den Machtbereich der Rechten bringen würde. Laotischen Armeequellen zufolge setzte Vang Pao am 1. oder 2. Oktober einen Funkspruch nach Savannakhet ab, in dem er General Phoumi um Geld und Waffen bat. Am 5. Oktober brachte eine unmarkierte Maschine von Air America 30 Fallschirmspringer und mehrere 100 Gewehre zu Vang Paos Anhängern auf das Tranninh-Plateau. Ein paar Stunden später rief Vang Pao im Dorf Lat Houang eine Versammlung der örtlichen Hmong-Führer ein. Umgeben von den frisch eingetroffenen Fallschirmjägern erklärte Vang Pao einer Menge von 300 bis 400 Hmong, dass er General Phoumi unterstütze. Er versprach all jenen Waffen, die sich ihm im Kampf gegen die Neutralisten anschlössen.[96]

Als die Kunde von der beginnenden Hmong-Revolte nach Vientiane drang, schickte Premierminister Souvanna Phouma seinen Justizminister, den Hmong-Führer Touby Lyfoung, zum Tranninh-Plateau, um mit Vang Pao zu verhandeln. Statt jedoch Vang Pao zu überreden, beugte sich Touby der überlegenen Macht und schloss sich ihm an. Mit seinen beträchtlichen Talenten als Verhandlungsführer traf sich Touby mit Kham Hou und drängte ihn, sich nicht in die Hmong-Revolte einzumischen. Kham Hou war nicht darauf erpicht, sich an unnötigen Gemetzeln zu beteiligen und stand trotz seiner proklamierten Loyalität der Sache der Rechten nicht ohne Sympathie gegenüber. Er willigte also ein, sich aus allen Kämpfen herauszuhalten, und überließ damit die Kontrolle über das Tranninh-Plateau effektiv der Rechten.[97]

Verwirrt von der undurchsichtigen Situation, schickte Souvanna Phouma am 7. Oktober einen weiteren Emissär auf den Weg, General Amkah, den Generalinspekteur der neutralistischen Armee. Aber in dem Moment, in dem Amkha aus dem Flugzeug stieg, verhaftete ihn Vang Pao mit vorgehaltener Pistole und ließ ihn an Bord einer unmarkierten Transportmaschine nach Savannakhet fliegen, wo er auf Befehl von General Phoumi fast drei Jahre im Gefängnis blieb. Am selben Tag wurde Touby nach Savannakhet »eingeladen« und flog mit einer späteren Maschine. Als Kham Hou kurz darauf von seinem Kommando zurücktrat, belohnte Phoumi Vang Pao mit dem Kommando über die Provinz Xieng Khouang.[98]

Ende November begann General Phoumis Armee ihren Vorstoß nach Vientiane, der laotischen Hauptstadt. Rechte Truppen marschierten das Mekongtal stromaufwärts, erreichten den Stadtrand am 14. Dezember und vertrieben Hauptmann Kong Les Fallschirmjäger nach drei Tagen heftiger Straßenkämpfe. Während Kong Les Truppe sich auf der Route 13 geordnet in Richtung der königlichen Residenzstadt Luang Prabang zurückzog, war Phoumi bei der Verfolgung etwas lax, überzeugt davon, dass Kong Le schließlich von der rechtsgerichteten Garnison der Residenzstadt vernichtet werden würde.

Etwa 150 Kilometer nördlich von Vientiane gab es eine Weggabelung: Die Route 13 verlief auf einem nördlichen Zickzackkurs weiter nach Luang Prabang, während die Route 7 nach Osten Richtung Tranninh-Plateau abzweigte. Statt, wie erwartet, sich nach Luang Prabang zurückzuziehen, stieß Kong Le am 31. Dezember 1960 auf das von der CIA kontrollierte Tranninh-Plateau vor. Während seine Truppen Muong Soui einnahmen und das Flugfeld von Phong Sawan angriffen, attackierten mehrere Einheiten der Pathet Lao den Ostrand der Ebene. Die Verteidigungsstellungen der Rechten brachen zusammen, Phoumis Truppen ließen ihre Gewehre fallen und ergriffen die Flucht.[99] Als Mörsergranaten am Ende der Rollbahn detonierten, erhob sich die letzte C-47 der Air America mit Edgar Buell und einem Kontingent von US-Militärberatern an Bord vom Tranninh-Plateau in die Luft.[100]

Vang Pao war einer der wenigen Kommandeure, die angesichts der koordinierten Offensive von Kong Le und der Pathet Lao nicht in Panik gerieten. Während Phoumis reguläre Armeetruppen sich in Richtung Mekong absetzten, führte Vang Pao mehrere Tausend Hmong-Soldaten und Flüchtlinge aus der Ebene in einem geordneten Marsch zum Padoung, einem 1.200 Meter hohen Berg 20 Kilometer im Süden. Vang Pao wurde zum Kommandeur der Militärregion II ernannt und richtete sein Hauptquartier im gleichnamigen Städtchen ein.[101]

Da General Phoumi die Kontrolle über Vientiane wieder zurückgewonnen hatte und eine gemeinsame Streitmacht von Pathet Lao und Neutralisten das strategische Tranninh-Plateau besetzt hielt, verlagerte die CIA ihre Aktivitäten von Savannakhet nach Padoung. Im Januar 1961 entsandte die CIA Green Berets, von ihr finanzierte Stoßtrupps der thailändischen Polizei und eine Hand voll eigener Agenten in die Region II, um eine effektive Hmong-Guerillaarmee unter Vang Pao aufzubauen. William Young war einer der CIA-Agenten, die im Januar nach Padoung geschickt wurden. Aufgrund seiner Sprachkenntnisse spielte er eine Schlüsselrolle bei der Bildung der Geheimarmee. Wie er sich zehn Jahre später erinnerte, bestand die grundlegende CIA-Strategie darin, die Pathet Lao in der Ebene einzuschließen, indem alle wehrfähigen jungen Hmong der umliegenden Berge als Kommandotruppen angeworben werden sollten.

Um diese Armee aufzubauen, machten sich Vang Paos Offiziere und die CIA-Agenten, darunter William Young, in Hubschraubern und leichten Helio-Courier-Flugzeugen auf ihre Mission. Sie besuchten am westlichen und nördlichen Rand des Tranninh-Plateaus ein Hmong-Dorf nach dem anderen und boten Reis und Geld im Tausch für Rekruten. Unter ihrer Aufsicht wurden Dutzende von Buckelpisten für Air America in die Bergwälder geschlagen und die verstreuten Dörfer auf diese Weise mit dem CIA-Hauptquartier in Padoung verbunden. Binnen weniger Monate dehnte sich Vang Paos Einfluss von Padoung nach Norden bis Phou Fa und nach Osten bis Bouam Long aus.[102] Ein lokaler Hmong-Führer sagte, dass die Rekrutierungsoffiziere, die in sein Dorf kamen, sich der Loyalität der Dorfbewohner nicht nur mit Belohnungen, sondern auch mit Drohungen versicherten. »Vang Pao schickte uns Gewehre«, erinnerte er sich. »Wenn wir seine Waffen nicht akzeptierten, nannte er uns Pathet Lao. Wir hatten keine Wahl. Vang Paos Offiziere kamen ins Dorf und warnten uns, dass er uns als Pathet Lao betrachten und unser Dorf angreifen würde, wenn wir uns ihnen nicht anschlössen.«[103]

Die rekrutierten Hmong begannen fast sofort mit Guerillaoperationen in der Hochebene, ihre Pioniere sprengten Brücken und Nach-

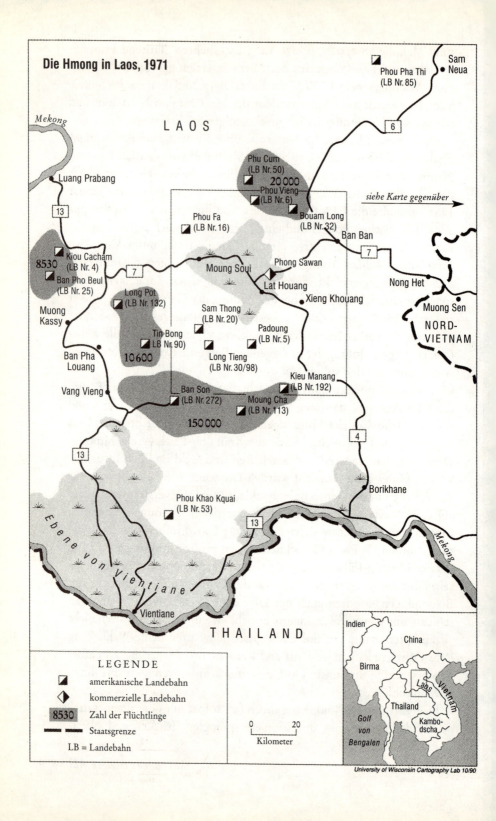

Die Hmong-Geheimarmee der CIA auf dem Rückzug, 1960–1971

Phou Fa
1400 m
2200 m
Ban Ban
Tran ninh
Muong Soui
Phong Sawan
Plateau
(Ebene der Tonkrüge)
Lat Houang
1800 m
Xieng Khouang
Sam Thong
aufgebaut Dez. 1961
verloren März 1971
Long Tieng
aufgebaut
Dez. 1961
Padoung
aufgebaut Jan. 1961
verloren Mai 1961
2600 m
Pha Khao
aufgebaut
Mai 1961
2800 m

LEGENDE

- amerikanische Landebahn
- kommerzielle Landebahn
- Plateau
- 6 Straße
- Rückzugsroute

0   20
Kilometer

University of Wisconsin Cartography Lab 10/90

schubdepots, ihre Heckenschützen nahmen Soldaten der Neutralisten und Pathet Lao unter Beschuss. Nach vier Monaten solcher Störaktionen beschloss Hauptmann Kong Le, zurückzuschlagen.[104] Anfang Mai 1961 griffen Truppen der Pathet Lao und der Neutralisten die Nordflanke des Padoung-Bergs an und nahmen das CIA-Basislager unter Granatbeschuss. Nach zwei Wochen Sperrfeuer hielt es die CIA für angezeigt, den Stützpunkt aufzugeben. Vang Pao führte seine Truppen zu einem neuen Hauptquartier in Pha Khao zwölf Kilometer südwestlich.[105] Ihm auf dem Fuße folgte Edgar Buell mit 9.000 Hmong-Zivilisten. Während Vang Paos hartgesottene Truppen die Verlegung problemlos überstanden, starben Hunderte von Zivilisten, vor allem Kinder und Alte, bei dem erzwungenen Marsch durch den Dschungel.[106]

Den einzigen offiziellen Bericht über die Hmong-Operationen schrieb im Juli 1961 General Edward Lansdale von der CIA für die Außenpolitikexperten der Regierung Kennedy. Darin erörterte er das Potenzial für geheime Kriegführung in Indochina. »Das Kommando über die [Hmong-]Operationen führte der CIA-Chef von Vientiane, wobei er vom Chef des MAAG Laos [US-Militärberater] beraten wurde«, berichtete Lansdale. Obwohl nur neun CIA-Einsatzoffiziere und neun Green Berets im Feld standen, »war die Leitung der [Hmong-] Operationen durch die CIA dem Vernehmen nach hervorragend«. Daneben gab es noch 99 thailändische Polizisten einer Kommandoeinheit, die unter Aufsicht der CIA mit den Hmong kooperierten. Bis dahin hatte man 9.000 Hmong »für Guerillaoperationen ausgerüstet«, aber Lansdale hielt es für möglich, dass noch mindestens 4.000 weitere dieser »prachtvollen Kämpfer« rekrutiert werden könnten. Dabei gab es freilich noch ein großes Problem:

> »Da Meo-[Hmong]Dörfer von kommunistischen Truppen überrannt worden sind und die Männer auf Grund ihrer Guerillatätigkeit nicht für die notwendigen Nahrungsmittel sorgen können, entstehen Ernährungsprobleme für die nicht im Kampf stehenden Meos. Die CIA hat mit etwas Reis und Kleidung ausgeholfen. Es ist an der Zeit, über eine systematische Hilfe – eine Aufgabe für die ICA [International Cooperation Administration, ›humanitäre‹ US-Auslandshilfe] – sowie über die Behandlung und Wiedereingliederung der Meo-Flüchtlinge nachzudenken.«[107]

Um dieses entscheidende Problem zu lösen, wandte sich die CIA an Edgar Buell, der sich auf einen 56 Tage langen Treck rund um das Tranninh-Plateau machte, um »Flüchtlingshilfe« zu leisten.[108]

Im Juli 1962 unterzeichneten die USA und die Sowjetunion in Genf ein Abkommen über Laos und beendeten damit theoretisch ihre Militäroperationen in dem chaotischen Königreich. Zwar waren die amerikanischen Green Berets und Militärberater wie vereinbart bis Oktober abgezogen, aber die CIA klügelte eine Reihe von Täuschungsmanövern aus, um ihre Geheimaktivitäten fortführen zu können. Alle CIA-Agenten zogen sich in nahe gelegene thailändische Gebiete zurück, kehrten aber fast jeden Tag per Hubschrauber oder Flugzeug wieder, um Guerillaoperationen zu leiten. Man warb ziviles Personal (das von der Genfer Vereinbarung nicht betroffen war) für verdeckte Aktionen an. Im Dezember 1962 zum Beispiel bildete Buell Hmong-Guerillas in Sabotagetechniken aus und leitete die Sprengung von sechs Brücken und zwölf Bergpässen entlang der Route 7 in der Nähe von Ban Ban.[109] Die US-Botschaft erklärte, dass es sich bei den Air-America-Flügen in die Hmong-Dörfer, die Munition und Hilfslieferungen für die Flüchtlinge brachten, um »humanitäre« Hilfe handele und sie als solche von der Genfer Vereinbarung ausgenommen seien.[110]

Nach einem relativ ruhigen Jahr 1962 ging die CIA 1963/64 in ganz Nordlaos in die Offensive. Im Nordwesten führte William Young, unterstützt von Joseph Flipse, einem Freiwilligen der International Voluntary Services (IVS), Yao-Kommandos zu einem Angriff auf Pathet-Lao-Dörfer östlich von Ban Houei Sai. Ein Amerikaner, der an der Offensive teilnahm, erinnerte sich, dass die Pathet-Lao-Truppen seit Unterzeichnung der Genfer Vereinbarung nicht aktiv gewesen waren. Er glaubte, dass die CIA-Offensive den Waffenstillstand in Nordlaos brach. Im Nordosten trug die CIA den Krieg zum Feind, indem sie die Hmong-Kommandounternehmen in die Provinz Sam Neua ausweitete, fast 15 Jahre lang eine Hochburg der Pathet Lao.[111]

Tony Poe wurde der neue CIA-Mann in Long Tieng, seit Mitte 1962 Vang Paos Hauptquartier, und organisierte die Offensive in die Sam-Neua-Provinz. Statt die Städte und Dörfer in den Tälern anzugreifen, wo die Pathet Lao ihre Stellungen gut ausgebaut hatten, konzentrierte sich die CIA auf die von Hmong besiedelten Bergkämme. Unter Führung von Poe sowie unter Einsatz der Air-America-Flotte von Hubschraubern und leichten Flugzeugen stießen Hunderte von Hmong-Guerillas in einer Blitzoffensive von Berg zu Berg ins Herz der Provinz Sam Neua vor. Sobald sie ein Dorf eingenommen und die Pathet-Lao-Kader vernichtet hatten, wurden die Bewohner herangezogen, um eine Landebahn zu bauen, gewöhnlich 150 bis 250 Meter lang. Auf ihr landeten die Flugzeuge, die nach der Offensive Edgar Buells »Flüchtlingshilfe« brachten. Diese Güter wurden verteilt, um die Herzen und Köpfe der Hmong zu gewinnen.

Binnen weniger Monate war zu Vang Paos Herrschaftsbereich ein 75 Kilometer langer Streifen hinzugekommen, der sich vom Nordostrand des Tranninh-Plateaus bis zum Berg Phou Pha Thi nur etwa 20 Kilometer von der nordvietnamesischen Grenze entfernt erstreckte. Über 20 neue Landepisten waren in dem eroberten Korridor angelegt worden, die die Hmong-Dörfer mit dem CIA-Hauptquartier in Long Tieng verbanden. Die meisten dieser Hmong-Dörfer thronten auf steilen Bergkämmen, von denen man die von den Pathet Lao kontrollierten Täler und Städte überblickte. Die Landebahn der Air America in Hong Non zum Beispiel lag nur 15 Kilometer von den Kalksteinhöhlen in der Nähe von Sam-Neua-Stadt entfernt, wo die Pathet Lao später ihr nationales Hauptquartier, eine Munitionsfabrik und ein Ausbildungszentrum für ihre Kader einrichteten.[112]

Wie zu erwarten, beinflussten diese Kämpfe auf dem Tranninh-Plateau und die Einrichtung der Landebahnen auch den Opiumhandel in Nordostlaos. Über 60 Jahre lang war das Tranninh-Plateau der Nabel dieses Handels gewesen. Als Kong Le die Ebene 1960 eroberte, gaben die korsischen Fluglinien den Phong-Sawan-Flughafen auf und zogen zum Wattay-Flughafen in Vientiane um. Das alte korsische Stammlokal in Phong Sawan, das Snow Leopard Inn, wurde in »Hotel der Freundschaft« umbenannt, nun Hauptquartier eines Dutzends russischer Techniker, die zur Wartung der Iljuschin-Transportflugzeuge abgeordnet worden waren, mit denen der Nachschub für die Neutralisten und Pathet Lao aus Hanoi herbeigeschafft wurde.[113]

Da die korsischen Fluglinien nicht länger auf dem Tranninh-Plateau landen konnten, nutzten sie die Bergpisten der Air America, um Rohopium zu laden.[114] Als Vang Pao bei seinem Vormarsch in die Provinz Sam Neua eine Spur von Landebahnen zurückließ, folgten ihm die Korsen mit ihren Beechcrafts und Cessnas auf dem Fuße und zahlten den Hmong-Bauern und chinesischen Händlern einen guten Preis für ihr Rohopium. Da Kong Le sich nicht in den Handel der Ebene einmischte, konnten die chinesischen Karawanen immer noch ihre jährliche Reise in die von Vang Pao kontrollierten Gebiete unternehmen. Das wurde ihnen erst 1964 verwehrt, als die Pathet Lao Kong Le aus der Ebene vertrieben.

Als die laotische Regierung in Gestalt von Ouane Rattikone die

Korsen 1965 aus dem Geschäft drängte, zeichnete sich im Hmong-Hochland eine ernste Wirtschaftskrise ab. Der Krieg hatte die Abhängigkeit der Hmong vom Opium als Erwerbsquelle verstärkt. Obwohl Tausende rekrutierter Hmong gezwungen waren, monatelang ihr Heim zu verlassen, wirkte sich ihre Abwesenheit kaum auf die Opiumernte aus. Der Mohnanbau, die mühselige Arbeit des Jätens und der Ernte oblagen traditionell den Frauen und Mädchen. Die Männer waren für die Brandrodung verantwortlich, um neue Anbauflächen zu gewinnen. Da aber Mohnfelder fünf bis zehn Jahre lang bestellt werden können, ließ es sich verkraften, wenn einmal kein neues Terrain urbar gemacht wurde. Außerdem erübrigte sich durch die regelmäßigen Reislieferungen der CIA die Bestellung der Reisfelder, was wiederum Kapazitäten für den Opiumanbau freisetzte.[115]

Die Hmong-Dörfer im Süden und am Westrand der Ebene waren von dem Transportproblem, das sich mit der Einstellung der korsischen Flüge auftat, wenig betroffen. Nach dem Ende der chinesischen Karawanen Mitte 1964 entsandten Vang Paos Kommandos von Long Tieng aus Militärkarawanen der Hmong in diese Gebiete, um die Opiumernte aufzukaufen. Da es tägliche Flüge von Sam Thong und Long Tieng nach Vientiane gab, war es relativ leicht, das Opium auf den Markt zu bringen. Anders verhielt es sich mit dem Nordrand der Ebene und dem Gebiet von Sam Neua. Hier erwiesen sich die Entfernungen und Sicherheitsprobleme, die mit der Entsendung von Karawanen verbunden waren, als unüberwindlich. Lufttransporte wurden zu einer absoluten Notwendigkeit, und ohne die Korsen blieb nur noch die Air America, die dann auch bereitwillig einsprang.[116]

Als Long Tieng zu einer Geheimstadt von 20.000 Hmong anwuchs und Vang Pao die Aura eines Kriegsherrn gewann, wurde seine Beziehung zu seinem CIA-Ansprechpartner Tony Poe, die immer gespannt gewesen war, unhaltbar. »Den lässt man nicht ohne Kette frei herumlaufen«, beklagte sich Poe nach dem Krieg. »Man muss ihn kontrollieren wie ein Tier oder ein Kleinkind.« Poe begann die Bestechlichkeit des Generals zu kritisieren und fragte beißend: »Wozu braucht er einen Mercedes Benz, Apartments, Hotels und Häuser, wo er das in seinem vorherigen Leben doch auch nicht hatte?« Als er nach dem Krieg in einem Fernsehinterview gefragt wurde, woher denn dieser Reichtum stammte, gab Poe offen zu: »Oh, er hat Millionen gemacht, weil er seine eigene Quelle, äh, seinen eigenen Weg hatte, äh, Heroin.« Im selben Interview beschuldigte Poe Vang Pao, später mit einer DC-3 Heroin

Das Goldene Dreieck **433**

über Südlaos nach Zentralvietnam ausgeflogen zu haben, wo »die Nummer zwei nach Präsident Thieu es in Empfang nahm«. Poe behauptete, dass es sein Widerstand gegen Vang Paos Korruption gewesen sei, der zu seiner Versetzung aus Long Tieng geführt habe. Was auch immer der Grund war, 1965 jedenfalls wurde Poe nach Nordwestlaos in die Nähe der chinesischen Grenze abkommandiert, weit weg von Vang Pao und dem Hauptschauplatz des Geheimkrieges.[117]

Die Luftlogistik für den Opiumhandel verbesserte sich 1967 weiter, als die CIA und USAID Vang Pao bei der Gründung seiner eigenen Privatfluglinie finanziell unterstützten, der Xieng Khouang Air Transport. Der Präsident des Unternehmens, Lo Kham Thy, sagte, die Fluglinie sei Ende 1967 gegründet worden, als man von der Air America und der Continental Air Services zwei C-47 erwarb. Der Flugplan der Linie beschränkte sich auf den Pendelverkehr zwischen Long Tieng und Vientiane, um Nachschub und gelegentlich eine Hand voll Fluggäste zu transportieren.[118] Den beteiligten USAID-Beamten konnte nicht verborgen geblieben sein, dass jede kommerzielle Tätigkeit in Long Tieng mit Opium zu tun haben musste, aber sie beschlossen trotzdem, das Projekt zu unterstützen.[119] Und verlässlichen Hmong-Quellen zufolge war es in der Tat die Xieng Khouang Air Transport, mit der Opium und Heroin nach Vientiane gelangten.[120]

Trotz wiederholter Trockenzeitoffensiven der Pathet Lao blieb die militärische Position der CIA im Nordosten stark. Vang Paos Armee konnte die Landgewinne festigen, die sie in den ersten Kriegsjahren gemacht hatte. Im Januar 1968 jedoch begannen Pathet Lao und nordvietnamesische Kräfte eine vereinte Generaloffensive, die Vang Paos Söldner aus der Provinz Sam Neua vertrieb. Der Schlüssel zum Sieg der Pathet Lao war die Einnahme des CIA-Adlerhorstes Phou Pha Thi am 11. März. Die US-Luftwaffe hatte 1966 ein Radarleitzentrum auf der Spitze eines 1.700 Meter hohen Berges eingerichtet, »um Allwetter-Bombardements« über Nordvietnam besser zu steuern.[121] Nur 25 Kilometer von der nordvietnamesischen Grenze entfernt, wurde Pha Thi das Überwachungsauge der US-Bombardierungen von Hanoi und dem Delta des Roten Flusses.[122] (Interessanterweise verkündete Präsident Johnson eine teilweise Einstellung der Bombardierung Nordvietnams, nur drei Wochen nachdem die Radarstation in Pha Thi zerstört worden war.) Vang Pao versuchte 1968 die Rückeroberung des strategischen Stützpunktes, musste ihn aber im Januar 1969 nach schweren Verlusten den Nordvietnamesen und Pathet Lao überlassen.[123]

Der Verlust von Sam Neua 1968 markierte die erste der massiven Hmong-Abwanderungen, die schließlich einen Großteil Nordostlaos' zu einer entvölkerten Schießzone machten und die Opiumproduktion der Bergstämme drastisch reduzierten. Vor Beginn der 1960 von der CIA initiierten Operationen der Hmong-Guerilla lebten in der Militärregion II etwa 250.000 Bergstammangehörige, die meisten davon Opiumbauern, die sich gleichmäßig über das unwegsame Bergland zwischen der Ebene von Vientiane und der nordvietnamesischen Grenze verteilten.[124] Die stetige Ausbreitung von Vang Paos Einfluss von 1961 bis 1967 führte stellenweise zur Konzentration der Bevölkerung, da kleine Hmong-Dörfer zur Selbstverteidigung zusammengelegt wurden. Die Mohnfelder blieben jedoch immer in Fußgängerentfernung erreichbar, die Opiumproduktion ging unvermindert weiter.

Als Vang Pao Anfang 1968 die Kontrolle über Sam Neua zu verlieren begann, beschloss die CIA, die Bevölkerung nicht den Pathet Lao zu überlassen, sondern alle Hmong zu evakuieren. In Anspielung auf einen Leitsatz von Mao Zedong über die Guerillakriegführung erklärte Edgar Buell: »Wenn das Volk das Meer ist, sollten wir die Flut nach Süden treiben.«[125] Die Air America evakuierte in weniger als zwei Wochen über 9.000 Personen aus Sam Neua. Sie wurden zu Buells Hauptquartier in Sam Thong sieben Kilometer nördlich von Long Tieng geflogen, dort zeitweilig einquartiert und dann in Flüchtlingsdörfer in das westlich an das Tranninh-Plateau angrenzende Gebiet gebracht.[126]

Während der folgenden drei Jahre trieben wiederholte Winter- und Frühjahrsoffensiven Vang Paos Hmong-Armee weiter und weiter zurück und zwangen Zehntausende von Hmong-Dorfbewohner zur Flucht. Als die Pathet-Lao-Offensive von 1970 an Boden gewann, flohen die Hmong, die nördlich und westlich der Ebene lebten, nach Süden. Über 100.000 Menschen wurden in einen halbmondförmigen, 60 Kilometer breiten Streifen zwischen Long Tieng und der Ebene von Vientiane angesiedelt. Als die Pathet Lao und Nordvietnamesen in der Trockenzeit 1971 Long Tieng angriffen, war die CIA gezwungen, auch die verbliebenen Angehörigen der etwa 50.000 Hmong-Verteidiger in dieses bereits übervölkerte Umsiedlungsgebiet zu evakuieren. Mitte 1971 schätzte USAID, dass fast 150.000 Flüchtlinge der Bergvölker, darunter 60 Prozent Hmong, rings um Ban Son neu angesiedelt worden waren.[127]

Nach drei Jahren stetigen Rückzugs waren Vang Paos Hmong-Anhänger am Ende. Einst ein wohlhabendes Volk in kleinen Dörfern inmitten weiter, fruchtbarer, fast unbewohnter Berge, drängte sich 1971 ein Drittel aller Hmong in Laos, über 90.000 Menschen, auf einem 60 Kilometer breiten Gebirgsstreifen oberhalb der brütend heißen Ebene von Vientiane. Die Hmong waren es gewöhnt, auf über 900 Meter hohen Bergkämmen zu leben, wo das gemäßigte Klima den Mohnanbau erlaubte, keine Moskitos umherschwirrten und das Wasser sauber war. In den Flüchtlingsdörfern, von denen die meisten nur 750 Meter hoch lagen, erkrankten viele Hmong ernsthaft an Malaria. Die geringe Höhe und die Übervölkerung machten den Opiumanbau fast unmöglich, sodass die Hmong vollständig von Reislieferungen der Air America abhingen. Nachdem die Nordvietnamesen und Pathet Lao Long Tieng eingenommen hatten und auf Vientiane vorrückten, mussten viele Hmong weiter in die Ebene von Vientiane fliehen, wo sie leicht Opfer aller möglichen Tropenkrankheiten wurden.

Das Umsiedlungsgebiet von Ban Son diente als Pufferzone, die jeden feindlichen Vormarsch auf Vientiane abblocken sollte. Auf ihrem Weg hätten die Pathet Lao und Nordvietnamesen keine andere Wahl, als sich durch Massen von Flüchtlingen hindurchzukämpfen. Hmong-Führer, denen diese Gefahr klar vor Augen stand, baten USAID, entweder mit der langsamen, kontrollierten Umsiedlung ihres Stammes in die Ebene von Vientiane zu beginnen oder die Flüchtlingsdörfer komplett nach Osten oder Westen zu verlagern, aus der wahrscheinlichen Vormarschlinie des Feindes heraus.[128] Da man wusste, dass die Hmong besser kämpften, wenn ihre Familien bedroht waren, verweigerte USAID diese Alternativen. Man schien es darauf anzulegen, sie für ein letztes, blutiges Gefecht gegen die Nordvietnamesen und Pathet Lao in dem Gebiet zu lassen. Aber die meisten Hmong wollten nicht mehr für Vang Pao kämpfen. Sie waren verbittert über seine Exzesse – er erschoss persönlich seine eigenen Soldaten, unterschlug Militärsold und nahm bereitwillig schwere Verluste hin. Sie betrachteten ihn als Kriegsherren, den ihr Leid reich gemacht hatte.[129] Da aber USAID bestimmte, wo der Reis abgeworfen wurde, hatten die Hmong keine andere Wahl, als zu bleiben und zu kämpfen.

Die Verluste der Hmong bis zu diesem Zeitpunkt waren bereits enorm. Die plötzliche, durch die feindlichen Offensiven erzwungene Massenmigration überstieg die logistische Kapazität der Air America. Statt ausgeflogen zu werden, mussten viele Hmong lange Märsche in Kauf nehmen, denen selbst unter günstigsten Umständen zehn Prozent der Betroffenen zum Opfer fielen – 30 Prozent oder mehr waren es dann, wenn sich die Flüchtlinge in den Bergwäldern verirrten. Die meisten Angehörigen der Söldner mussten mindestens fünfmal umsiedeln, diejenigen, die ursprünglich aus der Provinz Sam Neua stammten, sogar 15- oder 16-mal.[130] Vang Paos militärische Verluste waren ebenso gravierend: Von den 30.000 bis 40.000 Mann, die unter Waffen standen, wurden zwischen 1967 und 1971 3.272 getötet und 5.426 verwundet. Die Verluste unter den Hmong waren so schwer, dass Vang Pao sich gezwungen sah, junge Männer anderer Bergvölker zu rekrutieren. Bis April 1970 stellten die Lao Theung, der zweitgrößte Bergstamm in Nordlaos, 40 Prozent seiner Truppen.[131] Viele der verbliebenen Hmong-Rekruten waren noch Kinder. 1968 erzählte Edgar Buell einem Korrespondenten des *New Yorker:*

»Vor kurzer Zeit haben wir 300 frische Rekruten ausgehoben. 30 Prozent waren 14 Jahre und jünger, zehn von ihnen nur zehn Jahre alt. Weitere 30 Prozent waren 15 oder 16. Die übrigen 40 Prozent waren 45 oder älter. Wo waren die Jahrgänge dazwischen? Ich sag's Ihnen: Sie waren alle tot.«[132]

Trotz des Niedergangs der Hmong-Opiumproduktion nach 1968 konnte General Vang Pao weiter seine Rolle im laotischen Rauschgifthandel spielen, indem er ein Heroinlabor in Long Tieng einrichtete. Verlässlichen laotischen Quellen zufolge nahm sein Labor 1970 den Betrieb auf, als ein chinesischer Chemiker aus dem Ausland in Long Tieng eintraf, um die Produktion zu überwachen. Das Unternehmen war so einträglich, dass, wie chinesische Händler aus Vientiane Mitte 1971 berichteten, Vang Paos Agenten Opium in Vientiane kauften und zur Verarbeitung nach Long Tieng flogen.[133]

Amerikanische Vertreter in Laos bestritten natürlich vehement, dass Vang Pao oder die Air America in irgendeiner Weise am Drogenhandel beteiligt waren, aber diese Behauptungen lassen sich leicht widerlegen. Sehen wir uns einmal exemplarisch die Dynamik des Opiumhandels in einem einzelnen Mohnanbaubezirk an.

Das Dorf Long Pot

1971 war der Long-Pot-Distrikt 45 Kilometer nordwestlich von Long Tieng eines der letzten verbliebenen Gebiete in Nordostlaos, in denen sich die Geschichte des Opiumhandels des Landes noch untersuchen ließ. 60 Kilometer westlich vom Tranninh-Plateau gelegen, befindet sich das Gebiet nahe genug an Long Tieng, um damals noch zum Herrschaftsbereich von General Vang Pao zu gehören, aber weit genug von den schweren Kämpfen entfernt, um seine Geschichte noch preisgeben zu können. Von der Route 13 an seiner Westgrenze aus gesehen wirkt der 150 Quadratkilometer große Bezirk Long Pot wie eine schroffe, entrückte Welt. Der das Gebiet überragende, etwa 1.900 Meter hohe Berg Phou Phachau ist in der Regenzeit von Mai bis Oktober ständig in Wolken gehüllt. Steile, vom Phou Phachau und kleineren Gipfeln von 1.200 bis 1.500 Meter Höhe ausgehende Kämme durchziehen die Landschaft und bilden überall Hochmulden und Täler aus. Die Landschaft war einst von Dschungel überwachsen, doch hatten Generationen der ansässigen Bergstammbewohner den Wald abgeholzt und für den Ackerbau niedergebrannt, sodass auf vielen Kämmen nur noch hartes, brusthohes Savannengras gedieh.[134]

Die zwölf Dörfer des Distrikts, sieben des Hmong- und fünf des Lao-Theung-Stammes, lagen an die Kämme und Berggipfel geschmiegt oberhalb der umliegenden Landschaft. Das politische Zentrum des Distrikts war das Dorf Long Pot, eine Hmong-Gemeinde mit etwa 300 Einwohnern und 47 Holzhäusern mit Lehmboden. Es war nicht seine Größe, sondern sein relativ langes Bestehen, das Long Pot seine Bedeutung verlieh. Gegründet in der zweiten Hälfte des 19. Jahrhunderts, war es das älteste Hmong-Dorf in Nordostlaos, was seine Führer mit traditioneller politischer Macht ausstattete. So wohnte der höchste Vertreter des Distrikts, Ger Su Yang, im Dorf Long Pot. Während die meisten Hmong gezwungen waren, ihre Dörfer alle zehn bis 20 Jahre aufzugeben, um neue Mohnfelder anzulegen, standen rings um Long Pot fruchtbare, kalksteinübersäte Hänge überreichlich zur Verfügung, sodass dort bereits drei Generationen in Folge hatten leben können. Außerdem war die Höhe Long Pots ideal für den Mohnanbau: Das Dorf lag auf knapp 1.300 Meter Höhe und war von Gebirgskämmen umgeben, die bis zu 1.650 Metern aufragten. Die Yunnan-Sorte des Mohns, die sich in Südostasien findet, braucht ein gemäßigtes Klima; sie kann noch auf 900 Meter überleben, gedeiht jedoch am besten in einer Höhe von bis zu 1.500 Metern.

Trotz der Schäden, die über zehn Jahre Dauerkrieg angerichtet hatte, war die Opiumproduktion in Long Pot nicht zurückgegangen. In einem Gespräch im August 1971 sagte der Distriktverwalter Ger Su Yang, dass die meisten Haushalte im Dorf vor Ausbruch der Kämpfe je etwa 15 Kilo Opium produziert und dieses Niveau die vorangegangenen zehn Jahre gehalten hatten. Die Reisproduktion war jedoch drastisch gefallen.[135] Während des Kriegs, als doch eigentlich zu erwarten gewesen wäre, dass die Hmong von Long Pot ihre schwindende Arbeitskraft auf die Produktion von Grundnahrungsmitteln konzentrierten, hatten sie sich stattdessen entschlossen, den Erwerbslandbau fortzusetzen. Da ihnen eine angemessene Lebensmittelversorgung durch die regelmäßigen Reisabwürfe der Air America garantiert wurde, konnten die Dörfler ihre ganze Energie auf die Opiumproduktion richten. Vang Paos Offiziere bezahlten ihnen einen hohen Preis für ihr Opium und boten einen verlässlichen Markt. Daher versuchten die Bewohner von Long Pot, so viel Opium wie nur irgend möglich zu produzieren.

In der Vergangenheit hatten die Hmong stets Reis zur Selbstversorgung und Mohn zum Gelderwerb angebaut. Beide Fruchtzyklen überschnitten sich jedoch, und die Früchte gediehen auf unterschiedlichen Feldern. Weil ein durchschnittliches Hmong-Dorf nur eine begrenzte Anzahl von Arbeitskräften beherbergte, konnte es jedes Jahr nur einige wenige Felder roden und musste sich daher entweder für Mohn oder Reis entscheiden. Wenn der Opiumpreis hoch war, konzentrierten die Hmong-Bauern ihre Bemühungen auf den Mohn und kauften ihren Reis mit den Handelserlösen; fiel der Preis, fuhren sie den Mohnanbau zugunsten der Reisproduktion zurück. Da die Air America Reis brachte und Vang Paos Offiziere gute Opiumpreise zahlten, hatten sich die Bauern von Long Pot entschieden, in erster Linie Schlafmohn zu kultivieren.[136]

Im Frühjahr, wenn die Zeit zum Einschlag neuer Felder nahte, schickte jeder Haushalt einen Kundschaftertrupp in den Wald, um nach geeignetem Ackerbauland zu suchen. Da die Hmong von Long Pot Mohn anpflanzen wollten, hielten sie nach hoch alkalischen Böden in der Nähe der Berggipfel oder nach Bergmulden Ausschau, wo die Pflanze gut gedeiht, statt nach Feldern in mittlerer Hanglage, die sich besser für Trockenreis eignen. Der süßere »Geschmack« kalkhaltiger Böden lässt sich tatsächlich von einem feinen Gaumen erkennen. Wenn sie durch die nahen Berge streiften, kosteten die Hmong-Kundschafter ab und zu ein bisschen Erde, um herauszufinden, ob der Boden des anvisierten Feldes alkalisch genug war.[137]

Im März oder April begannen die Hmong-Männer mit der Rodung und fällten die Bäume der ausgewählten Stellen mit Eisenäxten. Statt die dicken Wurzeln und gewaltigen Stämme durchzuschlagen, kappten sie, auf einem schmalen Pfahl mit Stufenkerben balancierend, nur die Kronen. Ein geübter Holzfäller schaffte häufig drei oder vier kleinere Kronen auf einen Schlag, wenn er die Spitze eines großes Baums so fällte, dass sie die anderen im Sturz mit sich riss. Das Geäst blieb bis April oder Anfang Mai zum Trocknen liegen. Dann war es für eines der imposantesten Schauspiele in den Bergen bereit: das Abfackeln.[138]

War das Holz knochentrocken, bildeten die Dorfbewohner von Long Pot Feuerwehren und versammelten sich in der Nähe der ausgewählten Felder. Während die jüngeren Männer des Dorfes den Hang hinunterrannten und dabei das Holz entzündeten, umkreisten andere das Feld, um Holzstapel und Gestrüpp am Feldrand zu entzünden. Das Abfackeln beseitigte nicht nur das Holz auf dem Feld, sondern hinterließ auch eine wertvolle, gleichmäßig verteilte Ascheschicht mit Phosphat, Kalzium und Kalium.[139]

Nach dem Abfackeln waren die Felder für die Aussaat bereit. Der Jahreszyklus des Mohns verlangte jedoch, die Aussaat bis September aufzuschieben. Wenn das Land unbepflanzt blieb, verlor der Boden durch Erosion allerdings wertvolle Mineralien und war bald mit einer dichten Unkrautschicht bedeckt. Hochlandtrockenreis wurde nicht vor November geerntet, zwei Monate nach der Mohnaussaat, daher pflanzten die Hmong stattdessen ein widerstandsfähiges Berggetreide, das man im August und frühen September ernten konnte. Das Getreide hielt den Boden im Sommer von Unkraut frei und diente als Futter für eine Menagerie von Schweinen, Bergponys, Hühnern und Kühen, deren Trittspuren das Dorf Long Pot in jeder Regenzeit in ein Schlammmeer verwandelten.[140]

Sobald das Getreide im August und Anfang September abgeerntet war, brachen die Hmong-Frauen die Krume mit einer schweren, dreieckigen Hacke auf und gruben sie um. Kurz vor Aussaat der Mohnsamen im September musste der Boden noch feiner gehackt und mit einem Bambusbesen glatt geharkt werden. Im November pikierten die Frauen den Mohn und ließen nur die gesünderen Pflanzen in einem Abstand von 15 Zentimetern stehen. Gleichzeitig unterpflanzte man den Mohn mit Tabak, Bohnen, Spinat und anderem Gemüse. Das führte dem Boden Mineralien zu und trug zur Bereicherung der Nahrung bei.[141]

Der Mohn wurde Ende Dezember noch einmal ausgedünnt. Einige Wochen später erntete man das Gemüse, jätete das Feld und ermöglichte dem Mohn auf diese Weise einen letzten Wachstumsschub. Im

Januar erschienen die leuchtend roten und weißen Mohnblüten. Die Ernte begann, wenn die Blütenblätter abfielen und die eiförmigen Samenkapseln mit dem harzigen Opium sichtbar wurden. Da die meisten Bauern die Aussaat zeitlich staffelten, um die Arbeit während der geschäftigen Erntezeit zu verteilen und die Gefahr von Wetterschäden zu vermindern, zog sich die Ernte gewöhnlich bis Ende Februar oder Anfang März hin.[142]

Um das Opium zu ernten, zapften die Hmong-Bauern das Harz ab, so ähnlich, wie man Gummi oder Ahornsirup durch Einritzen der Baumrinde gewinnt. Der Opiumbauer hielt die eigroße Samenkapsel mit den Fingern einer Hand fest, während er mit einem dreiklingigen Messer flache Schlitze in die Kapselschale ritzte. Die Schnitte machte man am kühlen Spätnachmittag. Während der Nacht trat das Opiumharz aus der Samenkapsel aus und sammelte sich an ihrer Außenseite. Früh am nächsten Morgen, bevor die Sonne den feuchten Saft trocknete, kratzte eine Hmong-Frau mit einer biegsamen Klinge die Oberfläche der Kapsel ab und streifte die Masse in einer um den Hals gehängten Schale ab. Hatte sie ein Kilo des dunklen, klebrigen Saftes geerntet, wickelte sie es in Bananenblätter und band das Bündel mit einem Strick zusammen.

Am Ende ernteten die 47 Haushalte im Dorf Long Pot 700 Kilo Rohopium.[143] Da das Opium im Goldenen Dreieck gewöhnlich einen Gewichtsanteil von 10 Prozent Morphium hatte, erbrachte die Ernte in Long Pot 70 Kilo reine Morphinbase, nachdem es gekocht, verarbeitet und zu Barren gepresst worden war. Sobald das Morphium in einem der vielen Heroinlabors der Region chemisch mit Essigsäureanhydrid verbunden war, wurden aus der Opiumernte Long Pots 70 Kilo hochreines Heroin Nr. 4.

Internationale Verbrechersyndikate schöpften enorme Profite aus dem Drogenhandel, aber die Hmong-Bauern bekamen relativ wenig für ihre Mühen. Obwohl Opium ihre einzige Geldquelle war, erhielten sie 1971 nur 400 bis 600 Dollar für zehn Kilo Rohopium. Erst jenseits der Dorfgrenzen schoss der Wert der Ware in die Höhe. Zehn Kilo Rohopium erbringen ein Kilo Morphinbase, mit dem sich im Goldenen Dreieck 500 Dollar erlösen ließen. Aus einem Kilo Morphinbase lässt sich ein Kilo Heroin Nr. 4 gewinnen, das in Bangkok für 2.000 bis 2.500 Dollar gehandelt wurde. In San Francisco, Miami oder New York erhielt der Kurier, der ein Kilo Heroin an einen Großhändler auslieferte, zwischen 18.000 und 27.000 Dollar. Mit Chinin oder Milchzucker gestreckt, in 45.000 winzige Gelatinekapseln abgefüllt und auf der Straße für fünf Dollar pro Schuss verkauft, war ein Kilo Heroin, dessen Weg in Long Pot als Opium im Wert von 500 Dollar begonnen hatte, 225.000 Dollar wert.[144]

In den 50er Jahren hatten die Bauern von Long Pot ihr Opium an chinesische Karawanen vom Tranninh-Plateau verkauft, die mehrmals während jeder Erntesaison durch das Gebiet kamen. Trotz der Besetzung der Tonkrugebene durch Truppen der Neutralisten und Pathet Lao 1960/61 kamen die chinesischen Karawanen vorerst weiterhin, um mit den Opiumanbauern im Distrikt von Long Pot Geschäfte zu machen.

Nach Aussage des Distriktverwalters von Long Pot, Ger Su Yang, verschwanden die chinesischen Handelskarawanen erst nach der Ernte von 1964/65, als am Westrand der Ebene schwere Kämpfe ausbrachen. Aber sie wurden durch Armeekarawanen der Hmong aus Long Tieng ersetzt. Befehligt von Feldwebeln und Hauptmännern aus Vang Paos Armee, bestanden diese Karawanen gewöhnlich aus einem halben Dutzend berittener Hmong-Soldaten und einer Kette zotteliger Bergponys, die mit Handelsgütern beladen waren. Wenn die Karawanen aus Long Tieng eintrafen, blieben die Soldaten gewöhnlich im Haus des Distriktverwalters und benutzten es für die Zeit, in der sie in dem Gebiet Opium eintauschten, als ihr Hauptquartier. Mitglieder des Lao-Theung-Stammes und Hmong-Opiumbauern aus nahe gelegenen Dörfern wie Gier Gut und Thong Qui begaben sich mit ihrem Opium nach Long Pot und feilschten mit den Hmong-Offizieren in der Gästeecke von Ger Su Yangs Haus um den Preis.[145] Während die Soldaten das Opium auf einer Balkenwaage abwogen und eine kleine Probe verbrannten, um seinen Morphiumgehalt zu testen, begutachteten die Bauern die Handelswaren, die auf einer nahen Schlafplattform ausgebreitet lagen (Arzneien, Salz, Eisen, Silber, Taschenlampen, Stoff, Zwirn usw.). Nach einigen Minuten sorgsam erwogener Angebote und Gegenangebote schloss man den Handel ab. Es gab eine Zeit, in der die Hmong nichts außer Silber oder Waren akzeptierten. Im Jahrzehnt des Krieges hatte die Air America jedoch Waren so verfügbar gemacht, dass die meisten Opiumbauern begannen, die laotische Währung vorzuziehen. (Vang Paos Hmong-Untertanen waren in dieser Hinsicht einzigartig. Die Bergvölker in Birma und Thailand zogen noch immer Tauschwaren oder Silber in Form britisch-indischer Rupien, Piaster aus Französisch-Indochina oder Silberbarren vor.)[146]

Um Opium aus den umliegenden Bezirken zu kaufen, verließen die Hmong-Soldaten Long Pot für kurze Exkursionen und wanderten auf schmalen Bergpfaden sechs bis acht Kilometer nach Norden und Süden, bis sie andere Hmong- und Lao-Theung-Dörfer erreichten. Der Dorfvorsteher von Nam Suk, einem Dorf der Lao Theung etwa sechs Kilometer nördlich von Long Pot, erinnerte sich, dass seine Leute 1967 oder 1968 begannen, ihre Ernte an die Hmong-Soldaten zu verkaufen. Mehrmals in jeder Erntesaison kamen fünf bis acht von ihnen in sein Dorf, zahlten für das Opium in Papierwährung, verstauten es in Rucksäcken und zogen wieder ab. Vorher hatte dieses Dorf sein Opium an laotische oder chinesische Händler aus Vang Vieng verkauft, eine Marktstadt am Nordrand der Ebene von Vientiane. Aber die Hmong-Soldaten zahlten 20 Prozent mehr, und die Lao-Theung-Bauern waren nur zu froh, mit ihnen Geschäfte zu machen.[147]

Da die Hmong-Soldaten fast 60 Dollar pro Kilo anboten, Händler aus Vang Vieng oder Luang Prabang dagegen nur 40 bis 50 Dollar, konnten Vang Paos Offiziere gewöhnlich in wenigen Wochen das gesamte Opium des Distrikts aufkaufen. Sobald das Gewicht ihrer Käufe die Belastungsgrenze der robusten Bergponys erreicht hatte, verstauten die Hmong-Soldaten das Opium in riesigen Bambuskisten, beluden die Ponys und machten sich auf den Weg zurück nach Long Tieng, wo das Rohopium zu Morphinbase verarbeitet wurde. Die Armeekarawanen mussten noch zwei- oder dreimal in jeder Erntesaison nach Long Pot zurückkehren, bevor sie die gesamte Ernte des Distrikts beisammen hatten.

Bei der Opiumernte von 1969/70 änderte sich jedoch diese Prozedur. Ger Su Yang beschrieb diese wichtige Entwicklung in einem Gespräch 1971:

»[Hmong-]Offiziere mit drei oder vier Streifen [Hauptmänner oder Majore] kamen aus Long Tieng, um Opium zu kaufen. Sie kamen in amerikanischen Hubschraubern, jeweils zwei oder drei Männer. Der Helikopter ließ sie hier ein paar Tage zurück, und sie gingen in Dörfer da drüben [er beschrieb mit seinem Arm einen Halbkreis in Richtung Gier Gut, Long Makkhay und Nam Pac], kamen dann hierhin zurück und riefen über Funk einen weiteren Hubschrauber. Dann nahmen sie das Opium mit nach Long Tieng.«

Ger Su Yang erklärte weiter, dass die Helikopterpiloten immer Amerikaner waren, die zurückbleibenden Opiumkäufer dagegen Hmong-Offiziere. Der Vorsteher von Nam Ou, einem Lao-Theung-Dorf acht

Kilometer nördlich von Long Pot, bestätigte die Angaben des Distriktverwalters. Er erinnerte sich, dass 1969/70 Hmong-Offiziere mit dem Hubschrauber ins Dorf Tam Son geflogen kamen, zu seinem Dorf wanderten und die Opiumernte kauften. Da die Haushalte in seinem Dorf nur je zwei oder drei Kilo Opium produzierten, zogen die Hmong-Soldaten weiter nach Nam Suk und Long Pot.[148]

Brachte Long Pots widerwillige Allianz mit Vang Pao und der CIA dem Dorf anfänglich Wohlstand, begann sie bis 1971 nach und nach die lokale Ökonomie zu schwächen und sein Überleben zu bedrohen. Das Bündnis begann 1961, als Hmong-Offiziere das Dorf besuchten und Geld und Waffen anboten, wenn die Dorfbewohner sich Vang Pao anschlössen, aber Repressionen ankündigten, falls sie neutral blieben. Ger Su Yang verübelte Vang Pao, dass der die rechtmäßige Position von Touby Lyfoung als Führer der Hmong okkupiert hatte, aber ihm blieb wohl nichts anderes übrig, als ihn der Unterstützung seines Dorfes zu versichern.[149] Während der 60er Jahre wurde Long Pot eines von Vang Paos loyalsten Dörfern. Edgar Buell widmete einen großen Teil seiner persönlichen Aufmerksamkeit darauf, das Gebiet zu gewinnen, und USAID baute in dem Dorf sogar eine Schule.[150] Long Pot entsandte etwa 20 seiner Männer als Soldaten nach Long Tieng, von denen die meisten im Kampf fielen, und erhielt im Tausch regelmäßige Reisabwürfe, Geld und einen sehr guten Preis für sein Opium.

Aber 1970 kam der Krieg schließlich nach Long Pot selbst. Angesichts der Bedrohung von Long Tieng durch feindliche Truppen und nahezu erschöpfter Soldatenreserven befahl Vang Pao seinen Dörfern, jeden verfügbaren Mann zu schicken, darunter selbst 15-Jährige. Ger Su Yang beugte sich. Das Dorf errichtete auf einem nahe gelegenen Berghang ein Ausbildungslager für seine 60 Rekruten. Nach Grundausbildung und wochenlangem Schießtraining kamen Ende des Jahres Hubschrauber der Air America und flogen die jungen Männer in die Schlacht.

Die Dorfführer hegten offenbar starke Zweifel, ob es klug sei, ihre jungen Männer in den Krieg zu schicken. Erste Gerüchte über die hohen Verluste unter den Rekruten waren durchgesickert und verhärteten die Opposition gegen Vang Pao.

Als Offiziere aus Long Tieng im Januar 1971 abermals Rekruten anforderten, weigerte sich das Dorf. Sieben Monate später drückte Ger Su Yang seine Entschlossenheit aus, keinen weiteren Jugendlichen aus Long Pot zu opfern:

»Letztes Jahr habe ich 60 [junge Männer] aus diesem Dorf aufgeboten, aber dieses Jahr ist Schluss damit. Ich kann keine weiteren in den Kampf schicken. ... Die Amerikaner in Long Tieng haben gesagt, dass sie unsere übrigen Männer auch noch brauchen. Aber ich habe mich geweigert. Daher haben sie aufgehört, Reis für uns abzuwerfen. Der letzte kam im Februar dieses Jahres.«[151]

Als die jährliche Offensive der Pathet Lao und Nordvietnamesen im Januar 1971 begann, machten sich zum ersten Mal seit mehreren Jahren starke Pathet-Lao-Patrouillen in der Region von Long Pot bemerkbar und nahmen Kontakt zur örtlichen Bevölkerung auf. Besorgt, dass die Hmong und Lao Theung zu den Pathet Lao überlaufen könnten, befahlen die Amerikaner den Bewohnern des Gebiets, nach Süden zu ziehen, und stellten die Reishilfe für jene ein, die den Gehorsam verweigerten.[152] Ein weit stärkerer Druck, das Gebiet zu verlassen, war die Intensivierung des US-Bombardements im Osten des Long-Pot-Distrikts, als die Einwohner Angst bekamen, dass sie sich auf ihre Dörfer ausweiten würde. Um der drohenden Bombardierung zu entkommen, siedelten die Einwohner von Phou Miang und Muong Chim, zwei Hmong-Dörfer acht Kilometer östlich von Long Pot, Anfang 1971 nach Süden in das Auffanggebiet Tin Bong um. Etwa zur gleichen Zeit wanderten viele Hmong-Einwohner von Tam Son und acht Familien aus Long Pot ebenfalls nach Tin Bong aus. Voller Angst, dass die entlang der Route 13 operierenden Pathet Lao Luftangriffe auf ihre Dörfer auslösen könnten, schlossen sich die Hmong von Sam Pu Kok dem Zug nach Tin Bong an, während drei Lao-Theung-Dörfer im selben Gebiet – Nam Suk, Nam Ou und San Pakau – auf einen Bergkamm gegenüber dem Dorf Long Pot zogen. Ihre Entscheidung, im Distrikt Long Pot zu bleiben, statt nach Süden zu ziehen, verdankte sich weitgehend dem Einfluss von Ger Su Yang. Entschlossen, in seinem angestammten Gebiet zu bleiben und ein Minimum an lokaler Autonomie zu wahren, warf er sein ganzes Prestige in die Waagschale, um den Flüchtlingsstrom aufzuhalten. Statt also angesichts der doppelten Drohung von amerikanischen Bombenangriffen und der Aussicht, langsam zu verhungern, nach Süden abzuwandern, verließen die meisten Dorfbewohner im Januar ihre Häuser und versteckten sich bis März im nahe gelegenen Wald.

Während US-Vertreter in Laos behaupteten, die Bergvölker wanderten ab, um nicht vom Feind massakriert zu werden, sagten die meisten im Distrikt Long Pot Verbliebenen, ihre Nachbarn seien aus Angst vor den wahllosen amerikanischen und laotischen Bombardierungen ins südliche Tin Bong geflüchtet. Diese Furcht ließ sich nicht als Ignoranz »primitiver« Stämme abtun. Sie hatten vielmehr den Luftkrieg in Aktion gesehen und wussten, was er anrichten konnte. Von Sonnenauf- bis Sonnenuntergang wurde die Bergstille alle 20 oder 30 Minuten vom entfernten Donner einer Doppelformation von Phantombombern auf dem Weg zu ihren Zielen um das Tranninh-Plateau zerrissen. Die ganze Nacht hindurch wurde das Brummen umherstreifender AC-47-Propellermaschinen nur unterbrochen, wenn ihre Infrarotsensoren warme Körper – ob von Menschen oder von größeren Tieren – entdeckten und ihre Bordkanonen mit 6.000 Schuss pro Minute losratterten. Alle paar Tage kam eine Hand voll Überlebender, die vor dem blutigen Inferno geflohen waren, durch Long Pot und erzählten ihre Geschichte von Bombardierung und Luftbeschuss.

Am 21. August 1971 erreichten 20 erschöpfte Flüchtlinge aus einem Lao-Theung-Dorf aus dem Gebiet Muong Soui das Dorf. Ihre Geschichte war typisch. Im Juni hatten T-28-Maschinen der laotischen Luftwaffe ihr Dorf bombardiert, während sie in den Wald flüchteten. Jede Nacht suchten AC-47 den Boden um ihre Schützengräben und engen Höhlen ab. Weil sie bei Tageslicht bombardiert und des Nachts von AC-47-Bordkanonen beschossen wurden, konnten sie ihre Felder nur in den Stunden vor Tagesanbruch bestellen. Schließlich flohen sie angesichts des sicheren Hungertods aus der Pathet-Lao-Zone und wanderten elf Tage durch den Wald, bis sie Long Pot erreichten. Zweimal während ihres Marsches wurden sie von den AC-47 entdeckt und beschossen.[153] Befragt, was er am meisten fürchte, die Bombardierungen oder die Pathet Lao, verlor Ger Su Yang alle Zuversicht. Mit zitternder Stimme erwiderte er:

> »Die Bomben! Die Bomben! Jedes [Hmong-]Dorf nördlich von hier ist bombardiert worden. Jedes Dorf! Alles! Es gibt in jedem Dorf große Krater. Jedes Haus ist zerstört. Wenn die Häuser nicht von Bomben getroffen wurden, sind sie verbrannt. Alles ist weg. Alles von diesem Dorf aus über Muong Soui bis hin nach Xieng Khouang [Tranninh-Plateau] ist vernichtet. In Xieng Khouang gibt es in der ganzen Ebene solche Bombenkrater [er streckte seine Arme aus, um eine lange Reihe von Kratern darzustellen]. Jedes Dorf in Xieng Khouang wurde bombardiert, und viele, viele Leute wurden getötet. Von hier aus ... liegen in allen Bergen im Norden Minen im Gras. Die Flugzeuge haben sie abgeworfen.«[154]

Die Opiumproduktion in Long Pot war bis dahin noch nicht beeinträchtigt, aber im August 1971 bestand Sorge, dass die Ernte unter dem eskalierenden Konflikt leiden könnte. Obwohl die Dorfbewohner die Erntesaison von 1970/71 damit verbrachten, sich im Wald zu verstecken, gelang es den meisten Familien irgendwie, ihre übliche Menge von 15 Kilo zu produzieren. Schwere Kämpfe in Long Tieng verzögerten die Ankunft der Helikopter der Air America um mehrere Monate, aber im Mai 1971 landeten sie schließlich mit Hmong-Armeehändlern in Long Pot, die den erwarteten Preis von 60 Dollar je Kilo Rohopium bezahlten.[155] Die Aussichten für die Ernte 1971/72 standen jedoch sehr schlecht, als Ende August die Aussaat nahte. Weil man sich im vorangehenden Winter im Wald verstecken musste, hatte man kaum neue Felder roden können. Die Bauern pflanzten ihren Mohn daher in ausgelaugten Böden und erwarteten eine nur halb so große Opiumernte wie im Vorjahr.

Als der Krieg 1971 und Anfang 1972 immer intensiver wurde, verringerte sich die Opiumernte des Distrikts Long Pot tatsächlich drastisch und kam schließlich zum Erliegen. Vertreter von USAID berichteten, dass etwa 4.600 Angehörige der Bergvölker im Januar und Februar 1971 in das Flüchtlingsgebiet Tin Bong im Süden zogen, wo bereits Landknappheit herrschte.[156] Einige der Dörfer, die blieben, wie die drei Lao-Theung-Dörfer in der Nähe von Long Pot, produzierten überhaupt kein Opium mehr. Auch Long Pot selbst verlor in den ersten Monaten 1971 acht seiner Haushalte. Schließlich, am 4. Januar 1972, griffen alliierte Kampfflugzeuge den Distrikt Long Pot an. Offenbar in dem Versuch, die Offensive der Pathet Lao in diesem Gebiet aufzuhalten, bombardierten die Kampfflugzeuge die verbliebenen Dörfer des Distrikts mit Napalm und vernichteten Long Pot und seine drei benachbarten Lao-Theung-Dörfer.[157]

Die schmerzliche Migration der Dorfbewohner von Long Pot nach Süden Richtung Vientiane war nur ein kleiner Teil des Massenrückzugs der Hmong aus den Bergen um das Tranninh-Plateau. Bis 1973 drängten sich etwa 150.000 Hmong auf einem 75 Kilometer breiten Bergstreifen in Ban Son zwischen der CIA-Hauptbasis Long Tieng und der feuchten Ebene von Vientiane. Als fortlaufende Verluste Vang Paos Armee von 40.000 auf 10.000 Mann zusammenschmelzen ließen, flog die CIA schätzungsweise 20.000 thailändische Söldner ein, um die Hmong zu ersetzen, die nun weder in der Lage noch gewillt waren, die Verluste auszugleichen.[158] Angesichts eines drohenden Angriffs der

Pathet Lao auf die Hauptstadt Vientiane unterzeichnete die königlich-laotische Regierung 1973 einen Waffenstillstandsvertrag mit ihnen und leitete damit das Ende des Geheimkriegs ein. Im Lauf der folgenden Monate gab die Air America über 300 Landebahnen auf und überließ der laotischen Regierung eine Reihe von Transportflugzeugen. Auf deren Anweisung hin gab die Air America schließlich im Juni 1974 ihre sämtlichen Einrichtungen auf.[159]

Als Pathet-Lao-Guerillas Anfang 1975 auf sein Territorium zumarschierten, leistete Vang Pao mit seinen verbliebenen 6.000 Soldaten nur noch sporadischen Widerstand, der Anfang Mai vollends zusammenbrach, als kommunistische Truppen seine Linien an der Hauptverkehrsstraße nach Vientiane durchbrachen. Ohne die Mobilität und Feuerkraft der US-Luftunterstützung konnte Vang Paos Guerilla die Pathet Lao nicht mehr aufhalten. Seine CIA-Führungsoffiziere drängten ihn zur Flucht nach Thailand. Er stimmte schließlich zu. Am 14. Mai landeten von der CIA gecharterte Maschinen in Long Tieng, um Vang Pao und seine verbliebenen Truppen zu evakuieren. Unter Umgehung des kommunistischen Feuers von den umliegenden Bergkämmen flogen die CIA-Flugzeuge schnelle Pendelflüge zu nahe gelegenen thailändischen Stützpunkten. Beim Abflug mussten sie durch Scharen panischer Hmong manövrieren, die an der Rollbahn auf die Flugzeuge zuwogten.

Nachdem etwa 3.000 Hmong über den Mekong evakuiert worden waren, flogen Vang Pao und sein CIA-Führungsoffizier Jerry Daniels von Long Tieng nach Thailand – und schließlich weiter in die USA nach Missoula im Bundesstaat Montana, Daniels' Heimatstadt, wo Vang Pao sich für mehr als eine halbe Million Dollar eine Viehranch, eine Schweinefarm und zwei große Häuser zulegte. Bis Ende des Jahres waren über 30.000 Hmong über den Mekong nach Thailand geflüchtet, die erste Welle eines Massenexodus, der bis 1979 auf 3.000 Flüchtlinge im Monat anschwoll. »Krieg ist schwierig, der Frieden die Hölle«, war General Vang Paos Fazit.

General Ouane Rattikone

General Ouane Rattikone hatte die gewaltigen logistischen Probleme nicht vorhergesehen, die er mit seiner Ausweisung der korsischen Charterlinien 1965 auslöste. Während Air-America-Flugzeuge für Vang

Pao Hmong-Opium aus Nordostlaos ausflogen, musste sich Ouane im Nordwesten auf eigene Kräfte verlassen. Dabei war er zuversichtlich gewesen, der laotischen Luftwaffe für diese Aufgabe zwei oder drei C-47-Transportflugzeuge abluchsen zu können. Weil sich aber die Kämpfe schon 1964/65 zugespitzt hatten, wurde Ouane der Zugang zu seinen eigenen Militärflugzeugen verwehrt. Noch 1964 hatte Ouane, eigenen Aussagen zufolge, große Mengen birmanisches Opium von Karawanen aufgekauft, die durch die Region von Ban Houei Sai im äußersten Nordwesten nach Laos zogen. 1965 jedoch kamen keine großen Karawanen der Shan oder Guomindang mehr nach Nordwestlaos durch.[160]

Kurz nachdem General Phoumi Nosavan im Februar 1965 nach Thailand geflohen war, lud Ouanes politischer Verbündeter, General Kouprasith, den Kommandeur der laotischen Luftwaffe, General Thao Ma, zu einer freundschaftlichen Konferenz mit den Generälen Ouane, Kouprasith und Oudone Sananikone nach Vientiane ein. Thao Ma erinnerte sich, dass ihm der Zweck des Treffens verborgen blieb, bis man sich schließlich zum Mittagessen niederließ. Kouprasith lehnte sich vor und fragte den klein gewachsenen Luftwaffengeneral mit einem Lächeln: »Wären Sie gerne reich?« Thao Ma erwiderte: »Ja, natürlich.« Ermutigt durch diese positive Antwort, schlug Kouprasith vor, dass er und General Ouane ihm, Thao Ma, eine Millionen Kip (2.000 Dollar) pro Woche zahlen würden, falls die Luftwaffe bereit wäre, zwei C-47-Maschinen für ihren Opiumschmuggel bereitzustellen. Zu Kouprasiths und Ouanes Verwunderung lehnte Thao Ma ab. Zudem warnte er die beiden davor, auf die Idee zu kommen, einen seiner Transportpiloten zu bestechen. In dem Fall würde er persönlich einschreiten und der Sache ein Ende machen.[161]

Nur wenige laotische Generäle hätten ein so profitables Angebot abgelehnt, aber Thao Ma stellte militärische Erwägungen eindeutig über seine politische Karriere oder finanziellen Vorteile. Als der Krieg in Südvietnam und Laos 1964 an Heftigkeit zunahm, übernahm er persönlich das Kommando der T-28-Geschwader, die den Ho-Chi-Minh-Pfad bombardierten, und stellte den Operationen der Geheimarmee im Nordosten eng abgestimmte Luftunterstützung bereit.[162] Seine stolzeste Leistung war die Erfindung des später so genannten AC-47-Gunship. Da die Pathet Lao häufig bei Nacht angriffen, wenn seine T-28-Kampfbomber am Boden waren, suchte Thao Ma nach einem Weg, um den Regierungstruppen nächtliche Luftunterstützung zu geben. Das

Das Goldene Dreieck **449**

brachte ihn auf die Idee, Douglas-C-47-Transportflugzeuge mit 12,7 Millimeter Bordkanonen auszurüsten. 1964 ließ er auf Kosten der Transportkapazität der Luftwaffe eine Reihe dieser Transportflieger zu Kampfflugzeugen umrüsten. Als daher Kouprasith und Ouane Anfang 1965 zwei C-47 verlangten, fand Thao Ma, dass er keine der verbliebenen Maschinen mehr erübrigen konnte, und lehnte ab.[163]

Auch 1966 schlugen sich keine großen Opiumkarawanen der Shan oder Nationalchinesen nach Nordwestlaos durch, und Ouane hatte immer noch keine Mittel, um für sie in die Bresche zu springen. Der wirtschaftliche Verlust zweier aufeinander folgender birmanischer Opiumernten und entsprechend düstere Aussichten ließen ihn und seinen Adlatus Kouprasith zu der Ansicht gelangen, dass die laotische Luftwaffe dringend einen neuen Kommandeur brauchte.

Im Mai 1966 wurde Thao Ma von seinem Hauptquartier in Savannakhet zu einem strengen Rüffel durch das Oberkommando nach Vientiane einbestellt.[164] Da er fürchtete, dass General Kouprasith ihn in Vientiane ermorden lassen würde, wenn er der Aufforderung folgte, ersuchte Thao Ma um einen sechsmonatigen Aufschub und verbrachte von nun an die meiste Zeit auf der Luftwaffenbasis in Luang Prabang.[165] Als das Datum der neuerlichen Vorladung näher rückte, suchte Thao Ma verzweifelt nach einem Ausweg. Er bat die Amerikaner, Hauptmann Kong Le und den König, zu seinen Gunsten zu intervenieren, doch ohne Erfolg.[166] Freund und Feind gleichermaßen berichteten, dass er sich bis Oktober in einen panischen Zustand hineingesteigert hatte, und Thao Ma selbst erinnerte sich, dass er wie benommen seinen Dienst versah.[167] Der einzige Ausweg aus dieser verfahrenen Situation schien ihm schließlich ein Putsch zu sein.

Am 22. Oktober um 7.00 Uhr morgens hoben sechs T-28-Kampfbomber von Savannakhet ab und nahmen Kurs auf Vientiane. Um 8.20 Uhr erreichte das Geschwader die laotische Hauptstadt. Die erste Bombe traf direkt General Kouprasiths Büro im Hauptquartier des Generalstabs. Die T-28 nahmen das Hauptquartier ausgiebig unter Maschinengewehrbeschuss. Zwei Munitionsdepots am Wattay-Flughafen am Stadtrand von Vientiane flogen in die Luft. Das Geschwader beschoss auch General Kouprasiths Haus im Armeelager Chinaimo mit Raketen, aber die Geschosse schlugen weit neben ihrem Ziel ein und der General blieb unverletzt.[168] Über 30 Menschen wurden getötet, Dutzende verwundet.[169]

Das Geschwader flog zurück nach Savannakhet. Vientiane erwartete nervös die zweite Runde der Angriffe. Nach zahlreichen inständigen Bitten laotischer und amerikanischer Amtsträger, seine Revolte zu beenden und ins Exil zu gehen, starteten General Thao Ma und zehn seiner besten Piloten am 23. Oktober um 1.45 Uhr nachts von Savannakhet und flogen nach Thailand, wo sie politisches Asyl erhielten.[170]

Obwohl sein Putsch in erster Linie ein Racheakt war, hatte Thao Ma offenbar erwartet, dass sein Freund Kong Le, ein neutralistischer Armeegeneral, Vientiane besetzen und die Generäle festnehmen würde, sobald Kouprasith tot war.[171] Aber Kong Le hatte seine eigenen Probleme mit Kouprasith und war, was Thao Ma nicht wusste, fünf Tage zuvor nach Bangkok geflogen, um sich dort mit Vertretern der CIA zu treffen. Kurz nachdem die T-28 Vientiane bombardiert hatten, stellten die Thailänder Kong Le in Bangkok unter Hausarrest. Kouprasith befahl den laotischen Grenzposten, ihn zu verhaften, falls er zurückzukehren versuchte. Kong Le ging ins politische Exil nach Paris, seine neutralistische Armee fiel unter das Kommando der Rechten.[172] Bald nach Thao Mas Flucht wurde ein gefügiger, rechtsgerichteter General zum Luftwaffenkommandeur ernannt.

Da nun ausreichend C-47-Transportflugzeuge verfügbar waren, nahm General Ouane Kontakt zu chinesischen und Shan-Zwischenhändlern im Dreigrenzland auf und gab eine besondere Bestellung bei einem aufstrebenden Kriegsherrn namens Khun Sa (mit chinesischem Namen Chan Shee-fu) auf.[173] Als die Bergstämme der Lahu und Wa in Nordostbirma in den ersten Monaten von 1967 ihren Mohn geerntet hatten, kauften Khun Sas Händler und Zwischenhändler alles Opium auf, das sie finden konnten. Bis Juni hatte er eine der größten jemals verzeichneten Lieferungen beisammen: 16 Tonnen Rohopium. Als sich die Karawane durch das unwegsame Shan-Hochland zu ihrem Ziel in der Nähe von Ban Houei Sai in Laos aufmachte – eine Strecke von etwa 300 Kilometern –, zogen 300 Packpferde und 500 bewaffnete Wächter in einer Kolonne von über 1,5 Kilometer Länge über die Bergpfade.

Diese Karawane sollte eine bewaffnete Konfrontation auslösen, die 1967 auf der ganzen Welt als »Opiumkrieg« Schlagzeilen machte. Für die meisten Zeitungsleser war dieser Krieg eine Kuriosität, in Wirklichkeit aber handelte es sich um einen ernsten Kampf um die Kontrolle der birmanischen Opiumexporte, die sich damals auf 500 Tonnen jährlich beliefen – über ein Drittel der gesamten illegalen Weltproduktion. Der Anteil jeder Gruppe an den birmanischen Opiumexporten und ihre Rolle im Heroinhandel des Goldenen Dreiecks wurden weitgehend von diesem Krieg und seinen Folgen bestimmt. Alle kämpfenden Parteien wussten genau, was auf dem Spiel stand, und warfen alles, was sie aufbieten konnten, in die Schlacht.

Die Konfrontation begann, als die Einheiten der nationalchinesischen Armee in Nordthailand beschlossen über 1.000 Soldaten nach Birma zu schicken, um sich Khun Sas Karawane in den Weg zu stellen. Die Guomindang-Führer waren seit einiger Zeit besorgt, dass der aufsteigende junge Shan-Kriegsherr ihre 15 Jahre währende Vorherrschaft über den Opiumhandel bedrohen könnte, und diese Mammutkarawane stellte eine ernste Herausforderung dar. Aber die Shan-Karawane wich den Guomindang-Kräften aus, floh über den Mekong nach Laos und grub sich bei Ban Khwan, einer holzverarbeitenden Stadt 30 Kilometer nordwestlich von Ban Houei Sai, zum Gefecht ein. Nach mehreren Tagen ergebnisloser Kämpfe trat General Ouane Rattikone auf den Plan. Mit einer für laotische Armeekommandeure seltenen Angriffslust bombardierte Ouane mit einem Geschwader von T-28-Bombern beide Seiten und stürmte dann mit dem 2. Fallschirmspringerbataillon das Schlachtfeld. Während seine Freunde und Feinde Hals über Kopf flohen, heimsten Ouanes Truppen die 16 Tonnen Rohopium ein und übergaben sie dem siegreichen General. Fast 200 Menschen, vor allem Shan und Chinesen, starben in den Kämpfen.

Als Folge von Ouanes Sieg verloren die Guomindang-Einheiten viele ihrer profitablen Vorrechte an den General. Trotzdem hatten sie Khun Sas Versuch, die Vorherrschaft zu erlangen, vereitelt, auch wenn sie ihn nicht völlig vernichten konnten. Nach der Schlacht stieg General Ouane mit einem nun beträchtlich gewachsenen Anteil am birmanischen Opiumhandel zu einem der wichtigsten Heroinhersteller des Goldenen Dreiecks auf.

Obwohl es verglichen mit den Kämpfen, die anderswo in Indochina tobten, eine relativ kleine Militäraktion war, beflügelte der Opiumkrieg von 1967 die Fantasie der amerikanischen Presse. Alle Berichte vermieden jedoch geflissentlich jede ernste Diskussion des Opiumhandels im Goldenen Dreieck und betonten das Sensationelle. In klischeedurchsetzter Prosa, die gewöhnlich der Sport- oder Reiseseite vorbehalten ist, fabulierten die Medien von wilden Tieren, primitiven Stämmen, Desperados jeder Façon und den Mysterien des Fernen Ostens. Trotz seiner verführerisch exotischen Aspekte bleibt der Opiumkrieg von 1967 die aufschlussreichste Episode in der jüngeren Geschichte im Opiumhandel des Goldenen Dreiecks.

Nach Abschaffung der staatlichen Opiummonopole in den 40er und 50er Jahren war der Opiumhandel im Goldenen Dreieck hinter einem Vorhang staatlicher Geheimhaltung verschwunden. Es wurde von nun an immer schwieriger, die offizielle Verstrickung oder das Ausmaß des Handels zu erkennen. Plötzlich aber hob sich der Vorhang einen Augenblick lang, und man sah 1.800 der besten Soldaten von General Ouane, die mit 1.400 gut bewaffneten (und angeblich sechs Jahre zuvor nach Taiwan evakuierten) Guomindang-Kriegern um 16 Tonnen Opium kämpfen. Um den Hintergrund dieses spektakulären Kampfes beurteilen zu können, müssen wir uns die wirtschaftlichen Aktivitäten der Guomindang in Thailand und der Shan-Rebellen sowie besonders die lange Geschichte der CIA-Operationen im Goldenen Dreieck vergegenwärtigen.

Die CIA in Nordwestlaos

Die paramilitärischen Operationen der CIA in Nordwestlaos begannen 1959, aber sie waren zunächst schlecht geplant und scheiterten binnen kurzem. In dem fünfmonatigen Kampf um die Stadt Nam Tha Anfang 1962 arbeitete ein Team von zwölf Green Berets als Berater der belagerten rechtsgerichteten Armee. Diese Beratertätigkeit fand jedoch schon im Mai ein abruptes Ende, als die verängstigte Garnison die Stadt aufgab und sich Hals über Kopf zum Mekong zurückzog.[174]

Aus Angst, die Kommunisten könnten die gesamte Provinz Nam Tha überrennen, entsandte die CIA Mitte 1962 William Young in das Gebiet. Young erhielt den Auftrag, aus Angehörigen der Bergstämme eine Kommandotruppe für Operationen im Dreigrenzland aufzubauen, da die reguläre laotische Armee für Einsätze in den zerklüfteten Bergen schlecht geeignet war. Wegen der ethnischen Vielfalt und des erforderlichen Umfangs der Geheimoperationen war die Arbeit in dieser Provinz weit anspruchsvoller als die Hmong-Operationen im Nordosten.[175]

Jahrhundertelang ein Kreuzungspunkt der Wanderungen von Stämmen aus Südchina und Tibet, war die Provinz Nam Tha ein Gebiet von bemerkenswerter ethnischer Vielfalt. In mehreren Wellen zogen Hmong und Yao seit Ende des 18. Jahrhunderts das Tal des Roten Flusses hinunter nach Nordvietnam und erreichten Nam Tha um 1850.[176] Nam Tha markierte außerdem die äußerste südöstliche Grenze tibetobirmanischer Stämme, vor allem Akha und Lahu, die über Jahrhunderte durch das chinesisch-birmanische Grenzland langsam nach Süden vorrückten. Offiziellen Quellen zufolge lebten bis zu 30 verschiedene ethnische Minderheiten in der Provinz, darunter jedoch nur wenige Laoten. Die meisten Tieflandtäler wurden von Lu bewohnt, einem Tai sprechenden Volk, das einst Teil eines Feudalkönigtums mit Zentrum in Südyunnan war. Die Provinz Nam Tha selbst kam Ende des 19. Jahrhunderts zu Laos, als europäische Kolonialdiplomaten sich auf den Mekong als bequemste Trennlinie zwischen Britisch-Birma und Französisch-Indochina einigten.

Angesichts von 30 Stammesdialekten und Sprachen – die meisten untereinander nicht verständlich – und einer praktisch nicht vorhandenen laotischen Bevölkerung wussten erst die französischen, dann die amerikanischen Konterguerilla-Spezialisten nie so recht, wie sie in Nam Tha Fuß fassen sollten. Mit seiner Kenntnis lokaler Sprachen und seinen guten Beziehungen zu Bergminderheiten war William Young in einzigartiger Weise qualifiziert, um diese Schwierigkeiten zu meistern. Young, der vier der wichtigsten Sprachen beherrschte – Lu, Laotisch, Hmong und Lahu –, konnte sich mit den meisten Stammesangehörigen in Nam Tha problemlos verständigen. Da er in Lahu- und Shan-Dörfern in Birma aufgewachsen war, genoss er sogar die einsame Arbeit unter den Bergvölkern, die weniger akkulturierte Agenten überfordert hätte.

Statt zu versuchen, einen Stammeskriegsherrn nach dem Modell von Vang Pao aufzubauen, beschloss Young, unter dem Kommando eines gemeinsamen Rates aus einem oder zwei Führern jedes Stammes eine stammesübergreifende Armee zu bilden. Theoretisch sollte der Rat das letzte Wort in allen Angelegenheiten haben, tatsächlich war es Young, der die Geldzuweisungen kontrollierte und die Entscheidungen traf. Die Ratsversammlungen gaben jedoch den verschiedenen Stammesführern ein Gefühl der Beteiligung und steigerten die Effizienz der paramilitärischen Operationen beträchtlich. Vor allem aber gelang es William Young mit seinem Stammesrat, den Möchtegern-Kriegsherrn der Yao, Chao Mai, zu schwächen, ohne ihn zu vergraulen. Tatsächlich blieb Chao Mai einer der stärksten Unterstützer Youngs, und seine Yao bildeten in der CIA-Söldnerarmee in Nam Tha eine große Mehrheit.[177]

Trotz seiner außerordentlich guten Beziehungen zu den Bergstammführern setzte William Young Standardmethoden der CIA ein, um das

Gebiet für paramilitärische Operationen »zu öffnen«. Um Landepisten zu bauen, Orte für Stützpunkte auszusuchen und andere wesentliche Aufgaben beim Aufbau einer Infrastruktur für die Konterguerilla zu lösen, rekrutierte Young ein Team von 16 Shan- und Lahu-Agenten, die er seine »16 Musketiere« nannte. Ihr Chef war ein nationalistischer Shan-Führer, »General« U Ba Thein.[178] Ende 1963 hatten er und sein Team ein Netz von etwa 20 Lehmpisten und eine Guerilla von 600 Yao-Soldaten und mehreren hundert zusätzlichen Kämpfern aus anderen Stämmen aufgebaut.

Aber der Krieg in Nordwestlaos hatte an Schärfe gewonnen. Schon Ende 1962 begannen groß angelegte Umsiedlungen, als Chao Mai und mehrere Tausend seiner Yao-Anhänger ihre Dörfer in den Bergen zwischen Nam Tha und Muang Sing der Kontrolle der Pathet Lao überließen und Richtung Süden nach Ban Na Woua und Nam Thouei flohen – Flüchtlingszentren, die ebenfalls von den 16 Musketieren aufgebaut worden waren.[179] Der Ausbruch von Kämpfen mehrere Monate später zwang die Stammessöldner und ihre Familien, besonders die Yao, nach und nach aus der Pathet-Lao-Zone in die Flüchtlingslager.[180]

Statt die Reislieferungen und Flüchtlingsoperationen persönlich zu leiten, delegierte Young die Verantwortung an einen Pistolen tragenden Sozialarbeiter namens Joseph Flipse, wie Edgar Buell ein Freiwilliger der christlichen International Voluntary Services (IVS). Während Flipse ein humanitäres Vorzeigelager in Nam Thouei unterhielt, komplett mit Krankenhaus, Schule und Lagerhaus für die Versorgungsgüter, errichteten William Young und sein Stammesteam eine Geheimbasis in Nam Yu nur vier Kilometer entfernt, die als CIA-Hauptquartier für grenzüberschreitende Vorstöße nach Südchina diente.[181] Die betrügerische Fassade eines Flüchtlingslagers, Nam Thouei, das einen Guerillastützpunkt, Nam Yu, deckte, ähnelte stark dem Verhältnis zwischen Sam Thong und Long Tieng in Nordostlaos. Fast ein Jahrzehnt lang wurden Journalisten und US-Kongressabgeordnete, die Laos besuchten, nach Sam Thong gebracht, um die wohltätige Arbeit in Augenschein zu nehmen, mit der Edgar Buell die Hmong vor kommunistischer Aggression rettete; das CIA-Hauptquartier in Long Tieng dagegen bekamen sie nie zu Gesicht.[182]

Als die Operationen indessen gerade anliefen, torpedierten politische Entscheidungen der CIA und die lokale Opiumpolitik Youngs Arbeit mit den Bergvölkern. Dabei richteten vor allem einige Versetzungen bei der CIA ziemlichen Schaden an. Als sich Young im Oktober 1964 in einen hitzigen Rechtsstreit mit thailändischen Geheimdienstlern verwickelte, zog ihn die CIA aus Nam Tha ab und schickte ihn zu einem Spezialtraining nach Washington. Hochrangige CIA-Bürokraten in Washington und Vientiane waren seit langem mit Youngs spärlichen »Intel-Coms« (nachrichtendienstlichen Mitteilungen) und Berichten unzufrieden und benutzten den Streit mit den Thai als Vorwand, ihn seines Postens zu entheben. Nachdem Youngs erster Ersatzmann, ein Agent namens Objibway, im Sommer 1965 bei einem Hubschrauberabsturz starb, bekam Tony Poe den Auftrag.[183]

Wo Young die Mitarbeit der Bergvolkführer mit seinen Fähigkeiten als Unterhändler und seiner Kenntnis der Minderheitenkulturen gewonnen hatte, setzte Poe auf Bestechung, Einschüchterung und Drohung. Die Taktiken Poes stießen die Bergstammführer, besonders Chao Mai, vor den Kopf; ihre Loyalität ließ bald zu wünschen übrig. Poe versuchte, ihre Kampfbereitschaft wiederzubeleben, indem er den Sold erhöhte und Prämien für die Ohren von Pathet-Lao-Kämpfern aussetzte.[184] Aber, wie es ein ehemaliger USAID-Mitarbeiter ausdrückte: »Der Sold wurde immer höher, die Truppen immer langsamer.«[185]

General Ouane Rattikones Monopolisierung des Opiumhandels in der Militärregion I, Nordwestlaos, versetzte Chao Mais Begeisterung für den Krieg einen weiteren Stoß. Chao Mai hatte die Kontrolle über den Opiumhandel der Yao von seinem Vater geerbt. In den frühen 60er Jahren war er wahrscheinlich der wichtigste Opiumhändler der Nam-Tha-Provinz. Jedes Jahr setzte er die Ernte an chinesische Aufkäufer in Muang Sing und Ban Houei Sai ab, die ihrerseits als Zwischenhändler für die korsischen Charterlinien fungierten. Mit seinem Anteil am Gewinn finanzierte Chao Mai viele soziale Wohlfahrtsprojekte bei den Yao, was ihm Macht und Prestige einbrachte. Als jedoch Ouane 1965 den laotischen Opiumhandel übernahm, drängte er alle seine großen und kleinen Konkurrenten aus dem Geschäft. Ein Mitarbeiter von USAID, der in dem Gebiet arbeitete, erinnerte sich, dass es nach den Ernten von 1963 und 1964 in allen Hotels und Läden in Ban Houei Sai von Opiumkäufern aus Vientiane und Luang Prabang wimmelte. Aber 1965 waren die Hotels und Läden leer. Ouanes Strategie zur Ausschaltung seiner wichtigsten Konkurrenten war recht einfach: Nachdem Chao Mai einen Großteil des Yao-Opiums in Ban Houei Sai bei Ouanes Zwischenhändler auf dessen Zusage hin abgeliefert hatte, den Lufttransport nach Vientiane zu organisieren, weigerte der sich schlicht, für das Opium zu zahlen. Es gab absolut nichts, was Chao Mai dagegen hätte unternehmen können. Er musste den Verlust einfach hinnehmen. Natürlich schwächte dieser erniedrigende Vorfall seine Herrschaft über die Yao weiter, und als er im April 1967 starb, waren die meisten seiner Anhänger nach Nam Keung gezogen, wo sein Bruder Chao La an den Ufern des Mekong den Krieg aussaß.[186]

Nach Chao Mais Tod versuchte Poe vergeblich, die Operationen der Stammeskommandos wieder anzukurbeln, indem er Chao La zum Kommandeur der paramilitärischen Kräfte der Yao machte. Chao La nahm zwar an den spektakuläreren Überfällen wie der Rückeroberung von Nam-Tha-Stadt im Oktober 1967 teil, brachte aber wenig Interesse für die Langeweile alltäglicher Operationen auf, die den Konterguerillakrieg im Wesentlichen ausmachen. Anders als der Politiker und Soldat Chao Mai war Chao La Geschäftsmann, dessen Hauptinteresse seiner Holzmühle und dem Waffen- und Drogenhandel galt. Tatsächlich glaubten einige amerikanische Vertreter, dass Chao La nur deshalb mit der CIA zusammenarbeitete, um an Waffen zu kommen (mit denen er dann Opium von birmanischen Schmugglern kaufte) und politischen Schutz für seine Opiumraffinerien zu erhalten.[187]

Zwar hatte man William Young 1964 vom Kommando der paramilitärischen Operationen entbunden, im August 1965 jedoch beorderte die CIA ihn zurück nach Nam Tha, um weiter die Spionageteams der Yao und Lahu zu beaufsichtigen, die tief in die chinesische Provinz Yunnan vordrangen. Eingekeilt zwischen Birma, China und Laos war die Nam-Tha-Provinz ein idealer Ausgangspunkt für grenzüberschreitende Aufklärungsvorstöße nach Südchina. Die willkürlichen Grenzen zwischen Birma, China und Laos hatten für die Bergvölker, die auf der Suche nach neuen Bergen und Wäldern seit Jahrhunderten über die Grenzen hin und her gezogen waren, wenig Bedeutung. Als Folge der ständigen Migrationen fanden sich Bergstämme des birmanisch-chinesischen Grenzlandes auch in der Nam-Tha-Provinz.[188] Einige ältere in Nam Tha lebende Lahu und Yao waren tatsächlich in Yunnan geboren, viele der jüngeren Generation hatten dort Verwandte. Vor allem aber hatten beide Stämme einen ausgeprägten Sinn für ethnische Identität: Die einzelnen Stammesangehörigen sahen sich als Mitglieder größerer, die nationalen Grenzen überschreitender Yao- und Lahu-Gemeinschaften.[189] Aufgrund der ethnischen Überschneidungen in allen diesen Ländern konnten von der CIA ausgebildete Lahu- und Yao-Spione aus Nam Tha die chinesische Grenze überqueren und durch die Berge von Yunnan wandern, um Telefonkabel anzuzapfen und die Verkehrsbewegungen zu überwachen, ohne entdeckt zu werden.

Nachdem er ein Jahr lang Agenten rekrutiert und ausgebildet hatte, begann William Young 1963 damit, die ersten Lahu- und Yao-Teams nach China zu schicken. Da CIA und Pentagon sehr besorgt über eine mögliche chinesische Militärintervention in Indochina waren, betrachtete man jede Information über Militäraktivitäten in Südchina als wertvoll, und die grenzüberschreitenden Operationen wurden stetig ausgeweitet. Als Young 1967 die CIA verließ, hatte er drei große Funkposten im birmanischen Shan-Staat eingerichtet, ein Sonderausbildungscamp aufgebaut, das alle zwei Monate 35 Spione ausbildete, und Hunderte von Stoßtrupps tief nach Yunnan hineingeschickt. Youngs Sprachkenntnisse und sein Verständnis der Bergstammkulturen machten ihn zu einem fähigen paramilitärischen Organisator, aber besonders die außergewöhnliche Beziehung seiner Familie zu den Lahu war es, die für den Erfolg seiner grenzüberschreitenden Operationen sorgte: Die 16 Musketiere, die einen Großteil der ersten Agenten rekrutierten, waren großenteils Lahu, ebenso wie die Mehrzahl der Stammesangehörigen, die sich freiwillig für diese gefährlichen Missionen meldeten, und die Besatzungen der Funkstationen im Shan-Staat.[190]

Diese besondere Beziehung zu den Lahu ging, wie bereits weiter oben kurz geschildert, auf den Beginn des Jahrhunderts zurück, als Youngs Großvater, ein baptistischer Missionar, Tausende von Lahu bekehrte. Die Lahu hielten ihn für einen Gott, dessen Ankunft ein Lahu-Prophet geweissagt hatte.[191] Youngs Vater, Harold, führte das Missionswerk der Familie in den 30er Jahren in den Wa-Staaten weiter, war aber nach dem Zweiten Weltkrieg gezwungen, Birma zu verlassen, weil der neuen Unabhängigkeitsregierung seine Beziehungen zu den abtrünnigen Minderheiten verdächtig waren. Er zog nach Chiang Mai, Thailand, wo das zweite Kapitel der besonderen Beziehung der Familie zu den Lahu seinen Anfang nahm.[192]

Nach Gründung der Volksrepublik China 1949 bewaffnete die CIA Überreste der nationalchinesischen Armee, die in die Shan-Staaten geflohen waren, und unternahm drei missglückte Invasionen nach Westyunnan in der Hoffnung, die chinesischen Massen würden sich hinter ihrem Banner scharen. Die CIA brauchte detaillierte Informationen über chinesische Truppenbewegungen in den Grenzgebieten Yunnans und heuerte Harold Young für diesen Spionageauftrag an. Young wiederum wandte sich an einen christlichen Shan in Keng Tung namens

U Ba Thein, um ein Team von Lahu-Christen für Spionageaufträge in China zusammenzustellen. U Ba Thein, der bei den Briten im Zweiten Weltkrieg Spionageerfahrung gesammelt hatte, schickte eine Gruppe von Lahu nach Chiang Mai, wo Harolds ältester Sohn Gordon sie am Funkgerät ausbildete. Sobald die Schulung abgeschlossen war, wanderten sie in den Shan-Staat zurück und funkten Spionagemeldungen von der birmanisch-chinesischen Grenze nach Chiang Mai. Dort übersetzte Gordon die Nachrichten aus dem Lahu ins Englische und gab sie an den örtlichen CIA-Agenten weiter, der verdeckt als amerikanischer Vizekonsul arbeitete.[193]

Die Spionageoperationen der Lahu gingen fast sechs Jahre weiter, bis der Ausbruch der nationalen Shan-Revolution 1958 U Ba Thein zwang, Birma zu verlassen. Die ursprünglich mehreren Shan-Staaten, die in den Tagen der britischen Kolonialherrschaft eine halbwegs eigenständige Administration genossen hatten, waren 1947 zu einer Provinz zusammengefasst und mit der gerade unabhängig gewordenen Birmanischen Union verschmolzen worden, doch zunehmende Repression durch die Birmanen in den 50er Jahren schürte die Unabhängigkeitsbewegung. Als Finanzminister des Keng-Tung-Staates hatte U Ba Thein eine wichtige Rolle in den Anfangsphasen der Bewegung gespielt. Anfang 1958 indessen geriet er beim birmanischen Geheimdienst immer mehr unter Verdacht und entfloh mit einem Sack staatlicher Pensionsgelder aus dem Schatzamt.

Die Young-Familie bot U Ba Thein vier Monate lang Unterschlupf in den thailändischen Bergen. Dann suchte er Zuflucht im laotischen Muang Sing. Dort blieb er dreieinhalb Jahre, kaufte mit den Pensionsgeldern aus Keng Tung Waffen für aufständische Shan und versuchte erfolglos, eine effektive Guerillaarmee aufzubauen.[194] In den 60er Jahren verbanden sich U Ba Theins grenzüberschreitende Spionagemissionen für die CIA mit dem birmanischen Opiumhandel. Er beteiligte sich an einer Reihe von Geschäften zwischen den Shan und General Ouane, bei denen Opium gegen Waffen getauscht wurde.

Da die Pathet Lao in Nam Tha die gesamte laotisch-chinesische Grenze besetzt hielten, mussten die CIA-Spionagetrupps den birmanischen Shan-Staat durchqueren, bevor sie in Yunnan eindrangen. Die CIA brauchte daher die Shan-Rebellen, um ihre Teams bis zur chinesischen Grenze zu geleiten, ihre vorgeschobenen Funkstationen im Shan-Staat zu schützen und Transportmittel zwischen diesen und den Stützpunkten in Nam Tha bereitzustellen. Fast jeder Aspekt dieser

Spionagemissionen war irgendwie in die Logistik des birmanischen Opiumhandels verstrickt.

Ein kurzer Blick auf die Vorgehensweise bei den grenzüberschreitenden Operationen illustriert diese eigentümliche Symbiose zwischen Opium und Spionage im birmanischen Shan-Staat. Im Großen und Ganzen änderte sich am Operationsmodus der grenzüberschreitenden Patrouillen in der Zeit von 1962, als William Young damit begann, bis August 1971, als Präsident Nixon ihre Einstellung anordnete, sehr wenig.[195] Die frisch angeworbenen künftigen Agenten schickte man zu einer zweimonatigen Ausbildung in Geheimcamps nicht weit von Nam Yu. Während die CIA den Schulungsplan ausarbeitete, stellten thailändische Spezialkräfte die meisten Ausbilder.[196] Nach dieser ersten Schulung kamen die angehenden Spione für vier bis fünf Monate in ein Lager der thailändischen Spezialeinheiten nach Phitsanulok, um Codes und den Umgang mit dem Funkgerät zu lernen.[197] Schließlich wurden sie nach Nam Yu zurückgeflogen, dem Nervenzentrum der grenzüberschreitenden Spionage. Man teilte sie in fünf bis 15 Mann starke Teams auf. Von Nam Yu wurden diese Gruppen dann 80 Kilometer nach Norden geflogen und am laotischen Ufer des Mekong abgesetzt. Dort bliesen sie ihre Schlauchboote auf, paddelten über den Fluss und wanderten fünf Kilometer durch den birmanischen Dschungel, bis sie die gemeinsame Basis von Guomindang-Armee und CIA in der Nähe von Mong Hkan erreichten.

Von den fünf Stützpunkten der CIA entlang der birmanisch-chinesischen Grenze war Mong Hkan der bei weitem exotischste. Er war ursprünglich von einem Spionagetrupp der Guomindang-Einheiten als Basis für ihre eigenen Vorstöße nach Yunnan errichtet worden. Außerdem diente er als Funkstation, um Nachrichten über die Verfügbarkeit von Opium an die Militärkarawanen der Guomindang-Soldaten in Mai Salong in Nordthailand zu senden. Als die CIA damit begann, Spionagetrupps nach Yunnan zu schicken, willigte die Guomindang-Einheit ein, den Stützpunkt mit ihr zu teilen. Young richtete dort eine Funkstation mit Lahu-Agenten ein. Laut Young war Mong Hkan eine Art »kleine Schweiz«: Bald nachdem die CIA eintraf, seien britische, thailändische, laotische und sogar einige indische Agenten aufgetaucht, um »zu sehen, was sie abstauben konnten«.[198]

Von Mong Hkan aus wanderten die CIA-Teams mehrere Tage nach Norden zu einer der beiden vorgeschobenen Basen nur acht Kilometer von der Grenze entfernt: einer gemeinsamen Funkstation von CIA und

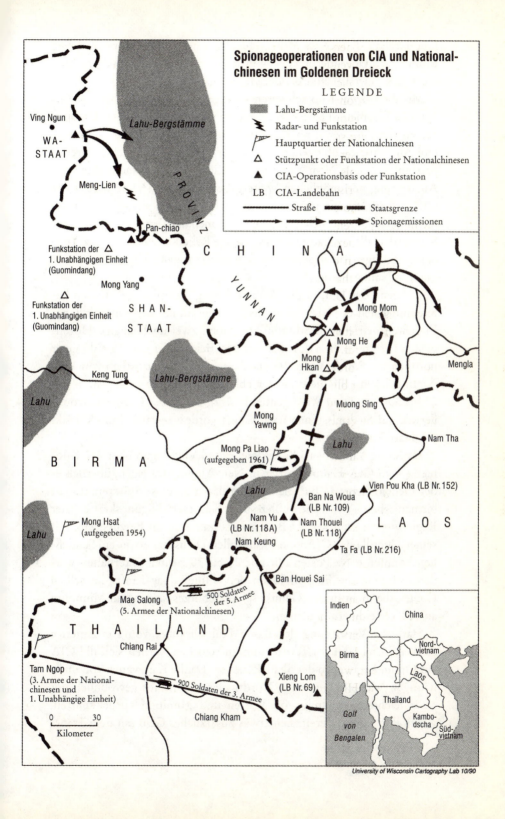

Guomindang-Armee in Mong He und einer CIA-Station in Nong Mom. Nach Überquerung der schwach bewachten Grenze verbrachten die Teams gewöhnlich drei oder vier Monate in China.

Mit ihren zwei Kilo schweren Funkgeräten, die einen Senderadius von 600 Kilometern hatten, funkten die Gruppen ihre eiligen Meldungen an einen starken Empfänger in Nam Yu oder an speziell ausgerüstete Air-America-Flugzeuge, die an der laotisch-chinesischen Grenze patrouillierten. In Nam Yu übersetzt, leitete man die Nachrichten zur Auswertung und möglichen Weitergabe an das US-Hauptquartier der CIA in Langley, Virginia, zunächst nach Vientiane weiter. Die Funkmeldungen dienten auch dazu, die Positionen der Teams zu bestimmen. Sie wurden alle sorgfältig auf eine riesige Reliefkarte der Provinz Yunnan eingetragen, die in einem nur beschränkt zugänglichen Operationsraum in Nam Yu hing.[199]

Während der Zeit, in der William Young die Spionageaktionen leitete, unterhielt die CIA neben den gemeinsam mit den Guomindang-Einheiten betriebenen Stützpunkten noch zwei unabhängige Horchposten tief im Inneren des Shan-Staates. Beide – der eine 15 Kilometer nördlich von Mong Yang, der andere acht Kilometer östlich von Ving Ngun – lagen sehr dicht an der chinesischen Grenze. Sie waren mit 20 bis 30 Lahu- und Wa-Agenten besetzt, die an der Grenze patrouillierten, auf Spähmissionen nach China vordrangen und Funkkontakt mit Nam Yu hielten.[200]

Da Mong Yang etwa 120 Kilometer und Ving Ngun über 270 Kilometer vom CIA-Hauptquartier in Nam Yu entfernt lagen, überließ es der Geheimdienst U Ba Theins Guerillaarmee, diese Stützpunkte vor birmanischen Armeepatrouillen und Selbstverteidigungskräften der Regierung zu schützen. U Ba Thein sonnte sich im Bewusstsein, mit seiner Guerilla der CIA einen wertvollen Dienst zu erweisen. Schließlich konnten diese Posten mit nur 20 bis 30 Leuten unterhalten werden, während die Funkstationen der Guomindang-Kräfte im selben Gebiet, die nicht in den Genuss seines Schutzes kamen, ein Minimum an 100 Verteidigern brauchten.

Statt zur Versorgung der Basen Hubschrauber von Air America so weit in feindseliges Territorium zu schicken, verließ sich die CIA auf Opiumkarawanen der Shan-Rebellen. Da die Karawanen von ihren häufigen Wanderungen nach Nordthailand und Laos gewöhnlich mit einer leichteren Ladung von Waffen und Munition zurückkehrten, waren ihre Führer bereit, sich etwas zusätzliches Geld mit dem Transport des Nachschubs für die vorgeschobenen Horchposten der CIA zu verdienen – Waffen, Munition, Geld und Funkgeräte –, und ersparten dem Geheimdienst so das Risiko, seine Helikopter in unbekannten, entfernten Regionen einzusetzen.[201]

U Ba Thein: Verbündeter im Geheimkrieg

Anders als viele Minderheitenführer, die der CIA im Goldenen Dreieck dienten, war U Ba Thein kein einfacher Söldner. Auf der Höhe seiner Macht Mitte der 60er Jahre war er einer der wichtigsten revolutionären Führer der Shan. Das meiste, was er tat, auch seine Arbeit für die CIA, unternahm er, um seiner Sache zu dienen. Während die meisten Guerillaführer der Dritten Welt die CIA kaum als Partner bei der nationalen Befreiung betrachten würden, sah U Ba Thein den Geheimdienst als natürlichen ideologischen Verbündeten. Die meisten Shan-Rebellen waren antikommunistische Monarchisten, die birmanische Regierung, die sie bekämpften, war marxistisch und sozialistisch. Die Shan-Rebellenführer betrachteten die Birmanen als Aggressoren, die ihren Reichtum an Bodenschätzen enteignet hatten, aber sie erinnerten sich gerne an die britischen Kolonialverwalter zurück, weil sie Schulen gebaut und die Birmanen ferngehalten hatten. Wie viele Vertreter seiner Generation war U Ba Thein in britischen Schulen erzogen worden, hatte sich zum Christentum bekehrt und gelernt, die weißen Männer als seine Beschützer zu sehen. Zwar wollte er für die Unabhängigkeit der Shan-Staaten kämpfen, aber die einmal unabhängige Nation dann unter den Schutz Großbritanniens oder der USA stellen. Im September 1971 sprach er von seinen politischen Hoffnungen:

> »Wir wollen von den Birmanen unabhängig sein, aber wir sind sehr arm und werden Hilfe brauchen. Wir haben viele Bodenschätze im Shan-Staat, und vielleicht werden die Briten oder Amerikaner kommen und helfen, sie für uns zu erschließen. Sie wissen, Sir, wir haben Bill Young 20 Mineralproben mitgegeben, um sie zur Analyse in die USA zu schicken. Wenn wir also Großbritannien oder die USA bewegen können, sich einzumischen und mit uns Händchen zu halten, können wir unabhängig sein.«[202]

U Ba Thein hatte es genossen, für die Briten im Zweiten Weltkrieg Stoßtrupps zu führen, in dem beruhigenden Wissen, ein großes, weißes Imperium hinter sich zu haben. Als er 1958 begann, eine revolutionäre

Bewegung der Shan aufzubauen, war sein erster Gedanke, die Unterstützung der Amerikaner zu suchen.

Bald nachdem er Mitte 1958 aus Birma geflohen und im laotischen Muang Sing angekommen war, nahm er Kontakt zu Tom Dooley auf, einem unabhängigen amerikanischen Arzt und Philanthropen, der eine kostenlose Klinik für die Bergvölker im nahen Nam Tha eingerichtet hatte. Er bat Dooley, für die Shan Hilfe von der US-Botschaft oder der CIA zu erwirken, doch dieser – obwohl später eine Ikone des antikommunistischen Kreuzzugs in Südostasien – war kein Waffenschmuggler. U Ba Thein schloss sich schließlich einer neu gegründeten Rebellengruppe namens »Jugendpartei« an, aber insgesamt erreichte er in seinen ersten beiden Jahren in Muang Sing nur sehr wenig.[203]

1961 jedoch beschlossen U Ba Thein und ein weiterer Führer der Jungendpartei, »General« Sao Gnar Kham, mit dem inkompetenten Parteivorsitzenden zu brechen und die Nationale Shan-Armee (SNA) zu gründen, eine lose Koalition, der schließlich die meisten Rebellengruppen angehörten, die im Keng-Tung-Staat operierten. Während U Ba Thein kein außergewöhnlicher Führer war, gehörte Sao Gnar Kham zu den wenigen charismatischen Kommandeuren der Shan-Rebellion. Bevor er sich der Rebellenbewegung anschloss, war er buddhistischer Mönch in Keng Tung gewesen, wo ihm seine persönliche Ausstrahlung zu Spenden für den Bau von Waisenhäusern verhalf. Als 1958 die Separatistenbewegung der Shan begann, beging Gnar Kham den Fehler, offen mit den Dissidenten zu sympathisieren, und wurde verhaftet. Schwer misshandelt, floh er in die Berge, um sich den Guerillas anzuschließen, und nahm die Waisenhausspenden mit.[204] Als die SNA gegründet wurde, war Gnar Kham mit seinen Führungsqualitäten die offensichtliche Wahl für das Kommando. U Ba Thein wurde stellvertretender Kommandeur.

In ihrem ersten Jahr hatte die SNA kaum Waffen und Geld. An diesem Punkt der Geschichte ergänzten sich ihre Interessen mit denen General Ouane Rattikones. So begann der Opium-Waffen-Handel, der Laos später zu einem großen Zentrum der Heroinproduktion machte. Als Kopf von General Phoumis geheimer Opiumadministration oblag Ouane die Verantwortung für die großen Importe aus Birma. Phoumi hatte ein wohl bestücktes Arsenal überschüssiger Waffen, da die rechtsgerichtete Armee von der CIA reichlich bedacht wurde und ihre Generäle die Soldlisten aufgebläht hatten, um Soldzahlungen für sich selbst abzuzweigen. Gnar Kham und U Ba Thein ihrerseits standen mit Rebellengruppen in Keng Tung in Verbindung, die das lokale Opium, das sie als Steuer erhoben, gegen überteuerte Gewehre aus dem Ersten Weltkrieg eintauschten und deshalb sehr an besseren Geschäften interessiert waren.

Welche Rolle, wenn überhaupt, spielten William Young und die CIA dabei, die beiden Parteien zusammenzubringen? Zunächst ist anzumerken, dass die Keng-Tung-Rebellen und General Ouane sich bereits seit einer Reihe von Jahren kannten. Als Kommandeur der Pathet Lao in Nordwestlaos, der er in den 40er Jahren einmal gewesen war, sah sich Ouane gezwungen, sich nach Keng Tung zurückzuziehen, wo ihm der örtliche Feudalfürst Asyl gewährte. Die Episode hinterließ bei Ouane eine bleibende Zuneigung für die Shan, und über die Jahre blieb er mit ihnen sporadisch in Kontakt. William Young sagte, Gnar Kham habe ihn inständig um einen Flug nach Vientiane gebeten, um sich dort mit Ouane treffen zu können. Aber Young war für solche Lufttransporte nicht autorisiert und lehnte ab. Ouane erfuhr jedoch von der Situation, berichtete Young, und befahl dem Kommandeur der Geheimarmee in Nordwestlaos, Waffen für die SNA im Tausch gegen birmanisches Opium bereitzustellen. Einige Zeit später flog Ouane selbst nach Ban Houei Sai, um sich mit Gnar Kham zu treffen und das Geschäft abzuschließen.[205] U Ba Thein zufolge wusste Young von dem Arrangement und dem Austausch von Waffen gegen Opium, unternahm aber nie etwas, um ihn zu beenden. Da die Amerikaner seine Bitte um Militärhilfe abgelehnt hatten, nahm U Ba Thein an, ihre wohlwollende Nachlässigkeit sei eine andere Form der Bezahlung für die vielen Dienste, die seine Armee dem Geheimdienst leistete.[206] Tatsächlich hing die Sicherheit der CIA-Horchposten in der Nähe von Mong Yang und Ving Ngun davon ab, dass die Shan über gute automatische Waffen verfügten, und die logistische Verbindung zu diesen beiden Stützpunkten waren die Opiumkarawanen der SNA. Young gab zu, das er den Waffenhandel wohlwollend übersah, bestritt aber irgendeine persönliche Verfehlung und erklärte, dies sei die CIA-Politik in ganz Nordlaos gewesen. Die CIA hatte Angst, dass der Druck auf lokale Söldnerkommandeure, den Rauschgifthandel aufzugeben, die Effektivität ihrer paramilitärischen Arbeit beeinträchtigen würde.[207]

Sobald das Geschäft mit General Ouane schließlich besiegelt war und ein stetiger Strom von Shan-Opium und US-Waffen durch Ban Houei floss, begannen Gnar Kham und U Ba Thein damit, die Vielfalt kleiner Kriegsherren in Keng Tung zu einer vereinten Guerilla zusammenzuschmieden. Ende 1962 verließen die beiden Ban Houei Sai und zogen über den Mekong nach Thailand, wo sie die Grundlage für ihre moderne, vereinte Armee legten.[208]

Unter Gnar Khams und U Ba Theins Aufsicht führte das Opium-Waffen-Geschäft zu einer deutlichen Verbesserung der militärischen Schlagkraft der Shan und zu einer dramatischen Veränderung in der militärischen Machtbalance von Keng Tung. Ursprünglich waren die meisten Rebelleneinheiten in Keng Tung wenig mehr als Banden Gesetzloser, die sich in den Bergen versteckten. Nachdem sie Opium von den wenigen Dörfern unter ihrer Kontrolle eingesammelt hatten, führten die örtlichen Kommandeure ihre Karawanen zu Gnar Khams vorgeschobenem Karawanencamp im thailändischen Huei Krai und kauften mit den Opiumprofiten automatische US-Waffen von der laotischen Armee. Mit den zusätzlichen Waffen konnten die Rebellengruppen weitere Opiumdörfer unter ihre Kontrolle bringen, bevor die Ernte des folgenden Jahres eingebracht war. Mehr Opiumsteuern bedeuteten mehr Waffen aus U Ba Theins Hauptquartier in Ban Houei Sai, was wiederum Kontrolle über weitere Dörfer und noch mehr Opium bedeutete. Der symbiotische Zyklus von Opium und Waffen löste eine militärische Aufwärtsspirale aus, in deren Folge die birmanische Armee aus dem Land in wenige gut bewache Städte vertrieben wurde. Bis 1965 befehligten die sieben großen lokalen Kommandeure der SNA schätzungsweise 5.000 Soldaten und beherrschten einen Großteil des 18.000 Quadratkilometer großen Distrikts Keng Tung.[209]

Wie wichtig die Dynamik von Opium und Waffen für den Aufbau der SNA war, illustrierten die militärischen Auswirkungen der Opiumernte 1964/65 auf die Distrikte Mong Yang und Keng Tung. Die beiden SNA-Kommandeure der Berge um Keng Tung, Major Samlor und Major Tsai Noie, hatten im Januar 1965 die erste Runde der Opiumsteuern eingetrieben. Um sich vor der birmanischen Armee und den Guomindang-Soldaten zu schützen, schlossen sie sich zu einer einzigen Karawane von zehn mit 650 Kilo Rohopium bepackten Maultieren zusammen und machten sich mit einem vereinten Wachtrupp von 200 Bewaffneten nach Nordthailand auf. Nach Überquerung der thailändischen Grenze luden sie die Ware in Gnar Khams Berglager ab und verkauften sie an einen Händler aus der nahe gelegenen Stadt Mae Sai für 28 Dollar je Kilo, einen recht niedrigen Preis. Dann kauften sie in Ban Houei Sai 60 Gewehre (wobei sie 125 Dollar für ein gewöhnliches Gewehr und 150 Dollar für ein Halbautomatikgewehr oder ein schweres Maschinengewehr amerikanischen Typs bezahlten), die sie über den Fluss nach Chiang Khong schmuggeln und zu Gnar Khams Lager bringen ließen. Während der Anführer der Gruppe in Chiang Khong war und den Waffen-Opium-Handel beaufsichtigte, besuchten sie William Young im CIA-Bungalow und berichteten ihm von der Situation in ihren Gebieten des Shan-Staates.[210] Als die Karawane im März nach Keng Tung zurückkehrte, teilten die beiden Kommandeure die 60 neuen Gewehre zu gleichen Teilen unter sich auf. Die 30 Waffen stellten für Major Samlor eine wichtige Ergänzung seines Arsenals von 80 Gewehren, vier Bren-Maschinengewehren und einem Mörser dar, und ebenso wichtig waren sie für Major Tsai Noie, der bis dahin 50 Gewehre, zwei Brens und eine selbstgebaute Panzerfaust hatte.

Während der Ernte von 1964/65 schickte der SNA-Kommandeur der Mong-Yang-Region, Major Saeng Wan, zwei große Karawanen nach Nordthailand, die über 25.000 Dollar einbrachten und 120 Gewehre, einige Mörser und mehrere schwere Maschinengewehre zurücktransportierten. Bevor diese beiden Karawanen zurückkehrten, hatte er nur 280 bewaffnete Männer, ein schweres Maschinengewehr und vier leichte Bren-Maschinengewehre gehabt, um das gesamte Gebiet von Mong Yang zu schützen, zu dem der nahe CIA-Horchposten gehörte.[211]

Das Opium war also der Hebel, um die SNA binnen kurzem mit Waffen und Geld zu versorgen. Gleichzeitig aber war es auch ein Gift, das ihre militärische Effizienz schwächte und die zerbrechliche Koalition schließlich zerstörte. Es gab noch in der hintersten Ecke von Keng Tung genug Opium, um mit dessen Erlösen Waffen und Ausrüstung für eine Rebellenarmee zu kaufen und ihren Führer zu einem reichen Mann zu machen. Als Folge kümmerten sich die Rebellenkommandeure zunehmend um territoriale Vorrechte und die Ausweitung ihrer persönlichen Herrschaftsgebiete. Statt Truppen in angrenzende Gebiete zu schicken, um gemeinsam gegen die Birmanen vorzugehen, behielten die SNA-Kommandeure jeden Mann in ihrem eigenen Herrschaftsbereich auf Patrouille, um die Opiumsteuer einzutreiben und ihre neidischen Kollegen in sicherer Distanz zu halten. Ein britischer Journalist, der 1964/65 fünf Monate bei der SNA in Keng Tung verbrachte, berichtete:

> »Es wäre weit zutreffender, die SNA als Gruppierung unabhängiger Kriegsherren zu beschreiben, die sich unter einem Präsidenten, der lediglich als Galionsfigur fungiert, zu einer schwachen Förderation

verbündet haben. Dieser Präsident genießt Einfluss, weil er die Möglichkeiten zum Opiumverkauf und Waffenkauf organisiert und der Außenwelt ein Aushängeschild präsentiert, aber es ist unwahrscheinlich, dass er je effektive Macht ausüben wird, falls er nicht über Hilfe von außen in Form von Waffen und Geld gebieten kann.«[212]

Der einträgliche Opiumhandel verwandelte sich in eine Quelle interner Korruption, entfremdete die Kommandeure ihrer Truppe und verführte hohe Offiziere, miteinander um die Beute zu kämpfen. Shan-Soldaten beklagten sich häufig, dass sie in Gnar Khams Berglager zurückgelassen wurden, um die Maultiere zu füttern, während es ihre Führer zu den Fleischtöpfen der Stadt Chiang Mai im Norden Thailands zog, wo sie Opiumprofite für Prostituierte und Glücksspiel verschleuderten, statt Waffen zu kaufen. Öfter geschah es, dass, sobald eine Rebellengruppe groß genug war, um militärisch effektiv zu sein, der zweithöchste Kommandeur seinen Anführer tötete oder die Aufteilung der Truppe betrieb, um seinen persönlichen Anteil am Gewinn zu erhöhen. Schließlich zerbrach die SNA an diesen Auseinandersetzungen.

Bereits seit mehreren Jahren machten U Ba Thein die Popularität von Gnar Kham und dessen Position im Opiumhandel zu schaffen. Im Dezember 1964 wurde der charismatische Oberbefehlshaber der SNA im Karawanenlager von Huei Krai erschossen. Einige Quellen behaupteten, ein Streit um Opiumprofite habe zu seiner Ermordung geführt.[213] Auf einer Kommandeursversammlung im Februar 1965 wählte man U Ba Thein zum neuen Oberbefehlshaber, doch fehlten ihm die Führungsqualitäten von Gnar Kham, um den Anschein von Einheit innerhalb der zerstrittenen Koalition aufrechtzuerhalten. Aus Angst vor einem ähnlichen Schicksal wie Gnar Kham wagte sich U Ba Thein nicht aus seinem Hauptquartier heraus. Er traf sich weder mit Untergebenen, noch reiste er durch Keng Tung, um sich selbst ein Bild von der militärischen Situation zu machen. So begannen sich einzelne Kommandeure von der Koalition abzuspalten. Nach und nach löste sich die SNA auf. Bis 1966 vermarkteten diese Führer ihr Opium selbst, während U Ba Thein zum Einsiedler wurde, umringt von einer schwindenden Zahl von Leibwächtern. Sechs Jahre nach Gnar Khams Tod waren fünf seiner sieben lokalen Kommandeure gefangen, ausgestoßen oder von ihren eigenen Männern getötet worden. Die verbleibenden zwei waren Söldnerkriegsherren und professionelle Opiumschmuggler geworden.

Aber schon vor Gnar Khams Tod hatten bereits andere Shan-Rebellenarmeen eine bedeutendere Rolle im Opiumhandel der Region übernommen. Zwar war die Beteiligung der SNA am Drogengeschäft aufgrund ihrer Beziehung zu General Ouane zwischenzeitlich von einiger Bedeutung, aber ihre Karawanen transportierten wahrscheinlich nie mehr als ein Prozent des nach Thailand und Laos exportierten birmanischen Opiums.[214] Tatsächlich war der einzige Shan-Kriegsherr mit einer wirklich professionellen Schmuggelorganisation, die es auf größere Mengen Opium brachte, der berüchtigte Khun Sa. Halb Shan, halb Chinese, aus dem Distrikt Lashio im nördlichen Shan-Staat gebürtig, stieg Khun Sa 1963 in den Opiumhandel ein. Zu dieser Zeit begann die birmanische Regierung, lokale Selbstverteidigungskräfte (auf Birmanisch Ka Kw Ye oder KKY genannt) für den Kampf gegen die Shan-Rebellen zu mobilisieren. Zwar gab die birmanische Armee ihren Milizen kein Geld, keine Rationen oder Uniformen und nur ein Minimum an Waffen, aber sie glich diese Knauserigkeit aus, indem sie ihnen das Recht verlieh, alle von der Regierung kontrollierten Straßen und Städte für den Opiumhandel zu nutzen.

1963 erhielt Khun Sa das Recht, eine Miliz von mehreren 100 Mann zu bilden. Da er ein junger Mann von ungewöhnlichem Ehrgeiz war, kam er bald auf 800 gut bewaffnete Kämpfer. Nachdem er 1964 seine Bande zur birmanischen Armee gelöst hatte, gab er seine Stützpunkte in Lashio und Tang Yang auf und verlegte sein Hauptquartier östlich nach Ving Ngun in den Wa-Staat (eine der üppigsten Opiumregionen in Birma), wo er ein unabhängiges Herrschaftsgebiet gründete, über das er zwei Jahre lang herrschte. Seine Unerbittlichkeit brachte ihm selbst den Respekt der wilden Wa ein, deren Kopfjagden sowohl die Briten als auch die Birmanen früher zu äußerster Vorsicht genötigt hatten. Um seinen Anteil an den Profiten zu steigern, baute er eine einfache Raffinerie, mit der er Rohopium zu Morphiumbarren verarbeiten konnte (eine der wenigen, die damals dort betrieben wurden). 1966 schloss er sich wieder den Milizen Ranguns an, nutzte das *Laissez-passer* der Regierung zu Opiumlieferungen nach Thailand und vergrößerte seine Armee auf 2.000 Mann. Während die SNA nie mehr als 200 bis 300 Soldaten mobilisieren konnte, herrschte Khun Sa mit eiserner Hand und konnte sich auf den Gehorsam seiner Truppe verlassen.[215]

Trotz der Größe und Effizienz seiner Armee kontrollierte Khun Sa doch bloß einen relativ kleinen Anteil des gesamten Handels. Tatsächlich zeigte eine Studie, die William Young 1966/67 für die CIA schrieb, dass Shan-Karawanen nur sieben Prozent der birmanischen Exporte transportierten, die Kachin-Unabhängigkeitsarmee (die dominante Rebellengruppe in Birmas Kachin-Staat) drei Prozent, die Guomindang-Armee hingegen 90 Prozent.[216] Obwohl deren Stellung, rein statistisch gesehen, unangreifbar zu sein schien, hatte der steile Aufstieg Khun Sas bei den Guomindang-Generälen in Nordthailand beträchtliche Sorge ausgelöst. Als seine riesige 16-Tonnen-Karawane im Juni 1967 auf Houei Sai zurollte, begriffen sie, dass ihr 15-jähriges Monopol über den birmanischen Opiumhandel bedroht war. Das löste in den Bergschanzen der Guomindang-Kräfte ernste Verunsicherung aus und führte zu einer umfassenden internen Reorganisation.

Die Guomindang in Thailand

Bis 1970 kontrollierten die Guomindang-Einheiten 90 Prozent des birmanischen Opiumhandels – und das, obwohl sie seit 1961 keine größeren Stützpunkte im Shan-Staat unterhalten hatten. Nachdem im Januar 1961 5.000 birmanische und 20.000 rotchinesische Soldaten einen Überraschungsangriff auf das Hauptquartier der Guomindang in Mong Pa Liao im Distrikt Keng Tung geführt hatten, waren die meisten der 10.000 Guomindang-Verteidiger über den Mekong nach Nordwestlaos geflohen und hatten Zuflucht in Nam-Tha-Stadt gesucht. In Mong Pa Liao fanden die Angreifer fünf Tonnen US-Munition; am 16. Februar schoss die birmanische Luftwaffe einen in den USA hergestellten Liberator-Bomber ab, der gerade dabei war, Nachschub für Guomindang-Stellungen in Birma abzuwerfen.[217] Das US-Außenministerium, dem diese Vorfälle peinlich waren, bot daraufhin seine Unterstützung bei der Repatriierung der Guomindang-Soldaten nach Taiwan an. Am 14. März begann die Evakuierung. Etwa 4.200 reguläre Guomindang-Soldaten wurden von Nam-Tha-Stadt nach Ban Houei Sai geflogen, über den Mekong gesetzt und per Lastwagen nach Chiang Rai gebracht, wo sie Flugzeuge nach Taiwan bestiegen. Am 12. April war die Luftbrücke beendet. Taiwan lehnte jede weitere Verantwortung für die »wenigen« verbliebenen Guomindang-Kämpfer ab.[218]

Tatsächlich waren 2.000 bis 3.000 reguläre Guomindang-Soldaten in Laos zurückgeblieben und wurden von der CIA angeheuert, um die Stellung der Rechten im Lande zu stärken. William Young berichtete, dass diese Truppen als 111. Sonderbataillon nominell unter das Kommando von General Phoumi Nosavan gestellt wurden. Sie blieben in Nam Tha, bis die rechtsgerichtete Garnison Mitte 1962 zusammenbrach, dann setzten sie über den Mekong nach Thailand über. Mit voller Kenntnis und Zustimmung der thailändischen Regierung gründete die Guomindang zwei neue Stützpunkte auf Bergen nur wenige Kilometer vor der birmanischen Grenze und nahmen ihren Opiumhandel wieder auf.[219]

Statt ihre Geschäfte zu behindern, steigerte der Umzug nach Thailand die Bedeutung der Guomindang-Einheiten für den Opiumhandel des Goldenen Dreiecks noch weiter. Nicht nur behielten sie ihren Zugriff auf das birmanische Opium, sie konnten auch ihren Anteil am nordthailändischen Handel ausweiten. 1959 hatte die Thai-Regierung Anbau und Rauchen von Opium gesetzlich verboten. Viele thailändische Berghändler gaben aus Angst vor polizeilicher Verfolgung den Opiumhandel auf. Die meisten Kleinstädte und Dörfer im thailändischen Vorgebirge, die in den vorangegangenen zwölf Jahren zu Opiumhandelszentren aufgeblüht waren, erlebten eine Rezession, als ihre lokalen Opiumhändler aus dem Geschäft gedrängt wurden. Zwar ist es wegen des Mangels an verlässlichen Daten und wegen der offiziellen Verschleierung schwierig, diese Veränderung für das gesamte Nordthailand zu beschreiben, aber eine Ahnung davon gewinnt man durch einen australischen Anthropologen, der den Aufstieg und Fall des thailändischen Opiumhandelsdorfs Ban Wat beschrieben hat.[220]

Etwa fünf Kilometer vom Fuß der westlichen Bergkette Thailands entfernt, mit leichtem Zugang zu zwei Bergpfaden, die in Opiumdörfer führten, war Ban Wat eine ideale Operationsbasis für Berghändler. Außerdem lag das Dorf nur 22 Kilometer von Chiang Mai entfernt, Thailands nördlichstem Bahnhof, und war somit auch für Händler und Zwischenhändler aus Bangkok erreichbar.

Ban Wats Kaufleute begannen mit dem Opiumhandel in den 20er Jahren, als im nahen Bergdistrikt vier oder fünf Hmong-Dörfer gegründet wurden. Die Hmong-Bevölkerung war jedoch sehr klein und ihr Mohnanbau der Reiskultivierung noch untergeordnet. Bei den meisten Händlern von Ban Wat reichte das von den Hmong erworbene Opium gerade einmal zum Direktverkauf an einzelne Süchtige in nahe gelegenen Talstädten. Nur einer von ihnen schmuggelte gelegentlich etwas Opium mit dem Zug nach Bangkok. Großhändler aus Chiang Mai oder gar aus Bangkok tauchten damals in Ban Wat noch nicht auf.[221]

Nachdem die thailändische Regierung 1947 beschlossen hatte, die Mohnproduktion zu fördern, blühte der Opiumhandel jedoch auf. Ban Wat erlebte einen beispiellosen Wohlstand und wurde zu einem der größten Opiummärkte in Nordthailand. Der Erlass bewog viele Hmong-Bauern, sich in den nahe gelegenen Bergen ansässig zu machen, was den örtlichen Händlern Zugang zu großen Opiummengen verschaffte. Die meisten Männer von Ban Wat waren als Träger, Maultierabdecker oder unabhängige Händler direkt oder indirekt am Opiumhandel beteiligt. Während der Ernte und Aussaat brauchten die Hmong Reis, um sich zu ernähren. Die Ban-Wat-Händler kauften ihn auf dem Markt von Chiang Mai und verkauften ihn auf Kredit an die Hmong. Mit Einsetzen der Opiumernte kehrten die Händler in die Hmong-Dörfer zurück, um ihre Schulden einzutreiben und Silber, Salz, Reis und Fertigwaren gegen Hmong-Opium einzutauschen.

Zwar konnte das neuerliche Opiumverbot von 1959 die weitere Expansion der thailändischen Produktion nicht verhindern, aber für Ban Wat war es ein Desaster. Auf der Höhe des Opiumbooms gab es 20 große Opiumhändler, die von Ban Wat aus operierten; 1968 war nur einer übrig geblieben. Zwei örtliche Händler gingen Bankrott, als die Polizei ihr Opium beschlagnahmte, ein anderer war ruiniert, als seine Hmong-Kunden in eine andere Provinz zogen, ohne ihre Schulden zu bezahlen. Diese Beispiele waren den Kaufleuten von Ban Wat eine Lehre. Viele stiegen aus dem Opiumhandel aus.[222]

Das Vakuum füllten nicht etwa andere Thai-Händler, sondern die Guomindang-Einheiten und eine Hilfstruppe von Berghändlern aus Yunnan. Als die Guomindang und ihr ziviler Tross 1961 aus Birma vertrieben wurden, verlagerten sie ihr kommerzielles Hauptquartier nach Nordthailand.[223] 1965 ergab eine Volkszählung der wichtigsten yunnanesischen Dörfer eine Gesamtbevölkerung von 6.600 Menschen.[224] Als die Thai-Händler nach 1959 aus dem Geschäft gedrängt wurden, waren die Guomindang-Armee und ihre zivilen Helfer bestens qualifiziert, um den Opiumhandel zu übernehmen. Aufgrund ihrer zentralisierten Militärstruktur konnten sie den abwandernden Hmong folgen und sicherstellen, dass sie ihre Schulden bezahlten; mit ihrer Militärmacht konnten sie das gewaltige Kapital, das in den Handelskarawanen steckte, vor Banditen schützen und die Schmiergeldforderungen der thailändischen Polizei auf ein Minimum beschränken.

Die Yunnan-Händler waren die Vorhut der geschäftlichen Eroberungen der Guomindang, da sie die Bergdörfer infiltrierten und den

Opiumbauern der Bergvölker eine Art Schuldensklaverei aufzwangen. Sie eröffneten dauerhafte Läden in den meisten der großen Opiumdörfer und verkauften so verlockende Waren wie Taschenlampen, Dosennahrung, Silberornamente, Stoff, Salz und Schuhe. Einem Bericht des thailändischen Innenministeriums von 1962 lassen sich die Auswirkungen dieser »kommerziellen Revolution« entnehmen:

> »Die wachsende Nachfrage nach Handelswaren von außerhalb hat zu einem korrespondierenden Anstieg der Produktion von Erwerbsfeldfrüchten geführt. Es leidet keinen Zweifel, dass der Mohnanbau und die Rohopiumproduktion die bei weitem profitabelsten Wirtschaftstätigkeiten sind, die den Bergvölkern gegenwärtig bekannt sind. ... Die Ladenbesitzer und Wanderhändler in den Bergen konkurrieren miteinander, um in den Besitz des Produkts zu gelangen, und gewähren bereitwillig Kredit auf spätere Opiumverkäufe.«[225]

Gegen Ende der Erntesaison, wenn die yunnanesischen Händler das Opium der Gegend großenteils aufgekauft hatten, marschierten bewaffnete Guomindang-Karawanen von Dorf zu Dorf, um es einzusammeln. Amerikanische Missionare, die solche Guomindang-Trupps auf dem Marsch gesehen hatten, beschrieben sie als verwegene Erscheinung. Sobald das Nahen der Karawane signalisiert wurde, flohen alle Frauen und Kinder in den Wald. Nur die Männer blieben zurück, um das Dorf gegebenenfalls zu verteidigen. Sobald das Opium auf die Guomindang-Maultiere verladen war, ritt die Karawane weiter, und die Leute kamen aus dem Wald zurück. Im Bericht des Innenministeriums heißt es über die Logistik von Guomindang-Armee und yunnanesischen Händlern weiter:

> »Die entscheidenden Männer im Opiumhandel in den Bergen Nordthailands sind die Händler, die von außerhalb der Stammesgesellschaften kommen. ... Auf der Grundlage unserer Beobachtungen in zahlreichen Dörfern der vier von uns untersuchten Völker lässt sich belegen, dass es Ho [Yunnanesen] sind. ... Gewöhnlich kennen sich die Ho-Händler persönlich, selbst wenn sie in Bergdörfern leben, die 200 Kilometer und weiter voneinander entfernt sind. Die meisten, die wir trafen, betrachten das Dorf Ban Yang in der Nähe von Amphoe Wang Nua als ihr Zentrum [in der Nähe des Hauptquartiers der 3. Guomindang-Armee]. Recht viele von ihnen kehren nach Ende der Handelssaison zu diesem Ort zurück. ... Es scheint unter allen Ho in den Bergen ein gutes Verständnis und einen bemerkenswerten Zusammenhalt oder sogar eine stillschweigende Organisa-

tion zu geben. Die Ho-Händler halten engen Kontakt zu den bewaffneten Banden [Guomindang], die in den befestigten Lagern entlang der birmanischen Grenze leben. Es wird berichtet, dass sie [die Guomindang] den Opiumkarawanen auf den Dschungelpfaden zu den nächstgelegenen Kauforten bewaffnetes Geleit gab.«[226]

Die befestigten Lager, die im Bericht des Innenministeriums erwähnt werden, waren das Hauptquartier der 5. Guomindang-Armee auf dem Berg Mae Salong etwa 45 Kilometer nordwestlich von Chiang Mai und der 3. Armee in Tam Ngop, einer schwer zugänglichen Bergschanze 75 Kilometer westlich von Chiang Rai. Obwohl die Guomindang-Truppen in Birma immer eine einheitliche Kommandostruktur hatten, richteten sie nach ihrem Umzug nach Thailand zwei separate Hauptquartiere ein – ein Symptom tiefer innerer Spaltung. Aus nie ganz geklärten Gründen beorderte Taiwan ihren Oberkommandeur 1961 zurück und strich in der Folge die finanzielle Unterstützung für die verbliebenen Truppen. Kaum war die Führungsspitze verwaist, brachen persönliche Rivalitäten zwischen den drei nächstrangigen Generälen aus, was die Guomindang in drei selbstständige Kommandos zerfallen ließ: General Tuan Shih-wen bildete die 5. Armee mit 1.800 Soldaten; General Ly Wen-huan wurde Kommandeur der 3. Armee mit 1.400 Mann; schließlich spaltete sich General Ma Ching-kuo mit 400 Soldaten einer Aufklärungseinheit ab, um die 1. Autonome Einheit zu bilden.[227] Da die 1. Autonome Einheit unter der Generalaufsicht von Chiang Kai-sheks Sohn, Chiang Ching-kuo, in Taiwan blieb, erhielt sie weiterhin finanzielle Unterstützung für Spionageoperationen in China und Birma.[228] Daher konnte es sich ihr Kommandeur, General Ma, leisten, über der erbitterten Rivalität zwischen General Tuan und General Ly zu stehen und immer wieder zwischen ihnen zu vermitteln.[229]

Nachdem Taiwan ihre Mittel gestrichen hatte, waren die Generäle Tuan und Ly gezwungen, ihre Militäroperationen ausschließlich aus dem Opiumhandel zu finanzieren. »Notwendigkeit kennt kein Gesetz«, sagte General Tuan 1967 einem britischen Journalisten. »Das ist der Grund, warum wir mit Opium handeln. Wir müssen das Übel des Kommunismus weiter bekämpfen, und um zu kämpfen, braucht man eine Armee, und eine Armee muss Gewehre haben, und um Gewehre zu kaufen, braucht man Geld. In diesen Bergen ist Opium das einzige Geld.«[230] Um gewalttätige Auseinandersetzungen zwischen ihren Truppen zu verhindern, einigten sich die beiden Generäle offensichtlich auf eine Teilung des Opiumlandes und wählten den Saluenfluss als

Demarkation ihrer jeweiligen Einflusssphären im Shan-Staat: General Tuan schickte seine Karawanen nach Keng Tung und in den südlichen Wa-Staat östlich des Saluen, General Ly die seinen in das Gebiet westlich des Flusses.[231]

Waren die lokalen Kommandeure der SNA kaum mehr als Kleinschmuggler, stiegen Tuan und Ly zu Herren über das größte Agrar-Business Südostasiens auf. Anfang der 70er Jahre deckte ihr Einkaufsnetz einen Großteil des 90.000 Quadratkilometer großen Shan-Staates ab. Ihre Karawanen transportierten annähernd 90 Prozent von Birmas Opiumexporten aus dem Shan-Hochland zu den Umschlagplätzen in Nordthailand. Um dieses große Unternehmen zu managen, entwickelten die Guomindang-Generäle ein privates Kommunikationsnetz innerhalb des Shan-Staates und zwangen dem chaotischen Berglandhandel eine gewisse Ordnung auf. Am westlichen Ufer des Saluen richtete Ly eine Kette von Funkstationen ein, die sich fast 375 Kilometer weit vom Hauptquartier der 3. Armee über Tam Ngop in Nordthailand bis nach Lashio im nördlichen Shan-Staat erstreckte.[232] Am östlichen Ufer unterhielt Tuan ein Netz von elf Funkstationen, das durch die vorgeschobenen Horchposten der 1. Autonomen Einheit entlang der birmanisch-chinesischen Grenze ergänzt wurde.[233] Jeder Funkposten wurde von acht bis 100 Guomindang-Soldaten bewacht, die nebenbei als Opiumzwischenhändler und Kaufagenten fungierten. Wenn die Aussaat begann, bereisten sie das umliegende Land, zahlten Vorschüsse an Dorfvorsteher, verhandelten mit Shan-Rebellen und einigten sich mit örtlichen Händlern auf Kaufoptionen. Wenn die Guomindang-Karawanen aus Tam Ngop und Mae Salong im Oktober oder November nach Norden zogen, hatte jeder der Funkposten bereits einen Vorausbericht über Größe und Wert der Ernte in seinem Gebiet an das jeweilige Hauptquartier gemeldet. So waren die Guomindang-Kommandeure in der Lage, den Umfang der kommenden Ernte in jedem Distrikt einzuschätzen und eine grobe Route für ihre Karawanen zu planen.[234]

Allein die enorme Größe der Guomindang-Karawanen machte diese Vorausplanung notwendig. Während die meisten Konvois der Shan-Rebellen sich selten aus mehr als 50 Packtieren zusammensetzten, bestanden die kleinsten Guomindang-Karawanen aus 100, einige sogar aus bis zu 600 Maultieren.[235] Da ein normales Packtier auf einer dieser langen Reisen etwa 50 Kilo Rohopium tragen konnte, bewältigte eine einzige dieser Karawanen bis zu 20 Tonnen Rohopium. Trotz der vielen

Shan-Rebellen und Regierungsmilizen, die in den Bergen patrouillierten, konnten es sich die Guomindang-Karawanen leisten, mit einem Minimum an bewaffneten Wächtern unterwegs zu sein (gewöhnlich etwa 300 Soldaten), weil sie tragbare Feldfunkgeräte mitführten und ihre verstreuten Außenposten um Hilfe rufen konnten, wenn sie angegriffen wurden. Zum beeindruckenden Arsenal der Guomindang-Truppen gehörten 60-Millimeter-Mörser, 12,7-Millimeter-Maschinengewehre, rückstoßfreie 75-Millimeter-Geschütze und halbautomatische Karabiner, was gewöhnlich ausreichend zur Abschreckung beitrug.

Das ganze Jahr über zogen Karawanen der Guomindang-Armee durch das Shan-Hochland, meist von Oktober bis März (was die Erntesaison einschloss) nach Norden und von März bis August nach Süden. Die Karawanen von General Lys 3. Armee zogen gewöhnlich bis hoch in den Norden in den Lashio-Distrik etwa 375 Kilometer von Tam Ngop entfernt, wo sie das Opium aufluden, das Wanderhändler im Kachin-Staat und den nördlichen Shan-Distrikten aufgekauft hatten.[236] Die Karawanen von General Tuans 5. Armee zogen bis nach Ving Ngun etwa 250 Kilometer nördlich von Mae Salong, bis 1969, als die Kommunistische Partei Birmas in den südlichen Wa-Staat eindrang. Danach verließen sich die Guomindang-Karawanen immer stärker auf Wanderhändler, um das Opium aus den kommunistisch kontrollierten Gebieten Kokangs und den Wa-Staat herauszubringen.[237]

Auf dem Rückweg nach Thailand schlossen sich den Guomindang-Karawanen häufig kleinere Karawanen der Shan-Rebellen oder von Händlern an, um unter ihrem Schutz zu reisen – selbst wenn sie eine Schutzgebühr von neun Dollar pro Kilo Opium zahlen mussten (viel Geld, wenn man bedenkt, dass ein Kilo Opium 1967 in Chiang Mai 60 Dollar einbrachte).[238] Eine Karawane brauchte ein Minimum von 50 bewaffneten Wachen, um vor räuberischen Shan-Rebellen, Regierungsmilizen (KKY) und birmanischen Armeetruppen geschützt zu sein; mit 200 Bewaffneten war sie, falls nichts Ungewöhnliches passierte, völlig sicher.

Im Dienst der thailändischen Regierung fungierten die 3. und 5. Guomindang-Armee als Grenzpatrouille entlang der unwegsamen Nordgrenze. Sie benutzten diese Position, um einen »Zoll« von 4,5 Dollar
je Kilo Opium zu erheben, das nach Thailand eingeführt wurde.[239] 1966/67 berichtete die CIA, dass Guomindang-Kräfte einen 110 Kilometer langen Grenzstreifen in den Provinzen Chiang Mai und Chiang

Rai patrouillierten[240], aber Mitte 1971 gaben Shan-Rebellenführer an, dass die Steuereintreiber der Guomindang die gesamte Nordgrenze von Mae Sai bis Mae Hong Son abdeckten. Obwohl das zerklüftete Bergterrain und das Gewirr schmaler Maultierpfade die besten konventionellen Zollbehörden frustriert hätten, kamen nur die wenigsten Shan-Karawanen an den Guomindang-»Zöllnern« vorbei. Mit ihrem umfassenden Funk- und Spionagenetz orteten die Guomindang-Soldaten die meisten Transporte schon, sobald sie sich nach Süden in Bewegung setzten, und hielten eine Patrouille bereit, wenn sie die Grenze überquerten.[241]

Da sie nicht wie die 3. und 5. Armee auf Opiumeinnahmen angewiesen war, räumte die 1. Autonome Einheit ihren militärischen Spionageoperationen jenseits der Grenze höchste Priorität ein und betrachtete den Opiumschmuggel lediglich als ergänzende Aktivität. Am wichtigsten aus taiwanischer Perspektive war, dass die 1. Autonome Einheit mit ihren wiederholten Sabotageüberfällen nach Südchina den Mythos von der unmittelbar bevorstehenden »Rückkehr zum Festland« des Generalissimo Chiang Kai-shek aufrechterhielt.[242]

General Tuans 5. Armee unterstützte General Mas Spionageoperationen und nahm bei wenigstens einer Gelegenheit an einem massiven Einfall nach Südchina teil. Im Gegenzug für solche Hilfe durften Tuans Truppen die Horchstationen der 1. Autonomen Einheit als Handelsposten nutzen.[243] Während sich Tuan über seine Beteiligung am Opiumhandel ausschwieg, war er stolz auf seine vorgeschobene Stellung im antikommunistischen Kreuzzug. Tuan, der sich als »Wachhund am Nordtor« bezeichnete, ergötzte seine Besucher gerne mit Geschichten über seinen Heldenkampf gegen Mao Zedong in den 30er Jahren, gegen die Japaner während des Zweiten Weltkriegs und seine Überfälle auf die Provinz Yunnan in jüngerer Zeit. Obwohl der General Anfang der 70er Jahre die meiste Zeit in Chiang Mai verbrachte und das Vermögen genoss, dass er im Opiumgeschäft angehäuft hatte, präsentierte er sich noch immer gerne als Guerillakämpfer und veranstaltete gelegentlich einen Einfall nach China, um sein Image zu wahren.[244]

Da General Ma der einzige der drei Generäle war, der sich der vollen Unterstützung Taiwans erfreute, entwickelte er sich zum obersten Guomindang-Kommandeur im Goldenen Dreieck. Zwar hatten eine Reihe ernster Streitigkeiten die Beziehungen zwischen Tuan und Ly vergiftet, aber Ma bewahrte ein gutes Verhältnis zu beiden. Auf Drängen des Oberkommandos in Taiwan begann Ma als Vermittler aktiv zu werden, kurz nachdem die Guomindang-Truppen nach Thailand umgezogen waren, doch mit geringem Erfolg. Taiwan hoffte, unter Ma ein einheitliches Kommando wiederherstellen zu können, aber Tuan und Ly sahen wenig, was sie durch die Aufgabe ihrer profitablen Autonomie hätten gewinnen können.[245] Erst die Schlacht von Ban Khwan sollte diese Spaltung überwinden helfen, zunächst jedoch blieb die Situation unverändert.

Khun Sas Herausforderung

General Mas Chance als Vermittler kam Anfang 1967, als die Generäle Tuan und Ly durch das Funknetz der Guomindang-Armee beunruhigende Nachrichten über Khun Sas Aktivitäten im Shan-Staat erhielten. Demzufolge kauften die Zwischenhändler des Kriegsherrn im nördlichen Shan- und Wa-Staat große Mengen Opium auf. Im Februar hatte ihnen Khun Sa praktisch den Krieg erklärt, als er verlangte, dass die im Wa-Staat Handel treibenden Guomindang-Karawanen ihm die gleichen Transitgebühren zahlen sollten, die seine Karawanen der Guomindang leisten mussten, wenn sie die Grenze nach Thailand oder Laos überschritten.[246] Als Khun Sa im Juni eine Karawane von 300 Maultieren zusammengestellt hatte, transportierte sie 16 Tonnen Rohopium, mit denen sich in Chiang Mai ein Großhandelspreis von 500.000 Dollar erzielen ließ.[247] Mit seinem Anteil der Profite wäre Khun Sa in der Lage gewesen, mindestens 1.000 neue Karabiner zu kaufen und seine Armee von 2.000 auf 3.000 Kämpfer zu vergrößern – eine Truppe, die fast an die Stärke der vereinten 3. und 5. Armeen der Guomindang von 3.200 Mann heranreichte. Würde Khun Sas Karawane Laos erreichen, wäre die 15-jährige Dominanz der Guomindang in Gefahr. Sie mussten also handeln. Durch General Mas Vermittlung einigten sich die beiden verfeindeten Generäle, ihre Differenzen auszuräumen und eine vereinte Armee zu bilden, um Khun Sa zu vernichten.[248] Im Juni verließ der Haupttross von Khun Sas Konvoi Ving Ngun und machte sich auf den 300 Kilometer weiten Treck nach Ban Khwa, einer kleinen laotischen Holzstadt am Mekong. Dort betrieb General Ouane eine Raffinerie. Als die schwer beladenen Maultiere durch den Monsunregen nach Süden trotteten, schlossen sich dem Konvoi kleinere Karawanen aus Marktstädten wie Tang Yang an, sodass sich die einreihige Kolonne von 500 Mann und 300 Maultieren über mehr als anderthalb Kilometer über die Bergkämme zog, als sie Keng Tung erreichte.²⁴⁹

Vom Moment ihres Aufbruchs an stand die Karawane unter Beobachtung des Spionagenetzes der Guomindang. Über die Funkempfänger in Mae Salong knisterten häufige Berichte aus den Bergen oberhalb der Route des Konvois. Nachdem sie ihre Eliteeinheiten zu einer Streitmacht von 1.000 Mann verschmolzen hatten, schickten beide Generäle sie in den Shan-Staat, mit dem Befehl, den Konvoi abzufangen und zu vernichten.²⁵⁰ Mehrere Tage später überfiel das Guomindang-Expeditionskorps östlich von Keng Tung in der Nähe des Mekong Khun Sas Hauptkolonne, aber dessen Nachhut konterte mit einem Gegenangriff. Die Opiumkarawane entkam.²⁵¹ Als Khun Sas Truppen am 14. und 15. Juni den Mekong nach Laos überquert hatten, zogen sie von Muong Moune aus die alte Karawanenstraße hinunter und erreichten zwei Tage später Ban Khwan.²⁵²

Kurz nach ihrer Ankunft warnten die Shan-Truppen die laotischen Dorfbewohner, dass ihnen die Guomindang-Soldaten nicht weit auf den Fersen seien und es wahrscheinlich zum Kampf komme. Kaum hatte er dies gehört, eilte der Rektor der Grundschule von Ban Khwan flussabwärts nach Ton Peung, wo eine Kompanie königlich-laotischer Soldaten ihr Feldhauptquartier hatte. Der Kompaniekommandeur funkte die Neuigkeit von der bevorstehenden Schlacht nach Ban Houei Sai und drängte zugleich den Grundschulrektor, sein Dorf zu evakuieren. Während die 20 Familien von Ban Khwan in den folgenden zehn Tagen all ihre weltliche Habe über den Mekong nach Thailand schafften, bereitete sich Khun Sas Streitmacht auf eine Konfrontation vor.²⁵³

Ban Khwan bestand aus kleinen, in den dichten Wald geschlagenen Lichtungen, wackeligen Stelzenhäusern und kleinen, gewundenen Wegen, auf denen man wegen des Monsuns knietief im Schlamm versank. Auf der einzigen großen Lichtung stand ein Sägewerk, das General Ouane gehörte. Dort wollten die Shan Stellung beziehen. In vieler Hinsicht war es eine ideale Verteidigungsposition: Das Gebäude erhob sich auf einer langen Sandbank, die 30 Meter in den Mekong hineinragte und vom umliegenden Wald durch einen Holzlagerplatz getrennt war, der sich in einen wallgrabenartigen Schlammsee verwandelt hatte. Die Shan banden ihre Maultiere am Ufer fest, durchkämmten die nahe gelegenen Orte nach Booten und errichteten mit den Holzstämmen vom Lagerplatz eine große halbrunde Barrikade vor der Mühle.²⁵⁴

Am 26. Juli erreichte das Guomindang-Expeditionskorps schließlich Ban Khwan und lieferte sich in einem kleinen Weiler gleich vor dem Dorf mit den Shan ein Scharmützel. Am selben Tag flog der Provinzkommandeur der laotischen Armee in einem Hubschrauber der Luftwaffe von Ban Houei Sai nach Ban Khwan und überbrachte eine persönliche Botschaft von General Ouane: Er befahl allen Kontrahenten, aus Laos zu verschwinden. Verächtlich verlangten die Guomindang-Trupps für ihren Rückzug 250.000 Dollar. Khun Sa funkte seinen Männern aus Birma, die Stellung zu halten. Nachdem mehrere 100 Soldaten Verstärkung aus Mae Salong eingetroffen waren, griff die Guomindang am 29. Juli die Shan-Barrikaden an.[255] Da beide Seiten mit 12,7-Millimeter-Maschinengewehren, 60-Millimeter-Mörsern und rückstoßfreien 57-Millimeter-Geschützen ausgerüstet waren, entspann sich ein heftiger Kampf, dessen Lärm kilometerweit zu hören war. Am Mittag des 30. Juli wurde das ratternde Stakkato automatischer Waffen jedoch plötzlich durch das Dröhnen von sechs T-28-Propellerflugzeugen unterbrochen, die im Tiefflug den Mekong stromaufwärts brausten, dann vom Donner der 500-Pfund-Bomben, die unterschiedslos auf Shan und Guomindang niederhagelten.

General Ouane, offenbar verärgert über das unvorhergesehene Ergebnis seines Geschäfts mit Khun Sa, hatte sich entschlossen, die Rolle eines Oberkommandierenden zu spielen, der die territoriale Integrität seiner Nation verteidigt. Mit Zustimmung von Premierminister Souvanna Phouma hatte er eine Schwadron der T-28-Kampfbomber aus Luang Prabang entsandt und die Elitetruppe des 2. Fallschirmspringerbataillons (Hauptmann Kong Les alte Einheit) nach Ban Houei Sai verlegt. Ouane übernahm persönlich das Kommando und legte die ganze taktische Brillanz an den Tag, die man von einem General erwarten konnte, der gerade den höchsten Orden der Nation erhalten hatte, das »Großkreuz der Millionen Elefanten und des weißen Sonnenschirms«.[256]

Als das 2. Fallschirmspringerbataillon flussaufwärts in Ban Khwan angekommen und direkt südlich des Schlachtfeldes in Blockadestellung gegangen war, nahmen die T-28-Flieger die kämpfenden Parteien zwei Tage lang unter Beschuss. Um einem möglichen Vergeltungsangriff auf Ban Houei Sai vorzubeugen, befahl General Ouane zwei Marinebarkassen, im oberen Teil des Mekong in der Nähe von Ban Khwan zu patrouillieren. Schließlich rückten zwei reguläre laotische Infanteriebataillone von Muong Moune die alte Karawanenstraße in südliche Richtung vor, um die einzige Fluchtroute abzuschneiden.[257]

Unter dem Druck wiederholter Bombardements drängten die 400

überlebenden Shan scharenweise in die am Ufer befestigten Boote und zogen sich über den Mekong nach Birma zurück, wobei sie 80 Tote, 15 Maultiere und einen Großteil des Opiums zurückließen.[258] Die Guomindang-Truppen flohen, da ihnen Boote fehlten und sie ihre schwere Ausrüstung nicht zurücklassen wollten, nach Norden den Mekong hinauf, kamen aber nur neun Kilometer weit, bis ihr Rückzug von den beiden aus Muong Moune anmarschierenden laotischen Infanteriebataillonen abgeschnitten wurde. Als die Shan und Guomindang-Soldaten Ban Khwan aufgegeben hatten, stürmte das 2. Fallschirmspringerbataillon das Schlachtfeld, las das Opium zusammen und schickte es flussabwärts nach Ban Houei Sai. Aus Vientiane wurde Verstärkung eingeflogen, und bald waren die Guomindang-Truppen von einer laotischen Übermacht umzingelt.[259] Nach zwei Wochen intensiver Verhandlungen willigten sie schließlich ein, General Ouane für den freien Abzug zurück nach Thailand eine Kompensation von 7.500 Dollar zu zahlen.[260] Thailändischen Polizeiberichten zufolge überschritten am 19. August etwa 700 Guomindang-Soldaten den Mekong nach Thailand. Sie hinterließen 70 Tote, 24 Maschinengewehre und eine Reihe toter Maultiere. Die thailändische Polizei unternahm *pro forma* einen Versuch, die Guomindang-Truppen zu entwaffnen, doch die Soldaten bestiegen 18 gemietete Busse und fuhren mit 300 Karabinern, 70 Maschinengewehren und zwei Geschützen nach Mae Salong.[261]

General Ouane war der eindeutige Sieger der Schlacht. Seine Truppen hatten einen Großteil der 16 Tonnen Rohopium erobert und nur ein paar wenige Gefallene zu beklagen. Gewiss, sein Sägewerk war beschädigt und seine Opiumraffinerie bis auf die Grundmauern abgebrannt, aber dieser Verlust fiel nicht weiter ins Gewicht, da Ouane noch weitere fünf Raffinerien zwischen Ban Khwan und Ban Houei Sai betrieb und er einen beträchtlichen Gewinn aus dem konfiszierten Opium einstreichen konnte.[262] Mit der Großzügigkeit, für die er berühmt war, teilte er seine Beute mit den Männern des 2. Fallschirmspringerbataillons. Jeder soll genug erhalten haben, um am Stadtrand von Vientiane ein einfaches Haus zu bauen.[263] Das Dorf selbst überlebte den Feuersturm relativ unbeschädigt. Als seine Bewohner drei Tage nach der Schlacht über den Mekong zurückkehrten, fanden sie zwar sechs ausgebrannte Häuser vor, hatten aber sonst keinen größeren Verlust erlitten.[264]

Zu der Zeit, als er ausgefochten wurde, kam der Opiumkrieg von 1967 selbst den nüchternsten Beobachtern wie ein seltsamer histori-

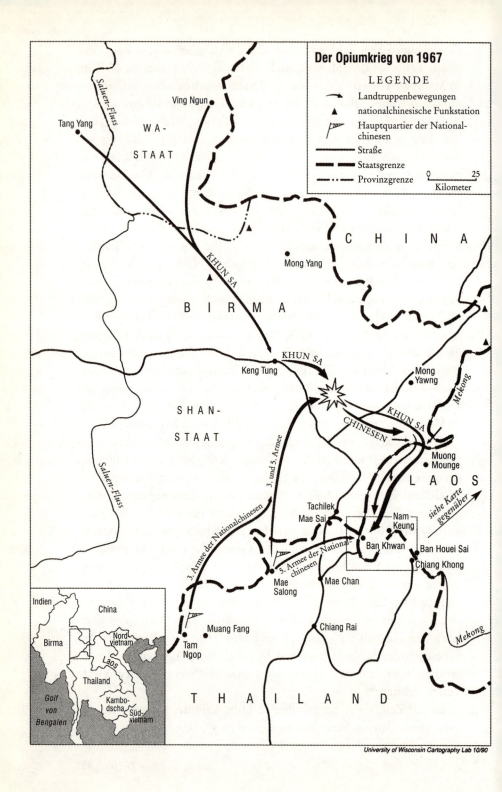

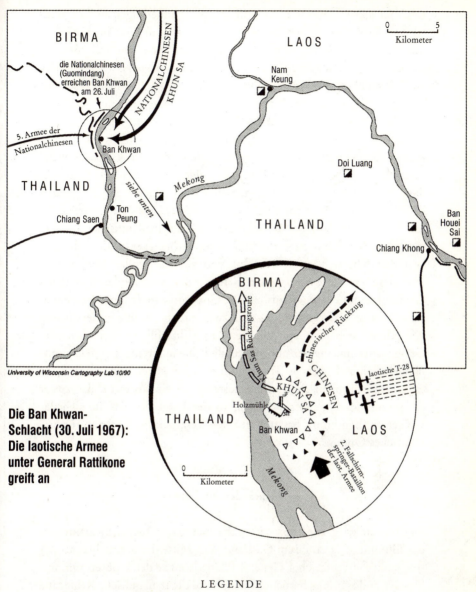

Die Ban Khwan-Schlacht (30. Juli 1967): Die laotische Armee unter General Rattikone greift an

LEGENDE

scher Anachronismus vor, der romantische Erinnerungen an die chinesischen Kriegsherren der 20er Jahre oder gar an die Banditendesperados vergangener Zeitalter wachrief. Wenn man aber die Ereignisse im Goldenen Dreieck zwischen 1968 und 1972 ins Auge fasst – besonders die Entwicklung der Produktion von Heroin Nr. 4 –, dann erscheint der Opiumkrieg von 1967 als bedeutender Wendepunkt im Wachstum des südostasiatischen Opiumhandels. Denn der Anteil jeder Gruppe an den birmanischen Opiumexporten und ihre spätere Rolle bei der Ausweitung der Heroinindustrie des Goldenen Dreiecks wurde weitgehend durch diese Schlacht und ihre Folgen bestimmt. Die Guomindang-Karawanen transportierten immer noch einen überwältigenden Prozentanteil der birmanischen Opiumexporte, Shan-Karawanen zahlten der Guomindang bei der Überquerung der thailändischen Grenze weiterhin Zoll. Khun Sa war natürlich der Verlierer; er ließ im Schlamm von Ban Khwan Opium im Wert von 500.000 Dollar, Waffen und Maultiere im Wert von weiteren Tausenden von Dollar und einen Großteil seines Prestiges zurück. Die Guomindang-Truppen brauchten seine Herausforderung nicht mehr zu fürchten. Nach der Zerstörung von Khun Sas Konvoi spielten die Shan-Militärführer zumindest vorläufig weiterhin eine nur unbedeutende Rolle in ihrem eigenen Opiumhandel. General Ouanes Truppen aber konnten nun das nach Laos eingeführte birmanische Opium besteuern – ein Vorrecht, das zuvor die Guomindang genossen hatten. In der Folge entwickelte sich das Gebiet um Ban Houei Sai zum größten Verarbeitungszentrum für birmanisches Opium.

Wächter des Nordtors

Der Opiumkrieg von 1967 trübte die freundschaftlichen Beziehungen der Guomindang zu ihrem Gastland. Seit Mitte der 50er Jahre, als der thailändische Polizeichef General Phao als einer der größten Opiumhändler Südostasiens berüchtigt war, hatte die thailändische Regierung sorgsam ihre Beteiligung am Opiumhandel verborgen. Als die Guomindang-Truppen 1962 nach Thailand zogen, bezeichnete die thailändische Regierung sie als »zivile Flüchtlinge« und behauptete, ihre Militäreinheiten seien aufgelöst worden.[265] Die Guomindang-Soldaten unterstützten diese Fiktion zur Wahrung des Gesichts: Sie blieben abgeschirmt in ihren Bergschanzen und trugen Zivilkleidung, wenn sie in nahe gelegene Städte gingen. Insgesamt überzeugte die thailändische Regierung die Welt sehr erfolgreich, dass die 3. und 5. Armee der Guomindang nicht mehr existierten. Nur fünf Monate vor der Schlacht zum Beispiel verbrachte ein vielköpfiges UN-Team zwei Monate in Thailand, um das Drogenproblem zu untersuchen, ohne irgendeinen Beweis für Guomindang-Aktivitäten zu finden.[266] Als 1967 der Opiumkrieg diese sorgsam aufgebaute Fiktion zerschmetterte, behauptete die thailändische Regierung, die Guomindang sei auf ihr Territorium »eingedrungen«, und entsandte mehrere Tausend Soldaten nach Chiang Mai zur Verteidigung ihrer Nordgrenze.[267]

Um ähnliche Peinlichkeiten in Zukunft zu vermeiden, stellte die Thai-Regierung die befestigten Lager der Guomindang unter die Aufsicht der königlichen Armee. Die Guomindang-Generäle mussten nun das Oberkommando in Bangkok über jede ihrer Bewegungen in das und aus dem Hauptquartier verständigen. Abgesehen von dieser begrenzten Geste unternahm die thailändische Regierung jedoch keine Anstrengung, um die Guomindang zu schwächen. Ganz im Gegenteil gewährte sie der 3. und 5. Armee einen offiziellen Status als paramilitärische Einheiten. Zwar waren die Guomindang-Truppen schon seit einer Reihe von Jahren für die Sicherheit der Nordgrenze verantwortlich gewesen, aber dies ohne offizielle Anerkennung. Mit Ausbruch der Revolte der »roten Meo« in den Provinzen Nan und Chiang Rai Ende der 60er Jahre änderte sich diese Politik jedoch langsam.

Die Revolte der »roten Meo« brach 1967 aus, als thailändische Beamte bei drei verschiedenen Gelegenheiten dieselben Hmong-Dörfer in der Provinz Chiang Rai aufsuchten, um Bestechungsgelder für die Erlaubnis abzukassieren, Felder für den Opiumanbau zu roden. Bei den ersten beiden Besuchen zahlten die Dorfbewohner, aber als dann auch noch die Provinzpolizei auftauchte, um ihren Anteil einzustreichen, griffen die Hmong sie an. Am nächsten Tag kehrten die Polizisten zum Dorf zurück und brannten es ab. Obwohl es keine weitere Gewalt gab, überzeugte dieser Vorfall offenbar die Konterguerilla-Strategen in Bangkok, dass die Hmong in Chiang Rai und der angrenzenden Nan-Provinz kurz vor einer Revolte standen.[268] Im Oktober starteten thailändische Armee und Polizei plumpe »antikommunistische Operationen«, die einen großen Aufstand auslösten. Um ihre wachsenden Verluste zu verringern, brannte die Armee Anfang 1968 einige Dörfer gezielt mit Napalm ab, nachdem sie deren Bewohner in bewachte Umsiedlungszentren gepfercht hatte. Die Revolte breitete sich rasch aus.

Als die Armee im Juni gezwungen war, sich in befestigte Stellungen zurückzuziehen, ließ man die Luftwaffe auf die aufständischen Gebiete los. Sie wurden zur freien Feuerzone erklärt. 1970 begannen die Guerillas mit Ausfällen aus ihren »befreiten Gebieten« in den Bergen, griffen Dörfer im Tiefland und Autos auf den Hauptstraßen an.[269]

Für viele thailändische und amerikanische Konterguerilla-Spezialisten war es offensichtlich, dass Truppen entsandt werden mussten, um die Bergrefugien der Guerilla zu säubern, bevor sich der Aufstand ins Tiefland ausbreitete. Wie ihre früheren Einsätze gezeigt hatten, war die thailändische Armee jedoch für die Gebirgskriegführung schlecht geeignet.[270] Das thailändische Militär wandte sich nun mit finanzieller Unterstützung der Amerikaner an die Guomindang-Führer. In der Vergangenheit hatte sich General Tuan das Verdienst angerechnet, die Provinz Chiang Rai frei von »kommunistischen Terroristen« gehalten zu haben.[271] Die Guomindang-Truppen hatten alle Fähigkeiten für einen Gebirgskrieg, die der Thai-Armee fehlten: Sie beherrschen den taktischen Einsatz kleiner Einheiten, hatten 20 Jahre Erfahrung in der Rekrutierung paramilitärischer Kräfte aus den Bergvölkern und konnten mit den Bergstämmen in ihrer eigenen Sprache oder in Yunnanesisch sprechen, das viele Stammesangehörige fließend beherrschten.[272] Vor allem aber wusste die Guomindang, wie man einen Stamm gegen den anderen ausspielte. Während das Thai-Militär nur mit geringem Erfolg versucht hatte, die Hmong zum Kämpfen zu bewegen, rekrutierte General Tuan Akha, Lisu und Lahu aus dem Westteil der Provinz Chiang Rai und schickte sie gegen die Hmong im Osten Chiang Rais in den Kampf. Im Dezember 1969 beorderte Tuan 500 dieser mehrsprachigen Soldaten der 5. Armee in die Berge direkt nördlich von Chiang Khong in die Nähe des Mekong, um die »roten Meo« anzugreifen, während General Ly 900 Mann seiner 3. Armee in die Berge im Osten von Chiang Kham entsandte.[273] Mitte 1971 pendelten zwei UH-1H-Hubschrauber der thailändischen Luftwaffe zwischen den Guomindang-Camps und thailändischen Armeestützpunkten im Osten Chiang Rais hin und her. Ein spezielles Luftaufklärungslabor arbeitete rund um die Uhr, ein hochrangiger Thai-General führte den Oberbefehl. Als er gefragt wurde, was er in Chiang Khong mache, erwiderte General Krirksin: »Das kann ich Ihnen nicht sagen, dies sind Geheimoperationen.«[274] Aber der oberste Guomindang-Offizier in Chiang Khong, Oberst Chen Mo-sup, erklärte, seine Kräfte hätten die »roten Meo« in die Flucht geschlagen und über 150 von ihnen getötet.[275]

Obwohl die Guomindang-Truppen in die staatliche Guerillaabwehr eingebunden wurden, unternahm die thailändische Regierung keine erkennbaren Anstrengungen, ihre Beteiligung am Opiumhandel zu vermindern. Mitte 1971 teilte die CIA mit, dass sich in Mae Salong, dem Hauptquartier der 5. Guomindang-Armee, eines der »wichtigsten« Heroinlabors im Goldenen Dreieck befinde, im April 1972 berichtete NBC News, dass auch in Tam Ngop, dem Hauptquartier der 3. Guomindang-Armee, ein Labor arbeite.[276] Außerdem operierten die Guomindang-Karawanen nach Aussage von Shan-Rebellenführern immer noch in voller Stärke, die Guomindang-Truppen erhoben weiter ihren Opiumzoll. Keine Shan-Armee konnte auch nur annähernd ihre Hegemonie herausfordern.

Die Shan-Rebellion

Für Khun Sa war der Opiumkrieg von 1967, wie es schien, der Anfang vom Ende. Mit Blick auf die Shan-Bewegung als Ganze wirkte seine Niederlage wie der letzte Versuch eines ihrer Rebellenführer, sich zu mehr als nur einem kleinen Kriegsherrn aufzuschwingen. Nachdem sich seine Truppe aus Ban Khwan über den Mekong zurückgezogen hatte, blieb Khun Sa in den Bergen in der Nähe der thailändischen Grenze, angeblich, um darauf zu warten, erneut gegen die Guomindang losschlagen zu können.[277] Eine zweite Schlacht fand jedoch nie statt, und Ende 1967 kehrte er in den nördlichen Shan-Staat zurück. Da Khun Sa in erheblichem Ausmaß Geld, Waffen und Prestige verloren hatte, begannen ihn seine Soldaten zu verlassen. Bis Ende 1968 waren ihm beträchtlich weniger als 1.000 Mann unter Waffen geblieben.[278] In der Überzeugung, dass eine erneute Guerillaoperation seinem Glück auf die Sprünge helfen würde, nahm er Kontakt zu diversen Shan-Rebellenführern auf. Als der militärische Aufklärungsdienst Birmas davon erfuhr, ließ man ihn verhaften und in Rangun auf unbestimmte Zeit inhaftieren.[279]

Es gab indessen eine Lehre aus seiner Geschichte. Der Aufstieg und scheinbare Fall von Khun Sa und der Nationalen Shan-Armee zeigten, wie schwierig es für jeden Shan-Militärführer, der sich dazu berufen fühlte, sein würde, in dem zerstrittenen Shan-Staat die Ordnung wiederherzustellen. Die Shan-Rebellion setzte offenbar, ganz gegen ihre Intention, eine politische Dynamik in Gang, die das Aufkommen kleiner Kriegsherren begünstigte und das Volk arm machte. Als die Rebellion 1958 begann, gab es im gesamten Shan-Staat nur drei oder vier aktive Rebellengruppen. Mitte 1971 ging ein Shan-Rebellenführer hingegen von über 100 verschiedenen bewaffneten Banden aus. Aber er hielt das selber nur für eine konservative Schätzung und fügte hinzu, dass »man einen Computer braucht, um beim Zählen mitzukommen«.[280] Die meisten dieser bewaffneten Gruppen waren instabil; sie wechselten ständig vom Rebellen- zum Milizstatus und wieder zurück, spalteten sich in neue Armeen auf oder gingen wirkungslose Bündnisse ein. Außerdem wurde die Lage jedes Jahr chaotischer, weil die Opiumernten immer mehr Waffen in den Shan-Staat pumpten. Anfang der 60er Jahre war die Nationale Shan-Armee (SNA) noch mit halbautomatischen M1- oder M2-Karabinern zufrieden gewesen, aber sieben Jahre später musste jede bewaffnete Bande einen Anteil vollautomatischer M16-Sturmgewehre haben, um zu überleben. Obwohl die SNA ihre lokalen Kommandeure nie wirkungsvoll diszipliniert hatte, erreichte sie doch einen Grad an Einheit, den folgende Koalitionen nicht mehr zuwege brachten. Nach dem Untergang der SNA 1965/66 wurde die militärische Situation im Shan-Staat weitaus chaotischer.

Obwohl einige Shan-Rebellenführer hochtrabend von Millionen von Bauern sprachen, die ihnen angeblich zuströmten, gaben die freimütigeren von ihnen zu, dass sich das Volk der Unabhängigkeitsbewegung immer mehr entfremdete. Immer wieder pressten umherschweifende Kriegsherren den Bauern mit vorgehaltener Waffe Steuern ab. Das führte weitgehend zum Erliegen legaler Wirtschaftstätigkeiten und stürzte die Landbevölkerung in Armut. Die Salzpreise in den Bergen waren unerschwinglich geworden, krankhafte Schilddrüsenvergrößerungen entwickelten sich daraufhin zu einem ernsten Problem. In einigen der entfernteren Gebiete waren wichtige Arzneimittel wie Chinin seit Jahren nicht mehr verfügbar, von Impfprogrammen und einer qualifizierten medizinischen Behandlung ganz zu schweigen.

Ironischerweise förderte gerade das politische Chaos im Shan-Staat, das die meisten anderen Formen von Landwirtschaft und Handel schädigte, die stetige Expansion der Opiumproduktion. Da man mit Opium in Thailand mehr Gewehre und Munition kaufen konnte als mit irgendeinem anderen einheimischen Produkt, zwangen die Shan-Rebellen und Lokalmilizen den Bergdörfern ihres Machtbereichs eine hohe Opiumsteuer auf. Zudem war es für die Bauen ungefährlicher, ihr Opium an die regelmäßig durchreisenden Händler zu verkaufen, als sich mit ihren anderen landwirtschaftlichen Produkten in die Marktstädte zu wagen. Und nicht zuletzt war die birmanische Regierung, auch wenn sie es gewollt hätte, nicht in der Position, den Opiumanbau zurückzudrängen. Sie konnte ehrlich behaupten, dass es außer ihrer Macht stand, selbst mit dem Problem fertig zu werden.

Der Mangel an Einheit unter den Shan-Rebellenführern in den frühen 70er Jahren ging nur zum Teil auf die traditionelle Aufteilung in 34 Shan-Fürstentümer zurück, die von autokratischen Herrschern regiert worden waren. In Laos hatte es eine ähnliche Tradition kleiner Fürstentümer gegeben. Hier aber schafften es die Pathet Lao, eine einheitliche nationale Befreiungsbewegung zu bilden. Nein, die Shan-Rebellion und das sie begleitende Chaos wären nicht von Dauer gewesen, hätten nicht die CIA, die Guomindang und die Thai-Regierung interveniert. Keine dieser Parteien war sonderlich an einer unabhängigen Shan-Nation interessiert, jede von ihnen hatte jedoch spezifische politische oder militärische Interessen, denen gedient war, wenn man die Shan mit begrenzter Unterstützung bedachte und das Land im Chaos hielt. Vor allem das Überleben der Guomindang-Truppen hing entscheidend davon ab, dass Dutzende von kleineren Rebellengruppen das Land ins Chaos stürzten und die birmanische Armee vollauf damit beschäftigt war, die Aufständischen zu bekämpfen.

Die CIA spielte eine ähnlich zynische Rolle im Shan-Staat. Obwohl sie kein wirkliches Interesse an einer unabhängigen Shan-Nation hatte, unterstützte die CIA einzelne Rebellenarmeen, um Spionageaktionen in China durchführen zu können. Ohne Duldung ihres Opium-Waffen-Handels durch die CIA hätte insbesondere die SNA nie ein so großes Gebiet im Keng-Tung-Staat besetzen können. Die CIA weigerte sich jedoch, der SNA genügend direkte Militärhilfe zu gewähren, mit deren Hilfe die öffentliche Ordnung hätte hergestellt werden können. Während der 50er Jahre hatte die CIA versucht, den östlichen Shan-Staat zu einer unabhängigen strategischen Bastion für Operationen entlang der chinesischen Südgrenze zu machen. Mithilfe von Guomindang-Truppen versuchte sie, die birmanische Armee aus dem Gebiet zu vertreiben. Aber nachdem die Guomindang-Einheiten 1961 aus Birma verdrängt worden waren, beschloss die CIA offenbar, sich mit ihren Geheimoperationen weniger zu exponieren. Da eine direkte militärische Unterstützung für die SNA leicht zu neuen diplomatischen Belastungen geführt hätte, waren eine informelle Allianz und der daraus folgende Zusammenbruch der öffentlichen Ordnung in Keng

Tung mit den Interessen der CIA besser vereinbar. Nachdem die SNA die birmanische Armee in die Städte und größeren Orte zurückgetrieben hatte, schwammen die vorgeschobenen Stellungen der CIA sicher in einem Meer des Chaos; ihre Spionageteams durchquerten Birma praktisch unentdeckt.[281]

Letztlich trug die thailändische Regierung wahrscheinlich die größte Verantwortung für das Chaos. Die meisten Thai-Führer misstrauten traditionell den Birmanen, die in vorangegangenen Jahrhunderten in Thailand eingefallen waren. Kein Thai-Schüler verließ die Grundschule, ohne von den Gräueltaten gelernt zu haben, die birmanische Truppen begangen hatten, als sie 1769 die königliche Hauptstadt Ayutthaya brandschatzten. Überzeugt, dass Birma immer eine potentielle Bedrohung der nationalen Sicherheit darstellen würde, gewährte die thailändische Regierung Aufständischen Asyl, die entlang der birmanisch-thailändischen Grenze operierten, und versorgte einige der Gruppen mit ausreichend Waffen und Ausrüstung, um sie einsatzfähig zu halten. So verschaffte sie sich durch die chaotische politische Situation in Birmas Grenzregionen eine strategische Pufferzone. Obwohl thailändische Führer Rangun wiederholt versicherten, dass sie birmanischen Exilanten nicht erlauben würden, »ihre Privilegien zu missbrauchen«, hatten sie eine Reihe von Schutzzonen in der Nähe der birmanischen Grenze für Guerillas geöffnet.[282] Das Huei-Krai-Lager nördlich von Chiang Rai war lange ein wichtiges Rückzugsgebiet für Shan-Rebellen aus dem Keng-Tung-Staat. Das Gebiet um das Hauptquartier der 3. Guomindang-Armee in Tam Ngop war das wichtigste Schutzgebiet für Rebellenarmeen aus Nordostbirma: General Mo Hengs Vereinte Revolutionäre Shan-Armee, Brigadegeneral Jimmy Yangs Kokang-Revolutionsstreitkräfte, General Zau Sengs Kachin-Unabhängigkeitsarmee, General Jao Nhus Shan-Staats-Armee und General Kyansones Pa-O-Rebellen drängten sich alle auf einigen wenigen Bergen unter Aufsicht von Guomindang-General Ly. Der Zugang zu diesen Lagern wurde von der thailändischen Polizei genau überwacht; die Guerillas mussten die Thai-Behörden jedes Mal verständigen, wenn sie kamen oder gingen. Obwohl die Aktivitäten in diesen Camps streng kontrolliert wurden, unternahmen die thailändischen Behörden nach Auskunft von Shan-Rebellenführern nie einen Versuch, gegen ihre Opiumkarawanen vorzugehen. Während man ausländische Journalisten fernhielt, konnten Opiumkäufer aus Chiang Mai nach Belieben kommen und gehen.[283]

Um mit der schwierigen Situation fertig zu werden, startete die birmanische Regierung ein Konterguerilla-Programm, das den Opiumhandel teilweise legalisierte und die allgemeine politische Instabilität noch vermehrte. Die birmanische Armee organisierte örtliche Milizen (KKY), gewährte ihnen das Recht, von der Regierung kontrollierte Städte als Opiumhandelszentren und Hauptstraßen als Schmuggelrouten zu nutzen, und hob alle Beschränkungen für die Weiterverarbeitung des Opiums auf. Es war ihre Hoffnung, dass die lokalen Milizen gierig genug wären, gegen die Rebellen um die Herrschaft über die Opiumberge zu kämpfen. Die Logik hinter dieser Politik war simpel: Kontrollierten die örtlichen Milizen erst einmal einen Großteil der Opiumernte, würde den Rebellen das Geld fehlen, um in Thailand Waffen zu kaufen, und sie müssten ihren Kampf aufgeben. Trotz seiner verführerischen Einfachheit war der Erfolg des Programms nicht eindeutig. Zwar gelang es, etliche Rebellenarmeen auf die Regierungsseite zu ziehen, aber ebenso viele lokale Milizen wurden umgekehrt zu Rebellen. Insgesamt verstärkte das Programm das endemische Kriegsherrentum, das zur Geißel des Shan-Staates geworden war, noch weiter, ohne das Ausmaß der Rebellentätigkeit wirklich zu vermindern.

Außerdem hatte die birmanische Regierung gute wirtschaftliche Gründe, den Opiumhandel zu tolerieren. Nachdem er 1962 die Macht von einer Zivilregierung an sich gerissen hatte, erließ General Ne Win, der Oberkommandierende der Armee, eine Reihe von Wirtschaftsreformen, die schlecht durchgeführt wurden, dem birmanischen Außenhandel schadeten und die Konsumwirtschaft lähmten. Nach acht Jahren des »birmanischen Wegs zum Sozialismus« wurden viele der Konsumgüter, die in den großen birmanischen Städten verkauft wurden – Transistorradios, Motorräder, Uhren, Füllfederhalter und Zahnpasta –, auf Maultierkarawanen über die Grenze aus Thailand eingeschmuggelt. Auf dem Weg nach Thailand transportierten die Shan-Schmuggler Opium, auf dem Rückweg nahmen sie Waffen und Konsumgüter mit. Wenn eine Flasche Coca-Cola im nordbirmanischen Mandalay ankam, konnte sie einen Dollar kosten, eine japanische Zahnbürste erzielte in Rangun 3,50 Dollar.[284] Aus Angst, die Geduld der gebeutelten Verbraucher überzustrapazieren, unternahm die birmanische Regierung keine echte Anstrengung, die Schwarzmärkte zu schließen oder den Schmuggel zu unterbinden. Opium war zu einem der wertvollsten Exportgüter des Nation geworden. Ohne diese Ware wäre die Konsumwirtschaft zusammengebrochen.

Auch der Opiumhandel selbst trug zu den chaotischen Bedingungen im Shan-Staat bei. Er verwandelte Militärführer von legitimen nationalistischen Rebellen in unpolitische Söldner. Der Fall von Major On Chan war vielleicht das schlagendste Beispiel dafür. In den frühen 60er Jahren stieß er zur Nationalen Shan-Armee (SNA) und blieb einer ihrer besten örtlichen Kommandeure, bis die Koalition 1965/66 zerbrach. Anschließend heuerte die CIA ihn und etwa 300 seiner Männer als Söldner an, um jenseits des Mekong in Nordwestlaos – getarnt als lokale Lu-Milizen – in der Geheimarmee zu kämpfen. Zwei oder drei Jahre später desertierten On Chan und seine Männer aus der Geheimarmee und gingen zurück in den Shan-Staat. Ausgestattet mit reichlich Waffen und Munition, setzte sich On Chan im Osten Keng Tungs in einem eigenen Gebiet fest, handelte mit Opium und kämpfte nur, um sein Herrschaftsgebiet zu verteidigen.[285]

Da die birmanische Armee bequeme Möglichkeiten für den Opiumhandel bot, gaben Rebellenführer häufig ihre Sache für das komfortablere Leben eines Milizkommandeurs der Regierung auf. Auch Khun Sa war ein Beispiel für diese Art von Shan-Militärführer, aber der Fall von Yang Sun war noch typischer. Yang Sun begann seine Karriere im Opiumhandel als Milizführer der Regierung, wechselte dann aber Mitte der 60er Jahre auf die Seite der Rebellen und richtete ein Basislager in der Region von Huei Krai in Nordthailand ein. Mehrere Jahre später wechselte er erneut das Bündnis und wurde bald zum mächtigsten Milizenführer der Regierung in Keng Tung. Zwar versuchten andere Rebellenbosse, ihn wieder auf ihre Seite zu ziehen, aber er machte mit dem Opiumhandel so viel Geld, dass er ihr Ansinnen zurückweisen konnte.

Dank der Gunst der birmanischen Armee beherrschte Yang Sun einen strategisch wichtigen Landzipfel zwischen Keng Tung und der thailändischen Grenze. Karawanen, die auf den von der Regierung kontrollierten Straßen aus den opiumreichen Kokang- und Wa-Staaten im Norden kamen, mussten auf ihrem Weg zu den Opiumraffinerien im Dreigrenzland im Süden durch sein Gebiet ziehen. Konvois, die Ho Hsing-han, einem mächtigen Milizführer aus Kokang, und Bo Loi U, dem einflussreichen Milizenführer des Wa-Staates, gehörten, mussten in Keng Tung Station machen, um ihr Opium von Yang Sun wiegen und besteuern zu lassen, bevor sie zu ihren privaten Opiumraffinerien in Tachilek weiterziehen konnten. Außerdem boten Yang Suns Truppen zwischen Keng Tung und der Grenze privaten Händlerkarawanen

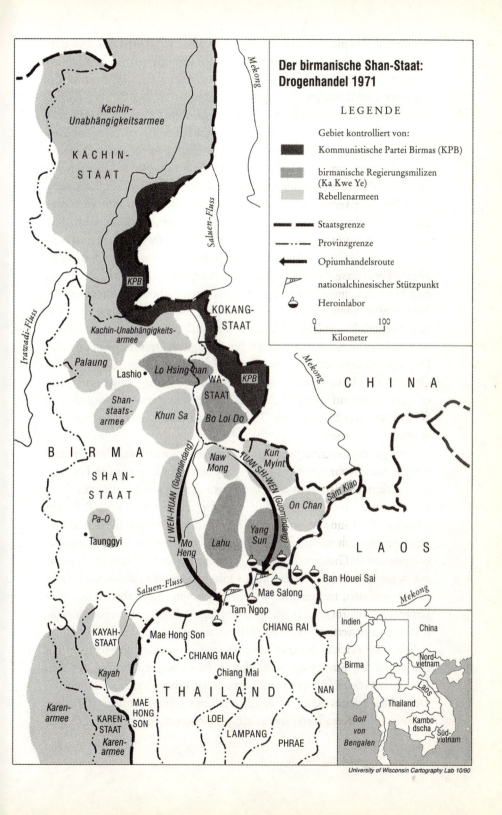

aus dem Kokang- und dem Wa-Staat bewaffnete Eskorten an. Für eine Gebühr von sechs Dollar pro Kilo Opium garantierte man den Händlern das sichere Geleit der birmanischen Regierung und Schutz vor Banditen und Rebellen.[286]

Der Großteil des von Shan-Milizen geschmuggelten Opiums war in ihren Raffinerien im Gebiet von Tachilek bereits zu Rauchopium, Morphium oder Heroin verarbeitet worden, bevor es nach Thailand gelangte. Yang Sun betrieb eine große Opiumraffinerie etwa neun Kilometer nördlich von Tachilek, in der er sowohl Heroin Nr. 3 als auch Nr. 4 herstellen konnte.[287] Dieses Labor war nur eines von 14 in der ganzen Region, die laut einem CIA-Bericht von 1971 im Jahr 1970 insgesamt 30 Tonnen Rohopium verarbeiteten.[288] Zwar bedeutete dieser Ausstoß im Vergleich zu Mitte der 60er Jahre, als Khun Sas Morphiumfabrik in Ving Ngun noch die einzige bekannte Raffinerie war, eine beträchtliche Steigerung, aber 30 Tonnen Rohopium waren immer noch ein nur kleiner Prozentsatz der birmanischen Gesamtexporte von 500 Tonnen. Die relative Schwäche der Opiumverarbeitung in Birma war eine der Folgen von Khun Sas Niederlage im Opiumkrieg von 1967. Da die Guomindang-Karawanen weiter etwa 90 Prozent des Opiums des Shan-Staates nach Thailand und Laos exportierten, um es dort in ihren eigenen Raffinerien weiterzuverarbeiten, wurde das Wachstum der Labors von Tachilek durch Rohstoffknappheit beschränkt.

Solange die öffentliche Ordnung im Shan-Staat nicht wiederhergestellt war, bestanden nur geringe Chancen, die birmanische Opiumproduktion auszumerzen oder die Heroinlabors des Landes zu schließen. Es schien unwahrscheinlich, dass die zerstrittenen Shan-Rebellen jemals in der Lage sein würden, die birmanische Armee aus dem Shan-Staat zu vertreiben. Noch unwahrscheinlicher war es, dass die profitorientierten Milizkommandeure bereit sein würden, ihre Bemühungen weniger auf den florierenden Opiumhandel zu richten und dafür eine ernsthafte Anstrengung zu unternehmen, die Rebellen aus den Bergen zu vertreiben. Trotz ihrer Erfolgsmeldungen war die birmanische Armee weiter vom Sieg entfernt als noch eine Dekade zuvor.

Sah man von der birmanischem Armee und den Shan-Milizen ab, gab es nur zwei mögliche Kandidaten, die stark genug waren, um den Shan-Staat schnell unter ihre Kontrolle zu bringen: die Kommunistische Partei Birmas und eine Koalition von rechtsgerichteten Rebellen, geführt vom ehemaligen birmanischen Premierminister U Nu. Ein Jahr nachdem er im April 1969 nach Thailand geflohen war, schloss U Nu ein Bündnis mit Aufständischen der Mon und rechtsgerichteten Karen, die im birmanisch-thailändischen Grenzland operierten, und gab die Bildung einer revolutionären Armee bekannt, der Vereinten Nationalen Befreiungsfront (UNLF).[289] Um Geld aufzutreiben, reisten U Nu und seine Helfer (darunter William Young, der die CIA mittlerweile verlassen hatte) um die Welt, nahmen Kontakt zu wohlhabenden Finanziers auf und boten im Tausch für Spendengelder Garantien für künftige Öl- und Bergbaukonzessionen. Birmas Zukunft wurde mit Hypotheken belastet, aber Ende 1970 hatte U Nu eine Kriegskasse von über zwei Millionen Dollar beisammen.[290]

Mit stillschweigender Unterstützung der thailändischen Regierung baute U Nu seine Guerillaarmee in Thailand auf: Entlang der thailändisch-birmanischen Grenze in Mae Hong Son, Mae Sariang und Mae Sot wurden drei große Stützpunkte eingerichtet.[291] Mit Rücksicht auf die ethnische Vielfalt Birmas teilte U Nu den östlichen Teil des Landes in drei verschiedene Militärzonen: die Mon- und birmanischen Gebiete im Südosten, die Karen-Region im Osten sowie den Shan- und den Kachin-Staat im Nordosten.[292]

Zwar gab die UNLF-Allianz U Nu eine starke Operationsbasis in den Gebieten der Mon und Karen, dafür hatte er fast keinen Einfluss im Nordosten. Es gab so viele Shan-Armeen, dass es sinnlos gewesen wäre, sich mit einer von ihnen zu verbünden, und sie waren untereinander so zerstritten, dass die Bildung einer Koalition eine besondere Taktik erforderte.[293] Daher übertrug U Nu seinen Helfern William Young und General Jimmy Yang die Aufgabe, innerhalb des Shan-Staates eine unabhängige Rebellentruppe aufzubauen.

Jimmy Yang, Mitglied der königlichen Familie des Kokang-Staates, hatte 1962 begonnen, den Guerillawiderstand zu organisieren. Da seine Familie seit über einem Jahrzehnt eng mit den Guomindang-Truppen zusammengearbeitet hatte, konnte er seine beginnende Rebellion finanzieren, indem er Karawanen mit Konkang-Opium unter dem Schutz von General Lys 3. Armee nach Thailand schickte. Nach drei Jahren Kämpfen in Kokang zogen Jimmy und einige seiner Männer nach Nordthailand, um im Schatten von Lys Hauptquartier in Tam Ngop ein Basislager aufzubauen. Während seine Männer Hühner hielten und in den Bergen Opium schmuggelten, zog Jimmy nach Chiang Mai und wurde stellvertretender Manager des luxuriösesten Touristenhotels in Nordthailand, des Rincome Hotel.

Jimmy kannte U Nu aus Rangun. Als der ehemalige Premierminister nach Thailand kam, frischte Jimmy die Freundschaft auf, indem er General Ly zu einer Spende von 10.000 Dollar für Nus UNLF bewegte.[294] U Nu bedankte sich mehrere Monate später für den Gefallen, indem er Brigadegeneral Jimmy Yang zum Kommandeur der Nordregion der UNLF ernannte, des Kachin- und des Shan-Staates. Yang soll 200.000 Dollar aus U Nus Kriegskasse erhalten haben, um eine effektive Shan-Armee aufzubauen.[295]

Statt zu versuchen, die 5.000 Mann starke Truppe zu bilden, die seiner Ansicht nach notwendig war, um die Hunderte von bewaffneten Banden zu unterwerfen, die durch die Berge streiften, beschloss Jimmy, eine Eliteeinheit von etwa 100 Mann aufzustellen, die seine Sicherheit gewährleisten sollten, während er durch den zerstrittenen Shan-Staat reiste, um mit Banditen, Opiumarmeen, Rebellen und Regierungsmilizen zu verhandeln. Im Tausch für ihre Bündnisverpflichtung wollte er ihnen Offiziersränge und Posten in U Nus künftiger Regierung anbieten. Jimmy vermied den Opiumhandel, stützte sich finanziell auf U Nus Kriegskasse und hoffte so, sich aus den Drogen- und Territorialstreitigkeiten heraushalten zu können, an denen Koalitionen in der Vergangenheit zerbrochen waren. Sobald die Kämpfe vorüber waren, wollte er die Macht an die traditionellen Feudalfürsten zurückgeben. Diese würden ihre Untertanen bitten, die Berge zu verlassen; die Rebellen würden ihre Waffen niederlegen, die Ordnung wäre wiederhergestellt.[296]

Um diesen Plan umzusetzen, warb Jimmy etwa 100 junge Shan an und stattete sie mit der besten militärischen Ausrüstung aus, die auf dem Schwarzmarkt von Chiang Mai zu haben war: amerikanische M2-Karabiner für 150 Dollar das Stück, M16-Sturmgewehre zu je 250 Dollar, M79-Granatwerfer für 500 Dollar das Stück, hochwertige US-Dschungeluniformen und Tennisschuhe der chinesischen Kommunisten. General Ly steuerte Guomindang-Handbücher über den Dschungelkrieg bei. Zuversichtlich bestimmte Jimmy den September 1971 als Zieldatum für seinen Einmarsch in den Shan-Staat, aber fast von Anbeginn musste er sich mit den gleichen Problemen herumschlagen, die ähnliche Bemühungen in der Vergangenheit zunichte gemacht hatten. Als es schließlich September wurde, desertierten Jimmys Männer; mögliche Allianzen hatten sich zerschlagen. Er war gezwungen, seinen Abmarsch auf unbestimmte Zeit zu verschieben.[297]

Jimmy Yangs Männer desertierten wegen der gleichen ethnischen und politischen Konflikte, die schon in früheren Shan-Armeen Zwist gesät hatten. Zwar waren fast alle seine Soldaten Shan, Jimmys Ausbilder hingegen, wie er selbst und die meisten Einwohner von Kokang, ethnische Chinesen. Da ethnischer Chauvinismus zum Kernbestand der nationalistischen Shan-Ideologie gehörte, waren innere Streitigkeiten fast unausweichlich.

Im April 1971 traf sich Jimmys stellvertretender Kommandeur, ein Shan namens Hsai Kiao, mit Mitgliedern von U Nus Revolutionsregierung in Bangkok und unterbreitete ihr die Sorgen der Shan. U Nus Mitarbeiter boten ihm jedoch keine wichtigen Konzessionen an. Mehrere Wochen später zog Hsai Kiao nach Chiang Rai und gründete sein eigenes Lager im Gebiet von Huei Krai. Weitere Shan-Rekruten liefen zu Hsai Kiao über, und bis September war U Nus Nordkommando ein einziger Trümmerhaufen. Jimmy verlor seine Männer an Hsai Kiao, aber diesem fehlte die finanzielle Rückendeckung, und so schickte er sie zur Arbeit in die Minen von Lampang, um Mittel herbeizuschaffen. Er wollte genug Geld sparen, um in Laos automatische Waffen zu kaufen, sie in den Shan-Staat bringen und gegen Opium eintauschen. Mit dem Gewinn des Opium-Waffen-Handels hoffte er schließlich, eine Armee aufzubauen, die groß genug wäre, um die Birmanen aus Keng Tung zu vertreiben.[298]

Hatte Jimmy Yang bei seinem Truppenaufbau schon mit genug Schwierigkeiten zu kämpfen, so stießen seine Bemühungen um politische Allianzen mit den örtlichen Kriegsherren auf ein unüberwindliches Hindernis: William Young. Nach einer Spendentour durch die USA kehrte Young nach Chiang Mai zurück und begann, unter den Bergstämmen des östlichen Shan-Staates Unterstützung für U Nu aufzubauen. Bevor er Kontakt zu Lahu- und Wa-Führern aufnahm, verbrachte Young Monate damit, Informationen über alle bewaffneten Banden in dem Gebiet zu sammeln. Er kam zu dem Schluss, dass es etwa 17.000 Lahu und Wa mit modernen Waffen gab. Wenn sich nur ein Bruchteil davon mobilisieren ließe, hätte U Nu die größte Armee in Ostbirma.[299]

Young entsandte persönliche Vertreter, um sich mit den wichtigeren Stammesführern zu treffen und Verhandlungen am runden Tisch in Chiang Mai zu arrangieren. In den Bergen nördlich von Keng Tung gebot der Name Young unter Lahu- und Wa-Christen noch immer Respekt. Wie zu erwarten, reagierten sie enthusiastisch.[300] Youngs Erfolg unter den animistischen Lahu südlich und westlich von Keng Tung kam jedoch unerwartet. Die Göttlichkeit der Young-Familie hatte sich hier Bu-jong Luan, ein innovativer Schamane der Lahu, gesichert, der als »Gottmann« oder »Großer Schamane« bekannt war. Mitte 1970 schickte der Gottmann einen seiner Söhne als Vertreter zu der von William Young einberufenen Versammlung von Lahu-Häuptlingen in Chiang Mai. Als das Wort an ihn kam, gab der Sohn bekannt, dass der Gottmann gewillt sei, sich mit den anderen Lahu-Stämmen zu einer gemeinsamen Anstrengung zusammenzuschließen, um die Birmanen aus dem Shan-Staat zu vertreiben.[301]

Nachdem er von den meisten der wichtigen Lahu- und Wa-Führer ähnliche Verpflichtungserklärungen erhalten hatte, trat Young ohne Jimmys Wissen an U Nus Kriegsrat heran und bat um 60.000 Dollar für Ausrüstung und Ausbildung. Der Rat stimmte zu, unter der Bedingung, dass Jimmy Yang die Mittel verwalten würde. Im August 1970 arrangierte Young ein Treffen zwischen ihm selbst, Jimmy und den Stammesführern, um zu einer endgültigen Übereinkunft zu kommen. Als sich Jimmy gegenüber den Lahu und Wa herablassend zeigte, berieten sich diese vertraulich mit William Young, der ihnen empfahl, ihre Bündnisverpflichtung zurückzuhalten. Laut Young stimmten alle Stammesoberhäupter zu, die UNLF zu boykottieren, bis sie sich deren voller Unterstützung gewiss sein könnten. Keiner von ihnen sei gewillt gewesen, mit Jimmy zusammenzuarbeiten.[302]

Angesichts dieser riesigen Probleme schienen weder U Nu noch Jimmy Yang eine besonders viel versprechende Zukunft im Shan-Staat zu haben. Tatsächlich hatte Jimmy den Eindruck, dass die Kommunistische Partei Birmas mit ihrem Führer Naw Seng als einzige Gruppe in der Lage wäre, die Ordnung wiederherzustellen. Nach Jimmys Auffassung verfügten Naw Seng und die Kommunisten über alle Aktivposten, die ihren Rivalen offensichtlich fehlten. Erstens war Naw Seng einer der besten Guerillastrategen Birmas. Im Zweiten Weltkrieg hatte er bei der britischen Kommandoeinheit von General Wingate, den Chindits, hinter den japanischen Linien gekämpft und dafür den birmanischen Tapferkeitsorden erhalten. Wie viele Kachin-Veteranen meldete er sich nach dem Krieg zu den First Kachin Rifles und stieg rasch in den Rang eines Hauptmanns und Milizkommandeurs auf.[303] Die First Kachin Rifles wurden in kommunistisch kontrollierte Gebiete entsandt. Naw Seng spielte eine derart wichtige Rolle im Befriedungsprogramm, dass ihn ein britischer Autor »den Schrecken der Kommunisten in [der birmanischen Stadt] Pyinmana« nannte. Viele angesehene

Birmanen fanden es jedoch bedrohlich, dass ein ethnischer Kachin, unter welchen Umständen auch immer, birmanische Dörfer angriff. Angeblich wollte man Naw Seng sogar vor ein Untersuchungsgericht stellen. In eine ungewisse Zukunft blickend, meuterten im Februar 1949 Naw Seng und viele seiner Soldaten und schlossen sich den Karen-Rebellen an, die in Ost- und Zentralbirma kämpften.[304] Nachdem er sich in diversen Kämpfen und Scharmützeln brillant geschlagen hatte, trieb die birmanische Armee Naw Seng 1949 nach Yunnan. Man hörte wenig von ihm, bis 1969, als er Befehlshaber einer kommunistischen Bergvolkallianz namens Nordostkommando wurde und im birmanisch-chinesischen Grenzland in die Offensive ging.[305] Im März 1970 nahmen die Kommunisten drei Grenzstädte ein, Mitte 1971 kontrollierten sie einen 600 Kilometer langen Streifen entlang der chinesischen Grenze.

Naw Sengs taktische Fähigkeiten waren zwar nicht zu unterschätzen, aber nach Jimmy Yangs Eindruck war doch die Politik der Kommunisten der Schlüssel ihres Erfolgs. Statt Kompromisse mit den Kriegsherren einzugehen, verjagten sie sie aus ihren Gebieten. Das führte zu einer Reihe gewalttätiger Konfrontationen mit der Kachin-Unabhängigkeitsarmee, den Überresten von Khun Sas Truppe und Führern von Regierungsmilizen wie Lo Hsing-han und Bo Loi U. In jedem dieser Fälle besiegten die Kommunisten ihre Rivalen und drängten sie stetig weiter nach Westen. Sobald sie die Herrschaft über ein neues Gebiet gewonnen hatten, schafften die Kommunisten die Opiumsteuer ab, die in den vorangegangenen 15 Jahren zur Verarmung der Bergvölker geführt hatte, und ermutigten die Leute, andere Feldfrüchte anzubauen und handwerkliche Produkte herzustellen. Außerdem verteilten die Kommunisten Salz, begründeten ein öffentliches Gesundheitsprogramm und stellten die öffentliche Ordnung wieder her. Als Folge dieser Maßnahmen konnten sie eine Massenanhängerschaft gewinnen, etwas, was jeder anderen Armeegruppe unmöglich gewesen war. Allerdings erfordert ein Programm zur Einführung neuer Feldfrüchte mindestens fünf Jahre, um sich selbst unter günstigsten Umständen voll zu entwickeln, und so ging die Opiumproduktion weiter. Berghändler sammelten Opium aus Dörfern innerhalb der kommunistischen Zonen und brachten es in Marktstädte wie Lashio oder Keng Tung, wo es an Regierungsmilizen, Aufkäufer der Guomindang-Truppen und private Opiumarmeen verkauft wurde.[306]

Opiumkrieger

Im Gefolge von General Ouanes Sieg im Opiumkrieg von 1967 wurde Laos zum wichtigsten Verarbeitungszentrum von Rohopium im Goldenen Dreieck. Aufgrund der Niederlage, die Ouane seinen Feinden auf dem Schlachtfeld von Ban Khwan beigebracht hatte, waren die Guomindang-Truppen außerstande, noch länger Zoll auf für Laos bestimmtes birmanisches Opium einzutreiben. Befreit von der diskriminierenden Besteuerung, konnte die laotische Armee nun ihre eigenen Importzölle erheben. In der Folge steigerten die Raffinerien in der Region von Ban Houei Sai ihre Verarbeitung von birmanischem Opium.

General Ouanes Beteiligung an der Schlacht hatte in der internationalen Presse ebenso hohe wie unliebsame Wellen geschlagen. 1967 und 1968 bekam er Besuch von Vertretern von Interpol, der internationalen Polizeiorganisation, die im Kampf gegen den Rauschgiftschmuggel sehr engagiert war. Die Beamten waren fassungslos, dass der Oberkommandierende einer nationalen Armee den internationalen Drogenhandel mit solcher Begeisterung und Energie förderte. Ob er nicht besser darüber nachdenken wolle, sich aus dem Opiumgeschäft zurückzuziehen? General Ouane war verblüfft von der Naivität dieser Bitte und hielt ihnen einen geharnischten Vortrag über die wirtschaftlichen Realitäten des Opiums.

Mehrere Jahre später erinnerte er sich an den Vorfall:

> »Interpol besuchte mich 1967 und 1968 wegen des Opiums. Ich sagte ihnen, dass es Handel geben würde, solange in den Bergen Opium angebaut würde. Sie sollten den Bergvölkern Geld geben, wenn sie wollten, dass sie damit aufhören. ... Sie sollten uns Traktoren geben, mit denen wir die Ebenen roden könnten. Dann würden wir die Bergbewohner aus dem Gebirge in die Ebenen umsiedeln. Es ist zu warm da, und es gäbe keinen Mohnanbau mehr. In den Bergen arbeiten die Leute zehn Monate im Jahr, um Opium und Reis im Wert von 100.000 Kip [200 Dollar] anzubauen. Und wenn das Wetter schlecht ist oder die Insekten kommen oder der Regen zur Unzeit fällt, bleibt ihnen nichts. Aber in der Ebene können die Leute bewässerte Reisfelder bestellen, Gemüse anbauen und einem Handwerk nachgehen. In der Ebene können sie mit fünf Monaten Arbeit 700.000 Kip [1.400 Dollar] im Jahr verdienen.
>
> Ich sagte Interpol, dass der Handel weitergehen würde, wenn sie nichts für die Leute in den Bergen täten. So wie der Mekong abwärts nach Saigon fließt, so würde das Opium weiter fließen. Aber sie

wollten einfach, dass ich aufhörte. Und als ich ihnen diese Realität erklärte, verließen sie mein Büro sehr unzufrieden.«[307]

Trotz seiner offenkundigen Dreistigkeit fasste General Ouane den Besuch als Warnung auf und ging von nun an mit größerer Diskretion zu Werk. Als ich ihn 1971 über seine Verstrickung in den Opiumhandel befragte, gab er seine frühere Komplizenschaft zu, erklärte aber, er habe seine Beteiligung am Geschäft aufgegeben.

Vor 1967 waren die Opiumkarawanen Khun Sas Route gefolgt, nördlich von Muong Moune nach Laos übergewechselt, die alte Karawanenstraße hinuntergezogen und bei Chiang Saen über den Mekong nach Thailand übergesetzt. Um die wachsende Rolle seines Landes im Handel zu verschleiern, befahl Ouane den Karawanen offenbar, nicht nach Laos einzureisen, sondern ihre Ware auf der birmanischen Seite des Mekong abzuladen. Einige laotische Luftwaffenoffiziere beschrieben ein Opium-Waffen-Geschäft, das sie 1968 abgewickelt hatten. Es illustriert, wie sehr man auf Vorsicht bedacht war: die Komplexität des neuen Systems: Sie beluden in Vientiane C-47-Flugzeuge mit Waffenkisten (halbautomatische M1- und M16-Sturmgewehre, M79-Granatwerfer und rückstoßfreie Geschütze), flogen sie nach Ban Houei Sai, wo sie die Kisten in laotische Luftwaffenhubschrauber umluden, und brachten die Waffen zu einer Gruppe von Shan, die auf der birmanischen Seite des Mekong nördlich von Ban Khwan kampierte. Das Opium war bereits per Boot flussabwärts geschickt worden, wurde dann in die C-47 verladen und nach Vientiane geflogen.[308]

Als die Raffinerien des Goldenen Dreiecks 1969/70 die Produktion von Heroin Nr. 4 aufnahmen, ermöglichte der Zugang zu birmanischem Opium in nahezu unbeschränkten Mengen den Herstellern in Ban Houei Sai eine Schlüsselrolle in dieser Entwicklung. Zur Zeit des Opiumkriegs von 1967 wurden Morphium und Heroin Nr. 3 in einer großen Raffinerie in der Nähe von Ban Houei Sai und in fünf kleineren Labors entlang des Mekong nördlich der Stadt hergestellt. Im August 1967 telegrafierte der Korrespondent von *Time-Life* eine Beschreibung dieser Raffinerien nach New York:

> »Die Opiumraffinerien entlang des Mekong ... sind fast ausschließlich mit Pharmazeuten besetzt, die das Syndikat aus Bangkok und Hongkong geholt hat. Sie haben ein einigermaßen gutes Leben (ihre Sicherheit wird an einigen Orten von laotischen Truppen gewährleistet) und verdienen weit mehr, als sie in den Apotheken ihrer

Heimatstädte bekämen. Die meisten nehmen die Arbeit offenbar in der Hoffnung auf ein künftiges Vermögen an, aber nur wenige sollen persönlich am Handel beteiligt sein – abgesehen davon natürlich, dass sie Rohopium in Morphium verwandeln.«[309]

Zur gleichen Zeit berichtete ein anderer *Time-Life*-Korrespondent, dass »die Hauptperson des laotischen Opiumhandels General Ouane ist. ... Er soll eine der beiden großen Opiumraffinerien von Laos in der Nähe von Houei Sai und fünf kleinere entlang des Mekong verstreute Labors besitzen«.[310]

Als unter den GIs in Südvietnam die Nachfrage nach Heroin Nr. 4 wuchs, holte man gut ausgebildete chinesische Chemiker aus Hongkong, die auch den Ätherprozess beherrschten. Ouanes Raffinerie in Ban Houei Tap direkt nördlich von Ban Houei Sai wurde zum größten und effizientesten Heroinlabor im Dreigrenzland, sein Markenname Double-U-O-Globe war bald berüchtigt. Laut einem CIA-Bericht, der im Juni 1971 an die Presse durchsickerte, konnte diese Raffinerie 100 Kilo Opium am Tag verarbeiten.[311] Das entsprach einem Ausstoß von 10 Kilo Heroin Nr. 4 pro Tag, mehr als die Gesamtproduktion aller 14 Opiumraffinerien im birmanischen Tachilek. Aufgrund amerikanischer Beschwerden sah sich General Ouane im Juli 1971 veranlasst, das Gebäude in Ban Houei Tap aufzugeben, aber man darf getrost davon ausgehen, dass der Betrieb bloß an einen geheimen Ort verlegt worden ist. Auch die Raffinerie unter dem Schutz von Major Chao La nördlich von Nam Keung war im Juli zum Umzug in ein diskreteres Gebiet gezwungen.[312]

Die Opiumhändler aus Ban Houei Sai wurden auch für die Heroinlabors in Vientiane und Long Tieng zu den größten Lieferanten von Morphinbase und Rohopium. Als die massiven Bombardierungen begannen und das Umsiedlungsprogramm für die Flüchtlinge sich auf die Menge des verfügbaren Hmong-Opiums auswirkte, waren Vang Paos Offiziere gezwungen, sich birmanisches Opium in Nordwestlaos zu besorgen, um das Labor in Long Tieng voll auszulasten.[313] Außerdem gab es verlässliche Berichte, dass General Ouane den Rohstoff für ein Heroinlabor lieferte, dass in der Region Vientiane von einem sinovietnamesischen Unternehmer namens Huu Tim-heng betrieben wurde.[314]

Trotz des schnellen Rückzugs der US-Truppen aus Vietnam waren Laos' Aussichten im internationalen Heroingeschäft ausgezeichnet. Zwar hofften die meisten amerikanischen Drogenbeamten, dass die blühenden Heroinlabors aufgegeben würden, sobald die GIs Vietnam verlassen hatten, aber alles wies darauf hin, dass die laotischen Drogenhändler dabei waren, direkte Rauschgiftrouten in die USA zu öffnen. 1971 wurden zwei große Lieferungen von Double-U-O-Globe – laut Saigoner Polizei im Gebiet von Ban Houei Sai hergestellt – in den USA beschlagnahmt:

Am 5. April wurde ein Paket mit 7,7 Kilo Double-U-O-Globe in Fort Monmouth, New Jersey, konfisziert. Es war über die US-Militärfeldpost aus Bangkok geschickt worden.

Am 11. November wurden in New York ein philippinischer Diplomat, der bei der Botschaft seines Landes in Vientiane arbeitete, und ein chinesischer Händler aus Bangkok mit 15,5 Kilo Double-U-O-Globe verhaftet, kurz nachdem sie aus Laos eingetroffen waren.

Mehr aber noch stellte die Konfiszierung der 60 Kilo von Prinz Sopsaisana in Paris, von denen oben schon die Rede war, einen Unheil verkündenden Beleg für die Verbindungen zwischen laotischen Heroinherstellern, korsischen Gangstern in Vientiane, Korsensyndikaten in Frankreich und amerikanischen Heroingroßhändlern dar.

Als die korsischen Charterfluglinien 1965 den Betrieb einstellen mussten, blieben die meisten korsischen und französischen Gangster in Vientiane und warteten, dass sich etwas Neues ergab. »Weniger gut als zuvor«, berichtete ein *Time-Life*-Korrespondent im September 1965, »geht es Opiumhändlern, vor allem Korsen, deren Operationen seit dem Fall des bestechlichen Phoumi schwieriger geworden sind. Einige Opiumexporteure haben sogar Bistros in Vientiane eröffnet, um sich über Wasser zu halten, bis die guten alten Tage zurückkehren – wenn sie es denn je tun.«[315] Einige der Bosse konnten sich als Mittelsmänner im Drogengeschäft halten, andere Korsen fanden Jobs bei den Amerikanern, wieder andere hingen einfach herum.

Nach monatelangen Zechgelagen in Vientianes französischen Bars wagten fünf arbeitslose korsische Gangster einen letzten, verzweifelten Versuch, um das Vermögen zu machen, dass man ihnen vor der Nase weggeschnappt hatte. Geführt von einem Monsieur Le Rouzic, dem ein Anteil einer kleinen Charterlinie gehört haben soll, und seinem Mechaniker, Housset, planten die fünf Männer mit einem Geldtransporterüberfall das kühnste Verbrechen in der modernen Geschichte von Laos. Am Morgen des 15. März 1966 beluden zwei Angestellte der Banque de l'Indochine ein Auto mit 420.000 Dollar Bargeld und Schecks im Wert von 260.000 Dollar und fuhren zum Wattay-Flughafen, um das Geld an Bord eines Flugzeugs der Royal Air Lao nach

Bangkok zu bringen. Sobald das Auto vor dem Flughafen hielt, stoppte ein Jeep an seiner Seite, aus dem drei Korsen sprangen. Sie warfen den Angestellten einige Hand voll gemahlenen Pfeffer ins Gesicht und machten sich mit dem Geld aus dem Staub, während ihre Opfer hilflos niesend und augenreibend umherwankten.

Die laotische Polizei bewies bei der Lösung dieses Falles eine seltene Effizienz. In weniger als 24 Stunden hatten sie fast das gesamte Geld zurück sowie Le Rouzic, dessen Geliebte und drei seiner Komplizen verhaftet. Durch einen Tipp der Polizei von Vientiane konnte die thailändische Polizei auch Housset in Bangkok verhaften, der 3.940 Dollar in seinen Socken versteckt hatte.[316] Auf einer Pressekonferenz nach diesen Verhaftungen schrieb der die Ermittlungen leitende Polizeioberst diesen erstaunlichen Erfolg »ehrlichen Bürgern« zu und dankte der französischen Gemeinde für »sofortige Kooperation«.[317] Oder, wie ein informierter Beobachter später erklärte: Die korsischen Bosse von Vientiane hatten Le Rouzic und Housset verraten, um eine polizeiliche Untersuchung ihrer Verstrickung in den Drogenhandel zu vermeiden.

Anders als diese Kleinkriminellen gingen die meisten korsisch-französischen Bosse Vientianes in den frühen 70er Jahren angesehenen Berufen nach und bewegten sich in den besseren Kreisen der Stadt. Roger Zoile, der eine der größten korsischen Charterlinien besessen hatte, wurde Präsident von Laos Air Charter.[318] In den 50er und 60er Jahren arbeitete Zoile eng mit Paul Louis Levets Syndikat zusammen, das damals Morphinbase aus Südostasien zu Heroinlabors in Deutschland, Italien und Frankreich schmuggelte. Zwei andere Air-Opium-Pioniere wohnten ebenfalls noch immer in Vientiane: René Enjabal, der ehemalige Besitzer von Babal Air Force, wurde Pilot bei einer der vielen zivilen Fluglinien in Laos, während Gérard Labenski, ehedem Besitzer des Snow Leopard Inn, sich 1964 in Laos »zur Ruhe setzte«, nachdem er in einem vietnamesischen Gefängnis vier Jahre wegen internationalen Drogenschmuggels verbüßt hatte. Die Manager von Vientianes populärstem Nachklub, The Spot, blickten auf eine lange Geschichte der Beteiligung am internationalen Rauschgifthandel zurück: François Mittard war Kopf eines der mächtigsten Drogensyndikate in Indochina, bis er 1960 wegen Rauschgiftschmuggels zu fünf Jahren Haft in einem vietnamesischen Gefängnis verurteilt wurde; Michel Libert war Levets rechte Hand und hatte nach seiner Verhaftung wegen Drogenschmuggels 1963 fünf Jahre in einem thailändischen Gefängnis abgesessen. »Meine Opiumtage gehören ganz der Vergangenheit an«, erklärte Libert einem verdeckt ermittelnden thailändischen Polizisten in Vientiane einige Zeit nach seiner Haftentlassung. »Ich möchte es Ihnen beweisen. Ich werde für Sie als Informant arbeiten und Ihnen zu Verhaftungen verhelfen, um zu zeigen, dass ich es ehrlich meine.« Aber der thailändische Polizist kannte Libert zu gut, um sich hinters Licht führen zu lassen, und lehnte das Angebot dankend ab, da er nicht zu einem Bauern in irgendeiner korsischen Vendetta werden wollte.[319] Außerdem identifizierte die US-Drogenbehörde einen gelegentlich in Vientiane wohnenden ehemaligen Nazi-Offizier, Lars Bugatti, als Drogenhändler mit engen Verbindungen zu internationalen korsischen Syndikaten.[320] Alle diese Männer waren in geheime, weltumspannende korsische Drogennetzwerke eingebunden. Durch das Wirken dieser Syndikate fand laotisches Heroin seinen Weg nach Frankreich und von dort aus in die USA.

Während der gesamten 50er und 60er Jahre hatte die US-Drogenbehörde ihre Anstrengungen auf Europa konzentriert und Südostasien fast keine Aufmerksamkeit geschenkt. Als jedoch Tausende in Vietnam dienender GIs von laotischem Heroin abhängig wurden, versuchte die Behörde, ihre Prioritäten anzupassen, und entsandte ein Agententeam nach Laos. Doch die laotische Regierung, das US-Außenministerium und die CIA blockierten ihre Ermittlungen.[321] Ganz im Gegensatz zu den offiziellen Verlautbarungen der Regierung in Vientane, die vor der UN erklärt hatte, sie setze eine »Politik des absoluten Verbots« von Drogen durch, war Laos einer der wenigen Staaten der Welt, der keine Gesetze gegen Anbau, Verarbeitung und das Rauchen von Opium erlassen hatte. Laos war praktisch so etwas wie ein Opiumfreihafen geworden.

War die Feindseligkeit der laotischen Regierung gegenüber der US-Drogenbehörde noch verständlich, bedurfte die Verschwiegenheit von CIA und US-Botschaft einer Erklärung. Nach Aussage eines US-Drogenagenten, der in Südostasien operierte, stieß die Behörde auf erheblichen Widerstand der CIA und der Botschaft, als sie beschloss, ein Büro in Vientiane einzurichten. Die Botschaft erklärte, die amerikanischen Drogenagenten würden die laotische Souveränität verletzen, da Laos gar keine eigenen Drogengesetze habe, und verweigerte alle Zusammenarbeit.[322] Dabei wusste die Botschaft sehr wohl, dass prominente laotische Führer den Handel steuerten, hatte aber Angst, dass es den gemeinsamen Kriegsanstrengungen abträglich sein könnte, wenn man sie zur Aufgabe des Drogengeschäfts drängte. Im Dezember 1970 – als Tausende von GIs in Vietnam von Heroin aus Labors abhängig wurden, die den Schutz der königlich-laotischen Armee genossen – sagte der US-Botschafter in Laos, McMurtrie Godley, einem amerikanischen Autor: »Ich glaube, die königlich-laotische Regierung nimmt ihre Verantwortung ernst, den internationalen Opiumhandel zu verbieten.«[323]

Als Präsident Nixon Mitte 1971 dem internationalen Heroinhandel den Krieg erklärte, war die US-Botschaft in Vientiane schließlich doch zum Handeln gezwungen. Sie drängte aber gar nicht erst darauf, die Drogensyndikate zu zerschlagen und die beteiligten Regierungsführer aus den Ämtern zu entfernen, sondern regte lediglich Gesetzesreformen an und veranlasste die Polizei, gegen Opiumsüchtige vorzugehen. Am 15. November trat ein neues Opiumgesetz in Kraft. Nun erst durften US-Drogenagenten ein Büro eröffnen – zwei volle Jahre nachdem die GIs angefangen hatten, in Vietnam laotisches Heroin zu konsumieren, und sechs Monate nach den ersten großen Beschlagnahmungen in den USA. Nur wenige Wochen nach ihrer Ankunft erhielten US-Agenten einen Tipp, dass ein philippinischer Diplomat und ein chinesischer Geschäftsmann Heroin direkt in die USA schmuggeln wollten.[324] US-Agenten bestiegen in Vientiane dasselbe Flugzeug, flogen mit ihnen um die halbe Welt und verhafteten sie mit 15,5 Kilo laotischen Heroins Nr. 4 in New York. Trotz dieser nicht unerheblichen Menge waren die Männer nur Boten für die mächtigen laotischen Drogenhändler. Aber politische Opportunität blockierte jedes Eingreifen, und so unternahm die US-Botschaft keinen Versuch, die Männer an der Spitze zu verfolgen.[325]

Langfristig könnte die amerikanische Antidrogenkampagne mehr Schaden als Nutzen gebracht haben. Die amerikanischen Bemühungen richteten sich in erster Linie darauf, die Hunderte von Opiumhöhlen zu schließen und gewöhnliche laotische Opiumraucher zu drangsalieren – mit den bekannten Folgen: Die meisten Opiumraucher von Vientiane stiegen wohl oder übel auf Heroin um. In einem Gespräch meldete General Ouane Rattikone ernste Zweifel über die Weisheit der amerikanischen Antidrogenkampagne an:

> »Jetzt wollen sie das Opiumrauchen verbieten. Aber wenn sie das Opium gesetzlich verbieten, wird sich jeder in Vientiane dem Heroin zuwenden. Opium ist nicht schlecht, aber Heroin wird mit Säure hergestellt, die einen Mann töten kann. In Thailand hat Marschall

Sarit das Opium verboten [1958/59], und jetzt nimmt in Thailand jeder Heroin. Das ist sehr schlecht.«[326]

Zwar mögen General Ouane vor allem seine eigenen Interessen zu dieser Ansicht bewogen haben, aber im Wesentlichen hatte er Recht.

Das Heroin Nr. 3 aus Vientiane hatte offenbar einen besonders hohen Säureanteil. Es führte bei einigen Süchtigen zu grässlicher Auszehrung, sodass sie wie Zombies aussahen. Einem laotischen Heroindealer zufolge kostete der Konsum von Heroin Nr. 3 aus Vientiane einen gesunden Mann in weniger als einem Jahr das Leben. So liegt der Verdacht nicht fern, dass die amerikanische Antidrogenkampagne die laotischen Opiumraucher in den Herointod trieb, während sie die Produzenten und internationalen Drogenhändler verschonte.

Zwischenresümee, 1972

In dem Yao-Dorf Pa Dua, nicht weit vom Guomindang-Hauptquartier in Mae Salong in Nordthailand entfernt, fand sich in einem Dorfladen eine primitiv eingerichtete Ecke zum Opiumrauchen. Zu fast jeder Tageszeit konnte man hier drei oder vier Yao- und Guomindang-Soldaten finden, die in sich zusammengesackt an ihren Opiumpfeifen saugten. Gelegentlich, wenn sie in einen Opiumtraum abdrifteten, starrte einer der Raucher auf das verblassende Emblem der United States Navy Seabees, einer kämpfenden Pioniereinheit, das an die Wand geheftet war. Die karikaturhafte Hummel – mit Seemannsmütze und einer Maschinenpistole in den behandschuhten Händen – blickte auf die Träumer mit dem frenetischen Starren einer gekränkten Ikone herab. Dieses Emblem und ein verrottender Haufen Gebäude einige Kilometer die Straße hinunter waren die einzigen fasslichen Überbleibsel eines Bautrupps der Seabees, der ein Jahr in diesem Gebiet verbracht hatte, um eine Straße zu bauen, die Mae Salong mit der großen Provinzhauptstraße verband. Nach Auskunft eines örtlichen thailändischen Beamten fanden die Bauarbeiten der Seabees im Rahmen des »Programms für beschleunigte ländliche Entwicklung« der US-Entwicklungshilfebehörde USAID statt. Trotz des neutral klingenden Titels handelte es sich um ein Programm zur Aufstandsbekämpfung, das der Infanterie und den schweren, nach US-Vorbild ausgerüsteten Panzereinheiten Thailands in Zeiten der Rebellion den Zugang in die unwegsamen Berge erleichtern sollte.

Zwar nützte diese Straße der thailändischen Armee nicht viel, aber sie war ein Segen für den internationalen Drogenhandel der Guomindang. Bevor die Guomindang-Karawanen nach Birma aufbrachen, wurden Waffen, Maultiere und Versorgungsgüter über diese Straße transportiert. Nach ihrer Rückkehr kamen Opium, Morphinbase und Heroin Nr. 4 über diese Straße auf die internationalen Drogenmärkte. Die Straße verminderte die Transportkosten der Guomindang, steigerte ihre Gewinnmargen und verbesserte ihre Wettbewerbsposition im internationalen Heroinhandel. Zur Zeit ihres Baus war die Rolle der Guomindang im Rauschgiftgeschäft gut bekannt, aber die Vertreter von USAID waren offenbar der Meinung, dass die militärischen Vorteile der Straße ihren positiven Beitrag zum internationalen Drogenhandel mehr als aufwogen.

In vieler Hinsicht war diese Straße ein Beispiel für die naivste Form der amerikanischen Komplizenschaft im südostasiatischen Drogenhandel. Über 20 Jahre lang schütteten die USA, bis 1972 die hegemoniale Macht in der Region, Milliarden von Dollar über Südostasien aus. Und sie schufen neue Nationen, wo es vorher keine gab, stürzten Regierungen, setzten handverlesene Premierminister ein und zerschlugen Revolutionen. Aber die Vertreter dieser Macht in Südostasien schienen den Opiumhandel als lokales Problem zu betrachten und drückten angesichts offizieller Verstrickungen im Allgemeinen ein Auge zu. Ein laotischer oder vietnamesischer General, der sich für Neutralität aussprach, hatte gute Chancen, aus dem Amt getrieben zu werden, aber einer, dessen Rolle im Opiumhandel von der internationalen Presse aufgedeckt wurde, handelte sich nicht einmal einen Tadel ein. Die amerikanische Beteiligung ging jedoch weit über zufällige Komplizenschaft hinaus: US-Botschaften verschleierten die Verstrickungen protegierter Regierungen, CIA-Charterlinien transportierten Opium und einzelne CIA-Agenten übersahen geflissentlich den Opiumhandel.

Eine indirekte Konsequenz des amerikanischen Engagements im Goldenen Dreieck bis 1972 war, dass die Opiumproduktion stetig stieg, die Produktion von Heroin Nr. 4 florierte und die Mohnfelder der Region an die europäischen und nordamerikanischen Märkte angeschlossen wurden. Im Goldenen Dreieck Südostasiens wurden nun 70 Prozent des illegalen Opiums der Welt angebaut, aus ihm stammten schätzungsweise 30 Prozent des amerikanischen Heroins.

Anfang 1972 war die Situation so kritisch geworden, dass eine Task

Force auf Kabinettsebene, die den südostasiatischen Drogenhandel untersuchte, den Schluss zog: »Es besteht unter den gegenwärtigen oder irgendwelchen anderen realistisch denkbaren Umständen keine Aussicht, den Handel per Luft oder auf dem Seeweg zu unterbinden.« Der recht freimütige Bericht erklärte die Logik hinter dieser Schlussfolgerung:

> »Die grundlegenden Probleme, die leider zugleich die geringste Aussicht auf eine schnelle Lösung haben, sind die Korruption, das geheime Einverständnis und die Gleichgültigkeit einiger Regierungsstellen besonders in Thailand und Südvietnam, die eine effektivere Unterbindung des Handels durch die Regierungen, auf deren Territorium er stattfindet, ausschließen. Zwar haben unsere Botschaften wiederholt und mit Nachdruck Ermahnungen ausgesprochen und etwas Kooperation erreicht, aber zweifellos bleibt noch weit mehr zu tun. Es sollte möglich sein, den richtigen thailändischen oder vietnamesischen Vertretern die Stimmung des [US-]Kongresses und der Regierung zum Thema Drogen zu vermitteln. Es sollte möglich sein, ihnen deutlich zu machen, dass sie am 29. Oktober 1971 [dem Tag der Billigung einer Resolution des US-Kongresses] um ein Haar unsere ganze Militär- und Wirtschaftshilfe eingebüßt hätten, wobei im Senat die Überzeugung vorherrschte, dass ihre Regierungen korrupt und bei allen Versuchen gescheitert seien, den Drogenhandel effektiver zu unterdrücken...
> Auf jeden Fall ist nur dann ein wirklicher Fortschritt beim Problem des illegalen Handels zu erzielen, wenn die betreffenden Regierungen seiner Bekämpfung höchste Priorität zumessen und darin für ihre eigenen Länder eine Frage von Leben und Tod erkennen.«[327]

Wie dieser Bericht erkennen lässt, beeinflussten die USA den Drogenhandel der Region, ob sie ihn nun aktiv bekämpften oder in verdeckter Komplizenschaft an ihm beteiligt waren, durch ihre lokalen Verbündeten. In Birma und Laos vermied die CIA direkte Kämpfe oder Spionageaktivitäten und suchte sich stattdessen lokale Protegés, von denen das Ergebnis der Geheimdienstmission abhing. Generell hatte die CIA mit ihrem riesigen Budget keinen Grund, selbst Heroin anzufassen. Die Komplizenschaft des Geheimdienstes bestand in den meisten Fällen in seiner Toleranz oder kalkulierten Ignoranz gegenüber den Drogengeschäften seiner Verbündeten vor Ort. In vielen der Gebirgszüge, die sich von Laos aus westlich am Südrand Asiens entlangziehen, war Opium das Hauptzahlungsmittel des Außenhandels und daher eine bedeutende Quelle politischer Macht. Da die verdeckten Operationen der CIA auf Allianzen mit mächtigen Kriegsherren oder Stammesführern angewiesen waren, die notwendigerweise mit Rauschgift handelten, verstrickte sich der Geheimdienst wiederholt in den Opiumhandel der Region. Im Schutz eines Bündnisses mit der CIA konnten diese Führer ihren Anteil am Handel ausweiten. Ein protegierter Opiumhändler brauchte Verhaftung und Verfolgung kaum zu fürchten, er gewann durch seine Allianz mit der CIA auch Zugang zu internationalen Transportmitteln oder Geschäftskontakte, die die Vermarktung der Drogen erleichterten.

1972 führte die CIA eine eigene Untersuchung über den laotischen Drogenhandel durch, die dieses Muster der Komplizenschaft untermauerte. In Reaktion auf meine Zeugenaussage über den indochinesischen Heroinhandel vor einem Ausschuss des US-Senates im Juni 1972 vernahm der Generalinspekteur des Geheimdienstes 20 Agenten seines Washingtoner Hauptquartiers und schickte Ermittler aus, die zwischen dem 24. August und 10. September über 100 US-Vertreter in Südostasien befragten. Kaum überraschend kam der Generalinspekteur zu dem Schluss, dass es »keinen Beweis gibt, dass ... irgendein höherer Offizier des Geheimdienstes den Drogenhandel gezielt sanktioniert oder unterstützt hat«. Er entlastete auf diese Weise die CIA von einem Vorwurf, den ich nicht gemacht hatte. Wichtiger jedoch: Wer den Abschlussbericht des Generalinspekteurs sorgfältig las, fand den Kern meiner Beweisführung über die CIA-Komplizenschaft im Heroinhandel bestätigt.[328]

Mit Blick auf die Beziehung des Geheimdienstes zu seinen südostasiatischen Verbündeten drückte der CIA-Generalinspekteur »einige Sorge« aus, dass »örtliche Vertreter, mit denen wir in Kontakt stehen..., in der einen oder anderen Weise in das Drogengeschäft verwickelt waren oder noch immer sein könnten. ... Was im Hinblick auf diese Leute geschehen soll, ist ein besonders schwieriges Problem angesichts ihrer Bedeutung für einige unserer Operationen insbesondere in Laos.« Besonders problematisch fand der Generalinspekteur die Bündnisse der CIA mit hochrangigen laotischen Militäroffizieren: »Die frühere Beteiligung vieler dieser Offiziere am Drogenhandel ist gut bekannt, die fortdauernde Verstrickung vieler wird vermutet; doch ihr guter Wille ... erleichtert erheblich die militärischen Aktivitäten irregulärer Truppen, die vom Geheimdienst unterstützt werden.«[329]

Um das Problem zu beheben, verlangte der Generalinspekteur von der CIA-Abteilung in Vientiane »eine Einschätzung der möglichen widrigen Auswirkungen« ihrer Beziehungen zu laotischen Heroinhändlern. Doch da sie offenkundig von der Unterstützung der laotischen Drogenbarone abhing, war die Abteilung in Vientiane nicht gewillt, die Beziehungen zu ihnen abzubrechen. In freimütiger Einschätzung der Politik, die der CIA ihre Komplizenschaft mit dem Drogenhandel erlaubt hatte, kam der Generalinspekteur zu dem Schluss: »Der Krieg war eindeutig unsere oberste Priorität in Südostasien, alle anderen Fragen waren nachrangig. Er wäre dumm, das zu leugnen, und wir sehen keinen Grund, dies zu tun.« [330]

Im Gegensatz zur Freimütigkeit ihres internen Berichts gab die CIA mehrfach öffentliche Erklärungen ab, in denen sie ihre Komplizenschaft im südostasiatischen Drogenhandel leugnete. Als der US-Senatsausschuss unter Vorsitz von Senator Frank Church 1975 die Arbeit der CIA überprüfte, überzeugte der Geheimdienst dessen Mitglieder, dass die »Behauptungen, geheimdiensteigene Flugzeuge seien in den Drogenhandel verstrickt ..., jeder Grundlage entbehren«.[331] Mit der Leugnung ihrer Komplizenschaft blockierte die CIA jede Reform und sorgte dafür, dass sich eine Politik, die in den 60er Jahren die Heroinproduktion in Birma und Laos gefördert hatte, in den 80er Jahren in Pakistan und Afghanistan wiederholte.

8
KRIEG GEGEN DIE DROGEN

Amerikas erster Drogenkrieg hatte große, allerdings unbeabsichtigte Auswirkungen auf den globalen Drogenhandel. Als sich die US-Truppen 1971/72 aus Vietnam zurückzogen, schuf Richard Nixon nichts ahnend einen neuen Markt für südostasiatisches Heroin, indem er den Drogen in Europa den Krieg erklärte. Mit starkem diplomatischem Druck zwang Nixon die Türkei, ihre Opiumfelder auszumerzen, und Frankreich, seine Heroinlabors zu schließen. Damit unterbrach er die Verbindung, die lange 80 Prozent des US-Heroins geliefert hatte. Ironischerweise setzte Nixons Sieg in Europa jedoch Marktkräfte in Gang, die den Drogenhandel bald auf fünf Kontinente ausdehnten.

Der erste Drogenkrieg der USA führte somit paradoxerweise zu einer Stärkung des globalen Drogenhandels. Bis Ende der 70er Jahre war an die Stelle der überschaubaren Marseille-Connection nach New York ein komplexer weltweiter Handel getreten, der den wachsenden Konsum der Ersten Welt mit der expandierenden Produktion der Dritten Welt verband. Da Produzenten und Konsumenten nun über den Globus verteilt waren, entwickelte sich der internationale Drogenhandel zu einem Gewirr aus Schmuggelrouten, die weit widerstandsfähiger gegen den Zugriff der Strafverfolgung waren als jemals zuvor.

Der erste der fünf Drogenkriege der Vereinigten Staaten wurde zu einem Muster, das exakt auf das Scheitern der folgenden, auch auf Lateinamerika ausgedehnten Kriege vorauswies. Nicht nur entfesselte Nixons Drogendiplomatie Kräfte, die den Drogenhandel weltweit stimulierten, sie entwickelte auch eine kontraproduktive Dynamik, die in allen folgenden US-Drogenkriegen wiederkehren sollte.

Viele der Probleme, die spätere US-Drogenkriege scheitern ließen, zeigten sich zuerst in Südostasien. Obwohl das südostasiatische Goldene Dreieck 40 Jahre lang die weltgrößte Quelle narkotischer Drogen blieb, verkannten US-Politiker in Washington beständig die Komplexität seines Opiumhandels. Das Federal Bureau of Narcotics (FBN) richtete erst Ende der 60er Jahre ein Büro in Bangkok ein, etwa 20 Jahre nachdem das erste Auslandsbüro in Rom gegründet worden war. Obwohl dessen Nachfolger, die Drug Enforcement Administration (DEA), bald zahlreiche Informationen zusammentrug, die auf die Bedeutung Südostasiens hinwiesen, versäumte es Washington in der Regel, darauf zu reagieren. Nachdem sie selber bekannt gegeben hatte, das Südostasien nun über 70 Prozent des Weltopiums produzierte, wies die Regierung von George Bush nur fünf Prozent ihres Jahresbudgets 1991 zur Drogenbekämpfung der Region zu. Die Konzentration auf Kokain zu Lasten des Heroins war noch extremer. Angesichts der hohen Medienpräsenz des Kokainderivats Crack erhielten Programme zur Bekämpfung dieser Droge 86 Prozent des Bush-Budgets, was nur 14 Prozent für die globale Heroinbekämpfung übrig ließ.[1]

Die Heroinroute, die in New York oder Los Angeles endete, begann in den Bergen des südostasiatischen Goldenen Dreiecks, wo chinesische Wanderhändler die Opium anbauenden Dörfern im Hochland mit den Heroinlabors an der thailändisch-birmanischen Grenze verbanden. Diese chinesischen Händler, Nachfahren jener Kaufleute, die einst bis ins Indien der Moguln wanderten, waren zumeist Muslime, die ihre Ursprünge in der benachbarten chinesischen Provinz Yunnan hatten. Nicht nur banden diese Yunnan-Chinesen das Goldene Dreieck mit ihren Netzwerken von Schulden und Krediten zu einer wirtschaftlichen Einheit zusammen, sie betrieben auch die Heroinlabors an der thailändisch-birmanischen Grenze. Die größten Yunnan-Händler aus dieser entlegenen Ecke des riesigen chinesischen Reiches waren autonome Kriegsherren, die bewaffnete Eskorten für ihre Karawanen mobilisierten. Ende der 70er Jahre befehligte der führende yunnanesische Kriegsherr, Khun Sa, 3.500 Mann, die mit automatischen M16-Sturmgewehren und 12,7-Millimeter-Maschinengewehren bewaffnet waren. Nach der Ernte von 1977 erreichten seine Maultierkarawanen auf ihren Trecks über die Bergpfade eine Länge von mehreren Kilometern und transportierten genug Opium, um die gesamte illegale Nachfrage in den USA zu bedienen.[2]

Einmal an der thailändisch-birmanischen Grenze zu Heroin verarbeitet, ist die Droge bereit für den Export nach Bangkok und darüber hinaus auf die Weltmärkte. Diese Exporte werden von Syndikaten der

Teochiu-Chinesen kontrolliert*, eine der am wenigsten verstandenen großen transnationalen Verbrechergruppen. Sie operieren über ihre Diaspora in Europa, Südostasien und Amerika, haben aber nie die quasi-militärische Hierarchie der Mafia entwickelt. Stattdessen organisieren sie sich in lockeren Strukturen ähnlich wie die Marseiller Korsennetzwerke. Trotz dieser losen Organisationsform haben die Teochiu-Syndikate, die häufig wie ein Investorenkonsortium strukturiert sind, die Fähigkeit bewiesen, komplexe Schmuggeloperationen durchzuführen, die sich über mehrere Kontinente erstrecken. Ob in Hongkong, Malaysia, New York oder Amsterdam: Die Syndikate bestehen ausschließlich aus Angehörigen der Teochiu-Volksgruppe. Die Hongkonger Polizei beschreibt die Teochiu-Chinesen, deren Vorfahren ursprünglich aus der Stadt Shantou (Swatow) an der chinesischen Südküste stammen, in der gleichen Weise, wie ihre französischen oder italienischen Kollegen von den korsischen und sizilianischen Verbrechern sprechen: als unerbittlich, sippentreu und immer feindselig gegenüber Außenstehenden.

Die Beteiligung der Teochiu am Drogenhandel begann Ende des 19. Jahrhunderts, als eine Gruppe von Shantouer Händlern eine Lizenz erlangte, Opium im französischen Sektor Schanghais zu verkaufen. Während der 1920er Jahre richteten die Teochiu-Syndikate illegale Heroinlabors in Schanghai ein und errangen die Vorherrschaft über eine Drogenindustrie, die etwa zehn Millionen chinesische Süchtige versorgte. Als die Rote Armee 1949 Schanghai eroberte, floh das Syndikat nach Hongkong, gründete dort in den 50er Jahren neue Labors und importierte über Kontakte in Bangkoks großer Teochiu-Gemeinde Morphinbase aus dem Goldenen Dreieck. Bis 1970 beherrschten fünf große Teochiu-Syndikate den Hongkonger Heroinhandel, und die Kolonie hatte 100.000 Süchtige – 2,6 Prozent der Bevölkerung, die höchste Süchtigenrate der Welt. Als in den 50er Jahren auf Druck der Vereinten Nationen die Regierungsmonopole in Thailand, auf der Malaiischen Halbinsel und in Vietnam geschlossen wurden und ein offizielles Drogenverbot verhängt wurde, dehnten die Teochiu-Syndikate ihre Operationen über einen Großteil Südostasiens aus. Bis zu den frühen 70er Jahren hatten sie die Kontrolle des südostasiatischen Drogenhandels fest in ihre Hände gebracht und standen bereit, die internationalen Märkte jenseits der Region zu erschließen. Aus Nixons

---

* Nach der kantonesischen Aussprache von Teochiu auch Chiu Chao genannt (A. d. Ü.).

Drogenkrieg in Südostasien wurde in Wirklichkeit ein verlorener Feldzug gegen die Teochiu-Syndikate in den Städten und die yunnanesischen Kriegsherren in den Bergen.

Nixons Drogenkrieg

1971 weiteten die USA ihre Drogenbekämpfung über die Landesgrenzen hinaus aus, als Präsident Richard Nixon das Drogenproblem als »nationalen Notstand« bezeichnete und den ersten der fünf US-Drogenkriege erklärte. »Die Drogensucht hat sich mit pandemischer Virulenz ausgebreitet«, sagte Nixon in seiner Rede zur Lage der Welt im Februar 1971 und fügte hinzu, dass Drogen »ohne den geringsten Respekt für nationale Grenzen« geschmuggelt würden und daher »ein integrierter Angriff gegen ... ihre Bewegung über internationale Grenzen« erforderlich sei.[3] In den folgenden zwei Jahren investierte Nixon enorme persönliche Energie, um öffentliche Unterstützung zu gewinnen und die Bundesbehörden für diese neue nationale Mission umzustrukturieren. Der Krieg gegen die Drogen wurde so zu einem seiner wichtigsten und dauerhaftesten Vermächtnisse.

Im Juni 1971, als die Zwischenwahlen nahten, verkündete Präsident Nixon seinen Krieg gegen die Drogen in einer besonderen Ansprache vor dem Kongress. Dabei brandmarkte er Drogen als »öffentlichen Feind Nr. 1« und gab einen »umfassenden Angriff auf das Problem des Drogenmissbrauchs in Amerika« bekannt. Nixon argumentierte, dass Drogensucht eine Kriminalität von zwei Milliarden Dollar jährlich verursache und warnte: »Wenn wir die Rauschgiftbedrohung in Amerika nicht beseitigen können, wird sie uns zweifellos vernichten.« Er bat den Kongress, das Budget zur Drogenbekämpfung auf 350 Millionen Dollar zu verdoppeln und erläuterte die Details seiner Pläne zu einer umfassenden Drogenbekämpfung. Um gegen die Drogennachfrage vorzugehen, gab der Präsident die Bildung des Special Action Office of Drug Abuse Prevention unter Dr. Jerome Jaffe bekannt, wies das Verteidigungsministerium und die Veteranenbehörde an, Drogensucht in der Armee zu behandeln, und bat den Kongress um ein Gesetz, das Methadon zu einem legalen »Werkzeug bei der Rehabilitierung von Heroinsüchtigen« machte. Dann wandte er sich dem Drogenangebot zu. Heroin, so Nixon, sei die »sozial zerstörerischste Suchtform in Amerika«, daher müsse ihm »im Kampf gegen die Drogen Priorität«

eingeräumt werden. Um den Heroinfluss zu unterbinden, gab der Präsident eine neunstufige »weltweite Eskalation« bekannt. Die US-Botschafter sollten die Verbündeten drängen, »die Opiumproduktion und den Mohnanbau zu beenden«. Neue Beamte der US-Drogenbehörde FBN sollten ausländische Drogenermittler ausbilden, um Drogenlieferungen abzufangen. Vor allem aber wollte das Weiße Haus über die Vereinten Nationen einen Fonds zur Kontrolle des Drogenmissbrauchs gründen und das UN-Drogenabkommen von 1961 (Single Convention on Narcotic Drugs) stärken.[4] Geschickt nahm Nixon seinen Gegnern von der Demokratischen Partei den Wind aus den Segeln, indem er sein konservatives Programm für den Drogenkrieg mit liberalen Maßnahmen wie der Methadonbehandlung und einer Zusammenarbeit mit der UNO garnierte.

In den Tagen nach dieser Rede flog Nixon die Ostküste hinauf und hinunter, um entscheidende Meinungsmacher für seinen Krieg zu gewinnen, sprach mit Medienmanagern, dem Advertising Council und der American Medical Association. In zwei außergewöhnlichen Tagen im März 1972 warb Nixon kraftvoll dafür, sich gegen eine Bedrohung zu wenden, die, wie er in seiner Rede zur Lage der Nation sagte, »die Stärke unserer Nation aussaugen und den Charakter unserer Nation zerstören« könne. Am 20. März kam der Präsident nach New York, wo er sich mit Bundesdrogenbeamten traf, den Drogenkampf des Bundesstaates mit Gouverneur Nelson Rockefeller erörterte und zum ersten Mal zu einem »totalen Krieg« gegen die Drogen aufrief. Am folgenden Tag um 10 Uhr 45 empfing der Präsident den türkischen Premierminister auf dem Südrasen zu formellen Gesprächen über ein Mohnverbot; unterzeichnete dann, um 12 Uhr 45, im East Room des Weißen Hauses ein Gesetz über Suchtbehandlung (Drug Abuse Office and Treatment Act), mit dem er eine umfassende Erforschung des Drogenmissbrauchs einleitete, um schließlich um 21.55 Uhr im Bankettsaal ein Staatsdinner für den türkischen Premierminister zu geben.[5]

Nach seiner Sonderrede vor dem Kongress vom Juni 1971 arbeitete der Präsident zwei Jahre lang rastlos daran, die Rhetorik in bürokratische Wirklichkeit zu verwandeln. »Ich habe bei meiner persönlichen Beaufsichtigung dieses Programms bewusst die Peitsche knallen lassen«, sagte er bei einem Drogengipfel im Weißen Haus, »und muss zugeben, dass wir einige Bürokratenköpfe zusammengestoßen haben.« Im September schuf Nixon einen Kabinettsausschuss zur Drogenkontrolle (Cabinet Committee on International Narcotics Control) unter

Vorsitz des Außenministers, um den Drogenkrieg auf höchster Ebene zu koordinieren. Einige Wochen später schloss das Weiße Haus ein gemeinsames Abkommen mit Thailand über Drogenkontrolle, ähnlich jenem, das einige Monate zuvor mit Frankreich erzielt worden war, und führte später bilaterale Gespräche über das Thema mit Mexiko und dem Schah von Persien.[6] Schließlich, im März 1973, reorganisierte Nixon die Bundesbehörden für »einen durchgreifenden, globalen Krieg gegen die Drogengefahr«, wobei er alle Drogenbeamten, darunter die 2.100 kurz zuvor neu eingestellten, in der neuen, dem Justizministerium unterstellten Antidrogenbehörde Drug Enforcement Administration (DEA) zusammenfasste. Während die DEA alle Drogenermittlungen im In- und Ausland führen sollte, hatte die Zollbehörde des Finanzministeriums die alleinige Verantwortung für die Hafeninspektion und das Abfangen von Drogenlieferungen. Zur Finanzierung dieses ehrgeizigen Programms hob Nixon das Bundesbudget zur Drogenbekämpfung in seiner ersten Amtszeit auf fast 750 Millionen Dollar und legte damit das Fundament für dessen spätere Ausweitung.[7] Nixon selbst trat nur zwei Jahre später in Schande zurück, aber sein Drogenkrieg und dessen bürokratische Fundamente überlebten als dauerhafte Merkmale der Bundesadministration – besonders die Aufsicht auf Kabinettsebene, der Drogenberater des Weißen Hauses, die DEA, ein ständig erweitertes Budget, harte Drogengesetze, die bilaterale Drogendiplomatie des Außenministeriums sowie die Metapher und Geisteshaltung des Krieges.

Nixons außerordentlicher Erfolg entsprang seinem Gespür für die Hoffnungen gewöhnlicher Amerikaner und seinem Geschick, die Bürokratie seinem Willen zu beugen. In seinem Wahlkampf für das Amt des Gouverneurs von Kalifornien hatte Nixon mit einem »vernichtenden Angriff« auf den liberalen Amtsinhaber Gouverneur Edmund »Pat« Brown an die Sehnsucht der Mittelklasse nach »Recht und Gesetz« appelliert und diesem vorgeworfen, seine Drogenbehandlungsprogramme ließen gegenüber Rauschgift Milde walten. Zwar hatte Präsident Kennedy diesem Angriff von rechts mit der Einberufung der ersten Drogenkonferenz des Weißen Hauses im September 1962 zuvorzukommen versucht, aber Nixon hatte nun eine mächtige Waffe in seinem Krieg gegen den linken Konsens gefunden. Sein Appell an »Recht und Gesetz« erwies sich bei seinem erfolgreichen Präsidentschaftswahlkampf von 1968 als verblüffend wirkungsvoll.[8]

Nixons Motive für seine leidenschaftliche Anstrengung waren eine

Mischung aus knallharter Politik und aufrichtigem, wenn auch fehlgeleitetem Idealismus. Nach seinen privaten und öffentlichen Aussagen war Nixon offenbar tief besorgt über den Verlust einer moralischen Gemeinschaft in den USA, wie er sie in seiner Kindheit in einer US-Kleinstadt kennen gelernt hatte. Im Mai 1971, nur Wochen bevor er den Drogen den Krieg erklärte, war Nixon über eine positive Darstellung von Homosexuellen in der CBS-Fernsehshow *All in the Family* außer sich gewesen. »Ich finde nicht, man sollte im Fernsehen Homosexualität glorifizieren«, sagte Nixon seinem Stab im Oval Office. »Es hat mich wütend gemacht, weil ich nicht will, dass dieses Land diesen Weg geht. ... Die letzten sechs römischen Kaiser waren Schwuchteln. ... Als die katholische Kirche, ich weiß nicht wann, zur Hölle ging, vor drei oder vier Jahrhunderten, war sie homosexuell. ... Und betrachten wir die starken Gesellschaften. Die Russen, verdammt noch mal, die rotten die aus. ... Drogen? Glauben Sie, die Russen erlauben Drogen? Zum Teufel, nein. ... Sehen sie, Homosexualität, Drogen, Unmoral im Allgemeinen: Das sind die Feinde starker Gesellschaften. Deshalb vertreiben die Kommunisten und Linken das Zeug so eifrig; sie versuchen, uns zu zerstören.«[9] Nur fünf Tage nach seiner Kongressrede zum Drogenkrieg appellierte Nixon an die American Medical Association, ihn zu unterstützen und beschwor dabei eine Zeit herauf, »als die meisten Amerikaner in Kleinstädten lebten« und »sich um Rat an den Hausarzt wandten, nicht nur im Hinblick auf ihre körperliche Gesundheit, sondern in vielen Aspekten des Lebens«. Nixon erinnerte sich an seinen eigenen Arzt, »einen Hausarzt, Dr. Thompson aus Whittier, Kalifornien. Er war ein guter Arzt, aber er war zugleich ein Führer der Gemeinschaft, und wenn er über etwas sprach, hörten wir zu.«[10]

Mit solch moralischer Gewissheit gerüstet, führte Nixon seinen heimischen Drogenkrieg in eine zunehmend parteiliche und repressive Richtung. In den letzten Wochen seines Wahlkampfes von 1972 warf er seine anfangs überparteilichen Gesten mit Parolen über den Sieg im Drogenkrieg mit harter, zuweilen schriller Rhetorik über Bord. »Vor drei Jahren«, sagte Nixon auf einer Drogenkonferenz des Weißen Hauses Mitte September, »wütete die Heroinplage völlig außer Kontrolle auf der ganzen Welt. ... Aber dann begannen wir unseren Kreuzzug, um unsere Kinder zu retten, und nun können wir sehen, wie dieser Kreuzzug ... anfängt, Siege in einem Land nach dem anderen zu erringen.« In einer nationalen Radioansprache nur Wochen vor den Wahlen sagte Nixon den Zuhörern, dass er in den Präsidentschaftswahlkampf von 1968 mit dem »Gelöbnis« gegangen sei, »die Achtung vor Recht, Gesetz und Justiz in Amerika wiederherzustellen«. In den vorangegangenen vier Jahren hätte er sich gegen »die steigende Flut von Unordnung und Freizügigkeit« gestemmt, indem er erstens »in unserem durchgreifenden Kampf gegen die kriminellen Kräfte in Amerika in die Offensive« gegangen sei und, zweitens, indem er »den totalen Krieg gegen Heroin und illegale Drogen« erklärt habe. Stolz verkündete Nixon: »Wir gewinnen diesen Krieg. Der noch in den 60er Jahren wütenden Heroinepidemie ist Einhalt geboten.« Um seine Behauptungen zu stützen, zitierte Nixon die weltweite Verdoppelung der beschlagnahmten Heroinmenge 1972. Für die Zukunft versprach er neue Gesetze mit harten, gesetzlich vorgeschriebenen Mindeststrafen, um »freizügige Richter« davon abzuhalten, Heroindealer auf Bewährung zu entlassen. Vor allem versprach Nixon, der »Erosion des moralischen Charakters im amerikanischen Leben« Einhalt zu gebieten und zu verteidigen, was er »das erste Recht des Bürgers« nannte: »das Recht, frei von Gewalt im eigenen Land zu sein«.[11]

In den letzten Wahlkampfwochen konterte der demokratische Kandidat George McGovern mit einer Betonung von Behandlung, Erziehung und Armutsbekämpfung – womit er praktisch die künftige demokratische Drogenpolitik umriss. Er wandte sich gegen Nixons Behauptung, der Heroinstrom »versiege«, und warf ihm vor, mit falschen Statistiken der Straßenpreise zu arbeiten.[12] Tatsächlich argumentierten spätere Studien, dass die Epidemie steigender Abhängigkeit von 68.000 Konsumenten 1969 auf 559.000 1971 tatsächlich eine Täuschung war – eine grobe Fälschung, die Nixons Drogenkrieger konstruiert hatten, indem sie das Verhältnis von »gemeldeten« und »geschätzten« Süchtigen manipulierten, um die beängstigende Zahl von einer halben Million zu erreichen.[13] Wenn diese Kritiker Recht hatten, dann hatte das Weiße Haus unter Nixon die Zahl der Süchtigen erst künstlich aufgebläht, um eine Heroinkrise zu schaffen, dann den Krieg erklärt, um diese vermeintliche Epidemie zu bekämpfen, und schließlich an den Zahlen der Heroinpreise gedreht, um den Sieg für sich zu beanspruchen – alles rechtzeitig zur Präsidentschaftswahl 1972.

Als die Demokraten nach ihrer vernichtenden Niederlage bei den Wahlen von 1972 nach Fassung rangen, steuerte Nixon in seinem Drogenkrieg hart nach rechts und legte dem Kongress ein neues Gesetz gegen Heroinhandel vor (Heroin Trafficking Act), der eine gesetzlich vorgeschriebene Mindeststrafe von zehn Jahren für den Verkauf von über vier Unzen (113 Gramm) Heroin festlegte. In einer Sonderrede zur Lage der Nation über Drogenmissbrauch im März 1973 beanspruchte Nixon den Sieg für sich, da sich die Menge der weltweit beschlagnahmten Drogen verdreifacht, die Preise für einen »Fix« an der Ostküste verdoppelt und der Reinheitsgehalt um die Hälfte auf 3,7 Prozent Heroin vermindert hätten. Auf einer Pressekonferenz am folgenden Tag wurde er nach den von ihm vorgeschlagenen Strafen befragt. Nixon nutzte die Gelegenheit zu einer Attacke auf den Liberalismus, der schädlich für das moralische Wesen des Landes sei. »In den 60er Jahren«, sagte er, »ließen sich die USA zu einer permissiven Haltung gegenüber Kriminellen hinreißen, und wir fuhren eine schreckliche Ernte ein, den größten Anstieg des Verbrechens, den dieses Land je gesehen hat, so explosiv, dass Recht und Gesetz ... '68 zum großen Thema wurden. '72 war es immer noch ein großes Thema.«[14] Als Nixon kaum ein Jahr später zurücktrat, hatten seine parteiliche Rhetorik und seine Taktik der harten Hand seine Politik ihres ursprünglich parteiübergreifenden Charakters beraubt und das Drogenproblem zu einer Waffe im Arsenal der republikanischen Rechten gemacht.

So übertrieben die Rhetorik und so fabriziert die Drogenstatistiken, Nixons Auslandsoperationen waren, zumindest kurzfristig, überraschend erfolgreich. In seiner ersten Schlacht in dieser neuen Art von Krieg griff Nixon die türkische Opiumproduktion an, damals die zweitgrößte in Zentralasien und Quelle von 80 Prozent des amerikanischen Heroinangebots. Nur eine Woche nach Verkündung des Drogenkrieges im Juni 1971 gab Nixon bekannt, dass die Türkei innerhalb eines Jahres ihre gesamte Opiumproduktion einstellen werde, und nannte dies »den bedeutsamsten Durchbruch, der bei der Beseitigung der Nachschubquelle für Heroin in unserer weltweiten Offensive gegen gefährliche Drogen erreicht wurde«.[15] Das US-Außenministerium hatte die türkische Regierung unter Druck gesetzt, die legale Opiumproduktion für pharmazeutische Unternehmen zu verbieten und 35 Millionen Dollar Auslandshilfe zu akzeptieren, um die Umstellung auf alternative Feldfrüchte zu finanzieren. Als enger militärischer Verbündeter fügte sich die Türkei und gab bekannt, dass sie nach der Ernte von 1973 den Opiumanbau verbieten würde, womit sie 100.000 Bauern eine einträgliche Feldfrucht nahm. Nach dieser Ausmerzung drängte das Weiße Haus die französischen Behörden, die illegalen Marseiller Heroinlabors zu schließen. »Die ganze Pipeline«, so der damalige DEA-Leiter, »trocknete aus.«[16] Bis Ende 1973 waren etwa 100 Tonnen türkisches Opium und acht bis zwölf Tonnen des hochreinen Marseiller Heroins vom Markt verschwunden. Während der darauf folgenden zweijährigen Heroinknappheit verdoppelte sich der Straßenpreis in New York und der Reinheitsgehalt nahm um die Hälfte ab, beides deutliche Anzeichen einer ernsten Verknappung. Zwar nahm die Türkei 1974 die legale Opiumproduktion wieder auf, aber die Atempause war lang genug, um die Pipeline zwischen der Türkei und Marseille trockenzulegen und eine umfassende Neuorganisation des internationalen Drogenhandels auszulösen.[17]

In seiner nächsten Schlacht grifft Nixons Weißes Haus Südostasien an und konzentrierte sich dabei auf Exporte aus Bangkok. Um zu verhindern, dass das Goldene Dreieck die Lücke im US-Angebot füllte, schickte das Weiße Haus ein Team von DEA-Beamten nach Bangkok, wo sie sich abmühten, den Zustrom asiatischen Heroins in die USA abzuschneiden. 1971/72 ließ der Direktor der Aufklärungsabteilung der DEA, John Warner, Perspektivstudien erarbeiten, die warnten, dass Südostasiens Goldenes Dreieck das Potenzial besäße, die Türkei als Quelle amerikanischen Heroins zu ersetzen. Diese Berichte wurden an den Drogenausschuss des Kabinetts (Cabinet Committee on International Narcotics Control, CCINC) zur Analyse weitergeleitet, das beschloss, Südostasien größere Priorität einzuräumen. »Wir erkannten langsam, dass wir es mit einer weltweiten Angelegenheit zu tun hatten, keiner lokalen«, sagte der Exekutivdirektor des Kabinettsausschusses, Egil Krogh jr., im August 1972 der Presse. Als Koordinator des Weißen Hauses für Drogenfragen bestellte Krogh DEA-Beamte vor ihrer Abreise in den Orient zu anfeuernden Gesprächen zu sich. Ein DEA-Veteran erinnerte sich, wie ihn der junge Nixon-Mitarbeiter am Ärmel zu einer Landkarte zog, auf das Goldenen Dreieck zeigte und mit entschlossener Mine sagte: »Gehen Sie und holen Sie mir Opiumkarawanen.«[18]

Mit dieser Entscheidung des Weißen Hauses wurde Südostasien von einem Außenposten zur Front des amerikanischen Drogenkrieges. 1969 gab es nur drei in Bangkok stationierte US-Drogenagenten – die sowohl für den Telefondienst wie für die Überwachung des Rauschgiftstroms in ganz Südostasien zuständig waren. Dieser eher symbolische DEA-Stab in Bangkok erwirkte wenige Verhaftungen, verfügte über geringe Sachkenntnis und noch weniger Informationen. 1970 und 1971 jedoch, als der Skandal der GI-Heroinepidemie in Vietnam in den USA Schlagzeilen machte, war die DEA gezwungen, ihre Prioritäten zu ändern. Um sicherzustellen, dass das Heroin den GIs nicht nach Hause folgte, wurde ihr Kontingent von Spezialagenten von zwei 1972 auf 31 Ende 1974 erheblich aufgestockt. Statt des üblichen Minimalbudgets verfügte die DEA in Bangkok nun über zwölf Millionen Dollar jährlich, um der örtlichen Drogenpolizei zu helfen.[19]

Da es unmöglich war, das »Ungeheuer der 1.000 Tonnen Opium des Goldenen Dreiecks« zu erschlagen, wie es der Bangkoker DEA-Chef Daniel Addario ausdrückte, konzentrierte sich sein Büro darauf, den Handel zwischen Thailand und den USA zu unterbinden. Trotz mangelnder Erfahrung in der Region hatte die DEA bis 1975 einen effizienten Nachrichtenapparat aufgebaut, der Informationen über Asiens große Heroinfreihäfen lieferte: Hongkong, Manila und vor allem Bangkok. Als genügend Informationen zusammenflossen, begann die DEA, für die USA bestimmte Lieferungen abzufangen.[20] In Ergänzung der kurzfristigen US-Bemühungen zur Kappung des Nachschubs begann 1971 der neu gegründete Drogenkontrollfonds der Vereinten Nationen (United Nations Fund for Drug Abuse Control, UNFDAC) mit einem Experiment zur Feldfruchtersetzung in Thailand. Das Programm sollte den Mohnanbau langfristig ausmerzen, indem man die Bauern ermutigte, Obstbäume, Kaffee, Bohnen und Blumen zu pflanzen.[21]

Der Verdacht der Nixon-Aministration war richtig gewesen: Ab 1972 versuchten die südostasiatischen Teochiu-Syndikate tatsächlich, den amerikanischen Drogenmarkt zu erobern, damals der einzige große Drogenmarkt in den wohlhabenden Ländern. Rückblickend hatten DEA-Experten den Eindruck, dass die GI-Heroinepidemie in Vietnam chinesischen Syndikaten möglicherweise als »Verbrauchertest« gedient hatte, der sie später zum Export in die USA ermutigte.[22] Durch den raschen US-Truppenabzug aus Vietnam 1971/72 hatten die Syndikate ihre beste Kundschaft verloren und saßen nun auf großen Lagerbeständen von hochreinem Heroin.

So versuchten die Teochiu-Syndikate, den süchtigen GIs in ihre Heimat zu folgen. 1971/72 benutzten sie zunächst chinesische und westliche Seeleute, um ca. 500 Kilo ihres Heroins nach New York zu schmuggeln, viel davon der Marke Double-U-O-Globe.[23] Auch eine Reihe alternativer Kanäle entstanden. Zu den wichtigsten gehörten eine Teochiu-Gruppe aus Manila unter dem Heroinproduzenten Lim Seng und ein Syndikat ehemaliger amerikanischer Armeeangehöriger, das während der zehn Jahre, in denen es von Bangkoker Bars aus operierte, annähernd 500 Kilo Heroin in die USA schmuggelte.[24] Nach dem

Opiumanbauverbot in der Türkei 1970/71 schätzten DEA-Quellen, dass südostasiatisches Heroin nun annähernd 30 Prozent des US-Gesamtkonsums deckte.[25]

Obwohl bis 1973 alle Anzeichen darauf deuteten, dass südostasiatisches Heroin bald den US-Markt dominieren würde, erreichte es nicht den Anteil, den Experten erwartet hatten. Bis 1975 fiel südostasiatisches Heroin von einem Spitzenwert von 30 Prozent der in den USA beschlagnahmten Menge auf neun Prozent. Leider hatte die plötzliche Abnahme der Menge südostasiatischen Heroins nur kurzlebige Auswirkungen auf das amerikanische Drogenproblem. Das Abfangen südostasiatischer Heroinexporte, verbunden mit der Ausmerzung des türkischen Mohnanbaus, verursachte tatsächlich eine ernste Drogenknappheit in den USA und verminderte die Zahl der Süchtigen von 500.000 1971 auf 200.000 drei Jahre später.[26] Als aber die Knappheit 1973 und 1974 die Straßenpreise an der Ostküste auf neue Höhen trieb, stieg die Zahl der Labors und der Mohnplantagen in den drei mexikanischen Bundesstaaten Sinaloa, Durango und Chihuahua sprunghaft an und steigerte den mexikanischen Anteil am US-Markt von 39 Prozent 1972 auf 90 Prozent 1975.[27]

Das starke Absinken des Anteils südostasiatischen Heroins am US-Drogenmarkt weist darauf hin, dass die Beschlagnahmungen der DEA einem informellen »Zoll« auf Teochiu-Heroinexporte in die USA gleichkamen und vor weiteren Exporten abschreckten. Vor die Alternative gestellt, ihre Labors zu schließen oder neue Märkte zu suchen, begannen die Teochiu-Syndikate nach Auffassung von DEA-Experten, geringerwertiges Heroin Nr. 3 nach Europa und Australien zu exportieren, Kontinente, die seit Jahrzehnten drogenfrei gewesen waren. Die Teochiu rechneten sich mit gutem Grund aus, dass es nur vier regionale Märkte gab, die reich genug waren, um die hohen Kosten des internationalen Heroinhandels zu tragen: Nordamerika, Japan, Westeuropa und Australien. Da ihnen der Schutzschirm der DEA den Zugang in die USA erschwerte und strenge Zollkontrollen den Export nach Japan verwehrten, blieben den Teochiu nur zwei Möglichkeiten offen. Mitte der 70er Jahre berichtete die DEA, dass »Überseechinesen über die Niederlande als Hauptimport- und Distributionsland praktisch den Heroinmarkt [in Europa] kontrollierten«.[28]

Um diese neuen europäischen Märkte in Europa und Australien zu versorgen, öffneten Teochiu-Syndikate in Ergänzung der fortlaufenden Herstellung von Heroin Nr. 4 an der thailändisch-birmanischen

Grenze im Grenzland zwischen Thailand und Malaysia Labors für die Produktion körnigen Heroins Nr. 3 und machten Kuala Lumpur zu einem großen Umschlagplatz für den internationalen Handel.[29] Anfang 1972 begannen die Teochiu-Syndikate mit Lieferungen von Heroin Nr. 3 nach Europa. Als normale Fluggäste getarnte Kuriere brachten es in Päckchen am Körper versteckt per Flugzeug zu Kontaktleuten in der großen chinesischen Gemeinde von Amsterdam, die als Distributionszentrum diente. Zwischen Juni 1972 und Anfang 1975 wurden über 60 chinesische Kuriere in Europa verhaftet.[30] Das gesamte in Europa beschlagnahmte asiatische Heroin stieg von elf Kilo 1972 auf 700 Kilo 1976. Einst als amerikanisches Problem betrachtet, breitete sich die Heroinsucht nun rasch auch in Europa aus. In den Niederlanden zum Beispiel stieg die Zahl der Heroinsüchtigen sprunghaft von 100 1972 auf 10.000 1975 an.[31] 1976 berichtete die DEA, dass die 700 in Westeuropa beschlagnahmten Kilo die in den USA abgefangene Menge von 550 Kilo überstiegen.[32] Von einem unbedeutenden Heroinkonsum 1970 hatte sich in Westeuropa am Ende des Jahrzehnts eine Süchtigenzahl von geschätzten 190.000 bis 330.000 Abhängigen entwickelt – ein Markt von der gleichen Größe wie der amerikanische.[33] Obwohl Heroin aus Pakistan bald um den europäischen Markt konkurrierte, blieben die beschlagnahmten Mengen südostasiatischer Drogen immer noch viermal höher als die der zentralasiatischen Konkurrenz: 397 Kilo gegenüber 107 Kilo.[34] Ähnlich in Sydney, wo die Polizei zuerst 1968 ein Quäntchen Heroin entdeckte, eine stark gestiegene Menge 1974/75 und einen beispiellosen Zustrom 1977/78.[35]

Das Scheitern der südostasiatischen Teochiu-Syndikate, einen großen Anteil am amerikanischen Drogenmarkt zu erobern, wurde in amerikanischen Expertenkreisen heftig diskutiert.[36] Die DEA erklärte dieses komplexe Problem weitgehend mit anthropologischen Argumenten. »Das Haupthindernis für südostasiatische Heroinexporte in die USA«, erklärte DEA-Leiter John R. Bartels jr., »scheint der Mangel an verlässlichen Beziehungen gewesen zu sein. Traditionell treiben Asiaten ihren Handel in erster Linie mit anderen Asiaten.«[37]

Die These der DEA, zweifellos zum Teil richtig, ließ indessen die Entwicklungen außer Acht, die das Wachstum des südostasiatischen Drogenhandels bremsten. Das lose Konsortium von Teochiu-Syndikaten ähnelte einem multinationalen Unternehmen, das seine Fabrik und Lagerhäuser in Thailand und seine neu gegründeten internationalen Verkaufsstellen in Manila, Hongkong, Saigon und Malaysia hatte.

Nachdem die kommunistische Machtübernahme in Indochina, die Zerschlagung des Manila-Syndikats und die erfolgreichen Polizeikampagnen in Hongkong und Malaysia die internationalen Vertriebsstellen des Unternehmens beseitigten oder lähmten, war das Management gezwungen, sich auf seinen Heimatboden in Thailand zurückzuziehen und sein ehrgeiziges Expansionsprogramm auf den amerikanischen Markt aufzugeben.

Obwohl die DEA ihren Auftrag erfüllt hatte, den Heroinstrom zwischen Südostasien und den Vereinigten Staaten zu vermindern, unternahm sie keine vergleichbaren Anstrengungen, um das Bündnis zwischen chinesischen Syndikaten, korrupten thailändischen Militäroffizieren und yunnanesischen Kriegsherren anzugreifen, das den thailändischen Handel kontrollierte – zugegeben eine gewaltige Aufgabe.[38] Indem sie dem Bangkoker Heroinexporteuren den Zugang in die USA verwehrten, ohne ihre Produktionskapazitäten anzugreifen, lenkte die DEA in Wirklichkeit südostasiatisches Heroin von den USA nach Europa und Australien um.

Unterm Strich erhöhte Amerikas erster Drogenkrieg auf diese Weise die Komplexität des Heroinwelthandels, weil er die Zahl der Märkte und Quellen vergrößerte, was die Drogenbekämpfung noch schwieriger machte. Mitte der 60er Jahre waren Hongkong und Marseille die einzigen großen Heroinproduzenten für den Weltmarkt. Ein Jahrzehnt später waren Mexiko, Birma, Thailand und Malaysia zu Großproduzenten aufgestiegen. Mitte der 60er Jahre hatten die USA den einzigen großen Heroinmarkt unter den wohlhabenden Nationen, aber ein Jahrzehnt später waren auch Westeuropa und Australien Großkonsumenten. Durch diese Ausdehnung von Produzenten und Konsumenten wurde das Netz der Handelsrouten weit komplexer, die Widerstandskraft der Verbrechersyndikate gestärkt. Der DEA erging es wie dem Zauberlehrling: Jeder Versuch einer Lösung vergrößerte das Problem.

Während der 70er Jahre, als das türkische Angebot schwand und Südostasien die Nachfragelücke nicht decken konnte, boomte die mexikanische Produktion. Die Sierra Madre wurde zur Hautquelle des US-Heroins. »Es ist ironisch«, schrieb der Direktor der mexikanischen DEA-Vertretung, »dass der krönende Erfolg der internationalen Bemühungen zur Drogenkontrolle auf dem europäischen Kontinent in funktionaler Beziehung zum Anstieg braunen Heroins in Nordamerika steht. ... Ob man es ein Rinnsaal, einen schlammigen Fluss oder einen mächtigen unterirdischen Strom nennt: Nichts daran ist rätselhaft. Der Heroinmarkt verabscheut ein Vakuum.« In den 50er Jahren hatte der mexikanische Opiumanbau nur einen winzigen Teil des US-Heroinmarkts bedient. Als sich aber der Mohnanbau in den frühen 70er Jahren ausbreitete, deckte Mexiko 1972 40 Prozent und 1975 89 Prozent der US-Heroinnachfrage.[39]

Wieder reagierte das Weiße Haus mit paramilitärischer Repression. Unter dem Druck Washingtons startete Mexiko 1975 die Operation Condor, ein umfassendes Programm zur Bekämpfung des Nachschubs, das sich gegen den Hochlandmohnanbau richtete. Während 25.000 mexikanische Soldaten Mohnpflanzen per Hand ausrupften, besprühte eine Flotte von 80 Flugzeugen, die meisten von den USA bereitgestellt, die Opiumfelder mit Herbiziden. Allein Anfang 1976 wurden 22.887 Mohnfelder auf einer Fläche von ca. 5.600 Hektar vernichtet. Zwischen 1975 bis 1978 verminderte die aggressive Ausmerzungskampagne den Zustrom mexikanischen Heroins in die USA von 6,3 auf drei Tonnen, wodurch der Anteil Mexikos am US-Angebot von 67 Prozent 1976 auf 25 Prozent 1980 fiel. Diese Operation verwüstete auch die mexikanischen Marihuanafarmen, deren Anteil am US-Markt von 75 Prozent auf nur vier Prozent sank. Die plötzliche Ausrottung der mexikanischen Drogenproduktion, verbunden mit einem steilen Anstieg der US-Nachfrage Mitte der 70er Jahre, weckte die Hoffnung, dass dieser militärische Ansatz zur Drogenunterdrückung funktionieren könnte. Obwohl als Sieg gefeiert, verlagerte die Unterbrechung des mexikanischen Zuflusses jedoch die Cannabisproduktion schlicht nach Kolumbien und förderte die ersten kriminellen Verbindungen dieses Landes in die USA.[40]

Der Drogenmarkt in den USA reagierte auf die Abnahme importierten Rauschgifts mit synthetischen Drogen heimischer Produktion. Als die Heroinimporte Mitte der 70er Jahre fielen, erkannten organisierte Verbrechersyndikate die Gelegenheit. Bald sprenkelten Amphetaminlabors den Nordosten der USA. Mit einer Ballung solcher Labors wurde Philadelphia zur »Speed-Hauptstadt der Welt«.[41]

Als die mexikanischen Exporte rapide abnahmen, gewannen südostasiatische Exporte bald ein Drittel des US-Marktes zurück. Dann, nachdem eine vernichtende zweijährige Dürre die Produktion des Goldenen Dreiecks 1978 von 700 Tonnen auf 160 Tonnen reduzierte, expandierte die Heroinproduktion in Afghanistan und Pakistan, um die Lücke im globalen Drogenangebot zu schließen.[42] Bis 1979 hatte zentralasiatisches Heroin den europäischen Markt erobert. Während niederländische Beschlagnahmungen südostasiatischen Heroins von 88 Kilo 1979 auf 2,5 Kilo 1980 sanken, sprangen die europäischen Konfiszierungen von zentralasiatischem Heroin im selben Zeitraum von 414 Kilo auf 900 Kilo.[43]

Auf einer von der DEA 1979 einberufenen Sonderkonferenz über den Mittleren Osten berichteten ihre Agenten, dass neue Heroinquellen rasant an Boden gewannen, besonders im Gebiet von New York, wo das zentralasiatische Heroin nun schon 42 Prozent des Marktes erobert hatte.[44] Bis 1982 stieg die zentralasiatische Opiumernte steil auf 1.600 Tonnen und zentralasiatisches Heroin befriedigte 60 Prozent der US-Nachfrage. Nur ein Jahrzehnt nachdem Nixon den Drogen den Krieg erklärt hatte, gab US-Bundesstaatsanwalt William French Smith bekannt, dass die nationale Süchtigenzahl auf 450.000 gestiegen sei – höher als vor Beginn des Drogenkriegs.[45]

Mit seinen frühen Siegen hatte Nixon den Charakter der späteren amerikanischen Drogenkriege definiert, indem er die ganze Macht des US-Staates aufbot, um die Drogen an ihrer Quelle auszumerzen. Nach schwerem diplomatischem Druck auf Verbündete, sich seinem Angriff gegen Anbau und Verarbeitung anzuschließen, entsandte Nixon US-Agenten, um Drogenhändlern aufzuspüren, die dieser ersten, grobschlächtigen Repression entgangen waren. Gleichzeitig führte Nixons republikanischer Rivale, der New Yorker Gouverneur Nelson Rockefeller, gesetzliche Mindeststrafen von 15 Jahren für den Besitz von nur zwei Unzen Heroin oder Kokain ein (ca. 57 Gramm) – was Nixon mit begrenztem Erfolg auf Bundesebene nachzuahmen versuchte.[46] Kurz, Nixons Drogenkrieg demonstrierte in beeindruckender, beispielloser Weise die Fähigkeit der führenden Weltmacht, Zwang auszuüben. Doch verglichen mit früheren kolonialen oder kommunistischen Regimes waren Nixons Instrumente schwach, ihre Reichweite begrenzt. Der ausgeübte Zwang war unvollkommen und zeitigte unvorhersehbare Konsequenzen.

Die Erfahrungen der 70er Jahre demonstrierten, wie schwer es war, das Opium an der Quelle auszumerzen oder den Zustrom von Heroin auf die Weltmärkte abzuschneiden, sobald es die Labors verlassen hatte. Wie Opium im 19. Jahrhundert war Heroin zu einer Ware des Weltmarktes geworden. Ein Angebot, das von einem Markt nicht absorbiert wurde, fand seinen Weg auf einen anderen. Gelang es dem Zoll und der Ermittlungsarbeit, Drogen aus großen Märkten fernzuhalten, wirkte sich dies wie eine informelle Zollbarriere aus, die den Drogenstrom in Länder mit nicht so effizienter Drogenbekämpfung umlenkte.

Während der 1970er Jahre erreichte die DEA einige beeindruckende Beschlagnahmungen in Südostasien. Ihre Beamten schienen zuversichtlich, das Heroinangebot aus der Region schließlich vermindern, wenn nicht gar ausmerzen zu können. Ende der 70er Jahre hatte die Verbindung von Trockenheit und Nachschubunterbrechung die Opiumproduktion der Region von 1.000 Tonnen auf nur 160 Tonnen gesenkt. Aber als 1980 der Regen zurückkehrte, kletterten die Erzeugerpreise in Birma von 91 Dollar pro Kilo im Januar 1979 auf 399 Dollar im Juni 1980, was die Ernte von 1981 auf 500 Tonnen hochtrieb. Angesichts guten Wetters und steigender Preise stieg die birmanische Opiumproduktion dann während der 80er Jahre stetig und erreichte 1990 2.780 Tonnen.[47] Während das Heroinangebot aus Mexiko und Zentralasien abwechselnd zu- und abnahm, erhöhte das Goldene Dreieck seinen Anteil am New Yorker Markt von fünf Prozent 1984 auf 80 Prozent 1989.[48] Anfang der 80er Jahre durchlebte Südostasien eine Abfolge natürlicher und politischer Veränderungen, aus denen es mit allen Voraussetzungen für eine Dekade explosiven Wachstums hervorging. Da die Niederlage der USA in ihrem ersten Drogenkrieg in Südostasien am entscheidensten war, verdienen seine Schlachtfelder – Manila, Hongkong, Malaysia, Thailand und Birma – eine genauere Betrachtung.

Manila unter Kriegsrecht

Zum ersten und dramatischsten Schlag gegen die Teochiu-Syndikate kam es im Januar 1973 in Manila, als Lim Seng, ein chinesischer Heroinhersteller, von einem Erschießungskommando hingerichtet wurde. Obwohl Drogenermittler seit langem über eine »Manila-Connection« berichtet hatten, war es doch eine Überraschung, als Lim Sengs Verhaftung und die Entdeckung zweier gut bestückter Heroinlabors diesen Verdacht bestätigten. Denn die Philippinen hatten unter allen Nationen Südostasiens immer noch die kleinste Anzahl von Abhängigen – zu wenig eigentlich für ein eigenes Labor zur Herstellung von Heroin Nr. 4.[49]

Man wusste nur, dass in Manila ab etwa 1960 kleine Labors zur Herstellung von Heroin Nr. 3 die Produktion aufgenommen hatten. Als Lim Seng, ein Restaurantbesitzer, der mehr schlecht als recht über die Runden kam, 1964 sein erstes Labor öffnete, waren bereits drei rivalisierende chinesische Labors in Betrieb. Mit Kapital von einem führenden philippinischen Textilmagnaten und einer überseeischen chinesischen Versicherungsgesellschaft heuerte Lim Seng einen Teochiu-Chemiker aus Hongkong an und begann, kleine Mengen Heroin Nr. 3 für den lokalen Markt zu produzieren. Nachdem ein Überangebot von Heroin bis 1969 all seine Konkurrenten aus dem Geschäft warf, erkannte Lim Seng, dass Manilas Markt zu klein war, und nahm die Produktion von Heroin Nr. 4 für den Export in die USA auf. Er begann damit, über die Handelsgesellschaft Hoi Se-wan Sukreepirom und das Lim-Chiong-Syndikat, das von dem Erawan Antique Shop in der Bangkoker Innenstadt aus operierte, große Mengen Morphinbase aus dem Goldenen Dreieck zu importieren. Das Konsortium blühte, und 1970 reiste Lim Seng mit einem viel versprechenden Aktienportfolio durch Südostasien und kehrte mit genug Kapital von Hoi Se-wan und Lim Chiong zurück, um eine große Bergbaugesellschaft zu übernehmen, die an der Börse von Manila notiert war. 1971 stellte Lim Seng im Monat über 100 Kilo Heroin Nr. 4 in seinen Labors her, die in Mietwohnungen versteckt waren, geschützt von Kongressabgeordneten, Zollbeamten und Polizisten, die Lim Sengs Großzügigkeit freundlich gestimmt hatte.[50]

Da Manilas Süchtige nur neun bis zehn Kilo Heroin im Monat konsumierten, hatten philippinische Drogenexperten den Verdacht, dass Lim Seng die ausgezeichneten militärischen und zivilen Transportverbindungen der Philippinen zur US-Westküste nutzte, um über 90 Prozent seiner Jahresproduktion von 1,2 Tonnen zu exportieren – ein Volumen, das zehn Prozent der jährlichen Heroinlieferungen in die USA entsprach.[51] Um die wachsende Nachfrage auf dem amerikanischen Markt zu befriedigen, gab Lim Seng Ende 1971 beim Lim-Chiong-Syndikat in Bangkok eine Bestellung von Morphinbase im Rekordwert von einer Million Dollar auf und mietete ein Kanonenboot der königlich-thailändischen Marine für den Transport von Bangkok nach Manila. Unter dem Deckmantel eines Freundschaftsbesuchs legte das thailändische Schiff in Manilas Südhafen an. Das Morphium wurde in eine Suite im nahen Manila-Hotel gebracht, während Lim Seng den Kapitän durch das Nachtleben der Stadt führte.[52]

Als Heroin aus diesen Labors auf den lokalen Markt gelangte, löste die wachsende Heroinabhängigkeit unter philippinischen Studenten große öffentliche Besorgnis aus. Anfang 1972 reagierte die philippinische Regierung darauf mit einer Verschärfung der Drogengesetze und der Bildung einer Antidrogeneinheit. Nur Wochen nach ihrer Gründung erreichte diese Einheit am 16. April ihren ersten Durchbruch im Lim-Seng-Fall, als Beamte zwei amerikanische Ex-GIs verhafteten, die mit 175 Gramm Heroin Nr. 4 einen Flug nach Okinawa bestiegen.[53] Als sie die Spuren dieses Falles weiterverfolgten, identifizierten die philippinischen Drogenfahnder bald Mitglieder von Lim Sengs Syndikat und die Verstecke seiner Labors, zögerten aber mit der Beantragung eines Durchsuchungsbefehls aus Sorge, dass korrupte Gerichtsbeamte Lim Seng vor den bevorstehenden Razzien warnen könnten.[54]

Schließlich, am 28. September 1972, weniger als eine Woche nachdem Präsident Ferdinand E. Marcos das Kriegsrecht verhängt hatte, begannen die philippinischen Drogenfahnder mit einer Reihe von Razzien, bei denen Lim Seng, zwei Heroinlabors und über 50 Kilo Heroin Nr. 4 ins Netz gingen.[55] Als die Beamten des Dezernats ihn in den Büros seiner Druckerei verhafteten und ein verborgenes Labor entdeckten, bot ihnen Lim Seng 150.000 Dollar, wenn sie die Beweise »übersehen« würden. Zwar wiesen die Beamten sein Angebot ab, aber Lim Seng gelang es offenbar, ein Mitglied des Militärtribunals zu bestechen, um die Todesstrafe abzuwenden. Bald nachdem das Gericht um acht Uhr morgens zusammengetreten war und lediglich einen einzigen Zeugen aufrief, bekannte sich Lim Seng schuldig, und noch vor dem Mittagessen wurde eine lebenslängliche Strafe verkündet.

Misstrauisch ob des schnellen Urteils platzierten die Drogenfahnder verdeckte Agenten in Lim Sengs Gefängniszelle, die alsbald Pläne für einen geplanten Fluchtversuch aufdeckten.[56] Nachdem er den Bericht der Antidrogeneinheit erhalten hatte, gab Präsident Marcos in einer Fernsehansprache am 7. Januar 1973 bekannt, dass er »jeden verurteilten Hersteller zum Tode verurteilen« werde. Eine Woche später befahl er die Erschießung Lim Sengs – das einzige Todesurteil seiner 14-jährigen Diktatur.[57] Militäroffiziere, die Zeugen der Exekution waren, berichteten, dass Lim Seng bis zum Ende zuversichtlich zu sein schien, sich irgendwie einen Ausweg erkaufen zu können. Noch auf dem Weg zum Erschießungspfahl habe er mit den Soldaten gescherzt. Erst als man ihm die Augen verband, wurde ihm seine Lage schlagartig bewusst, und er wand sich in seinen Fesseln, als ihn die Salve traf.[58]

Die Hinrichtung Lim Sengs und die Zerschlagung seines Syndikats schienen den Heroinhandel auf den Philippinen beseitigt zu haben. Drei Wochen nach Lim Sengs Verhaftung herrschte panische Unruhe auf den Straßen des Tondo-Slums, und der Preis eines *papelito* mit 35 Milligramm Heroin stieg von umgerechnet 1,25 Philippinischen Peso (ca. 20 US-Cent) auf 18 Peso (ca. 2,70 US-Dollar).[59] Eine Untersuchung ergab 1974, dass der Heroinkonsum unter Studenten nahezu völlig aufgehört hatte. 1975 wurden im gesamten Land nur fünf Gramm Heroin beschlagnahmt.[60] Wie wirkungsvoll die Bekämpfung des philippinischen Drogenhandels war, wurde deutlich, als ein US-Kongressausschuss im April 1977 berichtete, dass in Manila stationierte amerikanische Militäroffiziere »sich größere Sorgen über das Heroin machten, das aus den USA nach Manila importiert wurde, als umgekehrt«.[61] Die Teochiu-Syndikate gaben Manila in den langen Jahren der Marcos-Diktatur weitgehend auf. Zweifellos war der Fall Lim Sengs für die Philippinen von großer Bedeutung, aber seine internationale Tragweite verblasste doch angesichts der Entwicklungen in Hongkong.

Hongkongs Syndikate

Die wichtigste Drogenermittlung in der Geschichte Hongkongs begann mit einem gewöhnlichen Mordfall. Im Februar 1974 fand man einen Teochiu-Fischer namens Leung Fat-hei erstochen auf einer Straße in der Nähe von Castle Peak in den New Territories auf. Im Morddezernat ging Oberinspektor Brian Woodward, ein junger, methodisch geschulter britischer Beamter, der Sache nach. Woodward erfuhr bald, dass Leung für den »Krüppel«, den Teochiu-Syndikatboss Ng Sik-ho, Drogen von thailändischen Kuttern in den Hafen von Hongkong geschmuggelt hatte. Nach einer erbitterten Meinungsverschiedenheit hatte das Opfer, schon Jahre zuvor, das Syndikat von Ng Sik-ho verlassen. Kurz vor seinem Tod hatte Leung einen Kutter gekapert, der mit Drogen für einen von Ngs engen Partnern beladen war, Ma Sik-yu, den führenden Drogenhändler der Kolonie. Im April verhaftete die Mordkommission einen chinesischen Auftragsmörder, der bald gestand, das Ng Sik-ho den Mord bezahlt habe, um Leung für die Kaperung zu bestrafen. Da Ng nun unter Mordanklage stand, nutzte Woodward die drohende Strafverfolgung, um sich von Ngs Untergebenen Informationen über die Heroinoperationen des Syndikats zu verschaffen. Bis September hatte sich Woodwards kleiner Mordfall zu einer umfassenden Untersuchung über die größten Heroinsyndikate Hongkongs unter Ng Sik-ho und Ng Chun-kwan ausgeweitet.[62]

Lange schon kannte die Polizei die sippenartige Struktur der Teochiu-Syndikate, deren Mitglieder bislang immer jede Aussage verweigert hatten. Ihre unerwartete Bereitschaft zur Kooperation war das Ergebnis großer Störungen des internationalen Drogenhandels in Südostasien zwischen 1973 und 1975. Als die US-Drogenbehörde DEA Jagd auf die thailändischen Trawler machte, sank die in die Kolonie gelangende Menge von Morphinbase. 1973 konnten die Hongkonger Syndikate noch auf eigene Lagerbestände zurückgreifen. Ein Jahr später jedoch neigten sich die Reserven dem Ende zu, und der Konkurrenzkampf zwischen rivalisierenden Syndikaten gewann an Schärfe. Ng Sik-ho bewaffnete seine motorisierten Dschunken mit schweren Maschinengewehren und kaperte zwei thailändische Kutter, die mit Rauschgiftsendungen für andere Syndikate in die Gewässer von Hongkong fuhren. Seine Rivalen schlugen zurück, und die Kaperung der Lieferung für Ma Sik-yu durch den unseligen Fischer Leung Fat-hei war nur eine der Schlachten in diesem Hochseekrieg.[63] Inmitten dieser Gewalttätigkeiten brach die Solidarität der Teochiu zusammen: Verbitterte Rivalen versorgten die Polizei mit Tipps. Nach nur acht Monaten Ermittlungsarbeit war die Hongkonger Polizei bereit für einen Angriff auf Ng Sik-ho.

Am Abend des 12. November 1974 durchsuchten etwa 140 Beamte aus fünf Hongkonger Polizeieinheiten die Spielhöllen, Büros und Opiumhöhlen von Ng Sik-ho, verhafteten über 70 Verdächtige und beschlagnahmten versteckte Unterlagen. Die Polizei durchsuchte auch Ngs Haus – ein Herrenhaus im Wert von 500.000 Dollar, geschützt von bewaffneten Wachen, Kampfhunden und elektrischen Zäunen. Aber der »Krüppel« selbst entzog sich seiner Verhaftung durch Flucht nach Taiwan.[64] Nachdem ihn die taiwanische Polizei zu den Mordvorwürfen befragt hatte, beschloss er, nach Hongkong zurückzukehren, überzeugt, dass die Beweise gegen ihn schwach seien. Er ahnte nicht, dass die Hongkonger Polizei mittlerweile auch seinen Rauschgifthandel untersuchte. Zurück in Hongkong stellte sich Ng der Polizei, um ihre Fragen zum Mord zu beantworten. Das Verhör über seine Drogengeschäfte traf ihn unvorbereitet, er gab ungeschickte Antworten, belastete sich selbst und wurde wegen Drogenhandels angeklagt.

Die beschlagnahmten Dokumente und die 20 Zentimeter dicke Polizeiakte, Ergebnis 20-jähriger Ermittlungsarbeit, liefern ein genaues Bild von Ng Sik-hos Aufstieg aus der Armut zu einem Privatvermögen von 30 Millionen Dollar. Geboren 1932 in Shantou (Swatow), der Heimat

Krieg gegen die Drogen

der Teochiu in Südchina, wanderte Ng Sik-ho im Alter von 17 Jahren nach Hongkong aus. Dort wurde aufgrund seiner Beteiligung am Straßenglücksspiel und seiner Mitgliedschaft in kriminellen Geheimbruderschaften, bekannt als Triaden, bald die Polizei auf ihn aufmerksam. In dieser Zeit soll Ng Sik-ho in einem Triadenkrieg schwer verwundet worden sein, was ihm seinen Spitznahmen »Krüppel« eintrug. In den späten 50er Jahren lebte er als Straßendealer in Kowloon und wurde 1960 wegen Drogenbesitzes zu einem Jahr Gefängnis verurteilt. Nach seiner Entlassung kehrte Ng Sik-ho zum Drogenhandel zurück und ging 1967 eine Partnerschaft mit seinem Onkel Ng Chunkwan ein, um große Kuttertransporte von Morphinbase aus Thailand zu finanzieren. Zwei Jahre später brach die Partnerschaft in einem Streit über eine Morphiumlieferung auseinander, aber bis dahin waren beide bereits zu zwei der drei größten Drogenschmuggler der Kolonie geworden.[65] In den vier Jahren vor seiner Verhaftung kaufte Ng Sik-ho Rauschgift im Wert von 6,5 Millionen Dollar von vier Teochiu-Syndikaten in Thailand. Von 1967 bis 1974 zahlte er zehn Millionen US-Dollar auf vier Privatkonten ein, eröffnete vier neue Restaurants, kaufte 23 Immobilien und gründete die Hong Kong Precious Stone Company, auf deren Konten er weitere 13 Millionen Dollar einzahlte.[66]

Der Aufstieg dieses ehemaligen Straßendealers blieb nicht unbemerkt. Aber die Polizei konnte oder wollte nicht gegen ihn vorgehen. Obwohl Ng Sik-ho tonnenweise thailändisches Rauschgift importierte, kam er nie persönlich mit den Drogen in Kontakt. Außerdem verbarg er seine Finanztransaktionen mit den Bangkoker Lieferanten hinter einem undurchdringlichen Gewirr von Codes und geheimen Überweisungen. Statt per telegrafischer Geldanweisung zu bezahlen, benutzte Ng Sik-ho eine Bangkoker Import-Export-Firma.

Wenn zum Beispiel ein thailändischer Kutter mit einer Drogenlieferung für ihn eingetroffen war, schickte Ng Sik-ho einen Kurier zum Büro der Hang Choeng Yuen Company, gelegen in Hongkongs zentralem Geschäftsviertel, mit 60.000 Dollar Bargeld und einem Billet, auf dem stand:

Schwägerin zahle Kuhbruder
$ 60.000. Tel. 744-921

Nachdem er eine Quittung ausgestellt hatte, gab der Kassierer des Unternehmens die Botschaft dem Expedienten, der Ng Sik-hos Privatcode in den Geschäftscode der Firma übersetzte und die Botschaft an den legalen Handelspartner des Unternehmens in Bangkok schickte, die Hang Loon Company. Der Expedient rief dann ein kleines »Nachrichtenzentrum« in einer billigen Mietwohnung in Aberdeen auf der anderen Seite der Insel Hongkong an. Dort wurde der Geschäftscode erneut übersetzt, dieses Mal in einen Übermittlungscode auf Basis der Referenzzahl jedes chinesischen Schriftzeichens in einem Standardwörterbuch. Zum Bruchteil des Preises eines Telegramms führte das Nachrichtenzentrum dann ein Ferngespräch mit seinem Korrespondenten in Bangkok und las ihm in schnellem Stakkato Ng Sik-hos Botschaft zusammen mit Dutzenden von anderen legalen Geschäftstransaktionen von Reis, Teakholz und Edelsteinen vor. Nach Entschlüsselung der Botschaft rief die Nachrichtenzentrale in Bangkok die Hang Loon Company an, die den Code wiederum übersetzte und »Kuhbruder« anrief, den Bangkoker Opiumhändler und Bauunternehmer Sukree Sukreepirom (von dessen Verhaftung 1975 weiter unten die Rede sein wird), damit er 60.000 Dollar in ihrem Büro abhole. Mit dieser Methode der Dreifachkodierung hatte Ng Sik-ho seinem Bangkoker Kontakt »Kuhbruder« zwischen dem 13. Mai 1970 und dem 9. September 1973 fast zwei Millionen Dollar für Drogen ausgezahlt.[67]

Ng Sik-ho war bei seinen Geschäften nicht nur äußerst vorsichtig, es ging auch das Gerücht um, dass er wie die meisten Syndikatbosse die Polizei bestach. Die systematische Korruption innerhalb der Hongkonger Polizei, lange hinter vorgehaltener Hand vermutet, bestätigte sich 1974/75, als viele chinesische und britische Beamte verhaftet wurden. Aber schon im Juni 1973 gab es einen öffentlichen Skandal, als der Vizepolizeichef von Kaulun, Peter F. Godber, nach England floh, um sich der Strafverfolgung zu entziehen, nachdem ihn der Polizeipräsident aufgefordert hatte, seine Sparguthaben in Höhe von 880.000 Dollar zu erklären.[68]

Zwar konnte Godber später nach Hongkong überstellt und verurteilt werden, aber seine Flucht veranlasste die britische Kolonialregierung, eine unabhängige Kommission gegen Korruption einzusetzen (Independent Commission Against Corruption, ICAC). Ein Voruntersuchungsbericht eines Richters des Obersten Gerichtshofs erläuterte, dass »Drogen immer eine ungeheuer lukrative Quelle der Korruption gewesen sind«, da »es einem Polizeibeamten durchaus möglich ist, bei einer einzelnen Bestechung mehr Geld zu bekommen..., als er in 20 Dienstjahren ehrlich verdienen kann.«[69] Als erste Anklagen erhoben wurden, flohen 43 chinesische Kriminalbeamte mit etwa 80 Millionen

Krieg gegen die Drogen **535**

Dollar Korruptionsgeldern aus der Kolonie nach Taiwan, Brasilien und Kanada.[70]

Zeugenaussagen vor Gericht offenbarten, dass die Polizeikorruption hochgradig organisiert war: Die höchsten chinesischen Beamten jeder Polizeieinheit beschäftigten eigens angeheuerte Kassierer, die regelmäßige Beiträge von Bordellen, Spielhöllen und Drogenhändlern einsammelten, und teilten dann den Schnitt mit den leitenden britischen Beamten ihrer Einheit. Die chinesische Polizei finanzierte sich so einen prunkvollen Lebensstil und benutzte das Geld außerdem, um Informanten zu bezahlen, die ihnen bei der Aufklärung von Gewaltverbrechen halfen.[71]

Zur Zeit der Razzien gegen Ng Sik-ho wusste die Hongkonger Polizei von den Gerüchten über dessen »Immunität«. »Nun ja«, kommentierte der Chef des Drogendezernats, nachdem Ng Sik-ho verhaftet worden war, »nach den heutigen Ereignissen dürften wir mit diesem Gerücht aufgeräumt haben.«[72] Das Urteil gegen Ng Sik-ho schuf einen Präzedenzfall bei der Auslegung der Hongkonger Gesetze gegen Konspiration. Im Mai 1975 wurde er zu dreißig Jahren Haft verurteilt. Sein einstiger Partner Ng Chun-kwan erhielt eine 25-jährige Gefängnisstrafe. Ein dritter großer Teochiu-Importeur, Kong Sum-chuen, floh nach Taiwan, wo er im November 1974 verhaftet wurde; ein weiterer mutmaßlicher Drogenhändler, Ng Kam-cheung, wurde im August 1975 festgenommen.[73]

Nach der Verurteilung dieser Heroinhändler blieb nur eines der fünf Hongkonger Syndikate funktionsfähig – das mächtigste, geleitet von den Brüdern Ma Sik-yu und Ma Sik-chun. Die Ma-Brüder, 20 Jahre zuvor noch arme Straßenhändler im Kowlooner Hafenbezirk, waren bis zu den 60er Jahren zu den führenden Drogenhändlern der Kolonie aufgestiegen. Nachdem sie in den 50er Jahren als Straßendealer und Betreiber von Opiumhöhlen langsam reich geworden waren, bauten sie sukzessive eines der größten Spiel- und Drogensyndikate Hongkongs auf und knüpften enge Beziehungen zum taiwanischen Geheimdienst. Ma Sik-yu kaufte mit seinen Drogengewinnen in den frühen 60er Jahren die populäre illegale *tse-fa*-Lotterie von Kaulun und machte allein mit dem Glücksspiel täglich schätzungsweise im Schnitt 6.000 Dollar Umsatz, zwei Millionen Dollar im Jahr. Als die Hongkonger Polizei die illegalen Opiumhöhlen der Kolonie schloss und die Zollfahndung Mitte der 60er Jahre die Durchsuchung einlaufender Frachter verstärkte, war Ma Sik-yu einer der Teochiu-Drogenhändler, die den Handel reorganisierten. Um zu verhindern, dass der Zoll ihre Lieferungen abfing, importierten Ma und sein Teochiu-Kollege Kong Sum-chuen Morphinbase aus Bangkok in kleinen thailändischen Kuttern. Damit die Polizei nicht die am üblen Geruch leicht zu entdeckenden Opiumhöhlen schloss, richteten Ma und seine Teochiu-Kollegen Labors ein, um das geruchlose Heroin Nr. 3 und Nr. 4 zu produzieren. So war Ma Sik-yu, wegen seines Heroinhandels »White Powder Ma« genannt, bis Ende der 60er Jahre zum größten Hongkonger Drogenimporteur geworden.[74]

Mit den Heroinprofiten entwickelten die Ma-Brüder in den 70er Jahren eines der am schnellsten wachsenden Geschäftsimperien Hongkongs. Der ältere Ma Sik-yu, der von seinem Apartment in Oriental Gardens in Kowloon aus operierte, managte das Investmentportfolio, zu dem Immobilien im Wert von zwei Millionen Dollar gehörten. Der jüngere Ma Sik-chun, prunksüchtiger als sein Bruder, baute einen internationalen Medienkonzern auf. Die *Oriental Daily News*, 1969/70 als Sexblättchen in einem winzigen Büro gegründet, wurde in nur acht Jahren zur größten chinesischsprachigen Tageszeitung Hongkongs mit einer Auflage von 350.000 Exemplaren. Ausgestattet mit scheinbar grenzenlosen Mitteln, zahlte *Oriental Daily News* Spitzengehälter, um die besten Reporter der Kolonie anzuwerben, und kaufte zehn mit Funk ausgerüstete Autos, die häufig noch vor der Polizei den Ort eines Verbrechens erreichten. Ma Sik-chun gründete später Ma's Film Company, um Nachrichtensendungen in Kantonesisch und Mandarin zu produzieren, und gründete 1976 zusammen mit der größten taiwanischen Zeitung, *United Daily,* eine chinesischsprachige Zeitung in New York, *World Daily.*

Ma Sik-yu war bestrebt, den Ruf abzuschütteln, der ihm den Spitznamen »White Powder Ma« eingebracht hatte, und spendete Tausende von Dollar für die Wohltätigkeitsorganisationen der Kolonie. Die Pfadfinder Hongkongs waren die größten Nutznießer und ehrten die Ma-Brüder und deren Vater mit Titeln und Preisen.[75]

Aber wohl am wichtigsten für die Karriere der Ma-Brüder war ihre Zusammenarbeit mit dem taiwanischen Geheimdienst. Als die Spannungen zwischen Peking und Taipeh in den 70er Jahren eskalierten, versuchten beide Seiten, unter den Überseechinesen Spitzel für ihre jeweilige Sache zu gewinnen. Kurz nach der Flucht der Ma-Brüder aus Hongkong 1977 zitierte die Zeitung *Hong Kong Star* Quellen aus der amerikanischen Drogenbehörde DEA, dass »der mutmaßliche Syndikatboss Ma Sik-yu einem Geheimdienstnetz angehörte, das für Taiwan gegen China spionierte«. Mit Geldern aus dem Heroinhandel sollen die Ma-Brüder danach ein »Spionagenetz« finanziert haben, das in Hongkong und im Goldenen Dreieck operierte. »Ein Großteil der Informationen«, so die DEA-Quelle des *Hong Kong Star,* »kam mit thailändischen Handelskuttern nach Hongkong und wurde von dort nach Taipeh weitergeleitet.« Die Zeitung berichtete weiter, dass Agenten der Volksrepublik China »eine große Rolle dabei spielten, der Hongkonger Polizei Beweise zu liefern, um das mutmaßliche Syndikat zu zerschlagen, was zur Verhaftung von zehn Personen in Hongkong und von Ma Sik-yu in Taiwan führte«.[76]

Die Hongkonger Polizei folgte den Spuren aus dem Fall Ng Sik-ho und stellte eine dickleibige Akte über das Drogensyndikat der Ma-Brüder zusammen. Gerüstet mit diesen Informationen stürmten am 25. August 1977 etwa 300 Beamte deren Häuser und Büros. Ma Sik-yu, der von der Razzia offenbar Wind bekommen hatte, konnte sich noch rechtzeitig nach Taiwan absetzen. Sein jüngerer Bruder Ma Sik-chun »verschwand« für zwei Tage, stellte sich aber später der Polizei und wurde auf Kaution freigelassen. Er nutzte seine Freiheit, um sein Vermögen außer Landes zu schaffen, und verschleppte die Aufnahme des Gerichtsverfahrens über ein Jahr lang, bevor er im September 1978, nur eine Woche vor Prozessbeginn, nach Taiwan floh.[77] In Abwesenheit wurde er wegen Verwendung gefälschter Reisedokumente zu einem Jahr Gefängnis verurteilt – ein Urteil, das der Oberste Gerichtshof im Mai 1979 auf fünf Monate abmilderte. Bezeichnenderweise wies Mas Verteidiger in seinem Plädoyer darauf hin, dass die *Oriental Daily News* seines Klienten »die standhafteste antikommunistische Zeitung in Hongkong« sei – ein Hinweis, dass sein Einstieg ins Publikationsgeschäft andere als finanzielle Gründe gehabt haben könnte. Zwar wurden drei ihrer Bundesgenossen im Drogengeschäft von Hongkonger Gerichten zu 15-jährigen Haftstrafen verurteilt, Taiwan weigerte sich jedoch, die Ma-Brüder auszuliefern.[78] Und auf den Hongkonger Drogenhandel insgesamt wirkte sich der Schlag gegen die beiden viel weniger aus, als es sich die Verfolger erhofft hatten.

Immerhin führte der Kampf gegen die Korruption im Polizeiapparat dazu, dass die Teochiu-Syndikate nicht mehr schalten und walten konnten, wie sie wollten. Zugleich aber löste die Hongkonger Korruptionskommission ICAC große Unruhe in der Polizei selbst aus. Ihre Ermittlungen führten zur Flucht Dutzender britischer und chinesischer Beamter und zu fünf Selbstmorden. Der ICAC-Direktor erklärte 1977 zu einem »Jahr, das zählt«, und gab bekannt, dass er Ermittlungen gegen 23 Korruptionssyndikate eingeleitet habe, von denen 18 gegenwärtig innerhalb der Polizei aktiv seien. Im Oktober 1977 machte sich in der Polizei die wachsende Wut über die »Schikanen« Luft. Vier Tage lang kam es zu Massenprotesten von 5.000 der 17.000 Polizeibeamten. Während sich die Protestierer am 28. Oktober mit Hongkongs Polizeipräsident trafen, stürmten etwa 100 Polizisten die Büros der ICAC und schlugen auf fünf Ermittler ein. Eine Woche später drohte die Polizei mit einem Streik, falls ihre Forderungen nicht erfüllt würden. Am 5. November gab der Gouverneur der Kolonie, Sir Murray MacLehose, aus Sorge, Hongkong stünde »an der Schwelle zur Anarchie«, eine Amnestie für alle Vergehen vor dem 1. Januar 1977 bekannt.[79]

Nachdem die Proteste abgeflaut und die meisten korrupten Polizisten geflohen waren, hielt die ICAC ihren beharrlichen Druck auf den Polizeiapparat aufrecht und schaffte es tatsächlich, eine Wiederbelebung der Korruptionssyndikate zu unterbinden. In den 80er Jahren leitete die ICAC im Durchschnitt 640 Verfahren pro Jahr gegen Polizeibeamte ein und wurde damit zu einem Modell auch für die Polizei in Großbritannien und Australien.[80] Des einstigen Schutzes beraubt und wiederholten Razzien ihrer Heroinlabors ausgesetzt, fanden die großen Syndikate die Arbeit in Hongkong nun zu riskant.

Zwar verringerte die Zerschlagung der großen Heroinsyndikate nicht das lokale Drogenproblem, aber sie bewirkte einen Wandel der Rolle Hongkongs im internationalen Drogenhandel. Noch in den frühen 70er Jahren stimmten die Drogenexperten überein, dass sich Hongkong zu einem Großlieferanten für Heroin Nr. 4 in die USA entwickeln würde. 1977 waren sie jedoch zuversichtlich, dass nun die großen Labors der Kolonie beseitigt waren, die Exporte in die USA weitgehend aufgehört hatten und nur einige kleine Labors zur Herstellung von Heroin Nr. 3 weiterhin den lokalen Markt bedienten.[81] Hongkongs Behörden feierten ihre Fortschritte im Kampf gegen den Drogenhandel. Aber aus einer breiteren Perspektive betrachtet, war der Effekt vor allem der, dass die Teochiu-Händler die Kolonie verließen, um sich desto ungestörter auf dem Weltmarkt tummeln zu können.

In Reaktion auf den Druck der Polizei in Hongkong wanderten die Syndikate der Kolonie zuerst nach Südostasien, später nach Europa ab. Bereits 1975 bemerkte die DEA, dass »Chemiker, die in Hongkong tätig waren, heute in entlegenen, unzugänglichen Gebieten Nordthailands arbeiten« – ein Trend, der sich fortsetzte, als der Druck in Hongkong stärker wurde.[82] Bis 1979 führten die Beschlagnahmungen von Heroin in Hongkong dazu, dass hier die Preise die höchsten ganz Asiens waren, was internationale Händler zwang, ihre Käufe in Bangkok zu tätigen. Im September zum Beispiel lag der Großhandelspreis für ein Kilo Heroin in Hongkong bei 25.000 Hongkongdollar, in Bangkok nur bei 3.000 Dollar. Natürlich konnte die Kolonie unter solchen Bedingungen kein Heroin exportieren, aber es gab noch immer etliche Raffinerien, die für die lokale Nachfrage produzierten.[83] Die polizeilichen Aufdeckungen illegaler Labors – ein grober Indikator dieser Aktivitäten – blieben mit neun bis zehn pro Jahr ziemlich konstant.[84] Auch an der Anzahl der Abhängigen änderte sich während der 80er Jahre kaum etwas. Die durchweg etwa 40.000 bis 50.000 Süchtigen hielten den lokalen Drogenhandel aufrecht.[85]

Als die Teochiu-Syndikate in den 80er Jahren nach Europa und in die USA abwanderten, veränderte sich die Rolle Hongkongs im globalen Drogenhandel, verlor aber nicht an Bedeutung. 1984 beschrieb das US-Außenministerium die Kolonie als »das größte Finanzzentrum des südostasiatischen Drogenhandels«, von dem aus »viele Unternehmungen des Heroinhandels auf der ganzen Welt ... finanziert und kontrolliert werden«. Geschützt von laxen Bankgesetzen, die unbeschränkte Geldwäsche erlaubten, bediente die Kolonie Drogensyndikate in Europa, Amerika und Südostasien.[86]

Malaysias Drogenrepression

Als Reaktion auf die Polizeiaktionen in Hongkong wechselten mindestens vier bekannte Teochiu-Chemiker Mitte der 70er Jahre aus der Kolonie in das thailändisch-malaysische Grenzland, wo sie neue Heroinlabors einrichteten, um für den Nachschub nach Europa zu sorgen.[87] Zugleich begannen vier, teils von reichen Chinesen aus Singapur finanzierte Teochiu-Syndikate aus Malaysia mit dem Import von Morphinbase aus dem Goldenen Dreieck, die durch Haad Yai geschmuggelt wurde, eine Verbrechenshochburg in Südthailand. Im Dschungel von Nordmalaysia wurde sie zu körnigem Heroin Nr. 3 verarbeitet. Da es damals in Malaysia erst relativ wenige Süchtige gab, musste ein Großteil der Produktion dazu bestimmt sein, über den internationalen

Flughafen von Kuala Lumpur nach Europa exportiert zu werden.[88] Allerdings löste die wachsende Produktion von Heroin Nr. 3 auch eine erkennbare Zunahme der Drogensucht in Malaysia aus, was den Verdacht kommunistischer Beteiligung weckte und malaysischen Regierungsvertretern Anlass zu großer Sorge gab.[89] Die Mengen beschlagnahmten Heroins stiegen in Malaysia sprunghaft von rund 1,5 Kilo 1972 auf annähernd 60 Kilo in den ersten neun Monaten 1975 an.[90]

Mit dem Rückenwind eines neuen Gesetzes, das Drogenhandel mit Auspeitschungen und Todesstrafe belegte, begann die malaysische Polizei achtmonatige Ermittlungen, die in landesweiten Razzien gipfelten. Nach Einschätzung malaysischer Kriminalbeamter und ihrer Kollegen von der US-Drogenbehörde DEA wurden dadurch die Syndikate gezwungen, ihre Labors und Operationen über die Grenze nach Südthailand zu verlegen, wo es, wie ein DEA-Agent sagte, »ein Kinderspiel ist, mit Drogen zu handeln«.[91]

Die drakonischen Strafen konnten freilich an der Nähe zu Thailand und den vielen internationalen Flügen nichts ändern, die Malaysia wohl oder übel eine Schlüsselrolle im globalen Rauschgifthandel zuwiesen. Am 11. Januar 1975 demonstrierte die Ankunft des Sabena-Flugs 286 auf dem Flughafen Wien-Schwechat exemplarisch die neue Bedeutung Malaysias: Unter den Passagieren befanden sich 17 malaysische Chinesen, die insgesamt 31,6 Kilo Heroin Nr. 3 bei sich hatten.

Anfang der 80er Jahre nahm die Heroinproduktion abermals zu. Von 1981 bis 1983 stieg die beschlagnahmte Heroinmenge von 49 auf 188 Kilo, die Zahl der zerstörten Labors von einem auf sechs – ein im Vergleich zum Weltstandard hohes Niveau. Die mittlerweile etwa 100.000 bis 300.000 Süchtigen waren zahlreich genug, um die Hälfte des ins Land geschmuggelten Opiums zu konsumieren.[92] Der malaysische Premierminister Mahathir erklärte den Kampf gegen die Drogen zur »nationalen Aufgabe« und novellierte 1983 das Betäubungsmittelgesetz, um Heroinbesitz über 15 Gramm mit der Todesstrafe zu bedrohen. Bis 1989 wurden im Sinne dieses Gesetzes 68 Straftäter gehängt, 179 weitere warteten auf die Vollstreckung. Obwohl Verhaftungen, Beschlagnahmungen und Hinrichtungen während der 80er Jahre stetig stiegen, konnte die harte Repression am Diktat der Geografie nichts ändern. In einem Bericht von 1990 zog das US-Außenministerium den Schluss: »Es ist unwahrscheinlich, dass der Nachschub von Opiaten nach und durch Malaysia gesenkt werden kann. Deshalb erscheint jede Verminderung der Heroinherstellung ... als unwahrscheinlich.«[93]

Auch die Drogengesetze Singapurs wurden ähnlich drakonisch verschärft. Im Dezember 1975 unterzeichnete Präsident Lee Kwan Yew ein Gesetz, das für den Besitz von über 30 Gramm Drogen die Todesstrafe vorschrieb. Wie ihre malaysischen Kollegen wurde die singapurische Polizei ermächtigt, Gesetze zur Aufruhrbekämpfung aus der Zeit des antikommunistischen Ausnahmezustands anzuwenden, um jeden mutmaßlichen Drogenhändler zwei Jahre lang ohne Prozess zu inhaftieren.[94]

Zwar schreckten die novellierten Drogengesetze Syndikate davon ab, Singapurs Hafen für den internationalen Drogenschmuggel zu benutzen, den heimischen Konsum konnten sie jedoch kaum zurückdrängen. Zwischen 1974 und 1975 stiegen die Verhaftungen wegen Drogenvergehen um das 20-fache. Unter den Verhafteten waren 88 Prozent jünger als 30 Jahre alt. Das staatliche Entzugszentrum registrierte, dass 80 Prozent der Patienten nach ihrer Entlassung rückfällig wurden. Mitte der 70er Jahre schätzte man, dass es in Singapur bis zu 20.000 Heroinabhängige gab, 0,5 bis ein Prozent der Bevölkerung von 2,3 Millionen.[95]

Mit seiner Lage vor der Südspitze der Malaiischen Halbinsel und damit dem Goldenen Dreieck etwas entrückter war Singapur jedoch nicht dem Druck lokaler Heroinproduzenten ausgesetzt und konnte seine repressiven Mittel sehr wirksam einsetzen. Die Polizei des Stadtstaates, durch Korruption nicht behindert, ging aggressiv gegen das Drogenproblem vor. Durch ihre Kombination von strengen Strafen und obligatorischen Rehabilitationsmaßnahmen sank die Anzahl der Süchtigen bis 1989 stetig auf 9.000.[96] Aber wieder einmal waren die Syndikate davon nur indirekt betroffen: Sie sahen sich bloß gezwungen, nach Thailand im Norden auszuweichen.

Thailands Wandel

Am 23. März 1975 um 19 Uhr verließ Sukree Sukreepirom, ein chinesischer Bauunternehmer mittleren Alters, sein teures Apartment über dem Warner Theater an der Pechaburi Road in der Bangkoker Innenstadt. Er zögerte und mischte sich dann kurz unter die Menge, die aus einer Spätnachmittagsvorstellung von *Todesgrüße von Gamma 03**

* Originaltitel *The Big Game*, Südafrika 1974, Regie: Robert Day, Kategorie: Science-Fiction/Spionage, Produktionsfirma: Atlantic/Comet, 94 Minuten. (A. d. Ü.)

strömte. In der Gewissheit, nicht weiter beachtet zu werden, stieg Sukree in die Tiefgarage hinab. Gerade als er seine neue Limousine aufschließen wollte, umringte ihn ein Schwarm von thailändischen Polizisten und US-Drogenagenten. Nachdem eine Durchsuchung 25 Kilo körnigen Heroins Nr. 3 der berühmten Marke Golden Dragon Pearl zutage förderte, brachte die thailändische Polizei Sukree zum Verhör in ihr Hauptquartier. Um zu verhindern, dass seine Frau als Komplizin angeklagt wurde, unterschrieb er ein umfassendes Geständnis.[97] Zur gleichen Zeit führte die thailändische Polizei in einem Hotel in einem weniger eleganten Bangkoker Viertel eine Razzia durch, bei der sie einen chinesischen Geschäftsmann namens Hoi Se-wan aus Malaysia verhaftete und seinen Koffer konfiszierte, der mehrere 100.000 Dollar in thailändischer Währung enthielt.[98]

Der Leiter der thailändischen Drogenfahndung berief sofort eine Pressekonferenz ein, um die Verhaftung von »internationalen Top-Drogenhändlern« zu verkünden.[99] US-Präsident Gerald Ford schickte den amerikanischen Beamten ein Glückwunschtelegramm.[100] Die US-Drogenbehörde begrüßte die Verhaftungen als krönenden Abschluss zweijähriger verdeckter Ermittlungen und beschuldigte die beiden Chinesen, »über zwei Jahrzehnte lang eine transkontinentale Heroinpipeline kontrolliert zu haben«.[101] Dies waren keine Übertreibungen. Vertrauliche Polizeiberichte aus Hongkong, Malaysia und den Philippinen offenbarten, dass die beiden seit langem Partner überseeischer Teochiu-Syndikate waren, die den südostasiatischen Heroinhandel dominierten. Jahrelang hatten Sukree und Hoi in den Bergen des Goldenen Dreiecks Morphium gekauft, Labors betrieben und Heroin Nr. 3 und Nr. 4 an Kunden in Hongkong, Manila, Amsterdam und die USA exportiert. Nach Angaben der Hongkonger Polizei hatte Sukree in weniger als drei Jahren Rauschgift im Wert von über zwei Millionen Dollar auf den Weg gebracht.[102]

Drei Monate nach den Verhaftungen präsentierte die thailändische Polizei der Staatsanwaltschaft detaillierte Beweise. Aus obskuren und, wie sich herausstellte, zweifelhaften Verfahrensgründen beschloss der Staatsanwalt jedoch, keine Anklage zu erheben. Am 20. Juni, nur 84 Tage nach seiner dramatischen Verhaftung, spazierte Sukree als freier Mann aus dem Gefängnis.[103]

Hohe thailändische Polizeibeamte, deren Stimmung die Bangkoker Presse als »überrascht« und »wütend« beschrieb, schickten einen Protestbrief an den Premierminister und verlangten eine Revision des Einstellungsbeschlusses.[104] Als sich die Vorwürfe auf den Oberstaatsanwalt Arun Israbhakdi konzentrierten, steckte ein Polizeigeneral der Presse, dass Arun für seine »wohlgesonnene« Verfahrenseinstellung im Sukree-Fall 250.000 Dollar erhalten habe.[105] Trotz seiner Erklärung, die Polizei habe das Geständnis des unschuldigen Sukree unter Folter erpresst, wurde Arun einer »gravierenden Verletzung der Disziplin« für schuldig befunden und gefeuert. Vergeblich erließ die thailändische Polizei einen neuerlichen Haftbefehl gegen Sukree ebenso wie gegen sechs weitere große Drogendealer, die der Staatsanwalt unter ähnlichen Umständen freigelassen hatte.[106]

Der Sukree-Fall offenbarte viel über die Politik des thailändischen Heroinhandels. In den 70er und 80er Jahren spielte Thailand eine Schlüsselrolle beim Aufstieg des Goldenen Dreiecks zum weltgrößten Heroinproduzenten. Trotz dauerhafter Bemühungen nationaler und internationaler Behörden stiegen die südostasiatischen Heroinexporte weiter. Durch rigorose Strafverfolgungsmaßnahmen aus Hongkong, Manila, Singapur und Malaysia vertrieben, hatten sich die Teochiu-Syndikate in das Zufluchtsgebiet zurückgezogen, das Thailand ihnen bot, und konnten von dort aus ihre Operationen ausweiten. Im Februar 1990 warnte James F. Sensenbrenner jr., ein Abgeordneter des US-Repräsentantenhauses aus Wisconsin, dass Thailand das Risiko laufe, wie Kolumbien als großes Drogenhandelszentrum »stigmatisiert« zu werden. In Reaktion auf ähnliche Berichte über die thailändische Korruption erhob ein amerikanisches Geschworenengericht im Juli 1989 Anklage gegen General Vech Pechborom wegen der Begünstigung von Heroinschmuggel in die USA über den Flughafen von Bangkok. Obwohl die thailändischen Behörden in diesem und anderen Fällen kooperierten, hielten sich Berichte über weit verbreitete Polizeikorruption.[107]

Anfang der 90er Jahre hatte die thailändische Polizei noch immer nicht den professionellen Standard ihrer Kollegen in Malaysia und Singapur erreicht. Weil die Korruption auf Kabinettsebene, in den Dekaden zuvor gang und gäbe, abgenommen hatte, lenkten die Drogensyndikate ihre Bestechungsgelder nun einfach an die nachgeordneten Ebenen der Polizei- und Militärhierarchie. Geringe Bezahlung und eine lange Tradition der Korruption machten viele thailändische Polizisten zu willigen Partnern im Drogenhandel. Jene ihrer Kollegen, die ernsthaft gegen den Handel vorzugehen versuchten, wurden von den einschlägigen Gesetzen behindert, die einen Verdächtigen nur dann als ertappt gelten ließen, wenn ihm selber der Besitz von Drogen nachgewiesen werden konnte. Dadurch waren die etwa 15 Drogengroßhändler Bangkoks, die jeden direkten Kontakt mit dem Handel tunlichst vermieden, von vornherein aus dem Schneider.[108] Die Regionalvertretung der DEA in Bangkok führte enzyklopädische Akten über alle großen thailändischen Syndikate, konnte aber wenig mehr tun, als ihr Washingtoner Hauptquartier mit immer neuen Berichten zu versorgen.

Selbst mit einem Mitarbeiterstab von 20 Beamten und einem Budget von sechs Millionen Dollar im Jahr hingen die Operationen der DEA in den 70er Jahren immer noch in hohem Maße von der Kooperation der Polizei vor Ort ab.[109] Obwohl von 1959 bis 1976 aus den 71.000 Opiumrauchern Thailands etwa 300.000 bis 500.000 Heroinabhängige geworden waren – die fünffache Pro-Kopf-Rate im Vergleich zu den USA im selben Zeitraum –, betrachteten die meisten thailändischen Polizisten Drogen immer noch als ein »ausländisches Problem«.[110] »Die thailändische Polizei ist so korrupt, dass einem schlecht wird«, sagte ein in Bangkok stationierter DEA-Beamter in einem Gespräch 1975. »Die Grenzpolizei nimmt Bestechungsgelder dafür, das birmanische Opium über die Grenze zu lassen, und die Provinzpolizei hat ein System, um die Drogen selbst aus Nordthailand nach Bangkok zu transportieren. Es gibt ein paar Ehrliche, denen wir vertrauen können, aber fast allen anderen geht es nur ums Geld.«[111]

Statt sich mit der systematischen Korruption herumzuschlagen, förderte die DEA die Bildung von autonomen Drogenabteilungen innerhalb der thailändischen Polizei. Aber um sich ihrer Hilfe zu versichern, blieb der DEA nichts anderes übrig, als die Drogenhändler mit ihren Schmiergeldern zu überbieten. So belohnte die DEA ihre Thai-Kollegen mit Geldprämien, kostenlosen Reisen zur FBI-Akademie in Washington und neuer militärischer Hardware für ihre Einheiten. Sich an solche Tauschgeschäfte zu gewöhnen, war nicht einfach für junge idealistische DEA-Agenten, als sie Mitte der 70er Jahre ankamen. Ein DEA-Beamter erinnerte sich später:

> »Zuerst fand ich es schwierig, mit einem thailändischen Obersten zusammenzuarbeiten, der bis ins Mark korrupt war. Aber eines Morgens wachte ich auf und merkte, das ich damit umgehen konnte. Ich wurde so clever wie sie, und statt der Polizei zu erzählen, wann ich jemanden festnehmen wollte, setzte ich sie in den Wagen, fuhr sie im Kreis herum und trat dann vor dem Haus auf die Bremse, wo sich der Täter versteckte. Und die Thai-Polizisten wussten, dass sie

Krieg gegen die Drogen

nicht den neuen Jeep oder die M16-Gewehre bekommen würden, falls sie nicht ins Haus gingen und die Verhaftung vornahmen.«

Ende 1975 jedoch verlagerte die DEA ihr Schwergewicht von Beschlagnahmungen auf die Sammlung strategischer Informationen in Nordthailand. Ihr Interesse an thailändischen Polizeioperationen nahm ab. Als die finanziellen Anreize der DEA schwächer wurden, ließ sich die thailändische Polizei wieder von den Syndikaten unterstützen.[112]

Währenddessen legte der Drogenkontrollfonds der Vereinten Nationen (United Nations Fund für Drug Abuse Control, UNFDAC) bei den Stämmen Nordthailands ein langfristiges Programm zur Ersetzung des Mohns durch andere Feldfrüchte auf.[113] Mit überschäumender Zuversicht erklärte Ian M. G. Williams, der Gründungsdirektor des UN-Programms und ein ehemaliger britischer Kolonialbeamter, 1975 der Presse, dass man in der anfänglichen fünfjährigen Experimentalphase bereits vielversprechenden Ersatz gefunden habe wie Obstbäume, Kaffeebohnen, Feuerbohnen und Blumensamen.[114] Um die neuen Erzeugnisse zu verbreiten, richteten die UN ein Ausbildungszentrum in den Bergen nördlich von Chiang Mai ein, wo Opiumbauern aus fünf »Schlüssel«- und 25 »Satelliten«-Dörfern in neuen Techniken wie Terrassierung und Bewässerung geschult wurden.[115]

Nicht alle Beobachter teilten den Optimismus der Vereinten Nationen. Alternative Feldfrüchte stießen anscheinend auf Hindernisse, sobald sie nach der Experimentalphase breitflächig angebaut werden sollten. Während sich das Opium aufgrund seines unvergleichlichen Kilopreises profitabel über Fußwege vermarkten lässt, erfordern Ersatzfeldfrüchte ein teures Straßennetz, um das unwegsame Bergland zu erschließen und die Erzeugnisse zu den Märkten im Tiefland zu bringen. Die Regierung hatte nicht die Mittel, um ein solches Straßennetz zu finanzieren.[116] Fast die Hälfte des UN-Budgets wurde Mitte der 70er Jahre dafür verwendet, die Verwaltungsmitarbeiter in Bangkok und Chiang Mai zu bezahlen, die viel von ihrer Zeit damit verbrachten, internationale Würdenträger zu informieren, was dem Programm einen kosmetischen Charakter verlieh.[117]

In den folgenden zehn Jahren überwand das Programm zur Feldfruchtersetzung diese Hindernisse und trug zu einer starken Verminderung des thailändischen Mohnanbaus bei. Unter den kombinierten Auswirkungen von Feldfruchtsubstitution und ökologischen Beeinträchtigungen fiel Thailands Opiumproduktion von 165 Tonnen 1971

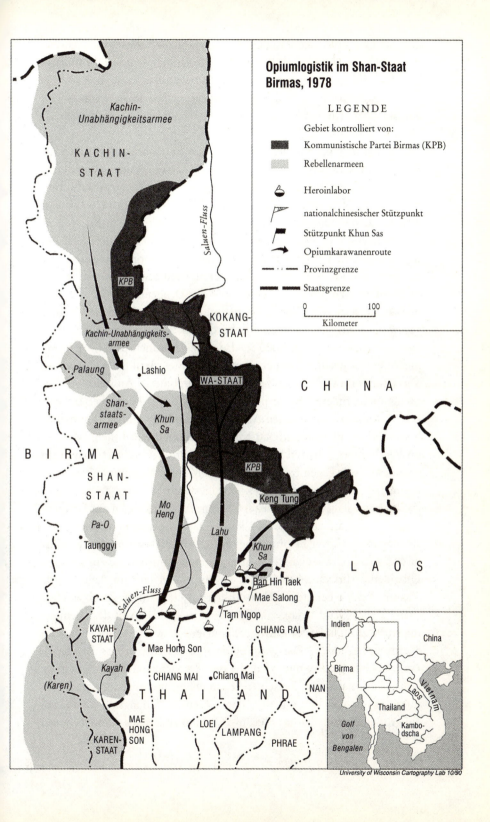

auf 35 Tonnen 1987. Aber das nahe gelegene Shan-Plateau gleich jenseits der Grenze in Birma blieb der weltgrößte Opiumproduzent und hatte eine fast unbegrenzte Kapazität. Die birmanische Ernte stieg – eine Demonstration der stimulierenden Wirkung der Prohibition – von 500 auf 1.100 Tonnen und machte den thailändischen Ausfall mehr als wett.[118]

Ein Jahr lang machte sich zudem die Hoffnung breit, dass sich auch Thailands bis dato notorisch korrupte Militärregierungen (von denen oben schon ausführlich die Rede war) gegen die Drogenproduktion in ihrem Land einsetzen würden. Als sich im Oktober 1976 General Kriangsak, der Oberkommandierende der Streitkräfte, an die Macht putschte, erkor er überraschend einen unbekannten Richter, Thanin Kraiwichien, zum Premierminister. Thanin, ein moralisch gefestigter Konservativer, erklärte es zu den Hauptzielen seiner Regierung, die verbreitete Korruption zu beenden und den Drogenhandel auszutrocknen. Anders als seine Vorgänger meinte es Thanin mit seinem Kampf gegen die Drogen ernst. Seine Behörde zur Korruptionsbekämpfung sammelte Beweise gegen 3.000 Staatsdiener. Er ordnete die Hinrichtung mehrerer verurteilter Drogenschmuggler unter Artikel 21 der neuen Verfassung an. Bei einer öffentlichen Zeremonie in Anwesenheit der Medien entzündete Thanin persönlich eine Tonne konfiszierter Drogen.[119] Während seines einen Amtsjahres beschlagnahmte Thanins Polizei 660 Kilo Heroin und 300 Kilo Morphium, beträchtliche Mengen im Vergleich zu früheren Standards. Vor allem aber entwarf Thanin ein strenges Gesetz gegen Konspiration, um Militärfraktionen anklagen zu können, die den Opiumhandel kontrollierten.[120]

Zwar wurden Premierminister Thanins Anstrengungen zur Drogenbekämpfung mit einem persönlichen Dankesschreiben von US-Präsident Jimmy Carter belohnt, aber bei »Elementen innerhalb des Militärs, die vom Drogenhandel profitiert hatten«, stießen sie auf heftigen Unwillen.[121] Im Oktober 1977, nach nur einem Jahr im Amt, wurde Thanin durch einen neuerlichen Militärputsch gestürzt. Zwei Wochen später trat General Kriangsak Chamanan selbst das Amt des Premierministers an, und die Antidrogenkampagne war, wie kaum anders zu erwarten, beendet.[122] Die *Washington Post* berichtete, dass Kriangsak »seit langem verdächtigt wird, in den Drogenhandel verwickelt zu sein«. Kurz nach dem Putsch teilte ein ehemaliger thailändischer Premierminister der Zeitung mit, dass »General Kriangsak Chamanan ein großer Nutznießer des Heroin-/Opiumhandels aus dem Goldenen

Dreieck war. ... General Kriangsak belieferte die birmanischen Rebellen und die Überreste der Guomindang-Einheiten in Nordthailand mit Waffen und Geld im Tausch gegen ihr Opium/Heroin.«[123]

Dabei hatte auch Kriangsak einige Jahre zuvor ein spektakuläres Opiumfeuer arrangieren helfen. Als langjähriger Verbindungsoffizier zu den birmanischen Opiumarmeen und den Guomindang-Truppen verkündete er im März 1972 unverhofft, dass sich der Kommandeur der Nationalchinesen, General Li Wen-huan, vom Opiumhandel »zurückgezogen« habe, und bezeichnete dessen Truppen als »irreguläre chinesische Streitkräfte«. Dieser vorgebliche Sinneswandel war die Ouvertüre eines Medienspektakels, das die DEA für die CIA aufführte. Vor amerikanischen Fernsehkameras paradierten General Lis Guomindang-Truppen, übergaben 100 mit »Opium« beladene Maultiere und schworen öffentlich dem Drogenhandel ab. Nachdem die Ballen abgeladen und mit Benzin getränkt waren, ließ das thailändische Militär die 26 Tonnen in Flammen aufgehen. Mithilfe einer verdeckten Finanzspritze durch die CIA bezahlte das thailändische Militär der Guomindang für ihre »letzte« Opiumlieferung dann 1,85 Millionen Dollar.[124] In Washington verkündete das Außenministerium, dass »diese Menge Opium, wäre sie verarbeitet worden, den halben US-Jahresverbrauch abgedeckt hätte«. Wie sich später herausstellte, war der Opiumscheiterhaufen natürlich nicht die letzte Drogenlieferung der Guomindang: General Li blieb weiterhin am Rauschgifthandel beteiligt, unterstützt vom taiwanischen Militär, das bei den komplexen finanziellen Aspekten seines riesigen Opiumhandels Hilfestellung leistete.[125] Und was da so medienwirksam abbrannte, war großenteils nicht einmal Opium. Im Juli berichtete der Washingtoner Kolumnist Jack Anderson, dass nur fünf Tonnen davon Opium gewesen seien, der Rest dagegen »Futter, andere pflanzliche Stoffe und Chemikalien«.[126] Im Rückblick scheint diese bizarre Affäre ein Versuch aller Parteien gewesen zu sein, die langjährige Allianz der CIA mit den irregulären Guomindang-Truppen zu übertünchen. Als es 1970/71 unter den US-Soldaten in Südvietnam zur massenhaften Heroinabhängigkeit kam, war die CIA plötzlich besorgt über die politischen Konsequenzen ihrer Duldung des Guomindang-Drogenhandels, besonders da die Nationalchinesen Heroinlabors eingerichtet hatten, um den GI-Markt zu bedienen.

Mehrere Jahre nach der Zeremonie wurde General Kriangsak der führende öffentliche Apologet General Lis und arrangierte Interviews mit US-Journalisten und US-Kongressdelegationen. 1975 zum Beispiel wurde Lester Wolff, Abgeordneter im US-Repräsentantenhaus und Vorsitzender des House Narcotics Committee, Zeuge einer solchen Show, die er in einem Wortwechsel mit seinem Chefberater Joseph Nellis so beschrieb:

> »*Mr. Wolff:* Ich erinnere mich, General Kriangsak im Hauptquartier außerhalb von General Lis Lager getroffen zu haben. Er brachte General Li zu unserem Treffpunkt. In meiner Gegenwart fragte er General Li: ›Sind Sie noch im Opiumgeschäft?‹ General Li sagte, nachdem die Frage übersetzt worden war, nein. Kriangsak nahm seinen Revolver aus dem Gürtel, zielte auf ihn und sagte: ›Wenn Sie jemals in das Geschäft zurückkehren, werde ich Sie eigenhändig töten.‹
> *Mr. Nellis:* Er [Kriangsak] hat es bisher noch nicht getan.
> *Mr. Wolff:* Haben wir überhaupt irgendeine Information über Lis Komplizenschaft mit den Guomindang?
> *Mr. Nellis:* Mir wurde aus sehr guter Quelle berichtet..., dass General Li nach wie vor aktiv ist, vermutlich mehr denn je.«[127]

Nur wenige Monate bevor er sich selbst zum Premierminister machte, hatte General Kriangsak in einer Rede vor der thailändisch-amerikanischen Handelskammer in Bangkok gesagt, dass »es einen Konflikt zwischen unserer Kampagne gegen Drogen und unserer Kampagne gegen die Kommunisten zu geben scheint«. In einem versteckten Angriff auf die Antidrogenkampagne seines Vorgängers Thanin forderte er die USA auf, ihre Drogenprobleme selbst zu lösen.[128] Nur sechs Monate nach seinem Amtsantritt berichtete ein Bangkoker Korrespondent, dass General Kriangsaks Regierung die Kampagne gegen den Drogenhandel aufgegeben habe.[129] »Jene, die Thailand wegen Korruption unter den mit Drogenverfolgung befassten Beamten kritisieren«, so Kriangsak mit einem Seitenhieb auf die USA, »sollten auch die Korruption in anderen Behördenkreisen untersuchen, die es ermöglicht hat, dass der Drogenhandel in vielen Ländern aufblühen konnte.«[130]

Am Ende jedoch scheiterte Kriangsaks Versuch, die Militärherrschaft wiederherzustellen. Obwohl er die gleichen illegalen Finanzierungsquellen nutzte, mit denen schon zuvor die Politik kontrolliert worden war, modernisierte sich die thailändische Gesellschaft durch einen wirtschaftlichen Wandel, der – trotz künftiger Putschversuche – Militärregierungen auf Dauer unhaltbar machte. Als Kriangsak über diverse Krisen ins Straucheln geriet und schließlich 1980 zurücktrat, bildeten die führenden politischen Parteien des Landes ein neues Koalitionskabinett. Nicht gewillt, das Militär vor den Kopf zu stoßen, wählten die Parteiführer General Prem Tinsulanan, einen Armeekommandeur, der Sympathie für die konstitutionelle Monarchie hegte, zum neuen Premierminister. Anders als die anderen Militärführer, die Thailand seit 1947 regiert hatten, hegte Prem keinen Ehrgeiz, Reichtümer anzuhäufen, und hatte keine alten Verbindungen zum Opiumhandel. Vom Moment seiner Machtübernahme 1980 an plante er einen Angriff auf den birmanischen Drogenbaron Khun Sa, der seit langem Thailands Bemühungen im Antidrogenkampf im Weg stand.

Seit Anfang der 70er Jahre hatte Khun Sas mächtige Vereinte Shan-Armee (Shan United Army, SUA) ein Lager für ihre Opiumkarawanen im thailändischen Dorf Ban Hin Taek unterhalten, nur wenige Kilometer vom Guomindang-Stützpunkt in Mae Salong entfernt. Als seine Truppen Ende der 70er Jahre jedoch fast die Hälfte der Shan-Opiumernte kontrollierten, begann Khun Sa, Presseinterviews zu geben, aus denen eine Mischung aus nationalistischer Rhetorik und der Verwegenheit eines Kriegsherrn sprach.[131] In einem Interview vom Juni 1977 mit der *Bangkok World* beschrieb sich Khun Sa selbst als »König des Goldenen Dreiecks« und äußerte sich ohne Zurückhaltung oder Bedauern über das Heroingeschäft: »Ich weiß, dass es ein soziales Übel ist, und verstehe den Schaden, den es anrichtet, nicht nur im Westen, sondern auch unter meinem Volk. Aber ich fühle mich nicht schuldig. Was wir tun, ist gerechtfertigt.«[132] Im Februar 1978 veröffentlichte die *Bangkok Post* ein zweites Interview mit dem Heroinkönig auf der Titelseite unter der Schlagzeile: »Ich kann den Drogenfluss stoppen.« Zwei Tage später gab der damalige Premierminister Kriangsak bekannt: »Wir werden Khun Sa nicht erlauben, in Thailand zu bleiben und zu operieren. Selbst seine Familie darf nicht hier bleiben, weil sie eine Basis für seine illegalen Operationen bieten kann.«[133]

Zwar bot sein Drogenhandel für Bangkok keinen Grund zur Sorge, aber seine freimütigen Presseinterviews waren für Thailand mit seiner traditionell halbherzigen Drogenbekämpfung peinlich. Trotz der Bedenken der Militärs, dass Khun Sas Ausweisung die Sicherheit an der Nordgrenze schwächen könnte, ließen seine Indiskretionen Bangkok nun kaum noch eine Wahl. Im Mai 1978 verlegte Khun Sa seine Truppen »freiwillig« 16 Kilometer über die Grenze nach Birma.[134] Einige Monate später indessen kam Khun Sa wieder über die Grenze zurück in sein altes Basiscamp in Ban Hin Taek, ohne auf Widerstand der thailändischen Behörden zu treffen.

Im Juli 1980, nach nur vier Monaten im Amt, befahl Premierminister Prem der thailändischen Luftwaffe, Khun Sas Stützpunkt zu bombardieren. Obwohl die Bomber drei Lagerhäuser mit Chemikalien für seine Heroinlabors zerstörten, blieb Khun Sa trotzig in Ban Hin Taek. Als die thailändische Regierung eine Belohnung von 21.700 Dollar für seine Ergreifung aussetzte – tot oder lebendig –, antwortete er mit einem Gegenangebot von 500 Dollar für die Enttarnung eines jeden amerikanischen oder thailändischen Drogenagenten.

Diese Medienenthüllungen über den Drogenhandel des Kriegsherrn und seine Komplizenschaft mit dem thailändischen Militär beendeten die Geheimhaltung, die den thailändischen Drogentransit lange verhüllt hatte. Im Vorfeld der Parlamentswahlen vom August 1981 berichtete die Bangkoker Presse, dass zwei Guomindang-Armeen 100.000 Dollar für General Kriangsaks Wahlkampf um einen Parlamentssitz im Nordosten gespendet hatten, etwa 15 Prozent seines gesamten Spendenaufkommens. Der General fand nichts Ehrenrühriges daran, Spendengelder von Heroinhändlern einzustreichen, stritt aber jede direkte Beteiligung am Rauschgifthandel ab. Mit einem Medienbluff forderte er Reporter auf, ihn »sofort zur Exekution zu führen«, falls irgendjemand über Beweise verfüge, dass er auch nur ein Gramm Drogen verkauft habe. Mit Unterstützung seiner exorbitanten Wahlkampfmittel überstand General Kriangsak die Kontroverse und gewann einen Parlamentssitz. Inmitten dieser Debatte erfuhren Journalisten von General Lei Yu-tien, dem Guomindang-Kommandeur von Mae Salong, dass sein Vorgänger, der kürzlich verstorbene General Tuan Shih-wen, Kriangsaks Partner bei einer »Teeplantage« gewesen sei. Aus Dankbarkeit für das Entgegenkommen des thailändischen Generals hätte der Guomindang-General ihm eine Ferienvilla in ihrem Karawanencamp nahe der birmanischen Grenze gebaut.[135]

Schließlich, im Januar 1982, stürmten thailändische Elitekommandos mit Unterstützung durch Kampfflugzeuge und -hubschrauber Khun Sas Camp in Ban Hin Taek. Zwei Wochen lang lieferten sich die thailändischen Truppen Feuergefechte mit seiner Shan-Armee, bei denen 17 Soldaten und 130 Rebellen starben. Bei der anschließenden Säuberung fielen dem thailändischen Militär 200 Funkgeräte, 300 Handgranaten und 50.000 Schuss Munition in die Hände. Außerdem fand man ein Krankenhaus mit 100 Betten, ein Bordell, »luxuriöse Villen im chinesischen Stil« mit Swimmingpools, ein Ferienhaus für Khun Sas so genannten »Cousin im Parlament«, General Kriangsak, und sieben

Heroinraffinerien. Trotz schwerer Verluste zogen sich Khun Sas Truppen geordnet über die Grenze zurück, wo ihr Führer schnell neue Heroinfabriken aufbaute.[136]

Statt wie 1978 zuzulassen, dass Khun Sa heimlich zurück nach Thailand kam, hielt Premierminister Prem den militärischen Druck auf die Vereinte Shan-Armee aufrecht. Nach dem Angriff berichtete die Presse, dass die thailändische Grenzpolizei die vorangegangenen vier Jahre nur anderthalb Kilometer von Khun Sas Lager entfernt einen Außenposten unterhalten hatte, ohne die nahe gelegenen Heroinraffinerien je zu stören. Als mehrere Bangkoker Zeitungen Kriangsak beschuldigten, als Premierminister für diese Blindheit gegenüber dem größten Heroinkomplex der Welt verantwortlich gewesen zu sein, leugnete dieser jede Beziehung zu Khun Sa und drohte mit Klagen.[137]

Trotz seiner Beteuerungen hatte Kriangsaks Ruf gelitten, und sein Einfluss schwand. Drei Jahre später, in einem letzten Versuch, die Macht zurückzuerobern, schloss sich Kriangsak dem aussichtslosen Putschversuch zweier weiterer Generäle a. D. an. Premierminister Prem schlug den Aufstand, an dem sich nur 500 Mann und eine einzige Panzerdivision beteiligten, nieder und ließ Anklage wegen Meuterei erheben.[138] Mit Rückendeckung der Geschäftswelt liberalisierte Prem dann die Wirtschaft, indem er das Land für eine Flut japanischer Investitionen öffnete. Als während der 80er Jahre immer neue japanische Fabriken ihre Tore öffneten, entstand mit dem Heer von thailändischen Angestellten eine neue Mittelschicht. 1988 trat Prem zugunsten von Chatchai Chunnahawan zurück, Thailands erstem gewählten Premierminister seit 1976. Obwohl ein Armeegeneral a. D. und Sohn von Marschall Phin Chunnahawan, dem Anführer des Staatsstreiches von 1947, repräsentierte der Amtsantritt dieses neuen Premierministers den Triumph von Wirtschaftsgruppen, nicht des Militärs. Kriangsaks finanzielle Basis im Heroinhandel verblasste vor den Ressourcen dieses Unternehmensführers, der auf die Unterstützung der mächtigen Bangkoker Banken bauen konnte. Noch immer floss Opiumgeld in die thailändische Politik, aber es schien nun weit weniger wichtig als legale Unternehmensspenden, die im Wirtschaftsboom der 80er Jahre stark zunahmen. Doch verlief dieser Wandlungsprozess in keiner Weise reibungslos, und Drogen spielten auch beim letzten Akt von Thailands Übergang zur Demokratie eine Rolle.

Leider war die Chatchai-Regierung bald aufgrund ihrer Beziehungen zu einer neuen Klasse politischer Bosse auf dem Land, die man »die

Paten« nannte, mit eine Reihe von Korruptionsskandalen befleckt. Während die Macht der Militärs in den 80er Jahren abnahm, gewannen diese Politiker mit einer Mischung aus Korruption, Patronage und Kriminalität in den ländlichen Gebieten die Oberhand. Nachdem ein Skandal Chatchais Glaubwürdigkeit erschüttert hatte, sah der Oberkommandierende der Streitkräfte, General Suchinda Kraprayun, im Februar 1991 die Gelegenheit für einen neuerlichen Putsch. Der war zwar erfolgreich, aber ein Jahr später, als sich der General bei Parlamentswahlen um ein Mandat bemühte, lehnte sich die Mittelklasse gegen seine Wahl zum Premierminister auf. Die Partei für Gerechtigkeit und Einheit kaufte über die Hälfte der Stimmen landesweit und gewann den größten Block von Sitzen, 79 von 360. Ihr Führer Narong Wongwan, ein reicher »Pate« aus dem Norden, wurde der Kompromisskandidat für das Amt des Premierministers. Bei einer Pressekonferenz am 25. März, als er die Annahme des Postens bekannt gab, befragten Reporter Narong über Gerüchte, auch er sei in den Drogenschmuggel verstrickt. »Ich habe nicht die Pflicht, mich den Menschen zu erklären«, erwiderte er. »Ich leugne es nicht. Ich ignoriere es.« Innerhalb weniger Stunden jedoch gab das US-Außenministerium bekannt, dass Narong kurz zuvor wegen Drogenhandels ein Einreisevisum verweigert worden sei. Dies zwang ihn zur Rücknahme seiner Kandidatur.

Da Narong nun ausgeschieden war, trat General Suchinda abermals selber an. Am 8. April stellte er sein Kabinett vor, was sofort Proteste der Mittelklasse auslöste, die nicht mehr gewillt war, eine Militärherrschaft zu dulden. In wochenlangen politischen Unruhen gingen Hunderttausende auf die Straße. Das Militär schlug zurück, schoss wiederholt in die Menge, wobei 44 Menschen ums Leben kamen. 98 blieben vermisst. Als das Land auf eine blutige Entscheidung zusteuerte, trat Suchinda am 24. Mai zurück. Am 10. Juni kam ein ziviles Interimskabinett ins Amt und setzte für den September landesweite Neuwahlen an – der Beginn einer Dekade demokratischer Herrschaft.[139]

Diese politischen Veränderungen schlugen sich bald im Drogenhandel des Goldenen Dreiecks nieder. Drei Jahre nachdem Prem 1980 sein Amt angetreten hatte, berichtete das US-Außenministerium, dass »sich manche Muster des illegalen Handels verändern« und die Rebellen »ihre Raffinerien tiefer nach Birma hinein verlagert« hätten, um thailändischen Grenzpatrouillen auszuweichen. Bis 1989 schien sich die Allianz zwischen dem thailändischen Oberkommando und den Opiumarmeen aufgelöst zu haben, und der Transithandel durch Thailand stützte sich nun stärker auf käufliche Offiziere mittlerer Ränge statt auf korrupte Regierungsvertreter. Abgesehen von den persönlichen Interessen, die General Kriangsak und seine militärischen Mentoren im Drogenhandel verfolgten, war der primäre Grund, den Opiumkriegsherren zu helfen, deren Rolle bei der Sicherung der Grenze zu Birma gewesen.[140] Der Wandel der thailändischen Politik in den 80er Jahren veränderte die Beziehungen des Landes zu diesen unsicheren Grenzgebieten. Statt gemäß der Regeln der traditionellen südostasiatischen Staatskunst die Grenzsicherung protegierten Armeen zu überlassen, begann Bangkok, Handelsbeziehungen zu seinen Nachbarn aufzunehmen. Thailand wollte, wie es Premierminister Chatchai 1988 ausdrückte, die Region »von einem Schlachtfeld in einen Markt verwandeln«.[141] Entsprechend löste Bangkok im Februar 1990 seine Bande zu den Opiumarmeen und schloss mit Rangun ein historisches Handelsabkommen ab. Nach Jahrzehnten der Feindseligkeit gewährte Birma thailändischen Holzfirmen eine Serie von Konzessionen, die sich über die 750 Kilometer lange Grenze vom Drei-Pagoden-Pass bis nach Tachilek erstreckten, wo die Aufständischen lange aktiv waren.[142] Ganz im Gegensatz zur US-Drogenbekämpfung in den 70er Jahren und dem sich anschließenden Opiumboom der 80er Jahre spielte die birmanisch-thailändische Kooperation in den späten 90er Jahren eine zentrale Rolle bei der Verminderung der Opiumproduktion im Goldenen Dreieck.

Das Opium des Goldenen Dreiecks

Ein Sprung zurück in die Geschichte. Als die separatistischen Shan-Rebellen in Birma 1959 ihre Revolte begannen, wandten sie sich – isoliert auf ihrem entlegenen Plateau und ohne auf Unterstützung von außen rechnen zu können – dem Opiumhandel zu, um Waffen zu kaufen. Die Karawanen zogen mit dem Opium nach Süden und kehrten nach jeder Ernte mit Waffen beladen nach Norden zurück. Dieser Opium-Waffen-Kreislauf bewirkte eine unablässige Zersplitterung von Rebellenfronten, -armeen und -koalitionen. Mit der Zeit destabilisierte die Vermischung von Opium, Waffen und Politik den nationalistischen Kampf und machte aus Freiheitskämpfern Opiumkrieger. Um sich ihre Waffen auf dem Schwarzmarkt Bangkoks besorgen zu können, pressten die Rebellen den Shan-Bauern das Opium zu niedrigen Preisen ab –

eine Ausbeutung, mit der sie sich eher als Banditen denn als Nationalisten in Szene setzten. Der schlagartige Reichtum, der sich einstellte, sobald die Rebellenkarawanen die thailändische Grenze überquert hatten, führte häufig zu internen Kämpfen zwischen rivalisierenden Kommandeuren, verklausuliert in einer politischen Rhetorik, die ihre Gier und ihren Ehrgeiz verschleierte. So zehrte der Opiumhandel, der das Wachstum der Rebellenarmeen nährte, sie in mörderischen Kämpfen um Drogen und Geld auch wieder auf. In einer Region von solch grundlegender Instabilität zerfielen ideologisch geführte Gruppen wie die Shan-Staatsarmee (Shan State Army) und gingen unter, während Opiumkriegsherren wie Khun Sa profitierten und wuchsen.

Zu Beginn der 70er Jahre befanden sich die kleineren Opiumarmeen des Shan-Staates im Niedergang, und die Guomindang-Kräfte verloren gegenüber Khun Sa langsam an Boden. Nach einigen Rückschlägen (wie vor allem dem verlorenen Opiumkrieg von 1967, den ich bereits geschildert habe) gewann Khun Sa bald sein altes Territorium auf dem Shan-Plateau zurück. Es schien nur noch eine Frage der Zeit zu sein, wann er die volle Kontrolle über den gesamten Opiumhandel der Region übernehmen würde. Aber der plötzliche Aufstieg der Kommunistischen Partei Birmas (KPB), die bald über bestes Opiumland entlang der chinesisch-birmanischen Grenze herrschte, blockierte Khun Sas Machtstreben. Das unvermittelte Auftauchen von KPB-Guerillaeinheiten in diesen Grenzgebieten nach 1970 löste eine komplexe Kette von Ereignissen aus, die bis zum Ende des Jahrzehnts einige dramatische Bündniswechsel im Goldenen Dreieck bewirkten.

Die KPB, die in den 50er Jahren im Delta des Irawadiflusses und in den Pegubergen nördlich von Rangun operierte, war 1970 durch vorrückende birmanische Truppen gezwungen, diese befreite Zone zu verlassen, und machte sich auf einen langen Marsch nach Südchina. Dort wurde sie von Peking wieder bewaffnet, das eifrig bemüht war, eine offene Rechnung mit dem birmanischen Diktator Ne Win zu begleichen. Im März 1970 bezog die KPB schließlich neue Stützpunkte entlang der birmanisch-chinesischen Grenze. 1972 begann die KPB die erste einer Reihe von Offensiven mit zwei Stoßrichtungen: nach Westen über den Saluenfluss Richtung Zentralbirma und nach Süden in den Keng-Tung-Staat Richtung Thailand. Trotz einiger Rückschläge konnte die KPB bis 1975 im Shan-Staat etwa 15.000 Soldaten aufbieten – die größte Streitmacht in der Region, abgesehen von der 30.000 Mann starken birmanischen Armee. Innerhalb von drei Jahren hatte die KPB

Bündnisse mit einigen Shan-Rebellenarmeen gebildet und kontrollierte einen Großteil des Territoriums zwischen dem Saluen und der chinesischen Grenze – ein Erfolg, den sowohl die birmanische als auch die thailändische Regierung bedrohlich fanden.[143]

Die raschen Macht- und Territorialgewinne der KPB lösten große Veränderungen in den politischen Bündnissen des Goldenen Dreiecks der 70er Jahre aus. Beseelt von dem gemeinsamen Wunsch, die Kommunisten zurückzudrängen, legten die Regierungen von Birma und Thailand ihre Feindseligkeiten bei. Die wachsende Stärke der KPB und die nachlassende thailändische Unterstützung brachten die kleineren Shan-Rebellenarmeen an den Rand des Zusammenbruchs.

In dieser Zeit blutiger Schlachten und flüchtiger Bündnisse boten drei Kräfte im Shan-Staat der Herausforderung der KPB Paroli: die beiden yunnanesischen Opiumkriegsherrn Khun Sa und Lo Hsinghan sowie die politischste der Shan-Rebellengruppen, die Shan-Staatsarmee (Shan State Army, SSA). Nach 20 Jahren einer gescheiterten Praxis zwischen Opium und Revolution hatten die Shan-Rebellen ihre eigene Bewegung korrumpiert und sich in ahnungslose Instrumente des globalen Drogenhandels verwandelt. Kennzeichnend sowohl für Lo als auch für Khun Sa war ihr ständiger Wechsel der Bündnisse und Loyalitäten. Obwohl beide gelegentlich einen Shan-Nationalismus zur Schau stellten, blieben sie doch in erster Linie Händler, die sich der Anhäufung von Opium und militärischer Macht sowie den gewaltigen Profiten widmeten, die sich mit beidem erzielen lassen.

Geboren 1934 als Sohn einer yunnanesischen Familie im Kokang-Staat an der chinesischen Grenze, begann Lo Hsing-han seine Karriere 1950 als Offizier bei Olive Yang, einer lokalen Prinzessin, die damals mit den nationalchinesischen Guomindang-Truppen verbündet war. Unter deren Schutz wurde Olive bald zu einer der ersten Vertreterinnen des Kriegsherrntums im Shan-Staat und führte Opiumkarawanen, die von 1.000 Soldaten bewacht wurden, zur thailändischen Grenze. Nachdem 1962 das Militär in Rangun die Macht übernommen hatte, besetzte die birmanische Armee den Kokang-Staat, verhaftete Olive und zwang ihren Bruder Jimmy Yang, mit den verbliebenen Truppen nach Thailand zu fliehen, wo er sich der Guomindang-Armee anschloss. Mittlerweile ein hochrangiger Kommandeur, verbündete sich Lo mit den Birmanen und wurde zum neuen Opiumkriegsherrn Kokangs. Für seine Unterstützung der birmanischen Armee erhielt Lo die Erlaubnis, seine Opiumkarawanen über die staatlichen Hauptstraßen zu führen – ein wichtiger Vorteil nach 1961, als die Guomindang aus Birma nach Thailand vertrieben wurde.

Durch sein Bündnis mit Rangun und seine kaufmännischen Fähigkeiten stieg Lo zu einem der größten Opiumbarone Birmas auf. Zwischen 1963 und 1973 schickte er, geschützt durch seine Position als Kommandeur einer Miliz (Ka Kwe Ye) des Kokang-Staates, zweimal im Jahr Karawanen mit bis zu 1.000 Maultieren, 20 Tonnen Opium und 500 Soldaten nach Thailand im Süden. »Sie zogen sich über fünf Kilometer hin«, erinnerte sich der Drogenbaron 1998 in einem Interview mit der *New York Times*. »Wenn es glatt lief, dauerte es 26 Tage.« Bis Anfang der 70er Jahre kontrollierte Lo die Hälfte des Shan-Opiumhandels und war unter den Bergbauern ein mächtiger politischer Führer. »In den Kokang-Bergen verdienten die Leute seit über 100 Jahren ihren Lebensunterhalt mit Mohn«, erklärte er. »Ich arbeitete für das Volk von Kokang und die Armen, die nach einem Weg suchten, ihr Erzeugnis zu verkaufen. Ich tat so viel für sie.«[144]

1972 erlangte Lo Berühmtheit, als ihn Präsident Richard Nixons Koordinator für internationale Drogenfragen, Nelson Gross, zur »Hauptfigur des Heroinhandels in Südostasien« kürte. Zwar war der Titel eine Übertreibung, aber Lo zählte tatsächlich zu den größten Opiumhändlern im Shan-Staat, nachdem sein Rivale Khun Sa die Vorherrschaft der Guomindang-Armee über die thailändisch-birmanische Grenze herausgefordert und im Opiumkrieg von 1967 die bekannte Niederlage erlitten hatte. Lo, der über ein Reich mit mehr als 3.000 bewaffneten Karawanenwächtern und einem ganzen Komplex von Heroinraffinerien herrschte, wurde allgemein als dominanter Militärführer der Region angesehen.

1968 jedoch verlor Lo die Kontrolle über Kokang, als Truppen seiner ehemaligen Kameraden aus Olive Yangs Armee von China aus als Vorhut der KPB die Grenze überschritten. Er zog sich westlich in die Stadt Lashio zurück, wo ihm die Birmanen ein neues Basislager erlaubten. Drei Jahre später kämpften seine Truppen Seite an Seite mit der birmanischen Armee eine 45-tägige Schlacht gegen die Kommunisten um die Kontrolle der Kunlong-Brücke über den Saluenfluss. Los genaue Orts- und Terrainkenntnisse halfen Rangun, den Sieg zu sichern. Aus Dankbarkeit gewährte ihm die birmanische Armee größeren Schutz für seine Opiumkarawanen. Anfang der 70er Jahre jedoch löste die birmanische Regierung die Milizen auf, wodurch Lo seinen Kommandoposten bei der Ka Kwe Ye verlor. Er schloss sich daraufhin einer

Koalition aus Shan-Nationalisten an, die für die Unabhängigkeit von Birma kämpften. Zwar strebte er nun danach, zum Führer der Separatistenbewegung zu werden, galt aber zu Hause in Lashio in erster Linie als Yunnanese und Schutzherr des örtlichen chinesischen Tempels.[145]

Los Hauptrivale um die Opiumernte des Shan-Staates war der im Opiumkrieg von 1967 besiegte Khun Sa.[146] 1969 hatte er seine Armee wieder aufgebaut, aber da musste er einen zweiten Rückschlag hinnehmen. Da er ihm wegen seiner Kontakte zur Shan-Staatsarmee zu misstrauen begonnen hatte, verhaftete ihn der birmanische Militärgeheimdienst, als er durch Taunggyi kam, der Hauptstadt des Shan-Staates. Verurteilt wegen Hochverrats verbrachte er die folgenden vier Jahre in Einzelhaft im Gefängnis von Mandalay.[147] Als ich 1971 zum ersten Mal den Heroinhandel der Region untersuchte, schien Khun Sa dennoch, obwohl er noch im Gefängnis saß, so ziemlich der einzige Führer zu sein, der den 40 und mehr Kriegsherren, die damals um die Kontrolle des birmanischen Opiumhandels kämpften, eine gewisse Einheit aufzwingen konnte.

Die letzte der drei Kräfte, die Shan-Staatsarmee (SSA), war ideologisch gefestigter als die Kriegsherren, verfügte aber über weniger Opium. Sie war vielleicht die einzige wirklich legitime Rebellenarmee. Ursprünglich 1958/59 von Shan-Studenten gegründet, die in Rangun die Universität besucht hatten, war die SSA eine von sechs nationalistischen Gruppen, mit denen sich die Shan-Eliten gegen die Aufhebung ihrer Autonomie und die Abschaffung ihrer Aristokratie durch die birmanische Zentralregierung wehrten. Die anderen Gruppen wurden in den Kämpfen mit der birmanischen Armee nach und nach aufgerieben oder fielen durch ihre Beteiligung am Opiumhandel der Korruption anheim. 1965 hatte die SSA als einzige dieser ursprünglichen Verbände überlebt, litt aber unter tiefen Spaltungen zwischen ihren republikanischen und royalistischen Fraktionen. Mit Geld aus dem Opiumhandel, den sie als Juniorpartner der Guomindang-Armee unter General Li betrieben, war die SSA zu einer Armee mit vier Brigaden von insgesamt 2.700 Kämpfern gewachsen, ausgerüstet mit modernen US-Waffen vom Schwarzmarkt in Chiang Mai.[148] Als die birmanischen Kommunisten in den frühen 70er Jahren ihren Vormarsch begannen, nahmen die gemäßigten Kräfte der SSA Verhandlungen über eine mögliche Allianz auf und durften in Dörfern unter KPB-Kontrolle Opium kaufen.[149]

Anfang 1973 war die Bühne für eine grundlegende Umgruppierung

Krieg gegen die Drogen

der Kräfte im Shan-Staat bereitet. Unmittelbarer Auslöser dafür war jedoch die Entscheidung der birmanischen Regierung, die Milizien aufzulösen, weil die sich als unfähig erwiesen hatten, den westlichen Vorstoß der Kommunisten aufzuhalten und die Shan-Rebelleneinheiten auszuschalten. Von den bestehenden 23 Einheiten gehorchten 19 und händigten 2.086 Waffen aus. Vier Milizen mit etwa 2.000 bewaffneten Mann weigerten sich jedoch. Unter ihnen war die von Lo Hsing-han.[150] Durch den Vormarsch der Kommunisten an seiner Ostflanke im Kokang-Staat und die Kämpfe mit den Guomindang-Truppen um die Kontrolle der Opiumernte unter Druck geraten, wandte sich Lo an die SSA und nahm Verhandlungen zur Bildung einer Allianz auf. Die SSA-Führer, die gegen dieselben Feinde kämpften, akzeptierten.[151]

Um Hilfe in ihrem Kampf gegen Guomindang-Armee und Kommunisten zu gewinnen, kamen Lo Hsing-han und seine SSA-Verbündeten auf die seltsame Idee, an die US-Botschaft in Bangkok mit dem Angebot heranzutreten, ihre 400 Tonnen Shan-Opium für 20 Mill. Dollar zu verkaufen. Mithilfe des britischen Dokumentarfilmers Adrian Cowel, der im Shan-Staat gerade die Dokumentation *The Opium Warlords* drehte, verfassten Lo Hsing-han und die moderaten SSA-Führer ein Dokument, in dem sie US-Unterstützung für den Präventivkauf sämtlichen Opiums der Rebellenarmeen zu einem festen »thailändischen Grenzpreis« erbaten. In Verkennung aller ökonomischen Gegebenheiten wollten die Shan glauben machen, dass ein Präventivkauf den Heroinhandel des Goldenen Dreiecks zum Erliegen bringen könnte.[152]

Bevor der Vorschlag der US-Botschaft überbracht werden konnte, wo er auf Gleichgültigkeit stieß, wurde Lo in Folge einer komplexen Kette von Ereignissen gefangen genommen. Auslöser der ganzen Affäre war die Entführung von zwei russischen Ärzten im nördlichen Shan-Staat. Im April 1973 begab sich einer von Khun Sas chinesischen Kommandeuren in die Stadt Taunggyi und entführte kurzgeschlossen die beiden Ärzte, die auf einer Goodwilltour das von den Sowjets gebaute Krankenhaus inspizierten.

Zunächst versuchte die birmanische Regierung, den Vorfall zu verbergen, aber Khun Sas Männer luden ein westliches Kamerateam ein, um die beiden Ärzte in ihrem Dschungelgefängnis zu filmen, und gaben bekannt, dass der Preis für ihre Rückkehr die Freilassung ihres inhaftierten Führers Khun Sa sei. Der birmanischen Armeeführung fiel daraufhin nichts Besseres ein, als im gesamten Shan-Staat die Rebellenlager anzugreifen. Bei diesen Operationen stießen die Birmanen auch auf das Camp von Lo Hsing-han und vertrieben ihn über die Grenze nach Thailand. Auf Bitten der Regierung in Rangun verhaftete ihn die thailändische Polizei im Juli 1973 in der Nähe von Mae Hong Son und lieferte ihn später aus.[153] Beobachter waren überrascht von der beispiellosen thailändischen Entscheidung, einen großen Heroinhändler zu verhaften, aber Shan-Rebellenführer erklärten diesen Verrat damit, dass Thailand ein Opfer brauchte, um die USA zu besänftigen.[154] Statt Lo wegen Drogenhandels anzuklagen, inhaftierte ihn die birmanische Regierung wegen Hochverrats und Rebellion – offenbar die Strafe für seine Liaison mit den Shan-Separatisten. Die folgenden sieben Jahre blieb Lo im Gefängnis, bis zur Generalamnestie von 1980, als er nicht nur freigelassen, sondern auch mit Regierungsmitteln ausgestattet wurde, um seine Opiumarmee wieder aufzubauen.[155] Nach Los Gefangennahme und Inhaftierung hatte sich die SSA mehrmals gespalten. Die größte Fraktion schloss sich den Kommunisten nahe der birmanisch-chinesischen Grenze an.

Weniger als ein Jahr, nachdem die birmanische Regierung einen der großen Opiumkriegsherrn ausgeschaltet hatte, war sie gezwungen, den anderen auf freien Fuß zu setzen. Da es ihr nicht gelungen war, die russischen Ärzte zu finden, ließ die birmanische Regierung Khun Sa frei. Seine Truppen übergaben im Gegenzug im Juni 1974 die Ärzte dem thailändischen Militär.[156] So wie Lo Hsing-han nach Khun Sas Verhaftung 1969 zum führenden Opiumkriegsherrn aufgestiegen war, dominierte nach Los Verhaftung nun Khun Sa den Opiumhandel des Shan-Staates. Er bildete eine neue Miliz namens Vereinte Shan-Armee (Shan United Army). Es war das erste Mal, dass er den Begriff »Shan« benutzte, um die Unterstützung von thailändischen Generälen zu gewinnen, die der Sache der Separatisten wohlgesonnen waren. Mit ihrer Hilfe eröffnete Khun Sa eine große Heroinraffinerie in dem nordthailändischen Dorf Ban Hin Taek, in der Nähe des alten Guomindang-Camps in Mae Salong und den Karawanenrouten über die birmanische Grenze. In der Erntesaison 1976/77 sammelte seine neue, 3.500 Mann starke Armee 70 Tonnen Rohopium – genug, um den amerikanischen Bedarf ein Jahr lang zu decken –, zu deren Transport zwölf Karawanen von durchschnittlich je 116 Maultieren und 335 bewaffneten Wächtern nötig waren.[157]

Wie sein Vorgänger Lo Hsing-han ging auch Khun Sa ein Bündnis mit den konservativen Fraktionen der SSA ein und erklärte sich zum Sprecher der nationalistischen Sache der Shan. Unter seiner Führung trat man erneut an die USA heran, dieses Mal an den Ausschuss für internationale Beziehungen (House Committee on International Relations), als dessen Vorsitzender, der Kongressabgeordnete Lester L. Wolff, Anfang 1975 Thailand besuchte. Bei einem Treffen mit Wolff in Nordthailand boten Vertreter der SSA und Khun Sa erneut einen Präventivkauf der Shan-Opiumernte an. Aber das US-Außenministerium wies den Vorschlag trotz der enthusiastischen Unterstützung durch Wolff und einige seiner Kollegen bald zurück.[158]

Während Khun Sa prosperierte, gingen die internen politischen Kämpfe in der SSA weiter. Innerhalb eines Jahrzehnts führten sie zum Zusammenbruch der Rebellengruppe. Ihr Führer in Haft, ihre Truppen bedrängt von den Guomindang-Einheiten und der Opiumhandel zunehmend in der Hand Khun Sas – so sah die SSA keiner rosigen Zukunft entgegen. Ende 1975 brachen die verbliebenen SSA-Soldaten, etwa 700 Mann unter Oberst Zam Mong, mit der royalistischen Fraktion, schlossen sich den Kommunisten an und wurden eine von mehreren ethnischen Armeen, die sich in dieser Zeit hinter die KPB stellten.[159]

Der Aufstieg der Kommunisten im Norden löste heftige antikommunistische Reaktionen im Süden aus. Im Mai 1976 bildeten 13 Separatistenarmeen auf einer zweiwöchigen Konferenz eine Koalition mit dem hochtrabenden Namen Nationaldemokratische Front (National Democratic Front, NDF). Gastgeber der Konferenz war General Bo Mya von der Nationalen Befreiungsarmee der Karen, ein entschiedener Antikommunist, der dem thailändischen Oberkommando nahe stand.[160] Im Rückblick erweist sich die Bildung einer antikommunistischen Koalition in Karen-Gebieten, die so weit von den Shan-Staaten entfernt lagen, als beredtes Zeugnis für die wachsende Stärke der birmanischen Kommunisten.

Diesem Wechselbad immer neuer politischen Bündnisse fiel schließlich der Guomindang-General Li Wen-huan als Nächster zum Opfer. Noch kontrollierte der nationalchinesische Kommandeur den Heroinhandel von seiner Residenz im thailändischen Chiang Mai aus, wo er einen stabilen Stützpunkt eingerichtet hatte. Aber trotz seines mächtigen Apparats sah sich General Li nun erneut mit der Konkurrenz des Kriegsherrn Khun Sa konfrontiert – jenes Mannes, den er im Opiumkrieg von 1967 besiegt hatte.

Es war ein deutlicher Hinweis auf Khun Sas wachsende Stärke, dass die thailändischen Militärs versuchten, der Bedrohung durch die birmanischen Kommunisten entgegenzuwirken, indem sie eine Allianz zwischen den beiden Kriegsherren General Li und Khun Sa schmiedeten, statt sich allein auf die Guomindang-Armee zu verlassen. Im April 1977 berichtete die Zeitung *Far Eastern Economic Review,* dass ein »hochrangiger Offizier der thailändischen Streitkräfte« Gastgeber eines Treffens zwischen Li und Khun Sa gewesen sei, um »eine Vermarktungsvereinbarung« zur Aufteilung des Opiumhandels zu arrangieren. Um das Bündnis zu unterstützen, versprach das thailändische Militär beiden Waffen für den Kampf gegen die KPB.[161] Dieses Abkommen erlaubte es Khun Sa, gleich hinter der Grenze im thailändischen Ban Hin Taek ein Karawanenlager zu unterhalten – eine Basis, die er nutzte, um etwa 40 Prozent der birmanischen Opiumexporte zu kontrollieren und 850.000 Dollar Transitsteuern im Jahr von anderen Karawanen zu erheben.

Birmas Regierung, zunehmend bedroht durch das Vorrücken der Kommunisten, bewegte sich auf eine Allianz mit den USA und Thailand zu. Bevor die KPB 1970 an der Grenze auftauchte, hatte das birmanische Militärregime seine Milizeinheiten für ausreichend gehalten. Als diese jedoch den Kommunisten keinen Einhalt geboten, griff Rangun auf eine orthodoxere Strategie zurück. Zwischen 1974 und 1978 akzeptierte Rangun 18 Hubschrauber aus den USA als Hilfe im Antidrogenkampf. 1976 griff die birmanische Armee gemeinsam mit den thailändischen Streitkräften Shan-Guerillaarmeen an, die unter den Einfluss der KPB geraten waren, und versuchte, deren wirtschaftliche Basis zu zerstören – den Opiumhandel.[162] Die folgenden drei Jahre führte die birmanische Armee vier große Operationen gegen Heroinlabors der Rebellen in der Nähe der thailändischen Grenze durch.

Da es ihnen aber nicht gelang, aller Heroinlabors oder Karawanen habhaft zu werden, flogen birmanische Armeeeinheiten in ihren neuen Hubschraubern über den Nordosten, um die Mohnfelder der Dörfer zu vernichten. Nach Angaben der Regierung in Rangun und des US-Außenministeriums erzielten sie dabei bedeutsame Erfolge, aber die Kontrolle der KPB über ein Drittel der Opiumanbauregion ließ so recht keine Zuversicht aufkommen. Obwohl sich die KPB nicht direkt am Handel beteiligte, erlaubte sie es Händlern, mit den von ihr kontrollierten Opiumdörfern Geschäfte zu machen.[163]

Das empfindliche Gleichgewicht des Goldenen Dreiecks geriet, wie berichtet, durch Thailands Premierminister Prem aus den Fugen. Der Heroinberg Khun Sas in Ban Hin Taek hatte Thailand international in Verlegenheit gebracht, was die Regierung im Juli 1980 zu einem ersten, wenn auch folgenlosen Bombardement seines Lagers veranlasste. Im Januar 1982 griffen 1.500 thailändische Soldaten, unterstützt von Kampfjets und Kampfhubschraubern, das Dorf mit aller Entschiedenheit an und erzwangen Khun Sas Rückzug nach Birma.[164] Zwar beschrieb die Presse den Angriff als tödlichen Schlag, tatsächlich aber bahnte er nur den Weg für den späteren Aufstieg des Kriegsherrn auf den Gipfel seiner Macht.

Innerhalb eines Jahres hatte Khun Sa seinen Heroinstützpunkt gleich jenseits der birmanischen Grenze bei Mae Hong Son in Homong wieder aufgebaut – eine Bastion, in der er die folgenden 14 Jahre bleiben sollte.[165] Auf halbem Weg zwischen den Schluchten des Saluen und der thailändischen Grenze gelegen, war Homong nahezu uneinnehmbar und avancierte zur Hauptstadt seines Freien Shan-Staates – einer separatistischen Enklave, die Khun Sa mit jeder neuen Opiumernte weiter ausbaute.

Als Khun Sa Anfang 1982 nach Birma umsiedeln musste, stieß er zunächst auf den starken Widerstand einer Allianz von Lahu-Rebellen und der KPB. Schon im Juli bewies Khun Sa sein militärisches Talent, als er die Lahu-Rebellen unter ihrem charismatischen Führer A Pi aufrieb und 1.500 reguläre KPB-Soldaten aus dem Gebiet von Doi Larng vertrieb. Ende 1983 hatte er die strategischen Grenzgebiete gesichert und die Kontrolle aller Karawanenrouten östlich des Saluen übernommen.[166] In diesem zerklüfteten Bergland errichtete Khun Sa zehn wohlausgestattete Heroinraffinerien, in denen bald etwa 75 Prozent der Shan-Opiumernte verarbeitet wurden.[167] Nachdem er sich in seinem neuen Opiumgebiet fest etabliert hatte, ging Khun Sa der Reihe nach gegen seine Feinde vor – zunächst gegen seinen alten Rivalen, Guomindang-General Li Wen-huan. Bis Anfang 1984 gelang es Khun Sa, Lis Karawanenrouten für Jade und Opium zu unterbrechen, was den General finanziell unter Druck setzte. Mit Khun Sas Unterstützung zerstörte die birmanische Armee zudem neun seiner Heroinfabriken unmittelbar nördlich der thailändischen Grenze. Lis Schwierigkeiten nahmen weiter zu, als thailändische Kommandotruppen mehrere seiner Raffinerien auf thailändischem Boden vernichteten – das erste Mal, dass thailändisches Militär die Guomindang-Armee angriff, seit sie über 20 Jahre zuvor ins Land gekommen war.[168]

Dann verkündete Khun Sa seine Herrschaft über den Drogenhandel der Region mit einem dramatischen Donnerschlag. Am 11. März 1984 explodierte in der Einfahrt von General Lis Residenz in Chiang Mai ein mit 7.000 Stangen Dynamit beladener Lastwagen. Die Detonation zerstörte das Gebäude und riss einen sechs Meter breiten und zwei Meter tiefen Krater. Zwar weilte General Li gerade in Bangkok, aber die Explosion beschädigte über 20 Häuser, zerstörte die Fenster in einem Umkreis von anderthalb Kilometern und zerschmetterte nebenbei den Mythos, General Li habe sich aus dem Heroinhandel zurückgezogen – einen Mythos, den die CIA zehn Jahre zuvor mit dem Kauf seiner »letzten« Opiumlieferung so sorgsam aufgebaut hatte.[169] Anfang Juni gab Bangkok offiziell bekannt, gegen die Guomindang-Kräfte vorzugehen, tatsächlich ein formeller Widerruf des Schutzrefugiums, das Thailand ihnen 1961 gewährt hatte.[170] Während der Apparat der Guomindang zusammenbrach, schmiedete Khun Sa ein Bündnis mit General Mo Hengs Vereinter Revolutionärer Shan-Armee (Shan United Revolutionary Army, SURA), die ursprünglich 1968 von den Guomindang-Führern als Stellvertreter im Shan-Staat gegründet worden war.[171] Obwohl diese Aktionen General Li nicht völlig aus dem Heroinhandel verdrängten, ermöglichten sie es Khun Sa, seinen Anteil beträchtlich zu erhöhen.

In den ersten Jahren in Birma spielte Khun Sa geschickt die umliegenden Staaten gegeneinander aus und konterte Bangkoks Widerstand, indem er Rangun umwarb. Mit stillschweigender Unterstützung des Ostkommandos der birmanischen Armee besetzten seine 3.000 Soldaten einen für den Drogenhandel strategisch wichtigen Streifen von etwa 225 Kilometern entlang der thailändisch-birmanischen Grenze, griffen Rebellen an, die Rangun feindselig gegenüberstanden, und nutzten ihre Zone, um zwei Drittel des Shan-Opiumanbaus zu kontrollieren.[172]

Während Khun Sas Kontrolle über den Opiumhandel stetig wuchs, verloren seine Rivalen, insbesondere die KPB, ebenso stetig an Einfluss. Anfänglich hatte die KPB ihre Stützpunkte an der birmanisch-chinesischen Grenze mit Unterstützung der Volksrepublik aufgebaut, die ihr großzügige Waffenlieferungen gewährte. Ende der 70er Jahre jedoch war die Führung der KPB so schlecht beraten, sich ideologisch auf die Seite der Gegner von Deng Xiaoping zu schlagen, der 1967 als Generalsekretär der chinesischen KP entmachtet worden war, aber 1977 rehabilitiert wurde. Als Deng zum starken Mann in der Partei aufstieg, nahmen die chinesischen Waffenlieferungen an die KPB ab. Um sich weiterhin mehr schlecht als recht auszustatten, war die KPB auf Einnahmequellen aus dem Opiumhandel und der Besteuerung des

Schwarzmarkthandels zwischen Birma und China angewiesen. Aber 1987 besetzte die birmanische Armee den Haupthandelsposten der KPB an der chinesischen Grenze und beraubte die KPB damit um die Hälfte ihrer jährlichen Einkünfte. Zwei Jahre später griff eine Brigade von Stammeskriegern der Wa, bis dahin die wichtigsten Opiumhandelspartner der KPB, unerwartet deren Hauptquartier an und zwang die alternden KPB-Führer zur Flucht über die chinesische Grenze. Innerhalb weniger Wochen löste sich die KPB auf, und Wa-Milizen übernahmen die Kontrolle von über 75 Prozent des früheren Territoriums der KPB.[173]

Jetzt war Khun Sa wahrhaftig der »König des Opiumhandels«. 1986 schätzte die führende asiatische Wirtschaftszeitung, dass seine Armee über etwa 80 Prozent der Opiumernte des Goldenen Dreiecks herrschte.[174] Da die SSA zerbrochen war, die KPB am Boden lag und die Guomindang ihren Tiefpunkt erreicht hatte, erscheint diese Einschätzung seines Einflusses als begründet. Unter Khun Sas Führung kletterte die birmanische Opiumproduktion von 550 Tonnen in den 80er Jahren auf 2.500 Tonnen – eine außerordentliche Steigerung von 500 Prozent. Der südostasiatische Anteil am Drogenmarkt von New York stieg, gespeist von Birmas wachsender Opiumernte, zwischen 1984 und 1990 von fünf auf 80 Prozent. Ende der 80er Jahre kontrollierte Khun Sa die Hälfte des weltweiten Heroinangebots, was ihn zum mächtigsten Drogenbaron der Geschichte machte.[175]

Diese Flut birmanischen Heroins brachte dem US-Markt tiefere Preise und einen höheren Reinheitsgehalt. Zwischen 1985 und 1995 stiegen die jährlichen US-Importe von fünf auf 10 bis 15 Tonnen und versorgten immer mehr Süchtige, zuletzt etwa 600.000. Beim birmanischen Heroin, auf den Straßen der amerikanischen Großstädte als »China White« bekannt, fiel der Einzelhandelspreis von 1,81 Dollar pro Milligramm 1988 auf nur 0,37 Dollar 1994. Gleichzeitig erhöhte sich der durchschnittliche Heroingehalt von nur sieben auf 40 Prozent, erreichte in New York 63 Prozent, andernorts noch höhere Werte.[176]

Die Ware veränderte die Alltagskultur. Das neue, reine Heroin ließ sich schnupfen oder rauchen und brach den Zusammenhang zwischen Injektion und HIV-Infektion auf. In den 60er Jahren noch als Ghettodroge stigmatisiert, Kennzeichen der sozial Marginalisierten, wurde dieses billigere, »sichere« Heroin für die amerikanische Jugend der 90er Jahre zu einer Neuentdeckung, Ausweis einer entfremdeten Authentizität. Kultfiguren wie Kurt Cobain und River Phoenix wurden zu

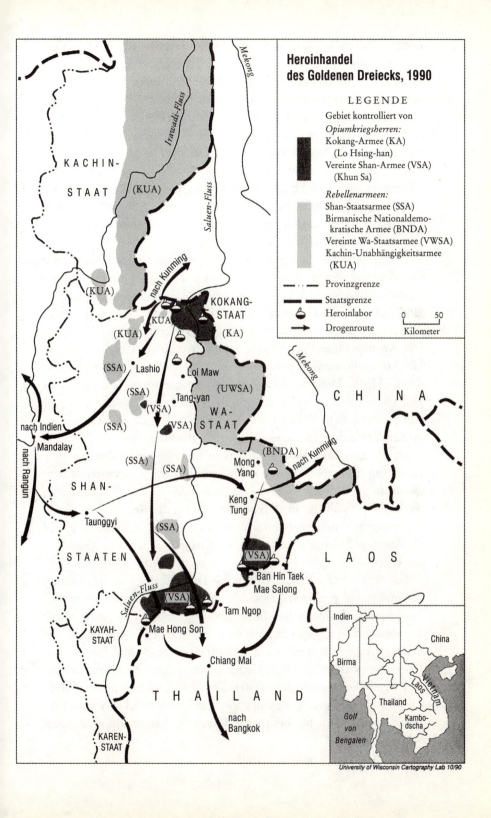

berühmten Herointoten eines jungen Jahrzehnts. Im Mai 1996 brachte *Rolling Stone* eine Titelgeschichte unter der Schlagzeile »Rock & Roll Heroin«, die Dutzende süchtiger Megastars auflistete.[177] Zwei Monate später berichtete das Hochglanz-Lifestyle-Magazin *Allure*, die »rätselhafte Vorstellung des Heroinschicks« in der Modeindustrie sei tatsächlich ein Schnappschuss der Realität: Topmodels nähmen regelmäßig Heroin.[178] Nachdem Davide Sorrenti, der Fotograf des »Drogen-Look«, an einer Überdosis Heroin gestorben war, gab Präsident Bill Clinton im Mai 1997 eine Pressekonferenz, um die Zügellosigkeit der Modeindustrie zu geißeln.[179] Obwohl auf den Laufstegen und Clubtanzflächen kaum jemand seinen Namen kannte, war es Khun Sa, der diesen »Heroinschick« möglich gemacht hatte.

Durch seine Bemühungen und die seiner Rivalen wurde Südostasien die doppelte Würde zuteil, weltgrößter Rohopiumproduzent und Hauptquelle des illegalen Heroinangebots der USA zu sein. Im Februar 1990 gab die US-Drogenbehörde DEA bekannt, dass Südostasien 45 Prozent des in den USA konsumierten Heroins liefere, nachdem sein Anteil noch drei Jahre zuvor nur 18 Prozent betragen hatte.[180] Das US-Außenministerium berichtete, dass 1989 die Rohopiumproduktion des Goldenen Dreiecks 3.050 Tonnen betragen habe, 72 Prozent des globalen Angebots – und damit andere große Produzenten weit in den Schatten stellte.[181] In seinem alljährlichen Drogenbericht stellte das Außenministerium fest, dass »Birma 1989 alle Programme zur Drogenkontrolle ausgesetzt und Produzenten und illegalen Händlern freie Hand gegeben hat«.[182] Durch »verstärkte Beziehungen zwischen dem thailändischen Militär … und Händlern in Birma« sei Thailand »das wichtigste Transitland für Drogenexporte aus der Region geworden«; das moderne Bankenwesen des Landes verschaffe ihm »eine wichtige Funktion bei der Finanzierung des Drogenhandels des Goldenen Dreiecks«.[183]

Bis 1990 war Khun Sas Position im Drogenhandel so übermächtig geworden, dass er zum Gegenstand einer zynischen Diplomatie wurde. Nachdem das birmanische Militär 1988 ein Massaker an protestierenden prodemokratischen Studenten angerichtet und Washington die diplomatischen Beziehungen abgebrochen hatte, buhlte Rangun um US-Hilfe, indem es seine Bereitschaft durchblicken ließ, Khun Sa einem amerikanischen Gericht auszuliefern. Zwar stellte Birma nun alle Maßnahmen zur Drogenbekämpfung ein und zwang die DEA zum Verlassen des Landes, aber bei einem Besuch in Washington im Februar

1990 winkte der birmanische Außenminister mit der Möglichkeit erneuter Drogenbekämpfung. Seine Bemühungen um Wiederaufnahme der US-Hilfe scheiterten jedoch.[184] Einen Monat später erhob die Staatsanwaltschaft des Brooklyner Distriktgerichts Anklage gegen Khun Sa wegen Drogenschmuggels, und US-Generalbundesanwalt Richard Thornburgh rief Birma auf, ihn festzunehmen und auszuliefern.[185]

Als der internationale Druck gegen Khun Sa größer wurde, baute die birmanische Regierung andere Drogenbarone auf, um ihn zu ersetzen. Nach dem endgültigen Zusammenbruch der KPB 1989 bemühte sich Rangun darum, Lo Hsing-han als Kriegsherrn des nördlichen Shan-Staates wieder zu beleben. Nur neun Tage, nachdem die Wa- und Kokang-Soldaten die birmanischen Führer der KPB angegriffen und sie über die chinesische Grenze vertrieben hatten, hießen dieselben Führer, die ihn 1968 verjagt hatten, Lo Hsing-han wieder in Kokang willkommen. Nachdem er sich mit birmanischen Armeevertretern in Lashio getroffen hatte, richtete Lo mit seiner neuen Opiumarmee etwa 17 neue Heroinraffinerien in Kokang ein und begann, Khun Sa die Opiumernte im nördlichen Shan-Staat streitig zu machen. Immer noch zu schwach, um Khun Sas Herrschaft über die birmanisch-thailändische Grenze anzufechten, erschloss Los Koalition neue Handelsrouten durch Südchina nach Hongkong, über die bald die Hälfte des Heroins in die Kolonie gelangte.[186] Falls Khun Sa stürzen sollte, würden offenbar die gleichen Kräfte, die ihn aufgebaut hatten, bald einen anderen Kriegsherrn an seine Stelle setzen.

Khuns Sas Kapitulation

Am Ende war es ein fast perfektes Zusammenspiel von globalen, nationalen und lokalen Kräften, das Khun Sa zu Fall brachte. Als der Kalte Krieg zu Ende war, widersetzte sich Birma der neuen Weltordnung, indem es den Drogenhandel des Landes für die doppelte Aufgabe der Grenzsicherung und der nationalen Entwicklung einspannte. In den 90er Jahren verbündete sich Ranguns Militärregime offen mit führenden Drogenbaronen, bot jenen Schutz, die illegale Vermögen repatriierten, und bediente sich ihrer Armeen, um ethnische Rebellen zu bekämpfen.[187] In den acht Jahren dieser Strategie zwang Rangun 15 Rebellenarmeen zur Aufgabe, was nur Khun Sa und die Karen unbezwungen übrig ließ. Jahrzehntelang hatte Khun Sa die Schutzherren im thailändischen und birmanischen Militär umworben und war in ihrem Schutz zum überragenden Opiumkriegsherrn des Landes geworden.[188] Doch dann, in der Mitte seines Lebens, wandelte sich Khun Sa von einem einfachen Kriegsherrn zum Shan-Nationalisten und riskierte alles, um für die acht Millionen Menschen des Shan-Staates die Unabhängigkeit zu gewinnen. Anfang 1996 sah er sich der geballten Macht der birmanischen Armee gegenüber und hatte nur noch die Wahl, zu kapitulieren oder unterzugehen.

Im Rückblick auf seine Niederlage waren es die eigenen Fehleinschätzungen Khun Sas, besonders sein Streben nach Unabhängigkeit für den Shan-Staat, die zu einer mächtigen *Ad-hoc*-Allianz Birmas, Thailands, Chinas und der USA gegen ihn führten. Mit steigenden Heroinprofiten hatte Khun Sa seine Truppen in die Mong-Tai-Armee (MTA) verwandelt, eine Befreiungsarmee von 20.000 schwer bewaffneten Soldaten. Schon 1985 hatte er sich eine politische Legitimität zu verschaffen versucht in einem Bündnis mit der Shan-Staatsarmee (SSA) und General Mo Heng, dem berühmten einarmigen buddhistischen Revolutionär. Sie erklärten ihre vereinte Armee zur einzigen Vorhut des Shan-Kampfes und versprachen, die letzten Guomindang-Truppen aus dem Shan-Staat zu vertreiben.[189] Rivalen, die sich Khun Sas Ruf nach Einheit widersetzten, darunter ein halbes Dutzend Führer der idealistischen SSA, wurden von Auftragsmördern aufgespürt und ermordet.[190] Bis Anfang der 90er Jahre war die MTA *de facto* zu einer Allianz zwischen seinen alten yunnanchinesischen Offizieren, die Logistik und Drogen kontrollierten, und den Shan-Nationalisten geworden, die sich um Politik und Rekrutierung kümmerten. Diese unterschiedlichen Strukturen innerhalb einer einzigen Armee band Khun Sa in seiner Person zusammen. Nur er hatte den einzigartigen bikulturellen Hintergrund, um beide zu befehligen.

Durch diesen Prozess schüttelte Khun Sa sein Image als Opiumkriegsherr ab, um zum Kopf eines Sezessionsstaates zu werden. Obwohl viele Shan-Führer Vorbehalte gegen seine Erbarmungslosigkeit und seinen chinesischen Hintergrund hatten, anerkannten die meisten, dass allein er über die notwendige Mischung aus Kommandoerfahrung und Geschäftstüchtigkeit verfügte, um die zersplitterten Shan-Kräfte zu einen.[191] So kamen im Dezember 1993 79 Mitglieder der Nationalversammlung des Shan-Staates (Shan State National Congress) in Homong zusammen, um die Unabhängigkeit auszurufen und Khun Sa zu ihrem Führer zu erklären. Die Delegierten priesen ihn als einen »von seinem Volk angebeteten« Mann, verurteilten einhellig die Art und Weise, wie Khun Sa »der Welt als erbarmungsloser Kriegherr porträtiert« werde, und baten die USA, den Haftbefehl gegen ihn »zu widerrufen«. Die Versammlung unterstützte auch Khun Sas realpolitische Auffassung, dass die Ausrottung von Opium nicht eher beginnen sollte, als »die Birmanen sich vom Boden der Shan zurückziehen«.[192] Denn, wie der Führer selbst ebenso trostlos wie fehlerhaft feststellte: »Der Weg zur Unabhängigkeit der Shan führt über die Opiumfrage, weil in den strategischen Überlegungen der Supermächte unser Shan-Staat nur ein kleines Land ist, das man abgesehen von seinem Opium besser ignoriert.«[193]

Es waren diese Fehleinschätzungen über einzelne Staaten und das globale Staatensystem, die nur drei Jahre später zu Khun Sas Sturz führten. Weil er seine gesamten Ressourcen in die Sache der Shan investierte, opferte er die Flexibilität des Gesetzlosen, mit der er so erfolgreich zwischen rivalisierenden Staaten hin und her manövriert hatte. Und mit dem Ausbau von Homong zu einer Stadt, zu einem Symbol der Shan-Unabhängigkeit, gab er dem unvermeidlichen birmanischen Angriff ein künftiges Ziel vor. Ranguns Militär tolerierte den Drogenhandel, aber eine Abspaltung des Shan-Staates mit fast einem Fünftel der Landesbevölkerung bedrohte die territoriale Integrität Birmas und war nicht hinnehmbar. Nicht mehr länger nur ein Kriegsherr unter anderen, hatte Khun Sa die Autorität des birmanischen Staates herausgefordert und sich der neuen Weltordnung widersetzt.[194]

Thailand, so wichtig für Khun Sas Aufstieg, trug ebenfalls zu seinem Sturz bei. Fast 30 Jahre lang hatte Thailand seine besten Truppen für Putsche und Gegenputsche in Bangkok stationiert und seine Grenzen mit verbündeten Kriegsherren verteidigt, die das Grenzland in Zonen des kontrollierten Chaos verwandelten. Ende der 70er Jahre bewachte die thailändische Armee in einer modernen Variante der südostasiatischen Staatskunst seine Grenzen mit einer mannigfaltigen Sammlung »beauftragter« Armeen: Pol Pots Rote Khmer, Vang Paos Hmong-Guerillas, yunnanesische Drogenbarone, General Bo Myas Christliche Karen und Khun Sas Shan-Rebellen. Unter all diesen Armeeführern war Khun Sa, der Führer der Tai sprechenden Shans und reichste der Kriegsherren, lange der Günstling der Thai-Generäle gewesen.

Während der 80er Jahre jedoch erlebte die thailändische Wirtschaft mit zehnprozentigen Wachstumsraten im Jahr einen Aufschwung, der die politische Ökonomie des Landes veränderte. Da die Industrie und der Finanzsektor boomten, schwand die Macht der schwarzen Kassen des Militärs, und eine neue, demokratisch gesonnene Mittelklasse trat in Erscheinung. Die Bangkoker Wirtschaftselite begann, nach wirtschaftlicher Vorherrschaft auf dem südostasiatischen Festland zu streben, und übte starken Druck aus, die Beziehungen zu Rangun zu normalisieren und die militärische Patronage ethnischer Rebellen zu beenden, die Birmas Grenzen infrage stellte. Um einen Keil zwischen Bangkok und die Shan-Rebellen zu treiben, spielte Rangun diese Tendenzen aus und bot thailändischen Unternehmen großzügige Konzessionen für den Einschlag von Holz und den Abbau anderer Ressourcen in seinen östlichen Grenzgebieten an.

Thailands Wasserbedarf und Birmas Bereitschaft, es zu liefern, versinnbildlichten die veränderten Kräfte, die Khun Sas Untergang herbeiführten. Nachdem sich die thailändische Volkswirtschaft in den 80er Jahren verdoppelt hatte, stieß das Land rasch an die Grenzen seiner Wasservorräte. Fabriken, Hotels, Golfplätze und klimatisierte Gebäude in Bangkok mussten mit einer ernsten Knappheit rechnen. Anfang 1994 signalisierte Rangun seine Bereitschaft zum Bau eines Staudamms am oberen Saluen und eines 88 Kilometer langen Tunnels – von den Schluchten des Saluen unterhalb von Khun Sas Hauptstadt Homong bis in den Distrikt Mae Hong Son in Nordwestthailand –, mit dem man tatsächlich einen der drei großen birmanischen Flüsse an Thailand abtrat. Im März machte Khun Sa öffentlich geltend, dass der Saluen dem Shan-Volk gehöre; als Führer der Shan schwor er, jedes Bauvorhaben zu stoppen. Bald darauf schlossen Bangkoks Soldaten die Hauptstraße nach Homong und riegelten die Grenze ab, was ihn von seiner Haupttransportroute nach Thailand abschnitt.[195]

Ein weiterer Faktor für Khun Sas Fall waren die entschlossenen Bemühungen Ranguns, die Revolten im Hochland zu beenden, die seit 40 Jahren die Kontrolle der Grenze durch die Zentralregierung verhindert hatten. Im Oktober 1995 teilte General Khin Nyunt, der Erste Sekretär der Junta, einem UN-Diplomaten mit, »die beispiellose Rückkehr von 15 der 16 bewaffneten ethnischen Gruppen in die Legalität« bedeute, dass der »unabdingbare« Prozess der »nationalen Konsolidierung« beinahe abgeschlossen sei.[196] Um Khun Sa zu besiegen, einen der letzten überlebenden Rebellen, bediente sich das Regime einer Doppelstrategie: erstens der Verlagerung des Heroinhandels von der thailändischen Grenze, wo Khun Sa herrschte, an die Grenze zu China, die von den neuen Drogenverbündeten Ranguns kontrolliert wurde, den Wa; und zweitens des Rückgriffs auf eben diese Opiumarmeen, um einen lang anhaltenden Angriff gegen Khun Sas Rebellenstaat zu führen.

1989 hatte die Junta einen zehnjährigen Waffenstillstandsvertrag mit der Vereinten Wa-Staatsarmee (United Wa State Army) unterzeichnet, den ersten von 15 Pakten mit diversen Rebellenarmeen. Er erlaubte es den Wa-Syndikaten, im Tausch für ihren Kampf gegen Khun Sa ihre Heroinproduktion auszuweiten. Innerhalb eines Jahres entstanden 17 neue Heroinraffinerien auf dem Territorium der Wa an der chinesisch-birmanischen Grenze. Bis 1996 verdoppelte sich ihre Opiumproduktion.[197] An der birmanisch-laotischen Grenze unterstützte das Militärregime Lin Ming-xian, einen ehemaligen Führer der KPB, der eine Armee von 4.000 Soldaten mit einer jährlichen Heroinproduktion von 2.000 Kilo befehligte.[198] Ähnlich in Kokang, wo die Junta den yunnanesischen Syndikaten unter dem ehemaligen Heroinbaron Lo Hsing-han, nun einer von Birmas reichsten Finanziers, die Benutzung der von der Regierung kontrollierten Straßen für den Opiumtransport erlaubte und damit ihre Expansion in Khun Sas Gebiet förderte.[199] Als die Wa- und Kokang-Armeen begannen, ihr Heroin durch China nach Hongkong zu schmuggeln, berichtete das *Wall Street Journal* im Januar 1995, dass »diese Landrouten den birmanischen Drogenkriegsherrn Khun Sa und die thailändischen Exportrouten bereits weit in den Schatten gestellt haben«.[200] Im August meldete die *Bangkok Post*, dass Khun Sas Heroinlieferungen um zwei Drittel gesunken seien – was den Geldstrom reduzierte, den er zum Unterhalt seiner Armee brauchte.[201]

Anfang 1994 mobilisierte die birmanische Armee, neu ausgerüstet mit chinesischen Waffen, etwa 10.000 Soldaten für drei massive Trockenzeitoffensiven gegen Khun Sa. Es gelang ihr, seine Truppen aus ihrem Gebiet im Herzen des Shan-Staates zu vertreiben und seinen Machtbereich auf einen engen Streifen entlang der thailändisch-birmanischen Grenze zu beschränken. Dann kämpfte sich die birmanische Armee entlang dieser Grenze vor und blockierte damit Khun Sas Territorium um Homong. Er war nun von den Opiumkarawanen abgeschnitten und musste zwei seiner größten Heroinraffinerien verloren geben. Bei ihrem folgenden Vorstoß griffen die Birmanen in einer riesigen Zangenbewegung Homong von Norden durch den Shan-Staat und von Süden durch das Rebellengebiet der Nationalen Karenni-Fortschrittspartei und der Christlichen Karen-Guerilla an.[202] Als der Druck der birmanischen Armee auf Homong zunahm, versuchte Khun Sa, sein Territorium nach Osten zu verlagern, stieß jedoch auf erbitterten Widerstand der Wa, die mit schweren Angriffen auf seine Grenzposten nahe Tachilek reagierten.[203] Unter diesem Druck begann Khun Sas Position zusammenzubrechen.

In einer eindrucksvollen, für seine ganze Karriere charakteristischen Geste lud Khun Sa 1.500 Soldaten der birmanischen Armee ein, am Neujahrstag 1996 Homong zu besetzen. Als Kommandohelikopter in der Nähe seines Hauptquartiers landeten, standen Tausende von Khun Sas Soldaten in Habachtstellung in Reih und Glied, die Gewehre symbolisch zu ihren Füßen.[204] Bei einer zweiten inszenierten Zeremonie erschien General Maung Thint, ein Juntamitglied mit Kabinettsrang, vor den Kameras von TV Myanmar, während Khun Sa 1.728 seiner Mong-Tai-Kämpfer anführte, die weitere 1.096 Waffen niederlegten. »Lassen Sie uns die unerwünschten Taten der Vergangenheit vergessen«, rief ein bußfertiger Khun Sa dem Fernsehpublikum des Landes zu. »Ich bin der Ansicht, dass wir zusammenarbeiten sollten, um sicherzustellen, dass der Frieden, den wir gewinnen, dauerhaft ist und anhalten wird, um ... das Opium und die narkotischen Drogen auszurotten, die alle Menschen unseres Landes bedrohen.«[205] Die Zeremonien verlagerten sich bald nach Rangun, wo die herrschende Militärjunta Khun Sa und seine Mitstreiter als »Brüder unseres eigenen Blutes« willkommen hieß und den Kriegsherrn a. D. in einer luxuriösen Villa am Inle-See in der Nähe des Ruhesitzes des einstigen starken Mannes des Regimes, Ne Win, unterbrachte.[206]

Aufgebracht schon über das erste Spektakel verlangte das US-Außenministerium am 6. Januar, Khun Sa den USA zu übergeben, »weil er ein Drogenbaron ist« – eine Forderung, die Birmas Außenminister Ohn Gyaw ablehnte.[207] Stattdessen trat das Regime dafür ein, Khun Sa zu vergeben. »Lassen wir das Vergangene vergangen sein, das ist das Motto des birmanischen Volkes«, sagte der Tourismusminister der Junta, Generalleutnant Kyaw Ba. »Er hat alle seine Drogenraffinerien aufgegeben und macht keinerlei Probleme mehr.« Washington reagierte auf diese Zurückweisung mit dem Angebot von zwei Millionen Dollar für Khun Sas Festnahme – eine Belohnung, die im Vergleich zu seinem gewaltigen Reichtum so klein war, dass sie bestenfalls als Geste taugte, um das Gesicht zu wahren.[208]

Hinter dem militärischen Drama blieb verborgen, dass Khun Sas letzte wirtschaftliche Manöver ein für den Drogenhandel des Goldenen Dreiecks wichtiges Erbe hinterließen: Amphetamine. In den letzten Jahren seines Krieges suchte Khun Sa verzweifelt nach Einnahmequellen, um seine Enklave gegen Ranguns unerbittliche Angriffe zu verteidigen. Aber er konnte die Opiumproduktion nicht ausweiten, da seine Karawanenrouten unterbrochen waren. So führte der geniale Heroinkönig eine neue Droge ein, um eine lokale Kundschaft zu bedienen. Aus seinen Grenzlandlabors begann Khun Sa mit der Massenvermarktung von billigen Methamphetaminpillen mit geringem Reinheitsgehalt, genannt *yaba,* an arme thailändische Konsumenten und löste damit eine Epidemie billiger Stimulanzmittel aus, die bald über ganz Südostasien hinwegfegte. Zwischen 1994 und 1998 stieg die in Thailand beschlagnahmte Menge von Amphetaminen sprunghaft von fünf auf 32 Millionen Tabletten an, ein Trend, den die UN »alarmierend« nannte. In Thailand waren es 1998 schätzungsweise 257.000 Konsumenten, vor allem Arbeiter, die diese Pillen regelmäßig zu sich nahmen – mehr als die 214.000 Heroinabhängigen des Landes. Innerhalb eines weiteren Jahres weitete sich der Markt von billigen Amphetaminen für Arbeiter, die sich mit den Fabrikakkorden abmühten, auf teures Ecstasy für wohlhabende Jugendliche aus.[209] So brachte die Kapitulation des mächtigsten Drogenkönigs der Welt, der einst die Hälfte ihres Heroinangebots geliefert hatte, keine Einschränkung, sondern eine fatale Modifikation des Drogenhandels im Goldenen Dreieck mit sich. Die Diversifizierung des Angebots ließ den Handel widerstandsfähiger werden

Im östlichen Shan-Staat ersetzten die Vereinte Wa-Staatsarmee (United Wa State Army, UWSA) und zwei verbündete chinesische Kriegsherren bald Khun Sa als dominanten Drogenhändler der Region. Nachdem die UWSA 1989 mit der Kommunistischen Partei Birmas gebrochen hatte, ging sie mit ihren 15.000 Soldaten ein enges Bündnis mit General Khin Nyunt ein, Ranguns mächtigem Geheimdienstchef. Unter seinem Schutz besetzten die Wa-Armeen einen Großteil von Khun Sas Territorium entlang der thailändischen Grenze, wo sie bis Mitte 2000 etwa 60 Methamphetaminlabors betrieben. Westliche Drogenagenten schätzten, dass Familie und Verbündete des UWSA-Kommandeurs Pao Yuchang mit ihren Drogengeschäften einen Jahresumsatz von 240 bis 550 Millionen Dollar erzielten. Auch der Wa-Verbündete und chinesische Kriegsherr Wei Hsueh-kang – ein ehemaliger Agent der Guomindang und der CIA, der einst Khun Sa als Schatzmeister gedient hatte – betrieb einen Heroin-Amphetamin-Komplex in Mong Yawn, einer neu erbauten Stadt von 30.000 Einwohnern im Dschungel in der Nähe der thailändischen Grenze mit gepflasterten Straßen, Dämmen, Krankenhäusern und Schulen.[210]

Unter den Wa erlebten die birmanischen Grenzgebiete einen entscheidenden Wandel von Opium hin zu Amphetaminen. 1998/99 gab das Wa-Kommando eine informelle Marktstudie in Auftrag, die vor den Nachteilen des Opiums warnte: vor allem kurzfristige Risiken durch die Überproduktion in Afghanistan und langfristige Kosten durch Beschlagnahmungen, Zahlungen an die birmanische Militärjunta und Verlust des politischen Ansehens. Gleichzeitig erkannte die Studie fantastische Marktaussichten für Amphetamine: kurze Lieferrouten zu wohlhabenden asiatischen Märkten, differenzierte Produkte (billiger Speed für Arbeiter, Ecstasy für Jugendliche der Mittelschicht) und geringer internationaler Druck.[211] Es überrascht nicht weiter, dass die Wa-Drogenbarone nach Abwägung der Risiken und Chancen ihren Geschäftsplan änderten. Ende der 90er Jahre begann die UWSA auf Geheiß Ranguns die Zusammenarbeit mit dem UN-Drogenkontrollprogramm, um in den Wa-Bergen den Mohn durch alternative Feldfrüchte zu ersetzen – eine Kooperation geringen Umfangs, die vom gleichzeitigen Wechsel zur Amphetaminherstellung erleichtert wurde. Da die Gestehungskosten einer Amphetaminpille im Shan-Staat nur 0,08 Dollar betragen, sie in Bangkok aber für 3 Dollar verkauft werden kann, ist der Profit noch höher als beim Heroin – eine wirtschaftliche Realität, die die Wa ermutigte, sich vom Opium zurückzuziehen. Um ihre Unternehmungen mit legalen Beteiligungen zu diversifizieren, investierten die Wa ihre Drogengewinne in Yangoon Airways, eine große Ranguner Bank und eine führende birmanische Telekommunikationsgesellschaft. Die Zukunft der Wa ist jedoch ebenso ungewiss wie die ihrer Vorgänger. Bis Anfang 2002 führten interne Kämpfe im Ranguner Militärregime zwischen dem Schutzherrn der Wa, Khin Nyunt, und ihrem Feind, Armeechef Maung Aye, dazu, dass die Armee verstärkt Drogenlieferungen der Wa konfiszierte, was in Zukunft zu einem Krieg mit Rangun führen könnte.[212]

Bis Mitte 2000 exportierten die birmanischen Kriegsherren jährlich etwa 600 Millionen Methamphetaminpillen im Wert von 2,8 Milliarden Dollar nach Thailand.[213] Zwei Jahre später war Birma mit einer Produktion von 800 Millionen Pillen pro Jahr zur »führenden Quelle von amphetaminartigen Stimulanzien in Asien« geworden.[214] Als diese

Pillen in den Jahren 2001 und 2002 nahezu ungehindert über die Grenze nach Thailand fluteten, ersetzten sie auf breiter Front das Heroin und deckten 75 Prozent des Bedarfs der etwa zwei bis drei Millionen Konsumenten.[215] Beliefert von chinesischen Schmugglerringen in Hongkong und den Niederlanden, entwickelten sich auch in Indonesien und auf den Philippinen große Amphetaminmärkte. Schon seit Ende der 80er Jahre fegte Methamphetaminhydrochlorid, lokal als *shabu*, international als *Crystal* bekannt, pandemisch durch die philippinischen Elendsviertel und erreichte 1998 schließlich 1,5 Millionen Konsumenten. Ende der 90er Jahre hatten die Philippinen ihre eigenen Labors und führten die Droge in Indonesien ein, wo sich der Konsum rasch unter den 1,3 bis zwei Millionen Drogenabhängigen des Landes ausbreitete.[216] Geht man von den Erfahrungen in der Vergangenheit aus, könnten künftige Erfolge von UN-Programmen zur Ausrottung des Opiums im Goldenen Dreieck sowohl die regionale Amphetaminproduktion als auch auch den Opiumanbau in anderen Teilen Asiens oder den Anden stimulieren.

Nach Khun Sas Kapitulation 1996 akzeptierten die meisten Kriegsherren ein Bündnis mit der Ranguner Militärjunta als Preis ihres Überlebens. Das US-Außenministerium stellte fest, dass die birmanische Regierung den Drogenarmeen »freie Hand« gegeben habe, »um den Handel weiterzuführen«, und dass »Drogenerlöse ... ein bedeutender Faktor der birmanischen Gesamtwirtschaft sind«. Unter dem Ranguner Militärregime blieb Birma bis 1996 der größte Opiumproduzent der Welt mit einer stetigen Produktion von um die 2.500 Tonnen pro Jahr.[217] In Reaktion auf diese Berichte verurteilte US-Außenministerin Madeleine Albright das birmanische Militärregime als »Drogenhändler und Kriminelle«.[218] Birma war in den Augen des Westens zu einem gesetzlosen Staat geworden.

Rangun reagierte 1999 auf die internationale Kritik mit einem 15-jährigen Programm zur Ausrottung aller Drogen und drängte die ethnischen Minderheiten, innerhalb fester Fristen »opiumfrei« zu werden. Als Kriegsherren wie Peng Jiasheng das Zieldatum für ihr Territorium verfehlten, unternahm die birmanische Armee im September 2001 mit dem chinesischen Militär gemeinsame Operationen und zerstörte Heroin- und Methamphetaminlabors in der chinesischen Sonderregion Kokangs. Der Erste Sekretär der Junta, Khin Nyunt, verlieh dieser Botschaft Nachdruck, indem er den Kokang-Kriegsherren »alle notwendigen Maßnahmen« androhte, wenn sie den Drogenhandel nicht bis 2002 aufgäben. Gegenüber den Wa und ihrer »Ehrfurcht einflößenden Militärmacht« blieb Rangun jedoch umsichtiger, überließ ihnen die Autonomie in der südlichen Militärregion entlang der thailändischen Grenze und gestand ihnen zur Erreichung der »Opiumfreiheit« ein Datum zu, das mit dem Jahr 2005 noch hinreichend in der Zukunft liegt. Um den intensiven Mohnanbau in den Stammeshochländern entlang der chinesischen Grenze zu vermindern, unterstützt Rangun das UN-Drogenkontrollprogramm für eine alternative Entwicklung in den Wa-Gebieten, ein fünfjähriges, zwölf Millionen Dollar teures Programm, mit dem neue Feldfrüchte wie Buchweizen eingeführt werden sollen.[219] Im Mai 2002, als sich der Zusammenbruch der birmanischen Wirtschaft fortsetzte, entließ das Militär seine größte Kritikerin, Aung San Suu Kyi, aus dem jahrelangen Hausarrest, und der Sprecher des Regimes versprach, man werde sich »um die völlige Ausrottung aller narkotischen Drogen« bemühen, die »die Menschheit bedrohen«.[220] In der Tat: Mit dem mildtätigen Beistand einer weiteren Trockenperiode fiel die birmanische Opiumproduktion, die 1996 ihren Spitzenwert von 2.560 Tonnen erreicht hatte, drei Jahre später auf nur noch 1.090 Tonnen. Und nach ihrer ersten Inspektion in 2.000 Dörfern berichteten die UN 2002, dass die Opiumernte weiter auf 828 Tonnen gesunken sei.[221]

Birma steht damit nicht alleine, wie die Tatsache beweist, dass die gesamte Opiumproduktion Südostasiens zwischen 1996 und 1999 von 2.790 Tonnen auf nur 1.240 Tonnen gefallen ist.[222] Der Drogenhandel der ganzen Region befindet sich um die Jahrtausendwende im radikalen Umbruch. Aufgrund des einheimischen wie des internationalen Reformdrucks scheint die Macht der Drogenbarone gebrochen zu sein. In Thailand ist 2001 die Opiumproduktion auf nur sechs Tonnen gedrückt worden, was bloß noch zehn Prozent des Eigenbedarfs deckt.[223] Auch in Laos, wo die herrschende Kommunistische Partei jahrzehntelang den Mohnanbau der Bauern nicht gestört hatte und wo noch 1997 – als Reaktion auf die birmanischen Mindererträge – die Anbauflächen ihr Maximum erreichten, gab die Regierung 1999 ein Programm zur vollständigen Ausrottung des Opiums bis 2006 bekannt. Sie zeigte sich plötzlich von UN-Berichten »alarmiert«, dass 2,1 Prozent der laotischen Erwachsenen – die zweithöchste Rate der Welt! – Opium konsumierten und 17 Prozent der Jugendlichen in Vientiane Amphetamine nahmen.[224] In Birma waren noch 300.000 Bauern der Bergstämme in der Opiumproduktion beschäftigt, aber auch hier wurde der Problemdruck unabweisbar. Denn da die meisten der 500.000 birmanischen Konsumenten die Spritzen gemeinsam benutzen, häufig in Fixerteestuben, sind 63 Prozent von ihnen HIV-positiv – »eine der schlimmsten HIV-Epidemien in Asien«.[225]

Diese positiven Signale dürfen jedoch nicht überbewertet werden. Südostasien produziert immer noch einen großen Heroinüberschuss, genug, um kurzfristig die internationalen Märkte zu bedienen.[226] Selbst wenn Laos und Birma ihren Opiumanbau bis 2006 respektive 2014 beenden, könnten die Amphetaminlabors des Goldenen Dreiecks sehr wohl überleben, um die boomende südostasiatische Nachfrage nach synthetischen Drogen zu befriedigen.

Der Krieg gegen das Kokain

Die kontraproduktive Dynamik, die sich zuerst in Asien zeigte, wiederholte sich mit bemerkenswerter Ähnlichkeit, als die USA ihren Drogenkrieg auf die Anden ausweiteten. Während der 80er Jahre sorgte die stark zunehmende US-Nachfrage nach Kokain dafür, dass der lateinamerikanische Kokahandel beispiellose Ausmaße annahm. Zwischen 1970 und 1987 zum Beispiel stieg die peruanische Kokaernte von 15.000 Tonnen auf 191.000 Tonnen, und die bolivianische hielt damit Schritt. Nach ihrer Verarbeitung zu Paste wurde die Kokabase zur Weiterverarbeitung zu feinem Kokainpuder nach Kolumbien geflogen und dann über die Karibik in die USA geschmuggelt. Es war ein Anzeichen für den rasanten Aufstieg der verarbeitenden Drogenindustrie in Kolumbien, dass die Zahl der beschlagnahmten Labors innerhalb eines Jahres, von 1984 bis 1985, von 275 auf 725 stieg.[227] Bis Ende der 80er Jahre entwickelte sich Kokain zu einer bedeutenden Ware, die – wenn auch unsichtbar – in die legalen interamerikanischen Wirtschaftsbeziehungen integriert war.

Die Reagan-Regierung ignorierte die Lehre von Nixons Drogenkrieg in Asien und verfolgte in Lateinamerika dieselbe Politik mit vorhersehbar kläglichen Resultaten. Reagan übernahm einfach die Strategie seines Vorgängers, ergänzte sie durch regionale Diplomatie und verstärkte heimische Strafverfolgung und verschob den Schwerpunkt von asiatischem Heroin auf lateinamerikanisches Kokain. 1982 erklärte Reagan seinen Feldzug gegen das Rauschgift in Lateinamerika, im August 1984 bewog er die Andenstaaten zur Quito-Erklärung gegen Drogen, im April 1986 erklärte er mit der Direktive Nr. 221 des Nationalen Sicherheitsrates den Drogenhandel zu einer Bedrohung der »nationalen Sicherheit der USA« und legitimierte auf diese Weise den Einsatz militärischer Mittel zur Bekämpfung des Rauschgiftes auch jenseits der eigenen Grenzen. In der folgenden Dekade ordnete diese Direktive alle Ziele der US-Außenpolitik in Lateinamerika der »allerhöchsten Priorität« unter, den Drogenzufluss zu stoppen.[228]

Reagans erneuerter Drogenkrieg verdoppelte die Mittel und konzentrierte sich auf die Schließung der südöstlichen US-Grenzen gegen transkaribische Drogenflüge. Obwohl die Menge des beschlagnahmten Kokains von zwei Tonnen 1981 auf 100 Tonnen 1989 stieg, lenkte dieser Schutzschild um Florida den Schmuggel schlicht westlich nach Nordmexiko um und trieb die kolumbianischen und mexikanischen Kartelle in ein gemeinsames Bündnis. Als Kokain massenhaft über die Grenze in die USA geschmuggelt wurde, steigerten die mexikanischen Kartelle ihre Bestechungsgelder innerhalb eines Jahrzehnts von drei Millionen auf 460 Millionen Dollar – mehr als das gesamte Budget des mexikanischen Generalbundesanwalts. 1994, gegen Ende der sechsjährigen Amtsperiode von Präsident Carlos Salinas de Gortari, machten die mexikanischen Kartelle einen Umsatz von 30 Milliarden Dollar, weit mehr als der Wert der mexikanischen Ölexporte von sieben Milliarden Dollar, und verwandelten das Land in einen »Drogenstaat«. Unter Salinas war der Generalbundesanwalt Bündnispartner der Kartelle, der für die Drogenbekämpfung zuständige Oberstaatsanwalt verkaufte Grenzkommandos an Offiziere für bis zu einer Million Dollar, und die Polizei beschützte bevorzugte Kartelle, indem sie deren Konkurrenten verfolgte. 1994 trat der höchste Berater des Generalbundesanwalts aus Protest zurück und erhob die Beschuldigung, dass Kokainkartelle die »treibenden Kräfte, ja die Pfeiler unseres Wirtschaftswachstums« seien.[229] Während des lateinamerikanischen Kokainbooms der 80er Jahre beherrschten Drogen die Politik in drei Staaten: in Bolivien unter der Regierung von Garcia Meza (1980–1981), in Panama unter Manuel Noriega Morena (1983–1989) und in Paraguay unter Alfredo Stroessner (1954–1989). Aber alle drei erlagen dem Druck der USA, weshalb am Ende nur Mexiko und Kolumbien als Drogenstaaten der Region übrig blieben.[230]

Zugleich verlagerte sich durch Reagans Kampf gegen die Hanf- und Kokaplantagen der lateinamerikanische Drogenanbau in neue Gebiete, was die verlorene Produktion andernorts mehr als ausglich. 1986 beseitigte das »Turbo-Entlaubungsprogramm« des US-Außenministeriums den Cannabisanbau in Kolumbien, damals die Quelle von 60 bis 80 Prozent des US-Angebots. Dadurch wanderte der Cannabisanbau nach Norden nach Belize und Jamaika ab. Zugleich wurden so unbeabsichtigt Kapital und Arbeitskräfte in Kolumbien für einen Wechsel zum Kokaanbau freigesetzt.[231] Durch aggressive bilaterale Bekämpfungsmaßnahmen in Bolivien ab 1983 trieben die USA den Kokaanbau von der zentralen Chapare-Region erst in die angrenzenden Gebiete, dann über die nördlichen Grenzen hinweg nach Peru und Kolumbien.[232] Nach 15 Jahren aggressiver US-Drogenbekämpfung in den Anden hatte sich die Kokagesamtproduktion von 291.000 Tonnen 1987 auf 613.000 Tonnen 1999 verdoppelt.[233]

Die Auswirkungen der Reaganschen Politik wurden am unmittelbarsten in Kolumbien spürbar. In den 70er Jahren, als die Marihuanaexporte schon zunahmen, bewegte sich die Kriminalität noch auf niedrigem Niveau. Damals hätte kaum jemand den katalytischen Effekt vorhersehen können, den das Kokain bei der Drogengewalt in den 80er Jahren spielen sollte. Im Jahrzehnt zuvor waren, als Folge des industriellen Niedergangs rings um Medellín in der Provinz Antioquia, zwei Millionen Kolumbianer in die USA ausgewandert – Grundlage für eine spätere kriminelle Diaspora. Als das Medellín-Kartell der Provinz Ende der 70er Jahre mit seinen Kokainlieferungen nach Norden begann, bediente sich der Drogenbaron Pablo Escobar dieser Diaspora, indem er über sie den Straßenverkauf in den USA organisierte. Washington drängte Kolumbien, gegen das Medellín-Kartell vorzugehen. Escobar reagierte darauf mit außergewöhnlich gewalttätigen Angriffen auf den Staat.[234]

Die Maßnahmen von Präsident Reagans Drogenkrieg im eigenen Land produzierten ähnliche Ergebnisse. Überall auf Bundes- und Staatenebene wurden gesetzlich verankerte Mindesthaftstrafen eingeführt. Das nahm den Richtern jeden Ermessensspielraum und setzte eine unerbittliche Verurteilungsmaschinerie in Gang, die immer mehr Gefängnisinsassen produzierte.[235] Während seiner Amtszeit verdoppelte sich die Anzahl der Drogenfestnahmen von 569.000 auf 1.155.000.[236] Entsprechend nahmen auch die Gefängnisinsassen von 369.930 auf 627.402 zu. Die Häftlingsrate, die über ein halbes Jahrhundert lang stetig bei 100 Gefängnisinsassen auf 100.000 Einwohner gelegen hatte, stieg 1980 auf 138, 1989 auf 426 und 2002 sogar auf 702.[237]

Außerdem wiesen die Verhaftungen auffallende Abweichungen zwischen Schwarzen und Weißen auf. Die US-Drogengesetze von 1986 und 1988 (Anti-Drug Abuse Acts) stellten den Besitz von nur fünf Gramm Crack-Kokain im Wert von 125 Dollar unter dieselbe Strafe wie den von 500 Gramm Kokainpuder im Wert von 50.000 Dollar: jeweils mindestens fünf Jahre Haft. Da weiße Konsumenten zum Puder neigten, schwarze dagegen zu Crack, stellten Afroamerikaner am Ende der Reagan-Bush-Ära 44 Prozent der Gefängnisinsassen, obwohl sie nur zwölf Prozent der Bevölkerung ausmachten. 1990 ermittelte eine Forschungsgruppe aus Washington, D.C., dass »fast einer von vier (23 Prozent) schwarzen Männern in der Altersgruppe von 20 bis 29 Jahren entweder im Gefängnis, in Untersuchungshaft, auf Bewährung verurteilt oder entlassen ist«.[238]

Die Ergebnisse dieser Repression fielen höchst unterschiedlich aus. Zwar sank die Anzahl der gelegentlichen Marihuanaraucher von 29 Millionen 1985 auf 21 Millionen 1988, dafür stieg jene der regelmäßigen Kokainkonsumenten von 647.000 auf 862.000. Als kolumbianisches Kokain massiv ins Land strömte, sank der Preis für ein Kilo von 50.000 Dollar 1979 auf nur 10.000 Dollar ein Jahrzehnt später – was durch immer günstigere Straßenpreise die Abhängigkeit von harten Drogen aufrechterhielt und einen (auch im Wortsinn) mörderischen Wettbewerb um Marktanteile in Gang setzte. In den großen städtischen Märkten der ganzen USA schnellte die Mordrate regelrecht in die Höhe.[239]

Reagans Nachfolger George Bush weitete den Drogenkrieg durch zusätzliche Verschärfungen der heimischen Strafverfolgung und eine Militarisierung der Ausrottungsprogramme in den Quellregionen der Anden weiter aus. In seiner berühmten Rede an die Nation vom September 1989 hielt er eine Tüte Crack-Kokain hoch, die angeblich bei einer Drogenkontrolle vor dem Weißen Haus beschlagnahmt worden war, und nannte Drogen »die schwerwiegendste heimische Bedrohung«. William J. Bennett, sein Kandidat für den neu geschaffenen Posten des Drogenpolizeidirektors, rief in der ersten Erklärung zur nationalen Drogenkontrollstrategie nach einer »beispiellosen« Ausweitung der Polizei, der Gerichte und Gefängnisse, um den Drogenkrieg zu gewinnen. Bennett bestand auf dem Vorrang der Strafverfolgung gegenüber der Rehabilitation, forderte eine 85-prozentige Steigerung der Bundesgefängniskapazitäten und drängte die Bundesstaaten, ihre Gefängnisse ebenfalls auszubauen. Mit Unterstützung des Präsidenten warb er im Kongress dafür, das Budget für das Drogenprogramm auf 10,4 Milliarden Dollar anzuheben – eine gewaltige Steigerung gegenüber Nixons 350 Millionen Dollar 20 Jahre zuvor. Nach nur einem Amtsjahr erklärte Bennett den Sieg im Drogenkrieg und trat zurück, obwohl der Kokainkonsum immer noch zunahm und beispielsweise die Zahl der Morde allein in Washington, D.C., steil auf über 400 gesprungen war.[240] Als Bush selbst aus dem Amt schied, waren die Inhaftiertenrate auf 519 Gefängnisinsassen pro 100.000 Einwohner und die Anzahl der Häftlinge auf 1,3 Millionen gestiegen.[241]

Vor allem aber militarisierte die Bush-Regierung den Drogenkrieg. Statt zu versuchen, die US-Grenzen abzuschotten, zielte sie nun auf »eine große Reduktion des Kokainangebots« von 15 Prozent binnen zweier Jahre, indem sie den Krieg gemeinsam mit kooperationswilligen Regierungen in die Anden trug, »um Kokaanbau, -verarbeitung und -transport zu unterbrechen und zu zerstören«. Zu diesem Zweck belebte Bush die Regionaldiplomatie Reagans neu und lud im Februar 1990 zu einem Gipfel der Andenstaaten im kolumbianischen Cartagena. Die US-Delegation bot den Kokaproduzenten ein fünfjähriges Hilfspaket von 2,2 Milliarden Dollar an. Die Empfänger – Kolumbien, Peru und Bolivien – akzeptierten nach Jahren der Weigerung im Gegenzug Washingtons Forderung, die Polizei bei der Drogenbekämpfung durch die Armee zu unterstützen. Zugleich verpflichtete das Weiße Haus sein eigenes Verteidigungsministerium auf den Drogenkrieg und dehnte damit die Dimensionen dieses Krieges weit über die begrenzten Ressourcen des Außen- und Justizministeriums hinaus aus. Nach dem Ende des Kalten Krieges dankbar für jede neue Aufgabe, gab das Verteidigungsministerium im September 1989 bekannt, dass es »den Angriff auf das Angebot illegaler Drogen aus dem Ausland anführen« wolle, und machte sich daran, sein riesiges Arsenal in Position zu bringen: Blackhawk-Helikopter, E-2C-Überwachungsmaschinen der Marineflieger, teure Kommunikationsausrüstung und Sondereinsatzkommandos.[242] Am Ende der Reagan-Bush-Ära war Washingtons Metapher vom Drogenkrieg zur militärischen Wirklichkeit geworden.

Der Kolumbienplan

In den 90er Jahren scheiterte eine dramatische Eskalation des US-Drogenkrieges erneut daran, die lateinamerikanische Kokaproduktion zu vermindern. So wie die Ausrottungsprogramme der USA und der UN einst den Mohnanbau in der asiatischen Opiumzone von einem Gebiet zum anderen hin und her getrieben hatten, jagten die bilateralen US-Programme nun die Kokakultivierung die Anden hinauf und hinunter. Zu Beginn des Jahrzehnts gingen die USA aggressiv gegen die Kokaproduktion in Bolivien und Peru vor, wo 90 Prozent der südamerikanischen Sträucher kultiviert wurden, am Ende und nach mehreren Milliarden Dollar US-Hilfe boomte die Kokaproduktion in Kolumbien. Inmitten eines unkontrollierbaren Bürgerkriegs reagierten die USA mit einer weiteren Militarisierung ihrer Bemühungen.[243] Bis Ende der 90er Jahre fielen die US-Kokainimporte zwar geringfügig, aber dies verdankte sich eher den gewandelten Vorlieben der Konsumenten als einer wirkungsvollen Verbotspolitik. Die Kokainhysterie der 80er Jahre hatte sich schlicht erschöpft, die von harten Drogen abhängigen Konsumenten pendelten sich 1998 bei einer Größenordnung von 3,3 Millionen ein. Gleichzeitig kam es zu einer Wiederbelebung des Heroinmissbrauchs, der 1999 eine Million Konsumenten erreichte, und der Konsum synthetischer Drogen expandierte noch schneller.[244]

Als sich ihre Mission vom Kalten Krieg zum Drogenkrieg verlagerte, konzentrierte sich die CIA auf die Bekämpfung der lateinamerikanischen Drogenbarone mithilfe verdeckter Taktiken, beispielhaft verkörpert in ihrem Bündnis mit dem berüchtigten Geheimdienstchef von Peru, Vladimiro Montesinos. Nachdem ihn das Militär 1976 wegen Verkaufs von Geheimnissen an die CIA seines Amtes enthoben hatte, arbeitete Montesinos zunächst als Rechtsanwalt für Drogenbarone, vor allem für die mörderischen Rodriguez-Brüder, bis ihm seine Unterstützung für Alberto Fujimori bei den Präsidentschaftswahlen 1990 das Kommando über die peruanischen Sicherheitsdienste eintrug.[245] Als sich Montesinos als entscheidender Machtmakler im Fujimori-Kabinett herausschälte, stellte die CIA ihr Antidrogenprogramm unter seine Kontrolle und erhielt damit Zugang zu höchsten Ebenen, was ihre Programme zur Quellenbekämpfung erleichterte. Der Geheimdienst verschaffte Montesinos auch die politische Unterstützung, um ein außergewöhnliches Korruptionsnetz zu weben: Er kaufte Abgeordnete, beschützte lokale Drogenbarone und kompromittierte sogar Operationen der US-Drogenbehörde DEA.[246] 1998/99 begannen US-Vertreter – die von seinen Waffenlieferungen an die linken FARC-Guerillas Kolumbiens und den Verkauf von DEA-Informationen an Drogengroßhändler wussten –, sich von ihm zu distanzieren. Nachdem Fujimori im November 2000 ins Exil flüchtete, berichtete sein Nachfolger, Präsident Alejandro Toledo, dass Montesinos »staatlich geförderten Drogenhandel« betrieben habe, aus dem ein Großteil der 264 Millionen Dollar stamme, die er in ausländischen Banken heimlich angelegt hatte.[247]

Das US-Programm in Peru führte trotz aller Korruption und Kompromisse zu kurzfristigen Resultaten. Durch ihr Bündnis mit der Fujimori-Regierung fingen US-Behörden – Verteidigungsministerium, DEA und CIA – Drogenflüge ab und entlaubten peruanische Kokaplantagen, was die Ernte von 222.000 Tonnen 1991 auf nur 69.000 Tonnen 1999 reduzierte. Auch die bolivianische Kokaernte fiel in der gleichen Zeit stark von 77.000 Tonnen auf 22.800 Tonnen.[248]

Doch im Rückblick lohnten diese Siege schwerlich die Kosten. Um die schnellen US-Vernichtungserfolge in Peru und Bolivien auszugleichen, weiteten die kolumbianischen Exportkartelle die Kokaproduktion in ihrem eigenen Land aus und beseitigten damit die verwundbare Nachschublinie nach Norden entlang der Anden. In vollkommener Symmetrie schrumpfte die peruanische Anbaufläche in den 90er Jahren von 120.000 Hektar auf 38.000 Hektar, während die kolumbianische von 37.000 Hektar auf 122.000 Hektar stieg.[249] Trotz massiver Ausrottungsbemühungen verdoppelte sich die Gesamternte in den Anden in diesem Jahrzehnt von 330.000 auf 613.000 Tonnen[250], was auch den UN in ihrem Drogenbericht von 1999 nicht entging.[251]

Das US-Ausrottungsprogramm vertrieb die Koka aus relativ friedlichen Gebieten Boliviens in ein Land, in dem seit Jahren ein Bürgerkrieg wütete. Nachdem der Terror des Medellín-Kartells mit dem Tod von Pablo Escobar im Dezember 1993 endete, gipfelte die stille Infiltration Kolumbiens durch das rivalisierende Cali-Kartell in dessen geheimen Spenden für den Wahlkampf von 1994, die dem Präsidenten Ernesto Samper und der Hälfte des Kongresses zur Wahl verhalfen. Innerhalb von zwei Jahren jedoch wurden auch die Führer des Cali-Kartells inhaftiert, und der Handel splitterte sich auf Dutzende kleinerer Syndikate auf. In dieses Vakuum stießen die linke FARC-Guerilla (Fuerzas Armadas Revulocionarias Colombianas) und ihre Erzfeinde, die rechten Paramilitärs, die bald den Drogenhandel eroberten und mit den Kokaprofiten Waffenkäufe für den Bürgerkrieg finanzierten. Anfang der 90er Jahre stieg die FARC – eine marxistische Gruppe, deren Wurzeln in die Landarbeiterkämpfe der 30er Jahre zurückreichen – in den Drogenhandel ein, indem sie in ihren befreiten Zonen mit dem Mohnanbau begann. Ermutigt von außergewöhnlichen Profiten, schützten die Rebellen bald auch die Kokainproduktion. Bis 1992 erzielte die FARC die Hälfte ihrer Einkünfte aus Drogen, sodass Entführungen zu einer sekundären Geldquelle wurden. Als der Einfluss der FARC wuchs, konterte das Militär mit der Unterstützung gewalttätiger Paramilitärs – besonders der so genannten Vereinten Selbstverteidigungskräfte US-DFC unter dem Befehl von Carlos Castaño, einem ehemaligen Unterboss des Drogenbarons Pablo Escobar. Im August 1997 bestätigte sich die Beteiligung dieser Paramilitärs am Kokaingeschäft, als in Cundinamarca ein Komplex von vier hochmodernen Labors und 700 Kilo fertiges Kokain beschlagnahmt wurden.[252]

Bis 2001 hatten die 8.000 Mann starken Paramilitärs ein Vermögen von 200 Millionen Dollar angehäuft, weitgehend aus dem Schutz des Kokageschäfts, und finanzierten mit ihren Einkünften einen aggressiven Konterguerilla-Krieg.[253] In ähnlicher Weise nutzte die FARC mit ihren 17.000 schwer bewaffneten Guerillas die Sicherheitszone von der Größe der Schweiz, die ihr Präsident Andres Pastrana Anfang 1999 zugestanden hatte, als Basis für die Ausweitung des Kokaanbaus, der sich auf zehn Prozent der kolumbianischen Produktion belief. In einer Abwärtsspirale von Kokain, Aufstand und Konterguerilla war der Drogenhandel nun Bestandteil eines Bürgerkrieges, dessen Lösung selbst mit der gewaltigen Steigerung der US-Militärhilfe nicht erreichbar scheint. Bei ihren früheren Ausrottungsprogrammen in Bolivien hatten es die USA nur mit wütenden Bauerngewerkschaften zu tun gehabt. Nun müssen sie den gut bewaffneten kolumbianischen Milizen beggnen, die den Schutz der wichtigsten politischen Kräfte des Landes genießen.[254] »Da der Drogenhandel nun ein organischer Bestandteil des kolumbianischen Bürgerkriegs ist«, so ein Bericht des US-Außenministeriums von 2001, »wird die Frage sein..., wie man das Angebot illegaler Drogen vermindert, ohne lokale Konflikte zu verschärfen, die die regionale Stabilität bedrohen.«[255]

Wie sehr die Repression scheiterte, lässt sich daran ablesen, dass in den letzten 15 Jahren das lateinamerikanische Kokaangebot beständig die US-Nachfrage überstieg und der Straßenpreis von 400 Dollar pro Unze (28,35 Gramm) 1982 auf nur 100 Dollar 1989 fiel. Da der Großhandelspreis von Heroin 14-mal höher war als der des Kokains, verlagerten die kolumbianischen Kartelle ihre Ressourcen auf die Heroinproduktion für den Export in die USA. Nach seiner Einführung 1991 verbreitete sich der Mohnanbau rasch, stabilisierte sich jedoch, eingedämmt durch fortgesetzte Entlaubungsaktionen, Mitte der 90er Jahre bei 6.500 Hektar, die einen Ertrag von 65 Tonnen Rohopium lieferten.

Mit geübten Chemikern aus lokalen Universitäten und Zentralasien begannen die Kartelle mit der Produktion von hochwertigem, 80 bis 99 Prozent reinem Heroin und eroberten bald ein Drittel des US-Marktes.[256]

Nicht nur führten alle Angriffe auf den Kokaanbau dazu, die Produktion ungewollt zu stimulieren, auch die verdeckten Operationen gegen die kolumbianischen Kartelle verzeichneten kaum dauerhafte Erfolge. In verblüffender Ähnlichkeit zu Khun Sas Kapitulation in Birma hatten die Ermordung von Pablo Escobar 1993*, der Zusammenbruch des Medellín-Kartells und die Zerschlagung des Cali-Kartells zwei Jahre später kaum erkennbare Auswirkungen auf den Kokainfluss in die USA.[257]

Bis Mitte der 90er Jahre hatte das lateinamerikanische Drogenproblem allen konventionellen Bekämpfungsmethoden getrotzt, und Washington taumelte auf eine verzweifelte Eskalation zu. Nachdem er bei den Zwischenwahlen die Mehrheit des Kongresses an die Republikaner verloren hatte, bediente sich Präsident Bill Clinton aus dem politischen Repertoire Nixons und steuerte hart nach rechts. Um die gesetzgeberische Initiative zurückzugewinnen, setzte er sich energisch für die Verabschiedung des Omnibus Crime Bill von 1995 ein, das die Strafverfolgung von Drogenvergehen im eigenen Land ausweitete, und wurde der erste demokratische Präsident, der sich den Krieg gegen die Drogen auf die Fahnen schrieb. Unter Clinton wurde die konservative *Law-and-Order*-Rhetorik schließlich zur gemeinsamen Politik beider großen Parteien. In seinem letzten Amtsjahr gewann er die Zustimmung für seinen »Kolumbienplan«: ein Militärprogramm von 1,3 Milliarden Dollar, um ein Antidrogenbataillon auszubilden, Hubschrauber zur Verfügung zu stellen und Kokafelder zu entlauben. Aus dieser riesigen Kriegskasse bekam USAID nur 47 Millionen Dollar für die Förderung alternativer Feldfrüchte – ein deutlicher Hinweis, wo die Prioritäten des Programms lagen.[258]

Im Dezember 2000 startete Clinton seine Version des Drogenkriegs, als die USA in kürzester Zeit 30.000 Hektar Kokaplantagen in der südkolumbianischen Provinz Putumayo entlaubten – mit dem vorher-

---

* Escobar hatte eine Terrorkampagne gegen Politiker, Beamte, Journalisten und einfache Passanten begonnen und damit die öffentliche Meinung gegen sich aufgebracht, sodass schließlich der Staat gegen ihn und die schwindende Schar seiner Verbündeten vorging. Nach einjähriger Haft, in die sich Escobar aus Angst vor Mordanschlägen freiwillig begeben hatte, und anschließender mehrmonatiger Flucht wurde er Ende 1993 von Angehörigen einer Spezialeinheit erschossen. (A. d. Ü.)

sehbaren Effekt, dass sich der Anbau in die benachbarte Nariño-Provinz verlagerte.[259] Im Mai 2001 sprachen sich die Gouverneure der sechs Südprovinzen, die 75 Prozent der kolumbianischen Kokaernte erzeugen, gegen die rigorose Entlaubung aus und setzten sich dafür ein, den Kokastrauch Schritt für Schritt durch andere Feldfrüchte zu ersetzen, um allen Verlagerungen der Anbauflächen vorzubeugen.[260] Die UN riefen nach internationaler Überwachung, um die Ungefährlichkeit von Sprühmitteln wie Roundup zu prüfen, das in den USA selber nur dann eingesetzt werden darf, wenn jeder Kontakt mit Menschen ausgeschlossen ist. Aber US-Botschafterin Anne Patterson sagte, dass die Ausrottung per Hand »zu gefährlich und, offen gesagt, zu teuer« sei.[261]

Anfang 2002 drängte die Regierung von George W. Bush den Kongress zu einer Aufhebung der Beschränkungen des Kolumbienplans, um, wie es US-Senator Patrick Leahy formulierte, einen Wechsel von »Drogenbekämpfung zur Aufstandsbekämpfung« zu ermöglichen. Als in Kolumbien die Verhandlungen zwischen Präsident Andres Pastrana und der FARC-Guerilla scheiterten und ein unverhüllter Krieg ausbrach, drückte die *New York Times* ihre Sorge aus, dass die Zusammenarbeit der Paramilitärs »mit dem Militär immer unverhohlener wird und ihre Beteiligung am Drogenhandel größer ist als die der Guerilla«.[262] Im März offenbarte ein erbitterter Behördenstreit über die Schätzung der kolumbianischen Kokaernte das Scheitern der US-Strategie. Um den Fortschritt ihrer massiven Entlaubungsaktionen zu beweisen, legte das Weiße Haus dem US-Außenministerium nahe, in dessen Jahresdrogenbericht eine elfprozentige Abnahme der Anbaufläche auszuweisen. Aber die CIA-Experten, die ihre Schätzungen aus Satellitenfotos gewannen, bestanden auf unfrisierten Daten und veröffentlichten nach höflichem Schweigen Zahlen, die stattdessen eine 25-prozentige Steigerung auswiesen. Am Ende gab das US-Außenministerium einen Bericht heraus, der zeigte, dass massive Entlaubung und Abermillionen Dollar US-Militärhilfe den Anstieg des kolumbianischen Kokaanbaus nicht aufhalten konnten. Die Plantagenflächen hatten sich zwischen 1999 und 2001 von 122.000 Hektar auf 170.000 Hektar vergrößert – ein neuer Rekordwert.[263]

Unter vier US-Präsidenten hat der amerikanische Drogenkrieg den Anden hohe soziale Kosten aufgebürdet. In Peru schuf das enge Bündnis der CIA mit dem Geheimdienstchef Montesinos während der 90er Jahre einen Apparat zur Drogenbekämpfung, der gleichermaßen effektiv wie himmelschreiend korrupt war. In Kolumbien förderte Clintons gleichnamiger Plan mit seiner Allianz aus kolumbianischen Militärfraktionen und zivilen Eliten, die hinter den brutalen Paramilitärs stehen, potenziell die gleichen korrumpierenden politischen Kräfte. Das US-Programm zur Kokabekämpfung, das Kugeln statt alternative Entwicklung anbot, hat eine anhaltende Massenmobilisierung der ärmsten Bauern der westlichen Hemisphäre bewirkt, die keine gangbare Alternative zur Koka haben.

Dieser Drogenkrieg hat trotz all seiner Kosten nur geringe Auswirkungen auf die US-Nachfrage nach illegalen Drogen. Während der gesamten 90er Jahre erwies sich der US-Drogenmarkt wie seine Pendants in Europa und Australien als außerordentlich wandlungs- und widerstandsfähig. Obwohl der Gesamtkokainkonsum um 70 Prozent sank, blieb die Anzahl der von harten Drogen Abhängigen konstant bei 3,5 Millionen. Zum einen nahm die Anzahl der Heroinkonsumenten steil von 600.000 auf 980.000 zu, ihr Durchschnittsalter fiel von 26 auf 17.[264] Zum anderen experimentierten die amerikanischen Jugendlichen, trotz des üppigen Angebots natürlicher Rauschgifte, weiter mit synthetischen Drogen – besonders mit Methamphetaminen (Ectasy) und pharmazeutischen Opiaten (OxyContin). Bis Ende der 90er Jahre hatten diese synthetischen Rauschgifte neue Netzwerke von Händlern und Konsumenten außerhalb der etablierten städtischen Märkte geschaffen. Wie groß das Ausmaß der Ecstasy-Epidemie ist, zeigt die Menge der vom US-Zoll beschlagnahmten Pillen, die von 400.000 1997 auf 9,3 Millionen nur drei Jahre später anschwoll. Zwischen 1996 und 2000 stieg der Wert der legalen Verkäufe von OxyContin von 55 Millionen Dollar auf 1,4 Milliarden Dollar, bei etwa 221.000 Konsumenten dieses synthetischen Opiums. Bis Mitte 2001 erlebten die Apotheken im Osten der Vereinigten Staaten eine Epidemie von OxyContin-Überfällen – besonders in Kentucky, wo 5,5 Prozent der 1.000 Apotheken betroffen waren.[265]

Obwohl die Regierungen Clinton und Bush auf den Drogenkrieg verpflichtet blieben bzw. bleiben, strapaziert die wachsende Zahl der Gefängnisinsassen die öffentlichen Budgets bis zum äußersten und zwingt die Parlamente aller Bundesstaaten längst zu einer Überprüfung der Drogenprohibition des Landes. Nach seiner Ernennung zum Chef der Drogenpolizei unter Präsident George W. Bush verkündete John Walters jedoch sein Bekenntnis zur Prohibitionsorthodoxie: »Nur wenn wir zurückschlagen, wird das Drogenproblem kleiner.«[266] Das Justizministerium unter Bush hält entschlossen an seiner Unterstützung des Drogenkrieges fest und wandte sich im März 2002 selbst gegen eine bescheidene Reform der Strafen für den Besitz von Crack-Kokain.[267]

Trotz der heftigen Antidrogenrhetorik Washingtons sorgen sich die amerikanischen Wähler ob der eskalierenden Kosten für Polizei und Gefängnisse, die der Drogenkrieg verursacht. 2001 zum Beispiel stimmten die kalifornischen Wähler für den Volksentscheid 36, der bei Drogenkonsum für ambulante Behandlung statt für Gefängnis eintrat – ein Schritt, dem sich der Staat Washington ein Jahr später anschloss. In New York schlug der republikanische Gouverneur George Pataki eine Reform der repressiven Rockefeller-Drogengesetze vor, die die Gefängnisse mit 10.000 nicht gewalttätigen Drogenkonsumenten gefüllt haben. Mit Einführung dieser Reformen haben einige Bundesstaaten die ersten Schritte unternommen – nicht in Richtung Legalisierung, sondern zur »Schadensbegrenzung«. Diese Strategie hatten schon 1990 beispielhaft neun europäische Städte in der Frankfurter Resolution vorgeschlagen, die darauf drängte, Drogenbesitz zu entkriminalisieren und strafrechtliche Sanktionen nur gegen Drogenhändler zu verhängen.[268] Obwohl der Drogenkrieg nach wie vor von beiden großen Parteien in Washington Unterstützung erfährt, werden die Wähler, wie sich in Plebisziten der Bundesstaaten und Meinungsumfragen im ganzen Land zeigt, zunehmend skeptisch gegenüber einer Politik, deren Scheitern nach 30 Jahren mehr als deutlich geworden ist.

Internationale Aussichten

In der Logik von Amerikas Drogenkriegen sind es die Drogenbarone, die den letzten Feind, das letzte Ziel darstellen. Washington nahm sie einen nach dem anderen aufs Korn: etwa General Manuel Noriega in Panama, Pablo Escobar, den Führer des kolumbianischen Medellín-Kartells, oder auch einen obskuren birmanischen Kriegsherrn namens Khun Sa. »Dies ist das Ende einer Ära«, sagte Tom Cash, der Topagent der DEA in Miami, als Pablo Escobar 1993 erschossen wurde. »Es wird lange dauern, bis jemand an seine Stelle tritt.«[269] Wie sich herausstellte, ist der kolumbianische Drogenhandel in dem seither vergangenen Jahrzehnt weit über das hinausgewachsen, was sich Escobar hätte vorstellen können. Khun Sas Sturz hat sich als ebenso folgenlos erwiesen.

Der globale Rauschgifthandel ist tatsächlich ein riesiger Warenhandel, der die Erste Welt mit der Dritten durch komplexe Geschäftsbeziehungen verbindet, die ihrerseits unsere zeitgenössischen Gesellschaften in allen Aspekten durchdringen. Genau wie die Bankiers in Zürich oder an der Wall Street auf den Gold- oder Aktienmärkten nur ein zwergenhaftes Gewicht haben, sind es nicht die Drogenbarone, die den Drogenhandel machen.

Die USA haben in Wirklichkeit einer globalen Ware den Krieg erklärt, die sich längst auch von ihren Hauptakteuren so weit emanzipiert hat, die zudem so flüchtig ist, dass sie jeder Repression widersteht – selbst einem Krieg. Wenn das stimmt, müssen die USA und ihre Verbündeten die Fruchtlosigkeit der Drogenprohibition eingestehen und nach anderen Lösungen suchen.

Es gibt gute Gründe, die Effizienz der gegenwärtigen Prohibitionspolitik zu bezweifeln. Wo in den letzten beiden Jahrhunderten vollkommener Zwang ausgeübt werden konnte, war der Kampf gegen die Drogen wirkungsvoll; unvollkommener Zwang dagegen hat einen Wirbelwind unvorhergesehener Konsequenzen entfacht. Mit ihren fast vollkommenen Zwangsmitteln waren die europäischen Kolonialmächte in der Lage, die Kultivierung zu fördern, wo sie gebraucht wurde (Indien), und zu unterdrücken, wo sie unerwünscht war (Südostasien). Sie nährten damit einen Warenhandel, der bis zum Ende des 19. Jahrhunderts in die globale Wirtschaft integriert war.

Fast 80 Jahre lang haben der Völkerbund und später die Vereinten Nationen versucht, Opium zu verbieten. Anfangs bewirkten sie damit eine kräftige, wenn auch nur kurzlebige Abnahme von Produktion und Konsum. Aber mit dem Beginn der Drogenprohibition der 20er Jahre tauchten kriminelle Syndikate auf, die Hochlandbauern mit den städtischen Süchtigen in einem weltweiten illegalen Markt verbanden. Ein halbes Jahrhundert später trat Präsident Nixon mit seiner Intervention auf diesem Markt eine weitere Lawine unbeabsichtigter Konsequenzen los. Sein Drogenkrieg lähmte mit bilateralen Bekämpfungsmaßnahmen den mediterranen Opiumhandel, vernichtete die Mohnfelder in der Türkei und schloss die Heroinlabors in Marseille. Langfristig jedoch entfesselte dieser unvollkommene, weil nicht weltweit ausgeübte Zwang globale Marktkräfte, die schließlich dem Drogenhandel auf fünf Kontinenten einen ungeahnten Aufschwung gebracht haben.

Die Marktreaktionen auf ungenügende, weil nicht global durchsetzbare Zwangsmaßnahmen sorgen dafür, dass Prohibition langfristig kontraproduktiv ist. Seit den 20er Jahren reagieren die Syndikate auf jede Repression elastisch, durchtrieben und subversiv. Selbst die wirkungsvollsten Bekämpfungsmaßnahmen können unvorhergesehene Konsequenzen haben. Dennoch haben die Vereinigten Staaten und die Vereinten Nationen – in Verkennung der Dynamik des globalen Drogenhandels – diesen Windmühlenkampf 50 Jahre lang weitergeführt und damit bloß das Gegenteil des Bezweckten erreicht. In ihrem Weltdrogenbericht von 1997 zum Beispiel verteidigten die UN ihre Prohibitionspolitik vehement mit dem Argument, dass »Drogen, die andernfalls auf den Straßen aufgetaucht wären, in immer größeren Mengen beschlagnahmt werden«. Finanzielle Kontrollen hätten »das Potenzial..., den Netzwerken des Drogenhandels wirksamen Schaden zuzufügen«.[270] Ein Jahr später verpflichtete sich die Generalversammlung der UN in einer Sondersitzung darauf, auf die vollständige Ausmerzung aller narkotischen Drogen bis 2008 hinzuarbeiten.

2002 waren die UN-Vertreter angesichts des bemerkenswerten Zusammenbruchs der afghanischen Opiumproduktion im Vorjahr noch höchst zuversichtlich. Sie sahen darin die einzigartige »Gelegenheit, die Auswirkungen von Programmen zu maximieren..., um den Opiumanbau und Opiatmissbrach bis zum Jahr 2008 zu beseitigen oder beträchtlich zu vermindern«. Dieser Erfolg, so die UN in ihrem Überblick über den globalen Handel 2002, sei von zwei Seiten bedroht: von der möglichen »Verlagerung« über Afghanistan hinaus zu neuen Opiumquellen oder von einer Wiederaufnahme der Produktion in Afghanistan selbst. Mit Blick auf die Syndikate, die Europa gegenwärtig mit afghanischem Heroin versorgen, glauben die UN, dass sie sich nicht schnell auf neue Quellen in Südostasien oder anderen Weltteilen verlegen könnten. Darüber hinaus konzentriere sich der Opiumanbau aufgrund der einzigartigen Geografie Afghanistans auf »enge, bewässerte, fruchtbare Täler, die ... leicht ... zugänglich und kontrollierbar sind«, sodass die Ausmerzung einfach sei.[271] Dieser Optimismus ist kurzsichtig. Seit mittlerweile einem Jahrhundert sind wendige Verbrechersyndikate in der Lage, von Kontinent zu Kontinent zu springen, um neue Angebotsquellen und Konsumenten für illegale Drogen zu finden. Zudem hat sich die afghanische Opiumproduktion, wie wir im nächsten Kapitel sehen werden, noch während der Abfassung des UN-Berichts bereits erholt und wieder das Niveau vergangener Spitzenernten erreicht. Aus politischen Gründen, die über die Geografie triumphieren, birgt Afghanistan ein starkes Potenzial künftigen Wachstums.

Nun, da Amerika seinen fünften Drogenkrieg in ausländischen Gefilden kämpft, ist es an der Zeit, einige offensichtliche Fragen zu stellen. Kann wachsender Druck auf den internationalen Rauschgifthandel den Drogenstrom in die USA und die anderen reichen Länder abgraben oder gar stoppen? Wenn nicht, was sind die Gründe für das wahrscheinliche Scheitern dieser Politik? Was sind die Konsequenzen eines solchen Scheiterns?

Jeder Versuch, das Heroinproblem durch einen globalen Krieg gegen das Drogenangebot zu lösen, ist auf vielen Ebenen unrealistisch. Da Amerika nur einen kleinen Anteil der Weltproduktion konsumiert und die höchsten Preise zahlt, erfordert die Beseitigung des Heroinangebots, dass der illegale Opiumanbau so gut wie vollständig vom Antlitz der Erde verschwindet. 1985 zum Beispiel verbrauchten die Vereinigten Staaten nur sechs Tonnen Opium der weltweiten Ernte von 1.465 Tonnen – nur 0,4 Prozent der Gesamtmenge.[272] 1997 schätzte das Weiße Haus, dass die USA bei Heroin noch immer »nur drei Prozent der Weltproduktion« konsumierten.[273] Wenn der illegale Drogenhandel wie jeder andere Markt funktioniert, dann müssen die amerikanischen Drogenkrieger mindestens 97 Prozent des weltweiten Opiumangebots aus der Welt schaffen, bevor sie endlich zu jenen letzten paar Tonnen kommen, die für den hochpreisigen US-Markt bestimmt sind.

Da der illegale Charakter des Rauschgifthandels keine verlässlichen Statistiken erlaubt, bleiben historische Fallstudien das beste Mittel, um die amerikanischen Versuche einer Drogenprohibition zu beurteilen. In den 70er Jahren erzielte Nixon mit der Zerstörung der Türkei-Marseille-Connection einen vollständigen Sieg im ersten US-Drogenkrieg. In der folgenden Dekade jedoch verlagerten die US-Heroindealer ihre Quellen von der Türkei erst nach Südostasien, dann nach Mexiko und schließlich nach Zentralasien – und blieben bis heute den US-Drogenagenten immer einen Schritt voraus. Bis Anfang der 80er Jahre war klar, dass Nixons Triumph schlicht ein Pyrrhussieg war. Warum?

Repression, ob bilateral oder multilateral, bewirkt eine kräftige, kurzlebige Verminderung des Angebots, die in folgenden Anbaujahren zu einer Steigerung der globalen Drogenproduktion führt. Ein Heroinangebot, dem der Zugang zu einem Markt verwehrt wird, sucht sich einen anderen, was die Ausbreitung des Konsums und eine Steigerung der weltweiten Gesamtnachfrage zur Folge hat. Nach 30 Jahren gescheiterter Ausrottungsversuche zeigt eine Fülle von Belegen, dass der illegale Drogenmarkt ein komplexes globales System ist, das gleichermaßen empfindlich und widerstandsfähig reagiert und Repression rasch in einen Stimulus verwandelt. Wenn die vergangenen Erfahrungen in der Türkei und Südostasien ein Anhaltspunkt sind, könnte die Ausrottung des afghanischen Opiums durch das UN-Drogenprogramm oder eine US-Intervention unberechenbare Marktkräfte entfesseln, die sich im globalen System auf Jahre hin unsichtbar ausbreiten und zur weiteren Vermehrung von Drogenproduktion, Drogenkonsum und HIV-Infektionen beitragen. Sollte eine solche Repression die Myriaden von Hindernissen überwinden und tatsächlich eine langfristige Verminderung des Drogenangebots bewirken, könnten sich die heimischen Drogenhändler in den USA der Herstellung synthetischer Drogen zuwenden, wie es in den 70er Jahren mit Speed (Methamphetaminen) geschehen ist.

Kurz, Drogen sind bedeutende globale Waren, die jedem Versuch lokaler Unterdrückung widerstehen. Solange die Drogennachfrage in den Städten der Ersten Welt weiter wächst, werden Produzenten in der Dritten Welt Mittel und Wege finden, um diese Märkte zu bedienen.

Die Vereinigten Staaten haben ein Modell lokaler Strafverfolgung zu einer globalen Strategie erweitert. Aber sie haben offenbar die Möglichkeit der Nachfrageminderung nicht ernsthaft untersucht. 1998 führte eine Studie den Nachweis, dass sich durch die 230.000 Kokainabhängigen, die sich einer Behandlung unterzogen, die US-Kokainimporte um 35 Tonnen jährlich reduziert haben könnten, gleichbedeutend mit einem Drittel der bundesbehördlich beschlagnahmten Menge. Da diese 230.000 Patienten nur sieben Prozent der 3,3 Millionen harten Kokainkonsumenten repräsentierten, deutet diese Analyse darauf hin, dass in Entzug und anderen Programmen zur Nachfragereduktion ein unerkundetes Potenzial zur Verminderung des globalen Angebots steckt.[274]

Blickt man auf dieses 100 Jahre währende angloamerikanische Experiment der Drogenprohibition zurück, muss man einräumen, dass es gescheitert ist – im Hinblick sowohl auf die internationale Bekämpfung des Angebots als auch auf die Kontrolle individuellen Verhaltens. In den vergangenen 30 Jahren ist es der Prohibition nicht gelungen, Produktion oder Konsum illegaler Drogen zu vermindern. Zudem war der Preis dieses Scheiterns außerordentlich hoch: teure Entlaubung, erzwungene Migration und militärische Konflikte in den Quellländern; Masseninhaftierung, steigende HIV-Infektionen, Ausbreitung des Drogenkonsums und soziale Polarisierung in den Konsumländern. Im

Panoptikum moderner Medien war der unmenschlich hohe Preis nicht sichtbar, den die Hochlandminderheiten in Asien und den Anden für ihre Beteiligung an der Drogenproduktion und für die Bekämpfungsprogramme zahlen mussten: Steuern an Guerillas, Entlaubungsaktionen, Militäroperationen und wirtschaftliche Entwurzelung. Der Preis der heimischen Repression, der sich hinter Amerikas unsichtbaren Rassenbarrieren verbirgt, könnte sich als untragbar erweisen: eskalierende Gefängniskosten, Masseninhaftierung von Minderheiten und eine sich weitende Kluft zwischen Schwarzen und Weißen in Gesetzespraxis und Strafverfolgung.

Mit dem Ende des Kalten Krieges haben die Völker der Welt ihre Grenzen für den freien Wirtschaftsaustausch geöffnet. Die Zwangsmechanismen, die einst in kolonialen, kommunistischen und autoritären Staaten eine effektive Drogenbekämpfung ermöglichten, sind damit beseitigt. Bezeichnenderweise erzielten die Vereinten Nationen in dem Jahrzehnt nach dem Ende des Kalten Krieges ihren einzigen wirklichen Erfolg bei der Drogenverminderung in Afghanistan, wo die Theokratie der Taliban zeitweise außerordentliche Zwangsmaßnahmen ermöglichte. Während wir in das Zeitalter der Demokratie und des globalen Austausches eintreten, könnte die Prohibitionspolitik der USA und der UN zunehmend wie ein irrationaler Atavismus eines autoritären Zeitalters wirken.

Blickt man auf dieses Jahrhundert der Drogenprohibition zurück, kann man unmöglich die Mischung aus Idealismus und Zynismus übersehen, die Amerikas Drogenkrieg kennzeichnet. Während des 20. Jahrhunderts rief der Kreuzzug gegen die Drogen leidenschaftliche Sozialreformer und pflichtbewusste Staatsdiener auf den Plan, die ein globales Prohibitionsregime von Verträgen, Gesetzen und Strafverfolgung schufen. Doch eben diese schlichten Ideen haben Politiker häufig mit anderen, weniger hehren Zielen verbunden: Rassenrepression, Kolonialherrschaft, Parteipolitik, verdeckten Operationen oder, in jüngster Zeit, Masseninhaftierung von arbeitslosen männlichen Angehörigen von Minderheiten. Wie kann eine klare, eng fokussierte Politik, die in Gesetzen und Verträgen gründet und in Budgets und Bürokratien eingebettet ist, so leicht für andere Zwecke missbraucht werden? Das Konzept der Drogenprohibition wurzelt in protestantischen Sozial bewegungen des späten 19. Jahrhunderts. Es bewahrt in seinem Kern deren sozialdarwinistische Ideale von Zwangskontrolle und sozialer Eugenik und lässt sich daher leicht für rassistische und imperiale

Politikkonzepte einspannen. Anfang des 20. Jahrhunderts rechtfertigten Ideen über die einzigartige chinesische Neigung zum Opiumrauchen koloniale Opiummonopole in Südostasien, so wie amerikanische Stereotypen über die Trunksucht der Iren, den Kokainkonsum der Schwarzen und den Drogenmissbrauch von Frauen die Drogenprohibition in den USA inspirierten. Die Rhetorik über das Böse der Drogen und der moralische Imperativ ihrer Ausrottung verbanden sich mit einer paradoxen Bereitschaft, das hehre Anliegen fragwürdigeren Zielen unterzuordnen oder sogar zu opfern. Dieselben Regierungen, die am strengsten gegen Drogen wetterten, wie die Nationalchinesen in den 30er Jahren und die USA seit den 40er Jahren, bildeten häufig geheime Allianzen mit Drogenhändlern.

Nirgendwo wird dieser Widerspruch zwischen sozialem Idealismus und politischem Realismus offenkundiger als in dem Aufeinanderprallen von Prohibition und Protektion im Kalten Krieg. Während dieser 40 Jahre des globalen Konflikts schien Washington bereit, wo immer notwendig, den Drogenkrieg für den Kalten Krieg zu opfern. Tatsächlich haben konservative Präsidenten und ihre Regierungen, in denen die militantesten Drogenkrieger zu Hause waren, häufig formell oder informell CIA-Bündnisse mit Drogenbaronen sanktioniert. In den 70er Jahren erklärte Richard Nixon den Drogenkrieg in Asien, während seine Emissäre den Heroinhandel in Indochina duldeten. In den 80er Jahren weitete Ronald Reagan den Drogenkrieg mit hoch tönender Rhetorik nach Lateinamerika aus, während sein CIA-Direktor, wie das nächste Kapitel zeigt, sich mit den größten Kokainschmugglern der Karibik verbündete. In den Jahren 2001 und 2002 missbrauchte George W. Bush die massiven Mittel für den Kolumbienplan in Höhe von 500 Millionen Dollar für einen Konterguerilla-Feldzug, zu dem der Schutz einer privaten Ölpipeline gehört.[275] Tatsächlich könnte Bushs Krieg in Kolumbien noch den ultimativen Widerspruch zwischen Prohibition und Protektion erweisen. Nachdem er diese Mittel einem US-Kongress abgerungen hatte, der vor einer Beteiligung an einem Bürgerkrieg zurückscheut, entfremdete er sie für den Kampf gegen linke Guerillas, der die rechten kolumbianischen Paramilitärs stärken und ihre Kontrolle über den Kokainhandel ausweiten könnte. Schienen die DEA-Drogenkrieger zuweilen naiv gegen die Macht einer globalen Ware ins Feld zu ziehen, so manövrierten die CIA-Agenten innerhalb dieses gewaltigen illegalen Handels zynisch und auf eine Weise, die ihren verdeckten Operationen diente. Dieses Aufeinanderprallen von

Prohibition und Protektion, von Idealismus und Zynismus offenbart eine gewisse moralische Hohlheit im Zentrum des Drogenkrieges, die sogar noch seine zweifelhafte wirtschaftliche Logik in den Schatten stellt.

Während der 40 Jahre des Kalten Krieges spielten die Geheimdienste Amerikas und seiner Verbündeten eine katalytische Rolle im aufstrebenden Drogenhandel, indem sie die Drogenbarone des Hochlandes und internationale Drogenschmuggler beschützten. Jede Geschichte des Heroins wäre ohne eine Darstellung der CIA-Operationen unvollständig, denn sie trugen, wenngleich unbeabsichtigt, im letzten halben Jahrhundert zum Wachstum des globalen Drogenhandels bei.

9
DIE GEHEIMKRIEGE DER CIA

Im Mai 1980 machte David Musto, Psychologieprofessor an der Yale-Universität und Drogenberater des Weißen Hauses, seinem Ärger Luft und wandte sich an die Presse. Drei Jahre zuvor hatte ihn Präsident Jimmy Carter in den Drogenstrategierat des Weißen Hauses berufen, unter der Prämisse, dass dieses Organ »die Strategie des Bundes zur Prävention von Drogenmissbrauch und Drogenhandel bestimmen« würde. In den folgenden zwei Jahren musste Musto freilich erleben, wie die CIA und andere Geheimdienstbehörden dem Rat – zu dessen Mitgliedern immerhin der Außenminister und der Generalbundesanwalt gehörten – Zugang zu allen geheimen Informationen über Drogen verweigerten, selbst wenn sie für die Gestaltung einer neuen Politik erforderlich waren. Es dauerte Jahre, bis die spezifischen Anfragen des Rates den Geheimdiensten auch nur »äußerst skizzenhafte Informationen« oder »oberflächliche Antworten« entlockten.[1]

Für ein denkwürdiges Informationstreffen mit Kolumbien-Experten der CIA hatte sich Musto mit aktuellen Weltbankdaten über die Rolle des US-Dollar im Kokainhandel präpariert und begann das Gespräch mit einer suggestiven Frage zum Thema. Zu seinem Verdruss antworteten die Geheimdienstexperten mit einer direkten Lüge über die Rolle des Dollar. Als er sie mit den Weltbankdaten konfrontierte, zogen die CIA-Männer ihre falsche Behauptung zurück, ohne rot zu werden. Mustos Beschwerden beim Weißen Haus über solche Täuschungsmanöver der CIA führten zu keiner Reaktion.[2]

Als Präsident Carter im Dezember 1979 auf die sowjetische Invasion Afghanistans mit Waffenlieferungen an Mudschaheddin-Guerillas reagierte, wuchs Mustos Besorgnis. »Ich sagte dem Rat«, erinnerte er sich, »dass wir in Afghanistan gerade dabei seien, die Opiumbauern in ihrer Rebellion gegen die Sowjets zu unterstützen. Sollten wir nicht versuchen zu vermeiden, was wir in Laos getan hatten? Sollten wir nicht versuchen, die Bauern dafür zu bezahlen, ihre Opiumproduktion einzustellen? Es herrschte Stille.«³ Musto war nicht entgangen, dass in jenem Jahr 1979, als bereits Heroin aus Afghanistan und Pakistan in die USA strömte, in New York die Quote der Drogentoten um 77 Prozent in die Höhe geschnellt war.⁴

Auch die Beamten der amerikanischen Drogenbehörde DEA waren alarmiert von dem plötzlichen Heroinstrom aus Afghanistan und Pakistan. Ebenfalls im Dezember 1979 berief die Behörde eine spezielle Heroinkonferenz über den Mittleren Osten im New Yorker Kennedy-Flughafen ein. Der Chef der DEA-Aufklärungsabteilung eröffnete dieses Treffen weltweit tätiger Drogenfahnder mit einer Einführung in die »neue Heroinbedrohung aus dem Mittleren Osten«, die anscheinend zügellos wucherte. Sein Stellvertreter Gordon Fink thematisierte die »Sorge und Frustration der DEA beim Umgang mit dem Problem..., vor allem aus Mangel an Kontrolle und Informationen in den Quellländern, namentlich Pakistan, Afghanistan und Iran«. Gerade aus dem Mittleren Osten zurück, trug Sonderagent Ernie Staples seinen Teil zur düsteren Stimmung bei. Angesichts der ungünstigen politischen Situation in der Region, so berichtete er, sei die »erste Abwehrstrategie« der DEA – die Unterbrechung des Nachschubs in der Nähe der Produktionsgebiete – zusammengebrochen: »Es gibt in diesen Quellländern kein DEA-Personal mehr, das effektiv arbeitet.« Ohne jede Eindämmung an der Quelle bewegte sich ein Sturzbach von Heroin auf die Weltmärkte zu. »Europa wird gegenwärtig von Heroin aus dem Mittleren Osten überschwemmt«, sagte Staples.

In der Tat: Als der Nachschub anschwoll, sanken die Großhandelspreise für Heroin in Europa, und der Reinheitsgehalt erreichte neue Höhen – 500 Süchtige, die in jüngster Zeit in Westdeutschland an einer Überdosis gestorben waren, sprachen Bände. Mit zentralasiatischem Morphium überreichlich versorgt, richteten die Marseiller Korsensyndikate in Zusammenarbeit mit der sizilianischen Mafia ein neues Netz von Heroinlabors ein. Im Februar 1978 hatte die französische Polizei ein Heroinlabor in der Nähe von Marseille entdeckt – das erste in fünf Jahren – und 40 Kilo Morphinbase beschlagnahmt. Kurz darauf vermeldeten mehrere Geheimdienstquellen unabhängig voneinander, dass libanesische Schmuggler sizilianische Heroinlabors versorgten. Jüngste Beschlagnahmungen von Heroin in Italien deuteten darauf hin, dass sizilianische Mafiagruppen aus Palermo das neue Heroin in die USA schmuggelten und der illegale Handel zwischen Europa und den USA zunahm.

Als nacheinander DEA-Fahnder aus Boston bis Chicago zu Wort kamen, fügten sich ihre Berichte zu einer nationalen Heroinkrise zusammen. Agenten aus dem Newark-Distriktbüro der DEA identifizierten die örtlichen organisierten Verbrechergruppen der Gambino und Sollena als Hauptverteiler des neuen Heroins aus dem Mittleren Osten. Bezeichnenderweise war der Boss einer der Gruppen, Salvatore Sollena, der das Heroin über eine Pizzakette verteilte, ein Neffe des herrschenden sizilianischen Mafiadons Gaetano Badalamenti – einer der ersten Hinweise auf einen großen Heroinring, der später »Pizza-Connection« getauft wurde.[5]

Die DEA-Beamten New Yorks, die für den größten Heroinmarkt der USA sprachen, waren die ersten, die mit eigenen Augen die Auswirkungen des neuen Heroins festgestellt hatten. Schwarze Syndikate aus Harlem hatten lange »kiloweise südostasiatisches Heroin« importiert, das »sofort auf die New Yorker Stadtbezirke aufgeteilt wurde«. In den jüngsten Monaten hatte mittelöstliches Heroin jedoch 42 Prozent des Uptown-Marktes (nördliches Manhattan) erobert. An der Lower East Side war das Heroin aus dem Mittleren Osten mit 60 Prozent Marktanteil sogar noch schneller vorgestoßen. Vor allem aber gab es Anzeichen, dass der New Yorker Heroinmarkt mit etwa 150.000 Süchtigen eine lange Durststrecke überwunden hatte: Proben zeigten einen »dramatischen Anstieg des Reinheitsgrades«; Hepatitisfälle und Verhaftungen nahmen zu.

Da New York zwei Tonnen Heroin pro Jahr im Wert von zwei Milliarden Dollar konsumierte, machten sich Veränderungen auf seinem Markt rasch im ganzen Land bemerkbar. Philadelphia berichtete wie viele andere Distriktbüros, dass sein Heroinproblem aus »New York kommt«. Der Drogenermittler Thomas Russo aus Baltimore fügte hinzu: »Der Handel zwischen den beiden Städten ist so einfach, dass die Dealer in Baltimore keine Vorräte mehr in der Stadt anlegen.« Auch die DEA-Distriktvertretung in der Hauptstadt Washington berichtete, dass der Anstieg des New Yorker Heroinangebots in jüngster Zeit zu einem »statistischen Anstieg der Überdosis-Toten« geführt habe.

Innerhalb eines Jahres begannen diese Trends, die David Musto und die DEA Ende 1979 so deutlich erkannten, das US-Drogenproblem grundlegend zu verändern. Nach einem Vierteljahrhundert zunehmender Drogensucht war Amerika Mitte der 70er Jahre in den Genuss einer kurzen Atempause gekommen. Die Siege des US-Drogenkriegs in der Türkei und Thailand hatten die asiatischen Exporte vermindert und zum ersten Mal seit dem Zweiten Weltkrieg eine Heroinknappheit in Amerika verursacht. Die Zahl der Abhängigen fiel zwischen 1971 und 1974 von 500.000 auf nur 200.000. In New York verdoppelte sich der Straßenpreis, während der Reinheitsgehalt um die Hälfte sank – beides deutliche Anzeichen eines knappen Angebots.[6]

Warum diese zwischenzeitliche Angebotsschwäche? Vielleicht war es Nixon mit seinem Drogenkrieg tatsächlich gelungen, den Rauschgiftstrom aus Asien in die Vereinigten Staaten zu unterbrechen. Mexiko eroberte zwar bald 90 Prozent des verbliebenen US-Heroinmarktes, aber massive Ausrottungskampagnen in Mexiko und infolgedessen sehr unregelmäßige Lieferungen von grobem Heroin Nr. 3 konnten die amerikanische Nachfrage nach reinem, puderigem Nr. 4 nicht stillen.[7] Wenn man jedoch andere Anhaltspunkte einbezieht, müsste die Heroinknappheit wohl eher der Außenpolitik Jimmy Carters zugeschrieben werden, besonders der Tatsache, dass er der CIA von 1976 bis 1978 große Geheimoperationen untersagte und damit den Drogenbaronen den benötigten Schutz entzog. Außerdem gab die Regierung Carter den Krieg gegen das Drogenangebot zugunsten von Suchtbehandlung auf – eine Intervention auf der Nachfrageseite, die möglicherweise die stimulierende Wirkung der Prohibitionspolitik zeitweise außer Kraft setzte. Angesichts der Komplexität des globalen Rauschgifthandels lässt sich diese Frage nicht mit Sicherheit beantworten. Allerdings weisen Veränderungen im globalen Handel darauf hin, dass die Prohibition, also die Drogenverbotspolitik, und die Protektion, also der Schutz von Drogenhändlern, unter dem Strich bedeutende Faktoren waren, sowohl bei der Abnahme des Heroinangebots in den 70er Jahren als auch bei dessen späterer Zunahme während der 80er Jahre.

1979/80 eroberte diese »Flut« von Heroin aus Pakistan und Afghanistan 60 Prozent des US-Marktes und löste jene Krise aus, die David Musto vorhergesagt hatte. Die heroinbezogenen Krankheitsfälle nahmen um 25 Prozent zu, die Süchtigenzahl kletterte wieder auf 450.000.[8]

Die Anzeichen mehrten sich, dass noch Schlimmeres bevorstand. Ungehemmt kletterten die Heroinexporte Pakistans und Afghanistans weiter. Allein in Afghanistan stieg die Opiumproduktion von 100 Tonnen 1971 über 300 Tonnen 1982 bis auf 575 Tonnen 1983.[9] Nach einem zweijährigen Ausbleiben des Monsunregens produzierte auch das Goldene Dreieck in Südostasien 1981 eine Rekordernte – dem US-Generalbundesanwalt zufolge genug Heroin, »um den Weltmarkt zu überschwemmen«.[10] 1980 wuchsen die Straßenverkäufe aller illegalen Drogen in den USA um 22 Prozent auf 79 Milliarden Dollar. Während die Heroinimporte um sieben Prozent auf vier Tonnen mit einem Wert von acht Milliarden Dollar stiegen, sprang das Kokainangebot um beachtliche 57 Prozent auf 44 Tonnen im Wert von 29 Milliarden Dollar in die Höhe.[11]

Während der 80er Jahre erlebten die Vereinigten Staaten ihre bis dahin größte Drogenkrise. Als ein anfänglich eher unbedeutender Faktor erreichte der Kokainmissbrauch, zuerst als reines Puder, dann in Form von Crack, pandemische Ausmaße. Zwischen 1982 und 1985 verdoppelte sich der US-Kokainkonsum auf 72 Tonnen und nahmen die Konsumenten um 38 Prozent auf 5,8 Millionen zu.[12] Als danach der Kokainkonsum wieder nachzulassen begann, verbreitete sich Crack, ein körniger, zum Rauchen geeigneter Kokainverschnitt, in rasantem Tempo und eroberte eine wachsende Klientel junger Konsumenten aus den Minderheiten.[13]

Vom Medienrummel um Kokain und Crack überdeckt, stiegen indessen auch die globale Heroinproduktion und der US-Heroinverbrauch während des Jahrzehnts stetig weiter. Die Opiumweltproduktion verdreifachte sich von geschätzten 1.600 Tonnen 1982 auf 4.700 Tonnen 1990.[14] Die Anzahl der Süchtigen in den USA stabilisierte sich Anfang der 80er Jahre bei etwa 500.000, aber es gab Hinweise auf einen steigenden Pro-Kopf-Konsum. Zwischen 1983 und 1986 verdoppelte sich die Anzahl der Herointoten. Außerdem tauchte Mitte der 80er Jahre ein neues mexikanisches Heroin (»black tar«) mit hohem Reinheitsgehalt und niedrigem Preis auf, das in den westlichen US-Staaten mit Crack konkurrieren konnte.[15]

Ebenso bedeutsam waren die Veränderungen, die der Drogenmarkt der USA erfuhr. Es gab Anzeichen, dass die Ära des Ausprobierens und gelegentlichen Konsums weicher Drogen sich nach 20 Jahren dem Ende zuneigte. Zum ersten Mal sank in den 80er Jahren der Marihuanakonsum wieder. Eine Studie unter High-School-Schülern zeigte, dass zwischen 1980 und 1987 die Quote der Marihuanakonsumenten von 34 Prozent auf 21 Prozent gesunken war. Zudem wies dieselbe Studie auch eine Abnahme bei den meisten anderen Drogen – Kokain, Halluzinogene, Sedative, Stimulanzien und Tranquilizern – aus.[16] Während sich der Gelegenheitskonsum abschwächte, blieb der harte Kern regelmäßiger Kokain- und Heroinkonsumenten unverändert.

Auf einigen lokalen Märkten wurde jeweils eine bestimmte Droge präferiert, so zum Beispiel Kokain in Miami und Heroin in New York, aber landesweit nahmen regelmäßige Drogenkonsumenten zunehmend beides. Zwischen 1981 und 1985 verursachten »Speedballs«, eine Mischung aus Kokain und Heroin, einen Anstieg der Todesrate um 745 Prozent.[17] 1989/90 drückte außerdem eine Flut südostasiatischen Heroins den New Yorker Großhandelspreis von »China White« von 100.000 Dollar pro Kilo auf nur 60.000, was der Droge eine neue Kundschaft erschloss. Cracksüchtige sollen große Mengen Heroin konsumiert haben, teils um sich den Entzug zu erleichtern, teils um durch eine Mischung beider Drogen ihre Hochgefühle zu intensivieren.

Zwar hatte die Drogenpandemie der 80er Jahre komplexe Gründe, aber das Wachstum des globalen Heroinangebots ließ sich zu großen Teilen auf zwei Kernaspekte der US-Politik zurückführen: auf das Scheitern der Prohibitionspolitik der DEA im Drogenkrieg und den Schutz, den die CIA in ihren Geheimkriegen verbündeten Drogenbaronen gewährte. Die einzelnen Feldzüge der DEA hatten die Heroinexporte schlicht von Amerika nach Europa umgelenkt und die Opiumproduktion von Zentralasien nach Südostasien und wieder zurück verlagert – wobei jeder Wechsel den globalen Verbrauch und die Produktion in die Höhe trieb. Außerdem waren die wachsenden Opiumernten in Afghanistan und Pakistan, den beiden aktuellen Hauptlieferanten der USA, weitgehend das unbeabsichtigte »Abfallprodukt« verdeckter CIA-Operationen im Afghanistankrieg. So wie frühere Geheimkriege der CIA in den 50er Jahren den birmanischen Opiumanbau gesteigert hatten, so führte nun in den 80er Jahren die Hilfe des Geheimdienstes für die Mudschaheddin zur Expansion der afghanischen Opiumproduktion und zur Anbindung der nahe gelegenen pakistanischen Heroinlabors an den Weltmarkt.

Die von David Musto befürchtete Drogenkrise Amerikas war düstere Wirklichkeit geworden.

Zentralasiatisches Opium

Im Juli 1979 übernahmen die Sandinisten die Macht in Nicaragua, im Dezember 1979 marschierten die Sowjets in Afghanistan ein. Diese Ereignisse lösten zwei große CIA-Operationen aus, die einander in aufschlussreicher Weise ähnelten. Beide Geheimkriege sollten eine bedeutsame Rolle bei der Stimulierung des Drogenhandels in den Quellregionen spielen, die in den 80er Jahren zu den großen Drogenlieferanten der USA wurden.

Seit dem 16. Jahrhundert, als in Persien und der Türkei die Gewohnheit des Opiumessens aufkam, war Zentralasien ein Drogenmarkt gewesen, der sich selbst versorgte. Bis Ende der 70er Jahre bauten die Hochlandbauern Afghanistans und Pakistans nur begrenzte Mengen Opium an und verkauften es an die Händlerkarawanen, die Richtung Westen in den Iran und Richtung Osten nach Indien zogen. In dem Jahrzehnt ihres Geheimkrieges gegen die sowjetische Besetzung Afghanistans boten die CIA-Operationen den politischen Schutz und die logistischen Verbindungen, die Afghanistans Mohnfelder mit den Heroinmärkten Europas und Amerikas verknüpften.

Anders als im Großteil Asiens hatte der europäische Kolonialismus nicht in die Stammesgebiete des afghanischen Hochlands vordringen können. Das zerklüftete Terrain, gut bewaffnete »Kriegerstämme« und der islamische Glaube an den Dschihad, den heiligen Krieg gegen westliche Invasoren, machten Zentralasien für Eroberungen unzugänglich. Um die indische Nordwestgrenze gegen die territoriale Ausdehnung des russischen Reiches zu sichern, fiel Großbritannien 1838 und 1878 in Afghanistan ein und erlitt beide Mal ebenso demütigende wie schwere Verluste. Nach der vernichtenden Niederlage im zweiten britisch-afghanischen Krieg (1878–1880) beschloss Großbritannien, mit dem herrschenden Amir von Afghanistan eine feste Grenze auszuhandeln. Bei einem Treffen in Kabul 1893 einigte sich der britische Gesandte Sir Mortimer Durand mit dem Amir auf eine beiderseitig genehme Grenze, die Afghanistan von Indien trennte.[18] Wie diese diplomatische Übung zeigt, verdankt das moderne Afghanistan seine Existenz dem Interesse an einem Pufferstaat, um die Einflusssphären Britisch-Indiens, Russlands und des Irans auseinander zu halten.[19] Die willkürlich gezogenen Grenzen durch ausgedehnte Stammesgebiete ließen jedoch große Teile der afghanischen Volksgruppen auf der jeweils falschen Seite zurück: viele Paschtunen in der indischen (heute pakistanischen) Nordwestprovinz und die Mehrheit der Belutschen im Iran und in Indien (heute Pakistan).[20]

Auf der britischen Seite blieb die Kolonialherrschaft an der Nordwestgrenze schwach. Ständig bedrängt von marodierenden Paschtunenstämmen entlang der afghanischen Grenze, reagierte Großbritannien zwischen 1849 und 1890 mit 42 Militärexpeditionen in die Berge, fast jedes Jahr eine. 1897 schickten die Briten 30.000 reguläre Soldaten in den Distrikt Peschawar, um den schrecklichen Arfidi-Stamm zu bekämpfen – mit geringem Erfolg. Unfähig, die Krieger der Paschtunen zu besiegen, gingen die Briten zu einer Politik der Strafaktionen über, die in den Offiziersmessen als »butcher and bolt« bekannt war – das heißt, man marschierte in ein aufständisches Dorf, schlachtete alle Zivilisten ab, deren man habhaft wurde (»to butcher«), und machte sich dann schleunigst wieder aus dem Staub (»to bolt«), bevor die Stammeskrieger zurückschlagen konnten.[21] Anders als die Völker Afrikas oder Nord- und Südamerikas kämpften die Paschtunen nicht mit Schwert und Speer. Von Waffenhändlern aus dem Persischen Golf oder Zentralasien versorgt, stellten diese berittenen, mobilen Stammeskämpfer eine tödliche Gefahr für die britischen Truppen dar, zuerst mit Steinschlossgewehren von geringer Reichweite, später mit modernen europäischen Gewehren.

Weil die Briten einsahen, dass es unmöglich war, die Grenzstämme zu entwaffnen, setzten sie auf eine Politik der Versöhnung und Kontrolle. Durch Schiffspatrouillen im Persischen Golf versuchten sie, den Waffennachschub an Rebellengruppen abzufangen.[22] Im Gegensatz dazu erlaubten sie loyalen Stämmen Waffenhandel ohne Beschränkungen und rekrutierten deren Krieger für den Militärdienst. So wurden aus Stammeskriegern lokale Milizen wie die Tochi Scouts oder Khyber Rifles, die die Karawanenrouten durch unwegsames Bergland sicherten. Bis 1915 dienten etwa 7.500 Paschtunen in der britischen Indienarmee. 1947, gegen Ende der Kolonialherrschaft, als der britische Gouverneur sich darauf vorbereitete, die Nordwestgrenze an die neue pakistanische Nation zu übergeben, berichtete er, dass über die Hälfte der männlichen Stammesmitglieder Waffen besäße – nicht mehr Steinschloss-, sondern Schnellfeuergewehre.[23] Letztlich waren die Briten zu einer Bündnispolitik mit den kriegerischen Paschtunenstämmen übergegangen, die sich so ihre Waffen und Selbständigkeit bewahrten. Der neue pakistanische Staat hatte daher wenig Mittel, um die Stämme entlang seiner Nordwestgrenze zu bändigen.[24]

Angesichts ihrer prekären militärischen Situation an der Nordwestgrenze ordneten die Briten ihre Wirtschaftspolitik dem Imperativ politischer Kontrolle unter. Statt wie in Indien die Opiumproduktion anzuregen, sahen sie die Droge hier als destabilisierenden Faktor und arbeiteten auf ihre graduelle Abschaffung hin. Da die Stämme auf die Opiumproduktion nicht weiter angewiesen waren – 1870 etwa ging es bloß um eine Anbaufläche von rund 460 Hektar[25] – , wehrten sie sich nicht. Durch immer engere Verbote drängten die Briten den Schlafmohnanbau weiter zurück, bis er 1901 »vollständig verschwunden war«. Das Kolonialregime verbot jedoch den Drogenkonsum nicht und erlaubte Importe afghanischen Opiums aus dem nahe gelegenen Tal von Jalalabad, wo die Mohnernte gut war.[26] 1908 berichtete eine britische Quelle, dass in vier afghanischen Distrikten Mohn angebaut wurde – im Tal von Herat, in Kabul, Kandahar und Jalalabad –, »aber nicht sehr umfangreich«.[27] Am Ende der Kolonialzeit 1947 waren das Königreich Afghanistan und der Staat Pakistan kleine Opiumproduzenten mit nur wenigen Süchtigen.

Das Königreich Iran war im Gegensatz dazu im 19. Jahrhundert zum größten Opiumproduzenten und -konsumenten der Welt geworden: Etwa 600 Tonnen jährlich stellte das Land um 1900 her[28], 1.350 Tonnen waren es im Spitzenjahr 1936. Seine Exporte bestritten 40 Prozent des weltweiten medizinischen Morphiumangebots und brachten dem Land etwa 15 Prozent seiner Deviseneinnahmen ein.

1910 hatte die Regierung das Opiumrauchen verboten, 1928 mit unerschwinglichen Steuern belegt, aber diese beiden Interventionen fruchteten wenig bei einer Bevölkerung, die den Drogenkonsum zur Entspannung vorbehaltlos akzeptierte.[29] Als das US-Bureau of Narcotics 1949 in Teheran ein Büro eröffnete, entdeckte ihr dortiger Vertreter, Garland Williams, die höchstentwickelte Drogenkultur der Welt. 1,3 Millionen Menschen aus allen Regionen und Klassen waren süchtig, das heißt einer von neun Erwachsenen – eine Rate, die nur noch in China übertroffen wurde. In den östlichen, an Afghanistan grenzenden Opiumanbauprovinzen waren sogar bis zu 80 Prozent der Erwachsenen süchtig. Auf seinen Touren durch Teheran fand Williams insgesamt 500 öffentliche Opiumhöhlen mit einer Kapazität für 25.000 Raucher. In den Elendsquartieren der Stadt waren Opiumhöhlen gesellige Nachbarschaftshäuser, wo gewöhnliche »Männer und Frauen auf dem völlig verdreckten Boden herumsaßen und redeten ... oder einem Geschichtenerzähler zuhörten, der die alte Glorie Persiens aufleben ließ«. In den großen Häusern der Hauptstadt bewahrten die Reichen »sehr teure, kunstvolle und ... hoch geschätzte« Opiumpfeifen für Familienmitglieder oder besondere Gäste auf. Williams war verständlicherweise pessimistisch, was die Chancen einer Prohibition anbelangte. Als er den Direktor des Opiummonopols in Isfahan, Ansari, über die Möglichkeit befragte, Opium zu verbieten, erwiderte der: »Ich bin ein Dieb, und alle meine Männer sind auch Diebe. Wir haben so viele Jahre Bestechungsgelder angenommen, dass es für uns unmöglich wäre, ein Gesetz wie dieses wirklich durchzusetzen.«[30]

Bis 1955 stieg die Anzahl der Süchtigen auf 1,5 Millionen, die der Opiumhöhlen auf etwa 5.000 allein in Teheran. Besorgt über die elende Verfassung vieler Armeerekruten beschloss der Schah, die Duldungspolitik seines Landes zu beenden, und erließ ein Totalverbot der Opiumproduktion und des -konsums. Zwar konnte das iranische Militär binnen einiger Jahre den Mohnanbau unterbinden, jedoch nicht die lange, unwegsame Grenze zur Türkei und Afghanistan gegen Schmuggler abriegeln. In der folgenden Dekade verringerte sich Irans Süchtigenpopulation auf etwa 350.000, die im Schnitt 240 Tonnen türkisches und afghanisches Opium pro Jahr konsumierten. 1969 gab der Schah bekannt, dass der Iran den Opiumanbau für den Verkauf an registrierte Abhängige wieder aufnehmen werde. Die Vereinten Nationen bezeichneten die Entscheidung des Schahs als »tragisch«.[31] Harry Anslinger, ehemaliger Chef des Bureau of Narcotics und nun im Ruhestand, hielt sie für eine »äußerst beunruhigende Nachricht« und riet der UN, »die in Aussicht gestellte Maßnahme als Rückschritt für die weltweite Kontrolle anzugreifen«.[32] Der Schah erwiderte seinen Kritikern, dass der Iran das Opium dann vollständig ächten würde, wenn es die Nachbarländer auch täten.[33]

Trotz Anslingers düsterer Einschätzung fußte die Entscheidung des Schahs schlicht auf der Anerkennung der Realität des in sich geschlossenen zentralasiatischen Opiumhandels. Bis 1972, drei Jahre nach der Legalisierung, nahmen die iranischen Süchtigen wieder um 15 Prozent auf 400.000 zu, von denen 105.000 amtlich registriert waren. Auf diese registrierten Abhängigen entfiel die gesamte Opiumernte des Landes von 217 Tonnen, während die illegalen Raucher etwa 195 Tonnen des aus der Türkei, Afghanistan und Pakistan geschmuggelten Opiums verbrauchten. Die gesamte afghanische Produktion, etwa 100 Tonnen, ging somit in den Iran.[34]

Es gab jedoch eine beunruhigende neue Entwicklung in Irans illegalem Handel. Die Beschränkungen des Schahs hatten die Entstehung einer lokalen Heroinindustrie zur Versorgung der registrierunwilligen Teheraner Süchtigen begünstigt. 1974 berichtete US-Botschafter Richard Helms, bis kurz zuvor Chef der CIA, dass die etwa 30.000 Heroinkonsumenten von illegalen Labors in Teheran mit geringwertigem braunen Heroin versorgt würden. Obwohl gerade ein kleineres

Quantum dieser Sorte in Westdeutschland beschlagnahmt worden war, meinte Helms, dass »es wenig Beweise für die Möglichkeit gibt, dass iranisches Heroin, das aus türkischer Morphinbase hergestellt wurde, in den internationalen Handel fließt«. Ganz im Gegenteil. Laut Helms saugten Irans zahlreiche »unregistrierte Konsumenten ... wie ein Schwamm Opiate auf, die anderswo im Mittleren Osten produziert werden, und leiten damit ein Angebot um, das andernfalls seinen Weg als Heroin in die USA finden könnte«.[35]

Zwei Jahre lang sah Helms keinen Anlass, sein Urteil zu revidieren. Dann, im Oktober 1974, fand die US-Botschaft im Iran die ersten Belege dafür, welches Potenzial in Zentralasien als Lieferant des Heroinweltmarktes schlummerte. Als die Teheraner Polizei 32,7 Kilo »recht hochwertiges Heroin« abfing, telegrafierte die Botschaft an Washington, die Konfiszierung könne »eine lange bestehende Sorge« bestätigen, »dass iranische Produzenten in der Lage sind, Qualitätsheroin in kommerziellen Mengen herzustellen«. Außerdem lieferte die Verhaftung den »ersten harten Beweis«, dass Teherans »Heroinchemiker eine Verbindung zu Opiumquellen in Afghanistan und/oder Pakistan haben«.[36]

Dennoch wiesen auch 1975 alle verfügbaren Beweise darauf hin, dass das historische Muster des in sich geschlossenen zentralasiatischen Opiumhandels noch weitgehend intakt war. In den Stammesgebieten Pakistans und Afghanistans wurde Mohn immer noch nur in begrenzten Mengen für die Süchtigen der iranischen Städte angebaut. Während der Iran das gesamte Opium absorbierte, das die Region hergab, war der Drogenkonsum in Pakistan und Afghanistan noch eine Seltenheit. Die Heroinherstellung in Teheran hatte gerade erst begonnen, aber die Heroinkonsumenten machten nur zehn Prozent aller Abhängigen aus, und es gab noch keine Exporte. Obwohl Opiumproduktion und -konsum zunahmen, schien beides für die US-Botschaft in Teheran Teil einer alten asiatischen Drogenkultur zu sein, jenseits des Begriffsvermögens oder der Kontrolle des Westens.

Innerhalb von nur fünf Jahren jedoch sollte der zentralasiatische Opiumhandel einen plötzlichen Umbruch erleben. Bis Anfang der 80er Jahre entwickelte sich Afghanistan zum zweitgrößten Opiumproduzenten der Welt, das pakistanisch-afghanische Grenzgebiet wurde zur führenden Quelle des europäischen und amerikanischen Heroins, und die Massensucht breitete sich über den Iran hinaus nach Pakistan aus. Im Rückblick erscheint dieser rasche Wandel als Ergebnis eines sich verändernden globalen Drogenmarkts, lokaler politischer Kräfte und verdeckter Operationen. Wie 30 Jahre zuvor in Birma war es vor allem der CIA-Geheimkrieg, der als Katalysator für die Umwandlung des afghanisch-pakistanischen Grenzlands in den weltgrößten Heroinanbieter wirkte.

Verdeckter Krieg in Afghanistan

Lange ein eher randständiger Schauplatz der US-Außenpolitik, wurde Zentralasien Ende der 70er Jahre zu einem Brennpunkt des Kalten Krieges.

Die iranische Revolution im Februar 1979 war das erste einer Reihe von Ereignissen, die die Politik und den Drogenhandel der Region von Grund auf veränderten. Mit dem Sturz des Schahs brachen auch der Repressionsapparat des Landes und dessen Kontrolle über den heimischen Opiumhandel zusammen. Ayatollah Khomeini, der Führer der neuen islamischen Regierung, brandmarkte Drogendealer als »Verräter erster Klasse und eine Gefahr für die Gesellschaft«. Aber das neue religiöse Regime spiegelte die traditionelle iranische Toleranz gegenüber Drogen wider und belegte Opium nicht mit demselben Bann wie Alkohol. Diese Halbherzigkeit ließ den Handel erblühen. Sechs Monate nach dem Regimewechsel berichtete die CIA, dass Drogen offen auf den Straßen Teherans verkauft würden und die Revolutionswächter, von denen viele selber süchtig waren, nicht gegen die Händler vorgingen.

Im September schätzten CIA-Experten in der Teheraner US-Botschaft, dass sich aufgrund der kommenden Mohnernte die iranische Opiumproduktion von gegenwärtig 200 Tonnen auf etwa 325 Tonnen erhöhen würde. Da das Regime die meisten Vergnügungen verboten hatte, »ist der Drogenkonsum unter Jugendlichen in die Höhe geschossen«. Das Land hatte nun zwei Millionen Süchtige, ein historischer Rekord. Für die Experten des Geheimdienstes hatte der iranische Opiumboom ein »neues ›Goldenes Dreieck‹ aus Iran, Pakistan und Afghanistan geschaffen«. Sobald die neue Rekordernte eingefahren sei, werde sich Irans Opium »mit demjenigen aus Afghanistan und Pakistan verbinden und über die ›Seidenstraße‹ Marco Polos in die Türkei und von dort nach Westeuropa strömen. ... Die Welt muss sich gegen eine Opium- und Heroinflut aus dem Iran wappnen.«[37]

Wie sich herausstellen sollte, hatte die CIA zur Hälfte recht. Ab 1979 nahmen Zentralasiens Heroinexporte nach Europa und Amerika signifikant zu. Aber die Drogen kamen aus dem pakistanisch-afghanischen Grenzland, nicht aus dem Iran. Der Iran bewies weiterhin einen bemerkenswerten Opiumbedarf und verbrauchte seine gesamte, nun stark ausgeweitete Eigenproduktion selbst. Dadurch aber wurde das afghanische Opium für den Export nach Europa freigesetzt. Die Flut der Heroinexporte aus der Region, zu der es im folgenden Jahrzehnt kam, hatte also weit weniger mit der iranischen Revolution als mit den Geheimoperationen der CIA in Afghanistan zu tun.

Zunächst lag es am in Südostasien ausbleibenden Monsun, dass ab 1979 zentralasiatisches Heroin nach Europa gelangte. Durch zwei Missernten in Folge fiel die Opiumproduktion im Goldenen Dreieck stark ab. Sofort breitete sich entlang der afghanisch-pakistanischen Grenze ein Netz von Heroinlabors aus, um die unterversorgten Märkte zu bedienen. Die pakistanische Opiumproduktion kletterte steil auf 800 Tonnen, weit mehr als die etwa 90 Tonnen, die es noch 1971 gewesen waren.[38] Bis 1980 dominierte pakistanisch-afghanisches Opium den europäischen Markt und befriedigte auch 60 Prozent der illegalen US-Nachfrage.[39]

Während der frühen 80er Jahre stabilisierte sich der zentralasiatische Opiumhandel aufgrund eines neuen Produktions- und Exportmusters. Nunmehr weitgehend Opiumselbstversorger, war der Iran nicht länger ein großer Markt für die Mohnbauern der pakistanischen und afghanischen Stämme. Auf Druck der USA ergriff Pakistans Militärregime unter General Zia ul-Haq drakonische Maßnahmen zur Drogenbekämpfung, durch die Pakistans Opiumproduktion von ihrem 800-Tonnen-Spitzenwert auf das frühere Niveau von 100 bis 200 Tonnen abfiel. Als die Ernteerträge des Landes sanken, kam es in den Guerillagebieten innerhalb Afghanistans prompt zu einer Ausweitung der Produktion, die über die Grenze zu den pakistanischen Heroinraffinerien transportiert wurde. Im Januar 1982 unternahmen pakistanische Truppen unter großem Medienrummel einen Angriff auf die Heroinindustrie, indem sie sich ihren Weg durch Gebiete bewaffneter Stammeskrieger in der Nordwestprovinz kämpften, um exemplarisch bloß ein einziges Heroinlabor von Hunderten zu schließen. Nach dieser Demonstration guten Willens übte General Zia ul-Hag nur noch symbolischen Druck auf die Labors entlang der Grenze zu Afghanistan aus. So waren bis 1981/82 die afghanischen Mohnfelder mit den Labors an der pakistanischen Grenze verbunden, wo hochreines Heroin hergestellt wurde, das über die Hälfte der Nachfrage in den USA und Europa befriedigte.[40]

Während des zehn Jahre währenden Geheimkriegs der CIA in Afghanistan schwiegen sich US-Regierung und die Medien über die Beteiligung afghanischer Guerillas und des pakistanischen Militärs am Heroinhandel aus. Als jedoch die verdeckten Operationen nach dem sowjetischen Rückzug im Februar 1989 ausliefen, begannen amerikanische Korrespondenten, dem Skandal auf den Grund zu gehen, und sammelten nach und nach genug Informationen über die enge Beziehung zwischen dem Mudschaheddin-Widerstand und dem Heroinhandel der Region.

Im Wesentlichen war der CIA-Geheimkrieg in Afghanistan eine verzweifelte Reaktion auf eine Krise, die die US-Position auf dem strategisch wichtigen Schauplatz bedrohte, der sich von Saudi-Arabien bis nach Indien erstreckt. Als im Februar 1979 die Massen in Teheran die Schahdiktatur stürzten, zerstörten sie ein Regime, das während des Kalten Krieges als Amerikas Stellvertreter am Persischen Golf gedient hatte, dem Tor für Öllieferungen in den Westen. Nur acht Monate später besetzten Revolutionswächter die US-Botschaft in Teheran und nahmen die Amerikaner als Geiseln. Schon im April 1978 hatten kommunistische Fraktionen innerhalb der afghanischen Armee Diktator Mohammed Daud gestürzt und ein prosowjetisches Regime etabliert. Verschärft wurde die Krise am Persischen Golf im Dezember 1979, als nach Monaten mörderischer Kämpfe sowjetische Truppen in Afghanistan einmarschierten, die Hauptstadt Kabul besetzten und einen fügsameren afghanischen Kommunisten mit der Präsidentenwürde bedachten. Die Carter-Regierung reagierte auf diese plötzliche Erosion des US-Einflusses defensiv, indem sie den afghanischen Widerstand bewaffnete, und aggressiv, indem sie den Fundamentalismus der Muslime im sowjetischen Teil Zentralasiens schürte.

Nachdem sich abzeichnete, dass sich die Sowjettruppen als dauerhafte Okkupanten in Afghanistan festsetzen würden, verhängte Präsident Carter eine Reihe von Wirtschaftssanktionen gegen Moskau.[41] Aber wichtiger noch: Carter nutzte, was ihm an diplomatischen Mitteln und verdeckter Operationsfähigkeit zu Gebote stand, um Militärhilfe für die Mudschaheddin zu mobilisieren. Als Vorsitzender des Sonderkoordinationsrates für verdeckte Aktionen des Präsidenten übernahm der nationale Sicherheitsberater Zbigniew Brzezinski diese Aufgabe mit grenzenlosem Enthusiasmus und flog im Januar 1980, als Carter die

Geheimaktion genehmigt hatte, in den Nahen Osten, um sich mit dem ägyptischen Präsidenten Anwar as-Sadat und Pakistans General Zia ul-Hag zu treffen. Wie Sadat sich erinnerte, bat ihn der amerikanische Berater bei dem Treffen: »›Bitte öffnen Sie Ihre Arsenale für uns, damit wir den Afghanen die Waffen geben können, die sie zum Kämpfen brauchen‹, und ich gab ihnen die Waffen.« Im Februar gab der ägyptische Verteidigungsminister General Kamal Hassan Ali bekannt, dass seine Streitkräfte Afghanen im Guerillakrieg ausbildeten. Gleichzeitig flog US-Verteidigungsminister Harold Brown nach Peking, um über chinesische Waffenlieferungen zu verhandeln – eine Annäherung, mit der das Weiße Haus seine Politik der Gleichbehandlung der beiden kommunistischen Mächte über Bord warf. Auf Washingtons geheime Bitte gab Saudi-Arabien bekannt, dass es den muslimischen Brüdern, die gegen die Sowjetinvasion kämpften, 25 Millionen Dollar Hilfe gewähren werde. Innerhalb weniger Wochen begannen Waffenlieferungen durch Pakistan in die befreiten afghanischen Gebiete: tragbare Panzerabwehrwaffen aus China, Kalaschnikow-Sturmgewehre aus Ägypten, Munition aus Saudi-Arabien und eine Vielzahl von Infanteriewaffen aus dem Ostblock – alles von der CIA.[42]

Wieder einmal begann die CIA in den entfernten Hochländern der asiatischen Opiumzone einen großen Geheimkrieg – dieses Mal von Basen an der afghanischen Grenze in Pakistans Nordwestprovinz aus. »Im Stammesgebiet«, berichtete das US-Außenministerium 1986, »gibt es keine Polizeikräfte. Es gibt keine Gerichte. Es gibt keine Steuern. Keine Waffe ist illegal. ... Haschisch und Opium liegen häufig offen aus.«[43] Mit etwa 300 Pfaden und Pässen, die nach Afghanistan führten, und »dem ausgedehntesten Territorium der Welt ohne irgendeine staatliche Präsenz«, wie es die CIA ausdrückte, war diese entlegene Region eine ideale Basis für den Geheimkrieg des Geheimdienstes gegen die Sowjetexpansion.[44] Wie in Birma und Laos beschloss die CIA, ihren Krieg mithilfe lokaler Kommandeure zu führen, was den Erfolg von deren Macht abhängig machte. Unter solchen geografischen und politischen Umständen würde die CIA kaum etwas unternehmen können, sollten ihre Stammeskriegsherren die Geheimoperation ausnutzen, um Drogenbarone zu werden.

Zwar brachte Präsident Carter die verdeckte Hilfsaktion erfolgreich auf den Weg, doch hemmten, wie er in seinen Memoiren eingestand, seine kühlen Beziehungen zu General Zia, dem Führer des strategischen Frontstaates Pakistan, seine Operationen. Nachdem er sich im

Juli 1977 an die Macht geputscht hatte, verhängte Zia ein strenges Kriegsrechtsregime, das durch seinen islamischen Fundamentalismus noch härter ausfiel. Zwei Jahre später ließ er seinen Hauptgegner, den ehemaligen Premierminister Zulfiqar Ali Bhutto, hinrichten – Taten, die von einem auf die Menschenrechte verpflichteten Weißen Haus öffentlich verurteilt werden mussten.[45] Als Carter Pakistan 400 Millionen Dollar Militärhilfe anbot, um als Frontstaat für den Afghanistankrieg zu dienen, lehnte Zia das Angebot als »Peanuts« ab. Bald nach Präsident Ronald Reagans Amtsantritt 1981 gab das Weiße Haus ein militärisches Hilfsprogramm für Pakistan in Höhe von drei Milliarden Dollar bekannt, darunter die neuesten F-16-Kampfflugzeuge – ein Angebot, das Zia bereitwillig annahm.[46]

Da Pakistan nun auf den Kampf der Mudschaheddin verpflichtet war, übernahm General Zias Militär bald eine dominante Rolle beim Nachschub für die afghanischen Widerstandskräfte. Zwar schickten die Saudis ihre Hilfe direkt an verbündete Guerillaeinheiten, aber die meisten Geheimdienste einschließlich der CIA bedienten sich dazu des Instruments, das General Zia dafür auserkoren hatte: den militärischen Geheimdienst Pakistans, Interservice Intelligence (ISI). Die Beziehung der CIA zum ISI bestand in einem komplexen Geben und Nehmen. Man kann zum Beispiel nicht wirklich sagen, dass der ISI der Stellvertreter der CIA an der afghanischen Grenze war oder der ISI umgekehrt die CIA manipulierte, um sich einen Blankoscheck für Zias afghanische Ambitionen zu verschaffen. Als Geheimdienst, der in einem schmutzigen Krieg an vorderster Front operierte, verfügte der ISI eindeutig über bessere Informationen und engere Beziehungen zu den afghanischen Guerillas. Umgekehrt gebot die CIA über einen riesigen Bestand an Geld und High-Tech-Waffen, der das magere Budget des ISI weit in den Schatten stellte. Im Rückblick erscheint die CIA-ISI-Allianz als ausgeglichene Beziehung, bei der es auf beiden Seiten ein gerüttelt Maß an Manipulation und Irreführung gab. »Es war«, wie der Korrespondent Lawrence Lifschultz erklärte, »eine anständige Ehe wechselseitigen Interesses.«[47] Zum Zeitpunkt von General Zias Machtübernahme 1977 war der ISI eine kleine militärische Aufklärungseinheit mit einem jährlichen Budget von nicht mehr als einigen Millionen Dollar. Mit »Rat und Hilfe der CIA« baute Zia den ISI bald zu einem schlagkräftigen Geheimdienst aus und machte ihn zum starken Arm seines Kriegsrechtsregimes.[48] Zia verließ sich besonders auf den ISI, um die unruhigen Paschtunenstämme an der Nordwestgrenze zu kontrollieren, von denen viele seit langem von einer politischen Union mit der Paschtunenmehrheit Afghanistans träumten.[49]

Als die Sowjetunion zwei Jahre später begann, Afghanistan zu infiltrieren, stützte sich die CIA auf den ISI, um die ersten Mudschaheddin-Widerstandsgruppen zu organisieren. »Während eines Großteils des Krieges«, erklärte der Afghanistanexperte Barnett Rubin, »überließen die USA General Zia und dem ISI die maßgebliche politische Entscheidung, welche Afghanen unterstützt werden sollten.«[50]

Das US-Hilfsprogramm für afghanische Guerillas begann tatsächlich schon Mitte 1979, sechs Monate vor der umfassenden Sowjetinvasion, nachdem Zbigniew Brzezinski, der Sicherheitsberater des Weißen Hauses, den Nationalen Sicherheitsrat im April davon überzeugt hatte, sich dem entstehenden Widerstand gegenüber »freundlicher« zu verhalten. Am 3. Juli, als Carter die ersten Befehle für eine geheime Unterstützung der afghanischen Opposition unterzeichnete, schrieb Brzezinski dem Präsidenten, dass »meiner Meinung nach diese Hilfe eine sowjetische Militärintervention herbeiführen wird«. Verschiedenen Quellen zufolge erhielt Brzezinski auch 500 Millionen Dollar für die CIA-Operation »Cyclone«, einen Provokationsversuch zur Destabilisierung der Sowjetunion durch die Verbreitung des militanten Islams in ihren zentralasiatischen Republiken. »Wir haben die Russen nicht zur Intervention gezwungen«, teilte Brzezinski 1998 einem Journalisten mit, »aber wir haben bewusst die Wahrscheinlichkeit dafür erhöht. ... Diese Geheimoperation war eine hervorragende Idee. Ihr Ziel war, die Russen in die afghanische Falle zu locken.« Tatsächlich schrieb Brzezinski am Tag der Sowjetinvasion im Dezember 1979 an den Präsidenten: »Wir haben nun die Gelegenheit, der UdSSR ihren Vietnamkrieg zu bescheren.«[51] Im Gegensatz zu Brzezinskis aggressiver Dreistigkeit ging die CIA die Afghanistanoperation vorsichtig an. Carters CIA-Direktor Stansfield Turner sagte, dass die Profis im Geheimdienst den Eindruck hatten, Geld für eine »hoffnungslose Sache« hinauszuwerfen, und der Vorsitzende der militanten Congressional Task Force on Afghanistan, Senator Gordon J. Humphrey, beschwerte sich später, dass »die CIA ihre Aufgaben die meiste Zeit über nur sehr widerwillig erfüllt hat«.[52]

Als das Weiße Haus für den Geheimkrieg in Afghanistan mobil machte, traf sich ein Sondergesandter der CIA zum ersten Mal im Mai 1979 mit einigen vom pakistanischen ISI handverlesenen Widerstandsführern an der afghanisch-pakistanischen Grenze.[53] Statt ein Treffen mit einem breiten Spektrum von Widerstandsführern zu arrangieren, bot der ISI dem CIA-Gesandten ein Bündnis mit seinem eigenen afghanischen Protegé an, mit Gulbuddin Hekmatyar, dem Führer der kleinen Hezbi-i-Islami-Guerilla. Überraschend akzeptierte die CIA das einseitige Angebot und schob im folgenden Jahrzehnt Hekmatyars Guerilla über die Hälfte ihrer verdeckten Afghanistanhilfe zu. Es war, wie der US-Kongress später feststellte, eine unselige Entscheidung. Anders als spätere Widerstandsführer, die sich auf eine breite Anhängerschaft innerhalb Afghanistans berufen konnten, befehligte Hekmatyar eine Guerillatruppe, die ein Geschöpf des pakistanischen Militärs war. Nachdem die CIA seine Hezbi-i Islami zur größten afghanischen Guerilla aufgebaut hatte, erwies sich Hektmatyar als brutal und korrupt.[54] Nicht nur kommandierte er nun die größte Guerillaarmee, sondern er nutzte sie auch – mit voller Unterstützung des ISI und stillschweigender Duldung der CIA –, um einer von Afghanistans führenden Drogenherren zu werden.

Unter den Hunderten von amerikanischen Korrespondenten, die in den 80er Jahren über den afghanischen Widerstand berichteten, machten sich nur wenige die Mühe, Hekmatyars Hintergrund zu durchleuchten. Hekmatyar, ein militanter Islamist und ehemaliger Student der Ingenieurwissenschaften, hatte die Moslembruderschaft gegründet und Ende der 60er Jahre in Kabul Studentendemonstrationen gegen die säkularen Reformen des Königs angeführt.[55] Einem späteren Bericht der *New York Times* zufolge hatte er Anfang der 70er Jahre »Anhänger losgeschickt, um Säure in das Gesicht von Studentinnen zu spritzen, die sich weigerten, den Schleier zu tragen«.[56] 1972 wegen Mordes an einem linken Studenten angeklagt, floh Hekmatyar in die pakistanische Nordwestprovinz, wo er als Mitglied des Paschtunenstammes zu beiden Seiten der Grenze seine politische Arbeit fortsetzen konnte. Hekmatyar lebte nun in Peschawar und verbündete sich mit der pakistanischen Jamaat-i Islami (Islampartei), einer fundamentalistischen und quasi-faschistischen Gruppe mit vielen Anhängern im pakistanischen Offizierskorps.

Durch diese Kontakte zum Militär wurde Hekmatyar 1974 Kommandeur einer pakistanischen Geheimoperation, um die neue Regierung in Kabul zu destabilisieren. Als Mohammed Daud, ein ehemaliger Premierminister, gegen den König putschte und 1973 die Republik Afghanistan ausrief, war Pakistans Premierminister Bhutto zu Recht besorgt über die Sicherheit seiner Nordwestgrenze. Als Nachfahre des letzten afghanischen Herrschers der pakistanischen Paschtunenstämme hatte sich Daud öffentlich auf die Vereinigung der paschtunischen Völker unter Kabuls Herrschaft verpflichtet.[57] Um einem möglichen afghanischen Versuch zuvorzukommen, eine Paschtunenrebellion an seiner Nordwestgrenze zu entfachen, befahl Bhutto seinem Militär 1973, eine Geheimarmee von 5.000 afghanischen Rebellen in verdeckten Lagern in Pakistan auszubilden. Bewaffnet und versorgt von Islamabad, führte Hekmatyar seine Guerilla nach Afghanistan und zettelte im Juli 1975 im Pandschirtal nördlich von Kabul eine Revolte an. Hekmatyars Propaganda, Dauds konservative Republik sei ein »gottloses, von Kommunisten beherrschtes Regime«, verfing jedoch nicht; seine Söldnertruppe mühte sich ab, ohne Unterstützung im Volk zu finden. Als die afghanische Armee ins Pandschirtal einmarschierte, ohne auf Widerstand zu stoßen, und aufräumte, indem sie 100 seiner gefangenen Söldner vor Gericht stellte, floh Hekmatyar mit seiner verbliebenen Truppe zurück nach Pakistan. Kabuls Präsident Daud, von dem Aufstand erschüttert, ließ seine militante Paschtunen-Rhetorik fallen, distanzierte sich von den Sowjets und begann Verhandlungen mit dem Iran und Pakistan. In einer bemerkenswerten politischen Kehrtwendung stattete Daud Islamabad 1976 einen Besuch ab und versicherte Premierminister Bhutto, dass er nun bereit sei, die Durand-Linie als rechtmäßige Grenze zwischen den beiden Ländern anzuerkennen. Die abschließende Einigung der beiden, die mit Sicherheit Hekmatyars Karriere als Auftragsrevolutionär beendet hätte, wurde 1977 durch General Zias Putsch gegen Bhuttos Regierung vereitelt.[58]

Ein Jahr später fiel Präsident Daud selbst einem kommunistischen Putsch zum Opfer, der Hekmatyars Geschicken Aufwind verlieh. Das war die Situation, als Carters CIA-Gesandter im Mai 1979 die vom ISI ausgewählten afghanischen Führer traf und zustimmte, Hekmatyars Guerilla zu bewaffnen – eine folgenschwere Entscheidung. Nachdem die Sowjetarmee im Dezember in Afghanistan einmarschiert war, stockten die Amerikaner ihre Hilfe gewaltig auf – immer noch zu Hekmatyars Gunsten. Auch als im Juni 1981 Präsident Reagan und General Zia übereinkamen, einen umfassenden Krieg innerhalb Afghanistans zu unterstützen, folgte der Zustrom geheimer Militärhilfe weiterhin dem Muster, das in Peschawar im Mai 1979 festgelegt worden war. Allerdings blieb die Hilfe, wenn auch auf hohem Niveau, begrenzt, bis Reagan im April 1985 eine geheime Direktive unterzeichnete, die Russen »mit allen verfügbaren Mitteln« aus Afghanistan zu vertreiben. Das CIA-Budget für verdeckte Waffenlieferungen verdoppelte sich bald auf 280 Millionen Dollar. Nachdem konservative Aktivisten die Zurückhaltung der CIA unter Beschuss genommen hatten, was den Vizedirektor der Behörde, John N. McMahon, zum Rücktritt zwang, genehmigte der Präsident die Lieferung von Stinger-Raketen. Schon am ersten Tag ihres Einsatzes in Afghanistan, am 25. September 1986, zerstörten diese tödlichen Boden-Luft-Raketen drei sowjetische MI-24-Helikopter, die ersten von etwa 270 sowjetischen Flugzeugen, die afghanische Mudschaheddin in den letzten beiden Kriegsjahren abschießen sollten.[59]

Letztlich verpflichtete der Handel, der in Peschawar abgeschlossen worden war und später von Zia und Reagan bestätigt wurde, das Weiße Haus und die CIA, die Durchführung ihres Geheimkriegs in Afghanistan dem pakistanischen Militär zu überlassen. Das bot beiden Seiten große Vorteile. Aufgrund großzügiger amerikanischer Hilfe öffnete Pakistan seine Grenze für drei Millionen afghanischer Flüchtlinge und erlaubte es der CIA, ihren Geheimkrieg ohne Beschränkungen zu führen. Entlang der Grenze unterhielten amerikanische Agenten Ausbildungslager für die Mudschaheddin. In der pakistanischen Hauptstadt Islamabad betrieb die CIA eine ihrer größten Auslandsstationen zur Steuerung des verdeckten Krieges. CIA-Direktor William Casey hatte direkten Zugang zu General Zia und wurde bei seinen regelmäßigen Besuchen in Islamabad warmherzig empfangen. Zia billigte der CIA in Nordpakistan die Errichtung eines auf die UdSSR gerichteten elektronischen Horchpostens zu und gewährte US-Spionageflugzeugen Landerechte auf seinen Luftstützpunkten in der Nähe des Persischen Golfs. Neben den drei Milliarden Dollar offizieller US-Hilfe erhielt Pakistan die Kontrolle über die Verteilung von zwei Milliarden Dollar verdeckter Hilfe an die afghanischen Widerstandskämpfer. Für General Zias loyale Gefolgsleute im Militär waren diese Aufträge eine Quelle enormen Reichtums.[60] Ebenso wichtig war, dass die CIA-Allianz den ISI von einer kleinen Aufklärungseinheit in einen mächtigen Geheimdienst verwandelte.

Auf operativer Ebene kontrollierten General Zias loyale Anhänger im Militär die Verteilung der verdeckten Waffenlieferungen der CIA, sobald sie in Pakistan eintrafen. Einmal im Hafen von Karatschi im Süden gelöscht, transportierte die Logistikeinheit der pakistanischen Armee auf Befehl des ISI die Waffen per Lkw nach Norden zu den militärischen Ausbildungslagern um Peschawar und von dort weiter zu den Camps der afghanischen Guerilla an der Nordwestgrenze. Der

Gouverneur dieser entscheidenden Grenzprovinz war Generalleutnant Fazle Haq, Präsident Zias engster Vertrauter und *de facto* oberster Herr der Mudschaheddin.[61] Selbst nachdem die Reihen des Widerstands nach 1981 Zulauf gewannen und Pakistan die Bildung einiger zusätzlicher Gruppen von einflussreichen afghanischen Exilanten akzeptierte, bestand der ISI darauf, die Vorherrschaft des vor 1978 bestehenden »Nukleus«, sprich Hekmatyar, aufrechtzuerhalten, und lieferte weiterhin die Hälfte aller Waffen an dessen Hezbi-i-Islami-Guerilla. Von Anbeginn war den CIA-Führungsoffizieren bewusst, dass das Verteilungssystem des ISI »eine Form des Kriegsherrentums innerhalb der Widerstandskommandos schuf«, wie es ein Korrespondent formulierte.[62]

Hekmatyars Kräfte führten sich in einer Weise auf, die Fragen über die Wahl der CIA-Protegés aufwarfen. Am Anfang des verdeckten Krieges 1979 beklagten andere Mudschaheddinführer, dass Hekmatyars Anhänger mit Gewalt die Kontrolle über rivalisierende Widerstandsgruppen übernahmen. Der Sieg der Mudschaheddin würde eine massenhafte Fahnenflucht aus der Armee der Kabuler Kommunisten erfordern, aber Hekmatyars Fundamentalisten kämpften einen Dschihad und töteten daher von Anfang an alle Überläufer.[63] Pakistans ISI überließ Hekmatyar ungehindert die Herrschaft über die afghanischen Flüchtlingscamps, die sich um Peschawar ausbreiteten, und er nutzte sie für eine »Schreckensherrschaft«, wie es ein UN-Flüchtlingshelfer ausdrückte.[64] In den zehn Jahren des Geheimkriegs veröffentlichte die amerikanische Presse nur positive Berichte über Hekmatyar und ignorierte seinen Heroinhandel und seine Menschenrechtsverletzungen. Aber sobald sich die sowjetischen Truppen 1989 zurückzogen und die Operation dem Ende zuging, berichtete die *New York Times* über die »finstere Natur von Mr. Hekmatyar«, und die *Washington Post* veröffentlichte eine Titelgeschichte über sein Heroinsyndikat.[65]

Aus rein militärischer Perspektive wurde der Bankrott der CIA-Politik bei dem missglückten Angriff der Mudschaheddin auf Jalalabad im März 1989 offenkundig. Typisch für die ganze Kriegführung wurde der Angriff bei einem Treffen in Islamabad geplant, an dem US-Botschafter Robert Oakley, hochrangige pakistanische Vertreter, aber nicht ein einziger Afghane teilnahmen. Da die Mudschaheddin kein zentrales Kommando hatten, entwarf der ISI die Schlachtpläne und rekrutierte dann unabhängige Widerstandsgruppen mit dem Versprechen von Waffen und Geld. Offensichtlich war es das Ziel des Angriffs, den

Mudschaheddin rechtzeitig vor dem bevorstehenden Gipfel islamischer Staaten in Saudi-Arabien eine Hauptstadt in Jalalabad zu verschaffen, um die Anerkennung der neuen afghanischen Interimsregierung zu erlangen. Nach dem sowjetischen Rückzug nur wenige Wochen zuvor sagten viele US-Beobachter den Regierungstruppen eine sichere Niederlage voraus – der erste Schritt zum Sieg über das kommunistische Regime in Kabul. John Glassman, Geschäftsträger der US-Botschaft in Kabul, nannte das kommunistische Regime Afghanistans »ein Haus ohne Träger« und prophezeite ihm einen schnellen Zusammenbruch nach dem Abzug der Sowjets. In Washington gab die CIA die Parole aus, der Sieg der Rebellen sei sicher.[66] Wie sich herausstellte, wurde die Operation zum Debakel. Nach wochenlangen Kämpfen gelang es der kommunistischen Garnison, Jalalabad zu halten. Die Mudschaheddin zogen sich besiegt und gedemütigt nach Pakistan zurück. Nur vier Monate zuvor hatte eine der fundamentalistischen Guerillagruppen 74 Deserteure aus der Garnison Torkha abgeschlachtet, eine Lektion, die offenbar die außerordentlichen Anstrengungen der kommunistischen Verteidiger von Jalalabad motivierte. Ein weiteres Zeichen mangelnder Disziplin ging im Juli durch die Weltpresse: Hektmatyars Kommandeure hatten 30 Mitglieder einer anderen Mudschaheddin-Gruppe niedergemetzelt, eine Gräueltat, die den Präsidenten der afghanischen Interimsregierung veranlasste, Hekmatyar, ein Mitglied seines eigenen Kabinetts, als »Kriminellen« und »Terroristen« zu brandmarken.[67]

Hekmatyars Heroinhandel

Mit dem Ende des CIA-Geheimkrieges begann die Presse, wie schon angedeutet, mit Enthüllungen über die Verwicklung des afghanischen Widerstands und des pakistanischen Militärs in den Heroinhandel der Region. Im Mai 1990 zum Beispiel veröffentlichte die *Washington Post* einen Artikel auf der Titelseite, in dem sie die USA beschuldigte, »wegen ihres Wunsches, einem ihrer strategischen Alliierten, Pakistans Militärestablishment, nicht vor den Kopf zu stoßen«, nichts gegen den Heroinhandel unternommen zu haben. US-Vertreter hätten die afghanischen Klagen über den Heroinhandel Hekmatyars und des ISI ignoriert, eine Behauptung, die mindestens ein hochrangiger amerikanischer Offizieller bestätigte. Die *Post* berichtete im Besonderen, dass »dem ISI nahe stehende Kommandeure Hekmatyars Labors in Südwestpakistan betreiben« und »der ISI bei Heroinoperationen kooperiert«.[68] Obwohl die unabhängige pakistanische Presse, aufgebracht über die Heroinepidemie im eigenen Land, Jahre zuvor eben diese Meldungen gebracht hatte, mieden die internationalen Presseagenturen während des Geheimkrieges das Thema. Selbst als pakistanisches Heroin Anfang der 80er Jahre Europa und Amerika überflutete, herrschte ein eigenartiges Schweigen über den Ursprung dieses neuen Drogenangebots.

Nur zwei Jahre nach Beginn des Afghanistankrieges hatte der verdeckte Versorgungsapparat der CIA, mit dem Waffen an die Mudschaheddin geliefert wurden, seine Zwecke gewissermaßen umgekehrt: Nun gab es eine massive geheime Drogenoperation, mit der Opium von Afghanistan nach Pakistan transportiert und durch die pakistanischen Heroinlabors auf die internationalen Märkte geschleust wurde. Als 1979/80 entlang der afghanisch-pakistanischen Grenze Heroinlabors in Betrieb gingen, verzehnfachte sich die pakistanische Opiumproduktion fast auf 800 Tonnen. Innerhalb eines Jahres stillte pakistanisches Heroin 60 Prozent der illegalen Nachfrage Amerikas und einen noch größeren Anteil der europäischen.[69]

Als die Mudschaheddin das beste afghanische Ackerbauland eroberten, befahlen die Guerillas ihren bäuerlichen Unterstützern, Mohn anzubauen. Zwischen 1982 und 1983 verdoppelten sie auf diese Weise die Opiumernte des Landes auf 575 Tonnen.[70] Sobald die Mudschaheddin das Opium über die Grenze geschafft hatten, verkauften sie es an pakistanische Heroinhersteller, die unter dem Schutz von General Fazle Haq operierten, dem Gouverneur der Nordwestprovinz. Bis 1988 waren schätzungsweise 100 bis 200 Heroinlabors allein im Khaiberdistrikt dieser Provinz entstanden.[71] Lastwagen der Logistikeinheit der pakistanischen Armee, die mit CIA-Waffen aus Karatschi eintrafen, kehrten häufig mit Heroin beladen zurück – durch ISI-Dokumente vor Polizeikontrollen geschützt. »Die Droge wird in Lastwagen der Logistikeinheit transportiert, die versiegelt aus der Nordwestprovinz kommen und von der Polizei nie kontrolliert werden«, berichtete der pakistanische *Herald* im September 1985. »Sie fahren von Peschawar nach Pirpri, Jungshahi und Jhimpir, wo sie ihre Ladung – Getreidesäcke – an staatliche Empfangsstellen liefern. Einige dieser Säcke enthalten Heroinpakete. ... Dies geht schon seit dreieinhalb Jahren so.« In einem Artikel in *The Nation* drei Jahre später zitierte der Korrespondent Lawrence Lifschultz zahlreiche Polizeiquellen, die Gouverneur Fazle Haq, General Zias Intimus, beschuldigten, der höchste Beschützer der blühenden Heroinindustrie in der Nordwestprovinz zu sein. General Haq wurde bereits 1982 »in Rauschgiftberichten an Interpol aufgeführt«. Sowohl die europäische als auch die pakistanische Polizei gaben an, dass alle Untersuchungen der großen Heroinsyndikate der Provinz »auf höchster Ebene vereitelt« wurden.[72] Die Drogenverbindungen des Generals wurden 1985 zum offenen Geheimnis, als er in öffentlicher Rede bei einer Stammesversammlung in Wana an der Nordwestgrenze Heroin ein wertvolles pakistanisches »Mineral« nannte.[73]

Weiter südlich im Koh-i-Soltan-Distrikt der pakistanischen Provinz Belutschistan kontrollierte Hekmatyar selbst sechs Heroinraffinerien, wo die große Opiumernte des fruchtbaren afghanischen Helmand-Tales verarbeitet wurde.[74] Mohammad Akbar Khan Bugti, Gouverneur der Provinz Belutschistan und nationalistischer Stammesführer, der Islamabad häufig kritisch gegenüberstand, sagte mit Blick auf die Korruption des pakistanischen Militärs: »Sie liefern Drogen unter ihren eigenen Bajonetten aus.«[75]

Einer von General Zias wichtigsten Beiträgen zum wachsenden Heroinhandel war finanzieller Art. Nach 1983 erlaubte er pakistanischen Drogenhändlern, ihre Profite in der Bank of Credit and Commerce International anzulegen, ein dubioses internationales Institut mit Kapital aus Abu Dhabi und pakistanischem Management. Die Bank spielte eine entscheidende Rolle dabei, die pakistanischen Heroingelder in die internationalen Finanzströme einzuspeisen. Diese Gelder erreichten 1989 ein Volumen von vier Milliarden Dollar, mehr als die legalen Exporte des Landes.[76]

Der Heroinboom war so groß und unkontrolliert, dass der Drogenmissbrauch Anfang der 80er Jahre in Pakistan selbst wie eine Plage um sich griff und dem Land eine der höchsten Süchtigenzahlen der Welt bescherte. Vor dem Geheimkrieg hatte Pakistan kein Heroinproblem. Nachdem die politischen Umwälzungen in der Region von 1979 die Lieferung afghanischen und pakistanischen Opiums nach Westen in den Iran blockierten, verlegten sich Drogenhändler an der pakistanischen Nordwestgrenze auf die Heroinherstellung, um ihre wachsenden Opiumbestände abzubauen. Sie begannen damit, nach Europa und Amerika zu exportieren, und eroberten rasch über 50 Prozent beider Märkte. Unbehindert von Polizeikontrollen lieferten die Rauschgifthändler ihr Heroin auch in die größeren und kleineren pakistanischen

Städte. Von null stieg die Abhängigkeit bis 1980 auf 5.000 Konsumenten, bis 1983 auf 70.000, um dann, mit den Worten der pakistanischen Drogenkontrollbehörde, mit über 1,3 Millionen Süchtigen bis 1985 »völlig aus dem Ruder« zu laufen.[77]

Angesichts der schlecht verborgenen offiziellen Komplizenschaft und der unkontrolliert boomenden Heroinproduktion war die Politik des pakistanischen Drogenhandels von schlichter Art. Während einer offiziellen Reise, auf der er sich über das pakistanische Vorgehen gegen den Heroinhandel informieren wollte, war US-Generalbundesanwalt William French Smith überrascht, als einer seiner Mitarbeiter auf einem öffentlichen Markt nahe des Khaiberpasses ausgelegte Heroinproben sah. Pakistan ging das Problem an, indem es kurz darauf den Distrikt für Ausländer schloss.[78]

Zu Beginn dieses Geheimkrieges kam Washingtons Entscheidung, den Drogenkrieg für den Kalten Krieg zu opfern, 1983 bei Kongressanhörungen über eine 583-Millionen-Dollar-Hilfszuweisung für Pakistan deutlich zur Sprache. Da es ein Gesetz gegen die Hilfe an irgendein Land gab, das »keine angemessenen Schritte zur Kontrolle oder Lieferung illegaler Betäubungsmittel« unternahm (Rondino Amendment), musste die Regierung den Kongress davon überzeugen, dass General Zia ein treuer Verbündeter im Drogenkrieg war. Der Vorsitzende des Auswärtigen Ausschusses, Steven Solarz, warf das Problem prägnant in einer Frage an einen Regierungsvertreter auf: »Haben Sie angesichts der Tatsache, dass 60 bis 70 Prozent des Heroins auf den Straßen unseres Landes heute aus Pakistan kommen sollen, die politischen Auswirkungen bedacht, wenn ich für eine milliardenschwere Hilfe an Pakistan stimmen soll, während die Menschen in meinem Wahlkreis von Drogensucht geplagt werden und die Pakistaner nicht auf dem Weg zu sein scheinen, das Problem zu lösen?« In seiner Stellungnahme räumte Dominick DiCarlo, Unterstaatssekretär für Drogenfragen im Außenministerium, ein, dass Pakistan »die Hauptquelle für das US-Heroin« geworden sei und 50 Labors entlang der Nordwestgrenze nun genug Drogen lieferten, um über die Hälfte der 500.000 amerikanischen Süchtigen zu bedienen. Dennoch versicherte DiCarlo dem Ausschuss, dass das pakistanische Problem »auf höchster Ebene in Angriff genommen worden ist«. Während ihres Besuchs in den Vereinigten Staaten zum Beispiel hätten »Präsident Zia und Fazle Haq, der Gouverneur der Nordwestprovinz, Pakistans Verpflichtung auf sein Mohnverbot wiederholt«. In der Befragung lobte der Unterstaatssekretär ausdrücklich Gouverneur Fazle Haqs Besuch in Paris, wo dieser sich 1980 um Hilfe bei der Opiumausrottung bemüht habe, und kam zu dem Schluss, dass Pakistan »mit fliegenden Fahnen« Drogengesetze verabschieden würde. Ohne nähere Erklärung gab DiCarlo außerdem zu bedenken, dass es »ein Desaster« wäre, wenn man den amerikanischen Verbündeten in der Drogenfrage unter Druck setzen würde. Auch ein hochrangiger USAID-Vertreter, Charles Greenleaf, pries Präsident Zia ul-Haq für seine »beachtlichen Fortschritte bei der Verminderung der Opiumproduktion«. Der Abgeordnete Charles Wilson machte sich sodann die Hauptsorge der Regierung zu Eigen, als er argumentierte, dass Pakistan als Frontstaat im Afghanistankrieg die US-Unterstützung brauche. Wenn die USA, so fügte er hinzu, den Afghanen auch nur ein Zehntel dessen gäben, »was die Russen an die Vietnamesen verteilten, hätten die Russen wirklich alle Hände voll zu tun«.[79]

Washingtons Prioritäten dokumentierten sich in der halbherzigen Arbeit der DEA-Vertretung in der US-Botschaft in Islamabad. Mit 17 Agenten, 16 Bürokräften und einem Budget von 19,6 Millionen Dollar zwischen 1985 und 1988 erreichte dieses finanziell gut ausgestattete Team von Drogenbekämpfern in dem Jahrzehnt des Geheimkriegs erstaunlich wenig. Seine Sonderagenten erstellten detaillierte Berichte, in denen sie »40 bedeutende Drogensyndikate in Pakistan« identifizierten, führten jedoch keine produktiven Ermittlungen, geschweige denn irgendeine Verhaftung durch, während die CIA an der Nordwestgrenze operierte. Es gab mithin, wie ein Korrespondent sagte, »ganz offensichtlich einen Interessenkonflikt zwischen der DEA und der CIA, die jede peinliche Enthüllung über Drogenverbindungen ... meiden wollte«. Mehrere Drogenfahnder baten um Versetzung, mindestens einer reichte die Kündigung ein.[80]

Ganz im Gegensatz zu den Dutzenden von DEA-Beamten, die in Islamabad ergebnislos Papierstapel hin und her schoben, rollte ein einziger norwegischer Drogenermittler einen Heroinfall auf, dessen Spur direkt in General Zias Wohnzimmer führte. Als ein kleiner pakistanischer Drogenschmuggler namens Raza Qureshi im Dezember 1983 auf dem Osloer Flughafen mit 3,5 Kilo Heroin verhaftet wurde, entlockte ihm die Polizei mit dem Versprechen einer Strafmilderung Details über sein Rauschgiftsyndikat. Bewaffnet mit diesen Informationen flog der Osloer Ermittler Oyvind Olsen Mitte 1984 nach Islamabad und fand Spuren, die der DEA irgendwie entgangen waren. Nachdem der norwegische Generalstaatsanwalt im September 1985 formell Anklage gegen drei der größten pakistanischen Heroinhändler erhoben hatte, ordnete die pakistanische Polizei ihre Verhaftung an. Als sie Hamid Hasnain, den Vizepräsidenten der staatlichen Habib Bank, festnahm und seine Aktentasche durchsuchte, fand sie darin persönliche Bankunterlagen von Präsident Zia. Noch in derselben Nacht rief Zias Frau von Ägypten aus hochrangige Polizeibeamte an, um Hasnains Freilassung zu verlangen – ein Ansinnen, dem sie nicht entsprechen konnten. Als Zias Intimus hatte Hasnain in den vergangenen fünf Jahren dessen persönliche Finanzen verwaltet. Bei dem Prozess im Juni 1987 stießen Hasnain und seine Mitangeklagten wiederholte Todesdrohungen gegen Raza Qureshi, den Zeugen der Anklage, aus, bis Norwegen diplomatische Proteste androhte. Am Ende wurde Hasnain schuldig gesprochen und zu einer langen Haftstrafe verurteilt.

Ein ähnlicher Fall ereignete sich im Mai 1983, als ein in Karatschi ansässiger Japaner als Pfadfinder verkleidet mit 17,5 Kilo Heroin in Amsterdam verhaftet wurde. Während der Verhöre nannte er einen Kinobesitzer aus Lahore, Mirza Iqbal Baig, als Boss seines Drogensyndikats. Zwei Jahre später verursachte der staatliche britische Fernsehsender BBC einen Skandal in Pakistan, als er einen Dokumentarfilm mit dem Titel »Der Pfadfinder, der Heroin schmuggelte« ausstrahlte, in dem Baig als großer Drogenhändler bezeichnet wurde.[81] Nach drei Jahren, in denen nichts weiter geschah, zitierte Islamabads größte Tageszeitung *The Muslim* einen pakistanischen Zollbeamten, der Baig als »aktivsten Drogendealer im Land« bezeichnete. Bei seiner Untersuchung des Falles fand der Korrespondent Lawrence Lifschultz heraus, dass die pakistanische Polizei daran gehindert wurde, Baig zu verhaften, und amerikanische DEA-Beamte nicht gewillt waren, entsprechenden Druck auszuüben, um peinliche politische Auswirkungen zu vermeiden.[82] Dabei hatten die DEA-Beamten bei einem Verhör des japanischen Schmugglers genug Beweise erhalten, um Baigs Verhaftung zu rechtfertigen. Aber vor lauter Sorge, dass ein Prozess gegen ihn vor heimischem Publikum General Zias gesamtes Regime ins Wanken bringen könnte, wollte die DEA dieses »heikle Dilemma« dadurch lösen, dass sie Baig aus Pakistan herauszulocken versuchte, um ihn vor ein ausländisches Gericht zu stellen, wo die politische Explosion einzudämmen wäre. Baig indessen war viel zu gerissen, um den Amerikanern in die Falle zu tappen, und die DEA unternahm weiter nichts.[83]

Darüber hinaus gab es Hinweise auf ein großes Heroinsyndikat

Die Geheimkriege der CIA

innerhalb des pakistanischen Militärs. Im Juni 1989 verhaftete die pakistanische Polizei einen Armeemajor, der mit 220 Kilo Heroin von Peschawar nach Karatschi unterwegs war. Zwei Monate später nahm die Polizei einen Luftwaffenleutnant mit einer ebenso großen Menge fest. Bevor sie jedoch eingehender vernommen werden konnten, flohen beide Offiziere unter »rätselhaften Umständen«, wie es das pakistanische *Defense Journal* nannte, aus der Untersuchungshaft.[84]

Nach einem Jahrzehnt Geheimkrieg löste eine Kette von Ereignissen einen dramatischen Wandel im afghanisch-pakistanischen Grenzland aus. Im August 1988 kam General Zia ul-Haag bei einem Flugzeugabsturz ums Leben, was die Wiedereinsetzungung einer Zivilregierung ermöglichte und die Hoffnung aufkommen ließ, der systematischen Korruption zumindest teilweise Einhalt zu gebieten. Typisch für die Desinformation, die alle US-Aktionen gegen den pakistanischen Heroinhandel blockiert hatte, war der halbjährliche Drogenbericht des US-Außenministeriums, der noch im September, also einen Monat nach Zias Tod, den General als »starken Verfechter der Drogenbekämpfung in Pakistan« bezeichnete. In atemberaubender Verkehrung der Wirklichkeit erging sich der Bericht in Spekulationen, dass sein Tod den Kampf gegen die Drogen verlangsamen könne.[85] Wie die Ereignisse zeigen sollten, hatte General Zia ein Erbe der Korruption hinterlassen, das Pakistan bald in einen Drogenstaat verwandelte.

Bald nachdem sie durch demokratische Wahlen ins Amt gelangt war, erklärte Premierministerin Benazir Bhutto den Drogenbaronen des Landes den Krieg. Im Juli 1989 verhaftete die Polizei General Fazle Haq, den ehemaligen Gouverneur der Nordwestprovinz, dessen Privatvermögen auf mehrere Milliarden Dollar geschätzt wurde. Da die Fahnder keine Beweise für seine persönliche Beteiligung am Drogenhandel hatten, klagten sie ihn wegen Mordes an einem muslimischen Geistlichen an.[86] Sein ehemaliger Pilot, Luftwaffenmajor Faruq Hamid, wurde immerhin wegen Heroinschmuggels vor Gericht gestellt.[87] Bald nach General Fazle Haqs Verhaftung war der berüchtigste pakistanische Drogenhändler, Mirza Iqbal Baig, erneut Gegenstand politischer Kontroversen. In einem Interview mit dem pakistanischen Magazin *Newsline* erhob der Sohn General Zias den Vorwurf, Baig unterhalte »enge persönliche Beziehungen« zum Präsidenten der Nationalversammlung, einem prominenten Führer von Premierministerin Bhuttos Volkspartei. Nur eine Woche später verhaftete die Polizei Baig und klagte ihn wegen Heroinhandels an.[88] Nach wenigen Monaten jedoch musste ihn die peinlich berührte Staatsanwaltschaft auf Kaution entlassen, da die Polizeiakten leer waren und der einzige Beweis gegen ihn in einer Videoaufzeichnung der BBC-Dokumentation bestand.[89]

Trotz Bhuttos guter Absichten waren die Aussichten für einen unmittelbaren Angriff auf Pakistans hoch entwickelte Heroinindustrie düster. Nach zehn Jahren unkontrollierten Wachstums unter General Zia war der Drogenhandel des Landes nun zu fest in Politik und Wirtschaft verankert, als dass einfache Polizeiaktionen noch etwas dagegen hätten ausrichten können. Ökonomen schätzten die Gesamterlöse von Pakistans Heroinhandel auf jährlich acht bis zehn Milliarden Dollar, entsprechend einem Viertel des gesamten Bruttoinlandsprodukts und weit mehr als der gesamte Staatshaushalt. Angesichts solcher Mengen ins Land strömenden Heroingeldes sorgten sich pakistanische Kommentatoren nicht zu Unrecht, dass die Drogenbarone die politischen Führer der Nation unter Druck setzen und kolumbianische Verhältnisse in die Politik des Landes Einzug halten könnten.[90]

Zudem verteidigten die schwer bewaffneten Stämme an der Nordwestgrenze entschlossen ihre Opiumernte. Polizeipistolen erwiesen sich als wirkungslos gegen ihre Arsenale, die mit automatischen Sturmgewehren, Flugabwehrgeschützen und Raketenwerfern bestückt waren. »Die Regierung kann uns nicht daran hindern, Mohn anzubauen«, sagte ein wütender Bauer 1989 einem ausländischen Korrespondenten. »Wir sind *eine* Kraft, wir stehen zusammen, und wenn sie mit ihren Flugzeugen kommen, werden wir sie abschießen.«[91] 1986 hatten die Versuche General Zias, zur Beschwichtigung der USA demonstrativ gegen den Mohn vorzugehen, wütende Demonstrationen im Gadun-Distrikt der Provinz ausgelöst, bei denen zehn Opiumbauern von der Polizei erschossen wurden. Nach dem Massaker waren fast alle nationalen und lokalen Politiker einhellig der Meinung, dass die Stammesbauern anpflanzen dürften, was immer sie wollten, und sei es auch Mohn. Als Benazir Bhutto im Dezember 1988 ins Amt kam, gab es in ihrem Land keinen Konsens darüber, dass die Opiumproduktion unterdrückt werden müsse.[92] Und selbst bei einer völligen Vernichtung der eigenen 130-Tonnen-Ernte hätten die etwa 800 Tonnen aus dem Nachbarland Afghanistan gereicht, um das Netz pakistanischer Heroinlabors zu versorgen.[93]

Innerhalb Afghanistans ermöglichte das langsame, 1987 einsetzende Ausklingen des Geheimkrieges eine Steigerung der Opiumproduktion in den Rebellengebieten. Als dann der sowjetische Rückzug im Februar 1989 die Unterstützung der CIA vollends erlahmen ließ, lieferten sich die Mudschaheddin-Kommandeure einen Wettlauf um das beste Opiumland. In der Provinz Nangarhar breitete sich der Opiumanbau bis 1992 rapide bis auf 80 Prozent des kultivierbaren Landes um die Stadt Jalalabad aus. Örtliche Kommandeure widmeten sich lieber dem Drogenhandel und waren immer weniger daran interessiert, sich weiter nach Kabul vorzukämpfen.[94]

Der Kampf um das Opium wurde besonders heftig im fruchtbaren Helmand-Tal ausgetragen. Fast den ganzen Krieg über hatte der Kriegsherr Mullah Nasim Akhundzada das beste bewässerte Land im nördlichen Helmand-Tal kontrolliert, einst die Kornkammer Afghanistans. Mullah Nasim, ein erbarmungsloser Führer und erbitterter Feind Hekmatyars, verfügte, dass die Felder zur Hälfte mit Mohn zu bestellen seien. Er teilte jedem Landbesitzer eine Opiumquote zu und hielt seine Herrschaft aufrecht, indem er Widersetzlichkeiten mit Tod oder Kastration bestrafen ließ. Zum Ausgleich für derlei Grausamkeiten spielte er für die Opiumbauern den huldvollen Patron, der, wie er 1987 in einem Interview behauptete, seine Drogenprofite dem Bau von Hospitälern und 40 Islamschulen zukommen ließ. Bekannt als »Heroinkönig«, eroberte Mullah Nasim mit seinen Methoden einen Großteil der 250 Tonnen Opium, die in der Provinz Helmand angebaut wurden, was ihn zu einem der mächtigsten Kommandeure des Landes machte.[95] Besucher, die in dieser Zeit nach Helmand kamen, zeigten sich »tief beeindruckt von der Schönheit der Mohnpflanzen, die sich kilometerweit erstrecken«.[96] Anfang 1986 reiste Arthur Bonner, Korrespondent der *New York Times,* einen Monat durch die Provinz und fand bei jedem Dorf und jeder Stadt ausgedehnte Mohnfelder vor. »Wir müssen Opium anbauen und verkaufen, um den heiligen Krieg gegen die russischen Ungläubigen zu führen«, erklärte Mullah Nasims älterer Bruder Mohammed Rasul. Die Offenheit des Mudschaheddin-Führers strafte die Versicherungen der US-Botschaft in Islamabad Lügen. Nur zwei Monate zuvor nämlich hatte sie offiziell dementiert, dass die Beteiligung der afghanischen Rebellen »an Drogenaktivitäten üblich ist, um ihre Operationen zu finanzieren«.[97]

Während Mullah Nasim über die Opiumfelder von Helmand herrschte, unterhielt Hekmatyar einen Komplex von Heroinlabors in Koh-i-Soltan, was gleich jenseits der pakistanischen Grenze in der Nähe des südlichen Talausgangs liegt. Unter den Mudschaheddin-Kommandeuren war Hekmatyar nach Ansicht von Barnett Rubin »der einzige Führer, der die Opiumprofite systematisch als Grundlage für eine hierarchisch organisierte Partei und eine konventionelle Armee einsetzte«. Mitte 1988 befahl Hekmatyar in Vorwegnahme des sowjetischen Rückzugs und nachlassender Auslandshilfe die Ausweitung des Mohnanbaus und investierte mit pakistanischen Drogenhändlern in ein halbes Dutzend Heroinlabors. Etwa zu dieser Zeit begann Hekmatyars örtlicher Kommandant, Mullah Nasims Herrschaft über die Opiumernte Helmands herauszufordern. Sobald der Schnee im Frühjahr 1989 geschmolzen war, lebte dieser lokale Opiumkrieg wieder auf und konzentrierte sich nun auf eine Brücke zwischen dem Helmand-Tal und den pakistanischen Heroinraffinerien. In heftigen Kämpfen, in denen sich beide Seiten schwere Verluste zufügten, verteidigte Nasim schließlich erfolgreich die Herrschaft über das Tal.[98]

In dem Herbst nach seinem Sieg traf sich Mullah Nasim, damals stellvertretender Verteidigungsminister in der afghanischen Interimsregierung, mit Robert Oakley, dem US-Botschafter in Pakistan, und dessen Stab, um eine Direkthilfe in Höhe von zwei Millionen Dollar zur Ausrottung des Opiums im Helmand-Tal zu erbitten. Nach Zusicherung der Gelder durch die Botschaft gab Nasim auch tatsächlich die Opiumproduktion auf und lud amerikanische Vertreter im Januar 1990 zur Inspektion. Die Amerikaner zeigten sich offenbar von der Wirksamkeit seines Verbots überzeugt und stellten auch fest, dass sich die Opiumpreise im Grenzgebiet des benachbarten Belutschistans in der Folge verdreifacht hatten. Bevor die US-Botschaft jedoch ihr Versprechen halten konnte, wurden Mullah Nasim und fünf seiner Kommandeure in Peschawar von Mitgliedern der Truppen Hekmatyars getötet – Berichten zufolge aus Verbitterung über die steigenden Preise für das Opium aus Helmand, das für Hekmatyars Heroinraffinerien in Belutschistan gebraucht wurde. Washington instruierte währenddessen den Botschafter, dass seine *Ad-hoc*-Zahlungen das US-Verbot von Geschäften mit Drogenhändlern verletzten, und sperrte die versprochenen Gelder. Mohammed Rasul erbte das Kommando seines Bruders Nasim, und bald kam es wieder zu gewaltsamen Zusammenstößen mit Hekmatyars Truppen um die Kontrolle der Opiumrouten durch das Helmand-Tal. Der lokale Krieg stellte die US-Botschaft vor eine schwierige Wahl. »Wir können unsere Mudscheheddin nicht versorgen«, erklärte Mohammed Rasul. »Wenn die Amerikaner keine Hilfe gewähren, wird der Opiumanbau erneut beginnen müssen.« Als die Zeit für die folgende Aussaat kam, befahl Kriegsherr Rasul seinen

Bauern, zur »vollen Opiumproduktion« zurückzukehren.[99] Ähnlich im zweitgrößten Opiumgebiet, der Provinz Nangarhar, wo der Kriegsherr Abdul Qadir internationale Hilfe annahm, um die Opiumproduktion zu halbieren, dann aber ihre Ausweitung anordnete, nachdem die Gelder für alternative Feldfrüchte verausgabt waren und nicht erneuert wurden.[100] Solche lokal begrenzten Lösungen funktionierten ganz offensichtlich nicht, und die US-Botschaft in Islamabad gab bald ihre unheilvollen Versuche auf, ausgerechnet mit Hilfe von Opiumkriegsherren das Opium ausrotten zu wollen.

Zwei Milliarden Dollar hatten es sich die USA kosten lassen, um die Sowjets aus Afghanistan zu vertreiben. Nun waren sie verantwortlich für eine Nation, die in rivalisierende Volksgruppen zerfiel, deren Zentralregierung bestenfalls Kabul verwaltete und und deren Opiumkriegsherren in den Provinzen die eigentlichen Herrscher waren. Als der Kalte Krieg 1989 endete und Washington eine neue Runde seines Krieges gegen die Drogen begann, wurden afghanische Gefolgsleute wie Hekmatyar für die USA zu einer diplomatischen Belastung. Das *Time Magazine* etwa berichtete im Juli 1990, dass die Vereinigten Staaten »durch die weit verbreiteten Gerüchte über Verbindungen zwischen dem Drogenhandel und Teilen der Aufständischen, darunter so fundamentalistische islamische Gruppen wie Gulbuddin Hekmatyars Hezb-i Islami, in Verlegenheit sind«. Diese Drogenverbindungen seien »nun besonders schmerzlich, da die USA einen kompromisslosen Krieg gegen Drogen in anderen Teilen der Welt führen«.[101]

Ehemalige CIA-Agenten gaben allmählich zu, dass ihre Operationen zu einer Ausweitung des pakistanisch-afghanischen Heroinhandels geführt hatten. 1995 sprach Charles Cogan, bei der CIA ehemals verantwortlich für die Afghanistan-Operation, offen über die Optionen des Geheimdienstes. »Unser Hauptauftrag war, den Sowjets so viel Schaden wie möglich zuzufügen. Wir hatten nicht wirklich die Ressourcen oder die Zeit für eine Untersuchung des Drogenhandels«, sagte er dem australischen Fernsehen. »Ich glaube nicht, dass wir uns dafür entschuldigen müssen. Jede Situation hat ihre Schattenseiten ... Es gab eine Schattenseite im Hinblick auf Drogen, ja. Aber das Hauptziel wurde erreicht: Die Sowjets verließen Afghanistan.«[102] Präsident Carters einstiger nationaler Sicherheitsberater Zbigniew Brzezinski fand, was die langfristigen Kosten des Afghanistan-Abenteuers anging, ebenfalls nichts zu bereuen. »Was war wohl in weltgeschichtlicher Hinsicht wichtiger«, fragte er einen Interviewer, der die Hinterlassenschaft seiner

Operation von Waffen, Drogen und militanten Islamisten infrage stellte: »die Taliban oder der Fall des Sowjetreiches? Ein paar krauskö̈pfige Muslime oder die Befreiung Mitteleuropas und das Ende des Kalten Krieges?«[103]

Es war die schiere geografische Entfernung Afghanistans, die die CIA vor den politischen Konsequenzen ihrer Kompromisse schützte. Sobald das Heroin Pakistan verlassen hatte, exportierte es die sizilianische Mafia in die USA, Mafiosi verteilten es dort über Pizzerien, und lokale Gangs verkauften es auf den Straßen. Den meisten Amerikanern war die politische Rechnung nicht geläufig, dass afghanische Kriegsherren und sizilianische Mafia mit dem Heroin in ihren Städten zu tun hatten. Aber als die CIA die gleiche verdeckte Taktik mit ähnlichen Kompromissen im Contra-Krieg in Mittelamerika einsetzte, löste schon die geografische Nähe eine Kontroverse aus und erzwang eine Reihe von Untersuchungen – zuerst der Presse, dann des Kongresses und schließlich des eigenen Generalinspekteurs des Geheimdienstes. Nach Jahrzehnten der Leugnung sollte die interne Untersuchung der CIA überraschend detailliert die Dynamik ihrer Allianzen mit Drogenfürsten im Kalten Krieg dokumentieren.

Contras und Kokain

Während der 80er Jahre eskalierten die lateinamerikanischen Kokainexporte in die USA und führten zu einem pandemischen Drogenmissbrauch. In einem Sonderbericht an das Weiße Haus konstatierte Generalbundesanwalt William French Smith für das Jahr 1980 eine Steigerung der US-Kokainimporte auf 44 Tonnen, ein 57-prozentiger Anstieg binnen Jahresfrist. An den gesamten illegalen US-Drogenverkäufen im Wert von 79 Milliarden Dollar hatte Kokain nun nach Schätzung des Generalbundesanwalts einen Anteil von 29 Milliarden, den höchsten Einzelanteil aller Drogen.[104] Selbst nach dieser raschen Expansion wuchs der Kokainmarkt weiter. Zwischen 1982 und 1985 nahm die Anzahl der Kokainkonsumenten in den USA um 38 Prozent auf 5,8 Millionen zu, mehr als das Zehnfache der Heroinabhängigen. 1986 gaben 16,9 Prozent aller amerikanischen Oberschüler *(high school seniors)* zu, Kokain mindestens einmal probiert zu haben.[105]

Dann kam Crack. Durch chemische Umwandlung des Kokainpuders zu einer rauchfähigen körnigen Base produzierten amerikanische Drogendealer eine leicht konsumierbare, billige Droge, die sich für nur zehn Dollar pro Dosis verkaufen ließ. Als Crack 1985/86 weithin verfügbar wurde, verbreitete sich sein Gebrauch in einer neuen Generation jüngerer Konsumenten, die sich den höheren Preis reinen Kokains oder Heroins nicht leisten konnte. Nur ein Jahr nachdem die Droge zuerst auf den Märkten aufgeaucht war, berichteten 5,6 Prozent der US-Oberschüler, Crack mindestens einmal probiert zu haben.[106]

Von Anbeginn wurde der steile Anstieg der Exporte von einem Konsortium kolumbianischer Kokainhändler gelenkt, das als Medellín-Kartell bekannt (und von dem oben schon die Rede) war. 1980 kamen etwa 75 Prozent des gesamten Kokains in den USA aus Kolumbien, weitgehend über Netzwerke des Medellín-Kartells. Anders als viele der losen Koalitionen im Drogenhandel arbeitete dieses Kartell tatsächlich als kohärente Gruppe, die Finanzierungsfonds bildete und kollektive Vermarktungsentscheidungen traf. Das Kartell wurde 1980 ins Leben gerufen, als die Guerillas der marxistischen Gruppe M-19 ein Mitglied der Ochoa-Familie, eines bekannten Clans von Kokainproduzenten, entführte. Bei einem Treffen in seinem Restaurant in Medellín überzeugte Jorge Ochoa die großen Kokainfamilien, je sieben Millionen Dollar zur Bildung einer 2.000 Mann starken Armee beizusteuern, die mit den neuesten automatischen Waffen ausgestattet werden sollte. In den folgenden Monaten entschied die Armee des Kartells den Krieg gegen M-19 für sich. Der Kampf gegen einen gemeinsamen Feind festigte die Bande zwischen den Drogenfamilien der Stadt und begründete in den folgenden Jahren eine enge Zusammenarbeit. Bis 1982 hatte das Medellín-Kartell, wie ein Bericht von Senator John Kerry feststellte, »das Geschäft des Kokainschmuggels zu einem hoch technisierten Handel auf der Grundlage von Spezialisierung, Kooperation und Massenproduktion perfektioniert«. Die Escobars leiteten die Produktion, die Ochoas den Transport und Carlo Lehders vor seiner Verhaftung die Distribution.[107] 1988 wurde das jährliche Einkommen des Kartells auf acht Milliarden Dollar geschätzt, und das Magazin *Forbes* setzte zwei ihrer Führer, Jorge Ochoa und Pablo Escobar, auf seine Ehrenliste der reichsten Männer der Welt.[108]

Ab Mitte der 80er Jahre mehrten sich die Anzeichen, dass sich das Kartell Geheimoperationen der CIA zunutze macht, um sein Kokain in die USA zu liefern. Tatsächlich fiel der Aufstieg des Medellín-Kartells mit dem Beginn des CIA-Geheimkriegs zusammen, der mithilfe der so genannten Contra-Guerilla gegen die linke sandinistische Regierung

Nicaraguas geführt wurde. In einem Bericht vom Juli 1986 stellte das US-Außenministerium fest, dass »verfügbare Beweise auf Verbindungen zwischen Drogenhändlern und einer begrenzten Anzahl von Personen hindeuten, die verschiedenartige Kontakte zu den Wiederstandsgruppen haben oder politische Sympathien für sie hegen«.[109] In seiner Aussage vor dem US-Senat im Juli 1988 erklärte David Westgate, der stellvertretende Leiter der US-Drogenbehörde DEA, dass »Leute auf beiden Seiten der Gleichung [im Nicaragua-Krieg] Drogenhändler waren, ein paar von ihnen ziemlich große«.[110] Mit Bezug auf Eden Pastora, den Südfrontkommandeur der Contras, stellte der Chef der CIA-Arbeitsgruppe Zentralamerika im Mai 1986 fest: »Wir wussten, dass jeder um Pastora mit Kokain zu tun hatte. ... Sein Stab und seine Freunde ... waren Drogenschmuggler oder am Drogenhandel beteiligt.«[111]

Die Frage ist also nicht, ob die Contra-Krieger in den Kokainhandel verstrickt waren, sondern wie und in welchem Ausmaß. Für das US-Außenministerium war die Verwicklung denkbar geringfügig: Nur einige mit den Contras verbundene Leute hätten möglicherweise mit Kokain zu tun gehabt. DEA und CIA berichteten jedoch, dass führende Contra-Kommandeure große Drogenhändler waren. Nach ausführlichen Anhörungen über den karibischen Drogenhandel kam auch Senator Kerrys Unterausschuss zu dem Schluss, dass die Contras und ihre Verbündeten zu einem wichtigen Faktor im regionalen Drogenhandel geworden waren.

Im verschlungenen Netz karibischer Schmuggelwege ist die Klärung von Verantwortlichkeit allerdings ein kaum lösbares Unterfangen. Im Gegensatz dazu lässt es sich relativ leicht klären, wer in den Drogenanbaugebieten der Anden oder Afghanistans die Kontrolle ausübte. Es reichte einem Reporter der *New York Times*, nur durch das afghanisch-pakistanische Grenzgebiet zu wandern, um schnell in Erfahrung zu bringen, dass Mullah Nasim über die Mohnfelder des Helmand-Tales herrschte oder Hekmatyar ein halbes Dutzend Heroinraffinerien in Koh-i-Soltan besaß. Wegen der Notwendigkeit territorialer Kontrolle in diesen Opiumhochländern lässt sich der Drogenhandel hier nicht verbergen. Anders in Mittelamerika: Sobald das Kokain die Karibik erreichte, war es bereits zwei Etappen von seiner Quelle entfernt. Zu entscheiden, wer im Gewimmel transkaribischer Luftwege für welches Flugzeug die Verantwortung trug, war daher weit komplizierter.

Allerdings kam es aufgrund der Nähe Zentralamerikas zu den USA hier schneller zu intensiveren Untersuchungen des Kongresses und der Presse. Statt mit einem Jahrzehnt Verspätung wie im Fall Afghanistan erschienen schon Monate nach Beginn des Geheimkrieges in den Medien Enthüllungsberichte über das CIA-Bündnis mit Drogenhändlern, die mit den Contras verbunden waren. 1985 zum Beispiel brachte Associated Press eine Story von Brian Barger und Robert Perry. Die beiden berichteten, dass »nicaraguanische Rebellen, die im Norden Costa Ricas operierten, am Kokainhandel beteiligt sind, um damit teilweise ihren Krieg gegen die linke Regierung Nicaraguas zu finanzieren«.[112]

Während der Geheimkrieg noch andauerte, untersuchte Senator Kerrys Unterausschuss einige Jahre später diese Contra-Kokain-Verbindungen. Trotz zahlloser Hindernisse erbrachte Kerrys Untersuchung eine Fülle von Einzelheiten, die eine vorläufige Einschätzung über die Auswirkungen der verdeckten Operationen auf den karibischen Kokainhandel ermöglichen.[113]

Nach dem Fall der Somoza-Diktatur 1979 war die nicaraguanische Nationalgarde über die Grenze geflohen, um der Vergeltung durch die Revolutionskräfte zu entgehen, und bildete dort den Kern der späteren Contra-Kräfte. Als Präsident Reagan im Januar 1981 ins Amt kam, begann die CIA auf Weisung des Weißen Hauses eine verdeckte Operation zur Unterstützung dieser Contra-Kräfte in Lagern entlang der nicaraguanischen Grenze zu Honduras. Zu jener Zeit waren Honduras und Costa Rica bereits gut etablierte Zwischenstopps für die Kokainflüge des Medellín-Kartells in die USA. Geschützt von honduranischen Militärführern nutzten kolumbianische Kokainhändler »honduranische Landebahnen zum Auftanken und als Umschlagplätze von Kokainlieferungen nach Norden«.[114] In den 70er Jahren war das Grenzland Costa Ricas Aufmarschgebiet für die sandinistische Revolution gewesen. Die Polizei des Landes hatte sich aus dem Gebiet zurückgezogen, sodass auch dort Kokainflüge aus Medellín mit Ziel USA zwischenlanden konnten.[115] Sobald der CIA-Geheimkrieg begann, waren es eben diese Gebiete im Norden Costa Ricas, wo die Contras ihre engsten Verbindungen zum Kokainhandel knüpften. 1983 eröffneten die Contras in Costa Rica eine Südfront unter dem Kommando von Eden Pastora. Für die CIA ebenso wie für das Oberkommando der Contras erwies sich Pastora, eine unabhängige, charismatische Persönlichkeit, als nur schwer kontrollierbar. Ausgestattet mit einer vergleichsweise nur beschränkten US-Militärhilfe wandte sich seine verarmte Südfront bald dem Kokainhandel zu, um ihre Operationen zu finanzieren. Die Südfront erlaubte es Drogenpiloten, ihre Maschinen in ihren Lagern aufzutanken, und finanzierte damit Waffen- und Versorgungslieferungen.[116] Da sie Pastora nach dessen Weigerung, sich dem Contra-Kommando in Honduras unterzuordnen, »zersetzend« und »unberechenbar« fand, strich die CIA 1984 alle Hilfe für seine Kräfte.[117]

Als ihre Truppen unter »hoffnungslosen Bedingungen« zu leiden begannen, schlossen Pastoras Kommandeure einen Handel mit George Morales, einem kolumbianischen Schmuggler aus Miami. Bereits wegen Drogenschmuggels angeklagt, suchte Morales eine Allianz mit den Contras in dem Glauben, dass ihre CIA-Kontakte seiner Sache weiterhelfen könnten.[118] Einem Bericht des US-Außenministeriums zufolge gab Morales Pastoras Südfront Ende 1984 eine C-47 und Geld, um »Drogenlieferungen von Orten in Südamerika nach Costa Rica und Nicaragua zum späteren Weitertransport in die USA zu fliegen«.[119] Zwischen Oktober 1984 und Februar 1986 unternahm diese Maschine 24 Flüge aus den USA zu den Camps der Südfront in Costa Rica. Sie brachte dabei 70 Tonnen Material mit und flog mit Drogen unbekannter Menge zurück nach Norden.[120] Das Arrangement dauerte bis Anfang 1986, als die Verhaftungen begannen. Im Januar wurde der altgediente Südfrontpilot Gerardo Duran in Costa Rica wegen seiner Kokaintransporte in die USA festgenommen.[121] Etwa zur gleichen Zeit geriet Morales wegen eines Kokainfluges von den Bahamas in Schwierigkeiten und wurde schließlich im Juni verhaftet.[122] Der CIA-Stationschef in Costa Rica, Thomas Castillo, sagte zwar vor dem US-Senat aus, er habe über »den Rauschgifthandel durch Pastoras Unterstützer und Leutnants« Bericht erstattet. Trotzdem aber arbeitete Morales noch zwei weitere Jahre mit den Contras zusammen, bevor er wegen eines damit nicht zusammenhängenden Drogenfluges festgenommen wurde.[123]

Die Contras waren nicht die einzigen Kokainhändler an der Südfront. Zeugen sagten vor Senator Kerrys Unterausschuss aus, dass auch ein amerikanischer Rancher in Costa Rica namens John Hull, der eng mit der CIA zusammenarbeitete, »in den Kokainhandel verstrickt« sei. Nachdem der Kongress ein Gesetz verabschiedet hatte, das 1984 alle Hilfe an die Contras beendete (Borland Amendment), spielte Hull, nominell immer noch Privatbürger, eine bedeutende Rolle beim Nachschub für die Contras.[124] Oberstleutnant Oliver North, Mitglied des Nationalen Sicherheitsrats, knüpfte ein privates Netzwerk, um die

Contras nach der Streichung der Hilfe weiter zu finanzieren. North heuerte den kurz zuvor aus dem Pentagon ausgeschiedenen General Richard Secord an, um geheime Waffenlieferungen zu organisieren. Da Secord, ein Luftwaffenoffizier, selbst kaum Ahnung von Infanteriewaffen hatte, rekrutierte er den ehemaligen CIA-Agenten Thomas Clines, den er später als »einen sehr engen Partner von mir aus CIA-Tagen« beschrieb. Der Ausdruck »aus CIA-Tagen« bezog sich natürlich auf ihren gemeinsamen Dienst im CIA-Geheimkrieg in Laos Ende der 60er Jahre.

Mit Mitteln aus dem Verkauf von US-Waffen an den Iran und Geschenken von Privatspendern wie dem Sultan von Brunei kaufte das Gespann Clines-Secord Flugzeuge und warb Veteranen vergangener Geheimoperationen an – »Piloten, Mechaniker und Frachtabwickler« – , um die Contras mit Waffen zu versorgen.[125] John Hull wurde laut Senator Kerrys Bericht zur »zentralen Figur der Contra-Operationen, als diese zwischen 1984 bis Ende 1986 von Oliver North geleitet wurden«. Auf seinen weitläufigen Ländereien im Norden Costa Ricas unterhielt Hull außerhalb der Kontrolle der lokalen Zoll- und Polizeibehörden sechs separat gelegene Landebahnen. Nach Aussage des CIA-Stationschefs in Costa Rica, Thomas Castillo, half Hull zwischen 1984 und 1986 »der CIA bei militärischen Nachschublieferungen«. Außerdem erhielt Hull auf Anweisung von North vom Contra-Kommando in Honduras einen Sold von 10.000 Dollar im Monat.[126]

Senator Kerrys Unterausschuss befragte fünf Zeugen, die unmittelbar von John Hulls Verstrickung in den Kokainhandel wussten. Darunter war der kolumbianische Drogenschmuggler George Morales, der sich einem Lügendetektortest unterzog, um die Glaubwürdigkeit seiner Aussage zu untermauern.[127] Ein Vertreter Costa Ricas, Werner Lotz, sagte aus, er habe »gehört«, dass Hull von Drogenpiloten auf dem Weg von Kolumbien in die USA dafür bezahlt wurde, um auf seinen Landebahnen zwischenlanden und auftanken zu dürfen. Gary Betzner, ein ehemaliger Drogenpilot im Dienste von George Morales, gab an, bei zwei Gelegenheiten zugegen gewesen zu sein, als John Hull persönlich mit ansah, wie Kokain in Flugzeuge verladen wurde. Im Juli 1984 landete Betzner mit einer Cessna 402-B, die Waffen für die Südfront geladen hatte, auf Hulls Riesenranch. Hull erwartete Betzner schon »an der Landebahn…, und sie sahen zu, wie die Waffen entladen und stattdessen Kokain, verpackt in 17 Kleidersäcken, sowie fünf oder sechs Kisten von jeweils einem Meter Seitenlänge in die nun leere

Cessna geladen wurden«. Mit dieser Kokainladung flog Betzner die Cessna Richtung Norden und landete ohne irgendeine Durchsuchung auf einem Feld in Lakeland, Florida. Auf einem anderen »Waffen-für-Drogen-Flug« zwei Wochen später landete Betzner auf einer Piste 15 Kilometer von Hulls Finca entfernt, und wieder stand Hull neben ihm, als sie zusahen, wie eine halbe Tonne Kokain für den Rückflug nach Florida geladen wurde.

Als Hulls Aktivitäten den Staatsanwalt des Süddistrikts von Florida zu einer Ermittlung veranlassten, versuchten US-Vertreter in Mittelamerika, Hull vor einer Verhaftung zu schützen. Im März 1985 flogen Staatsanwalt Jeffrey Feldman und zwei FBI-Agenten nach Costa Rica, um die Anschuldigungen gegen Hull zu überprüfen. Bei einem Gespräch mit Feldman vermittelten US-Botschafter Lewis Tambs und CIA-Stationschef Castillo »den Eindruck, dass Hull im Interesse der USA gearbeitet hatte«. Jim Nagel, ein Sicherheitsbeamter der US-Botschaft, teilte den FBI-Ermittlern mit, dass Hull für »Behörden mit anderen operativen Erfordernissen« arbeite »und wir uns nicht in die Arbeit dieser Behörden einmischen sollten«. Da Hull »von einigen US-Vertretern geschützt wurde«, verzichtete Feldman auf seine Befragung. Drei Jahre später hatte das US-Justizministerium Hull noch immer nicht angeklagt.[128]

Auch andere Aspekte der Contra-Operation deckten den karibischen Kokainhandel. 1986 zum Beispiel zahlte das US-Außenministerium vier Unternehmen – alle bekanntermaßen im Drogenhandel tätig – auf den Cent genau 806.401,20 Dollar für »humanitäre Hilfe« an die Contra-Kräfte in Zentralamerika, darunter auch der Firma SETCO. In den drei Jahren zuvor war die SETCO von Contras in Honduras angeheuert worden, um sie mit Nachschub aus den USA zu beliefern. Nach einem Bericht der US-Zollbehörden war SETCOs Eigentümer, Juan Ramon Matta Ballesteros, ein honduranischer Kokainhändler der »obersten DEA-Kategorie«. Eine weitere der Vertragsfirmen war das costa-ricanische Unternehmen Frigorificos de Punterennas, Verarbeiter von Meeresfrüchten, dessen Eigentümer Luis Rodriquez 18 Monate nach Beendigung des Auftrags für das US-Außenministerium wegen Drogenhandels angeklagt wurde.[129]

Wie in Laos und Pakistan behinderten die CIA-Operationen in der Karibik den Drogenkampf der DEA und schufen eine strafverfolgungsfreie Zone. Der Konflikt zwischen DEA-Drogenkrieg und CIA-Geheimkrieg tobte besonders heftig in Honduras, dem Stützpunkt der entscheidenden Nordfront gegen die nicaraguanischen Sandinistenregierung. 1981, als Honduras als großer Umschlagplatz für kolumbianisches Kokain in Erscheinung trat, eröffnete die DEA ein neues Büro in der Hauptstadt Tegucigalpa. Während seiner zwei Jahre als DEA-Chefermittler in Honduras fand Tomas Zepeda heraus, dass die herrschenden Militäroffiziere des Landes in den Transithandel mit Kokain verwickelt waren. Kaum überraschend unternahmen sie alles Erdenkliche, um seine Untersuchungen zu behindern. »Es war schwierig, eine Untersuchung durchzuführen und zu erwarten, dass die honduranischen Würdenträger bei Verhaftungen helfen würden, wo es doch sie selbst waren, gegen die wir zu ermitteln versuchten«, erklärte Zepeda vor dem US-Senat. Im Juni 1983 schloss die DEA ihr Büro in Honduras, ohne Zepeda zu konsultieren, und versetzte ihn nach Guatemala, »wo er sich weiterhin zu 70 Prozent seiner Zeit mit dem honduranischen Drogenproblem befasste«. Als Zeuge vor Senator Kerrys Ausschuss sagte Zepeda aus, dass er sich, falls man ihn gefragt hätte, für die Weiterführung der honduranischen DEA-Vertretung ausgesprochen hätte, da er dort »in beträchtlichem Maße nützliche Informationen« hatte sammeln können.[130] Vier Jahre später, als sich der CIA-Geheimkrieg dem Ende zuneigte, war Honduras immer noch ein großer Drogenumschlagplatz, und die DEA sah sich gezwungen, ihr Büro in Tegucigalpa wieder zu öffnen.[131] Warum also hatte die DEA ihre honduranische Vertretung 1983 geschlossen, eben zu jenem Zeitpunkt, als der Kokainstrom in die USA anschwoll? »Das Pentagon«, so antwortete ein DEA-Beamter einem Journalisten auf diese Frage, »machte uns klar, dass wir im Weg standen. Sie hatten Wichtigeres zu tun.«[132]

Tatsächlich hatten die CIA-Operationen erneut eine Schutzzone geschaffen, die vor jeder Untersuchung von außen abgeschottet war. Liest man den Kerry-Bericht genau, erkennt man bei der CIA-Komplizenschaft in Mittelamerika ein Muster von Duldung und Verschleierung, das dem der Situation in Laos zehn Jahre zuvor auffallend ähnelte: Die CIA duldete die Drogengeschäfte ihrer lokalen Aktivposten und verbarg deren kriminelle Aktivitäten, um die eigene Geheimoperation zu schützen.

Überschattet vom Iran-Contra-Skandal gerieten die Vorwürfe des Contra-Drogenhandels fast ein Jahrzehnt lang in Vergessenheit, bis neue Verdachtsmomente eine spektakuläre Debatte entfachten. Im August 1996 veröffentlichte *The San Jose Mercury News* eine Enthüllungsserie, in der die Zeitung eine direkte Verbindung zwischen

Contra-Krieg und Drogendistribution in den USA herzustellen versuchte. In der hitzigen Debatte, die folgte, zog die überregionale Presse die Interpretation dieser Verbindung durch den *Mercury* in Zweifel. Der Herausgeber der Zeitung war zu einer Entschuldigung genötigt. Aber die Serie deckte tatsächlich fragwürdige Beziehungen zwischen CIA, Contras und mehreren kalifornischen Drogendealern auf, auch wenn die Theorie, dass diese Syndikate eine katalytische Rolle bei der Crack-Kokain-Epidemie spielten, umstritten blieb. Vor allem aber erzwang die Kontroverse eine interne Untersuchung des CIA-Generalinspekteurs. Wie kaum anders zu erwarten, bestritt die CIA in ihrem Abschlussbericht die Vorwürfe des *Mercury*, Drogenhändler in Kalifornien beschützt zu haben. Aber überraschenderweise deckte der Generalinspekteur bei seinen Ermittlungen einen weit schwerwiegenderen Fall von CIA-Komplizenschaft mit Drogenhändlern in Mittelamerika auf.

Der ursprünglichen Story des *Mercury*-Reporters Gary Webb zufolge datierte dieses »dunkle Bündnis« auf Anfang der 80er Jahre, als die Contra-Operation gegen die linke Sandinistenregierung in Nicaragua aus Geldmangel ins Stocken geriet. 1981 heuerte die CIA den ehemaligen nicaraguanischen Armeeoberst Enriqué Bermudez an, um die spätere Haupttruppe der Contra-Guerilla zu organisieren, die FDN (Fuerza Democrática de Nicaragua). Bermudez wandte sich dann an zwei exilierte Landsleute in den Vereinigten Staaten, um die magere Unterstützung des Geheimdienstes mit ihren Profiten aus dem Drogenschmuggel in die USA aufzubessern.

In Kalifornien setzte Danilo Blandon, der ehemalige Direktor der landwirtschaftlichen Vermarktungsbehörde Nicaraguas, seine außerordentliche Geschäftstüchtigkeit dafür ein, um für die Contras ein neues Drogenvertriebsnetz aufzubauen. Mit Gespür für das Potenzial des Ghettos von Los Angeles verbündete sich Blandon mit einem damals frisch gebackenen, heute legendären afroamerikanischen Dealer namens »Freeway Rick« Ross, um Tonnen von Kokain in preisgünstiges Crack zu verwandeln und so den für Kokain noch unerschlossenen Markt der armen schwarzen Bevölkerung der Stadt zu erschließen. Mit grenzenlosem Nachschub billigen Kokains aus Mittelamerika unterbot Ross systematisch rivalisierende Dealer und baute ein boomendes Drogengeschäft auf, das sich entlang der kalifornischen Küste und über den Mittleren Westen ausdehnte.

Während des Jahrzehnts seines Betriebs genoss dieses Crack-Vertriebsnetz dem *Mercury* zufolge praktisch Immunität vor Strafverfolgung. Wann immer die DEA, der Zoll, die Sheriffs der Countys von Los Angeles oder der Kongress Ermittlungen aufnahmen, verweigerten CIA und Justizministerium aus Gründen der »nationalen Sicherheit« Informationen. 1986 führten die Sheriffs von Los Angeles Razzien gegen »die ausgefeilte Schmuggel- und Vertriebsoperation« Blandons durch, wie es in ihrem Durchsuchungsbefehl hieß. Aber die Beamten fanden sämtliche Lokale von allen Beweisen gesäubert. Die Polizei war überzeugt, dass ihre Untersuchung »von der CIA unterlaufen worden war«. Ende der 80er Jahre hatte sich das Crack-Vertriebsnetz von den Contras verselbstständigt, weshalb schließlich doch beide Händler wegen Drogenvergehen verhaftet wurden. Freeway Rick trat eine zehnjährige Haftstrafe an, aber das Justizministerium intervenierte alsbald, um den mit den Contras assoziierten Danilo Blandon freizulassen, und arrangierte seine Ausreise nach Mittelamerika.[133]

Kurz, der *Mercury* kam zu dem Schluss, dass nicaraguanische Exilanten, die mit den von der CIA unterstützten Contras verbündet waren, während der 80er Jahre tonnenweise Kokain an Straßengangs in Los Angeles geliefert hatten.[134] Und er erhob den Vorwurf, dass »das von den Contras betriebene Netzwerk den ersten Kanal zwischen den kolumbianischen ... Kartellen und den schwarzen Vierteln von Los Angeles geöffnet hat. ... Man kann unmöglich annehmen, die CIA habe davon nichts gewusst.«[135]

Der hier geäußerte Verdacht löste eine erbitterte Debatte aus. Nur wenige Wochen nach Veröffentlichung der Story überschritten die täglichen Besuche der *Mercury*-Website mit Fotos von Verbrechen und Audiomitschnitten die Millionengrenze. Die Wut der Afroamerikaner wuchs. In Radiosendungen beschuldigten schwarze Anrufer die CIA, ihre Gemeinden bewusst mit Crack zerstört zu haben – was weit über die Anschuldigungen des *Mercury* hinausging. In Washington verlangte die Vereinigung schwarzer Kongressabgeordneter (Congressional Black Caucus) eine Untersuchung.[136] Aber CIA-Direktor John Deutch wehrte sich: Die CIA habe »am Drogenhandel der Contra-Kräfte weder teilgenommen noch diesen billigend in Kauf genommen«. In Los Angeles marschierten, von dieser Erwiderung gänzlich unbeeindruckt, über 2.000 Afroamerikaner durch South Central und verlangten, dass Bundesbeamte für ihre Rolle in der Crack-Epidemie Rede und Antwort stehen müssten. Die demokratische Abgeordnete Maxine Waters, zugleich Vorsitzende des Black Caucus, erhob in einem Schreiben an die Generalbundesanwältin Janet Reno den Vorwurf, dass in ihre Stadt »das Grauen des Crack-Kokains« möglicherweise deshalb Einzug gehalten habe, »weil gewisse Agenten ... der US-Regierung es geschmuggelt, transportiert und an amerikanische Bürger verkauft haben«.[137] Um diese wachsende Empörung zu dämpfen, musste im November CIA-Direktor Deutch auf einer öffentlichen Veranstaltung von 800 wütenden Afroamerikanern in South Central Los Angeles auftreten, wo er eine umfassende Untersuchung der Vorwürfe des *Mercury* versprach – ein bemerkenswertes Ereignis in der außergewöhnlichen Geschichte der CIA.[138]

Die Kontroverse weitete sich aus, als die überregionale Presse für die CIA Partei ergriff. Am 4. Oktober machte die *Washington Post* mit einer eigenen »Untersuchung« auf, wo sie bestritt, dass die Zunahme von Crack in Los Angeles das Werk nur eines Syndikats gewesen sei, und dem *Mercury* vorwarf, seine Enthüllungsgeschichte sei lediglich das Echo zehn Jahre alter Anschuldigungen. Zwei Wochen später folgten die *New York Times* und die *Los Angeles Times* mit ähnlichen Berichten und beschuldigten den *Mercury*, den Rassenzwist anzufachen.[139]

Trotz der Dementis der CIA und der skeptischen Reaktionen der etablierten Presse hatte diese Kontroverse, als sie wieder abflaute, wichtige Erkenntnisse über die Dynamik der CIA-Bündnisse mit Drogenbaronen zutage befördert. In Reaktion auf die vom *Mercury* ausgelöste Empörung beauftragte CIA-Direktor Deutch seinen Generalinspekteur Frederick Hitz mit gründlichen Ermittlungen. Fast 18 Monate lang durchforschten die 17 internen Ermittler der CIA 250.000 Dokumente und führten 365 Gespräche. Resultat ihrer Bemühungen war ein zweibändiger Bericht. Bei der Präsentation des ersten Bandes vor dem Kongress im März 1998 vermeldete Inspekteur Hitz befriedigt, »absolut keine Beweise« gefunden zu haben, »die darauf hinweisen, dass die CIA als Organisation oder ihre Beschäftigten an irgendeiner Konspiration beteiligt waren, um Drogen in die USA zu bringen« – ein Vorwurf, den niemand, auch nicht der *Mercury*, erhoben hatte.[140] Dann aber machte er unverhofft mehrere wichtige Eingeständnisse.[141] »Lassen Sie mich offen sein«, sagte Hitz, »es gibt Fälle, wo die CIA weder prompt noch dauerhaft Beziehungen zu Personen abbrach, die das Contra-Programm unterstützten und mutmaßlich Drogenhandel betrieben, und wo sie auch keine Schritte unternahm, um diese Mutmaßungen auszuräumen.« Hitz offenbarte auch, dass die CIA zu Beginn der Contra-

Operation 1982 eine »Einverständniserklärung« mit dem Generalbundesanwalt William French Smith unterzeichnet hatte. Dieses Memorandum befreite den Geheimdienst von der Pflicht, Drogenhandel von CIA-Kontaktleuten zu melden, also von »Aktivposten, Piloten, die Nachschub an die Contras lieferten, ebenso wie von Contra-Vertretern und anderen«. Obwohl diese Abmachung vier Jahre später teilweise rückgängig gemacht wurde, arbeitete die CIA weiter mit diesen Personen zusammen, ohne deren Drogengeschäften »so prompt« nachzugehen, »wie es hätte sein sollen«. Bemerkenswerterweise blieb dieser Persilschein bis 1995 in Kraft.[142] Mehrere Monate später berichtete die New York Times, der noch unter Verschluss gehaltene zweite Band des CIA-Untersuchungsberichts komme zu dem Ergebnis, dass die CIA mit »etwa zwei Dutzend [rechtsgerichteter] nicaraguanischer Rebellen« zusammengearbeitet hatte, die bekanntermaßen »mit Drogen handelten«.[143]

Im Oktober 1998 veröffentlichte die CIA schließlich auf ihrer Website eine stark zensierte Version des zweiten Hitz-Report-Bandes. Daraus ging hervor, dass die CIA von Anfang an von den Drogengeschäften der Contras gewusst und nichts unternommen hatte, um sie zu beenden. »Im September 1981«, so gab die New York Times diese Version wieder, »als aus ehemaligen Soldaten der Nationalgarde des abgesetzten nicaraguanischen Diktators Anastasio Somoza eine kleine Rebellengruppe gebildet wurde, berichtete ein CIA-Informant, dass die Führung der frisch gegründeten Gruppe beschlossen habe, Drogen in die USA zu schmuggeln, um ihre Operation zu finanzieren.«[144] Trotz der Auflage des Kongresses, alle Drogengeschäfte ihrer Contra-Verbündeten zu melden, räumte die CIA nur einen Fall ein. 1984 brach die CIA zwar die Beziehungen zu einem Contra-Führer ab, der mit dem berüchtigten Kokainhändler Jorge Morales in Verbindung stand, hatte aber »in den Jahren 1986–1987 weiterhin Kontakte zu vier (anderen) Personen, die mit Morales zu tun hatten«. Mit 58 des Kokainhandels verdächtigen Contras hatte die CIA zusammengearbeitet, ohne deren kriminelle Aktivitäten preiszugeben. »In sechs Fällen«, erläuterte der Bericht, »stellten Mutmaßungen oder Informationen, die darauf hinwiesen, dass Organisationen oder Personen in den Drogenhandel verstrickt waren, für die CIA kein Hindernis dar, sich ihrer weiter zu bedienen. In mindestens zwei dieser Fälle ging die CIA solchen Mutmaßungen oder Informationen selbst dann nicht nach, als sie dazu Gelegenheit hatte.«[145]

Mit seinen ausführlichen Zitaten aus geheimen CIA-Memoranden und Gesprächen erlaubt Band 2 des Hitz-Berichts zum ersten Mal einen Einblick in die Bündnisse, die der Geheimdienst während des Kalten Krieges mit Drogenbaronen eingegangen ist, und macht deutlich, wie es der CIA gelang, bei ihren verdeckten Kriegen verfolgungsfreie Zonen zu schaffen, die gegen Ermittlungen von außen geschützt waren. Umso frappierender, dass die überregionalen US-Zeitungen, die noch über die schalen Untersuchungsergebnisse des ersten Bandes auf ihren Titelseiten berichtet hatten, jetzt, beim zweiten Band, durch Desinteresse und Totschweigen glänzten. Denn auf den hinteren Seiten des Berichts – genauer: ab Absatz 913 – wurde es richtig spannend. Da ergründete Hitz die CIA-Beziehungen zum Drogenhändler Alan Hyde: eine überaus aufschlussreiche Fallstudie über den operativen Druck, der zu einem Geheimdienstbündnis mit einem der größten karibischen Kokainschmuggler führte. In 48 kompakten und detaillierten Absätzen zitiert der Generalinspektor aus geheimen Korrespondenzen, vom einfachen Feldagenten bis zum CIA-Direktor, um zu dokumentieren, wie die CIA sich mit einem Drogenbaron zusammentat. Eine wichtige Story, die trotz nomineller Veröffentlichung im Verborgenen blieb.[146]

Wie so häufig bei Geheimoperationen bestimmte auch hier die Geografie die Optionen der CIA. An den Hauptschmuggelwegen zwischen Kolumbien und der US-Golfküste gelegen, eignete sich Alan Hydes Basis auf den Islas de la Bahía direkt vor der honduranischen Küste ideal für den illegalen Kokainimport in die USA und CIA-Waffenlieferungen an die Contra-Stützpunkte entlang der honduranisch-nicaraguanischen Küste.

Schon mehr als drei Jahre, bevor die CIA ihr Bündnis mit Hyde einging, wusste jede in Honduras aktive US-Sicherheitsbehörde – das Verteidigungsministerium, die DEA, der Zoll und natürlich auch die CIA selber – zur Genüge, dass er einer der obersten Drogenhändler war, die kolumbianisches Kokain durch die Karibik in die USA schleusten. In den 80er Jahren hatte Hyde seine Fischereiflotte und seine Fischfabrik auf Roatán, der größten der Buchtinseln, benutzt, um sich zum »›Paten‹ aller kriminellen Aktivitäten auf den Islas de la Bahía« zu entwickeln. 1984 berichtete der Attaché des US-Verteidigungsministeriums in Tegucigalpa, dass Hyde »Geld mit dem Handel ›weißen Goldes‹ macht«, also mit dem Kokainhandel.[147] Zwei Jahre später berichtete die US-Küstenwache, dass eine, so wörtlich, »organisierte kriminelle Organisation«, geführt von Hyde, von den honduranischen Islas de la Bahía aus auf »Fischerbooten mit Ziel Südflorida« Kokain schmuggelte. Über seine eigenen Schiffe hinaus diente Hyde auch als Kapitän des Schiffes »M/V Bobby«, »aus Gefälligkeit für Pablo Escobar, einen großen kolumbianischen Kokainhändler«.[148] Im Juli 1987 erhielt das CIA-Hauptquartier die Mitteilung, dass Hyde »laut honduranischen Militäroffizieren ... seine Fischereiflotte und sein Privatflugzeug ›mindestens fünf Jahre lang zum Transport illegaler Substanzen‹ einsetzte, einschließlich zu dem von Drogen«. Hyde unterhalte gute Kontakte zu »hoch stehenden honduranischen Offiziellen« und schütze sich »durch klugen Einsatz seines Geldes gegen Strafverfolgung«.[149] Im Dezember 1986 teilte die Küstenwache der CIA mit, dass die Reederei Hyde Shipping of Miami Fischerboote in Browsville, Texas, gekauft habe, die nach Cartagena, Kolumbien, in See gestochen seien, »um für den Drogenschmuggel umgerüstet zu werden«.[150] Tatsächlich gab das Directorate of Intelligence der CIA im März 1988 eine Lagebeurteilung mit dem Titel »Honduras: Aufstrebender Spieler im Drogenhandel« heraus, in der zu lesen stand, dass Hyde für zwei Kokainfabriken auf den Islas de la Bahía Chemikalien schmuggelte.[151]

Dennoch arbeitete die CIA mit Hyde zusammen, um von 1987 bis 1989 die Contra-Verbündeten mit Nachschub zu versorgen, also zu einer Zeit, in der sein Ruf als Drogenschmuggler sich bereits hinlänglich verbreitet hatte. Als sie die operativen Vorteile gegen die kompromittierende Verbindung zu einem Drogenschmuggler abwogen, legten sich CIA-Mitarbeiter auf allen Hierarchiestufen eine Rechtfertigungslogik zurecht, die die Zusammenarbeit mit einem berüchtigten Kriminellen als lässliche Sünde erscheinen ließ – ein schlagendes Beispiel auftragsbedingter Kurzsichtigkeit. Anfang Juli 1987 regte ein CIA-Feldagent erstmals an, dass die »Verwendung von Hydes Schiffen zum Nachschubtransport wirtschaftlicher, sicherer und zeitsparender wäre als der Einsatz von Flugzeugen«. Im CIA-Hauptquartier in Langley, Virginia, gab die Einsatzgruppe Zentralamerika zwar *pro forma* zu bedenken, dass Hyde »Beziehungen zu Drogenhändlern haben könnte«; dennoch erhob sie, bis zur Entscheidung auf höherer Ebene, keine Einwände gegen eine breitere logistische Zusammenarbeit.[152] Am 14. Juli teilte das CIA-Hauptquartier den Feldagenten mit: »Es gibt ein sehr reales Risiko, dass Informationen über unsere Beziehung zu der Person, deren Ruf als mutmaßlicher Drogenschmuggler verschiedenen Behörden weithin bekannt ist, in die Öffentlichkeit gelangen – was unser Programm vollständig stoppen könnte.«[153] Zwei Wochen später, am 27. Juli, übermittelte Rechtsanwalt W. George Jameson, damals Berater des CIA-Direktors für Operationen, dem Chef der Arbeitsgruppe Zentralamerika, Alan Fiers, ein Rechtsgutachten. Nach Jamesons Urteil gab es »keine rechtlichen Hindernisse, wie geplant vorzugehen«. Sicherlich, schrieb er, könnte »die Verwendung eines bekannten Drogenschmugglers durch die CIA ... beträchtliche rechtliche und politische Konsequenzen haben«. Dennoch könne am Kontakt vorerst festgehalten werden, so der Rechtsanwalt, da »weder die Firma noch ihr Eigentümer Alan Hyde Ihres Wissens nach unter Anklage stehen oder Gegenstand von Ermittlungen sind und die Mutmaßungen über Drogenhandel nicht bewiesen sind. Darüber hinaus haben Sie keinen eigenen Grund für die Annahme, dass die Beschuldigungen zutreffen.«[154]

Bei genauer Betrachtung ist die Logik dieser hausinternen Rechtsauffassung nahezu absurd. Statt das CIA-Hauptquartier zu größter Zurückhaltung aufzufordern, billigte dieser Rechtsanwalt die Verbindungen zu Drogenhändlern, solange nur die beteiligten Agenten ihre zynische, geflissentliche Unwissenheit gesetzwidriger Taten aufrechterhielten. Um mit einem nützlichen, nicht unter Anklage stehenden Drogenhändler arbeiten zu können, musste das CIA-Hauptquartier lediglich so tun, als wären die Berichte von DEA, Zoll und Verteidigungsministerium »nicht erhärtet«. Was für ein Beweis, könnte man fragen, wäre hart genug, um einen Kontakt auszuschließen? In der zirkulären CIA-Logik à la *Catch 22* gab es natürlich nur einen erhärteten Beweis: eine formelle Anklage.

Entsprechend teilte Alan Fiers, Leiter der Arbeitsgruppe Zentralamerika, am 5. August 1987 seinem Vorgesetzten Clair George, dem CIA-Vizedirektor für Operationen, mit, dass man »keine andere Wahl« habe, »als Hyde aus Gründen ›operativer Notwendigkeit‹ zu benutzen«, obwohl Hyde nicht »attraktiv« sei. George seinerseits diskutierte den Fall Hyde mit CIA-Vizedirektor Robert Gates, dem er erklärte: »Wir müssen ihn einsetzen, aber wir müssen auch herausfinden, wie wir ihn wieder loswerden.« Nachdem Gates der Beziehung auf höchster Geheimdienstebene zugestimmt hatte, autorisierte George in einem Telex vom 8. August 1987 die Verwendung von Hyde, »um logistische Dienste zur Abwicklung eines Projekts zu leisten, wonach alle Kontakte einzustellen sind«.[155] Während der späteren Untersuchung des Generalinspekteurs erinnerte sich Fiers, dass Gates, damals geschäftsführender CIA-Direktor, ihm auch mündlich die Verwendung von Hyde gestattet hatte – »in hoch beschränktem Maß«.[156] Wie so oft war die Heirat leichter als die Scheidung.

In den folgenden beiden Jahren übermittelte das CIA-Hauptquartier seinen Feldagenten »gemischte Signale über die Beziehung zu Hyde«, wie sich einer von ihnen erinnerte. Ein anderer entsann sich, dass es »sehr großen Druck von Fiers und DCI [Director of Central Intelligence William] Casey gab, um ›die Arbeit zu erledigen‹«.[157] Mit widersprüchlichen Direktiven sich selbst überlassen, knüpfte ein CIA-Logistikoffizier enge Bande zu dem Schmuggler und räumte ein, dass er den Vorwürfen gegen Hyde, den er bald als engen Freund betrachtete, »nie Glauben schenkte«. Da Hyde über eine Flotte von 35 Schiffen verfügte, räumte dieser Geheimdienstler ein: »Es wäre möglich gewesen, dass einer von Hydes Angestellten eines seiner Boote für den Schmuggel benutzte.« Ein weiterer CIA-Feldagent, der mit Hyde arbeitete, wies die vielen US-Berichte über dessen Drogenhandel mit einer Logik von der Hand, die typisch für die missionsbedingte Kurzsichtigkeit der CIA ist: »Wenn diese Mutmaßungen wahr wären, hätten ihn doch die DEA und die Küstenwache geschnappt.«[158]

Zwar lösten die wiederholten Berichte über Hydes Drogenhandel im CIA-Hauptquartier vorerst keine Reaktionen aus, aber der Verdacht, er stehle Waffen, die für die Contras bestimmt waren, führte sofort zu einer Untersuchung durch die Nicaragua-Operationsgruppe (NOG) des Geheimdienstes. »Das war eine Frage der Prioritäten«, erinnerte sich der ehemalige Kopf der NOG in Worten, die exemplarisch für die Sichtweise von Geheimdienstlern sind: »Die Frage eines Diebstahls unserer Waffen hatte höhere Priorität als die, ob Hyde Kokain in die USA schmuggelte.«[159] Erst geraume Zeit später veranlassten die fortdauernden Beschuldigungen, Hyde sei am Kokainhandel beteiligt, das CIA-Hauptquartier schließlich, nach einer Alternative zu suchen. Anfang 1989 erreichte die Feldagenten aus Langley, Virginia, die Anweisung, alle Kontakte zu Hyde abzubrechen.

Dessen ungeachtet schützte das CIA-Bündnis Hydes Drogenschmuggel noch weitere vier Jahre lang vor ernsthaften Ermittlungen durch honduranische und amerikanische Behörden. Wenn man den Untersuchungsbericht genau analysiert, dann ergibt sich, dass die CIA einen führenden Kokainschmuggler sechs geschlagene Jahre lang vor Strafverfolgung schützte, von 1987 bis 1993 – dem Höhepunkt der Crack-Kokain-Epidemie in den USA. Als der Geheimdienstausschuss des US-Senats im August 1987 Fragen zum CIA-Bündnis mit Hyde aufwarf, antwortete der Chef der CIA-Arbeitsgruppe Zentralamerika, Alan Fiers, dass »Personen wie Hyde im Contra-Programm Verwendung finden könnten, falls es keine laufenden Ermittlungen wegen irgendwelcher Vergehen oder schwerwiegende Anklageerhebungen« gegen sie gebe.[160] Nimmt man Fiers beim Wort, dann hatten die DEA und die US-Küstenwache trotz aller bereits bekannten Indizien, dass Hyde Kokain in die USA schmuggelte, ihre Untersuchungen eingestellt, nun da dieser mit der CIA zusammenarbeitete. Sechs Monate später ließ ein CIA-Agent dem Hauptquartier die Warnung zukommen, dass die honduranischen Behörden eine Drogenoperation gegen die Islas de la Bahía planten, deren Ziel Hyde sei, »der ›Pate‹ aller kriminellen Aktivitäten – [besonders] Drogenschmuggel – auf den Inseln«, so die CIA selber.[161] Aber der Geheimdienstbericht enthält keine Hinweise auf irgendeine entsprechende Razzia, was die Möglichkeit aufwirft, dass die CIA die Honduraner direkt oder indirekt von der geplanten Operation abbrachte. Und noch im März 1993 legte eine interne CIA-Direktive offen dar, dass es Politik des Geheimdienstes sei, Drogenermittlungen gegen Alan Hyde möglichst »zu unterbinden ..., da ›seine Beziehungen [zur CIA] gut dokumentiert sind und sich in der Phase der Strafverfolgung als Komplikation erweisen könnten‹«.[162]

Die CIA hatte begriffen, wie heikel der Drogenschmuggel ihrer mittelamerikanischen Aktivposten war. Sie erhob daher tatsächlich die einst informelle Praxis, Kriegsgebiete vor Ermittlungen von außen abzuschotten, zur offiziellen Politik. Während die geografische Entfernung es der CIA noch erlaubt hatte, den Drogenhandel ihrer Verbündeten in Laos oder Pakistan einfach zu ignorieren, erforderte die Beteiligung der Contra am Kokainschmuggel in die USA einen offiziellen Freibrief, um den Geheimdienst gegen spätere Anschuldigungen wegen illegaler Handlungen abzuschirmen. In Band 2 seines Berichts dokumentierte CIA-Generalinspekteur Hitz die lang währende Politik des Geheimdienstes, seine verdeckten Aktivposten vor Untersuchungen wegen Drogenschmuggels zu schützen. Kurz, Hitz untermauerte und bestätigte das Muster der CIA-Komplizenschaft im Drogenhandel, das schon bei den Geheimkriegen in Birma, Laos und Afghanistan aus der Außenperspektive sichtbar geworden war, nun auch durch eine interne Untersuchung.

Die Geheimkriege der CIA **647**

Nach dem Kalten Krieg

Mit dem Ende des Kalten Krieges ist weder die bittere Hinterlassenschaft des afghanischen Abenteuers der CIA verschwunden noch haben seither ihre Bündnisse mit Drogenbaronen aufgehört. Im Rückblick wird deutlich, dass der zehnjährige Afghanistankrieg in den 80er Jahren ein empfindliches politisches Gleichgewicht in Zentralasien ausgehebelt hatte, indem er Afghanistan verwüstete, Pakistan destabilisierte und den radikalen Islam mobilisierte. Diese Kräfte, die schon für sich genommen von enormer Sprengkraft waren, fielen mit der Unabhängigkeit der schwachen Sowjetrepubliken Zentralasiens zusammen. Sie haben die Region ins Chaos gestürzt und einen wuchernden Drogenhandel ausgelöst.

Nach dem Kalten Krieg haben sich im zentralasiatischen Drogenhandel dramatische Veränderungen vollzogen. Seit die afghanische Opiumproduktion auf eine Rekordernte von 4.600 Tonnen 1999 kletterte, ist dieses kriegsverwüstete Land zur ersten Opiummonokultur der Geschichte geworden: Seine Anbaufläche, sein Kapital und seine Arbeitskraft fließen seither zu großen Teilen in die Produktion von bis zu 75 Prozent des Weltheroinangebots. Seine wachsenden Heroinexporte finanzierten einen blutigen Bürgerkrieg und entfachten in einer 4.500 Kilometer langen Zone von Zentralasien bis zum Balkan eine Eruption ethnischer Aufstände. In dem Aufruhr der 90er Jahre beschafften sich viele der ethnischen Rebellen, die daran beteiligt waren – in Usbekistan, Tschetschenien, Georgien, der Türkei, dem Kosovo und in Bosnien –, Geld für ihre Bewaffnung, indem sie als Zwischenhändler afghanischen Heroins auf dem Weg nach Westen fungierten.

Während der lateinamerikanische Kokainboom der 80er Jahre eine Reihe von Drogenstaaten geschaffen hatte, hat der zentralasiatische Heroinhandel viele der gerade unabhängig gewordenen Nationen der Region in noch größeres Chaos gestürzt, indem er »Grauzonen« nährte, wo »der Nationalstaat für immer verschwunden ist und die reale Macht von Koalitionen zwischen Guerillas oder Milizen und Drogenhändlern ausgeübt wird«, wie es ein Analyst formulierte. Zentralasien entwickelte sich bis zum Jahr 2000 weitgehend zur Transitzone für afghanische Heroinexporte. Bis 1998 waren zum Beispiel in Kirgisistan vier Millionen Menschen im Drogenhandel beschäftigt. Binnen zweier Jahre exportierte das Land mehr Heroin als Birma. Statt offen gegen die durch den Drogenhandel drohende Instabilität vorzugehen, nutzen zentralasiatische Regierungen wie das Karimow-Regime in Usbekistan den Drogenkrieg als Vorwand repressiver Machtausübung, so wie sich Russland seiner bedient, um verlorenen Einfluss zurückzugewinnen.[163]

Als der Geheimkrieg in Afghanistan zwischen 1989 und 1992 verhallte, versäumte es das westliche Bündnis, sich für eine Friedenslösung einzusetzen oder den Wiederaufbau zu finanzieren. Nachdem Washington zwei Milliarden Dollar in die Zerstörung Afghanistans investiert hatte, weigerte es sich, diplomatische Anstrengungen oder Kapital in den Wiederaufbau zu investieren. Die USA ließen damit ein Land mit 1,5 Millionen Gefallenen, drei Millionen Flüchtlingen, einer verwüsteten Wirtschaft, einer machtlosen Zentralregierung und gut bewaffneten Kriegsherren, die bestens für den Machtkampf gerüstet waren, im Stich. Die internationale Flüchtlings- und Hungerhilfe sank dramatisch von 87 Millionen Dollar 1981, als der Geheimkrieg am heftigsten tobte, auf nur 13 Millionen Dollar im Jahr 2000, obwohl das Land unter einer vernichtenden Dürre litt. In den frühen 90er Jahren zeigte sich US-Sonderbotschafter Peter Tomsen desinteressiert, »in der Geisterstadt, zu der Kabul geworden war, eine staatliche Organisation zustande zu bringen« – ein Versäumnis, das CIA-Veteranen wie Charles Cogan sogar begrüßten, da ein solches US-Engagement zu einer »gefährlichen Überanstrengung der amerikanischen Kräfte« hätte führen können.[164] Ein Jahrzehnt später verurteilte die *New York Times* diese Entscheidung als »katastrophalen Fehler«, aber damals war sie außerhalb des Geheimdienstes kaum jemandem aufgefallen.[165] Aller Mittel beraubt, um mit der Vergangenheit oder gar mit der Zukunft fertig zu werden, stürzten sich die afghanischen Rebellen, gewappnet mit ihren Opiumprofiten, in einen erbarmungslosen Bürgerkrieg, von dem Schockwellen der Instabilität durch ganz Zentralasien ausgingen.

Der Afghanistankrieg der CIA hatte auch in Pakistan eine empfindliche politische Balance zerstört. Während der 80er Jahre verwandelte die Heroinflut Pakistan in einen Drogenstaat: Drogengeld beherrschte die Politik, und Heroinprofite verschafften dem militärischen Geheimdienst ISI eine weitgehende und unkontrollierbare Handlungsautonomie. Die CIA kam 1992 zu dem Schluss, dass der Drogenhandel des Landes »praktisch genauso groß wie die legale Wirtschaft« sei und dass eine Gruppe von hochrangigen ISI-Offizieren mit ihren Heroinprofiten »separatistische Bewegungen in Indien und den Bürgerkrieg in Afghanistan finanziere«.[166]

Nach General Zias Tod 1988 und dem Ende der Militärherrschaft unterhöhlte diese Flut von Drogengeldern das Zwischenspiel der pakistanischen Demokratie. Zwischen 1988 und 1999 kämpften zwei starke Politiker um die Macht: Benazir Bhutto (1988–1990, 1993–1996) und Nawaz Sharif (1990–1993, 1997–1999). Sie griffen die Drogenkorruption an und wurden umgekehrt von ihr korrumpiert. In der Opposition warf jeder dem anderen vor, mit der Drogenmafia gemeinsame Sache zu machen. An der Macht jedoch schützten sie ihre Drogenverbündeten und drangsalierten nur jene, die mit der Opposition im Bunde standen.[167] Bei den Wahlen von 1988 kamen mehrere Drogenhändler auf dem Ticket von Benazir Bhuttos Pakistanischer Volkspartei ins Parlament. Ihrem ersten Kabinett gehörten einige der berüchtigsten Großhändler an, namentlich Malik Waris Khan Afridi, der Minister für Stammesangelegenheiten. Zum Ausgleich ließ die Premierministerin Fazle Haq, den Gouverneur der Nordwestprovinz, verhaften, der wegen seiner dunklen Machenschaften in Verruf geraten war. Nachdem sie im November 1989 knapp ein Misstrauensvotum überstanden hatte, erhob Bhutto den Vorwurf, dass die Stimmen der Opposition mit 195 Millionen Rupien von der Drogenmafia gekauft worden seien. Und in der Tat zeichnete sich die nächste Regierung unter Premierminister Nawaz Sharif (1990–1993) durch noch engere Bande zum Handel aus.[168] Um nur eines der himmelschreiendsten Beispiele zu nennen: Hadschi Ayub Afridi, der Hauptopiumhändler des afghanischen Widerstands, trat aus dem Schatten des Geheimkrieges heraus und eroberte 1990 einen Parlamentssitz, indem er 2.000 Dollar pro Stimme bezahlte. Von seinem sagenhaften 60.000 Quadratmeter großen Palast in Landi Kotal in der Nähe der afghanischen Grenze aus wurde dieser »Khaiber-König« zu einem Machtmakler, der erst Sharif als Premierminister unterstützte, um ihn dann im Bündnis mit Bhutto 1993 wieder aus dem Amt zu treiben. Nachdem sie mit dem Versprechen, die Drogenfürsten anzugreifen, für eine zweite Amtsperiode gewählt worden war (1993–1996), installierte Bhutto 1994 eine aggressive Antidrogeneinheit, ließ den berüchtigten Drogenhändler Mirza Iqbal Baig verhaften und den Heroinkönig Ayub Afridi an die USA ausliefern. Aber nur drei Jahre später stürzte auch ihre Regierung, nachdem bekannt geworden war, dass ihr Ehemann, der als Minister für Wasser und Energie mit im Kabinett saß, Großlieferungen von Heroin nach Großbritannien und in die USA organisierte.[169]

Eine parallele Entwicklung vollzog sich auch beim pakistanischen

Geheimdienst ISI, der sich nach dem Geheimkrieg in Afghanistan sowohl gegen zivile wie militärische Kontrollen sperrte. Reich geworden durch die CIA-Allianz und seinen Anteil am Heroinhandel, ging der ISI aus der Kriegsdekade mit so großer finanzieller Autonomie hervor, dass er im Bündnis mit militanten muslimischen Parteien unabhängige Geheimoperationen in Afghanistan und Kaschmir weiterführen konnte.[170] 1988 kam ein Sonderausschuss unter Vorsitz des pakistanischen Luftwaffenmarschalls zu dem Ergebnis, dass der ISI zu »einer *De-facto*-Regierung« werde. Premierministerin Bhutto entließ daraufhin den mächtigen ISI-Chef Hamid Gul. Als die verdeckten CIA-Mittel 1991/1992 spärlicher flossen, rieten Armeestabschef Aslam Beg und Asad Duranni, der neue Direktor des ISI, Bhuttos Nachfolger Nawaz Sharif in einem persönlichen Gespräch, zum Ausgleich die ISI-Geheimoperationen mit Drogengeld zu finanzieren – eine Unterhaltung, die ziemlichen Wirbel auslöste, als sie in der *Washington Post* veröffentlicht wurde. Als Bhuttos zweite Regierung sich gegen die massive Unterstützung stellte, die der ISI den Taliban gewährte, wurde sie nach eigener Darstellung im November 1996 vom Militär entmachtet. Auch Nawaz Sharif, der ihr abermals nachfolgte, verlor im Oktober 1999 nicht zuletzt deshalb die Macht, weil es dem ISI missfiel, dass er auf Druck Washingtons die Taliban nicht genug unterstützte. Selbst nach den Angriffen auf das World Trade Center im September 2001 hielt der ISI-Chef General Mahmud Ahmed den Taliban die Treue, als er ihnen riet, der amerikanischen Forderung nach Auslieferung Osama Bin Ladens zu widerstehen. Als die USA einige Wochen später mit der Bombardierung Afghanistans begannen, blieb dem Militärmachthaber Prevez Musharraf nichts anders übrig, als General Ahmed zu feuern und die fest verankerte Macht des ISI als »Staat im Staate« zurückzudrängen.[171]

Der Einfluss des Heroins in Pakistan blieb nicht auf die politische Elite Islamabads beschränkt, sondern griff auch auf die Provinzpolitiker über. Im April 1991 zum Beispiel wurde Mohammad Asim Kurd, ein Mitglied der Provinzversammlung von Belutschistan, mit 500 Kilo Heroin in seinem Wagen erwischt. Er entzog sich der Verhaftung, indem er sich in die Provinzbehörde flüchtete. Zwei Jahre später stellte sich heraus, dass sechs Delegierte der Provinzversammlung und drei Provinzminister »direkt in den Handel verwickelt« waren.[172]

Die USA hatten informell den pakistanischen Drogenhandel toleriert, als er ihnen in den 80er Jahren beim CIA-Geheimkrieg in Afghanistan gelegen kam. Dann aber, als Sicherheitsimperative dem Drogenkrieg nicht mehr ins Gehege kamen, übte Washington in den 90er Jahren in Umkehrung dieser Politik Druck auf Islamabad aus, gegen den Rauschgifthandel vorzugehen. Die USA finanzierten 1995 eine Antidrogeneinheit der pakistanischen Armee und unterstützten 1997 die Verabschiedung strenger Betäubungsmittelgesetze, die Islamabad die Mittel zur Reduzierung der eigenen Opiumproduktion an die Hand gaben. Und in der Tat fiel die Ernte von ihrem 800-Tonnen-Spitzenwert 1989 über 100 bis 200 Tonnen jährlich bis auf nur noch zwei Tonnen 1999.[173] Um den Erfolg dieser Bemühungen symbolisch zu demonstrieren, inszenierte Pakistan 1999 eine spektakuläre Verbrennung von 400 Kilo Heroin und Opium in Peschawar. Aber wieder einmal blieb der Drogenhandel davon ziemlich unberührt, denn Afghanistans Opiumproduktion wuchs rasch, um den Ausfall auszugleichen. Die Händler des Afridi-Stammes, die um Peschawar operierten, verlagerten ihre Heroinlabors einfach 100 Kilometer weiter nach Westen um das afghanische Jalalabad herum, wo sie unter dem Schutz der Taliban standen.[174]

Anders als Pakistan blieb Afghanistan ein gesetzloser Staat, und der Mohn wurde zu seiner wichtigsten Feldfrucht. Nachdem die Sowjetarmee sich im Februar 1989 zurückgezogen hatte, konnten sich die paschtunischen Mudschaheddin-Armeen, abgelenkt durch Kämpfe um Beute und Opium, zu keinem entscheidenden Feldzug aufraffen. Mit ihren sporadischen Offensiven bewegten sie sich nur im Kriechtempo auf Kabul zu. Die folgenden beiden Jahre finanzierten beide Supermächte einen Stellvertreterkrieg zwischen dem marxistischen Nadschibullah-Regime in Kabul und den Mudschaheddin-Guerillas im Südosten. Obwohl die Sowjets ihre Truppen abgezogen hatten, sah sich die CIA »in der moralischen Pflicht«, die Mudschaheddin für einen letzten Angriff auf Kabul zu bewaffnen, und erhöhte ihre verdeckte Hilfe 1989 auf 350 Millionen Dollar, obwohl der »dominante fundamentalistische Charakter in der Bewegung ... sich zunehmend gegen die USA zu richten schien«.[175] Während dieser Zeit war der ISI-Chef Generalleutnant Hamid Gul, ein islamischer Fundamentalist, der die militanten Tendenzen unter den paschtunischen Mudschaheddin förderte, *de facto* der Kommandeur dieses Geheimkrieges.[176] Nach Monaten planloser Kämpfe bezwangen im April 1992 rivalisierende Rebellenarmeen – tadschikische und usbekische Kommandeure aus dem Norden sowie Hekmatyars Paschtunen aus dem Süden – das sowjetische Statthalterregime und eroberten Kabul. Fast umgehend brachen

Kämpfe zwischen den Siegern aus, die im September 1992, Januar 1993 und Mai 1993 in einer Serie verheerender Schlachten um die Kontrolle der Hauptstadt gipfelten.[177]

In der ersten Phase des Bürgerkrieges von 1992 bis 1994 traten ruchlose lokale Kriegsherren in Erscheinung, die mit Waffen und Opium um die lokale Macht kämpften. Entschlossen, seine paschtunischen Verbündeten in Kabul zu installieren, unterstützte Islamabad über den ISI seine Protegés mit Waffen und Geld und wurde somit zum Katalysator der blutigen Fraktionskämpfe. Der nominelle Premierminister und ISI-Verbündete Hekmatyar verbrachte zwei Jahre damit, Kabul mit Granaten und Raketen zu beschießen – ein Kampf, der die Stadt in Schutt und Asche legte und 50.000 Todesopfer kostete.[178] Als Hekmatyar die Machtergreifung misslang, unterstützte Pakistan die Bildung einer neuen paschtunischen Kraft, der Taliban. Mit Waffen vom ISI und fanatischen Rekruten aus den militanten pakistanischen Koranschulen begannen die Taliban 1995 von ihrer Basis um die Stadt Kandahar aus einen Feldzug zur Eroberung Kabuls.

Während sich der Bürgerkrieg in die Länge zog, setzten die rivalisierenden Fraktionen ihre Opiumerträge zur Finanzierung ihres Kampfes ein, verwandelten den Opiumhandel und wurden ihrerseits von ihm verwandelt. Satellitengestützte US-Schätzungen und UN-Inspektionen vor Ort lassen den Schluss zu, dass die afghanische Opiumproduktion im Geheimkrieg der 80er Jahre von 250 auf 2.000 Tonnen fast um das Zehnfache gewachsen war und sich nun im Bürgerkrieg der 90er Jahre noch einmal von 2.000 auf 4.600 Tonnen verdoppelte.[179] Durch diese Verzwanzigfachung in den beiden Kriegsdekaden wurde aus der diversifizierten afghanischen Landwirtschaft – Viehhaltung, Obstplantagen und 62 verschiedene Feldfrüchte – die erste Opiummonokultur der Welt und der Drogenhandel zum bestimmenden ökonomischen Faktor. Der Rückzug der Supermächte aus Afghanistan hinterließ ein Chaos, das die rapide Zunahme der Opiumproduktion begünstigte. 1992, als Russland und die USA die Militärhilfe für ihre Stellvertreterarmeen einstellten, hatten die etwa 23 Millionen Afghanen aufgrund eines 14-jährigen Krieges 1,5 Millionen Tote zu beklagen, waren 4,5 Millionen von ihnen Flüchtlinge und war ihr Land mit zehn Millionen Landminen übersät.[180] Ein Drittel der Bevölkerung war entwurzelt, die ländliche Subsistenzwirtschaft war »bewusst zerstört« worden.[181]

An den nördlichen Ausläufern des Einzugsgebiets des Monsuns gelegen, wo die Wolken keinen Regen mehr bringen, ist Afghanistan ein trockenes Land mit einer empfindlichen Ökologie, das sich ohne Hilfe von dieser beispiellosen Verwüstung nicht erholen kann. Die Hochländer außerhalb der bewässerten Gebiete wie dem Helmand-Tal stellen ein fragiles Ökosystem dar, das bereits vor Ausbruch des Krieges 1979 durch die relativ große Bevölkerung gefährdet war. Die hier ansässigen Stämme bauten vor allem Weizen an und betrieben eine nomadische Wandertierhaltung. Jedes Frühjahr zogen sie aus den dicht bevölkerten Ostprovinzen mit ihren Herden Hunderte von Kilometern weit auf die über das zentrale Hochland verstreuten Sommerweiden.[182] Vor allem aber hegten diese Hochlandbewohner Obst- und Nussbäume, die viele Jahre brauchen, bevor sie Früchte tragen, die aber sehr dürrefest sind. In den Hochländern des Hindukusch wie dem Nuristantal im afghanischen Nordosten haben »archaische« Gesellschaften solche Baumkulturen seit alters auch deshalb bevorzugt, weil sie von den jeweiligen Feinden nicht angetastet wurden. Zur traditionellen Kriegführung dieser Region gehörte der Respekt vor dem Grundsatz: »Reichtum und Dauerhaftigkeit einer Gemeinde liegen in den Bäumen.«[183] Auch weiter westlich, auf der Shamali-Ebene um Kabul, dienten Maulbeerbäume, die das Wasser tief aus der Erde ziehen, als »einheimisches Hungerhilfsprogramm« gegen die ständig drohende Trockenheit. Anfang der 70er Jahre kultivierten von den 410 Dörfern dieser Ebene 91 Prozent Weizen und 72 Prozent Maulbeerbäume.[184] Am Vorabend des Krieges hatte sich daran kaum etwas geändert, bloß dienten die Früchte der Obstplantagen nicht mehr nur der Eigenversorgung, sondern wurden auf neuen Straßen nach Pakistan exportiert.[185] Dennoch waren die Lebensumstände dieser Hochländer alles andere als stabil. Ihre Geschichte war geprägt durch »Handel, Karawanen- und Sklavenüberfälle, Eroberungen, Hunger, Tod und ständige Abwanderung in die Tiefebenen«.[186]

In den Kämpfen der 80er Jahre dezimierte die Sowjetarmee mit ihrer modernen Feuerkraft die Herden und verwüstete die Obstgärten, die der traditionellen Kriegführung vergangener Jahrhunderte entgangen wären, und zerstörte damit die Regenerationsfähigkeit dieses fragilen menschlichen Ökosystems. In dem Jahrzehnt des Bürgerkrieges setzten vor allem die Taliban mit ihren »Befriedungsaktionen« die Zerstörungen des sowjetischen Krieges fort und steigerten damit die Abhängigkeit der Menschen vom Opium. 1999 zum Beispiel vernichteten Taliban-Milizen mit einem untrüglichen Gespür für die wirtschaftliche Hauptschlagader ihrer Feinde deren Lebensgrundlage, indem sie in einem Tadschikengebiet in der Shamali-Ebene nördlich von Kabul die Maulbeer- und Walnussbäume fällten.[187]

Als sich diese Verwüstungen in der Nachkriegszeit zu einem gordischen Knoten sozialen, wirtschaftlichen und ökologischen Elends bündelten, wurde Opium zur alexandrinischen Lösung. Schon 1972, sieben Jahre vor Kriegsbeginn, hatte ein Ausschuss des US-Kabinetts berichtet, dass afghanische Bauern pro Hektar Mohn 300 bis 360 Dollar verdienten, das Doppelte des durchschnittlichen Erlöses bei Obstanbau. »Es gibt – außer Haschisch – keine Ersatzfeldfrucht«, berichtete das Weiße Haus, »die auch nur ein annähernd gleiches Einkommen liefern kann.«[188] Trotz des strengen Klimas eignen sich die bewässerten afghanischen Täler besser zum Mohnanbau als die Berge Südostasiens: Sie werfen 30 Kilo Opium pro Hektar ab; zehn Kilo sind es nur in Birma.[189] Da die Bauern nach dem Kalten Krieg der 80er Jahre keine Hilfe zum Wiederaufbau ihrer vernichteten Herden und Obstplantagen bekamen, wandten sie sich dem Schlafmohn zu, einer verlässlichen einjährigen Feldfrucht, deren Ansprüche sie bereits gut kannten. »Ich habe zehn Jahre im Dschihad gekämpft«, sagte ein afghanischer Bauer einem ausländischen Korrespondenten. »1991 bin ich in mein Dorf zurückgekehrt, um die Felder zu bestellen. Ich habe fünf Prozent meines Landes mit diesem Dreck (Opium) bepflanzt. Nun ist meine Familie aus Pakistan zurückgekehrt, und so müssen es in diesem Jahr 25 Prozent sein.« Als das Land nach 1992 in den Bürgerkrieg stürzte und es in Kabul keine anerkannte Regierung gab, die über Auslandshilfe oder Handelsabkommen hätte verhandeln können, steigerten die Bauern stattdessen den Anbau der Feldfrucht, von der sie wussten, dass sie Geld brachte, dass es für sie Märkte gab und dass die Zollstationen kein ernsthaftes Hindernis darstellten. Die UN berichtete Ende 1991, dass die afghanischen Guerillas in Vorwegnahme gestrichener CIA-Unterstützung den Mohnanbau als alternative Finanzierungsquelle bereits stark ausgeweitet hatten.[190] In der östlichen Provinz Nangarhar, einem entscheidenden Schlachtfeld des antisowjetischen Kampfes mit verwüsteten und entvölkerten Dörfern, belebte das Opium innerhalb von fünf Jahren die lokale Wirtschaft neu, warf eine jährliche Ernte von 1.500 Tonnen ab und führte zu zusätzlicher Beschäftigung.[191]

Während das traditionelle Haupterzeugnis Weizen nur 41 Arbeitstage pro Hektar erfordert, sind es beim Opium 350 Tage. Multipliziert man 350 Tage mit den 91.000 Hektar, die 1999 abgeerntet wurden, dann bietet das Opium mehr als einer Million Afghanen – also einem Viertel

Die Geheimkriege der CIA **655**

der potentiellen Arbeitskräfte – 30 Tage Saisonarbeit.[192] In einer Gesellschaft, in der die Arbeitslosenquote Anfang 2000 etwa in der Hauptstadt Kabul bei 70 Prozent lag, bedeuten 25 Prozent der gesamten *verfügbaren* Arbeitskräfte einen weit größeren, wenn auch nicht genau quantifizierbaren Anteil *tatsächlicher* Beschäftigung.[193] Bis 1999 könnte Opium für über die Hälfte der Beschäftigung in Afghanistan gesorgt haben. In dieser verwüsteten Wirtschaft können Opiumhändler darüber hinaus schnell Kapital akkumulieren, um armen Bauern Vorschüsse auf die Ernte zu gewähren – Kredite, die für das Überleben vieler armer Dorfbewohner entscheidend sind. Obwohl die 91.000 Hektar, auf denen 1999 Mohn angepflanzt wurde, nur 1,1 Prozent der kultivierbaren Fläche Afghanistans darstellen, ist die Opiumökonomie so einträglich, dass dieses begrenzte Ackerland einen unverhältnismäßigen Anteil der wesentlichen Ressourcen absorbiert – ein Viertel der verfügbaren Arbeitskraft, einen Großteil des Handelskapitals und einen beträchtlichen Anteil des Wassers.[194]

In einer derart gesetzlosen, isolierten Nation ist Opium dem Weltdrogenbericht der UN zufolge in vielerlei Hinsicht gegenüber konventionellen Feldfrüchten von Vorteil: »Zugang zu Krediten, leichte Lagerfähigkeit, Wertsteigerung, permanente Marktgängigkeit und leichte Transportierbarkeit«.[195] In einem Trockenökosystem mit chronischer Wasserknappheit und periodischen Dürren zeichnet sich Mohn außerdem dadurch aus, dass er nicht einmal halb soviel Wasser verbraucht wie Weizen.[196] Spätere UN-Studien vom Ende der 90er Jahre zeigen, dass 20 Jahre Krieg die Infrastruktur für Erwerbsarbeit außerhalb der Landwirtschaft zerstört haben. Die große Mehrheit der Haushalte ist daher auf eine schwache Landwirtschaft angewiesen, die in vielen Distrikten die Bevölkerung nur fünf bis zehn Monate im Jahr ernähren kann. In dem sozioökonomisch, politisch und rechtlich instabilen Umfeld Nachkriegsafghanistans stellt der Opiumanbau »für eine wachsende Anzahl von Haushalten ... eine Strategie geringen Risikos dar«.[197]

1996, nach vier Jahren Bürgerkrieg zwischen rivalisierenden Widerstandsgruppen, führte der Sieg der Taliban zu einer weiteren Expansion des Mohnanbaus. Nachdem sie im September Kabul eingenommen hatten, trieben die Taliban die usbekischen und tadschikischen Kriegsherren in den Nordosten des Landes, wo diese als Nordallianz nur noch zehn Prozent des afghanischen Territoriums hielten.[198] In den folgenden drei Jahren wütete die Schlacht mit ständig wechselnden Vorteilen um die Shamali-Ebene nördlich von Kabul, bis die Taliban schließlich

1999 den Sieg errangen, indem sie in diesem fruchtbaren, für die Nahrungsmittelproduktion wichtigen Gebiet Obstplantagen und Bewässerungssysteme zerstörten, über 100.000 Menschen zu Flüchtlingen machten und damit die Abhängigkeit des Landes vom Opium noch verstärkten.[199]

Die Taliban machten Opium zu ihrer größten Steuerquelle. Um die 1997 auf 20 bis 25 Millionen Dollar geschätzten Einnahmen zu erhöhen, erhoben sie eine fünf- bis zehnprozentige Naturalsteuer auf alles geerntete Opium (ein Anteil, den sie dann selber an die Heroinlabors verkauften); eine Pauschalsteuer von 70 Dollar pro Kilo von den Heroinherstellern sowie eine Steuer von 250 Dollar auf jedes exportierte Kilo Heroin.[200] Der Chef der Antidrogeneinheit der Taliban in Kandahar, Abdul Rashid, setzte ein strenges Verbot von Haschisch durch, »weil es von Afghanen und Muslimen konsumiert wird«. Opium dagegen sei »erlaubt, weil es von von *kafirn* [Ungläubigen] im Westen und nicht von Afghanen und Muslimen konsumiert wird«. Ein Taliban-Gouverneur, Mohammed Hassan, fügte hinzu: »Drogen sind böse, und wir würden gern den Mohn durch eine andere Frucht ersetzen, aber das ist im Moment nicht möglich, weil wir international nicht anerkannt sind.«[201]

In den ersten Jahren seiner Herrschaft unterbreitete Mullah Omar, der Führer der Taliban, den UN und der USA in periodischen Abständen das Angebot, das Opium auszurotten, falls man seine Regierung diplomatisch anerkennen würde. Schon im November 1996, zwei Monate nach der Einnahme von Kabul, ließ er seinen Außenminister Mullah Mohammed Ghaus an das UN-Drogenkontrollprogramm (UNDCP) eine Note übermitteln, in der er »notwenige Maßnahmen zur Bekämpfung des Handels« anbot – eine Verpflichtung, die eben von diplomatischer Anerkennung abhängig war.[202] Obwohl die Verhandlungen ergebnislos blieben, zerstörten die Taliban im Februar 1999 demonstrativ und vor geladenen Pressevertretern 34 Heroinlabors im Osten der Nangarhar-Provinz. Beobachter berichteten freilich, dass von diesen Razzien nur ein kleiner Teil der insgesamt 200 »Heroinküchen« betroffen war, die in dem Gebiet operierten.[203] Im Mai 1999 gab Kabuls Antidrogenministerium schließlich eine bescheidene Antiopiumkampagne in drei Distrikten Kandahars bekannt. Aber auch hier hatten die Beobachter den Eindruck, dass die tatsächlich vernichteten 325 Hektar nur einen unbedeutenden Verlust in einer Region darstellten, in der auf 5.602 Hektar Mohn angebaut wurde.[204]

Und tatsächlich kam der jährliche UN-Opiumreport zu ganz anderen Ergebnissen. Demzufolge hatte sich die afghanische Opiumproduktion von 2.250 Tonnen 1996 auf 4.600 Tonnen 1999 verdoppelt – was 75 Prozent der illegalen Weltproduktion entsprach. In einigen Gebieten der Provinz Nangarhar, einer Taliban-Bastion, hatten Bauern Nahrungspflanzen herausgerissen beziehungsweise untergepflügt, um Mohn auf über 60 Prozent des kultivierbaren Landes anzubauen.[205]

Aufgrund der frühen Verhandlungsangebote der Taliban hatte die UNDCP unter ihrem neuen Leiter Pino Arlacchi in Kabul immerhin eine Außenstelle einrichten dürfen. Die Feldstudien dieses Büros stellen in ihrer Summe die detaillierteste Untersuchung über den Opiumhandel dar, die je durchgeführt worden ist. Im Wesentlichen geht es darin um ein Verständnis dessen, wie eine derart beschädigte Gesellschaft, die alle institutionellen Mittel eingebüßt hat, die komplexen Voraussetzungen für die Opiumproduktion organisieren kann: Kredite, Arbeitsmarkt und Vermarktung. Interessanterweise wurden diese Studien eben in jenen Jahren durchgeführt, von 1994 bis 1999, als sich in Afghanistan die Opiummonokultur herausbildete. In allgemeiner Hinsicht dokumentierten die UN damit auf Mikroebene das Muster von Anreiz und Ausrottung, das sich zuvor nur auf der Makroebene, im internationalen Handel, offenbart hatte.

Die Studien zeigen nämlich, dass das Opium in Afghanistan eine wirtschaftliche Lücke schloss und mit seinen Netzwerken von Krediten, Arbeit und Handel dem Aufbau einer zerschlagenen Gesellschaft zugute kam. Während in vielen Landesteilen der Bürgerkrieg noch weiter wütete, betrieb die afghanische Gesellschaft diesen Handel weitgehend auf Vertrauensbasis und wickelte Anbau, Transport und Verarbeitung ohne gewaltsame Auseinandersetzungen ab. Da Opium nicht verderblich ist und sein Preis stabil war, bevorzugten es die Bauern gegenüber anderen Früchten, um Kredite zu bekommen und Rücklagen zu bilden. Von 108 befragten Haushalten, die selber Opium anbauten, nahmen 95 Prozent Kredite auf, die meisten unter Verpfändung der künftigen Opiumernte. Auch landlose Opiumbauern, die nur ihren Ernteanteil als Sicherheit anbieten konnten, nahmen im Durchschnitt 709 Dollar oder 53 Prozent ihres jährlichen Haushaltseinkommens als Kredit auf, um sich mit allem Lebensnotwendigen zu versorgen.[206]

Der Mohnanbau mit seinem relativ hohen Arbeitsbedarf löste, weiterhin den Studien zufolge, eine starke Nachfrage nach Wanderarbeitern aus. Das Helmand-Tal, wo die Hälfte des afghanischen Opiums angebaut wird, zog Saisonarbeiter aus fünf umliegenden Provinzen an. Die Arbeiter erhielten ein Fünftel der Ernte beziehungsweise einen Tageslohn von umgerechnet nur 2,50 Dollar – ein guter Indikator der Armut des Landes. Da klimatische und ökologische Unterschiede zwischen den Distrikten unterschiedliche Erntezeiten bedingen, arbeitete die Mehrheit der Pflücker in zwei Distrikten, ein Viertel sogar in drei. Selbst auf diesem flüchtigen Arbeitsmarkt ist Vertrauen anscheinend ein wesentliches Organisationsprinzip. Wenn die Ernte mager aussah, wussten die Arbeiter, dass ihr Anteil geringer ausfallen würde, doch alle betrachteten ihre Abmachung mit dem Landbesitzer als bindend und niemand verließ die Arbeit.[207]

Das UNDCP-Büro fand heraus, dass sich der Großteil des afghanischen Opiumhandels in zwei ganz unterschiedlichen Handelszentren konzentriert: dem Basar von Sangin im Süden und von Ghani Kheyl im Osten. Die 200 Händler des Basars von Sangin inmitten des Helmand-Tales hatten sich auf den Export von Rauchopium nach Westen durch die Wüste in den Iran spezialisiert. Auf dem Basar von Ghani Kheyl in der Provinz Nangarhar, wo ein Viertel der Opiumernte des Landes herkam, waren es 40 Kaufleute, die Morphium und Heroin nach Pakistan exportierten. Der östliche Handel war nicht als Syndikat organisiert, sondern funktionierte durch »vertikale Integration auf der Grundlage der Stammeszugehörigkeit«: Belutschische Stämme zu beiden Seiten der Grenze kontrollierten den Schmuggel, während mehrere Paschtunenstämme sich auf den Anbau und Handel innerhalb Afghanistans konzentrierten. Die Shinwari-Paschtunen im Osten hatten durch ihre Beziehungen zu den Afridi-Paschtunen jenseits der Grenze »praktisch ein Monopol für die Verarbeitung und den Transport von Heroin nach Pakistan entwickelt«.[208]

Die Händler selbst waren, weiter der UNDCP zufolge, in ihren Gemeinden hoch angesehen. Im Süden waren sie gebildete, einflussreiche Landbesitzer, die lokales Prestige genossen (22 der 26 Befragten hatten bereits die Hadsch, die Pilgerreise der Muslime nach Mekka, unternommen). Einige waren versierte Kaufleute mit 25 bis 30 Jahren Berufserfahrung, aber viele auch ehemalige Beamte oder Angehörige akademischer Berufe, die mit Opium handelten, um das Chaos des Bürgerkriegs zu überleben. Überwiegend hatten sie es mit relativ kleinen Mengen zu tun, mit weniger als 100 Kilo im Jahr, aber alle profitierten vom Handel. So hatte einer der Händler sein Kapital zwischen 1994 und 1998 von 270 Dollar auf 9.000 Dollar steigern können. Alle reisten mit Bargeld durch das kriegszerrissene Land, wurden aber nur selten ausgeraubt und wickelten ihrerseits ihre Geschäfte mit den Bauern auf der Basis von Vertrauen ab, indem sie Vorschüsse gewährten, die sie sich nach der Ernte in Opium zurückzahlen ließen. Je weiter sie auf ihren Handelsreisen kamen, desto größer die Erlöse: Für jedes Kilo Opium erhielten sie auf dem örtlichen Basar 82 Dollar, an der Grenze 95 Dollar und in Pakistan 126 Dollar. Aber ihre Gewinnmargen blieben mit 2,5 Prozent bescheiden. Zum Vergleich: Ein Prozent ging an die Bauern, fünf Prozent erzielten lokale Schmuggler, aber 91,5 Prozent die Händler außerhalb Afghanistans.[209]

Kurz, der Mohnanbau sowie auch der illegale Opiumhandel innerhalb Afghanistans vollzogen sich, trotz des Bürgerkrieges, in einer zivilen Kultur. Nur in ihrem Rahmen konnten die komplexen Marktbeziehungen aufrechterhalten werden, um dieses Produkt von den Erzeugern auf die internationalen Märkte zu bringen.

Zentralasiatischer Transithandel

Seit den 90er Jahren speist die stark steigende afghanische Opiumernte einen internationalen Schmuggel, der Zentralasien, Russland und Europa zu einem riesigen illegalen Markt für Waffen, Drogen und Geldwäsche verknüpft: Die Drogen flossen seither aus Afghanistan Richtung Westen nach Europa; Waffen und Geld strömten nach Osten zurück. Auf der 4.500 Kilometer langen Reise nach Europa per Kamel, Lkw, Flugzeug und Schiff überwindet das Rauschgift überraschend problemlos ein Dutzend Grenzen – ein Handel, der gegen Bekämpfungsmaßnahmen fast immun ist. Wo immer dieser unsichtbare Handel Etappe macht, um das Rauschgift zu verarbeiten, zu verpacken oder zu tauschen, verästelt sich das illegale Geschäft rasch und fördert Korruption, Massensucht und HIV-Infektionen. Durch die Alchemie des Kapitalismus sind allenthalben Mafiaorganisationen, bewaffnete ethnische Separatisten und eine Kultur der Kriminalität entstanden.

Die Nordrouten Richtung Russland machen in Kirgisistan Zwischenstation, wo der intravenöse Rauschgiftkonsum eine HIV-Epidemie ausgelöst hat. 32 bis 49 Prozent aller Süchtigen in der kirgisischen Grenzstadt Osch waren bis Oktober 2000 HIV-positiv.[210] Aus den Städten dieses Landes geht es nordöstlich weiter, etwa nach Irkutsk und Wladiwostok in Sibirien, oder nordwestlich Richtung Moskau und Europa.²¹¹ Im April 2000, nur 18 Monate, nachdem der Handel von Afghanistan aus zuerst Zentralrussland erreicht hatte, wurden in Irkutsk 8.500 Heroinsüchtige und 5.000 neue HIV-Fälle registriert – wobei offizielle Vertreter fürchten, dass die tatsächlichen Zahlen zehnmal so hoch liegen. Seit Ende 1998 übernehmen tschetschenische, tadschikische und aserbaidschanische Aseri-Banden in Wladiwostok einen Rauschgifthandel, der die Stadt rasch mit Kleinkriminalität überzogen und illegale Ein- wie Ausfuhren von Fisch, Holz und gestohlenen Autos mit Japan und Korea entfacht hat. In der ersten Jahreshälfte 1999 stieg der Heroinkonsum in ganz Russland um das Viereinhalbfache gegenüber dem Vorjahr an.²¹² Innerhalb eines Jahres hatte sich die offizielle Anzahl von HIV-Fällen in Russland auf 58.000 verdreifacht.²¹³ Bei der Veröffentlichung des jährlichen AIDS-Berichts der UN im November 2001 hob Peter Piot, der Direktor des AIDS-Programms, die HIV-»Explosion« von Osteuropa bis Zentralasien mit 250.000 neuen Infektionen hervor, verursacht weitgehend durch verunreinigte Injektionsspritzen; mehr als eine Million Infizierte waren es in diesem Jahr bereits insgesamt.²¹⁴

Über diese großen Entfernungen mit ihren teils schlechten Verbindungswegen hinweg bilden *Ad-hoc*-Allianzen innerhalb und zwischen ethnischen Minderheiten in der Diaspora die entscheidenden kriminellen Verbindungen: Kosovaren verbanden Genf mit Mazedonien; Türken Berlin mit Kasachstan; Aserbaidschaner Sumgaït mit Kirgisistan und Tschetschenen Baku mit Kasachstan. In den Städten, die seither als Handelsplätze dieses Geschäfts dienen – Osch, Taschkent, Samarkand, Baku, Tiflis, Skopje, Priština und Tirana –, haben die außerordentlichen Profite aus Rauschgift und Waffen zur Entstehung von Mafiabanden, kriminellen Minderheitengruppen, Stammeskriegsherren und Rebellenarmeen geführt. Unter diesen vielen ethnischen Syndikaten kontrollieren Georgier, Aseri und Tschetschenen den Drogenvertrieb in Russland, während Türken das Raffinieren afghanischen Opiums zu Heroin für den Verkauf in Europa beherrschen.²¹⁵

In den Grandhotels Zentralasiens, des Kaukasus und des Balkans waren Mafiosi und Narko-Nationalisten in den 90er Jahren eine charakteristische Erscheinung – muskulöse Männer in Designer-Anzügen, mit großkalibrigen Waffen und gestohlenen Mercedeslimousinen. Durchsetzt waren diese ethnischen Syndikate, wenigstens nach Auffassung des britischen Premierministers Tony Blair und des saudischen Kronprinzen Abdullah, von Osama Bin Ladens islamistisch-terroris-

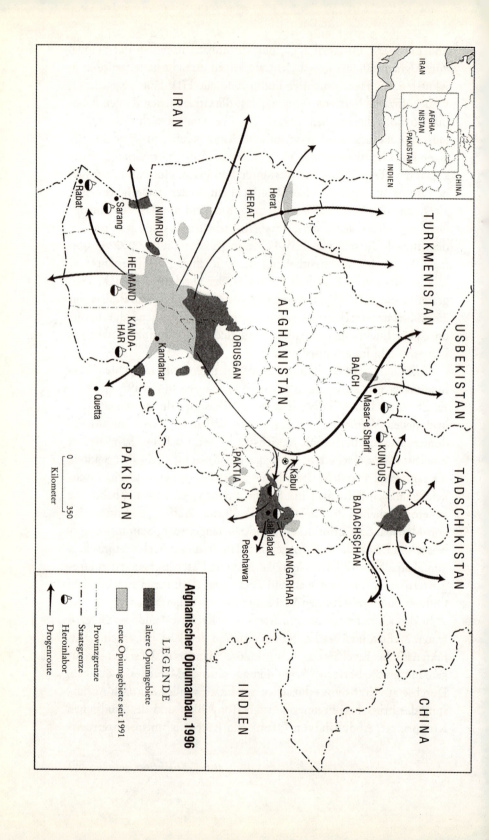

tischem Netzwerk Al Qaida, das von Afghanistan bis Bosnien am Drogenhandel beteiligt war.[216] Die jungen zentralasiatischen Staaten aus der Konkursmasse der UdSSR, ohne etablierten Staatsapparat und ohne zivilgesellschaftliche Traditionen, zudem angeschlagen durch die postkommunistische Wirtschaftskrise, wurden seither von diesen neuen Rauschgiftmafias mit ihrer überlegenen Feuerkraft, ihrem Reichtum und politischen Einfluss weiter geschwächt.

1998 schätzten die UN, dass 42 Prozent des afghanischen Opiums auf die europäischen Märkte und der Rest, 58 Prozent, an die Süchtigen der Region gingen: drei Millionen im Iran, weitere zwei Millionen in Pakistan und kleinere Anteile in Tadschikistan, Kirgisistan und Kasachstan.[217] Zwischen 1990 und 1997 kletterte die Menge beschlagnahmten Opiums an der iranischen Grenze zu Afghanistan von 21 auf 162 Tonnen, was Teheran 1998 zwang, seine Grenze zu schließen. Die Folge waren brutale Schusswechsel mit Schmugglern und über 16 Tonnen beschlagnahmten Heroins und Morphinbase.[218] In den vergangenen 20 Jahren wurden etwa 2.700 iranische Polizisten in Zusammenstößen mit Drogenschmugglern getötet, meist an der afghanischen Grenze.[219] Allein im Jahr 2000 kamen 142 von ihnen in 1.532 bewaffneten Konfrontationen ums Leben. Aber der Schmuggel durch »wilde und rebellische« Belutschenstämme, die sich frei über die Wüstengrenze in den Südiran bewegen, lässt sich nicht stoppen.[220] Laut UN stellten die vom Iran im Jahr 2000 beschlagnahmten 254 Tonnen Drogen fast 90 Prozent der weltweit konfiszierten Menge dar. Angefacht von diesem nicht auszutrocknenden Strom stieg 2001 die Anzahl der Süchtigen im Iran über die offizielle Ziffer von 1,2 Millionen hinaus auf geschätzte 3,3 Millionen.[221]

40 Prozent der afghanischen Ernte gehen auf eine verwickelte Reise nach Westen. Einer der Hauptströme beginnt nördlich von Jalalabad und Kabul, von wo aus täglich etwa 200 Lkw in den wüsten, an Tadschikistan angrenzenden Nordosten des Landes fahren. Bis 1996 waren Heroinlabors unter Kontrolle der Nordallianz entlang der Nordgrenze in Badachschan und in den Provinzen Balkh und Faryab unter dem usbekischen Kriegsherrn General Abdul Rashid Dostum eingerichtet worden.[222] In der Grenzprovinz Kundus betrieb die fundamentalistische Hezb-i-Islami-Gruppe unter Guldbuddin Hekmatyar ebenfalls mehrere Heroinlabors, bis die Taliban das Gebiet im Mai 1997 eroberten und ihn zwangen, sie nach Badachschan zu verlegen.[223]

In diesen nördlichen Grenzgebieten koordinierte der junge muslimische Kriegsherr Dschuma Namangani, gestützt von Osama Bin Laden, ein locker verbundenes Händlersyndikat, das sich über ganz Zentralasien erstreckte. Es flog Opium von den Feldern Nangarhars in Ostafghanistan zu Labors in der nördlichen Stadt Kundus, betrieb Heroinlabors in Tadschikistan und bildete mit seinen militanten Mitgliedern ein Kuriernetzwerk in der ganzen Region bis nach Tschetschenien im Kaukasus.[224] Am Ende des tadschikischen Bürgerkrieges 1997 hatte dieser militant islamistische Usbeke entwurzelte Kämpfer in seiner Islamischen Bewegung Usbekistan versammelt und kontrollierte mit ihnen die Drogenrouten durch Tadschikistan. Bis 2000 brachte diese Islamistenbewegung schätzungsweise 70 Prozent des Drogentransits durch Tadschikistan nach Kirgisistan in ihre Hand.[225] Nach der afghanischen Rekordernte von 1999 weitete die Bewegung mithilfe von Drogengeldern ihre Guerillaoperationen nach Usbekistan und Kirgisistan aus – ein Versuch, der angeblich mit dem Tod des Anführers Namangani während der US-Angriffe auf Afghanistan im November 2001 endete.[226]

Durch die Ebenen und über die Pässe Nordostafghanistans entsandten etliche Rebellenkommandeure schwer bewaffnete Karawanen über die Grenze nach Tadschikistan, der ersten Etappe auf dem Weg nach Zentralasien, Russland und Europa. In ihrem vergeblichen Bemühen, sich dieser Flut entgegenzustemmen, bestritt im Jahr 2000 die tadschikische Grenzpolizei 96 Gefechte mit Schmugglern, wobei sie zwölf Mann verlor, aber auch drei Tonnen Opium und Heroin beschlagnahmte.[227] Der tadschikische Bürgerkrieg von 1992 bis 1997 kam der Rolle des Landes als Transitgebiet für afghanisches Heroin zugute. Örtliche Kriegsherren schmuggelten Rauschgift, um Waffen zu kaufen, und hielten ihre Drogenverbindungen auch dann noch aufrecht, als sie aufgrund des Friedensabkommens mit in der Regierung saßen. Bis 1997 generierte der Drogentransithandel nach einer Schätzung der UN ein Drittel des tadschikischen Bruttosozialprodukts.[228]

In diesem riesigen Gebiet Eurasiens – das sich 750 Kilometer von Nord nach Süd und 4.500 Kilometer von West nach Ost erstreckt – zeichnet sich ein wiederkehrendes Muster immer neuer Schmuggelwege ab, wobei sich zwischen Zentralasien und dem Balkan drei verschiedene Zonen unterscheiden lassen.

Zone 1: Von den afghanischen Labors aus gehen die Morphium- und Heroinlieferungen Richtung Westen durch den Iran, Richtung Nordwesten durch Turkmenistan oder Tadschikistan bis nach Osch und

Bischkek in Kirgisistan. Sie überqueren dabei nicht zu verteidigende, widersinnige Grenzen, die das Erbe einer stalinistischen Strategie zur Verhinderung ethnischer Abspaltungen sind. Von dort aus erfolge der Weitertransport nach Westen im Allgemeinen entweder per Flugzeug nach Moskau oder über Land durch Turkmenistan, Usbekistan und Kasachstan. Beschlagnahmungen vermitteln eine Ahnung vom Ausmaß dieses Handels: Im September 1997 konfiszierten turkmenische Beamte 502 Kilo Heroin in einem mit Reis beladenen Lastwagen auf dem Weg vom afghanischen Kandahar ins westlich gelegene Baku, Aserbaidschan; im November fingen sie 1,2 Tonnen Heroin in einem Lkw ab, der auf dem Weg nach Gaziantep, Türkei, war; dann, in den ersten sieben Monaten 1998, beschlagnahmten sie 41 Tonnen Essigsäureanhydrid, eine zur Heroinproduktion erforderliche Chemikalie, aus iranischen Lastern, die in Richtung Afghanistan unterwegs waren.[229]

Zone 2: Jenseits des Kaspischen Meers verschmelzen diese diffusen Westrouten im Kaukasus mit seiner explosiven Mischung aus umstrittenen Grenzen, ethnischen Aufständen, lokalen Mafias und kriminellen Clans. Hier hat ein buntes Aufgebot von bewaffneten Gruppen, die gegen Strafverfolgung nahezu immun sind, die Morphiumverarbeitung übernommen und schmuggelt das fertige Heroin weiter: die Kurdische Arbeiterpartei (PKK) in Aserbaidschan; die lokalen aserbaidschanischen Mafiaclans in Baku, Sumgaït und Nachitschewan; mit der nationalistischen Dachnak-Partei verbündete armenische Syndikate; die Grauen Wölfe der Aseri; ossetische und abchasische Seperatisten in Georgien sowie tschetschenische Nationalisten im Norden.

Ob nun direkt durch den Iran oder indirekter durch Turkmenistan und den Kaukasus – Heroin und Morphinbase aus Afghanistan passieren danach die Türkei. Im April 2002 beschlagnahmten türkische Polizisten eine Lieferung von 7,5 Tonnen Morphinbase aus Afghanistan, ein Rekordfang, der wiederum den gewaltigen Umfang der afghanischen Exporte und der türkischen Heroinindustrie belegt.[230] Durch die Türkei zirkulieren Chemikalien aus Europa gen Osten und Morphium aus Afghanistan gen Westen – eine Reprise der Rolle dieses Landes als Schnittpunkt der Kulturen.

Zone 3: Nachdem das Rauschgift die Türkei passiert hat, gelangt es, nunmehr fast ausschließlich in Form von Heroin, über das Schwarze Meer oder durch dessen Anrainerstaaten in den Balkan, wo rivalisierende ethnische Milizen – Serben, Kroaten, Bosnier, Kosovaren – in den 90er Jahren mit Drogenprofiten Waffen kauften und ihre Kämpfer bezahlten. Seit die Türkei Hauptverarbeitungsort afghanischen Opiums für den Export nach Europa geworden ist, hat der Schmuggel über die so genannte Balkanroute sprunghaft zugenommen. Während der 80er Jahre etablierten ein neues italienisches Syndikat, La Sacra Corona Unita, und aufstrebende albanische Verbrechergruppen über die Adria eine Südroute zwischen der Türkei und Europa. Nach der Abschaffung des albanischen Geheimdienstes Sigurimi im Juli 1991 benutzten mehrere Tausend Ex-Agenten die adriatischen Hafenstädte Vlorë und Durrës auf dieser Route als Freihäfen für den Schmuggel von Waffen, Rauschgift, Prostituierten und gestohlenen Autos. Die stetige albanische Migration nach Europa intensivierte sich zwischen 1992 und 1995, als 350.000 Flüchtlinge aus dem Kosovo flohen und eine kriminelle Diaspora schufen, die binnen kurzem den Heroinhandel in der Schweiz und Deutschland beherrschte. Ein kosovarisches Netzwerk in Skopje, Priština und Tirana schmuggelte Heroin über die Adria. In Westeuropa erwarben albanische Exilanten mit ihren Drogenprofiten tschechische und Schweizer Waffen, die sie dann für die separatistische Kosovo-Befreiungsarmee (UÇK) in den Kosovo schmuggelten. 1997/98 kam es dort, begünstigt also durch die Drogensyndikate, zum Aufstand gegen Belgrads Truppen.[231]

Die nördliche Balkanroute von der Türkei nach Mitteleuropa verläuft über Belgrad, wodurch sich die serbische Hauptstadt zugleich in eine Hauptstadt des Verbrechens verwandelt hat, in der sogar kosovarische Schmuggler wie der berüchtige Drogenhändler Dobroshi bis zu seiner Verhaftung im März 1999 Waffen ausgerechnet für die antiserbische UÇK kaufen konnten.[232] Auch der noch berüchtigtere Arkan (Zeljko Raznatovic), einer von mehreren Drogennationalisten unter dem Patronat des serbischen Geheimdienstes, operierte von Belgrad und den serbischen Satellitenstaaten aus. Seine durch Rauschgift, Schmuggel und Falschgeld alimentierte Bande terrorisierte ab Mitte der 90er Jahre den Kosovo und brachte rivalisierende kosovarische Drogenhändler um.[233]

Auch nach dem Ende des Kosovo-Konflikts durch das Abkommen von Kumanovo 1999 duldete die UN-Verwaltung der Provinz, der es vorrangig um den Ausgleich zwischen den Volksgruppen ging, stillschweigend den blühenden Heroinhandel aus der Türkei auf der Nordroute.[234] Die ehemaligen Kommandeure der UÇK, gleichzeitig Köpfe lokaler Clans und aufstrebende Nationalistenführer, beherrschten weiterhin den Transithandel über den Balkan und kämpften mit der serbischen Polizei um die Vorherrschaft über strategische Schmuggelkorridore. Der militanteste dieser lokalen Kommandeure, Muhamed Xhemajli, soll ein großer Drogendealer in der Schweiz gewesen sein, bevor er sich 1998 der UÇK anschloss.[235] Im Mai 2001 beschlagnahmten italienische Friedenshüter der KFOR in der Nähe der Grenze zwischen dem Kosovo und Kernjugoslawien eine Lkw-Ladung schwerer Waffen, darunter 52 Raketenwerfer und fünf Boden-Luft-Raketen vom Typ SAM-7, die für albanische Guerillas innerhalb Südserbiens bestimmt waren. Laut kroatischer Polizei hatten albanische Syndikate vermutlich kroatischen Kriminellen, viele davon ehemalige Armeeoffiziere, im Tausch für diese Waffen Heroin geliefert.[236]

Krieg gegen die Taliban

Dieser gesamte Handel durch Zentralasien hing und hängt, wie dargestellt, von der riesigen Opiumproduktion im politisch unruhigen Afghanistan ab. Im Juli 2000 befahl der Talibanführer Mullah Omar plötzlich und unverhofft ein Verbot des Mohnanbaus, um seinem Regime internationale Annerkennung zu verschaffen. Aufgrund einer lang anhaltenden Trockenheit war die jüngste Ernte, nach den 4.600 Tonnen des Rekordjahres 1999, bereits auf 3.276 Tonnen gefallen. Aber die afghanischen Bauern hatten bis zu 60 Prozent ihrer Ernte gehortet, daher saß das Land immer noch auf riesigen Lagerbeständen und konnte die Ausfälle abfangen.[237] Direkt nach dem Verbot schoss der Preis für ein Kilo Opium von 110 auf 500 Dollar nach oben – was den Taliban, wie das US-Außenministerium bemerkte, die Möglichkeit gab, große Profite einzustreichen, »indem sie Opiumlagerbestände zu höheren Preisen auf den Markt warfen, als sie sonst zu erzielen gewesen wären«.[238]

Nur drei Monate nach dem Opiumverbot entsandten die Taliban in einem weiteren Versuch, sich für ihre unerwartete Prohibition internationale Anerkennung einzuhandeln, eine Delegation ins UN-Hauptquartier in New York. Dort bezichtigte der Vizeaußenminister Abdur Rahman Zahid die Nordallianz, eine »Bande von Verbrechern« zu sein, die den Heroinhandel des Landes kontrolliere.[239] Aber die UN konnten die Menschenrechtsverletzungen des Regimes nicht einfach ignorieren und ließen weiterhin die Nordallianz als Vertreter Afghanistans gelten. Einige Monate später drückte der außenpolitische Sprecher der Taliban,

Faiz Ahmed Faiz, die tiefe Enttäuschung über die kühle UN-Reaktion auf das »heroische« Drogenverbot aus: »Diese Reaktion auf unsere gewaltige Leistung haben wir nicht erwartet. Man hat uns mit immer weiteren Sanktionen belegt.« Tatsächlich verhängte der UN-Sicherheitsrat auf Druck der USA im Dezember weitere Sanktionen gegen das Regime, weil es Osama Bin Laden Unterschlupf gewährte.[240] Zugleich jedoch belohnten die USA die Taliban für ihr Opiumverbot mit 43 Millionen Dollar humanitärer Hilfe. Als US-Außenminister Colin Powell diese Hilfe im Mai 2001 bekannt gab, bezog er sich auf »das Verbot des Mohnanbaus, eine Entscheidung, die wir begrüßen«. Aber er drängte die Taliban, »in einer Reihe von grundlegenden Fragen zu handeln, die uns trennen: ihre Unterstützung für den Terrorismus; ihre Verletzung international anerkannter Menschenrechtsstandards, besonders die Behandlung von Frauen und Mädchen«.[241]

Anfänglich waren die UN und die USA skeptisch, aber Beobachtungen vor Ort zeigten, dass die Taliban mit der für sie charakteristischen Erbarmungslosigkeit tatsächlich einen brutal effektiven Mohnbann durchsetzten.[242] Die CIA ging für das Jahr 2001 von lediglich 81 Tonnen Opium aus[243], was die UNDCP später auf immer noch bescheidene 185 Tonnen korrigierte – ein Minderertrag von sage und schreibe 94 Prozent. In der Provinz Badachschan hingegen, einer Bastion der oppositionellen Nordallianz, stieg im selben Jahr die Mohnernte von 40 auf 150 Tonnen.[244]

»Die Schattenseite des Verbots ist, dass es ihr Land ... in den wirtschaftlichen Ruin stürzt«, meinte Steven Casteel, Chef der DEA-Aufklärungsabteilung, und fügte hinzu, dass der von den Taliban erzwungene Wechsel zu Nahrungsfrüchten ohne jegliche Übergangshilfe eine ernste Not auslösen würde.[245] Im März 2001 klagte ein Bauer namens Rashid in Ostafghanistan vor Reportern: »All die jungen Leute sind nach Pakistan gegangen. 90 Prozent hier in diesem Gebiet hatten Mohn angebaut. Wie viel Geld kann man mit Weizen machen?«[246] Ein anderer Bauer, Zulman Khan, befürchtete, dass der Wechsel von Opium zu Weizen sein jährliches Einkommen von 10.000 auf 400 Dollar schmälern werde.[247] Dorfbewohner äußerten sich bissig über die Motive der Taliban und hegten den Verdacht, dass dem Regime nahe stehende arabische und afghanische Händler Riesenprofite machen würden, indem sie überschüssige Lagerbestände zu aufgeblähten Preisen verkauften.[248]

Mit ihrem Opiumbann zerstörten die Taliban die einzige Großindustrie des Landes. Das grenzte an wirtschaftlichen Selbstmord, der eine bereits geschwächte Gesellschaft an den Rand des völligen Zusammenbruchs brachte. Zwei Jahre später, im Mai 2001, stellte die UNDCP fest, dass das »Verbot bei schätzungsweise 3,3 Millionen Menschen zu gravierenden Einkommenseinbußen geführt hat«, also bei etwa 15 Prozent der Bevölkerung, darunter 80.000 Bauern, 480.000 Wanderarbeiter und ihre nach Millionen zählenden Familienangehörigen.[249]

Als im Oktober 2001 die USA das Land mit ihren Luftangriffen überfielen, brach das Talibanregime so plötzlich und unerwartet zusammen, dass Regierungsvertreter und Kommentatoren dafür nur schwer eine Erklärung fanden.[250] Obwohl die Bombardierungen gewaltigen psychischen und physischen Schaden anrichteten, spielten sie vermutlich eine katalytische, keine ursächliche Rolle: Sie beschleunigten einen bereits im Gang befindlichen Kollaps, der vermutlich über kurz oder lang die Taliban auch ohne fremde Intervention die Macht gekostet hätte. Denn die Taliban hatten die Wirtschaft derart geschwächt, dass ihre Theokratie zu einer leeren Hülse militärischer Gewalt geworden war, die mit den ersten amerikanischen Bomben zerplatzte.

Mit dem Ausbruch des Krieges endete das Opiumverbot der Taliban. Schon zu Beginn der Herbstaussaat Anfang September hatten sie den Bann in einer Bekanntmachung ihres Rundfunksenders Radio Shariat zurückgenommen, und fast umgehend fingen die Bauern in den Provinzen Nangarhar und Kandahar damit an, ihre Mohnfelder zu bestellen. Nur Wochen nach Beginn der US-Militäroperationen warfen Händler ihre Lagerbestände auf den Markt, was die Opiumpreise um 500 Prozent stürzen ließ und jegliche Lücken im globalen Angebot füllte. »Alle Zutaten für den illegalen Anbau sind da«, sagte Bernard Frahi, der Vertreter der UNDCP in Islamabad: »Krieg, andauernde Armut und der Zusammenbruch von Recht und Gesetz. Wir erlebten eine gewaltige Wiederaufnahme des Anbaus.«[251] Im November, kurz nach der Niederlage der Taliban, berichtete Shamshul Haq, ein Drogenbeamter der neuen Interimsregierung, der für die drei Ostprovinzen um Jalalabad zuständig war, von einer Explosion des Mohnanbaus in Nangarhar. »Wenn uns die Weltgemeinschaft nicht sehr unterstützt«, sagte er, »dann bauen sie es nicht nur auf ihren Feldern, sondern auch auf den Dächer und in ihren Blumenkübeln an.«[252] Auf seiner Reise durch die trostlosen, verwüsteten Dörfer von Nangarhar fand ein Reporter der *New York Times* ruinierte Obstplantagen, von Minen verkrüppelte Bauern und sprießende Mohnfelder vor. »Ich weiß, dass Opium für alle Gift ist«, sagte ihm Timur Shah, ein 27-jähriger Bauer im Dorf Nangra in der Nähe des Opiumbasars von Ghani Kheyl. »Aber wollen Sie mir wirklich sagen, dass ich es nicht anbauen soll? Wir werden sonst aus Brot- und Nahrungsmangel sterben.«[253] Ende November waren die großen Opiumbasare des Landes wieder im Geschäft. In Ghani Kheyl verkaufte ein Drittel der 300 Markthändler Lagerbestände aus der Zeit des Opiumverbots der Taliban, und die etwa 200 Kaufleute in Sangin in Helmand boten ihr Opium vor allem iranischen Schmugglern an, die in ihren vierradgetriebenen Fahrzeugen durch die Wüste davonrasten.[254]

Nach dem Zusammenbruch der Taliban machte sich eine neue Drachenbrut von Kriegsherren über das Land her, die mit ihrem Drogengeld Kämpfer bewaffneten, um das Land zu erobern. Mit der zuerst in Laos in den 60er Jahren entwickelten Geheimkriegsstrategie beteiligten sich die USA an diesem Krieg mit massiven Luftschlägen, CIA-Finanzhilfe und Spezialtruppen als Berater afghanischer Kriegsherren. Sie gaben Waffen und Geld, um die von den Taliban lange ins Abseits gestellten lokalen Kommandeure zu stärken. Am 26. September, nur zwei Wochen nach dem Angriff auf die Twin Towers, flog ein hochrangiger Vertreter des CIA-Direktoriums für Operationen mit dem Hubschrauber in das Pandschirtal nördlich von Kabul ein. Bei sich trug er einen Koffer mit drei Millionen Dollar in gebrauchten 100-Dollar-Scheinen, die erste Rate von zehn Millionen Dollar an die Kriegsherren der Nordallianz. Als der Helikopter in diesem staubigen Tal niederging, bereiteten dem altgedienten Agenten persönliche Verbindungsleute aus dem Oberkommando der Allianz ein warmherziges Willkommen, ein Empfang, der sich den laufenden Unterhaltszahlungen der CIA von mehreren Millionen Dollar im Jahr verdankte. Jahrelang hatte der schlechte Ruf der Allianz als Menschenrechtsverletzer und Drogenhändler nur eine distanzierte Beziehung erlaubt, aber nun bot die CIA den gnadenlosen Kriegsherren sowohl im Norden als auch im paschtunischen Südosten Waffen, Bargeld und Luftunterstützung. Als das Geld floss und die lokalen Kommandeure auf die US-Seite wechselten, witzelte das Bush-Kabinett, dass man »einen Afghanen nicht kaufen, dafür aber mieten« könne – ein Anspielung auf die Art, wie »die Kriegsherren dem Geld und dem Sieg nachliefen«. In ganz Afghanistan tauchten plötzlich wieder brutale Kommandeure auf, die fast nach Gutdünken Lebensmittellieferungen kaperten und Drogen schmuggelten. Als die Kräfte der Taliban kopflos auf der Flucht waren, hatte die CIA 70 Millionen Dollar »direkter Bargeldzahlungen auf afghanischem Boden« geleistet – Auslagen, die Präsident Bush eines der »besten Geschäfte« der Geschichte nannte. Aber dieses Schnäppchen forderte einen hohen menschlichen Tribut. Das politische Vakuum nach den Taliban füllten ebenso »korrupte und brutale« Kriegsherren, die im ganzen Land Städte und Provinzen besetzten und ideale Bedingungen für die Wiederaufnahme des Heroinhandels geschaffen haben.[255]

Im Nordosten stärkte die Niederlage der Taliban die Autorität der Nordallianz-Kommandeure, die lange den Drogenhandel nach Tadschikistan dominiert hatten. An der Grenze nahe Usbekistan zum Beispiel kam mithilfe der CIA wieder der grausame usbekische Kriegsherr General Abdul Rashid Dostum an die Macht, der die Paschtunen aus dem Norden vertrieb.[256] Im paschtunisch beherrschten Südosten rissen ehemalige Kriegsherren, die lange im Heroinhandel tätig gewesen waren, von neuem die Macht an sich. Unter der frisch eingesetzten ostafghanischen Shura (Rat) zum Beispiel rüstete der paschtunische Kriegsherr Hasarat Ali mit seinen Opiumgewinnen 6.000 Milizsoldaten aus, um sich zum Sicherheitsminister in der Hauptstadt von Nangarhar, Jalalabad, aufzuschwingen. Anfang der 90er Jahre war dieser Ali als Leiter des Flughafens von Jalalabad zu Berühmtheit gelangt, als die wöchentlichen Flüge nach Indien und in die Golfstaaten häufig Ladungen illegalen Opiums enthielten. Im Dezember 2001, während der heftigen US-Luftangriffe auf die Taliban und Al-Qaida-Führer, die sich in den Höhlen von Tora Bora versteckt hielten, kommandierte Hasarat Ali den Schlüsselsektor entlang der pakistanischen Grenze, durch den die arabischen Terroristen entkamen, indem sie seinen Offizieren 5.000 Dollar pro Kopf für den freien Abzug nach Pakistan zahlten. In derselben Region regierte nun wieder der oberste Kriegsherr Abdul Qadir die Provinz Nangarhar, wo er als Gouverneur vor den Taliban die beträchtliche Opiumernte kontrolliert hatte.[257]

Weiter südlich, in Kandahar, kehrte Gul Agha Shirsai, vor den Taliban Gouverneur der Provinz, an der Spitze von 3.000 Kämpfern an die Macht zurück. Sieben Jahre im pakistanischen Exil hatte Gul Agha, wie die *New York Times* mit trockenem Humor bemerkte, damit verbracht, »reich zu werden durch Handel der zuweilen finsteren Art«. Während seines einmonatigen Vorstoßes zur Rückeroberung der Provinz im November rückte er mit einer Mischung aus Schläue und Grausamkeit vor, indem er einerseits feindliche Kommandeure mit Bündeln pakistanischer Währung kaufte, die er von der Ladefläche seines Toyota-Geländewagens herabregnen ließ, andererseits unterschiedslose Erschießungen von ausländischen Taliban-Kriegern durchführte. Nach einer blutigen Schlacht nahm er zusammen mit US-Spezialkräften den Flughafen Kandahars ein und paradierte gut gelaunt unter den Leichen. Als die Taliban versuchten, ihre heilige Stadt Mullah Naquib Ullah zu übergeben, einem freundlich gesonnenen Kriegsherren, der ebenfalls mit Premierminister Hamid Karsai verbündet war, nahm Gul Agha Kandahar mit US-Unterstützung im Handstreich ein, was die Taliban zur bedingungslosen Flucht zwang und ihm den Posten des Regionalgouverneurs über Kandahar und Helmand einbrachte.[258]

Die neue Regierung in Kabul zollte der Politik der Opiumausrottung diplomatische Lippenbekenntnisse. Bei ihrer Gründung auf dem Petersberg bei Bonn im Dezember 2001 bat sie um Hilfe, »um die Kultivierung und den Handel illegaler Drogen« zu bekämpfen »und afghanische Bauern mit finanziellen, materiellen und technischen Ressourcen für alternative Feldfrüchte zu versorgen«. Einige Tage vor der Geberkonferenz in Tokio im Januar 2002 erklärte Premierminister Karsai das Verbot jeglicher Drogenproduktion.[259] Obwohl sich die Konferenz zu großzügiger Hilfe verpflichtete, reicht das für den Wiederaufbau des Landes nicht aus, und nur der Mohnanbau kann für die Fehlbeträge aufkommen. Die Geber versprachen nur vier der in den nächsten fünf Jahren benötigten zehn Milliarden Dollar. Außerdem hatten sie bis Ende März nur fünf Prozent der 285 Millionen Dollar bewilligt, die gemäß dem World Food Programme der UN notwendig waren, um fünf bis neun Millionen Afghanen den Rest des Jahres über zu ernähren. Für die Wiederaufnahme der normalen Landwirtschaft in Afghanistan wären 125.000 Tonnen Saatgut jährlich, neue Kredite, der Bau von Straßen, Strafverfolgungsbehörden und nicht zuletzt eine handlungsfähige Regierung vonnöten.[260]

Unter diesen Voraussetzungen für den Wiederaufbau sträubten sich die Geberländer am meisten gegen die angemessene Finanzierung einer nationalen afghanischen Armee – das einzige Mittel der Zentralregierung gegen die lokalen Kriegsherren, die den Drogenhandel kontrollieren. Auf dem gegenwärtigen Niveau der Finanzhilfe wird die afghanische Armee bis September 2003 nur aus 12.000 Soldaten bestehen, die Hälfte der Sollstärke, die mindestens nötig wäre, um landesweit die Ordnung herzustellen. Trotz der Rhetorik über einen »Marshallplan« für Afghanistan schränkte die Bush-Regierung den Radius der 5.000

internationalen Friedenshüter auf Kabul ein und gewährte der künftigen afghanischen Armee nur eine minimale Ausbildung. Drei Monate nach seiner Amtsübernahme erstreckte sich die Autorität von Premierminister Karsai nicht über die Hauptstadt hinaus, was ihn »weniger als Staatschef denn als Bürgermeister« erscheinen ließ. »Der Kampf gegen den Terrorismus hat Priorität«, so ein ungenannter britischer Politikberater, »der Kampf gegen Rauschgift kommt an zweiter Stelle.« Im März 2002 kritisierte Richard Holbrooke, der ehemalige US-Botschafter bei den Vereinten Nationen, die »strikten Grenzen«, die das Pentagon den internationalen Friedenshütern gesetzt hat, und gab seiner Überzeugung Ausdruck, dass »das Land in extremer Gefahr ist, wieder in die Hände von Kriegsherren und Drogenbaronen zu fallen«. Das US-Repräsentantenhaus teilt diese Sorge. Es verlangte im Mai 2002, dass der Präsident innerhalb von 45 Tagen einen Plan für den Wiederaufbau Afghanistans und den Kampf gegen das Opium vorlegen solle, und billigte mit großer Mehrheit von 390 zu 22 Stimmen Mittel von 1,3 Milliarden Dollar für diese Initiative.[261]

Ohne auf die Schecks der Geberländer oder die Verteilung der Hilfsgelder durch eine schwache Regierung zu warten, haben die Kreditnetzwerke des Landes rasch die Ausweitung des Mohnanbaus in ganz Südostafghanistan finanziert. Im Februar 2002 schätzten die Vereinten Nationen die Anbaufläche auf 45.000 bis 67.000 Hektar und die Frühjahrsernte auf 1.900 bis 2.700 Tonnen, während die britische Presse unter Bezug auf Geheimdienstquellen sogar eine Ernte erwartete, die sich mit dem Rekordertrag von 4.600 Tonnen im Jahr 1999 messen konnte. Obwohl die Regierung den Opiumbasar von Sangin hatte schließen lassen, kultivierten die Bauern der umliegenden Helmand-Provinz offen ihre Mohnfelder. Um auf einem halben Hektar Schlafmohn anzubauen, hatte sich Abdul Wahid, ein Bauer in der Nähe von Sangin, 700 Dollar von einem örtlichen Ladenbesitzer, Abdul Bari, geliehen, der sich seinerseits 1.166 Dollar von einem mächtigen Kaufmann aus Kandahar geborgt hatte – eine Kreditkette, die sich nur zurückzahlen ließ, wenn Bauer Wahid seine Ernte im Juni 2002 einfuhr und dem Ladenbesitzer Bari neun Kilo Rohopium auslieferte. Jeder in diesem Distrikt war in ähnlicher Weise am Opiumhandel beteiligt – vom Vizebürgermeister, einem Kriegsherrn mit einem Opiumgeschäft, bis zu den Distriktältesten, die allesamt Opium anbauten. Selbst der Provinzgouverneur von Helmand, ein Neffe des berühmten Mudscha-heddin-Drogenbarons Mullah Nasim Akhundaza, der dieses Tal in den 80er Jahren beherrscht hatte, erklärte freimütig, dass jeder Ausrottungsversuch ohne Kompensation eine Revolte der örtlichen Kriegsherren auslösen würde. »Niemand«, so einer der Opiumhändler aus Sangin, »kann den Opiumschmuggel stoppen, bis wir Arbeit, Fabriken und Schulen haben.«[262]

Als die afghanischen Bauern im April 2002 mit der Ernte begannen, bewilligten die europäischen Staaten angesichts einer drohenden Heroinwelle der Karsai-Regierung 80 Millionen Dollar, um den Bauern 1.250 Dollar pro Hektar für die Mohnausrottung zu bezahlen. Diese verdienten jedoch mit dem Mohnanbau 8.000 Dollar pro Hektar. Als in Nangarhar neun Regierungsvertreter zur Tat schreiten und deren Mohn vernichten wollten, wurden sie getötet. Obwohl ergrimmt über den vom Westen verhängten Opiumbann, schloss der Provinzgouverneur, Kriegsherr Hadschi Abdul Qadir, den Opiumbasar in Ghani Kheyl und beschlagnahmte nach eigenen Angaben 2.000 Kilo Opium. Laut Zeugen nahm er aber mindestens 20-mal so viel an sich. Beobachtern zufolge stahlen mehrere Kriegsherren die Entschädigungsgelder für die Bauern, während »kilometerweit Mohnfelder ... mit prallvollen Fruchtkapseln von Tennisballgröße« auf die Ernte warteten.[263]

Diese erbittert umstrittene Vernichtungskampagne wirbelte eine Welle der Gewalt auf, die bald die neue nationale Regierung erschütterte. Im Juli 2002, nur eine Woche nachdem er als afghanischer Vizepräsident vereidigt worden war, und am selben Tag, an dem er Minister für öffentliche Arbeiten wurde, durchsiebten zwei Attentäter mit Kalaschnikows den Geländewagen von Hadschi Abdul Qadir in Kabul und töteten den Kriegsherrn auf der Stelle. Die *New York Times* beschrieb ihn als einen von Afghanistans »reichsten Männern« mit einem Vermögen, das »aus seinen Verbindungen zum Drogenhandel in seinem östlichen Herrschaftsgebiet stammte«, und schrieb seine Ermordung dem rivalisierenden Drogenbaron Hasarat Ali zu, »einem Günstling der amerikanischen Kommandeure«. Ein hoher afghanischer Regierungsvertreter vermutete, dass Qadir »mächtige Mitglieder der Opiummafia des Landes« erzürnt hatte, als er kurz nach seiner Ernennung zum Vizepräsident gegen den Diebstahl von Entschädigungsgeldern für die Bauern einschritt, die auf seinen Befehl ihre Mohnernte vernichteten. Andere spekulierten, dass er »sich möglicherweise Feinde machte, indem er einen Drogenbaron einem anderen vorzog«. Aber die Paschtunen-Mehrheit nährte den Verdacht, dass einer der Ihren von den tadschikisch dominierten Sicherheitskräften getötet worden war. Einen Monat später leugnete der Hauptverdächtige der Paschtunen, der Tadschikenführer und Verteidigungsminister Muhammed Fahim, jede Beteiligung an der Ermordung und beschuldigte seinerseits rivalisierende Drogenbarone, denen Abdul Qadirs Razzia auf dem Opiummarkt von Ghani Kheyl misshagt habe. »Jahrelang hat es niemand gewagt, so etwas zu tun«, sagte Minister Fahim, »da hat die Drogenmafia beschlossen, Rache zu nehmen.« In einer treffenden Würdigung, in der sich die Zweideutigkeit der amerikanischen Allianz mit afghanischen Drogenbaronen offenbart, erklärte Präsident George W. Bush zu Abdul Qadirs Tod: »Es können Drogenbarone oder langjährige Rivalen gewesen sein. Alles, was wir wissen, ist, dass ein guter Mann tot ist und wir seinen Verlust betrauern.«[264]

Aber Afghanistan liefert gegenwärtig nur fünf Prozent des amerikanischen Heroins, weshalb das Weiße Haus diesen Problemen keine hohe Priorität zumisst, sondern durchblicken lässt, dass Großbritannien und Deutschland »den Preis zu zahlen« hätten, um die Heroinexporte des Landes zu zügeln. Im März 2002 berichtete das US-Außenministerium mit einem Unterton der Resignation, dass »es in Afghanistan praktisch keine Drogenbekämpfung gibt« und sagte voraus, dass »der Drogenhandel ohne konzertierte Bekämpfungsanstrengungen weiterhin blühen wird«. Tatsächlich meldete die UN im Oktober, dass die afghanische Opiumernte 2002 von 185 Tonnen im Vorjahr auf 3.400 Tonnen gestiegen sei – die größte der Welt, auf demselben Niveau wie vor dem Mohnverbot der Taliban.[265] Wieder einmal ist Afghanistan im Griff von Kriegsherren, eine Schlangengrube voller Opium, Waffen und einem endlosen Krieg.

Das Erbe der Komplizenschaft

Blickt man zurück auf die 40 Jahre des Kalten Krieges, so haben die vier großen Geheimkriege der CIA eindeutig Stammeskriegsherren in große Drogenbarone verwandelt und Handlanger des Geheimdienstes vor Strafermittlungen geschützt. Unter den Prämissen dieser pragmatischen Politik, jeden Verbündeten zu akzeptieren, der sich gegen den Kommunismus wirkungsvoll einsetzen ließ, benutzte die CIA Stammesführer für Stellvertreterkriege in den Gebirgen Asiens und kümmerte sich nicht darum, ob eben diese Kriegsherren ihren Schutz ausnutzten, um Drogenbarone zu werden. In der Geschichte des Drogenhandels während des Kalten Krieges traten geheime CIA-Gehilfen immer wieder als Dealer auf.

In den 50er Jahren arbeitete die CIA mit den korsischen Syndikaten Marseilles zusammen, um den kommunistischen Einfluss auf den Hafen der Stadt zurückzudrängen, und stärkte so dieses kriminelle Milieu zu einer Zeit, als seine Bosse zu Amerikas führenden Heroinlieferanten wurden.

In Südostasien spielten zwei CIA-Geheimkriege eine entscheidende Rolle bei der Entwicklung des Drogenhandels im Goldenen Dreieck. Während der 50er Jahre versorgte die CIA die irregulären nationalchinesischen Guomindang-Truppen in Nordbirma mit Waffen und logistischem Beistand. Die Guomindang nutzte diese Hilfe, um diese Region in weniger als einem Jahrzehnt in den größten Opiumproduzenten der Welt zu verwandeln. Zwar wurde Birma dreißig Jahre lang nicht zur Hauptquelle amerikanischen Heroins, aber die CIA-Unterstützung für die Guomindang führte zur Entstehung riesiger Opiumreserven, die bereit standen, um in aller Welt auch noch die geringste Nachfrage zu bedienen – auch in Amerika. Der Niedergang der Guomindang-Kriegsherren nach 1984 beendete das direkte Zusammenspiel zwischen dem Heroinhandel und der birmanischen Operation der CIA, aber ihr Nachfolger Khun Sa erbte einen Opiumkomplex, den die Guomindang erst mit Hilfe der CIA geschaffen hatte.

Ähnlich war die Situation während des Vietnamkriegs in Laos, wo die CIA logistische Hilfe für ihre Geheimarmee aus Mitgliedern des Opium anbauenden Hmong-Stammes leistete. Aufgrund ihres Bündnisses mit laotischen Generälen, die im Drogenhandel tätig waren, trug diese Hilfe dazu bei, dass die in Südvietnam kämpfenden US-Truppen überreichlich an Heroin herankamen. Nach dem Ende des Vietnamkriegs dienten die Heroinlabors dieser CIA-Verbündeten dazu, den US-Markt zu bedienen. Durch ihre Geheimbündnisse mit den Opiumkriegsherren der Region spielte die CIA eine katalytische Rolle für den Aufstieg des Goldenen Dreiecks zum führenden Opium- und Heroinproduzenten der Welt.

Auch während der 80er Jahre war die CIA durch ihre Geheimkriege in den globalen Drogenhandel verstrickt. Die Unterstützung des Geheimdienstes für die afghanischen Mudschaheddin fiel mit dem Aufstieg Zentralasiens zum größten Heroinlieferanten der europäischen und amerikanischen Märkte zusammen. Das in dieser Zeit in Islamabad arbeitende und nicht eben kleine Kontingent von US-Drogenermittlern der DEA musste sich dem CIA-Geheimkrieg in Afghanistan unterordnen und erreichte daher wenig, um die boomenden pakistanischen Heroinexporte nach Amerika zu drosseln. Gleichzeitig bremste der CIA-Geheimkrieg gegen Nicaragua die DEA-Drogenbekämpfung in Mittelamerika aus, während sich der Geheimdienst mit einem der mächtigsten Spieler im karibischen Drogenhandel verbündete.

Wenn wir diese komplexe Chronik auf ihren wesentlichen Kern reduzieren, treten die Widersprüche, die die US-Drogenpolitik während des Kalten Krieges konterkarierten, klarer zutage. In Bangkok und Islamabad spürten amerikanische Drogenagenten mit begrenztem Budget und beschränkten Strafverfolgungskompetenzen dem Drogenfluss Richtung USA nach. Sie fingen gelegentlich Drogensendungen ab, drangen aber nie zur Quelle vor. Ihre eigentlichen Gegner in diesem Krieg waren die Stammeskriegsherren Birmas und Afghanistans, von denen viele ihre Opiumberge mit Waffen und Unterstützung der CIA und verbündeter Geheimdienste beherrschen. In dem unsichtbaren bürokratischen Kampf um diese strategischen Hochländer hatten die schwachen Versuche der DEA zur Unterbrechung der Nachschubwege gegen die direkten Bündnisse der CIA mit den Drogenbaronen keine Chance. Konzentriert auf ihre verdeckte Mission, ignorierten die CIA-Agenten gewöhnlich den Drogenhandel ihrer geheimdienstlichen Handlanger. Hatte die CIA erst einmal einen Opiumkriegsherrn als Bündnispartner nobilitiert, konnte sie nicht zugestehen, dass er durch die Drogenermittler kompromittiert wurde. Die DEA ihrerseits respektierte gemeinhin die Priorität der CIA-Operationen und hielt sich – ob in Afghanistan, Laos oder Honduras – von Geheimdienstprotegés fern. Durch diese Duldung wurden Geheimkriegsgebiete zu strafverfolgungsfreien Zonen, in denen sich der Drogenhandel unbegrenzt ausbreiten konnte.

Kritiker, die nach Fällen suchen, in denen sich die CIA-Agenten in Ausübung ihres Dienstes tatsächlich selbst die Hände mit Drogen schmutzig machten, übersehen den wesentlichen Punkt. Mit ihrer Geheimkriegsstrategie vermied die CIA ja gerade die direkte Beteiligung am Kampf und stützte sich stattdessen auf lokale Protegés, deren Erfolg das Resultat einer verdeckten Operation bestimmte. Die »Schuld« der CIA besteht in der Duldung des Drogenhandels oder gar in ihrer Komplizenschaft bei den Rauschgiftgeschäften ihrer geheimdienstlichen Handlanger, aber in den meisten Fällen nicht in ihrer unmittelbaren Mittäterschaft.

Aus dem engen Blickwinkel des Kalten Krieges erweiterte eine solche informelle Billigung in der Regel die Schlagkraft der CIA. In Birma, Laos und Afghanistan sorgte eine gesteigerte Opiumproduktion für die entscheidende Unterstützung der Geheimoperationen. Als die Stammesgesellschaften für die CIA-Geheimkriege mobilisiert wurden, mussten sie Arbeitskräfte vom Subsistenzlandbau abziehen und sie in den Krieg umlenken. Dadurch sank die Lebensmittelproduktion. Um sich dennoch ausreichend versorgen zu können, waren diese Gesellschaften nun auf die vergleichsweise guten Erlöse aus dem marktorientierten und zudem nicht so arbeitsintensiven Mohnanbau angewiesen. Aus Sicht der CIA ersparten ihr die Erlöse aus dem Drogenverkauf hohe, vielleicht sogar unbezahlbar hohe Kosten, hätte sie doch sonst für die Wohlfahrt von Stämmen mit Hunderttausenden kriegsgeplagter und selbstversorgungsunfähiger Menschen aufkommen müssen. Von ebenso großer Bedeutung war, dass die Kontrolle über diese entscheidende Einkommensquelle dem von der CIA auserkorenen Führer die Macht über Dörfer, Clans und Stämme verschaffte, um blutige paramilitärische Feldzüge führen zu können, die sich über ein Jahrzehnt und mehr hinzogen. Kurz, durch ihre Duldung des Opiumhandels sanken die Ausgaben der CIA, während ihre operative Effizienz stieg.

Es gibt jedoch einen auffallenden Gegensatz zwischen den kurzfristigen Erfolgen dieser Kriege und ihren beunruhigend langfristigen Hinterlassenschaften. In und nach jedem dieser Kriege war ein steiler Anstieg der Opiumproduktion und von Opiatexporten auf die internationalen Märkte zu verzeichnen, insbesondere nach Europa und Amerika. In den 50er Jahren, als sich die CIA mit den irregulären nationalchinesischen Truppen in Birma verbündet hatte, sorgte die steigende Mohnernte für die spätere Entstehung des Goldenen Dreiecks. Während der 60er Jahre eröffneten die laotischen Aktivposten der CIA die ersten Heroinlabors der Region und versorgten zunächst die amerikanischen Truppen in Südvietnam, um ihnen dann nach Hause zu folgen und ein Viertel des US-Drogenmarktes zu erobern. Im Afghanistankrieg der 80er Jahre nutzten die regionalen Gehilfen der CIA ihre Privilegien, um die Grenzgebiete zwischen Afghanistan und Pakistan zur weltgrößten Heroinquelle zu machen. Gleichzeitig tolerierten die CIA-Agenten in Zentralamerika, viele von ihnen Veteranen dieser asiatischen Feldzüge, die Beteiligung ihrer regionalen Verbündeten am Kokainhandel nach Norden in die USA.

Auch wenn sie längst vorüber sind, hinterlassen diese CIA-Geheimkriege ein furchtbares Erbe: eine stetig zunehmende Drogenproduktion. Der logistische und politische Beistand der CIA verschafft dem Rauschgifthandel vor Ort einen wirtschaftlichen »Anschub«, der sein nachhaltiges und unabhängiges Wachstum auch dann erlaubt, wenn sich die CIA längst wieder zurückgezogen hat. Die amerikanischen Agenten mögen verschwunden sein, aber die Marktverbindungen und die Macht der Kriegsherren bleiben, um diese Regionen auf Jahrzehnte hin zu großen Drogenlieferanten zu machen. Ebenso bedeutsam ist, dass der eigentümliche Charakter der geheimen Kriegführung den Kampfgebieten den Nachkriegsaufbau vorenthält, der gewöhnlich einem konventionellen Krieg folgt. Da diese Geheimkriege außerhalb der normalen diplomatischen Kanäle geführt werden, wird die Notwendigkeit eines Wiederaufbaus nach dem Krieg von nationalen oder internationalen Institutionen häufig nicht anerkannt. Die verdeckten Kriege der CIA sind, wie es dem Begriff der Sache entspricht, ohne legislative Kontrolle oder Beteiligung wichtiger Behörden geführt worden, sodass der Kongress, das Pentagon oder das Außenministerium auch keine Mitverantwortung für die geschundenen Länder sahen. Statt in den Genuss internationaler Hilfe zu kommen, blieb den betroffenen Hochlandgesellschaften nichts anderes übrig, als ihre Opiatproduktion als *Ad-hoc*-Mittel des Wiederaufbaus auszuweiten. Mit der Zeit dient dann die Drogenproduktion allerdings nicht nur der Lebenserhaltung einer traumatisierten Gesellschaft in der Nachkriegszeit, sondern führt auch dazu, dass sie von den legalen wirtschaftlichen Ressourcen der internationalen Gemeinschaft abgeschnitten bleibt. So klein und entlegen sie sind, erweisen sich diese Hochlandgesellschaften in der Folge der CIA-Geheimkriege doch als Horte gravierender internationaler Instabilität – als schwarze Löcher der neuen Weltordnung.

Schlussfolgerungen

Im Rückblick erlaubt uns der weiter oben in diesem Kapitel erörterte Bericht des CIA-Generalinspekteurs Frederick Hitz über die Contra-Operation zum ersten Mal, vier zentrale Fragen über die CIA und ihre Geheimallianzen während der langen Jahrzehnte des Kalten Krieges zu beantworten.

War der Geheimdienst jemals mit Drogenhändlern verbündet? Ja, ohne jeden Zweifel. Obwohl einst ein umstrittener Vorwurf, macht sich mittlerweile nicht einmal mehr die CIA selbst die Mühe, ihre taktischen Bündnisse mit Drogenhändlern in Asien und den beiden Amerikas abzustreiten.

Schützte die CIA diese Bundesgenossen vor Verfolgung? Ja, es gibt ein wiederkehrendes Muster solchen Schutzes. Während einer großen CIA-Operation wird der Geheimkriegsschauplatz zu einer strafverfolgungsfreien Zone, in der alle anderen Ziele der US-Außenpolitik dem Auftrag des Geheimdienstes untergeordnet sind. Um ihren Contra-Krieg gegen Nicaragua nicht zu gefährden, blockierte die CIA alle Untersuchungen durch die DEA, den US-Zoll, den Kongress und die lokale Polizei. Als die DEA-Vertretung in Honduras zu berichten begann, dass die hochrangigen Militäroffiziere des Landes den Kokainfluss nach Norden in die USA schützten, musste das dortige Büro auf Druck der CIA geschlossen werden. Letztlich gewährte die CIA ihren wichtigen Aktivposten im Contra-Krieg Immunität vor Strafverfolgung.

Brachte die CIA Kokainschmuggler gezielt dazu, die afroamerikanischen Gemeinden mit Crack zu versorgen? Nein, gezielt nicht. Aber statt den Drogenfluss aus ihren Operationsgebieten ins Visier zu nehmen, ignorierte die CIA in der Kurzsichtigkeit ihres Aufgabenverständnisses solche Rauschgiftströme einfach. Die Komplizenschaft des Geheimdienstes im Drogenhandel war eine unbeabsichtigte Konsequenz seiner Taktik indirekter Intervention durch paramilitärische Operationen. Und es lässt sich ein erstaunlich gleichförmiges Muster dieser Komplizenschaft feststellen, ob nun in Laos, Afghanistan oder Mittelamerika. So wie es weder einen dingfesten Beweis dafür gibt noch überhaupt als plausibel erscheint, dass es die CIA in Laos darauf anlegte, ein Drittel der US-Soldaten in Südvietnam heroinabhängig zu machen, gibt es auch keine Indizien, dass die CIA es später auf die Schwarzen in South Central Los Angeles abgesehen hatte. Für die 80er Jahre lassen sich aber alle erdenklichen Beweise anführen, dass die CIA wusste, wie sehr ihre afghanischen und mittelamerikanischen Operationen zum Export von Kokain und Heroin in die USA beitrugen – und dass sie nichts tat, um diesen Rauschgiftstrom zu unterbinden.

Trugen in den 40 Jahren des Kalten Krieges die CIA-Bündnisse mit Drogenbaronen zur Expansion des globalen Drogenhandels bei? Ja, die CIA-Operationen in Birma, Laos und Afghanistan lieferten die entscheidenden Elemente für das schnelle Wachstum der Opium- und Heroinproduktion und daher auch des globalen Drogenangebots.

Allerdings wird sich kaum unzweideutig feststellen lassen, inwieweit die einzelnen mit der CIA verbündeten Drogenbarone die langfristige Entwicklung von Angebot und Nachfrage im Rahmen dieses riesigen und komplexen globalen Handels prägten.

Was immer die globalen Auswirkungen der geheimen CIA-Kriege gewesen sein mögen, die Bündnisse des Geheimdienstes mit Drogenbaronen haben nach dem Kalten Krieg in den USA selbst ein Erbe der Illegalität, des Misstrauens und der Rassenspaltung hinterlassen. Als fachlich borniert Profis betrachteten CIA-Agenten, die ihre Geheimkriege in Laos, Pakistan und Mittelamerika kämpften, Drogen schlicht als »Abfallprodukt« – selbst wenn die Opfer US-Soldaten in Südvietnam oder Landsleute in den innerstädtischen Ghettos waren. Indem sie geflissentlich den Drogenhandel ihrer geheimen Bundesgenossen übersah, verletzte die CIA das US-Geheimdienstgesetz und spätere Regierungsdirektiven, die von ihr Informationen zur Unterstützung des Drogenkrieges verlangten. In einer Gesellschaft, zu deren Selbstverständnis der Geltungsanspruch von Recht und Gesetz gehört, hat die bewusste Missachtung von Gesetzen weit reichende Auswirkungen. Tatsächlich hat dieses illegale Verhalten einer mächtigen Institution, offenbar geboren aus Gleichgültigkeit für die Opfer ihrer geheimen Kompromisse, bei Afroamerikanern zu einem tiefen Misstrauen über institutionalisierten Rassismus beigetragen, das bestenfalls erst in Jahrzehnten überwunden sein wird.

Die Geschichte der CIA-Komplizenschaft wirft wichtige Fragen über die künftige Rolle des Geheimdienstes in der US-Außenpolitik auf. In allgemeiner Hinsicht offenbart sie die moralischen und politischen Kosten, die immer dann entstehen, wenn ein Exekutivorgan mit außerordentlicher Macht ausgestattet wird. Die amerikanische Gesellschaft hat es bislang vermieden, diese Fragen ernsthaft und dauerhaft zu erörtern.

Als Sieger des Kalten Krieges blieb den USA jede schmerzliche Selbstprüfung erspart, jede Frage nach den Methoden oder dem gezahlten Preis, den sie für den Sieg im längsten Krieg der Nation entrichten musste. Im Gegensatz dazu sind die ehemaligen Gegner, die Völker Russlands und Osteuropas, zu endloser, qualvoller Selbstreflexion gezwungen, um ihre von Jahrzehnten autoritärer Herrschaft verwüsteten Gesellschaften wieder aufzubauen. In diesen Kämpfen um Reform und Erneuerung wurden die berüchtigten kommunistischen Geheimdienste – Stasi, Securitate und KGB – hinweggefegt, ihre Akten geöffnet, teils auch ihre Leiter verurteilt. Als einziger der großen Geheimdienste, die den Kalten Krieg ausfochten, hat die CIA überlebt. Ihre Akten sind immer noch versiegelt, ihre Verbrechen nicht untersucht. Und die CIA hat nicht nur einfach überlebt. Sie hat auch mit den Pfründen ihres Sieges über den Kommunismus gewuchert – und tut es jetzt mit denen ihres Kampfes gegen den Terrorismus –, um massive Budgeterhöhungen zu erreichen, die sie heute zu einer der mächtigsten US-Bundesbehörden machen.

Wir müssen die bequeme Selbstzufriedenheit abschütteln und einige harte Fragen über die Zukunft der CIA stellen. Brauchen wir nun, da der Kalte Krieg vorüber ist, wirklich eine CIA, deren außerordentliche Macht sie über das Gesetz stellt? Wenn ja, möchten wir, dass die CIA den Drogenkrieg mit dem gleichen Arsenal von Geheimaktionen führt, das sie im Kalten Krieg einsetzte?

An ihrem 50. Geburtstag, im November 1997, blickte die CIA in eine Zukunft ohne Kommunismus und verkündete ihren neuen Auftrag, gegen das internationale Verbrechen zu kämpfen. Der Geheimdienst soll, wie Präsident Clinton sagte, »die amerikanischen Bürger vor neuen transnationalen Bedrohungen wie Drogenhändlern, Terroristen, organisierten Kriminellen und Massenvernichtungswaffen schützen«.[266] Doch es gibt gute Gründe, an der Nützlichkeit der CIA im Drogenkrieg zu zweifeln. Als Dienst für Aufklärung, Spionage und verdeckte Operationen hat sich tief in die CIA eine institutionelle Kultur des Schattenhandelns außerhalb der Gesetze eingefressen. Anders als das FBI oder die DEA hat sie schlicht nicht die Erfahrung, Beweise im Rahmen der Gesetze zu sammeln, wie sie für eine erfolgreiche Strafverfolgung gebraucht werden. Und zudem ist die CIA durch ihre Allianzen mit Drogenbaronen, Vertretern der Unterwelt und halbseidenen Figuren aller Couleur von Grund auf kompromittiert.

Vor allem sollten sich die Amerikaner fragen, ob sie die Macht der CIA bewahren möchten, die sie sich während des Kalten Krieges angeeignet hat, nämlich Geheimoperationen außerhalb gesetzlicher Beschränkungen und parlamentarischer Kontrolle durchzuführen. Es gibt guten Grund zu der Annahme, dass der Rückgriff der CIA auf Verbrecher bei diesen Sondermissionen nicht nur ein Produkt des Kalten Krieges war. Im Lichte ihrer Geschichte sieht es so aus, als brauchte die CIA häufig Kriminelle und deren besondere Fähigkeiten, um diese verdeckten Operationen durchzuführen – ob es um die Destabilisierung feindlicher Regime geht, die Ermordung missliebiger ausländischer Führer oder die Mobilisierung von Söldnerarmeen. Die in diesem Buch breit dargestellten Bündnisse mit Drogendealern und Drogenbaronen waren offenkundig nicht nur eine Verirrung, sie waren mehr als nur ein aus dem Kalten Krieg geborenes zweckdienliches Mittel. In entlegenen Gebieten sind CIA-Agenten anscheinend häufig angewiesen auf die Dienste krimineller Helfer bei der Ausübung ihrer »geheimen Künste«, wie es der CIA-Agent Lucien Conein einmal nannte – jene einzigartige Fähigkeit, die Spione und Kriminelle gemeinsam haben, große Operationen außerhalb der Grenzen der Zivilgesellschaft durchzuführen, ohne dass sie Spuren hinterlassen. Kriminelle Kontakte sind, einfach gesagt, ein integraler Bestandteil der verdeckten Operationsfähigkeit der CIA.

Wenn das Weiße Haus künftig Geheimoperationen statt Routinespionage befiehlt, wird der Geheimdienst wiederum Kriminelle brauchen, die in ausländischen Städten operieren, oder lokale Kriegsherren, die Söldner in den Bergen mobilisieren können. In beiden Fällen werden diese Alliierten aller Wahrscheinlichkeit nach die Protektion der CIA ausnutzen, um mit Drogen zu handeln. Alle Gesetze, Verordnungen und Direktiven, die der CIA Bündnisse mit Kriminellen verbieten, haben sich als wirkungslos erwiesen. Kurz, wenn die Exekutive der CIA neue Geheimoperationen befiehlt, dann dürften auch die kriminellen Verbindungen und die Duldung des Drogenhandels durch die CIA wieder aufleben.

Heute, mehr als ein Jahrzehnt nach dem Ende des Kalten Krieges, stehen die Amerikaner vor einer klaren Wahl. Sie können entweder dem Geheimdienst die Erlaubnis entziehen, verdeckte Operationen durchzuführen, oder müssen akzeptieren, dass eben diese Missionen die CIA in kriminelle Bündnisse verstricken. Diese Wahl hat natürlich eine moralische Dimension. Jede Nation braucht einen Geheimdienst, der sie vor künftigen Gefahren warnt. Aber Nationen im Frieden haben nach amerikanischen und auch nach internationalen Gesetzen kein Recht, ihre Außenpolitik mit verdeckten Operationen durchzusetzen, zu denen Lügenpropaganda, Bestechung, Verbrechen, Mord und unerklärte Kriege gehören.

Anmerkungen

Einleitung:
Eine kleine Geschichte des Heroins

[1] Christopher R. Cox, *Chasing the Dragon. Into the Heart of the Golden Triangle*, New York 1996, S. 47–50; *The New York Times*, 16. März 1990.
[2] *The New York Times*, 16. März 1990.
[3] Mark David Merlin, *On the Trail of the Ancient Opium Poppy*, Rutherford 1984, S. 96, 153–157, 256, 273–277.
[4] Vgl. United Nations International Drug Control Programme, *World Drug Report*, Oxord 1997, S. 18; U.S. State Department, Bureau for International Narcotics and Law Enforcement Affairs, *International Narcotics Control Strategy Report, March 1999*, Washington, D.C., 1999, S. 2–23.
[5] Vgl. E. M. Thornton, *Freud and Cocaine. The Freudian Fallacy*, London 1983, S. 36 f.
[6] Vgl. United Nations, *World Drug Report* (1997), S. 18.
[7] Vgl. ebd., S. 39.
[8] Vgl. ebd., S. 19, 23, 43, 129; United Nations Office for Drug Control and Crime Prevention, *World Drug Report 2000*, Oxford 2000, S. 35, 51.
[9] Vgl. N.S.W. Royal Commission into Drug Trafficking, *Report*, Sydney, Oktober 1979, S. 267.
[10] International Opium Commission, *Report of the International Opium Commission, Shanghai, China, February 1 to February 16, 1909*, Schanghai, S. 44 f.
[11] Vgl. Cheng U Wen, »Opium in the Straits Settlements, 1867–1910«, in: *Journal of Southeast Asian History*, Nr. 1, März 1961, S. 52–75; League of Nations, Advisory Committee on the Traffic in Opium and Other Dangerous Drugs, *Annual Reports on the Traffic in Opium and Other Dangerous Drugs for the Year 1931*, Genf 1931, S. 96; Bernard M. Peyrouton, *Les monopoles en Indochine*, Paris 1913; Virginia Thompson, *French Indo-China*, New York 1937, S. 184–191.
[12] United Nations, Department of Social Affairs, *Bulletin on Narcotics*, Nr. 2, April–Juni 1953, S. 3 f., 6.
[13] Vgl. ebd.; David F. Musto, *The American Disease. Origins of Narcotics Control*, New Haven 1973, S. 6–10, 254 ff.
[14] Vgl. Musto, *The American Disease*, S. 6–10.
[15] Vgl. ebd., S. 3.
[16] Vgl. Eric J. Hobsbawm, *Industrie und Empire. Britische Wirtschaftsgeschichte seit 1750*, Frankfurt am Main ⁸1979, 2 Bde., Bd. 1, S. 22, 74, 147 f.

[17] U.S. Secretary of Commerce and Labor, Department of Commerce and Labor, *Statistical Abstract of the United States 1910*, Washington, D.C., 1911, S. 536f., 540.
[18] Vgl. Musto, *The American Disease*, S. 5.
[19] Vgl. David T. Courtwright, *Dark Paradise. Opiate Addiction in America Before 1940*, Cambridge 1982, S. 9-28.
[20] Vgl. Terry M. Parssinen, *Secret Passions, Secret Remedies. Narcotic Drugs in British Society, 1820–1930*, Philadelphia 1983, S. 32 f.
[21] Ebd., S. 3-36.; vgl. Alfred W. McCoy, *Drug Traffic. Narcotics and Organized Crime in Australia*, Sydney 1980, S. 52-70.
[22] Vgl. Courtwrigth, *Dark Paradise*, S. 3-42; McCoy, *Drug Traffic*, S. 41-70.
[23] Sidney Mintz, *Die süße Macht. Kulturgeschichte des Zuckers*, Frankfurt am Main 1987, S. 250.
[24] Vgl. Commonwealth of Australia, Parliament, *Report of the Royal Commission on Secret Drugs, Cures, and Food*, Sydney 1907, Absätze 967-1006.
[25] Vgl. Musto, *The American Disease*, S. 1-14, 91-94.
[26] Vgl. Ethan A. Nadelmann, »The Global Prohibition Regimes. The Evolution of Norms in International Society«, in: *International Organization*, Nr. 4, 1990, S. 484-513.
[27] Vgl. David Edward Owen, *British Opium Policy in China and India*, New Haven 1934, S. 261 ff.
[28] Vgl. Wie T. Dunn, *The Opium Traffic in Its International Aspects*, New York 1920, S. 118-130.
[29] Vgl. International Opium Commission, *Report of the International Opium Commission*, Bd. 2, S. 21-26.
[30] Vgl. Musto, *The American Disease*, S. 25-28.
[31] Vgl. International Opium Commission, *Report*, Bd. 2, S. 22-26.
[32] Vgl. Musto, *American Disease*, S. 28-37; Peter D. Lowes, *The Genesis of International Narcotics Control*, Genf 1966, S. 102-111.
[33] International Opium Commission, *Report*, Bd. 2, S. 79-84, vgl. Courtwright, *Dark Paradise*, S. 29 f.
[34] Vgl. Courtwright, *Dark Paradise*, S. 29 f., 82; Musto, *The American Disease*, S. 34 f.
[35] Vgl. Courtwright, *Dark Paradise*, S. 106 f.; Musto, *The American Disease*, S. 49-65, 91-150.
[36] Vgl. Musto, *American Disease*, S. 121-146, 183-189; Arnold H. Taylor, *American Diplomacy and the Narcotics Traffic, 1900-1939. A Study in International Humanitarian Reform*, Durham 1969, S. 120, 129 ff.; Courtwright, *Dark Paradise*, S. 103-107.
[37] Vgl. Musto, *The American Disease*, S. 121-182; James H. Timberlake, *Prohibition and the Progressive Movement*, Cambridge 1963, S. 172 -184; U.S. Congress, Senate, *Enforcement of the Prohibition Laws. Official Records of the National Commission on Law Observance and Enforcement*, Bd. 2, 71. Sitzungsperiode, 3. Sitzung, Senatsdokument Nr. 307, Washington, D.C., 1931, S. 197 ff.
[38] Vgl. Vladimir Kusevic, »Drug Abuse Control and International Treaties«, in: *Journal of Drug Issues*, Nr. 1, 1977, S. 34-53; Bertil A. Rengborg, *International Drug Control. A Study of International Administration By and Through the League of Nations*, Washington, D.C., 1944, S. 20-26; United Nations, *World Drug Report* (1997), S. 162 f.
[39] Vgl. League of Nations, Advisory Committee on Traffic in Opium, *Application of Part II of the Opium Convention with Special Reference to the European Possessions*

and Countries in the Far East, Bd. XI–XII, Genf 1923, »Raw Opium Statistics«, S. 4; League of Nations, Advisory Committee on Traffic in Opium and Other Dangerous Drugs, *Annual Reports of Governments on the Traffic in Opium and Other Dangerous Drugs for the Year 1935,* Bd. XI, Genf 1937, S. 70 f.

[40] Nach Maßgabe der Berichte von Mitgliedsstaaten gab der Völkerbund die Weltproduktion für 1934 mit 7.653 Tonnen an, wobei 6.378 Tonnen aus China kamen. Im selben Jahre meldete der Attaché des US-Finanzministeriums in China einen illegalen Handel von 28.000 Tonnen. Der oben zitierte angepasste Wert von 16.000 Tonnen ist ein grobes Mittel zwischen diesen beiden Zahlen für die chinesische Produktion. Ich bin Alan Block zu Dank verpflichtet, meine Aufmerksamkeit auf Nicholsons Berichte gelenkt zu haben. Vgl. M. R. Nicholson, U. S. Treasury Attaché, Schanghai, »Survey of Narcotic Situation in China and the Far East«, Bericht an: Commissioner of Customs, Washington, D. C., 12. Juli 1934, Anhang 2, S. 2–7, Harry Anslinger Papers, Historical Collections and Labor Archives, Pennsylvania State University; International Opium Commission, *Report,* Bd. 2, S. 355 –365; League of Nations, *Annual Reports of Governments on the Traffic in Opium and Other Dangerous Drugs for the Year 1935,* Bd. XI, S. 46 f.; United Nations, Department of Social Affairs, *Bulletin on Narcotics,* Nr. 2, April–Juni 1953, S. 3 f., 6 f.

[41] Vgl. Alan A. Block, »European Drug Traffic and Traffickers Between the Wars. The Policy of Suppression and its Consequences«, in: *Journal of Social History,* Nr. 2, 1989, S. 315–337.

[42] Nicholson, »Survey of Narcotic Situation in China and the Far East«, 12. Juli 1934, Anhang 2, S. 18–26.

[43] Vgl. League of Nations, *Annual Reports of Governments on the Traffic in Opium and Other Dangerous Drugs for the Year 1935,* Bd. XI, S. 72–75.

[44] Vgl. U. S. Congress, Senate, Committee on Government Operations, *Organized Crime and Illicit Traffic in Narcotics,* 88. Sitzungsperiode, 1. und 2. Sitzung, Washington, D. C., 1964, Teil 4, S. 771.

[45] Vgl. Zhou Vongming, *Anti-Drug Crusades in Twentieth-Century China. Nationalism, History, and State Building,* Lanham 1999, S. 97–111.

[46] Nigel J. R. Allan, »From Autarky to Dependency. Society and Habitat Relations in the South Asian Mountain Rimland«, in: *Mountain Research and Development,* Nr. 1, 1991, S. 71.

[47] Moshe Yegar, »The Panthay (Chinese Muslims) of Burma and Yunnan«, in: *Journal of Southeast Asian Studies,* Nr. 1, 1966, S. 80 ff.; Andrew D. W. Forbes, »The ›Cin-Ho‹ (Yunnanese Chinese) Caravan Trade with North Thailand During the Late Ninteenth and Early Twentieth Centuries«, in: *Journal of Asian History,* Nr. 1, 1987, S. 1–47; E. R. Leach, *Political Systems of Highland Burma. A Study of Kachin Social Structure,* Boston 1964, S. 21, 28, 30, 59f, 95, 187 f.

[48] Gespräch mit Oberstleutnant Lucien Conein, ehemaliger CIA-Agent in Saigon, McLean, Virginia, 18. Juni 1971.

[49] Vgl. Chao Tzang Yawnghwe, *The Shan of Burma. Memoirs of a Shan Exile,* Singapur 1987, S. 57; U. S. Cabinet Committee on International Narcotics Control (CCINC), *World Opium Survey 1972,* Washington, D. C., S. 10 f., 47; U. S. State Department, Bureau of International Narcotics Matters, *International Narcotics Control Strategy Report,* April 1994, Washington, D. C., 1994, S. 4; *Geopolitical Drug Dispatch,* »Afghanistan. Aiming to be the Leading Opium Producer«, Nr. 3, Januar 1992, S. 1, 3.

[50] Vgl. United Nations, Department of Social Affairs, *Bulletin on Narcotics,* S. 8; U. S. Treasury Department, Bureau of Narcotics, »History of Narcotic Addiction in

the United States«, in: U.S. Senate Committee on Government Operations, *Organized Crime and Illicit Traffic in Narcotics,* 88. Sitzungsperiode, 1. und 2. Sitzung, Washington, D.C., 1964, Teil 3, S. 771.

[51] Vgl. United Nations, *World Drug Report 2000,* S. 5, 13 f., 143–148; United Nations, *World Drug Report* (1997), S. 162 f.

[52] Vgl. John C. McWilliams, *The Protectors. Harry J. Anslinger and the Federal Bureau of Narcotics, 1930–1962,* Newark 1990, S. 33–45, 48–80, 120–126.

[53] Vgl. Alan A. Block, »On the Origins of American Counterintelligence. Building a Clandestine Network«, in: *Journal of Policy History,* Nr. 4, 1989, S. 353–372.

[54] Vgl. James I. Matray, »Bureaucratic Cold Warrior. Harry J. Anslinger and Illicit Narcotics Traffic«, in: *Pacific Historical Review,* Nr. 2, Mai 1981, S. 169–191.

[55] Vgl. Douglas Clark Kinder, William O. Walker III, »Stable Force in a Storm. Harry J. Anslinger and United States Narcotic Policy, 1930–1962«, in: *The Journal of American History,* Nr. 4, März 1986, S. 922–927.

[56] Vgl. U.S. Bureau of Narcotics and Dangerous Drugs, »Persons Known to Be or Suspected of Being Engaged in the Illicit Traffic in Narcotics«, überarb., Washington, D.C., März 1965.

[57] Vgl. Rufis King, »Legalization of Gambling as a Model for Drug-Law Reform«, in: Arnold S. Trebach, Kevin B. Zeese (Hg.), *The Great Issues of Drug Policy,* Washington, D.C., 1990, S. 13 ff.

[58] Vgl. United Nations International Drug Control Programme, *World Drug Report* (1997), S. 331.

[59] *The New York Times,* 5. Februar 1996, 29. April 1996, 25. November 1996, 14. November 1997, 2. Juni 1998, 27. Februar 2001, 9. Mai 2001, 13. Februar 2002; U.S. Office of National Drug Control Policy, *National Drug Control Strategy,* Washington, D.C., Februar 2002, S. 2.

[60] Vgl. Vanessa Peat, *The Andean Cocaine Industry. A Maze With No Way Out? Failures of the U.S.' War on Drugs,* Genf 1998, S. 11; U.S. State Department, Bureau for International Narcotics and Law Enforcement Affairs, *International Narcotics Control Strategy Report, March 1997,* Washington, D.C., 1997, S. 24 f.; United Nations, International Drug Control Programme, *Afghanistan. Opium Poppy Survey 1997,* Islamabad 1998; S. II; United Nations, International Narcotics Control Board, *Report of the International Narcotics Control Board for 1999,* New York 2000, S. 49.

[61] Vgl. U.S. State Department, Bureau for International Narcotics and Law Enforcement Affairs, *International Narcotics Control Strategy Report, March 2000,* Washington, D.C., 2000, S. 55 f.

[62] Vgl. U.S. Justice Department, Office of Justice Programs, Bureau of Justice Statistics, *Sourcebook of Criminal Justice Statistics 1990,* Washington, D.C., 1991, S. 604; Ethan Nadelmann, »U.S. Drug Policy. A Bad Export«, in: *Foreign Policy,* Nr. 70, Frühjahr 1988; *The New York Times,* 11. Februar 1992, 2. Januar 2003; Marc Mauer, *Americans Behind Bars. A Comparison of International Rates of Incarceration,* Washington, D.C., 1991, S. 2; U.S. Department of Justice, Office of Justice Programs, Bureau of Justice Statistics, *Correctional Populations in the United States,* Washington, D.C., 2000; Laurent Laniel, »Communauté des sciences sociales et politique antidrogue aux Etats-Unis«, in: *Cahiers d'études sur la Méditerranée orientale et le monde turco-iranien,* Juli–Dezember 2001, S. 212 f.

[63] Vgl. United Nations, *World Drug Report 2000,* S. 56–61, 70, 74.

[64] Vgl. United Nations, *World Drug Report* (1997), S. 25, 126.

[65] Vgl. U.S. Congress, House, Committee on International Relations, *The Effectiveness*

of *Turkish Opium Control*, 94. Sitzungsperiode, 1. Sitzung, Washington, D. C., 1975, S. 45 ff., 57 ff.
⁶⁶ Vgl. U. S. CCINC, *World Opium Survey 1972*, Washington, D. C., 1972, S. 10 f.
⁶⁷ Irvin C. Swank, »North American Heroin«, in: *Drug Enforcement*, Februar 1977, S. 3–12; United Nations Office for Drug Control and Crime Prevention, *Lao PDR. Extent, Patterns and Trends in Illicit Drugs*, Mai 1999, unter: http://www.odccp.org: 80/laopdr/lao_pdr_country_profile.pdf, S. 12, 22 (Site zuletzt am 31. Oktober 2001 besucht).
⁶⁸ Vgl. United Nations Office for Drug Control and Crime Prevention, *Lao PDR*, S. 12, 22; dass., Pakistan Regional Office, *Strategic Study # 2. The Dynamics of the Farmgate Opium Trade and the Coping Strategies of Opium Traders*, unter: http://www.odccp.org:80/pakistan/report_1998 (Site zuletzt am 11. Oktober 2001 besucht).
⁶⁹ *The New York Times*, 4. September 2002.
⁷⁰ Vgl. ebd., 26. Juni 1997; United Nations, *World Drug Report* (1997), S. 31 f., 124; United Nations, *World Drug Report 2000*, S. 70.
⁷¹ Vgl. United Nations, *World Drug Report* (1997), S. 132.
⁷² Peter A. Lupsha, »Drug Lords and Narco-Corruption. The Players Change But the Game Continues«, in: Alfred W. McCoy, Alan A. Block (Hg.), *War on Drugs. Studies in the Failure of U. S. Narcotics Policy*, Boulder 1992, S. 182.
⁷³ Vgl. Michael Griffin, *Reaping the Whirlwind. The Taliban Movement in Afghanistan*, London 2001, S. 145.
⁷⁴ Vgl. Peter Andreas, *Border Games. Policing the U. S.-Mexico Divide*, Ithaca 2000, S. 60 ff.

1
Sizilien: Heimat der Mafia

¹ Vgl. James Maurice Scott, *The White Poppy*, London 1969, S. 167 ff.
² Vgl. United Nations, Economic and Social Council, *World Trends of the Illicit Traffic During the War 1939–1945*, 23. November 1946, S. 10, 14.
³ Vgl. William P. Morgan, *Triad Societies in Hong Kong*, Hong Kong 1960, S. 76 f.
⁴ Vgl. Charles Siragusa, *The Trail of the Poppy*, Englewood Cliffs, New Jersey, 1966, S. 180 f.
⁵ Vgl. David Annan, »The Mafia«, in: Norman MacKenzie, *Secret Societies*, New York 1967, S. 213.
⁶ Die CIA hat ihre Ursprünge im Office of Strategic Services (OSS) der Kriegszeit, das eine Wiederholung von Geheimdienstfehlern wie jener von Pearl Harbor verhindern sollte. Das OSS wurden am 20. September 1945 aufgelöst und blieb im Außenministerium, in der Armee und Marine bis zum 22. Januar 1946 begraben, als Präsident Truman die Central Intelligence Group gründete. Mit Verabschiedung des National Security Act 1947 wurde aus der Gruppe eine Behörde (Agency), am 18. September 1947 hob man die CIA aus der Taufe. (Vgl. David Wise, Thomas B. Ross, *Die unsichtbare Regierung*, Frankfurt am Main 1966, S. 89 f.)
⁷ David T. Courtwright, *Dark Paradise. Opiate Addiction in America Before 1940*, Cambridge 1982, S. 146 f.
⁸ Alan A. Block, *East Side – West Side. Organizing Crime in New York*, 1930–1950, New Brunswick, New Jersey, 1983, S. 131–141.

[9] Vgl. ebd., S. 28 f.; David Courtwrigt et al., *Addicts Who Survived. An Oral History of Narcotic Use in America, 1923–1965*, Knoxville 1989, S. 110, 199–203; Hank Messick, *Lansky*, New York 1971, S. 22 ff.

[10] Vgl. Alan A. Block, »The Snowman Cometh. Coke in Progressive New York«, in: *Criminology* 17, Nr 1, 1979, S. 75–99.

[11] Albert Fried, *The Rise and Fall of the Jewish Gangster in America*, New York 1980, S. 214.

[12] Vgl. Alan A. Block, »European Drug Traffic and Traffickers Between the Wars. The Policy of Suppression and Its Consequences«, in: *Journal of Social History* 23, Nr. 2, 1989, S. 315–337.

[13] Vgl. U.S. Treasury Department, Bureau of Narcotics, *Traffic in Opium and Other Dangerous Drugs for the Year Ended December 31, 1937*, Washington, D.C., 1938, S. 20 f.; U.S. Treasury Department, Bureau of Narcotics, *Traffic in Opium and Other Dangerous Drugs for the Year Ended December 31, 1939*, Washington, D.C., 1940, S. 29 f.; M.R. Nicholson, Treasury Attaché, American Consulate General, Schanghai, China, »Survey of Narcotic Situation in China and the Far East«, 12. Juli 1934, »List of Greek Narcotic Suspects Residing in Shanghai«, S. 3, Harry Anslinger Papers, Historical Collections and Labor Archives, Pennsylvania State University.

[14] Vgl. Block, *East Side – West Side*, S. 168–182; Fried, *Rise and Fall*, S. 157–174, 223–228.

[15] Vgl. Block, *East Side – West Side*, S. 131–139.

[16] Vgl. U.S. Congress, Senate, Committee on Government Operations, *Organized Crime and Illicit Traffic in Narcotics*, 88. Legislaturperiode, 1. und 2. Sitzung, Washington, D.C., 1964, Teil 4, S. 913.

[17] Vgl. Nicholas Gage, »Mafioso's Memoirs Support Valachi's Testimony About Crime Syndicate«, in: *New York Times*, 11. April 1971.

[18] Vgl. Harry J. Anslinger, *The Protectors*, New York 1964, S. 74.

[19] Vgl. Courtwright, *Addicts Who Survived*, S. 179–188.

[20] Courtwright, *Dark Paradise*, S. 107, 110 f.

[21] Courtwright, *Addicts Who Survived*, S. 186 ff.

[22] Vgl. Block, *East Side – West Side*, S. 141–148.

[23] Vgl. Anslinger, *Protectors*, S. 74.

[24] Vgl. Norman Lewis, *Die ehrenwerte Gesellschaft*, Frankfurt am Main 1967, S. 96.

[25] Vgl. U.S. Justice Department, Federal Bureau of Investigation, »Vido Genovese, with alias Vito Genovese, Miscellaneous Information Concerning«, 7. Oktober 1944, Alan A. Block Archive of Organized Crime, Pennsylvania State University.

[26] Vgl. Lewis, *Die ehrenwerte Gesellschaft*, S. 65–70.

[27] Vgl. Michele Pantaleone, *The Mafia and Politics*, London 1966, S. 52.

[28] William B. Herlands, Commissioner of Investigation, Executive Department, State of New York, »Report«, 17. September 1954, S. 4, Thomas E. Dewey Papers, University of Rochester.

[29] Ebd., S. 31; Rodney Campbell, *Unternehmen Luciano. Die Rolle der Mafia im Zweiten Weltkrieg*, Wien u. a. 1978, S. 45.

[30] Herlands, »Report«, S. 16 f.

[31] Vgl. ebd., S. 31.

[32] Ebd., S. 34 f.; Alan A. Block, »A Modern Marriage of Convenience. A Collaboration Betweeen Organized Crime and U.S. Intelligence«, in: Robert J. Kelley (Hg.), *Organized Crime. A Global Perspective*, Totowa, New Jersey, 1986, S. 62 ff.

[33] Vgl. Block, »Modern Marriage«, S. 65.

[34] Herlands, »Report«, S. 37 ff.
[35] Ebd. S. 43 f.
[36] Vgl. ebd., S. 46-53.
[37] Ebd. S. 58-63.
[38] Vgl. ebd., S. 66 f., 93.
[39] Ebd. S. 8.
[40] Ebd. S. 81 f.
[41] Vgl. Campbell, *Unternehmen Luciano*, S. 184 f.
[42] Max Corvo, *The O.S.S. in Italy, 1942-1945. A Personal Memoir*, New York 1990, S. 64-67.
[43] R. Harris Smith, *OSS. The Secret History of America's First Central Intelligence Agency*, Berkeley 1972, S. 85 ff.
[44] Herlands, »Report«, S. 86.
[45] Campbell, *Unternehmen Luciano*, S. 192 f.
[46] Herlands, »Report«, S. 86 f.
[47] Vgl. z. B. ebd., S. 20; Estes Kefauver, *Verbrechen in Amerika*, zitiert in Lewis, *Die ehrenwerte Gesellschaft*, S. 17.
[48] Vgl. Albert N. Garland, Howard McGraw Smith, *Sicily and the Surrender of Italy*, Washington, D. C., 1965, S. 244.
[49] Ebd., S. 238.
[50] Vgl. Pantaleone, *Mafia and Politics*, S. 54 f. Michele Pantaleone war wohl die führende italienische Autorität in Sachen sizilianischer Mafia. Geboren und lange ansässig in Villalba, war er in einer einzigartigen Position, die Geschehnisse im Dorf zwischen dem 15. und 21. Juli 1943 in Erfahrung zu bringen. Auch viele Bewohner von Villalba bezeugten in der sizilianischen Presse, dass sie den Vorfall mit dem Kampfflugzeug und die Ankunft der amerikanischen Panzer mehrere Tage später gesehen hatten. (Vgl. Lewis, *Honored Society*, S. 11 ff.)
[51] Vgl. Gay Talese, *Ehre deinen Vater*, Wien/München 1972, S. 215.
[52] Vgl. Pantaleone, *Mafia and Politics*, S. 56.
[53] Vgl. ebd., S. 56 f.
[54] Harry L. Coles, Albert K. Weinberg, *Civil Affairs. Soldiers Become Governors*, Washington, D. C., 1964, S. 147, zitiert in: Gabriel Kolko, *The Politics of War*, New York 1968, S. 57.
[55] Vgl. Pantaleone, *Mafia and Politics*, S. 58; Gaia Servadio, *Mafioso. A History of the Mafia from Its Origins to the Present*, New York 1976, S. 90 f.
[56] Vgl. Block, *East Side - West Side*, S. 109; Martin Gosch, Richard Hammer, *The Last Testament of Lucky Luciano*, Boston 1974, S. 273 f.
[57] Coles, Weinberg, *Civil Affairs*, S. 210.
[58] Vgl. Kolko, *Politics of War*, S. 48.
[59] U. S. State Department, *Foreign Relations of the United States*, Teil 3, S. 1114, zitiert in Kolko, *Politics of War*, S. 55.
[60] Vgl. Lewis, *Die ehrenwerte Gesellschaft*, S. 95.
[61] Block, *East Side - West Side*, S. 109.
[62] Erwin A. Broderick, Adminstrative Officer, Office of the AC of S, G-2, Headquarters Peninsular Base Section, »Memorandum for Major Arnold. Subject: Genovese, Vito«, 21. Oktober 1944, Alan A. Block Archive on Organized Crime, Pennsylvania State University.
[63] Vgl. Orange C. Dickey, Beamter der Criminal Investigation Division, Subsection No. 2, Headquarters Army Air Forces, Mediterranean Theater of Operations, »Subject:

Preliminary Report of Investigation«, 30. August 1944, Alan A. Block Archive on Organized Crime, Pennsylvania State University.
[64] Brig. Gen. Carter W. Clarke, Deputy Chief, Military Intelligence Section, War Department, Washington, »Memorandum for the A.C. of S., G-2«, 30. Juni 1945, Alan A. Block Archive on Organized Crime, Pennsylvania State University.
[65] Telefongespräch zwischen Col. S.V. Constant, 2d SVC, und PMGO Duty Officer, 18. Juni 1945, 17:30, Alan A. Block Archive on Organized Crime, Pennsylvania State University.
[66] Clarke, »Memorandum«.
[67] Vgl. Pantaleone, *Mafia and Politics*, S. 63.
[68] Vgl. Lewis, *Honored Society*, S. 96 f., 126 ff. Für Hintergrundinformationen über die politische Beziehung zwischen der sizilianischen Unabhängigkeitsbewegung und den Alliierten vgl. Ernest Weibel, *La création des régions autonomes à statut spécial en Italie*, Genf 1971, S. 150–155, 189–196.
[69] Vgl. Pantaleone, *Mafia and Politics*, S. 88.
[70] Ebd., S. 52.
[71] Vgl. Lewis, *Die ehrenwerte Gesellschaft*, S. 17.
[72] Herlands, »Report«, S. 1 ff.
[73] Vgl. Siragusa, *Trail of the Poppy*, S. 83.
[74] Vgl. ebd., S. 83, 89.
[75] Vgl. U. S. Congress, Senate, Subcommittee on Improvements in the Federal Criminal Code, Committee of the Judiciary, *Illicit Narcotics Traffic*, 84. Legislaturperiode, 1. Sitzung, Washington, D. C., 1955, S. 99.
[76] So im offiziellen Briefwechsel von Michael G. Picini, Federal Bureau of Narcotics, mit Agent Dennis Doyle, August 1963. Picini und Doyle diskutierten darüber, ob sie Sami El Khury als Informanten benutzen sollten, nachdem er aus dem Gefängnis entlassen worden war. Der Autor erhielt die Erlaubnis, die Korrespondenz im Bureau of Narcotics and Dangerous Drugs, Washington, D. C., am 14. Oktober 1971 zu lesen.
[77] Gespräch mit einem Drogenbeamten, U. S. Bureau of Narcotics and Dangerous Drugs, Washington, D. C., 26. Oktober 1971.
[78] Von der Armut und dem Schmuggel in Sizilien in dieser Zeit berichtet Danilo Dolci, *Umfrage in Palermo*, Freiburg i. Br. 1961, S. 108 ff.
[79] Vgl. Pantaleone, *Mafia and Politics*, S. 188.
[80] Ebd., S. 192.
[81] Gespräch mit einem Drogenbeamten, U. S. Bureau of Narcotics and Dangerous Drugs, Washington, D. C., 14. Oktober 1971.
[82] Ebd.
[83] Gespräch mit einem Drogenbeamten, U. S. Bureau of Narcotics and Dangerous Drugs, New Haven, CT, 18. November 1971.
[84] Harry J. Anslinger, *The Murderers*, New York 1961, S. 106, Hervorhebung von mir.
[85] Vgl. Messick, *Lansky*, S. 137.
[86] Vgl. ebd., S. 87 f.
[87] Vgl. ebd., S. 89.
[88] Vgl. ebd.
[89] Vgl. Ed Reid, *The Grim Reapers*, Chicago 1969, S. 90 ff.
[90] Gespräch mit einem Drogenbeamten, U. S. Bureau of Narcotics and Dangerous Drugs, Washington, D. C., 14. Oktober 1971.
[91] Vgl. William B. Herlands, Commissioner of Investigation, Executive Department,

State of New York, »SE 226, Harold Meltzer et al.«, 9. Juni 1950, Thomas E. Dewey Papers, University of Rochester. Das FBN berichtete 1965 über Meltzer, er sei »aktiv an Glücksspiel und Prostitution in Kalifornien und Nevada beteiligt. Organisierter Schmuggler und Lieferant von Betäubungsmitteln von Mexiko in die USA. Benutzt Wirtschaftsunternehmen, um seine illegalen Aktivitäten zu decken. Familie im Juweliereinzelhandel tätig.« (Vgl. U.S. Bureau of Narcotics and Dangerous Drugs, »Persons Known to Be or Suspected of Being Engaged in the Illicit Traffic in Narcotics«, überarbeitet, Washington, D.C., März 1965.)

[92] Vgl. U.S. Congress, Senate, Committee on Government Operations, *Organized Crime*, Teil 4, S. 891.
[93] Vgl. ebd., 885.
[94] Vgl. *New York Times*, 1. Dezember 1969, S. 42.
[95] Vgl. Messick, *Lansky*, S. 169 f.
[96] United Nations, Department of Social Affairs, *Bulletin on Narcotics*, Nr. 2, April/Juni 1953, S. 48. Hervorhebung von mir.

2
Marseille: Amerikas Heroinlabor

[1] Vgl. U.S. Congress, Senate, Committee on Government Operations, *Organized Crime and Illicit Traffic in Narcotics*, 88. Legislaturperiode, 1. und 2. Sitzung, Washington, D.C., 1964, Teil 4, S. 873–885.
[2] Vgl. John T. Cusack, »Turkey Lifts the Poppy Ban«, in: *Drug Enforcement*, Herbst 1974, S. 3.
[3] Vgl. Eugène Saccomano, *Bandits à Marseille*, Paris 1968, S. 53 f.
[4] Vgl. U.S. Bureau of Narcotics and Dangerous Drugs, »Persons Known to Be or Suspected of Being Engaged in the Illicit Traffic in Narcotics«, überarbeitet, Washington, D.C., 1965.
[5] Vgl. Saccomano, *Bandits*, S. 75.
[6] Vgl. Raymond J. Sontag, *A Broken World, 1919–1939*, New York 1971, S. 273 ff.
[7] Vgl. Saccomano, *Bandits*, S. 76.
[8] Vgl. Gabrielle Castellari, *La belle histoire de Marseille*, Marseille 1968, S. 120.
[9] Vgl. Saccomano, *Bandits*, S. 78.
[10] Vgl. ebd., S. 93 f.
[11] Vgl. U.S. Senate, Committee on Government Operations, *Organized Crime*, Teil 4, S. 887 f., 960.
[12] Vgl. ebd., S. 887 f.; Saccomano, *Bandits*, S. 91.
[13] Maurice Choury, *La Résistance en Corse*, Paris 1958, S. 16 f.
[14] Vgl. Charles Tillon, *Les F.T.P.*, Paris 1967, S. 167–173.
[15] Vgl. Gabriel Kolko, *The Politics of War*, New York 1968, S. 80 f.
[16] Vgl. Madeleine Baudoin, *Histoire des groups francs (M.U.R.) des Bouches-du-Rhone*, Paris 1962, S. 12 f. 163 f., 170 f.
[17] Die Waffenabwürfe für die Marseiller Résistance, die im September 1941 begannen, wurden von Col. Maurice J. Buckmaster von British Special Operations Executive beaufsichtigt. Die Waffen wurden zu einer besonderen Verbindungsgruppe in Marseille abgeworfen, die mit der nichtkommunistischen Résistance verbunden war. (Ebd., S. 21 ff.)

[18] Vgl. ebd., S. 51, 136 f., 158. Für weitere Details über die Spaltungen innerhalb der Résistance-Bewegung in Südfrankreich vgl. Bruce Desmond Graham, *The French Socialists and Tripartism, 1944–1947*, Canberra 1965, S. 20 ff.; Robert Aron, *France Reborn*, New York 1964, S. 71, 163 f. 347 f.; René Hostache, *Le conseil national de la Résistance*, Paris 1958, S. 40–44.
[19] Vgl. Baudoin, *Histoire*, S. 31 f.
[20] Vgl. Saccomano, *Bandits*, S. 18.
[21] Maurice Agulhon, Fernand Barrat, *C.R.S. à Marseille*, Paris 1971, S. 46 f., 75 ff.
[22] Igl. Harry L. Coles, Albert K. Weinberg, *Civil Affairs. Soldiers Become Governors*, Washington, D. C., 1964, S. 770 ff.
[23] Vgl. Agulhon, Barrat, *C.R.S. à Marseille*, S. 144.
[24] Vgl. Tillon, *Les. F.T.P.*, S. 292 f.
[25] Vgl. Agulhon, Barrat, *C.R.S. à Marseille*, S. 46 f., 75 ff.
[26] Vgl. Castellari, *La belle histoire*, S. 218 f.
[27] Vgl. Agulhon, Barrat, *C.R.S. à Marseille*, S. 145.
[28] Vgl. Joyce Kolko, Gabriel Kolko, *The Limits of Power*, New York 1972, S. 157.
[29] Vgl. ebd., S. 440.
[30] Augulhon, Barrat, *C.R.S. à Marseille*, S. 145 f.
[31] Ebd., S. 147.
[32] Vgl. ebd., S. 148.
[33] Vgl. ebd., S. 171.
[34] Vgl. ebd., S. 149 f.
[35] Vgl. *La Marseillaise* (Marseille), 13. November 1947.
[36] Vgl. *La Marseillaise*, 17. und 21. November, 10. Dezember 1947.
[37] Vgl. Kolko, Kolko, *Limits of Power*, S. 396.
[38] Ebd., S. 157.
[39] Walter LaFeber, *America, Russia, and the Cold War*, New York 1967, S. 47.
[40] Vgl. ebd., S. 48, 56.
[41] John Ranelagh, *The Agency. The Rise and Decline of the CIA*, New York 1986, S. 131.
[42] Vgl. U. S. Congress, Senate, Select Committee to Study Governmental Operations, »History of the Central Intelligence Agency«, *Supplementary Detailed Staff Reports on Foreign and Military Intelligence*, Buch IV, 94. Legislaturperiode, 2. Sitzung, Washington, D. C., 1979, S. 25–37.
[43] Vgl. John Loftus, *The Belarus Secret*, New York 1982, S. 105–29; William Colby, *Honorable Men. My Life in the CIA*, New York 1978, S. 75.
[44] Colby, *Honorable Men*, S. 73.
[45] Vgl. Ronald L. Filippelli, *American Labor and Postwar Italy, 1943–1953*, Stanford 1989, S. 112 f.
[46] Tom Braden machte diese Bemerkungen im November 1983. (Vgl. Ranelagh, *The Agency*, S. 247 f.)
[47] Peter Weiler, »The United States, International Labor, and the Cold War. The Breakup of the World Federation of Trade Unions«, in: *Diplomatic History*, Nr. 1, 1981, S. 12.
[48] Trevor Barnes, »The Secret Cold War. The C.I.A. and American Foreign Policy in Europe, 1946–1956«, Teil 1, in: *Historical Journal*, Nr. 2, 1981, S. 411 f.
[49] Vgl. Filippelli, *American Labor*, S. 112 f. Nur wenige Monate, bevor er den Bruch zwischen der kommunistischen und sozialistischen Fraktion der CGT »provozierte«, kam der sozialistische Gewerkschaftsführer Léon Jouhaux nach Washington, um sich mit Mitgliedern der Truman-Administration zu treffen. (Vgl. *Le Monde*, 12. Mai 1967.)

⁵⁰ Filippelli, *American Labor*, S. 113.
⁵¹ Thomas W. Braden, »I'm Glad the C.I.A. Is ›Immoral‹«, in: *Saturday Evening Post*, 20. Mai 1967, S. 14.
⁵² Vgl. ebd. Dies war nicht das erste Mal, dass amerikanische Geheimdienstkreise solche verdeckten Finanzierungen benutzten, um Zwist in den Reihen der linken französischen Gewerkschaftsbewegung zu säen. Im Zweiten Weltkrieg ließ die Gewerkschaftsabteilung des OSS unter Leitung von Arthur Goldberg der »sozialistischen Führung« der geheimen CGT Geld zukommen, weigerte sich jedoch, auch kommunistische Elemente in derselben Organisation finanziell zu unterstützen. Diese Einseitigkeit vergiftete das Klima zwischen den Beteiligten. (Vgl. R. Harris Smith, *OSS. The Secret History of America's First Central Intelligence Agency*, Berkeley 1972, S. 182.)
⁵³ Vgl. *Le Provençal*, 8. und 9. November 1947, S. 14.
⁵⁴ »Es war bei dieser Gelegenheit, dass sich die Führer der Force-Ouvrière–Fraktion endgültig von der CGT trennten und *mithilfe der amerikanischen Gewerkschaften* eine Koalition gründeten, die noch immer ihren Namen trägt.« (Jacques Julliard, *Le IVᵉ République*, Paris 1968, S. 124. Hervorhebung von mir.)
⁵⁵ Vgl. Kolko, Kolko, *Limits of Power*, S. 370. Diesem Bündnis zwischen CIA und Sozialisten gingen offenbar eingehende Verhandlungen voraus. Bei seinem Besuch in Washington im Mai 1946 sagte der sozialistische Parteiführer Léon Blum dem Korrespondenten einer französischen Nachrichtenagentur: »Zahlreiche amerikanische Diplomaten, mit denen ich gesprochen habe, sind sich sicher, dass der Sozialismus das beste Bollwerk gegen den Kommunismus in Europa werden kann.« Später berichtete die US–Presse, dass Präsident Trumans Finanzminister Blum gedrängt habe, die nichtkommunistischen Parteien zu einen und die Kommunisten aus der Regierung zu treiben. (Vgl. *Le Monde*, 12. Mai 1967.)
⁵⁶ *Le Provençal*, 14. November 1947.
⁵⁷ Vgl. *La Marseillaise*, 19. November 1947.
⁵⁸ Vgl. Agulhon, Barrat, *C.R.S. à Marseille*, S. 156–173.
⁵⁹ Vgl. *Le Provençal*, 14. November 1947.
⁶⁰ Vgl. Agulhon, Barrat, *C.R.S. à Marseille*, S. 204, 215.
⁶¹ Vgl. ebd., S. 76, 128.
⁶² Vgl. ebd., S. 196.
⁶³ Gespräch mit Lt. Col. Lucien Conein, McLean, Virginia, 18. Juni 1971. (Conein arbeitete im Zweiten Weltkrieg als Verbindungsoffizier des OSS in der französischen Résistance und diente später als CIA-Agent.)
⁶⁴ Vgl. Castellari, *La belle histoire*, S. 221.
⁶⁵ Vgl. ebd., S. 222.
⁶⁶ Die enge Beziehung zwischen Marseilles vietnamesischer Gemeinde und der französischen Linken spielte auch eine Rolle in der Geschichte des Indochinakrieges. Sofort nach der Befreiung entdeckte der mit der Linken sympathisierende Stadtkommissar von Marseille, Raymond Aubrac, die elenden Bedingungen der indochinesischen Arbeitslager in den Vorstädten und tat alles in seiner Macht Stehende, um Abhilfe zu schaffen. Seine Bemühungen trugen ihm den Respekt der nationalistischen Organisation der Vietnamesen ein. Man stellte ihn Ho Chi Minh vor, der Frankreich 1946 zu Verhandlungen besuchte. Als die Pugwash-Konferenzen den Deeskalationsvorschlag zur Beendigung des Vietnamkriegs 1967 ausarbeiteten, fiel die Wahl auf Aubrac, um Ho Chi Minh das Angebot in Hanoi zu überbringen. (Vgl. Agulhon, Barrat, *C.R.S. à Marseille*, S. 43.)

[67] *Combat*, 4. Februar 1950.
[68] Vgl. *New York Times*, 18. Februar 1950, S. 5.
[69] Vgl. *New York Times*, 24. Februar 1950, S. 12.
[70] Vgl. *Combat*, 18. und 19. Februar 1950.
[71] Braden, »I'm Glad the CIA Is ›Immoral‹«, S. 10. Hervorhebung von mir.
[72] Vgl. Filippelli, *American Labor*, S. 181; Ronald Radosh, *American Labor and United States Foreign Policy*, New York 1969, S. 323 f.
[73] *Time*, 17. März 1952, S. 23.
[74] Vgl. *New York Times*, 14. März 1950, S. 5.
[75] Vgl. *New York Times*, 16. April 1950, Sec. 4, S. 4.
[76] Vgl. U. S. Drug Enforcement Administration, »The Heroin Labs of Marseille«, in: *Drug Enforcement*, Herbst 1973, S. 11 ff.; Cusack, »Turkey Lifts the Poppy Ban«, S. 3–7.
[77] U. S. Bureau of Narcotics and Dangerous Drugs, »Persons Known to Be«.
[78] Vgl. *New York Times Magazine*, 6. Februar 1972, S. 53 f.
[79] U. S. Congress, Senate, Committee on Government Operations, *Organized Crime*, Teil 4, S. 888.
[80] U. S. Bureau of Narcotics and Dangerous Drugs, »Persons Known to Be«.
[81] Vgl. *France-Soir* (Paris), 7. September 1971.
[82] Vgl. U. S. Bureau of Narcotics and Dangerous Drugs, »Persons Known to Be«.
[83] Vgl. *L'Express* (Paris), 6. bis 12. September 1971, S. 18.
[84] Vgl. Saccomano, *Bandits à Marseille*, S. 25.
[85] Vgl. *Le Provençal*, 3. Januar 1970.
[86] Vgl. Saccomano, *Bandits à Marseille*, S. 13 f.
[87] Vgl. *Le Provençal*, 7. Januar 1970.
[88] Vgl. *Le Provençal*, 6. bis 16. Januar 1970; *La Marseillaise*, 6. bis 16. Januar 1970.
[89] Vgl. *Le Provençal*, 16. Januar 1970.
[90] Vgl. *France-Soir*, 7. September 1971.
[91] U. S. Senate, Committee on Government Operation, *Organized Crime*, Teil 4, S. 961.
[92] *New York Times Magazine*, 6. Februar 1972, S. 14 f.
[93] Vgl. U. S. Senate, Committee on Government Operation, *Organized Crime*, Teil 4, S. 956; vgl. a. Morgan F. Murphy, Robert H. Steele, *The World Heroin Problem*, 92. Legislaturperiode, 2. Sitzung, Washington, D. C., 1971, S. 8.
[94] Vgl. Phillip M. Williams, Martin Harrison, *Politics and Society in De Gaulle's Republic*, London 1971, S. 383 f.
[95] Vgl. *Sunday Times*, 26. September 1971.
[96] Gespräch mit einem Drogenbeamten, U. S. Bureau of Narcotics and Dangerous Drugs, New Haven, CT, 18. November 1971.
[97] Vgl. *Sunday Times*, 26. September 1971.
[98] Ebd.
[99] Vgl. *New York Times*, 16. November 1971, S. 1.
[100] Vgl. *Le Monde*, 21. bis 23., 27. November 1971.
[101] Vgl. *New York Times Magazine*, 6. Februar 1972, S. 53 f. Im Jahr 1972 gelangen der französischen Polizei beeindruckende Erfolge bei ihren Bemühungen, die Heroinindustrie von Marseille zu vernichten. In den ersten sieben Monaten des Jahres deckte sie fünf Heroinlabors auf, mehr als in den vorangegangen zehn Jahren. (Vgl. U. S. Cabinet Committe on International Narcotics Control [CCINC], »Fact Sheet. The Cabinet Committee on International Narcotics Control – A Year of Progress in Drug Abuse Prevention«, Washington, D. C., September 1972, S. 2.)

[102] Vgl. Joe Flanders, »Bad Year for French Heroin Traffickers«, in: *Drug Enforcement*, Februar/März 1974, S. 29.
[103] Vgl. Lucien Aimé-Blanc, »France«, in: *Drug Enforcement*, Winter 1975/76, S. 38.
[104] Vgl. Joe Flanders, »The Key to Success. Franco-American Cooperation«, in: *Drug Enforcement*, Herbst 1973, S. 15.
[105] Aimé-Blanc, »France«, S. 37 f.
[106] Vgl. U.S. Drug Enforcement Administration, »Summary of Middle East Heroin Conference«, John F. Kennedy Airport, December 6–7, 1979«, S. 14–17, Alan A. Block Archive on Organized Crime, Pennsylvania State University.
[107] Vgl. John Bacon, »Is the French Connection Really Dead?«, in: *Drug Enforcement*, Sommer 1981, S. 19 ff.
[108] Vgl. Anton Blok, *Die Mafia in einem sizilianischen Dorf, 1860–1960. Eine Studie über gewalttätige bäuerliche Unternehmer*, Frankfurt am Main 1981, S. 271–280.
[109] Vgl. Gaia Servadio, *Mafioso. A History of the Mafia from Its Origins to the Present*, New York 1976, S. 176–179.
[110] Vgl. Michele Pantaleone, *The Mafia and Politics*, London 1969, S. 167–179.
[111] Vgl. Norman Lewis, *Die ehrenwerte Gesellschaft*, Frankfurt am Main 1967, S. 266–284; U.S. Senate, Commission on Government Operations, *Organized Crime*, Teil 4, S. 893 f.
[112] Vgl. *Life*, 18. Juni 1971, S. 35 f.
[113] Vgl. Claire Sterling, *Octopus. The Long Reach of the International Sicilian Mafia*, New York 1990, S. 102 ff. (dt.: *Die Mafia. Das organisierte Verbrechen bedroht die Welt*, Bergisch Gladbach 1993).
[114] Vgl. Alan A. Block, »Thinking About Violence and Change in the Sicilian Mafia«, in: *Violence, Aggression and Terrorism*, Nr. 1, 1987, S. 67–70.
[115] Vgl. Meade Feild, Newark, New Jersey, Strike Force, »Report of Investigation. Michael Piancone et al.«, U.S. Treasury Department, Bureau of Customs, 16. November 1973, S. 1 ff., Alan A. Block Archive on Organized Crime, Pennsylvania State University.
[116] Vgl. Anthony Mangiaracina, Special Agent, Drug Enforcement Administration, »Report of Investigation. Report Re. Salvatore Sollena«, 27. Juli 1981, S. 1–11, Alan A. Block Archive on Organized Crime, Pennsylvania State University.
[117] Vgl. Murphy, Steele, *World Heroin Problem*, S. 12, 16.
[118] Ebd.
[119] Vgl. Cusak, »Turkey Lifts the Poppy Ban«, S. 2–7.
[120] Gespräch mit John Warner, U.S. Bureau of Narcotics and Dangerous Drugs, Washington, D.C., 14. Oktober 1971.
[121] Vgl. Ed Reid, *The Grim Reapers*, Chicago 1969, S. 16.
[122] Vgl. Hank Messick, *Lansky*, New York 1971, S. 175.
[123] Vgl. Reid, *Grim Reapers*, S. 97.
[124] Vgl. U.S. Senate, Committee on Government Operations, *Organized Crime*, Teil 4, S. 928.
[125] U.S. Bureau of Narcotics and Dangerous Drugs, »Persons Known to Be«.
[126] Vgl. U.S. Senate, Committee on Government Operations, *Organized Crime*, Teil 2, S. 524 f.; Gespräch mit einem Drogenbeamten, U.S. Bureau of Narcotics and Dangerous Drugs, New Haven, CT, 18. November 1971.
[127] Vgl. U.S. Senate, Committee on Government Operations, *Organized Crime*, Teil 2, S. 527, 539. (1954 wurde Santo Trafficante jr. von der Polizei in Saint Petersburg ver-

haftet, als er versuchte, einen Polizeibeamten zu bestechen, um Beweise für seine Beteiligung an der *Bolita*–Lotterie zu vernichten.)

[128] U. S. Bureau of Narcotics and Dangerous Drugs, Pressemitteilung, Washington, D. C., 27. Juni 1970.

[129] Gespräch mit einem Drogenbeamten, U. S. Bureau of Narcotics and Dangerous Drugs, Washington, D. C., 14. Oktober 1971.

[130] Vgl. U. S. Congress, Senate, Permanent Subcommittee on Investigations, *Fraud and Corruption in Management of Military Club Systems*, 91. Legislaturperiode, 1. Sitzung, Washington, D. C., 1969, S. 279; Reid, *Grim Reapers*, S. 296.

3
Opium für die Eingeborenen

[1] International Opium Commission, *Report of the International Opium Commission. Shanghai, China, February 1 to February 26, 1909*, Schanghai 1909, Bd. 2, S. 44.

[2] Vgl. David Edward Owen, *British Opium Policy in China and India*, New Haven 1934, S. 5 f.

[3] Ebd., S. 2.

[4] Vgl. ebd., S. 6.

[5] Vgl. Jonathan Spence, »Opium Smoking in Ch'ing China«, Honolulu, Conference on Local Control and Protest During the Ch'ing Period, 1971, S. 5–8.

[6] Vgl. Om Prakash, *The Dutch East India Company and the Economy of Bengal, 1630–1720*, Neu Delhi 1988, S. 145–157.

[7] Vgl. John F. Richards, »The Indian Empire and Peasant Production of Opium in the Nineteenth Century«, in: *Modern Asian Studies*, Nr. 1, 1981, S. 59–62.

[8] Vgl. International Opium Commission, *Report*, Bd. 2, S. 44–66, 356; U. S. Department of Commerce, Bureau of Foreign and Domestic Commerce, *Statistical Abstract of the United States 1915*, Washington, D. C., 1916, S. 713.

[9] Vgl. Owen, *British Opium Policy*, S. 18–27.

[10] Vgl. ebd., S. 31–44.

[11] Vgl. Sir John Strachey, *India. Its Administration and Progress*, London 1903, S. 133–142.

[12] Vgl. Richards, »The Indian Empire«, S. 66–76.

[13] Vgl. Michael Greenberg, *British Trade and the Opening of China 1800–42*, Cambridge 1951, S. 109 f.

[14] Vgl. Owen, *British Opium Policy*, S. VII; Richards, »The Indian Empire«, S. 66.

[15] Vgl. Tan Chung, »The Britain-China-India Trade Triangle, 1771–1840«, in: Sabyasachi Bhattacharya (Hg.), *Essays in Modern Indian Economic History*, Neu Delhi 1987, S. 114–130; Richards, »The Indian Empire«, S. 67 ff.

[16] Vgl. Charles C. Stelle, »American Trade in Opium to China in the Nineteenth Century«, in: *Pacific Historical Review*, 9, Dezember 1940, S. 427–442.

[17] Vgl. Greenberg, *British Trade*, S. 124–131, 221.

[18] Vgl. Charles C. Stelle, »American Trade in Opium to China, 1821–39«, in: *Pacific Historical Review*, 10, März 1941, S. 57–74.

[19] Vgl. ebd., S. 127, 221.

[20] Vgl. Owen, *British Opium Policy*, S. 104–108; Richards, »Indian Empire«, S. 65.

[21] Vgl. Basil Lubbock, *The Opium Clippers*, Glasgow 1953, S. 14, 62–79.

[22] Vgl. ebd., S. 92 f., 382 f.; ders., *The China Clippers*, Glasgow 1914, S. 22 f.
[23] Vgl. Lubbock, *Opium Clippers*, S. 382 f.
[24] Vgl. Greenberg, *British Trade*, S. 221; Owen, *British Opium Policy*, S. 113–145.
[25] Vgl. Rev. Algeron Sydney Thelwall, *The Iniquities of the Opium Trade with China. Being a Development of the Main Causes Which Exclude the Merchants of Great Britain from the Advantages of an Unrestricted Commercial Intercourse with that Vast Empire*, London 1839, S. 13.
[26] Ebd., S. 177.
[27] Ebd., S. 52 ff.
[28] Ebd., S. 65–82.
[29] Vgl. John K. Fairbank, Edwin O. Reischauer, Albert M. Craig, *East Asia. Tradition and Transformation*, Boston 1965, S. 131. Zeitgenössische Beobachter schenkten dem chinesischen Opiumhandel und dem Opiumkrieg beträchtliche Aufmerksamkeit. Ein Jahrhundert später waren sie Gegenstand einer Reihe von Monografien: vgl. Chang Hsing-pao, *Commissioner Lin and the Opium War*, Cambridge 1964; P. C. Kuo, *A Critical Study of the First Anglo-Chinese War*, Schanghai 1935; Teng Ssu-yu, *Chang Hsi and the Treaty of Nanking*, Chicago 1944; Arthur Waley, *The Opium War Through Chinese Eyes*, New York 1958.
[30] Vgl. Owen, *British Opium* Policy, S. 146–189.
[31] Vgl. Joshua Rowntree, *The Imperial Drug Trade*, London 1905, S. 286.
[32] Vgl. Lubbock, *Opium Clippers*, S. 280–285.
[33] Vgl. Edouard Stackpole, *Captain Prescott and the Opium Smugglers*, Juli 1954, S. 34–43; Owen, *British Opium Policy*, S. 183–193; Lubbock, *Opium Clippers*, S. 382 ff.
[34] Stackpole, *Captain Prescott*, S. 35.
[35] Vgl. Arthur H. Clark, *The Clipper Ship Era. An Epitome of Famous American and British Clipper Ships, Their Owner, Builders, Commanders, and Crews 1853–1869*, New York 1910, S. 57–72.
[36] Vgl. William C. Costin, *Great Britain and China*, Oxford 1937, S. 206–286.
[37] Vgl. Owen, *British Opium Policy*, S. 221–229.
[38] Vgl. International Opium Commission, *Report*, Bd. 2, S. 44–66; U. S. Department of Commerce, *Statistical Abstract*, S. 713.
[39] Vgl. Rowntree, *Imperial Drug Trade*, S. 286 f.
[40] Shlomo Avineri, *Karl Marx on Colonialism and Modernization*, Garden City, NY, 1969, S. 361.
[41] Vgl. Spence, »Opium Smoking«, S. 16. Opium war für die Wirtschaft Sichuans so wichtig, dass eine lokale Kampagne zur Unterdrückung des Anbaus 1901–1911 einen Großteil der Bevölkerung der kaiserlichen Regierung entfremdete und Unterstützung für die Revolution von 1911 schuf. (Vgl. Samuel A. M. Adshead, »The Opium Trade in Sichuan 1881 to 1911«, in: *Journal of Southeast Asian History*, Nr. 2, September 1966, S. 98 f.)
[42] Vgl. Owen, *British Opium Policy*, S. 266 f.
[43] Vgl. International Opium Commission, *Report*, Bd. 2, S. 56 f.
[44] Vgl. Owen, *British Opium Policy*, S. 266 f.
[45] Vgl. *L'Asie française* (Hanoi), Juli 1991, S. 163 ff.
[46] Vgl. Bernard-Marcel Peyrouton, *Les monopoles en Indochine*, Paris 1913, S. 146; G. Ayme, *Monographie de Ve Territoire militaire*, Hanoi 1930, S. 117–122; League of Nations, Commission of Inquiry into the Control of Opium Smoking in the Far East, *Report to the Council*, Bd. 1, Genf 1930, S. 86.

⁴⁷ Vgl. Rhoads Murphey, »Traditionalism and Colonialism. Changing Urban Roles in Asia«, in: *Journal of Asian Studies*, Nr. 1, November 1969, S. 68 f.
⁴⁸ Vgl. League of Nations, Advisory Committee on the Traffic in Opium and Other Dangerous Drugs, *Annual Reports of Governments on the Traffic in Opium and Other Dangerous Drugs for the Year 1935*, Bd. 11, Genf 1937, S. 72–75.
⁴⁹ Vgl. G. William Skinner, *Chinese Society in Thailand. An Analytical History*, Ithaca 1957, S. 29 f.
⁵⁰ Vgl. Victor Purcell, *The Chinese in Southeast Asia*, London 1951, S. 28, 215; Skinner, *Chinese Society*, S. 29 f., 87.
⁵¹ Vgl. League of Nations, Advisory Committee on the Traffic in Opium and Other Dangerous Drugs, *Summary of Annual Reports*, Bd. 11, Genf 1930, Teil III: »Prepared Opium Statistics«.
⁵² Vgl. ebd., S. 16 f.; League of Nations, *Annual Reports for 1935*, S. 23.
⁵³ Vgl. James R. Rush, *Opium to Java*, Ithaca 1990, S. 234–237.
⁵⁴ Vgl. John G. Butcher, »The Demise of the Revenue Farm System in the Federated Malay States«, in: *Modern Asian Studies*, Nr. 3, 1983, S. 410 f.
⁵⁵ Bald nachdem die amerikanischen Kolonialadministration 1898 die spanische ersetzte, wurden die Philippinen eine Ausnahme. Das spanische Opiumlizenzsystem war 1843 eingerichtet worden und hatte der Regierung jedes Jahr 600.000 Dollar in Silber eingebracht. Bald nachdem die US-Armee die Insel besetzte, wurde es abgeschafft. (Vgl. Arnold H. Taylor, *American Diplomacy and the Narcotics Traffic, 1900–1939. A Study in International Humanitarian Reform*, Durham 1969, S. 31 f., 43.)
⁵⁶ Vgl. Alleyne Ireland, *Colonial Administration in the Far East. The Province of Burma*, Boston 1907, S. 848 f.
⁵⁷ Vgl. Carl A. Trocki, *Prince of Pirates. The Temenggongs and the Development of Johor and Singapore*, Singapur 1979, S. 1979, S. 85–117, 203–215.
⁵⁸ Vgl. Carl A. Trocki, »The Rise of Singapore's Great Opium Syndicate, 1840–86«, in: *Journal of Southeast Asian Studies*, Nr. 1, 1987, S. 58–80.
⁵⁹ Vgl. Butcher, »Demise of the Revenue Farm System«, S. 394–397.
⁶⁰ Vgl. Prakash, *Dutch East India Company*, S. 145–157.
⁶¹ Vgl. International Opium Commission, *Report*, Bd. 2, »Statistics of the Trade in Opium. A. Import«; Rush, *Opium to Java*, S. 126 f.
⁶² Vgl. James R. Rush, »Opium in Java. A Sinister Friend«, in: *Journal of Asian Studies*, Nr. 3, 1985, S. 550–553.
⁶³ International Opium Commission, *Report*, Bd. 2, S. 315.
⁶⁴ Vgl. League of Nations, *Annual Reports for 1935*, S. 72–75.
⁶⁵ Vgl. Rush, *Opium to Java*, S. 65–82.
⁶⁶ Vgl. James R. Rush, »Social Control and Influence in Nineteenth Century Indonesia. Opium Farms and the Chinese of Java«, in: *Indonesia*, 35, 1983, S. 56–64.
⁶⁷ Vgl. Robert Cribb, »Opium and the Indonesian Revolution«, in: *Modern Asian Studies*, Nr. 4, 1988, S. 701–722.
⁶⁸ Vgl. International Opium Commission, *Report*, Bd. 2, S. 359–365.
⁶⁹ Für eine Diskussion der Opiumlizenzgeschäfte auf den Philippinen vgl. Edgar Wickberg, *The Chinese in Philippine Life*, New Haven 1965, S. 114–119. Für Statistiken über den Prozentanteil der Steuereinnahmen aus dem Opiumverkauf vgl. League of Nations, Advisory Committee on the Traffic in Opium and Other Dangerous Drugs, *Annual Reports*, 1921–1937. Die Einkünfte aus Opium in den britisch-malaysischen Straits Settlements waren sogar noch höher. 1880 machten sie 56,7 Prozent aller staatlichen Einnahmen aus, 1890 fiel der Anteil leicht auf 52,2 Prozent, um 1904 wieder

auf 59 Prozent zu steigen. (Vgl. Cheng U Wen, »Opium in the Straits Settlements, 1867–1910«, in: *Journal of Southeast Asian History,* Nr. 1, März 1961, S. 52, 75.)
70 International Opium Commission, *Report,* Bd. 2, S. 329.
71 Vgl. Andrew D. W. Forbes, »The ›Cin-Ho‹ (Yunnanese Chinese) Caravan Trade with North Thailand During the Late Nineteenth and Early Twentieth Centuries«, in: *Journal of Asian History,* Nr. 1, 1987, S. 1–47.
72 Ebd., S. 27 f.
73 Vgl. Geoffrey C. Gunn, »Shamans and Rebels. The Batchai (Meo) Rebellion of Northern Laos and North-West Vietnam (1918–1921)«, in: *Journal of the Siam Society,* 74, 1986, S. 110 f.; Dr. Thaung, »Panthay Interlude in Yunnan. A Study in Vicissitudes Through the Burmese Kaleidoscope«, in: *Burmese Research Society Fiftieth Anniversary Publication,* Nr. 1, 1961, S. 479–481.
74 John Anderson, *Mandalay to Momien. A Narrative of the Two Expeditions to Western China of 1868 and 1879 Under Colonel Edward B. Sladen and Colonel Horace Browne,* London 1876, S. 333–345.
75 Vgl. Andrew D. W. Forbes, »The Yunnanese (›Ho‹) Muslims of North Thailand«, in: ders., *The Muslims of Thailand,* Bd. 1: *Historical and Cultural Studies,* Gaya (Indien), 1988, S. 91–95.
76 Vgl. Terry B. Grandstaff, »The Hmong, Opium and the Haw. Speculations on the Origin of Their Association«, in: *Journal of the Siam Society,* Nr. 2, 1979, S. 76–79.
77 Vgl. Mosh Yegar, »The Panthay (Chinese Muslims) of Burma and Yunnan«, in: *Journal of Southeast Asian Studies,* Nr. 1, 1966, S. 80 ff.; Forbes, »Yunnanese«, S. 93.
78 Vgl. Grandstaff, »Hmong«, S. 77 f.
79 Vgl. Eugène Picanon, *Le Laos française,* Paris 1901, S. 284 f.
80 Vgl. League of Nations, *Summary of Annual Reports* (1930), S. 29 f.
81 Vgl. League of Nations, *Annual Reports for 1935,* S. 9.
82 International Opium Commission, *Report,* Bd. 2, S. 124, 357.
83 Vgl. League of Nations, *Annual Reports for 1935,* S. 46 f.
84 Vgl. ebd., S. 9, 46 f.
85 League of Nations, Advisory Committee on the Traffic in Opium and Other Dangerous Drugs, *Application of Part II of the Opium Convention with Special Reference to the European Possessions and Countries in the Far East,* Bde. 11–12, Genf 1923, »Raw Opium Statistics«; League of Nations, *Summary of Annual Reports* (1930), »Raw Opium Statistics«.
86 Vgl. League of Nations, Advisory Committee on the Traffic in Opium and Other Dangerous Drugs, *Minutes of the Twelfth Session,* 17. Januar bis 2. Februar 1929, Genf 1969, S. 209.
87 Ebd., S. 205; League of Nations, Advisory Committee on the Traffic in Opium and Other Dangerous Drugs, *Summary of Annual Reports in Traffic in Opium and Other Dangerous Drugs for the Years 1929 and 1930,* Genf, 22. März 1932, S. 317.
88 Vgl. Paul Doumer, *Situation de l'Indo-Chine, 1897–1901,* Hanoi 1902, S. 157, 162.
89 Vgl. Owen, *British Opium Policy,* S. 261 ff.
90 Rev. A. E. Moule, *The Use of Opium and Its Bearing on the Spread of Christianity in China,* Schanghai 1877, S. 13 ff.
91 Vgl. Owen, *British Opium Policy,* S. 263 ff.; Rowntree, *Imperial Drug Trade,* S. 228 f.
92 Vgl. Wie T. Dunn, *The Opium Traffic in Its International Aspects,* New York 1920, S. 118–130, 281–354.
93 Vgl. International Opium Commission, *Report,* Bd. 2, S. 21–26.

[94] Vgl. David Musto, *The American Disease. Origins of Narcotic Control,* New Haven 1973, S. 25–28.
[95] Vgl. International Opium Commission, *Report,* Bd. 2, S. 22–26.
[96] Vgl. Musto, *American Disease,* S. 28–7; Peter D. Lowes, *The Genesis of International Narcotics Control,* Genf 1966, S. 102–111.
[97] International Opium Commission, *Report,* Bd. 1, S. 79–84.
[98] Vgl. Musto, *American Disease,* S. 49–63; Taylor, *American Diplomacy and the Narcotics Traffic,* S. 120, 129 ff.
[99] Vgl. Vladimir Kusevic, »Drug Abuse Control and International Treaties«, in: *Journal of Drug Issues,* Nr. 1, S. 34–53; Bertil A. Renborg, *International Drug Control. A Study of International Administration by and Through the League of Nations,* Washington, D. C., 1944, S. 20–26.
[100] Vgl. International Opium Commission, *Report,* Bd. 2, S. 355–365; League of Nations, *Annual Reports for 1935,* S. 46 f.
[101] Vgl. League of Nations, *Application of Part II,* S. 4; League of Nations, *Annual Reports for 1935,* S. 70 f.
[102] Vgl. League of Nations, *Annual Reports for 1935,* S. 72–75.
[103] Vgl. Hong Lysa, *Thailand in the Nineteenth Century. Evolution of the Economy and Society,* Singapur 1984, S. 128.
[104] Vgl. International Opium Commission, *Report,* Bd. 2, S. 330, 364.
[105] Ebd., S. 346.
[106] Vgl. Virginia Thompson, *Thailand. The New Siam,* New York 1941, S. 728 ff.
[107] Vgl. League of Nations, Advisory Committee, *Annual Reports of the Traffic in Opium for the Year 1939,* Genf 1940, S. 42 f.
[108] Vgl. Purcell, *Chinese in Southeast Asia,* S. 105 f. Die Thai-Regierung tat ebenfalls ihr Bestes, um die lokale Opiumproduktion zu beschränken. Ein Brite, der nach 1920 durch Nordthailand reiste, traf einen thailändischen Polizeitrupp, der eine Gruppe gefangener Hmong-Opiumschmuggler nach Chiang Rai führte. Er berichtete, dass der Opiumanbau verboten sei, aber »die kleinen, verstreuten Stämme, die in entlegenen Gebirgen leben, noch immer ihren altehrwürdigen Bräuchen folgen, und obwohl es für die Gendarmen in der Regel ein gefährliches und nutzloses Unterfangen ist, die Stämme in ihren eigenen Hochburgen anzugreifen, kommt es gelegentlich zu Festnahmen ..., wenn Mohn zum Verkauf herabgebracht wird«. (Reginald le May, *An Asian Arcady. The Land and Peoples of Northern Siam,* Cambridge 1926, S. 229.)
[109] Vgl. Skinner, *Chinese Society,* S. 118 f.
[110] Vgl. ebd., S. 120 f.; Hong, *Thailand in the Nineteenth Century,* S. 128; Constance M. Wilson, *State and Society in the Reign of Mongkut, 1851–1868. Thailand on the Eve of Modernization,* Doktorarbeit, Cornell University 1970, Tabelle Q.2, »Estimate of Revenue Received from Tax Farms«, S. 995–1000.
[111] Vgl. International Opium Commission, *Report,* Bd. 1, S. 331.
[112] Vgl. League of Nations, *Traffic in Opium,* Appendix 2, 1. Juni 1922; League of Nations, *First Opium Conference,* 3. November 1924 bis 11. Februar 1925, S. 134.
[113] Vgl. League of Nations, Advisory Committee on the Traffic in Opium and Other Dangerous Drugs, *Application of Part II of the Opium Convention with Special Reference to the European Possessions and the Countries of the Far East,* Genf 1923, S. 12.
[114] League of Nations, *Annual Reports for the Year 1931,* Genf 1931, S. 96.
[115] League of Nations, Commission of Inquiry into the Control of Opium Smoking in the Far East, *Report to the Council,* Bd. 1, Genf 1930, S. 78 f.

[116] Vgl. Thomson, *Thailand*, S. 734.
[117] Vgl. Benjamin A. Batson, »The Fall of the Phibun [Phibul] Government, 1944«, in: *Journal of the Siam Society*, 62, Teil 2, Juli 1974, S. 91–94; Nigel J. Brainley, *Thailand and the Fall of Singapore. A Frustrated Asian Revolution*, Boulder 1986, S. 77.
[118] Vgl. Kenneth P. Landon, *The Chinese in Thailand*, New York 1941, S. 92 f.
[119] Vgl. ebd., S. 93 f.
[120] Vgl. League of Nations, *Annual Reports for 1935*, S. 9; Thompson, *Thailand*, S. 733.
[121] Vgl. Landon, *Chinese in Thailand*, S. 93.
[122] Vgl. League of Nations, *Annual Reports for 1935*, S. 46 f.
[123] Vgl. Thompson, *Thailand*, S. 734 ff.
[124] Landon, *Chinese in Thailand*, S. 93.
[125] Vgl. Thompson, *Thailand*, S. 737.
[126] League of Nations, *Application of Part II*, »Raw Opium Statistics«.
[127] Vgl. Landon, *Chinese in Thailand*, S. 94 f.; Thompson, *Thailand*, S. 737.
[128] Vgl. William R. Geddes, »Opium and the Miao. A Study in Ecological Adjustment«, in: *Oceania*, Nr. 1, September 1970, S. 1 f.; Peter Kandre, »Autonomy and Integration of Social Systems. The Iu Mien (›Yao‹ or ›Man‹) Mountain Population and Their Neighbors«, in: Peter Kundstadter (Hg.), *Southeast Asian Tribes, Minorities, and Nations*, Bd. 2, Princeton 1967, S. 585.
[129] Vgl. Paul T. Cohen, »Hill Trading in the Mountain Ranges of Northern Thailand« (1968), S. 1 ff. Ein Anthropologe, der in den 30er Jahren durch Nordthailand reiste, berichtete, dass zwar die Akha ihre volle Aufmerksamkeit dem Opiumanbau widmeten und sich im Opiumhandel engagierten, die Hmong-Produktion jedoch sehr sporadisch war. (Vgl. Hugo Adolf Bernatzik, *Akha and Meo*, New Haven 1970, S. 522 f.)
[130] Vgl. Brailey, *Thailand and the Fall of Singapore*, S. 73–78, 89–102.
[131] Vgl. E. Bruce Reynolds, »The Fox in the Cabbage Patch. Thailand and Japan's Southern Advance«, Vortrag auf dem Jahrestreffen von Asian Studies on the Pacific Coast, Honolulu, 1. Juli 1989, S. 2–20.
[132] Vgl. John Costello, *The Pacific War 1941–1945*, New York 1981, S. 236–244.
[133] Vgl. Thak Chaloemtiarana (Hg.), *Thai Politics. Extracts and Documents, 1932–1957*, Bangkok 1978, S. 692–696.
[134] Dies lässt sich aus Daten der thailändischen Kriegsimporte schließen. Der Wert des 1943 importierten Opiums wurde mit 9,7 Millionen Baht veranschlagt. Länder, die in namhaftem Maße Waren nach Thailand exportierten, waren Malaysia, China, Japan, Singapur und Birma. Nur Exporte aus Birma weisen jedoch 1943 einen eigentümlichen Wertzuwachs von zehn Millionen Baht auf. 1942 beliefen sich Birmas Exporte nach Thailand auf 500.000 Baht. 1943 stieg ihr Wert auf elf Millionen, bevor er 1944 wieder auf eine Million und 1945 auf 900.000 Baht fiel. Der uncharakteristische Anstieg des Wertes birmanischer Exporte 1943 um zehn Millionen in einem Jahr erklärt sich sehr wahrscheinlich durch Opium, das das thailändische Opiummonopol aus dem Shan-Staat importierte. (Vgl. Thailand Department of His Majesty's Customs, *Annual Statement of the Foreign Trade and Navigation*, Bangkok 1946, S. 53, 81–91.)
[135] Vgl. Thak Chaloemtiarana, *Thai Politics*, S. 568 ff.
[136] Ebd.
[137] Vgl. Brailey, *Thailand and the Fall of Singapore*, S. 100 f.
[138] Vgl. Nicol Smith, Blake Clark, *Into Siam, Underground Kingdom*, Indianapolis 1946, S. 142–146.

[139] Zu diesen Militärs siehe David K. Wyatt, *Thailand. A Short History*, New Haven 1984, S. 273; »List of Members of the Coups of 1932–1957«, in: Phin Choonhawan (Chunnahawan), »Events in the Life of Field Marshal Phin Chunnahawan«; Khana Ratthamontri, »The History and Works of Field Marshal Sarit Thanarat«, in: Thak Chaloemtiarana, *Thai Politics*, S. 556–561, 568–571, 692–703; *Who's Who in Thailand 1987*, Bangkok 1987.

[140] Vgl. U.S. Congress, Senate, Committee of the Judiciary, *The AMERASIA Papers. A Clue to the Catastrophe of China*, 91. Legislaturperiode, 1. Sitzung, Januar 1970, Washington, D.C., 1970, S. 272 f.

[141] 1947 zum Beispiel importierte die thailändische Regierung Opium im Wert von 9.264.000 Baht, verglichen mit alkoholischen Getränken im Wert von 10.135.000 Baht. (Vgl. *Far Eastern Economic Review*, 23. November 1950, S. 625.)

[142] Vgl. *The Burmese Opium Manual*, Rangun 1911, S. 21–45, 65.

[143] Vgl. League of Nations, Advisory Committee on the Traffic in Opium and Other Dangerous Drugs, *Annual Reports on the Traffic in Opium and Other Dangerous Drugs for the Year 1939*, Genf 1939, S. 42.

[144] Vgl. League of Nations, *Report to the Council*, Bd. 1, S. 51.

[145] Vgl. Edmund R. Leach, *Political Systems of Highland Burma*, Boston 1968, S. 36 f.

[146] Vgl. ebd., 56–59.

[147] Vgl. Sao Saimong Mangrai, *The Shan States and the British Annexation*, Ithaca, August 1965, S. 150.

[148] Vgl. Ebd. S. 215, XXXIII–XXXVII.

[149] Vgl. »Report of the Administration of the Northern Shan States for the Year Ended the 30th June 1923«, in: *Report on the Administration of the Shan and Karenni States*, Rangun 1924, S. 125.

[150] Vgl. League of Nations, *Annual Reports for 1939*, S. 42.

[151] Vgl. *Report by the Government of the Union of Burma for the Calendar Year 1950 of the Traffic in Opium and Other Dangerous Drugs*, Rangun 1951, S. 1.

[152] Vgl. *New York Times*, 9. November 1968, S. 8.

[153] Vgl. Alexander Barton Woodside, *Vietnam and the Chinese Model*, Cambridge 1971, S. 278 f.

[154] Vgl. ebd., S. 269.

[155] Vgl. Le Thanh Khoi, *Le Viet-Nam. Histoire et civilisation*, Paris 1955, S. 369.

[156] Vgl. C. Geoffray, *Réglementation des Régies indochinoises*, Bd. 1, *Opium, Alcools, Sel*, Haiphong 1938, S. 30 ff.

[157] Vgl. Exposition coloniale internationale, Paris 1931, Indochine française, Section d'Administration générale Direction des Finances, *Histoire budgétaire de l'Indochine*, Hanoi 1930, S. 7.

[158] Vgl. ebd., S. 8.

[159] Vgl. Jacques Dumarest, *Les monopoles de l'opium et du sel en Indochine*, Doktorarbeit, Université de Lyon 1938, S. 34.

[160] Vgl. Doumer, *Situation de l'Indo-Chine*, S. 158.

[161] Vgl. ebd., S. 163.

[162] Vgl. Virginia Thompson, *French Indo-China*, New York 1968, S. 76 f.

[163] *L'asie française*, S. 163 ff.; Hervorhebung von mir.

[164] Vgl. Naval Intelligence Division, *Indochina*, Cambridge 1943, S. 361.

[165] In den 20er Jahren griff Ho Chi Minh immer wieder den Opiumverkauf der französischen Kolonialherren an. (Vgl. z. B. Ho Chi Minh, *Ausgewählte Reden und Aufsätze*, Berlin 1961, S. 20, 32, 59 f.) Für ein Beispiel der späteren nationalistischen An-

tiopium-Propaganda vgl. Harold R. Isaacs, *No Peace for Asia*, Cambridge 1967, S. 143 f.
[166] A. Viollis, *Indochine S.O.S.*, zitiert nach Association Culturelle pour le Salut du Viet-Nam, *Témoinages et documents français au Viet-Nam*, Hanoi 1945.
[167] Vgl. Dumarest, *Les monopoles de l'opium*, S. 96 ff.
[168] Nguyen Cong Hoan, *The Dead End* (Erstveröffentlichung 1938), zitiert nach Ngo Vinh Long, *Before the Revolution. The Vietnamese Peasants Under the French*, Cambridge 1973, S. 183 f.
[169] Vgl. Picanon, *Le Laos français*, S. 284 f.; Gespräch mit Yang Than Dao, Paris, 17. März 1971 (Yang Than Dao war mit Forschungsarbeiten über die Hmong für seine Graduierung an der Universität von Paris befasst); Charles Archaimbault, »Les annales de l'ancien royaume de S'ieng Khwang«, in: *Bulletin de l'école française d'Extrême-Orient*, 1967, S. 595 f.
[170] Vgl. Henri Roux, »Les Meo ou Miao Tseu«, in: *France-Asie*, Nr. 92/93, Januar/Februar 1954, S. 404. Den detailliertesten Bericht dieses Aufstandes schrieb ein französischer Missionar bei den laotischen Bergstämmen. (Vgl. F. M. Savina, »Rapport politique sur la revolte des Meos au Tongking et au Laos, 1918–1920«, Xieng Khouang, unveröffentlichtes Manuskript, 17. April 1920.)
[171] Vgl. André Boutin, »Monographie de la province des Houa–Phans«, *Bulletin des amis du Laos*, Nr. 1, September 1937, S. 73; Ayme, *Monographie du Ve territoire militaire*, S. 117–122.
[172] Rundschreiben Nr. 875–SAE, 22. Juli 1942, vom leitenden Geschäftsträger von Tongking, Desalle, an die Geschäftsträger von Laokay, Sonla und Yenbay und die Kommandeure der Militärregionen von Cao Bang, Ha Giang und Lai Chau, zitiert in Association culturelle pour le Saltut du Viet-Nam, *Témoinages et documents français*, Hanoi 1945, S. 115.
[173] Vgl. ebd., S. 116.
[174] Vgl. Herold J. Wiens, *China's March Toward the Tropics*, Hamden, CT, 1954, S. 202, 207.
[175] Vgl. ebd., S. 222.
[176] Vgl. Frank M. Lebar, Gerald C. Hickey, John K. Musgrave, *Ethnic Groups of Mainland Southeast Asia*, New Haven 1964, S. 69.
[177] Vgl. Wiens, *China's March*, S. 90.
[178] Vgl. F. M. Savina, *Histoire des Miao*, Hongkong 1930, S. 163 f.
[179] Vgl. Lebar, Hickey, Musgrave, *Ethnic Groups*, S. 73.
[180] Die Informationen über diese Clans basieren auf Gesprächen mit Führern von Hmong-Clans, die in den frühen 70er Jahren in Vientiane lebten. Die Geschichte der Lynhiavu-Familie stammt von Nhia Heu Lynhiavu, Nhia Xao Lynhiavu und Lyteck Lynhiavu. Touby Lyfoung selbst berichtete das meiste über den Lyfoung-Zweig des Clans. Da fast alle der bedeutenden Lo-Clansleute in den befreiten Zonen der Pathet Lao lebten, war es unmöglich, sie direkt zu befragen. Touby Lyfoungs Mutter gehörte jedoch zum Lo-Clan, und er war Neffe von Lo Faydang, damals Vizevorsitzender der Pathet Lao. Nhia Xao Lynhiavus Vater, Va Ku, war einige Jahre lang enger politischer Berater des *kaitong* Lo Bliayao und konnte viel Wissen an seinen Sohn weitergeben.
[181] Gespräch mit Nhia Heu Lynhiavu und Nhia Xao Lynhiavu, Vientiane, Laos, 4. September 1971.
[182] Ebd.
[183] Ebd.

[184] Gespräch mit Touby Lyfoung, Vientiane, Laos, 31. August 1971.
[185] Gespräch mit Lyteck Lynhiavu, Vientiane, Laos, 28. August 1971; Gespräch mit Touby Lyfoung, Vientiane, Laos, 1. September 1971; Gespräch mit Nhia Heu Lynhiavu und Nhia Xao Lynhiavu, Vientiane, Laos, 4. September 1971.
[186] Gespräch mit Touby Lyfoung, Vientiane, Laos, 1. September 1971.
[187] Ebd.
[188] Gespräch mit Touby Lyfoung, Vientiane, Laos, 4. September 1971.
[189] Gespräch mit Nhia Heu Lynhiavu und Nhia Xao Lynhiavu, Vientiane, Laos, 4. September 1971.
[190] Charles Rochet, *Pays Lao,* Paris 1949, S. 106. 1953 schätzte ein französischer Sprecher die jährliche Opiumproduktion von Laos auf 50 Tonnen. (Vgl. *New York Times,* 8. Mai 1953, S. 4.)
[191] Vgl. Michel Caply, *Guérilla au Laos,* Paris 1966, S. 58–82.
[192] Gespräch mit Touby Lyfong, Vientiane, Laos, 1. September 1971.
[193] Gespräch mit Nhia Heu Lynhiavu und Nhia Xao Lynhiavu, Vientiane, Laos, 4. September 1971. Ein ehemaliger Vietminh-Offizier, der in Muong Sen war, als Faydang aus seinem Dorf eintraf, war sich ganz sicher, dass Faydang zuvor keine Verbindung zu den Vietminh gehabt hatte. (Gespräch mit Lo Kham Thy, Vientiane, Laos, 2. September 1971. Thy war zu dieser Zeit Manager einer Fluglinie, Xieng Khouang Air Transport, die zwischen Long Tieng und Vientiane pendelte.)
[194] Vgl. Joseph John Westermeyer, »The Use of Alcohol and Opium Among Two Ethnic Groups in Laos«, Examensarbeit, University of Minnesota 1968, S. 98.
[195] Wilfred Burchett, *Mekong Upstream,* Hanoi 1957, S. 267.
[196] Vgl. Jean Jerusalemy, »Monographie sur le Pays Tai«, Vervielfältigung o. J., S. 20.
[197] Gespräch mit Jean Jerusalemy, Paris, 2. April 1971. (Jerusalemy war von 1950 bis 1954 Berater der Tai–Föderation.)
[198] Vgl. Jerusalemy, »Monographie«, S. 50.
[199] Gespräch mit Jean Jerusalemy, Paris, 2. April 1971.
[200] Vgl. Jerusalemy, »Monographie«, S. 29. Ein amerikanischer Forscher veranschlagte die Menge vermarktbaren Opiums aus dem Tai-Gebiet mit acht bis neun Tonnen jährlich, das waren etwa 20 Prozent des gesamten Opiums in Nordvietnam. (Vgl. John R. McAlister, »Mountain Minorities and the Vietminh. A Key to the Indochina War« , in: Kundstadter, *Southeast Asian Tribes,* Bd. 2, S. 822.)
[201] Vgl. Association culturelle pour le salut du Viet-Nam, *Témoinages et documents français,* S. 115.
[202] Vgl. U. S. Bureau of Narcotics and Dangerous Drugs, »The World Opium Situation«, Washington, D. C., 1970, S. 13.
[203] Vgl. ebd.
[204] Vgl. ebd., S. 22, 27.
[205] Vgl. C. P. Spencer, V. Navaratnam, *Drug Abuse in East Asia,* Kuala Lumpur 1981, S. 50 f., 154 f.
[206] Vgl. U. S. Drug Enforcement Administration, Office of Intelligence, International Intelligence Division, »People's Republic of China and Narcotic Drugs«, in: *Drug Enforcement,* Herbst 1974, S. 35 f.
[207] Harry J. Anslinger, Will Oursler, *The Murderers,* New York 1961, S. 230.
[208] U. S. Drug Enforcement Administration, »People's Republic of China«, S. 35 f.
[209] U. S. Bureau of Narcotics and Dangerous Drugs, »World Opium Situation«, S. 22.
[210] Vgl. United Nations, Economic and Social Council, Commission on Narcotic Drugs, *Illicit Traffic,* 4. Mai 1955, S. 4.

²¹¹ Vgl. Garland H. Williams, District Supervisor, Bureau of Narcotics, Brief an Harry Anslinger, 1. Februar 1949, S. 3, Historical Collections and Labor Archives, Pennsylvania State University.
²¹² Ebd.
²¹³ Garland H. Williams, District Supervisor, Bureau of Narcotics, Notiz an Mr. Harry J. Anslinger, Commissioner of Narcotics, 1. Februar 1949, S. 1–12, Historical Collections and Labor Archives, Pennsylvania State University.
²¹⁴ Vgl. U. S. Bureau of Narcotics and Dangerous Drugs, »World Opium Situation«, S. 23.
²¹⁵ Vgl. Directorate of Intelligence, Central Intelligence Agency, »Intelligence Memorandum. International Narcotics Series No. 13. Narcotics in Iran«, 12. Juni 1972, S. 3.
²¹⁶ Vgl. U. S. Bureau of Narcotics and Dangerous Drugs, »World Opium Situation«, S. 27 f.

4
Der Opiumboom des Kalten Krieges

¹ U. S. State Department, Public Affairs, »An Historical Overview«, Washington, D. C., Januar 1982, S. 2.
² Vgl. U. S. Bureau of Narcotics and Dangerous Drugs, »The World Opium Situation«, Washington, D. C., 1970, S. 29.
³ *Weekend Telegraph* (London), 10. März 1967, S. 25.
⁴ Vo Nguyen Giap, *Volkskrieg, Volksarmee*, München 1968, S. 68.
⁵ Vgl. Lt. Col. Grimaldi, Inspecteur des forces supplétives, Inspection des forces supplétives du Sud Vietnam, *Notions de case sur les forces supplétives du Sud Vietnam*, S.P.50.295, 15. Mai 1954, S. 7.
⁶ Gespräch mit Oberst Roger Trinquier, 25. März 1971.
⁷ Ebd.
⁸ United Nations, Economic and Social Council, Commission on Narcotic Drugs, Summary of the Fourth Meeting, 29. November 1946, S. 4.
⁹ Vgl. United Nations, *Abolition of Opium Smoking*, 17. November 1952, S. 34.
¹⁰ Vgl. ebd., S. 36. 1952 kaufte der französische Zoll überhaupt kein Opium in Indochina. (Vgl. United Nations, *Abolition of Opium Smoking*, »Laos Report for the Year 1952«, 12. März 1953, S. 4.
¹¹ Vgl. ebd., S. 18.
¹² Gespräch mit Oberst Roger Trinquier, Paris, 25. März 1971. Eine Reihe hochrangiger Vietnamesen bestätigte ebenfalls die Existenz von Operation X, darunter Oberst Tran Dinh Lan, ehemaliger Direktor des militärischen Geheimdienstes beim Stabschef der vietnamesischen Armee (Gespräch, Paris, 18. März 1971), und Nghiem Van Tri, ehemaliger Verteidigungsminister (Gespräch, Paris, 30. März 1971). Ein ehemaliger CIA-Agent berichtete, dass es General Salan war, der in den späten 40er Jahren damit begann, Operation X zu organisierten (Gespräch mit Lt. Co. Lucien Conein, McLean, Virginia, 18. Juni 1971).
¹³ Gespräch mit General Mai Huu Xuan, Saigon, Vietnam, 19. Juli 1971.
¹⁴ Gespräch mit General Maurice Belleux, Paris, 23. März 1971.
¹⁵ Gespräch mit Touby Lyfoung, Vientiane, Laos, 1. September 1971.
¹⁶ Gespräch mit General Maurice Belleux, Paris, 23. März 1971.

[17] Vgl. Bernard B. Fall, »Portrait of the ›Centurion‹«, in: Roger Trinquier, *Modern Warfare*, New York 1964, S. XIII.
[18] Gespräch mit Oberst Roger Trinquier, Paris, 23. März 1971. (Oberst Trinquier las aus einem Ausbildungshandbuch vor, das er im Indochinakrieg für Offiziere dieses Kommandos verfasst hatte. Alle folgenden Angaben über seine Vier-Phasen-Methode entstammen diesem Handbuch.)
[19] Trinquier, *Modern Warfare*, S. 105.
[20] Für Trinquiers Darstellung seiner Rolle in der Katanga-Revolte vgl. Oberst Roger Trinquier, Jacques Duchemin, Jacques Le Bailley, *Notre guerre au Katanga*, Paris 1963; Fall, »Portrait of the ›Centurion‹«, S. XV.
[21] Vgl. Trinquier, *Modern Warfare*, S. 109.
[22] Vgl. ebd., S. 111.
[23] Gespräch mit Touby Lyfoung, Vientiane, Laos, 1. September 1971.
[24] Gespräch mit Oberst Roger Trinquier, Paris, 25. März 1971.
[25] Vgl. Donald Lancaster, *The Emancipation of French Indochina*, New York 1961, S. 257.
[26] Vgl. Bernard B. Fall, *Anatomy of a Crisis*, Garden City, NY, 1969, S. 49–52.
[27] Gespräch mit General Albert Sore, Biarritz, Frankreich, 7. April 1971.
[28] Gespräch mit General Edward G. Lansdale, Alexandria, Virginia, 17. Juni 1971.
[29] Vgl. Bernard B. Fall, *Hell in a Very Small Place*, Philadelphia 1967, S. 33–37.
[30] Gespräch mit Oberst Then, Versailles, Frankreich, 2. April 1971.
[31] Vgl. Bernard B. Fall, *Hell in a Very Small Place*, S. 318–320.
[32] Gespräch mit Oberst Roger Trinquier, Paris, 25. März 1971. Jules Roy zufolge erfuhren die Verteidiger von Dien Bien Phu am 4. Mai, dass »Oberst Trinquier ... zwar mit einem großen Aufwand an Silberbarren tausendfünfhundert Meos [Hmong] angeworben [hat], aber er ... eben erst mit ihnen auf dem Marsch von der Ebene der Tonkrüge nach Muong San ungefähr hundert Kilometer Luftlinie südlich von Dien Bien Phu [ist]«. (Jules Roy, *Der Fall von Dien Bien Phu. Indochina. Der Anfang vom Ende*, München 1964, S. 317.)
[33] Vgl. Fall, *Hell in a Very Small Place*, S. 442.
[34] Gespräch mit Jean Jerusalemy, Paris, 2. April 1971.
[35] Vgl. John T. McAlister, »Mountain Minorities and the Viet Minh«, in: Peter Kunstadter (Hg.), *Southeast Asian Tribes, Minorities, and Nations*, Princeton 1967, Bd. 2, S. 812, 825 f.
[36] Vgl. Jean Jerusalemy, »Monographie sur le Pays Tai«, Vervielfältigung o. J., S. 18.
[37] Vgl. McAlister, »Mountain Minorities«, S. 813 f.
[38] Jerusalemy, »Monographie«, S. 79.
[39] Gespräch mit Jean Jerusalemy, Paris, 2. April 1971.
[40] Vgl. Jerusalemy, »Monographie«, S. 29 f.
[41] Gespräch mit Jean Jerusalemy, Paris, 2. April 1971. Für Hintergrundinformationen über Opium und die Hmong in den Tai-Hochländern vgl. McAlister, »Mountain Minorities«, S. 817–820.
[42] Vgl. McAlister, »Mountain Minorities«, S. 823 f.
[43] Vgl. ebd., S. 825.
[44] Vgl. Jerusalemy, »Monographie«, S. 29.
[45] Gespräch mit Jean Jerusalemy, Paris, 2. April 1971.
[46] Vgl. McAlister, »Mountain Minorities«, S. 830.
[47] Giap, *Volkskrieg, Volksarmee*, S. 165.
[48] Vgl. Fall, *Hell in a Very Small Place*, S. 320 f.

[49] Vgl. Philippe Devillers, Jean Lacouture, *End of a War*, New York 1969, S. 151 f.
[50] Gespräch mit Oberst Roger Trinquier, Paris, 25. März 1971.
[51] Gespräch mit General Maurice Belleux, Paris, 23. März 1971.
[52] Gespräch mit Kommandant Désiré, Paris, 31. März 1971.
[53] Gespräch mit Touby Lyfoung, Vientiane, Laos, 1. September 1971. Nachdem er die erste Ausgabe dieses Buches gelesen hatte, schickte Oberst Roger Trinquier den folgenden Brief an das Verlagshaus Harper & Row. Er enthält erwähnenswerte ergänzende Details über die Beteiligung seiner Kommandogruppe am Opiumhandel und liefert außerdem eine Erklärung für sein Vorgehen. (Die im Folgenden verwendete Abkürzung »GLKG« steht für für Gemischte Luftkommandogruppe; A. d. Ü.)

Paris, 24. November 1972

Sehr geehrte Damen und Herren,
vielen Dank, dass Sie mir ein Expemplar Ihres Buches *The Politics of Heroin in Southeast Asia* geschickt haben, das ich insgesamt ausgesprochen interessant und – nach den mir bekannten Teilen, von denen mich einige selbst betreffen, zu urteilen – relativ genau finde. Hier stießen Ihre Autoren auf keinerlei Schwierigkeiten, da ich ihnen in dieser Hinsicht in vollem Vertrauen alle mir verfügbaren Informationen gegeben habe.
Dies tat ich umso bereitwilliger, als ich die Verwendung der X-Fonds, wie auch anderer Mittel immer streng kontrollierte, damit sie nicht ihrem Zweck entfremdet würden: die Aufrecherhaltung des *Meo-maquis* [Hmong-Konterguerilla] in Laos. Dies ist der Grund, warum ich guten Gewissens Tatsachen offen legen konnte, über die ich leicht hätte schweigen können, wenn ich mir oder meinen Offizieren etwas vorzuwerfen gehabt hätte.
Im zweiten Absatz auf Seite 107 schreiben Sie jedoch: »Diese letzte GLKG-Operation hatte eine ironische Fußnote. .... Was für eine Ironie! Was für eine Ironie!«
Dieser Absatz erweckt den Eindruck, dass ich oder meine Offiziere in der Lage gewesen wären, die fünf Millionen Piaster – der Kontostand des GLKG-Fonds, als er aufgelöst wurde – selbst zu nutzen. Dies ist daher eine sehr ernste Beschuldigung, die richtig zu stellen meine Pflicht ist. Hier daher die exakten Fakten.
Als Touby mithilfe der GLKG-Offiziere in Laos das Opium von seinen Meo eingesammelt hatte, bat er mich, den Lufttransport zu seinen Empfängern in Saigon sicherzustellen. Dann kam er, um die Mittel zu holen, und übergab mir den vereinbarten Preis, 5.000 Piaster pro Kilo, der auf das Konto des X-Fonds der GLKG eingezahlt wurde.
Alle Offiziere des *Meo-maquis* in Laos wussten von den Summen, die ich für die Aufrechterhaltung ihres *Maquis* eingezahlt hatte. Ich schickte diesen Offizieren je nach Bedarf Geld zurück, wenn sie die erforderlichen Nachweise präsentierten. Die Kontrolle war daher absolut.
Ich verließ das Kommando der GLKG am 1. September 1954. Da ich zwischen dem Ende der Feindseligkeiten und dem Ende meines Kommandos nicht in der Lage gewesen war, die Konten aufzulösen, bat ich darum, für die dafür erforderliche Zeit in Saigon bleiben zu dürfen. Tatsächlich war dies eine große Aufgabe, da die GLKG sich über ganz Indochina erstreckte, von Dong Van im Norden bis zum Kap Ca Mau im Süden.
Die Konten waren etwa am 15. Dezember 1954 aufgelöst. Nachdem die regionalen Vertreter mir ihre Kontobeträge geschickt hatten, verblieb auf dem Konto der GLKG eine Summe von etwas über fünf Millionen Piaster.

Anmerkungen zu Kapitel 4

Ich ging dann zum Kabinettschef von General Elies, Hochkommissar und Oberkommandierender von Indochina, General Noiret, um ihm meine Abrechnungen – eine große Kiste von Dokumenten – und den Rest der Mittel zu präsentieren. Ich bestand im Besonderen darauf, dass die Abrechnungen vor meiner Abreise bestätigt würden und ich eine Quittung erhielte. Der General antwortete, dass Konten der Spezialdienste nicht bestätigt werden müssten und er nicht die Absicht habe, dies zu tun. Obwohl ich darauf bestand, weigerte er sich. Aber ich teilte ihm mit, dass ich die Abrechnungen mit mir zurück nach Frankreich nehmen würde und jeder Prüfungsstelle zur Verfügung halten würde, die sie kontrollieren wolle. Dies geschah nie. Aber ich bewahre sie noch auf, und sie könnten bis heute überprüft werden.

Im Hinblick auf die fünf Millionen Piaster schien General Noiret einen Moment lang über ihr Schicksal besorgt zu sein und sagte dann zu mir: »Wir werden sie den Opfern von Orléansville geben.« Orléansville ist eine Stadt in Algerien (heute: El-Asnam; A. d. Ü.), die gerade durch ein Erdbeben zerstört worden war.

General Noiret kam nur zu kurzen, seltenen Inspektionen der Luftlandetruppen nach Indochina. Andererseits verbrachte er einen großen Teil seiner Karriere in Nordafrika, und nach seiner Entscheidung zu urteilen interessierte ihn Algerien damals mehr als Indochina.

Ich verabschiedete mich vom General, nahm meine Rechnungen mit und hinterließ das Geld. Seither habe ich nichts mehr davon gehört.

Ich war jedoch enttäuscht. Diese Gelder wären sehr nützlich gewesen, um die Männer in unseren Diensten zu entschädigen, die sich Frankreich verpflichtet hatten und die wir nun aufzugeben im Begriff waren.

Aber ich hatte mein Kommando verlassen; ihr Schicksal hing nicht länger von mir ab, sondern von meinem Nachfolger, einem Artilleriehauptmann, der frisch aus Frankreich eingetroffen und mit keinem unserer Probleme vertraut war.

Dies sind also die genauen Fakten, die sehr leicht zu bestätigen sind, da General Noiret und General Elies noch leben. ...

Mit freundlichen Grüßen
[gezeichnet] R. Trinquier

[54] Gespräch mit Oberstleutnant Lucien Conein, McLean, Virginia, 18. Juni 1971. Ein anonymer amerikanischer Offizier, der von einem australischen Journalisten interviewt wurde, machte für die Ablehnung die Kurzsichtigkeit von Generalleutnant Samuel T. Williams verantwortlich: »Der französische Offizier, der das ganze Gebiet des Hochplateaus und des annamitischen Gebirges mit allen Bergstämmen militärisch aufgeklärt hatte, bot Williams seine Unterlagen an. Der aber zeigte kein Interesse.« (Denis Warner, *Vietnam. Krieg ohne Entscheidung,* München 1965, S. 136.)

[55] Gespräch mit Oberst Roger Trinquier, Paris, 25. März 1971.

[56] Gespräch mit General Maurice Belleux, Paris, 23. März 1971. Dies ist General Belleux' Version des Vorfalls; ein französischer Autor liefert eine schlichtere Darstellung: »Beim Opium war es genau das Gleiche. Das Flugzeug der Gemischten Luftkommandogruppe machte Millionen Piaster mit dem Transport der Ware, und jede Ebene zweigte, häufig guten Glaubens, ihren Profit von diesem Handel ab. Bis zu jenem Tag auf einem Stützpunkt, als ein wackerer Offizier die Umladung mysteriöser Kisten von einer DC-3 in eine andere bemerkte, die keine andere als die des Oberkommandeurs war. Schockiert erstattete er seinen Vorgesetzten Bericht. Dann machte die vietnamesische Polizei (kaum ein Vorbild an Tugend) eine Razzia in einem Saigoner Warenhaus, wo sich Hunderte Kilo Opium stapelten. Dies war der Anfang einer nebulösen und elenden Affäre, in der jeder seine feindliche oder wohlwollende

Haltung gegenüber dem ›schmutzigen Krieg‹ angreifend oder verteidigend ins Feld führte.« (Claude Paillat, *Dossier secret de l'Indochine*, Paris 1964, S. 340.)

[57] Ebd.

[58] 1929 zum Beispiel wurden von den 71,7 Tonnen Opium, die von der Indochina Opium Régie verkauft wurden, 38 Tonnen in Cochinchina verbraucht. (Vgl. Exposition coloniale internationale, Paris 1931, Indochine française, Section générale, *Administration des douanes et régies en Indochine*, Hanoi 1930, S. 61 f.)

[59] Antoine M. Savani (Chef de Bataillon), »Notes sur les Binh Xuyen«, Vervielfältigung, Dezember 1954, S. 4 f. Diese Analogie soll deutlich machen, dass die Binh Xuyen als Vertreter des historischen Phänomens des »sozialen Banditentums« betrachtet werden können. Für eine Diskussion sozialen Banditentums vgl. Eric J. Hobsbawm, *Sozialrebellen. Archaische Sozialbewegungen im 19. und 20. Jahrhundert*, Neuwied/Berlin 1971, S. 27–46, sowie *Die Banditen*, Frankfurt am Main 1972. Hobsbawms Auffassung, dass Sozialbanditen aufgrund ihrer diffusen inneren Struktur und ihres Mangels an Ideologie im Allgemeinen unfähig sind, eine große Rolle in einer sozialen Revolution zu spielen, wird durch die Erfahrung mit den Binh Xuyen bestätigt. Einen interessanten Aspekt ihrer Geschichte berührt Hobsbawm jedoch nicht: die Transformation sozialer Banditen von einer aktiven revolutionären Kraft in eine konterrevolutionäre Kraft mit stark »mafiosen« Zügen. Der Abstieg des bewaffneten Flügels der Kommunistischen Partei der Philippinen, der Hukbalahap, von einer schlagkräftigen Guerilla zu einer lokalen »Mafia«, die von den Bars und Bordellen nahe der US-Luftwaffenbasis in Clark Field lebte, ist ein ähnliches Fallbeispiel für dieses Phänomen. (Vgl. Eduardo Lacchica, *The Huks. Philippine Agrarian Society in Revolt*, New York 1971, S. 139–143.)

[60] Vgl. Ngo Vinh Long, *Before the Revolution. The Vietnamese Peasants Under the French*, Cambridge 1973, S. 113 f.

[61] Vgl. Savani, »Notes sur les Binh Xuyen«, S. 22–25.

[62] Vgl. ebd., S. 6 ff.

[63] Gespräch mit Lai Van Sang, Paris, 22. März 1971. (Lai Van Sang war der Militärberater der Binh Xuyen und 1954/55 Chef der nationalen Polizei.)

[64] Vgl. Huynh Kim Khanh, »Background of the Vietnamese August Revolution«, in: *Journal of Asia Studies*, Nr. 4, August 1971, S. 771 f.

[65] Vgl. Savani, »Notes sur les Binh Xuyen«, S. 13 f.

[66] Vgl. ebd., S. 16.

[67] Bernard B. Fall, *The Two Vietnams*, New York 1967, S. 64 f.

[68] Vgl. Ellen J. Hammer, *The Struggle for Indochina, 1940–1955*, Stanford 1967, S. 113–119; Jean Julien Fonde, *Traitez à tout prix*, Paris 1971, S. 18–22. Für eine Darstellung der diplomatischen Verhandlungen und militärischen Vorbereitungen, die der französischen Rückkehr nach Indochina nach dem Zweiten Weltkrieg vorausgingen, vgl. Marcel Vigneras, *Rearming the French*, Washington, D. C., 1957, S. 391–399. Für die offizielle britische Version von General Graceys Vorgehen in Saigon vgl. Generalmajor S. Woodburn Kirby, *The War Against Japan*, Bd. 5: *The Surrender of Japan*, London 1969, S. 297–306.

[69] Vgl. Savani, »Notes sur les Binh Xuyen«, S. 17.

[70] Die Avantgardejugend wurde von Generalgouverneur Decoux gegründet, um den Enthusiasmus der vietnamesischen Jugend in eine profranzösische Richtung zu lenken. 1945 war sie eine der mächtigsten politischen Gruppierungen in Saigon mit einer Ortsgruppe in jedem Stadtbezirk. Mittlerweile war ihr Ton stark antikolonialistisch

Anmerkungen zu Kapitel 4 **711**

und ihr Direktor, Pham Ngox Thach, geheimes Mitglied der Vietminh. (Vgl. Philippe Devillers, *Histoire de Vietnam de 1940 à 1952*, Paris 1952, S. 140 f.)

[71] Gespräch mit Lai Van Sang, Paris, 22. März 1971.

[72] Vgl. Hammer, *Struggle for Indochina*, S. 120.

[73] Vgl. Savani, »Notes sur les Bin Xuyen«, S. 44.

[74] Gespräch mit Lai Van Sang, Paris, 22. März 1971.

[75] Gespräch mit General Maurice Belleux, Paris, 23. März 1971.

[76] Vgl. Savani, »Notes sur les Binh Xuyen«, S. 35 f.

[77] Vgl. ebd., S. 70 f.

[78] Vgl. Antoine Savani, »Notes sur le Phat Giao Hoa Hoa«, Vervielfältigung o. J., S. 30–33.

[79] Vgl. Savani, »Notes sur les Binh Xuyen«, S. 103 f.

[80] Vgl. ebd., S. 110 f.

[81] Lucien Bodard, *The Quicksand War. Prelude to Vietnam*, Boston 1967, S. 114; Fonde, *Traitez à tout prix*, S. 32.

[82] Vgl. Savani, »Notes sur les Binh Xuyen«, S. 118 f.

[83] Ebd., S. 121 f.

[84] Gespräch mit Lai Huu Tai, Paris, 28. März 1971.

[85] Gespräch mit Präsident Nguyen Van Tam, Paris, März 1971.

[86] Vgl. Lancaster, *Emancipation of French Indochina*, S. 164.

[87] Gespräch mit Lai Van Sang, Paris, 22. März 1971; vgl. Lucien Bodard, *L'Humiliation*, Paris 1965, S. 120.

[88] Vgl. F.T.S.V. 2ème Bureau, »Les Binh Xuyen«, Schreibmaschinendurchschlag, 1953–1954, S. 17.

[89] Vgl. Bodard, *Quicksand War*, S. 110.

[90] Vgl. F.T.S.V. 2ème Bureau, »Les Binh Xuyen«, S. 18.

[91] Vgl. Lancaster, *Emancipation of French Indochina*, S. 379.

[92] In Bezug auf die Beteiligung der Binh Xuyen am Opiumhandel kommentierte das 2ème Bureau: »Natürlich werden alle Arten von Schmuggelhandel, von Natur aus die interessantesten, nicht vergessen und decken eine große Bandbreite ab, darunter Waffen, Opium und Schmuggelware aller Art ebenso wie andere niedrige Aktivitäten.« (F.T.S.V. 2ème Bureau, »Les Binh Xuyen«, S. 16.)

[93] Edward G. Lansdale, »Subject: The Cao Dai«, an Botschafter Ellsworth Bunker und Angehörige des U.S. Mission Council, Mai 1968, S. 17.

[94] Vgl. Warner, *Vietnam*, S. 100 f.

[95] Die Franzosen hatten kaum Illusionen über Bay Vien, wie ein Bericht von 1954 zeigt: »Der gigantische Erfolg dieses ehemaligen Bewohners von Pulo Condor [Con-Son-Gefängnisinseln] sollte nicht überraschen, zieht man in Betracht, dass er sich aus seiner stürmischen Vergangenheit gewisse Methoden bewahrt hat, die jenen der berühmten Banden aus der heroischen Epoche Chicagos näherstehen als gewöhnlichen Geschäftstransaktionen.« (F.T.S.V. 2ème Bureau, »Les Binh Xuyen«, S. 15.) Im Gegensatz zu dieser Offenheit in geheimen Dokumenten vermieden Funktionsträger des 2ème Bureau jede Erwähnung des kriminellen Charakters der Binh Xuyen und beschrieben sie in öffentlichen Darstellungen lediglich als »extrem nationalistische« Kraft. (Vgl. z. B. Antoine M. Savani, *Visages et images du Sud Viet-Nam*, Saigon 1955, S. 100–105.)

[96] F.T.S.V. 2ème Bureau, »Les Binh Xuyen«, S. 17.

[97] Ebd., S. 15.

[98] Vgl. Lansdale, »Subject. The Cao Dai«, S. 17.

[99] Vgl. Lancaster, *Emancipation of French Indochina*, S. 187f.
[100] Mike Gravel (Hg.), *The Pentagon Papers*, 5 Bde., Boston 1971, Bd. 1, S. 180f.
[101] Ebd., S. 182. Obwohl die US-Unterstützung für Diem auf diplomatischer Ebene eine offene Frage blieb, stand die CIA von Anfang an vorbehaltlos hinter ihm. Im Juni 1954 »erhielt die Central Intelligence Agency den Auftrag, Diem zu helfen«, so ein Vertreter des Außenministeriums. Oberst Lansdale wurde nach Saigon geschickt, um diesen Auftrag auszuführen. (Chester L. Cooper, *The Lost Crusade*, New York 1970, S. 129.)
[102] Vgl. Pierre Brocheux, *L'Economie et la société dans l'ouest de la Cochinchine pendant la période coloniale (1890–1940)*, Doktorarbeit, Universität von Paris 1969, S. 298.
[103] Vgl. Eugène Saccomano, *Bandits à Marseille*, Paris 1968, S. 44.
[104] 1958 berichtete ein US-Drogenagent einem Unterausschuss des Senats: »Als es noch Französisch-Indochina gab, wurde Opium zu den Labors ... um Marseille, Frankreich, zur dortigen korsischen Unterwelt versandt und dann per Schiff in die USA geschickt.« (U. S. Congress, Senate, Select Committee on Improper Activities in the Labor Management Field, *Hearings*, 85. Legislaturperiode, 2. Sitzung, Washington, D. C., 1959, S. 1225.)
[105] Vgl. Bodard, *L'Humiliation*, S. 80f.
[106] Bodard, *Quicksand War*, S. 121, 124.
[107] Gespräch mit General Edward G. Lansdale, Alexandria, Virginia, 17. Juni 1971.
[108] Vgl. Fall, *Two Vietnams*, S. 245 f.; Sheehan, Neil (Hg.), *Die Pentagon-Papiere*, München/Zürich 1971, S. 18, 57 f.
[109] Vgl. Lansdale, »Subject: The Cao Dai«, S. 14.
[110] Ebd., S. 2.
[111] Ebd., S. 11.
[112] Vgl. Grimaldi, *Notions de case*, S. 24.
[113] Vgl. Fall, *Two Vietnams*, S. 245f.
[114] Lansdale, »Subject: The Cao Dai«, S. 15 f.
[115] Gespräch mit General Edward G. Lansdale, Alexandria, Virginia, 17. Juni 1971; Edward G. Lansdale, *In the Midst of Wars*, New York 1972, S. 221–224.
[116] Vgl. Lansdale, *In the Midst of Wars*, S. 245 ff.; Gravel, *Pentagon Papers*, Bd. 1, S. 230.
[117] Vgl. Sheehan, Neil (Hg.), *Die Pentagon-Papiere*, S. 18f.
[118] Gespräch mit General Mai Huu Xuan, Saigon, Vietnam, 19. Juli 1971.
[119] Vgl. Lansdale, *In the Midst of Wars*, S. 270.
[120] Gravel, *Pentagon Papers*, Bd. 1, S. 231.
[121] Vgl. ebd., S. 233.
[122] Sheehan, Neil (Hg.), *Die Pentagon-Papiere*, S. 19.
[123] Gespräch mit Oberstleutnant Lucien Conein, McLean, Virginia, 18. Juni 1971.
[124] Vgl. Lansdale, »Subject: The Cao Dai«, S. 17.
[125] Lansdale, *In the Midst of Wars*, S. 316 f.
[126] Vgl. ebd., S. 318.
[127] Vgl. Gravel, *Pentagon Papers*, Bd. 1, S. 238 f.
[128] Vgl. *New York Times*, 28. März 1955, S. 26.
[129] Vgl. Savani, »Notes sur les Binh Xuyen«, S. 198.
[130] Vgl. *New York Times*, 17. September 1963, S. 45.
[131] Gespräch mit William Young, Chiang Mai, Thailand, 8. September 1971; *New York Times*, 11. August 1971, S. 1.
[132] Archimedes L. A. Patti, *Why Vietnam. Prelude to America's Albatross*, Berkeley 1980, S. 216f.

[133] Vgl. ebd., S. 34, 265, 354 f., 487.
[134] Vgl. John T. McAlister, *Vietnam. The Origins of the Revolution*, New York 1969, S. 235, 242.
[135] Vgl. Lancaster, *Emancipation of French Indochina*, S. 150.
[136] Vgl. Bodard, *Quicksand War*, S. 12. Für eine detaillierte Analyse der Politik in Yunnan in dieser Zeit vgl. A. Doak Barnett, *China on the Eve of Communist Takeover*, New York 1963, S. 282–295.
[137] Vgl. *New York Times*, 28. Juli 1951, S. 3; Bodard, *Quicksand War*, S. 162 f.
[138] Vgl. Lancaster, *Emancipation of French Indochina*, S. 203.
[139] Vgl. Union of Burma, Ministry of Information, *Kuomintang Aggression Against Burma*, Rangun 1953, S. 8.
[140] Vgl. Strong, Geschäftsträger in China, an den US-Außenminister, 11. August 1950, in: *Foreign Relations of the United States 1950*, Bd. 6: *East Asia and the Pacific*, Washington, D. C., 1976, S. 249 f.
[141] Vgl. Sheehan, Neil (Hg.), *Die Pentagon-Papiere*, S. 13.
[142] Joint Chiefs of Staff, »Memorandum for the Secretary of Defense«, 10. April 1950, zitiert in Gravel, *Pentagon Papers*, Bd. 1, S. 366.
[143] Vgl. David Wise, Thomas B. Ross, *Die unsichtbare Regierung*, Frankfurt am Main 1966, S. 93 ff.; Thomas Powers, *CIA. Die Geschichte, die Methoden, die Komplotte. Ein Insider-Bericht*, Bergisch Gladbach 1983, S. 83 f.
[144] U. S. Congress, Senate, Select Committee to Study Governmental Operations, »History of the Central Intelligence Agency«, in: *Supplementary Detailed Staff Reports on Foreign and Military Intelligence*, Buch 6, 94. Legislaturperiode, 2. Sitzung, 1976, Washington, D. C., S. 30 ff.
[145] William Colby, *Honorable Men. My Life in the CIA*, New York 1978, S. 96.
[146] John Ranelagh, *The Agency. The Rise and Decline of the CIA*, New York 1986, S. 134 f.
[147] Vgl. Colby, *Honorable Men*, S. 23–56.
[148] Ebd., S. 147 f.
[149] *Wall Street Journal*, 18. April 1980.
[150] Claire Lee Chennault, *Way of a Fighter. The Memoirs of Claire Lee Chennault*, New York 1949, S. XX f.
[151] Vgl. William M. Leary, *Perilous Missions. Civil Air Transport and CIA Covert Operations in Asia*, Montgomery 1984, S. 67–83; *Wall Street Journal*, 18. April 1980.
[152] Vgl. Leary, *Perilous Missions*, S. 100–112, 208.
[153] Vgl. ebd., S. 84–93, 128–131.
[154] Für eine Erklärung der Idee des »plausiblen Dementis« vgl. U. S. Congress, Senate, Select Committee to Study Governmental Operations, *Alleged Assassination Plots Involving Foreign Leaders*, New York 1976, S. 11 f.
[155] Vgl. *Wall Street Journal*, 18. April 1980.
[156] Vgl. Y. C. Hsueh, »The Minutes of a Conference with General Li Mi in Taipei on March 2, 1953, and Prepared by Waichaiaopu, Marked Secret«, Wellington Koo, Oral History, Butler Library, Columbia University. Die *New York Times* schreibt in ihrer Biografie von Generalleutnant Graves B. Erskine, dass er Kommandeur der 1. Marinedivision in Korea war, als der Krieg ausbrach, aber »vom Kommando abgezogen wurde, um eine Aufklärungsmission in Indochina über die Probleme Frankreichs beim Umgang mit örtlichen Aufständischen durchzuführen«. (*New York Times*, 23. Mai 1973.)
[157] Vgl. Leary, *Perilous Missions*, S. 131 f.

[158] Vgl. Catherine Lamour, *Enquête sur une armée secrète*, Paris 1975, S. 41–43.

[159] Nach 1960 baute William Bird mit seiner Baufirma Bird & Son CIA-Landebahnen in Laos und kaufte eine Flotte von 50 Flugzeugen, um den CIA-Vertrag für den Lufttransport in Laos zu erfüllen. 1965 verkaufte Bird seine Fluglinie für etwa eine Million Dollar an Continental Air Services, der Robert Rousselot vorstand, jener CAT-Pilot, der 1951 die ersten Waffen für die Guomindang nach Chiang Mai geflogen hatte. (Vgl. Peter Dale Scott, *The War Conspiracy. The Secret Road to the Second Indochina War*, Indianapolis 1972, S. 207 f.; Leary, *Perilous Missions*, S. 129 ff.)

[160] Memorandum von Merchant, Special Assistant for Mutual Security Affairs, *Foreign Relations of the United States 1951*, Bd. 6: *Asia and the Pacific*, Teil 1, Washington, D. C., 1977, S. 316 f.

[161] Vgl. Leary, *Perilous Missions*, S. 129–132.

[162] Vgl. Hsueh, »Minutes of a Conference«.

[163] Für eine nützliche Zusammenstellung von Sekundärquellen und eine einfache Chronik der Guomindang-Operation vgl. Robert H. Taylor, *Foreign and Domestic Consequences of the KMT Intervention in Burma*, Ithaca 1973; Union of Burma, *Kuomintang Aggression*, S. 15.

[164] Vgl. Union of Burma, *Kuomintang Aggression*, S. 35.

[165] Vgl. ebd., S. 13 ff.

[166] Vgl. Joseph Alsop, Stewart Alsop, *Nippon Times*, 23. März 1953, zitiert in: Union of Burma, *Kuomintang Aggression*, S. 13 f., 120.

[167] Vgl. Key, Botschafter in Birma, an den US-Außenminister (höchste Geheimhaltungsstufe), Rangun, 29. August 1951, in: *Foreign Relations of the United States 1951*, S. 290 f.

[168] Ebd., S. 288 f.

[169] Vgl. Union of Burma, *Kuomintang Aggression*, S. 16.

[170] Vgl. ebd., S. 13; Peter Dale Scott, »Air America. Flying the U. S. into Laos«, in: Nina S. Adams, Alfred W. McCoy (Hg.), *Laos. War and Revolution*, New York 1970, S. 306 f.; *New York Times*, 22. Februar 1952.

[171] Vgl. Wise, Ross, *Die unsichtbare Regierung*, S. 128.

[172] Vgl. Union of Burma, *Kuomintang Aggression*, S. 40 f.

[173] Gespräch mit Rev. Paul Lewis, Chiang Mai, Thailand, 7. September 1971.

[174] Union of Burma, *Kuomintang Aggression*, S. 15. Der Schmuggel über die chinesische Grenze wurde nach der Niederlage der nationalistischen Regierung allerdings zunehmend schwierig. Nach Gesprächen mit in Rangun exilierten chinesischen Muslimen im Juni und Juli 1962 berichtete ein israelischer Forscher: »Die Grenze, die nie klar markiert gewesen war, wurde nach 1950, als die Regierung des kommunistischen China ihre Autorität in diesen Gebieten etablierte, geschlossen und streng bewacht. Bis dahin waren die Panthay [chinesische Muslime] in der Lage gewesen, sich frei und leicht zwischen Yunnan und Birma hin und her zu bewegen.« Moshe Yegar, »The Panthay (Chinese Mulims) of Burma and Yunnan«, in: *Journal of Southeast Asian History*, Nr. 1, März 1966, S. 82.

[175] Vgl. Union of Burma, *Kuomintang Aggression*, S. 14.

[176] Vgl. Leary, *Perilous Missions*, S. 131 f.

[177] Vgl. William R. Corson, *The Armies of Ignorance. The Rise of the American Intelligence Empire*, New York 1977, S. 320 f.

[178] Hsueh, »Minutes of a Conference«. Was genau General Frank Merrills Auftrag in Südostasien war, wurde offenkundig geheimgehalten. Nach seinem Ausscheiden aus

der US-Armee 1948 wurde Merrill Chef der Straßenaufsichtsbehörde von New Hampshire, jedoch im Dezember 1951 von der Armee für einen aktiven Dienstauftrag zurückberufen, der nicht in der regulären Dienstliste auftauchte. Im Mai 1952 war Merrill zurück in New Hampshire und plante das neue Mautsystem für die Bundesstraßen. Seine Aktivitäten während seiner letzten Asienreise werden in allen Biografien ausgelassen. (Vgl. *New York Times*, 2. August 1950; 15. Dezember 1951; 13. Dezember 1955 sowie *The Cyclopedia of American Biography*, New York 1963, Bd. 46, S. 134.)

[179] Union of Burma, *Kuomintang Aggression*, S. 16.

[180] Gespräch mit Rev. Paul Lewis, Chiang Mai, Thailand, 7. September 1971.

[181] Vgl. Union of Burma, *Kuomintang Aggression*, S. 12.

[182] Vgl. ebd., S. 15.

[183] Vgl. *New York Times*, 9. März 1952, S. 8.

[184] Vgl. Wise, Ross, *Die unsichtbare Regierung*, S. 129.

[185] Vgl. Hugh Tinker, *The Union of Burma*, London 1957, S. 53.

[186] Vgl. Wise, Ross, *Die unsichtbare Regierung*, S. 129.

[187] Vgl. Anthony Cave Brown, *The Last Hero. Wild Bill Donovan*, New York 1982, S. 822 f.

[188] Gespräch mit William vanden Heuvel, New York, 21. Juni 1971. (William vanden Heuvel war Exekutivsekretär von Botschafter Donovan und hatte dieses Ereignis in sein Tagebuch notiert.)

[189] Vgl. Tinker, *Union of Burma*, S. 53 f.

[190] Gespräch mit Rev. Paul Lewis, Chiang Mai, Thailand, 7. September 1971. (Zur Zeit dieses Gesprächs half Rev. Lewis vielen dieser getrennten Lahu-Familien beim Briefverkehr und erhielt zwei bis drei Briefe pro Woche aus Taiwan.)

[191] Vgl. Leary, *Perilous Missions*, S. 196 f.

[192] Vgl. *The Nation* (Rangun), 19. März 1954, S. 1.

[193] Vgl. ebd., 21. März 1954, S. 1.

[194] Vgl. *New York Times*, 31. Mai 1954, S. 2.

[195] Vgl. Tinker, *Union of Burma*, S. 55.

[196] Gespräch mit Oberst Chen Mo Su, Chiang Khong, Thailand, 10. September 1971. (Oberst Chen war Guomindang-Kommandeur in Chiang Khong.)

[197] Elaine T. Lewis, »The Hill Peoples of Kengtung State«, in: *Practical Anthropology*, Nr. 6, November/Dezember 1957, S. 226.

[198] Vgl. *New York Times*, 19. Mai 1959, S. 6.

[199] Vgl. *Time*, 10. Februar 1961, S. 22.

[200] Gespräch mit Oberst Chen Mo Su, Chiang Khong, Thailand, 10. September 1971.

[201] Vgl. *The Guardian* (Rangun), 30. Januar 1961, S. 1.

[202] Vgl. Wise, Ross, *Die unsichtbare Regierung*, S. 130.

[203] Vgl. *New York Times*, 23. Februar 1961.

[204] Vgl. ebd., 18. Februar 1961; 3. März 1961.

[205] Vgl. Seymour Topping, *Journey Between Two Chinas*, New York 1972, S. 130 f.

[206] Vgl. *New York Times*, 6. April 1961.

[207] Vgl. ebd., 12. April 1961.

[208] Gespräch mit William Young, Chiang Mai, Thailand, 8. September 1971.

[209] Vgl. Topping, *Journey Between Two Chinas*, S. 129 f.

[210] Gesprächsmemorandum, Deputy Assistant Secretary of State for Far Eastern Affairs (Merchant), Thema: Guomindang-Truppen in Birma, Washington, 10. August 1951 (streng geheim), in: *Foreign Relations of the United States 1951*, S. 287 f.

[211] Ebd., S. 131; Leary, *Perilous Missions*, S. 131.
[212] Vgl. Ranelagh, *Agency*, S. 220 f.
[213] Vgl. Powers, *CIA*, S. 93.
[214] U.S. Senate, »History of the Central Intelligence Agency«, S. 37 f.
[215] Ranelagh, *Agency*, S. 221.
[216] Vgl. Corson, *Armies of Ignorance*, S. 320 ff.
[217] Vgl. *New York Times*, 9. März 1952, S. 8.
[218] Anon Puntharikapha, »The ›Manhattan‹ Incident«, in: Thak Chaloemtiarana (Hg.), *Thai Politics. Extracts and Documents, 1932–1957*, Bangkok 1978, S. 594–603.
[219] Vgl. Fred W. Riggs, *Thailand. The Modernization of a Bureaucratic Polity*, Honolulu 1966, S. 242–245.
[220] Vgl. Thongchai Winichakul, *Siam Mapped. A History of the Geo-body of a Nation*, Honolulu 1994.
[221] Vgl. Phin Choonhawan (Chunnahawan), »Events in the Life of Field Marshal Phin Choonhawan«, in: Thak Chaloemtiarana, *Thai Politics*, S. 579 ff.
[222] Vgl. Riggs, *Thailand*, S. 236.
[223] Vgl. Nigel J. Brailey, *Thailand and the Fall of Singapore. A Frustrated Asian Revolution*, Boulder 1986, S. 130 f.
[224] Phin Choonhawan (Chunnahawan), »Events in the Life«, S. 568–592.
[225] Khana Ratthamontri, »The History and Works of Field Marshal Sarit Thanarat«, in: Thak Chaloemtiarana, *Thai Politics*, S. 681–715.
[226] Vgl. Thak Chaloemtiarana, »On Coups d'Etat«, in: Thak Chaloemtiarana, *Thai Politics*, S. 564–567.
[227] Anon Puntharikapha, »The ›Manhattan‹ Incident«, S. 595–599.
[228] Vgl. Frank C. Darling, *Thailand and the United States*, Washington, D. C., 1965, S. 88 f.; Anon Puntharikapha, »The ›Manhattan‹ Incident«, S. 594–599; Brailey, *Thailand and the Fall of Singapore*, S. 156.
[229] Vgl. *New York Times*, 23. Juli 1951.
[230] Vgl. Phin Choonhawan (Chunnahawan), »Events in the Life«, S. 568–592; Darling, *Thailand and the United States*, S. 117.
[231] Vgl. United Nations, *Summary of the Forth Meeting*, S. 4.
[232] Vgl. United Nations, Economic and Social Council, Commission on Narcotic Drugs, *Agenda of the Ninth Meeting* (E/C.S7/27), 3. Dezember 1946, S. 6–9.
[233] Vgl. *Far Eastern Economic Review*, 23. November 1950, S. 625.
[234] Vgl. Paul T. Cohen, »Hill Trading in the Mountain Ranges of Northern Thailand«, S. 4.
[235] Vgl. Darrell Berrigan, »They Smuggle Dope by the Ton«, in: *Saturday Evening Post*, 5. Mai 1956, S. 157.
[236] Vgl. *New York Daily News*, 13. Februar 1955.
[237] Vgl. *New York Times*, 7. November 1948, S. 30.
[238] Vgl. Berrigan, »They Smuggle Dope«, S. 157 f.
[239] Vgl. Warner, *Vietnam*, S. 330.
[240] Vgl. Thomas Lobe, *The United States National Security Policy and Aid to the Thailand Police*, Denver 1977, S. 27 f.
[241] Vgl. *New York Times*, 20. September 1957, S. 7.
[242] Vgl. Riggs, *Thailand*, S. 239.
[243] Vgl. Darling, *Thailand and the United States*, S. 115–122.
[244] *New York Times*, 6. November 1957, S. 34.
[245] Warner, *Vietnam*, S. 328.

[246] William J. Donovan, »Our Stake in Thailand«, in: *Fortune*, Juli 1955, S. 94 f.
[247] Vgl. Darling, *Thailand and the United States*, S. 106.
[248] Vgl. G. William Skinner, *Chinese Society in Thailand. An Analytical History*, Ithaca 1957, S. 325.
[249] Vgl. ebd., S. 326.
[250] U. S. National Security Council, »Statement of Policy by the National Security Council on United States Objectives and Courses of Action with Respect to Southeast Asia«, in: Gravel, *Pentagon Papers*, Bd. 1, S. 438.
[251] Vgl. Skinner, *Chinese Society*, S. 328, 330, 335, 340–343.
[252] Vgl. Wendell Blanchard, *Thailand. Its People, Its Society, Its Culture*, New Haven 1958, S. 198.
[253] Für Beispiele solcher Vorfälle vgl. *Bangkok Post*, 11. März 1955; 14. Juli 1955.
[254] Für einige von Phaos öffentlichen Erklärungen vgl. *Bangkok Post*, 10. Februar 1950; 20. Februar 1950.
[255] Vgl. ebd., 3. Dezember 1953; 4. Dezember 1953.
[256] Vgl. ebd., 14. Juli 1955.
[257] Vgl. Berrigan, »They Smuggle Dope«, S. 42, 156.
[258] Vgl. *Bangkok Post*, 15. Juli 1955.
[259] Vgl. ebd., 29. Juli 1955.
[260] Vgl. Berrigan, »They Smuggle Dope«, S. 156.
[261] Vgl. *New York Times*, 25. August 1955, S. 3.
[262] Vgl. ebd., 4. September 1955, S. 5.
[263] Prasert Rujirawong, »Kanluk Supfin« (Abschaffung des Opiumrauchens), in: Khana Ratthamontri, *Prawat lae phonngan khong jomphon Sarit Thanarat, phim nai ngan phraratchathan pleong sop phon jomphon Sarit Thanarat* (Leben und Werk des Feldmarschalls Sarit Thanarat, veröffentlicht aus Anlass der Einäscherung von Feldmarschall Sarit Thanarat), Bangkok 1964, S. 32 f.
[264] Dieser Prozentsatz ergibt sich aus Daten in Skinner, *Chinese Society*, S. 364 f.
[265] Vgl. *Bangkok Post*, 21. September 1955.
[266] Skinner, *Chinese Society*, S. 343.
[267] Vgl. Warner, *Vietnam*, S. 332.
[268] Vgl. Blanchard, *Thailand. Its People*, S. 199.
[269] Vgl. *New York Times*, 20. Sptember 1957, S. 7.
[270] Gespräch mit William Young, Chiang Mai, Thailand, 14. September 1971.
[271] Vgl. *Bangkok World*, 17. November 1957.
[272] Vgl. *Bangkok Post*, 10. Februar 1958.
[273] Vgl. Warner, *Vietnam*, S. 334 f.
[274] Gespräch mit einem CIA-Agenten im Ruhestand, Chiang Mai, Thailand, 14. September 1971. (Dieser Agent war ein Spezialist der Thai-Sprache und im Rahmen der üblichen Geheimdienstarbeit an der CIA-Abhörüberwachung von Sarits Haus und Büros beteiligt.)
[275] Der Text dieses Erlasses findet sich in Prasert Rujirawong, »Kanlus Supfin«, S. 34 f.
[276] Feldmarschall Sarit, zitiert in: ebd., S. 35 f.
[277] Vgl. *Far Eastern Economic Review*, 5. November 1973.
[278] Vgl. *Far Eastern Economic Review*, 28. April 1978.
[279] Vgl. Walt W. Rostow, *Stadien wirtschftlichen Wachstums*, Göttingen 1960, S. 18–22; Hla Myint, *The Economics of the Developing Countries*, New York 1964, S. 14 ff.
[280] Vgl. United Nations, Advisory Committee on the Traffic in Opium and Other Dan-

gerous Drugs, *Annual Reports on the Traffic in Opium and Other Dangerous Drugs for the Year 1939*, Genf 1939, S. 42.
²⁸¹ Vgl. *New York Times*, 17. September 1963, S. 45.
²⁸² Vgl. United Nations, Advisory Committee on the Traffic in Opium and Other Dangerous Drugs, *Minutes of the First Session*, Genf, 24. Mai–7. Juni 1923, S.187. Anthropologische Forschungen haben gezeigt, dass es bis 1947 keinen nennenswerten Anstieg der thailändischen Opiumproduktion gab. (Vgl. Cohen, »Hill Trading«, S. 1 f.)
²⁸³ 1967 schätzte ein Forschungsteam der UN Thailands Opiumproduktion auf 145 Tonnen. Da sich ein Großteil der Expansion in den 50er Jahren vollzogen hatte, gilt eine Schätzung von über 100 Tonnen für Anfang der 60er Jahre noch als konservativ. (Vgl. *Report of the United Nations Survey Team on the Economic and Social Needs of the Opium Producing Areas in Thailand*, Bangkok 1967, S. 59.)
²⁸⁴ U. S. Bureau of Narcotics and Dangerous Drugs, »World Opium Situation«, S. 29.

5
Südvietnams Heroinhandel

¹ Vgl. Mike Gravel (Hg.), *The Pentagon Papers*, 5 Bde., Boston 1971, Bd. 1, S. 221 f.
² Robert Scheer, »Hang Down Your Head Tom Dooley«, in: *A Muckraker's Guide*, San Francisco 1969, S. 18.
³ Gravel, *Pentagon Papers*, Bd. 2, S. 22.
⁴ Vgl. ebd., Bd. 1, S. 240.
⁵ Philippe Devillers, Jean Lacouture, *End of a War*, New York 1969, S. 377.
⁶ Thomas A. Dooley, *Deliver Us from Evil*, New York 1956, S. 41, 60.
⁷ Ebd., S. 71.
⁸ Ebd., S. 159. Für eine Beschreibung des amerikanischen Moralismus in dieser Zeit vgl. Chester L. Cooper, *The Lost Crusade*, New York 1970, S. 12 ff.
⁹ Edward G. Lansdale, *In the Midst of Wars*, New York 1972, S. IX.
¹⁰ David Halberstam, *Vietnam oder Wird der Dschungel entlaubt?*, Reinbek bei Hamburg 1965, S. 20.
¹¹ Oberstleutnant Lucien Conein war einer von Lansdales wichtigsten Mitarbeitern in den Auseinandersetzungen von 1955, die Diem an die Macht brachten. Er war der CIA-Verbindungsmann zu den Putschisten, die Diem im November 1963 stürzten. Interessanterweise führten zwei der wichtigsten Unterstützer Diems in den Kämpfen von 1955 – General Mai Huu Xuan und General Duong Van Minh – auch den Coup von 1963 an.
¹² Gespräch mit Oberst Roger Trinquier, Paris, 25. März 1971.
¹³ Vgl. Fred W. Riggs, *Thailand. The Modernization of a Bureaucratic Polity*, Honolulu 1966, S. 245.
¹⁴ Sheehan, Neil (Hg.), *Die Pentagon-Papiere*, München/Zürich 1971, S. 224 f.
¹⁵ Gespräch mit Bernard Yoh, Washington, D. C., 15. Juni 1971. (Bernard Yoh war in den 50er Jahren Berater von Präsident Ngo Dinh Diem.)
¹⁶ Gespräch mit Oberstleutnant Lucien Conein, McLean, Virginia, 18. Juni 1971.
¹⁷ General Mai Huu Xuan zufolge wurden die meisten Geschäfte Nhus mit den chinesischen Syndikaten und Geschäftsleuten über einen chinesischen Geschäftsmann namens Ma Tuyen abgewickelt (Gespräch mit General Mai Huu Xuan, Saigon, 19. Juli 1971). Nach dem Coup vom November 1963 versteckten sich Diem und Nhu

kurz vor ihrer Ermordung in Ma Tuyens Haus. (Vgl. *New York Times*, 4. November 1971, S. 8.)

[18] Vgl. Stanley Karnow, *Time-Life* Editorial Reference Files, unveröffentlichtes Manuskript, April 1963.

[19] Gespräch mit Oberstleutnant Lucien Conein, McLean, Virginia, 18. Juni 1971.

[20] Ebd. Ironischerweise soll Nhu die letzten Monate seines Lebens opiumsüchtig gewesen sein. Einem Bericht des Korrespondenten Robert Shaplen zufolge sagte Diems Außenminister: »Wir wussten, dass Nhu im letzten Jahr Opium rauchte und auch Heroin nahm, und das trug zu seinen extremistischen Stimmungen bei.« (Robert Shaplen, *The Lost Revolution. The U.S. in Vietnam, 1946–1966*, New York 1966, S. 189.)

[21] Can Lao war eine Geheimorganisation, die Ngo Dinh Nhu kurz nach Amtsantritt Diems bildete. Parteimitglieder wurden aus jedem Zweig der Militär- und Zivilbürokratie rekrutiert, waren aber gewöhnlich konservative Katholiken. Die Partei fungierte als Staat im Staate; mit ihrer Hilfe konnte Nhu alle Regierungstätigkeiten direkt kontrollieren. Ihre Mitgliedsliste wurde geheimgehalten, um den Parteikadern zu ermöglichen, ihre Mitarbeiter wirkungsvoller auszuspionieren.

[22] Gespräch mit einem vietnamesischen Armeeoberst im Exil, Paris, 25. März 1971.

[23] Gespräch mit einem Parteivertreter von Can Lao im Exil, Paris, 1. April 1971.

[24] Vgl. Denis Warner, *Vietnam. Krieg ohne Entscheidung*, München 1965, S. 329; für eine offizielle US-Einschätzung von Tuyen vgl. Cooper, *Lost Crusade*, S. 205. Ironischerweise wurde Tuyen später einer der ersten Verschwörer des Coups, der schließlich das Diem-Regime im November 1963 stürzte. Nach einer Reihe von Streitigkeiten mit Madame Nhu, die ihn Nhus Freundschaft kosteten, begann Tuyen detaillierte Putschpläne zu erarbeiten, die im September 1963 verschoben wurden, als Nhu ihn als Konsul nach Kairo schickte. Sofort nach dem Putsch kehrte Tuyen nach Saigon zurück, wurde aber vom Militärregime sofort inhaftiert. (Vgl. Shaplen, *Lost Revolution*, S. 197 f., 211.) Für eine Beschreibung der Geheimdienstoperationen des Diem-Regimes vgl. Frances FitzGerald, *Fire in the Lake. The Vietnamese and the Americans in Vietnam*, Boston 1972, S. 97 f.

[25] Vgl. Sheehan, Neil (Hg.), *Die Pentagon-Papiere*, S. 16.

[26] Gespräch mit Bernard Yoh, Washington, D. C., 15. Juni 1971.

[27] Gespräch mit einem Vertreter der Can-Lao-Partei im Exil, Paris, 1. April 1971.

[28] Ebd.; Gespräch mit Tran Van Dinh, Washington, D. C., 30. April 1971.

[29] Interministerielle Arbeitsgruppe, »Ein Aktionsprogramm für Süd-Vietnam«, in: Sheehan, Neil (Hg.), *Die Pentagon-Papiere*, S. 118.

[30] Etliche Quellen bestätigten, dass Ky angeheuert wurde, um diese Missionen zu fliegen: Gespräch mit Oberst Phan Phung Tien, Tan-Son-Nhut-Luftwaffenstützpunkt, Südvietnam, 29. Juli 1971 (Oberst Tien war Kommendeur der 5. Luftdivision, der Lufttransporteinheit); Gespräch mit Oberstleutnant Lucien Conein, McLean, Virginia, 18. Juni 1971; Gespräch mit Bernard Yoh, Washington, D. C., 15. Juni 1971.

[31] S. M. Mustard, Brief an Senator Ernest Greuning, 9. März 1968; *New York Times*, 19. April 1968, S. 11.

[32] Gespräch mit Oberst Do Khac Mai, Paris, 29. März 1971. (Oberst Do Khac Mai war 1963 Kommandeur der vietnamesischen Luftwaffe.)

[33] Sheehan, Neil (Hg.), *Die Pentagon-Papiere*, S. 80.

[34] Telegramm von Elbridge Durbrow, Botschafter der USA in Südvietnam, an Außenminister Christian A. Herter, 16. September 1960, ebd., S. 110 f.

[35] Marguerite Higgins, *Our Vietnam Nightmare*, New York 1965, S. 241.

[36] Gespräch mit Oberstleutnant Lucien Conein, McLean, Virginia, 18. Juni 1971; Cooper, *Lost Crusade*, S. 247.
[37] Vgl. Gavel, *Pentagon Papers*, Bd. 2, S. 522 f.
[38] Ebd., S. 524.
[39] Vgl. Sheehan, Neil (Hg.), *Die Pentagon-Papiere*, S. 334.
[40] Vgl. ebd., S. 397.
[41] Robert Shaplen, *The Road from War*, New York 1970, S. 22 f.
[42] Gravel, *Pentagon Papers*, Bd. 2, S. 525 f.
[43] Gespräch mit einem exilierten Vertreter der Can-Lao-Partei, Paris, 1. April 1971.
[44] Gespräch mit Nguyen Xuan Vinh, Ann Arbor, MI, 22. Juni 1971. (Nguyen Xuan Vinh war von 1958 bis 1962 Kommandeur der vietnamesischen Luftwaffe.)
[45] Gespräch mit Oberst Do Khac Mai, Paris, 29. März 1971. Oberst Mai zufolge hatte Madame Ly die Preise erhöht und einen Teil des Lebensmittelbudgets der Basis unterschlagen. Luftwaffenoffiziere beklagten sich beim Oberkommando, und Ky wurde nach einer Untersuchung durch einen hochrangigen Armeegeneral von seinem Kommando entfernt.
[46] Vgl. George McTurnan Kahin, John W. Lewis, *The United States in Vietnam*, New York 1967, S. 241.
[47] Gespräch mit Nguyen Xuan Vinh, Ann Arbor, MI, 22. Juni 1971.
[48] Vgl. *New York Times*, 22. April 1966, S. 22.
[49] Gespräch mit Oberstleutnant Lucien Conein, McLean, Virginia, 18. Juni 1971.
[50] Ebd.
[51] Ebd.
[52] Gespräch mit Charles Sweet, Washington, D. C., Mai 1971. (Charles Sweet war Berater von Luftwaffenvizemarschall Ky, als Ky 1965 Sport- und Jungendminister war, und später Assistent von General Edward G. Lansdale im CIA-Verbindungsbüro bei der US-Botschaft in Saigon.)
[53] Shaplen, *Road from War*, S. 185.
[54] Gespräch mit Charles Sweet, Washington, D. C., Mai 1971.
[55] Gespräch mit einem vietnamesischen Geheimdienstoffizier, Saigon, Vietnam, Juli 1971.
[56] Gespräch mit Tran Van Dinh, Washington, D. C., 16. Februar 1971. (Tran Van Dinh war südvietnamesischer Botschafter in den USA.)
[57] Vgl. *Vietnam Guardian* (Saigon), 18. August 1966.
[58] Gespräch mit einem vietnamesischen Geheimdienstler, Saigon, Vietnam, Juli 1971, Shaplen, *Road from War*, S. 36f, 53.
[59] George Roberts, Bericht an Robert R. Johnson, Public Administration Ad Hoc Committee on Corruption in Vietnam, 29. November 1967.
[60] Roberts, Bericht, 5. Oktober 1968.
[61] Vgl. *Los Angeles Times*, 29. Februar 1968.
[62] Roberts, Bericht, 6. Dezember 1967.
[63] Vgl. ebd.
[64] Roberts, Bericht, 29. November 1967.
[65] U. S. Congress, Senate, *Congressional Record*, 114, Nr. 16, 5. Februar 1968.
[66] Vgl. *Christian Science Monitor*, 9. März 1968.
[67] Vgl. *New York Times*, 19. April 1968, S. 11.
[68] Gespräch mit einem vietnamesischen Geheimdienstoffizier, Saigon, Vietnam, Juli 1971.
[69] Gespräch mit Oberstleutnant Lucien Conein, McLean, Virginia, 18. Juni 1971.

[70] Vgl. »Nationalist Politics in Viet-Nam«, Bericht des Senior Liaison Office, US-Botschaft, Saigon, Mai 1967, S. 11. (Verfasser des Berichts waren Edward G. Lansdale, David E. Hudson, Calvin E. Mehlert und Charles F. Sweet.)
[71] Roberts, Bericht, 5. Oktober 1967.
[72] Vgl. Kahin, Lewis, *United States in Vietnam*, S. 347 f.
[73] Vgl. Keesing's Research Report, *South Vietnam. A Political History, 1954–1970*, New York 1970, S. 124 f.
[74] Vgl. Kahin, Lewis, *United States in Vietnam*, S. 358.
[75] Vgl. Shaplen, *Road from War*, S. 156 f.
[76] »Nationalist Politics in Viet-Nam«, S. 9 ff., 15.
[77] Roberts, Bericht, 6. Dezember 1968.
[78] Ebd.
[79] Vgl. Roberts, Bericht, 19. Januar 1968.
[80] Gespräch mit Oberst Tran Van Phan, Saigon, Vietam, 23. Juli 1971. (Oberst Phan war Informationsoffizier der nationalen Polizei.)
[81] Gespräch mit Oberst Phan Phung Tien, Tan-Son-Nhut-Flughafen, Vietnam, 29. Juli 1971.
[82] Gespräch mit Oberst Tran Van Phan, Saigon, Vietnam, 23. Juli 1971. (Oberst Phan war damals als Sekretär des Generaldirektors der nationalen Polizei verantwortlich für Personalausbildung. Er erlitt bei dem Vorfall eine ernste Beinverwundung und musste für drei Monate ins Krankenhaus.)
[83] Vgl. Keesing's Research Report, *South Vietnam*, S. 138.
[84] Vgl. Richard Critchfield, *The Long Crusade*, New York 1968, S. 387.
[85] Vgl. Keesing's Research Report, *South Vietnam*, S. 138.
[86] Gespräch mit einem hochrangigen Vertreter des Military Assistance Command, Civil Operations and Rural Development Support (MACCORDS), Saigon, Vietnam, Juli 1971.
[87] Ein Großteil der sichtbaren Korruption der Nationalversammlung scheint das Werk von Mitgliedern des Unterhauses gewesen zu sein. Wie in vielen europäischen Parlamenten hatte der Senat geringere Macht, seine Mitglieder waren im Allgemeinen zurückhaltender.
[88] Vgl. »Nationalist Politics in Viet-Nam«, S. 19 f.
[89] Gespräch mit einem Repräsentanten des Unterhauses, Saigon, Vietnam, Juli 1971.
[90] »Nationalist Politics in Viet-Nam«, S. 18.
[91] *Washington Post*, 8. September 1968.
[92] Vgl. *New York Times*, 6. Juni 1971, S. 2.
[93] Vgl. Capt. Gary C. Lulenski (MC), Capt. Larry E. Alessi (MC), Sp4c Charles E. Burdick, »Drug Abuse in the 23rd Infantry Division (Americal)«, September 1970, S. 9.
[94] Vgl. Major Richard H. Anderson (MC), Sp4c Wade Hawley, »Subject: Analysis of 482 Questionnaires on Illicit Drug Use in an Engineering Battalion in Vietnam«, 11. November 1970, S. 6.
[95] Vgl. *New York Times*, 16. Mai 1971, S. 1.
[96] »The Drug Abuse Problem in Vietnam«, Bericht des Kommandeurs der Militärpolizei, U. S. Military Assistance Command Vietnam, Saigon 1971, S. 4. Hervorhebung von mir.
[97] Ebd., S. 6.
[98] Für eine Analyse der Auswirkungen der Kampagne zur Marihuanabekämpfung vgl. Norman E. Zinberg, »GIs and OJs in Vietnam«, in: *New York Times Magazine*, 5. Dezember 1971, S. 120. Laut Zinberg begann die US-Armee 1968 gegen Marihuana

vorzugehen. Da die meisten GIs nicht vor dem Frühjahr 1970 mit dem Heroinkonsum begannen, war der Kampf gegen Marihuana offenkundig nur ein untergeordneter Faktor für den Wechsel zu Heroin.

[99] Gespräch mit Captain Higginbotham, Can Tho, Vietnam, 23. Juli 1971. (Captain Higginbotham war Arzt beim Amnestieprogramm des 4. Korps.)

[100] Vgl. *Washington Post*, 13. Juli 1971.

[101] Gespräch mit Generalmajor John H. Cushman, Can Tho, Vietnam, 23. Juli 1971.

[102] Vgl. »Drug Abuse Problem in Vietnam«, S. 3.

[103] Vgl. *Milford Citizen* (Connecticut), 29. Juni 1971. (Die Zeitung brachte eine Meldung von United Press International aus Phnom Penh, in der es hieß: »Seit Kambodscha vor 15 Monaten in den Indochinakrieg gezogen wurde, ist es zu einer kleinen, aber wachsenden ›Etappe‹ für harte Drogen geworden, die für amerikanische Soldaten in Vietnam bestimmt sind.«)

[104] Teochiu sind Chinesen aus der Region der Stadt Shantou in Südchina. Syndikate dieser Volksgruppe kontrollierten seit Mitte des 19. Jahrhunderts einen Großteil des illegalen Drogenhandels in Asien. Sie spielten für das organisierte Verbrechen Chinas eine vergleichbare Rolle wie die sizilianische Mafia in Italien und die korsischen Syndikate in Frankreich. Vgl. für weitere Details Kapitel 6.

[105] Gespräch mit einem Drogenbeamten, Washington, D. C., 21. Oktober 1971. (Huu Tim-hengs Beteiligung am Drogenhandel wurde am 21. Oktober 1971 vom US-Bureau of Narcotics and Dangerous Drugs bestätigt.)

[106] Telefongespräch mit Richard J. Hynes, USAID/Laos, Vientiane, Laos, 7. September 1971.

[107] Gespräch mit einem Drogenbeamten, U. S. Bureau of Narcotics and Dangerous Drugs, Washington, D. C., 21. Oktober 1971.

[108] Gespräch mit einem vietnamesischen Einwohner von Vientiane, Laos, August 1971; Gespräch mit einem vietnamesischen Geheimdienstoffizier, Saigon, Vietnam, September 1970; Gespräch mit Estelle Holt, London, März 1971 (Estelle Holt war ehemalige Auslandskorrespondentin in Laos); Gespräch mit einem Drogenbeamten, U. S. Bureau of Narcotics and Dangerous Drugs, New Haven, CT, 3. Mai 1973.

[109] Gespräch mit einem Drogenbeamten, U. S. Bureau of Narcotics and Dangerous Drugs, Saigon, Vietnam, 27. Juli 1971.

[110] Gespräch mit einem US-Luftwaffenberater bei der 5. Luftdivision, Tan-Son-Nhut-Stützpunkt, Vietnam, Juli 1971.

[111] Ebd.

[112] Am 29. Juni 1971 berichtete United Press International: »C-119-Transportflugzeuge und C-123-Versorgungsmaschinen der vietnamesischen Luftwaffe bringen militärische Ausrüstung nach Kambodscha und kehren leer nach Saigon zurück, bis auf Drogensendungen, wie Quellen behaupten«. (*Milford Citizen*, 29. Juni 1971.)

[113] *New York Times*, 30. August 1971, S. 1.

[114] Gespräch mit einem US-Luftwaffenberater bei der 5. Luftdivision, Tan-Son-Nhut-Stützpunkt, Vietnam, Juli 1971; Gespräch mit einem vietnamesischen Geheimdienstler, Saigon, Juli 1971.

[115] *Washington Post*, 21. Juli 1971.

[116] Ebd., 17. Juli 1971.

[117] Ebd., 18. Juli 1971.

[118] »Corruption in Vietnam«, Memorandum von Bill Marmon, Saigon, an *Time World*, New York, 23. Juli 1969.

[119] Vgl. Shaplen, *Road from War*, S. 88, 125. Nach einer offiziellen Studie des US-Ver-

teidigungsministeriums über den Vietnamkrieg wurde General Quang 1965–1966 als der »korrupteste General« in Südvietnam angesehen. Seine Entfernung vom Kommando des 4. Korps Ende 1966 war das Ergebnis von amerikanischem Druck auf das Ky-Regime, etwas gegen die Korruption zu unternehmen. (Vgl. Gravel, *Pentagon Papers*, Bd. 2. S. 384, 391.)

[120] »National Politics in Viet-Nam«, S. 12.

[121] Gespräch mit einem hochrangigen Offizier des Military Assistance Command, Civil Operations and Rural Development Support (MACCORDS), Saigon, Vietnam, 1971. Noch Ende 1972 spielte General Quang weiterhin eine Schlüsselrolle in Thieus Apparat, obwohl er beschuldigt wurde, in den Heroinhandel verstrickt zu sein. Nach den Friedensverhandlungen in Paris berichtete die *New York Times*, »dass Präsident Thieu am 7. Oktober einen 50 Mitglieder starken Ausschuss eingesetzt hat, dessen Vorsitz sein enger Berater Oberstleutnant Dang Van Quang führt, um detaillierte Pläne auszuarbeiten, was die Regierungsministerien im Falle eines Waffenstillstands tun sollten«. (*New York Times*, 23. Oktober 1972, S. 1.)

[122] Vgl. ebd.

[123] *New York Times*, 8. August 1971, S. 1.

[124] Gespräch mit einem vietnamesischen Geheimdienstoffizier, Saigon, Vietnam, Juli 1971.

[125] Vgl. *New York Times*, 11. Mai 1970, S. 1.

[126] Vgl. *Washington Post*, 11. Mai 1970.

[127] Vgl. *New York Times*, 12. Mai 1970, S. 1; *Washington Post*, 13. Mai 1970.

[128] Gespräch mit einem vietnamesischen Marineoffizier, Saigon, Juli 1971.

[129] Die Überschwemmungen gehörten zu den schlimmsten in der vietnamesischen Geschichte. Der Taifunregen tötete 5.000 Menschen und machte Tausende obdachlos. (Vgl. Don Luce, John Sommer, *Vietnam. The Unheard Voices*, Ithaca 1969, S. 243 f.) Admiral Cangs Unterschlagungen empörten die Einwohner Zentralvietnams. Der Kommandeur des 1. Korps, General Nguyen Chang Thi, initiierte eine offizielle Untersuchung der Affäre, und es war weitgehend seiner hartnäckigen Forderung nach Bestrafung von Konteradmiral Cang zu verdanken, dass dieser von seinem Kommando entbunden wurde. (Gespräch mit General Nguyen Chanh Thi, Washington, D. C., 21. Oktober 1971.)

[130] Vietnamesische Marineakten weisen aus, dass Konteradmiral Chung Tan Cang nach seiner Entfernung vom Kommando 1965 die folgenden Positionen innehatte: 1.) 1966 Sonderberater der Vereinten Stabschefs; 2.) 1. Dezember 1966–14. August 1969 Kommandeur der Militärakademie; 3.) 14. August 1969–1. Juli 1970 zum Verteidigungsministerium abbeordert; 4.) 1. Juli 1970–1. Juli 1971 als Forschungsassistent abbeordert.

[131] Gespräch mit einem vietnamesischen Marineoffizier, Saigon, Vietnam, Juli 1971.

[132] Laut vietnamesischen Marineakten bekleidete Flottillenadmiral Lam Nguon Thanh die Position des Vizebefehlshabers der Marine, bevor er 1966 zum Naval War College in Newport, RI, USA, geschickt wurde. Von 1966 bis August 1970 diente er nacheinander als Stellvertreter des Oberbefehlshabers, Direktor für politische Kriegführung und Kommandeur der Schule für politische Kriegführung in Dalat.

[133] Gespräch mit einem vietnamesischen Marineoffizier, Vietnam, Juli 1971.

[134] Ebd. Präsident Thieus Entscheidung, Mitte 1971 Offiziere mit Schlüsselstellungen in dieser »Antidrogenkampagne« zu betrauen, gab hochrangigen US-Vertretern in Saigon Anlass zu ironischen Kommentaren. Am 4. Mai 1971 bestimmte Präsident Thieu »ein Team von fünf erfahrenen Geheimdienst- und Polizeioffizieren unter

Vorsitz von General Dang Van Quang, ein effektives Maßnahmenprogramm zu entwickeln und durchzuführen«, um den Drogenhandel in Südvietnam zu bekämpfen. Am 17. Juni ernannte Premierminister Khiem »Konteradmiral Cang zu seinem Sonderbeauftragten für Drogenbekämpfung ..., um eine dreimonatige Kampagne vom 1. Juli bis 30. September vorzubereiten, ähnlich jenen, die auf dem Gebiet der Befriedung durchgeführt werden«. Die Ironie lag in der Tatsache, dass man diese Offiziere, besonders Generalleutnant Quang, für die »größten Dealer« in Südvietnam hielt (US-Außenministerium, Briefing Paper, »Significant Events and Activities in Vietnamese Efforts to Suppress Drug Traffic«, Washington, D. C., 1972, S. 4, 7; Gespräch mit einem hochrangigen Vertreter des Military Assistance Command, Civil Operations and Rural Development Support, MACCORDS, Saigon, Vietnam, Juli 1971.)

[135] Alle folgenden Informationen basieren auf umfangreichen Gesprächen mit Ly Ky Hoang, Chef der Drogenfahndung der nationalen Polizei (Saigon, Vietnam, 5. und 12. August, 11. September 1971). Beamte des U.S. Bureau of Narcotics and Dangerous Drugs, die an den Razzien teilgenommen hatten, waren zu Gesprächen nicht willens oder nicht in der Lage. Der beteiligte Thai-Offizier, Oberst Pramual Vangibandhu, war außer Landes, als ich in Bangkok war.

[136] *Pacific Stars and Stripes*, 30. Juli 1971. Hervorhebung von mir. Der Ruf der Korruption war offenbar nur zu berechtigt. Tatsächlich war Oberst Pramual, also jener thailändische Polizeioffizier, der für die Razzien verantwortlich zeichnete, selbst korrupt. Am 16. Januar 1973 brachte der *Miami Herald* das Foto einer pompösen Bangkoker Villa, komplett mit maniküriertem Garten und Swimming Pool, das die folgende Unterschrift trug: »Dieses luxuriöse Heim in Bangkok ist die Residenz von Oberst Pramual Wanigbhand, einem hohen Vertreter der Drogenbekämpfung im thailändischen Regierungsapparat. Das Gehalt des Obersten beträgt etwa 250 Dollar im Monat. Das Haus soll einen Wert von 100.000 Dollar haben, das private Bankkonto des Obersten weist über 500.000 Dollar aus. Der *Herald* erhielt das Foto privat aus Bangkok.«
Im Januar 1973 wurde Oberst Pramual von der thailändischen Polizei wegen »illegalem Drogenhandel und Amtsmissbrauch, Fälschung offizieller Dokumente und Vorteilnahme« festgenommen. Einem Bericht der *New York Times* zufolge »wurde der Oberst verdächtigt, Bestechungsgelder von Drogenhändlern aus der asiatischen Opiumanbauregion anzunehmen, die Thailand als Transitland nutzen«. Der Oberst hatte von dem Verdacht gegen ihn schon im Oktober 1972 erfahren, als er gerade in den USA an einer internationalen Konferenz von Drogenfahndern teilnahm. Er tauchte bis Januar unter und stellte sich dann der thailändischen Polizei in Bangkok. (*New York Times*, 3. Februar 1973, S. 6.)

[137] Die Konkurrenz zwischen vietnamesischen und thailändischen Polizisten führte bei vielen Untersuchungen und Verhaftungen zu Komplikationen. Hoang zeigte offen seinen Widerwillen gegen den Befehlston, den die thailändische Polizei bei verschiedenen Planungstreffen an den Tag legte. Er erzählte mir »die ganze Geschichte«, weil »die Thailänder den ganzen Erfolg für sich reklamieren«. (Gespräch mit Ly Ky Hoang, Saigon, Vietnam, 12. August 1972.)

[138] Laut vietnamesischen Marineakten wurde Kapitän Nguyen Huu Chi am 9. August 1971 vom Kommando der Einsatzgruppe 213/DP auf einen nicht genannten Posten versetzt.

[139] Gespräch mit Ly Ky Hoang, Saigon, Vietnam, 11. September 1971.

[140] Gespräch mit einem hochrangigen Vertreter des Military Assistance Command,

Civil Operations and Rural Development Support (MACCORDS), Saigon, Südvietnam, August 1971.

[141] Die Konkurrenz zwischen General Ngu Dzu und General Lu Lan löste im Sommer 1971 in Südvietnam eine große Kontroverse aus. In einer weit verbreiteten Rede erklärte Ngu Dzu Anfang des Jahres, er könne den Drogenhandel im 2. Korps nicht beseitigen, weil er das Problem von seinem Vorgänger General Lu Lan geerbt habe. Als US-Repräsentant Robert Steele Ngo Dzu beschuldigte, einer der größten Drogenhändler Südvietnams zu sein, gab Lu Lan, mittlerweile zum Generalinspekteur der südvietnamesischen Armee befördert, bekannt, dass er eine vollständige Untersuchung der Vorwürfe einleiten werde. General Dzu schlug zurück, indem er Lu Lan bezichtigte, hinter den Anschuldigungen Steels zu stehen. (Vgl. Auchincloss, Johnson, Lynch, Meldung des Saigoner *Newsweek*-Büros, 9. Juli 1971; *New York Times*, 8. Juli 1971, S. 1; 10 Juli 1971, S. 2.)

[142] Gespräch mit einem hochrangigen Geheimpolizeiagenten, Saigon, Vietnam, Juli 1971.

[143] Die Criminal Investigation Division der US-Armee (CID) erstellte ebenfalls drei Berichte über General Ngo Dzus Beteiligung am Drogenhandel:
1. Bericht vom 6. Januar 1971. Einer Quelle zufolge seien General Dzu und sein Vater am Rauschgifthandel beteiligt. Dzu operiere zusammen mit einer Reihe anderer Personen, darunter Qui Nhon, dem Kommandeur der Militärpolizei der südvietnamesischen Armee, einigen südvietnamesischen Marineoffizieren und einem Offizier einer Südkoreadivision.
2. Bericht vom 12. Mai 1971. Laut einer zweiten Quelle betreibe General Ngo Dzus Vater, Nog Khoung, mit einem ethnischen Chinesen Heroingeschäfte. Er arbeite außerdem mit einem ehemaligen Sondermitarbeiter Präsident Thieus zusammen.
3. Bericht vom 10. Juli 1971. Einer dritten Quelle zufolge kontrolliere General Dzu über eine Reihe von Partnern, darunter seine Mätresse Frau Tran Thi Khanh, einen großen Heroinring.

[144] *Dispatch News Service International* (wöchentliche asiatische Ausgabe), 16. August 1971.

[145] Gespräch mit US-Soldaten, Operation Crossroads Rehabilitation Center, Long Binh, Vietnam, Juli 1971.

[146] Vgl. *Dien Tin* (Saigon), 23. März 1971.

[147] Vgl. *Dien Tin*, 1.–2. Mai 1971.

[148] Vgl. *Cong Luan* (Saigon), 19. Mai 1971.

[149] Vgl. Porter, »Saigon National Assembly«.

[150] Vgl. *Hoa Binh* (Saigon), 29. März 1971.

[151] Am 12. Juni 1971 stellte der Block die folgenden Ausschussvorsitzenden:
Tran Quy Phong, Ausschuss für Verkehr und öffentliche Arbeiten; *Nguyen Dinh Ly*, Wirtschaftsausschuss; *Pham Huu Giao*, Ausschuss für auswärtige Beziehungen; *Hoang Thong*, Innenausschuss; *Le Van Dien*, Ausschuss für Information und Versöhnung; *Truong Dinh Tu*, Ausschuss für öffentliche Gesundheit.
Außerdem war ein ehemaliges Mitglied des Unabhängigkeitsblocks, der Abgeordnete Tran Kim Thoa, Vorsitzender des Ausschusses für Arbeit, Soziales und Veteranen.

[152] Gespräch mit einem Unterhausabgeordneten, Saigon, Vietnam, Juli 1971; *Tin Sang* (Saigon), 19. Mai 1971.

[153] Vgl. *Cong Luan*, 19. Mai 1971; *Chingh Luan* (Saigon), 19. Mai 1971.

[154] Vgl. *Tin Sang* (Saigon), 18. Mai 1971.

[155] Vgl. Porter, »Saigon National Assembly«.
[156] Vgl. *Cong Luan*, 17. Mai 1970.
[157] Vgl. Porter, »Saigon National Assembly«.
[158] Vgl. *Dien Tin*, 31. Januar 1971.
[159] Vgl. »Drug Abuse Problem in Vietnam«, S. 13.
[160] Gespräch mit einem vietnamesischen Zollbeamten, Saigon, Vietnam, 22. Juli 1971.
[161] Mitteilung aus der Residenz des Premierministers, Republik Vietnam, 19. März 1971.
[162] Vgl. »Drug Abuse Problem in Vietnam«, S. 13.
[163] *Saigon Post*, 25. März 1971.
[164] Vgl. *Vietnam Guardian* (Saigon), 25. März 1971.
[165] Vgl. ebd., 24. März 1971.
[166] Vgl. *Bao Den* (Saigon), 22. März 1971.
[167] Vgl. *Dien Tin* (Saigon), 22. März 1971.
[168] General Khiem hatte eine Geschichte erfolgreicher putschistischer Intrigen hinter sich. Beim Staatsstreich gegen Präsident Diem vom 11. November 1960 stieß er vom Delta aus auf Saigon vor und sagte beiden Seiten Hilfe zu. Als erkennbar wurde, dass die Putschistengruppe ihren Halt verlor, befahl er seinen Truppen, die Rebellen anzugreifen, führte den entscheidenden Schlag gegen sie und rechnete sich das Verdienst an, das Diem-Regime gerettet zu haben. Drei Jahre später verbündete er sich mit General Duong Van Minh, um Diem zu Fall zu bringen, aber nur drei Monate danach spielte er die Schlüsselrolle in dem Putsch, der General Minhs Regierung stürzte. Obwohl er eine Reihe wichtiger Positionen in aufeinander folgenden Regierungen bekleidet hatte, war er einer der Architekten des Staatsstreiches gegen das neue Regime vom Februar 1965. Dieser letzte Coup ist vielleicht die bemerkenswerteste Leistung General Khiems: Er organisierte ihn von der vietnamesischen Botschaft in Washington, D. C., aus, über 13.000 Kilometer von Saigon entfernt. (Vgl. Kahin, Lewis, *United States in Vietnam*, S. 173.)
[169] *New York Times*, 18. Mai 1971, S. 10.
[170] Gespräch mit einem US-Zollberater, Saigon, Vietnam, 16. Juli 1971.
[171] »Drug Abuse Problem in Vietnam«, S. 10.
[172] Ebd.
[173] »Excerpts from Report of Customs Advisor Joseph R. Kvoriak; Date: February 8, 1971«, United States Government Memorandum an James E. Townsend, Chief of Party/Customs, von Zollberater Joseph R. Kvoriak über das Thema »Lack of Controls and Enforcement, Tan Son Nhut«, 25. Februar 1971, S. 1 f.
[174] Ebd., S. 4 f., Hervorhebung von mir.
[175] Vgl. »Drug Abuse Problem in Vietnam«, S. 7.
[176] Vgl. *New York Times*, 30. August 1971, S. 1.
[177] *New York Times*, 22. April 1971, S. 1.
[178] Gespräch mit einem US-Botschaftsvertreter, Saigon, Vietnam, Juli 1971.
[179] Mitteilung aus der Residenz des Premierministers, Republik Vietnam, 19. März 1971.
[180] *Lap Truong* (Saigon), 29. Mai 1971.
[181] Gespräch mit einem vietnamesischen Zollbeamten, Saigon, Vietnam, Juli 1971.
[182] Vgl. *New York Times*, 8. August 1971, S. 1.
[183] Vgl. *Lap Truong*, 31. Mai 1971. D. Gareth Porter lieferte weitere Details über die Machenschaften von Khiems politischen Gefolgsleuten: »Premierminister Khiem hat in den Jahren seit 1968, als er zum ersten Mal als Vietnams zweitmächtigster Mann in Erscheinung trat, in aller Stille ein Familienimpe-

rium aufgebaut. Seine Verwandten kontrollieren nun viele der sensibelsten Regierungspositionen zur Schmuggelbekämpfung.
Zwei Verwandte von Khiem haben noch immer Schlüsselposten zur Überwachung der Land- und Wasserzugangswege zu Saigon inne. Oberst Tran Thien Thanh, ein Cousin ersten Grades, der 1964 für die unheilvolle städtische Busgesellschaft Saigons verantwortlich war, als sie unter der Last massiver Korruption zusammenbrach, wurde 1968 zum stellvertretenden Kommandeur des Hauptstadtmilitärdistrikts und zum Sekretär der Militärregierung von Saigon-Gia Dinh ernannt. ...
Auf diesem Posten hat er die Autorität über alle Transporte in die und aus der Hauptstadt. Es ist Tanh, der die Passierscheine für die Straßenbenutzung während Ausgangssperren und unter anderen besonderen Umständen unterzeichnet.
Oberstleutnant Tran Thien Phuong, der zweite Bruder Khiems, der 1968 auf einen Schlüsselposten kam, wurde Hafendirektor von Saigon. Die Bereicherungsmöglichkeiten durch geheime Absprachen mit Schmugglern sind politischen Beobachtern in Saigon zufolge auf einem solchen Posten enorm. Der ehemalige Premierminister Nguyen Cao Ky hatte seinen Schwager in dieses Amt gehievt.
General Tran Thanh Phong, ein Verwandter von Khiems Frau, war von 1968 bis Anfang 1971 Minister für landwirtschaftliche Entwicklung und wurde dann Chef der nationalen Polizei. Er wurde im September 1971 abgelöst. Laut Saigoner Zeigungen hatte man ihn des Drogenhandels beschuldigt und auf amerikanischen Druck hin von seinem Posten entfernt.
Oberst Do Kien Nhieu, Khiems Schwager, wurde 1968 zum Bürgermeister von Saigon-Cholon ernannt und ist weiterhin im Amt. Der Verteidigungsminister hatte gegen seine Ernennung protestiert, weil sich Nhieu in der Vergangenheit als schamlos korrupt erwiesen hatte. Major Nhieu stand auf einer Liste von 27 bekanntermaßen korrupten Regierungsvertretern, die von der Ky-Regierung 1966 für die US-Mission erstellt worden war.
Mit seinem Zugriff auf den Verwaltungsapparat von Saigon-Cholon übt Oberst Nhieu ausgedehnte Macht über den riesigen – sowohl legalen als auch illegalen – Handel aus, der sich in der Hauptstadt konzentriert.
Do Kien Nhieus Bruder, Do Kien Nuoi, war seit 1968 Chef des Betrugsdezernats der nationalen Polizei.«
(D. Gareth Porter, »Premier Khiem's Family Mafia«, in: *Indochina Chronicle*, Nr. 18, 1. August 1972, S. 23 f.)

[184] Gespräch mit einem vietnamesischen Geheimdienstoffizier, Saigon, Vietnam, Juli 1971. (Laut einiger Quellen war Oberst Binh Anfang der 60er Jahre Mitglied der Khiem-Armeefraktion. Demzufolge könnte Binh bis zu den 70er Jahren zur Clique von Khiem gehört haben, obwohl er Frau Thieus Neffe war.)

[185] Vgl. *New York Times*, 8. August 1971, S. 1; Gespräch mit einem US-Zollberater, Saigon, Vietnam, Juli 1971.

[186] Gespräch mit John Warner, Washington, D. C., 14. Oktober 1971. Auch andere US-Vertreter, darunter der Abgeordnete James H. Scheuer und der Unterstaatssekretär für ostasiatische und pazifische Angelegenheiten, beobachteten diesen Wechsel. (Vgl. U. S. Congress, House, Committee on Foreign Affairs, *International Aspects of the Narcotics Problem*, 92. Legislaturperiode, 1. Sitzung, 1971, Washington, D. C., 1971, S. 61, 119, 149.) Nach Fragen von Senator William Spong vom Ausschuss für auswärtige Beziehungen des US-Senats im Hinblick auf Änderungen des geografischen Musters des Heroinhandels lieferte das U. S. Bureau of Narcotics Mitte 1972 die folgende ergänzende Einschätzung: »Zu den unmittelbaren Veränderungen, für die

es bereits Anzeichen gibt, gehören die intensivere Ausbeutung südostasiatischer und mexikanischer Quellen.« Außerdem gab der ehemalige stellvertretende Direktor des Bureau of Narcotics and Dangerous Drugs im September 1972 die folgende Presseerklärung: »Der amerikanische Heroinmarkt wird zunehmend aus der Region des Goldenen Dreiecks von Laos, Birma und Thailand versorgt. Südostasien hat eindeutig das Potenzial, die Türkei als größten Heroinlieferanten für die illegalen Märkte in diesem Land zu ersetzen. Wir stehen gegenwärtig in der Mitte eines dramatischen Wechsels. Obwohl die Mengen beschlagnahmten Heroins aus Südostasien geringer sind als jene aus Europa, steigt die Häufigkeit der Beschlagnahmungen in alarmierendem Maße.« (Erklärung von John Finlator, ehemaliger Vizedirektor des U. S. Bureau of Narcotics and Dangerous Drugs, Justizministerium, 18. Sept. 1972.)

[187] Gespräch mit Polizeioberst Smith Boonlikit, Bangkok, Thailand, 17. Sept. 1971.

[188] Telegrafische Mitteilung von Shaw, Vientiane (Hongkonger Büro), an Time Inc., erhalten am 16. u. 17. September 1965.

[189] Gespräch mit General Edward G. Lansdale, Alexandria, Virginia, 17. Juni 1971.

[190] Gespräch mit Oberstleutnant Lucien Conein, McLean, Virginia, 18. Juni 1971.

[191] Bereits Anfang der 70er Jahre begannen französische Handelsschiffgesellschaften einen regelmäßigen Verkehr zwischen Saigon und Frankreich. Im August 1971 zum Beispiel legten vier Schiffe planmäßig von Saigon nach Le Havre oder Marseille ab.

[192] Gespräch mit Oberstleutnant Lucien Conein, McLean, Virginia, 18. Juni 1971.

[193] Ebd.

[194] Im September 1965 nahm General Lansdales CIA-Verbindungsbüro bei der US-Botschaft die Beratung des vietnamesischen Ausschusses für ländlichen Aufbau, dem Premierminister Ky vorsaß, über Pazifizierung und Sozialreformen auf. (Vgl. Kahin, Lewis, *United States in Vietnam*, S. 242.)

[195] Gespräch mit Norma Sullivan, Singapur, 24. September 1971. (Norma Sullivan war Sondermitarbeiterin von William Crum und Anfang der 60er Jahre in Saigoner Geschäftskreisen tätig.)

[196] Vgl. Ed Reid, *The Grim Reapers*, Chicago 1969, Appendix III, Diagramm 8.

[197] U. S. Congress, Senate, Permanent Subcommittee on Investigations, *Fraud and Corruption in Management of Military Club Systems – Illegal Currency Manipulations Affecting South Vietnam*, 91. Legislaturperiode, 2. Sitzung, 1970, 92. Legislaturperiode, 1. Sitzung, 1971, Washington, D. C., 1971, Teil 4, S. 1017.

[198] Vgl. ebd., S. 28, 34.

[199] Vgl. ebd., S. 68.

[200] Vgl. ebd., S. 43.

[201] Vgl. ebd., S. Teil 3, S. 637.

[202] Vgl. ebd., S. 12 f.

[203] Vgl. ebd., S. 73.

[204] Vgl. ebd., Teil 5, S. 1045.

[205] Vgl. ebd., Teil 2, S. 478 f.

[206] Vgl. ebd., Teil 5, S. 1046 f.

[207] Die Fine Foreign Foods Ltd., als »Restauranteigner« des San Francisco Steak House (Peking Road 67, Kowloon, Erdgeschoss) aufgeführt, ließ sich am 1. August 1967 beim Inland Revenue Department, Hongkong, registrieren.

[208] Vgl. U. S. Congress, Senate, Permanent Subcommittee on Investigations, *Fraud and Corruption*, S. 75 ff.

[209] Vgl. ebd., S. 85.

[210] Vgl. ebd., S. 86.
[211] Laut Hongkonger Gewerberegister trat Frank Carmen Furci am 18. März 1970 von seiner Position als Direktor von Fine Foreign Foods Ltd. zurück. Er übertrug am 25. März 1970 1.667 Anteile an James Edward Galagan, seinen Partner in den vorangegangenen Jahren, und 1.666 Anteile an Setsui Morton. Da das Register für 1969 3.333 Anteile für Frank Furci auswies, nimmt man an, dass seine Verbindung mit der Firma und ihrem Restaurant damit beendet war.
[212] Vgl. U.S. Congress, Senate, Permanent Subcommittee on Investigations, *Fraud and Corruption*, Teil 2, S. 279. Diese Aussage vor dem Ausschuss machte Carmine Bellino, »dem man zugestand, der beste Rechnungsprüfer in Strafsachen zu sein, den das Land hatte« (Victor S. Navasky, *Kennedy Justice*, New York 1971, S. 53.)
[213] Vgl. Reid, *Grim Reapers*, S. 296.
[214] Gespräch mit einem US-Botschaftsvertreter, Saigon, Vietnam, Juli 1971.
[215] Vgl. Hank Messick, *Lansky*, New York 1971, S. 241.
[216] Gespräch mit einem Drogenbeamten, U.S. Bureau of Narcotics and Dangerous Drugs, Washington, D.C., 18. November 1971.
[217] Vgl. *New York Times*, 9. Januar 1972, S. 25. Im September 1972 wurde Ricort an die USA ausgeliefert, im Dezember vom New York Federal District Court verurteilt. Spätere Untersuchungen von US-Drogenermittlern erbrachten weitere Beweise der gleichen Art. Im November wurden weitere in Lateinamerika ansässige korsische Heroindealer festgenommen. (Vgl. *New York Times*, 18. November 1972, S. 1; 2. Dezember 1972, S. 1; 8. Dezember 1972, S. 90; 16. Dezember 1972, S. 1.)
[218] Vgl. *Evening Star* (Washington, D.C.), 6. Januar 1972; U.S. Congress, Senate, Committee on Appropriations, *Foreign Assistance and Related Programs Appropriations for Fiscal Year 1972*, 92. Legislaturperiode, 1. Sitzung, 1971, Washington, D.C., 1972, S. 614. Diese und andere Belege widersprechen der Aussage von Außenminister William Rogers, das Rauschgiftproblem in Südostasien würde wirkungsvoll bekämpft. (Vgl. Secretary of State William Rogers, Testimony Before the Foreign Operations Subcommittee of the Senate Appropriations Subcommittee, unkorrigiertes Transskript, 15. Mai 1972.)
[219] Vgl. *New York Times*, 19. April 1968, S. 11.
[220] Vgl. *Washington Post*, 17. Juli 1971.
[221] Vgl. *Saigon Post*, 25. Juli 1971. Hervorhebung von mir.
[222] Die CID reichte die Berichte, die detailliert Auskunft über Ngo Dzus Beteiligung am Heroinhandel gaben, am 6. Januar, 12. Mai und 10. Juni 1971 ein. Diese Berichte und weitere Informationen, die das U.S. Bureau of Narcotics and Dangerous Drugs sammelte, überzeugten mehrere hochrangige Behördenvertreter, dass die Anschuldigungen gegen General Dzu zutrafen.
[223] Vgl. *New York Times*, 8. Juli 1971, S. 1.
[224] Ebd., 10. Juli 1972, S. 2. Ob absichtlich oder durch Zufall, die US-Botschaft versäumte es, diese Berichte über General Ngo Dzus Beteiligung am Heroinhandel an das Außenministerium in Washington weiterzuleiten. In einer Aussage vom Juli 1971 sagte der Unterstaatssekretär für ostasiatische und pazifische Angelegenheiten, Marschall Green, dass er »keine Informationen« über General Ngo Dzus Verstrickung in den Handel habe. (Vgl. U.S. House Committee on Foreign Affairs, *International Aspects of the Narcotics Problem*, S. 157.)
[225] *New York Times*, 8. Juli 1971, S. 1; 9. Juli 1971, S. 1.; 10. Juli 1971, S. 2; 22. Juli 1971, S. 9.
[226] Vgl. ebd., 18. Juli 1971, S. 5; 12. September 1971, S. 3.

²²⁷ Neil Sheehan, *Die große Lüge. John Paul Vann und America in Vietnam*, Wien/Zürich 1992, S. 758.
²²⁸ Vgl. *Washington Post*, 2. Juni 1972, S. A-16.
²²⁹ Vgl. *New York Times*, 19. Dezember 1971, S. 1.
²³⁰ Vgl. *Washington Post*, 3. August 1971.
²³¹ Vgl. *Pacific Stars and Stripes*, 7. August 1971.
²³² Vgl. *New York Times*, 24. Juni 1971, S. 4.
²³³ Gespräch mit Major Richard A. Ratner, Long Binh Rehabilitation Center, Vietnam, 22. Juli 1977.
²³⁴ Gespräch mit Sp4c James Baltz, Long Binh Rehabilitation Center, Vietnam, 22. Juli 1971.
²³⁵ *Pacific Stars and Stripes*, 19. Juli 1971.
²³⁶ Vgl. *New York Times*, 19. Mai 1971, S. 6.
²³⁷ Vgl. ebd., 19. Dezember 1971, S. 1.
²³⁸ *Washington Post*, 3. August 1971.
²³⁹ *New York Times*, 16. Juni 1971, S. 21.
²⁴⁰ Vgl. U. S. Executive Office of the President, Special Action Office for Drug Abuse Prevention, *The Vietnam Drug User Returnes. Final Report*, Washington, D. C., 1974, S. 57.
²⁴¹ Vgl. *Washington Post*, 20. August 1971.
²⁴² U. S. Executive Office, *Vietnam Drug User Returns*, S. 57.
²⁴³ Gespräch mit einem US-Soldaten, Long Binh Rehabilitation Center, Südvietnam, 22. Juli 1971.
²⁴⁴ *Washington Post*, 19. August 1971.
²⁴⁵ Morgan F. Murphy, Robert H. Steele, *The World Heroin Problem*, Bericht der Sonderuntersuchungskommission, 92. Legislaturperiode, 1. Sitzung, Washington, D. C., 1971, S. 20.
²⁴⁶ Telefongespräch mit Jerome Hollander, Los Angeles, Kalifornien, 25. Juni 1971. (Jerome Hollander war der Pressesprecher der U. S. Customs Regional Commission.)
²⁴⁷ Vgl. Murphy, Steele, *World Heroin Problem*, S. 20.
²⁴⁸ Vgl. *New York Times*, 11. August 1971, S. 1.
²⁴⁹ Vgl. ebd., 12. November 1971, S. 93.
²⁵⁰ Vgl. *Christian Science Monitor*, 16. November 1972.
²⁵¹ Vgl. *New York Times*, 24. April 1973, S. 1; 29. April 1973, S. 215; 30. Juli 1978, S. E-4.
²⁵² Vgl. Alfred W. McCoy, »A Tale of Three Cities. Hanoi, Saigon, and Phnom Penh«, in: *Geo* (Sydney), Nr. 2, 1983, S. 34.
²⁵³ Vgl. George Donelson Moss, *Vietnam. An American Ordeal*, Englewood Cliffs 1990, S. 358 f.
²⁵⁴ Vgl. Allen E. Goodman, »South Vietnam. War Without End?«, in: *Asian Survey*, Nr. 1, Januar 1975, S. 81–82; John C. Donnell, »South Vietnam in 1975. The Year of Communist Victory«, in: *Asian Survey*, Nr. 1, Januar 1976, S. 3.
²⁵⁵ Vgl. Goodman, »South Vietnam. War Without End?«, S. 82 ff.
²⁵⁶ Vgl. ebd., S. 83 f.
²⁵⁷ Vgl. Frank Snepp, *Decent Interval. The American Debacle in Vietnam and the Fall of Saigon*, London 1980, S. 96–100.
²⁵⁸ Vgl. Stanley Karnow, *Vietnam. A History*, New York 1983, S. 667 f.
²⁵⁹ Ebd., S. 343.

[260] Gespräch mit Pham Nguyen Binh, Ho Chi Minh Stadt, 4. September 1981.
[261] Gespräche mit Angestellten, Taxifahrern, Rikschafahrern und Tanzgirls in Ho-Chi-Minh-Stadt, 3.–6. September 1981. Diese Schlussfolgerung über die Rolle der Korruption mittlerer Ränge bei der Aufrechterhaltung des Drogenhandels bestätigte ein Gespräch mit einem Mitglied des Politbüros, Lao Dong (Partei der Vietnamesischen Werktätigen), Hanoi, Vietnam, am 8. September 1981.

6
Hongkong: Asiens Heroinlabor

[1] Vgl. Yi Chu Wang, »Tu Yueh-sheng (1988–1851). A Tentative Political Biography«, in: *Journal of Asian Studies*, Nr. 3, Mai 1967, S. 435.
[2] Vgl. ebd., S. 436; Howard L. Boorman (Hg.), *Biographical Dictionary of Republican China*, New York 1970, Bd. 3, S. 328 ff.
[3] Vgl. United Nations, Department of Social Affairs, *Bulletin on Narcotics*, Nr. 2, April–Juni 1953, S. 49.
[4] Vgl. ebd., S. 52.
[5] Vgl. Harold R. Isaacs, *The Tragedy of the Chinese Revolution*, Stanford 1951, S. 135.
[6] Vgl. ebd., S. 142–145.
[7] Vgl. ebd., S. 174–180; Wang, »Tu Yueh-sheng«, S. 437 f.
[8] Wang, »Tu Yueh-sheng«, S. 438 f. Laut einer Geschichte des chinesisch-japanischen Krieges benutzte Tu »Wohlfahrts«-Aktivitäten zum eigenen Vorteil: »Als Mitglied der Behörde zur Opiumbekämpfung zum Beispiel weitete Tu seine Kontrolle über das Rauschgiftvertriebsnetz Schanghais aus, das blühte wie nie zuvor.« (John Hunger Boyle, *China and Japan at War, 1937–1945*, Stanford 1972, S. 278.)
[9] M. R. Nicholson, U. S. Treasury Attaché, Schanghai, »Survey of Narcotic Situation in China and the Far East«, an: Commissioner of Customs, Washington, D. C., 12. Juli 1934, Annex 2, S. 7, Harry Anslinger Papers, Historical Collections and Labor Archives, Pennsylvania State University.
[10] Vgl. ebd., Annex 6, S. 2–7.
[11] Vgl. ebd., Annex 3, S. 4 ff.
[12] Vgl. ebd., Annex 3, S. 6 f.
[13] Vgl. ebd., Survey, S. 7.
[14] Vgl. ebd., Survey, S. 7–15.
[15] Vgl. ebd., Survey, S. 18–26.
[16] Vgl. ebd., Survey, S. 7.
[17] U. S. Congress, Senate, Committee on the Judiciary, *The AMERASIA Papers. A Clue to the Catastrophe of China*, 91. Legislaturperiode, 1. Sitzung, 1970, Washington, D. C., 1970, S. 272 f. (Im ursprünglichen Dokument war das Datum für Tu Yueh-shengs Opiumhandel in Chongqing mit 1944 angegeben. Da der Bericht jedoch im Oktober 1943 eingereicht wurde, muss es sich um einen Druckfehler handeln. Ich nehme an, dass 1942 das wahrscheinliche Datum ist.)
[18] Vgl. U. S. Congress, Senate, Committee on the Judiciary, *The AMERASIA Papers*, S. 239, 265.
[19] Vgl. John Hunter Boyle, *China and Japan at War, 1937–1945*, Stanford 1972, S. 278.
[20] R. Harris Smith, *OSS. The Secret History of America's First Intelligence Agency*, Berkeley 1972, S. 245.

[21] Brief von J. R. Hayden an General William J. Donovan, »Subject: A Certain Agreement«, 13. Mai 1943, J. R. Hayden Papers, Michigan Historical Collections, Ann Arbor, MI.
[22] Milton E. Miles, *A Different Kind of War*, New York 1967, S. 508 f.; 526 f., 532 f.
[23] Vgl. William P. Morgan, *Triad Societies in Hong Kong*, Hongkong 1960, S. 76 f.
[24] Vgl. ebd., S. 77 f.
[25] Gespräch mit einem ehemaligen Green-Gang-Mitglied, Hongkong, 13. Juli 1971.
[26] Wang, »Tu Yueh-sheng«, S. 453.
[27] Gespräch mit George Dunning, Hongkong, 6. Juli 1971. (George Dunning war Leiter des Drogendezernats der Royal Hong Kong Police.)
[28] Vgl. Morgan, *Triad Society*, S. 78.
[29] Gespräch mit einem Polizeibeamten der Royal Hong Kong Police a. D., London, 2. März 1971.
[30] Vgl. Morgan, *Triad Societies*, S. 78.
[31] Gespräch mit George Dunning, Hongkong, 6. Juli 1971.
[32] Gespräch mit einem ehemaligen Mitglied der Green Gang, Hongkong, 13. Juli 1971. Im August 1972 veröffentlichte das US-Kabinett den folgenden zusammenfassenden Bericht der jüngsten Geschichte des Drogenhandels in Hongkong: »Vor den 50er Jahren war in Hongkong Opium die Droge der Wahl. Opiumhöhlen wurden hauptsächlich von Lastersyndikaten aus Hongkongs großer Ch'au-chou [Teochiu]-Gemeinde betrieben. Ch'au-chou ist eine Küstenregion in China an der Grenze von Guangdong und Fujian, aus der Millionen von Menschen im vergangenen Jahrhundert in fast jedes Land Südostasiens auswanderten. Sie sind in dem Gebiet berüchtigt wegen ihrer Aktivitäten in Glücksspiel, Prostitution und Schmuggelringen. Aufgrund dieser Tätigkeiten und ihrer Clanstruktur werden sie zuweilen die Mafia Südostasiens genannt. Heroin wurde von Flüchtlingen nach Hongkong eingeführt, die 1949 und 1950 aus Schanghai flohen. Als sich der Konsum langsam von Opium auf Heroin verlagerte, begannen die Ch'au-chou-Organisationen, den Handel zu übernehmen, und haben heute das Rauschgiftgeschäft Hongkongs wieder fest im Griff.« (U. S. Cabinet Committee on International Narcotics Control [CCINC], *World Opium Survey 1972*, Washington, D. C., 1972, S. A41.)
[33] Gespräch mit Brian Webster, Hongkong, 9. Juli 1971. (Brian Webster war Chef des Triad Society Bureau und Juvenile Liaison Office.)
[34] Vgl. *Hong Kong Standard*, 17. Oktober 1970.
[35] Vgl. *South China Morning Post* (Hongkong), 25. Mai 1971.
[36] Gespräch mit T. G. P. Garner, Hongkong, 7. Juli 1971. (Garner war stellvertretender Gefängniskommissar.)
[37] Vgl. *Hong Kong Standard*, 20. Januar 1971.
[38] Vgl. U. S. CCINC, *World Opium Survey 1972*, S. A41.
[39] Vgl. Albert G. Hess, *Chasing the Dragon*, New York 1965, S. 42.
[40] Vgl. *Hong Kong Standard*, 1. Dezember 1970.
[41] Vgl. *South China Morning Post*, 28. August 1969.
[42] Gespräch mit einem Drogenkunden in Ma Shan, Hongkong, Juli 1971; Gespräch mit einem Mitglied der Teochiu-Geheimgesellschaft, Hongkong 1971.
[43] Gespräch mit einem Drogenexperten der Regierung, Hongkong, 8. Juli 1971.
[44] Gespräch mit einem Polizeibeamten a. D. der Royal Hong Kong Police, London, 2. März 1971.
[45] Gespräch mit Major Chao La, Ban Nam Keung, Laos, 12. September 1971.

[46] Gespräch mit Polizeioberst Smith Boonlikit, Bangkok, Thailand, 17. September 1971. (Oberst Smith Boonlikit arbeitete für das Foreign Bureau of the Central Narcotics Bureau, Thailand.)

[47] Gespräch mit Ly Ky Hoang, Saigon, Vietnam, 12. August 1971. (Ly Ky Hoang war Chef des Drogendezernats der nationalen Polizei, Vietnam.)

[48] Vgl. z. B. *New York Times*, 3. Juni 1955, S. 9.

[49] Vgl. *Malay Mail* (Singapur), 2. April 1965.

[50] Gespräch mit Liao Long-sing, Singapur, 24. September 1971. (Liao Long-sing war Vizedirektor der Zentralen Drogenaufklärungsbehörde, Singapur.)

[51] Vgl. T. A. Mugan, »Drugs Addiction«, Vervielfältigung, Singapur 1970. (T. A. Mugan war Zolloberinspektor, Hafenabteilung, Singapur.) Vgl. a. *New York Times*, 5. Mai 1970, S. 10.

[52] Gespräch mit George Dunning, Hongkong, 6. Juli 1971.

[53] Die Polizeiakten zeigen, dass er in Kaulun (Kowloon) wohnte und seine Beteiligung an Glücksspiel und Drogenhandel der Polizei bekannt war. Er war nie verhaftet worden und hatte keine nachweisbaren Beziehungen zu Triaden. (Gespräch mit Brian Webster, Hongkong, 10. Juli 1971). Vertraulich bezeichnete ihn ein Beamter des Drogendezernats als Hongkongs größten Drogenimporteur. Dieser Beamte steuerte einen Großteil der folgenden Informationen bei. (Gespräch mit einem Polizisten des Drogendezernats, Hongkong, 13. Juli 1971.)

[54] Gespräch mit einem Mitglied eines Teochiu-Geheimbundes, Hongkong, Juli 1971.

[55] Gespräch mit einem Polizisten des Drogendezernats, Hongkong, 13. Juli 1971.

[56] Vgl. *Hong Kong Standard*, 25. Januar 1971.

[57] Gespräch mit einem US-Drogenbeamten des U. S. Bureau of Narcotics and Dangerous Drugs, Bangkok, Thailand, 16. September 1971.

[58] Gespräch mit einer Flugzeugbesatzung, Market Time Surveillance Patrol, Cam Ranh Bay, Vietnam, 2. August 1971. Im Januar 1972 wurde eine zwischenbehördliche Sonderkommission mit Mitgliedern des US-Außenministeriums, der CIA und des Bureau of Narcotics and Dangerous Drugs nach Südostasien geschickt, um den internationalen Drogenhandel zu untersuchen. Einen Monat später legte die Kommission einen Bericht mit dem Vorschlag vor, den Kutterschmuggel zu unterbinden.

[59] Gespräch mit Graham Crookdake, Hongkong, 5. Juli 1971. (Graham Crookdake war stellvertretender Leiter der Hongkonger Zollbehörde Royal Hong Kong Preventive Services.)

[60] Vgl. John Hughes, *The Junk Merchants*, Boston 1970, S. 31. (Diese Beschreibung ging davon aus, dass die Positionsdaten der US-Marinekontrollstation ihren Weg durch das Gewirr der britischen und amerikanischen Bürokratie zu den Hongkonger Zollbehörden gefunden hatten. Quellen in Südvietnam versicherten dem Autor, dass diese Informationen tatsächlich von den Hongkonger Behörden verwendet wurden.)

[61] Vgl. Frederick W. Flott, Chairman, Task Force on Air and Sea Smuggling, Cabinet Committee on International Narcotics Control, »Report of the Cabinet Committee on International Narcotics Control Task Force on Air and Sea Smuggling«, 21. Februar 1972.

[62] Gespräch mit George Dunning, Hongkong, 6. Juli 1971.

[63] Vgl. »The Illicit Manufacture of Diacetylmorphine Hydrochloride«, Fotokopie, Hongkong o. J., S. 1.

[64] Gespräch mit einem Chemiker der Hongkonger Kolonialverwaltung, Hongkong, 9. Juli 1971.

⁶⁵ Ebd.
⁶⁶ Vgl. *The Age* (Melbourne), 16. Januar 1971.
⁶⁷ Gespräch mit einem Polizeibeamten des Drogendezernats, Hongkong, 13. Juli 1971.
⁶⁸ Vgl. *New York Times*, 14. Januar 1967, S. 13.
⁶⁹ Gespräch mit einem US-Drogenbeamten des U.S. Bureau of Narcotics and Dangerous Drugs, Washington, D.C., 14. Oktober 1971. Dieser Vorfall war nur der Beginn der bekannten philippinischen Beteiligung am südostasiatischen Drogenhandel. Im Oktober 1972 stürmte die philippinische Regierung ein Heroinlabor im Großraum Manila und nahm sieben mutmaßliche Drogenhersteller und -dealer fest. Am 15. Januar 1973 erschoss ein Exekutionskommando einen 52-jährigen chinesischen Drucker namens Ling Seng (auch Lim Seng), der bereits für Herstellung und Verkauf von Heroin im Wert vieler Millionen Dollar über einen Zeitraum von zehn Jahren zum Tode verurteilt worden war. (Vgl. *New York Times*, 5. Oktober 1972, S. 19; 15. Januar 1973, S. 3.)
⁷⁰ Im März 1970 schätzte der Direktor des U.S. Bureau of Narcotics and Dangerous Drugs, dass die USA insgesamt 2,5 bis drei Tonnen Heroin im Jahr konsumierten (vgl. *New York Times*, 6. März 1970, S. 44), aber spätere Schätzungen wurden nach oben korrigiert, auf drei bis 3,5 Tonnen jährlich von 1964 bis 1966 und etwa zehn Tonnen 1971. (Gespräch mit John Warner, Washington, D.C., 14. Oktober 1971.)
⁷¹ Vgl. *New York Times*, 3. April 1970, S. 3.
⁷² Vgl. Morgan F. Murphy, Robert H. Steele, *The World Heroin Problem*, Report of Special Study Mission, 92. Legislaturperiode, 1. Sitzung, Washington, D.C., 1971, S. 12.
⁷³ Gespräch mit einem Drogenbeamten, U.S. Bureau of Narcotics and Dangerous Drugs, New Haven, CT, 18. November 1971.
⁷⁴ U.S. CCINC, *World Opium Survey 1972*, S. 29.
⁷⁵ Vgl. *Daily News* (New York), 27. Juli 1972.
⁷⁶ *New York Times*, 28. Juli 1972, S. 3.
⁷⁷ U.S. Cabinet Committee on International Narcotics Control, »Fact Sheet. Cabinet Committee on International Narcotics Control. A Year of Progress in Drug Abuse Prevention«, Washington, D.C., September 1972, S. 1.
⁷⁸ Vgl. *New York Times*, 24. August 1972, S. 1.

7
Das Goldene Dreieck

¹ Vgl. *Lao Presse* (Vientiane), 8. April 1971.
² Vgl. ebd., 24. April 1971.
³ Vgl. ebd., 26. April 1971.
⁴ Vgl. *New York Times*, 11. August 1971, S. 1.
⁵ Gespräch mit Diplomaten, Vientiane, Laos, August und September 1971.
⁶ Gespräch mit einem US-Drogenbeamten, U.S. Bureau of Narcotics and Dangerous Drugs, New Haven, CT, 18. November 1971.
⁷ Vgl. *Report of the United Nations Survey Team on the Economic and Social Needs of the Opium-producing Areas in Thailand*, Bangkok 1967, S. 59, 64, 68, *New York Times*, 17. September 1963, S. 45; 6. Juni 1971, S. 2.
⁸ Vgl. *New York Times*, 6. Juni 1971, S. 2.

⁹ Vgl. Morgan F. Murphy, Robert H. Steele, *The World Heroin Problem,* Report of Special Study Mission, 92. Legislaturperiode, 1. Sitzung, Washington, D. C., 1971, S. 20.
¹⁰ *Milford Citizen* (Connecticut), 28. September 1971.
¹¹ Vgl. *New York Times,* 6. Juni 1971, S. 2.
¹² Gespräch mit Oberst Smith Boonlikit, Bangkok, Thailand, 17. September 1971. Der einheimische Markt gab, wie bereits erwähnt, die hohen Preise nicht her. Mitte 1971 lag der gängige Preis für Heroin Nr. 4 in Bangkok bei etwa zwei Dollar (40 Baht), verglichen mit etwa 12 US-Cent (2,5 Baht) für Heroin Nr. 3.
¹³ Etwa 65 Tonnen Opium wurden in die großen Städte in Ober- und Zentralbirma für den heimischen Konsum geschmuggelt, aber fast nichts gelangte über diese Städte hinaus auf die internationalen Märkte. (Gespräch mit William Young, Chiang Mai, Thailand, 8. September 1971. William Young arbeitete von 1958 bis 1967 für die CIA.)
¹⁴ *New York Times,* 6. Juni 1971, S. 2.
¹⁵ Vgl. *Evening Star* (Washington, D. C.), 19. Juni 1972.
¹⁶ Gespräch mit Elliot K. Chan, Vientiane, Laos, 15. August 1971 (Elliot K. Chan war Polizeiberater von USAID bei der königlich-laotischen Regierung); Gespräch mit einem Drogenbeamten, U. S. Bureau of Narcotics and Dangerous Drugs, New Haven, CT, 18. November 1971.
¹⁷ Vgl. Catherine Lamour, Michel R. Lamberti, *Die Opium-Mafia,* Frankfurt am Main 1973, S. 140.
¹⁸ Vgl. Mike Gravel (Hg.), *The Pentagon Papers,* 5 Bde., New York 1971, Bd. 2, S. 646 f.
¹⁹ Ebd., S. 646.
²⁰ William Colby, *Honorable Men. My Life in the CIA,* New York 1978, S. 197.
²¹ Vgl. Alfred W. McCoy, »The Politics of Poppy in Indochina. A Comparative Study of Patron-Client Relations Under French and American Administrations«, in: Luiz R. S. Simmons, Abdul S. Said (Hg.), *Drugs Politics and Diplomacy. The International Connection,* Beverly Hills 1974, S. 122–129.
²² Gespräch mit Edward Fillingham, Vientiane, Laos, 5. September 1971. (Edward Fillingham war Direktor des Foreign Exchange Operations Fund.)
²³ Vgl. Louis Krarr, »Report from Laos«, in: *Fortune,* 1. September 1968, S. 52.
²⁴ Ebd., S. 54.
²⁵ Vgl. *Far Eastern Economic Review, 1971 Yearbook,* Hongkong, S. 216; *Straits Times* (Singapur), 22. August 1969; *Eastern Sun* (Singapur), 24. Februar 1971.
²⁶ BBC-Interview mit Sisouk na Champassak, Vientiane, Laos, 1970. (Das Zitat ist in den Lime Grove Studios der British Broadcasting Corporation in London archiviert.)
²⁷ Sisouk selbst zum Beispiel gab vor der Commission on Narcotic Drugs der UN 1957 folgende Stellungnahme ab:
»Die königliche Regierung ist und war immer entschlossen:
– die Produktion oder den Konsum von Opiumderivaten auf dem gesamten nationalen Territorium unter ihrer Kontrolle zu verbieten;
– energische Maßnahmen zu ergreifen, um den illegalen Drogenhandel zu bekämpfen;
– die effektive und vollständige Durchsetzung des Verbots des Opiumkonsums sicherzustellen.«
(United Nations, Economic and Social Council, Commission on Narcotic Drugs, *Illicit Traffic,* 12. Sitzung, 28. Mai 1957; 29. Mai 1957).
²⁸ Vgl. *Washington Post,* 8. Juli 1971.
²⁹ Gespräch mit Polizeioberst Smith Boonlikit, Bangkok, Thailand, 21. September 1971.

(Oberst Boonlikit erlaubte dem Verfasser, Berichte des US-Zolls, des U. S. Bureau of Narcotics und von Interpol zu lesen und zu kopieren, die sich auf korsische Syndikate in Südostasien bezogen. Praktisch alle der folgenden Informationen basieren auf diesen Berichten, falls nicht anders ausgewiesen.)

[30] Gespräch mit Touby Lyfoung, Vientiane, Laos, 4. September 1971; vgl. *Time*, 29. Februar 1960, S. 35.

[31] Vgl. Paul Bernard, *Lotus, opium et kimonos*, Paris 1959, S. 90; Telefongespräch mit einem US-Drogenbeamten, U. S. Bureau of Narcotics and Dangerous Drugs, Washington, D. C., 20. Dezember 1971.

[32] Paul Louis Levets Syndikat bestand, einschließlich ihm selbst, aus sechs Männern: *Jacques Texier; Jean »Jeannot« Giansily*, der zwischen 1954 und 1955 aus Frankreich nach Indochina gekommen sein soll und zuerst für Bonaventure Francisci arbeitete, später von Levet angeheuert wurde; *Barthélemy »Mémé« Rutilly*, Levets Kontaktmann in Saigon; *Charles Orsini*, ein älterer korsischer Einwohner von Phnom Penh, der als Kontaktmann in Kambodscha diente; *Tran Hung Dao*, ein Deckname für ein vietnamesisches Mitglied des Syndikats.

[33] Ende 1959 oder Anfang 1960 zum Beispiel lud eine kleine, von Roger Zoile gecharterte Beaver auf Levets »Rechnung« 300 Kilo Opium in Muang Sing in Nordwestlaos. Das Flugzeug landete auf einer kleinen Piste am Westrand des Tônlé-Sap-Sees in Kambodscha, wo das Opium in Orangenkisten umgepackt und zu dem kambodschanischen Seehafen Kâmpôt gebracht wurde. Von dort wurde die Hälfte nach Hongkong und die andere Hälfte nach Singapur verschifft.

[34] Gespräch mit Oberstleutnant Lucien Conein, McLean, Virginia, 18. Juni 1971.

[35] Gespräch mit General Ouane Rattikone, Vientiane, Laos, 1. September 1971.

[36] Vgl. Joel M. Halpern, »The Role of Chinese in Lao Society«, in: *Journal of the Siam Society*, 49, Teil 1, Juli 1961, S. 31–34.

[37] Vgl. ders., *Economy and Society of Laos*, New Haven 1964, S. 117 f.

[38] Stanley Karnow, »The Opium Must Go Through«, in: *Life*, 30. August 1963, S. 11 f.; Hong Kong Dispatch # 4222 (Nachrichtenmeldung aus Hongkonger Nr. 4222) von Jerry Rose an Time Inc., 9. November 1962.

[39] Vgl. ebd.

[40] Vgl. *L'Express*, Nr. 1052, 6.–12. September 1971, S. 18. (Dieser Artikel identifizierte Jean-Baptiste Andréani, einen Guerini-Parteigänger bei der in Kapitel 2 erwähnten Vendetta, als Partner von Antoine Guerini und Bonaventure Francisci.)

[41] Das U. S. Bureau of Narcotics and Dangerous Drugs förderte folgende Informationen über den Vorfall zutage:
– Eigentümer des Flugzeugs: René Enjabal und Lucien Don Carlini.
– Opiumhändler aus Vientiane: Roger Lasen, Maurice Lecore, Ao Thien Hing und Thao Shu Luang Prasot (zwei in Laos ansässige Chinesen).
– In Ban Me Thuot warteten auf das Opium: Charles Merelle (Franzose), Padovani (korsischer Franzose) und Phao Dao Thuan (Vietnamese).
– Das Opium war für zwei chinesische Händler in Cholon bestimmt, Ky Van Chan und Ky Mu.
– Vermutlich ebenfalls als Finanzier beteiligt: Roger Zoile und François Mittard.
(Telefongespräch mit einem US-Drogenbeamten, U. S. Bureau of Narcotics and Dangerous Drugs, Washington, D. C., 20. Dezember 1971.)

[42] Vgl. Karnow, »Opium Must Go Through«, S. 12.

[43] Telefongespräch mit einem US-Drogenbeamten, U. S. Bureau of Narcotics and Dangerous Drugs, Washington, D. C., 20. Dezember 1971.

⁴⁴ Ebenfalls verhaftet wurden Mademoiselle Isabele Mittard, Roger Boisviller, Roger Paul Jean, Etienne Kassubeck und Jean Roger Barbarel. Barbarel floh 1960 aus dem Gefängnis und blieb bis zum Erscheinen der ersten Ausgabe dieses Buches 1972 verschwunden.

⁴⁵ Der vietnamesischen Passkontrolle zufolge machte François Mittard vom 28. bis 30. Dezember 1964 eine kurze Reise nach Laos, bevor er Vietnam am 31. Januar 1965 verließ und erneut nach Laos ging. Bis 1972 war er nicht nach Vietnam zurückgekehrt. (Gespräch mit Ton That Binh, vietnamesische Passkontrolle, Saigon, Vietnam, 10. September 1971.)

⁴⁶ Vgl. Hong Kong Dispatsch # 222 (Nachrichtenmeldung aus Hongkonger Nr. 4222) von Jerry Rose an Time Inc., 9. November 1962.

⁴⁷ Vgl. *New York Times*, 8. Mai 1953, S. 4; U.S. Bureau of Narcotics and Dangerous Drugs, »World Opium Situation«, S. 10.

⁴⁸ Gespräch mit General Ouane Rattikone, Vientiane, Laos, 1. September 1971.

⁴⁹ Len E. Ackland, »No Place for Neutralism. The Eisenhower Administration and Laos«, in: Nina S. Adams, Alfred W. McCoy (Hg.), *Laos. War and Revolution*, New York 1970, S. 149.

⁵⁰ Vgl. Arthur J. Dommen, *Conflict in Laos*, New York 1971, S. 116; Roger Hilsman, *To Move a Nation*, Garden City, NY, 1967, S. 114 f.

⁵¹ Vgl. David Wise, Thomas B. Ross, *Die unsichtbare Regierung*, Frankfurt am Main 1966, S. 145, 149.

⁵² Gespräch mit General Ouane Rattikone, Vientiane, Laos, 1. September 1971.

⁵³ Gespräch mit William Young, Chiang Mai, Thailand, 14. September 1971.

⁵⁴ Gespräch mit General Ouane Rattikone, Vientiane, Laos, 1. September 1971.

⁵⁵ Vgl. Dommen, *Conflict in Laos*, S. 219.

⁵⁶ Vgl. *Le Monde* (Paris), 24.–25. Mai 1964.

⁵⁷ Vgl. *Far Eastern Economic Review*, 28. Mai 1964, S. 421.

⁵⁸ *Le Monde*, 24.–25. Mai 1964.

⁵⁹ General Ouane überließ mir die folgende Statistik:

Laotische Opiumadministration (Contrôle du Opium au Laos)

Monat	Berichtsnummer	Exportmenge	Gewinne	In Dollar
November 1963	Bericht 1/A	1.146 kg	1.948.200 Baht	97.410
Dezember 1963	Bericht 2/V	1.128 kg	1.917.000 Baht	95.880
Januar 1964	Bericht 2/V	1.125 kg	1.912.500 Baht	95.625

(Quelle: Gespräch mit General Ouane Rattikone, Vientiane, Laos, 1. September 1971)

⁶⁰ Ebd.

⁶¹ General Kouprasith sagte einem Reporter, dass »einige der Dinge, die er [Phoumi] mit der Wirtschaft des Landes getan hat, falsch sind, darunter die Einführung des Glücksspiels und der Monopole. Einiges, was er getan hat, hat die Kommunisten in ihrem Angriff auf uns unterstützt und bestärkt.« (Dommen, *Conflict in Laos*, S. 265); *Lao Presse* (Vientiane), 20. April 1964.

⁶² Vgl. D. Gareth Porter, »After Geneva. Subverting Laotian Neutrality«, in: Adams, McCoy, *Laos. War and Revolution*, S. 204.

⁶³ Vgl. *Far Eastern Economic Review*, 28. Mai 1964, S. 421.

⁶⁴ Vgl. Dommen, *Conflict in Laos*, S. 286 f.

⁶⁵ Vgl. *Lao Presse* (Vientiane), 8. Februar 1965.

⁶⁶ Telex von Shaw, Vientiane (Hongkonger Büro) an Time Inc., erhalten am 16./17. September 1965.
⁶⁷ Vgl. Sheehan, Neil (Hg.), *Die Pentagon-Papiere*, München/Zürich, S. 300 f.
⁶⁸ Gespräch mit General Ouane Rattikone, Vientiane, Laos, 1. September 1971; Gespräch mit General Thao Ma, Bangkok, Thailand, 17. September 1971; vgl. Don A. Schanche, *Mister Pop*, New York 1970, S. 240–245.
⁶⁹ Ich besuchte im August 1971 das Dorf Long Pot in der Region westlich des Tranninh-Plateaus und sprach mit örtlichen Behördenvertretern, Opiumbauern und Soldaten, die Air Americas Rolle im lokalen Opiumhandel bestätigten.
⁷⁰ Zitiert in James Hamilton-Paterson, *The Greedy War*, New York 1971, S. 275 f.
⁷¹ Gespräch mit General Edward G. Lansdale, Alexandria, Virginia, 17. Juni 1971.
⁷² Gespräch mit Oberstleutnant Lucien Conein, McLean, Virginia, 18. Juni 1971.
⁷³ Gespräch mit General Edward G. Lansdale, Alexandria, Virginia, 17. Juni 1971.
⁷⁴ Vgl. Peter Kunstadter, »Vietnam. Introduction«, in: Peter Kunstadter (Hg.), *Southeast Asian Tribes, Minorities, and Nations*, Princeton 1967, Bd. 2, S. 681 f.; Howard Shochurek, »Americans in Action in Vietnam«, in: *National Geographic*, Nr. 1, Januar 1965, S. 38–64.
⁷⁵ Gespräch mit William Young, Chiang Mai, Thailand, 8. September 1971.
⁷⁶ Gespräch mit General Edward G. Lansdale, Alexandria, Virginia, 17. Juni 1971.
⁷⁷ Vgl. Genevieve Sowards, Erville Sowards, *Burma Baptist Chronicle*, Rangun 1963, S. 411–414.
⁷⁸ Gespräch mit William Young, Chiang Mai, Thailand, 8. September 1971.
⁷⁹ Vgl. *Boston Globe*, 3. September 1970.
⁸⁰ Die Tibet-Operationen der CIA begannen im August 1959, als 20 Angehörige des Khamba-Stammes in Camp Hale, Colorado, zu einem Spezialtraining eintrafen. Diese und weitere Männer dienten als Kader der CIA-Guerillaarmee, die einen Großteil ihrer Kräfte auf die Verminung der beiden Hauptstraßen zwischen Tibet und China konzentrierte. Durch diese Operationen hoffte die CIA, den Zustrom von Chinesen und Material nach Tibet zu verlangsamen und so die politische Position des exilierten Dalai Lama zu stärken. Als die Operationen im Mai 1960 eingestellt wurden, kämpften schätzungsweise 42.000 Khamba-Guerillas in Tibet für die CIA. (Vgl. L. Fletcher Prouty, *Empire Gazette* [Denver, Colorado], 6. Februar 1972.)
⁸¹ Vgl. Thomas Powers, *CIA. Die Geschichte, die Methoden, die Komplotte*, Bergisch-Gladbach 1983, S. 155.
⁸² Gespräch mit Don A. Schanche, Larchmont, New York, 12. Februar 1971.
⁸³ Gespräch mit Major Chao La, Ban Nam Keung, Laos, 12. September 1971.
⁸⁴ Vgl. Schanche, *Mr. Pop*, S. 5.
⁸⁵ Vgl. John Lewallen, »The Reluctant Counterinsurgents. International Voluntary Services in Laos«, in: Adams, McCoy, *Laos. War and Revolution*, S. 361 f. Ein offizielles Eingeständnis von USAID, dass es sich bei dieser »humanitären« Flüchtlingshilfe um verdeckte Militäraktionen handelte, findet sich in U. S. Congress, Senate, Committee of the Judiciary, *Refugee and Civilian War Casualty Problems in Indochina*, 91. Legislaturperiode, 2. Sitzung, Washington, D. C., 1970, S. 22 ff.
⁸⁶ Colby, *Honorable Men*, S. 197.
⁸⁷ Christopher Robbins, *The Ravens. The Men Who Flew in America's Secret War in Laos*, New York 1987, S. 125.
⁸⁸ Gespräch mit Touby Lyfoung, Vientiane, Laos, 1. September 1971.
⁸⁹ Vgl. Dommen, *Conflict in Laos*, S. 294 f.

[90] Gespräch mit einem Offizier der königlich-laotischen Armee, Vientiane, Laos, August 1971. (Dieses Gespräch lieferte die Informationen der oben erwähnten Angaben über Vang Paos frühe Karriere.)
[91] Vgl. Dommen, *Conflict in Laos*, S. 133 f.
[92] Vgl. *Lao Presse*, 12. September 1960.
[93] Vgl. Dommen, *Conflict in Laos*, S. 154.
[94] Vgl. *Lao Presse*, 1. September 1960.
[95] Vgl. ebd., 29. September 1960.
[96] Gespräch mit einem Offizier der königlich-laotischen Armee, Vientiane, Laos, August 1971.
[97] Gespräch mit Touby Lyfoung, Vientiane, Laos, 1. September 1971.
[98] Vgl. Dommen, *Conflict in Laos*, S. 161, 296; Gespräch mit Touby Lyfoung, Vientiane, Laos, 1. September 1971.
[99] Vgl. Hugh Toye, *Laos. Buffer State or Battleground*, New York 1968, S. 161.
[100] Vgl. Schanche, *Mister Pop*, S. 75 f.
[101] Vgl. Dommen, *Conflict in Laos*, S. 179, 207.
[102] Gespräch mit William Young, Chiang Mai, Thailand, 8. September 1971.
[103] Gespräch mit Ger Su Yang, Dorf Long Pot, Laos, 19. August 1971.
[104] Gespräch mit Hauptmann Kong Le, Paris, 22. März 1971.
[105] Vgl. Dommen, *Conflict in Laos*, S. 207.
[106] Vgl. Schanche, *Mister Pop*, S. 97–100.
[107] Brigadegeneral Edward G. Lansdales Memo an General Maxwell D. Taylor, den militärischen Berater Präsident Kennedys, über unkonventionelle Kriegführung in: Sheehan, Neil (Hg.), *Die Pentagon-Papiere*, S. 125–133, S. 129 f.
[108] Vgl. Schanche, *Mister Pop*, S. 103, 115 f.
[109] Vgl. ebd., S. 162 f.
[110] Vgl. U. S. Congress, Senate, Committee on Foreign Relations, Subcommittee on United States Security Agreements and Commitments Abroad, *United States Security Agreements and Commitments Abroad. Kingdom of Laos*, 91. Legislaturperiode, 1. Sitzung, Washington, D. C., 1970, Teil 2, S. 473.
[111] Gespräch mit William Young, Chiang Mai, Thailand, 8. September 1971; Gespräch mit einem ehemaligen Vertreter von USAID in der Provinz Nam Tha, Laos, Juni 1971.
[112] Gespräch mit William Young, Chiang Mai, Thailand, 8. September 1971; vgl. Schanche, *Mister Pop*, S. 171 ff.
[113] Vgl. Dommen, *Conflict in Laos*, S. 183.
[114] Vgl. *New York Times*, 25. April 1963, S. 7.
[115] Ein in Nordthailand arbeitender australischer Anthropologe hat gezeigt, dass der hohe Opiumpreis es den Hmong gestattete, von nur einem Drittel der Anbaufläche zu leben, die für eine ausreichende Menge Reis zur Selbstversorgung des Dorfes erforderlich gewesen wäre. (Vgl. Douglas Miles, »Shifting Cultivation – Threats and Prospects«, in: *Tribesmen and Peasants in North Thailand*, Proceedings of the First Symposium of the Tribal Research Center, Chiang Mai, Thailand, Tribal Research Center 1967, S. 96.)
[116] Vgl. Schanche, *Mister Pop*, S. 240–245. Gespräch mit General Ouane Rattikone, Vientiane, Laos, 1. September 1971; Gespräch mit General Thao Ma, Bangkok, Thailand, 17. September 1971.
[117] *Guns, Drugs and the CIA*, Frontline, Documentary Consortium, WGBH-Boston,

Reporterin: Judy Woodruff, produziert von Andrew und Leslie Cockburn, Boston 1988; vgl. Robbins, *Ravens*, S. 124 f.
[118] Gespräch mit Lo Kham Thy, Vientiane, Laos, 2. September 1971.
[119] Gespräch mit einem ehemaligen USAID-Mitarbeiter, Washington, D. C., Juni 1971.
[120] Gespräch mit hochrangigen Hmong-Vertretern, Vientiane, Laos, September 1971.
[121] U. S. Senate, Committee on Foreign Relations, *United States Security Agreements*, Teil 2, S. 465.
[122] Vgl. ebd., S. 470, 490.
[123] Vgl. Dommen, *Conflict in Laos*, S. 297, 299.
[124] Ein Doktorand der Sozialwissenschaften an der Universität von Paris, selbst ein Hmong, schätzte, dass vor Beginn der Massenauswanderung in der Provinz Xieng Khouang 80.000 und in der Provinz Sam Neua 55.000 Hmong gelebt hatten. (Gespräch mit Yang Than Dao, Paris, 17. März 1971.) Ein Flüchtlingshelfer von USAID in Ban Son schätzte, dass es insgesamt 250.000 Angehörige der Bergvölker in den Bergen dieser beiden Provinzen gab. (Gespräch mit George Cosgrove, Ban Son, Laos, 30. August 1971.)
[125] Schanche, *Mister Pop*, S. 294 f.; U. S. Senate Committee of the Judiciary, *Refugee and Civilian War Casualty Problems*, S. 24–28.
[126] Gespräch mit George Cosgrove, Ban Son, Laos, 30. August 1971.
[127] Ebd.; U. S. Senate Committee of the Judiciary, *War-related Civilian Problems in Indochina*, Teil 2, *Laos and Cambodia*, 92. Legislaturperiode, 1. Sitzung, Washington, D. C., 1971, S. 48.
[128] Gespräch mit Lyteck Lynhiavu, Vientiane, Laos, 28. August 1971. (Lyteck Lynhiavu war Mitglied eines der angesehensten Hmong-Clans in Laos und Verwaltungsdirektor des Innenministeriums.)
[129] Ebd.; Gespräche mit Hmong-Dorfbewohnern, Dorf Long Pot, Laos, August 1971. Die königlich-laotische Regierung führte im September 1970 eine Untersuchung über Vang Paos irreguläre Infanteriebataillone durch und kam zu dem Schluss, dass alle von ihnen weit unterhalb der angegebenen Soldstärke von je 550 Mann lagen: Das 21. Bataillon hatte 293 Soldaten, das 24. Bataillon 73, das 26. Bataillon 224 und das 27. Bataillon 113 Mann. Laut laotischen Armeequellen steckte Vang Pao die Differenz in die eigene Tasche.
[130] Gespräch mit George Cosgrove, Ban Son, Laos, 30. August 1971. (George Cosgrove war Flüchtlingshelfer bei USAID in der Militärregion II.)
[131] Vgl. James G. Lowenstein, Richard M. Moose, U. S. Congress, Senate, Committee on Foreign Relations, Subcommittee on United States Security Agreements and Commitments Abroad, *Laos. April 1971*, 91. Legislaturperiode, 1. Sitzung, Washington, D. C., 1971, S. 16.
[132] Robert Shaplen, *Time Out of Hand*, New York 1970, S. 352.
[133] Gespräch mit chinesischen Händlern, Vientiane, Laos, August 1971. Es ist sehr schwer, die genauen Auswirkungen der US-Bombardements und Flüchtlingsbewegungen auf die laotische Opiumproduktion zu bestimmen. Die US-Drogenbehörde machte jedoch einen Versuch: 1968 schätzte sie die laotische Produktion auf 100 bis 150 Tonnen, Mitte 1971 auf 35 Tonnen. (Vgl. U. S. Bureau of Narcotics and Dangerous Drugs, »World Opium Situation«, S. 10; U. S. Senate, Committee on Appropriations, *Foreign Assistance and Related Programs Appropriations for 1972*, S. 583.)
[134] Ich besuchte den Distrikt Long Pot vom 18. bis 23. August 1971. Die meisten der folgenden Informationen beruhen auf diesen sechs Tagen in Long Pot, sofern nicht anders ausgewiesen.

Anmerkungen zu Kapitel 7

[135] Gespräch mit Ger Su Yang, Long Pot, Laos, 19. August 1971.
[136] Für eine detaillierte Untersuchung des Problems der Anbaupräferenzen in einem Hmong-Dorf in Thailand vgl. William R. Geddes, »Opium and the Miao. A Study in Ecological Adjustment«, in: *Oceania*, Nr. 1, September 1970.
[137] Einer Studie der thailändischen Regierung zufolge war das »Schmecken« ein wichtiger Teil des Opiumanbaus: »In jedem Dorf verfügen ein oder mehr Männer über die Fähigkeit, die Eignung des Bodens für den Mohn zu bestimmen, indem sie ihn kosten – offenbar ein hochangesehenes Talent. Wenn der ph-Wert [der Säuregehalt des Bodens] nach mehreren Jahren ständiger Nutzung abzunehmen beginnt, können diese Männer ›schmecken‹, wann der Boden für den weiteren Mohnanbau nicht mehr geeignet ist.« (F. R. Moormann, K. R. M. Anthony, Samarn Panichapong, »No. 20. Note on the Soils and Land Use in the Hills of Tak Province«, in: *Soil Survey Reports of the Land Development Department*, Bangkok, März 1964, S. 5.)
[138] Vgl. F. B. G. Keen, *The Meo of North-West Thailand*, Wellington 1966, S. 32.
[139] Für eine Beschreibung des Abfackelns in anderen Bergdörfern vgl. Paul J. Zinke, Sanga Savuhasri, Peter Kunstadter, »Soil Fertility Aspects of the Lua Forest Fallow System of Shifting Cultivation«, Seminar on Shifting Cultivation and Economic Development in Northern Thailand, Chiang Mai, Thailand, 18–24. Januar 1970, S. 9 f.
[140] Vgl. Geddes, »Opium and the Miau«, S. 8 f.
[141] Vgl. Keen, *The Meo of North-West Thailand*, S. 35.
[142] Vgl. ebd., S. 36; Dessaint, »The Poppies Are Beautiful«, S. 36.
[143] Zum Vergleich: Die 71 Haushalte, die Geddes in einem Hmong-Dorf in Nordthailand untersuchte, produzierten 1.775 Kilo, über 1,75 Tonnen Rohopium. Das ist ein Durchschnitt von 25 Kilo pro Haushalt, also erheblich mehr als die geschätzten 15 Kilo im Dorf Long Pot. (Vgl. Geddes, »Opium and the Miao«, S. 7.)
[144] Gespräch mit einem US-Drogenbeamten, U. S. Bureau of Narcotics and Dangerous Drugs, Südostasien, August 1971.
[145] Gespräch mit Ger Su Yang, Long Pot, Laos, 19. August 1971.
[146] Vgl. *A Report on Tribal Peoples of Chinagrai Province North of the Mai Kok River*, Bennington-Cornell Anthropological Survey of the Hill Tribes in Thailand, Bangkok 1964, S. 28 f.; Delmos Jones, *Cultural Variation Among Six Lahu Villages, Northern Thailand*, Doktorarbeit, Cornell University 1967, S. 40 f., 136.
[147] Gespräch mit dem Vorsteher des Dorfes Nam Suk, Flüchtlingsdorf, Distrikt Long Pot, Laos, 21. August 1971.
[148] Gespräch mit dem Vorsteher des Dorfes Nam Ou, Flüchtlingsdorf, Distrikt Long Pot, Laos, 21. August 1971.
[149] Viele Hmong-Clanführer betrachteten Vang Pao als eine Art Usurpator. Der versuchte das Manko seines niedrigen sozialen Standes bewusst auszugleichen, indem er seine Verwandten in Toubys Familie einheiraten ließ. 1967 heiratete Vang Paos Tochter May Keu Toubys Sohn Touxa Lyfoung; 1969 heiratete Vang Paos Sohn François Vangchao Toubys Tochter May Kao Lyfoung; schließlich, 1970, wurde Vang Paos Neffe Vang Geu mit Toubys Nichte May Choua Lyfoung verheiratet. Zu dieser Zeit war Vang Paos Position von militärischen Rückschlägen und wachsender Opposition des Lynhiavu-Clans bedroht. Er sah sich daher genötigt, diese letzte Ehe zu arrangieren, um dem Schwinden seines politischen Einflusses entgegenzuwirken.
[150] Gespräch mit Edgar Buell, Ban Son, Laos, 31. August 1971.
[151] Gespräch mit Ger Su Yang, Long Pot, Laos, 22. August 1971.
[152] Als ich den Distrikt Long Pot am 23. August 1971 verließ, erklärten einige Dorfvorsteher, dass ihre Leute in einigen Monaten verhungern würden, und drängten mich,

die Amerikaner irgendwie zu zwingen, Reis abzuwerfen. Bei meiner Rückkehr nach Vientiane erklärte ich dem örtlichen Pressekorps die Situation. Wenige Tage später erschienen ein Artikel in der *Washington Post* (31. August 1971) und Pressemitteilungen von Associated Press. Wie zu erwarten, leugneten viele amerikanische Vertreter, dass die Reislieferungen eingestellt worden waren.
Edgar Buell war aufgebracht und erklärte mir: »Wenn Sie sagen, dass kein verdammter Reis in das Dorf kommt, heißt dass nicht, dass Charlie Mann [der USAID-Direktor] keinen schickt. Und ob sie Soldaten abstellen oder nicht, macht keinen Unterschied. Zum Teufel, Hipp-Hipp-Hurras und alles andere nützten nichts. Wenn die keine Soldaten schicken, werfen wir sie nicht von der Schule oder sperren sie ein; wir geben denen Reis... Sie hätten sich nicht in das Dorf schleichen und dann mit Charlie Mann sprechen sollen. Sie hätten sofort hierher kommen sollen, um mit Pop Buell zu sprechen und die wahre Geschichte zu kriegen. Sie haben den Leuten hier eine Menge Schwierigkeiten gemacht. Verflucht noch mal, ich würde jeden umbringen, der sagt, der alte Pop Buell würde jemanden hungern lassen.« (Gespräch mit Edgar Buell, Ban Son, Laos, 30. August 1971.)
Am 2. September flogen Norman Barnes, Direktor von United States Informations Service, und Charles Mann, Direktor von USAID/Laos, zum Dorf Long Pot, um einen Bericht über die Situation für USAID/Washington zu erstellen. Barnes widersprach später Buells Behauptung, dass die Reisabwürfe nicht eingestellt worden seien, und gab zu, dass es seit Anfang März keine Lieferungen mehr gegeben habe. Er leugnete aber irgendwelche versteckten Motive und erklärte, die Gegenwart von Pathet-Lao-Truppen in der unmittelbaren Umgebung von Anfang März bis zum 20. August habe den Einsatz von Flugzeugen im Distrikt Long Pot unmöglich gemacht. Nun aber sei er froh, berichten zu können, dass die Reislieferungen am 30. August wieder aufgenommen worden waren. (Gespräch mit Norman Barnes, Vientiane, Laos, 3. September 1971.)

[153] Gespräch mit dem stellvertretenden Dorfvorsteher von Ban Nam Muong Nakam, Dorf Long Pot, Laos, 21. August 1971.

[154] Gespräch mit Ger Su Yang, Dorf Long Pot, Laos, 19. August 1971. Ende 1971 flog ein amerikanischer Reporter über das Tranninh-Plateau und beschrieb seine Eindrücke:
»Ein kürzlicher Flug über das Tranninh-Plateau offenbarte, was weniger als drei Jahre intensiver amerikanischer Bombardierungen in einem Landstrich sogar noch nach der Evakuierung seiner Zivilbevölkerung anrichten können. In großen Gebieten wurde die vorherrschende tropische Farbe – leuchtendes Grün – durch ein abstraktes Muster von Schwarz und strahlenden Metallfarben ersetzt. Das meiste verbliebene Blattwerk ist verkümmert, verödet durch Entlaubungsmittel.
Heute ist Schwarz die dominante Farbe in den nördlichen und östlichen Teilen der Ebene. Regelmäßig wird Napalm abgeworfen, um das Gras und Unterholz abzubrennen, das die Ebene bedeckt und seine vielen engen Schluchten ausfüllt. Die Feuer scheinen ständig zu brennen und hinterlassen schwarze Rechtecke. Während des Fluges konnten wir Rauchfahnen aus den bombardierten Gebieten aufsteigen sehen. ...
Auf einem vergrößerten Negativ eines Fotos von einem kleinen, vormals grasbedeckten etwa 30 Meter hohen Hügel machte ich mehrere Hundert erkennbare Krater aus, bevor ich mit dem Zählen nicht mehr mitkam. An vielen Orten ist es schwer, einzelne Krater zu unterscheiden: Das Gebiet wurde so häufig bombardiert, dass es der pockennarbigen, aufgewühlten Wüste in sturmgepeitschten Gebieten der

nordafrikanischen Sahara gleicht.« (T. D. Allman, »Plain Facts«, in: *Far Eastern Economic Review*, 8. Januar 1972, S. 16.)
Für eine Beschreibung des Lebens unter Bomben in Nordlaos vgl. Fred Branfman (Hg.), *Voices from the Plain of Jars*, New York 1972.

[155] Interview mit Ger Su Yang, Dorf Long Pot, Laos, 19. August 1971.

[156] Gespräch mit George Cosgrove, Ban Son, Laos, 30. August 1971.

[157] Die Bombardierung unterbrach die Opiumproduktion auf Dauer selbst in den Dörfern, die die Angriffe überstanden hatten und nicht aufgegeben worden waren. Im August 1971 besuchte ich das Yao-Dorf Pha Louang in den Bergen 120 Kilometer nördlich von Vientiane. Die Einwohner berichteten, dass ihr Dorf im August 1964 von einem T-28-Geschwader mit den Hoheitszeichen der königlich-laotischen Luftwaffe bombardiert worden war. Als die Flugzeuge über dem Dorf auftauchten, versteckten sich die Leute in ihren Häusern, flüchteten jedoch in den Wald, als die Bomben die Häuser trafen. Die Flugzeuge nahmen das Dorf unter Gewehrfeuer und schossen auf die Bewohner, als sie die steilen Hänge um das Dorf herum hinaufstiegen. Alle Häuser wurden zerstört, das meiste Vieh und zwölf Menschen (20 Prozent der Einwohner) getötet. Es gab fünf Pathet-Lao-Soldaten, die sich in einer Höhle in acht Kilometer Entfernung versteckten. Die Einwohner vermuteten, dass sie der Grund des Angriffs gewesen sein könnten. Sobald die Flugzeuge fort waren, kamen die Pathet Lao unverletzt aus der Höhle und marschierten davon. Die Dorfbewohner berichteten, dass die Opiumernte von Mitte 1971 genauso groß ausfallen würde wie diejenige vor den Angriffen. Die dazwischen liegenden Ernten waren jedoch aufgrund der Verluste an Material und Menschen weit geringer gewesen.
Vier Monate nach unserem Besuch produzierte auch Long Pot selbst kein Opium mehr. Ende 1971 verwandelte die königlich-laotische Armee das Dorf in einen vorgeschobenen Gefechtsstützpunkt für die bevorstehende Trockenzeitoffensive der Pathet Lao. Als die Offensive im Dezember begann, griffen Pathet-Lao-Truppen das Gebiet an und sollen Long Pot am 10. Januar 1972 »überrannt« haben. (Vgl. *South Vietnam in Struggle*, Hanoi, 17. Januar 1972, S. 7.)
Aber mit diesem Einschnitt waren Ger Su Yangs Probleme noch nicht ausgestanden. Etwa zur Zeit der Erstveröffentlichung dieses Buches übte die CIA Druck auf ihn aus, seine Aussagen über die Beteiligung der Air America am Opiumhandel von Long Pot zurückzunehmen. Im September 1971, nachdem Berichte über die Einstellung der CIA-Reislieferungen an den Distrikt Long Pot veröffentlicht worden waren, hatten Offiziere der CIA-Geheimarmee das Dorf besucht, um Ger Su Yang zu warnen, dass er verhaftet und fortgebracht werden würde, falls weitere Nachrichten aus Long Pot nach außen drängen. Das Ultimatum wurde in einer Weise vorgebracht, die Ger Su Yang überzeugte, dass er niemals lebend zurückkehren würde, wenn das passierte.
Auch als ein CIA-Hubschrauber im Juli 1972 in seinem Dorf eintraf und CIA-Söldner ihm befahlen, an Bord zu steigen, um zum CIA-Hauptquartier Ban Son in Nordlaos zu fliegen, war Ger Su Yang mehr als beunruhigt. Zufällig traf mein Fotograf John Everingham am selben Tag, als Ger Su Yang von seinem schweren Gang zurückkehrte, im Gebiet von Long Pot ein, sodass wir aus erster Hand wissen, was tatsächlich zwischen der CIA und diesem Hmong-Distriktverwalter vorgegangen war. Everinghams Bericht zufolge erzählte Ger Su Yang, dass er über eine Stunde lang von einem »kleinen, fetten«, sehr wütenden Amerikaner in einem Gebäude in der Nähe des Flugplatzes auf dem CIA-Stützpunkt verhört worden sei. Ger Su Yang teilte Everingham die folgenden Details dieser Befragung mit:

»Der Amerikaner [der CIA-Agent] fragte, ob ich ein Foto von Ihnen [Everingham] hätte, ob ich wüsste, wie ich Sie in Vientiane kontaktieren könnte. Offenkundig war der Amerikaner wütend, dass Sie nach Long Pot gekommen waren, um mit mir zu sprechen.
Ich hatte Angst. Ich wusste nicht, was ich ihm am besten sagen sollte. Daher sagte ich, ich wüsste nichts von alldem, was er mich fragte.
Er fragte auch, ob es wahr sei, dass die amerikanischen Hubschrauber unser Opium wegbrachten. Wieder wusste ich nicht, was ich am besten sagen sollte. Daher sagte ich, ich wüsste nicht, ob das wahr oder falsch sei.«
Wie verängstigt und eingeschüchtert Ger Su Yang war, offenbart seine letzte Frage an Everingham: »Was glauben Sie? Schicken sie einen Hubschrauber, um mich zu verhaften, oder kommen Vang Paos Soldaten [CIA-Söldner], um mich zu erschießen?«
(Alfred W. McCoy, »A Correspondence with the CIA«, in: *New York Review of Books*, Nr. 4, 21. September 1972, S. 34.)

[158] Vgl. Lamour, Lamberti, *Die Opium-Mafia*, S. 145–149.
[159] Vgl. Christopher Robbins, *Air America*, New York 1979, S. 220–225.
[160] Vgl. ebd., S. 332–338. Für Details über Vang Paos Umzug nach Montana vgl. Charles E. Hood, »Vang Pao Guerilla General«, in: *The Sunday Missoulian* (Missoula, Montana), 21. November 1976.
[161] Vgl. Grant Evans, *The Yellow Rainmakers*, London 1983, S. 26 ff.
[162] Vgl. Robbins, *Ravens*, S. 332.
[163] Gespräch mit General Ouane Rattikone, Vientiane, Laos, 1. September 1971.
[164] Gespräch mit General Thao Ma, Bangkok, Thailand, 17. September 1971.
[165] Vgl. Sheehan, Neil (Hg.), *Die Pentagon-Papiere*, S. 300 f., 350 f.
[166] Gespräch mit General Thao Ma, Bangkok, Thailand, 17. September 1971.
[167] Vgl. *New York Times*, 22. Oktober 1966, S. 2.
[168] General Thao Ma hatte guten Grund, Kouprasith zu fürchten. Nach dem Februarcoup von 1965 war General Phoumis rechte Hand, General Siho, nach Thailand geflohen. Nachdem er dort einen Mönch konsultiert hatte, der ihm weissagte, er würde zu Hause sein Glück machen, kehrte Siho nach Laos zurück. Kouprasith ließ ihn festnehmen und in Phou Khao Kquai inhaftieren, wo er erschossen wurde, als er »zu fliehen versuchte«. (Vgl. Dommen, *Conflict in Laos*, S. 287.) Ein ehemaliger Vertreter von USAID, Loring Waggoner, berichtete, General Kouprasiths rechte Hand, General Thonglith Chokbengboung, habe ihm mehrere Jahre nach dem Vorfall erzählt, dass »Siho dreckig und korrupt« gewesen sei und er sich »freue«, an seiner Beseitigung beteiligt gewesen zu sein. (Gespräch mit Loring Waggoner, Las Cruces, New Mexico, 23. Juni 1971.)
[169] Gespräch mit Hauptmann Kong Le, Paris, 22. März 1971.
[170] Ebd.; Gespräch mit General Ouane Rattikone, Vientiane, Laos, 21. August 1971; Gespräch mit General Thao Ma, Bangkok, Thailand, 17. September 1971.
[171] Vgl. *Lao Presse* (Vientiane), 22. Oktober 1966.
[172] Vgl. Dommen, *Conflict in Laos*, S. 290.
[173] Gespräch mit General Thao Ma, Bangkok, Thailand, 17. September 1971; vgl. *New York Times*, 22. Oktober 1966, S. 1; 24. Oktober 1966, S. 4.
[174] Vgl. Dommen, *Conflict in Laos*, S. 291.
[175] Gespräch mit Hauptmann Kong Le, Paris, 22. März 1971.
[176] Gespräch mit Jimmy Yang, Chiang Mai, Thailand, 12. August 1971.
[177] Vgl. Dommen, *Conflict in Laos*, S. 217 f.

[178] Gespräch mit William Young, Chiang Mai, Thailand, 12. August 1971.
[179] Gespräch mit Major Chao La, Nam Keung, Laos, 12. September 1971; vgl. Peter Kandre, »Autonomy and Integration of Social Systems. The Lu Mien (›Yao‹ or ›Man‹) Mountain Population and Their Neighbors«, in: Kundstadter (Hg.), Southeast Asian Tribes, Bd. 2, S. 585.
[180] Gespräch mit einem ehemaligen USAID-Vertreter in der Provinz Nam Tha, Laos, Juni 1971.
[181] Gespräch mit William Young, Chiang Mai, Thailand, 8. September 1971.
[182] Gespräch mit einem ehemaligen USAID-Vertreter in der Provinz Nam Tha, Laos, Juni 1971.
[183] Vgl. J. Thomas Ward, »U.S. Aid to Hill Tribe Refugees in Laos,«, in: Kundstadter (Hg.), Southeast Asian Tribes, Bd. 1, S. 297.
[184] Gespräch mit William Young, Chiang Mai, Thailand, 8. September 1971.
[185] Vgl. Fred Branfman, »Presidential War in Laos, 1964–1970«, in: Adams, McCoy, Laos. War and Revolution, S. 270.
[186] Gespräch mit William Young, Chiang Mai, Thailand, 8. September 1971.
[187] Gespräch mit Major Chao La, Nam Keung, Laos, 12. September 1971.
[188] Gespräch mit einem ehemaligen USAID-Vertreter in der Provinz Nam Tha, Laos, Juni 1971.
[189] Ebd.
[190] Gespräch mit einem ehemaligen USAID-Vertreter in der Provinz Nam Tha, Laos, New York, Juni 1971; Gespräch mit William Young, Chiang Mai, Thailand, 8. September 1971.

Etwa zur Zeit der Erstpublikation dieses Buches erklärte die CIA öffentlich, dass »die CIA letztes Jahr eine von Chao La betriebene Raffinerie entdeckte und konfiszieren ließ. Die Produktionsanlagen wurden demontiert und an das Bureau of Narcotics and Dangerous Drugs (BNDD) in Washington, D.C., geschickt«. (Alfred W. McCoy, »A Correspondence with the CIA«, in: New York Review of Books, Nr. 4, 21. September 1972, S. 31.)

Die CIA legte mit dieser Erklärung nahe, dass der Drogenhandel in Nam Keung beseitigt sei. Mehrere Monate später berichtete ein Korrespondent der New York Times auf einer Public-Relations-Tour von USAID durch Nordwestlaos: »Kurz nachdem die offizielle Delegation in Nam Keung eintraf, zog eine Kette von 20 Maultieren wie jene, die in dieser Gegend Opium transportieren, leise und schnell durch das Dorf. Die Besucher [zu denen Edgar Buell gehörte] waren zu höflich, um nach den sorgsam verpackten Lasten zu fragen.« Der Korrespondent berichtete auch, dass ein Kontingent von Guomindang-Soldaten in der Nähe von Nam Keung kampierte und ein Guomindang-Offizier im Haus von Chao La im Dorf wohnte. (New York Times, 16. Oktober 1972, S. 12.)
[191] Anfang der 50er Jahre zum Beispiel schätzten Anthropologen, dass es 139.000 Lahu in der chinesischen Provinz Yunnan gab, 66.000 in Nordostbirma und 2.000 in Nam Tha. 1970 gab es 16.000 Yao in Nam Tha und wahrscheinlich über 100.000 in Yunnan, von denen die meisten in den Grenzregionen lebten. (Vgl. Frank M. Lebar, Gerald C. Hickey, John K. Musgrave, Ethnic Groups of Mainland Southeast Asia, New Haven 1964, S. 31, 82; Gespräch mit Major Chao La, Nam Keung, Laos, 12. September 1971; Peter Kundstadter, »China. Introduction«, in: Kundstadter, Southeast Asia, Bd. 1, S. 154.)
[192] Vgl. Kandre, »Autonomy and Integration of Social Systems«, S. 607.
[193] Gespräch mit William Young, Chiang Mai, Thailand, 14. September 1971.

[194] Sowards, Sowards, *Burma Baptist Chronicle*, S. 409. Für einen von Rev. William Youngs Berichten über sein Missionswerk unter den Lahu vgl. Lizbeth B. Hughes (Hg.), *The Evangel in Burma*, Rangun 1926, S. 124–129.
[195] Gespräch mit William Young, Chiang Mai, Thailand, 14. September 1971.
[196] Ebd. Für eine schmeichelhafte Biographie von Gordon Young vgl. Cherrie French, »The Adventures of Gordon Young«, in: *Sawaddi*, Nr. 3, Januar/Februar 1968, S. 14–27.
[197] Gespräch mit U Ba Thein, Bezirk Chiang Khong, Thailand, 11. September 1971.
[198] Vgl. *Washington Post*, 6. August 1971.
[199] Eines der ersten Ausbildungslager lag in einem Flusstal etwa 18 Kilometer nördlich von Nam Keung, aber es wurde 1965 geschlossen, als Chao La und eine Gruppe von chinesischen Schmugglern in der Nähe eine Opiumraffinerie aufmachten. Young hatte Angst, dass die ständige Bewegung von Maultierkarawanen und Booten in das Gebiet hinein und aus ihm heraus die Sicherheit der Basis gefährden könnte. Schließlich wurde es über den Mekong nach Thailand verlegt und in einem unbewohnten, nur unter seinem Codenamen »Tango Pad« bekannten Bergtal wieder aufgebaut. (Gespräch mit William Young, Chiang Mai, Thailand, 8. September 1971.)
[200] Gespräch mit einem ehemaligen USAID-Vertreter in der Nam-Tha-Provinz, New York, Juni 1971.
[201] Gespräch mit William Young, Chiang Mai, Thailand, 14. September 1971; Gespräch mit U Ba Thein, Distrikt Chiang Khong, Thailand, 11. September 1971.
[202] Vgl. *Boston Globe*, 3. September 1970; Gespräch mit einem ehemaligen USAID-Mitarbeiter in der Provinz Nam Tha, Laos, New York, Juni 1971. Im Allgemeinen waren diese grenzüberschreitenden Operationen gar nicht so furchtbar geheim. Viele Stammesangehörige in der Region des Goldenen Dreiecks wussten von ihnen. Mitte 1971 teilten mir mehrere Yao-Angehörige in Nordthailand die Namen von fünf oder sechs Yao mit, die bei solchen Vorstößen dabei waren, und erinnerten sich mit bemerkenswerter Genauigkeit an ihre Reiserouten. Sowohl die chinesische als auch die birmanische Regierung wussten von den Operationen, da sie einige Teams festgenommen hatten. Im Rückblick scheint die amerikanische Öffentlichkeit die einzige interessierte Partei gewesen zu sein, die nichts davon mitbekam.
[203] Gespräch mit William Young, Chiang Mai, Thailand, 14. September 1971; Gespräch mit U Ba Thein, Distrikt Chiang Khong, Thailand, 11. September 1971.
[204] Gespräch mit U Ba Thein, Distrikt Chiang Khong, Thailand, 11. September 1971. Es gab eine Reihe von Berichten, dass Hubschrauber von Air America aufgrund technischer Defekte zur Landung in Birma gezwungen gewesen waren. Nach einem Bericht des Korrespondenten von Dispatch News Service International musste ein Air-America-Hubschrauber im Mai 1971 in den östlichen Shan-Staaten notlanden. Der Helikopter war von Air America gemietet worden und soll einen CIA-Agenten befördert haben. (Vgl. Dispatch News Service International, 8. November 1971.)
[205] Gespräch mit U Ba Thein, Distrikt Chiang Khong, Thailand, 11. September 1971.
[206] Ebd.; für eine Darstellung von Dooleys Abenteuern in der Provinz Nam Tha vgl. Thomas A. Dooley, »Flammen über Laos«, in: ders., *Arzt am Bambusvorhang*, Freiburg i. Br./Basel/Wien, 1967.
[207] Gespräch mit Rev. Paul Lewis, Chiang Mai, Thailand, 7. September 1971; Gespräch mit William Young, Chiang Mai, Thailand, 14. September 1971.
[208] Gespräch mit William Young, Chiang Mai, Thailand, 14. September 1971.
[209] Gespräch mit U Ba Thein, Distrikt Chiang Kong, Thailand, 11. September 1971.
[210] Gespräch mit William Young, Chiang Mai, Thailand, 14. September 1971.

[211] Gespräch mit U Ba Thein, Distrikt Chiang Kong, Thailand, 11. September 1971.
[212] Vgl. Adrian Cowell, »Report on a Five Month Journey in the State of Kengtung with the Shan National Army«, Manuskript (1965).
[213] Vgl. ebd.; *Far Eastern Economic Review*, 24. Juli 1971, S. 40; Gespräch mit Adrian Cowell, London, 9. März 1971.
[214] Vgl. Cowell, »Report on a Five Month Journey«; *Far Eastern Economic Review*, 24. Juli 1971, S. 40.
[215] Cowell, »Report on a Five Month Journey«.
[216] Gespräch mit Jimmy Yang, Chiang Mai, Thailand, 14. Septebmer 1971. (Diese Geschichte bestätigten mehrere ehemalige Mitglieder der SNA, Führer anderer Shan-Armeen und Einwohner des Gebiets von Huei Krai.)
[217] Von den 700 Tonnen Rohopium, die in Nordostbirma produziert wurden, gingen annähernd 500 Tonnen in den Export nach Laos und Thailand. Maximal 15 Prozent der Opiumernte konsumierten die Süchtigen der Bergstämme selber. (Vgl. Gordon Young, *The Hill Tribes of Northern Thailand*, Bangkok 1962, S. 90.) Zusätzlich wurden geschätzte 65 Tonnen für den einheimischen Konsum in die birmanischen Großstädte geschmuggelt. (Gespräch mit William Young, Chiang Mai, Thailand, 8. September 1971.)
[218] Gespräch mit Jimmy Yang, Chiang Mai, Thailand, 8. September 1971.
[219] Gespräch mit U Ba Thein, Distrikt Chiang Kong, Thailand, 8. September 1971.
[220] Vgl. *New York Times*, 17. Februar 1961, S. 4.
[221] Vgl. Dommen, *Conflict in Laos*, S. 193. Laut Roger Hilsman, dem Unterstaatssekretär für fernöstliche Angelegenheiten in der Regierung Kennedy, übte der Präsident Druck auf Taiwan aus, die Guomindang-Truppen aus Birma abzuziehen, um die Beziehungen zur Volksrepublik China zu verbessern. Taiwan bestand jedoch darauf, dass die Evakuierung freiwillig erfolge, und so »streiften einige Banden von Irregulären weiter durch die Wildnis«. (Hilsman, *To Move a Nation*, S. 304 f.)
[222] Gespräch mit William Young, Chiang Mai, Thailand, 8. September 1971.
[223] Vgl. Paul T. Cohen, »Hill Trading in the Mountain Ranges of Northern Thailand« (1968).
[224] Vgl. ebd., S. 2 f.
[225] Vgl. ebd., S. 11–14.
[226] Vgl. Young, *Hill Tribes of Northern Thailand*, S. 83.
[227] Vgl. Frederick W. Mote, »The Rural ›Haw‹ (Yunnanese Chinese) of Northern Thailand«, in: Kundstadter, *Southeast Asian Tribes*, S. 489.
[228] Ministry of the Interior, Department of Public Welfare, »Report on the Socio-economic Survey of the Hill Tribes in Northern Thailand«, Vervielfältigung, Bangkok, September 1962, S. 23.
[229] Ebd., S. 37.
[230] Gespräch mit Oberst Chen Mo-su, Distrikt Chiang Khong, Thailand, 10. September 1971; vgl. *New York Times*, 11. August 1971, S. 1.
[231] Gespräch mit Oberst Chen Mo-su, Distrikt Chiang Khong, Thailand, 10. September 1971.
[232] Gespräch mit William Young, Chiang Mai, Thailand, 8. September 1971.
[233] *Weekend Telegraph* (London), 10. März 1967, S. 1971, S. 25.
[234] Gespräch mit Jimmy Yang, Chiang Mai, Thailand, 12. August 1971; Gespräch mit Jao Nhu, Chiang Mai, Thailand, 8. September 1971; Gespräch mit U Ba Thein, Distrikt Chiang Khong, Thailand, 11. September 1971.
[235] Vgl. *New York Times*, 11. August 1971, S. 1; Gespräch mit Jao Nhu, Chiang Mai,

Thailand, 8. September 1971.
[236] Vgl. *New York Times*, 11. August 1971, S. 1; Gespräch mit U Ba Thein, Distrikt Chiang Kong, Thailand, 11. September 1971.
[237] Gespräch mit Jao Nhu, Chiang Mai, Thailand, 12. August 1971.
[238] Gespräch mit Jimmy Yang, Chiang Mai, Thailand, 12. August 1971.
[239] *New York Times*, 6. Juni 1971, S. 2.
[240] Vgl. *New York Times*, 6. Juni 1971, S. 2; Gespräch mit Jimmy Yang, Chiang Mai, Thailand, 12. August 1971.
[241] Gespräch mit William Young, Chiang Mai, Thailand, 8. September 1971.
[242] Ebd.
[243] Vgl. *New York Times*, 11. August 1971, S. 1.
[244] Gespräch mit Jimmy Yang, Chiang Mai, Thailand, 12, August 1971.
[245] Im Mai 1965 zum Beispiel berichtete die *New York Times*, dass General Ma im Berggebiet Westyunnans etwa 30 Kilometer von Ving Ngun operierte und unmarkierte Flugzeuge seinen Truppen regelmäßig Nachschub lieferten. (Vgl. *New York Times*, 18. Mai 1965, S. 1.)
[246] Gespräch mit U Ba Thein, Distrikt Chiang Khong, Thailand, 11. Septebmer 1971.
[247] Vgl. *Weekend Telegraph* (London), 10. März 1967, S. 27 f. Im September 1966 verließen 400 von General Tuans besten Soldaten ihre Holzbaracken auf dem Berg Mae Salong, salutierten vor dem sechs Meter hohen Portrait des Generalissimo Chiang Kai-shek, das den Exerzierplatz schmückte, und marschierten in den Dschungel. Nachdem die Truppe über die birmanisch-chinesische Grenze in Yunnan eingefallen war und alsbald 80 Gefallene zu beklagen hatte, zog sie sich wieder zurück. (Vgl. *New York Times*, 9. September 1966, S. 3; *Weekend Telegraph*, 10. März 1967, S. 27.)
[248] Gespräch mit William Young, Chiang Mai, Thailand, 8. September 1971.
[249] Vgl. »Opium War – Take Three«, Nachrichtenmeldung von McCulloch, Hongkong, aus Saigon an Time World, New York, 22. August 1967, S. 10.
[250] Vgl. Jeffrey Race, »China and the War in Northern Thailand«, Manuskript (1971), S. 26.
[251] Gespräch mit William Young, Chiang Mai, Thailand, 8. September 1971.
[252] Gespräch mit Jimmy Yang, Chiang Mai, Thailand, 12. August 1971; »Opium War Add«, Nachrichtenmeldung von McCulloch, Hongkong, aus Saigon an Time World, New York 23. August 1967, S. 2.
[253] Vgl. »Opium War – Take Two«, Nachrichtenmeldung von Vanderwicken, Hongkong, aus Saigon an Time World, New York, 22. August 1967, S. 4.
[254] Vgl. *New York Times*, 11. August 1971, S. 1.
[255] Vgl. Race, »China and the War in Northern Thailand«, S. 27; Gespräch mit Lawrence Peet, Chiang Rai, Thailand, 9. August 1971. (Lawrence Peet arbeitete zur Zeit des Opiumkrieges in Lahu-Dörfern in der Nähe der Karawanenstraße als Missionar.)
[256] Gespräch mit dem Grundschulrektor von Ban Khwan, Ban Khwan, Laos, 9. August 1971.
[257] Ebd.; Gespräch mit General Ouane Rattikone, Vientiane, Laos, 1. September 1971.
[258] Vgl. Race, »China and the War in Northern Thailand«, S. 27.
[259] Gespräch mit General Ouane Rattikone, Vientiane, Laos, 1. September 1971.
[260] Ebd.
[261] Vgl. »Opium War – Take Two«, S. 5.
[262] Gespräch mit General Ouane Rattikone, Vientiane, Laos, 1. September 1971.
[263] Vgl. *New York Times*, 11. August 1971, S. 1.
[264] Vgl. Race, »China and the War in Northern Thailand«, S. 28.

[265] Vgl. »Opium War – Take Two«, S. 4, 6; *Evening Star* (Washington, D. C.), 19. Juni 1972.
[266] Vgl. *New York Times*, 11. August 1971, S. 1.
[267] Gespräch mit dem Rektor der Grundschule von Ban Khwan, Ban Khwan, Laos, 9. August 1971.
[268] Vgl. Race, »China and the War in Northern Thailand«, S. 28; Mote, »The Rural ›Haw‹«, S. 488, 492 f.
[269] Vgl. *Report of the United Nations Survey Team on the Economic and Social Needs of the Opium-Producing Areas in Thailand*, S. 64.
[270] Vgl. Race, »China and the War in Northern Thailand«, S. 21 ff.
[271] Vgl. ebd.
[272] Vgl. ebd., S. 29 ff. Der Aufstand in Nordthailand wurde Anfang der 70er Jahre als »höchst ernstes« militärisches Problem der thailändischen Regierung betrachtet. (Vgl. U. S. Congress, Senate, Committee on Foreign Relations, *Thailand, Laos, and Cambodia. January 1972*, 92. Legislaturperiode, 2. Sitzung, Washington, D. C., 1972, S. 14.)
[273] Vgl. Alfred W. McCoy, »Subcontracting Counterinsurgency. Academics in Thailand, 1954–1970«, in: *Bulletin of Concerned Asian Scholars*, Dezember 1970, S. 64–67.
[274] Vgl. *Weekend Telegraph*, S. 27.
[275] Einem Bericht von Gordon Young von 1961 zufolge hatten 50 Prozent der Hmong, 20 Prozent der Lahu, 75 Prozent der Lisu und 25 Prozent der Akha in Nordthailand Yunnanesisch-Kenntnisse. Im Gegensatz dazu sprachen nur fünf Prozent der Hmong, zehn Prozent der Lahu, 50 Prozent der Lisu und 25 Prozent der Akha Thailändisch oder Laotisch. (Vgl. Young, *Hill Tribes in Northern Thailand*, S. 92.)
[276] Gespräch mit Oberst Chen Mo-su, Distrikt Chiang Khong, Thailand, 10. September 1971.
[277] Gespräch mit General Krirksin, Distrikt Chiang Khong, Thailand, 10. September 1971.
[278] Gespräch mit Oberst Chen Mo-su, Distrikt Chiang Khong, Thailand, 10. September 1971.
[279] Vgl. *New York Times*, 6. Juni 1971, S. 2; *NBC Chronology*, 28. April 1972.
[280] Vgl. »Opium War – Take Three«, S. 1 f.
[281] Gespräch mit Jimmy Yang, Chiang Mai, Thailand, 13. September 1971.
[282] Gespräch mit Hsai Kiao, Chiang Rai, Thailand, 13. September 1971.
[283] Gespräch mit Jimmy Yang, Chiang Mai, Thailand, 12. August 1971.
[284] Gespräch mit William Young, Chiang Mai, Thailand, 8. September 1971.
[285] Far Eastern Economic Review, *1968 Yearbook* (Hongkong), S. 123; Far Eastern Economic Review, *1971 Yearbook* (Hongkong), S. 108.
[286] Im September 1971 zum Beispiel wurde ich zu einem Besuch in einem Rebellencamp in der Nähe von Huei Krai eingeladen. Am Morgen des Besuchs (13. September) erhielt ich jedoch folgende Mitteilung:
»Leider muss ich Ihnen mitteilen, dass Ihr Ausflug mit uns nach Mae Sai von den thailändischen Behörden nicht genehmigt wurde, weil es in der Nähe der birmanischen Grenze liegt und es möglich wäre, dass die Birmanen davon erfahren.
Es ist besser, sich an die Vorschriften zu halten, da die Gastgeber, die Thailänder, uns freundliche und warmherzige Aufnahme gewährt haben.« [gez.] Hsai Kiao
[287] Vgl. *Far Eastern Economic Review*, 1. Mai 1971, S. 47 ff.; 17. April 1971, S. 19 f.
[288] Gespräch mit William Young, Chiang Mai, Thailand, 8. September 1971; Gespräch mit Jao Nhu, Chiang Mai, Thailand, 8. September 1971.

[289] Gespräch mit Hsai Kiao, Chiang Rai, Thailand, 21. September 1971; Gespräch mit Jimmy Yang, Chiang Mai, Thailand, 14. September 1971. Die eben angeführte Beschreibung des Opiumhandels des Shan-Staates konzentriert sich vorwiegend auf dessen östliche Gebiete (Keng Tung, Wa und Kokang), da sie das wichtigste Opiumanbaugebiet in Nordostbirma waren. Es sollte jedoch erwähnt werden, dass Guerillas im südlichen Shan-Staat ebenfalls aktiv am Handel beteiligt waren. Die Nationalen Palaung-Streitkräfte (Palaung National Force), General Mo Hengs Vereinte Revolutionäre Shan-Armee (Shan United Revolutionary Army), die Mong Ngai KKY und die Pa-O-Rebellen (geteilt in die Shan National Liberation Organization des Vorsitzenden Hla Mong und General Kyansones Pa-O National Freedom League) waren die wichtigsten einheimischen Beteiligten am Opiumhandel des südlichen Shan-Staates. (Über die Streitigkeiten innerhalb der Pa-O-Rebellen vgl. The Pa-O National Freedom League, General Kyansone (Chan Son), »The Opinion of the Pa-O National Freedom League Concerning the Shan National Liberation Organization«, Chiang Mai, Januar 1970.)

Vielleicht aufgrund harscher Kritik an thailändischer und laotischer Komplizenschaft im Opiumhandel des Goldenen Dreiecks übertrieben US-Vertreter die Bedeutung von Lo Hsing-han. Im Juni 1972 sagte Nelson Gross, der Chefberater des US-Außenministers und Koordinator für internationale Drogenangelegenheiten, vor einem Ausschuss des US-Kongresses in Erwiderung auf frühere Aussagen von mir aus:

»Mr. McCoy hat irgendwie den Namen der Hauptperson im Heroinhandel Südostasiens übersehen. Der Mann ist Lo Hsing Han aus Birma. Er nutzt seine Kontrolle des Opiumgebietes, um den gesamten Handel von den Opiummohnfeldern über die Schmuggelrouten bis zu den Heroinraffinerien zu beherrschen. Lo hat praktisch ein Monopol auf die Heroinproduktion in diesem Gebiet. Viele der Raffinerien, die aus Laos und Thailand vertrieben wurden, kamen unter die Kontrolle von Lo in Birma.« (U. S. Congress, *Congressional Record*, 92. Legislaturperiode, 2. Sitzung, 118, Nr. 106, 28. Juni 1972, S. H6274.)

[290] Gespräch mit Hsai Kiao, Chiang Rai, Thailand, 12. September 1971.

[291] Vgl. *New York Times*, 6. Juni 1971, S. 2.

[292] Vgl. *Far Eastern Economic Review*, 12. Dezember 1970, S. 22; 17. April 1971, S. 20.

[293] Vgl. *Newsweek*, 22. März 1971, S. 42; Gespräch mit William Young, Chiang Mai, Thailand, 8. September 1971.

[294] Vgl. *New York Times*, 3. Januar 1971, S. 9; 31. Januar 1971, S. 3.

[295] Gespräch mit William Young, Chiang Mai, Thailand, 8. September 1971.

[296] Es war U Nu nicht möglich, sich mit der Kachin-Unabhängigkeitsarmee (Kachin Independence Army, KIA) zu verbünden, die einen großen Teil des Kachin-Staates kontrollierte. Ihre Führer waren baptistische Christen und verübelten U Nu, dass er den Buddhismus zur Staatsreligion erhoben hatte. Der Kopf der KIA war ein Baptist namens Zau Seng. Er hatte zusammen mit seinen Brüdern die Kachin-Unabhängigkeitsarmee 1957 gegründet und kämpfte, unterbrochen nur von kurzen Verhandlungen mit Ne Win 1963, gegen die birmanische Regierung. Wenn er in Thailand war, um Opium zu verkaufen und die Erlöse in Waffen zu investieren, übernahmen seine Brüder Zau Dan und Zau Tu die Leitung von Militäroperationen im Kachin-Staat. Anders als bei den Shan, denen ein eindeutiger Kopf fehlte, war Zau Seng der unumstrittene Führer der konservativen Kachin; seine Truppen kontrollierten einen Großteil des Kachin-Staates. Die Beziehungen zwischen Zau Seng und dem Kachin-Kommunistenführer Naw Seng sollen äußerst feindselig gewesen sein.

Die Kachin-Unabhängigkeitsarmee unterschied sich auch durch die Tatsache, dass sie mit einem baptistischen Missionarspaar aus Louisiana, Robert und Betty Morse, verbunden war. Ende 1972 hatte sich Betty Morse nach Baton Rouge zurückgezogen, aber ihr Ehemann Robert war noch immer bei den Kachin-Guerillas in den Bergen.

[297] Gespräch mit Jimmy Yang, Chiang Mai, Thailand, 14. September 1971.
[298] Gespräch mit William Young, Chiang Mai, Thailand, 8. September 1971.
[299] Gespräch mit Jimmy Yang, Chiang Mai, Thailand, 14. September 1971.
[300] Gespräch mit William Young, Chiang Mai, Thailand, 14. September 1971.
[301] Gespräch mit Hsia Kiao, Chiang Rai, Thailand, 13. September 1971; Gespräch mit Brigadegeneral Tommy Clift, Bangkok, Thailand, 21. September 1971.
[302] Gespräch mit William Young, Chiang Mai, Thailand, 8. September 1971.
[303] Gespräch mit Hsai Kiao, Chiang Rai, Thailand, 13. September 1971.
[304] Offenbar wurde die Young-Familie vor allem unter den Schwarzen Lahu des nördlichen Keng-Tung-Staates und Westyunnans verehrt. Die ursprüngliche Prophezeiung von der Ankunft eines weißen Gottes stammte von einem Schwarzen Lahu. Die Youngs erzielten unter ihnen eine bemerkenswerte Konversionsrate. Im Gegensatz dazu blieben die Roten Lahu im Allgemeinen Animisten und betrachteten Bu-jong Luang, den »Gottmann« oder »Göttlichen Erlöser«, als ihre lebende Gottheit. Der Gottmann hatte sein Hauptquartier westlich von Mong Hsat und war unter den Roten Lahu des südlichen Keng-Tung-Staates einflussreich. Die Begriffe »rot« und »schwarz« leiten sich von der verschiedenfarbigen Kleidung ab, die Lahu-Untergruppen tragen. Andererseits war der Ausdruck »rote Meo« ein politischer Begriff, der zur Bezeichnung kommunistischer Hmong-Aufständischer benutzt wurde. Viele Rote Lahu fürchteten in den 70er Jahren, dass ihr Volksname als politisches Etikett missverstanden würde. Rote Lahu in Nordthailand behaupteten gewöhnlich, Schwarze Lahu zu sein, wenn sie von Anthropologen befragt wurden. Als Bu-jong Luangs Sohn daher das Wort erhielt, sagte er, dass die Roten Lahu keine Kommunisten seien, wie viele Leute glaubten; vielmehr seien sie gewillt, sich dem Kampf ihrer Stammesbrüder gegen Ne Win anzuschließen. (Gespräch mit William Young, Chiang Mai, Thailand, 8. September 1971.)
[305] Ebd.
[306] Vgl. Tinker, *Union of Burma*, S. 38, 395.
[307] Vgl. ebd., S. 40 f.
[308] Vgl. *Pacific Research and World Empire Telegram*, Nr. 3, März/April 1971, S. 6.
[309] Die Gründe der Kommunistischen Partei Birmas (KPB), den Opiumhandel abzuschaffen, waren sehr pragmatisch:
 – Da die KPB ein politischer Gegner der birmanischen Regierung, der Guomindang und der Shan-Rebellen war, wäre es für sie unmöglich gewesen, eine Opiumkarawane nach Thailand zu schicken, selbst wenn sie es gewollt hätte.
 – Eine Weiterführung der ausbeuterischen Opiumsteuer hätte sie die Unterstützung des Volkes gekostet.
 – Da die Shan-Rebellen und Regierungsmilizen nur daran interessiert waren, Opiumanbaugebiete zu besetzen, schwächte die Vernichtung oder Umwidmung der Mohnfelder ihr Interesse, das Gebiet zurückzuerobern.
(Gespräch mit Jimmy Yang, Chiang Mai, Thailand, 12. August 1971.)
[310] Gespräch mit General Ouane Rattikone, Vientiane, Laos, 1. September 1971.
[311] Gespräch mit Offizieren der königlich-laotischen Luftwaffe, Vientiane, Juli/August 1971.
[312] »Opium War Add«, S. 2.

[313] »Opium War – Take Two«, S. 6.
[314] Vgl. *New York Times*, 6. Juni 1971, S. 2.
[315] Gespräch mit William Young, Chiang Mai, Thailand, 8. September 1971. Laut einem US-Kabinettsbericht hatten sich diese Labors im Dreigrenzland vor 1969 in Bangkok befunden, »aber 1969 und 1970 wurden alle aus Sicherheitsgründen nach Norden verlegt«. Der Bericht fährt fort: »Ein Konsortium chinesischer Händler in Vientiane kümmert sich um Verarbeitung und Vertrieb des meisten Rauchheroins und Opiums auf städtischen Märkten in Laos und Vietnam. Sie produzierten 1970 und 1971 auch einen Großteil des Heroins Nr. 4 für die US-Soldaten in Vietnam.« Dieses Konsortium verlegte die laotischen Labors offenbar Mitte 1971 über die Grenze nach Birma. (U. S. CCINC, *World Opium Survey 1972*, S. 27, 29.)
[316] Der Angriff auf Long Tieng Anfang 1972 bereitete unweigerlich Probleme für den Drogenhandel unter Vang Paos Truppen. Es ist sehr gut möglich, dass sie damit aus dem Heroingeschäft ausschieden.
[317] Gespräch mit Elliot K. Chan, Vientiane, Laos, 15. August 1971.
[318] Telex von Shaw, Vientiane (Hongkonger Büro), an Time Inc., erhalten am 16./17. September 1965.
[319] Vgl. *Lao Presse* (Vientiane), 16. März 1966.
[320] Ebd., 18. März 1966.
[321] Direction du Protocole, Ministre des Affaires Etrangères, »Liste des Personnalités Lao«, Verfielfältigung, Royaume du Laos o. J., S. 155.
[322] Gespräch mit einem thailändischen Polizeibeamten, Bangkok, Thailand, Sept. 1971.
[323] Gespräch mit einem Drogenbeamten, U. S. Bureau of Narcotics and Dangerous Drugs, New Haven, CT, 3. Mai 1972.
[324] Gespräch mit einem US-Drogenbeamten, U. S. Bureau of Narcotics and Dangerous Drugs, Südostasien, September 1971.
[325] Ebd.
[326] Hamilton-Paterson, *Greedy War*, S. 194.
[327] Vgl. *Far Eastern Economic Review*, 4. Dezember 1971, S. 40f.
[328] In der Ausgabe vom 19. Juli 1971 deutete das Magazin *Newsweek* an, dass die USA »andere Mittel der Überzeugung« benutzt hatten, um General Ouane Rattikone in den Ruhestand zu zwingen. Dieser Hinweis entsprang nur der Fantasie der New Yorker *Newsweek*-Redaktion. Dem Pressecorps von Vientiane zufolge erbat *Newsweek* eine telegrafische Bestätigung der Geschichte von seinem Korrespondenten in Vientiane. Dieser erwiderte, dass Ouanes Pensionierung schon seit über einem Jahr geplant gewesen sei (was tatsächlich der Wahrheit entsprach). Verlässliche diplomatische Quellen in Vientiane fanden die Meldung von *Newsweek* absurd, General Ouane selbst dementierte rundheraus, dass irgendwelcher Druck auf ihn ausgeübt worden sei, in den Ruhestand zu gehen. (Vgl. *Newsweek*, 19. Juli 1971, S. 23 f.)
[329] Gespräch mit General Ouane Rattikone, Vientiane, Laos, 1. September 1971.
[330] State Department, »Report of the Cabinet Committee on International Narcotics Control Task Force on Air and Sea Smuggling«, Washington, D. C., 21. Februar 1972, S. 1, 5.
[331] U. S. Senate, Select Committee to Study Governmental Operations with Respect to Intelligence Activities, *Foreign and Military Intelligence*, Buch I: *Final Report*, 94. Legislaturperiode, 2. Sitzung, Washington, D. C., 1976, S. 228.
[332] Ebd., S. 228, 232.
[333] Ebd., S. 229.
[334] Ebd., S. 205.

8
Krieg gegen die Drogen

¹ Vgl. U. S. State Department, Bureau of International Narcotics Matters, *International Narcotics Control Strategy Report, March 1990*, Washington, D. C., 1990, S. 43.

² Vgl. U. S. Congress, House, Select Committee on Narcotics Abuse and Control, *Southeast Asian Narcotics*, 95. Legislaturperiode, 1. Sitzung, Washington, D. C., 1978, S. 249.

³ Richard Nixon, *Public Papers of the Presidents of the United States. Containing the Public Messages, Speeches, and Statements of the President 1971*, Washington, D. C., 1972, S. 74 f.; Frank Browning, Banning Garrett, »The New Opium War«, in: *Ramparts*, Mai 1971, S. 38.

⁴ Vgl. Nixon, *Public Papers of the Presidents of the United States 1971*, S. 738–749.

⁵ Vgl. ebd., 760–770; Richard Nixon, *Public Papers of the Presidents of the United States. Containing the Public Messages, Speeches, and Statements of the President 1972*, Washington, D. C., 1974, S. 66, 449–460; *New York Times*, 21. März 1972.

⁶ Vgl. Nixon, *Public Papers of the Presidents of the United States 1971*, S. 937 f.; *New York Times*, 27. Februar 1971; Nixon, *Public Papers of the Presidents of the United States 1972*, S. 651 f., 684 ff., 873.

⁷ Richard Nixon, *Public Papers of the Presidents of the United States. Containing the Public Messages, Speeches, and Statements of the President 1973*, Washington, D. C., 1975, S. 228–233; *New York Times*, 29. März 1973; Nixon, *Public Papers of the Presidents of the United States 1972*, S. 873.

⁸ Vgl. Rufus King, »Legalization of Gambling as a Model for Drug-Law Reform«, in: Arnold S. Trebach, Kevin B. Zeese (Hg.), *The Great Issues of Drug Policy*, Washington, D. C., 1990, S. 14 f.

⁹ 13. Mai 1971, 10 Uhr 30 bis 12 Uhr 30, Gespräch im Oval Office, Treffen von Nixon, Haldeman u. Ehrlichman, unter: http://www.csdp.org/research/nixonpot.txt (Website zuletzt besucht am 17. 11. 2003; A. d. Ü.).

¹⁰ Nixon, *Public Papers of the Presidents of the United States 1971*, S. 766 f.

¹¹ Nixon, *Public Papers of the Presidents of the United States 1972*, S. 875, 982–985.

¹² Vgl. *New York Times*, 14. Oktober 1972. McGovern/Shriver '72, Pressemitteilung, 18. September 1972.

¹³ Vgl. Edward Jay Epstein, *Agency of Fear. Opiates and Political Power in America*, New York 1977, S. 173–177.

¹⁴ Nixon, *Public Papers of the Presidents of the United States 1973*, S. 180–183; 198 f., 200 f., 209.

¹⁵ Nixon, *Public Papers of the Presidents of the United States 1971*, S. 788 ff.

¹⁶ U. S. Congress, House, Committee on International Relations, *The Effectiveness of Turkish Opium Control*, 94. Legislaturperiode, 1. Sitzung, Washington, D. C., 1975, S. 45 ff., 57 ff.; *New York Times*, 21. November 1971.

¹⁷ Vgl. John T. Cusack, »Turkey Lifts the Poppy Ban«, in: *Drug Enforcement*, Herbst 1974, S. 3–7.

¹⁸ Vertrauliches Gespräch mit einem DEA-Sonderagenten, Südostasien, Dezember 1975; *New York Times*, 4. August 1972.

¹⁹ Vgl. U. S. Congress, House, Committee on Foreign Affairs, *The U. S. Heroin Problem and Southeast Asia. The Asian Connection*, 93. Legislaturperiode, 1. Sitzung, Washington, D. C., 1973, S. 6 f.; vgl. U. S. Congress, House, Committee on International

Relations, *The Narcotics Situation in Southeast Asia. The Asian Connection*, 94. Legislaturperiode, 1. Sitzung, Washington, D. C., 1975, S. 38, 40, Gespräch mit Daniel J. Addario, Bangkok, Thailand, 15. Dezember 1975.

[20] Vgl. Lester L. Wolff *et al.*, »The Narcotics Situation in Southeast Asia«, in: *Drug Enforcement*, Sommer 1975, S. 28–33.

[21] Vgl. United Nations Office for Drug Control and Crime Prevention, *World Drug Report 2000*, Oxford 2000, S. 148.

[22] Vertrauliches Gespräch mit einem Sonderagenten der DEA, Südostasien, Dezember 1975.

[23] Vgl. *Drug Enforcement*, Winter 1975, zitiert in U. S. House Committee on International Relations, *Narcotics Situation*, S. 49.

[24] Vgl. *Asian Week*, 20. Mai 1977.

[25] Vgl. U. S. Congress, House, Committee on International Relations, *Proposal to Control Opium From the Golden Triangle and Terminate the Shan Opium Trade*, 94. Legislaturperiode, 1. Sitzung, Washington, D. C., 1975, S. 91.

[26] Vgl. Cusack, »Turkey Lifts the Poppy Ban«, S. 3–7.

[27] U. S. Congress, House, Committee on International Relations, *The Shifting Pattern of Narcotics Trafficking. Latin America*, 94. Legislaturperiode, 2. Sitzung, Washington, D. C., 1976, S. 7–13; U. S. Drug Enforcement Administration, »Heroin Source Identification for U. S. Heroin Market«, Washington, D. C., 1972, 1973, 1974, 1975 (unveröffentlichte Dokumente); U. S. Cabinet Committee on International Narcotics Control (CCINC), *World Opium Survey 1972*, Washington, D. C., 1972, S. 10–13. Diese Statistiken des relativen Prozentanteils südostasiatischen Heroins, das in die USA gelangte, basieren auf einer Interpretation veröffentlichter Statistiken nach Diskussionen mit DEA-Beamten. Die chemischen Analysen der DEA von Proben aus verschiedenen amerikanischen Städten zeigten einen ähnlichen Abwärtstrend. 1974 machte südostasiatisches Heroin 16 Prozent der US-Proben aus, zwölf Prozent weniger als 1973. 1975 fiel der Anteil auf zehn und 1976 auf acht Prozent. (Vgl. U. S. House Select Committee on Narcotics Abuse and Control, *Southeast Asian Narcotics*, S. 151 f.)

[28] Vgl. Laura M. Wicinski, »Europe Awash with Heroin«, in: *Drug Enforcement*, Sommer 1981, S. 14 f.

[29] Vertrauliches Gespräch mit einem DEA-Sonderagenten, Südostasien, Dezember 1975.

[30] Vgl. U. S. House Committee on International Relations, *Narcotics Situation*, S. 50 f.; U. S. House Select Committee on Narcotics Abuse and Control, *Southeast Asian Narcotics*, S. 154 f.

[31] Vertrauliches Gespräch mit einem DEA-Sonderagenten, Singapur, Dezember 1975.

[32] Vgl. Select Committee on Narcotics, *Southeast Asian Narcotics*, S. 154 f., 173.

[33] Vgl. Wicinski, »Europe Awash with Heroin«, S. 14 f.

[34] Vgl. U. S. Drug Enforcement Administration, Office of Intelligence, »Heroin Seized in Europe During 1978«, in: *Drug Enforcement*, Februar 1979, S. 20 f.

[35] Gespräch mit einem Polizeibeamten, New South Wales Police, Sydney, Australien, Oktober 1978.

[36] Vgl. U. S. House Committee on International Relations, *Proposal to Control Opium*, S. 101.

[37] Ebd., S. 94; vertrauliches Gespräch mit einem DEA-Sonderagenten, Singapur, Dezember 1975.

[38] Vertrauliches Gespräch mit einem DEA-Agenten, Bangkok, Dezember 1975.

[39] Irvin C. Swank, »North American Heroin«, in: *Drug Enforcement,* Februar 1977, S. 3–12.
[40] Vgl. ebd., S. 3–9; U. S. General Accounting Office, *Report to the Congress, Drug Control. U. S.-Mexico Opium and Marijuana Aerial Eradication Program,* Washington, D. C., 1988, S. 2–16; U. S. Drug Enforcement Administration, »Heroin Source Identification for U. S. Heroin Market – 1972«; dies., »Heroin Source Identification for U. S. Heroin Market, January to June 1975«; Peter Andreas, *Border Games. Policing the U. S.-Mexico Divide,* Ithaca 2000, S. 41.
[41] Vgl. Philip Jenkins, »Narcotics Trafficking and the American Mafia. The Myth of Internal Prohibition«, in: *Crime, Law and Social Change,* Nr. 3, 1992, S. 312–316; U. S. Congress, House, Select Committee on Narcotics Abuse and Control, *Illicit Methamphetamine Laboratories in the Pennsylvania/New Jersey/Delaware Area,* 96. Legislaturperiode, 2. Sitzung, Washington, D. C., 1980.
[42] Vgl. U. S. Congress, Senate, Committee on Appropriations, *Foreign Assistance and Related Program Appropriations for Fiscal Year 1972,* 92. Legislaturperiode, 1. Sitzung, Washington, D. C., 1971, S. 578–584; Richard M. Gibson, »Hilltribes of the Golden Triangle«, in: *Drug Enforcement,* Februar 1979, S. 27–36; Thomas H. Becker, »Footnote on the Golden Triangle«, in: ebd., Sommer 1981, S. 25 f.
[43] Vgl. Malthea Falco, »Asian Narcotics. The Impact on Europe«, in: *Drug Enforcement,* Februar 1979, S. 2–7; John P. Lyle, »Southwest Asian Heroin. Pakistan, Afghanistan, and Iran«, in: ebd., Sommer 1981, S. 2–6.
[44] Vgl. U. S. Drug Enforcement Administration, »Summary of Middle East Heroin Conference, December 6–7, 1979, John F. Kennedy International Airport«, S. 1–16, Alan A. Block Archive on Organized Crime, Pennsylvania State University.
[45] Vgl. William French Smith, »Drug Traffic Today – Challenge and Response«, in: *Drug Enforcement,* Sommer 1982, S. 2–5; Lyle, »Southwest Asian Heroin. Pakistan, Afghanistan, and Iran«, S. 2–6. Für andere Zahlen, die eine ähnliche Marktaufteilung ergeben, vgl. U. S. State Department, Bureau of International Narcotics Matters, *International Narcotics Control Strategy Report,* Washington, D. C., Februar 1984, S. 4.
[46] Vgl. Alain Labrousse, Laurent Laniel, »The World Geopolitics of Drugs, 1998/1999«, in: *Crime, Law & Social Change,* Nr. 1–2, 2001, S. 168.
[47] Vgl. Thomas H. Becker, »Footnote on the Golden Triangle«, in: *Drug Enforcement,* Sommer 1981, S. 25 f.; U. S. State Department, Bureau of International Narcotics Matters, *International Narcotics Control Strategy Report* (1990), S. 20, 271–279.
[48] Vgl. *New York Times,* 11. Februar 1990.
[49] Vgl. Ricardo M. Zarco, »Drugs in School 1974. A Five Philippine City Study«, in: *Two Research Monographs on Drug Abuse in the Philippines,* Manila 1975, S. 81 f.
[50] Vgl. ebd., S. 81 f.; vertrauliches Gespräch mit einem philippinischen Drogenfahnder, Manila, Philippinen, November 1975.
[51] Gespräch mit Romeo J. Sanga, Dangerous Drugs Board, Manila, Philippinen, 27. November 1975.
[52] Vertrauliches Gespräch mit einem philippinischen Drogenfahnder, Manila, Philippinen, November 1975.
[53] Vgl. Constabulary Anti-Narcotics Unit (philippinisches Antidrogendezernat), *Third Anniversary,* Quezon-Stadt 1975.
[54] Vertrauliches Gespräch mit einem philippinischen Drogenfahnder, Manila, Philippinen, November 1975.
[55] Vgl. Constabulary Anti-Narcotics Unit (philippinisches Drogendezernat), *First Anniversary,* Quezon-Stadt 1973.

⁵⁶ Vertrauliches Gespräch mit einem philippinischen Drogenfahnder, Manila, Philippinen, November 1975.
⁵⁷ Vgl. A.P. Sta Ana, *The Golden Triangle Revisited*, Manila 1975.
⁵⁸ Vertrauliches Gespräch mit einem philippinischen Drogenfahnder, Manila, Philippinen, November 1975.
⁵⁹ Vgl. Ricardo M. Zarco, *Street Corner Drug Use in Metropolitan Manila. A Comparison of Two Socio-economic Categories of Illicit Social Drug Users*, Manila 1972, S. 34.
⁶⁰ Vgl. Ricardo M. Zarco, »Drugs in School«, S. 11 f.; Dangerous Drugs Board, *Annual Report 1974*, Manila 1975, S. 18; dass., »Seizures and Apprehensions. Aggregate Total for the Period January – 30 September, 1975«, Manila, unveröffentlichtes Dokument.
⁶¹ U.S. Congress, House, Select Committee on Narcotics Abuse and Control, *Opium Production, Narcotics Financing, and Trafficking in Southeast Asia*, 95. Legislaturperiode, 1. Sitzung, Washington, D.C., 1977, S. 4, 11.
⁶² Gespräch mit Oberinspektor Brian Woodward, Hongkong, 3./4. Dezember 1975.
⁶³ Vgl. *South China Morning Post* (Hongkong), 17. November 1974.
⁶⁴ Vgl. ebd., 13. November 1974.
⁶⁵ Gespräch mit David Hodson, Narcotics Bureau, Royal Hong Kong Police, 2. Dezember 1975.
⁶⁶ Gespräch mit Oberinspektor Brian Woodward, Royal Hong Kong Police, 3./4. Dezember 1975.
⁶⁷ Ebd.
⁶⁸ Vgl. *First Report of the Commission of Inquiry Under Sir Alistair Blair-Kerr*, Hongkong 1973, S. 3–9.
⁶⁹ *Second Report of the Commission of Inquiry Under Sir Alistair Blair-Kerr*, Hongkong 1973, S. 25.
⁷⁰ Gespräch mit Martin Bishop, ICAC, Hongkong, 3. Dezember 1975; vgl. *Annual Report by the Commissioner of the Independent Commission Against Corruption*, Hongkong 1974; Appendix 10; *Hong Kong Star*, 1. Dezember 1975; U.S. House Select Committee on Narcotics Abuse and Control, *Opium Production*, S. 17 f.
⁷¹ Vgl. *South China Morning Post*, 4.–8. November 1975; *Far Eastern Economic Review*, 17. Januar 1976.
⁷² *South China Morning Post*, 13. November 1974.
⁷³ Vgl. R.J. Faulkner, R.A. Field, *Vanquishing the Dragon. The Law of Drugs in Hong Kong*, Hongkong 1975, S. 65–72; Gespräch mit John Johnston, Narcotics Bureau, Royal Hong Kong Police, 4. Dezember 1975.
⁷⁴ Vertrauliche Gespräche mit Hongkonger Polizeibeamten, Dezember 1975; Korrespondenz mit einem hochrangigen Hongkonger Drogenfahnder, November 1976.
⁷⁵ Vgl. *Far Eastern Economic Review*, 9. September 1977.
⁷⁶ *Hong Kong Star*, 17. September 1977.
⁷⁷ Vgl. *Hong Kong Standard*, 26. August 1977; *Far Eastern Economic Review*, 9. September 1977.
⁷⁸ Vgl. *Hong Kong Star*, 10. Januar 1979; *Hong Kong Standard*, 16. Mai 1979.
⁷⁹ Vgl. *Far Eastern Economic Review*, 11. November 1977; 18. November 1977; 27. Januar 1978; 24. März 1978.
⁸⁰ Vgl. ebd., 8. Dezember 1988.
⁸¹ Vertrauliches Gespräch mit einem Drogenermittler, Hongkong, Dezember 1975; vgl. U.S. Drug Enforcement Administration, »Heroin Source Identification«, Washington, D.C., unveröffentlichte Dokumente, 1972, 1973, 1974, Januar bis Juni 1975; *Far Eastern Economic Review*, 26. Dezember 1975.

[82] Wolff, »Narcotics Situation in Southeast Asia«, S. 31.
[83] Vgl. *Far Eastern Economic Review*, 14. September 1979, S. 41.
[84] Vgl. U. S. State Department, Bureau of International Narcotics Matters, *International Narcotics Control Strategy Report* (1990), S. 290 f.
[85] Vgl. dass., *International Narcotics Control Strategy Report* (1984), S. 105 f.; dass., *International Narcotics Control Strategy Report* (1990), S. 288.
[86] Vgl. dass., *International Narcotics Control Strategy Report* (1984), S. 103.
[87] Gespräch mit John Johnston, Narcotics Bureau, Royal Hong Kong Police, 4. Dezember 1975.
[88] Vertrauliches Gespräch mit einem malaysischen Polizeibeamten, Kuala Lumpur, Dezember 1975.
[89] Vgl. *Philippines Daily Express*, 25. November 1975.
[90] Vgl. Abdul Rahman bin H. J. Ismail, »The Prevention of Drug Abuse in Malaysia. Intelligence, Enforcement and Control«, Genting Highlands 1975, S. 8 f.; *Far Eastern Economic Review*, 30. April 1976.
[91] Vertrauliches Gespräch mit einem DEA-Sonderagenten, Kuala Lumpur, Dezember 1975.
[92] Vgl. U. S. State Department, Bureau of International Narcotics Matters, *International Narcotics Control Strategy Report* (1984), S. 115–119.
[93] Vgl. U. S. State Department, Bureau of International Narcotics Matters, *International Narcotics Control Strategy Report* (1990), S. 309–312.
[94] Vertrauliches Gespräch mit einem DEA-Spezialagenten, Singapur, Dezember 1975.
[95] Vgl. *Far Eastern Economic Review*, 30. April 1976; *Asia Week*, 20. Mai 1977.
[96] Vgl. U. S. State Department, Bureau of International Narcotics Matters, *International Narcotics Control Strategy Report* (1990), S. 320 f.
[97] Vgl. *Bangkok Post*, 16. Juli 1975.
[98] Vgl. *Bangkok Post*, 24. März 1975.
[99] Vgl. *Bangkok Post*, 25. März 1975.
[100] Gespräch mit Daniel J. Addario, Bangkok, Thailand, 15. Dezember 1975.
[101] Antonelli, »Asian Heroin on the Rise in Europe«, S. 36.
[102] Vertrauliche Gespräche mit Polizeibeamten der Philippinen, Hongkongs, der DEA-Südostasienabteilung und der malaysischen Polizei, November/Dezember 1975.
[103] Vgl. *Bangkok Post*, 21. Juni 1975.
[104] Vgl. *Bangkok Post*, 10. Juli 1975.
[105] Vgl. *Bangkok Post*, 25. Juni 1975; vertrauliche Gespräche mit einem Journalisten der *Bangkok Post* und einem Beamten des thailändischen Zentrums zur Drogenbekämpfung, Bangkok, Thailand, Dezember 1975.
[106] Vgl. *Bangkok Post*, 17. Juli 1975; 5. Dezember 1975; Gespräch mit Polizeigeneralmajor Pow Sarasin, Bangkok, Thailand, 15. Dezember 1975.
[107] Vgl. *New York Times*, 11. Februar 1990.
[108] Gespräch mit Oberst Chawalit Yodmani, Zentrum für Drogenbekämpfung, Bangkok, Thailand, 11. Dezember 1975.
[109] Vgl. U. S. House Committee on International Relations, *Narcotics Situation in Southeast Asia*, S. 38 ff.
[110] Gespräch mit Oberst Chawalit Yodmani, Zentrum für Drogenbekämpfung, Bangkok, Thailand, 11. Dezember 1975; vertrauliches Gespräch mit einem thailändischen Polizeibeamten, Chiang Mai, Thailand, Dezember 1975.
[111] Vertrauliches Gespräch mit einem DEA-Agenten, Bangkok, Thailand, Dezember 1975.

[112] Vertrauliche Gespräche mit DEA-Sonderagenten, Südostasien, Dezember 1975.
[113] Gespräch mit Daniel J. Addario, Bangkok, Thailand, 15. Dezember 1975; Gespräch mit Obert Chawalit Yodmani, Zentrum für Drogenbekämpfung, Bangkok, 11. Dezember 1975.
[114] Gespräch mit Ian M. G. Williams, Bangkok, Thailand, 12. Dezember 1975.
[115] United Nations Fund for Drug Abuse Control, »Crop Replacement and Community Development Project. Progress Report, September 1972 – June 1973«, Bangkok 1973, unveröffentlichtes Dokument, S. 1–17.
[116] Vertrauliches Gespräch mit einem DEA-Agenten, Südostasien, Dezember 1975.
[117] Vgl. United Nations Fund for Drug Abuse Control, UN/Thai Program for Drug Abuse Control in Thailand, »Progress Report No. 5« (NAR/THA.5), Genf, September 1975; »Progress Report No. 6« (NAR/THA.6), Genf, Juni 1976; W. R. Geddes, »Hmong Opium and Attempts to Replace It«, Seminarreferat: The Asian Opium Trade, Center for Asian Studies, University of Sydney, 20. Oktober 1978; George K. Tanham, *Trial in Thailand*, New York 1974, S. 7 f., 57–62, 98 f.; Gespräch mit Ian M. G. Williams, Bangkok, Thailand, 12. Dezember 1975.
[118] Vgl. U.S. CCINC, *World Opium Survey 1972*, S. A-38; U.S. State Department, Bureau of International Narcotics Matters, *International Narcotics Control Strategy Report* (1990), S. 20.
[119] Vgl. Frank C. Darling, »Thailand in 1977. The Search for Stability and Progress«, in: *Asian Survey*, Nr. 2, Februar 1978, S. 158 f.; Kamol Somvichian, »›The Oyster and the Shell‹. Thai Bureaucrats in Politics«, in: ebd., Nr. 8, August 1978, S. 834 f.
[120] Vgl. *Far Eastern Economic Review*, 15. April 1977.
[121] *Christian Science Monitor*, 25. Oktober 1977.
[122] Vgl. *Bangkok Post*, 17. Juli 1977; 27. Okt. 1978; *Bangkok World*, 26. Okt. 1977.
[123] *Washington Post*, 6. Februar 1978.
[124] Die Schlussfolgerung, dass die CIA für diese recht seltsame öffentliche Zeremonie verantwortlich war, offenbarte im Juli 1977 unabsichtlich John Doyle, DEA-Vizechef Fernost, in einer Zeugenaussage vor dem US-Kongress. Als er die Frage beantwortete, wer für die Entscheidung verantwortlich gewesen sei, die 26 Tonnen Opium der Guomindang zu kaufen, leugnete Doyle, dass die Entscheidung vom Bureau of Narcotics and Dangerous Drugs (BNDD) stammte, und brachte die CIA damit in Zusammenhang: »Aber das Einzige, was ich weiß, ist, dass es eine Entscheidung gab, die zweifellos auf höherer Ebene getroffen wurde als dem damaligen BNDD. Wir waren in geringer Weise als eine *offen agierende* Behörde beim Transfer der gewissen Gelder beteiligt.« (Hervorhebung von mir.) Doyles Verwendung des Wortes »offen« ist bedeutsam, da die CIA in der Behördensprache gewöhnlich als das Gegenteil, als »verdeckte« Behörde (»covert agency«) bezeichnet wird. (Vgl. U.S. House Select Committee on Narcotics Abuse and Control, *Southeast Asian Narcotics*, S. 178 f.) Die CIA wurde damals für ihre Komplizenschaft im südostasiatischen Drogenhandel kritisiert und war sich bewusst, wie heikel ihre langjährige Beziehung zur 3. und 5. Guomindang-Armee war. Vermutlich diente die Zeremonie eher dazu, die CIA vor weiterer Kritik an ihren Beziehungen zur Guomindang zu schützen, statt die Guomindang ernsthaft vom Drogenhandel abzubringen.
[125] Vertrauliche Gespräche mit einem thailändischen Polizeibeamten und einem DEA-Agenten, Thailand, Dezember 1975; U.S. House Committee on International Relations, *Narcotics Situation*, S. 15 f., 31 f.
[126] Jack Anderson, »Thai Opium Bonfire Mostly Fodder«, in: *Washington Post*, 31. Juli 1972, S. B-11.

[127] U. S. House Select Committee on Narcotics Abuse, *Southeast Asian Narcotics*, S. 145.
[128] Vgl. *Bangkok Post*, 20. April 1977.
[129] Vgl. *Christian Science Monitor*, 5. April 1978.
[130] *Bangkok Post*, 10. April 1977.
[131] Vgl. *Far Eastern Economic Review*, 28. April 1978.
[132] *Bangkok World*, 16. Juni 1977.
[133] *Bangkok Post*, 15. Februar 1978; 17. Februar 1978.
[134] Vgl. *Far Eastern Economic Review*, 25. April 1978; 2. Juni 1978.
[135] Vgl. *Asiaweek* (Hongkong), 4. September 1981; *Far Eastern Economic Review*, 24. Juli 1981.
[136] Vgl. *Asiaweek*, 19. Februar 1982; *Far Eastern Economic Review*, 19. Februar 1982; 18. Juni 1982.
[137] Vgl. *Far Eastern Economic Review*, 19. Februar 1982.
[138] Vgl. ebd., 19. September 1985; 26. September 1985.
[139] Vgl. *New York Times*, 26. März 1992, 6. April 1992, 6. Juli 1995; Alex Hang-Keung Choi, *Non-Governmental Development Organizations (NGDOs) and Democracy in Thailand. The 1992 Bangkok Uprising*, Doktorarbeit, Queens University, Kanada, 2001, S. 260–363.
[140] Vgl. *Far Eastern Economic Review*, 21. Mai 1976; *Bangkok Post*, 13. Februar 1977.
[141] *Far Eastern Economic Review*, 25. August 1988.
[142] Vgl. ebd., 22. Februar 1990.
[143] Vgl. ebd., 14. Januar 1974; 15. April 1974; 23. Mai 1975; 3. Oktober 1975; 6. Januar 1978.
[144] *New York Times*, 11. Mai 1998; vgl. Chao Tzang Yawnghwe, *The Shan of Burma. Memoirs of a Shan Exile*, Singapur 1987, S. 204; *Far Eastern Economic Review*, 6. August 1987; Adrian Cowell, »The Silver Jubilee of the ›War on Drugs‹«, in: *Burma Debate*, Nr. 2, März/April 1996, S. 14–19; *Bangkok Post*, 12. Januar 1997.
[145] Vgl. *Far Eastern Economic Review*, 6. August 1973; 29. Juni 1990; *U. S. Congressional Record*, 92. Legislaturperiode, 2. Sitzung, 28. Juni 1972, 118, Nr. 106, S. H6274.
[146] Zur Biografie von Khun Sa siehe Bertil Lintner, »Lord of the Golden Triangle«, in: *Caravan*, Nr. 4, Mai 1994; *Khun Sa. His Own Story and Thoughts*, o. J., S. 43–49; Chao Tzang Yawnghwe, *Shan of Burma*, S. 18–27, 189 f.; ders., »Shan Opium Politics. The Khun Sa Factor«, in: *Burma Debate*, Nr. 1, Februar/März 1995, S. 22–26.
[147] Vgl. Yawnghwe, *Shan of Burma*, S. 27; *Bangkok World*, 16. Juni 1977; *Bangkok Post*, 17. Februar 1978; *Far Eastern Economic Review*, 28. April 1978.
[148] Vgl. Shan State Army, »An Outline of the Political History of the Shan State from World War II to the Present«, in: U. S. House Committee on International Relations, *Proposal to Control Opium*, S. 253–266.
[149] Vgl. Greg Huddleston, »The Politics of Pre-emptive Purchase. Opium, Shan Liberation, and the United States«, unveröffentlichtes Manuskript, Sydney University, Australien, 1978. (Huddleston führte als Student der Universität von Sydney im Januar und Februar 1978 Gespräche mit Shan-Rebellen in Thailand und Birma.)
[150] Vgl. *Far Eastern Economic Review*, 9. Juli 1973.
[151] Vgl. ebd., 6. August 1973; Huddleston, »Politics of Pre-emptive Purchase«, S. 3 f.
[152] Vgl. U. S. House Committee on International Relations, *Proposal to Control Opium*, S. 16 f.
[153] Vgl. *Far Eastern Economic Review*, 9. Juli 1973; 6. August 1973.
[154] Vgl. Huddleston, »Politics of Pre-emptive Purchase«, S. 6.

[155] Vgl. Chao Tzang Yawnghwe, *Shan of Burma*, S. 204 f.; *Far Eastern Economic Review*, 1. Juni 1989; 28. Juni 1990.
[156] Vgl. *Bangkok Post*, 21. Juni 1974.
[157] Vgl. U.S. House Select Committee on Narcotics Abuse and Control, *Opium Production*, S. 55–58.
[158] Vgl. U.S. House Committee on International Relations, *Narcotics Situation*, S. 9–14; U.S. House Committee on International Relations, *Proposal to Control Opium*, S. 42–54.
[159] Vgl. *The Burma Committee* (Montreal), Nr. 3, Sommer 1978, S. 4; Huddleston, »Politics of Pre-emptive Purchase«, S. 12 f.; *Bangkok Post*, 13. Februar 1977.
[160] Vgl. *Far Eastern Economic Review*, 21. Mai 1976.
[161] Vgl. *Far Eastern Economic Review*, 15. April 1977.
[162] Vgl. U.S. House Committee on International Relations, *Proposal to Control Opium*, S. 59; U.S. House Select Committee on Narcotics Abuse and Control, *Southeast Asian Narcotics*, S. 2 f.
[163] Vgl. *The Guardian* (Rangun), 24. April 1978; U.S. Select Committee on Narcotics Abuse and Control, *Southeast Asian Narcotics*, S. 9–33, 243–246; U.S. House Committee on International Relations, *Proposal to Control Opium*, S. 25.
[164] Vgl. *Far Eastern Economic Review*, 20. Januar 1994; Janice Tomlin (Produzentin), *King of Heroin*, Fernsehsendung von ABC Television, New York, 28. April 1989.
[165] Vgl. Terrence White, »Politics in the Poppy Fields«, in: *Asia Magazine*, Nr. Z-9, 23. Januar 1985.
[166] Vgl. *Far Eastern Economic Review*, 10. Mai 1984; *Asiaweek*, 13. Januar 1984.
[167] Vgl. *Far Eastern Economic Review*, 20. Januar 1983; 13. August 1987.
[168] Vgl. *Far Eastern Economic Review*, 10. Mai 1984.
[169] Vgl. *Far Eastern Economic Review*, 3. Mai 1984; 13. August 1987.
[170] Vgl. *Far Eastern Economic Review*, 6. September 1984.
[171] Vgl. *Far Eastern Economic Review*, 20. Februar 1986; Chao Tzang Yawnghwe, *Shan of Burma*, S. 209.
[172] Vgl. Martin Smith, *Birma. Insurgency and the Politics of Ethnicity*, London 1991, S. 342 f.; *Geopolitical Drug Dispatch*, Februar 1996, S. 1, 3.
[173] Vgl. *Far Eastern Economic Review*, 1. Juni 1989; 22. Juni 1989.
[174] Vgl. *Far Eastern Economic Review*, 20. Februar 1986.
[175] Gespräch mit Khun Sa, Homong, Birma, 3. April 1994; U.S. State Department, Bureau of International Narcotics Matters, *International Narcotics Control Strategy Report* (1990), S. 271–279, 286; *New York Times*, 11. Februar 1990.
[176] Vgl. U.S. General Accounting Office, *Drug Control. U.S. Heroin Program Encounters Many Obstacles in Southeast Asia*, Washington, D.C., März 1996; S. 2–7; U.S. Department of Justice, Drug Enforcement Administration, National Narcotics Intelligence Consumers Committee 1995, »The Supply of Illicit Drugs to the United States, August 1996«.
[177] Vgl. John Colapinto, »Rock & Roll Heroin«, in: *Rolling Stone*, 30. Mai 1996, S. 15–20, 58, 60; *Chicago Sun-Times*, 13. Juli 1996.
[178] Vgl. Eric Konisberg, »A Model Addiction«, in: *Allure*, Juli 1996, S. 90–95.
[179] Vgl. *New York Times*, 20. Mai 1997; 22. Mai 1997; 9. Juni 1997.
[180] Vgl. *New York Times*, 11. Februar 1990.
[181] Vgl. U.S. State Department, Bureau of International Narcotics Matters, *International Narcotics Control Strategy Report* (1990), S. 20.
[182] Ebd., S. 13.

[183] Ebd., S. 33, 324 f.
[184] Vgl. *Far Eastern Economic Review*, 28. Juni 1990.
[185] Vgl. Christopher R. Cox, *Chasing the Dragon. Into the Heart of the Golden Triangle*, New York 1996, S. 47–50; *New York Times*, 16. März 1990.
[186] Vgl. *New York Times*, 16. März 1990; U. S. State Department, Bureau of International Narcotics Matters, *International Narcotics Control Strategy Report* (1990), S. 286.
[187] Vgl. *Far Eastern Economic Review*, 5. November 1992; 14. August 1997.
[188] Vgl. *New York Times*, 11. Februar 1990; 3. Dezember 1995; U. S. General Accounting Office, *Drug Control. U. S. Heroin Program Encoutners Many Obstacles in Southeast Asia*, S. 2–7; U. S. Drug Enforcement Administration, National Narcotics Intelligence Consumers Committee 1995, »The Supply of Illicit Drugs to the United States, August 1996«.
[189] Vgl. *Khun Sa. His Own Story and Thoughts*, S. 48; Shan State National Congress, *Historical Facts about the Shan State*, S. 22.
[190] Vgl. Bertil Lintner, *Burma in Revolt. Opium and Insurgency Since 1948*, Boulder 1994, S. 264.
[191] Sogar in offiziellen Erklärungen über die Notwendigkeit »nationaler Einheit« ging man auf die Frage der chinesischen Volkszugehörigkeit ein: »Dummes Gerede wie ›Khun Sa, ist der nicht Chinese?‹ dient nur dazu, uns zu spalten. Andere Nationen haben auch Führer mit einem chinesischen Hintergrund (wie König Taksin in Thailand und Aquino auf den Philippinen und sogar New Win selbst in Birma).« (*Khun Sa. His Own Story and Thoughts*, S. 50.)
[192] Shan State National Congress, Foreign Affairs Sub-Committee, *Historical Facts about the Shan State*, Anhänge 14, 17; Shan State National Congress, »Resolutions Reached at the Third Session of the People's Representative Assembly, 1–12 December 1993«, Brief von Deving, Präsident der Abgeordnetenversammlung des Shan-Volkes, an den Präsidenten des UN-Sicherheitsrates, 5. Juni 1993; Shan People's Representative Assembly, »Proposal for the Termination of Opium Production in the Shan State«, 1. Oktober 1993.
[193] *Khun Sa. His Own Story and Thoughts*, S. 61.
[194] Vgl. *Asiaweek*, 15. Juni 1994; *Far Eastern Economic Review*, 20. Januar 1994.
[195] Vgl. *Far Eastern Economic Review*, 14. April 1994; *Bangkok Post*, 29. März 1994; 12. Januar 1995; *Nation* (Bangkok), 13. Januar 1995; *Geopolitical Drug Dispatch*, April 1995, S. 4.
[196] United Nations, Economic and Social Council, Commission on Human Rights, 52. Sitzung, *Report on the Situation of Human Rights in Myanmar. Prepared by Mr. Yozo Yokota, Special Rapporteur of the Commission on Human Rights, in Accordance with Commission Resolution 1995/72*, 5. Februar 1996, S. 8.
[197] Vgl. *Asiaweek*, 9. März 1994; 15. Juni 1994; Smith, *Burma*, S. 380; U. S. General Accounting Office, *Drug Control*, S. 24 f.; Bertil Lintner, »Ethnic Insurgents and Narcotics«, in: *Burma Debate*, Nr. 1, Februar/März 1995, S. 20 f.; *Far Eastern Economic Review*, 28. März 1991.
[198] Vgl. *Far Eastern Economic Review*, 18. November 1993; *Straits Times* (Singapur), 12. August 1995; *Bangkok Post*, 25. Juli 1995.
[199] Vgl. *Asiaweek*, 9. März 1994; 15. Juni 1994; *New York Times*, 15. Juli 1994; *Bangkok Post*, 12. Januar 1997; Cowell, »The Silver Jubilee«, S. 20.
[200] *Wall Street Journal*, 11. Januar 1995.
[201] Vgl. *Bangkok Post*, 13. August 1995.
[202] Vgl. *International Herald Tribune*, 3. Februar 1995; *Nation* (New York), 3. März

1995; *Far Eastern Economic Review*, 20. Januar 1994; 14. April 1994; 30. Juni 1994; 21. Juli 1994; 16. Februar 1995; 19. Oktober 1995; *Bangkok Post*. 1. Mai 1994; 8. August 1995.

[203] Vgl. *Bangkok Post*, 13. August 1995; 23. August 1995; 1. September 1995.

[204] Vgl. *New York Times*, 2. Januar 1996; 6. Januar 1996; *Far Eastern Economic Review*, 25. Januar 1996; *International Herald Tribune*, 3. Januar 1996, 4. Januar 1996; *Washington Times*, 5. Januar 1996; *Chicago Tribune*, 5. Januar 1996.

[205] »Homong Ceremony to Forge Peace Hailed as Auspicious for Myanmar and All Mankind«, in: *Burma Debate*, Nr. 2, März/April 1996, S. 9.

[206] Vgl. Dennis Bernstein, Leslie Kean, »People of the Opiate«, in: *Nation*, 16. Dezember 1996, S. 14 f.; *Nation* (Bangkok), 5. März 1996.

[207] *New York Times*, 6. Januar 1996; 11. Februar 1996.

[208] Vgl. *Asian Age*, 27. April 1996.

[209] Vgl. *Bangkok Post*, 7. November 1999; *Far Eastern Economic Review*, 9. September 1999; United Nations, International Narcotics Control Board, *Report of the International Narcotics Control Board for 2001*, New York 2002; U.S. State Department, Bureau for International Narcotics and Law Enforcement Affairs, *International Narcotics Control Strategy Report – 2001* (März 2002), Washington, D.C., 2002, »Southeast Asia and the Pacific«.

[210] Vgl. *Far Eastern Economic Review*, 19. August 1993; 16. September 1993; 20. Januar 1994; 9. September 1999; 1. Juni 2000; 19. April 2001; *Geopolitical Drug Dispatch*, »Narco-mafias Move In on Synthetic Drugs«, Nr. 51, Januar 1996, S. 1 ff.; Andrew Marshall, Anthony Davis, »Soldiers of Fortune«, in: *Time* (asiatische Ausgabe), 16. Dezember 2002, unter: http://www.time.com/time/search/article (Site zuletzt besucht am 16. Dezember 2002).

[211] Vgl. Brian Fegan (Sydney, Australien), persönliche Korrespondenz, 10. Oktober 2000, 31. März 2002, 5. Juni 2002; Marshall, »Soldiers of Fortune«, unter: http://www.time.com/time/search/article (Site zuletzt besucht am 16. Dezember 2002).

[212] Vgl. U.S. State Department, Bureau for International Narcotics and Law Enforcement Affairs, *International Narcotics Control Strategy Report*, March 2000, Washington, D.C., 2000, S. 291; *Far Eastern Economic Review*, 1. Juli 1993; Aung Zaw, »Drugs, Generals and Neighbors«, in: *Irrawaddy*, Nr. 5, Juni 2001, S. 1; Julian Gearing, »Thailand's Battle for its Soul«, in: *Asia Week*, 13. August 1999, S. 28 f.; *Geopolitical Drug Dispatch*, »Trouble in Lin Ming Shin's Organization«, Nr. 97, Januar 2000, S. 7; Gary Reid, Genevieve Costigan, *Revisiting the »Hidden Epidemic«. A Situation Assessment of Drug Use in Asia in the Context of HIV/AIDS*, Fairfield 2002, S. 142; *Far Eastern Economic Review*, 29. November 2001.

[213] Vgl. *Far Eastern Economic Review*, 1. Juni 2000.

[214] U.S. State Department, Bureau for International Narcotics and Law Enforcement Affairs, *International Narcotics Control Strategy Report – 2001*, »Southeast Asia and the Pacific«.

[215] Vgl. Reid, *Revisiting the »Hidden Epidemic«*, S. 210 f.

[216] Vgl. *Geopolitical Drug Dispatch*, »Indonesia. Ecstasy Market Adapts to Crisis«, Nr. 82, August 1998, S. 6 f.; *Philippine Daily Inquirer*, 1. August 1998; 17. Juni 1999; Reid, *Rivisiting the »Hidden Epidemic«*, S. 91, 172 f.

[217] Vgl. U.S. State Department, Bureau for International Narcotics and Law Enforcement Affairs, *International Narcotics Control Strategy Report*, March 1998, Washington, D.C., 1998, S. 23, 266.

[218] *New York Times*, 28. Juli 1997.

[219] Vgl. U.S. State Department, Bureau for International Narcotics and Law Enforcement Affairs, *International Narcotics Control Strategy Report – 2001*, »Southeast Asia and the Pacific«.

[220] *New York Times*, 6. Mai 2002.

[221] Vgl. U.S. State Department, Bureau for International Narcotics and Law Enforcement Affairs, *International Narcotics Control Strategy Report, March 2000*, S. 55; United Nations Information Service, »Opium Production in Myanmar Declines«, (UNIS/NAR/760), 27. August 2002, unter: http://www.undcp.org/bin/press_release_2002-08-07_1.html (Site zuletzt besucht am 27. August 2002).

[222] Vgl. U.S. State Department, Bureau for International Narcotics and Law Enforcement Affairs, *International Narcotics Control Strategy Report, March 2000*, S. 53, 55; United Nations Office for Drug Control and Crime Prevention, *Lao PDR. Extent, Patterns and Trends in Illicit Drugs*, Mai 1999, unter: http://www.odccp.org:80/laoprdr/lao_pdr_country_profile.pdf, S. 12, 22 (Site zuletzt besucht am 31. Oktober 2001)

[223] Vgl. U.S. State Department, Bureau for International Narcotics and Law Enforcement Affairs, *International Narcotics Control Strategy Report – 2001*, »Southeast Asia and the Pacific«.

[224] Vgl. ebd.; Reid, *Rivisiting the »Hidden Epidemic«*, S. 118–121; United Nations, *World Drug Report 2000*, S. 162–165.

[225] Reid, *Rivisiting the »Hidden Epidemic«*, S. 140–148.

[226] Vgl. ebd.; 118f.; United Nations, Drug Control Programme, »Myanmar Strategic Programme. Executive Summary«, S. 1f.

[227] U.S. State Department, Bureau for International Narcotics Matters, *International Narcotics Control Strategy Report*, Washington, D.C., März 1988, S. 16, 69–78, 104–110; dass., *International Narcotics Strategy Report*, Washington, D.C., 1991, S. 80–87, 113–122; Edmundo Morales, *Cocaine. White Gold Rush in Peru*, Tucson 1989, S. 47; Patricia Ardila, *Beyond Law Enforcement. Narcotics and Development*, Washington, D.C., Februar 1990, S. 2; U.S. Congress, House, Committee on Foreign Affairs, *Compilation of Narcotics Law, Treaties, and Executive Documents*, 99. Legislaturperiode, 2. Sitzung, Washington, D.C., 1986, S. 579.

[228] Guillermo Aureano, »L'État et la prohibition de (certaines) drogues«, in: *Cahiers d'études sur la Méditerranée orientale et le monde turco-iranien*, Juli/Dezember 2001, S. 24f., 27; vgl. Sewall H. Menzel, *Fire in the Andes. U.S. Foreign Policy and Cocaine Politics in Bolivia and Peru*, Lanham 1996, S. 17, 99f.

[229] Andreas, *Border Games*, S. 42–45, 60–64.

[230] Vgl. Aureano, »L'État et la prohibition de (certaines) drogues«, S. 17f.

[231] Vgl. U.S. State Department, Bureau of International Narcotics Matters, *International Narcotics Strategy Report* (1991), S. 95.

[232] Vgl. U.S. State Department, Bureau for International Narcotics Matters, *International Narcotics Control Strategy Report, April 1993*, Washington, D.C., 1993, S. 91.

[233] Vgl. U.S. State Department, Bureau for International Narcotics and Law Enforcement Affairs, *International Narcotics Control Strategy Report, March 2000*, S. 56.

[234] Vgl. Alain Labrousse, »Colombie. Conflit de la drogue ou conflit politico-militaire?«, in: *Cahiers d'études sur la Méditerranée orientale et le monde turco-iranien*, Juli/Dezember 2001, S. 195–199.

[235] Vgl. John A. Martin, »Drugs, Crime, and Urban Trial Court Management. The Unintended Consequences of the War on Drugs«, in: *Yale Law & Policy Review*, Nr. 1, 1990, S. 135f.

[236] Vgl. ebd., S. 118.
[237] Vgl. U. S. Justice Department, Office of Justice Programs, Bureau of Justice Statistics, »Prisoners in 1988«, in: *Bureau of Justice Statistics,* Washington, D. C., 1989, S. 1; U. S. Department of Justice, Office of Justice Programs, Bureau of Justice Statistics, *Sourcebook of Criminal Justice Statistics 1990,* Washington, D. C., 1991, S. 604; Ethan Nadelmann, »U. S. Drug Policy. A Bad Export«, in: *Foreign Policy,* Nr. 70, Frühjahr 1988; *New York Times,* 2. Januar 2003.
[238] Gerry Fitzgerald, »Dispatches from the Drug War«, in: *Common Cause Magazine,* Januar/Februar 1990, S. 13–19; Laurent Laniel, »Communauté des sciences sociales et politique antidrogue aux Etats-Unis«, in: *Cahiers d'études sur la Méditerranée orientale et le monde turco-iranien,* Juli–Dezember 2001, S. 212 f.; Ray Brown, »Racism. The Enduring Barrier«, in: Arnold S. Trebach, Kevin B. Zeese (Hg.), *The Great Issues of Drug Policy,* Washington, D. C., 1990, S. 84, 86, FN 2, 3.
[239] Vgl. Martin, »Drugs, Crime, and Urban Trial Court Management«, S. 125 f., 131.
[240] Vgl. Jerome H. Skolnick, »A Critical Look at the National Drug Control Strategy«, in: *Yale Law & Policy Review,* Nr. 1, 1990, S. 75 f.; *New York Times,* 8. November 1990, 23. August 1992; Nixon, *Public Papers of the Presidents of the United States 1971,* S. 738.
[241] Marc Mauer, *Americans Behind Bars. A Comparison of International Rates of Incarceration,* Washington, D. C., 1991, S. 2; U. S. Department of Justice, Office of Justice Program, Bureau of Justice Statistics, *Correctional Populations in the United States,* Washington, D. C., 2000; Laurent Laniel, »Communauté des sciences sociales et politique antidrogue aux Etats-Unis«, in: *Cahiers d'études sur la Méditerranée orientale et le monde turco-iranien,* Juli–Dezember 2001, S. 212 f.; Menzel, *Fire in the Andes,* S. 46 f.
[242] Susan Hamilton Saavedra, »The International Curse. The Supply and Demand of the Coca Trade«, in: Trebach, Zeese (Hg.), *Great Issues of Drug Policy,* S. 154 ff.
[243] Vgl. U. S. State Department, Bureau of International Narcotics and Law Enforcement Affairs, *International Narcotics Control Strategy Report, March 2000,* S. 56.
[244] Vgl. United Nations, *World Drug Report 2000,* S. 79, 121 f.
[245] Vgl. *New York Times,* 14. Juli 2001; Association d'Études Géopolitiques des Drogues, »Peru. The Unsaid in the Montesinos Scandal«, in: *Geopolitical Drug Newsletter,* Dezember 2000, S. 1–4.
[246] Vgl. *New York Times,* 27. Oktober 2001.
[247] Vgl. *New York Times,* 11. November 2001; 14. Juli 2001.
[248] Vgl. U. S. State Department, Bureau for International Narcotics and Law Enforcement Affairs, *International Narcotics Control Strategy Report, March 2000,* S. 55 f.
[249] Vgl. ebd., S. 53.
[250] Vgl. ebd.
[251] Labrousse, Laniel, »World Geopolitics of Drugs, 1998/1999«, S. 21.
[252] Vgl. ebd., S. 196–205.
[253] Vgl. *New York Times,* 22. Januar 2001; 6. Mai 2001.
[254] Vgl. *New York Times,* 10. Dezember 2000; Labrousse, Laniel, »World Geopolitics of Drugs«, S. 186 f.
[255] *New York Times,* 2. März 2001.
[256] Vgl. U. S. State Department, Bureau of International Narcotics Matters, *International Narcotics Control Strategy Report, April 1994,* Washington, D. C., 1994, S. 103; U. S. State Department, Bureau for International Narcotics and Law Enforcement Matters, *International Narcotics Control Strategy Report, March 1996,* S. 85; State

Department, Bureau for International Narcotics and Law Enforcement Matters, *International Narcotics Control Strategy Report, March 1997,* Washington, D. C., 1997, S. 102; dass., *International Narcotics Control Strategy Report, March 1999,* Washington, D. C., 1999, S. 117; Patrick L. Clawson, Rennselaer W. Lee, *The Andean Cocaine Industry,* London 1996, S. 9, 16 f., 78 f.

[257] Vgl. U. S. State Department, vertrauliches Telex: »Pakistan's Tribal Areas. How They Are Administered (Or Not)«, US-Konsulat in Peschawar, 13. Oktober 1986, in: Steven R. Galster (Hg.), *Afghanistan. The Making of U. S. Policy, 1973–1990,* Washington, D. C., 1995, S. 81.

[258] Vgl. *New York Times,* 20. November 2000; 10. Dezember 2000; Labrousse, Laniel, »World Geopolitics of Drugs«, S. 168 f.

[259] Vgl. *New York Times,* 17. März 2001; 6. Mai 2001.

[260] Vgl. ebd., 6. Mai 2001.

[261] Vgl. ebd., 30. Juli 2001.

[262] Ebd., 21. Januar 2002.

[263] Vgl. ebd., 1. März 2002; 9. März 2002; T. D. Allman, »Blow Back«, in: *Rolling Stone,* 9. Mai 2002, S. 68.

[264] Vgl. *New York Times,* 25. April 2000; 9. Januar 2001; 27. Februar 2001.

[265] Vgl. Paul Tough, »The OxyContin Underground«, in: *New York Times Magazine,* 29. Juli 2001, S. 33–37; Mathew Klam, »Experiencing Ecstasy«, in: ebd., 21. Januar 2001, S. 38–43; *New York Times,* 7. Juli 2001; 19. Juli 2001.

[266] *New York Times,* 11. Mai 2001; 8. Januar 2001.

[267] Vgl. *New York Times,* 20. März 2002.

[268] Vgl. *New York Times,* 25. Juli 2001; 3. April 2002; United Nations International Drug Control Programme, *World Drug Report,* Oxford 1997, S. 188. Die Frankfurter Resolution ist nachzulesen unter http://pmooe.at/index.php?target=http://pmooe.at/fachbereiche/sucht/resolution.php (Site zuletzt besucht am 11.5.2003, A.d.Ü.).

[269] T.D. Allman, »Sliding Into Darkness«, in: *Rolling Stone,* 4.–11. Juli 2002, S. 92.

[270] United Nations, *World Drug Report* (1997), S. 189–199, 237.

[271] United Nations, Office for Drug Control and Crime Prevention, *Global Illicit Drug Trends 2002,* New York 2002, S. 6, 36–42.

[272] Vgl. U. S. State Department, Bureau of International Narcotics Matters, *International Narcotics Control Strategy Report, March 1989,* Washington, D. C., 1989, S. 16; U. S. General Accounting Office, *Drug Control. U. S.-Mexico Opium Poppy and Marijuana Aerial Eradication Program,* S. 16.

[273] U. S. Office of National Drug Control Policy, *The National Drug Control Strategy, 1998. A Ten Year Plan 1998–2007,* Washington, D. C., 1998, S. 51.

[274] Vgl. United Nations, *World Drug Report 2000,* S. 121 f.

[275] Vgl. *New York Times,* 5. Dezember 2002.

9
Die Geheimkriege der CIA

[1] *New York Times,* 22. Mai 1980.
[2] Gespräch mit David Musto, Madison, Wisconsin, 12. Mai 1990.
[3] Ebd.
[4] Vgl. *New York Times,* 22. Mai 1980.
[5] Vgl. U. S. Drug Enforcement Administration, »Summary of Middle East Heroin

Conference, December 6–7, 1979, John F. Kennedy International Airport«, S. 1–16, Alan A. Block Archive on Organized Crime, Pennsylvania State University; Shana Alexander, *Pizza Connection. Der Prozess gegen die Drogenmafia*, München 1989, S. 15–43.

[6] Vgl. John T. Cusack, »Turkey Lifts the Poppy Ban«, in: *Drug Enforcement*, Herbst 1974, S. 3–7.

[7] Vgl. U. S. General Accounting Office, *Drug Control. U. S.-Mexico Opium Poppy and Marijuana Aerial Eradication Program*, Washington, D. C., Januar 1988, S. 8, 15.

[8] Vgl. William French Smith, »Drug Traffic Today. Challenge and Response«, in: *Drug Enforcement*, Sommer 1982, S. 2 f.

[9] Vgl. U. S. Cabinet Committee on International Narcotics Control (CCINC), *World Opium Survey 1972*, Washington, D. C., 1972, S. A-7; U. S. State Department, Bureau of International Narcotics Matters, *International Narcotics Control Strategy Report*, Washington, D. C., 1. Februar 1984, S. 4.

[10] Smith, »Drug Traffic Today«, S. 3.

[11] Vgl. ebd., S. 2–5.

[12] Vgl. U. S. Comptroller General, *Controlling Drug Abuse. A Status Report*, Washington, D. C., 1. März 1988, S. 7.

[13] Vgl. ebd., S. 7 f.

[14] Vgl. U. S. State Department, Bureau of International Narcotics Matters, *International Narcotics Control Strategy Report* (1984), S. 4; dass., *International Narcotics Control Strategy Report*, 1. März 1990, S. 19 f.

[15] Vgl. U. S. Comptroller General, *Controlling Drug Abuse*, S. 11 ff.

[16] Vgl. ebd., S. 6.

[17] Vgl. ebd., S. 13.

[18] Vgl. *Imperial Gazetteer of India. Provincial Series, North-West Frontier Province*, Kalkutta 1908, S. 25.

[19] Vgl. Barnett R. Rubin, »The Fragmentation of Afghanistan«, in: *Foreign Affairs*, Nr. 5, 1989, S. 150–168.

[20] Vgl. Thomas T. Hammond, *Red Flag Over Afghanistan*, Boulder 1984, S. 4 ff.

[21] Vgl. C. Colin Davies, *The Problem of the North-West Frontier, 1890–1908*, Cambridge 1932, S. 26 ff.

[22] Vgl. Arnold Keppel, *Gun-running and the Indian North-West Frontier*, London 1911, S. 141–149.

[23] Vgl. R. O. Christensen, »Tribesmen, Government, and Political Economy on the North-West Frontier«, in: Clive Dewey (Hg.), *Arrested Development in India. The Historical Dimension*, Neu Delhi 1988, S. 179–182.

[24] Vgl. Davies, *Problem of the North-West Frontier*, S. 24 ff.

[25] Vgl. *Report on the Administration of the Punjab and its Dependencies for the Year 1870–71*, Lahore 1871, S. CXXXIII.

[26] Vgl. *Imperial Gazetteer of India*, S. 65 f.

[27] *Imperial Gazetteer of India. Afghanistan and Nepal*, Kalkutta 1908, S. 30.

[28] Vgl. U. S. Central Intelligence Agency, Directorate of Intelligence, International Narcotics Series No. 13, »Intelligence Memorandum. Narcotics in Iran«, Washington, D. C., 12. Juni 1972, S. 1 f.

[29] Vgl. U. S. CCINC, *World Opium Survey 1972*, S. A-11.

[30] Garland H. Williams, »Opium Addiction in Iran«, Bericht an H. J. Anslinger, Commissioner of Narcotics, 1. Februar 1949, S. 1–12, Historical Collections and Labor Archives, Pennsylvania State University.

[31] U.S. Central Intelligence Agency, »Intelligence Memorandum. Narcotics in Iran«, S. 2f.
[32] Harry J. Anslinger, Brief an William J. Stibravy, Director, Office of International Economic and Social Affairs, United Nations, 28. Oktober 1968, Historical Collections and Labor Archives, Pennsylvania State University.
[33] Vgl. U.S. CCINC, World Opium Survey 1972, S. A-12.
[34] Vgl. U.S. Central Intelligence Agency, »Intelligence Memorandum. Narcotics in Iran«, S. 2–10.
[35] Richard Helms, Mitteilung der US-Botschaft in Teheran an das US-Außenministerium zum Thema Drogenaktionsplan, 4. März 1974, US-Außenministerium.
[36] Ders., Telegramm der US-Botschaft in Teheran an das US-Außenministerium, R: 260919Z Nov 74, US-Außenministerium.
[37] U.S. Central Intelligence Agency, Memorandum, »Subject: Iran – An Opium Cornucopia«, 27. September 1979.
[38] Vgl. U.S. State Department, Bureau of International Narcotics Matters, *International Narcotics Control Strategy Report* (1984), S. 4.
[39] Vgl. Smith, »Drug Traffic Today«, S. 2f.
[40] Vgl. U.S. State Department, Bureau of International Narcotics Matters, *International Narcotics Control Strategy Report* (1984), S. 4, 7f.
[41] Vgl. Hammond, *Red Flag Over Afghanistan*, S. 98f., 118–121.
[42] Vgl. ebd., S. 158f.; *New York Times*, 18. April 1988.
[43] U.S. State Department, »Pakistan's Tribal Areas. How They Are Administered (Or Not)«, US-Konsulat Peschawar, 13. Oktober 1986, zitiert in: Steven R. Galster (Hg.), *Afghanistan. The Making of U.S. Policy, 1973–1990*, Washington, D.C., 1995, Nummer. 01822.
[44] U.S. Central Intelligence Agency, Directorate of Intelligence, »Passes and Trails on the Pakistan-Afghanistan Border. A Reference Aid«, April 1983, in: ebd., Nummer AF01447.
[45] Vgl. Tariq Ali, *Can Pakistan Survive?*, New York 1983, S. 133–140.
[46] Vgl. Hammond, *Red Flag Over Afghanistan*, S. 218–212.
[47] Lawrence Lifschultz, »Dangerous Liaison. The CIA-ISI Connection«, in: *Newsline* (Karatschi), November 1989, S. 52.
[48] Vgl. Barnett R. Rubin, Aussage vor dem House Foreign Affairs Committee, Subcommittee on Europe and the Middle East and Subcommittee on Asia and the Pacific, »Answers to Questions for Private Witnesses«, 7. März 1990, S. 3.
[49] Vgl. Tariq Ali, *Can Pakistan Survive?*, S. 164–168.
[50] Rubin, »The Fragmentation of Afghanistan«, S. 154.
[51] Rubin, Aussage vor dem House Foreign Affairs Committee, Subcommittee on Europe and the Middle East, S. 5; Peter Popham, »Taliban Is a ›Monster Hatched by the US‹«, in: *The Indendent*, 17. September 2001, unter: http://www.independent.co.uk (Site zuletzt besucht am 22. September 2002); John Pilger, »The Colder War«, in: *Counterpunch*, 30. Januar 2002, unter: http://www.counterpunch.org (Site zuletzt besucht am 20. September 2002); *Le Nouvel Observateur* (Paris), 15.–21. Januar 1998, S. 76, unter: http://www.tao.ca/solidarity/s11/brzezinski.html (Site zuletzt besucht am 23. November 2002).
[52] *New York Times*, 18. April 1988.
[53] Vgl. Rubin, Aussage vor dem House Subcommittee on Europe and the Middle East, S. 5; *New York Times*, 18. April 1988.
[54] Vgl. Lifschultz, »Dangerous Liaison«, S. 49–54.

55 Vgl. Steven Galster, »Biography. Hekmatyar, Gulbuddin«, National Security Archives, Washington, D. C., 14. März 1990; Tariq Ali, *Can Pakistan Survive?*, S. 139–142.
56 Jon F. Burns, »Afghans. Now They Blame America«, in: *New York Times Magazine*, 4. Februar 1990, S. 37.
57 Vgl. Hammond, *Red Flag Over Afghanistan*, S. 38.
58 Vgl. Lifschultz, »Dangerous Liaison«, S. 51 f.
59 Vgl. *New York Times*, 18. April 1988.
60 Vgl. Lifschultz, »Dangerous Liaison«, S. 52 f.
61 Vgl. Lawrence Lifschultz, »Inside the Kingdom of Heroin«, in: *The Nation* (New York), 14. November 1988, S. 492 f.
62 Vgl. Lifschultz, »Dangerous Liaison«, S. 52 f.
63 Vgl. ebd., S. 53 f.
64 Rubin, Aussage vor dem House Subcommittee on Europe and the Middle East, S. 29.
65 Vgl. Burns, »Afghans«, S. 37; *Washington Post*, 13. Mai 1990.
66 Vgl. ebd., S. 27 f.
67 Vgl. Rubin, »Fragmentation of Afghanistan«, S. 156–160.
68 *Washington Post*, 13. Mai 1990.
69 Vgl. Falco, »Asian Narcotics«, S. 2 f.; U.S. CCINC, *World Opium Survey 1972*, S. A-7, A-14, A-17; U.S. State Department, Bureau of International Narcotics Matters, *International Narcotics Control Strategy Report* (1984), S. 4; Smith, »Drug Traffic Today«, S. 2 f.
70 Vgl. U.S. State Department, Bureau of International Narcotics Matters, *International Narcotics Control Strategy Report* (1984), S. 4.
71 Vgl. Kathy Evans, »The Tribal Trail«, in: *Newsline* (Karatschi), Dezember 1989, S. 26.
72 Vgl. Lifschultz, »Inside the Kingdom of Heroin«, S. 495 f.
73 Vgl. M. Emdad-ul Haq, *Drugs in South Asia. From the Opium Trade to the Present Day*, New York 2000, S. 200 f.
74 Vgl. Rubin, Aussage vor dem House Subcommittee on Europe and the Middle East, S. 18 f.; *Washington Post*, 13. Mai 1990.
75 *Washington Post*, 13. Mai 1990.
76 Vgl. M. Emdad-ul Haq, *Drugs in South Asia*, S. 204 f.
77 Pakistan Narcotics Control Board, National Survey on Drug Abuse in Pakistan, Islamabad 1986, S. III, IX, 23, 308; Zahid Hussain, »Narcopower. Pakistan's Parallel Government?«, in: *Newsline* (Karatschi), Dezember 1989, S. 17.
78 Vgl. Richard Reeves, *Reise nach Peshawar. Pakistan zwischen gestern und morgen*, Braunschweig 1986, S. 163.
79 U.S. Congress, House, Committee on Foreign Affairs, *Foreign Assistance Legislation for Fiscal Years 1984-85*, 95. Legislaturperiode, 1. Sitzung, Washington, D. C., 1985, S. 229, 234 f., 312 f., 324 f., 326 f., 500–504, 513, 528 f., 544 f., 548 ff.
80 U.S. General Accounting Office, *Drug Control. U.S. Supported Efforts in Burma, Pakistan, and Thailand*, Washington, D. C., Februar 1988, S. 25–34; Lifschultz, »Inside the Kingdom of Heroin«, S. 495 f.; Ahmed Rashid, *Taliban. Afghanistans Gotteskrieger und der Dschihad*, München 2001, S. 209.
81 Vgl. Hussain, »Narcopower«, S. 14-b.
82 Vgl. Lifschultz, »Inside the Kingdom of Heroin«, S. 492–495.
83 Vgl. Lawrence Lifschultz, »Turning a Blind Eye?«, in: *Newsline* (Karatschi), Dezember 1989, S. 32.
84 Ebd., S. 495.
85 Vgl. *New York Times*, 7. September 1988.

[86] Vgl. *Far Eastern Economic Review*, 10. August 1989.
[87] Vgl. Hussain, »Narcopower«, S. 14-b.
[88] Vgl. Lifschultz, »Turning a Blind Eye?«, S. 32.
[89] Vgl. Hussain, »Narcopower«, S. 14-a, 14-b.
[90] Vgl. ebd., S. 14-a, 17.
[91] Evans, »The Tribal Trail«, S. 24.
[92] Vgl. Rahimullah Yusufzai, »Poppy Polls«, in: *Newsline* (Karatschi), Dezember 1989, S. 29.
[93] Vgl. U.S. Department, Bureau of International Narcotics Matters, *International Narcotics Control Strategy Report* (1990), S. 239.
[94] Vgl. Barnett R. Rubin, *The Fragmentation of Afghanistan. State Formation and Collapse in the International System*, New Haven 2002, S. 256, 261 f.
[95] Vgl. ebd., S. 213, 245, 256 f.; ders., Aussage vor dem House Subcommittee on Europe and the Middle East, S. 18 f.
[96] Vgl. Evans, »Tribal Trail«, S. 30.
[97] Vgl. *New York Times*, 18. Juni 1986.
[98] Vgl. Rubin, *The Fragmentation of Afghanistan*, S. 257 f.; ders., Aussage vor dem House Subcommittee on Europe and the Middle East, S. 20, 35.
[99] Vgl. *Washington Post*, 13. Mai 1990; Rubin, *The Fragmentation of Afghanistan*, S. 263 f.; *Time* (australische Ausgabe), 16. Juli 1990, S. 28 f.
[100] Vgl. *New York Times*, 28. Dezember 2001.
[101] *Time* (australische Ausgabe), 16. Juli 1990, S. 28 f.
[102] Apire Films, *Dealing With the Demon*, Teil 2, Fernsehsendung, Sydney, Australien, produziert von Chris Hilton, 1994.
[103] Rashid, *Taliban*, S. 223, vgl. *Le Nouvel Observateur* (Paris), 15.–21. Januar 1998, S. 76; Tariq Ali, »A Political Solution is Required«, in: *Nation* (New York), 17. September 2001, unter: www.nation.com (Site zuletzt besucht am 20. September 2002).
[104] Vgl. Smith, »Drug Traffic Today«, S. 2–5.
[105] Vgl. U.S. Comptroller General, *Controlling Drug Abuse*, S. 7 ff., 9.
[106] Vgl. ebd., S. 7 f.
[107] Vgl. US. Congress, Senate, Committee on Foreign Relations, Subcommittee on Terrorism, Narcotics, and International Operations, *Drugs, Law Enforcement, and Foreign Policy*, 100. Legislaturperiode, 2. Sitzung, Washington, D.C., Dezember 1988, Bericht, S. 26–29.
[108] Vgl. *Forbes*, 25. Juli 1988, S. 64.
[109] U.S. Senate Committee on Foreign Relations, *Drugs, Law Enforcement, and Foreign Policy*, Bericht, S. 37.
[110] Ebd., S. 39.
[111] Ebd., S. 38.
[112] Brian Barger, Robert Perry, »Nicaragua-Drugs«, Associated Press, 20. Dezember 1985.
[113] U.S. Senate Committee on Foreign Relations, *Drugs, Law Enforcement, and Foreign Policy*, Bericht, S. 26–29; 39–54.
[114] Vgl. ebd., S. 73 ff.
[115] Vgl. ebd., S. 39 f.
[116] Vgl. ebd., S. 41.
[117] Vgl. ebd., S. 49.
[118] Vgl. ebd., S. 50.
[119] Ebd., S. 49.

[120] Vgl. ebd., S. 51.
[121] Vgl. ebd., S. 49.
[122] Vgl. ebd., S. 53.
[123] Vgl. ebd.
[124] Vgl. ebd., S. 53 f.
[125] Jonathan Kwitny, *The Crimes of Patriots. A True Tale of Dope, Dirty Money, and the CIA*, New York 1987, S. 310 ff.
[126] Vgl. U.S. Senate Committee on Foreign Relations, *Drugs, Law Enforcement, and Foreign Policy*, Bericht, S. 53 f.
[127] Vgl. ebd.
[128] Vgl. ebd., S. 55 f.
[129] Vgl. ebd., S. 42–49.
[130] Ebd., S. 75.
[131] Vgl. *The Washington Post*, 7. Dezember 1987.
[132] Vgl. Mort Rosenblum, »Hidden Agendas«, in: *Vanity Fair*, März 1990, S. 120.
[133] Vgl. *San Jose Mercury News*, 18.–19. August 1996. Für eine Darstellung des Falles in voller Buchlänge siehe Gary Webb, *Dark Alliance. The CIA, the Contras, and the Crack Cocaine Explosion*, New York 1998.
[134] Vgl. *San Jose Mercury News*, 18.–20. August 1996.
[135] Ebd., 21. August 1996.
[136] Vgl. *Boston Sunday Globe*, 6. Oktober 1996; *New York Times*, 21. Oktober 1996; *The Washington Post*, 13. September 1996; Peter Kornbluh, »The Storm Over ›Dark Alliance‹«, in: *CJR*, Januar/Februar 1997, S. 33 ff.
[137] *Washington Post*, 13. September 1996; Brief der Abgeordneten Maxine Waters an US-Generalbundesanwältin Janet Reno, 30. August 1996.
[138] Vgl. *Los Angeles Times*, 16. November 1996.
[139] Vgl. *Washington Post*, 4. Oktober 1996; *New York Times*, 21. Oktober 1996; *Los Angeles Times*, 20.–22. Oktober 1996. Für eine detaillierte Analyse der politischen Hintergründe dieser Medienberichterstattung vgl. Mary E. McCoy, »Dark Alliance. News Repair and Institutional Authority in the Age of the Internet«, in: *Journal of Communication*, Nr. 1, 2001, S. 164–193.
[140] Vgl. *Los Angeles Times*, 30. Dezember 1996; U.S. Congress, House, Permanent Select Committee on Intelligence, »Statement of Frederick P. Hitz, Inspector General, Central Intelligence Agency«, 16. März 1998, S. 1 f.
[141] Vgl. *San Jose Mercury News*, 19. Dezember 1997; *New York Times*, 30. Januar 1998.
[142] Vgl. *Washington Post*, 17. März 1998; Alexander Cockburn, Jeffrey St. Clair, *Whiteout. The CIA, Drugs and the Press*, New York 1998, S 385–392; Martha Honey, »Don't Ask, Don't Tell«, in: *In These Times*, 17. Mai 1998.
[143] Vgl. *New York Times*, 17. Juli 1998.
[144] Ebd., 10. Oktober 1998.
[145] John Diamond, »CIA Admits Not Informing on Contras«, Associated Press, 10. Oktober 1998; Alexander Cockburn, »CIA's Trail Leads to its Own Door«, in: *Los Angeles Times*, 22. Oktober 1998.
[146] Vgl. U.S. Central Intelligence Agency, Office of the Inspector General, *Allegations of Connections Between CIA and Contras in Cocaine Trafficking in the United States*, Bd. 2, *The Contra Story*, Absätze 913–961, unter: www.fas.org/irp/cia/product/cocaine2/contents.html (Site zuletzt besucht am 10. April 2003).
[147] Ebd., Absätze 914, 916 f. 921.
[148] Ebd., Absatz 916.

[149] Ebd., Absatz 920.
[150] Ebd., Absatz 917.
[151] Vgl. ebd., Absatz 922.
[152] Vgl. ebd., Absatz 925.
[153] Ebd., Absatz 930.
[154] Ebd. Absatz 936.
[155] Ebd., Absätze 938 f., 942.
[156] Ebd., Absatz 943.
[157] Ebd., Absatz 927.
[158] Ebd., Absätze 932 f.
[159] Ebd., Absatz 944.
[160] Ebd., Absatz 957.
[161] Ebd., Absatz 948.
[162] Ebd., Absatz 953.
[163] Vgl. Tamara Makarenko, »Drugs in Central Asia. Security Implications and Political Manipulations«, in: *Cahiers d'Études sur la Méditerranée orientale et le monde turco-iranien*, Juli–Dezember 2001, S. 88 f., 92, 109 f.
[164] Charles G. Cogan, »Partners in Time. The CIA and Afghanistan Since 1979«, in: *World Policy Journal*, Nr. 2, Sommer 1993, S. 82; *New York Times*, 16. November 2001.
[165] *New York Times*, 27. März 2002.
[166] Michael Griffin, *Reaping the Whirlwind. The Taliban Movement in Afghanistan*, London 2001, S. 150; Emdad-ul Haq, *Drugs in South Asia*, S. 204.
[167] Vgl. Emdad-ul Haq, *Drugs in South Asia*, S. 211–225; Alan A. Block, »On the Inestimable Value of the OGD«, in: *Crime, Law & Social Change*, Nr. 1–2, 2001, S. 1–20.
[168] Vgl. Miriam Abou Zahab, »Pakistan. D'un narco-Etat à une ›success story‹ dans la guerre contre la drogue?«, in: *Cahiers d'Études sur la Méditerranée orientale et le monde turco-iranien*, Juli–Dezember 2001, S. 147–153; Rashid, *Taliban*, S. 210 f.; Emdad-ul Haq, *Drugs in South Asia*, S. 212–215; Hussain, »Narcopower«, S. 14a, 17.
[169] Vgl. Alain Labrousse, Laurent Laniel, »The World Geopolitics of Drugs 1998/1999«, in: *Crime, Law & Social Change*, Nr. 1–2, 2001, S. 68 f.; Syed Saleem Shahzad, »U.S. Turns to Drug Baron to Rally Support«, in: *Online Asia Times*, 4. Dezember 2001, unter: http://www.atimes.com/ind-pak/CLO4Df01.html (Site zuletzt besucht am 11. Dezember 2001); Emdad-ul Haq, *Drugs in South Asia*, S. 214–223.
[170] Vgl. Labrousse, Laniel, »The World Geopolitics of Drugs«, S. 66.
[171] Vgl. Jason Burke, »The New ›Great Game‹«, in: *Observer* (London), 4. November 2001; Emdad-ul Haq, Drugs in South Asia, S. 213; 224 f.; Griffin, *Reaping the Whirlwind*, S. 149; Zahab, »Pakistan«, S. 149–153; *New York Times*, 8. Dezember 2001; 29. Mai 2002.
[172] Zahab, »Pakistan«, S. 153.
[173] Vgl. Rashid, *Taliban*, S. 208; Griffin, *Reaping the Whirlwind*, S. 149; Burke, »The New ›Great Game‹«; *New York Times*, 20. Februar 2002.
[174] Vgl. Zahab, »Pakistan«, S. 155–158.
[175] Cogan, »Partners in Time«, S. 76, 81 f.
[176] Vgl. *New York Times*, 8. Dezember 2001.
[177] Vgl. *New York Times*, 7. April 1991; 16. April 1991; 27. April 1992; Cogan, »Partners in Time«, S. 78.
[178] Vgl. *New York Times*, 14. November 2001; 4. April 2001.

[179] Vgl. U.S. State Department, Bureau for International Narcotics and Law Enforcement Affairs, *International Narcotics Control Strategy Report, March 2000*, Washington, D.C., 2000, S. 56; United Nations International Drug Control Programme, *Afghanistan. Annual Survey 2000*, Islamabad 2000, S. 15.

[180] Vgl. Virtual Information Center (VIC), *Afghanistan Primer*, 25. September 2001, per E-Mail erhalten von cshuster@vic-info.org; Rashid, *Taliban*, S. 30, 217 f.; Nigel J.R. Allan, »Impact of Afghan Refugees on the Vegetation Resources of Pakistan's Hindukush-Himalaya«, in: *Mountain Research and Development*, Nr. 3, 1987, S. 200 ff.; *New York Times*, 18. Dezember 2001.

[181] Jonathan Goodhand, »From Holy War to Opium War? A Case Study of the Opium Economy of North Eastern Afghanistan«, in: *Central Asian Survey*, Nr. 2, 2000, S. 266.

[182] Vgl. U.S. Library of Congress, Geography and Map Division, »Pushtun Territory. Groups, Tribes, Population Density, and Migration Routes«, Washington, D.C., 9. Juni 1986 (es wird keine Quelle genannt, der kartografische Stil ähnelt jedoch den Atlanten der CIA); Daniel Balland, »Nomadic Pastoralists and Sedentary Hosts in the Central and Western Hindukush Mountains, Afghanistan«, in: Nigel J.R. Allan *et al.* (Hg.), *Human Impact on Mountains*, Totowa 1988, S. 265–270.

[183] Nigel J.R. Allan, »Modernization of Rural Afghanistan. A Case Study«, in: Louis Dupree, Linette Albert (Hg.), *Afghanistan in the 1970s*, New York 1974, S. 117 f.; Nigel J.R. Allan, »Human Geo-ecological Interactions in Kuh Daman, a South Asian Mountain Valley«, in: *Applied Geography*, Nr. 1, 1985, S. 17.

[184] Nigel J.R. Allan, *Men and Crops in the Central Hindukush*, Doktorarbeit, 1978, Syracuse University, New York, S. 63 ff., 92 ff., 222.

[185] Vgl. ders., »Periodic and Daily Markets in Highland-Lowland Interaction Systems. Hindu-Kush-Western Himalayas«, in: Tej Vir Singh, Jagdish Kaur (Hg.), *Integrated Mountain Development*, Neu Delhi 1985, S. 246–251.

[186] Ders., »From Autarky to Dependency. Society and Habitat Relations in the South Asian Mountain Rimland«, in: *Mountain Research and Development*, Nr. 1, 1991, S. 68 ff.

[187] Vgl. *New York Times*, 26. Nobvember 2001.

[188] U.S. CCINC, *World Opium Survey 1972*, S. A-18.

[189] Vgl. United Nations Information Service, »Opium Production in Myanmar Declines«, 27. August 2002, unter: http://www.undcp.org/bin/press_release_2002-08-27_1.html (Site zuletzt besucht am 27. August 2002).

[190] Vgl. *Geopolitical Drug Dispatch* (Paris), »Afghanistan. Opium and Refugees«, Nr. 10, August 1992, S. 1.

[191] Vgl. Griffin, *Reaping the Whirlwind*, S. 146 f.

[192] Vgl. United Nations Office for Drug Control and Crime Prevention Programme, *Strategic Study # 4. Access to Labour. The Role of Opium in the Livelihood Strategies of Itinerant Harvesters Working in Helmand Province, Afghanistan*, Islamabad 1999, S. 2; United Nations International Drug Control Programme, *Afghanistan. Annual Survey 2000*, S. 23; *New York Times*, 24. Mai 2001; 4. Dezember 2001.

[193] Vgl. *New York Times*, 25. Februar 2000; 4. Dezember 2001.

[194] Vgl. United Nations Office for Drug Control and Crime Prevention, *World Drug Report 2000*, Oxford 2000, S. 7.

[195] United Nations International Drug Control Programme, *World Drug Report*, Oxford 1997, S. I, 11; United Nations Office for Drug Control and Crime Prevention, *Strategic Study # 6. The Role of Women in Opium Poppy Cultivation in Afghanistan*,

June 2000, unter: http://www.odccp.org:alternative_development_studies (Site zuletzt besucht am 31. Oktober 2001).
[196] Vgl. *New York Times*, 26. November 2001; 12. März 2002.
[197] United Nations Office for Drug Control and Crime Prevention, *Strategic Study # 5. An Analysis of the Process of Expansion of Opium Poppy to New Districts in Afghanistan (Second Report)*, November 1999, unter: http://www.odccp.org:alternative_development_studies (Site zuletzt besucht am 31. Oktober 2001).
[198] Vgl. *New York Times*, 31. Dezember 1996.
[199] Vgl. *New York Times*, 7. Januar 2002; 21. Januar 2002; 15. Februar 2002.
[200] Vgl. Rashid, *Taliban*, S. 214 f.; Labrousse, Laniel, »World Geopolitics of Drugs«, S. 63 f.; Association d'Études Géopolitiques des Drogues, »Afghanistan. Drugs and the Taliban«, in: *Geopolitical Drug Newsletter*, Oktober 2001, S. 1.
[201] Rashid, *Taliban*, S. 205.
[202] Griffin, *Reaping the Whirlwind*, S. 155.
[203] Vgl. *New York Times*, 22. Oktober 2001; Rashid, *Taliban*, S. 213 f.; *Geopolitical Drug Dispatch*, »Afghanistan. Deceptive ›Destruction‹ of Laboratories«, Nr. 90, April 1999, S. 5 f.
[204] Vgl. *Geopolitical Drug Dispatch*, »Afghanistan. Deceptive ›Destruction‹ of Laboratories«, S. 5 f.; ebd., »Tajikistan-Kirghizistan. Heroin Contributes to Social Collapse«, Nr. 92, Juni 1999; ebd., »Afghanistan. Money Talks to the Taliban«, Nr. 93, September 1999, S. 7 f.; United Nations, International Narcotics Control Board, *Report of the International Narcotics Control Board for 1999*, New York 2000, Abs. 370 f., 49.
[205] United Nations International Drug Control Programme, *World Drug Report* (1997), S. II; United Nations, *Report of the International Narcotics Control Board for 1999*, Abs. 370 f., 49.
[206] Vgl. United Nations Office for Drug Control and Crime Prevention, Pakistan Regional Office, *Strategic Study # 3. The Role of Opium as a Source of Informal Credit*, unter: http://www.odccp.org:80/pakistan/report_1999 (Site zuletzt besucht am 30. Oktober 2001).
[207] Vgl. United Nations Office for Drug Control and Crime Prevention, Pakistan Regional Office, *Strategic Study # 4. Access to Labour. The Role of Opium in the Livelihood Strategies of Itinerant Harvesters Working in Helmand Province, Afghanistan*, Islamabad 1999, S. 2, 4, 9, 14 ff., 21.
[208] Vgl. United Nations Office for Drug Control and Crime Prevention, Pakistan Regional Office, *Strategic Study # 2. The Dynamics of the Farmgate Opium Trade and the Coping Strategies of Opium Traders*, unter: http://www.odccp.org:80/pakistan/report_1998 (Site zuletzt besucht am 11. Oktober 2001).
[209] Vgl. United Nations, *Strategic Study # 2*; Rashid, *Taliban*, S. 205.
[210] Vgl. *New York Times*, 2. April 2002.
[211] Vgl. Association d'Études Géopolitiques des Drogues, »Russia. Central Asia. A Border Under Construction«, in: *Geopolitical Drug Newsletter*, November 2001, S. 1 ff.
[212] Vgl. *New York Times*, 4. März 2000; 24. April 2000; *Far Eastern Economic Review*, 30. Mai 2002, S. 48–51.
[213] Vgl. *New York Times*, 13. Juni 2001.
[214] Vgl. *New York Times*, 29. November 2001.
[215] Vgl. Makarenko, »Drugs in Central Assia«, S. 94.
[216] Vgl. *New York Times*, 5. Oktober 2001; 17. März 2002.

[217] Vgl. Rashid, *Taliban*, S. 208; Virtual Information Center (VIC), *Afghanistan Primer* (25. September 2001); Labrousse, Laniel, »World Geopolitics of Drugs«, S. 53.

[218] United Nations, Office for Drug Control and Crime Prevention, *Strategic Study # 2* (1998); Labrousse, Laniel, »World Geopolitics of Drugs«, S. 65.

[219] Vgl. *New York Times*, 18. August 2001.

[220] Vgl. United Nations Office for Drug Control and Crime Prevention, *Country Profile. Islamic Republic of Iran*, »5. Drug Situation«, unter: http://www.odccp.org/Iran/country_profile (Site zuletzt besucht am 31. Oktober 2001).

[221] Vgl. *New York Times*, 18. August 2001; Gary Reid, Genevieve Costigan, *Revisiting the ›Hidden Epidemic‹. A Situation Assessment of Drug Use in Asia in the Context of HIV/AIDS*, Fairfield 2002, S. 101 ff.

[222] Vgl. Rashid, *Taliban*, S. 212; Paul Harris, »Victorious Warlords Set to Open the Opium Floodgates«, in: *Observer*, 25. November 2001; *Geopolitical Drug Dispatch*, »Afghanistan«, S. 4.

[223] Vgl. Goodhand, »From Holy War to Opium War?«, S. 272; *Geopolitical Drug Dispatch*, »Tajikistan. The Fundamentalists' Opium«, Nr. 81, Juli 1998, S. 1, 3.

[224] Vgl. Ahmed Rashid, *Heiliger Krieg am Hindukusch. Der Kampf um Macht und Glauben in Zentralasien*, München 2002, S. 117, 144, 183 f., 195 f.; Griffin, *Reaping the Whirlwind*, S. 150.

[225] Vgl. Makarenko, »Drugs in Central Asia«, S. 99–106.

[226] Vgl. *New York Times*, 3. Mai 2001; 22. November 2001; Association d'Études Géopolitiques des Drogues, »Afghanistan. Drugs and the Taliban«, in: *Geopolitical Drug Newsletter*, Oktober 2001, S. 1 f.; Sophie Shihab, »L'Onde de choc de la Guérilla islamiste s'etend en Asie Centrale«, in: *Le Monde*, 9. September 2000, S. 2.

[227] Vgl. Virtual Information Center (VIC), *Afghanistan Primer*, 25. September 2001.

[228] Vgl. Makarenko, »Drugs in Central Asia«, S. 90 f.

[229] Vgl. *Geopolitical Drug Dispatch*, »Turkmenistan«, S. 5; ebd., »Uzbekistan. Stalin's Legacy«, Nr. 67, Mai 1997, S. 3; Labrousse, Laniel, »World Geopolitics of Drugs«, S. 57 ff.

[230] Vgl. *New York Times*, 2. April 2002.

[231] Vgl. Philippe Chassagne, Kole Gjeloshaj, »L'émergence de la criminalité albanophone«, in: *Cahiers d'Études sur la Méditerranée orientale et le monde turco-iranien*, Juli–Dezember 2001, S. 162, 167–186.

[232] Vgl. ebd., S. 169, 182 f.; Association d'Études Géopolitiques des Drogues, »Macedonia Serbia. Dangerous Liaisons«, in: *Geopolitical Drug Newsletter*, Oktober 2001, S. 2 ff.; Labrousse, Laniel, »World Geopolitics of Drugs«, S. 30, 150.

[233] Vgl. *Geopolitical Drug Dispatch*, »Tajikistan-Kirghizistan. Heroin Contributes to Social Collapse«, Nr. 92, Juni 1999, S. 6; ebd., »Turkmenistan«, S. 5 f.; ebd., »Tajikistan«, S. 1, 3; ebd., »Uzbekistan«, S. 1, 3 f.; ebd., »Turkey. Routes Shift Still Further East«, Nr. 61, November 1996, S. 1, 3 f.; ebd., »Azerbaijan. Mafia Groups Settle Scores in Government«, Nr. 44, Juni 1995, S. 1, 3; ebd., »Yugoslavia. Balkan Route Fuels War«, Nr. 1, November 1991, S. 1, 3.

[234] Vgl. Chassagne, Gjeloshaj, »L'émergence de la criminalité albanophone«, S. 185 f.

[235] Vgl. Association d'Études Géopolitiques des Drogues, »Macedonia Serbia«, S. 2 ff.; Labrousse, Laniel, »World Geopolitics of Drugs«, S. 30, 150.

[236] Vgl. Association d'Études Géopolitiques des Drogues, »Croatia and Bosnia-Herzegovina. Powerful Criminal Political-Military Networks«, in: *Geopolitical Drug Newsletter*, Mai 2002, S. 1 ff.

[237] Vgl. United Nations, *Afghanistan. Annual Survey 2000*, S. III, 14; *New York Times*, 16. Dezember 2001.
[238] Vgl. *New York Times*, 11. Februar 2001; 24. Mai 2001; U. S. State Department, Bureau for International Narcotics and Law Enforcement Affairs, *International Narcotics Control Strategy Report, March 2000*, S. 460 f., 474 f.; dass., *International Narcotics Control Strategy Report – 2001*, »Southeast Asia and Pacific«, Washington, D. C., März 2002, unter: http://www.state.gov/g/inl/rls/nrcrpt/2001/rpt/8483.htm (Site zuletzt besucht am 28. März 2002).
[239] Vgl. *New York Times*, 21. September 2000.
[240] Vgl. Luke Harding, »Taliban to Lift Ban on Farmers Growing Opium If U. S. Attacks«, in: *Guardian*, 25. September 2001; Larry P. Goodson, *Afghanistan's Endless War. State Failure, Regional Politics, and the Rise of the Taliban*, Seattle 2001, S. 84 f.
[241] U. S. State Department, Bureau of Public Affairs, Secretary Colin L. Powell, »Statement at Press Briefing on New U. S. Humanitarian Assistance for Afghans«, 17. Mai 2001, unter: http://www.state.gov/secretary/rm/2001/2929.htm (Site zuletzt besucht am 3. Juni 2002).
[242] Vgl. *New York Times*, 10. Dezember 2000; U. S. State Department, *International Narcotics Control Strategy Report, March 2000*, S. 252.
[243] Vgl. *New York Times*, 22. Oktober 2001.
[244] Vgl. United Nations, *Afghanistan. Annual Survey 2000*, S. 21 ff., 26; United Nations International Drug Control Programme, *Afghanistan. Annual Survey 2001*, Islamabad 2001, S. III, 11, 15 ff.; *New York Times*, 23. November 2001.
[245] Vgl. *New York Times*, 20. Mai 2001.
[246] Harding, »Taliban to Lift Ban on Farmers Growing Opium If U. S. Attacks«.
[247] Vgl. *New York Times*, 16. November 2000.
[248] Vgl. ebd., 12. März 2002.
[249] United Nations, Office for Drug Control and Crime Prevention, *Global Illicit Drug Trends 2002*, New York 2002, S. 41.
[250] Vgl. *New York Times*, 30. November 2001.
[251] Harding, »Taliban to Lift Ban on Farmers Growing Opium If U. S. Attacks«; Kamal Ahmed, »Troops Will Target Drugs Stockpile«, in: *Observer*, 30. Septebmer 2001; *New York Times*, 22. Oktober 2001; *Daily News*, 10. Dezember 2001.
[252] Vgl. *New York Times*, 24. Oktober 2001; 26. November 2001.
[253] Vgl. *New York Times*, 3. Dezember 2001.
[254] Vgl. *New York Times*, 3. April 2002; Paul Harris, »Victorious Warlords Set to Open the Opium Floodgates«, in: *Observer*, 25. November 2001.
[255] *New York Times*, 15. Januar 2002; Bob Woodward, *Bush at War*, New York 2002, S. 35, 139–143, 194, 253, 298 f., 317 (dt.: *Bush at War. Amerika im Krieg*, Stuttgart/ München 2003).
[256] Vgl. *New York Times*, 26. März 2002; 27. März 2002.
[257] Vgl. *New York Times*, 24. Oktober 2001; 15. November 2001; 23. November 2001, 1. Dezember 2001; 28. Dezember 2001, 1. April 2002; Harding, »Taliban Lift Ban on Farmers Growing Opium If U. S. Attacks«; Harris, »Victorious Warlords Set to Open the Opium Floodgates«; Syed Saleem Shahzad, »U. S. Turns to Drug Baron to Rally Support«; *New York Times*, 29. Dezember 2001. Ein ungenannter afghanischer Kommandeur machte für die Flucht von Al Qaida aus Tora Bora auch die von Yunis Khalis kommandierten Hezb-i-Islami-Kräfte verantwortlich. (Vgl. *New York Times*, 10. September 2002.)

[258] Vgl. *New York Times*, 17. Dezember 2001; 1. Dezember 2001; Peter Maas, »Gul Agha Gets His Province Back«, in: *New York Times Magazine*, 6. Januar 2002, S. 34–37.
[259] Vgl. U.S. State Department, Bureau for International Narcotics and Law Enforcement Affairs, *International Narcotics Control Strategy Report – 2001*, »Southwest Asia« (2002); *New York Times*, 17. Januar 2002; 5. April 2002.
[260] Vgl. *New York Times*, 21. Januar 2002; 22. Januar 2002; 26. März 2002.
[261] Vgl. ebd., 21. März 2002; 26. März 2002; 1. April 2002; 24. März 2002; 18. April 2002; 15. Mai 2002; 22. Mai 2002; James Traub, »Questions for Richard C. Holbrooke«, in: *New York Times Magazine*, 24. März 2002, S. 18.
[262] *New York Times*, 12. März 2002; 1. April 2002; Nick Hopkins, Richard Norton Taylor, »MI5 Fears Flood of Afghan Heroin«, in: *Guardian*, 21. Februar 2002; *United Nations, Office for Drug Control and Crime Prevention, Global Illicit Drug Trends 2002*, New York 2002, S. 41.
[263] Vgl. *New York Times*, 2. April 2002; 5. April 2002; 10. April 2002; 11. April 2002; 5. Mai 2002; Reuters, »U.S. Drug Czar. Years to Go in Afghan Poppy War«, unter: http://lycos.com/news (Site zuletzt besucht am 5. Mai 2002); Christopher Torchia, »Poppy-Farmers. Eradication Is Unfair«, Associated Press, 7. April 2002, unter: http://lycos.com/news (Site zuletzt besucht am 5. Mai 2002); *Los Angeles Times*, 11. April 2002, unter: http://www.latimes.com (Site zuletzt besucht am 5. Mai 2002).
[264] *New York Times*, 28. Juni 2002; 7. Juli 2002; 8. Juli 2002; 18. August 2002; James Phillips et al., »After the Victory. America's Role in Afghanistan's Future«, in: *Heritage Foundation Backgrounder*, Nr. 1574, 30. Juli 2002, S. 3.
[265] Vgl. U.S. State Department, Bureau for International Narcotics and Law Enforcement Affairs, *International Narcotics Control Strategy Report – 2001*, »Southwest Asia« (2002); *Washington Post*, 26. Oktober 2002.
[266] Cockburn, St. Clair, *Whiteout*, S. 393.

Bibliografie

Aufsätze, Artikel, Vorträge, Manuskripte, Dissertationen

Abou Zahab, Miriam, »Pakistan. D'un narco-État à une ›success story‹ dans la guerre contre la drogue?«, in: *Cahiers d'études sur la Méditerranée orientale et le monde turco-iranien,* Juli–Dezember 2001.

Ackland, Len, »No Place for Neutralism. The Eisenhower Administration and Laos«, in: Nina S. Adams, Alfred W. McCoy (Hg.), *Laos. War and Revolution,* New York 1970.

Adshead, Samuel A. M., »The Opium Trade in Szechwan, 1881–1911«, in: *Journal of Southeast Asian History,* Nr. 2, September 1966.

Ahmed, Kamal, »Troops Will Target Drugs Stockpile«, in: *Observer* (London), 30. September 2001.

Aimé-Blanc, Lucien, »France«, in: *Drug Enforcement,* Winter 1975/76.

Ali, Tariq, »A Political Solution is Required«, in: *Nation* (New York), 17. September 2001, unter: www.nation.com (Site zuletzt besucht am 20. September 2002).

Allan, Nigel J. R., »From Autarky to Dependency. Society and Habitat Relations in the South Asian Mountain Rimland«, in: *Mountain Research and Development,* Nr. 1, 1991.

Allan, Nigel J. R., »Human Geo-ecological Interactions in Kuh Daman, a South Asian Mountain Valley«, in: *Applied Geography,* Nr. 1, 1985.

Allan, Nigel J. R., »Impact of Afghan Refugees on the Vegetation Resources of Pakistan's Hindukush-Himalaya«, in: *Mountain Research and Development,* Nr. 3, 1987.

Allan, Nigel J. R., »Modernization of Rural Afghanistan. A Case Study«, in: Louis Dupree, Linette Albert (Hg.), *Afghanistan in the 1970s,* New York 1974.

Allan, Nigel J. R., »Periodic and Daily Markets in Highland-Lowland Interaction Systems. Hindu-Kush-Western Himalayas«, in: Tej Vir Singh, Jagdish Kaur (Hg.), *Integrated Mountain Development,* Neu Delhi 1985.

Allan, Nigel J. R., *Men and Crops in the Central Hindukush,* Doktorarbeit, 1978, Syracuse University, New York.

Allman, T. D., »Blow Back«, in: *Rolling Stone,* 9. Mai 2002.

Allman, T. D., »Sliding into Darkness«, in: *Rolling Stone,* 4.–11. Juli 2002.

Anderson, Jack, »Thai Opium Bonfire Mostly Fodder«, in: *Washington Post*, 31. Juli 1972.

Anderson, Major Richard, Wade Hawley, »Subject: Analysis of 482 Questionnaires on Illicit Drug Use in an Engineering Battalion in Vietnam«, 11. November 1970.

Andreas, Peter, »U.S. Drug Policy and Andean Narcoeconomic Realities«, in: Trebach, Zeese (Hg.), *The Great Issues of Drug Policy*, Washington, D.C., 1990. «

Annan, David, »The Mafia«, in: Norman MacKenzie (Hg.), *Secret Societies*, New York 1967.

Anon Puntharikapha, »The ›Manhattan‹ Incident«, in: Thak Chaloemtiarana (Hg.), *Thai Politics. Extracts and Documents, 1932–1957*, Bangkok 1978.

Antonelli, Michael A., »Asian Heroin on the Rise in Europe«, in: *Drug Enforcement*, Sommer 1975.

Antonelli, Michael A., »In Europe. An Incursion of Asian Heroin«, in: *Drug Enforcement*, Sommer 1975.

Archaimbault, Charles, »Les Annales de l'ancien Royaume de S'ieng Khwang«, in: *Bulletin de l'École française d'Extrême-Orient*, 1967.

Aureano, Guillermo, »L'État et la prohibition de (certaines) drogues«, in: *Cahiers d'études sur la Méditerranée orientale et le monde turco-iranien*, Juli–Dezember 2001.

Bacon, John, »Is the French Connection Really Dead?«, in: *Drug Enforcement*, Sommer 1981.

Balland, Daniel, »Nomadic Pastoralists and Sedentary Hosts in the Central and Western Hindukush Mountains, Afghanistan«, in: Nigel J.R. Allan *et al.* (Hg.), *Human Impact on Mountains*, Totowa 1988.

Barger, Brian, Robert Perry, »Nicaragua-Drugs«, Associated Press, 20. Dezember 1985.

Barnes, Trevor, »The Secret Cold War. The C.I.A. and American Foreign Policy in Europe, 1946–1956«, in: *Historical Journal*, Nr. 2, 1981.

Batson, Benjamin A., »The Fall of the Phibun Government, 1944«, in: *Journal of the Siam Society*, 62, Teil 2, Juli 1974.

Bayley, David H., »The Effects of Corruption in a Developing Nation«, in: *Western Political Science Quarterly*, Nr. 4, Dezember 1966.

Becker, Thomas H., »Footnote on the Golden Triangle«, in: *Drug Enforcement*, Sommer 1981.

Bernstein, Dennis, Leslie Kean, »People of the Opiate«, in: *Nation*, 16. Dezember 1996.

Berrigan, Darrell, »They Smuggle Dope by the Ton«, in: *Saturday Evening Post*, 5. Mai 1956.

Block, Alan A., »A Modern Marriage of Convenience. A Collaboration Between Organized Crime and U.S. Intelligence«, in: Robert J. Kelly (Hg.), *Organized Crime. A Global Perspective*, Totowa, NJ, 1986.

Block, Alan A., »European Drug Traffic and Traffickers Between the Wars. The Policy of Suppression and Its Consequences«, in: *Journal of Social History*, Nr. 2, 1989.

Block, Alan A., »On the Inestimable Value of the OGD«, in: *Crime, Law & Social Change*, Nr. 1–2, 2001.

Block, Alan A., »On the Origins of American Counterintelligence. Building a Clandestine Network«, in: *Journal of Policy History*, Nr. 4, 1989.

Block, Alan A., »The Snowman Cometh. Coke in Progressive New York«, in: *Criminology*, Nr. 1, 1979.

Block, Alan A., »Thinking About Violence and Change in the Sicilian Mafia«, in: *Violence, Aggression, and Terrorism*, Nr. 1, 1987.

Boutin, André, »Monographie de la Province des Houa-Phans«, in: *Bulletin des Amis du Laos*, Nr. 1, September 1937.

Braden, Thomas, »I'm Glad the C.I.A. Is ›Immoral‹«, in: *Saturday Evening Post*, 20. Mai 1967.

Braibanti, Ralph, »Reflections on Bureaucratic Corruption«, in: *Public Administration*, Winter 1962.

Branfman, Fred, »Presidential War in Laos, 1964–1970«, in: Nina S. Adams, Alfred W. McCoy (Hg.), *Laos. War and Revolution*, New York 1970.

British Broadcasting Corporation (BBC), Interview mit Sisouk na Champassak, Vientiane, Laos, 1970.

Brocheaux, Pierre, *L'Economie et la Société dans l'Quest de la Cochinchine pendant la Période coloniale (1890–1940)*, Doktorarbeit, Universität von Paris 1969.

Brown, Ray, »Racism. The Enduring Barrier«, in: Arnold S. Trebach, Kevin B. Zeese (Hg.), *The Great Issues of Drug Policy*, Washington, D. C., 1990.

Browning, Frank, Banning Garrett, »The New Opium War«, in: *Ramparts*, Mai 1971.

Burke, Jason, »The New ›Great Game‹«, in: *Observer*, 4. November 2001

Burns, John F., »Afghans. Now They Blame America«, in: *New York Times Magazine*, 4. Februar 1990.

Butcher, John G., »The Demise of the Revenue Farm System in the Federated Malay States«, in: *Modern Asian Studies*, Nr. 3, 1983.

Chassagne, Philippe, Kole Gjeloshaj, »L'émergence de la criminalité albanophone«, in: *Cahiers d'études sur la Méditerranée orientale et le monde turco-iranien*, Juli–Dezember 2001.

Cheng U Wen, »Opium in the Straits Settlements, 1867–1910«, in: *Journal of Southeast Asian History*, Nr. 1, März 1961.

Choi, Alex Hang-Keung, *Non-governmental Development Organizations (NGDOs) and Democracy in Thailand. The 1992 Bangkok Uprising*, Doktorarbeit, Queens University, Kanada, 2001.

Chouvy, Pierre-Arnaud, »L'importance du facteur politique dans le développement du Triangle d'Or et du Croissant d'Or«, in: *Cahiers d'études sur la Méditerranée orientale et le monde turco-iranien*, Juli–Dezember 2001.

Christensen, R. O., »Tribesmen, Government, and Political Economy on the North-West Frontier«, in: Clive Dewey (Hg.), *Arrested Development in India. The Historical Dimension*, Neu Delhi 1988.

Chung, Tan, »The Britain-China-India Trade Triangle, 1771–1840«, in: Sabyasachi

Bhattacharya (Hg.), *Essays in Modern Indian Economic History*, Neu Delhi 1987.
Cockburn, Alexander, »CIA's Trail Leads to Its Own Door«, in: *Los Angeles Times*, 22. Oktober 1998.
Cogan, Charles G., »Partners in Time. The CIA and Afghanistan Since 1979«, in: *World Policy Journal*, Nr. 2, Sommer 1993.
Cohen, Paul T., »Hill Trading in the Mountain Ranges of Northern Thailand«, Manuskript 1968.
Cohen, Paul T., Chris Lyttleton, »Opium Reduction Programmes, Discourses of Addiction and Gender in Northwest Laos«, in: *Sojourn*, Nr. 1, 2002.
Colapinto, John, »Rock & Roll Heroin«, in: *Rolling Stone*, 30. Mai 1996.
Colby, William E., Executive Director, Central Intelligence Agency, Brief an *Harper's*, 245, Nr. 1469, Oktober 1972.
Cowell, Adrian, »Report on a Five Month Journey in the State of Kengtung with the Shan National Army«, Manuskript, 1965.
Crawford, Neta, »Decolonization as an International Norm. The Evolution of Practices, Arguments, and Beliefs«, in: Laura Reed, Carl Kaysen (Hg.), *Emerging Norms of Justified Intervention*, Cambridge 1993.
Cribb, Robert, »Opium and the Indonesian Revolution«, in: *Modern Asian Studies*, Nr. 4, 1988.
Cusack, John T., »Heroin Seized in Europe During 1978«, in: *Drug Enforcement*, Februar 1979.
Cusack, John T., »Turkey Lifts the Poppy Ban«, in: *Drug Enforcement*, Herbst 1974.
Darling, Frank C., »Thailand in 1977. Search for Stability and Progress«, in: *Asian Survey*, Nr. 2, Februar 1978.
Dessaint, Alain Y., »The Poppies Are Beautiful This Year«, in: *Natural History*, Februar 1972.
Diamond, John, »CIA Admits Not Informing on Contras«, Associated Press, 10. Oktober 1998.
Donnell, John C., »South Vietnam in 1975. The Year of Communist Victory«, in: *Asian Survey*, Nr. 1, Januar 1976.
Donovan, William J., »Our Stake in Thailand«, in: *Fortune*, Juli 1955.
Dorsey, John T. jr. »Stresses and Strains in a Developing Administrative System«, in: Wesley R. Fishel (Hg.), *Problems of Freedom. South Vietnam Since Independence*, New York 1961.
»The Drug Abuse Problem«, Report of the Office of the Provost Marshal, U. S. Military Assistance Command Vietnam, Saigon 1971.
Evans, Kathy, »The Tribal Trail«, in: *Newsline* (Karatschi), Dezember 1989.
Everingham, John, »Let Them Eat Bombs«, in: *Washington Monthly*, Nr. 7, September 1972.
Falco, Malthea, »Asian Narcotics. The Impact on Europe«, in: *Drug Enforcement*, Februar 1979.
Fall, Bernard B., »Portrait of the ›Centurion‹«, in: Roger Trinquier, *Modern Warfare*, New York 1964.

Finnemore, Martha, »Constructing Norms of Humanitarian Intervention«, in: Peter J. Katzenstein (Hg.), *The Culture of National Security. Norms and Identity in World Politics*, New York 1996.
Fishel, Wesley R., »Problems of Democratic Growth in Free Vietnam«, in: Wesley R. Fishel (Hg.), *Problems of Freedom. South Vietnam Since Independence*, Glencoe, IL, 1961.
Fitzgerald, Gerry, »Dispatches from the Drug War«, in: *Common Cause Magazine*, Januar/Februar 1990.
Flanders, Joe, »Bad Year for French Heroin Traffickers«, in: *Drug Enforcement*, Februar/März 1974.
Flanders, Joe, »The Key to Success. Franco-American Cooperation«, in: *Drug Enforcement*, Herbst 1973.
Forbes, Andrew D. W., »The ›Cin-Ho‹ (Yunnanese Chinese) Caravan Trade with North Thailand During the Late Nineteenth and Early Twentieth Centuries«, in: *Journal of Asian History*, Nr. 1, 1987.
Forbes, Andrew D. W., »The Yunnanese (›Ho‹) Muslims of North Thailand«, in: ders. (Hg.), *The Muslims of Thailand*, Bd. 1: *Historical and Cultural Studies*, Gaya (Indien) 1988.
French, Cherrie, »The Adventures of Gordon Young«, in: *Sawaddi*, Nr. 3, Januar/Februar 1968.
Gearing, Julian, »Thailand's Battle for Its Soul«, in: *Asia Week*, 13. August 1999.
Geddes, William R., »Hmong Opium and Attempts to Replace It«, Seminar: The Asian Opium Trade, Center for Asian Studies, University of Sydney, 20. Oktober 1978.
Geddes, William R., »Opium and the Miao. A Study in Ecological Adjustment«, in: *Oceania*, Nr. 1, September 1970.
Gibson, Richard M., »Hilltribes of the Golden Triangle«, in: *Drug Enforcement*, Februar 1979.
Goodhand, Jonathan, »From Holy War to Opium War? A Case Study of the Opium Economy of North Eastern Afghanistan«, in: *Central Asian Survey*, Nr. 2, 2000.
Goodman, Allen E., »South Vietnam. War Without End?«, in: *Asian Survey*, Nr. 1, Januar 1975.
Grandstaff, Terry B., »The Hmong, Opium, and the Haw. Speculations on the Origin of Their Association«, in: *Journal of the Siam Society*, Nr. 2, 1979.
Gunn, Geoffrey C., »Shamans and Rebels. The Batchai (Meo) Rebellion of Northern Laos and North-West Vietnam (1918-1921), in: *Journal of the Siam Society*, 74, 1986.
Halpern, Joel, »The Role of the Chinese in Lao Society«, in: *Journal of the Siam Society*, 49, Teil 1, Juli 1961.
Harding, Luke, »Taliban to Lift Ban on Farmers Growing Opium If U. S. Attacks«, in: *Guardian*, 25. September 2001.
Harris, Paul, »Victorious Warlords Set to Open the Opium Floodgates«, in: *Observer*, 25. November 2001.
Healy, Kevin, »The Boom within the Crisis. Some Recent Effects of Foreign

Cocaine Markets on Bolivian Rural Society and Economy«, in: Deborah Pacini, Christine Franquemont (Hg.), *Coca and Cocaine. Effects on People and Policy in Latin America*, Ithaca 1986.

Herring, Eric, »Rogue Rage. Can We Prevent Mass Destruction?«, in: *Journal of Strategic Studies*, Nr. 1, 2000.

Honey, Martha, »Don't Ask, Don't Tell«, in: *In These Times*, 17. Mai 1998.

Hopkins, Nick, Richard Norton Taylor, »MI5 Fears Flood of Afghan Heroin«, in: *Guardian*, 21. Februar 2002.

Huddleston, Greg, »The Politics of Pre-emptive Purchase. Opium, Shan Liberation, and the United States«, Manuskript, Sydney University, Australien, Juni 1978.

Hussain, Zahid, »Narcopower. Pakistan's Parallel Government?«, in: *Newsline* (Karatschi), Dezember 1989.

Huynh Kim Khanh, »Background of the Vietnamese August Revolution«, in: *Journal of Asia Studies*, Nr. 4, August 1971.

»The Illicit Manufacture of Diacetylmorphine Hydrochloride (No. 4 Grade)«, Referat eines Hongkonger Regierungschemikers, Manuskript o. J.

Ismail, Abdul Rahman bin H. J., »The Prevention of Drug Abuse in Malaysia. Intelligence, Enforcement and Control«, Genting Highlands: National Workshop on the Prevention of Drug Abuse, 1975.

Jenkins, Philip, »Narcotics Trafficking and the American Mafia. The Myth of Internal Prohibition«, in: *Crime, Law and Social Change*, Nr. 3, 1992.

Jerusalemy, Jean, »Monographie sur le Pays Tai«, Manuskript o. J.

Jones, Delmos, *Cultural Variation Among Six Lahu Villages, Northern Thailand*, Doktorarbeit, Cornell University 1967.

Jumper, Roy, »Mandarin Bureaucracy and Politics in South Vietnam«, in: *Pacific Affairs*, Nr. 1, März 1957.

Kandre, Peter, »Autonomy and Integration of Social Systems. The Iu Mien (›Yao‹ or ›Man‹) Mountain Population and Their Neighbors«, in: Peter Kunstadter (Hg.), *Southeast Asian Tribes, Minorities, and Nations*, Princeton 1967.

Karnow, Stanley, »The Opium Must Go Through«, in: *Life*, 30. August 1963.

Kinder, Douglas Clark, William O. Walker, III, »Stable Force in a Storm. Harry J. Anslinger and United States Narcotic Policy, 1930–1962«, in: *Journal of American History*, Nr. 4, März 1986.

King, Rufus, »Legalization of Gambling as a Model for Drug-Law Reform«, in: Arnold S. Trebach, Kevin B. Zeese (Hg.), *The Great Issues of Drug Policy*, Washington, D. C., 1990.

Klam, Mathew, »Experiencing Ecstasy«, in: *New York Times Magazine*, 21. Januar 2001.

Konisberg, Eric, »A Model Addiction«, in: *Allure*, Juli 1996.

Kraar, Louis, »Report from Laos«, in: *Fortune*, 1. September 1968.

Kramol Somvichian, »The Oyster and the Shell. Thai Bureaucrats in Politics«, in: *Asian Survey*, Nr. 8, August 1978.

Kunstadter, Peter, »China. Introduction«, in: ders. (Hg.), *Southeast Asian Tribes, Minorities, and Nations*, Princeton 1967.

Kunstadter, Peter, »Vietnam. Introduction«, in: ders. (Hg.), *Southeast Asian Tribes, Minorities, and Nations*, Princeton 1967.
Kusevic, Vladimir, »Drug Abuse Control and International Treaties«, in: *Journal of Drug Issues*, Nr. 1, Winter 1977.
Labrousse, Alain, »Colombie. Conflit de la drogue ou conflit politico-militaire?«, in: *Cahiers d'études sur la Méditerranée orientale et le monde turco-iranien*, Juli–Dezember 2001.
Labrousse, Alain, Laurent Laniel, »The World Geopolitics of Drugs, 1998/1999«, in: *Crime, Law & Social Change*, Nr. 1–2, 2001.
Laniel, Laurent, »Communauté des sciences sociales et politique antidrogue aux Etats-Unis«, in: *Cahiers d'études sur la Méditerranée orientale et le monde turco-iranien*, Juli–Dezember 2001.
Ledebur, Kathryn, »Coca and Conflict in the Chapare«, in: *Drug War Monitor*, Washington, D. C., Juli 2002.
Leff, Nathaniel H., »Economic Development Through Bureaucratic Corruption«, in: *American Behavioral Scientist*, Nr. 3, November 1964.
Lehman, Frederic K., »Ethnic Categories in Burma and the Theory of Social Systems«, in: Peter Kunstadter (Hg.), *Southeast Asian Tribes, Minorities, and Nations*, Princeton 1967.
Lewallen, John, »The Reluctant Counterinsurgents. The International Voluntary Services in Laos«, in: Nina S. Adams, Alfred W. McCoy (Hg.), *Laos. War and Revolution*, New York 1970.
Lewis, Elaine T., »The Hill Peoples of Kengtung State«, in: *Practical Anthropology*, Nr. 6, November/Dezember 1957.
Lifschultz, Lawrence, »Dangerous Liaison. The CIA-ISI Connection«, in: *Newsline* (Karatschi), November 1989.
Lifschultz, Lawrence, »Inside the Kingdom of Heroin«, in: *The Nation* (New York), 14. November 1988.
Lifschultz, Lawrence, »Turning a Blind Eye?«, in: *Newsline* (Karatschi), Dezember 1989.
Lintner, Bertil, »Ethnic Insurgents and Narcotics«, in: *Burma Debate*, Nr. 1, Februar/März 1995.
Lintner, Bertil, »Lord of the Golden Triangle«, in: *Caravan*, Nr. 4, Mai 1994.
Liu, Melinda, »Birma's ›Money Tree‹«, in: *Newsweek*, 15. Mai 1989.
Lupsha, Peter A., »Drug Lords and Narco-Corruption. The Players Change but the Game Continues«, in: Alfred W. McCoy, Alan A. Block (Hg.), *War on Drugs. Studies in the Failure of U. S. Narcotics Policy*, Boulder 1992.
Lyle, John P., »Southwest Asian Heroin. Pakistan, Afghanistan, and Iran«, in: *Drug Enforcement*, Sommer 1981.
Maas, Peter, »Gul Agha Gets His Province Back«, in: *The New York Times Sunday Magazine*, 6. Januar 2002.
Makarenko, Tamara, »Drugs in Central Asia. Security Implications and Political Manipulations«, in: *Cahiers d'études sur la Méditerranée orientale et le monde turco-iranien*, Juli–Dezember 2001.
Malamud-Goti, Jaime, »Reinforcing Poverty. The Bolivian War on Cocaine«, in:

Alfred W. McCoy, Alan A. Block (Hg.), *War on Drugs. Studies in the Failure of U. S. Narcotics Policy*, Boulder 1992.

Martin, John A., »Drugs, Crime, and Urban Trial Court Management. The Unintended Consequences of the War on Drugs«, in: *Yale Law & Policy Review*, Nr. 1, 1990.

Matray, James I., »Bureaucratic Cold Warrior. Harry J. Anslinger and Illicit Narcotics Traffic«, in: *Pacific Historical Review*, Nr. 2, Mai 1981.

McAlister, John T., »Mountain Minorities and the Viet Minh. A Key to the Indochina War«, in: Peter Kunstadter (Hg.), *Southeast Asian Tribes, Minorities, and Nations*, Princeton 1967.

McCoy, Alfred W., »A Correspondence with the CIA«, in: *New York Review of Books*, Nr. 4, 21. September 1972.

McCoy, Alfred W., »A Tale of Three Cities. Hanoi, Saigon, and Phnom Penh«, in: *Geo* (Sydney, Australien), Nr. 2, 1983.

McCoy, Alfred W., »Coercion and Its Unintended Consequences. An Analytical History of Opium in Southeast and South West Asia«, in: *Crime, Law and Social Change*, Nr. 3, 2000.

McCoy, Alfred W., »Drugs and Drug Use«, in: Stanley I. Kutler (Hg.), *The Encyclopedia of the Vietnam War*, New York 1996.

McCoy, Alfred W., »Mission Myopia. Narcotics as ›Fall Out‹ from the CIA's Covert Wars«, in: Craig R. Eisendrath (Hg.), *National Insecurity. U. S. Intelligence After the Cold War*, Philadelphia 2000.

McCoy, Alfred W., »Requiem for a Drug Lord. State and Commodity in the Career of Khun Sa«, in: Josiah McC. Heyman (Hg.), *States and Illegal Practices*, Oxford 1999.

McCoy, Alfred W., »Subcontracting Counterinsurgency. Academics in Thailand, 1954–1970«, in: *Bulletin of Concerned Asian Scholars*, Dezember 1970.

McCoy, Alfred W., »The Politics of the Poppy in Indochina. A Comparative Study of Patron-Client Relations Under French and American Administrations«, in: Luiz R. S. Simmons, Abdul S. Said (Hg.), *Drugs, Politics, and Diplomacy. The International Connection*, Beverly Hills 1974.

McCoy, Mary E., »Dark Alliance. News Repair and Institutional Authority in the Age of the Internet«, in: *Journal of Communication*, Nr. 1, 2001.

Miles, Douglas, »Shifting Cultivation. Threats and Prospects«, in: *Tribesmen and Peasants in North Thailand*, Proceedings of the First Symposium of the Tribal Research Center, Chiang Mai, Thailand, Tribal Research Center, 1967.

Moormann, Frans R., K. R. M. Anthony, Samarn Panichapong, »No. 20. Note on the Soils and Land Use in the Hills of Tak Province«, in: *Soil Survey Reports of the Land Development Department*, Bangkok, Kingdom of Thailand, Ministry of National Development, März 1964.

Mote, Frederick W., »The Rural ›Haw‹ (Yunnanese Chinese) of Northern Thailand«, in: Peter Kunstadter (Hg.), *Southeast Asian Tribes, Minorities, and Nations*, Princeton 1967.

Muecke, Marjorie A., »The AIDS Prevention Dilemma in Thailand«, in: *Asian and Pacific Population Forum*, Nr. 4, 1990.

Murphey, Rhoads, »Traditionalism and Colonialism. Changing Urban Roles in Asia«, in: *Journal of Asian Studies*, Nr. 1, November 1969.

Murray, Dian H., »Cheng I Sao in Fact and Fiction«, in: Jo Stanley (Hg.), *Bold in Her Breeches. Women Pirates Across the Ages*, London 1995.

Nadelmann, Ethan A., »Global Prohibition Regimes. The Evolution of Norms in International Society«, in: *International Organization*, Nr. 4, 1990.

Nadelmann, Ethan A., »U. S. Drug Policy. A Bad Export«, in: *Foreign Policy*, Nr. 70, Frühjahr 1988.

O'Kearney, John, »Thai Becomes Opium Center for SE Asia«, in: *Daily News* (New York), 13. Februar 1955.

Phillips, James, et al., »After the Victory. America's Role in Afghanistan's Future«, in: *Heritage Foundation Backgrounder*, Nr. 1574, 30. Juli 2002.

Phin Choonhawan (Chunnahawan), »Events in the Life of Field Marshal Phin Chunnahawan«, in: Thak Chaloemtiarana (Hg.), *Thai Politics. Extracts and Documents, 1932–1957*, Bangkok 1978.

Pilger, John, »The Colder War«, in: *Counterpunch*, 30. Januar 2002, unter: http://www.counterpunch.org (Site zuletzt besucht am 20. September 2002).

Popham, Peter, »Taliban is a ›Monster Hatched by the US‹«, in: *The Independent*, 17. September 2001, unter: http://www.independent.co.uk (Site zuletzt besucht am 22. September 2002).

Porter, D. Gareth, »After Geneva. Subverting Laotian Neutrality«, in: Nina S. Adams, Alfred W. McCoy (Hg.), *Laos. War and Revolution*, New York 1970.

Porter, D. Gareth, »National Assembly Racked by Corruption and Smuggling«, in: *Dispatch News Service International*, 19. April 1971.

Porter, D. Gareth, »Premier Khiem's Family Mafia«, in: *Indochina Chronicle*, Nr. 18, 1. August 1972.

Prasert Rujirawong, »Kanluk Supfin« (Abschaffung des Opiumrauchens), in: Khana Ratthamontri, *Prawat lae phonngan khong jomphon Sarit Thanarat, phim nai ngan phraratchathan pleong sop phon jomphon Sarit Thanarat* (Leben und Werk von Feldmarschall Sarit Thanarat, veröffentlicht anlässlich der Feuerbestattung von Feldmarschall Sarit Thanarat), Bangkok 1964.

Race, Jeffrey, »China and the War in Northern Thailand«, Manuskript, 1971.

Ratthamontri, Khana, »The History and Works of Field Marshal Sarit Thanarat«, in: Thak Chaloemtiarana (Hg.), *Thai Politics. Extracts and Documents, 1932–1957*, Bangkok 1978.

Reuters, »U. S. Drug Czar. Years to Go in Afghan Poppy War«, unter: http://lycos.com/news (Site zuletzt besucht am 5. Mai 2002).

Rey, Lucien, »Persia in Perspective«, in: *New Left Review*, März/April 1963.

Reynolds, E. Bruce, »The Fox in the Cabbage Patch. Thailand and Japan's Southern Advance«, Vortrag auf der Jahreskonferenz von Asian Studies on the Pacific Coast, Honolulu, 1. Juli 1989.

Richards, John F., »The Indian Empire and Peasant Production of Opium in the Nineteenth Century«, in: *Modern Asian Studies*, Nr. 1, 1981.

Rosenblum, Mort, »Hidden Agendas«, in: *Vanity Fair*, März 1990.

Roux, Henri, »Les Meo ou Miao Tseu«, in: *France-Asie*, Nr. 92-93, Januar/Februar 1954.

Rubin, Barnett R., »The Fragmentation of Afghanistan«, in: *Foreign Affairs*, Nr. 5, 1989.

Rush, James R., »Opium in Java. A Sinister Friend«, in: *Journal of Asian Studies*, Nr. 3, 1985.

Rush, James R., »Social Control and Influence in Nineteenth Century Indonesia. Opium Farms and the Chinese of Java«, in: *Indonesia*, 35, 1983.

Saavedra, Susan Hamilton »The International Curse. The Supply and Demand of the Coca Trade«, in: Arnold S. Trebach, Kevin B. Zeese (Hg.), *Great Issues of Drug Policy*, Washington, D. C., 1990.

Saviani, Antoine M., »Notes sur le Phat Giao Hoa Hao«, Manuskript, o. J.

Saviani, Antoine M., »Notes sur les Binh Xuyen«, Manuskript, Dezember 1945.

Savina, F. M., »Rapport Politique sur la Révolte des Meos au Tonkin et au Laos, 1918–1920«, unveröffentlichtes Manuskript, Xieng Khouang, 17. April 1920.

Scheer, Robert, »Hang Down Your Head Tom Dooley«, in: *A Muckraker's Guide*, San Francisco 1969.

Scott, James C., »Patron-Client Politics and Political Change in Southeast Asia«, in: *American Political Science Review*, Nr. 1, März 1972.

Scott, Peter Dale, »Air America. Flying the U. S. into Laos«, in: Nina S. Adams, Alfred W. McCoy (Hg.), *Laos. War and Revolution*, New York 1970.

Shahzad, Syed Saleem, »U. S. Turns to Drug Baron to Rally Support«, in: *Online Asia Times*, 4. Dezember 2001, unter: http://www.atimes.com/ind-pak/CLO4Df01.html (Site zuletzt besucht am 11. Dezember 2001).

Shan State Army, »An Outline of the Political History of the Shan State from World War II to the Present«, in: U. S. Congress, House, Committee on International Relations, *Proposal to Control Opium from the Golden Triangle and Terminate the Shan Opium Trade*, 94. Legislaturperiode, 1. Sitzung, Washington, D. C., 1975.

Shan State Progress Party, Central Executive Committee, »Communiqué«, September 1971.

Shan Unity Preparatory Committee, »Communiqué No. 5«, Shan-Staat, 14. März 1968.

Shihab, Sophie, »L'Onde de choc de la Guérilla islamiste s'étend en Asie Centrale«, in: *Le Monde*, 9. September 2000.

Shochurek, Howard, »Americans in Action«, in: *National Geographic*, Nr. 1, Januar 1965.

Silverstein, Josef, »Politics in the Shan State. The Question of Secession from the Union of Burma«, in: *Journal of Asian Studies*, Nr. 1, November 1958.

Skolnick, Jerome H., »A Critical Look at the National Drug Control Strategy«, in: *Yale Law & Policy Review*, Nr. 1, 1990

Smith, William French, U. S. Attorney General, »Drug Traffic Today. Challenge and Response«, in: *Drug Enforcement*, Sommer 1982.

Spence, Jonathan, »Opium Smoking in Ch'ing China«, Honolulu: Conference on Local Control and Protest During the Ching Period, 1971.
Stelle, Charles C., »American Trade in Opium to China in the Nineteenth Century«, in: *Pacific Historical Review*, 9, Dezember 1940.
Stelle, Charles C., »American Trade in Opium to China, 1821–39«, in: *Pacific Historical Review*, 10, März 1941.
Swank, Irvin C., »North American Heroin«, in: *Drug Enforcement*, Februar 1977.
Thak Chaloemtiarana, »On Coups d'État«, in: ders. (Hg.), *Thai Politics. Extracts and Documents, 1932–1957*, Bangkok 1978.
Thaung, Dr., »Panthay Interlude in Yunnan. A Study in Vicissitudes Through the Burmese Kaleidoscope«, in: *Burmese Research Society Fiftieth Anniversary Publication*, Nr. 1, 1961.
Tilman, Robert O., »Emergence of Black-market Bureaucracy. Administration, Development, and Corruption in New States«, in: *Public Administration Review*, Nr. 5, September/Oktober 1968.
Torchia, Christopher, »Poppy-Farmers. Eradication is Unfair«, Associated Press, 7. April 2002, unter: http://lycos.com/news (Site zuletzt besucht am 5. Mai 2002).
Tough, Paul, »The OxyContin Underground«, in: *New York Times Magazine*, 29. Juli 2001.
Traub, James, »Questions for Richard C. Holbrooke«, in: *New York Times Magazine*, 24. März 2002.
Trocki, Carl A., »The Rise of Singapore's Great Opium Syndicate, 1840–86«, in: *Journal of Southeast Asian Studies*, Nr. 1, 1987.
U. S. Drug Enforcement Administration, Office of Intelligence, »Heroin Seized in Europe During 1978«, in: *Drug Enforcement*, Februar 1979.
U. S. Drug Enforcement Administration, Office of Intelligence, »The Heroin Labs of Marseille«, in: *Drug Enforcement*, Herbst 1973.
U. S. Drug Enforcement Administration, Office of Intelligence, International Intelligence Division, »People's Republic of China and Narcotic Drugs«, in: *Drug Enforcement*, Herbst 1974.
Van Ours, Jan, »The Price Elasticity of Hard Drugs. The Case of Opium in the Dutch East Indies, 1923–1938«, in: *Journal of Policial Economy*, Nr. 2, 1995.
Vienne, Bernard, »De la production d'opium au trafic d'héroine. L'économie du pavot chez les minoriés ethniques du Nord de la Thailande«, in: Éric Léonard (Hg.), *Drogue et reproduction sociale dans le Tiers Monde*, Bondy 1998.
Wang, Yi Chu, »Tu Yueh-sheng (1888–1951). A Tentative Political Biography«, in: *Journal of Asian Studies*, Nr. 3, Mai 1967.
Ward, J. Thomas, »U. S. Aid to Hill Tribe Refugees in Laos«, in: Peter Kunstadter (Hg.), *Southeast Asian Tribes, Minorities, and Nations*, Princeton 1967.
Weiler, Peter, »The United States, International Labor, and the Cold War. The Breakup of the World Federation of Trade Unions«, in: *Diplomatic History*, Nr. 1, 1981.
Wertheim, Willem F., »Sociological Aspects of Corruption in Southeast Asia«, in: ders. (Hg.), *East-West Parallels*, Chicago 1964.

Westermeyer, Joseph John, »The Use of Alcohol and Opium Among Two Ethnic Groups in Laos«, Magisterarbeit, University of Minnesota, 1968.
White, Terrence, »Politics in the Poppy Fields«, in: *Asia Magazine* (Bangkok), Nr. Z-9, 23. Januar 1985.
White, Terrence, »The Private World of Khun Sa«, in: *Asia Magazine* (Bangkok), Nr. B-21, 12. Juli 1987.
Wicinski, Laura, M., »Europe Awash with Heroin«, in: *Drug Enforcement*, Sommer 1981.
Wilson, Constance M., *State and Society in the Reign of Mongkut, 1851–1868. Thailand on the Eve of Modernization*, Doktorarbeit, Cornell University, 1970.
Wolff, Lester L., et al., »The Narcotics Situation in Southeast Asia«, in: *Drug Enforcement*, Sommer 1975.
Yawnghwe, Chao Tzang, »Shan Opium Politics. The Khun Sa Factor«, in: *Burma Debate*, Nr. 1, Februar/März 1995.
Yegar, Moshe, »The Panthay (Chinese Muslims) of Burma and Yunnan«, in: *Journal of Southeast Asian Studies*, Nr 1, 1966.
Yusufzai, Rahimullah, »Poppy Polls«, in: *Newsline* (Karatschi), Dezember 1989.
Zaw, Aung, »Drugs, Generals and Neighbors«, in: *Irrawaddy*, Nr. 5, Juni 2001.
Zinberg, Norman E., »GIs and OJs in Vietnam«, in: *New York Times Magazine*, 5. Dezember 1971.
Zinke, Paul J., Sanga Savuhasri, Peter Kunstadter, »Soil Fertility Aspects of the Lua Forest Fallow System of Shifting Cultivation«, Seminar on Shifting Cultivation and Economic Development in Northern Thailand, Chiang Mai, Thailand, 18.–24. Januar 1970.

Bücher

Agulhon, Maurice, Fernand, Barrat, *C.R.S. à Marseille*, Paris 1971.
Alexander, Shana, *Pizza Connection. Der Prozess gegen die Drogenmafia*, München 1989.
Ali, Tariq, *Can Pakistan Survive? The Death of a State*, New York 1983.
Anderson, John, M. D., *Mandalay to Momien. A Narrative of the Two Expeditions to Western China of 1868 and 1879 Under Colonel Edward B. Sladen and Colonel Horace Browne*, London 1876.
Andreas, Peter, *Border Games. Policing the U. S.-Mexico Divide*, Ithaca 2000.
Anslinger, Harry J., *The Murderers*, New York 1961.
Anslinger, Harry J., Will Oursler, *The Protectors*, New York 1964.
Ardila, Patricia, *Beyond Law Enforcement. Narcotics and Development*, Washington, D. C., Februar 1990.
Aron, Robert, *France Reborn. The History of the Liberation, June 1944 – May 1945*, New York 1964 (franz. Original: *Histoire de la libération de la France. Juin 1944–Mai 1945*, Paris 1959).
Association Culturelle Pour le Salut du Viet-Nam, *Témoinages et Documents français relatifs à la Colonisation française au Viet-Nam*, Hanoi 1945.

Avineri, Shlomo, *Karl Marx on Colonialism and Modernization*, Garden City, NY, 1969.
Ayme, G., *Monographie de Ve Territoire militaire*, Hanoi 1930.
Barnett, A. Doak, *China on the Eve of Communist Takeover*, New York 1963.
Baudoin, Madeleine, *Histoire des groups francs (M.U.R.) des Bouches-du-Rhône de septembre 1943 à la libération*, Paris 1962.
Bennington-Cornell Anthropological Survey of the Hill Tribes in Thailand, *A Report on Tribal Peoples of Chinagrai Province North of the Mae Kok River*, Bangkok 1964.
Bernard, Paule, *Lotus, Opium et Kimonos*, Paris 1959.
Berntatzik, Hugo Adolph, *Akha and Miau*, New Haven 1970.
Berridge, Virginia, Griffith Edwards, *Opium and the People. Opiate Use in Nineteenth-Century England*, London 1987.
Blanchard, Wendell, *Thailand. Its People, Its Society, Its Culture*, New Haven 1958.
Block, Alan A., *East Side – West Side. Organizing Crime in New York, 1930–1950*, New Brunswick, NJ, 1983.
Blok, Anton, *Die Mafia in einem sizilianischen Dorf, 1860–1960. Eine Studie über gewalttätige bäuerliche Unternehmer*, Frankfurt am Main 1981.
Bodard, Lucien, *L'Humiliation*, Paris 1965.
Bodard, Lucien, *The Quicksand War. Prelude to Vietnam*, Boston 1967 (franz. Original: *La guerre d'Indochine*, Paris 1963).
Boorman, Howard L. (Hg.), *Biographical Dictionary of Republican China*, New York 1970.
Boyle, John Hunter, *China and Japan at War, 1937–1945. The Politics of Collaboration*, Stanford 1972.
Brailey, Nigel J., *Thailand and the Fall of Singapore. A Frustrated Asian Revolution*, Boulder 1986.
Branfman, Fred (Hg.), *Voices from the Plain of Jars*, New York 1972.
Brook, Timothy, Bob Tadashi Wakabayashi (Hg.), *Opium Regimes. China, Britain and Japan, 1839–1952*, Berkeley 2000.
Brown, Anthony Cave, *The Last Hero. Wild Bill Donovan. The Biography and Political Experience of Major General William J. Donovan, Founder of the OSS and »Father« of the CIA, from his Personal and Secret Papers and the Diaries of Ruth Donovan*, New York 1982.
Burchett, Wilfred, *Mekong Upstream*, Hanoi 1957.
Buttinger, Joseph, *Der kampfbereite Drachen. Vietnam nach Dien Bien Phu*, Wien u. a. 1968.
Campbell, Rodney, *Unternehmen Luciano. Die Rolle der Mafia im Zweiten Weltkrieg*, Wien u. a. 1978.
Caply, Michel, *Guérilla au Laos*, Paris 1966.
Castellari, Gabrielle, *La belle Histoire de Marseille*, Marseille 1968.
Chennault, Claire Lee, *Way of a Fighter. The Memoirs of Claire Lee Chennault*, New York 1949.
Choury, Maurice, *La Résistance en Corse*, Paris 1958.

Christic Institute, *Inside the Shadow Government. Declaration of Plaintiffs' Counsel Filed by the Christic Institute, US District Court, Miami, Florida, March 31, 1986*, Washington, D. C., Juni 1988.

Clark, Arthur H., *The Clipper Ship Era. An Epitome of Famous American and British Clipper Ships, Their Owners, Builders, Commanders, and Crews, 1853–1869*, New York 1910.

Clawson, Patrick L., Rensselaer W. Lee, *The Andean Cocaine Industry*, London 1996.

Cockburn, Alexander, Jeffrey St. Clair, *Whiteout. The CIA, Drugs and the Press*, New York 1998.

Colby, William, *Honorable Men. My Life in the CIA*, New York 1978.

Coles, Harry L., Albert K. Weinberg, *Civil Affairs. Soldiers Become Governours*, Washington, D. C., 1964.

Cooper, Chester L., *The Lost Crusade*, New York 1970.

Corson, William R., *The Armies of Ignorance. The Rise of the American Intelligence Empire*, New York 1977.

Corvo, Max, *The O. S. S. in Italy, 1942–1945. A Personal Memoir*, New York 1990.

Costello, John, *The Pacific War, 1941–1945*, New York 1981.

Costin, William C., *Great Britain and China*, Oxford 1937.

Courtwright, David T., *Dark Paradise. Opiate Addiction in America Before 1940*, Cambridge 1982.

Courtwright, David T., et. al., *Addicts Who Survived. An Oral History of Narcotic Use in America, 1923–1965*, Knoxville 1989.

Cox, Christopher R., *Chasing the Dragon. Into the Heart of the Golden Triangle*, New York 1996.

Critchfield, Richard, *The Long Charade*, New York 1968.

The Cyclopedia of American Biography, New York 1963, Bd. 46.

Darling, Frank C., *Thailand and the United States*, Washington, D. C., 1965.

Davies, C. Colin, *The Problem of the North-West Frontier, 1890–1908*, London 1932.

Devillers, Philippe, *Histoire de Viêt-Nam de 1940 à 1952*, Paris 1952.

Devillers, Philippe, Jean Lacouture, *La fin d'un guerre. Indochine 1954*, Paris 1960 (engl.: *End of a War*, New York 1969).

Dolci, Danilo, *Umfrage in Palermo. Dokumente aus der sizilianischen Elendshölle*, Berlin 1961.

Dommen, Arthur J., *Conflict in Laos*, New York 1971.

Dooley, Thomas, M. D., *Erlöse uns von dem Übel. Vietnams Flucht in die Freiheit*, Klagenfurt 1958.

Doumer, Paul, *Situation de l'Indo-Chine (1897–1901)*, Hanoi 1902.

Dumarest, Jacques, *Les monopoles de l'opium et du sel en Indochine*, Lyon 1938.

Duncanson, Dennis J., *Government and Revolution in South Vietnam*, London 1968.

Dunn, Wie T., *The Opium Traffic in Its International Aspects*, New York 1920.

Emdad-ul Haq, M., *Drugs in South Asia. From the Opium Trade to the Present Day*, New York 2000.

Epstein, Edward Jay, *Agency of Fear. Opiates and Political Power in America*, New York 1977.
Evans, Grant, *The Yellow Rainmakers*, London 1983.
Fairbank, John K., et. al., *East Asia. Tradition and Transformation*, Boston 1965.
Fairbank, John K., *Trade and Diplomacy on the China Coast. The Opening of the Treaty Ports, 1842–1854*, Cambridge 1953.
Fall, Bernard B., *Anatomy of a Crisis. The Laotian Crisis of 1960–1961*, Garden City, NY, 1969.
Fall, Bernard B., *Hell in a Very Small Place*, Philadelphia 1967.
Fall, Bernard B., *The Two Vietnams. A Political and Military Analysis*, New York 1967.
Far Eastern Economic Review, *1968 Yearbook* (Hongkong).
Far Eastern Economic Review, *1971 Yearbook* (Hongkong).
Faulkner, R. J., R. A. Field, *Vanquishing the Dragon. The Law of Drugs in Hong Kong*, Hongkong 1975.
Filippelli, Ronald L., *American Labor and Postwar Italy, 1943–1953*, Stanford 1989.
FitzGerald, Frances, *Fire in the Lake. The Vietnamese and the Americans in Vietnam*, Boston 1972.
Fonde, Jean Julien, *Traitez à tout Prix*, Paris 1971.
Fried, Albert, *The Rise and Fall of the Jewish Gangster in America*, New York 1980.
Galster, Steven R. (Hg.), *Afghanistan. The Making of U. S. Policy, 1973–1990*, Washington, D. C., 1995.
Garland, Albert, Howard McCraw, *Sicily and the Surrender of Italy*, Washington, D. C., 1965.
Geoffray, C., *Réglementation des Régies indochinois*, Bd. 1, *Opium, Alcools, Sel*, Haiphong 1938.
Goodson, Larry P., *Afghanistan's Endless War. State Failure, Regional Politics, and the Rise of the Taliban*, Seattle 2001.
Gosch, Martin, Richard Hammer, *The Last Testament of Lucky Luciano*, Boston 1974.
Graham, Bruce Desmond, *The French Socialists and Tripartism, 1944–1947*, Canberra 1965.
Greenberg, Michael, *British Trade and the Opening of China, 1800–42*, Cambridge 1951.
Griffin, Michael, *Reaping the Whirlwind. The Taliban Movement in Afghanistan*, London 2001.
Grimaldi, Oberstleutnant, *Notions de Case sur les Forces supplétives du Sud Vietnam*, S.P.50.295, 15. Mai 1954.
Halberstam, David, *Vietnam oder Wird der Dschungel entlaubt?*, Reinbek bei Hamburg 1965.
Halpern, Joel, *Economy and Society of Laos*, New Haven 1964.
Hamilton-Paterson, James, *The Greedy War*, New York 1971.
Hammer, Ellen J., *The Struggle for Indochina, 1940–1955*, Stanford 1967.

Hammond, Thomas T., *Red Flag Over Afghanistan*, Boulder 1984.
Hess, Albert G., *Chasing the Dragon*, New York 1965.
Higgins, Marguerite, *Our Vietnam Nightmare*, New York 1965.
Hilsman, Roger, *To Move a Nation. The Politics of Foreign Policy in the Administration of John F. Kennedy*, Garden City, NY, 1967.
Hobsbawm, Eric J., *Die Banditen*, Frankfurt am Main 1972.
Hobsbawm, Eric J., *Industrie und Empire. Britische Wirtschaftsgeschichte seit 1750*, Frankfurt am Main 1979.
Hobsbawm, Eric J., *Sozialrebellen. Archaische Sozialbewegungen im 19. und 20. Jahrhundert*, Neuwied/Berlin 1971.
Ho Chi Minh, *Selected Works*, Hanoi 1961 (dt.: *Ausgewählte Reden und Aufsätze*, Berlin 1961; *Ausgewählte Werke*, Köln 1977).
Hong, Lysa, *Thailand in the Nineteenth Century. Evolution of the Economy and Society*, Singapur 1984.
Hostache, René, *Le conseil national de la Résistance. Les institutions de la clandestinité*, Paris 1958.
Hsin-pao, Chang (Zhang, Xinbao), *Commissioner Lin and the Opium War*, Cambridge 1964.
Hughes, Robert John, *The Junk Merchants. The International Narcotics Traffic*, Boston 1971.
Hughes, Lizbeth B. (Hg.), *The Evangel in Burma*, Rangun 1926.
Ireland, Alleyne, *Colonial Administration in the Far East. The Province of Burma*, Boston 1907.
Isaacs, Harold R., *No Peace for Asia*, Cambridge 1967.
Isaacs, Harold R., *The Tragedy of the Chinese Revolution*, Stanford 1951.
Issawi, Charles, *Economic History of Iran*, Chicago 1971.
Jennings, John M., *The Opium Empire. Japanese Imperialism and Drug Trafficking in Asia, 1895-1945*, Westport 1997.
Julliard, Jacques, *La IVᵉ République*, Paris 1968.
Kahin, George McTurnan, John W. Lewis, *The United States in Vietnam*, New York 1967.
Karnow, Stanley, *Vietnam. A History*, New York 1983.
Katzenstein, Peter J. (Hg.), *The Culture of National Security. Norms and Identity in World Politics*, New York 1996.
Keen, F. B. G., *The Meo of North-West Thailand*, Wellington (Neuseeland) 1966.
Keesing's Research Report, *South Vietnam. A Political History, 1954-1970*, New York 1970.
Keppel, Arnold, *Gun-running and the Indian North-West Frontier*, London 1911.
Kirby, S. Woodburn, *The War Against Japan*, Bd. 5: *The Surrender of Japan*, London 1969.
Klare, Michael, *Rogue States and Nuclear Outlaws. America's Search for a New Foreign Policy*, New York 1995.
Kolko, Gabriel, *The Politics of War. Allied Diplomacy and the World Crisis of 1943-1945*, New York 1968.

Kolko, Joyce, Gabriel Kolko, *The Limits of Power. The World and United States Foreign Policy, 1945–1954*, New York 1972.
Kwitny, Jonathan, *The Crimes of Patriots. A True Tale of Dope, Dirty Money, and the CIA*, New York 1987.
Lafeber, Walter, *America, Russia and the Cold War, 1945–1966*, New York 1967.
Lamour, Catherine, *Enquête sur une armée secrète*, Paris 1975.
Lamour, Catherine, Michel R. Lamberti, *Die Opium-Mafia*, Frankfurt am Main 1973.
Lancaster, Donald, *The Emancipation of French Indochina*, New York 1961.
Landon, Kenneth P., *The Chinese in Thailand*, New York 1941.
Lansdale, Edward G., *In the Midst of Wars. An American's Mission to Southeast Asia*, New York 1972.
Le May, Reginald, *An Asian Arcady. The Land and Peoples of Northern Siam*, Cambridge 1926.
Le Thanh Khoi, *Le Viêt–Nam. Histoire et Civilisation*, Paris 1955.
Leach, Edmund R., *Political Systems of Highland Burma*, Boston 1965.
Leary, William M., *Perilous Missions. Civil Air Transport and CIA Covert Operations in Asia*, Montgomery 1984.
Lebar, Frank M., Gerald C. Hickey, John K. Musgrave, *Ethnic Groups of Mainland Southeast Asia*, New Haven 1964.
Lee, Rensselaer, *The White Labyrinth. Cocaine & Political Power*, New Brunswick 1989.
Lewis, Norman, *Die ehrenwerte Gesellschaft*, Frankfurt am Main 1967.
Lintner, Bertil, *Blood Brothers. Crime, Business and Politics in Asia*, Sydney 2002.
Lintner, Bertil, *Burma in Revolt. Opium and Insurgency Since 1948*, Boulder 1994.
Litwak, Robert S., *Rogue States and U.S. Foreign Policy. Containment After the Cold War*, Washington, D.C., 2000.
Lobe, Thomas, *United States National Security Policy and Aid to the Thailand Police*, Denver 1977.
Loftus, John, *The Belarus Secret*, New York 1982.
Lowes, Peter D., *The Genesis of International Narcotics Control*, Genf 1966.
Lubbock, Basil, *The China Clippers*, Glasgow 1914.
Lubbock, Basil, *The Opium Clippers*, Glasgow 1953.
Luce, Don, John Sommer, *Viet Nam. The Unheard Voices*, Ithaca 1969.
Maas, Peter, *Manhunt*, New York 1986.
Mauer, Marc, *Americans Behind Bars. A Comparison of International Rates of Incarceration*, Washington, D.C., 1991.
McAlister, John T., *Viet Nam. The Origins of the Revolution*, New York 1969.
McCoy, Alfred W., *Drug Traffic. Narcotics and Organized Crime in Australia*, Sydney 1980.
McWilliams, John C., *The Protectors. Harry J. Anslinger and the Federal Bureau of Narcotics, 1930–1962*, Newark 1990.
Menzel, Sewall H., *Fire in the Andes. U.S. Foreign Policy and Cocaine Politics in Bolivia and Peru*, Lanham 1996.

Merlin, Mark David, *On the Trail of the Ancient Opium Poppy*, Rutherford, NJ, 1984.
Messick, Hank, *Lansky*, New York 1971.
Miles, Milton E., *A Different Kind of War. The Little-known Story of the Combined Guerilla Forces Created by the U.S. Navy and the Chinese During World War II*, New York 1967.
Mintz, Sidney, *Die süße Macht. Kulturgeschichte des Zuckers*, Frankfurt am Main 1992.
Morales, Edmundo, *Cocaine. White Gold Rush in Peru*, Tucson 1989.
Morgan, William P., *Triad Societies in Hong Kong*, Hongkong 1960.
Moscow, Alvin, *Merchants of Heroin*, New York 1968.
Moss, George Donelson, *Vietnam. An American Ordeal*, Englewood Cliffs, NJ, 1990.
Moule, Reverend A. E., Church Missionary Society, *The Use of Opium and Its Bearing on the Spread of Christianity in China*, Shanghai 1877.
Murphy, Morgan F., Robert H. Steele, *The World Heroin Problem. Report of Special Study Mission*, U.S. Congress. 92. Legislaturperiode, 2. Sitzung, Washington, D.C., 1971.
Murray, Dian H., *Pirates of the South China Coast, 1790–1810*, Stanford 1987.
Musto, David F., *The American Disease. The Origins of Narcotics Control*, New Haven 1973.
Myint, Hla, *The Economics of the Developing Countries*, New York 1964.
Naval Intelligence Division, *Indochina*, Cambridge 1943.
Navasky, Victor S., *Kennedy Justice*, New York 1971.
Nghiem Dang, *Viet-Nam. Politics and Public Administration*, Honolulu 1966.
Ngo Vinh Long, *Before the Revolution. The Vietnamese Peasants Under the French*, Cambridge 1973.
Niblock, Tim, *»Pariah States« and Sanctions in the Middle East. Iraq, Libya, Sudan*, London 2001.
Nixon, Richard, *Public Papers of the Presidents of the United States. Containing the Public Messages, Speeches, and Statements of the President 1971*, Washington, D.C., 1972.
Nixon, Richard, *Public Papers of the Presidents of the United States. Containing the Public Messages, Speeches, and Statements of the President 1972*, Washington, D.C., 1974.
Nixon, Richard, *Public Papers of the Presidents of the United States. Containing the Public Messages, Speeches, and Statements of the President 1973*, Washington, D.C., 1975.
Owen, David Edward, *British Opium Policy in China and India*, New Haven 1934.
Paillat, Claude, *Dossier secret de l'Indochine*, Paris 1964.
Pantaleone, Michele, *The Mafia and Politics*, London 1966 (ital. Original: *Mafia e politica*, Turin 1972).
Parssinen, Terry M., *Secret Passions, Secret Remedies. Narcotic Drugs in British Society, 1820–1930*, Philadelphia 1983.

Patti, Archimedes L. A., *Why Viet Nam. Prelude to America's Albatross,* Berkeley 1980.
Peat, Vanessa, *The Andean Cocaine Industry. A Maze With No Way Out? Failures of the U. S.' War on Drugs,* Genf 1998.
Peyrouton, Bernard-Marcel, *Les monopoles en Indochine,* Paris 1913.
Picanon, Eugene, *Le Laos français,* Paris 1901.
Powers, Thomas, *CIA. Die Geschichte, die Methoden, die Komplotte,* Bergisch-Gladbach 1983.
Prakash, Om, *The Dutch East India Company and the Economy of Bengal, 1630–1720,* Delhi 1988.
Pringle, Robert, *Rajahs and Rebels. The Ibans of Sarawak Under Brooke Rule, 1841–1941,* Ithaca 1970.
Purcell, Victor, *The Chinese in Southeast Asia,* London 1951.
Radosh, Ronald, *American Labor and United States Foreign Policy,* New York 1969.
Ranelagh, John, *The Agency. The Rise and Decline of the CIA,* New York 1986.
Rashid, Ahmed, *Heiliger Krieg am Hindukusch. Der Kampf um Macht und Glauben in Zentralasien,* München 2002.
Rashid, Ahmed, *Taliban. Afghanistans Gotteskrieger und der Dschihad,* München 2001.
Reeves, Richard, *Reise nach Peshawar. Pakistan zwischen gestern und morgen,* Braunschweig 1986.
Reid, Ed, *The Grim Reapers,* Chicago 1969.
Reid, Gary, Genevieve Costigan, *Revisiting the »Hidden Epidemic«. A Situation Assessment of Drug Use in Asia in the Context of HIV/AIDS,* Fairfield 2002.
Renborg, Bertil A., *International Drug Control. A Study of International Administration By and Through the League of Nations,* Washington, D. C., 1947.
Riggs, Fred W., *Thailand. The Modernization of a Bureaucratic Polity,* Honolulu 1966.
Robbins, Christopher, *Air America,* New York 1979.
Robbins, Christopher, *The Ravens. The Men Who Flew in America's Secret War in Laos,* New York 1987.
Rochet, Charles, *Pays Lao,* Paris 1949.
Rostow, Walt W., *Stadien wirtschaftlichen Wachstums,* Göttingen 1960.
Rowntree, Joshua, *The Imperial Drug Trade,* London 1905.
Roy, Jules, *Der Fall von Dien Bien Phu. Indochina. Der Anfang vom Ende,* München 1964.
Rubin, Barnett R., *The Fragmentation of Afghanistan. State Formation and Collapse in the International System,* New Haven 2002.
Rush, James R., *Opium to Java. Revenue Farming and Chinese Enterprise in Colonial Indonesia, 1860–1910,* Ithaca 1990.
Saccomano, Eugène, *Bandits à Marseille,* Paris 1968.
Sao Saimong Mangrai, *The Shan States and the British Annexation,* Ithaca, August 1965.
Savani, Antoine M., *Visages et images du Sud Viet-Nam,* Saigon 1955.

Savina, F. M., *Histoire des Miao*, Hongkong 1930.
Schanche, Don A., *Mister Pop*, New York 1971.
Scigliano, Robert, *South Vietnam. Nation Under Stress*, Boston 1963.
Scott, James Maurice, *The White Poppy*, London 1969.
Scott, Peter Dale, *The War Conspiracy. The Secret Road to the Second Indochina War*, Indianapolis 1972.
Senator Gravel Edition, *The Pentagon Papers. The Defence Department History of United States Decision-Making on Vietnam*, Boston 1971.
Servadio, Gaia, *Mafioso. A History of the Mafia from Its Origins to the Present*, New York 1976.
Shaplen, Robert, *The Lost Revolution. The U.S. in Vietnam, 1946–1966*, New York 1966.
Shaplen, Robert, *The Road from War. Vietnam 1965–1971*, New York 1970.
Shaplen, Robert, *Time Out of Hand. Revolution and Reaction in Southeast Asia*, New York 1970.
Sheehan, Neil (Hg.), *Die Pentagon-Papiere*, München/Zürich 1971.
Singer, Max, *Policy Concerning Drug Abuse in New York State*, Croton-on-Hudson, 31. Mai 1970.
Siragusa, Charles, Robert Wiedrich, *The Trail of the Poppy. Behind the Mask of the Mafia*, Englewood Cliffs, NJ, 1966.
Skinner, G. William, *Chinese Society in Thailand. An Analytical History*, Ithaca 1957.
Slack, Edward R. jr., *Opium, State, and Society. China's Narco-Economy and the Kuomintang, 1924–1937*, Honolulu 2001.
Smith, Martin, *Birma. Insurgency and the Politics of Ethnicity*, London 1991.
Smith, Nicol, Blake Clark, *Into Siam, Underground Kingdom*, Indianapolis 1946.
Smith, R. Harris, *OSS. The Secret History of America's First Central Intelligence Agency*, Berkeley 1972.
Snepp, Frank, *Decent Interval. The American Debacle in Vietnam and the Fall of Saigon*, London 1980.
Society for the Aid and Rehabilitation of Drugs Addicts, *Annual Report 1973–1974*, Hongkong 1974.
Sontag, Raymond J., *A Broken World, 1919–1939*, New York 1971.
Spencer, C. P., V. Navaratnam, *Drug Abuse in East Asia*, Kuala Lumpur 1981.
Sta Ana, A. P., *The Golden Triangle Revisited*, Manila 1975.
Stackpole, Edouard, *Captain Prescott and the Opium Smugglers*, Mystic, CT, Juli 1954.
Sterling, Claire, *Octopus. The Long Reach of the International Sicilian Mafia*, New York 1990 (dt.: *Die Mafia. Das organisierte Verbrechen bedroht die Welt*, Bergisch-Gladbach 1993).
Strachey, Sir John, *India. Its Administration and Progress*, London 1903.
Talese, Gay, *Ehre deinen Vater*, Wien/München 1972.
Tanham, George K., *Trial in Thailand*, New York 1974.
Taylor, Arnold H., *American Diplomacy and the Narcotics Traffic, 1900–1939. A Study in International Humanitarian Reform*, Durham 1969.

Taylor, Robert H., *Foreign and Domestic Consequences of the KMT Intervention in Burma*, Ithaca 1973.
Teng Ssu-yu, *Chang Hsi and the Treaty of Nanking*, Chicago 1944.
Thak Chaloemtiarana (Hg.), *Thai Politics. Extracts and Documents, 1932–1957*, Bangkok 1978.
Thelwall, Rev. Algeron Sydney, *The Iniquities of the Opium Trade with China. Being a Development of the Main Causes Which Exclude the Merchants of Great Britain from the Advantages of an Unrestricted Commercial Intercourse with That Vast Empire*, London 1839.
Thompson, Virginia, *French Indochina*, New York 1937.
Thompson, Virginia, *Thailand. The New Siam*, New York 1941.
Thornton, E. M., *Freud and Cocaine. The Freudian Fallacy*, London 1983.
Tillon, Charles, *Les F.T.P.*, Paris 1967.
Timberlake, James, H., *Prohibition and the Progressive Movement, 1900–1920*, Cambridge 1963.
Tinker, Hugh, *The Union of Burma*, London 1957.
Topping, Seymour, *Journey Between Two Chinas*, New York 1972.
Toye, Hugh, *Laos. Buffer State or Battleground*, New York 1968.
Trinquier, Roger, Jacques Duchemin, Jacques Le Bailley, *Notre guerre au Katanga*, Paris 1963.
Trocki, Carl A., *Opium, Empire and the Global Political Economy. A Study of the Asian Opium Trade*, London 1999.
Trocki, Carl A., *Prince of Pirates. The Temenggongs and the Development of Johor and Singapore*, Singapur 1979.
Vigneras, Marcel, *Rearming the French*, Washington, D. C., 1957.
Vo Nguyen Giap, General, *Volkskrieg, Volksarmee*, München 1968.
Waley, Arthur, *The Opium War Through Chinese Eyes*, New York 1958.
Warner, Denis, *Vietnam. Krieg ohne Entscheidung*, München 1965.
Webb, Gary, *Dark Alliance. The CIA, the Contras, and the Crack Cocaine Explosion*, New York 1998.
Weibel, Ernest, *La création des régions autonomes à status spécial en Italie*, Genf 1971.
Who's Who in Thailand 1987, Bangkok 1987.
Wickberg, Edgar, *The Chinese in Philippine Life*, New Haven 1965.
Wiens, Herold J., *China's March Toward the Tropics*, Hamden, CT, 1954.
Williams, Philip Maynard, Martin Harrison, *Politics and Society in de Gaulle's Republic*, London 1971.
Winichakul, Thongchai, *Siam Mapped. A History of the Geo-body of a Nation*, Honolulu 1994.
Wise, David, Thomas B. Ross, *Die unsichtbare Regierung*, Frankfurt am Main 1966.
Woodside, Alexander Barton, *Vietnam and the Chinese Model. A Comparative Study of Nguyên and Ch'ing Civil Government in the First Half of the Nineteenth Century*, Cambridge 1971.

Woodward, Bob, *Bush at War*, New York 2002 (dt.: *Bush at War. Amerika im Krieg*, Stuttgart/München 2003).
Wyatt, David K., *Thailand. A Short History*, New Haven 1984.
Yawnghwe, Chao Tzang, *The Shan of Burma. Memoirs of a Shan Exile*, Singapur 1987.
Young, Gordon, *The Hill Tribes of Northern Thailand*, Bangkok 1962.
Zarco, Ricardo M., *Street Corner Drug Use in Metropolitan Manila. A Comparison of Two Socio-economoic Categories of Illicit Drug Users*, Manila 1972.
Zarco, Ricardo M., *Two Research Monographs on Drug Abuse in the Philippines*, Manila 1975.
Zhou Yongming, *Anti-Drug Crusades in Twentieth-Century China. Nationalism, History, and State Building*, Lanham 1999.

Dokumentarfilme

Dealing With the Demon, Aspire Films, Teil 2, Fernsehsendung, produziert von Chris Hilton, Sydney, Australien, 1994.
Guns, Drugs and the CIA, Frontline, Documentary Consortium, WGBH-Boston, Reporterin: Judy Woodruff, produziert von Andrew und Leslie Cockburn, Boston 1988.
King of Heroin, ABC Television, produziert v. Janice Tomlin, New York, 28. April 1989.

Regierungspublikationen

Australien

Commonwealth of Australia, Parliament, *Report of the Royal Commission on Secret Drugs, Cures, and Food*, Sydney 1907.
N.S.W. Parliament, Joint Committee Upon Drugs, *Progress Report*, Sydney 1978.
N.S.W. Royal Commission into Drug Trafficking, *Report*, Sydney, Oktober 1979.

Birma (Myanmar)

The Burmese Opium Manual, Rangun 1911.
Report by the Government of the Union of Burma for the Calendar Year 1950 of the Traffic in Opium and Other Dangerous Drugs, Rangun 1951.
»Report of the Administration of the Northern Shan States for the Year Ended the 30th of June 1923«, in: *Report on the Administration of the Shan and Karenni States*, Rangun 1924.
Union of Burma, Ministry of Information, *Kuomintang Aggression Against Burma*, Rangun 1953.

Hongkong

»Analysis Report on the Central Registry for Drug Addicts, April 1972 – March 1974«, unveröffentlichtes Dokument, Hongkong.
Annual Report by the Commissioner of the Independent Commission Against Corruption, Hongkong 1974.
Discharged Prisoner's Aid Society, *Three Years Experience (1967–1970) with Treatment of Ex-prisoner Female Narcotic Addicts*, Hongkong 1970.
First Report of the Commission of Inquiry Under Sir Alistair Blair-Kerr, Hongkong 1973.
The Problem of Dangerous Drugs in Hong Kong, Hongkong 1974.
Report of the Action Committee Against Narcotics for 1973–74, Hongkong 1974.
Second Report of the Commission of Inquiry Under Sir Alistair Blair-Kerr, Hongkong 1973.

Indien

Imperial Gazetteer of India. Afghanistan and Nepal, Kalkutta 1908.
Imperial Gazetteer of India. Provincial Series, North-West Frontier Province, Kalkutta 1908.
Report on the Administration of the Punjab and Its Dependencies for the Year 1870–71, Lahore 1871.

Laos

Direction du Protocole, Ministre des Affaires Etrangères, »Liste des Personnalités Lao«, Vervielfältigung, Royaume du Laos, o. J.

Pakistan

Pakistan Narcotics Control Board, *National Survey on Drug Abuse in Pakistan*, Islamabad 1986.

Philippinen

Constabulary Anti-Narcotics Unit, *First Anniversary*, Quezon-Stadt 1973.
Constabulary Anti-Narcotics Unit, *Third Anniversary*, Quezon-Stadt 1975.
Dangerous Drugs Board, *Annual Report 1974*, Manila 1975.
Dangerous Drugs Board, »Seizures and Apprehensions. Aggregate Total for the Period January – 30 September 1975«, unveröffentlichtes Dokument, Manila.

Thailand

Department of His Majesty's Customs, *Annual Statement of the Foreign Trade and Navigation*, Bangkok 1946.
Ministry of Interior, Department of Public Welfare, »Report on the Socio-economic Survey of the Hill Tribes in Northern Thailand«, Manuskript, Bangkok, September 1962.

Report of the United Nations Survey Team on the Economic and Social Needs of the Opium Producing Areas in Thailand, Bangkok 1967.

USA

U. S. Bureau of Narcotics and Dangerous Drugs, »Persons Known to Be or Suspected of Being Engaged in the Illicit Traffic in Narcotics«, überarbeitet, Washington, D. C., März 1965.

U. S. Bureau of Narcotics and Dangerous Drugs, »The World Opium Situation«, Washington, D. C., Oktober 1970.

U. S. Cabinet Committee on International Narcotics Control (CCINC), »Fact Sheet. The Cabinet Committee on International Narcotics Control. A Year of Progress in Drug Abuse Prevention«, Washington, D. C., September 1972.

U. S. Cabinet Committee on International Narcotics Control (CCINC), *World Opium Survey 1972,* Washington, D. C., 1972.

U. S. Central Intelligence Agency, Office of the Inspector General, *Allegations of Connections Between CIA and Contras in Cocaine Trafficking in the United States,* Bd. 2, *The Contra Story,* unter: www.fas.org/irp/cia/product/cocaine2/contents.html (Site zuletzt besucht am 10. April 2003).

U. S. Comptroller General, *Controlling Drug Abuse. A Status Report,* Washington, D. C., 1. März 1988.

U. S. Congress, *Congressional Record,* 92. Legislaturperiode, 2. Sitzung, 118, Nr. 106, 28. Juni 1972.

U. S. General Accounting Office, *Report to the Congress, Drug Control. U. S.-Mexico Opium and Marijuana Aerial Eradication Program,* Washington, D. C., Januar 1988.

U. S. General Accounting Office, *Drug Control. U. S. Heroin Program Encounters Many Obstacles in Southeast Asia,* Washington, D. C., März 1996.

U. S. Congress, House, Committee on Foreign Relations, *International Aspects of the Narcotics Problem,* 92. Legislaturperiode, 1. Sitzung, Washington, D. C., 1971.

U. S. Congress, House, Committee on Foreign Affairs, *The U. S. Heroin Problem and Southeast Asia. The Asian Connection,* 93. Legislaturperiode, 1. Sitzung, Washington, D. C., 1973.

U. S. Congress, House, Committee on International Relations, *The Effectiveness of Turkish Opium Control,* 94. Legislaturperiode, 1. Sitzung, Washington, D. C., 1975.

U. S. Congress, House, Committee on International Relations, *The Narcotics Situation in Southeast Asia. The Asian Connection,* 94. Legislaturperiode, 1. Sitzung, Washington, D. C., 1975.

U. S. Congress, House, Committee on International Relations, *Proposal to Control Opium from the Golden Triangle and Terminate the Shan Opium Trade,* 94. Legislaturperiode, 1. Sitzung, Washington, D. C., 1975.

U. S. Congress, House, Committee on International Relations, *The Shifting Pattern of Narcotics Trafficking. Latin America,* 94. Legislaturperiode, 2. Sitzung, Washington, D. C., 1976.

U. S. Congress, House, Select Committee on Narcotics Abuse and Control, *Opium Production, Narcotics Financing, and Trafficking in Southeast Asia*, 95. Legislaturperiode, 1. Sitzung, Washington, D. C., 1977.

U. S. Congress, House, Select Committee on Narcotics Abuse and Control, *Southeast Asian Narcotics*, 95. Legislaturperiode, 1. Sitzung, Washington, D. C., 1978.

U. S. Congress, House, Select Committee on Narcotics Abuse and Control, *Illicit Methamphetamine Laboratories in the Pennsylvania/New Jersey/Delaware Area*, 96. Legislaturperiode, 2. Sitzung, Washington, D. C., 1980.

U. S. Congress, House, Committee on Foreign Affairs, *Compilation of Narcotics Law, Treaties, and Executive Documents*, 99. Legislaturperiode, 2. Sitzung, Washington, D. C., 1986.

U. S. Congress, House, Foreign Affairs Committee, Subcommittee on Europe and the Middle East and Subcommittee on Asia and the Pacific, »Answers to Questions for Private Witnesses«, 7. März 1990.

U. S. Congress, Senate, *Enforcement of the Prohibition Laws. Official Records of the National Commission on Law Observance and Enforcement*, 71. Legislaturperiode, 3. Sitzung, Washington, D. C., 1931.

U. S. Congress, Senate, *Congressional Record*, 114, Nr. 16, 5. Februar 1968.

U. S. Congress, Senate, Committee on Foreign Relations, Subcommittee on United States Security Agreements and Commitments Abroad, *United States Security Agreements and Commitments Abroad, Kingdom of Laos*, 91. Legislaturperiode, 1. Sitzung, Washington, D. C., 1970.

U. S. Congress, Senate, Committee on Foreign Relations, Subcommittee on United States Security Agreements and Commitments Abroad, *Laos. April 1971*, Washington, D. C., 1971.

U. S. Congress, Senate, Committee on Foreign Relations, *Thailand, Laos, and Cambodia. January 1978*, 92. Legislaturperiode, 2. Sitzung, Washington, D. C., 1972.

U. S. Congress, Senate, Committee on Foreign Relations, Subcommittee on Terrorism, Narcotics, and International Operations, *Drugs, Law Enforcement, and Foreign Policy*, 100. Legislaturperiode, 2. Sitzung, Washington, D. C., Dezember 1988.

U. S. Congress, Senate, Committee on Government Operations, *Organized Crime and Illicit Traffic in Narcotics*, 88. Legislaturperiode, 1. u. 2. Sitzung, Washington, D. C., 1964.

U. S. Congress, Senate, Committee of the Judiciary, Subcommittee on Improvements in the Federal Criminal Code, *Illicit Narcotics Traffic*, 84. Legislaturperiode, 1. Sitzung, Washington, D. C., 1955.

U. S. Congress, Senate, Committee of the Judiciary, *The AMERASIA Papers. A Clue to the Catastrophe of China*, 91. Legislaturperiode, 1. Sitzung, Washington, D. C., 1970.

U. S. Congress, Senate, Committee of the Judiciary, *Refugee and Civilian War Casualty Problems in Indochina*, 91. Legislaturperiode, 2. Sitzung, Washington, D. C., 1970.

U. S. Congress, Senate, Committee of the Judiciary, *War-related Civilian Problems in Indochina,* Teil 2: *Laos and Cambodia,* 92. Legislaturperiode, 1. Sitzung, Washington, D. C., 1971.

U. S. Congress, Senate, Permanent Subcommittee on Investigations, *Fraud and Corruption in Management of Military Club Systems,* 91. Legislaturperiode, 1. Sitzung, Washington, D. C., 1969.

U. S. Congress, Senate, Permanent Subcommittee on Investigations, *Fraud and Corruption in Management of Military Club Systems. Illegal Currency Manipulations Affecting South Vietnam,* 91. Legislaturperiode, 2. Sitzung, 92. Legislaturperiode, 1. Sitzung, Washington, D. C., 1971.

U. S. Congress, Senate, Select Committee on Improper Activities in the Labor Management Field, *Hearings,* 85. Legislaturperiode, 2. Sitzung, Washington, D. C., 1959.

U. S. Congress, Senate, Select Committee to Study Governmental Operations with Respect to Intelligence Activities, *Foreign and Military Intelligence,* Buch 1: *Final Report,* 94. Legislaturperiode, 2. Sitzung, Washington, D. C., 1976.

U. S. Department of Commerce and Labor, *Statistical Abstract of the United States 1910,* Washington, D. C., 1911.

U. S. Department of Commerce, Bureau of Foreign and Domestic Commerce, *Statistical Abstract of the United States 1915,* Washington, D. C., 1916.

U. S. Drug Enforcement Administration, »Heroin Source Identification for U. S. Heroin Market – 1972«.

U. S. Drug Enforcement Administration, »Heroin Source Identification for U. S. Heroin Market, January to June 1975«.

U. S. Drug Enforcement Administration, »Heroin Source Identification for U. S. Heroin Market«, Washington, D. C., Manuskriptberichte für die Jahre 1972, 1973, 1974 und 1975.

U. S. Drug Enforcement Administration, National Narcotics Intelligence Consumers Committee 1995, »The Supply of Illicit Drugs to the United States, August 1996«

U. S. Executive Office of the President, Special Action Office for Drug Abuse Prevention, *The Vietnam Drug User Returns. Final Report,* Washington, D. C., 1974.

U. S. Justice Department, Office of Justice Programs, Bureau of Justice Statistics, »Prisoners in 1988«, in: *Bureau of Justice Statistics,* Washington, D. C., 1989.

U. S. Department of Justice, Office of Justice Programs, Bureau of Justice Statistics, *Sourcebook of Criminal Justice Statistics 1990,* Washington, D. C., 1991.

U. S. Department of Justice, Office of Justice Program, Bureau of Justice Statistics, *Correctional Populations in the United States,* Washington, D. C., 2000.

U. S. Library of Congress, Geography and Map Division, »Pushtun Territory. Groups, Tribes, Population Density, and Migration Routes«, Washington, D. C., 9. Juni 1986.

U. S. Office of National Drug Control Policy, *The National Drug Control Strategy, 1998. A Ten Year Plan 1998–2007,* Washington, D. C., 1998.

U. S. Office of National Drug Control Policy, *The National Drug Control Strategy,* Washington, D. C., Februar 2002.

U. S. State Department, »Pakistan's Tribal Areas. How They Are Administered (Or Not)«, vertrauliches Telex des US-Konsulats Peschawar, 13. Oktober 1986, zitiert in: Steven R. Galster (Hg.), *Afghanistan. The Making of U. S. Policy, 1973–1990*, Washington, D. C., 1995, Nummer 01822.

U. S. State Department, Bureau of Public Affairs, Secretary Colin L. Powell, »Statement at Press Briefing on New U. S. Humanitarian Assistance for Afghans«, 17. Mai 2001, unter: http://www.state.gov/secretary/rm/2001/2929.htm (Site zuletzt besucht am 3. Juni 2002).

U. S. State Department, Bureau of International Narcotics Matters, *International Narcotics Control Strategy Report*, Washington, D. C., Februar 1984.

U. S. State Department, Bureau of International Narcotics Matters, *International Narcotics Control Strategy Report 1986*, Washington, D. C., März 1986.

U. S. State Department, Bureau of International Narcotics Matters, *International Narcotics Control Strategy Report*, Washington, D. C., März 1988.

U. S. State Department, Bureau of International Narcotics Matters, *International Narcotics Control Strategy Report, March 1989*, Washington, D. C., Februar 1989.

U. S. State Department, Bureau of International Narcotics Matters, *International Narcotics Control Strategy Report, March 1990*, Washington, D. C., 1990.

U. S. State Department, Bureau of International Narcotics Matters, *International Narcotics Control Strategy Report*, Washington, D. C., Februar 1991.

U. S. State Department, Bureau of International Narcotics Matters, *International Narcotics Control Strategy Report, April 1993*, Washington, D. C., 1993.

U. S. State Department, Bureau of International Narcotics Matters, *International Narcotics Control Strategy Report, April 1994*, Washington, D. C., 1994.

U. S. State Department, Bureau of International Narcotics Matters and Law Enforcement Affairs, *International Narcotics Control Strategy Report, March 1996*, Washington, D. C., 1996.

U. S. State Department, Bureau of International Narcotics Matters and Law Enforcement Affairs, *International Narcotics Control Strategy Report, March 1997*, Washington, D. C., 1997.

U. S. State Department, Bureau of International Narcotics Matters and Law Enforcement Affairs, *International Narcotics Control Strategy Report, March 1998*, Washington, D. C., 1998.

U. S. State Department, Bureau of International Narcotics Matters and Law Enforcement Affairs, *International Narcotics Control Strategy Report, March 1999*, Washington, D. C., 1999.

U. S. State Department, Bureau of International Narcotics Matters and Law Enforcement Affairs, *International Narcotics Control Strategy Report, March 2000*, Washington, D. C., 2000.

U. S. State Department, Bureau of International Narcotics Matters and Law Enforcement Affairs, *International Narcotics Control Strategy Report – 2001*, Washington, D. C., März 2002, unter: http://www.state.gov/g/inl/rls/nrcrpt/2001/rpt/8483.htm (Site zuletzt besucht am 28. März 2002).

U. S. Treasury Department, Bureau of Narcotics, *Traffic in Opium and Other*

Dangerous Drugs for the Year Ended December 31, 1937, Washington, D. C., 1938.
U. S. Treasury Department, Bureau of Narcotics, *Traffic in Opium and Other Dangerous Drugs for the Year Ended December 31, 1939,* Washington, D. C. 1940.
U. S. Treasury Department, Bureau of Narcotics, »History of Narcotic Addiction in the United States«, in: U. S. Senate Committee on Government Operations, *Organized Crime and Illicit Traffic in Narcotics,* 88. Legislaturperiode, 1. u. 2. Sitzung, Washington, D. C., 1964.
U. S. Treasury Department, Bureau of Narcotics, *Traffic in Opium and Other Dangerous Drugs for the Year Ended December 31, 1965,* Washington, D. C., 1966.

Vietnam

»Announcement« aus der Residenz des Premierministers, Republik Vietnam, 19. März 1971.
Exposition coloniale internationale, Paris, 1931, Indochine française, Section d'administration générale, Direction des Finances, *Histoire budgétaire de l'Indochine,* Hanoi 1930.
Exposition coloniale internationale, Paris, 1931, Indochine française, Section générale, *Administration des douanes et régies en Indochine,* Hanoi 1930.

Internationale Organisationen

International Opium Commission, *Report of the International Opium Commission Shanghai, China, February 1 to February 26, 1909,* Schanghai 1909.
League of Nations, Advisory Committee on the Traffic in Opium and Other Dangerous Drugs, *Application of Part II of the Opium Convention with Special Reference to the European Possessions and Countries in the Far East,* Bde. 11–12, Genf 1923.
League of Nations, Advisory Committee on the Traffic in Opium and Other Dangerous Drugs, *Minutes of the First Session,* Genf, 24. Mai bis 7. Juni 1923.
League of Nations, Advisory Committee on the Traffic in Opium and Other Dangerous Drugs, *Minutes of the Twelfth Session,* 2. Februar 1929.
League of Nations, Advisory Committee on the Traffic in Opium and Other Dangerous Drugs, *Summary of Annual Reports,* Bd. 11, Genf 1930.
League of Nations, Advisory Commission of Enquiry into the Control of Opium Smoking in the Far East, *Report to the Council,* Bd. 1, Genf 1931.
League of Nations, Advisory Committee on the Traffic in Opium and Other Dangerous Drugs, *Annual Reports on the Traffic in Opium and Other Dangerous Drugs for the Year 1931,* Genf 1931.
League of Nations, Advisory Committee on the Traffic in Opium and Other Dangerous Drugs, *Summary of Annual Reports on the Traffic in Opium and Other Dangerous Drugs for the Years 1929 and 1930,* Genf, 22. März 1932.
League of Nations, Advisory Committee on the Traffic in Opium and Other

Dangerous Drugs, *Annual Reports of Governments on the Traffic in Opium and Other Dangerous Drugs for the Year 1935*, Bd. 11, Genf 1937.
League of Nations, Advisory Committee on the Traffic in Opium and Other Dangerous Drugs, *Annual Reports on the Traffic in Opium and Other Dangerous Drugs for the Year 1939*, Genf 1940.
League of Nations, Advisory Commission of Enquiry into the Control of Opium Smoking in the Far East, *Report to the Council*, Bd. 1, Genf 1930.
United Nations, Department of Social Affairs, *Bulletin on Narcotics*, Nr. 2, April–Juni 1953.
United Nations, Economic and Social Council, *World Trends of the Illicit Traffic During the War, 1939–1945*, 23. November 1946.
United Nations, Economic and Social Council, Commission on Narcotic Drugs, *Summary of the Fourth Meeting*, 29. November 1946.
United Nations, Economic and Social Council, Commission on Narcotic Drugs, *Agenda of the Ninth Meeting*, 3. Dezember 1946.
United Nations, Economic and Social Council, Commission on Narcotic Drugs, *Abolition of Opium Smoking*, 17. November 1952.
United Nations, Economic and Social Council, Commission on Narcotic Drugs, *Illicit Traffic*, 4. Mai 1955.
United Nations, Economic and Social Council, Commission on Narcotic Drugs, *Illicit Traffic*, 12. Sitzung, Tagesordnungspunkt Nr. 4, 28. Mai 1957, Nr. 295/MPL/ONU, 29. Mai 1957.
United Nations, Economic and Social Council, Commission on Human Rights, 52. Sitzung, *Report on the Situation of Human Rights in Myanmar. Prepared by Mr. Yozo Yokota, Special Rapporteur of the Commission on Human Rights, in Accordance with Commission Resolution 1995/72*, 5. Februar 1996.
United Nations Fund for Drug Abuse Control, »Crop Replacement and Community Development Project. Progress Report, September 1972 – June 1973«, Bangkok 1973.
United Nations Fund for Drug Abuse Control, UN/Thai Program for Drug Abuse Control in Thailand, »Progress Report No. 5«, Genf, September 1975.
United Nations Fund for Drug Abuse Control, UN/Thai Program for Drug Abuse Control in Thailand, »Progress Report No. 6«, Genf, Juni 1976.
United Nations, International Drug Control Programme, *World Drug Report*, Oxford 1997.
United Nations, International Drug Control Programme, »Myanmar Strategic Programme. Executive Summary«, UN Drug Control Programme 1998.
United Nations, International Drug Control Programme, *Afghanistan. Opium Poppy Survey 1997*, Islamabad 1998.
United Nations, International Drug Control Programme, *Afghanistan. Strategic Study # 1. An Analysis of the Process of Expansion of Opium Poppy to New Districts in Afghanistan*, Islamabad 1998.
United Nations, International Drug Control Programme, *Strategic Study # 4. Access to Labour. The Role of Opium in the Livelihood Strategies of Itinerant Harvesters Working in Helmand Province, Afghanistan*, Islamabad 1999.

United Nations, International Drug Control Programme, *Afghanistan. Annual Survey 2000*, Islamabad 2000.
United Nations, International Drug Control Programme, *Afghanistan. Annual Survey 2001*, Islamabad 2001
United Nations, International Narcotics Control Board, *Report of the International Narcotics Control Board for 1999*, New York 2000.
United Nations, International Narcotics Control Board, *Report of the International Narcotics Control Board for 2001*, New York 2002.
United Nations Office for Drug Control and Crime Prevention, *Strategic Study # 5. An Analysis of the Process of Expansion of Opium Poppy to New Districts in Afghanistan (Second Report)*, November 1999, unter: http://www.odccp.org: alternative_development_studies (Site zuletzt besucht am 31. Oktober 2001).
United Nations Office for Drug Control and Crime Prevention, *Lao PDR. Extent, Patterns and Trends in Illicit Drugs*, Mai 1999, unter: http://www.odccp.org:80/laoprdr/lao_pdr_country_profile.pdf (Site zuletzt besucht am 31. Oktober 2001).
United Nations, Office for Drug Control and Crime Prevention, *World Drug Report 2000*, Oxford 2000.
United Nations Office for Drug Control and Crime Prevention, *Strategic Study # 6. The Role of Women in Opium Poppy Cultivation in Afghanistan*, June 2000, unter: http://www.odccp.org:alternative_development_studies (Site zuletzt besucht am 31. Oktober 2001).
United Nations Office for Drug Control and Crime Prevention, *Country Profile. Islamic Republic of Iran*, »5. Drug Situation«, unter: http://www.odccp.org/Iran/country_profile (Site zuletzt besucht am 31. Oktober 2001).
United Nations, Office for Drug Control and Crime Prevention, Pakistan Regional Office, *Strategic Study # 2. The Dynamics of the Farmgate Opium Trade and the Coping Strategies of Opium Traders*, unter: http://www.odccp.org:80/pakistan/report_1998 (Site zuletzt besucht am 11. Oktober 2001).
United Nations Office for Drug Control and Crime Prevention, Pakistan Regional Office, *Strategic Study # 3. The Role of Opium as a Source of Informal Credit*, unter: http://www.odccp.org:80/pakistan/report_1999 (Site zuletzt besucht am 30. Oktober 2001).
United Nations, Office for Drug Control and Crime Prevention, *Global Illicit Drug Trends 2002*, New York 2002.

Interviews

Daniel J. Addario, Bangkok, 15. Dezember 1975.
Norman Barnes, USAID, Vientiane, Laos, 3. September 1971.
General Maurice Belleux, Paris, 23. März 1971.
Martin Bishop, ICAC, Hongkong, 3. Dezember 1975.
Jack Blum, Madison, Wisconsin, 12. Mai 1990.

Edgar Buell, Ban Son, Laos, 30.–31. August 1971.
Elliot K. Chan, Vientiane, Laos, 15. August 1971.
Major Chao La, Ban Nam Keung, Laos, 12. September 1971.
Oberst Chawalit Yodmani, Narcotics Suppression Center, Bangkok, 11. Dezember 1975.
Oberst Chen Mo Su, Chiang Khong, Thailand, 10. September 1971.
James Chien, Hongkong, 8. Juli 1971.
Brigadegeneral Tommy Clift, Bangkok, Thailand, 21. September 1971.
Oberst Do Khac Mai, Paris, 29. März 1971.
Oberstleutnant Lucien Conein, McLean, Virginia, 18. Juni 1971.
George Cosgrove, Ban Son, Laos, 30. August 1971.
Adrian Cowell, London, 9. März 1971.
Graham Crookdake, Hongkong, 5. Juli 1971.
Generalmajor John H. Cushman, Can Tho, Vietnam, 23. Juli 1971.
Dao Van Tap, Hanoi, Vietnam, 23. August 1981.
George Dunning, Hongkong, 6. Juli 1971.
Brian Fegan, Sydney, Australien, 10. Oktober 2000, 31. März 2002, 5. Juli 2002.
Edward Fillingham, Vientiane, Laos, 5. September 1971.
G. P. Garner, Hongkong, 7. Juli 1971.
Ger Su Yang, Dorf Long Pot, Laos, 19. August 1971.
Jeff Gerth, *New York Times*, Washington, 30. April 1990.
Hauptmann Higginbotham, Can Tho, Vietnam, 23. Juli 1971.
David Hodson, Narcotics Bureau, Royal Hong Kong Police, Hongkong, 2. Dezember 1975.
Jerome Hollander, Los Angeles, Kalifornien, 25. Juni 1971.
Estelle Holt, London, März 1971.
Hsai Kiao, Chiang Mai, Thailand, 12.–13., 21. September 1971.
Richard J. Hynes, USAID/Laos, Vientiane, Laos, 7. September 1971.
Jao Nhu, Chiang Mai, Thailand, 8. September 1971.
Jean Jerusalemy, Paris, 2. April 1971.
Seng Jewley, Homong, Birma, 3. April 1994.
John Johnston, Narcotics Bureau, Royal Hong Kong Police, Hongkong, 4. Dezember 1975.
General Khun Sa, Homong, Birma, 3. April 1994.
Hauptmann Kong Le, Paris, 22. März 1971.
General Krirksin, Distrikt Chiang Khong, Thailand, 10. September 1971.
Lai Huu Tai, Paris, 28. März 1971.
Lai Van Sang, Paris, 22. März 1971.
General Edward G. Lansdale, Alexandria, Virginia, 17. Juni 1971.
Le Quang Chanh, Rathaus von Ho-Chi-Minh-Stadt, Vietnam, 5. September 1981.
La Van Nam, Planungsinstitut von Ho-Chi-Minh-Stadt, Vietnam, 5. September 1981.
Pfarrer Paul Lewis, Chiang Mai, Thailand, 7. September 1971.
Liao Long-sing, Singapur, 24. September 1971.
Bertil Linter, *Far Eastern Economic Review*, Bangkok, Thailand, 8. April 1994.

Lo Kham Thy, Vientiane, Laos, 2. September 1971.
Ly Ky Hoang, Saigon, Vietnam, 5., 12. August, 2. September 1971.
Lyteck Lynhiavu, Vientiane, Laos, 28. August 1971.
General Mai Huu Xuan, Saigon, Südvietnam, 19. Juli 1971.
David Musto, Madison, Wisconsin, 12. Mai 1990.
Nghiem Van Tri, Paris, 30. März 1971.
General Nguyen Chanh Thi, Washington, D. C., 21. Oktober 1971.
Nguyen Phuoc Dai, Saigon, Vientam, 4. September 1981.
Nguyen Van Tam, Paris, März 1971.
Nguyen Xuan Vinh, Ann Arbor, Michigan, 22. Juni 1971.
Nhia Heu Lynhiavu und Nhia Xao Lynhiavu, Vientiane, Laos, 4. September 1971.
General Ouane Rattikone, Vientiane, Laos, 1. September 1971.
Lawrence Peet, Chiang Rai, Thailand, 9. August 1971.
Pham Nguyen Binh, Ho-Chi-Minh-Stadt, 4. September 1981.
Oberst Phan Phung Tien, Tan-Son-Nhut-Luftwaffenbasis, Südvietnam, 29. Juli 1971.
Polizeigeneralmajor Pow Sarasin, Bangkok, 16. Dezember 1975.
Major Richard A. Ratner, Long Binh Rehabilitation Center, Vietnam, 22. Juli 1971.
Khern Sai, Shan State Foreign Affairs Office, Homong, Birma, 2. April 1994.
Samdibb, Shan National Congress, Homong, Birma, 3. April 1994.
Romeo J. Sanga, Dangerous Drugs Board, Manila, 27. November 1975.
Don A. Schanche, Larchmont, New York, 12. Februar 1971.
Polizeioberst Smith Boonlikit, Bangkok, Thailand, 17. September 1971.
General Albert Sore, Biarritz, Frankreich, 7. April 1971.
US-Abgeordneter Robert H. Steele, Washington, D. C., 16. Juni 1971.
Norma Sullivan, Singapur, 24. September 1971.
Charles Sweet, Washington, D. C., Mai 1971.
Thao Ma, Bangkok, Thailand, 17. September 1971.
Obert Then, Versailles, Frankreich, 2. April 1971.
Ton That Binh, Saigon, Vietnam, 10. September 1971.
Touby Lyfoung, Vientiane, Laos, 31. August, 1., 4. September 1971.
Oberst Tran Dinh Lan, Paris, 18. März 1971.
Tran Van Dinh, Washington, D. C., 30. April 1971.
Oberst Tran Van Phan, Tan-Son-Nhut-Luftwaffenbasis, Vietnam, 29. Juli 1971.
Oberst Roger Trinquier, Paris, 25. März 1971.
U Ba Thien, Distrikt Chiang Khong, Thailand, 11. September 1971.
William vanden Heuvel, New York, 21. Juni 1971.
Loring Waggoner, Las Cruces, New Mexico, 23. Juni 1971.
John Wamer, U. S. Bureau of Narcotics and Dangerous Drugs, Washington, D. C., 14. Oktober 1971.
Brian Webster, Hongkong, 9. Juli 1971.
Marian Wilkinson, *Sydney Morning Herald,* Sydney, Australien, 16. Juli 1990.
I.M.G. Williams, Bangkok, 12. Dezember 1975.
John Willis, Special Investigator, N.S.W. Corporate Affairs Commission, Sydney, 16. Juli 1990.

Oberinspektor Brian Woodward, Hongkong, 3.–4. Dezember 1975.
Yang Than Dao, Paris, 17. März 1971.
Jimmy Yang, Chiang Mai, Thailand, 12., 14. August 1971.
Bernard Yoh, Washington, D. C., 15. Juni 1971.
William Young, Chiang Mai, Thailand, 8., 14. September 1971.

Register

A Pi (Führer der Lahu-Rebellen) 564
Abdul Qadir (afghan. Kriegsherr) 630, 671, 674 f.
Abdullah (saud. Kronprinz) 661
Aberdeen (Hongkong) 535
Abu Dhabi 622
Adams, Samuel Hopkins 50
Addario, Daniel (DEA-Chef in Bangkok) 523
Adonis, Joe (Gangster) 82 f.
Advertising Council 517
Afghanistan 36 (CIA-Operation), 199, 592, 595, 599 (sowj. Invasion), 605 (brit. Invasion), 615, 648 f., 651 (Bombardierung), 653, 656
AFL (American Federation of Labor) 115 f., 121
Afridi, Hadschi Ayub (afghan. Opiumhändler) 650
Afridi, Malik Waris Khan (pakist. Minister für Stammesangelegenheiten) 650
Agostino, Antoine d' (Korse) 123
Ahmed, Mahmud (pakistan. General, ISI-Chef) 651
Aids 69, 661
→ HIV-Infektion
Air America (Fluggesellschaft der CIA, vormals CAT) 19, 21, 217, 252, 255 f., 260 f., 263, 265, 296, 397, 401, 417 f., 421, 424–427, 431 ff., 435 ff., 439, 442, 444, 447 f., 462
Air Laos Commerciale 295, 407 f., 410

Air Opium 405 f., 409, 416, 504
Air Vietnam 337, 341, 347
Akbar (Großmogul von Indien) 140
Akha (Volksstamm in Laos) 454, 486
Al Qaida 661, 671
Albright, Madeleine 577
Albuquerque, Alfonso d' (portug. Kapitän) 141
Alfieri, Paul A. (Commander) 85
Algerienkrieg 214
Ali, Hasarat (paschtun. Kriegsherr) 671, 674
Ali, Kamal Hassan (ägypt. Verteidigungsminister) 613
Alkohol 41, 78, 99
Alkoholprohibition 62
Alliierte Militärregierung auf Sizilien (AMGOT) 87
Allure (Zeitschrift) 568
Americal Division (1. Infanteriedivision, Long Binh) 319, 352
American Federation of Labor
→ AFL
American Medical Association (AMA) 46, 517, 519
Amkha (laot. General) 426
Amphetamine 43, 527, 575–578
Amsterdam 525, 543, 625
Anastasia, Albert (Killer) 136 f.
Anden 42, 581
Anderson, Jack (Kolumnist) 549
Andreani, Jean-Baptiste (Kasinobesitzer) 125

Anglo-Oriental Society for the Suppression of the Opium Trade 50 f., 165
Annam 181 (Invasion), 208
Annamgebirge 287
Anon (Hauptmann) 265
Anslinger, Harry (FBN-Gründungsdirektor) 62 f., 197, 608
Antikommunistische Armee der nationalen Rettung der Yunnan-Provinz 254, 261
Antiopiumbewegung 165, 168, 171, 197, 209, 279
Antioquia (Kolumbien) 581
Apalachin-Treffen 135
Arfidi (afghan. Stamm) 606
Argenlieu, Thierry d' (frz. Admiral, Generalgouverneur Indochinas) 234
Arkan (Zeliko Raznatovic, serb. Drogenhändler) 666
Arlacchi, Pino (UNDCP-Leiter in Kabul) 658
»Arrow« (brit. Schiff) 153
Aseri-Banden 661, 665 (»Graue Wölfe«)
Asian Parliamentary Union 342
Aspirin 46
Assam (ind. Bundesstaat) 57
Associated Press 634
Astor, John Jacob (am. Großhändler) 146
Augsburg (24. US-Infanteriedivision) 352 f.
Aung San Suu Kyi 578
Australien 388
Avanti! (Zeitschrift) 92
Aviation Investors (Washingtoner Scheinfirma) 298
Ayutthaya (thail. königl. Hauptstadt) 490

Ba Duong (Binh-Xuyen-Führer) 228 f., 231 f.
Babal Air Force 406, 408, 504
Badachschan (Afghanistan) 668

Badalamenti, Gaetano (sizil. Mafiadon) 601
Baig, Mirza Iqbal (Syndikatsboss aus Lahore) 625 f., 650
Ballesteros, Juan Ramon Matta (Kokainhändler aus Honduras) 637
Ban Ban (laot. Dorf) 431
Ban Hin Taek (thail. Dorf) 551 f., 561, 563
Ban Houei Sai (laot. Stadt) 396, 398, 404, 407, 413, 416, 431, 449, 451 f., 456, 465 f., 470, 480 f., 484, 500–503
Ban Khwan (laot. Stadt) 452, 479 ff., 484, 487, 501
– Schlacht 478, 500
Ban Na Woua (laot. Flüchtlingszentrum) 455
Ban Son (laot. Umsiedlungsgebiet) 435 f., 447
Ban Wat (thail. Opiumhandelsdorf) 471 f.
Ban Yang (thail. Dorf) 473
Bangkok 171 (Opiumkonferenz), 259 (Militärkommission), 268 ff., 277, 279 (Sanam-Luang-Platz), 287, 324, 332, 572
– Syndikat 280, 332 f., 349, 379
Bangkok Post 573
Bangkok World 551
Bank of Credit &. Commerce International (Pakistan) 58, 622
Banque de l'Indochine 503
Bao Dai (vietn. Kaiser) 233 ff., 237
Barbara, Joseph 135
Barbouzes (kors. Gangsterbande) 126
Barger, Brian (Reporter) 634
Bari, Abdul (afghan. Kaufmann) 673
Bartels, John R. jr. (DEA-Leiter) 525
Bastouil, Ivan (frz. Botschaftsgeschäftsträger) 393
Batavia (heute Jakarta) 142
Batista, Fulgencio 94
Battelle Institute, Ohio State University 33

Baxter, James (brit. Finanzberater Siams) 172
Bay Vien (eigentl. Le Van Vien, südvietn. General) 226, 228 ff., 232 ff., 236, 238 f., 303
Bayer (dt. Firma) 46
Bayhan, Kudret (türk. Senator) 134
BBC 625, 627
Beg, Aslam (pakistan. Armeestabschef) 651
Beijing → Peking
Belize 581
Belleux, Maurice (frz. General) 12, 14, 209 f., 224
Belutschen 605
Belutschistan 622, 629
Benares (heute Varanasi) 145
Bengalen 147
Benjamin-Fine-Bande 76
Bennett, William (Drogenpolizeidirektor) 582 f.
Bentinck, Lord William (Generalgouverneur von Indien) 147
Berlin-Brigade 363
Bermudez, Enriqué (nicarag. Oberst) 639
Betäubungsmittelgesetz 168
Betel 41
Betzner, Gary (Drogenpilot) 636 f.
Bhutto, Benazir (pakist. Premierministerin) 626 f., 650
Bhutto, Zulfiqar Ali (pakist. Premierminister) 614, 616 f.
Bin Laden, Osama 651, 661, 663, 668
Binh, Nguyen (Vietminh-Kommandeur) 231 f.
Binh, Nguyen Khac (Oberst, Generaldirektor der Saigoner Polizei) 348
Binh, Pham Nguyen (Direktor des Saigoner Rehabilitationsinternats) 366
Binh Xuyen (Saigoner Verbrecherbande) 210, 225 f., 228–232, 234 f., 238, 240, 242 ff., 286 f., 294, 299, 302, 304, 355
– Flusspiraten 208 f., 223, 225, 231 (Wasserguerilla)
– Mordkomitee 229, 232
Bird, William (Civil Air Transport, Bangkok) 253
Bird, Willis (OSS-Mitarbeiter) 253
Birma (Myanmar) 179 (Opiumverbot), 526
Black Panther 13
Blair, Tony 661
Blandon, Danilo (Direktor der Vermaktungsbehörde Nicaraguas) 639 f.
Bo Loi U (Wa-Staat-Milizführer) 492, 499
Bo Mya (General der Nationalen Befreiungsarmee der Karen) 562, 571
Bolita-Lotterie 137
Bolivien 580 f., 584, 586
Bombay 143
Bonn 672
Bonner, Arthur (Korrespondent) 628
Bonnet, Mathieu (Pompidou-Chauffeur) 128
Bonnet (Barbesitzerin) 128
Bordell 79 f., 105, 234 f. (Spiegelhalle), 416
Bouam Long (laot. Dorf) 427
Bourne, Peter (Drogenberater) 363
Braden, Thomas (OSS-Veteran, CIA-Mann) 115 f., 121, 264
Brady, Phil (Korrespondent) 358
Brandrodung 178, 188, 433, 440 (Abfackeln)
Brent, Charles (Bischof) 51, 166 ff.
Britisch-Birma 454
Britisch-Indien 145, 605
Brouwer, Onno 36
Brown, Edmund »Pat« (US-Gouverneur) 518
Brown, Harold (US-Verteidigungsminister) 613
Brown, Irving (am. Gewerkschafter) 117, 121
Brunei 636

Register **815**

Brzezinski, Zbigniew (US-Sicherheitsberater) 612, 615, 630
Bu-jong Luan (Lahu-Schamane) 498
Buchalter, Louis »Lepke« (Bekleidungsindustriegangster) 77 f., 136
Buddhisten 364
Buddhistenkrise (in Südvietnam) 306
Buell, Edgar »Pop« (IVS-Freiwilliger) 21, 419, 421, 426, 430 ff., 435, 437, 444, 455
Buenos Aires 390
Bugatti, Lars (Drogendealer) 25, 505
Bugti, Mohammad Akbar Khan (Gouverneur von Belutschistan) 622
Bundy, McGeorge (Präsidentenberater) 301
Bunker, Ellsworth (US-Botschafter) 308, 312, 317, 357
Buon Me Thuot (vietn. Stadt) 409
Bureau of Narcotics and Dangerous Drugs 63, 197, 607 (Teheran), 608
Burke, Edmund (Mitglied des brit. Unterhauses) 144
Buscetta, Tomasso (Mafioso) 133
Bush, George 514, 582 f., 596, 671
– »Krieg gegen die Drogen« 30, 39, 583
Bush, George W. 66 (Drogenkrieg), 588 (Kolumbienplan), 589, 675

C-47 (Transportflugzeug der Air American) 255, 258, 413, 416, 426, 434, 449 f., 501, 635
Cabinet Committee on International Narcotics Control 517, 522
Caffery, Jefferson (US-Botschafter) 116
Cali-Kartell 585, 587
Cam Ranh (vietn. Stadt) 386
Camp Hale, Colorado (USA) 420
Can-Lao-Partei 296, 299
Canfield, Cass sr. (Verlagschef) 27
Cang, Chung Tan (vietn. Konteradmiral) 328
Cannabis 527, 581

Cao Dai (pol.-rel. Gruppe in Vietnam) 229, 239 ff.
»Caprice des Temps« (Fischkutter) 130
Carbone, Paul Bonnaventure (Gangster) 104–107, 109 f.
Carcassonne, Gabriel (Korse) 123
Carlini, Michel (Bürgermeister Marseilles) 111, 113
Cartagena (Kolumbien) 583
Carter, Jimmy 363, 548, 599, 602, 612–615, 630
Casey, William (CIA-Direktor) 618, 646
Cash, Tom (DEA-Agent in Miami) 590
Castaño, Carlos (kolumb. Gangster) 586
Casteel, Steven (Chef der DEA-Aufklärungseinheit) 668
Castillo, Thomas (CIA-Chef in Costa Rica) 635 ff.
Castro, Fidel 26
CAT → Air America
CBS 26, 519
Cecchini, Achille (Morphiumimporteur) 124
Central Intelligence Agency → CIA
Cercle Haussmann (Pariser Kasino) 126
Cesari, Joseph (Korse) 130
CGT (Conféderation Génerale du Travail) 111, 114, 116 f., 120
Chan Shee-fu 451
→ Khun Sa
Chanh, Mr. »Red Rose« (Cholon-Chinese) 337 f.
Chanson (frz. General) 240
Chao La (laot. Militärkommandeur, Heroinproduzent) 24, 382, 398, 457, 502
Chao Mai (Yao-Kriegsherr) 454–457
Chase, Gordon (New Yorker Gesundheitsamtsleiter) 363
Chatchai Chunnahawan (thail. Premierminister) 553 ff.

Chau, Nguyen Thanh (vietn. Flottenkommandeur) 328
Chen Mo-sup (Guomindang-Offizier) 486
Chennault, Claire Lee (am. General, Kommandeur der Flying Tigers) 251 f., 256, 263
Chi, Nguyen Huu (Kommandeur der vietn. Küstenwache) 336
Chian Saen (laot. Stadt) 501
Chiang Ching-kuo (Sohn Chiang Kai-sheks) 474
Chiang Kai-shek 58, 196, 246 ff., 260, 372 (Nordfeldzug), 373–376, 474
Chiang Kham (thail. Stadt) 486
Chiang Khong (Shan-Staat) 467, 486
Chiang Mai (thail. Stadt) 254, 258 f., 267, 274 (Lagerhäuser der Polizei), 458 f., 468, 471 f., 474, 476 ff., 485, 495 f., 498, 546, 562, 564
Chiang Rai (Thailand) 470, 474, 476, 485 f., 490, 497
Chihuahua (Mexiko) 524
China 73 (japanische Invasion), 140, 143, 151 ff. (1. und 2. Opiumkrieg gegen Großbritannien), 197 f., 373 (Arbeiterbewegung), 374 (Opiumbekämpfungsamt), 376 (chinesisch-japanischer Krieg (1937–45)), 377 (chinesische Revolution)
– Antiopiumkampagne 55, 166, 197, 271
The China Yearbook 373
Chinaimo (laot. Armeelager) 450
Chindits (brit. Kommandoeinheit) 498
chinesisches Syndikat 295, 337
Ching Pang (Schanghaier Verbrecherbande) 375
Cholera 49
Cholon (Schwesterstadt Saigons) 18, 210, 226, 228, 230, 233, 236, 243, 295 f., 309, 315 f., 320, 329, 332, 337
Chongch'ing (Sichuan) 375 f.
Chronolog (TV-Magazin) 28

Chu, Pho Quoc (Direktor der Saigoner Hafenbehörde, Schwager Kys) 310, 316
Chu Tsun (Mandarin) 150
Chulalongkorn (siam. König) 169
Church, Frank (US-Senator) 511
CIA (Central Intelligence Agency) 28 (Pressefreiheit), 29 f., 56 (Gründung), 98, 115 f., 119, 122, 204 f., 236 ff., 245, 248, 250, 254, 263 ff., 272, 281 f., 288, 398, 400, 417 ff., 422, 430, 453, 456 ff., 465, 490, 508, 510 f., 596, 604, 631, 639 f., 643, 646, 680, 683
– Allianz mit ISI 614 f., 618
– Geheimkriege/Geheimarmeen 19 ff., 57 ff., 203 f., 238, 248, 263 (Birma-Operation), 399 ff., 412, 418 (Laos), 419 f., 427, 430, 434, 448, 599, 604, 605 (Afghanistan), 610, 612 f., 618, 626, 632, 634, 636 ff., 647, 651, 675–679
»CIA Dope Calypso« (A. Ginsberg) 13
CID (Criminal Investigation Division) 357 f.
Civil Air Transport (CAT)
→ Air America
Civil Operations and Rural Development Support 358
Clark Air Force Base (Philippinen) 257
Clarke, Carter W. (Brigadegeneral) 89
Clifton, William (brit. Kapitän der Royal Navy) 147
Clines, Thomas (Kommandeur der CIA-Basis in Long Tieng) 422, 636
Clinton, Bill 33 (Überprüfung der Drogenpolitik), 66 (»Kolumbienplan«), 568, 588 f., 682
– Omnibus Crime Bill 34, 587
Clinton Prison 83
Cloche-d'Or-Kasino (Saigon) 234
Cloyes, Shirley (Verlegerin) 30
Cluett, Robert 37

Cobain, Kurt 566
Coca-Cola 47
Cochinchina 225 f., 229, 231, 234
Cogan, Charles (CIA-Mitarbeiter) 630, 649
Cohen, Mickey (Gangster) 96
Cohen, Paul 36
Colby, William (OSS-Veteran, CIA-Direktor) 115, 250 f., 366, 422
Collier's (Zeitschrift) 50
Collins, J. Lawton (am. General, Sonderbotschafter) 237, 242
Combat (Zeitschrift) 120
»Coming to Jakarta« (P. D. Scott) 15
Committee on Appropriation (US-Bewilligungsausschuss) 26
Compagnies Républicaines de Sécurité → CRS
compradores 370 f.
Con-Son-Insel (Pulo-Condor-Insel) 228
Conein, Lucien (Lansdale-Mitarbeiter; CIA-Agent) 14, 223, 295, 304, 310, 349 ff., 419, 683
Confédération Génerale du Travail → CGT
Congressional Black Caucus (Vereinig. afroam. Kongressabgeordneter) 27, 640
Congressional Task Force on Afghanistan 615
Connolly (Admiral) 85
Constant, Serge (SAC-Mitglied) 128
Continental Air Services 434
Continental Palace Hotel, Saigon 239, 350 f.
Contras 631–637, 639, 646, 679
Convention Against Transnational Organized Crime 61
Convention for Limiting the Manufacture of Narcotic Drugs 52
Convention on Narcotic Drugs (1961) 61
Conyers, John (Kongressabgeordneter) 27

Coppola, »Trigger Mike« 96
»Coquette« (am. Opiumklipper) 152
Cordoliani, Antoine (Heroingroßlieferant) 124
Corvo, Max 84
Cosgrove, George (Assistent von E. Buell) 21
Cosmevo Ambulator Company (in Paterson, USA) 285
Cossman, Max (Gangster) 96 f.
Costa Rica 635 f.
Costello, Frank (Gangster) 82
Cotroni, Guiseppe (kanad. Drogenboss) 123
Cowasjee, Rustomjee (Opiumhändler in Kalkutta) 147 f., 152
Cowell, Adrian (brit. Dokumentarfilmer) 560
Cox, Alfred T. (OPC-Agent) 252 f.
Crack 514, 582, 590, 603, 631 f., 639, 641, 646
Criminal Investigation Divison → CID
Cristofol, Jean (Bürgermeister Marseilles) 113, 118
CRS (Compagnies Républicaines de Sécurité) 110, 118 f.
Crum, William J. (US-Armee-Ausstatter) 352 f.
Cua, Van Van (Bürgermeister Saigons) 316
Cundinamarca (kolumb. Stadt) 586
Cuong, Luu Kim (Oberst, Kommandeur des 1. Transportgeschwaders) 309, 315
Cushman, John (Generalmajor) 321 f.

Da Nang (vietn. Hafen) 180
Dachnak-Partei (Armenien) 665
Dahm, Bernhard (Supervisor) 29
Dalai Lama 420
Dalat (vietn. Badeort) 365
Daniels, Jerry (CIA-Führungsoffizier) 448

Daud, Mohammed (afghan. Diktator) 612, 616 f.
DEA (Drug Enforcement Administration) 24, 26, 39, 61, 389, 390 (Forschungs- und Auswertungsabteilung), 391, 395, 398, 514, 518, 522, 524 ff., 528 (Sonderkonferenz 1979), 529, 533, 539, 541, 546, 549, 568 (Birma-Stab), 584, 596, 600 (Afghanistan), 601, 604, 624 (Islamabad), 625, 637 f., 677
– Stab in Bangkok 522 f., 545
Defense Journal 626
Defferre, Gaston (Sozialist) 109 f., 117 ff., 122, 127
Demokratischer Block (vietn. Nationalversammlung) 318
Den Haag 52 (Drogenkonferenz)
– Internationale Opiumkonferenz 165, 167 f.
Deng Xiaoping 565
Dent (brit. Handelshaus) 152
Department of Defense (DOD) 223
DEROS (Date of Expected Return from Overseas) 360
Desclerts (Opiumpilot) 409
Deutch, John (CIA-Direktor) 640 f.
Deutschland 363, 411, 504, 600, 609
2ème Bureau (frz. Geheimdienst) 210, 225 f., 232 ff., 236–241
Dewey, Thomas E. (Distriktstaatsanwalt, Gouverneur) 80 f., 91
Diacetylmorphin 46
DiCarlo, Dominick (US-Drogenexperte) 623 f.
Dick, Fred (US-Drogenagent) 333 ff.
Dickey, Orange C. (Feldwebel) 89
Die große Lüge (N. Sheehan) 358
Diem, Ngo Dinh (südvietn. Präsident) 236 f., 239 f., 242 ff., 284 f., 293–296, 299, 300 (Putsch), 306, 325, 355 f., 406 f.
Dien Bien Phu (Hochlandtal in Nordwesttongking) 188, 195, 217 f., 220 (Schlacht), 221 f., 236, 423

Dispatch News Service 14, 18
Dobroshi (Drogenhändler aus Kosovo) 666
Doi Larng (birm. Bergregion) 564
Don Calogero → Vizzini
Donovan, William (US-Botschafter in Thailand) 260, 273
Dooley, Thomas A. (US-Marinearzt) 284 f., 464
Dostum, Abdul Rashid (usbek. General) 663, 671
Doumer, Paul (frz. Haushaltsexperte, Generalgouverneur) 181
Dreifachkodierung 535
Dreyfusaffäre 106
Drogendiplomatie 165–168, 171
Drucker, Charles (Dealer) 97
Drug Abuse Office and Treatment Act 517
Drug Enforcement Administration → DEA
Drug Traffic (McCoy) 11, 30
Dschihad 605
Dubai 403
Dubinsky, David (am. Gewerkschafter) 117
Duhart, Salvatore (mex. Konsul in Washington) 95 ff.
Dulles, John Foster 237, 242 f.
Duong Van Duong (vietn. Gangster) 228
→ Ba Duong
Duong Van Minh, »Big Minh« (vietn. Oberst) 240, 242
Duran, Gerardo (Pilot) 635
Durand, Sir Mortimer (brit. Gesandter in Kabul) 605
Durand-Linie 617
Durango (Mexiko) 524
Duranni, Asad (ISI-Direktor) 651
Durbrow, Elbridge (US-Botschafter) 299
Dutton, Hal (Verleger) 28
Dzu, Ngo (vietn. Kommandeur des 2. Korps) 337 f., 357 f.

East India Company
→ Ostindienkompanie
Ebene der Binsen 232
Ebene der Tonkrüge
→ Tranninh-Plateau
Ecstasy 43, 575 f., 589
Eisenhower-Regierung 283
El Khury, Sami (liban. Morphiumexporteur) 91 f.
Elberfeld 46
Elgin, Lord (brit. Gesandter in China 153
Eliopoulos-Brüder 73 f.
Ely, Paul (frz. General, Hochkommissar) 237
Enjabal, René »Babal« (Opiumpilot) 406, 408 f., 504
Entwöhnungskliniken 209
Erskine, Graves B. (Marinegeneral) 253
Erzbischof von Canterbury 165
Escobar, Pablo (kolumb. Drogenbaron) 35, 581, 586 f., 590, 632, 644
Everingham, John (austral. Korrespondent) 14, 18 ff., 29
Exchange and Investment Bank, Genf 99

Faccia, Charles Henri
→ Spirito, François
Fahim, Muhammed (afghan. Verteidigungsminister) 674 f.
Faiz Ahmed Faiz (außenpol. Talibansprecher) 667
Far Eastern Economic Review 563
FARC-Guerilla 584 ff., 588
Faschismus/Faschisten 81, 87, 102, 105 f., 133, 251
Faure, Edgar (frz. Premierminister) 243
Faydang → Lo Faydang
FBI (Federal Bureau of Investigation) 62, 80, 637
FBN (Federal Bureau of Narcotics) 62 f., 70, 73, 80, 91, 95 f., 104, 124, 197 f., 514, 517
Federated Malay States 157, 160
Fegan, Brian 36
Feldman, Jeffrey (US-Staatsanwalt) 637
Ferred Squad (Agententruppe von Haffenden) 83
Ferri-Pisani, Pierre (kors. Gangster) 121
Fiers, Alan (AG-Chef Zentralamerika) 644, 646 f.
Filicudi (Insel) 133
Fine, Benjamin (am. Gangster) 76
Fink, Gordon (DEA-Aufklärungsabteilung) 600
First Kachin Rifles 498
Fischereiindustrie 82
Five Star Bar, Bangkok 362
Flipse, Joseph (IVS-Freiwilliger in Laos) 15, 431, 455
Florida 93, 95, 97, 136 f., 352, 390
»Flying Cloud« (am. Opiumklipper) 152
Flying Tigers 251
FNL (Front National de Libération du Vietnam du Sud) 300 f., 304, 315
Foccart, Jacques (Geheimdienstberater de Gaulles) 127
Folter 81
Forbes (Magazin) 632
Force Ouvrière 116 f.
Forces Françaises de l'Intérieur 109
Ford, Gerald 543
Fort Monmouth, New Jersey (USA) 396, 503
Fournier, Paul (frz. Oberst) 129, 225
Fox, Tom (Herausgeber) 17
Frahi, Bernard (UNDCP-Vertreter) 669
Franchini, Mathieu (Opiumschmuggler) 123, 239, 351
Franchini, Philippe (Continental-Palace-Eigner) 351

Francisci-Brüder (kors. Kriminelle) 127
Francisci, Bonaventure »Rock« 295, 407–411
Francisci, Jeannot 123, 125
Francisci, Marcel 124–127
Francisci, Zeze 123, 125
Francs-Tireurs et Partisans 108 f.
Frankfurter Resolution 590
Frankreich 236 f., 243, 411, 513
Französisch-Indochina 159, 163, 181 f., 206, 454
Fredericks, Jimmie (Eintreiber) 80
Freeway Rick → Ross
Freihafenökonomie 54
Freud, Sigmund 47
Frigorificos de Punterennas (Unternehmen in Costa Rica) 637
Front National de Libération du Vietnam du Sud → FNL
Frühjahrsoffensive Nordvietnams 366 → Tet-Offensive
FTP (Franc-Tireurs et Partisans) 108 f.
Fuerza Democrática de Nicaragua (FDN) 639
Fujian (chin. Provinz) 180, 585
Fujimori, Alberto (peruan. Präsident) 584
Fulbright, William (Senator) 27
Fultoner Fischmarkt-Enklave 82
Furci, Dominick (am. Mafioso) 352, 354
Furci, Frank Carmen (am. Mafioso) 351–354

Galante, Carmine (am. Drogengroßhändler) 124
Galen (röm. Arzt) 44
Gama, Vasco da 140
Gambiez, F. (frz. General) 241
Gambino (Verbrechergruppe) 601
Ganges 140, 144, 147
Garcia Meza, Luis (boliv. General) 580
Gates, Robert (CIA-Vizedirektor) 644
Gaulle, Charles de 111, 116, 126 f., 214

Gaullistische Partei 127
Gela (sizil. Stadt) 84 ff.
Generalstreik 101, 113 f.
Genf 236, 283 f., 297, 371
Genfer internationales Opiumabkommen (1925) 52 f., 168
Genfer Konvention zum Verbot der Heroinvermarktung (1928) 371
Genfer Laos-Abkommen zwischen USA und Sowjetunion (1962) 431
Genfer Waffenstillstandsabkommen (1954) 215, 220, 222, 236 f.
Genovese, Vito (Mafiaboss) 80, 87 ff., 135
Ger Su Yang (Hmong-Führer, Distriktvertreter von Long Pot) 19 ff., 29, 438, 442–445
Gestapo 24, 74, 88, 102, 106 f., 109, 115, 251, 355
Gewerkschaft 82, 101, 111, 113–117, 120, 373, 377, 586
Gewürze 142
Ghani Kheyl (Afghanistan) 659, 670, 674 f.
GI-Heroinepidemie 318–322, 326, 337 f., 340, 355 ff., 359 (Entgiftungszentrum), 360 (Amnestieprogramm), 361 f., 370, 396, 417 f., 505 f., 523 (»Verbrauchertest«), 680
Giacobetti, Jean-Baptiste (Marseiller Korse) 123
Giao, Pham Huu (vietn. Politiker) 339 f.
Giap, Vo Nguyen (Vietminh-Kommandeur) 207, 221
Giau, Tran Van (Vietminh-Kommandeur) 229
Gier Gut (laot. Dorf) 442 f.
Gildner, Mathew 36
Ginsberg, Allen 13
Glassman, John (Geschäftsträger der US-Botschaft in Kabul) 620
Glücksspiel 78, 94, 102, 124, 234, 239, 353 f., 402, 414, 468, 536

Gnar Kham, Sao (»General« der Shan-Rebellen) 464 ff., 468 f.
Goa 141
Godber, Peter F. (Vizepolizeichef von Kaulun) 535
Godley, G. McMurtrie (US-Botschafter) 417 f., 506
Gold 238 f., 342, 349, 402 f., 406, 414 f.
Goldener Halbmond 42
Goldenes Dreieck 24, 39, 42, 56, 60, 204 f., 281 f., 287, 318 f., 324, 354, 362, 370, 393, 395 f., 398, 453
Golf von Tongking 208
Gordon, Waxey → Wexler
Gracey, Douglas D. (brit. General) 230
Grall (frz. Oberst) 211, 224
Grambo, Norris A. → Brown, I.
Grande-Monde-Kasino (Saigon) 231, 234 f.
Great Meadow Prison 83
Green, Graham 17, 238
Green Berets (US-Spezialeinheit) 15, 223, 306, 419, 427, 430 f., 453
Green Gang (Schanghaier Verbrechersyndikat) 58, 371–374, 377 (Massaker an den Kommunisten 1927), 378 f.
Greenleaf, Charles (USAID-Vertreter) 624
Grenzschutzstrategie 267 f.
Griechenland 140
Gross, Nelson (US-Koordinator Drogenfragen) 558
Großbritannien 143, 151 (1. Opiumkrieg gegen China), 605 (Afghanistan-Invasion)
Gruening, Albert (US-Senator) 308 f., 356
Guangdong (südostchin. Provinz) 150, 180, 485
Guerilla 109, 193, 203, 214, 216, 250, 256, 267, 275, 418, 459, 486, 586, 614
Guerini-Brüder (Gangster in Marseille) 107, 109, 111, 113, 118–122, 124–127, 409

Guerini, Antoine 109, 113, 129
Guerini, Barthélemy 109, 113, 124 ff., 129, 238
Guerini, Pascal 126
Guerini, Pierre 126
Guizhou (südwestchin. Provinz) 187
Gul, Hamid (ISI-Chef) 651
Gummiplantagen 228
Guomindang (chin. Nationalpartei und Armee) 174 f., 202, 245, 247 f., 251 f., 254–259, 261–265, 267, 271–275, 281 f., 372, 376, 397, 404, 453, 462, 470 (Evakuierung), 472 ff., 477, 481, 484, 486 f., 489 f., 558, 560, 563, 565 f.
– Opiumkarawanen 473, 475 f., 479, 484, 487, 490, 494, 508
Gurkhas 230

Haad Yai (Südthailand) 540
Haager Opiumkonferenz
→ Den Haag
Habib Bank 625
Haffenden, Charles R. (ONI-Commander) 82 ff., 91
Hai, Tran Van (vietn. Oberst) 316
Haiphong (Nordvietnamesen) 297, 386
Hamburg 92
Hamid, Faruq (pakistan. Luftwaffenmajor) 626
Hang Choeng Yuen Company, Hongkong 534
Hang Loon Company 535
Hankow (heute Wuhan) am Jangtsekiang 373
Hanoi 283
Haq, Fazle (pakistan. General, Gouverneur der Nordwestprovinz) 619, 621 f., 624, 626, 650
Haq, Shamshul (afghan. Drogenbeamter) 669
Harper's (Magazin) 22
Harper & Row 11, 27 f.
Harrison Narcotics Act 52, 76, 168

Haskins, Warren G. → Braden
Hasnain, Hamid (Vizepräsident der Habib Bank) 625
Hassan, Mohammed (Taliban-Gouverneur) 657
Hastings, Warren (brit. Generalgouverneur von Bengalen) 143 f.
Havanna 93 f., 136 f.
Haw (Yunnan-Muslime) 160
Hayden, Joseph (OSS-Mitarbeiter) 376, 647
Hekmatyar, Gulbuddin (afghan. Kriegsherr) 616 f., 619–622, 628 ff., 633, 653, 663
Hélène (Frankovietnamesin) 349
Helliwell, Paul (OPC-Offizier) 251, 253
Helmand-Tal (Afghanistan) 622, 628 f., 633, 653, 658, 670, 672 f.
Helmer, John (Soziologe) 363
Helms, Richard (CIA-Chef, US-Botschafter) 608 f.
Hepatitis 601
Herald (pakistan. Zeitung) 621
Herlands, William B. (Untersuchungsrichter) 81 f., 85
Heroin 43, 46 f., 53, 56, 79, 91 f., 96, 98, 319, 324, 371 f. Anti-Opiumpillen, 601, 603 (»black tar«), 604 (»Speedballs«)
– »China White« 566, 604
– Beschlagnahme 129 ff., 133 f., 137, 329, 341, 362, 369, 383, 386, 389, 394, 396, 503, 505, 520 f., 524, 529, 532, 540 f., 546
– »Double-U-O-Globe« 21, 23, 332, 335, 341, 362 f., 390 f., 396, 502 f., 523
– »Nr. 3« 524 f., 529 f., 537, 540 f., 543 (Golden Dragon Pearl), 602
– »Nr. 4« 367, 369 f., 387–390, 398, 411, 484, 494, 501 f., 508, 524, 529 ff., 537, 539, 543, 602
– Preis 67, 95, 321, 396, 522, 524, 529, 532, 540, 566, 600, 602 f.

– Reinheitsgehalt 73, 79 f., 321, 360, 522, 600, 602 f.
Heroin Trafficking Act 520
Hewitt, Henry K. (Vizeadmiral) 84
Hezbi-i-Islami (Guerilla) 616, 619, 630, 663
Hilton, Chris (Regisseur) 31
Hindukusch 654
Hippokrates (griech. Arzt) 44
Hiroshima 229
Hitler, Adolf 105, 312
Hitz, Frederick (CIA-Generalinspekteur) 641, 643, 647, 679
Hitz-Report 642 f.
HIV-Infektion 69, 566, 579, 594, 660 f.
Hmong (Hochlandstämme) 18, 20 f., 29, 162, 173, 187 ff., 192–195, 205, 212, 215 ff., 219 f., 222, 271, 399 f., 416–419, 421, 427, 433, 438 f., 441 f., 444 f., 447, 448 (Massenexodus), 453, 455, 471 f., 485 f., 502, 676
– Rebellen/Guerilla 161, 185, 422, 425, 431, 435, 443, 571
– Umsiedlung 435 ff.
Hmong Resistance League 193
Ho, Tran Van (Leutnant) 302
Ho-Chi-Minh-Pfad 14, 319, 327
– Bombardierung 416, 449
Ho (Yunnan-Muslime) 160
Ho Chi Minh 120, 183, 232, 237, 246 (Goldwoche)
Ho Hsing-han (Kokang-Milizführer) 492
Hoa Hao (pol.-rel. Gruppe) 229, 232, 239, 241
Hoan, Nguyen Cong (vietn. Schriftsteller) 184
Hoang, Ly Ky (vietn. Drogenpolizeileiter) 333 ff.
Hogan, Frank (Distriktstaatsanwalt) 82
Hoi Se-wan (chin. Geschäftsmann aus Malaysia) 543
Hoi Se-wan Sukreepirom (Handelsgesellschaft) 530
Hokkien-Syndikat 158

Holbrooke, Richard (US-Sonderbeauftragter) 673
Homer 43
Homong (Drogenstadt Khun Sas im birman.-thaild. Grenzland) 31, 570, 572
Hon Panjang (vietn. Insel) 332 ff.
Honduras 634, 637 f., 644
Hong Kong Precious Stone Company 534
Hong Kong Star 537 f.
Hong Non (Laos) 432
Hongkong 54, 151 (Abtretung an Großbritannien), 354, 369, 376, 378, 379 (Triadendezernat), 384, 388 f., 526, 532 f.
– Heroinlabors 60, 370, 387
Honolulu 390
Hoover, J. Edgar (FBI-Chef) 62, 77
Hop-Tac-Programm (USA/Vietnam) 301 f.
Hosie, Alexander (brit. Konsul) 154
House Narcotics Committee 550
Housset (kors. Gangster) 503 f.
Hsai Kiao (Shan-Kommandeur) 497
Hsu Nai-tsi (Mandarin) 149 f.
Hue (vietn. königl. Hauptstadt) 180, 208
Huei Krai (thail. Karawanenlager) 466, 468, 490, 492, 497
Hull, John (am. Rancher in Costa Rica) 635 ff.
Humphrey, Gordon J. (US-Senator) 615
Hunan (südwestchin. Provinz) 187
Huu Tim-heng (sinovietn. Unternehmer) 323 f., 502
Hyde, Alan (Drogenhändler) 643 f., 646 f.
Hyde Shipping of Miami (Reederei) 644

ICAC (Independent Commission Against Corruption) 535, 538 f.
Inder 140

Indochinakrieg 11 f., 74, 195, 203, 206, 209, 225, 283 (Genfer Waffenstillstandsabkommen von 1954), 284 (Genfer Abkommen von 1956), 287, 399, 405, 422 f.
Inflation 180
International Cooperation Administration (ICA, US-Auslandshilfe) 430
International Ladies' Garment Workers' Union 117
International Voluntary Services (IVS) 421, 455
Interpol 500
Interservice Intelligence → ISI
Iran 198, 607, 610 f. (Revolution), 636
– Abschaffung des Opiumanbaus 199, 271
Iran-Contra-Affäre 638
Irawadi (Fluss) 177, 556
Irkutsk 660
Isfahan (Ansari, Iran) 607
ISI (Interservice Intelligence, pakist. Militärgeheimdienst) 58, 649 f., 653
– Allianz mit CIA 614 f., 618, 651
Islamabad 617, 624 (DEA-Vertretung), 630, 652
Islas de la Bahía (Honduras) 643 f., 647
Israbhakdi, Arun (thail. Oberstaatsanwalt) 544
IVS (International Voluntary Services) 421, 455

Jackson, William Henry (US-Drogenagent) 362
Jaffe, Jerome (US-Drogenbeauftragter) 516
Jakab, Elisabeth (Lektorin) 11, 27
Jakarta 142, 155
Jalalabad 619 f., 628, 652, 671
Jamaati-i Islami (Islampartei Pakistans) 616
Jamaika 581
Jameson, W. George (Rechtsanwalt) 644
Jangtsekiang 372 f.

Janosz, Ellen 36
Jao Nhu (General der Shan-Staat-Armee) 490
Japan 174, 192, 228 f., 374 f. (China-Invasion)
Jardine Matheson & Co. (brit. Handelshaus) 151 f.
Java 142, 155 f., 158 f.
Jehan, Jean (Marseiller Drogenhändler) 131
Jehol (nordchin. Region) 374
Jerusalemy, Jean (Berater der Tai-Föderation) 219, 221
Johnson, Lyndon B. 63, 434
Johor (Malaysia) 158 (Abholzung des Dschungels)
Jongh, A. A. de (niederl. Delegierter der Schanghaier Kommission) 167
Joost, Sherman B. (CIA-Agent) 253, 265
Jouhaux, Léon (Gewerkschaftsführer) 116
Jugendpartei (birm. Rebellengruppe) 464

Ka Kwe Ye (KKY, birm. Regierungsmilizen) 469, 476, 491, 558
Kabul 605, 612, 652, 653 (Eroberung), 656
Kachin-Rebellen 253, 397, 470
Kachin-Staat 177 f., 201, 470
Kaffee 44 f., 48, 143
Kahmba-Stamm (Indien) 420
Kairo 105
kaitong (Hmong-Königreiche) 187–190
Kalkutta 140, 143 ff., 147, 152
Kambodscha-Invasion 181, 322, 325, 327 ff.
Kampong Cham (kambodsch. Stadt) 328
Kandahar (Afghanistan) 653, 657, 669, 672
Kang Ma (Yunnan) 254
Kanton (China) 151, 153 (Besetzung)

Kap Saint Jacques (Kap Vung Tau, Vietnam) 210 ff., 214, 216 f., 224, 233
Karatschi 618
Karen 495, 499, 562, 571, 574
Karibik 94, 136, 354, 579, 596, 643
Karimow-Regime (Usbekistan) 648
Karsai, Hamid (afghan. Premierminister) 672 ff.
Kaschmir 651
Kat 41
katholische Miliz 208, 210
Katzenberg, Jacob »Yasha« (am. Gangster) 76 f.
Kawa 41
Kehillah (jüdische Gemeinde, New York) 76
Kempeitai (jap. Militärgeheimdienst) 228
Keng Khoai (birm. Distrikt) 190 f., 247
Keng Tung (birm. Stadt und Distrikt) 172, 174 f., 178, 255, 258, 419, 458 f., 464, 465 (Rebellen), 466 ff., 470, 475, 478 f., 489 f., 492, 497, 499, 556
Kennedy, John F. 63, 263, 281, 297, 299, 412, 418, 430, 518
Kerman (iran. Provinz) 198
Kerry, John (US-Senator) 632–636, 638
Key, David M. (US-Botschafter in Rangun) 255, 264
KFOR 667
KGB 681
Khaiber (Nordwestprovinz Pakistans) 621
Kham Hou Boussarath (laot. Oberst) 423–426
Khan, Zulman (afghan. Bauer) 668
Khanh, Nguyen (vietn. General) 300 f., 303
Khe Sanh (US-Militärlager, Vietnam) 14, 320
Khiem, Tran Thien (vietn. General, Innenminister, Premierminister) 288, 318, 323, 338, 341 ff., 347, 365

Register **825**

Khin Nyunt (General, Juntasekretär) 572, 575 ff.
Khoi, Tran Thien (vietn. Zollbetrugsdezernatschef, Bruder Khiems) 343 ff., 347
Khomeini (Ayatollah) 610
Khorasan (iran. Provinz) 198
Khun Sa (»König der Drogenkönige«, Shan-Kriegsherr) 24, 31–36, 39, 40 (Anklage), 451 f., 469 f., 479 f., 484, 487, 492, 494, 499, 501, 514, 551 ff., 556 f., 559, 561–566, 568–573, 575, 590, 676
Khyber Rifles (afghan. Miliz) 606
Killam, Jack (US-Chinaveteran) 265
King, Ernest (US-Admiral) 377
King, Martin Luther 321
Kirgisistan 648, 660
Knowlton, Winthrop (Verlagsleiter) 27
Koh-i-Soltan (Belutschistan, Pakistan) 622, 628 (Heroinlabors), 633
Kokain 42, 46 ff., 579 f., 582, 603, 604 (»Speedballs«), 631, 636, 638, 646
Kokang-Staat (Birma) 254, 476, 490, 492, 495, 557 f.
Kokapflanze 41 f., 46 f.
Kollaboration 107, 118
Kolumbien 580 f.
»Kolumbienplan« 66
Kolumbus, Christopher 140
Kommission zur Untersuchung des Opiumproblems 166
Kommunistische Partei Birmas (KPB) 494, 498, 555–559, 563–566, 569 (Zusammenbruch), 575
Kommunistische Partei Chinas 55, 565
Kommunistische Partei der USA 117
Kommunistische Partei Frankreichs 60, 74, 101, 108, 110 f., 114, 116, 118, 120, 122
Kommunistische Partei Indochinas (KPIC) 229
Kommunistische Partei Italiens 74, 88
Kommunistische Partei Vietnams 62
Kon Tum (vietn. Provinz) 327

Konfuzianismus 288
Kong Le (laot. Hauptmann) 424, 426, 430, 432, 450 f., 480
Kong Sum-chuen (Teochiu-Drogenimporteur) 536 f.
Kongokrise 214
Konterguerilla 207 f., 211 f., 215, 238, 244, 454 f., 457, 485 f., 491, 586, 596
Koreakrieg 248, 250
Korruption 159, 265, 274, 276, 280, 293 f., 299, 305, 307 f., 312, 315, 325, 356, 363–366, 381, 468, 536, 539, 544, 548, 554, 626
Korsika 108
korsische Syndikate 60, 73 f., 98 f., 101–104, 109, 119, 122, 134, 211, 251, 311, 325, 348, 350 f., 354, 370, 503, 505
Kouprasith Abhay (laot. General) 415 f., 449 ff.
Kowloon 384, 534, 536 f.
Kriangsak Chamanan (thail. General, Premierminister) 176, 548–553, 555
Krirksin (thail. General) 486
Krit Siwara (thail. General) 176
Krogh, Egil jr. (Exekutivdirektor des US-Kabinettsausschusses) 522
Kuala Lumpur 525, 541
Kuba 92 f.
Kundus (Afghanistan) 663 f.
Kurd, Mohammad Asim (pakist. Politiker) 651
Ky, Nguyen Cao (vietn. Oberst, Vizepräsident, Premierminister) 244, 286, 288, 297 ff., 302 ff., 306, 309–312, 314–318, 323, 325 f., 339, 343, 350 f., 356, 366
Kyansone (General der birm. Pa-O-Rebellen) 490
Kyaw Ba (birm. Junta-Tourismusminister) 574

La Marseillaise (Zeitung) 113
La Sacra Corona Unita (ital. Syndikat) 666

Labay, André (Korse) 130
Labenski, Gérard (Opiumpilot) 406,
  409 f., 504
Labrousse, Alain 36
Lahu (Bergvolk) 258, 260 f., 419 f.,
  454 f., 457 ff., 462, 486, 497, 564
Lai Chau (vietn. Provinz) 194, 212,
  219
Lakeland, Florida 637
Lamarck, Jean Baptiste Pierre
  de Monet 42
Lampang (thail. Stadt) 271 f.
Landi Kotal (pakist. Stadt) 650
Eines langen Tages Reise in die Nacht
  (E. O'Neill) 49
Langley, Virginia (CIA-Hauptquartier) 264, 462
Lansdale, Edward G. (General, CIA-Agent) 14, 235, 238, 240, 242 f., 285,
  296, 312, 317, 349 ff., 418, 430
Lansky, Meyer (Gangster) 77 f., 83, 93
  f., 97, 99, 135 f., 138, 354
Lanza, Joseph »Joe Socks« (Gangster)
  82
Lao Presse 393
Lao Theung (Bergvolk) 437, 442 f.,
  445 ff.
Laos Air Charter 504
Laoskonflikt (1961) 297
Lashio (Shan-Staat) 469, 475 f., 499,
  559
Lat Houang (laot. Dorf) 423, 425
Lateinamerika 579, 596
Lattin, John H. (US-Militärattaché)
  256
Lattre de Tassigny, Jean de (frz. General) 206, 211
Lawn, John (DEA-Leiter) 39
Lawrence Hill Books 30
Le Monde 112
Le Provençal (Zeitung) 113, 117
Le Rouzie (kors. Gangster) 503 f.
Leahy, Patrick (US-Senator) 588
Leake, John 36
Lehders, Carlo (Kokainhändler) 632

Lei Yu-tien (thail. General) 552
Lercara Fridi (Sizilien) 86
Letourneau, Jean (Hochkommissar für
  Indochina) 224
Leung Fat-hei (Teochiu-Fischer) 532 f.
Levet, Paul Louis (kors. Gangster)
  349, 406, 410 f., 504
Lewis, Paul (Pfarrer) 258
Lexington Hotel, New York 363
Li Choi-fat (Green-Gang-Führer)
  378
Li Hung-chang (Mandarin) 165
Li Mi (General) 247 f., 252–257, 259,
  261, 263, 559
Li Wen-huan (Guomindang-General)
  549, 562 ff.
Libert, Michel (kors. Drogenhändler)
  410, 504 f.
Licata (sizil. Stadt) 84 ff.
Lieu, Pham Van (südvietn. Oberst) 16
Life (Magazin) 285, 408
Lifschultz, Lawrence (Korrespondent)
  614, 621, 625
Lim-Chiong-Syndikat (Bangkok) 530
Lim Seng (Heroinproduzent) 523,
  529 f., 531 (Hinrichtung)
Lin Ming-Xian (KPB-Führer) 573
Lin Tse-hsu (Mandarin, Sonderkommissar für Kanton) 151
Linosa (Insel) 133
Lintner, Bertil (Journalist) 31
Lisu (thail. Stamm) 486
Livorsi, Frank (Gangster) 95
Lo-Clan (der Hmong) 188, 190, 192 f.
Lo Bliayao (Hmong-Führer) 189 f.,
  194
Lo Faydang (Hmong-Führer)
  190–193, 216
Lo Hsing-han (Milizenführer) 499,
  556, 558–561, 569, 573
Lo Kham Thy (Präsident der Xieng
  Khouang Air Transport) 434
Loan, Nguyen Ngoc (vietn. General)
  244, 303–306, 310 f., 315, 317, 324,
  327

Loc, Vinh (vietn. General, Zolldirektor) 307 f., 314 f.
Lodge, Henry Cabot (US-Botschafter) 293, 301 f., 349
Lolo (Yunnan-Stamm) 246
London 151, 176, 388
Long, Deo Van (Tai-Führer, Opiumhändler) 187, 194, 210, 215, 218–221
Long Binh (US-Militärgefängnis/-stützpunkt bei Saigon) 321, 338, 352, 362 (Entgiftungszentrum)
Long Pot (laot. Dorf) 18 f., 21, 29, 286, 437–445, 447
Long Tieng (CIA-Geheimquartier) 19, 29, 397, 417, 433 f., 436, 443, 445, 447, 502
– Labor 395, 398, 431 f., 435, 437, 455, 502
Long Xuyen (Marinestützpunkt im Mekongdelta) 329
Lorchakrieg (2. Opiumkrieg) 153
Los Angeles 390, 640 (Razzien), 641
Los Angeles Times 641
Lotz, Werner 636
Louette, Roger de (SEDCE-Agent) 129
Louis Phillippe (König) 106
Lovestone, Jay 117
Lu (Tai-Volk) 454
Lu Han (General) 246 f.
Lu Lan (vietn. Kommandeur des 2. Korps) 337, 357
Lu Wi-eng (Kommandeur der 93. Division der Guomindang) 175
Luan, Nguyen Van (Saigoner Polizeidirektor) 316
Luang Pragang (laot. königl. Hauptstadt) 190, 393, 414, 426, 443, 450, 456, 480
Lucchese, Gaetano (Rauschgifthändler) 123
Luciano, Lucky (Salvatore C. Luciana) 2, 8, 78 f., 80 (Verurteilung), 84, 86 ff., 90 f., 93 f., 97 ff., 120, 132, 135 f., 138

Lung Yun (Guomindang-General) 246
Luyen, Nguyen Quang (vietn. Politiker) 339, 342
Lvovsky, Jacob 77
Ly, Nguyen Thi (Schwester Kys) 303, 306, 324
Ly-Clan (der Hmong) 189 f., 192
Ly Foung (Hmong-Führer) 189 ff., 194
Ly Nhiavu (Hmong-Führer) 188 f.
Ly Wen-huan (Guomindang-General) 474–478, 486, 490, 495 f.
Lynch, Mark (Rechtsanwalt) 17

M-19 (kolumb. Guerillagruppe) 632
»M/V Bobby« (Schiff) 644
Ma's Film Company 537
Ma Ching-kuo (Guomindang-General) 474, 477 f.
Ma Shan (Drogenvertriebszentrum in Hongkong) 381
Ma Sik-chun (Hongkonger Syndikatsboss) 536 f.
Ma Sik-yu »White Powder Ma« (Teochiu-Gangster) 384 f., 532 f., 536 ff.
Macao 141, 147, 403
Macao-Chinesen 235
MacLehose, Sir Murray (Gouverneur Hongkongs) 539
Mae Hong Son (thail. Stadt) 477, 495, 561, 564, 572
Mae Sai (thail. Stadt) 466, 477
Mae Salong (Berg in Thailand, Guomindang-Station) 398, 474 ff., 479 ff., 487, 551 f., 561
Mae Sariang (thail. Stadt) 495
Mafia 102, 132, 351
– sizilianische 74, 86, 131 f., 600, 631
Magsaysay, Ramón (philipp. Präsident) 238
Mahathir (malay. Premierminister) 541
Mai, Do Khac (vietn. Luftwaffenkommandeur) 298

Mai Den (Nguyen Thanh Tung, vietn. Politiker) 306, 324
Mai Salong (Thailand) 460
Mailand 92
Mairevolution 1968 127
Majilis (iran. Parlament) 199
Malaiische Halbinsel 141, 157, 160
Malakka 141
Malaria 436
Malaysia 526, 540 f.
Mandalay 559
Mandroyan, Jean Paul (Einbrecher) 125
Mandschu 187
Mandschudynastie 187
Mandschurei 374
Manila 167, 523, 526, 529 f., 532
Mao Zedong 74, 273, 435, 477
maquis 211 f., 214, 218, 222, 233, 240, 287
Maradem Ltd. 353
Marco, Aldo de (General) 133
Marcos, Ferdinand E. (philipp. Präsident) 531 (Kriegsrecht), 532
Marihuana 41, 320 f., 527, 581 f., 603
Marseille 54, 58, 92, 99, 101, 106 (dt. Besatzung), 110, 111 f. (Straßenbahnboykott), 116 f., 211, 348, 406, 522, 526
 – Arbeiterklasse 101, 111 ff., 119 ff.
 – Heroinlabors 56, 60, 67, 92, 99 f., 103 f., 123, 130, 131 (La Ciotat), 350, 411, 521, 591
 – korsische Syndikate 74, 98, 101 f., 104, 107, 119, 122 f., 130 f., 211, 348 f., 600, 676
Marshallplan 74, 114, 116 f.
Marsloe, Anthony J. (ONI-Commander) 85
Marx, Karl 154
Matthews, Lind (Lektorin) 36
Mau, Vo Van (vietn. Politiker) 341 f.
Maung Aye (birm. Armeechef) 576
Maung Thint (birm. General, Juntamitglied) 574

McCaffrey, Barry (General) 34
McCann, Michael (US-Polizeiberater in Saigon) 337
McCoy, Mary 37
McFall, Roscoe C. (Abwehroffizier) 82
McGee, Gale (US-Senator) 26
McGovern, Georges (US-Präsidentschaftskandidat) 520
Mcmahon, John N. (CIA-Vizedirektor) 618
Meany, George (AFL-Präsident) 116
Medellín-Kartell 581, 585, 587, 590, 632, 634
Mekong 16, 24, 205, 216, 262, 266, 328, 382, 404, 413, 421, 427, 448, 460, 479 ff., 501 f.
Mekongdelta 180, 238, 301, 321, 326, 329, 337, 426
Meltzer, Harold (Drogendealer) 95–98
Mendès-France, Pierre (frz. Premierminister) 237, 239
Meo (Volksstamm) 221, 286, 430
 – Rote Meo 485 f.
Merck & Co. (dt. Firma) 46 f.
Mercury (The San Jose Mercury News) 638–641
Méridional (Zeitung) 113
Merrill, Frank D. (Generalmajor) 257
Mesai (Fluss) 275
Methamphetamine 43, 575, 577, 589, 594
Mexiko 389, 526 f., 529, 580, 602
Meyer, Cord jr. (CIA-Vize für verdeckte Operationen) 27, 36
Miami 94, 137, 388, 390
Miles, Milton E. (Marinekapitän, OSS-Koordinator Fernost) 376 f.
Mingdynastie 187
Minh, Nguyen Van (vietn. Oberst) 326
Mintz, Sidney (Anthropologe) 49
Mittard, François (Drogenhändler) 410, 504
Mo Heng (birm. General) 490, 565, 570

Moch, Jules (frz. Innenminister) 117, 119
Molière, M. (frz. Konsul in Schanghai) 374
Mon (Volksstamm) 495
Monaco 402
Mong-Tai-Armee (MTA) 31, 570, 574
Mong He (Guomindang/CIA-Funkstation) 462
Mong Hkan (Guomindang/CIA-Basis) 460
Mong Hsat (birm. Stadt) 247, 254 f., 258, 261 (Bombardierung)
Mong Mao (Wa-Staat) 254
Mong Pa Liao (Guomindang-Hauptquartier am Mekong) 261 f., 470
Mong Yang (birm. Basislager) 254 ff., 462, 465 ff.
Mong Yawn (birm. Stadt) 576
Mongkut (siam. König) 170
Monsun 147, 611
Montesinos, Vladimiro (peruan. Geheimdienstchef) 584, 588
Montgomery, Dreux 37
Morales, George (kolumb. Kokainhändler) 635 f., 642
Mori, Cesare (Präfekt von Palermo) 81
Morphium 43, 46, 91, 104, 123
Moss, George (Kriegshistoriker) 364
Moule, A. E. (Pfarrer) 165
Mouvements Unis de Résistance (MUR) 109
»Mr. Big« (Teochiu-Chinese, Drogenfinanzier) 332, 336
Mrs. Chin (Ba Chin bzw. Chin Map; vietn. Schmugglerin) 344 f.
Mua-Clan (Hmong) 188
Muang Sing (Laos) 455 f., 459, 464
Mudschaheddin 581, 599, 604, 612, 614 f., 618–621, 628, 652, 676
Muong Chim (laot. Dorf) 445
Muong Moune (laot. Stadt) 479 ff., 501
Muong Sen (vietn. Stadt) 193
Muong Song (vietn. Stadt) 218
Muong Soui (laot. Stadt) 426, 446

Murder Inc. 136
Murphy, Audie (Schauspieler) 238
Murphy, John M. (US-Abgeordneter) 362
Musharraf, Prevez (pakistan. Militärmachthaber) 651
The Muslim 625
Mussolini, Benito 74, 81, 87, 105, 133
Mussomeli (sizil. Dorf) 87
Musto, David (US-Drogenberater) 599, 601 f., 604
My-Lai-Massaker 14, 321

Nadschibullah-Regime 652
Nagasaki 229
Nagel, Jim (US-Botschaftssicherheitsbeamter) 637
Nam-Tha-Provinz (Laos) 407, 414, 453, 455 ff., 459
Nam-Tha-Stadt 453, 456 f., 464, 470 f.
Nam Keung (Laos) 382, 398, 457, 502
Nam Ou (laot. Dorf) 443, 445
Nam Suk (laot. Dorf) 443 ff.
Nam Thouei (laot. Flüchtlingszentrum) 455
Nam Yu (CIA-Station in Laos) 455, 460, 462
Namangani, Dschuma (afghan. Kriegsherr) 663 f.
Nan (thail. Provinz) 485
Nangarhar (Afghanistan) 628, 630, 655, 657 (Heroinlabors), 658 f., 664, 669, 671, 674
Nangra (Ghani Khyl, Afghanistan) 670
Nanking 153 (Beilegung des 1. Opiumkriegs)
Napalm 447, 485
Napoleon 108
Narcotic Division 52, 62
Nariño (Kolumbien) 588
Narong Kittikachorn (thail. Oberst) 280
Narong Wongwan (thail. Parteiführer) 554

Nasim Akhundzada (afghan. Mullah und »Heroinkönig«) 628 f., 633, 673
The Nation (am. Zeitschrift) 621
Nation (birm. Zeitung) 261
National Catholic Reporter 17
Nationaldemokratische Front (NDF) 562
Nationale Befreiungsarmee der Karen 562
Nationale Befreiungsfront Vietnams → FNL
Nationale Shan-Armee → SNA
Nationalsozialismus/Nazis 105, 107, 251, 505
Nationalversammlung Vietnams 340 (Reisegesetzliberalisierung)
Naw Seng (KPB-Führer) 498 f.
NBC 28, 326, 356, 358, 487
Ne Win (birm. General, Diktator) 491, 556, 574
Neak Luong (Mekong) 328 f.
Neapel 88
Nellis, Joseph (US-Berater) 550
New York 152, 388, 391, 503, 505 f., 600 (Heroinkonferenz über den Mittleren Osten)
New York Daily Tribune 154
New York Times 17, 28, 127, 263 ff., 273, 325, 327, 345, 357, 363, 398, 558, 588, 616, 619, 628, 633, 641 f., 649, 671, 674
New Yorker 437
New Yorker Ring 77
Newsline (pakistan. Magazin) 626
Newsweek 17
Ng Chun-kwan (Teochiu-Syndikatboss) 532, 534, 536
Ng Kam-cheung (Teochiu-Drogenhändler) 536
Ng Sik-ho »der Krüppel« (Teochiu-Syndikatboss) 532–536, 538
Nhu, Ngo Dinh (vietn. Geheimpolizeichef, Bruder Diems) 287, 295 f., 299 f., 302 f., 305, 407, 409 f.

Nicaragua 36 (CIA-Operation), 604, 633 f., 639, 677
Nicholson, M.R. (Attaché des US-Finanzministeriums in Schanghai) 373 ff.
Niederländer 44, 141, 155, 158 f.
Niederländisch-Ostindien 142, 168
Niederlande 524 f., 528
Nightly News (NBC) 326
Nitya Bhanumas (General der thail. Drogenbehörde) 336
Nixon, Richard 68, 134, 359, 360 (Recht auf Rehabilitation), 362 (Watergate), 460, 506, 515 ff., 518 (»Recht und Gesetz«), 519–522, 528, 558, 583, 591, 593
– »Krieg gegen die Drogen« 26, 63, 67, 130, 505 f., 513, 516, 519 ff., 528, 596, 602
Nola (ital. Stadt) 89
Nong Het (Laos) 188 ff., 192 f.
Nong Mon (CIA-Station) 462
Nordallianz 656, 663, 668, 670
Nordvietnamesen 436, 445
Noriega Morena, Manuel (panam. General) 35, 39, 40 (Gefangennahme), 580, 590
»Normandie« (Passagierschiff) 81
North, Oliver (Oberstleutnant, Nationaler Sicherheitsrat) 635 f.
Nung, Khu Duc (Militärattaché in Vientiane) 306
Nung-Piraten (Vietnam) 208
Nuristan-Tal (Afghanistan) 654
Nyholm, Klaus (UNDCP-Direktor) 68

O'Neill, Eugene 49
Oakley, Robert (US-Botschafter in Pakistan) 619, 629
Objibway (Agent) 456
Obst, David (Literaturagent) 27 f.
Ochoa, Jorge (kolumb. Kokainhändler) 632
Odysse (Homer) 43

Office of Drug Enforcement Policy and Support (Pentagon) 33
Office of Naval Intelligence → ONI
Office of Policy Coordination → OPC
Office of Strategic Services → OSS
Ohn Gyaw (birm. Außenminister) 574
Okinawa 390
Olsen, Oyvind (schwed. Ermittlungsbeamter) 624
Omar (afghan. Mullah, Talibanführer) 657, 667 (Mohnanbauverbot)
Omertà (Gesetz des Schweigens) 87
Omnibus Crime Bill (B. Clinton) 34
On Chan (SNA-Major) 492
ONI (Office of Naval Intelligence) 74, 81–86
OPC (Office of Policy Coordination) 115 f., 121, 248, 250, 265
– Fernostabteilung 251, 253, 264
Operation Condor 527
Operation Cyclone 615
Operation Eagle 137
Operation Haylift 298 f.
Operation Paper 253
Operation X 206, 208 ff., 217 f., 223 f., 240, 244, 282
Opium 41–46, 48 f., 51, 55, 96, 139–143, 146 (Preis), 160, 286 f.
– bengalisches 140, 142 f., 146 f., 149
– Malwa-Opium 140 ff., 146
The Opium Warlords (Film von A. Cowel) 560
Opiumgesetze 51 ff., 506
Opiumklipper 147 f., 151 ff.
Opiumkriege 153 (1856 bis 1858), 165, 370 (1839 bis 1842), 451 f., 629 f.
– Phao vs. Sarit 271 f.
– 1967er Krieg 397, 481, 484 f., 487, 494, 500 f., 556, 558 f.
Opiummonopole 157–160, 165–168, 171, 174, 176, 181 ff., 185 f., 194, 206, 271, 279 f., 607
Oriental Daily News (Hongkonger Zeitung) 537 f.

Osch (Kirgisistan) 660
Oslo 624
OSS (Office of Strategic Services) 62, 74, 84 ff., 90, 116, 175, 203, 349, 376
Ostindienkompanie, britische 139, 143–148
Ostindienkompanie, niederländische 142, 158 f.
Ouane Rattikone (laot. General, Heroinproduzent) 22 f., 398, 411, 413–416, 421, 424, 432, 448 ff., 452 f., 456, 459, 464 f., 469, 478–481, 484, 500 ff., 506 f.
Oudone Sananikone (laot. General) 449

Pa-O (Bergvolk) 178, 490
Pa Dua (Yao-Dorf) 507
Pacific Industrial Company, Bangkok 406
Padoung (Berg und Ort in Laos, CIA-Posten) 427, 430
Pakistan 600, 611, 613, 623, 648
Paknam (Thailand) 385
Pakse (Südlaos) 297, 306
Palaung (Bergvolk) 178
Palermo 86, 92 (Bonbonfabrik), 132 f., 600
Panama 39 f. (Invasion), 390, 580
Pandschir-Tal (Afghanistan) 617, 670
Pantaleone, Michele 86, 90
Panthay (Yunnan-Muslime) 160
Panya (Leiter der Pepsi-Cola von Vientiane, Sohn Phumas) 324
Pao Yuchang (Kommandeur der Wa-Staat-Armee) 575
Paraguay 355, 390
Paris 24, 92, 126, (Cercle Haussmann), 181, 203, 237, 503
Parke-Davis (Firma, Detroit) 47
Parsen (pers. Volksgruppe in Indien) 147
Parssinen, Terry (Historiker) 49
Parti Populaire Français 107
Paschtunen 606, 616 f., 652 f., 659, 671

Pastora, Eden (Contra-Kommandeur) 633 ff.
Pastrana, Andres (kolumb. Präsident) 586, 588
Pataki, George (US-Gouverneur) 590
Patentarzneien 46, 48 ff.
Pathet Lao (revolut. Bewegung) 193, 216, 401, 404, 412, 417, 421, 424, 427, 430 ff., 434 ff., 442, 448 f., 455 f., 459, 465, 489
– Offensive 434 f., 445, 447
Patna (am Ganges) 143, 145
Patterson, Anne (US-Botschafterin) 588
Patton, George (General) 84, 86
Pegu-Berge 556
Peking 149, 166, 187, 537
Pelzer, Karl (Professor an der Yale University) 14
Peng Jiasheng (birm. Kriegsherr) 577
Pentagon 33 f., 87, 458
Pentagon-Papiere 237, 284
Pepsi-Cola, Vientiane 324
Perry, Robert (Reporter) 634
Perser 140
Peru 581, 584
Peschawar (Afghanistan) 606, 616, 618, 626, 629, 652 (Opiumverbrennung)
Petersberg (bei Königswinter) 672
Peyote 41
Der Pfadfinder, der Heroin schmuggelte (Dokumentarfilm) 625
Pha Khao (laot. CIA-Posten) 430
Phac Bun (Laos) 190
Phao Siyanan (thail. General, Polizeichef) 60, 176, 245, 253 f., 259 f., 265, 268 ff., 271 f. (Opiumkrieg mit Sarit), 273–278, 280 ff., 484
Pharmaindustrie 43, 46 f., 91, 371
Phetsarath (laot. Prinz) 190 f.
Phibul Songgram (thail. Oberst, Premierminister) 171, 173 ff., 253, 268, 269 (Polizeiritter-Clique), 273, 275 f.
Philadelphia 527 (Drogenlabors)

Philippinen 156, 166 f., 238, 389, 530, 531 (Antidrogeneinheit), 532, 577
Phin Chunnahawan (Generalmajor, Gouverneur des Verein. Thaistaates) 174 ff., 268 ff., 553
Phin Manivong (laot. Dolmetscher) 18, 21
Phnom Penh 16, 322, 325, 328 f.
Phong Saly (Nordlaos) 407
Phong Sawan (Tranninh-Plateau) 406 f., 409, 426, 432 (kors. Stammlokal »Snow Leopard Inn«)
Phou Fa (Laos) 427
Phou Miang (laot. Dorf) 445
Phou Pha Thi (Berg in Laos, CIA-Radarstation) 432, 434
Phou Phachau (Berg in Laos) 438
Phoui Sananikone (laot. Premierminister) 412
Phoumi Nosavan (laot. General, Verteidigungsminister) 22, 397, 411–415, 424 f., 427, 449, 464, 471
Phu Quoc (vietn. Insel) 247, 333, 335
Phuoc, Dao Ba (vietn. Oberstleutnant) 316
Piot, Peter (Direktor des UN-Aids-Programms) 661
Piraten 148, 226, 228
Pizza-Connection 601
PKK (Kurdische Arbeiterpartei) 665
Pleiku (Vietnam) 306, 327
Poe, Tony, »Mr. Tony« (CIA-Geheimkriegsagent) 419, 431, 433 f., 456 f.
Pol Pot 571
Polakoff, Moses (Anwalt Lucianos) 82 f.
Poletti, Charles (Oberst) 87 f.
Polgar, Thomas (CIA-Stationschef) 366
Politics of Heroin in Southeast Asia (McCoy) 11
Pompidou, Georges 127 f.
Porter, D. Gareth 17
Portugal 141
Posepny, Anthony → Poe, Tony

Powell, Colin 668
Pramual Vangibandhu (Oberst der thail. Drogenfahndung) 280, 333 ff.
Praphat Charusathien (thail. General, Innenminster) 277 f., 280
Prem Tinsulanan (thail. General, Premierminister) 551 ff., 563
Prescott, James (brit. Opiumklipperkapitän) 152
Priangan (Westjava) 157
Prohibitions- und Protektionspolitik 35 f., 50 f., 53 ff., 61, 63, 67, 69, 71, 75, 592, 595 f., 602, 604
Prostitution 80, 102, 235, 468
– organisierte 79, 105, 377
Proxmire, William (US-Senator) 26
Public Administration Ad Hoc Committee on Corruption in Vietnam 308
Puglieli, Vince (Battelle Institute) 33 f.
Pullman, John (Alkoholschmuggler, Kurier) 99, 354
Puolo Dama (vietn. Insel) 332
Pure Food and Drug Act 50
Putsch/Staatsstreich 176, 240, 265, 268, 277 f., 412, 415 f., 424, 451, 550, 553 f., 571, 616 f.
Putumayo (Kolumbien) 587
Pyinmana (birm. Stadt) 498

Quadir, Abdul (afghan. Kriegsherr) 671, 674 f.
Quäker 165
Quang, Dang Van (vietn. General, Geheimdienstberater Diems) 325–328, 356, 358
Qui, Nguyen Ngoc (Flugbegleiterin der Air Vietnam) 341
Qui Nhon (Vietnam) 337 f.
Qureshi, Raza (pakistan. Drogenschmuggler) 624 f.

Rach Gia (vietn. Hafen) 332, 334 f.
Rach Soi (Marinebasis im Mekongdelta) 329, 332, 334 ff.

Radio Shariat (Taliban-Sender) 669
Raffles, Sir Stamford (Gründer der brit. Kolonie Singapur) 157
»Rainbow« (am. Opiumklipper) 152
Rama II. (siam. König) 170
Rangle, Charles (US-Kongressabgeordneter) 27
Rangun 24, 40, 248, 261 f., 563, 578
Rankin, Karl L. (US-Botschafter in Taiwan) 256, 260
Raoul (frz. General) 210
Rappa, Francisco (Heroinkurier) 133
Rashid, Abdul (Chef der Antidrogeneinheit in Kandahar) 657
Rashid (afghan. Bauer) 668
Rassemblement du Peuple Français 111
Rasul, Mohammed (afghan. Mudschaheddin-Führer, Bruder Nasims) 628 f.
Rattikone, Quane (laot. Oberkommandeur, Drogenhändler) 323
Razzia 233, 279, 333–336, 381, 388, 536, 538, 543, 640, 647, 657
Reagan, Ronald 581, 614, 617 f., 634
– Drogenkrieg 63, 579 ff., 596
»Red Rover« (brit. Opiumklipper) 147 f.
Reid, Ogden (US-Kongressabgeordneter) 29
Reina, Giacomo (Rauschgifthändler) 123
Reiner, Fred (Dealer) 96
Reis 201 f., 436, 439 f., 445, 472
Reisen durch Peru (Tschudi) 46
Rennell, Lord (brit. Kommandeur) 87
Reno, Janet (US-Generalbundesanwältin) 641
réquisition militaire (Opiumflug) 411, 416
Résistance 105–108, 110 f., 114, 125, 349
Ricort, Auguste Joseph (frz. Verbrecher) 355
Rincome Hotel (Nordthailand) 495

River Phoenix 566
Roatán (Insel) 643
Roberts, George (US-Zollberatungschef in Saigon) 307 f., 314 f.
Rockefeller, Nelson (Gouverneur) 517 (»totaler Krieg« gegen die Drogen), 528, 590
Rodriguez-Brüder (peruan. Drogenbarone) 584
Rodriquez, Luis (costa-rican. Drogenhändler) 637
Rogers, Paul (US-Abgeordneter) 361
Rohopium 42, 75, 92, 95, 288, 372
Rolling Stone 568
Roosa, John 36
Roosevelt, Theodore 51, 167
Rosen, Nig (Gangster) 95, 97
Ross, »Freeway Rick« (Dealer) 639 f.
Rostow, Walt W. (US-Präsidentenberater) 281
Rote Armee 515
Rote Khmer 571
Roter Fluss 222, 434, 453
Rotes Kreuz 222
Rothman, Max »Chink« (Schläger) 97
Rothstein, Arnold (Gangster) 76, 78
Roundup (Sprühmittel) 588
Royal Air Lao 308, 503
Royal Navy 147 f.
RPF (Rassemblement du Peuple Français) 111
Rubin, Barnett (Afghanistanexperte) 615, 628
Rung Sat (Sumpf an der Saigonmündung) 226, 228, 230, 232 f., 236, 243
Russell & Co. (am. Handelshaus) 151 f.
Russland 661
Russo, Genco (Mafiaboss) 87
Russo, Thomas (Drogenermittler) 601

Sabiani, Simon (Vizebürgermeister Marseilles) 105, 107

Sabotage 73, 81, 83, 214, 238, 250, 298, 327, 419, 431
SAC (Service d'Action Civique) 127 f.
Sadat, Anwar 613
Saeng Wan (SNA-Kommandeur) 467
Saigon 16 ff., 54, 156 (Opium-Régie), 181 (Annexion), 226, 236, 238, 283, 285, 308, 328 f., 364 f. (Antikorruptionsbewegung), 366 (nordvietn. Rehabilitationsinternat)
– Häuserkampf 236, 243
– politisches Chaos 300, 356
– Sydikat 333, 349, 354
Salan, Raoul (frz. General) 206, 217, 224
Salinas de Gortari, Carlos (mex. Präsident) 580
Saluen (Fluss) 178 f., 254, 259, 474 f., 556 f., 558 (Kunlong-Brücke), 564, 572
Sam-Neua-Stadt 216, 432
Sam Neua (laot. Provinz) 222, 407, 423 ff., 431, 433 ff., 437
Sam Pu Kok (laot. Dorf) 445
Sam Thong (Hmong-Lager) 21, 433, 435, 455
Samlor (Major, SNA-Kammandeur) 466
Samper, Ernesto 585
San Francisco 73
San Francisco Steak House (Hongkong) 353
San Pakau (laot. Dorf) 445
Sandinisten 604, 632, 638 f.
Sang, Lai Van (Kommandeur der Binh Xuyen, Saigoner Polizeichef) 230, 233, 235
Sangin (afghan. Stadt) 659, 670, 673
Sans-Souci-Kasino 94
Sao Gnar Kham 464
→ Gnar Kham
Sarit Thanarat (thail. Marschall) 176, 268 ff., 271 (Opiumkrieg mit Phao), 272, 277 f., 279 (Erlass 37 zur Opiumbekämpfung), 293, 507

Saturday Evening Post (Zeitung) 116, 285
Sausset-les-Pins, Bouches-du-Rhône 105
Savani, Antoine (frz. Hauptmann) 206–210, 232 ff., 238, 243
Savannakhet (Südlaos) 297, 306, 408, 424–427, 450 f.
sawbwas (autonome Kleinfürstentümer) 178 f.
Sayaboury (Nordlaos) 407
Schah von Persien, Reza Pahlewi 199, 608 (Opiumproduktionsverbot), 610 ff. (Sturz)
Schanghai 51 (Schanghaier Opiumkommisson), 54, 370 (Internationale Niederlassungen), 371 (Schließung der Opiumhöhlen), 374 (Chinesenstadt Nantao), 376
– Eroberung 74, 515
– Französische Niederlassung 371, 373 f., 515
– Heroinlabors 73, 372 f.
– Schanghaier Internationale Opiumkommission 158, 160, 167
Schiaparelli (ital. Firma) 91, 98
Schlafmohnanbau 42 f., 140, 154, 162 ff., 202, 405, 440 f., 523, 527, 607, 673
Schmuggel 111, 119, 164, 186, 277, 281, 307 ff., 329, 340 ff., 344, 491, 523
Schnapsbrennerei 79
Schultz, Arthur »Dutch« (Krimineller) 77
Schutzgelderpressung 74, 102, 226, 231, 234, 272, 305
Schwarzmarkt 89, 104, 111, 113, 119, 328, 352, 491, 566
Schweiz 99 (Nummernkonten)
Scott, Peter Dale (Berkeley-Professor) 15
SDECE (Service de Documentation Extérieure et du Contre-Espionage) 75, 127 ff., 209 ff., 223 ff.

Sea Supply Corporation (CIA-Tarnfirma in Bagkok) 253, 255, 272, 276, 281
»Sea Witch« (am. Opiumklipper) 152
Seale, Bobby (Black Panther) 13
Secord, Richard (US-General) 636
Sedone Palace Hotel (Pakse) 306, 324
Seide 141 f.
Sensenbrenner, F. James jr. (US-Abgeordneter) 544
Separatisten, sizilianische 89 f.
Service d'Action Civique → SAC
Service de Documentation Extérieur et du Contre-Espionage → SDECE
SETCO (Firma) 637
Shah, Timur (afghan. Bauer) 669
Shamali-Ebene (Afghanistan) 654, 656
Shan-Rebellen 24, 260 f., 397 f., 404, 455, 459, 462 f., 469, 475 f., 481, 487–490, 555, 557, 561, 563, 571 f.
Shan-Staat (Birma) 24, 32, 160, 172, 174 f., 177 ff., 201, 245, 257 ff., 267, 281, 287 f., 292, 397 f., 458 ff., 462, 475, 487 ff., 494, 496, 556, 560
Shan-Staatsarmee (SSA) 556 f., 559, 562, 566, 570
Shan States Opium Act 179
Shanghai Missionary Conference 1877 165
Shantou (chin. Küstenstadt) 370, 515, 533
Shaplen, Robert (US-Korrespondent) 301, 305
Sharif, Nawaz (pakistan. Premierminister) 650 f.
Sheehan, Neil (Journalist) 358
Sheridan, Brian (US-Verteidigungsministerium) 33 f.
Shimwari 659
Shirsai, Gul Agha (afghan. Provinzgouverneur) 671
»Si Ayutthaya« (Schlachtschiff) 270
Siam (Thailand) 156 f., 160, 163, 169, 171 (Opiumkonferenz)

Sichuan (chin. Provinz) 154, 166, 187 f., 372 f., 375
Siegel, Benjamin »Bugs« (Krimineller) 77
Sierra Madre 526
Sigurimi (alban. Geheimdienst) 666
Sihanouk, Prinz (Kambodscha) 322, 421
Silber 180, 442, 472
Simonpiéri, Ange (Heroinkurier) 128
Sinaloa (Mexiko) 524
Singapur 157 f., 383 f., 403, 542 (Drogengesetze)
Sisouk na Champassak (laot. Finanzminister) 403
Sitthi Sawetsila (thail. Luftwaffenoffizier) 253
Sizilien 90, 92, 132
– Invasion 74, 83 ff., 87
Sklavenarbeitslager 228
Sklavenschiffe 148
Smith, R. Harris (CIA-Mitarbeiter) 84
Smith, Walter Bedell (General, CIA-Direktor) 250, 260, 263 f.
Smith, William French (US-Bundesstaatsanwalt) 528, 623, 631, 642
Smoking Opium Exclusion Act 52
Smyrna (Izmir) 146
SNA (Nationale Shan-Armee) 464–469, 475, 488 ff., 492
Snow Leopard Inn (Tranninh-Plateau) 406
Sogimex Company (Firma Phoumis) 415
Solarz, Steven (US-Politiker) 623
Sollena, Salvatore (Verbrecherbandenchef) 601
Somoza, Anastasio 642
Somoza-Diktatur 634
Song Tou (Hmong-Führer) 190
Sopsai(sana), Prinz (laot. Botschafter in Frankreich) 393 ff., 503
Sore, Albert (frz. General) 216 f.
Sorrenti, Davide (Fotograf) 568
Souvanna Phouma (laot. Premierminister) 324, 403, 412, 414 f., 424 ff., 480
Sowjetunion 412, 431 (Genfer Laos-Abkommen mit USA 1962), 615 (Afghanistan)
Sozialistische Partei Frankreichs 109 f., 115, 117 f., 122
Spanisch-amerikanischer Krieg 51
Spanischer Bürgerkrieg 106
Special Action Office of Drug Abuse Prevention 516
Spellman, Francis Joseph (Kardinal) 283
Spionage 73, 85, 102, 109, 225, 250, 296 f., 376, 419 f., 459 f.
Spirito, François »le Grand« (Gangster) 104 ff., 109 f., 123 f.
»SS Exeter« (Schiff) 105
Staples, Ernie (Sonderagent) 600
Stasi 681
Steele, Robert H. (US-Abgeordneter) 357 f.
Steinbeck, John jr. 17
Stellvertreterkrieg 203, 236
Der stille Amerikaner (G. Greene) 17, 238
Stilwell, Richard (am. General) 251, 264
Straits Times (Singapur. Zeitung) 172
Streik 101, 118, 120, 122
Stroesser, Alfredo (parag. General) 580
Su Che (chin. Schriftsteller) 140
Su Sung (chin. Arzt) 140
Suchinda Kraprayun (thail. General) 554
Südvietnam 286, 307
Sukree Sukreepirom (chin. Opiumhändler, Bauunternehmer) 535, 542 f.
Suleiman (Sultan) 161
Sullivan, Norma »Silky« (austral. Vertraute kors. Gangster in Saigon) 24 f.
Sullivan, Stephan (Chairman der brit. Ostindienkompanie) 144
Sulzberger, Cyrus L. (Journalist) 273

Suri, Jeremy 37
Swai Saenyakorn (thail. General, Polizeidirektor) 277 ff.
Sweet, Charles (US-Botschaftsvertreter) 305
Sydney 54, 388, 525
»Sylph« (Cowasjees Opiumklipper) 148

Tabak 41, 44, 141 f., 372
Tachilek (birm. Stadt) 247, 398, 492, 494, 502
Tadschiken 654
Taft, William Howard (US-Gouverneur) 166 f.
Tai 172, 194 f., 215, 222, 454, 571
– Schwarze Tai 219 ff.
– Weiße Tai 194, 219
Tai, Lai Huu (Berater Bay Viens) 233 f.
Tai-Föderation 210, 219–223
Tai Li (chin. Geheimpolizeichef des Amts f. Statistik u. Investigation) 376 f.
Taipeh 248, 256, 537
Taiwan 248, 255, 259, 261 ff., 474, 477 f.
Tali (Stadt/Festung in Yunnan) 161
Taliban 595, 631, 651–654, 656 ff., 663, 667 f., 670 (Opiumverbot), 671 f.
Tam Ngop (Nordthailand) 474 ff., 487 (Labor), 490, 495
Tam Son (laot. Dorf) 444 f.
Tambs, Lewis (US-Botschafter) 637
Tampa (Florida) 94, 136, 351 f.
Tan Chau (Marinestützpunkt im Mekongdelta)) 329
Tan Son Nhut (Saigoner Luftwaffenbasis und Flughafen) 302 f., 307, 309, 315, 324 f., 345
Tang Hai (Teochiu-Kapitän) 332–336
Tang Yang (Birma) 469, 478
Taunggyi (Shan-Staat-Hauptstadt) 24, 559 f.
Tay Ninh (vietn. Stadt) 242
Tee 45, 48 f., 143 f., 160

Tegucigalpa (Honduras) 638, 643
Teheran 198, 607, 608 (Heroinlabors), 612
Teochiu-Syndikate (aus China) 158, 323, 329, 332, 334, 354, 369, 377 ff., 381–385, 388 (»große Fünf«), 389 f., 515, 523 ff., 529, 532 ff., 536 f., 540, 543 f.
Terrorismus 214, 231
Tet-Offensive 14, 236, 310, 315, 323, 325, 366, 403
Thailand 273, 276 (Opiumverbot), 280 (demokratische Revolution), 386, 526, 572 (Wasserbedarf)
Thakhek (Laos) 414
Thanh, Lam Nguon (vietn. Flottillenadmiral) 329
Thanh, Tran Huu (Führer der Saigoner Antikorruptionsbewegung) 364 ff.
Thanin Kraiwichien (Richter, thail. Premierminister) 548, 550
Thanom Kittikachorn (thail. General, Premierminister) 278, 280
Thao Ma (General, Kommandeur der laot. Luftwaffe) 449 ff.
Thé, Trinh Minh (Cao-Dai-Dissident) 240
Thelwall, Algernon (brit. Pfarrer) 148
Thi, Nguyen Chanh (vietn. General) 306
Thien, Pham Chi (vietn. Abgeordneter) 315, 341 f., 345
Thieu, Nguyen Van (vietn. General, Präsident) 288, 303, 311 f., 314, 317 f., 323, 326 ff., 339, 342 f., 347, 356, 358 f., 364 ff., 434
Tho, Nguyen Huu (FNL-Vorsitzender) 300
Thom Chitvimol (thail. Polizeibrigadegeneral) 277
Thompson (Arzt Nixons) 519
Thong, Nguyen Van (Kommandant der vietn. Flusseinheit 211) 328, 336
Thong Qui (laot. Dorf) 442

Thornburgh, Richard (US-Generalbundesanwalt) 39 f., 569
Thuy, Nguyen Bao (vietn. Major) 316
Tien, Phan Phung (Oberst, Kommandeur von Tan Son Nhut) 325, 351
Tientsin 153 (Besetzung)
– Heroinlabors 73, 77
Time-Life 13, 295, 501 ff.
Time Magazine 630
Time 121, 326, 411
Tin Bong (laot. Auffanggebiet für Hmong-Flüchtlinge) 445 ff.
Tochi Scouts (afghan. Miliz) 606
Tokio 672
Toledo, Alejandro (peruan. Präsident) 584
Tomsen, Peter (US-Sonderbotschafter) 649
Ton Peung (laot. Stadt) 479
Tongkin 12, 57, 164 (Annexion), 181 (Invasion), 185 f., 188, 194 f., 211 f., 218, 229
Tongkingdelta 188, 194, 208
Topping, Seymour (Korrespondent) 263
Tora-Bora-Höhlen (Afghanistan) 671
Torkha (afghan. Garnison) 620
»Torrington« (brit. Opiumklipper) 152
Touby Lyfoung (Hmong-Führer, laot. Justizminister) 187, 189, 191 ff., 210 f., 215–218, 222 f., 400, 422 f., 425 f., 444
Trafficante, Santo jr. (Mafiaboss) 94, 134, 136–139, 351 f., 354
Trafficante-Familie 93, 97
Tran Minh (Teochiu-Plastikfabrikant in Cholon) 332 ff., 336
Tranninh-Plateau (Ebene der Tonkrüge) 185, 192 f., 215–218, 401, 404 f., 416 f., 419, 421 ff., 425 ff., 432, 435, 446
Transportgeschwader 1 der vietn. Luftwaffe 287, 298, 302 f., 309, 325
Tri, Deo Van (Führer der Weißen Tai) 194

Triaden 534
Trinquier, Roger Paul (frz. Major) 12, 206–212, 214 f., 218, 221–224, 286
Tripodi, Tom (DEA-Agent) 24
Trotzkisten 229
Tru, Le Ngoc (Saigoner Polizeichef) 316
Truman, Harry 115, 245, 248, 250 (Erlass NSC 10/5), 251, 253
Truman-Administration 56, 114, 248, 263
Truong, Ngo Quang (vietn. General) 322
Tsai Noie (SNA-Kommandeur) 466 f.
Tschudi, Johann Jakob von (Schweiz. Naturforscher) 46
tse-fa-Lotterie 536
Tsouanis, Yanis (griech. Schmuggler) 77
Tu Yueh-sheng (»Opiumkönig«, Green-Gang-Führer) 371–378
Tuan Shih-wen (birm. General) 204, 474–478, 486, 552
Türkei 67, 75, 98, 104, 146, 184, 199, 310, 348, 389 ff., 395, 513, 521 f., 591, 593
– Opiumverbot 134, 524
Tung, Le Quang (vietn. Oberst) 297
Tung, Thanh Nguyen → Mai Den
Tuohy, Judith L. 36
Turner, Stansfield (CIA-Direktor) 615
Tuyen, Tran Kim (vietn. Geheimpolizeichef) 296 f., 299

U-Boot-Krieg 73, 81 f.
U Ba Thien (Shan-Führer, Finanzminister des Keng-Tung-Staates) 455, 459, 462–466, 468
U Nu (birm. Premierminister) 494 ff., 498
UÇK (Kosovo-Befreiungsarmee) 666 f.
Ullah, Mullah Naquib (afghan. Kriegsherr) 672

Register **839**

UN 3 f., 43 (Abkommen über psychotropische Substanzen), 61 (Abkommen gegen das organisierte Verbrechen), 61 (Antidrogenkampf), 165 (Kontrollverträge), 259, 262 f., 271 (Drogenkonferenz 1946), 485, 505, 515, 575, 577, 588, 592 (Weltdrogenbericht), 594, 608, 655 f., 661 (Aids-Bericht), 663, 667
– Drogenkontrollprogramm (UNDCP) 68, 523, 578, 657 ff., 668 f.
– Drogenkonvention von 1961 61, 517
Unabhängigkeitsblock (vietn. Nationalversammlung) 339 f., 342 f.
United Daily (taiwan. Zeitung) 537
United Nations Fund for Drug Abuse Control (UNFDAC) 523, 546
UNLF (Vereinte Nationale Befreiungsfront) 495 f., 498
US-Finanzministerium 62, 518
US-Justizministerium 137, 518, 589
USAID (US-Entwicklungshilfebehörde) 18, 324, 421, 434 ff., 444, 447, 456, 507 f., 587, 624
Utapao (Thailand) 386
Utley, Garrick (Korrespondent) 28

Valutaschmuggel/Währungsmanipulation 104, 238, 349, 351 ff.
Vang Pao (Hmong-General, Kommandeur einer CIA-Geheimarmee) 19 f., 217, 395, 398–401, 417, 421–427, 430–435, 437 ff., 442 ff., 447 f., 502, 571
Vang Vieng (laot. Marktstadt) 443
Vann, John Paul (Berater Dzus) 357 ff.
Vech Pechborom (thail. General) 544
Vendetta 81, 103, 124, 132, 136, 243
Venturi, Dominique (Heroinschmuggler) 123 f., 127
Venturi, Jean (Großdealer) 124, 127
Vereinte Shan-Armee (Shan United Army) 551, 553, 561

Vereinte Wa-Staat-Armee (UWSA) 573, 575 f.
Vereinte Revolutionäre Shan-Armee (SURA) 565
Versailler Frieden 402
Vertrag von Nanking 153
Vien, Le Van »Bay« 303
→ Bay Vien
Vientiane (Laos) 18, 20 f., 23, 308, 323 f., 393, 395, 397, 403, 414 ff., 424, 426 f., 433, 436, 447 f., 451 (Bombardierung), 456, 504 (Snow Leopard Inn, The Spot)
– Heroinlabors 398, 502
– Wattay-Flughafen 407 f., 432, 450, 503
Vietcong 14, 236, 300
Vietminh (laot. u. vietn. Nationalisten) 192 f., 206 ff., 212, 214 f., 217 (Invasion in Laos), 218–222, 224, 226, 229 f., 232, 234, 237, 244, 246, 283 f., 302, 355
– Offensive 195, 216 f.
Vietnam 180 (Opiumverbot), 676
Vietnam Air Transport 298
Vietnamisierung 194, 234
Vietnamveteranen 361, 363
Villalba (sizil. Dorf) 86 ff., 90
Ving Ngun (Wa-Staat) 462, 465, 469, 476, 478, 494
Vizzini, Don Calogero (sizil. Mafiaboss) 86–92
Völkerbund 52 (zweites internationales Opiumabkommen von 1925), 165 (Kontrollverträge), 168, 177
– Beschränkung der europ. Heroinproduktion, 1931 53, 375
Volksbefreiungsarmee, chinesische 196, 247, 254
Volksfortschrittsblock (vietn. Nationalversammlung) 317
Volstead Act 52

Wa-Staat 254 f., 458, 462, 475 f., 492, 578

Wa-Stämme 178, 469, 497, 566, 573 f., 576
Waffenhandel 106
Wahid, Abdul (afghan. Bauer) 673
Wallstreet Journal 573
Walters, John (US-Drogenpolizeichef) 589
Wan Hsa La (Fährstation am Saluenfluss) 259
Wan Pen Fen (taiwan. Heroindealer) 391
Wana (Pakistan) 622
Wang Hi (chin. Gelehrter) 44
Wanton (Guomindang-Camp) 262
Wanzeck, William (US-Drogenagent) 333
Warner, John (DEA-Aufklärungschef) 348, 390, 522
Washington 203, 205, 237, 242, 253, 259, 262
Washington Post 21, 28, 317, 358, 548, 619 f., 651
Watergate-Skandal 362
Waters, Maxine (US-Abgeordnete) 640
Webb, Gary (Reporter) 639
Wei Hsueh-kang (chin. Kriegsherr) 575
Weisberg, Willie (Gangster) 95, 97
Weltwirtschaftskrise 182
Westgate, David (stellv. DEA-Leiter) 633
Wexler, Irving »Waxey Gordon« (Krimineller) 75–78, 80, 96
Wharton (Captain) 84
Whitmore, John (Yale-Professor) 14
Wien 541
Williams, Garland (US-Vertreter des Teheraner Bureau of Narcotics) 607
Williams, Ian M. G. (UN-Mitarbeiter) 546
Wilson, Charles (US-Abgeordneter) 624
Wilson, Woodrow 402
Winchell, Walter (Reporter) 77

Wingate (US-General) 498
Wisner, Frank (OPC-Gründungsdirektor) 115, 250, 264
Wladiwostok 660 f.
Wolff, Lester L. (US-Abgeordneter) 550, 562
Woodward, Brian (Mordkommission) 532
Wooldridge, William O. (Sergeant, Oberfeldwebel) 352
World Daily (chin. Zeitung in New York) 537
The World Opium Situation (FBN-Bericht) 197
World Trade Center 651, 670
Wright, C. R. (brit. Forscher) 46
Wright, Hamilton (am. Arzt) 51

Xay Dung (vietn. Zeitung) 318
Xhemajli, Muhamaed (Drogendealer in der Schweiz) 667
Xieng-Khouang-Stadt 188, 193, 216, 423 f.
Xieng Khouang (laot. Provinz) 186 f., 215 f., 222, 393, 425 f., 446
Xieng Khouang Air Transport 434
Xuan, Mai Huu (Saigoner Polizeichef) 242
Xuan Loc (Vietnam) 409

Yacknowsky, Charlie »The Jew« (Hafenboss) 96
Yang, Jimmy (Brigadegeneral) 490, 495–499, 557
Yang, Olive (Feudalfürst des Kokang-Staates) 254, 557 f.
Yang Sun (Shan-Militärführer) 492, 494
Yangoon Airways 576
Yao (Volk) 24, 150, 162, 173, 398 (Söldnertruppe), 419, 421, 431, 453 f., 455 (Umsiedlung), 456 f.
Yew, Lee Kwan (Präsident Singapurs) 542
Yoh, Bernard (Geheimdienstberater

Register **841**

Diems, Mitarbeiter von Lansdale) 297
Young, Gordon 459
Young, Harold (CIA-Agent in Laos) 420, 458 f.
Young (Reverend, Missionar in Laos) 419 f., 458
Young, William (»Bergstammexperte«, CIA-Agent in Laos)) 24, 419 f., 427, 431, 453–458, 460, 462, 465, 467 ff., 495, 497 f.
Yung-Chen (chin. Kaiser) 142 (Opiumverbot)
Yunnan (südchin. Provinz) 56, 154 f., 160–164, 182 (Eisenbahn), 185, 187, 246 ff., 253–257, 259 (Invasion), 267, 373, 419, 457 f.

Zahid, Abdur Rahman (Vizeaußenminister der Taliban) 667
Zam Mong (SSA-Oberst) 562
Zau Seng (General der Kachin-Armee) 490
Zepeda, Tomas (DEA-Chefermittler in Honduras) 638
Zia ul-Haq (pakistan. General, Staatspräsident) 611, 613 ff., 617 f., 622 f., 625 ff., 649
Zicarelli, Joseph »Bayonne Joe« (Rauschgifthändler) 26, 124
Zigaretten 372
Zoile, Roger (Opiumpilot, Präsident von Laos Air Charter) 406, 504
Zu Calo → Vizzini, Don Calogero
Zucker 47 f., 142

Bücher zu Geschichte, Politik und Zeitgeschehen.
Nur bei Zweitausendeins.

Verschwörungen,
Verschwörungstheorien und die
Geheimnisse des

11.9.

*Der erste Band
zum Thema*

Von
Mathias Bröckers

Als am 7.12.1941 wie aus heiterem Himmel Flugzeuge Pearl Harbor angriffen, war Amerika entrüstet über die Heimtücke der Japaner. Heute sagen Historiker: Präsident Roosevelt wusste im Vorhinein von dem Angriff, hatte ihn sogar provoziert. Roosevelt wollte in den 2. Weltkrieg eintreten. 88 Prozent der US-Bevölkerung waren bis Pearl Harbor dagegen.

Als am 11.9.2001 wie aus heiterem Himmel Flugzeuge das World Trade Center und das Pentagon angriffen, waren Amerika und die Welt entsetzt über die Heimtücke dieses Anschlags. Und sofort standen die Täter und der Feind fest: Osama Bin Laden und seine islamistische Al Quaida. George W. Bush verkündete den Weltkrieg gegen den »internationalen Terrorismus«, für den es vorher kaum Unterstützung gegeben hätte. Inzwischen mehren sich die Indizien: Die US-Regierung war über den Angriff vorinformiert.

Mathias Bröckers, Wissenschaftsautor, Journalist und langjähriger Kultur-Chef der »Taz«, misstraute von Anfang an dem einstimmigen Chor der Medien. Als hätten sie sich gleichgeschaltet, machten sich selbst renommierteste Blätter zum Sprachrohr des Weißen Hauses. Auf der Suche nach mehr und alternativen Informationen floh Bröckers ins Internet und schickte Tag für Tag die Suchmaschinen mit neuen Fragen auf die Reise. Im Online-Magazin »telepolis« (als »unbestechlich« und »fachmännisch auf hohem Niveau« ausgezeichnet mit dem Grimme Preis Online Award 2002) führte er über seine Recherchen monatelang eine Art Fahndungsprotokoll, das, millionenfach angeklickt, heiße Debatten auslöste und jetzt – bedeutend erweitert und vertieft – bei Zweitausendeins als Buch erschienen ist. Es dokumentiert: Der 11.9. ist nicht nur das Datum eines entsetzlichen Massenmordes, sondern auch Kristallisationspunkt bizarrer Ungereimtheiten, fantastischer Widersprüche, verschwiegener Hintergründe und strategischer Geheimdienstoperationen. Bröckers fragt, wer die faktischen Nutznießer der Terroranschläge sind, und er bringt andere notorisch Verdächtige ins Spiel. Nicht um seinerseits Verschwörungstheorien in die Welt zu setzen, sondern um das Verschwörungsdenken als skeptische Wissenschaft fruchtbar zu machen. Denn: »Ohne angemessene Verschwörungstheorien lässt sich unsere hochgradig komplexe und konspirative Welt gar nicht mehr verstehen.«

Mathias Bröckers »Verschwörungen, Verschwörungstheorien und die Geheimnisse des 11.9.« Mit einem Interview mit dem Ex-Staatssekretär im Verteidigungsministerium Andreas von Bülow und einem Schaltplan der Verschwörungen von G. Seyfried.
371 Seiten. Broschur. **35. Auflage!** 12,75 €. Nummer 18434.

Nach dem Bestseller *Verschwörungen, Verschwörungstheorien und die Geheimnisse des 11.9.* der neue, zweite Band:

**Fakten, Fälschungen
und die unterdrückten
Beweise des**

Mit Dokumentarfilm:
*Die Flugschulen
der Terroristen,
die CIA und die Mafia*

**Von Mathias
Bröckers &
Andreas Hauß**

Als Mathias Bröckers bei uns sein Buch »Verschwörungen, Verschwörungstheorien und die Geheimnisse des 11.9.« veröffentlichte, da fragte die FAZ: »Gehört so ein hochexplosiver Stoff in die Hände eines Zivilisten?"

Fast zwei Jahre nach dem Anschlag wissen wir offiziell, so Bröckers, »heute über die Täter und ihre Hintermänner praktisch genauso wenig wie 48 Stunden danach. Eines der schrecklichsten Verbrechen der Menschheitsgeschichte ist nach fast zwei Jahren völlig unaufgeklärt.«

Das ändert Bröckers mit seinem neuen, zweiten Buch zum Thema. Es heißt »Fakten, Fälschungen und die unterdrückten Beweise des 11.9.« In diesem Buch, das Bröckers zusammen mit Andreas Hauß geschrieben hat, geht es nicht mehr um Verschwörungen und Verschwörungstheorien. Es geht um eine Dokumentation der gesicherten Ungereimtheiten, um neue, bestürzende Fakten.

Das Buch dokumentiert, wie die US-Regierung tiefergehende Ermittlungen zum Massenmord behindert, Beweise unterdrückt, vor der Justiz und Öffentlichkeit versteckt und tonnenweise vernichtet. Warum?

www.Zweitausendeins.de

Akribisch recherchiert, belegt dieses Buch den gigantischen, schauderhaften Skandal, der sich hinter dem unaufgeklärten Massenmord des 11. September verbirgt. Seine Spuren weisen ins Zentrum der Macht, die jetzt angetreten ist, die Welt vom Terror zu befreien: Geheimdienste und Militärs der USA.

Das neue Buch von Mathias Bröckers und Andreas Hauß hat den Titel »Fakten, Fälschungen und die unterdrückten Beweise des 11.9.« Dem Buch liegt eine SCCD im »Super Video Format« bei mit Daniel Hopsickers Dokumentation »Mohammed Atta & the Venice Flying Circus«. Hopsicker untersucht zwei Flugschulen in Florida, in der drei der vier Terror-Piloten das Fliegen lernten. Er dokumentiert Verbindungen zu Mafia und CIA.

325 Seiten. Broschur. 14,90 €. Nummer 18477.

Wie die amerikanische Regierung den Angriff provozierte und über 2.300 ihrer Bürger opferte

Robert B. Stinnett

PEARL HARBOR

Der Angriff am 11.9. hat viele an Pearl Harbor erinnert. Für den Spiegel ist der 11. September »der Tag der schlimmsten Demütigung Amerikas seit Pearl Harbor«. Pearl Harbor gilt hierzulande immer noch als heimtückischer Angriff der hinterlistigen Japaner auf ein ahnungsloses Amerika. In den USA rührten sich aber schon kurze Zeit nach Pearl Harbor die Stimmen, die sagten, der Angriff sei nicht überraschend, ja sogar provoziert gewesen.

Warum? Ein heimtückischer Angriff durch finstere Feinde ist politisch weit besser zu verkaufen als ein noch so logisch fundierter Präventivschlag. 1941 hatte Hitler fast ganz Europa besetzt. England galt als so gut wie verloren. Jedoch: 88 Prozent der US-Bevölkerung waren gegen den Eintritt in den 2. Weltkrieg. Was tun? Die Vermutung, die US-Regierung hätte den Angriff provoziert, von ihm gewusst und ihn nicht verhindert, beschäftigte mehrere Kongress-Ausschüsse, die wie üblich zu dem Schluss kamen, sie hätten nichts gefunden, was die Vermutungen stützen würde.

Der amerikanische Journalist Robert Stinnett, selbst hochdekorierter WK II-Teilnehmer und intimer Kenner der Geheimdienstszene, liefert jetzt eine klare Antwort auf die klare Frage: »Wusste Roosevelt von dem geplanten Angriff?« Stinnetts Antwort: »Eindeutig ja.«

Stinnett gilt als versierter Experte zu Fragen des Pazifikkrieges. Er befragte Zeugen, sichtete 200.000 amtliche Schriftstücke und entdeckte Beweise von brutaler Eindeutigkeit. Die Ergebnisse seiner Recherchen legt Stinnett in einem Werk vor, das jetzt bei Zweitausendeins erstmals auf deutsch erscheint. In einem Interview beruhigte Stinnett unlängst Leute, die sich über die unglaubliche Täuschung empörten: Vor Roosevelt »und nach ihm machten andere das gleiche. Das gilt schon seit Cäsars Zeiten.« »Dieses lückenlos dokumentierte Buch bringt die letzten angeblichen Tatsachen über Pearl Harbor ins Wanken.« *The New York Times* Deutsche Erstausgabe. Deutsch von Karl H. Siber. 566 Seiten. Paperback. 14,90 €. Nummer 18473.

Michel Chossudovsky
GLOBAL BRUTAL. Der entfesselte Welthandel, die Armut und der Krieg

Michel Chossudovsky, einer der intellektuellen »Aktivisten« der Bewegung von Seattle und Genua, macht in diesem Buch eine entschiedene Gegenrechnung zu den Glücksverheißungen einer rein marktrationalen Globalisierung auf. Er hat sich in Somalia ebenso umgesehen wie in Ruanda, die Verhältnisse in Indien und Vietnam studiert, sich mit Lateinamerika, der Russischen Föderation und den Staaten des ehemaligen Jugoslawien befasst – und er kommt in seinen Beispielen aus allen Teilen der Welt immer zu demselben Schluss:

Die weltweite Handelsfreiheit führt mitnichten zur besten aller Welten, sondern zu Unsicherheit, Armut und Krieg. Die vom Westen beherrschte Finanzindustrie verdient an instabilen Finanzmärkten. Die Allianz der Reichen – unter Führung der USA – forciert die Globalisierung der Armut, der Umweltzerstörung, der sozialen Apartheid, des Rassismus und der ethnischen Zwietracht. Nach der Ära des Kalten Krieges rutschen große Teile der Weltbevölkerung jetzt in eine beispiellose wirtschaftliche und soziale Krise, brutaler als die Weltwirtschaftskrise der 30er Jahre. Ganze Volkswirtschaften brechen zusammen, ganze Zivilgesellschaften werden zerstört, Arbeitslosigkeit und Armut nehmen überhand.

Für unsere Ausgabe hat Chossudovsky ein zusätzliches Kapitel geschrieben, in dem er nachweist, dass die USA den Schock vom 11. September sehr schnell zu ihren Gunsten ausgenutzt haben. Schließlich hatte der US-Kongress erst ein halbes Jahr zuvor den »Silk Road Strategy Act« verabschiedet und damit das strategische Interesse der USA an der Ölförderung und der Pipelinehoheit in dieser Region angemeldet. Gut möglich, dass der »Kampf gegen den internationalen Terrorismus« nur ein propagandistisch überhöhter Eroberungskrieg ist.

Deutsche Erstausgabe. Bereits in der 19. Auflage!
Deutsch von Andreas Simon. 477 Seiten. Broschur. 12,75 €.
Nummer 18420.

www.Zweitausendeins.de

Das Standardwerk, aktualisiert und erweitert bis 2002

Gert Raeithel
GESCHICHTE DER NORDAMERIKANISCHEN KULTUR

Wie bitte, so spannend kann US-Historie sein?« staunte die Münchner AZ über Raeithels »hautnahe Entdeckungsreise«. Raeithel ist es gelungen, einen Kosmos von Themen und Fakten zu einer kompakten, wissenschaftlich fundierten und spannenden Gesellschaftsgeschichte der USA zu verdichten, die zugleich »eine Historie des amerikanischen Alltagslebens ist, voll aufschlussreicher Details, gewitzt, geistreich und niemals langweilig« (Neue Ruhr Zeitung). »Eine »unverzichtbare Lektüre, für jeden, der sich mit den Wurzeln und dem Innenleben der USA beschäftigen möchte« (Frankfurter Rundschau). Man möchte die drei Bände wie einen Roman in einem Stück lesen. Aber auch mit speziellen Fragestellungen wird man in diesem jetzt auf insgesamt 1.663 Seiten erweiterten Monumentalwerk anhand des umfangreichen Sach- und Personenregisters schnell fündig.

»Ein hervorragendes Standardwerk, das vergleichbar mit Norbert Elias' europäischer Zivilisationsgeschichte den Schlüssel zur Kultur- und Gesellschaftsentwicklung Nordamerikas liefert« (Neue Zeit).

»Fast auf jeder Seite liest man Überraschendes, Witziges« (Deutschlandfunk). Und die Abendzeitung München bestätigt: »Ein kurzweiliger Kulturgeschichte-Krimi trotz insgesamt 1.800 Seiten. Ein Mammutbuch der tausend verblüffenden Fakten.« Ein »Klassiker« (St. Galler Tagblatt). »Geistreich und niemals langweilig« (Neue Ruhr-Zeitung).

Gert Raeithel »Geschichte der nordamerikanischen Kultur. 1600 bis 2002«. 3 Bände. 1.663 Seiten, 145 Bilder. Fadenheftung. Leinen. Aktualisiert und um ein Kapitel erweitert. 49,95 €. Nummer 18450.

Erstmals auf Deutsch.
Die Expedition ins unbekannte Amerika der Gründerjahre

Meriwether Lewis & William Clark
Tagebuch der ersten Expedition zu den Quellen des Missouri, sodann über die Rocky Mountains zur Mündung des Columbia in den Pazifik und zurück, vollbracht in den Jahren 1804–1806

Für Arno Schmidt war es »1 der großen Reisen der Menschheit«, für die jungen USA wurde sie zu einem der wichtigsten und folgenreichsten Ereignisse ihrer Geschichte: Im März 1803 hatte Präsident Jefferson Frankreich das riesige Gebiet zwischen Mississippi und Rocky Mountains für die vergleichsweise geringe Summe von 15 Millionen Dollar abgekauft (und damit das US-Hoheitsgebiet mehr als verdoppelt), nun sollte das unbekannte Terrain, über das die fantastischsten Spekulationen kursierten, genauestens untersucht werden. Mit der Expedition wurden die beiden Offiziere der US-Armee Meriwether Lewis und William Clark betraut, die im Mai 1804 mit einem Trupp entschlossener Männer zu ihrer Fahrt auf dem Missouri aufbrachen. Sorgfältig notierten die beiden Expeditionsleiter, was für künftige Kolonisatoren, Händler und Siedler von Bedeutung sein konnte. Lewis und Clark beschrieben eine Welt, in die noch kein Weißer einen Fuß gesetzt hatte: hunderte von bislang unbekannten Pflanzen und Tieren, gigantische Büffelherden und atemberaubende Landschaften. Schwer zu passierende Wasserfälle und Bergketten, das Zusammentreffen mit den gefürchteten Grizzlybären sowie Winterlager unter extremen Witterungsbedingungen verzögerten jedoch immer wieder den geplanten raschen Verlauf der Expedition. Als die Männer im Spätsommer 1806 schließlich nach sechseinhalbtausend Kilometern wieder in St. Louis eintrafen, galten sie bereits als verschollen. Lewis und Clark wurden als Helden gefeiert und zu Gouverneuren im gerade erforschen Territorium ernannt. Ihre legendäre Expedition ging in den Gründungsmythos der USA ein. Und ihre Tagebuchaufzeichnungen dienten der jungen amerikanischen Literatur als Quelle der Information und Inspiration: James Fenimore Cooper griff auf sie bei der Vollendung seiner Lederstrumpf-Romane zurück, Poe erwähnt sie im Arthur Gordon Pym und zitiert sie ausgiebig im Tagebuch des Julius Rodman.

Arno Schmidt, ohnehin ein Fan von Reiseberichten, zumal aus Amerika, liebte ihr »permanentes Gemisch aus Windespfeifen & Grasgewischel; das, wer es einmal vernommen hat, nicht mehr missen möchte«, rühmte sie sogar als »ein Buch wie Homer!« und erwähnt sie an zahlreichen Stellen in Zettels Traum. Friedhelm Rathjen ist der Anregung Schmidts gefolgt und hat aus der riesigen Textmasse eine umfangreiche Auswahl getroffen mit allem, was heute noch interessant und spannend zu lesen ist. Die legendären Tagebücher von Lewis und Clark erscheinen damit erstmals auf Deutsch. Rathjen berichtet in seinem Nachwort anschaulich über die abenteuerliche Geschichte der Expedition und die fast noch abenteuerlichere der Edition der Tagebücher. Ein Band der Reihe der Haidnischen Alterthümer, in der die Lieblingsbücher von Arno Schmidt erscheinen.

Deutsche Erstausgabe. Herausgegeben, übersetzt und mit einem Nachwort von Friedhelm Rathjen. Einmalige limitierte und nummerierte Ausgabe. Beigelegt ist ein Faksimile der von William Clark selbst gezeichneten und von Samuel Harrison 1814 in Kupfer gestochenen Karte mit dem Verlauf der Expedition. 655 Seiten. Fadenheftung. Halbleinen mit marmoriertem Deckelüberzug und silbernem Kopfschnitt. Nur bei uns. 40 €. Nummer 18495.

Preise können sich ändern und einzelne Titel auch ausverkauft sein.